KB259803

맥클라렌 강해설교

사도행전 Ⅱ · 로마서
⟨ 13-28

알렉산더 맥클라렌 강해설교전집 12

맥클라렌 강해설교
사도행전 II · 로마서

〈 13-28

역자 〈 정충하

EXPOSITIONS OF
HOLY SCRIPTURE
ALEXANDER MACLAREN

크리스챤
다이제스트

국립중앙도서관 출판시도서목록(CIP)

맥클라렌 강해설교 : 사도행전Ⅱ · 로마서 / [저자:
알렉산더 맥클라렌] ; 역자: 정충하. -- 고양 : 크리
스챤다이제스트, 2013
    p. ;   cm. -- (알렉산더 맥클라렌 강해설교전집
; 12)

원표제: Expositions of holy scripture
원저자명: Alexander Maclaren
영어 원작을 한국어로 번역
ISBN 978-89-447-2112-0 94230 : ₩30000
ISBN 978-89-447-2100-7(세트) 94230

강해 설교[講解說敎]
로마서[--書]
사도 행전[使徒行傳]

233.66-KDC5
226.6-DDC21   CIP2013000884

로마서

사도행전 Ⅱ

50
온 세상으로
퍼져 나가는 복음

"1안디옥 교회에 선지자들과 교사들이 있으니 곧 바나바와 니게르라 하는 시므온과 구레네 사람 루기오와 분봉 왕 헤롯의 젖동생 마나엔과 및 사울이라 2주를 섬겨 금식할 때에 성령이 이르시되 내가 불러 시키는 일을 위하여 바나바와 사울을 따로 세우라 하시니 3이에 금식하며 기도하고 두 사람에게 안수하여 보내니라 4두 사람이 성령의 보내심을 받아 실루기아에 내려가 거기서 배 타고 구브로에 가서 5살라미에 이르러 하나님의 말씀을 유대인의 여러 회당에서 전할새 요한을 수행원으로 두었더라 6온 섬 가운데로 지나서 바보에 이르러 바예수라 하는 유대인 거짓 선지자인 마술사를 만나니 7그가 총독 서기오 바울과 함께 있으니 서기오 바울은 지혜 있는 사람이라 바나바와 사울을 불러 하나님의 말씀을 듣고자 하더라 8이 마술사 엘루마는 (이 이름을 번역하면 마술사라) 그들을 대적하여 총독으로 믿지 못하게 힘쓰니 9바울이라고 하는 사울이 성령이 충만하여 그를 주목하고 10이르되 모든 거짓과 악행이 가득한 자요 마귀의 자식이요 모든 의의 원수여 주의 바른 길을 굽게 하기를 그치지 아니하겠느냐 11보라 이제 주의 손이 네 위에 있으니 네가 맹인이 되어 얼마 동안 해를 보지 못하리라 하니 즉시 안개와 어둠이 그를 덮어 인도할 사람을 두루 구하는지라 12이에 총독이 그렇게 된 것을 보고 믿으며 주의 가르치심을 놀랍게 여기니라 13바울과 및 동행하는 사람들이 바보에서 배 타고 밤빌리아에 있는 버가에 이르니 요한은 그들에게서 떠나 예루살렘으로 돌아가고"

행 13:1–13

본문은 복음의 위대한 발걸음이 온 세상을 향해 새롭게 내딛기 시작하는 첫 시점(始點)을 보여 줍니다. 앞에서 빌립과 베드로에 의해 교회가 유대주의의 경계를 넘어 점차적으로 확장되는 것을 보았습니다. 그러나 기독교 사역자들이 본격적으로 이방세계를 향해 나아간 것은 안디옥교회에서부터였습니다. 안디옥교회의 위치와 구성으로 볼 때 그것은 자연스러운 것이었습니다.

1. 여기의 이야기에서 첫 번째로 주목할 점은 선교사들에 대한 신성한 임명입니다.

안디옥교회에는 그리스도의 은혜와 임재의 표적이 풍부하게 있었습니다. 거기에는 일단의 "선지자들과 교사들"이 있었습니다(1절). 1절에 거명된 다섯 명 가운데 네 명이 헬라파 유대인 즉 이방 땅에서 태어나 이방인의 언어를 사용하는 유대인이었습니다. 바나바는 구브로 사람이었으며, 시므온에게 붙여진 니게르("검은")라는 별명은 아마도 그의 검은색 용모 때문에 붙여졌을 것입니다. 그의 검은색 용모는 아마도 그가 더운 지방에서 태어났기 때문이었을 것입니다. 그렇게 볼 때 그가 구레네의 루기오처럼 북아프리카 출신이었을 것이라고 추측할 수 있습니다. 사울은 다소 사람이었으며, 오직 마나엔만 순수한 본토 유대인이었습니다. 마나엔은 안디옥교회의 교사가 되기에는 어울리지 않게 세례요한을 죽인 헤롯의 젖동생이었습니다. 이러한 작은 그룹의 지도자는 바나바였으며, 다소 출신의 젊은 사울은 뒤에서 그를 따랐습니다. 다시 말해서 바나바가 앞에서 이끌었다면, 사울은 뒤에서 가르치는 위치에 있었습니다.

1절의 순서는 많은 것을 보여주는 작은 창문과 같습니다. 첫 번째 이름(바나바)과 마지막 이름(사울)은 우리 모두가 매우 잘 아는 이름입니다. 반면 나머지 세 사람의 이름은 또 다시 듣지 못합니다. 두 명은 불멸의 이름을 얻었으나, 세 명은 망각되었습니다. 그러나 우리의 이름이 세상에 남겨지는 것은 별로 중요하지 않습니다. 그 이름이 어린 양의 생명책에 있다면 말입니다.

여기의 다섯 형제는 금식과 기도로 주의 부르심을 기다리고 있었습니다. 분명 그들에게는 신적 부르심을 기대할 만한 충분한 이유가 있었습니다. 왜냐하면 그들은 이와 같이 스스로 준비하고 있었기 때문입니다. 빛은 간절히 구하는 자에게 임할 것입니다. 이에 주님은 "내가 불러 시키는 일을 위하여" 그들 가운데 두 사람을 따로 세우도록 명령하십니다(2절). 그 일이 무슨 일인지는 구체적으로 언급되지 않습니다. 그러나 두 사람은 마치 서신(書信)을 전달하는 비둘기처럼 앞을 향해 똑바로 날아갑니다. 자신들이 어디로 가야할지 정확하게 알면서 말입니다.

여기에서 "내가 불러 시키는 일을 위하여"(I have called them)라는 표현을 주목해 보십시오. 여기에서 누가가 사용한 단어를 엄격하게 해석할 때, "바나바와 사울을 따로 세우라"는 성령의 명령 속에 그들의 사역의 범위가 암시되는 것을 주목할 수 있습니다. 여기에서 "따로 세우는" 것은 형제들에게 그들이 신적 임명을 받았음을 공식화하는 것이었습니다. 내적 소명(김命)이 먼저 와야 합니다. 교회의 임명은 단지 그것을 확증하는 것 외에 아무것도 아닙니다. 그러나 교회에 의한 공식적 임명은 뒤에 남은 자들과 앞장서서 나아가는 자들의 사역을 연합시킵니다. 그것은 전자 즉 뒤에 남은 자들에게 한 마음으로 후원하는 책임을 부여합니다. 반면 후자 즉 앞장서서 나아가는 자들에게는 사역하는 가운데 자칫 고립되는 경향을 막아줌과 함께 뒤에서 형제들이 지탱해주고 있다는 사실을 항상 일깨워줍니다. 이와 같이 기독교 사역을 향해 나아감에 있어 형제들로부터 공식적 임명을 받는 것은 매우 좋은 일입니다. 심지어 바울의 경우에조차 말입니다.

그러나 이와 같이 교회가 사역자들을 파송하는 것을 언급하는 가운데, 누가는 즉시로 그들을 파송하는 자는 다름 아닌 성령임을 분명하게 밝힙니다. 램지(Ramsay)는 "그들을 보내니라"는 구절이 마땅히 "그들로 하여금 떠날 것을 허락하니라"라고 번역되어야 한다고 주장합니다. 어쨌든 여기에서 교회의 행동과 성령의 행동이 명확하게 구분됩니다. 바울이 사도로서 실제적으로 위임받은 것은 성령으로 말미암은 것이었습니다. 이와 관련하여, 그는 실제로 자신의 사도직이 "사람들에게서 난 것도 아니요 사람으로 말미암은 것도 아니요"라고 분명하게 말합니다(갈 1:1).

2. 다음으로 첫 번째 선교여행 가운데 벌어진 사건들을 간략하게 설명합니다.

4절에서 "실루기아로 내려가"라는 표현을 주목해 보십시오. 그곳은 강 하구에 있는 안디옥의 항구였습니다. 선교사들은 자연스럽게 구브로에서 시작하도록 인도되었는데, 그곳은 바나바가 태어난 곳이면서 동시에 안디옥교회를 창설한 자들 가운데 일부 사람들의 고향이기도 했습니다.

이와 같이 처음으로 복음은 바다로 나아갔으며, 이후 무수한 항해의 선구자가 되었습니다. 그들을 태운 배가 깃발을 올리고 바다로 나아간 순간은 신기원을 이루는 순간이었습니다. 그들은 구브로의 남동쪽 해안에 위치한 항구인 살라미에서 내렸습니다(5절). 그곳은 바나바에게는 매우 친숙한 곳인 반면에 사울에게는 매우 낯선 곳이었을 것입니다. 그들의 전도계획은 먼저 유대인들에게 복음을 전하는 것으로서, 이것은 이후 바울의 모든 사역 가운데 항상 지켜졌습니다(5절). 그렇게 한 것은 유대인 회당에서의 예배 형태가 그들로 하여금 복음을 전하는 것을 매우 용이하도록 만들어 주었기 때문입니다. 틀림없이 많은 유대인들이 구브로 전역에 흩어져 있었을 것이며, 바나바는 그들 대부분을 잘 알고 있었을 것입니다.

이와 같이 그들은 구브로 섬의 동쪽에서부터 서쪽까지 횡단했습니다. 5절은 오직 이곳에서 요한 마가가 그들과 함께 동행했다는 매우 주목할 만한 사실을 가르쳐줍니다. 요한 마가는 바나바와 사울과 함께 안디옥으로부터 왔습니다. 그러나 누가는 바나바와 사울이 보냄 받은 것을 언급할 때 요한 마가를 언급하지 않았습니다. 왜냐하면 그는 성령에 의해 보냄 받은 것이 아니라 그의 숙부인 바나바에 의해 보냄 받았기 때문이었습니다. 그의 이후의 이탈은 그들의 임무를 완성하는 데 영향을 끼치지 못했습니다. 이 시점으로부터 우리는 그의 상당히 부차적인 역할을 분명히 알 수 있습니다.

그들 일행이 바보에 도착할 때까지 특별히 중요한 사건은 일어나지 않았습니다(6절). 바보는 총독부가 위치한 그 섬의 주도(主都)로서, 음란한 비너스 숭배의 중심지였습니다. 이곳에서 그들은 최초의 적대자를 만났습니다. 여기에서 누가의 관심을 사로잡은 인물은 총독인 서기오 바울이 아니라 그 옆에 있는 마술사였습니다(6절). 그의 성격은 누가 자신의 묘사와 바울의 불같은 책망 가운데 온전히 나타납니다. 누가와 바울은 각각 그를 세 가지로 묘사합니다. 누가는 그를 "마술사와 거짓 선지자와 유대인"으로 언급하는데, 그것은 최상급의 악을 묘사하는 데 조금도 부족하지 않습니다. 유대인으로서 조상들의 믿음을 배반하고 흑마술(黑魔術)을 행하며, 은밀한 기교로 무지한 사람들을 속이며, 예언의 은사를 사칭하는 것은 바울의 10절의 책망이 결코 지나친 것이 아님을 분명하게 보여줍니다. "모든 거짓과 악행이 가득한 자요 마귀의 자식이요 모든 의의 원수여." 그는 사술(邪術)을 행하는 자였으며, 마귀로부터 영감(靈感)을 받았으며, 마침내 모든 종류의 의(義)를 미워하는 지경에까지 이르렀습니다.

바울은 분노에 사로잡혀 입에서 나오는 대로 아무렇게나 내뱉은 것이 아니었습니다. 다만 그의 사악한 마음을 그 자신의 눈앞에 펼쳐 놓은 것이었습니다. 그로 하여금 스스로의 죄를 깨닫고 회개하도록 말입니다. "가장 선한 것이 타락할 때 가장 악한 것이 되는" 법입니다. 또 자신의 처음 믿음을 저버린 사람들이 하나님의 길을 훼방하는 가장 악독한 원수들이 되는 법입니다. 스스로 타락하여 마술사가 된 유대인은 정말로 하나님의 이름이 이방인들 가운데 망령되이 일컬어지도록 만듭니다.

엘루마와 바울은 서로 상대방이 자신의 가장 큰 원수임을 인식했습니다. 엘루마는 총독으로 하여금 이들 두 사람의 말을 듣지 못하도록 막아야 한다고 본능적으로 느꼈습니다. 그렇게 하여 그는 "주의 바른 길을 굽게 하고자" 다시 말해서 하나님의 목적을 훼방하고자 애썼습니다(10절). 그는 로마 사회가 좀 더 문명화되면서 옛 신들에 대한 믿음을 잃어버린 혼돈의 시대에 권력을 얻은 부류의 한 표본이었습니다.

이와 같이 선교사들은 마치 폭풍 속으로 휘몰려 들어가는 배처럼 처음부터 강한 대적과 맞부딪쳤습니다. 그리고 이것은 그들이 이제부터 계속해서 만나게 될 난관과 처음으로 마주친 것이었습니다. 따라서 둘 사이의 싸움은 불가피했으며, 엘루마가 앞을 보지 못하게 된 기적은 바울과 바나바로 하여금 그리스도의 도우심을 확신하게 만들었을 뿐만 아니라 나아가 이제부터 펼쳐질 모든 사역과 관련하여 그들에게 큰 위로와 격려를 주었습니다(11절). 엘루마에게 그것은 하늘의 징벌이었으며, 그로 하여금 주의 올바른 길을 굽게 하는 악행을 그치도록 하기 위한 것이었습니다. 아마도 얼마 후 그는 "더 나은 해"를 보았을 것입니다.

여기의 바울의 태도 역시 매우 주목할 만합니다. 바울은 마술사 엘루마를 "주목"했습니다(9절). 바울은 불타는 눈으로 그를 뚫어져라 응시했을 것입니다. 그러나 누가는 혹여 우리가 바울 자신의 통찰력으로부터 혹은 인간적 분노의 감정으로부터 말했을 것이라고 생각하지 못하도록 분명하게 못을 박습니다. "사울이 성령에 충만하여." 그는 성령의 나팔로서 신랄한 책망의 말을 쏟아냈습니다. 바울은 엘루마에게 그의 배교를 나타내면서 이제 곧 임할 하나님의 징벌을 선언했습니다. 우리는 바울의 어투를 흉내 내기 전에 먼저 그와 같이 성령으로 충만해질 필요가 있습니다.

3. 계속해서 무대는 본토로 바뀝니다.

여기에서도 우리는 몇 가지 주목할 만한 사실들을 발견합니다. 버가에서는 복음전파와 관련된 어떤 활동도 언급하지 않는데, 그것은 매우 특이한 사실입니다(13절). 두 명의 복음전도자들은 곧바로 타우루스 산맥을 넘어 비시디아 안디옥으로 간 것으로 보입니다.

램지(Ramsay)는 놀랍게도 그 이유가 말라리아가 갑자기 해안 지방에 퍼졌기 때문이었을 것이라고 제시합니다. 그리고 이런 경우 자연적 치료법은 산악 지역으로 올라가는 것이라고 합니다. 만일 그렇다면, 비시디아 안디옥으로의 여행은 애초에 요한 마가와 합의한 계획 가운데 없었던 것이 될 것입니다. 그러면 그가 예루살렘으로 돌아온 것은 이와 같은 원래의 계획으로부터 이탈 때문일 것입니다. 어쨌든 간에 마가는 어떤 위험이나 난관 앞에서 사역으로부터 비겁하게 도망치는 것과 더불어 미리 대비하지 않은 사역으로 다급하게 들어가는 것에 대해 경계하는 하나의 지침을 상징합니다.

요한 마가는 계속 구브로에 있었다면 기꺼이 그들과 함께 수고했을 것입니다. 왜냐하면 바나바와의 관계로 말미암아 그곳은 매우 익숙하며 편리한 곳이었기 때문입니다. 그러나 버가로 간다든지 혹은 타우루스 산맥을 넘어야만 했을 때, 그의 열심과 용기는 마치 풍선으로부터 공기가 빠져나가듯이 그로부터 빠져나갔습니다. 그리하여 결국 그는 예루살렘에 있는 자신의 어머니의 집으로 되돌아갔습니다. 바울이 "자기들을 떠나 함께 일하러 가지 아니한 자를 데리고 가는 것이 옳지 않다"고 생각한 것은 조금도 놀랄 일이 아닙니다(15:38). 이렇듯 마가는 젊은 시절 매우 유약했습니다. 그렇지만 훗날 그는 젊은 시절의 잘못을 만회하고 다시금 바울의 신뢰를 회복했습니다. 디모데후서 4장을 보십시오. 거기에서 우리는 훗날 바울이 마가를 향해 "그가 나의 일에 유익"하다고 말하는 것을 보게 됩니다. "누가만 나와 함께 있느니라 네가 올 때에 마가를 데리고 오라 그가 나의 일에 유익하니라"(11절).

51
사울이 바울이 된 까닭

"바울이라고 하는 사울이 …"
행 13:9

지금까지 사울이라는 이름으로 알려졌던 그는 이제부터는 오직 바울이라는 이름으로 한정하여 불리게 됩니다. 지금까지 그는 바나바에 이어 두 번째 위치에 있었습니다. 그러나 이제부터는 첫 번째 위치에 서게 됩니다. 본 장 앞부분에서 우리는 "바나바와 사울"을 따로 세우라든지(2절) 혹은 구브로 총독이 "바나바와 사울"을 불러 하나님의 말씀을 듣고자(7절) 했다는 등의 말씀을 읽습니다. 그러나 본문 이후에 우리는 "바울과 및 동행하는 사람들"이 바보를 떠났다는 말씀을 보게 됩니다(13절).

이와 같은 이름의 순서의 변화 못지않게 그의 이름이 사울로부터 바울로 바뀐 것도 역시 매우 의미심장합니다. 당시 사도가 바로 이 시기에 "바울"이라는 새 이름을 취한 이유가 무엇이었을까요? 나는 그의 이름과 그가 전파한 복음을 믿은 구브로 총독의 이름(서기오 바울)이 같았던 사실은 매우 주목할 만하다고 생각합니다. 물론 당시 이방 지역에 살던 유대인들에게 있어 편의적 이유로 인해 두 개의 이름 즉 유대식의 이름과 이방식의 이름을 갖는 것은 — 하나는 유대인 형제들 가운데 사용하기 위해 그리고 다른 하나는 이방인들 가운데 사용하기 위해 — 매우 관례적 일이었습니다. 그럼에도 불구하고 우리는 이 시기 이전에 사울에게 어떤 이방식의 이름이 있었다는 어떠한 증거도 발견할 수 없습니다. 이와 더불어 그에게 붙여진 이방식 이름이 그의 첫 회심자의 이름과 같은 사실은 우리에게 많은 사실을 알려주는 중요한 실마리처럼 보입니다.

요컨대 바로 이 시점(時點)에 사울이라는 이름 대신 바울이라는 이름이 취하여진 사실은 틀림없이 그의 선교사역과 어느 정도 관계가 있다고 생각합니다. 다시 말해서 나는 그것이 복음전파에 있어서의 그의 첫 승리를 기념하기 위한 것이었다고 생각합니다.

이제 여기의 사울이 새로운 이름을 취한 사실로부터 몇 가지 교훈을 도출해보도록 합시다.

1. 첫째, 새로운 이름은 새로운 본성을 표현합니다.

예수 그리스도께서 바요나 시몬을 처음 제자로 부르셨을 때 그에게 베드로 즉 "반석의 사람"이라는 새 이름을 주신 것을 생각해 보십시오. 그것은 그에게 있어 하나님의 은혜와 많은 연단으로 말미암아 이루어질 변화를 예언하기 위한 것이었습니다. 반면 사울은 그의 특유한 독립성으로 자신을 위한 새 이름을 스스로 선택합니다. 그리고 그러한 새 이름은 그의 가장 깊은 내적 존재 가운데 근본적 변화가 일어났음을 표현합니다. 실제로 그는 그러한 새 이름을 회심할 때 취하지 않습니다. 그렇지만 그러한 사실은 우리로 하여금 그가 스스로 새 이름을 취한 사실을 믿지 못하도록 만드는 이유가 되지 못합니다. 왜냐하면 회심하던 순간에는 단지 자신에게 일어난 일을 이해하기 시작했을 뿐이기 때문입니다.

그가 복음전파자로서의 공적 삶에 스스로를 던진 직후 자신의 이름을 바꾼 사실 속에서 우리는 "그런즉 누구든지 그리스도 안에 있으면 새로운 피조물이라 이전 것은 지나갔으니 보라 새 것이 되었도다"라는 위대한 신조를 생생하게 주목하게 됩니다(고후 5:17).

그러므로 사랑하는 형제들이여, 이러한 사실로부터 우리는 기독교의 핵심이 하나님의 아들을 믿는 믿음으로 말미암아 전달되는 새 생명을 소유하는 것이라는 위대한 교훈을 얻을 수 있습니다. 참된 믿음이 있는 곳에 새로운 본성이 있습니다. 사람의 영혼의 표면 위에서 각종 이론(理論)들이 활동할 수 있습니다. 해수면(海水面)의 온도를 단 1도도 올리지 못하면서 그 위를 비추는 달빛처럼 말입니다. 많은 사람들이 이런 종류의 기독교로 만족합니다. 그렇지만 그런 기독교는 이론의 기독교이며, 피상적 교리의 기독교이며, 우리의 외적 행동에는 약간 영향을 미칠지는 모르지만 그러나 속사람에는 전혀 영향을 미치지 못하는 기독교입니다.

그러나 바울의 기독교는 그의 본성 전체를 근본적으로 변화시켰습니다. 그는 박해자로서 예루살렘을 떠났다가, 그리스도인으로서 다메섹에 이르렀습니다. 그는 예수 그리스도를 증오하고 혐오하며 경멸하면서 예루살렘을 떠났다가, 상하고 깨어진 심령으로 참회의 눈물을 흘리면서 그리고 그의 십자가를 유일한 소망으로 붙잡으면서 다메섹으로 왔습니다. 그는 자신의 혈통과 가문과 랍비로서의 지식과 바리새인의 교육과 외적인 종교적 열심과 엄격한 도덕성을 자랑하며 의기양양하게 예루살렘을 떠났다가, 비록 육체의 눈으로는 소경이 되었지만 그러나 영혼의 눈으로는 밝히 보면서 그리고 자기가 자랑하던 모든 것을 배설물로 여기면서 다메섹으로 왔습니다.

회심(回心)에 대한 그의 이론은 단지 그 자신의 개인적 경험을 일반화한 것에 불과했습니다. 그것은 갑자기 그리고 한 순간에 그의 옛 자아를 쳐서 부수었으며, 그에게 새로운 생명을 가져다주었습니다. 새로운 취향과 새로운 관점과 새로운 성향과 새로운 열망과 새 왕에 대한 새로운 충성과 함께 말입니다. 너무도 갑작스럽고 혁명적인 그러한 변화는 우리처럼 평생 동안 기독교의 가르침을 받아온 사람들 사이에서 자주 일어날 것이라고 기대하기 어려운 그러한 종류의 변화입니다. 그러나 만일 사람들의 영혼 속에 그들로 하여금 새로운 것들을 사랑하며 열망하도록 만드는 이러한 새 생명이 주입되지 않는다면, 어째서 우리가 그런 사람들을 그리스도인이라고 불러야만 하는지 도무지 알 수 없습니다. 그러한 근본적 변화를 바울은 "사망에서 생명으로" 옮기는 것으로 묘사합니다. 이러한 변화는 표면적인 것일 수 없습니다. 새로운 이름을 필요로 하는 변화는 근본적 변화여야만 합니다. 우리의 기독교는 이와 같은 방식으로 우리의 본성에 혁명을 일으켰습니까? 피상적 방식으로 그리스도인이 되는 것은 쉽습니다. 한 번도 생각해보지 않은 진리임에도 불구하고 그것을 믿노라고 입으로 시인하는 것, 외적 예배행위에 형식적으로 참여하는 것, 속에는 은밀한 악이 가득함에도 불구하고 겉으로는 그럴듯한 삶의 외모로 꾸미는 것 — 이것이 오늘날 수많은 사람들의 기독교가 아닙니까? 바울의 기독교는 그를 변화시켰습니다. 여러분의 기독교는 여러분을 변화시켰습니까? 만일 그렇지 않다면, 여러분은 그것이 참된 기독교인지 어떻게 확신할 수 있습니까?

2. 둘째, 우리는 이러한 이름의 변화를 그의 평생의 사역을 표현하는 것으로 받아들일 수 있습니다.

바울은 로마식 이름입니다. 그는 유대인과 관련한 자신의 모든 것을 벗어버립니다. 앞에서 언급한 것처럼, 이방인들 가운데 살던 유대인들은 이방식(異邦式) 이름을 갖는 습관을 가지고 있었습니다. 그러나 그들은 두 이름을 모두 가지고 있었습니다. 그들의 유대식 이름은 동족들 가운데 사용하기 위한 것이었으며, 이방식 이름은 이방인들 가운데 사용하기 위한 것이었습니다. 반면에 여기의 바울은 사울이라는 자신의 옛 이름을 전혀 사용하지 않은 것으로 보입니다. 그것은 유대교로부터 스스로를 완전히 단절한 것과 같은 것이었습니다. 그것은 마치 어떤 영국인이 머리에 터번을 쓰고 발목까지 내려오는 회교도 풍의 옷을 입고 터키인의 이름을 갖고 있는 것과 같은 것이었습니다.

이와 같이 바울은 자신의 평생의 사역을 계획하면서 처음에 이렇게 결심합니다. "나는 지금까지 내가 자랑하던 모든 것을 내려놓노라. 만일 나의 유대인으로서의 혈통과 특권이 나의 길을 방해한다면, 나는 그 모든 것을 버리노라. '팔일 만에 할례를 받고 이스라엘 족속이요 베냐민 지파요 히브리인 중의 히브리인이요 율법으로는 바리새인'인 이 모든 것 때문에 내가 사람들에게 나아가는 일이 저항을 받게 된다면, 나는 그 모든 것을 기꺼이 버리노라." 뜨거운 마음을 가진 사람은 자신의 비단옷을 기꺼이 내

던져버릴 것입니다. 만일 그 옷이 다른 사람들을 구원하기 위해 손을 내밀거나 그들에게 달려가는 일에 방해가 된다면 말입니다.

이와 같이 그의 이름이 바뀐 것으로부터 사람들을 도울 수 있는 유일한 방법은 그들의 수준으로 내려가는 것이라는 교훈을 얻을 수 있습니다. 만일 여러분이 어떤 사람들을 축복하기를 원한다면, 스스로 그들과 동일시해야 합니다. 그들보다 높은 자리에 앉아 그들에게 훈화(訓話)하는 식으로 말하는 것은 아무 효과가 없습니다. 여러분은 우월한 위치에서 꾸짖는다든지 혹은 큰소리를 낸다든지 혹은 훈화함으로써 그들로 하여금 기독교 진리를 받아들이도록 만들 수 없습니다. 우리 주님이 가르치셨던 것처럼 만일 우리가 앞을 보지 못하는 걸인의 눈을 뜨게 하기를 바란다면 그의 손을 붙잡아야만 합니다.

사울이라는 이름에 담겨 있는 옛 이스라엘의 왕의 위엄을 생각해 보십시오. 그럼에도 불구하고 여기의 사도로 하여금 바울이라는 로마식 이름을 위해 사울이라는 영광스러운 이름을 버리도록 이끈 정신은 그의 다음과 같은 평생의 삶의 원칙과 동일선상에 있었습니다. "율법 없는 자에게 내가 율법 없는 자와 같이 된 것은 율법 없는 자들을 얻고자 함이라 … 내가 여러 사람에게 여러 모습이 된 것은 아무쪼록 몇 사람이라도 구원하고자 함이니"(고전 9:21, 22).

바로 이것이 가장 깊은 복음의 원리입니다. 바울에게 비교적 작은 일에 영향을 끼쳤던 이러한 원리는 우리 주님에게는 가장 위대한 사건에 영향을 끼친 원리입니다. "너희 안에 이 마음을 품으라 곧 그리스도 예수의 마음이니 그는 근본 하나님의 본체시나 하나님과 동등됨을 취할 것으로 여기지 아니하시고 오히려 자기를 비워 종의 형체를 가지사 사람들과 같이 되셨고 사람의 모양으로 나타나사 자기를 낮추시고 죽기까지 복종하셨으니 곧 십자가에 죽으심이라"(빌 2:5-8). "자녀들은 혈과 육에 속하였으매 그도 또한 같은 모양으로 혈과 육을 함께 지니심은"(히 2:14). 성육신의 신비 또한 마찬가지 아닙니까? 하나님이 사람들을 돕고자 하셨을 때, 무한한 사랑으로써 그 목적을 이룰 수 있는 유일한 방법은 하나님이 사람이 되는 것이었습니다. 그리하여 하나님은 스스로를 자신이 돕고자 하셨던 자들과 동일시하시고 스스로 사람의 수준으로 낮추셨습니다.

사랑하는 형제들이여, 이것은 그리스도의 사역의 핵심적 정신이면서 동시에 형제들을 축복하기 위한 모든 사역의 조건입니다. 이러한 원리는 모든 방면에 적용됩니다. 만일 우리가 다른 사람들을 일으키고자 한다면, 기꺼이 스스로를 낮추어야만 합니다. 우리를 특징짓는 모든 것을 내려놓고 돕고자 하는 사람들의 수준으로 내려가야 합니다. 따뜻한 동정심(同情心)으로부터 모든 지혜로운 조언이 나오는 법입니다. 왜냐하면 따뜻한 동정의 마음을 가질 때 비로소 우리의 형제들이 필요로 하는 모든 것을 참으로 이해할 수 있기 때문입니다. 우리가 따뜻한 동정의 마음을 가질 때 사람들은 우리에게 귀를 기울이게 될 것입니다. 나아가 따뜻한 동정의 마음은 우리에게 맡겨진 복음의 메시지와 일맥상통하는 유일한 성품입니다. 그리스도인에게 있어 십자가의 비하(卑下)의 복음을 그와 상반되는 방식으로 전달하는 것은 모순이며 어불성설입니다.

그러므로 만일 어떤 기독교 사역자가 자신이 돕고자 하는 사람들의 수준으로 내려가야만 한다는 사실을 잊어버린다면, 그의 기독교 사역은 필연적으로 완전한 실패로 끝날 것입니다. 여러분은 노예들 가운데 예수 그리스도의 복음을 전파하고자 하는 마음으로 불탔던 한 영웅적 선교사의 옛 이야기를 기억할 것입니다. 그들에게 다가갈 수 있는 다른 길을 찾을 수 없었을 때, 그는 스스로를 노예로 팔고 자신의 손에 스스로 족쇄를 채웠습니다. 어떤 사람들을 돕고자 할 때 먼저 그들처럼 되어야만 한다는 것은 모든 기독교 사역에 있어 변할 수 없는 원칙입니다. "약한 자들에게 내가 약한 자와 같이 된 것은 약한 자들을 얻고자 함이요 내가 여러 사람에게 여러 모습이 된 것은 아무쪼록 몇 사람이라도 구원하고자 함이니"(고전 9:22).

3. 셋째, 이름을 바꾼 것은 또한 승리를 기념하는 것이었습니다.

바울이라는 새 이름은 사울이 전도하여 얻은 첫 회심자의 이름(서기오 바울)이었습니다. 그가 첫 회심자의 이름을 취한 것은 그가 씨를 뿌리기 시작했을 때 그 순간 하나님이 그로 하여금 거두도록 도우셨음을 느꼈기 때문이었다고 추측합니다. 틀림없이 그는 큰 두려움과 떨림과 약함 가운데 사역의 현장으로 나아갔을 것입니다. 그런데 보십시오! 이미 밭은 희어져 추수하게 되었습니다.

위대한 정복자들의 이름에는 종종 그들이 정복한 지역의 이름이 붙곤 합니다. 예컨대 아프리카누스(Africanus), 게르마니쿠스(Germanicus), 나일의 넬슨(Nelson of the Nile), 막달라의 네이피어(Napier of Magdala) 등과 같이 말입니다. 이와 같이 바울은 하나님이 이기게 하신 첫 승리에서 자신의 이름을 거명합니다. 그렇게 함으로써 그는 이를테면 자신을 통해 "그리스도의 측량할 수 없는 부요"가 이방인들 가운데 열매 맺은 놀라운 사실을 항상 자기 가슴 속에 간직했습니다.

다시 말해서 여기의 사도는 하나님이 자신을 사용하셔서 형제들로 하여금 주님을 알게 하도록 도우신 것을 최고의 영광으로 그리고 자신의 생애 가운데 가장 기념할 만한 사건으로 생각했습니다. 여러분도 이와 같은 것을 여러분의 삶의 최고의 영광으로 생각합니까? 사랑하는 그리스도인들이여, 여러분의 묘비(墓碑)에 어떤 글이 새겨지기를 원합니까? "그는 부자였노라"라든지 혹은 "그는 맨체스터에서 큰 사업을 하였노라"라는 글이 새겨지기를 원합니까? 아니면 "그는 행복한 행운아였노라"라는 글이 새겨지기를 원합니까? 아니면 "그는 많은 사람들을 의의 길로 이끌었노라"라는 글이 새겨지기를 원합니까? 여기의 사도는 자신의 학문적 소양과 가정의 즐거움과 개인적 야심을 버리고 어둠 가운데 있는 자들을 빛으로 인도하는 일을 자신의 삶의 목표로 삼았습니다.

여기의 사도의 첫 승리를 기념하는 "바울"이라는 그의 새 이름은 그로 하여금 계속해서 소망 가운데 수고하도록 고취하는 강력한 자극제가 되었을 것입니다. 의심의 여지없이 이 사람에게도 때로 권태와 무기력함과 낙망의 때가 있었을 것입니다. 헛되이 수고하며 쓸데없이 힘을 낭비하는 것처럼 느끼면서 말입니다. 그럴 때마다 그는 "바울"이라는 자신의 새 이름을 생각했을 것입니다. 그럴 때 그 이름은 그에게 그 모든 것을 막아주는 훌륭한 방파제가 되어 주었을 것입니다. 그는 그렇게 과거의 일을 생각하면서 미래의 사역을 위한 자극제와 오는 세대를 위한 소망의 기초를 발견했을 것입니다. 그의 첫 회심자는 그에게 소나기를 예고하는 첫 빗방울이었으며, 조만간 들판 전체가 노란색 꽃들로 가득 찰 것을 예언하는 첫 달맞이꽃이었으며, 많은 것을 보여주는 그의 손에 들린 작은 거울이었습니다. 납작한 돌들로 만들어진 보도(步道)를 생각해 보십시오. 돌들은 시멘트와 합체되어 하나의 거대한 덩어리를 이루고 있습니다. 그런데 그러한 보도로부터 돌들을 제거하려고 애쓰는 일꾼들을 보십시오. 시멘트로 단단하게 결합된 전체 덩어리로부터 돌 하나를 분리하여 내는 일은 얼마나 힘든 일입니까! 그러나 돌 하나가 제거되고 나면 나머지는 비교적 쉽습니다. 이와 같이 여기의 사도의 첫 회심자는 이방종교의 단단하게 굳은 전체 덩어리로부터 첫 번째 돌을 분리하여 낸 것이었습니다. 그것은 그의 승리이며 기쁨이었습니다. 이제 단단하게 굳은 전체 덩어리는 깨어지기 시작했으며, 전체가 허물어지는 것은 단지 시간문제에 불과했습니다. 일반적인 쇠붙이를 황금으로 바꾸고자 애썼던 옛 연금술사들을 생각해 보십시오. 만일 어떤 연금술사가 한 알갱이의 쇠붙이를 황금으로 바꾸었다면, 그는 엄청난 양의 쇠붙이를 황금으로 바꿀 수 있을 것입니다. 왜냐하면 동일한 방법을 계속해서 반복하기만 하면 될 것이기 때문입니다. 이와 같이 여기의 사도가 어떤 한 영혼을 하나님과 화목하게 하고 그 영혼에게 참된 생명을 주었다면, 그는 모든 사람을 위해 같은 일을 행할 수 있을 것입니다. 첫 열매 속에서 우리는 희어져 추수하게 된 밭을 볼 수 있습니다. 그러므로 하나님이 우리를 통해 행하신 작은 일로 기뻐합시다. 그리고 첫 열매의 기쁨이 그토록 크다면 추수 때의 기쁨은 얼마나 더 클 것인지 생각해 보십시오.

4. 마지막으로, 그의 새 이름은 그의 평생의 사역 정신을 가리키는 지표였습니다.

"바울"은 "작은"(little)을 의미하며, "사울"은 "바라다"(desired)를 의미합니다. 그는 호의와 존귀가 암시된 이름을 버리고 비하(卑下)의 의미가 담긴 이름을 취합니다. 그의 새 이름은 "나는 모든 성도 중에 지극히 작은 자보다 더 작은 자라"는 평생의 신념을 한 단어로 응축한 것이었습니다(엡 3:8). 어쩌면 이것은 그의 작은 키를 암시하는 것일는지도 모릅니다. 또 우리는 고린도후서 10장 10절에서 그를 비방하는 자들이 "그의 편지들은 무게가 있고 힘이 있으나 그가 몸으로 대할 때는 약하도다"라고 말하는 것을 들을 수 있는데, 어쩌면 이것 역시 그의 작은 키를 암시하는 것인지도 모릅니다. 만일 그가 르낭(Renan)이 묘사한 것처럼 정말로 "작고 못생긴 유대인"이었다면, 바울이라는 그의 새 이름은 그에게 이중적으로 적용된 셈이 될 것입니다.

그렇지만 어쨌든 그 이름은 그가 자신의 사역 전체를 통해 일관적으로 추구했던 정신을 표현한 것이었습니다. 우리는 부르심의 숭고성을 더 많이 의식할수록, 스스로를 더 낮게 평가할 것입니다. 우리로 하여금 어떤 일을 행하도록 부르신 하나님의 은혜를 더 많이 생각할수록, 그 일을 행할 만한 자격이 없음을 더 깊이 느낄 것입니다. 하나님이 우리를 능하게 하신 것에 대해 더 많이 감사할수록, 우리가 능하게 된 것에 대해 더 많이 놀랄 것이며 승리를 얻은 것은 우리의 힘이 아니라 그분의 힘임을 더 깊이 느낄 것입니다.

그러므로 사랑하는 형제들이여, 모든 소망을 위해 그리고 사역에 있어서의 모든 승리를 위해 그리고 기독교적 성품에 있어서의 모든 성장을 위해, 이와 같이 스스로를 낮추며 자신의 무가치함과 연약함을 깊이 인식하는 것은 절대적으로 필수불가결합니다. 하늘 꼭대기까지 치솟아 오른 산봉우리를 생각해 보십시오. 그곳은 황량하며 아무것도 자라지 못합니다. 꽃이 피며 강물이 흐르는 곳은 낮은 골짜기입니다. 마찬가지로 하나님은 마음이 겸비하여 스스로를 낮추는 사람들에게 당신을 위해 수고할 수 있는 강함을 주십니다.

그러므로 사랑하는 자들이여, 여러분이 참으로 감당해야 할 일이 무엇인지 배우십시오. 그리고 여러분 자신을 여러분이 돕고자 하는 연약한 형제들과 동일시하십시오. 그리고 스스로를 낮추는 겸비의 정신을 배우십시오. 그리고 무엇보다도 "만일 여러분의 마음속에 새 생명 즉 하나님의 생명을 가지고 있지 않다면 실상 여러분에게는 아무런 생명도 없다"는 사실을 배우십시오.

나의 형제들이여, 여러분은 우리의 생명이신 그리스도 자신의 영(靈)을 여러분의 영 안으로 받아들이는 그런 믿음을 가지고 있습니까? 만일 여러분이 그와 같은 믿음을 가지고 있다면, 그렇다면 여러분은 새 이름을 가진 새로운 피조물입니다. 그 이름은 불완전한 세상에서는 희미하게 밖에는 보이지 않을는지 모릅니다. 그러나 어린 양의 생명책에는 선명하게 새겨져 있음을 확신하십시오. "이기는 그에게는 내가 흰 돌을 줄 터인데 그 돌 위에 새 이름을 기록한 것이 있나니 받는 자 밖에는 그 이름을 알 사람이 없느니라"(계 2:17).

52
요한 마가

"요한은 그들에게서 떠나 예루살렘으로 돌아가고"
행 13:13

요한 마가와 관련된 성경의 몇 개의 짤막한 말씀들을 통해, 우리는 그의 생애에 대한 간략한 개요와 함께 그의 성격을 어느 정도 알 수 있습니다. 그는 예루살렘의 부유한 그리스도인 여인의 아들이었습니다. 그녀의 집은 베드로가 옥으로부터 기적적으로 구원받았을 때 형제들이 함께 모여 있었던 장소였습니다. 또 그는 바나바의 조카로서 자연스럽게 바울과 바나바의 첫 번째 전도여행에 동참하도록 선택되었습니다. 그러나 몇 가지 이유 때문에 — 예컨대 겁약한 심령이라든지 혹은 부족한 열정이라든지 혹은 경솔한 성격 따위의 — 그는 너무나 성급하게 자신의 임무를 저버리고 집으로 돌아왔습니다. 너그러운 성품의 숙부 바나바는 이러한 조카를 자신과 바울의 두 번째 전도여행에 다시 동참시키고자 했습니다. 그러나 단호한 성격의 바울은 동료 바나바의 그러한 계획에 동의하기를 거부했으며, 그 결과 그들은 서로 나누어졌습니다. 이렇게 하여 바나바와 마가는 구브로로 갔으며, 이후 그들의 행적(行蹟)은 사도행전에 더 이상 나타나지 않습니다.

그러는 가운데 바울의 생애의 거의 마지막 부분에 이르러서 비로소 다시금 요한 마가에 대해 듣게 됩니다. 골로새서와 빌레몬서는 바울이 옥에 있는 동안 그가 다시금 바울의 동료로 나타나는 것을 보여줍니다. 요한 마가는 로마에서 바울을 떠나 잠시 소아시아로 갔다가, 그가 마지막으로 옥에 갇혀 있는 동안 다시 말해서 그의 죽음 직전에 다시 그에게 돌아온 것으로 보입니다. 그리고 난 후 베드로와 함께 있는 가운데 그리고 그의 지도와 가르침 아래 자신의 복음서를 기록한 것으로 보입니다.

여기까지가 요한 마가의 이야기의 뼈대입니다. 그러면 우리는 이러한 뼈대에다가 살을 입힐 수 있을까요? 그것으로부터 어떤 교훈을 얻을 수 있을까요? 그럴 수 있다고 생각합니다. 자, 어쨌든 시도해보도록 합시다!

1. 첫째, 그의 배반(背叛)에 대해 생각해 보도록 합시다.

여러분에게 '배반'이라는 단어가 다소 어색하게 들릴는지 모릅니다. 그렇지만 바울 자신이 사용한 언어의 정확한 의미를 감안할 때, 나는 마가의 행동을 '배반'이라는 단어로 표현할 수 있다고 생각합니다.

그것은 그리스도로부터 떠난 것은 아니었습니다. 다만 그것은 자신의 명백한 의무로부터 떠난 것이었습니다. 만일 여러분이 마가가 자신에게 부여된 임무를 저버린 시점(時點)을 주목한다면, 그가 그렇게 행동한 이유를 알게 될 것입니다. 선교사 일행이 도착한 첫 번째 장소는 구브로였습니다. 그곳은 바나바가 태어난 곳이었으며, 아마도 그것이 그곳을 자신들의 선교사역을 시작하는 첫 번째 장소로 선택한 이유였을 것입니다. 또 바로 그 이유 때문에 다시 말해서 그곳이 숙부의 고향이었기 때문에, 구브로에 머물며 복음을 전파하는 것은 요한 마가에게 있어 매우 쉬운 일이었습니다. 그곳에는 틀림없이 그의 친구들이라든지 혹은 익숙한 지인(知人)들이 있었을 것입니다.

그러나 구브로 섬과 본토 사이의 해협을 가로질러 소아시아 땅에 상륙했을 때, 그는 즉시로 움츠리며 뒤로 물러났습니다. 마치 뜨거운 마음으로 자원입대한 신병(新兵)이 포탄이 날아다니는 전쟁터에 도착하자마자 겁에 질려 꽁무니를 빼는 것처럼 말입니다. 그는 선교사역에 완전히 준비되어 있었습니다. 그것이 쉬운 일인 한 말입니다. 그리고 익숙하고 편안한 장소에서 활동하며 특별한 영웅적 행동이나 자기희생이 요구되지 않는 한, 그는 선교사역을 감당할 충분한 준비가 되어 있었습니다. 그는 시련과 난관에 기꺼이 직면하지 않았습니다. 도리어 그것을 상상하며 흠칫 놀랍니다. 그는 선교사역에 스스로를 던지며 자신이 어떻게 그 일을 감당하는지 보지 않습니다. 그렇게 하는 대신 불과 몇 걸음도 전진하지 못한 상태에서 그리고 위험이나 난관을 실제로 경험하기도 전에, 그는 예루살렘에 있는 자신의 어머니에게로 돌아갔습니다.

그렇습니다. 우리는 모든 종류의 열정적 생애 가운데 이와 정확하게 똑같은 일을 발견합니다. 많은 사람들이 달려가기 시작합니다. 그러나 경주가 진행되는 가운데 한 사람씩 탈락하기 시작합니다. 백 명이 출발했지만, 그러나 마지막에는 서너 명만 남습니다. 인생의 황혼에 서 있는 사람들에게 말합니다. 여러분은 함께 경주를 시작했던 많은 동료들이 잠시 동안은 잘 달렸던 것을 기억할 것입니다. 그렇지만 지금 그들은 어떻게 되었습니까? 이 일이 이 사람을 가로막았고, 저 일이 저 사람을 가로막았습니다. 그들의 처음 결심은 마치 불타고 남은 재처럼 싸늘하게 식고 말았습니다. 젊은 시절의 이상(理想)에 충실하게 "인내로써 끝까지 잘 달린" 사람은 불과 서너 명에 불과합니다. 아브라함 링컨의 소박한 표현처럼, 자신에게 주어진 임무에 계속해서 "말뚝 박혀" 있었던 사람들 말입니다.

이것은 매우 "진부하며 케케묵은" 교훈입니다. 그러나 나는 어떤 교훈도 그것이 실제로 행하여질 때까지는 결코 진부하지 않다고 믿습니다. 아무리 진부한 교훈이라 하더라도 만일 여러분과 내가 그것을 실천하지 않았다면, 그것은 우리에게 또 다시 필요한 교훈이 됩니다. 특별히 그 안에 영예와 노력의 요소가 있는 모든 일과 관련하여, 요한 마가는 그에 대해 깊이 생각하지 않은 채 너무 성급하게 시작하지 말라는 교훈과 함께 일단 시작한 일은 어떤 난관에도 굽히지 말고 계속해서 나아가라는 교훈을 우리에게 가르쳐줍니다.

나아가 여기의 이야기는 수천수만의 젊은 그리스도인들의 경험과 얼마나 비슷합니까! 저처럼 오랫동안 목회자로서 사역한 사람이라면 누구나 여기의 요한 마가처럼 뜨거운 열정과 진지한 마음으로 시작했다가 마침내 흐지부지되고 만 많은 사람들을 보았을 것입니다. 처음에는 주일학교 교사로서 혹은 이런저런 봉사자로서 충성된 일꾼이었다가 지금은 게으르고 무익한 종처럼 된 사람들 말입니다.

사랑하는 형제들이여, 우리는 오늘의 훈계를 깊이 마음에 새길 필요가 있습니다. 나는 여러분 자신의 예전의 뜨거운 열정과 지금의 미지근함을 비교해 보기를 바랍니다. 그리스도인으로서의 여러분의 생애가 거리에 쌓인 눈처럼 되지 않기를 바랍니다. 처음에는 얼마나 희고 아름답습니까! 그렇지만 하루 이틀 지나면서 어떻게 됩니까? 조금씩 때가 묻고 더러워지다가 마침내 새카매지지 않습니까?

우리 가운데 많은 사람들은 처음의 열정이 타고 남은 재처럼 싸늘하게 식었음을 인식해야 합니다. 깊은 산중의 샘에서 즐겁게 솟아오른 물을 생각해 보십시오. 골짜기를 따라 즐겁게 노래를 부르며 힘차게 흐릅니다. 그렇지만 아래로 내려올수록 점점 더 천천히 흐르다가, 낮은 평원에서는 거의 흐르지 않는 것처럼 보입니다. 그러다가 마침내 황량한 광야의 메마른 모래 속으로 완전히 삼켜집니다. 아, 나의 친구들이여! 여기의 교훈을 깊이 마음에 새깁시다! 부디 요한 마가의 배반을 반복함으로써 우리의 기독교적 생명을 어둡게 하고 기독교적 양심을 슬프게 하지 맙시다!

2. 둘째, 이로 인해 그가 사도행전의 무대에서 사라지게 된 것을 주목하십시오.

바울과 바나바는 일행을 이탈한 마가를 어떻게 처리할지에 대해 서로 의견이 달랐습니다. 그들 가운데 누가 옳았습니까? 바나바처럼 잘못을 불문에 부치면서 그를 예전의 위치로 다시 회복시켜주고 다시금 새로운 기회를 주는 것이 더 낫습니까, 아니면 바울처럼 엄격하게 한번 자신의 임무를 떠난 자는 다시금 그 자리로 회복될 수 없다고 선언하는 것이 더 낫습니까? 우리가 아는 대로, 바나바는 관대하며 아량이 넓은 사람이었습니다. 그는 "위로의 아들"이었으며, 더욱이 마가는 그의 조카였습니다. 이와 같이 그의 넓은 아량과 숙부라는 특별한 관계로 인하여 그는 마가를 좋게 처리하기를 바랐습니다. 그리하여 바나바는 잘못된 결정을 했습니다. 자신의 조카라고 하여 잘못을 인정하고 회개함이 없이 그리고 어느 정도 근신하는 기간 없이 곧바로 옛 위치로 복귀시키는 것은 큰 잘못이었습니다. 그러나 그때 바나바는 자신의 잘못을 알지 못했으며, 그랬기 때문에 그러한 잘못을 돌이킬 기회를 갖지 못했습니다.

교회는 명백히 바울의 생각에 공감했으며, 그가 올바른 조치를 취했다고 생각했습니다. 왜냐하면 15장에서 우리는 다음과 같은 말씀을 보게 되기 때문입니다. "바나바는 마가를 데리고 배 타고 구브로로 가고 바울은 실라를 택한 후에 형제들에게 주의 은혜에 부탁함을 받고 떠나"(39-40절). 여기에서 바나바의 행로에 대한 언급과 바울의 행로에 대한 언급 사이의 현저한 대조를 주목해 보십시오. 바나바에 대해서는 단지 "마가를 데리고 배 타고 구브로로 가고"가 전부입니다. 반면 바울에 대해서는 "형제들에게 주의 은혜에 부탁함을 받고"라는 표현이 특별하게 언급됩니다. 이를 볼 때 우리는 교회가 명백히 바울의 생각에 공감했음을 알 수 있습니다.

안디옥 사람들에게 있어 누가 옳았는가 하는 것은 의문의 여지가 없는 일이었습니다. 그리고 나 역시 그들의 판단이 옳았다고 생각합니다. 우리는 하나님조차도 자신을 떠난 자들에 대해 이와 같이 즉 바나바가 마가를 처리한 대로가 아니라 바울이 마가를 처리한 것처럼 처리하신다는 사실을 기억할 필요가 있습니다. 바나바는 항상 기꺼이 용서하고 회복시켜줄 준비가 되어 있었습니다. 그러나 그는 먼저 마가가 자신의 잘못을 인정하고 회개하는 것을 보고자 했어야 합니다. 용서가 곧 아무런 처벌도 하지 않는 것을 의미하는 것은 아닙니다. 하나님의 무한한 긍휼이 곧 마치 죄가 아무것도 아니라는 듯 사람들을 그대로 내버려두는 것을 의미하는 것은 아닙니다. "아니야, 상한 마음으로 회개할 때까지 결코 그 일은 마가에게 맡겨져서는 안 돼"라고 말하는 바울의 엄격함은 하나님의 속성의 일부입니다. "주께서는 그들의 행한 대로 갚기는 하셨으나 그들을 용서하신 하나님이시니이다"(시 99:8). 우리는 '엄격함을 결여한 나약한 동정심'과 '징벌의 쓰라림을 가르치는 참된 긍휼' 사이의 차이를 배울 필요가 있습니다.

마가가 사도행전의 무대로부터 사라지게 된 사실로부터 우리는 또 하나의 교훈을 배울 수 있는데, 그것은 하나님의 섭리 가운데 자신의 임무를 기피한 자는 결국 일할 것이 없게 되는 반면, 충성된 일꾼은 일할 것이 더 많게 된다는 사실입니다. 만일 어떤 사람이 자신의 명백한 의무를 회피한다면, 그는 더 이상 할 일을 얻지 못하게 될 것입니다. 바로 이것이 그토록 많은 그리스도인들이 세상에서 할 일이 없는 이유입니다. 그들은 시장 어귀에 서서 "우리를 품꾼으로 쓰는 이가 없음이니이다"라고 말합니다(마 20:7). 결코 그렇지 않습니다. 여러분에게 너무나 자주 할 일이 주어졌었습니다. 어떤 때는 강제적으로 주어지기까지 했습니다. 그러나 여러분은 그 일을 거부했으며, 그래서 할 일을 더 이상 얻지 못하게 된 것입니다. 여러분은 일하도록 요구받았습니다. 여러분에게 이런저런 임무가 부여되었습니다. 사역의 현장이 여러분 앞에 분명하게 열렸습니다. 그러나 여러분은 그 안으로 들어가려고 하지 않았습니다. 그리하여 하루 종일 아무 일도 하지 않고 서 있게 되었으며, 여러분에게 주어졌던 일은 그 일을 기꺼이 행할 다른 사람들에게 갔습니다. 이렇게 하여 하나님은 그들을 존귀케 하시고 여러분을 그냥 지나치십니다.

마가는 배 타고 구브로로 갔습니다(15:39). 그는 예루살렘으로 돌아가지 않고, 바나바와 더불어 별도로 선교사역을 감당하고자 시도합니다. 그러나 그로부터 아무런 일도 일어나지 않습니다. 결국 마가는 사도행전의 무대에서 사라집니다. 그는 바울 사도의 즐거운 싸움과 희생과 성공에 아무런 분깃도 갖지 못합니다. 바울 사도의 성공적 사역을 보면서, 여러분은 그가 자신의 겁약함을 후회했을 것이라고 생각하지 않습니까? 하나님이 사역의 문을 여셨을 때, 그는 그 일이 자신의 옛 동료들의 손에서 성공적으로 이루어지는 것을 지켜보아야만 했습니다. 또 그는 마땅히 자신이 감당했어야 할 일을 실라가 채운 것을 지켜보아야만 했습니다. 여러분은 그의 마음에 쓰라림이 있었을 것이라고 생각하지 않습니까? 자신의 의무를 회피한 것에 대한 징벌은 아무 일도 할 수 없게 되는 것입니다.

그러므로 나의 친구들이여, 작은 일에 충성한 자에게 하나님이 줄 수 있는 최고의 상급은 그에게 많은 일을 맡기는 것이라는 사실을 기억하십시오. 자신의 한 달란트를 땅에 묻고 사용하지 않음으로써 마침내 그 한 달란트를 빼앗겨 버리고만 게으른 종의 운명이 되지 않도록 주의하십시오. 그리고 "무릇 있는 자는 받겠고 없는 자는 그 있는 것도 빼앗기리라"라는 말씀을 항상 마음에 새기십시오(눅 19:26).

3. 셋째, 그가 회복되는 과정을 주목하십시오.

실제로 이에 관해 성경에서 아무것도 말하지 않습니다. 그러나 우리는 최소한 그에 관한 전체적 개요는 충분히 추측할 수 있습니다. 그의 활동과 관련된 침묵과 모호함의 기간은 의심의 여지없이 그의 행동의 결과였습니다. 곁길로 이탈한 그리스도인이 주님께로 돌아올 수 있는 길은 오직 하나입니다. 그리고 그 길 위에는 반드시 통과해야만 하는 세 지점이 있습니다. 첫 번째 지점은 자신의 넘어짐을 인정하는 것이며, 두 번째 지점은 주님께 용서를 구하는 것이며, 세 번째 지점은 주님께 대한 성별(聖別)을 심화시키는 것입니다.

족장 아브라함이 보이지 않는 것을 의지하는 믿음으로부터 보는 것을 의지하는 감각(感覺)으로 일시적으로 이탈한 것을 생각해 보십시오. 그는 기근으로 인해 약속의 땅을 떠나지 않을 수 없게 되었다고 생각했습니다. 그리고 마침내 애굽으로부터 돌아온 후 그는 어떻게 했습니까? 창세기 13장 3절과 4절의 의미심장한 말씀을 보십시오. "그가 벧엘과 아이 사이 곧 전에 장막 쳤던 곳에 이르니 그가 처음으로 제단을 쌓은 곳이라 그가 거기서 여호와의 이름을 불렀더라." 그렇습니다. 나의 친구들이여, 우리는 다시 시작하는 가운데 모든 옛길을 다시 밟아야만 합니다. 다시 한 번 예전의 좁은 문으로 들어가, 다시 한 번 참회의 자리를 취하고, 다시 한 번 용서하시는 그리스도와 만나, 다시 한 번 새로운 마음으로 그의 일에 우리 스스로를 드려야 합니다. 만일 사람이 다시 돌아오고자 한다면, 그는 반드시 왕의 대로(King's Highway)를 통해 돌아와야만 합니다.

4. 마지막으로, 마침내 그가 다시 회복된 것을 주목하십시오.

만일 여러분이 성구사전에서 요한 마가와 관련한 구절들을 찾는다면, 바울의 두 권의 옥중서신에서 그의 이름이 다시 언급되는 것을 발견할 것입니다. 그것은 골로새서와 빌레몬서인데, 거기에 나타난 구절들은 우리에게 매우 흥미진진한 사실들을 알려줍니다. 바울은 마가를 자신이 로마에서 옥에 갇혀 있는 동안 자신에게 위로가 된 네 명의 할례파 유대인들 가운데 한 사람으로 말합니다(골 4:9-11). 그들은 오네시모와 마가와 아리스다고과 유스도였습니다. 특별히 바울은 골로새 교회에 마가를 천거하면서 혹시 그가 이르거든 사랑으르 잘 영접할 것을 당부합니다. "바나바의 생질 마가에 대하여 너희가 명을 받았으매 그가 이르거든 영접하라"(10절), 또 바울은 빌레몬에게 마가와 다른 네 명의 문안인사를 전달합니다. "그리스도 예수 안에서 나와 함께 갇힌 자 에바브라와 또한 나의 동역자 마가, 아리스다고, 데마, 누가가 문안하느니라"(몬 1:23, 24). 이 가운데 한 사람인 데마는 훗날 주를 버리고 떠났는데, 우리는 그가 나중에 다시 돌아왔는지 여부에 대해 아무것도 읽지 못합니다. 여기에서 특별히 마가와 데마와 누가 세 사람을 주목해 보십시오. 첫 번째 사람은 자신의 임무를 회피하고 떠났다가 나중에 다시 돌아왔으며, 두 번째 사람은 주를 버리고 떠났다가 우리가 아는 한 다시 돌아오지 않았으며, 세 번째 사람은 끝까지 충성스러운 종이었습니다.

그리고 바울의 마지막 편지에서 우리는 그가 디모데에게 다음과 같이 부탁하는 것을 읽습니다. "네가 올 때에 마가를 데리고 오라 그가 나의 일에 유익하니라"(딤후 4:11). 요한 마가에 대한 성경의 첫 번째 언급은 "바나바와 사울이 마가라 하는 요한을 데리고 예루살렘에서 돌아오니라"였으며(행 12:25), 그에 대한 마지막 언급은 "그가 나의 일에 유익하니라"였습니다(딤후 4:11). 헬라어 원어는 동일하지 않지만, 그러나 그 의미는 본질적으로 동일합니다. 그러므로 한때의 잘못에도 불구하고 그리고 얼마 후 새로운 사역에 복귀하는 것에 괘한 바울의 정당한 거부에도 불구하고, 그는 결국 예전의 자리로 돌아왔습니다. 그리고 노(老) 사도는 죽음을 앞둔 시점에 다시 한 번 그를 곁에 두며 그로부터 위로받기를 희망합니다. 이로부터 우리는 영원한 복음은 어떤 사람이 처음의 잘못에도 불구하고 기꺼이 회개하고 돌이켰을 때 그를 더 나은 일꾼으로 만든다는 교훈을 배울 수 있지 않습니까? 우리는 종종 부러진 뼈가 다시 붙으면 예전보다 더 강해진다는 말을 듣곤 합니다 — 나는 이것이 사실인지 여부는 알지 못합니다. 우리가 범한 죄 역시 이와 비슷하다고 생각합니다. 우리가 어떤 일을 행했는데, 나중에 그 일이 죄임을 알게 되었다고 상상해 보십시오. 우리는 사함을 위해 그것을 그리스도께로 가져갑니다. 그러면 도리어 그 일이 우리의 미래의 사역에 효과적인 도움이 될 수 있습니다. 이스라엘 백성들은 종종 한 전쟁터에서 두 번 싸우곤 했습니다. 첫 번째 싸움에서 그들은 처참하게 패합니다. 그러나 두 번째 싸움에서 그들은 큰 승리를 거두고, "에벤에셀" 즉 "여호와께서 여기까지 도우셨다"라고 말하며 기념비를 세웁니다.

이와 같이 우리는 가장 쓰라린 시험도 능히 극복할 수 있습니다. 우리가 너무나 쉽게 떨어지곤 하던 죄도 능히 밟을 수 있습니다. 과거는 결코 미래의 표본이 아닙니다. 과거가 어떤 모습이었다고 해서 미래 역시도 반드시 그와 같은 것은 결코 아닙니다. 과거의 죄로 인해 우리는 겸손과 하나님을 의지하는 법을 배웁니다. 그리고 죄는 우리의 약한 곳이 어디인지 가르쳐줍니다. 죄를 용서받았을 때, 우리는 그리스도와 더 깊고 뜨거운 사랑으로 연합됩니다. 그리고 그로 말미암아 우리의 헌신은 더 심화됩니다. 여기의 마가의 생애를 생각해 보십시오. 처음에 그는 놀란 토끼처럼 예상되는 위험과 난관으로부터 도망쳤으며, 그로 인해 주를 위해 수고하는 모든 즐거운 일로부터 떨어졌습니다. 그러다마 마침내 온 세상에 "종의 복음"(the Gospel of the Servant)을 선포하는 복음서의 저자가 되었습니다. 하나님은 상한 갈대와 같은 사람들과 함께 일하시며, 그런 사람들을 통해 가장 아름다운 음악을 연주하십니다.

그러므로 사랑하는 형제들이여, "말씀을 가지고 여호와께로" 돌아오십시오. 그리고 "모든 불의를 제거하시고 선한 바를 받으소서"라고 기도하십시오(호 14:2). 그러면 하나님은 필경 이렇게 응답하실 것입니다. "내가 그들의 반역을 고치고 기쁘게 그들을 사랑하리니 나의 진노가 그에게서 떠났음이니라 내가 이스라엘에게 이슬과 같으리니 그가 백합화 같이 피겠고 레바논 백향목 같이 뿌리가 박힐 것이라"(4, 5절).

53
소아시아에서의 첫 설교

"²⁶형제들아 아브라함의 후손과 너희 중 하나님을 경외하는 사람들아 이 구원의 말씀을 우리에게 보내셨거늘 ²⁷예루살렘에 사는 자들과 그들 관리들이 예수와 및 안식일마다 외우는 바 선지자들의 말을 알지 못하므로 예수를 정죄하여 선지자들의 말을 응하게 하였도다 ²⁸죽일 죄를 하나도 찾지 못하였으나 빌라도에게 죽여 달라 하였으니 ²⁹성경에 그를 가리켜 기록한 말씀을 다 응하게 한 것이라 후에 나무에서 내려다가 무덤에 두었으나 ³⁰하나님이 죽은 자 가운데서 그를 살리신지라 ³¹갈릴리로부터 예루살렘에 함께 올라간 사람들에게 여러 날 보이셨으니 그들이 이제 백성 앞에서 그의 증인이라 ³²우리도 조상들에게 주신 약속을 너희에게 전파하노니 ³³곧 하나님이 예수를 일으키사 우리 자녀들에게 이 약속을 이루게 하셨다 함이라 시편 둘째 편에 기록한 바와 같이 너는 내 아들이라 오늘 너를 낳았다 하셨고 ³⁴또 하나님께서 죽은 자 가운데서 그를 일으키사 다시 썩음을 당하지 않게 하실 것을 가르쳐 이르시되 내가 다윗의 거룩하고 미쁜 은사를 너희에게 주리라 하셨으며 ³⁵또 다른 시편에 일렀으되 주의 거룩한 자로 썩음을 당하지 않게 하시리라 하셨느니라 ³⁶다윗은 당시에 하나님의 뜻을 따라 섬기다가 잠들어 그 조상들과 함께 묻혀 썩음을 당하였으되 ³⁷하나님께서 살리신 이는 썩음을 당하지 아니하였나니 ³⁸그러므로 형제들아 너희가 알 것은 이 사람을 힘입어 죄 사함을 너희에게 전하는 이것이며 ³⁹또 모세의 율법으로 너희가 의롭다 하심을 얻지 못하던 모든 일에도 이 사람을 힘입어 믿는 자마다 의롭다 하심을 얻는 이것이라"

행 13:26–39

비시디아 안디옥 회당에서의 바울의 설교는 이제부터 그가 행하는 일련의 설교들 가운데 첫 번째 설교입니다. 바로 이 점이 누가는 그것을 여기에 자세히 기록한 이유입니다. 설령 여기의 회당의 구성원이 구브로 회당의 구성원과 같았다 하더라도, 어쨌든 이것은 소아시아의 도시들을 여행하며 복음을 전파하는 특별한 사역의 시작이었습니다. 오늘의 본문은 바울이 비시디아 안디옥 회당에서 설교한 것의 일부인데, 본문을 대략 셋으로 구분할 수 있습니다. 첫째는 복음의 사실들에 대한 압축된 이야기이며(26-31절), 둘째는 부활이 예언된 증거이며(32-37절), 셋째는 복음의 개인적인 적용입니다(38-39절).

1. 여기의 바울의 설교가 사도행전 앞부분에 기록된 베드로의 설교들과 본질적으로 동일한 사실을 주목하십시오.

물론 약간의 차이들도 있는데, 그것은 부분적으로 청중의 차이에 기인하며 또 부분적으로 두 사람의 개인적 특성의 차이에 기인합니다. 앞에서 역사적 사실들을 요약하고 난 후, 바울은 즉시로 주된 임무인 복음을 선포하는 일로 돌아옵니다. 그의 이러한 이행(移行)은 16절의 "이스라엘 사람들과 및 하나님을 경외하는 사람들아"라는 서언(序言)을 26절에서 다시금 반복하면서 이루어집니다.

자, 26절의 "형제들아 아브라함의 후손과 너희 중 하나님을 경외하는 사람들아"라는 말씀을 주목해 봅시다! 지금 그의 청중은 유대인들과 이방인 개종자들로 구성되어 있었으며, 그는 두 부류의 사람 모두의 귀를 붙잡고자 애쓰고 있습니다. 지금 그의 마음은 "형제들"인 그들 모두에게로 향하고 있습니다. 그러면서 그는 자신과 바나바를 자신이 선포하는 메시지의 수신자(受信者)인 그들 가운데 포함시킵니다. "이 구원의 말씀을 우리에게 보내셨거늘"(26절). 이러한 표현 속에 얼마나 따뜻한 사랑과 겸손의 마음이 담겨 있습니까! 그는, 마치 자신이 그들이 가질 수 있는 것 외에 다른 특별한 것을 가지고 있기나 한 것처럼, 그들 위에 서지 않을 것입니다. 그 역시 그것을 받았습니다. 그리고 지금 그가 말하려고 하는 것은 그의 말이 아니라 그와 그들에게 대한 하나님의 메시지입니다. 바로 이것이 말씀을 전파하는 올바른 방법입니다.

나아가 여기에서 바울이 예수를 배척한 이야기와 복음이 안디옥에까지 이르게 된 이유를 얼마나 기술적으로 연결시키는지 주목해 보십시오. 복음이 아시아에까지 이른 것은 예루살렘 사람들이 그것을 배척했기 때문이었습니다. 바울은, 오순절 날 베드로가 예루살렘 사람들에게 예수를 죽인 죄책을 돌린 것과는 달리, 청중들의 양심을 찌르지 않습니다. 그들은 그러한 죄책에 분깃을 가지고 있지 않았습니다. 바울은 자신과 청중들을 그들이 종종 올려다보곤 하는 예루살렘 사람들과 분리시킵니다. 지금까지 안디옥의 유대인들의 손은 예수를 죽은 죄책으로부터 정결했습니다. 그러나 이제 그들은 스스로를 예루살렘 사람들과 연합시킬 것인지 아니면 단절시킬 것인지 선택해야만 했습니다.

나아가 우리는 바울이 그리스도의 온유하신 생애라든지 기적이나 가르침 등에 대해서는 아무 말도 하지 않는 것을 주목할 수 있습니다. 다만 그는 모든 관심을 예수 그리스도의 죽음과 부활에 집중시킵니다. 처음부터 이것이 그의 "복음"의 주된 요소였습니다. 고린도전서 15장에 나타나는 것처럼 말입니다. "내가 받은 것을 먼저 너희에게 전하였노니 이는 성경대로 그리스도께서 우리 죄를 위하여 죽으시고 장사 지낸 바 되셨다가 성경대로 사흘 만에 다시 살아나사"(3, 4절). 그리스도의 죽음의 풍성한 의미는 여기에서 선포되지 않습니다. 아마도 그것은 다음 기회에 가르치고자 유보되었을 것입니다. 그러나 그것과 그것의 의미를 해석해 주는 부활은 여기의 설교에서 전면에 제시됩니다. 여기에서 바울이 역설하는 주된 요점은 예루살렘 사람들이 예수를 죽임으로써 예언이 성취되었다는 사실입니다. 어리석게도 그들은 선지자들의 명백한 음성을 알지 못했습니다. 그들이 일치된 음성으로 메시야를 예언했음에도 불구하고 말입니다. 매 안식일마다 메시야와 관련한 선지자들의 예언을 들었음에도 불구하고, 그들은 그 모든 예언을 성취하고 말았습니다. "예루살렘에 사는 자들과 그들 관리들이 예수와 및 안식일마다 외우는 바 선지자들의 말을 알지 못하므로 예수를 정죄하여 선지자들의 말을 응하게 하였도다"(27절). 바울의 설교가 시작되기 전에 먼저 예배 순서에 따라 어떤 선지자의 예언이 봉독되었을 것입니다. 그리고 바울이 설교하는 동안 어떤 청중들은 그 동안 자신들의 마음을 덮고 있던 휘장이 벗겨지는 것을 느꼈을 것입니다.

부활의 사실성은 오직 역사적 사실의 증거 즉 자격 있는 목격자들의 증언에 의해서만 확립됩니다. 또 그들의 자격은 예수의 공생애 동안 그들의 친밀한 교제에 의해 확립됩니다. 또 그가 "여러 날"에 걸쳐 나타난 사실은 그의 부활의 사실성을 한층 더 확실하게 만듭니다(31절).

여기에서 바울은 예수의 부활에 대한 자신의 증언은 제시하지 않습니다. "맨 나중에 만삭되지 못하여 난 자 같은 내게도 보이셨느니라"라는 표현에 암시되어 있는 것처럼, 다메섹 도상에서의 나타나심을 다른 제자들에게 나타나신 것들과 동등한 것으로 여겼음에도 불구하고 말입니다(고전 15:8). 그렇게 하는 대신, 그는 "백성 — 즉 본토 유대인들 — 앞에서의 증인"으로서의 사도들의 사역과 자신과 바나바의 사역 사이를 구별합니다 (31절). 그들은 유대교의 영역을 넘어 먼 곳으로 메시지를 가져가야만 했습니다. 사도들과 그는 동일한 사역을 가지고 있었지만, 그러나 영역은 달랐습니다.

2. 두 번째 부분은 부활과 관련한 예언들을 다룹니다.

여기의 취지는 오직 목격자들의 증언에 의해서만 증명될 수 있는 부활을 전파하는 것이라기보다 그것이 조상들에게 주신 약속들을 응하게 하는 것이었다는 사실을 확증하는 것이었습니다. 바울의 머리 안에 예언이 응했다는 생각이 얼마나 강하게 뿌리 내리고 있었는지 주목하십시오. 유대인들은 자신들의 범죄로 말미암아 그것을 응하게 하였으며, 하나님은 부활로 말미암아 그것을 응하게 하셨습니다. 이와 같이 핵심어를 반복하는 것은 바울의 서신들 가운데 나타나는 그의 문체의 특징입니다. 그리고 여기에 그러한 반복이 나타나는 것은 그가 말하는 바의 정확성을 증명합니다.

바울은 33절에서 시편 2편의 한 구절을 인용합니다. "너는 내 아들이라 오늘 너를 낳았도다"(7절). 시편 2편은 그리스도를 예언하는 것으로서, 세상의 통치자들이 메시야를 대적하여 헛된 반역을 꾀하는 것을 시적(詩的)인 생생한 언어로 표현합니다. 여호와께서 그와 그의 나라를 영원토록 견고하게 하셨음에도 불구하고 말입니다. 베드로는 이러한 말씀이 헤롯과 빌라도와 유대 관원들이 서로 연합하여 그리스도를 대적할 때 응한 것으로 간주했습니다(행 4:27). 이와 같이 시편 2편의 메시야적 관련성은 명백합니다. 한편 우리는 누가복음 24장에서 부활하신 그리스도가 제자들에게 "모세와 모든 선지자의 글로 시작하여 모든 성경에 쓴 바 자기에 관한 것을 자세히 설명"하셨다는 말씀을 읽습니다(27절). 두말 할 것도 없이, 여기의 "모든 성경에 쓴 바 자기에 관한 것" 속에 시편 2편도 당연히 포함될 것입니다. 그것은 헛된 반역 이후에 여호와께서 메시야에게 "오늘 내가 너를 낳았도다"라고 말씀하는 것으로 묘사합니다(7절). 여기에서 "오늘"이라고 표현된 날은 어떤 분명한 시점(時點)을 가리킵니다. 부활은 죽음으로부터 태어나는 것이었습니다. 마찬가지로 바울은 골로새서 1장 18절에서 예수를 "죽은 자들 가운데서 먼저 나신 자"로 부릅니다. 또 로마서 1장 4절의 "죽은 자들 가운데서 부활하사 능력으로 하나님의 아들로 선포되셨으니"라는 말씀을 주목해 보십시오. 나는 이 말씀이야말로 본문에서 바울이 "시편 둘째 편에 기록한 바와 같이 너는 내 아들이라 오늘 너를 낳았다 하셨고"라고 말한 것에 대한 최고의 주석이라고 생각합니다(33절).

본문의 두 번째 인용문 "내가 다윗의 거룩하고 미쁜 은사를 너희에게 주리라"는 말씀과 세 번째 인용문 "주의 거룩한 자로 썩음을 당하지 않게 하시리라"는 말씀은 명백히 서로 결합되어야만 합니다. 왜냐하면 두 번째 인용문은 부활을 명확하게 언급하지 않고, 다만 "너희" 즉 메시야의 축복에 참여하라는 부르심에 순종하는 자들에게 "다윗의 거룩하고 미쁜 은사"를 약속하기 때문입니다. 한편 세 번째 인용문은 "썩음을 당하지 않는" 것이 그러한 "거룩하고 미쁜 은사들" 가운데 하나임을 보여줍니다. 이러한 사실은 바울의 관점에서 시편의 화자(話者)가 다윗이며, 그의 말은 신적 약속에 대한 믿음의 응답이었음을 함축합니다. 그러나 다윗은 죽었습니다. 그러면 "거룩하고 미쁜 은사"는 결국 부러진 갈대가 되고 말았습니까? 결코 그렇지 않습니다. 왜냐하면 메시야이며 다윗보다 더 깊은 의미에서 "하나님의 거룩한 자"인 예수가 썩음을 당하지 않았기 때문입니다. 이와 같이 마침내 시편 기자의 소망은 그리스도 안에서 그리고 그리스도를 통해 성취됩니다.

3. 바울은 이렇게 이루어진 구원을 형제들에게 적용시키기를 열망합니다.

그는 그리스도의 부활의 사실을 선포하며 이로써 예언이 성취되었음을 가리키는 것으로 만족하지 않습니다. 나아가 그는 형제들이 이러한 구원을 온전히 받아들일 것을 간절히 열망합니다. 여기에서 바울은 불처럼 타오릅니다. 우리는 여기에서 바울 특유의 복음을 보게 됩니다. 그는 이미 율법과 복음 사이의 위대한 차이를 깨달았습니다. "또 모세의 율법으로 너희가 의롭다 하심을 얻지 못하던 모든 일에도 이 사람을 힘입어 믿는 자마다 의롭다 하심을 얻는 이것이라"(39절). 그는 이미 사람이 의롭다함을 받는 위대한 원리를 깨달았습니다. 로마서와 갈라디아서의 핵심이 바로 여기에 있습니다. 의롭다함을 받은 사람은 이제 더 이상 죄책 아래 있지 않습니다. 율법은 결코 사람을 의롭게 만들 수 없습니다. 오직 "그 안에서"(in Him) 우리는 의롭다함을 받습니다. 39절의 "이 사람을 힘입어 믿는 자마다 의롭다 하심을 받는" 진리는 38절의 "이 사람을 힘입어 죄 사함을 받는" 진리로부터 한 걸음 더 나아간 것입니다.

"그 안에서"(in Him)는 훗날 바울 사도가 그토록 역설했던 그리스도와의 연합의 위대한 진리를 가리킵니다. 그리스도 안에서 의롭다함을 받는 것은 완전하며 절대적입니다. 그리고 그것을 받는 유일하며 충분한 조건은 믿음입니다. 그러나 빛의 영광이 클수록 그것이 던지는 그림자도 짙은 법입니다. 이와 같은 완전한 구원을 제시하는 것에는 항상 그것을 배척하는 것에 대한 엄중한 경고가 수반되어야만 합니다. 그것이 믿음의 조건 위에서 값없이 베풀어지는 충분한 구원이기 때문에 대해 귀를 막는 자들에게 다음과 같은 경고가 발하여져야만 합니다. "그런즉 너희는 선지자들을 통하여 말씀하신 것이 너희에게 미칠까 삼가라"(40절). 복음의 메시지 안에는 필연적으로 소망과 두려움이 함께 담겨 있습니다. 그러한 두 가지는 사람으로 하여금 만세반석 안에 있는 안전한 피난처로 날아가도록 만드는 두 날개와 같습니다.

54
루터 – 돌무덤 위에 있는 하나의 돌

"다윗은 당시에 하나님의 뜻을 따라 섬기다가 잠들어 그 조상들과 함께 묻혀 썩음을 당하였으되 하나님께서 살리신 이는 썩음을 당하지 아니하였나니"

행 13:36, 37

오늘 나는 이러한 말씀을 본문이라기보다 하나의 표어로 취하고자 합니다. 여러분은 내가 이것을 루터 기념예배와 연결하여 사용하고자 하는 것을 눈치 챌 수 있을 것입니다. 여기의 말씀은 우리 앞에 있는 종들의 일시적이며 제한적인 사역과 주님의 무한하며 영원한 사역 사이의 대조를 분명하게 제시합니다. 종들의 사역은 단지 일시적일 뿐입니다. 그들은 자신들에게 맡겨진 일을 행하며, 마침내 무덤에 눕혀집니다. 그들의 몸이 원래의 원소(元素)로 해체되는 것처럼, 그들의 가르침과 영향력과 그들이 세운 모든 것들은 허물어지고 썩습니다. 반면 주님은 영원히 거합니다. 세상에 대한 주님의 관계는 세상에 대한 종들의 관계와 같지 않습니다. 그는 한 세대만이 아니라 영원한 세대를 위하며, 죽음조차도 그의 사역의 끝이 아닙니다. 그의 십자가는 세상의 소망을 위한 영원한 기초이며, 그의 생애는 무엇에 의해서도 능가될 수 없으며 무엇으로도 측량될 수 없으며 영원한 신적 본성의 궁극적이며 완전한 계시입니다. 그러므로 위대한 스승이나 인도자를 기념함에 있어, 던저 우리는 그러한 모든 힘과 능력을 그들에게 주신 자를 기억해야만 합니다. 그리고 최종적으로 "그들은 죽음으로 인해 계속할 수 없었지만 그러나 그는 영원히 계속하도다"라고 말해야만 합니다.

이제 본문의 정신으로부터 오늘의 행사에 적합한 몇 가지 중요한 개념들을 도출해 보도록 합시다.

1. 첫째, 우리는 위대한 하나님의 종인 마르틴 루터의 일시적이며 제한적인 사역에 대해 생각해야만 합니다.

그는 400년 전 작센 지방의 작은 마을에서 광부의 아들로 태어났습니다. 초상화로부터 나타나는 그의 첫 인상은 중세교회의 성직자들이나 성자들의 전통적인 모습과 사뭇 다릅니다. 중세의 금욕주의적 풍조와 억압적인 체제로 인해 그들의 외양(外樣)은 대체로 다소 초췌하며 경직된 모습으로 나타납니다. 그러나 언뜻 보기에 둥글둥글하게 보이는 여기의 건장한 인상의 시골뜨기는 그 시대의 성자들이나 학자들의 모습과는 확연히 다른 모습을 보입니다.

그의 성격은 매우 다면적(多面的)이며, 어떤 측면에서는 모순적이기까지 했습니다. 초상화를 통해 볼 수 있는 얼굴과 풍채는 그에 대해 많은 것을 알려줍니다. 그는 건장하며 큰 체격을 가진 사람으로서 우아한 모습과는 거리가 멀었습니다. 그는 근육질의 손으로 성경을 든 채 자신의 두 발로 결연하게 서 있습니다. 굵은 목에는 강한 야성(野性)이, 그리고 그의 사각 턱에는 강철 같은 의지가 풍깁니다. 큰 입은 그가 말을 잘 하는 사람이었음을 암시하며, 강렬한 눈에는 꿈꾸는 듯한 부드러움과 슬픔이 엿보입니다. 그의 풍모는 정말로 사람들을 이끄는 참된 지도자의 모습이었습니다.

우리가 그로부터 첫 번째로 주목해야 할 것은 그의 흔들리지 않는 강철같은 의지와 어떤 두려움도 알지 못하는 불굴의 용기와 교황과 황제들과 미신들과 마귀들과 더불어 죽기까지 싸우는 그 무엇과도 비교할 수 없는 담대함과 지혜롭고 총명한 자들에게는 감추어져 있었던 것들을 볼 수 있는 통찰력과 자신이 아는 것을 숨기지 않고 말하는 신실함입니다.

그러나 이 사람에게는 이러한 것들 이상의 훨씬 더 많은 것들이 있었습니다. 그는 단순히 용감한 혁명가가 아니었습니다. 그는 자기 세대의 모든 학문을 섭렵했으며, 논리를 펴고 학술적 논쟁을 벌일 수 있는 뛰어난 학자였습니다. 또 그는 시적 감수성을 지닌 그리고 빛과 어둠과 슬픔과 기쁨의 감정이 격렬하게 교차하는 시인(詩人)이었습니다. 생명을 가진 모든 것들이 그에게 속삭였으며, 그는 그들 모두와 교제하며 걸어 다녔습니다. 뿐만 아니라 그는 어린아이들과 함께 있기를 좋아했으며, 슬픔과 곤고함 가운데 있는 사람들을 위한 넓은 사랑의 마음을 가지고 있었습니다.

그는 글도 잘 쓰고 말도 잘 했습니다. 그는 독일어를 비루(鄙陋)한 언어로부터 고상(高尚)한 언어로 품격을 높였습니다. 그리고 그의 성경은 스톤헨지나 피라미드와 같은 인류의 위대한 업적들 가운데 하나입니다. 그의 말에는 힘이 있었습니다. 그의 말은 손과 발을 가진 살아있는 생명체와 같았습니다. 그의 말은 직설적이며, 강하며, 꾸밈이 없으며, 서민적이어서, 인기있는 웅변술과 모사와는 어울리지 않았습니다. 또 이 사람 안에는 음악이 있었습니다. 플루트는 그가 비텐베르그의 집에서 홀로 있는 그의 외로운 시간을 위로해 주었습니다. 그리고 종교개혁에 동력(動力)을 제공한 그의 위대한 찬송가의 가사와 곡조는 바로 그의 마음으로부터 나왔습니다. 그는 유머가 있었으며, 종종 놀이를 즐겼으며, 웃음이 많았습니다. 그는 광부의 아들답게 서민적 취향을 가지고 있었으며, 그런 취향을 평생토록 유지했습니다. 그는 일반 백성들에 대해 동정심(同情心)을 가지고 있었으며, 그들의 사정을 잘 알고 있었습니다. 뿐만 아니라 그는 체질적으로 우울한 기질을 가지고 있었으며, 그러한 기질은 막중한 업무와 위험한 싸움과 그를 종종 깊은 탄식의 수렁에 빠지게 하곤 했던 격렬한 고민에 의해 가중되었습니다. "오호라 나는 곤고한 사람이로다"라는 바울의 탄식은 다른 어느 사람의 마음속에서보다 이 사람의 마음속에서 더 애처로운 메아리로 울려퍼졌을 것입니다.

나아가 이 사람은 영웅적 기질 만큼이나 허물 또한 많았습니다. 그는 종종 격렬하며, 과격하며, 거칠며, 극단적이었습니다. 그는 귀중한 진리들에 대해 균형을 맞추어 생각하려고 한다든지 혹은 주의 깊게 말하려고 하는 등의 노력을 별로 하지 않았습니다. 그는 종종 '사람들의 지도자'(leader) 보다 '분투하는 운동가'(driver)가 되기를 바랐습니다. 그렇기에 그의 강한 의지는 때때로 자기 뜻대로 하는 고집으로 변질되기도 했습니다. 또 그는 논쟁 자리에서 종종 거칠고 험악한 언사를 쏟아냄으로써 다른 학자들에 의해 발언권을 허락받지 못하기도 했습니다.

그러면 그는 단지 허물투성이의 사람일 뿐입니까? 오늘날의 사람들은 그와 같은 부류의 성격을 별로 좋아하지 않습니다. 오늘날의 교육받은 부류의 사람들에게, 에라스무스가 루터보다 훨씬 더 영웅적 유형입니다. 왜냐하면 에라스무스에게는 루터에게 있었던 것과 같은 불편한 열정이라든지 혹은 종교적 문제에 대한 과격한 열심이 없었기 때문입니다. 물론 루터에게는 과격성이나 격렬성 혹은 거친 성격 따위의 허물이 있었습니다. 그러나 그의 과격성과 관련하여, 우리는 그가 그 시대의 방식을 따르고 있었다는 사실과 자기 목숨을 보존하기 위해 싸우고 있었다는 사실을 기억할 필요가 있습니다. 사람이 호랑이와 맞붙어 싸울 때를 생각해 보십시오. 그가 호랑이 가죽이 못쓰게 되는지 여부를 고려하지 않고 되는 대로 칼로 호랑이를 찌른다고 해서 누가 그를 비난할 수 있겠습니까? 부드러운 태도로는 결코 뱀의 목을 졸라 죽일 수 없습니다. 당시에 사람들은 막대기로 싸웠습니다. 반면 오늘날 사람들은 싸늘한 비판과 비꼼과 빈정거림의 독이 묻어 있는 우아한 광채가 나는 칼로 싸웁니다. 어쩌면 그 시대의 거칠고 과격한 방식이 오늘날의 세련된 방식보다 훨씬 덜 악독했었는지도 모릅니다.

분명 그에게는 여러 가지 허물이 있었습니다. 도대체 누가 작센의 시골뜨기 수도사의 초상화에 거친 사마귀와 쭈글쭈글한 주름이 없을 것으로 상상할 수 있단 말입니까? 그러나 만일 어떤 화가가 온통 거친 사마귀와 쭈글쭈글한 주름으로만 가득 찬 루터의 얼굴을 그린다면, 그것은 실제적 사실과도 맞지 않을 뿐만 아니라 또한 매우 악독한 행동이 될 것입니다.

"마르틴 루터는 어떤 종류의 사람이었나요?"라는 질문에 대한 대답으로 그의 허물만을 잔뜩 늘어놓는 사람이 바로 그와 같지 않습니까?

또 그가 행한 일을 생각해 보십시오. 그 모든 일은 우리 모두가 행한 일과 마찬가지로 한계가 있으며 일시적입니다. 그가 가져다준 자극 역시 사람들로부터 주어진 다른 모든 자극들과 마찬가지로 세월의 흐름과 함께 점점 더 그 힘이 약화됩니다. 옛사람들이 생각조차 하지 못했던 새로운 문제들이 대두됩니다. 신학적 사고(思考)의 전망(展望)도 변하며, 사람들의 주된 관심도 변합니다. 그리고 사람들은 새로운 방언을 말하기 시작합니다. 그러므로 모든 종교적 스승들과 사상가들은 뒤에 남겨집니다. 그들의 글이 보존되고 읽혀지는 것은 현재를 위한 어떤 자극과 지침을 위한 것이라기보다 옛것에 대한 역사적 관심 때문입니다. 나아가 그들의 시대에 세워진 제도나 관습이나 기관 같은 것들도 결국 약화되어 사라질 것입니다.

그러나 이 말은 루터가 오래된 묵은 먼지를 닦아내 유럽 사회의 양심을 흔든 진리들이 쓸모없는 구닥다리가 되고 있다는 의미는 결코 아닙니다. 다만 이 말이 의미하는 것은 그러한 진리들에 대한 그의 관계는 결국 한계가 있을 수밖에 없으며 마침내 그것은 끝날 것이라는 것입니다. "이 사람(루터)는 당시에 하나님의 뜻을 따라 섬기다가 잠들어 그 조상들과 함께 묻혀 썩음을 당하였으되"(36절).

그러면 무엇이 진리였으며, 루터가 당시 유럽 사회와 교회를 밝히는 데 공헌한 것은 무엇이었습니까? 다음에 서술하는 세 가지 위대한 원리들이 (자세히 분석하면 하나이지만, 현재의 상황에서 이해하기 쉽도록 하기 위해 별도로 구분하는 것이 더 나음) 세상에 그의 수고를 증언할 것입니다.

오랜 세기에 걸쳐 큰 영향을 끼친 세 사람이 있었습니다. 그들은 바울과 성 어거스틴과 마르틴 루터였습니다. 이들 세 사람은 서로 매우 비슷했습니다. 세 사람 모두는 상당한 사색 능력과 종교적 열정을 가지고 있었으며, 불꽃같은 열심으로 신적 진리를 숙고(熟考)했습니다. 그들 모두는 원기왕성하게 활동했으며, 매우 예민한 눈을 가지고 있었으며, 웅변에는 서툴렀습니다. 세 사람은 모두 권위 있는 학교로부터 훈련을 받았으며, 마침내 자신이 공부한 곳으로부터 격렬한 반대에 직면해야만 했습니다.

젊은 바리새인은 다메섹 도상에서 강렬한 빛의 환상으로 말미암아 눈이 먼 채 혼란에 빠졌습니다. 그는 그 빛 속에서 자신의 과거를 봅니다. 스스로 정결하며, 거룩하며, 하나님을 섬기는 일이라고 생각했던 것이 모두 거룩한 자를 박해하는 악독한 죄였다는 사실이 분명하게 드러납니다. 그런 가운데 그는 그 자리에 엎드려 "주여 내가 무엇을 하리이까?"라고 부르짖습니다.

한편 4세기의 젊은 마니교도와 15세기의 젊은 수도사는 박해자 바울과 비슷한 경험을 거쳤습니다. 그들의 경험은 그 형태는 달랐지만 본질은 같았습니다. 바울의 복음은 자신이 경험한 것을 이론적으로 묘사하며 설명한 것이었는데, 그것이 그들의 복음이 되었습니다. 바울이 "우리를 구원하시되 우리가 행한 바 의로운 행위로 말미암지 아니하고 오직 그의 긍휼하심을 따라 하셨나니"라고 말했을 때(딛 3:5), 성 어거스틴은 북아프리카 해변에서 야만족의 침략으로 인해 로마가 무너지는 것을 비통한 심정으로 바라보는 가운데 "아멘, 사람은 믿음으로 말미암아 살 것이라!"라고 응답했습니다. 그로부터 천 년 후 비르텐베르그 수도원의 한 수도사는 썩어가는 르네상스의 말할 수 없는 타락의 한 가운데서 "여기에 믿음으로 나타나는 하나님의 의가 있도다!"라고 응답했습니다. 세상에 대한 루터의 말은 세상에 대한 어거스틴의 말의 메아리였으며, 루터와 어거스틴의 말은 바울의 말의 메아리였습니다. 다메섹 도상에서 "죄 사함과 나를 믿어 거룩하게 된 무리 가운데서 기업을 얻게 하리라"는 말씀을 들었을 때, 바울은 거기에서 자신의 신학을 배웠습니다(행 26:18). 한편 마르틴 루터는 여러 세기 동안 먼지를 뒤집어쓴 채 서가(書架)에 놓여 있던 이러한 진리를 꺼내 빛으로 드러냈습니다. 이를테면 그는 관 속에 누워 있는 진리를 향해 "내가 네게 이르노니 일어나라!"라고 외친 셈이었습니다. 기독교의 핵심적 진리는 바로 이것입니다. "모든 사람이 죄인이라는 것과, 공의는 우리 모두를 정죄한다는 것과, 우리의 유일한 소망은 하나님의 무한하신 긍휼이라는 것과, 그러한 긍휼은 우리를 위해 죽으신 예수 그리스도 안에서 우리에게 임한다는 것과, 믿음으로 그러한 긍휼을 자기 마음속으로 받아들인 자는 죄 사함과 정결함을 받으며, 하늘의 기업의 상속자가 된다는 것."

반면 루터가 미처 이해하지 못한 다른 측면의 기독교 진리가 있습니다. 복음은 물론 단순히 화해와 죄 사함의 방법에 불과한 것이 아닙니다. 그는 구원의 수단으로서의 선행의 무익성(無益性)에 대한 자신의 가르침을 지나치게 멀리까지 밀고 나갔습니다. 그는 오로지 믿음의 "의롭게 하는 권능"만을 그 특유의 격렬성으로 강조하고 또 강조했습니다. 분명 매우 균형 있게 다루어야 할 주제들과 관련하여, 그의 언어는 종종 지나칠 정모로 과격했으며 그의 사고(思考)는 한쪽으로 편중되었습니다. 그러나 그 모든 것에도 불구하고, 루터의 억센 팔이 탕자가 아버지께로 돌아올 수 있는 길에 쌓여 있는 장애물과 온갖 잡동사니들을 치워버렸다는 것과 하나님의 무한하신 긍휼과 겸손한 믿음의 권능을 다시 한 번 명백하게 했다는 것은 여전히 사실로 남습니다. 인간의 죄성(罪'生)의 사실과 단순한 믿음으로 말미암아 죄 사함을 받고 하나님께 받아들여지는 진리를 굳게 견지하는 것이 교회의 온전함 여부를 시험하는 시금석(試金石)이라고 주장했을 때, 그는 옳았습니다.

이러한 중심적 원리와 밀접하게 연결되지만 여전히 별도로 언급할 여지가 있는 다른 두 가지 원리가 있습니다. 루터는 수도원에서 믿음으로 말미암아 의롭다함을 받는 위대한 원리를 발견했습니다. 그러자 이러한 발견에 이어 모든 제사장직(priesthood)을 일거에 제거하면서 모든 그리스도인들이 직접적으로 하나님께 나아가는 또 다른 원리가 뒤따랐습니다. 특별하게 서품된 사람들에 의해 시행되는 외적인 의식(儀式)들은 더 이상 없습니다. 오직 한 분의 제사장만이 있을 뿐인데, 그는 우리 모두를 위해 스스로 희생제물로 드린 예수 그리스도입니다. 모든 그리스도인이 지극히 높으신 하나님의 제사장이며 사역자라는 의미를 제외하고, 이제 다른 제사장은 없습니다. 아무도 나와 나의 아버지 사이에 서지 못합니다. 내 스스로 마음을 열고 믿음으로 은혜를 붙잡는 것 외에 어느 누구도 나를 위해 어떤 일을 행할 권세를 갖지 못합니다.

루터는 이러한 원리를 오늘날의 우리 비국교도들이 끌고 가는 만큼 그렇게 철저하게 끌고 가지는 않았습니다. 그는 성례주의와 사제주의의 이론들 가운데 비논리적 부분들을 자신의 교리와 교회 안에 그대로 남겨 두었습니다. 그러나 그 모든 것에도 불구하고 우리는 유럽을 꽁꽁 묶고 있었던 얼음 사슬을 녹인 뜨거운 바람을 일으킨 주된 공로를 그에게 돌려야 합니다. 오늘날 사제주의가 다시 발흥하려고 하는 불길한 전조(前兆)에도 불구하고, 나는 성례주의와 사제주의의 허구가 영원히 이 나라의 하늘을 어둡게 하지 못할 것이라고 믿습니다.

이러한 두 가지 원리와 밀접하게 연결된 세 번째 원리는 진리의 빛에 비침을 받은 모든 그리스도인의 영혼이 교회의 지도 없이 하나님의 말씀을 연구할 권리를 가진다는 원리입니다. 성경을 보통 사람들의 손에 가져다 준 것은 루터의 위대한 업적이었습니다. 이러한 부분에서 그의 일은 아마도 다른 어떤 것보다 한계와 불완전함의 흔적을 더 선명하게 드러내는 것으로 보입니다. 왜냐하면 그는 성경의 구성과 권위와 관련한 이 시대의 어려운 질문들에 대해 아무것도 알지 못했을 뿐만 아니라 또한 이러한 자신의 원리에 대해 충분한 공의를 시행하지 않았기 때문입니다.

그는 지배자의 힘(force)을 믿었습니다. 그는 그의 모든 동료들이 그랬던 것과 마찬가지로 세속 권력자들로부터 도움을 요청할 준비가 되어 있었습니다. 세속 정부에 의해 도움을 받고 지탱되는 교회의 개념이 — 실제로는 그것이 속박되며, 약화되며, 무력화되는 것을 의미하는 것임에도 불구하고 — 그의 마음을 사로잡았습니다. 그의 동료들에게 그랬던 것처럼 말입니다. 제사장직을 거부하는 것과 하나님의 말씀이 각 그리스도인의 영혼에 직접적으로 말씀하신다는 주장 안에 내포된 의미를 보다 충분히 이해하기 위해, 우리는 조지 폭스(George Fox)와 로저 윌리암스(Roger Williams)를 기다릴 필요가 있었습니다. 그러나 이 모든 것에도 불구하고 우리는 "그리스도에 대한 단순한 믿음"과 "모든 사람이 지극히 높은 자의 제사장인 제사장 없는 교회"와 "열린 성경과 내주하시는 성령이 모든 겸손한 영혼을 인도하는 교회" 등의 교리와 관련된 가장 주된 공로를 마땅히 루터에게 돌려야 합니다. 이러한 것들에 대해 마땅히 그에게 감사해야 합니다.

앞에서 이야기한 것처럼, 루터가 행한 사역 속에는 한계와 불완전함이 있었습니다. 그의 사역은 세대가 거듭됨에 따라 점점 더 흐려질 것입니다. 그것은 불가피하며, 그것이 세상의 법칙입니다. 석탄기 시대의 푸른 숲은 지금 암반(巖盤) 속에서 고작해야 종이 한 장 정도의 두께밖에 되지 않는 얇은 석탄층으로 나타납니다. 이와 같이 앞서 세상을 살았던 사람들의 위대한 사역과 폭풍 같은 생애들은 시간의 바다 위에 천천히 솟아오르는 그리고 세상의 역사라고 불리는 거대한 암반에서 한 줄 정도로 압축됩니다.

2. 둘째, 이제 영원하신 주님의 영속적 사역에 대해 생각해보도록 합시다.

"하나님께서 살리신 이는 썩음을 당하지 아니하였나니"(37절). 옛 시대의 모든 위대한 이름들은 단지 허깨비이며 그림자일 뿐입니다. 또 우리가 알지 못하는 교회와 세상의 모든 이름들은 희미하여서 우리에게 별다른 의미를 주지 못합니다. 그들은 우리로부터 감탄과 경의와 경탄을 불러일으킬 수는 있지만 그러나 우리의 마음을 만질 수는 없습니다. 그러나 예수 그리스도의 경우는 그렇지 않습니다. 사람들은 그와 자신들 사이에 어떤 망각의 안개도 느끼지 못합니다.

이것은 그가 여러분과 나를 위해 어느 누구도 할 수 없는 일을 행하시기 때문입니다. 루터는 예수 그리스도께서 죽으신 십자가에 대해 전파했습니다. 바로 여기에 그리스도께서 세상을 영원히 붙잡고 계시는 비밀이 있습니다. 그 비밀은 그가 과거의 영향력이 아니라 현재의 영향력이라는 사실에 놓여 있습니다. 그는 우리 안에서, 우리 주위에서, 우리에 대해서, 그리고 우리를 위해 역사(役事)하는 '소진(消盡)되는 권능'이 아니라 '오늘의 강력한 권능'입니다. 그는 살아계신 그리스도입니다. "하나님께서 살리신 이는 썩음을 당하지 아니하였나니." 반면 다른 사람들은 안개 속에 있는 사람들이 잠시 동안 희미하게 지나다가 사라지는 것처럼 그렇게 우리로부터 사라집니다.

그리스도의 죽음은 현재적이며 영속적인 권능을 가집니다. 그는 "죄를 위하여 한 영원한 희생제사"를 드렸습니다(히 10:12). 그러므로 시간조차도 그의 십자가의 효력과 십자가에 대한 우리의 필요와 그로부터 흘러나오는 풍성한 축복을 감소시킬 수 없습니다. 그러므로 사람들은 오늘 그를 붙잡습니다. 그가 그들을 위해 죽으신 것이 마치 어제의 일이었던 것처럼 말입니다. 설령 세상 역사 위에 새겨진 다른 모든 이름들은 마치 오래 된 묘비의 잊혀진 비문처럼 읽을 수 없게 된다 하더라도, 그의 이름은 영원히 지워지지 않습니다. 왜냐하면 그의 이름은 마음의 서판(書板) 위에 선명하게 기록되었기 때문입니다. 하나님에 대한 그의 계시는 최고(最高)의 진리입니다. 세상 끝 날까지 사람들은 하늘 아버지에 대한 가장 분명한 지식과 가장 복된 확실성을 위해 그에게 나아갈 것입니다. 그의 인격과 사역 속에 제한적인 것이나 부분적인 것은 아무것도 없습니다. 그는 온화한 아름다움과 온유한 완전함 가운데, 오늘 우리 모두 위에 우뚝 섭니다. 그리고 그의 모범은 여전히 우리를 감동시킵니다. 마치 그가 이 세대에 살면서 항상 사람들 앞에 최고의 원칙을 제시하고 있는 것처럼 말입니다. 예수 그리스도는 우리에게 결코 쓸모없는 옛것이 되지 않을 것입니다.

그러나 그리스도의 능력은 단지 그의 지상 생애와 죽음의 영향력에 불과한 것은 결코 아닙니다. 그는 과거의 능력이 아니라 현재의 능력입니다. 그는 오늘 그를 사랑하는 모든 사람들 안에서 그리고 그들을 위해 그리고 그들로 말미암아 역사(役事)하는 새로운 에너지를 발산합니다. 우리는 살아 있는 그리스도를 믿습니다.

그러므로 과거의 영웅들을 기념함에 있어서의 우리의 마지막 관심은 역시 영원히 살아계시는 주님을 바라보는 것입니다. 그들 안에 있던 모든 권능은 그로부터 받은 것입니다. 그는 오늘 자기 교회와 함께 계십니다. 그리고 여전히 사람들에게 그들의 시대를 위해 필요한 은사를 주십니다. 아론은 호르산에서 그리고 모세는 비스가산에서 죽었는지 모르지만, 그러나 참된 인도자인 언약의 사자는 계속해서 구름기둥과 불기둥 가운데 거합니다. 지금까지 우리를 인도한 위대한 영웅들이 "죽음으로 말미암아 항상 있지 못하게" 될 때(히 7:23), 이것이 우리에게 얼마나 큰 위로가 됩니까? 그들을 주신 자가 여전히 우리와 함께 계십니다. 그들은 다만 잠시 동안 그를 위해 수고한 것 뿐입니다. 그러므로 만일 그리스도께서 함께 계신다면, 우리는 결코 홀로 버려질 수 없습니다. 그들은 잠시 수고하고 떠나지만, 그는 영원합니다. 그들은 한계가 있지만, 그는 완전히 충족합니다. 그들은 죽었지만, 그는 영원히 살아계십니다.

마르틴 루터는 보이지 않는 권능을 붙잡아야만 했던 위기와 위험의 순간에 "그는 살아계시다! 그는 살아계시다!"라고 외쳤습니다. 우리 자신을 위해서나, 하나님의 진리를 위해서나, 인류를 위해서나, 바로 이것이 우리의 소망입니다. 사람들은 왔다가 갑니다. 인도자들과 선생들과 사상가들은 잠시 동안 수고하지만 이내 침묵합니다. 그리고 아무것도 할 수 없게 됩니다. 그러나 그는 영원히 거하십니다. 사람들은 죽지만, 그는 살아계십니다. 그들은 잠시 비추다가 조만간 꺼지는 빛입니다. 그러나 그는 영원히 비추는 참 빛이며, 그들의 빛은 모두 그로부터 잠시 가져온 것입니다. 다른 이름들은 마치 안개 속에 있는 등불처럼 잠간 동안 희미하게 비추고는 곧 더 이상 보이지 않게 됩니다. 우리는 다른 이름들에게 경의를 표하지만 그러나 오는 세대들은 그러한 이름들을 잊을 것입니다. 그러나 그의 이름은 해와 같이 영구하며 장구할 것입니다. "그의 이름이 영구함이여 그의 이름이 해와 같이 장구하리로다 사람들이 그로 말미암아 복을 받으리니 모든 민족이 다 그를 복되다 하리로다"(시 72:17).

55
유대인들은 배척하고
이방인들은 영접함

"[44]그 다음 안식일에는 온 시민이 거의 다 하나님의 말씀을 듣고자 하여 모이니 [45]유대인들이 그 무리를 보고 시기가 가득하여 바울이 말한 것을 반박하고 비방하거늘 [46]바울과 바나바가 담대히 말하여 이르되 하나님의 말씀을 마땅히 먼저 너희에게 전할 것이로되 너희가 그것을 버리고 영생을 얻기에 합당하지 않은 자로 자처하기로 우리가 이방인에게로 향하노라 [47]주께서 이같이 우리에게 명하시되 내가 너를 이방의 빛으로 삼아 너로 땅 끝까지 구원하게 하리라 하셨느니라 하니 [48]이방인들이 듣고 기뻐하여 하나님의 말씀을 찬송하며 영생을 주시기로 작정된 자는 다 믿더라 [49]주의 말씀이 그 지방에 두루 퍼지니라 [50]이에 유대인들이 경건한 귀부인들과 그 시내 유력자들을 선동하여 바울과 바나바를 박해하게 하여 그 지역에서 쫓아내니 [51]두 사람이 그들을 향하여 발의 티끌을 떨어 버리고 이고니온으로 가거늘 [52]제자들은 기쁨과 성령이 충만하니라 [1]이에 이고니온에서 두 사도가 함께 유대인의 회당에 들어가 말하니 유대와 헬라의 허다한 무리가 믿더라 [2]그러나 순종하지 아니하는 유대인들이 이방인들의 마음을 선동하여 형제들에게 악감을 품게 하거늘 [3]두 사도가 오래 있어 주를 힘입어 담대히 말하니 주께서 그들의 손으로 표적과 기사를 행하게 하여 주사 자기 은혜의 말씀을 증언하시니 [4]그 시내의 무리가 나뉘어 유대인을 따르는 자도 있고 두 사도를 따르는 자도 있는지라 [5]이방인과 유대인과 그 관리들이 두 사도를 모욕하며 돌로 치려고 달려드니 [6]그들이 알고 도망하여 루가오니아의 두 성 루스드라와 더베와 그 근방으로 가서 [7]거기서 복음을 전하니라"

행 13:44-14:7

오늘 본문에 등장하는 소아시아의 두 도시에서 이루어진 사건의 개요는 거의 비슷했습니다. 그리고 그것은 이후 바울이 모든 곳에서 경험하게 될 일의 전조(前兆)였습니다. 사건이 진행되는 과정은 다음과 같습니다 ― 회당에서 복음을 전파함, 거기에서 사람들이 복음을 배척함, 그러자 이방인들에게 호소함, 이방인들이 복음을 받아들임, 소수의 핵심적 신자들이 구성됨, 유대인들이 이교도들과 합세하여 소동을 일으킴, 사도들이 다른 곳에 복음을 전파하기 위해 그곳을 떠남. 이러한 전체적인 개요와 함께 각 경우에 다양한 특별한 특징들을 살펴보아야만 합니다.

바울과 바나바에게 있어 안디옥(비시디아)에서의 경험은 매우 중요했습니다. 왜냐하면 그것이 미래의 특정한 상황에서 어떻게 행동할지에 대한 중요한 법칙을 보여주었기 때문입니다. 상황이 우리로 하여금 어떻게 행동하도록 구속할 때, 우리도 그렇게 음직이게 될 것입니다. 말씀은 우리의 환상(vision)을 분명하게 하는 데 놀라운 능력을 가지고 있습니다. 바울과 바나바는 자신들이 이방인들에게로 보냄을 받은 것을 잘 알고 있었습니다. 그러나 마음으로 확신하는 것과 펼쳐지는 상황에 부딪쳐 깨닫는 것은 전혀 별개입니다. 안디옥에서의 난관은 유동적 계획을 분명하게 구체화시켰으며, 이후 이것은 바울의 행동법칙이 되었습니다. 만일 우리가 난관의 의미를 분별할 수 있는 열린 눈을 가지고 있다면, 그것이 가리키고 이끄는 방향을 속히 깨달아 그 길로 나아갈 필요가 있습니다.

44절과 45절에서, 우리는 바울에 대해 반대하는 유대인들의 저급한 동기(動機)를 보게 됩니다. 만일 그들이 일주일 동안 바울이 말한 것에 대해 깊이 숙고(熟考)했다면, 그들은 결코 그에 대해 "반박하며 비방하지" 않았을 것입니다. 그들이 바울에 대해 반박하며 비방한 것은 단순히 "온 시민이 거의 다 하나님의 말씀을 듣고자 하여 모인" 것을 참을 수 없었기 때문입니다(44절). 틀림없이 그때 상당한 숫자의 "이방인 훼방자들"이 회당에 모였을 것입니다. 우리는 거기에서 그들이 얼굴을 찌푸리면서 자신의 옷이 더러워지지 않도록 옷깃을 잡아당기는 모습을 충분히 상상할 수 있습니다. 도대체 떠돌이 외인(外人)들이 누구이기에 그들이 거기에 그렇게 모여야 한단 말입니까? 안디옥의 할례받지 않은 이방인들이 "조상들에게 주신 약속"과 도대체 무슨 상관이 있단 말입니까? 나름대로 열심 있는 종교인들이 말씀을 듣고자 모인 군중들에게 장애물이 되는 것은 결코 드문 일이 아닙니다. 우리는 그러한 죄를 반복하지 않도록 스스로 조심할 필요가 있습니다. 어느 때든지 "하나님의 말씀을 교묘하게 가로막고 그것이 퍼지는 것을 간교하게 훼방하는" 사람들이 있는 법입니다. 이러한 무리와 맞서기 위해서는 상당한 용기가 필요합니다.

"보라 우리는 이방인에게로 향하노라"(46절). 이것은 계획한 대로 나아가는 것을 선언하는 일반적 언급이 아니라, 단지 안디옥의 훼방자들에게 한 말일 뿐입니다. 바울은 가는 곳마다 결국 유대인들에게 그렇게 말해야만 하는 상황에 부딪치곤 했습니다. 사람들이 자신의 메시지를 배척할 때, 바울은 더 이상 시간을 낭비하지 않고 그들과 돌아섰습니다. 메시지를 배척하는 것에 대한 합당한 징벌은 메시지를 거두는 것입니다. 육체를 따라 형제된 자들로부터 가는 곳마다 배척을 당했을 때, 그에게 그것은 얼마나 안타까운 일이었겠습니까? 그것은 단순한 애국심 훨씬 이상의 것이었습니다. 그것은 그리스도 자신의 간절한 마음과 일맥상통하는 것이었습니다.

계속해서 47절의 "내가 너를 이방의 빛으로 삼아 너로 땅 끝까지 구원하게 하리라"라는 말씀을 주목해 보십시오. 바울은 자신의 행동을 메시야에 대한 예언 위에 근거시킵니다. 개인으로서의 여호와의 종과 집단으로서의 이스라엘 사이의 관계에 관련된 예언의 요체는 세상의 빛이 되는 위대한 임무가 개인으로서의 여호와의 종으로부터 집단으로서의 이스라엘에게로 넘어가고, 그럼으로써 참 이스라엘이 이방인들의 빛이 된다는 것입니다. 하지만 여기의 안디옥의 유대인 배척자들을 생각해 보십시오. 그들이 복음의 메시지를 배척했을 때, 그들은 이러한 영광스러운 임무를 스스로 내던져버리고 만 셈이었습니다. 그들의 실패는 그들이 참 이스라엘의 일부가 아니었다는 사실을 보여주었습니다. 두 선교사는 회당 문을 열고 밖으로 나갑니다. 그것은 이제 그곳이 소망의 문은 닫히고 불신앙으로 가득 채워졌음을 의미합니다. 그러나 밖의 공기는 너무나 상쾌했습니다. 왜냐하면 간절한 마음을 가진 많은 사람들이 그들이 전파하는 말씀을 기쁘게 받아들였기 때문입니다. 여기어서 이방인들의 기쁨과 유대인들의 분노가 얼마나 선명하게 대조되는지 주목하십시오. 이방인들에게 그들을 사랑하시는 하나님이 계시며 또 그들을 위해 죽으신 그리스도가 계시다는 것은 낯선 소식이었습니다. 그럼에도 불구하고 그들은 기쁘게 그 소식을 받아들였습니다. 이후 수많은 선교사들이 여기의 바울의 경험을 똑같이 겪게 될 것입니다.

여기에서 "영생을 주시기로 작정된 자는 다 믿더라"라는 말씀을 주목해 보십시오(48절). 이러한 말씀을 두고 수많은 신학자들이 격심한 논쟁을 벌였습니다. 그러나 우리는 이것이 복음을 배척하는 유대인들과 그것을 기쁘게 받아들이는 이방인들 사이의 대조로서 의도된 것이라는 사실을 주목할 필요가 있습니다. 그리고 이것은 46절과 48절에서 "영생"이라는 단어가 반복되는 것으로 인해 더욱 명벽해집니다. 그런 관점에서 볼 때, "작정된"(ordained)으로 번역된 단어는 신적 예정과 관련된 언급이라기보다 "적합한" 혹은 "합당한"을 의미하는 것으로 이해하는 것이 문맥과 훨씬 더 잘 합치되는 것으로 보입니다. 그러한 해석은 문맥과 잘 합치될 뿐만 아니라 또한 매우 합리적이며 타당합니다. 요컨대 그것은 하나님의 예정이 아니라 이방인들의 마음의 태도를 의미하는 것입니다.

계속해서 우리는 유대인들에 의해 동원된 이방인 대적자들(50절)과 그와 관련된 사도들의 행동(51절)과 회심자들의 아름다운 모습(52절)을 주목할 수 있습니다. 먼저 50절을 주목해 보십시오. "이에 유대인들이 경건한 귀부인들과 그 시내 유력자들을 선동하여." 우리는 당시 이교도 도시에 살던 귀족 계층에 속한 많은 여자들이 유대교로부터 큰 영향을 받았던 사실을 알고 있습니다. 그러므로 유대인 랍비는 어렵지 않게 그러한 귀부인들에게 귓속말을 하여 그들의 이방인 남편들을 선동할 수 있었습니다. 유대인들이 어느 도시에서든 바울을 대적하는 소요를 쉽게 일으킬 수 있었던 사실은 당시 그들이 대부분의 지역에서 상당한 영향력을 가지고 있었음을 잘 보여줍니다. 또 자신의 동족 가운데 한 사람을 짓뭉겨버리기 위해 기꺼이 이교도들과 협력하고자 했던 모습 속에서, 우리는 그들의 증오심과 악독함이 얼마나 크고 깊었는지 잘 알 수 있습니다.

그러나 안디옥에서 사도들은 폭력을 두려워할 필요가 없었습니다. 왜냐하면 대적자들은 그들을 쫓아내는 것으로 만족했기 때문입니다. 그러나 그들은 그리스도의 명령에 따라 "그들을 향해 발의 티끌을 털어" 버렸습니다(51절). 이것은 그들과의 모든 관계를 단절하는 것을 나타내는 상징적인 행동이었습니다. 이러한 상징적 행동은 복음서들이 기록되기 이전의 그리스도의 말씀에 대한 초창기 지식의 흔적입니다.

이렇게 하여 소수의 양무리가 이리들 가운데 남겨지게 되었습니다. 그러나 그 모든 것에도 불구하고 그들 가운데 평안이 있었습니다. "제자들은 기쁨과 성령이 충만하니라"(52절). 빌립과 헤어진 에디오피아 내시처럼, 안디옥의 새로운 회심자들은 이 땅의 인도자가 떠날 때 하늘의 인도자가 오는 것을 발견했습니다. 그들은 기쁨으로 충만했습니다. 아니, 무엇이라고요? 그들은 아직 말씀을 충분히 알지 못하는 무지(無知) 가운데 홀로 남겨졌습니다. 또 그들은 원수들에 의해 둘러싸여진 채 남겨졌습니다. 그런데 도대체 어떻게 그들이 기쁨으로 충만할 수 있었단 말입니까? 그것은 그들이 "성령으로 충만했기" 때문이었습니다. 분명 이러한 상황 속에서의 기쁨은 오순절 날 강하고 급한 바람과 불의 혀처럼 갈라지는 것들이 임했던 것 못지않은 성령의 초자연적 임재의 증표였습니다. 하나님이 우리를 홀로 두시는 것은 그 자신이 우리와 함께 하시기 위함입니다.

이렇게 하여 사도들은 이고니온을 향해 떠나게 되었습니다(51절). 이고니온까지는 긴 여행이었습니다. 어떤 지리학자들에 따르면, 그곳까지 가기 위해서는 야만인들의 산지(山地)를 통과해야만 했습니다. 그러나 두 형제는 보이지 않는 제 3자(unseen Third)와 함께 당당하게 걸어갔으며, 그의 임재는 그들의 발걸음을 가볍게 만들어 주었습니다. 만일 그들이 육신의 눈으로 바라본다면, 밝은 기대를 가지게 할 만한 것은 별로 없었습니다. 그러나 그들의 마음은 밝았습니다. 안디옥에서의 기억조차도 그들을 낙망하게 하거나 혹은 그들의 마음을 쓰라리게 만들지 못했습니다. 어쨌든 그들은 이고니온에 도착하자마자 곧바로 회당으로 갔습니다. 왜냐하면 회당은 새로운 도시에서 사역을 시작하기에 가장 적합한 장소였기 때문입니다. 그런데 그곳에서 그들은 새로은 사실을 발견했습니다. 그곳에 헬라인들이 있었던 것입니다(14:1). 이들은 헬라어를 말하는 헬라파 유대인들이나 심지어 유대교 개종자들이 아니라 순수한 헬라인들이었습니다. 많은 학자들에게 이것은 매우 특이한 사실로 보였습니다. 그래서 그들은 그러한 표현에 다른 의미를 부여하고자 많은 노력을 기울였습니다. 심지어 어떤 학자는 여기에 회당이 아닌 다른 장소에서 대중적으로 말씀을 전파한 사실이 생략되었을 것이라고 추측하기도 합니다. 그러나 본문의 이야기를 정정(訂正)하기보다 그대로 받아들이는 것이 더 낫습니다. 여기의 헬라인들이 회당에 있게 된 정확한 경위와 관련하여 우리가 아무것도 알지 못한 채 그대로 있으면서 말입니다.

어쨌든 여기에서도 통상적 결과가 따랐습니다. 유대인들은 또 다시 이방인들을 앞세워 문제를 일으켰습니다. 그러나 여기에서는 새로운 방법이 사용되었는데, 그것은 그들이 공격의 초점을 "형제들" 즉 바울과 바나바가 아닌 회심자들에게 맞춘 것이었습니다. "그러나 순종하지 아니하는 유대인들이 이방인들의 마음을 선동하여 형제들에게 악감을 품게 하거늘"(2절). 이와 같이 이방인 유력자들의 마음속에 두 명의 외인들에 대해서가 아니라 그들을 따르는 사람들에 대해 의심과 증오심의 불씨를 던지는 것은 참으로 교활한 책략이었습니다. 이러한 책략은 잘못된 사상에 현혹된 자들을 곤란하게 만듦으로써 그러한 사상이 번져나가는 것을 저지하기 위한 것이었습니다. 그것은 제자들을 공격함으로써 선생을 넘어뜨리고자 하는 것이었습니다.

그러나 이러한 책략에는 한 가지 중요한 요소가 고려되지 않은 채 빠져 있었습니다. 그것은 여기의 선생들이 어떤 종류의 사람들이었나 하는 것이었습니다. 어쨌든 지금까지 나타나지 않았던 또 하나의 요인이 작동하여 그들의 계획 전체를 엎어버리고 말았습니다. 하지만 바울과 바나바는 계속해서 서 있어야 할 때와 물러나야 할 때를 알고 있었습니다. 이번에는 그들은 물러나지 않고 계속해서 서 있습니다. 그렇게 한 이유는 이번의 경우 적들의 공격의 초점이 주로 그들의 형제들에게 맞추어져 있었기 때문이었습니다. 그들은 오랫동안 그곳에 머물렀습니다. "그러므로 두 사도가 오래 있어"(3절, 한글개역개정판에는 "그러므로"가 생략되어 있음). 만일 그들의 안전에 문제가 있었다면, 그들은 다른 곳으로 떠날 수도 있었을 것입니다. 그러나 그들은 자신들의 메시지를 받아들인 것으로 인해 곤란한 상황에 빠진 사람들을 버려두고 떠날 수 없었습니다. 그리고 두 사도 뒤에 "주" 즉 참된 사역자인 그리스도 자신이 서 계셨습니다. 그리스도 안에 거하는 자들은 그와의 교제로 말미암아 담대하여집니다. 그리고 그는 자신을 증언하는 자들을 위해 증언하십니다.

여기에서 복음이 "그의 은혜의 말씀"으로 불리는 것을 주목하십시오(3절). 복음의 위대한 주제는 예수의 값없이 베푸는 사랑입니다. 그것의 주체는 은혜이며, 그것의 기원(起源)도 은혜이며, 그것의 선물 역시 은혜입니다. 또 여기에서 '담대하게 말하는 것'과 '표적과 기사' 사이의 연결관계가 사도행전 4장 29절과 30절에서 동일하게 발견되는 것을 주목하십시오. "두 사도가 담대히 말하니 주께서 그들의 손으로 표적과 기사를 행하게 하여 주사 자기 은혜의 말씀을 증언하시니"(3절). 그리스도를 위해 담대하게 말할 때, 항상 그의 능력의 증표들이 따르는 법입니다. 그리고 그러한 증표들은 말씀을 전파하는 자들을 더욱 담대하게 만듭니다.

계속해서 이야기는 지금까지와 똑같은 방식대로 전개됩니다. 충성된 말씀전파는 적의(敵意)를 불러일으킵니다. 그리고 이러한 적의는 — 아, 이와 같은 하나님에 대한 적의가 종종 사랑보다 더 강한 연합의 띠가 되는 것은 얼마나 슬픈 일입니까! — 불화의 요소들을 하나로 연합시키고, 그것은 곧이어 공통의 증오심으로 융합됩니다. 그리고 사도들은 그러한 위험으로부터 지혜롭게 피합니다. 때로 예수를 위해 자기 목숨을 초개와 같이 던지는 일이 필요합니다. 그러나 만일 의무를 회피함이 없이 목숨을 보전할 수 있다면, 죽는 것보다 피하는 것이 더 낫습니다. 불필요한 순교는 자살입니다. 참된 기독교적 헌신은 자기 목숨을 돌보지 않는 광신적인 태도와 아무 상관없습니다. 하물며 교회 역사 가운데 간혹 나타났던 순교에 대한 병적인 열망과는 더더욱 상관없습니다. 죽지 않고 살아서 다른 지역에서 복음을 전파하는 바울이 이고니온의 폭동으로 인해 죽은 바울보다 훨씬 더 유용했습니다. 믿음의 담대함과 영웅적인 신중함은 항상 함께 가야 합니다. 우리는 예수와 교제함에 있어 양자 모두를 필요로 합니다.

56
영생을 얻기에 합당한 자

"바울과 바나바가 담대히 말하여 이르되 하나님의 말씀을 마땅히 먼저 너희에게 전할 것이로되 너희가 그것을 버리고 영생을 얻기에 합당하지 않은 자로 자처하기로 우리가 이방인에게로 향하노라"

행 13:46

위대한 전도여행에서 유대인들에게 복음을 전파하고자 했던 바울의 첫 번째 시도는 이와 같이 끝났습니다. 여기의 설교가 전체적으로 길게 기록된 것은 이것이 그의 첫 번째 설교였기 때문입니다. 이것은 정말로 놀라운 설교였습니다. 여기에 사람의 감정을 울리는 모든 음률(音律)이 있습니다. 여기에 눈물의 호소가 있습니다. 여기에 분개의 섬광이 있습니다. 여기에 성경의 예언들에 대한 예리한 인용이 있습니다. 여기에 사람들을 위한 그리스도의 불꽃 같은 죽음의 이야기가 있습니다. 그것은 몇몇 청중들의 마음을 녹였지만, 그러나 대부분의 사람들은 격분의 감정으로 끓어올랐습니다. 그들은 유대인 특유의 격렬함으로 바울이 말한 것에 대해 "반박하며 비방"했습니다(45절). 우리는 그때의 장면을 충분히 상상할 수 있습니다. 거기에 그들의 우락부락한 얼굴과 격렬한 몸짓과 왁자지껄한 소음과 두 사람에게 쏟아지는 험악한 말들이 있었을 것입니다. 또 거기에 제우스처럼 엄숙하며 당당한 바나바와 헤르메스처럼 동작이 민첩하고 말이 빠른 바울이 있었습니다. 사람들의 격노의 광풍이 그들에게 향했으며, 그들은 마침내 그것을 잠잠하게 하려는 모든 시도가 바랄 수 없는 일임을 알게 되었습니다. 그리하여 그들은 결국 본문의 주목할 만한 말과 함께 그곳을 떠납니다. "바울과 바나바가 담대히 말하여 이르되 하나님의 말씀을 마땅히 먼저 너희에게 전할 것이로되 너희가 그것을 버리고 영생을 얻기에 합당하지 않은 자로 자처하기로 우리가 이방인에게로 향하노라"(46절).

여기에서 특별히 "판결하기로"(judge)라는 단어를 주목해 보십시오(한글개역개정판에는 "자처하기로"라고 되어 있음). 그것은 단순히 "생각하기로"(consider)와 동일한 의미가 아닙니다. 왜냐하면 여기의 유대인들은 결코 스스로를 영생을 얻기에 합당하지 않은 자로 생각하지 않았기 때문입니다. 도리어 그것은 "너희가 스스로를 영생을 얻기에 합당하지 않은 자로 판결하기로"를 의미합니다. 그들이 바울의 메시지를 배척한 것은 스스로 판결을 선언한 것이었습니다. 그것은 그들이 "영생을 얻기에 합당하지 않은 자"임을 입증했으며, 또 그들을 실제로 그렇게 만들었습니다. 우리는 이러한 표현으로부터 몇 가지 매우 중요한 개념들을 도출할 수 있습니다.

1. 무엇이 합당함(worthiness)과 합당하지 않음을 결정합니까?

여기의 "합당"이라는 단어에는 자격(deserving)과 적합(fit)의 두 가지 의미가 있습니다. 둘은 서로 직접적으로 연결되면서 동시에 서로 완전하게 나누어지기도 합니다. 예를 들어 여러분은 어떤 사람에 대해 "그는 이러저러한 일에 합당해"라고 말할 수 있습니다. 그가 그 일과 관련하여 자격이 있는지 없는지 여부는 전혀 생각하지 않으면서 그가 그 일에 분명 적합하다고 말합입니다.

첫 번째 의미 즉 '자격'의 의미에서, 우리 모두는 영생을 얻기에 합당하지 않습니다. 다른 말로, 이것은 보편적인 죄성(罪性)의 비극적인 사실을 이야기하는 것입니다. 모든 사람이 따르는 길의 자연적 결말은 사망입니다. 그럼에도 불구하고 영생을 얻기어 적합한 사람들이 있습니다. 그들이 누구이며 또 무엇이 그들을 적합하게 만드는지는 오직 영생이 무엇인지를 올바로 이해할 때 규명될 수 있습니다. 그것은 단순히 미래의 축복이나 혹은 세속적 천당과 동의어가 아닙니다. 영생의 의미에 대한 통상적인 개념은 대체로 그와 같은 것들입니다. 사람들은 하나님이 어떤 사람들로 하여금 들어가도록 허락하실 수 있는 그리고 그가 선하신 하나님이기 때문에 마침내 거의 모든 사람들을 들어가게 하실 복된 상태로서의 미래에 대해 생각합니다. 그러나 영생은 미래의 소유이면서 동시에 현재의 소유입니다. 그것은, 다음의 것들을 포함합니다.

· 죄 사함과 형벌의 면제.

· 악한 습관과 욕망으로부터 구원받는 것.

· 정결함과 모든 선하며 아름다운 것들에 대한 사랑.

· 하나님과의 교제.

그러면 사람으로 하여금 그러한 상태에 합당하도록 — 적합(fit)의 의미에서 — 만드는 것은 무엇입니까?

(a) 자신의 합당하지 않음을 아는 것.

스스로 합당하다고 판결하는 자는 합당하지 않은 자입니다. 반면 자신의 합당하지 않음을 아는 자는 합당한 자입니다.

이와 같이 첫 번째 필요조건은 죄를 의식하는 것 곧 회개로 이끄는 죄의식입니다.

(b) 스스로를 합당하게 만들고자 노력하는 것을 포기하는 것.

스스로의 노력으로 우리는 결코 그렇게 될 수 없습니다. 많은 사람들은 우리가 최선을 다해야 하며 그럴 때 하나님이 나머지 일을 하실 것이라고 생각합니다.

우리는 스스로의 노력으로 말미암아 자신을 영생을 얻기에 합당한 자로 만들려는 모든 시도를 완전히 포기해야 합니다.

(c) 기꺼이 하나님의 조건 위에서 영생을 얻고자 하는 것.

다시 말해서 그것을 단순히 선물로서 기꺼이 받고자 해야 합니다.

(d) 그것을 간절히 열망하는 것.

하나님은 영생을 원하지 않는 자에게 그것을 줄 수 없습니다. 하나님은 우리에게 자신의 선물을 강제로 줄 수 없습니다.

2. 어떻게 우리는 스스로에 대해 합당하지 않다고 판결합니까?

본문의 "판결하기로"가 "생각하기로"를 의미하지 않는 것은 너무나 분명합니다. 왜냐하면 자신의 합당하지 않음을 의식하는 것은 결코 사람으로 하여금 복음으로부터 떠나도록 만드는 이유가 되지 못하기 때문입니다. 도리어 자신의 합당함을 믿는 교만한 믿음이 많은 사람들을 복음으로부터 떠나도록 만듭니다. 여기의 "판결하기로"는 "판단하기로" 혹은 "판결문을 선언하기로"를 의미합니다. 그리고 합당함은 적합함 혹은 적당함을 의미합니다.

계속해서 다음과 같은 사실들을 주목하십시오.

(a) 복음에 대한 우리의 태도가 우리의 가장 깊은 자아를 드러낸다는 사실.

복음은 사람들의 "마음의 생각과 뜻을 판단"합니다(히 4:12). 복음은 지금 여기에서 우리를 판단하며, 그것에 대한 우리의 태도에 의해 "우리 마음의 생각과 뜻이 어떠한지" 나타날 것입니다.

(b) 우리가 복음을 배척하는 것이 우리가 영생을 얻기에 합당하지 않음을 나타내는 것이라는 사실.

지적인 의심이나 난제(難題)들 때문에 그리스도를 영접하지 않는 사람들이 더러 있습니다. 그렇지만 설령 그러한 의심이나 난제들이 해결된다 하더라도, 그들은 그리스도에 대한 자신들의 태도를 바꾸지 않습니다. 자신들의 죄를 깊이 의식하면서 그것으로부터 구원받기를 간절히 바라지 않는다면 말입니다.

그렇지만 복음을 듣는 상당수의 사람들에게 있어 그들을 가로막는 주된 장애물은 의심의 여지없이 도덕입니다. 영생을 얻기에 합당하지 않게 만드는 많은 요인들이 있을 수 있습니다. 밭에 나가보아야 하겠다든지 혹은 소를 샀으니 어쩔 수 없다든지 혹은 장가들었으니 갈 수 없다는 등 혼인잔치에 초청받은 자들의 여러 가지 핑계들은 모두 세상일에 몰두하는 것입니다. 이처럼 일시적 세상일에 몰두하는 것은 영생을 얻고자 하는 열망을 질식시킵니다. 이와 같이 복음을 들었음에도 불구하고 영생을 얻고자 하는 아무런 열망도 갖지 않을 때, 그는 스스로 "영생을 얻기에 합당하지 않음"을 선포하고 있는 셈입니다.

그러나 사람이 영생을 얻기에 합당하지 않게 되는 가장 큰 이유는 자신의 죄를 의식하지 못하는 것입니다. 바로 이것이 사람들을 그리스도로부터 떠나게 만드는 가장 큰 이유입니다.

이러한 말씀을 전파하며 또 듣는 것은 얼마나 중대한 일입니까!

여러분 자신을 적합하게 만드는 것은 얼마나 필요합니까!

그 적합함을 위한 조건은 얼마나 단순합니까!

우리는 자신이 죄인임을 알고 예수를 믿어야만 합니다. 그러면 우리는 "이 모든 것들을 능히 피하고 인자 앞에 서게" 될 것입니다(눅 21:36). 그리고 우리는 "부르심에 합당하게" 될 것이며, 심판장은 "그들은 흰 옷을 입고 나와 함께 다니리니 이는 그들이 합당한 자인 연고라"라고 말씀하실 것입니다(계 3:4).

57
성령의 충만

"제자들은 기쁨과 성령이 충만하니라"

행 13:52

이러한 기쁨은 마치 추운 겨울에 꽃으로 만발한 정원처럼 정말로 이상한 것이었습니다. 왜냐하면 지금 제자들을 둘러싸고 있는 모든 상황은 그들을 슬프게 만들기에 충분했기 때문입니다. 그들은 이제 막 이방종교로부터 벗어났습니다. 그들은 이제 막 태어난 어린 아기이며, 무지(無知)하며, 홀로 설 수 있는 능력을 가지고 있지 못했습니다. 그들의 인도자인 바울과 바나바는 폭도들에 의해 그들의 도시에서 쫓겨났습니다. 설령 여기의 제자들이 고립무원(孤立無援)의 절망감을 느꼈다고 해도 조금도 이상할 것이 없었습니다. 본서의 저자인 누가는 본문 첫 머리에 감동적인 "그리고"(And)를 놓음으로써 "충분히 예상되는 상황"과 "실제로 벌어진 상황" 사이의 대조를 강조합니다(And the disciples were filled with joy and with the Holy Ghost, 한글개역개정판에는 생략되어 있음 — 역주). 그러한 "그리고"는 사도들의 떠남과 제자들의 기쁨을 함께 연결시킵니다. 이것은 정말로 놀라운 역설입니다. 여기의 새로운 회심자들은 거대한 이교도 도시에 고립무원의 상태로 남겨졌습니다. 또 그들이 가진 믿음의 지식이라고 해야 고작 가장 초보적 지식들에 불과했습니다. 그럼에도 불구하고 그들은 "기쁨으로 충만"했는데, 그것은 그들이 "성령으로 충만"

했기 때문이었습니다.

특별히 본문 가운데 가장 두드러지는 부분은 후반부입니다 — "성령이 충만하니라." 이것은 사도행전의 — 특별히 그것의 앞부분의 — 두드러진 특징입니다. 왜냐하면 특별히 이 책의 앞부분은 오순절이 가져다준 새로운 선물로 인한 놀라움으로 고동치고 있기 때문입니다. 잠시 그때 일어났던 사건들을 생각해 보도록 합시다. 왜냐하면 그것들은 매우 중요하며 의미심장하기 때문입니다.

여러분은 오순절 날 어떻게 "모든 제자들이 성령으로 충만"했는지 기억할 것입니다. 첫 번째 박해가 교회에 임했을 때, 베드로는 공회 앞에서 "성령으로 충만"했으며 그럼으로써 조금도 두려워하지 않고 "모든 담대함으로" 말했습니다. 베드로가 교회로 돌아와 그들의 머리 위에 떠 있는 모든 위협의 구름에 대해 이야기했을 때, 그들은 "성령으로 충만"했기에 조금도 위축되거나 두려워하지 않았습니다. 마치 파도가 몰아치는 바다에서 조금도 위축되지 않고 의연하게 앞으로 나아가는 배처럼 말입니다. 또 사도들은 집사의 직분에 합당한 자격으로서 "성령과 지혜로 충만"해야 함을 제시합니다. 이와 관련하여 우리는 일곱 집사 가운데 첫 번째인 스데반이 "믿음과 성령으로 충만"했으며 그리하여 "은혜와 권능으로 충만"했음을 읽습니다. 공회 앞에 섰을 때 그는 "성령으로 충만"했으며, 그렇기에 하늘이 열린 것과 거기에 그리스도께서 자신을 돕기 위해 서 계신 것을 보았습니다. 마찬가지 방식으로 우리는 바나바가 "착한 사람이요 성령과 믿음이 충만한 자"라는 말씀을 읽습니다. 그리고 마지막으로 본문에서 비시디아 안디옥에 홀로 남겨진 여기의 새로운 회심자들이 "기쁨과 성령으로 충만"했다는 말씀을 읽습니다.

지금까지 나는 성령의 충만과 관련된 사도행전의 주된 사례들을 제시했습니다. 오늘의 나의 목적은 본문으로 선택한 한 구절만을 다루기보다 여기의 주목할 만한 표현이 나오는 모든 사례들을 다루는 것입니다. 왜냐하면 나는 그러한 사례들이 우리에게 기독교적 삶의 기쁨과 능력이 담겨 있는 그리고 너무나 자주 잊곤 하는 위대한 진리들을 가르친다고 굳게 믿기 때문입니다.

1. 첫째, 무엇이 모든 그리스도인의 경험이어야 하는지 주목하십시오.

먼저 여기에서 두 가지 즉 성령의 선물의 보편성과 풍부함을 주목해 보도록 합시다. 여러분에게 기회가 있을 때마다 이야기하는 것처럼, 만일 우리가 죄 사함과 하나님의 자녀가 되는 것과 형벌의 두려움이 제거되는 것을 넘어 예수 그리스도 안에 있는 하나님의 선물이 그리스도의 영으로 말미암아 모든 신자들의 마음속에 주어지는 신적 생명의 전달임을 알지 못한다면, 우리는 기독교 신앙의 핵심적 축복을 놓치고 있는 것입니다. 자, 그러한 신적 선물의 보편성이 앞에 예시한 사례들 속에서 어떻게 올바르게 가르쳐지고 있는지 주목해 보십시오. 오순절 날 불의 혀처럼 갈라지는 것이 임한 것은 특별한 부류에 속하는 사람들에게가 아니었습니다. 또 박해자들에게 맞설 수 있는 용기가 분여(分與)된 것은 전체 교회에게였습니다. 또 사마리아에서 빌립의 복음전파로 말미암아 성령이 주어진 것은 모든 신자들에게였습니다. 또 가이사라의 병영(兵營)에서 고넬료와 그의 가속(家屬)들이 베드로로부터 말씀을 듣는 순간 성령이 임한 것은 그들 모두에게였습니다.

이와 같은 신적 선물의 보편성은 바울의 서신들 속에서도 동일하게 나타납니다. 예컨대 바울은 고린도전서 12장에서 "우리가 다 성령으로 세례를 받아 한 몸이 되었고 또 다 한 성령을 마시게 하셨느니라"라고 말합니다(13절). 그는 모든 그리스도인들이 성령의 신적 생명을 보편적으로 소유하는 것을 확신했으며, 그랬기 때문에 "누구든지 그리스도의 영이 없으면 그리스도의 사람이 아니라"라고 말하는 데 조금도 주저하지 않았습니다(롬 8:9). 나아가 그는 또 다른 곳에서 "예수 그리스도께서 너희 안에 계신 줄을 너희가 스스로 알지 못하느냐 그렇지 않으면 너희는 버림 받은 자니라"라고 덧붙입니다(고후 13:5). 이와 비슷하게 또 다른 신약 저자는 이렇게 선언합니다. "이는 그를 믿는 자들이 받을 성령을 가리켜 말씀하신 것이라"(요 7:39). 누가 성령을 받을 것이라고요? 사도들입니까? 아닙니다.

특별한 직분을 가진 자들입니까? 아닙니다. 사제(司祭)로 서품된 사람들입니까? 아닙니다. 유명하며 뛰어난 자들입니까? 아닙니다. 오직 "그를 믿는" 자들입니다. 기독교는 참된 민주주의입니다. 왜냐하면 기독교는 남종과 여종과 젊은이와 늙은이 모두에게 성령이 임한다고 선언하기 때문입니다. 세상은 신적 영감(靈感)을 다소 피상적 방식으로 위대한 사상가들과 스승들과 예술가들과 지도자들과 강한 자들에게 임하는 것으로 생각합니다. 구약은 선지자들과 왕들과 중요한 직분에 임명된 자들을 하나님의 영을 소유한 자로서 간주했습니다. 그러나 기독교는 하늘 높이 해가 솟아올라 가장 깊은 골짜기의 보잘것없는 들꽃들이 그 빛을 받아 활짝 피는 것을 보았습니다. "우리가 유대인이나 헬라인이나 종이나 자유인이나 다 한 성령으로 세례를 받아 한 몸이 되었고 또 다 한 성령을 마시게 하셨느니라"(고전 12:13).

나아가 우리는 사도행전뿐만 아니라 신약의 다른 책들로부터 신적 선물의 풍성함이라는 또 다른 개념이 나타나는 것을 주목할 수 있습니다. 성령은 충만하게 임합니다. 마치 잔이 풍성한 포도주로 넘치는 것처럼 말입니다. 그러나 이러한 충만이 육체의 소욕과 성령의 소욕 사이의 모순을 불가능하게 만들지는 않습니다. 심지어 우리 가운데 최고의 하나님의 사람들에게조차 말입니다. "육체의 소욕은 성령을 거스르고 성령은 육체를 거스르나니"(갈 5:17). 이와 같이 성령의 충만이 격렬한 싸움의 필요성을 배제하지는 않지만 그러나 그것은 우리에게 승리의 확신을 가져다줍니다.

앞에 언급한 사례들로 다시 되돌아가 봅시다. 우리는 거기에 사용된 원어(原語)의 근소한 변이(變異)로 말미암아 그것이 두 부류로 나뉘는 것을 볼 수 있습니다. 스데반과 바나바의 경우와 같이, 어떤 사례들은 풍성한 영적 생명의 지속적 소유로 말미암아 아름다운 성품이 빚어지는 것을 언급합니다. 반면 다른 사례들은 특별한 상황에서 특별한 능력이 특별하게 부어지는 것을 언급합니다. 예컨대 공회 앞에서 베드로의 마음속에 하나님의 영이 부어짐으로써 그에게 담대함이 임한 경우라든지, 혹은 스데반이 죽음 앞에서 성령에 충만한 가운데 하늘이 열리고 거기에 주님이 서 계신 것을 보았던 경우처럼 말입니다. 이와 같이 우리 각자는 우리의 용량(容量)의 한계까지 성령으로 충만할 수 있으며 또 마땅히 그렇게 되어야 합니다. 그리고 그러한 충만은 특별한 상황에서 강화되며 증가될 수 있습니다.

뿐만 아니라 오늘 나를 가득 채운 것이 반드시 내일도 나를 가득 채우는 것은 아닙니다. 왜냐하면 나의 용량(容量)이 더 커질 수 있기 때문입니다. 어제의 작은 잔을 가득 채웠던 것은 오늘의 큰 잔에는 가득 채워지지 않을 것입니다. 열매가 자랄수록 그 크기가 커질 것이며, 크기가 커질수록 바라는 것도 커질 것이며, 바라는 것이 커질수록 그 용량도 커질 것이며, 용량이 커질수록 소유도 커질 것입니다. 그러므로 형제들이여, 신적 생명의 불꽃을 받은 사람은 그것이 계속해서 자라는 것을 발견할 것입니다. 만일 그가 그에게 주어진 선물에 대한 충성된 청지기라면 말입니다. 그리고 그러한 자람에는 한계가 없으며, 그러한 무한한 자람 안에 하늘에서의 영원한 자람에 대한 가장 확실한 예언이 담겨 있습니다.

이와 같이 보편적 선물 즉 모든 신자들에게 주어지는 선물과 풍성한 선물 즉 사람의 본성 전체를 그의 용량(容量)의 한계까지 가득 채우는 선물은 하나님이 의도하시는 것이며, 우리의 이상(理想)이며, 여기의 초창기 신자들이 받은 것입니다. 그것은 그들을 완전한 사람으로 만들지 않았습니다. 그것은 그들을 실수와 잘못으로부터 구원하지 않았습니다. 그러나 그것은 실제적이었으며, 그들에게 강력한 영향을 끼쳤으며, 그들의 성품을 빚었습니다. 그리고 그것은 점진적으로 자라며 커지는 것이었습니다. 바로 이것이 모든 그리스도인들을 위한 이상입니다. 여러분에게 묻습니다. 그것은 여러분에게 실제적입니까? 우리는 성령으로 충만하도록 의도되었습니다. 아, 그러나 우리 가운데 얼마나 많은 사람들이 그와 같은 신적 생명을 소유하는 것을 실제로 실현하지 못합니까! 그것은 부분적으로 그러한 충만이 오직 우리의 성품과 행함이 개선되는 것을 통해서 외에는 우리에게 지각(知覺)되지 않을 것이라는 사실을 깨닫지 못하기 때문입니다. 형제들이여, 우리 모두는 성령으로 충만할 수 있습니다. 여러분 스스로에게 "나는 성령으로 충만한가? 만일 그렇지 않다면, 그 이유는 무엇인가?"라고 물어보십시오.

2. 둘째, 이러한 보편적이며 풍성한 생명의 결과가 무엇인지 주목하십시오.

우리는 신약이 이적과 방언 같은 것을 성령의 전형적이며 가장 주된 은사로 간주한다는 개념에 대해 지레짐작하지 맙시다. 많은 사람들이 사도행전을 읽고, 초자연적인 것을 싫어하여 성령의 초창기 은사가 표적과 기사와 불의 방언 같은 것들로 나타난 정도를 지나치게 과장합니다. 만일 우리가 앞에 언급한 사례들을 다시금 살펴본다면, 거기에서 그와 같은 외적이며 일시적인 나타남들(manifestations)보다 사람의 성품을 빚는 영원하며 내적인 결과들이 훨씬 더 두드러지는 것을 발견하게 될 것입니다. 이것은 사도행전뿐만 아니라 신약의 다른 책들에서도 마찬가지입니다. 예컨대 고린도전서는 그러한 신적 영향력의 도덕적이며 영적인 효과를 단순히 기적적이며 외적인 효과보다 훨씬 더 중요하게 다룹니다.

앞에 언급한 사례들에 나타난 다양한 결과들을 살펴보도록 합시다. 어떤 사람 안에 내주하는 하나님의 영의 결과에 대한 가장 일반적 표현은 그것이 그를 선하게 만든다는 것입니다. 앞에서 언급한 사례들 가운데 한 가지를 살펴보도록 합시다. "바나바는 선한(good) 사람이요"(행 11:24, 한글 개역개정판에는 "착한"으로 되어 있음 — 역주). 그는 선한 사람이었습니다. 그러면 그는 어떻게 그렇게 되었을까요? 그분은 그가 "성령으로 충만" 했기 때문이었습니다. 그러면 그는 어떻게 성령으로 충만하게 되었을까요? 그것은 그가 "믿음으로 충만"했기 때문이었습니다(24절 하반절). 만일 신적 생명이 여러분 안으로 들어온다면, 그분은 여러분을 선하게 만들 것입니다. 그것은 마치 그 안에 있는 모든 식물을 자라며 꽃피며 열매 맺게 하는 온실의 따뜻한 온도와 같습니다. 바로 여기에 기독교 도덕과 세상 윤리의 차이가 있습니다. 어떤 측면에서 선함을 구성하는 이상(理想)에 있어서는 세상 윤리와 기독교 도덕 사이에 큰 차이가 없을는지 모르지만, 다음과 같은 점에서 양자는 근본적으로 다릅니다. 즉 하나는 "선하라! 선하라!

선하라!”라고 말하면서 마치 옛 바리새인들처럼 사람들로 하여금 그렇게 될 수 있도록 돕는 데 손가락 하나도 까딱하지 않는 반면, 다른 하나는 “선하라!”라고 말하면서 계속해서 “이것(성령)을 취하라, 그러면 그분이 너를 선하게 만들 것이라”라고 말합니다. 그러므로 하나는 복음인 반면 다른 하나는 단순한 말일 뿐입니다. 또 하나는 복된 소식의 말씀인 반면 다른 하나는 근사한 사색(思索)이거나 혹은 생명이 아니라 사망을 가져다주는 의문(儀文)의 계명일 뿐입니다. “만일 능히 살게 하는 율법을 주셨더라면 의가 반드시 율법으로 말미암았으리라”(갈 3:21). 의무를 강제한다고 해서 사람이 그것을 행하게 되는 것은 아닙니다. 우리에게는 능력으로 옷 입은 은사(gift)가 필요합니다. 그리고 감사하게도 우리는 그러한 은사를 가지고 있습니다. 그 안에 “성결의 영”을 가진 자만이 실제로 거룩할 것입니다. 하나님의 영이 사람의 마음 안에 내주할 때 이루어지는 결과는 그 안에 있는 생명이 계속해서 자라가며 그럼으로써 그것이 밖으로 나타나는 것입니다.

초자연적이며 보편적이며 풍성한 신적 생명은 또한 우리의 평범한 일상의 삶 속에 실제적 총명을 가져다줍니다. 앞에서 언급한 사례들 가운데 또 한 가지를 살펴보도록 합시다. “형제들아 너희 가운데서 성령과 지혜가 충만한 사람 일곱을 택하라”(행 6:3). 그것은 무엇을 위해서였습니까? 그것은 구제와 관련된 분란을 지혜롭게 해결하며, 적은 돈을 지혜롭게 나누어 주기 위함이었습니다. 그것이 전부였습니다. 여러분은 일상의 평범한 일을 지혜롭게 감당하기 위해 이와 같은 은사를 간구할 것입니까? 그렇습니다. 마땅히 그래야만 합니다. 중력(重力)은 거대한 행성들을 자기 궤도에 붙잡아둘 뿐만 아니라 또한 작은 먼지 알갱이들을 제 자리에 있도록 만듭니다. 그리스도인들에게 있어 전능자의 영감(靈感)이 가져다주는 결과들 가운데 하나는 그들에게 일상의 사소한 일들을 위한 지혜를 가져다주는 것입니다. 그렇지만 스데반은 “성령과 지혜로 충만”했을 뿐만 아니라 또한 “은혜와 능력으로 충만”했습니다. 여기에서 그가 “은혜”와 “능력”으로 충만했다는 사실을 주목해 보십시오. 이러한 두 가지는 많은 경우 함께 가지 않습니다. 한쪽에 은혜와 온유함과 부드러움과 사랑스러움이 있고, 다른 쪽에 힘과 강함이 있습니다. 둘이 연합되면 사람으로 하여금 하나님처럼 되도록 만들지만, 둘이 나누어지면 온전한 결과를 맺지 못합니다. 그러므로 만일 우리가 빛과 아름다움과 사랑스러움으로 가득 찬 삶을 바란다면, 그것을 위한 최고의 방법은 우리의 삶을 그리스도의 생명으로 채우는 것입니다. 또 만일 우리가 남자다운 힘과 에너지로 가득 찬 강한 삶을 바란다면, 그것을 위한 최고의 방법은 우리의 삶을 "강한 하나님의 아들"의 생명으로 채우는 것입니다.

나아가 스데반은 "성령으로 충만한" 가운데 하늘이 열리고 거기에 그리스도께서 서 계신 것을 보았습니다. 이와 같이 풍성한 신적 생명의 또 한 가지 결과는 우리가 헛된 세상의 모든 보이는 것들을 넘어 그리스도를 바라볼 수 있게 된다는 것입니다. 다시 한 번 오늘 본문에 등장하는 제자들을 생각해 보십시오. 그들이 "기쁨으로 충만"했던 것은 그들이 "성령으로 충만"했기 때문이었습니다. 마찬가지로 만일 우리 안에 풍성한 신적 생명을 가지고 있다면, 우리의 기쁨을 외적 세상에 의존하지 않을 것입니다. 설령 북극지역을 탐험하는 사람들처럼 눈(雪)으로 임시 거처를 지어야만 한다고 하더라도, 우리는 그 안에서 따뜻할 것입니다. 그리고 온 종일 밤이 계속되는 가운데서도, 거기에 빛이 있을 것입니다. 그러므로 사랑하는 친구들이여, 힘써 추구해야 할 주된 일이 무엇인지 생각해 보십시오. 그것은 특별한 은혜들을 계발하는 것이라기보다 우리 영 안에 있는 그리스도의 생명을 심화(深化)시키는 것이 아니겠습니까?

3. 마지막으로, 이와 같이 성령으로 충만해질 수 있는 방법이 무엇인지 주목하십시오.

우리는 스데반이 "믿음과 성령으로 충만"했으며 바나바는 "성령과 믿음으로 충만"했다는 말씀을 읽습니다. 우리는 이러한 두 구절로부터 비록 충만함과 관련된 순서가 서로 다르다 하더라도 둘 사이의 서로에 대한 관계는 동일하다는 사실을 분명히 알 수 있습니다. 믿음은 성령을 소유하는 조건입니다. 이와 관련하여 나는 먼저 우리가 하나님의 영이 우리 영 안에 거할 수 있다는 사실을 믿어야만 한다고 생각합니다. 특별히 오늘날의 피상적인 기독교는 이러한 사실을 훨씬 더 강렬하게 의식할 필요가 있습니다. 어쨌든 여기의 믿음은 간절한 열망과 갈망을 의미합니다. 또 그것은 확신에 찬 기대(期待)를 의미합니다. 여러분의 바람(wish)이 소유(possession)를 결정한다는 사실을 기억하십시오. 여러분은 하나님에 대하여 바라는 만큼 소유할 것입니다. 만일 여러분이 더 이상 소유하지 못한다면, 그것은 여러분이 더 이상 바라지 않기 때문입니다. 오늘날 하나님에 대하여 비어 있는(empty) 많은 그리스도인들은 매우 비극적 의미에서 "가득"합니다. 왜냐하면 그들은 자신이 취할 수 있는 만큼 가지고 있기 때문입니다. 여러분이 작은 잔을 가지고 온다고 상상해 보십시오. 그곳에 그 분량만큼 채워질 것입니다. 그러나 만일 여러분이 한 말 분량의 큰 통을 가져온다면, 여러분은 한 말 분량만큼 갖게 될 것입니다. 물론 다른 조건들도 있습니다. 우리는 우리에게 주어진 생명을 사용해야만 합니다. 또 우리는 죄로 말미암아 그것을 소멸시키지 않도록 주의해야 합니다. 왜냐하면 죄는 하나님의 성령을 사람의 마음으로부터 쫓아버리기 때문입니다. 그러나 위대한 진리는 만일 내가 믿음으로 마음의 문을 열면 그리스도께서 그의 영으로 말미암아 나의 마음 안으로 들어올 것이라는 사실입니다. 만일 내가 휘장을 열어젖힌다면, 빛이 방 안으로 비칠 것입니다. 만일 내가 수문(水門)을 들어 올린다면, 물이 쏟아져 들어와 나의 물레방아를 돌릴 것입니다. 만일 내가 수로(水路)를 깊이 판다면, 더 많은 생수가 수로 안으로 흘러들어올 것입니다. 수로를 더 깊이 파면 깊이 팔수록, 수로의 물은 더 충만해질 것입니다.

　형제들이여, 우리는 우리의 성품을 고치고자 너무나 많은 시간과 노력을 허비해 왔습니다. 신적 생명으로 하여금 여러분의 성품 안으로 들어가게 하십시오. 그러면 그것이 여러분의 성품을 고칠 것입니다. 만일 우리가 믿음으로 충만하면, 우리는 성령으로 충만할 것입니다. 그러면 우리는 지혜로 충만할 것이며, 은혜와 능력으로 충만할 것이며, 선함으로 충만할 것이며, 어떤 상황에서도 기쁨으로 충만할 것입니다. 그리고 죽음이 임할 때, 우리는 열린 하늘과 우리를 반갑게 맞이하시는 그리스도를 보게 될 것입니다.

58
신으로 받든 사람들과 돌로 친 사람들

"¹¹무리가 바울이 한 일을 보고 루가오니아 방언으로 소리 질러 이르되 신들이 사람의 형상으로 우리 가운데 내려오셨다 하여 ¹²바나바는 제우스라 하고 바울은 그 중에 말하는 자이므로 헤르메스라 하더라 ¹³시외 제우스 신당의 제사장이 소와 화환들을 가지고 대문 앞에 와서 무리와 함께 제사하고자 하니 ¹⁴두 사도 바나바와 바울이 듣고 옷을 찢고 무리 가운데 뛰어 들어가서 소리 질러 ¹⁵이르되 여러분이여 어찌하여 이러한 일을 하느냐 우리도 여러분과 같은 성정을 가진 사람이라 여러분에게 복음을 전하는 것은 이런 헛된 일을 버리고 천지와 바다와 그 가운데 만물을 지으시고 살아 계신 하나님께로 돌아오게 함이라 ¹⁶하나님이 지나간 세대에는 모든 민족으로 자기들의 길들을 가게 방임하셨으나 ¹⁷그러나 자기를 증언하지 아니하신 것이 아니니 곧 여러분에게 하늘로부터 비를 내리시며 결실기를 주시는 선한 일을 하사 음식과 기쁨으로 여러분의 마음에 만족하게 하셨느니라 하고 ¹⁸이렇게 말하여 겨우 무리를 말려 자기들에게 제사를 못하게 하니라 ¹⁹유대인들이 안디옥과 이고니온에서 와서 무리를 충동하니 그들이 돌로 바울을 쳐서 죽은 줄로 알고 시외로 끌어 내치니라 ²⁰제자들이 둘러섰을 때에 바울이 일어나 그 성에 들어갔다가 이튿날 바나바와 함께 더베로 가서 ²¹복음을 그 성에서 전하여 많은 사람을 제자로 삼고 루스드라와 이고니온과 안디옥으로 돌아가서 ²²제자들의 마음을 굳게 하여 이 믿음에 머물러 있으라 권하고 또 우리가 하나님의 나라에 들어가려면 많은 환난을 겪어야 할 것이라 하고"

행 14:11–22

루스드라의 장면은 우리에게 이 책으로부터 기적의 요소를 제거하는 것이 불가능하다는 사실에 관한 한 가지 두드러진 실례(實例)를 제공해 줍니다. 걷지 못하던 자를 고친 것이 전체 이야기의 시발점이었습니다. 이것이 없이는 나머지 모든 사건은 근거도 없고 설명도 할 수 없는 일이 될 것입니다. 도화선과 뇌관이 없다면 폭발도 있을 수 없습니다. 오직 걷지 못하던 자를 고친 기적만이 이러한 것들을 제공해 줍니다. 우리는 기적을 믿기로 선택할 수도 있고 믿지 않기로 선택할 수도 있습니다. 그러나 초자연적인 요소를 제거할 때, 우리는 이 책을 좀 더 쉽게 이해할 수 있게 되기는 고사하고 도리어 완전한 혼란에 빠지게 되고 말 것입니다.

1. 첫째, 여기서 두 사도가 신들이 자기들 가운데 내려온 것이라고 확신하는 군중들의 소동을 보게 됩니다.

여기의 이교도 군중들은 아직도 약화되지 않은 신들에 대한 옛 믿음을 가지고 있었습니다. 순수한 그리스인과 로마인들에게 희미해진 옛 신화(神話)는 아직까지 그 주변지역에서는 상당한 믿음의 대상이 되어 있었습니다. 기적을 본 유대인들의 최초의 생각은 그것이 "귀신의 왕 바알세불로 말미암아" 이루어졌다는 것이었습니다. 반면 평균적 그리스인과 로마인의 최초의 생각은 그것이 "마술"이라는 것이며, 여기의 단순한 백성들의 최초의 생각은 "신들이 사람의 형상으로 우리 가운데 내려오셨다"는 것이었습니다(11절). 한편 기적을 본 오늘날의 총명한 사람들의 최초의 생각은 그것이 "환각"이거나 아니면 "흥분한 상상력의 오류"라는 것입니다. "신들이 사람의 형상으로 우리 가운데 내려오셨다"는 여기의 군중들의 외침은 다른 사람들의 생각보다 그 사건의 본질에 더 가까이 다가가는 것일 것입니다. 왜냐하면 그것은 현재적인 신적 능력을 증언하는 것이었기 때문입니다. 설령 여기의 기적을 행한 자가 신적 존재의 화신(化身)은 아니었다 하더라도 분명 그는 하나님이 함께 하는 자였습니다.

그러나 여기의 군중들 가운데 나타났던 그와 같은 즐거운 확신은 신(神)이 사람의 형상으로 나타나는 것에 대한 간절한 열망이 얼마나 뿌리 깊은 것이었는지 잘 보여줍니다. 그들은 이를테면 다음과 같이 생각했던 셈이 었습니다. 만일 어떤 신적 존재가 있다면 그가 그들과 같은 형상으로 그들과 같은 가련한 인생들에게 가까이 다가오는 것은 너무나 자연스러운 일이라고 말입니다. 그렇다면 성육신의 교리는 이러한 열망이 성취된 또 하나의 실례(實例)라고 할 수 있지 않겠습니까? 어쨌든 "신들이 사람의 형상으로 내려오셨다"는 외침 속에는 그들의 간절한 필요와 그것이 충족되기를 바라는 그들의 간절한 소망이 담겨 있었습니다.

바나바는 바울보다 연장(年長)이었습니다. 뿐만 아니라 그가 아무 말도 하지 않고 가만히 있었던 것은 그들에게 그의 더 큰 위엄을 암시했습니다. 그리하여 바나바는 제우스로 받아들여지고, 그보다 나이가 적은 바울은 "신들의 사자(使者)"인 헤르메스로 받아들여졌습니다(12절). 틀림없이 두 선교사는 군중들의 "야만적" 함성을 이해하지 못했을 것입니다. 아마도 그들은 군중들의 흥분이 정점(頂點)에 이르기 전에 그 장소를 떠났을 것입니다. 왜냐하면 그들은 루스드라 사람들이 자신들에게 제사하고자 준비하는 것에 대해 "그에 대해 '들을' 때까지" 아무것도 알지 못했기 때문입니다(14절). 그에 대해 들었을 때 그들은 즉시로 "뛰어나갔"는데(sprang force), 이러한 표현은 그들이 어떤 장소 안에 — 아마도 그들의 숙소 안에 — 머물러 있었던 사실을 함축합니다(한글개역개정판에는 "뛰어 들어가서"로 되어 있음 — 역주).

만일 우리가 13절의 "대문들"(gates)이 구체적으로 어떤 문을 지칭하는 것인지 확인할 수 있다면, 사건의 진행은 좀 더 분명해질 것입니다. 그러한 대문들은 그 도시의 성문(城門)이었을까요? 그렇다면 제사장 행렬은 성벽 밖에 있는 신당(神堂)으로부터 왔을 것입니다. 아니면 그것은 성전 자체의 문이었을까요, 그렇지 않으면 두 사도가 머물던 숙소의 문이었을까요? 이 문제에 관한 학자들의 견해는 서로 갈립니다. 왜냐하면 어느 하나로 확증할 수 있는 근거가 부족하기 때문입니다. 어쨌든 제사장은 제사하기 위해 즉시 소를 준비했습니다. 본문에 대한 일치된 독법(讀法)은 그것을 "특별한" 제물이라고 구체화하여 읽는 것입니다. 다시 말해서 일상적 제물 이외의 제물로 말입니다. 한편 소의 뿔에 거는 "화환들"이 별도로 언급된 것은 그들의 성급함을 나타나는 표적일까요? 만일 그렇다면, 우리는 여기에서 환희에 가득 찬 군중들의 성급함을 묘사하는 생생한 그림을 얻게 되는 셈입니다.

2. 둘째, 이에 두 사도는 펄쩍 뛰며 그들의 어리석은 행동을 저지합니다.

혐오스러운 우상숭배의 악습이 두 사도를 경배의 대상으로 만들었습니다. 그들은 전도여행 도중 여러 가지 경우에 부닥쳤지만, 그러나 이런 경우는 한 번도 없었습니다. 그들은 위협과 적대적인 태도에는 조용히 있었지만, 지금의 상황에서는 결코 조용히 앉아 있을 수 없었습니다. "우리를 조롱하라. 우리와 더불어 싸우라. 우리를 가혹하게 대하라. 그러면 우리는 인내하며 견딜 것이라. 그러나 결코 우리를 신으로 만들지는 말라." 나는 그들의 후예들도 항상 이와 같이 느끼는지 잘 모르겠습니다.

14절에서 우리는 바나바의 이름이 먼저 거명되는 것을 발견하는데, 이것은 바보(Paphos) 이래로 나타나는 통상적 순서와 반대됩니다. 아마도 그 이유는 여기의 군중들이 그를 더 높은 사람으로 생각했기 때문이었을 것입니다. 두 사도에게서 시작된 15절 이후의 훈계의 말은 유대인이든 이방인 철학자든 성실한 일신론자(一神論者, monotheist)라면 어느 정도 할 수 있는 말이었습니다. 그것의 목적은 그리스도를 전파하기 위한 것이 아니라 제사하는 것을 멈추도록 하기 위한 것이었습니다. 그것은 단순히 어리석은 우상숭배를 책망하면서 한 분의 살아계신 하나님을 선포하는 것이었습니다. 그것을 아덴에서의 설교와 비교하는 것은 매우 흥미로운 일입니다. 왜냐하면 그것을 통해 우리는 바울이 청중의 상황에 따라 자신의 말을 매우 적절하게 말하는 것을 보게 되기 때문입니다. 여기의 루스드라 사람들에게, 바울은 시인(詩人)의 글귀를 인용한다든지 혹은 신(神)을 형상화하는 것이 잘못된 일임을 논증한다든지 혹은 역사적 발전과정을 이야기한다든지 혹은 모든 피조물이 하나님을 힘입어 살며 기동한다는 등의 이야기를 하지 않습니다. 이와 같은 이야기들은 아덴의 세련된 사람들에

게는 적합할는지 모르지만, 그러나 여기의 루스드라의 흥분한 군중들에게
는 적합하지 않을 것이었습니다. 그러나 그러한 이야기 대신 우리는 여기
에서 바울 사도가 제우스의 제사장의 면전(面前)에 아무런 두려움 없이 우
상은 모두 "헛된" 것이라는 담대한 선언과 홀로 "살아계신" 하나님에 대한
분명한 선포와 그의 우주적 창조의 권능과 그에게로 돌이키라는 간절한
훈계의 말을 던지는 것을 보게 됩니다.

16절에서 바울은 이를테면 자신의 말을 듣는 청중들의 마음속에서 일어
날 수 있는 다음과 같은 반론을 예상합니다 — "만일 그런 하나님이 계시
다면, 어째서 우리는 지금까지 그에 대해 한 번도 들어본 적이 없단 말입
니까?" 이것은 바울 특유의 방식이었습니다. 이러한 가상적 질문에 대한
"하나님이 지나간 세대에는 모든 민족으로 자기들의 길들을 가게 방임하
셨으나"라는 그의 대답은 아덴에서의 설교나 로마서 1장과 비교할 때 다소
덜 발전된 것입니다. 요컨대 지금의 상황과 여기의 군중들의 기질을 감안
할 때, 바울은 그러한 주제들을 장황하게 이야기하는 것이 그다지 적합하
지 않다고 판단한 것으로 보입니다.

그러나 여기에는 보통 수준의 평민들이 이해할 수 있는 명백한 사실이
있었습니다. 하나님은 "모든 민족으로 자기들의 길들을 가도록" 방임하셨
으나, 그러나 전적으로 그렇게 한 것은 아니었습니다. 이러한 개념은 로마
서 1장에서도 다루어집니다. 이러한 개념의 발전과 관련한 여기와 로마서
1장 사이의 차이는 우리에게 많은 것을 가르쳐줍니다. "비를 내리시며 결
실기를 주시는" 등의 은택은 하늘의 친서(親書)입니다(17절). 계절의 질서
정연한 순환, 하늘로부터 내리는 비, 매년마다 임하는 추수의 기적과 그것
이 가져다주는 기쁨 — 이 모든 것들은 사람들에게 은택을 가져다주는 우
주의 과정을 움직이는 살아있는 존재를 증언합니다.

오늘날의 모든 반론들에도 불구하고, "자연"의 현상들과 그것의 연속성
과 그것의 협동성과 그 모든 은택의 결과들이 사랑의 동기(動機)로 그 모
든 것을 움직이는 존재를 인정할 것을 요구하는 일은 여전히 변하지 않는
진실입니다. "주의 은택으로 한 해를 관 씌우시니 주의 길에는 기름 방울

이 떨어지며"(시 65:11).

3. 마지막으로, 안디옥의 유대인들의 악독함을 주목하십시오.

안디옥의 유대인들은 사도들을 자신들의 도시로부터 쫓아내는 것으로 만족할 수 없었습니다. 그리하여 그들은 격노한 마음으로 사도들을 따라 루스드라에 왔습니다. 루스드라에는 회당이 없었던 것으로 보입니다. 왜냐하면 여기에서는 단지 그들이 "무리"를 충동했다는 이야기만 나오기 때문입니다. "유대인들이 안디옥과 이고니온에서 와서 무리를 충동하니"(19절). 박해의 선봉에 서 있었던 바리새인 출신의 유대인 청년은 지금 심지어 낯선 도시들에서까지 그들로부터 박해를 당하고 있었습니다.

두 사도에게 제사하고자 했던 때와 돌을 던진 때 사이의 시간적 경과에 대한 언급은 분명하게 나타나지 않습니다. 그러나 아마도 둘 사이에는 어느 정도 시간적 경과가 있었을 것입니다. 왜냐하면 군중들을 설득하는 데에는 시간이 필요했을 것이기 때문입니다. 그들이 아무리 변덕스러운 자들이었다 하더라도 말입니다. 실제로 사도행전의 옛 사본 가운데 하나는 19절 중간에다 "그들이 거짓으로 무리를 설득하여 그들[사도들]로부터 떼어내니"라는 구절을 덧붙입니다. 틀림없이 어느 정도의 시간이 경과되었을 것입니다. 그렇지만 여기의 군중들이 느꼈던 불순한 종교적 흥분보다 더 일시적인 것은 없을 것입니다. 결국 두 사도에게 제사하려고 했던 열광적인 마음은 썰물처럼 빠져나가고 마침내 흉한 바닥이 그대로 드러났습니다. 대중의 인기라는 것이 이와 같습니다. 어제는 길에다가 장미꽃을 뿌리다가, 오늘은 썩은 계란을 던지며 저주를 퍼붓습니다.

19절의 바울을 돌로 친 "그들"은 누구였을까요? 문법적으로는 유대인들입니다. 그리고 아마도 실제로 그랬을 것입니다. 그들은 그를 너무도 증오하여 먼저 돌을 던지기 시작했습니다. 그러자 틀림없이 군중들도 곧이어 그 일에 동참했을 것입니다. 아마도 바울은 돌들이 자신을 향해 날아오는 순간 스데반을 생각했을 것입니다. 어쨌든 그는 많은 돌에 맞아 쓰러져 의식을 잃었습니다. 그러자 그들은 그가 죽은 줄 알고 그의 몸을 도시 밖으로 끌고 갔습니다. "그들이 돌로 바울을 쳐서 죽은 줄로 알고 시외로 끌어 내치니라"(19 하반절). 아마도 그의 몸은 그 도시 앞에 있는 신당 근처에 내던져졌을 것입니다.

집단적 광기를 만족시킨 군중들은 뿔뿔이 흩어졌고, 몇몇 용감한 제자들만 남았습니다. 그들은 속히 그를 무덤에 장사할 생각으로 그 주위에 둘러섰습니다(20절). 여기에서 제자들이 무슨 이야기를 했는지는 전혀 언급되지 않습니다. 우리는 사도행전이 모든 이야기를 다 한다고 기대해서는 안 됩니다. 그러므로 이와 같이 아무런 언급이 없는 사실을 논거(論據)로 삼아 어떤 이론을 세우는 것은 무익한 일입니다.

누가는 기적을 쉽게 믿는 성격이 다니었던 것으로 보입니다. 그는 바울이 죽었는지에 대해 알지 못합니다. 의사로서 그는 오랫동안 의식을 잃고 쓰러져 있는 상태에 익숙했습니다. 그리하여 그가 확실하게 말하는 모든 것은 바울이 마치 죽은 자처럼 누워있었다는 것과 돌에 맞아 쓰러졌던 이 사람이 초자연적 용기와 포기할 줄 모르는 끈기로 다시 그 도시로 돌아가 다음 날 그의 사역을 계속했다는 것입니다. 마치 돌에 맞는 일 따위는 아무것도 아니라는 듯이 말입니다.

계속해서 사도들은 더베로 갔다가(20절), 다시 길을 거슬러 안디옥으로 돌아왔습니다(21절). 그리고 거기에서 마치 이리 가운데 목자 없는 양처럼 남겨진 새로운 제자들을 격려했습니다. "제자들의 마음을 굳게 하여 이 믿음에 머물러 있으라 권하고"(22절). 사도들은 그들 앞에 기다리고 있는 위험을 사소한 것처럼 말하는 방식으로 그들을 격려하지 않았습니다. 그렇게 하는 대신 바울 안에서 예증된 하나님 나라의 법칙을 그들 앞에 분명하게 제시했습니다. "우리가 하나님의 나라에 들어가려면 많은 환난을 겪어야 할 것이라"(22절). 여기에서 "우리"라는 표현을 주목해 보십시오. 바울은 자신이 돌에 맞은 것을 제시하면서 그들 역시도 환난을 겪게 될 것을 준비해야만 함을 역설합니다. 이러한 개념은 그의 서신들 가운데서도 반복적으로 나타납니다. 그리고 이것은 모든 세대를 통해 항상 사실입니다. 비록 환난의 형태는 다양하다 하더라도 말입니다.

59
꿈과 실제

“무리가 바울이 한 일을 보고 루가오니아 방언으로 소리 질러 이르되
신들이 사람의 형상으로 우리 가운데 내려오셨다 하여”
행 14:11

이것은 걷지 못하던 자가 걷게 되는 능력의 역사(役事)가 나타났을 때 터져 나온 자발적이며 본능적인 외침이었습니다. 미개한 지역을 여행하거나 혹은 그곳에 거주하는 영국인들에게 간혹 이와 비슷한 상황이 발생하기도 합니다. 그렇게 하여 루스드라에서 사도들은 그리스 신화에 등장하는 두 신들로 받아들여졌습니다.

여기의 사건은 너무나 인상적이며 그림처럼 생생합니다. 사도들은 그들이 놀람과 환희 가운데 그들의 투박한 방언으로 외친 말을 알아듣지 못했습니다. 제우스의 제사장이 소와 화환들을 가지고 제사하고자 나타날 때까지 말입니다(13절). 루스드라 사람들은 둘 가운데 연장(年長)이었던 바나바를 신들의 아버지인 제우스로, 그리고 좀 더 젊고 활동적이었던 바울을 신들의 사자(使者)인 헤르메스로 생각했습니다. 백성들의 소동에 부화뇌동하는 제우스 신당의 제사장과 제물로 바쳐지기 위해 끌려온 소와 경악한 사도들의 격렬한 호소는 어떤 풍자만화보다도 더 생생한 그림으로 만듭니다.

그러나 우리는 이와 같은 회화적(繪畵的) 요소만을 다루어서는 안 됩니

다. 성경의 이야기들은 핵심까지 꿰뚫고 들어가는 특성이 있습니다. 그것
이 기록하는 말과 행동은 모든 부류의 사람들의 본질적 특징을 담고 있으
며, 거기에 등장하는 개인들의 초상화는 그와 같은 종류의 사람들의 공통
적 초상화가 됩니다. 루스드라 사람들의 환희의 외침은 우리에게 이방종
교의 가장 두드러지며, 보편적인 믿음 가운데 하나를 보여줍니다. 뿐만 아
니라 그것은 동시에 세상 역사 가운데 나타난 가장 위대한 사실 즉 영원한
말씀의 성육신과 매우 밀접한 관계를 갖습니다. "신들이 사람의 형상으로
우리 가운데 내려오셨다"는 이방종교의 꿈입니다. 반면 "말씀이 육신이 되
어 우리 가운데 거하시매"는 그러한 외침을 충족시키며, 옹호하며, 능가하
는 실제적 사실입니다.

1. 이방종교의 신적 화신(incarnation)의 꿈.

　모든 지역에서 우리는 신들이 사람의 형상으로 나타나는 이러한 믿음을
발견합니다. 이러한 믿음은 그리스의 시와 예술에 영감을 주었습니다. 또
로마인들은 신들이 그들의 군대 앞에서 돌진하며, 그들에게 법을 주었다
고 믿었습니다. 또 동양의 복잡한 신화들 속에서도 사람의 형상으로 나타
나는 신들의 이야기를 무수히 발견합니다. 티베트인들은 자신들의 살아있
는 지도자를 실제적인 신의 화신(化身)으로 믿습니다. 이것은 원시적 부족
들의 미개한 종교들 가운데서도 마찬가지입니다. 그들 가운데서도 우리는
이러한 보편적 믿음의 희미한 메아리를 발견하게 됩니다.

　이러한 사실들은 무엇을 가르쳐줍니까? 그러한 것들을 단순히 우리가
오래 전에 벗어난 미개한 단계의 산물로 간주한 채 외면해 버리고 말 것입
니까?

　만일 우리가 비교종교학이 말하는 바에 귀를 기울인다면, 우리는 신들
이 육체의 형상으로 나타나는 것과 관련된 신화(神話)들이 지금도 계속해
서 만들어지고 있는 사실을 알게 될 것입니다. 비록 그것이 세상 발전의
초기 단계에 속하는 것이라 하더라도, 우리는 그러한 것들이 표현하는 감
정이 세상 발전의 모든 단계에 속하는 것이라는 사실을 받아들여야만 합

니다.

나는 이러한 보편적인 믿음 속에 다음과 같은 개념들이 담겨 있다고 생각합니다.

· 신적 도움의 필요성에 대한 의식(意識).

· 하늘과 땅 사이의 교제의 확실성.

· 사람의 능력과 용량(容量)에 대한 높은 이상(理想).

나아가 우리는 이러한 신적 화신들(incarnations)의 일반적인 특징이 무엇인지 주목할 수 있습니다(대문자 Incarnation은 "성육신"으로, 그리고 소문자 incarnation은 "신적 화신"으로 번역하였음 — 역주). 그것은 일시적이며, 가현설적(假現說的, docetic)이었습니다. 다시 말해서 이방종교의 신적 화신(化身)들은 단순히 사람의 형상을 외적으로 취한 것뿐이었습니다. 신적 존재가 실제로 사람과 참으로 같은 존재가 되지는 않은 채 말입니다. 그것은 대부분의 경우 신적 존재가 자신의 이기적이며 때로는 매우 비도덕적 목적을 만족시키기 위한 것이거나 혹은 자신의 정욕과 욕망을 충족시키기 위한 것이거나 혹은 자기가 좋아하는 사람들로 하여금 승리를 얻게 하기 위한 것이거나 혹은 자신의 분노를 초래한 자들을 짓밟음으로써 스스로를 만족시키기 위한 것이었습니다.

2. 인간의 꿈을 능가하는 하나님의 응답.

우리는 성육신의 진리가 기독교의 모퉁이돌이라는 사실을 결코 놓쳐서는 안 됩니다. 만일 그것이 무너진다면, 기독교 전체가 무너집니다. 성육신 없이도 사람들 가운데 가장 위대하며 숭고한 그리스도는 있을 수 있지만 그러나 "자기 백성을 그들의 죄로부터 구원하는" 그리스도는 있을 수 없습니다.

이와 같이 기독교의 성육신(Incarnation)과 이방종교의 신적 화신들(incarnations) 사이에는 일종의 유사한 부분이 있습니다. 그러면 우리는 이러한 유사성을 어떻게 설명할 것입니까? 우리는 "모든 종교는 결국 다 같다"는 식의 성급한 해결책에 귀를 기울일 것입니까? 우리는 그 안에서 인간적 사고의 비슷한 경향이 작동하는 것 외에는 다른 것을 보지 못할 것입니까? 우리는 그러한 유사성으로 인해 기독교 메시지를 불신(不信)할 것입니까? 우리는 그 모든 다른 것들이 인간의 깊은 필요와 열망에 대한 무의식적 예언이었으며, 예수 그리스도의 성육신은 그러한 무의식적 예언에 대한 하늘의 응답이었다고 말할 것입니까?

우리는 이러한 질문에 정정당당하게 직면해야만 합니다. 왜냐하면 이러한 사실들을 바라보기 시작할 때, 우리는 그리스도의 성육신과 다른 모든 신적 화신들 사이의 차이가 뿌리에서부터 근본적으로 다르다는 가설을 세울 수 있을 정도로 너무나 크다는 사실을 발견하게 될 것이기 때문입니다. 이방종교의 "신들"은 그들의 신성(神性)의 옷 위에 인간의 모양을 외적으로 그리고 잠깐 동안 살짝 덧입습니다. 반면 예수 그리스도는 "우리의 뼈 중의 뼈요 살 중의 살"입니다. 그는 간지 "사람의 모양으로 나타난" 것이 아니라 "범사에 우리와 같이" 되셨습니다. 그는 영원히 인성(人性)의 옷을 입으셨습니다. 그리고 그는 하늘의 영광 가운데 영원히 "사람이신 그리스도 예수"입니다.

그러나 그리스도의 성육신과 다른 모든 신적 화신들 사이의 근본적 차이는 각각 사람의 형상을 취한 목적에 놓여 있습니다. 고난을 당하기 위해 세상에 내려온 신(神), 죽기 위해 온 신, 참된 인간성의 최고의 모범이 되기 위해 온 신, 사람들로 하여금 죄를 이기고 생명을 얻도록 하기 위해 온 신 — 세상의 모든 종교들 가운데 이런 신이 어디에 있습니까? 오직 기독교만이 사람들 앞에 그런 목적을 위한 하나님과 그런 성육신을 제시하는 사실은 다른 종교들 가운데 나타나는 신적 화신들에 대한 보편적 믿음의 근원과 영원한 말씀이 육신이 되었다는 기독교 복음의 근원이 서로 다르다는 사실을 분명하게 보여주지 않습니까?

60
믿음의 문

"그들이 이르러 교회를 모아 하나님이 함께 행하신 모든 일과
이방인들에게 믿음의 문을 여신 것을 보고하고"
행 14:27

신약에 문(門)의 은유는 많이 나타나지만, 그러나 어느 것도 여기의 것과 정확하게 같지 않습니다. 예를 들어, 우리는 바울에게 말씀 사역을 위한 "광대하고 유효한 문"이 열렸다든지(고전 16:9). 혹은 빌라델비아 교회의 사자에게 "열면 닫을 사람이 없고 닫으면 열 사람이 없는" 자가 "내가 네 앞에 열린 문을 두었으되"라고 말하는 것을 읽습니다(계 3:7, 8). 이러한 용례들과는 달리, 본문의 문은 믿음에 대한 은유입니다. 다시 말해서 믿음이 문, 즉 이방인들이 하나님의 나라로 들어가는 통로로 그려지고 있습니다. 이제까지 유대인들이 조상들로부터 내려온 의식(儀式)으로 말미암아 그 나라 안으로 들어가는 것으로 생각했던 것과 다른 뜻입니다.

1. 믿음은 우리가 하나님의 나라에 들어가는 수단입니다.

유대인들은 혈통과 할례의식이 하나님의 나라에 들어가는 문이라고 생각했습니다. 그러나 바울과 바나바가 제 1차 전도여행을 통해 얻은 수많은 경험들은 '사실의 논리'(logic of facts)로 말미암아 그러한 개념을 산산조각으로 부수었습니다. 혈통과 할례의식이라는 협소한 샛문 대신 하늘

의 도성으로 들어가는 새로운 문이 열렸으며, 그 문은 수많은 무리가 들어갈 수 있을 정도로 충분히 넓었습니다. 사도들은 수많은 이방인들이 그 도성 안으로 들어오는 것을 분명히 보았습니다. 그러면 그들은 어떻게 들어왔습니까? 그것은 예수를 믿는 믿음으로 말미암은 것이었습니다. 예전의 모든 배타적 이론들에도 불구하고 이것은 반드시 고려해야만 하는 명백한 사실이었습니다. 수많은 사람들이 "믿음으로 말미암아" 의롭다함을 받고 그 도성 안으로 들어온 것은 의심의 여지없는 사실이었습니다.

우리는 이러한 은유가 주님 자신에 의해 사용된 또 다른 용례(用例)를 잊어서는 안 됩니다. 그는 자신이 바로 그 문이라고 선언하십니다. 둘은 표현은 서로 다르지만 그러나 완전하게 조화됩니다. 왜냐하면 하나는 우리로 하여금 하나님께 가까이 나아가며 하나님과 함께 거하는 것을 가능하게 만들어 주는 것으로서 그리스도의 사역의 객관적 사실을 언급하는 것인 반면 다른 하나는 그러한 가능성을 주관적으로 적용하고 또한 그것을 자신의 복된 경험 안에서 실현시키는 것을 언급하는 것이기 때문입니다.

2. 믿음은 하나님이 우리 마음 안으로 들어오는 수단입니다.

우리는 하나님이 들어오지 못하도록 마음을 닫아버리는 신비하면서도 두려운 능력을 소유하고 있습니다. 한쪽 측면에서 우리가 하나님의 나라로 들어가는 수단인 믿음은 다른 쪽 측면에서 하나님이 우리 안으로 들어오는 수단입니다. 성전에 주의 임하심을 기원하는 시편 24편에서 우리는 "문들아 너희 머리를 들지어다 영원한 문들아 들릴지어다"라는 말씀과 함께 그럴 때 "영광의 왕이 들어오시리로다"라는 약속이 주어지는 것을 보게 됩니다(시 24:7). 또 영광의 왕이신 승천하신 그리스도는 닫힌 문을 두드리면서 우리에게 자신의 손으로 문을 열 것을 요구하시는 가운데 그렇게 할 때 "내가 들어"가겠노라고 약속하십니다. "볼지어다 내가 문 밖에 서서 두드리노니 누구든지 내 음성을 듣고 문을 열면 내가 그에게로 들어가 그와 더불어 먹고 그는 나와 더불어 먹으리라"(계 3:20).

또 바울은 에베소의 그리스도인들을 위해 "믿음으로 말미암아 그리스도께서 너희 마음에 계시게 하시옵고"라고 기도합니다(엡 3:17). 그가 그들의 마음에 계시는 것이 가능하게 되는 다른 길은 없습니다. 믿음은 신적 임재를 위해 임의적으로 지정된 조건이 아닙니다. 마치 어떤 왕이 여러 길 가운데 어떤 특정한 길을 통해 도성 안으로 들어가겠노라고 임의적으로 결정하는 것처럼 말입니다. 결코 그렇지 않습니다. 어떤 사람의 영혼 안에 그리스도께서 들어오셔서 거하실 수 있기 위해서는, 그 영혼에 믿음과 믿음을 따르는 사랑과 사랑을 따르는 소망이 반드시 필요합니다.

3. 믿음은 하나님의 나라가 우리 안으로 들어오는 수단입니다.

만일 그리스도께서 들어오신다면, 그는 자신의 못 박힌 손에 선물을 가득 들고 들어오십니다. 믿음을 통해 우리는 모든 영적인 복들을 받습니다. 그러나 우리는 이러한 은유가 가장 강력하게 제시하는 사실, 곧 믿음은 단지 들어가는 수단에 불과하다는 사실을 잊어서는 안 됩니다. 믿음은 그 자체 안에 어떤 보화도 가지고 있지 않습니다. 다만 그것이 보배로운 것은 그것이 참된 보화가 들어오는 통로이기 때문입니다. 문은 아무것도 아닙니다. 그것은 단지 열린 통로에 불과합니다. 믿음은 물이 들어오는 파이프와 같으며, 어두운 방에 빛이 들어올 수 있도록 커튼을 활짝 열어젖히는 것과 같습니다. 또 그것은 스스로를 전기회로의 길 안에 놓는 것과 같습니다. 구원은 믿음과 아무렇게나 연결된 것이 아닙니다. 구원은 믿음에 대한 보상이 아니라, 오직 믿음을 통해서만 올 수 있는 것을 소유하는 것입니다. 우리의 "마음"은 "믿음으로 말미암아" 정결해집니다. 왜냐하면 믿음으로 말미암아 우리 마음 안으로 정결케 하는 영과 생명과 능력이 들어오기 때문입니다. 우리는 "믿음으로 말미암아" 구원받습니다. 왜냐하면 믿음으로 말미암아 우리의 영 안으로 "자기 백성을 그들의 죄로부터 구원하는" ― 그가 그들 가운데 거하시며 그들이 믿음으로 말미암아 그 안에 거할 때 ― 그리스도께서 들어오시기 때문입니다.

61
의견의 불일치

"¹어떤 사람들이 유대로부터 내려와서 형제들을 가르치되 너희가 모세의 법대로 할례를 받지 아니하면 능히 구원을 받지 못하리라 하니 ²바울 및 바나바와 그들 사이에 적지 아니한 다툼과 변론이 일어난ㅈ 라 형제들이 이 문제에 대하여 바울과 바나바와 및 그 중의 몇 사람을 예루살렘에 있는 사도와 장로들에게 보내기로 작정하니라 ³그들이 교회의 전송을 받고 베니게와 사마리아로 다니며 이방인들이 주께 돌아온 일을 말하여 형제들을 다 크거 기쁘게 하더라 ⁴예루살렘에 이르러 교회와 사도와 장로들에게 영접을 받고 하나님이 자기들과 함께 계셔 행하신 모든 일을 말하매 ⁵바리새파 중에 어떤 믿는 사람들이 일어나 말하되 이방인에게 할례를 행하고 모세의 율법을 지키라 명하는 것이 마땅하다 하니라 ⁶사도와 장로들이 이 일을 의논하러 모여"

행 15:1-6

이방인들이 기독교 공동체 안으로 받아들여지는 조건과 관련한 문제는 이미 고넬료의 경우로 인해 제기된 바 있었지만, 그러나 그 문제는 바울의 전도여행 이후 더욱 첨예화되었습니다. 오늘 본문에서 우리는 그 문제와 관련된 좁은 의견과 넓은 의견 사이의 다툼을 발견하게 됩니다. 예루살렘 교회에서 헬라파 과부들이 부당하게 구제에 빠진 일과 그로 말미암은 "불평" 속에서, 우리는 본토 유대인 신자들과 헬라파 유대인 신자들 사이의 틈을 보게 되는데, 그러한 틈은 이후 펼쳐진 일련의 사건들로 말미암아 점점 더 커졌습니다.

1절에 등장하는 "어떤 사람들"을 주목해 보십시오. 안디옥 교회에 특별한 임무를 띠고 파송을 받아 온 사람들이든 그렇지 않든, 그들은 "모세의 법대로 할례를 받지 아니하면 능히 구원을 받지 못하리라"는 규칙을 제시할 수 있는 어떤 권세도 가지고 있지 않았습니다. 누가는 그들이 예루살렘으로부터가 아니라 "유대로부터" 내려왔다고 말함으로써 은연중에 그러한 사실을 암시합니다. 우리는 이들에 대해 공정해야 합니다. 그리고 그들이 자신들의 입장을 옹호하기 위해 얼마나 많은 말을 해야 했는지를 기억해야 합니다. 그들은 이방인들이 교회 안으로 받아들여질 수 있음을 의심하지 않았습니다. 다만 그들은 하나님이 제정하신 할례의 규례가 그 "문"이라고 (헬라어 원어가 암시하는 것처럼) "계속해서" 가르쳤습니다. 할례의 규례를 제정하신 분은 하나님이셨습니다. 그리고 모세 이래로 모든 세기를 통해 이스라엘의 우리 안으로 들어온 모든 사람은 그 문을 통해 들어왔습니다. 그러면 그것을 폐지하는 명령이 새롭게 내려졌습니까? 바울은 사람들을 다른 길로 가도록 가르침으로써 하나님의 율법을 폐지하는 신성모독의 죄를 범하고 있었습니까?

예수를 메시야로 믿는 그 정직한 신자들은 — 즉 "유대로부터 온 어떤 자들"은 — 이와 같이 일이 혁명적으로 진행되는 것으로부터 움츠렸습니다. 그들이 자신들의 배타적인 관점을 헬라파 유대인인 바울과 바나바처럼 쉽게 내려놓을 수 없었던 본토 유대인들이었다는 사실은 그들이 어째서 그러한 입장을 고수할 수밖에 없었는지 잘 설명해 줍니다. 그럼에도 불구하고 그들의 행동은 믿음에 치명적인 타격을 가했습니다. 설령 그렇게 의도하지 않았다 하더라도 말입니다. 바울은 그들이 보지 못한 것을 보았습니다. 즉 만일 믿음 외에 다른 어떤 것이 사람들을 그리스도와 연합시키며 그들로 하여금 구원에 참여하도록 만드는 데 필요한 것으로 받아들여진다면, 결국 믿음은 그 자리에서 밀려나고 마침내 기독교는 "행위"의 종교로 전락하게 될 것이라는 사실 말입니다. 만일 어떤 것이 믿음과 함께 구원의 조건으로 받아들여진다면, 결국 그것이 구원의 유일한 조건이 되고 말 것입니다. 믿음은 어디론가 사라지고 말입니다. 그것은 "믿음 아니면 할례"여야만 합니다. 그것은 "믿음 그리고 할례"일 수 없습니다. 이러한 교훈은 안디옥에서 못지않게 오늘날에도 똑같이 필요합니다. 그때 시작된 논쟁은 지금까지도 계속되고 있습니다. 그리고 오늘날의 교회 역시도 바울의 다음과 같은 훈계를 그때와 똑같이 필요로 합니다. "그리스도께서 우리를 자유롭게 하려고 자유를 주셨으니 그러므로 굳건하게 서서 다시는 종의 멍에를 메지 말라"(갈 5:1).

이렇게 하여 형제들은 이 문제와 관련하여 예루살렘에 호소하기로 결정했습니다. 그렇게 결정한 주체는 교호가 분명합니다. 의심의 여지없이 바울은 그에 동의했지만, 그러나 그가 그러한 제안을 한 것으로는 언급되지 않습니다. 그와 바나바는 얼마든지 자신들의 권위를 주장할 수 있었지만, 그러나 화평을 위해 기꺼이 그렇게 하지 않았습니다.

다른 쪽 사람들 역시도 대표단에 함께 포함되었습니다. 예루살렘은 교회 공동체의 중심이었으며, 멸망 이후에도 계속해서 그렇게 남아 있었습니다. 그리고 그곳에 있었던 사도들과 장로들은 교회의 공인된 지도자들이었습니다(2절). 여기의 장로들은 상당한 권위를 가지고 있었던 것으로 나타납니다. 우리는 11장 30절에서 이들과 관련된 언급을 발견하는데, 거기에서 그들은 안디옥에서 보낸 부조(扶助)를 받는 모습으로 나타납니다. 우리가 그들이 처음 장로로 임명받는 것에 대해 아무런 이야기도 듣지 못하는 것은 매우 의미심장합니다. 당시 교회의 조직은 그때그때의 위급한 상황에 따라 만들어졌습니다.

그리하여 대표단은 교회의 따뜻한 전송을 받으며 안디옥을 떠났습니다(3절). 그들은 베니게와 사마리아 지역을 지나가면서 그곳의 형제들에게 이방인들이 주께 돌아온 소식을 전하며 그들을 크게 기쁘게 했습니다. 여기에서 우리는 그들이 이러한 지역들에서 "그 가시와 같은 문제"에 대해서는 일체 언급하지 않은 것을 주목할 수 있습니다. 또 여기의 베니게와 사마리아가 기뻐했다는 언급 속에 유대가 기뻐했다는 언급은 빠져 있습니다. 아마도 유대에 있는 그리스도인들은 "좁은 관점" 즉 "모세의 법대로 할례를 받지 않으면 능히 구원받을 수 없다"는 관점에 공감했을 것입니다.

예루살렘 교회가 첫 번째로 취한 행동은 대표단을 영접하기 위해 교회 모임을 소집한 것이었습니다. 여기에서 대표단이 곧바로 다툼의 문제를 꺼내지 않고 자신들의 성공적 사역에 대해 이야기한 것을 주목하십시오. "예루살렘에 이르러 교회와 사도와 장로들에게 영접을 받고 하나님이 자기들과 함께 계셔 행하신 모든 일을 말하매"(4절). 그것이야말로 할례와 상관없이 이방인 회심자들이 하나님께 받아들여진 것을 증명하는 최고의 증거였습니다. 하나님이 그들을 받으셨습니다. 그런데 교회가 그렇게 하지 않을 것입니까? 사실(facts)이 이론(theories)보다 더 강합니다. 이것은 고넬료와 관련하여 베드로가 주장한 것이었습니다. "이 사람들이 우리와 같이 성령을 받았으니 누가 능히 물로 세례 베풂을 금하리요"(행 10:47). "하나님이 우리가 주 예수 그리스도를 믿을 때에 주신 것과 같은 선물을 그들에게도 주셨으니 내가 누구이기에 하나님을 능히 막겠느냐"(11:17). 이것은 그리스도인의 삶을 편협하게 만드는 모든 이론을 한방에 날려버리는 논증입니다. 어떤 사람이 "만일 당신이 이러저러한 일을 행하지 않으면 구원받지 못할 것이라"라고 말할 때, 우리는 기독교적 성품의 열매를 가리키며 이렇게 말하는 것으로 충분합니다. "열매들을 보시오, 이러한 열매를 맺는 영혼은 구원받은 것이 확실하지 않습니까? 당신은 이러한 실재(實在)들을 포함시키기 위해 가능성의 개념을 넓혀야만 하오." 사실이 명백하게 나타났을 때, "그럴 수 없다!"고 말하는 것은 헛된 일입니다.

그러나 '사실의 논리'(logic of facts)는 완강한 이론주의자들을 설득시키지 못합니다. 그와 같이 여기의 유대파 형제들은 "모세의 법대로 할례받지 않으면 능히 구원받을 수 없다"는 자신들의 이론을 계속해서 고집했습니다. 종교는 일차적으로 의식(儀式)의 문제라고 믿는 사람들만큼 맹목적인 사람들은 없습니다. 여러분은 그들 앞에 기독교적 성품의 가장 아름다운 열매들을 보여줄 수 있습니다. 그럼에도 불구하고 여러분은 "모세의 법대로 할례받지 않으면 능히 구원받을 수 없다"는 대답만을 계속해서 듣게 될 것입니다. 예루살렘은 그들의 근거지이었습니다. 바로 그곳에서 그들의 대변자들이 자신들의 주장을 한층 더 확장시킵니다. "바리새파 중에 어떤 믿는 사람들이 일어나 말하되 이방인에게 할례를 행하고 모세의 율법을 지키라 명하는 것이 마땅하다 하니라"(5절). 안디옥에서 그들은 할례를 주장했습니다. 그러나 예루살렘에서는 모세의 율법 전체를 지켜야 한다는 요구를 덧붙입니다. 그들은 매우 논리적이었습니다. 그들의 원리는 필연적으로 확장을 요구합니다. 구원을 위해 할례가 필요하다는 요구는 마침내 구원을 위해 율법 전체를 지켜야 한다는 요구로 확장됩니다. 이제 그들의 이론의 전모가 분명하게 드러납니다. 문제는 단순합니다. 기독교가 유대교의 한 종파인가 아니면 보편적 종교인가 하는 것입니다. 기독교가 보편적인 종교인 것은 너무나 분명한 것이었지만, 그러나 그들 가운데 이것을 본 사람은 거의 없었습니다. 이렇게 하여 서로 다른 길로 가는 것은 불가피한 일이 되었습니다.

62
이방인의 자유의 헌장

"[12]온 무리가 가만히 있어 바나바와 바울이 하나님께서 자기들로 말미암아 이방인 중에서 행하신 표적과 기사에 관하여 말하는 것을 듣더니 [13]말을 마치매 야고보가 대답하여 이르되 형제들아 내 말을 들으라 [14]하나님이 처음으로 이방인 중에서 자기 이름을 위할 백성을 취하시려고 그들을 돌보신 것을 시므온이 말하였으니 [15]선지자들의 말씀이 이와 일치하도다 기록된 바 [16]이 후에 내가 돌아와서 다윗의 무너진 장막을 다시 지으며 또 그 허물어진 것을 다시 지어 일으키리니 [17]이는 그 남은 사람들과 내 이름으로 일컬음을 받는 모든 이방인들로 주를 찾게 하려 함이라 하셨으니 [18]즉 예로부터 이것을 알게 하시는 주의 말씀이라 함과 같으니라 [19]그러므로 내 의견에는 이방인 중에서 하나님께로 돌아오는 자들을 괴롭게 하지 말고 [20]다만 우상의 더러운 것과 음행과 목매어 죽인 것과 피를 멀리하라고 편지하는 것이 옳으니 [21]이는 예로부터 각 성에서 모세를 전하는 자가 있어 안식일마다 회당에서 그 글을 읽음이라 하더라 [22]이에 사도와 장로와 온 교회가 그 중에서 사람들을 택하여 바울과 바나바와 함께 안디옥으로 보내기를 결정하니 곧 형제 중에 인도자인 바사바라 하는 유다와 실라더라 [23]그 편에 편지를 부쳐 이르되 사도와 장로 된 형제들은 안디옥과 수리아와 길리기아에 있는 이방인 형제들에게 문안하노라 [24]들은즉 우리 가운데서 어떤 사람들이 우리의 지시도 없이 나가서 말로 너희를 괴롭게 하고 마음을 혼란하게 한다 하기로 [25]사람을 택하여 우리 주 예수 그리스도의 이름을 위하여 생명을 아끼지 아니하는 자인 우리가 사랑하는 바나바와 바울과 함께 너희에게 보내기를 만장일치로 결정하였노라 [26](상동)[27]그리하여 유다와 실라를 보내니 그들도 이 일을 말로 전하리라 [28]성령과 우리는 이 요긴한 것들 외에는 아무 짐도 너희에게 지우지 아니하는 것이 옳은 줄 알았노니 [29]우상의 제물과 피와 목매어 죽인 것과 음행을 멀리할지니라 이에 스스로 삼가면 잘되리라 평안함을 원하노라 하였더라"

행 15:12-29

여기의 교회 모임의 결정에 너무나 큰 것이 걸려 있었습니다. 만일 유대파가 승리했다면, 기독교는 유대교의 한 종파로 전락했을 것입니다. 하지만 그것은 쉽게 결정할 수 없는 매우 어려운 문제였습니다. 그리하여 그들은 모세의 율법이 이방인 회심자들을 속박하고 있었던 문제에 대해 많은 논의를 하지 않을 수 없었습니다. 유대파 그리스도인들에게 있어 그것은 모세의 율법을 폐지하는 것이었으며, 그들의 믿음을 뿌리 채 뽑는 것이었습니다. 그들에게 모세의 율법은 그 신적 기원으로 인해, 그 오래됨으로 인해, 그리고 그것의 국가적 연관성으로 인해 너무나 소중한 것이었습니다. 우리는 그것에 집착했던 사람들에 대해 지나치게 가혹해서는 안 됩니다. 다만 우리는 그들이 궁극적으로 기독교로부터 완전히 떠난 사실로부터 그리스도인이 됨에 있어 어떤 외적 규례를 준수하는 것의 필요성을 고집하는 입장이 얼마나 위험한 것인지 배워야만 합니다.

오늘 본문은 회의가 한참 진행 중인 상태로 시작됩니다. 베드로는 특유의 열정으로 이방인 회심자들이 유대인 신자들이 받았던 것과 동일한 성령을 받았음을 제시하는 가운데 양자 사이의 참된 평등성을 하나님이 확증하셨음을 주장하면서, 유대주의자들에게 아무 대꾸도 할 수 없는 질문들을 던졌습니다(7-11절). 이어 어느 정도 침묵이 흐른 후, 바나바와 바울이 자신들의 이야기를 다시 한 번 말합니다. 그들은 할례와 상관없이 이방인들이 구원에 참여하게 된 사실을 하나님이 이미 "표적과 기사"로써 인증(認證)하셨다고 역설함으로써 베드로의 말을 다시 확증합니다(12절). 여기 예루살렘에서 우리는 바나바의 이름이 바울의 이름보다 먼저 거명됨으로써 그가 본래의 자리로 회복되는 것을 발견합니다. 요컨대 예루살렘 교회는 그를 바울보다 더 앞선 위치에 있는 자로 간주했던 것입니다.

다음으로 야고보가 이야기합니다. "말을 마치매 야고보가 대답하여 이르되 형제들아 내 말을 들으라"(13절). 그는 사도가 아니라 예루살렘 교회의 감독이었습니다. 전승(傳承)은 그가 모세의 율법에 매우 열심이었으며, 그의 무릎은 오랜 기도로 인해 낙타 무릎처럼 딱딱해졌다고 말합니다. 여기의 모임이 종종 "사도회의"(the Apostolic council)로 불리는 것은 참으로 이상한 일입니다. 왜냐하면 실제로 여기에서 사도로서 말한 사람은 오직 베드로 한 사람뿐이었기 때문입니다. 심지어 바울조차도 사도로서 말한 것이 아니라 단순히 이방인들에게 복음을 전파하도록 선택된 도구로서 말하고 있었을 뿐입니다. 이 자리에 사도들과 함께 "장로들"(6절)과 "무리"(12절)가 있었습니다. 그리고 여기의 "무리"는 22절에서 "교회"로 바뀌어 언급됩니다. 어쨌든 야고보는 장로직을 대표합니다. 그는 예루살렘 교회의 감독으로서 그리고 율법의 규례를 지키는 데 열심 있는 자로서 매우 적절하게 말합니다. 사실상 오늘의 어려운 문제를 결정한 것은 그의 말이었습니다. 그는 사실들(facts)과 함께 시작하는데, 이것은 그가 매우 지혜로운 자였음을 보여줍니다. 또 그가 시므온이라는 유대식 이름을 사용하는 것을 주목해 보십시오(14절). 그는 그렇게 함으로써 즐거운 옛날을 회상합니다. 그는 베드로를 그들이 젊었던 시절의 이름으로 부르기를 좋아했으며, 지금도 그렇게 부르고 있습니다. 비록 다른 모든 사람들은 그를 새 이름으로 불렀다 하더라도 말입니다. 야고보는 하나님이 베드로를 통해 행하신 일이 이 문제를 해결해준다고 생각했습니다. 즉 할례와 상관없이 이방인 회심자들을 받으시고 그럼으로써 유대인과 이방인 사이에 어떤 차별도 하지 않으셨던 일 말입니다.

14절에서 "이방인"과 "백성"이 함께 나란히 제시되는 것을 주목하십시오. 전자는 이교도를 위한 이름이었고, 후자는 택함 받은 나라를 가리키는 거룩한 호칭이었습니다. 가이사랴에서의 베드로의 설교를 통해 사실이 된 위대한 역설은 "하나님의 백성"이 유대인들과 이방인들로 함께 구성되었다는 것이었습니다. 다시 말해서 하나님의 이름은 둘 모두에게 아무 차별 없이 나누어진 것이었습니다. 만일 하나님이 이방인들을 자기 백성으로 삼으셨다면, 그것은 이로써 이스라엘의 특별한 규례들이 폐하여졌음을 그리고 특별히 할례는 더 이상 그의 나라에 들어가는 조건이 아님을 나타내는 것이었습니다. 이제 이스라엘 나라를 구별한 것이 끝나고 하나님의 백성들 사이에 새로운 연합의 길이 열린 것이 실제로 일어난 사실들(facts) 가운데 분명하게 함축되어 있지 않습니까? 만일 기독교를 신봉하는 사람들이 야고보처럼 생각하고 행동한다면 혹은 그들이 하나님의 사실들로 말미암아 그의 목적의 광범위함과 기독교회의 포용성을 배운다면, 기독교의 편협성은 타작마당의 티끌처럼 바람에 날려 사라지게 될 것입니다. 우리의 이론(theories)을 사실(facts)에 맞추어 조정하는 것이 지혜입니다. 그러나 거꾸로 우리 가운데 너무나 많은 사람들이 사실을 우리의 이론의 치수에 맞게 자릅니다.

야고보의 계속되는 이야기 역시 고요한 지혜와 열린 마음으로 특징지어집니다. 지금까지 그가 하나님이 행하신 일들을 바라보았다면, 이제 그는 그러한 일들에 빛을 비추기 위해 하나님의 말씀을 바라봅니다. 그는 다음과 같이 아모스의 글을 인용합니다. '이 후에 내가 돌아와서 다윗의 무너진 장막을 다시 지으며 또 그 허물어진 것을 다시 지어 일으키리니 이는 그 남은 사람들과 내 이름으로 일컬음을 받는 모든 이방인들로 주를 찾게 하려 함이라"(16, 17절). 우리는 여기에서 두 가지를 주목할 수 있는데, 첫째는 오늘의 문제에 대한 여기의 인용문의 관계이며 둘째는 그것이 현존하는 히브리어 본문과 어느 정도 다르다는 사실입니다. 전자와 관련하여, 언뜻 보기에 여기의 인용문은 야보고가 그것을 인용한 목적과 아무런 관계도 없는 것처럼 보입니다. 여기의 인용문은 단지 다윗의 무너진 장막이 다시 세워질 때 이방인들이 주를 찾을 것이라는 것뿐입니다. 야고보는 그 때가 최소한 예수의 사역 안에서 시작되었다고 생각했습니다. 그 안에서 다윗의 무너진 통치권은 더 높은 형태로 다시 세워집니다. 그리고 그리스도의 통치의 결과 이방인들이 돌아옵니다. 그는 자신이 땅으로부터 들릴 때 모든 사람들을 자기에게로 이끌 것입니다. 그리고 그들은 "주를 찾을" 것이며, 그의 이름을 부를 것입니다.

여기의 인용문의 위력은 첫째로 가이사랴에서의 베드로의 경험이 하나님이 그 예언을 어떻게 성취하시는지 — 다시 말해서, 할례와 상관없이 — 보여주는 암시로서 취하여지는 사실에 놓여 있습니다. 그리고 둘째로 그것은 무언(無言)의 논증 즉 아모스 선지자가 의식(儀式) 같은 것에 대해서는 아무 말도 하지 않은 채 다만 도덕적이며 영적인 요소들이 이방인을 하나님의 백성으로 만드는 데 필요한 모든 것이라고 선언하는 사실에 놓여 있습니다. 아모스의 예언 속에 유대의 의식들을 지키는 것이나 혹은 그것들을 바라며 의지하는 것에 대해서는 아무런 언급도 나타나지 않습니다. 그렇기 때문에 야고보는 도덕적이며 영적인 요소들은 본질적인 것인 반면 외적 의식들은 교회에 의해 폐지될 수 있는 것으로 생각합니다. 하나님이 고넬료의 경우에 외적 의식을 배제하셨던 것처럼, 아모스는 미래의 환상 가운데 그러한 것들을 배제했습니다. 하나님이 아모스를 통해 말씀하셨을 때, 그분은 두말할 것도 없이 자신이 하고자 계획하신 것을 알고 계셨습니다. 그리고 하나님이 행하신 일이 그가 말씀하신 것을 설명해줍니다. 야고보가 18절에서 "즉 예로부터 이것을 알게 하시는 주의 말씀이라 함과 같으니라"라고 말하는 것처럼 말입니다.

계속해서 두 번째 문제 즉 여기의 인용문이 현존하는 히브리어 본문과 어느 정도 다른 사실을 생각해 보도록 합시다. 그러한 사실은 우리에게 설명을 요구합니다. 실질적으로 여기의 인용문은 약간의 변이(變異)와 함께 70인경으로부터 인용한 것입니다. 아마도 야고보는 대부분의 청중들에게 익숙한 판본(version)으로부터 인용했을 것입니다. 그리고 그 판본은 17절과 관련하여 본래의 히브리어 본문과 다소 다른 본문으로부터 만들어진 것으로 보입니다. 그러나 그러한 차이는 오늘날의 영국 독자들이 생각하는 것보다 훨씬 더 사소합니다. 이와 관련하여 여기에서 야고보가 인용한 아모스의 예언을 살펴보도록 합시다. "그 날에 내가 다윗의 무너진 장막을 일으키고 그것들의 틈을 막으며 그 허물어진 것을 일으켜서 옛적과 같이 세우고 그들이 에돔의 남은 자와 내 이름으로 일컫는 만국을 기업으로 얻게 하리라 이 일을 행하시는 여호와의 말씀이니라"(암 9:11, 12). 70인경에 "사람들"로 되어 있는 것이 히브리 본문에는 "에돔"으로 되어 있습니다. 그러나 그와 같은 두 단어 각각에 해당하는 히브리어는 모음을 빼고 읽을 때 — 본래 히브리어에는 모음이 없었던 것을 기억하십시오 — 전자(前者)에 글자 하나가 더해진 것을 제외하고는 완전히 똑같습니다. 또 70인경에 "찾게"로 되어 있는 것이 본문에는 "기업으로 얻게"로 되어 있습니다. 여기에서도 역시 히브리어에서의 두 단어 사이의 차이는 단지 한 글자에 불과합니다. 그러므로 실제로 그로부터 70인경과 사도행전에 나타난 것과 같은 다양한 독법(讀法)이 가능합니다. 뿐만 아니라 야고보는 70인경의 "찾게"(seek)에다가 문장을 완전하게 만들기 위해 "주를"을 덧붙입니다.

설령 야고보의 인용을 오늘날 우리가 가지고 있는 동일한 히브리어 본문을 풀어쓰기 한 것으로 생각한다 하더라도, 그것은 원문의 의미를 나름대로 정확하게 표현한 것이었습니다. 왜냐하면 "에돔을 기업으로 얻는" 것은 더 이상 외적 승리를 의미하는 것이 아니기 때문입니다. 구약에서 에돔은 항상 경건치 않은 사람들의 모형입니다. 그러므로 다윗의 무너진 장막을 다시 세움으로 말미암아 이방인들을 정복하는 것은 실제로 이방인들이 주를 찾으며 그의 이름을 부르는 것을 의미하는 것입니다.

우리는 야고보로부터 매우 실제적인 지혜를 배울 수 있습니다. 만일 이후 교회가 그의 정신을 올바로 이해하고 계승했다면, 교회사의 많은 페이지를 얼룩지게 한 슬픈 사건들의 상당 부분은 없었을 것입니다. 19절에서 이방인 회심자들에게 주어진 "이방인 중에서 하나님께로 돌아오는 자들"이라는 호칭 속에 얼마나 강력한 논증력(論證力)이 담겨 있는지 주목해 보십시오. 만일 그들이 정말로 하나님께로 돌아왔다면, 그들이 세상과 분리되고 하나님과 연합한 것은 확실한 사실이 될 것입니다. 그렇다면 계속해서 할례를 고집하는 것은 얼마나 터무니없는 일입니까! 그들은 자신들이 하나님께 속했음을 나타내는 표를 가지고 있었습니다. 그런데 할례의 표가 무슨 상관이란 말입니까? 만일 교회의 지도자들이 항상 야고보와 같은 열린 눈을 가지고 있었다면 그리고 사람들이 세상과 분리되고 하나님과 연합되는 것으로 만족했다면, 그토록 끔찍했던 피의 살육과 형제들 간의 분열과 수많은 추악한 사건들은 거의 대부분 생기지 않았을 것입니다.

계속해서 20절을 보십시오. "다만 우상의 더러운 것과 음행과 목매어 죽인 것과 피를 멀리하라고 편지하는 것이 옳으니." 여기에 열거된 것들은 유대교가 개종자들에게 요구했던 것들의 일부입니다. 앞의 두 가지는 기독교적 삶에 필요한 것이었지만, 뒤의 두 가지는 그렇지 않았습니다. 그럼에도 불구하고 그것들이 포함된 것은 그들의 감정을 고려하여 양보한 것이었습니다. 야고보의 이와 같은 결정은 타협처럼 보일 수 있습니다. 그러나 그것은 연합을 위한 열망으로 말미암아 요구된 것이었으며, 그 안에 무가치한 것은 아무것도 없었습니다. 양측 간에 주고받는(giving and taking) 것이 있어야 했습니다. 만일 유대파 신자들이 이방인 신자들에게 할례의 필요성을 철회하는 큰 양보를 했다면, 이방인 신자들은 이와 같은 것들을 삼가는 정도의 작은 양보는 분명 할 수 있었습니다. 같은 종류의 음식을 먹고 마시는 것은 두 무리의 삶을 매일같이 동화(同化)시킬 것이며 또한 그들의 하나됨(oneness)의 나타내는 계속적인 증표가 될 것이었습니다.

계속해서 21절을 보십시오. "이는 예로부터 각 성에서 모세를 전하는 자가 있어 안식일마다 회당에서 그 글을 읽음이라 하더라." 이러한 이유는 도대체 무엇을 의미하는 것입니까? 어째서 안식일마다 회당에서 모세의 글을 읽는 것이 이러한 양보의 이유가 된단 말입니까? 이에 대해 여러 가지 해석이 제시되었지만, 그러나 가장 자연스러운 것은 율법을 계속해서 선포하는 것이 유대 그리스도인들의 마음을 존중하는 것이며 또 그렇게 하는 것이 아직 그리스도인이 아닌 유대인들을 얻는 가장 좋은 방법이기 때문이라는 것입니다. 어느 정도의 양보가 없다면, 둘은 결국 완전히 결별하게 될 것입니다. 여기에 함축된 일반적인 원리는 깊이 뿌리박힌 옛 확신에 대해 가능한 존중하는 태도를 가지라는 것입니다. 설령 거기에 어느 정도 편견이 내재되어 있다고 하더라도 말입니다. 참된 지혜인 기독교적 사랑은 기독교적 자유를 제한하는 데 동의할 것입니다. 그렇게 함으로써 연약한 신자들을 실족시키지 않을 수 있다면 말입니다.

계속해서 야고보의 현명한 제안이 담긴 23절 이하의 편지를 주목해 보십시오. 교회는 위압적이며 권위주의적으로 결정을 내리지 않았습니다. 모든 일은 자유로운 토론을 통해 충분히 검토되었으며, 그리고 난 후 공동체의 만장일치의 결정이 내려졌습니다. 여기에서 "만장일치에 도달했다"는 표현을 주목해 보십시오(25절, 한글개역개정판에는 "만장일치로 결정하였노라”로 되어 있음 — 역주). 이것은 그렇게 되기까지의 과정을 묘사하는 생생한 표현입니다. 또 여기에서 “바사바라 하는 유다”(아마도 이 사람은 사도행전 1장에서 사도로 선출되지 못했던 “바사바라 하는 요셉”의 친척이었을 것입니다)와 “실라”(이 사람에 대해 바울의 서신들에서 자주 듣게 됩니다)가 대표단에 더하여진 것을 주목해 보십시오(22절). 특별히 실라에게 있어 이 순간은 이후 그의 인생에 결정적인 전환점이 되었습니다. 왜냐하면 이때 이후 실라는 바울의 위대한 인격에 매료되어 항상 그 주위에 머물렀기 때문입니다.

이렇게 하여 예루살렘 교회는 “안디옥과 수리아와 길리기아에 있는 이방인 형제들에게 문안하노라”라는 인사말로 시작되는 편지를 작성합니다 (23절). 이러한 인사말은 야고보의 서신의 앞머리에 나오는 인사말과 여러 모로 비슷합니다. “하나님과 주 예수 그리스도의 종 야고보는 흩어져 있는 열두 지파에게 문안하노라”(약 1:1). 여기의 편지 가운데 유대파 선생들에 대한 날카로운 언급을 주목해 보십시오. “들은즉 우리 가운데서 어떤 사람들이 우리의 지시도 없이 나가서 말로 너희를 괴롭게 하고 마음을 혼란하게 한다 하기로”(24절). 이러한 날카로운 말은 그들의 가르침에 공감하는 사람들에게 쉽게 소화시키기 어려운 말이었을 것입니다. 그러나 잘못된 가르침을 전파하는 선생들에 대한 분명한 지적에 의해 따뜻한 사랑이 파괴되는 것은 아닙니다. “너희의 마음을 혼란하게 한다”(subverting your souls)는 표현은 그들의 잘못된 가르침을 분명하게 적시(摘示)하는 표현입니다. 이러한 표현은 “그들의 마음을 요동케 한다”는 것을 의미하는 것으로서, 신약에서 오직 여기에서만 발견됩니다. 여기에 담긴 이미지는 “어디론가 떠나기 위해 짐을 싸는” 것입니다. 특별히 개정역(Revised Version)은 흠정역(KJV)의 “그러한 지시 없이”(no such commandment) 대신 “지시 없이”(no commandment)로 번역하는데(한글개역개정판에는 “우리의 지시도 없이”라고 되어 있음), 그러한 표현은 이러한 선생들에 대한 부정(否定)을 더욱 강렬하게 나타내는 표현입니다.

이와 같이 아무런 권위도 부여받지 못한 선생들은 자기들 마음대로 갔습니다(went) — "우리의 지시도 없이 가서"(24절). 이러한 표현(went)은 유다와 실라가 공식적으로 선택되어 "보냄을 받은"(sent) 것과 분명하게 대조됩니다. 계속해서 우리는 바울과 바나바에 대한 "우리 주 예수 그리스도의 이름을 위하여 생명을 아끼지 아니하는"이라는 칭송의 표현과 "우리가 사랑하는"이라는 애정 어린 표현 속에서 당시 예루살렘 교회가 여기의 유대파 선생들에 대해 가졌던 부정(否定)의 태도를 또 다시 발견하게 됩니다(25절).

"사도와 장로와 온 교회"의 결정이 곧 성령의 결정이라는 확신은 그리스도 자신의 약속에 의해 보증됩니다. 그리고 그러한 확신은 또한 자신들이 그리스도께서 말씀하신 조건들을 준수했음을 의식(意識)하는 것으로부터 옵니다. 어쨌든 그들은 할례와 관련한 문제를 사실(facts)과 성경의 빛 안으로 가져와 마침내 만장일치의 결정에 도달했습니다. 만일 그들이 주님이 세상을 떠나실 때 말씀하셨던 것을 믿었다면, 그들은 그의 영이 자신들을 인도했음을 의심할 수 없었습니다. "볼지어다 내가 세상 끝날까지 너희와 항상 함께 있으리라"(마 28:20). 그리고 그의 영 안에 좀 더 충분하게 거할 때, 우리는 그와 같은 평안의 확신을 좀 더 충분하게 알게 될 것입니다. 그리고 그것은 우리 주님의 진실한 약속에 대한 단순한 믿음을 표현하는 것입니다.

이제 편지의 마지막 끝맺음의 말을 주목해 보십시오. "이에 스스로 삼가면 잘되리라 평안함을 원하노라"(29절). 이러한 말은 얼마나 감미롭고, 형제사랑으로 가득합니까! "너희가 잘되리라"는 말은 연약한 형제들을 사랑하라는 요구와 얼마나 잘 부합됩니까! 그와 같이 행할 때, 그들은 범사에 잘 되며 강건할 것입니다. 이러한 태도는 "맡은 자들에게 주장하는" 태도와 다릅니다(벧전 5:3). 그들은 연약한 형제들을 위압적 권위가 아니라 따뜻한 형제사랑으로 대했습니다. 이후의 모든 교회 회의가 이와 같이 끝났더라면 얼마나 좋았겠습니까!

63
선한 사람의 허물

"바나바는 마가라 하는 요한도 데리고 가고자 하나 바울은 밤빌리아에서
자기들을 떠나 함께 일하러 가지 아니한 자를 데리고 가는 것이 옳지 않다 하여"
행 15:37, 38

성경의 이야기들은 가장 선한 사람들의 허물까지도 있는 그대로 드러
낸다는 점에서 놀랄 정도로 솔직합니다. 그것은 우리 시대의 어떤 역사가
들 안에 있는 냉소적 정신과는 전혀 다른 것입니다. 마치 잘 익은 열매 속
에서도 유독 상처 난 부분만을 찾아다니는 장수말벌처럼 최고의 인물을
바라보면서도 항상 그의 가장 약한 부분만을 물고 늘어지면서 모든 선함
은 다 불완전하며 결국 참된 사람은 아무도 없음을 나타내기를 즐거워하
는 그런 역사가들 말입니다. 뿐만 아니라 그것은 어느 곳에서든 오직 사람
들의 허물과 불완전한 부분들만을 바라보면서 평균 이상의 탁월함을 기대
하지 않는 우울질의 사람들의 태도와도 다릅니다. 다만 성경은 가장 고결
한 사람일지라도 온전한 정결함에 미치지 못함을 솔직하게 고백하면서 동
시에 가장 연약하며 죄로 얼룩진 사람조차도 완전한 주님의 형상에 이를
것을 기대하며 열망할 수 있음을 담대하게 가르칩니다. 성경은 모든 이미
지를 뒤틀림 없이 있는 그대로 보여주는 평면거울과 같습니다.

우리는 성경이 바나바를 "선한" 사람이며 "성령과 믿음으로 충만한" 사
람이라고 칭찬했던 것을 기억합니다. 그러나 오늘 우리는 이 사람이 슬프

게도 잘못된 길로 나아감으로써 자신의 이름에 먹칠을 하며 마침내 자신의 미래 전체를 망가뜨린 것을 주목해야만 합니다.

성경에 나타난 그의 허물은 두 가지였습니다. 하나는 자신의 조카 마가에 대해 지나치게 관대하게 대한 것이며, 또 한 가지는 안디옥에 온 유대파 선생들을 단호히 제지하지 않은 것입니다. 두 가지 모두 심각하지는 않지만 그러나 매우 실제적인 허물이었습니다. 전자의 경우, 그는 사역에 적합하지 않음을 나타내는 결함을 지나치게 쉽게 간과해버리고 말았습니다. 그는 조카에 대한 사랑에 판단력이 흐려진 가운데 과연 그가 새로운 선교 사역에 합당한지 여부에 대해 올바로 판단하지 못했습니다. 그는 마가가 자기 마음대로 떠난 것을 눈감아주는 잘못을 범했을 뿐만 아니라 또한 자신의 계획에 반대하는 사람들에게 대처함에 있어서도 잘못을 범했습니다. 그는 연약한 사람들이 적절하지 않은 때에 종종 드러내곤 하는 강경한 태도로 자신의 길을 갈 것을 결정했습니다. 그로 하여금 마땅히 받아들여야 할 때 완강한 마음을 갖도록 만든 것은 그의 원칙이 아니라 그 순간의 그의 기분이었습니다. 그는 강경해야 할 때 부드러웠으며, 부드러워야 할 때 강경했습니다. 결국 바울의 반대는 아무런 효과도 없었습니다. 그는 옛 친구와 함께 가는 것보다 자신의 길을 갈 것을 선택했으며, 이렇게 하여 그들은 서로 나누어졌습니다. 한편 안디옥 교회는 바울의 생각에 공감(共感)했습니다. 모든 형제들은 한 마음으로 바나바의 계획에 반대했습니다. 그러나 바나바는 입장을 바꾸지 않았습니다. 그는 모든 형제들의 반대에도 불구하고 자신의 계획을 고수했습니다. 이렇게 하여 그는 형제들의 공감과 자신의 평생의 사역과 그리스도의 나라를 확장시키는 일에 동참하는 기회를 모두 잃어버리고 말았습니다. 그 순간 그에게 있어 그 모든 것들보다 그 자신의 어리석은 계획이 먼저였습니다. 그리하여 그는 연합의 띠를 끊어버린 채 자신의 사역을 내팽개치고 교회의 축복과 기도 없이 조카와 함께 자신의 길로 떠나버리고 말았습니다. 바울은 형제들로부터 "주의 은혜에 부탁함을 받고" 하나님의 일을 위해 항해를 떠납니다(40절). 그러나 바나바는 자신의 고향인 구브로로 슬그머니 가버리고 맙니다. 그리고 그의 이름은 주의 나라를 펼쳐 나가는 이야기 속에 더 이상 나타나지 않습니다.

우리는 그의 사역이 이렇게 끝나지 않았기를 바랍니다. 그러나 그의 사역과 관련한 기록은 여기에서 끝납니다. 그리고 위대한 사도를 둘러싸고 있었던 동역자들의 무리 가운데 그의 이름은 더 이상 나타나지 않습니다. 다른 동료들과 동역자들은 각자 자기의 위치를 취합니다. 그러나 나타난 대로라면 그는 영원히 사라집니다. 그가 나중에도 계속해서 복음전도자의 사역을 수행했음을 암시하는 것처럼 보이는 한 구절이 있습니다. 그것은 고린도전서 9장 6절의 언급입니다. "어찌 나와 바나바만 일하지 아니할 권리가 없겠느냐." 이에 따르면 그와 바울은 복음사역을 수행하는 가운데 자신의 손으로 일하여 스스로의 필요를 채우는 원칙을 실천한 것으로 보입니다. 또 그것은 그들 사이에 상호 존중의 관계가 있었음을 암시합니다. 그러므로 모든 것을 종합할 때, 우리는 두 사람이 여전히 서로에 대해 존중하며 귀하게 여기기는 했지만 그러나 피차 나누어져서 사역하는 것이 더 낫다고 생각하며 옛 동역자 관계를 다시 회복시키고자 노력하지 않은 것으로 추측할 수 있습니다.

바나바의 연약함을 보여주는 또 하나의 실례(實例)는 어떤 측면에서 한층 더 심각한 종류의 것이었습니다. 그것은 이방인 그리스도인들에게 옛 율법의 규례를 어떻게 적용할 것인가와 관련한 것이었습니다. 바울과 베드로와 바나바는 모두 유대교가 부과하는 각종 규례들을 엄격하게 적용시키는 데 찬동(贊同)하지 않았으며, 안디옥에서 유대인들이 이방인 회심자들과 동등한 관계로 함께 연합하며 먹고 마시는 것에 대해 아무런 이의도 제기하지 않았습니다. 그러나 다른 생각을 가진 선생들이 유대로부터 왔을 때, 베드로와 바나바는 이방인 회심자들과 함께 교제하는 것을 급히 중단했습니다. 그것은 그들의 생각이 바뀌었기 때문이 아니었습니다. 다만 자신들의 믿는 바대로 행동하지 않은 것이었습니다. 그들은 유대로부터 온 이들 편협한 유대인들과 같은 생각을 가지고 있는 것처럼 꾸몄습니다. 그들은 그들의 형제들을 모독했습니다. 그들은 바울을 홀로 내버려 두었습니다. 그들은 자신들이 확신하는 바를 스스로 어겼습니다. 그들은 기독교적 자유를 위태롭게 했습니다. 그들은 기독교를 유대교의 한 형태로 격하(格下)시키는 데 앞장섰습니다. 이 모든 것은 단지 편협한 유대파 선생들의 마음을 거스르지 않기 위함이었습니다.

만일 우리가 바나바의 연약함을 나타내는 두 가지 실례(實例)와 그는 "선한 사람이요 성령과 믿음이 충만한 자"라는 칭찬의 말을 함께 놓고 생각해 본다면, 그로부터 우리는 몇 가지 매우 중요한 사실들을 발견하게 될 것입니다.

1. 선한 사람들의 불완전한 선.

선한 사람이 곧 흠 없는 사람을 의미하는 것은 아닙니다. 물론 신자의 영혼 안에서 역사(役事)하는 능력은 항상 선(善)을 이루는 방향으로 나아갑니다. 그러나 우리가 항상 똑같이 그리고 완전하게 그러한 능력 아래 있는 것은 아닙니다. 씨앗 안에 있는 능력과 그 능력이 실제로 작동하는 것은 별개입니다. 자신의 왕국을 세운 어떤 왕을 생각해 보십시오. 처음에 그의 통치권은 그의 땅 전체에 미치지 못한 채 일부에만 미치다가, 마침내 전체에 미치게 될 수 있습니다. 하지만 어떤 순간, 변화의 영의 실제적인 작용은 제한적입니다. 우리는 그것으로부터 스스로 움츠릴 수 있습니다. 변화의 영은 우리 본성 전체를 변화시키는 것으로부터 시작하지 않습니다.

그러므로 우리는 다음과 같은 것들을 주목해야 합니다.

(a) 선(善)의 뿌리.

(b) 삶의 주된 방향.

(c) 선의 점진적인 성격.

기독교적 삶의 최고의 형태는 투쟁입니다. 그러므로 우리는 삶의 실천적 측면과 관련하여 다음과 같은 실제적 추론들을 끌어낼 수 있습니다.

(a) 이러한 불완전함의 개념이 개별적인 행동들의 죄성(罪性)을 감소시키지 않는다는 사실.

(b) 또 그것이 더 높은 삶을 향한 열망과 노력을 약화시키지 않는다는 사실.

(c) 우리 안에 내재한 악을 발견할 때, 그것이 우리의 의심과 두려움을 경감시킨다는 사실.

2. 우리의 최고의 성품 안에 잠복해 있는 잠재적인 악.

바나바를 강하게 만들었던 그의 온화하며 관대하며 열린 성품은 지금 그를 연약하며 그릇되게 만듭니다.

우리는 여기에서 심지어 우리의 선 안에까지 잠복해 있는 악의 위험성을 발견하게 됩니다. 우리는 모든 덕(德)들이 극단으로 흐를 때 악(惡)으로 변질될 수 있음을 잊어서는 안 됩니다. 후함이 극단으로 흐를 때 허랑방탕함이 됩니다. 견고함이 극단으로 흐를 때 강퍅함이 됩니다. 긍휼이 극단으로 흐를 때 유약함이 됩니다. 엄격함이 극단으로 흐를 때 가혹함이 됩니다. 관용이 극단으로 흐를 때 확신의 결여(缺如)가 됩니다. 겸손이 극단으로 흐를 때 비굴함이 됩니다.

이와 같이 모든 덕들이 균형을 잃고 극단으로 치달을 때, 결국 위와 같은 악으로 변질되게 됩니다.

우리는 단순하지 않고 매우 복잡합니다. 우리는 혹이나 사마귀와 같은 이상생성물(異常生成物)이 아니라 온전한 성품을 이루는 것을 목표로 삼을 필요가 있습니다. 어떤 사람들의 선은 마치 혹이나 사마귀와 같습니다. 그들이 가진 덕들은 의학용어로 이상비대증(異常肥大症)이라고 불리는 경우들입니다. 그러나 우리의 선은 모든 색채가 완전하게 균형을 이룬 인도산(産) 옷감의 무늬와 같아야 합니다.

이러한 사실들은 우리에게 엄격한 자기통제의 필요성을 강력하게 요구합니다. 그리고 두 가지 방향으로,

(a) 여러분의 탁월한 부분과 강점을 경계하십시오.

(b) 여러분에게 부족한 덕들을 꾸준히 갈고 닦고 계발하십시오.

바나바의 경우와 같은 특별한 형태의 잘못은 정말로 주목할 만한 가치

가 있습니다. 그것은 첫째로 어떤 사람 안에 있는 악에 대해 지나치게 관대하며 포용적인 것이었습니다. 그리고 또 한 가지는 어떤 논란의 대상이 되는 사실에 대해 자신이 보고 확신한 것을 담대하게 밀고 나가지 못하는 것이었습니다. 오늘날은 관용과 관대함이 극단으로 흐름으로써 우리가 원칙을 굳게 붙잡는 것을 잃어버리는 위험성이 있습니다. 또 허물에 대한 아량이 극단으로 흐름으로써 너무나 쉽게 엄격함을 상실하는 경향이 있습니다. 오늘날의 세대는 바나바와 비슷합니다. 너무나 쉽게 공감하며, 너무나 관대하게 행동합니다. 어쩌면 바나바는 우리에게 이러한 장점들을 그림자처럼 따라다니는 잠재적 악들에 대해 경고해주는 비상경고등일는지 모릅니다.

3. 작은 허물이 야기하는 심각한 결과.

바나바의 잘못은 비교적 사소한 것이었을는지 모르지만 그러나 그것은 바울과의 친밀한 교제를 망가뜨림과 함께 그의 인생을 파선(破船)시키거나 혹은 최소한 오랫동안 그의 인생을 손상시켰습니다. 나는 대부분의 선한 사람들이 큰 잘못보다 사소한 잘못으로 인해 더 큰 위험에 빠진다고 생각합니다. 단번에 최고 수준의 악에 도달하는 사람은 아무도 없습니다. 어느 누구도 단번에 가장 깊은 심연 속으로 떨어지지 않습니다. 사람들은 계속적으로 미끄러져 내려갑니다. 스핑크스의 머리를 계속해서 깎아내려 가는 것은 바람에 날리는 모래의 침식작용이라고 합니다. 세상에는 작은 허물들이 무수하게 많지만, 그러나 우리는 그러한 것들에 대해 크게 경계하지 않는 경향이 있습니다. 지극히 작은 이끼류가 물이 흐르는 하수도관을 막으며, 작은 눈송이들이 하늘을 어둡게 하며, 흰개미들이 죽은 동물의 시체를 사자보다 더 빨리 먹어치웁니다.

그러므로 우리는 일상의 사소한 행동들을 하나님의 영에 의해 다스려지고 인도되도록 만들어야 합니다.

나아가 오늘 우리가 생각한 불완전함 때문에 우리는 완전함으로 가득한 하늘을 소망하며 바라보게 됩니다.

또 오늘 우리가 생각한 인간의 모든 선(善)의 한계성으로 인하여 우리는 오직 한 분이신 완전한 주님에 대한 전적 믿음으로 인도함과 함께 우리로 하여금 그의 완전한 모범을 본받고자 애쓰게 됩니다. 그는 흠 있는 자들 가운데 흠 없는 자로 홀로 서 있습니다. 오직 그 안에만 죄가 없으며, 그로부터 그와 비슷한 선이 우리의 것이 될 수 있습니다.

64
형통한 항해를 위해서?

"바울이 그 환상을 보았을 때 우리가 곧 마게도냐로 떠나기를 힘쓰니 이는 하나님
이 저 사람들에게 복음을 전하라고 우리를 부르신 줄로 인정함이러라 우리가 드
로아에서 배로 떠나 사모드라게로 직행하여 이튿날 네압볼리로 가고"

행 16:10, 11

사도행전은 교회 사역이 확장되는 매 단계가 예수 그리스도 자신
에 의해 인도되었음을 우리에게 분명히 보여줍니다. 이와 같이 빌립은 에
디오피아 내시에게로 가라는 분명한 명령에 의해 그에게로 보냄을 받았습
니다. 이와 같이 베드로는 욥바의 시몬의 집의 지붕에서 지중해의 넘실거
리는 물을 바라보는 가운데 하늘로부터 보자기가 내려오는 환상을 보았습
니다. 이와 같이 바울은 드로아의 작은 항구에서 아시아와 유럽을 가르는
해협을 바라보는 가운데 "이리로 건너와서 우리를 도우라"고 외치는 마게
도냐 사람의 환상을 보았습니다(9절). 오늘 우리가 읽은 본문은 우리 앞에
그리스도 자신이 자기 나라의 확장을 이끌고 계신다는 사실을 제시합니
다. 복음이 바울 사도 안에서 바다를 건너 유럽으로 나아간 순간보다 더
운명적인 순간은 결코 없었습니다.

오늘 우리는 바울 일행이 그리스도의 명령을 받았을 때 어떻게 행동했
는지 주목하고자 합니다. 왜냐하면 그로부터 몇 가지 매우 중요한 교훈을
얻을 수 있기 때문입니다. 마게도냐 사람의 환상에 대해서는 의심의 여지

가 없었습니다. 문제는 그 의미가 무엇이냐 하는 것이었습니다. 여기에서 세 가지 단계를 주목하십시오. 첫 번째 단계는 하나님이 우리에게 무엇을 원하시는지 일반적인 상식으로 주의를 기울여 생각하는 것입니다. "이는 하나님이 저 사람들에게 복음을 전하라고 우리를 부르신 줄로 인정함이러라"(10절). 그리고 두 번째 단계는 하나님의 뜻에 즉각적으로 순종하는 것입니다. "우리가 곧 마게도냐로 떠나기를 힘쓰니"(10절). 그리고 마지막 세 번째 단계는 그것이 우리를 형통한 길로 이끈다는 사실입니다. "우리가 드로아에서 배로 떠나 사모드라게로 직행하여"(11절). 하나님은 그들의 항해를 위해 적당한 바람과 파도를 주셨습니다. 이와 같이 우리는 본문으로부터 세 가지 교훈을 얻게 되는데, 이러한 교훈들은 마땅히 우리의 경험의 모범이 되어야 합니다. 그리고 마땅히 그렇게 될 것입니다. 만일 우리가 여기에 나타나는 조건들을 따른다면 말입니다.

1. 첫 번째 단계는 주의를 기울여 생각하는 것입니다.

바울은 자신이 본 것이 단순히 잠자는 중에 꾼 꿈이 아니라 그리스도로부터 온 환상임을 추호도 의심하지 않았습니다. 그러나 다음 단계는 그러한 환상이 의미하는 바가 무엇인지 확실하게 분별하는 것이었습니다. 그는 스스로 분별하려고 하지 않고 자기 주위에 있는 세 사람을 부릅니다. 거기에 디모데와 실라와 누가가 있었습니다. 실라는 예루살렘으로부터 온 사람이었으며, 디모데는 절반은 유대인이고 절반은 이방인이었으며, 누가는 완전한 이방인이었습니다. 바울을 포함하여 여기의 네 사람이 세상을 흔들었습니다. 그들은 그 문제에 대하여 함께 이야기합니다. 11절의 "확실하게 모음이러라"(assuredly gathering)라는 표현은 참으로 그림처럼 생생한 표현입니다(한글개역개정판에는 "인정함이러라"로 되어 있음 — 역주). 그것은 문자적으로 "이러저러한 것들을 함께 놓는" 것을 의미합니다. 그들은 다양한 사실들을 나란히 놓았으며, 그렇게 함으로써 마침내 그러한 환상이 의미하는 바를 이해하게 되었습니다.

환상을 이해함에 있어 그들은 지금 자신들의 상황을 돌아볼 필요가 있었습니다. 그들은 이전의 모든 전도여행 가운데 여러 가지 난관과 장애물들을 만났었습니다. 그들은 가는 길의, 여기 저기에서 모든 곳에서 장애물을 만났습니다. 그러나 안디옥으로부터 출발한 이번 여행은 이미 세워진 교회들을 방문하는 가운데 비교적 평온하게 이루어졌습니다. 이런 그들에게 예수 그리스도께서 의도하신 것은 그들이 다시 안디옥으로 돌아가기 전에 빌립보와 아덴과 고린도와 에베소 등 유럽 도시들로 가야만 한다는 것이었습니다. 우리는 본 장 앞부분에서 예수의 영이 그들이 한 지역에서 계속해서 말씀을 전하는 것을 막으셨을 뿐만 아니라 또한 다른 지역으로 가는 것도 허락하지 않으셨다는 말씀을 읽습니다(6, 7절). 그러므로 그들에게 남은 길은 오직 한 길뿐이었습니다. 그것은 바다로 나아가는 길이었습니다. 이와 같이 한편으로 길이 막히고 다른 한편으로 새로운 충동이 일어나는 것을 통해 그들은 마침내 다음과 같은 결론에 도달했습니다. "바다를 건너가 그곳에서 말씀을 전파하라."

어떤 행동을 개시하기 전에 하나님의 뜻을 나타내는 것처럼 보이는 섭리의 의미를 깨닫고자 애쓰는 것은 결코 시간낭비가 아닙니다. 그럼에도 불구하고 이런 종류의 가장 상식적인 일이 너무나 자주 소홀히 여겨지곤 합니다. 나는 우리 설교자들이 자꾸 새로운 주제를 다루려고 하기보다 이런 평범한 주제를 계속해서 반복적으로 다루어야 한다고 생각합니다. 이런 관점에서 오늘 나는 그리스도인의 삶과 기독교 사역에 있어 이러한 준비단계의 무한한 중요성에 대해 이야기하고자 합니다 — "이는 하나님이 저 사람들에게 복음을 전하라고 우리를 부르신 줄로 확실하게 모음이러라"(assuredly gathering). 우리를 위한 하나님의 계획을 확실하게 깨닫기 위해 우리는 무엇을 해야만 합니까?

첫째는 우리가 그것을 알기를 원한다는 사실을 확실히 하는 것입니다. 우리는 자신의 계획을 하나님께 강요하려고 한다든지 혹은 자신이 원하는 것을 행했음에도 불구하고 마치 하나님의 부르심에 순종했다는 듯이 꾸며서는 안 됩니다. 사실 우리 모두는 부지불식간에 이와 같이 행하기 쉽습니다. 특별히 기독교 사역과 관련하여 이런 경향은 매우 흔합니다. 사람들은 이렇게 말할 것입니다. "나는 이러저러한 사역을 행하라는 강한 충동을 느꼈습니다. 나는 그것이 하나님의 뜻이라고 확신합니다." 여러분은 그것을 어떻게 확신할 수 있습니까? 강한 충동은 하나님으로부터의 부르심일 수도 있지만 마귀로부터의 유혹일 수도 있습니다. 단순히 확실하지 않은 충동에 기초하여 행동하는 사람들은 큰 실수를 저지를 수 있습니다. 설령 그것이 기독교적 원리로부터 솟아난 충동이라 하더라도 말입니다. 순수한 동기(動機)를 가진 것만으로는 충분하지 않습니다. "이러저러한 길로 나아가는 것은 분명 복음의 진리에 부합하는 행동이야"라고 말하는 것은 쓸모없는 일입니다. 그것은 분명한 사실일 수 있지만, 그럼에도 불구하고 그 길은 여러분을 위한 길이 아닐 수도 있습니다. 그러므로 강한 충동이 우리를 빛으로 인도하지 않는다는 사실을 기억하십시오. 어떤 일과 관련하여 그것이 하나님의 뜻인지 여부를 확인함에 있어 강한 충동은 충분하지 않습니다. 설령 그 일이 복음의 원리와 합치되는 일이라고 하더라도 말입니다. 차라리 그리스도인들이 종교적인 삶에 있어 일반적 상식을 사용했다면, 기독교회에 있어서의 숱한 낭비적 일들은 훨씬 적었을 것입니다. 나는 더 적은 열정을 원하지 않습니다. 나는 불같은 열정을 원합니다. 지혜로운 열정의 사람과 어리석은 광신자 사이의 차이는 전자는 고요한 이성(理性)을 가지고 펼쳐진 상황을 주의 깊게 관찰하는 반면 후자는 다른 모든 것들에 대해서는 눈을 감아버린 채 오직 하나만을 바라보며 오로지 그것에만 집착하는 데 있습니다. 이와 같이 우리는 하나님의 뜻을 알기를 원하는 것으로부터 시작해야 합니다. 우리는 우리가 원하는 것을 하나님에게 강요하면서 그것을 그의 섭리라고 우겨서는 안 됩니다.

우리가 여기의 이야기로부터 배울 수 있는 또 하나의 교훈은 장애물 앞에서 새로운 길을 모색하는 지혜입니다. 여러분은 "죽은 말에다가 채찍질하는 것은 시간낭비"라는 옛 격언을 잘 알 것입니다. 새로운 길로 나아가는 대신 꺼져가는 불꽃을 되살려보려고 헛된 노력을 쏟아 붓는 가운데 헛되이 흘려버린 일들이 얼마나 많습니까! 선의(善意)의 일임에도 불구하고 말입니다. 바울은 소아시아에 복음을 전파하기 위한 열정으로 가득했습니다. 그는 에베소로 가는 것의 중요성에 대해 얼마든지 많은 말을 할 수 있었습니다. 그는 그렇게 하고자 애썼습니다. 그러나 주님은 "아니야!"(No!)라고 말씀하셨습니다. 그러자 그는 자신의 계획을 중단했습니다. 그는 지금까지 계획했던 일을 포기하고 다른 길을 찾고자 시도했습니다. 다음으로 그는 비두니아로 가고자 했습니다. 그는 흑해(黑海) 주변에 사는 사람들의 중요성에 대해 많은 말을 할 수 있었습니다. 그러나 거기에서도 역시 장애물이 가로막았습니다. 그는 다시 한 번 "내 뜻대로 마옵시고 주의 뜻대로 되기를 원하나이라"라는 교훈을 배워야만 했습니다. "더 큰 노력을 경주하여 극복하라"고 말하는 장애물과 "더 이상 여기에서 시간을 허비하지 말고 다른 길로 나아가라"고 말하는 장애물 사이를 구별하는 것은 매우 어려운 일이며, 거기에는 상당한 정도의 기독교적 지혜가 필요합니다.

그렇지만 만일 우리가 하나님의 뜻을 알기를 간절히 바란다면, 하나님은 우리로 하여금 그러한 것들을 구별할 수 있도록 도우실 것입니다. 누군가 "난관은 극복해야 할 과제"라고 말했습니다. 그렇습니다. 그러나 항상 그런 것은 아닙니다. 많은 경우 난관은 극복해야 할 과제이며, 그로 인해 우리는 하나님께 감사할 수 있습니다. 그러나 때로 난관은 우리로 하여금 다른 길로 가라는 하나님의 경고이기도 합니다. 그러므로 우리에게는 분별의 지혜와 인내와 판단의 유보가 필요합니다.

두 말할 필요도 없이 빛을 얻는 방법은 성경 안에서 그리고 성경이 우리에게 참된 하나님의 말씀으로 계시하는 자와 교제하는 것 안에서 그것을 찾는 것입니다. "나는 세상의 빛이니 나를 따르는 자는 어둠에 다니지 아니하고 생명의 빛을 얻으리라"(요 8:12). 이와 같이 모든 선한 기독교 사역에 있어 반드시 필요한 것은 주의를 기울여 생각하는 것입니다. 그리고 그것을 여러분 주위에 있는 디모데와 실라와 누가에게 이야기하십시오. 형제들의 조언을 받기를 조금도 주저하지 마십시오.

2. 다음 단계는 즉각적인 순종입니다.

주께서 자신들을 부르셨음을 "확실하게 인정했을"(assuredly

gathering) 때, 그들은 즉시로 마게도냐로 떠나고자 했습니다. "우리가 곧 마게도냐로 떠나기를 힘쓰니"(10절). 순종하기를 미루는 것은 불순종과 형제지간입니다. 그것은 때로 연약한 확신과 게으름과 열정의 결여를 의미합니다. 또 그것은 매우 자주 우리 앞에 놓여 있는 명백한 의무를 행하기를 꺼리는 것을 의미합니다. 사랑하는 형제들이여, 앞에서 이야기한 것을 다시 한 번 이야기하고자 합니다. 우리의 일상적 삶과 사업에서 성공하기 위한 필수불가결한 덕(德)은 우리가 힘찬 기독교적 삶을 살며 숭고한 기독교 사역을 감당할 때도 똑같이 필수불가결합니다. 우리에게는 허비할 시간이 없습니다. 시간은 짧습니다. 추수하는 밭에 가 보십시오. 한가할 틈이 없습니다. 거기에 꾸물꾸물하는 일꾼은 결코 용납되지 않습니다. 밭은 희어져 추수하게 되었으며, 일꾼은 적습니다. 주인은 빨리 일하라고 재촉하며, 해는 자꾸 서쪽으로 기울어집니다. 머지않아 쟁기를 내려놓아야만 할 때가 올 것입니다. 그러므로 우리는 즉시로 순종해야 합니다.

의무를 즉시 이행하지 않고 미룰 때, 그것은 우리를 더 불편하게 만듭니다. 퀘이커 교도들이 말하는 것처럼, 짐을 내려놓을 때까지는 쉬지 못하는 법입니다. 순종하기를 미루는 것은 일할 수 있는 가능성을 허비하는 것을 의미합니다. 그러므로 우리는 그것을 피해야만 합니다. 어떤 명백한 의무를 행함에 있어 그것이 우리의 마음에 더 많이 내키지 않을수록, 거기에는 그 일을 속히 행해야 할 더 큰 이유가 있습니다. "주의 계명들을 지키기에 신속히 하고 지체하지 아니하였나이다"(시 119:60).

여러분은 마가복음 1장에 "즉시" 혹은 "곧" 이라는 단어가 몇 번 나오는지 세어본 적이 있습니까? 만일 그렇게 하지 않았다면, 오늘밤에라도 집에 가서 세어 보십시오. 그리고 그 단어가 어떤 상황에서 나오는지 주목해 보십시오. 그리스도의 사역이 시작되는 이야기 가운데 여러분은 모든 사건들 앞에 "즉시" 혹은 "곧"이라는 단어나 계속해서 나타나는 것을 발견하게 될 것입니다. 곧 이렇게 하시니라, 곧 저렇게 하시니라, 곧 이러저러하게 하시니라 등등 말입니다. 그의 사역 전체가 하나의 계속적 흐름이었습니다. 마가복음은 종의 복음입니다. 그러므로 그것은 모든 기독교 사역이 마땅히 따라야 할 모범을 제시합니다.

만일 우리가 주의 일을 행함에 있어 예수 그리스도를 우리의 모범으로 취한다면, 우리는 단 한 순간도 머뭇거리거나 지체하지 않을 것입니다. 그리고 어느 한 순간도 우리에게 주어진 의무와 무관하게 보낼 수 없음을 발견하게 될 것입니다.

3. 주의를 기울여 생각하며 즉시 순종하는 것은 우리를 형통한 길로 이끕니다.

이것은 항상 그렇지는 않지만 그러나 일반적으로 그렇습니다. 하나님의 뜻을 즉시 순종하는 것 안에는 난관을 피하게 하며 길을 순탄하게 만드는 놀라운 능력이 담겨 있습니다. 물론 이 말은 어떤 사람이 하나님의 일을 행함에 있어 그에 대해 주의를 기울여 생각하며 즉시 순종할 때 항상 삶의 통상적인 시련이나 고난으로부터 특별하게 면제될 것임을 의미하는 것은 아닙니다. 그렇지만 나는 우리의 배를 파선시키는 폭풍이라든지 혹은 우리의 배를 앞으로 나아가지 못하게 만드는 무풍(無風)이라든지 혹은 우리의 얼굴을 때리는 역풍 등과 같이 우리의 길을 가로막는 장애물의 대부분은 앞에 이야기한 두 가지 가운데 어느 하나를 제대로 하지 않은 것의 직접적인 결과라고 확신합니다. 또 나는 하나님의 뜻에 순종하고자 하는 간절한 열망과 전심으로 그 일을 행하는 것 안에 바다를 잠잠케 하는 불가사의한 힘이 있다고 굳게 확신합니다.

이것은 외적 일들과 관련해서는 항상 사실이 아닐는지 모르지만, 그러나 내적인 생명과 관련해서는 예외 없이 그리고 제한 없이 사실입니다. 왜냐하면 만일 나의 최고의 뜻이 하나님의 뜻을 행하는 것이라면, 하나님의 뜻 안에서 내게 오는 어떤 일도 하나님의 뜻을 행하는 나에게 장애물이 될 수 없기 때문입니다.

"여행하는 상인들은 항상 자신의 길로만 다닌다"는 옛 속담을 생각해 보십시오. 이와 같이 그 길이 하나님의 뜻에 순종하는 것인 그리스도인은 결코 그 길로부터 이탈할 수 없습니다. 설령 어떤 장애물이 그의 외적인 삶에 영향을 끼칠 수는 있다고 하더라도 말입니다. 그러므로 가장 깊은 의미에서 하나님의 뜻을 분별하고자 애쓰는 눈과 즉시 그것에 순종하기를 즐거워하는 손을 가진 사람의 항해는 항상 평온할 것입니다. 그들에게 모든 바람은 그들이 나아가는 목적지를 향해 붑니다. 그들에게는 "모든 것이 합력하여" 선을 이룹니다. 그들에게 하나님의 다른 모든 종들과 사역자들은 그들의 친구가 됩니다. 왜냐하면 그들 역시도 똑같이 하나님의 뜻을 분별하고 그것을 행하기를 즐거워하기 때문입니다. 하나님의 종인 자는 세상의 주인입니다. "만일 너희가 그리스도의 것이라면, 만물이 너희 것임이라"(고전 3:21).

그러므로 형제들이여, 펼쳐지는 섭리들과 환상과 장애물과 각종 충동들을 주의를 기울여 살피며 주의 뜻에 즉시 순종하기를 즐거워할 때, 그것은 가장 깊은 의미에서 우리를 형통한 항해로 인도할 것입니다. 모든 폭풍이 잠잠해질 때까지 말입니다. "그들이 평온함으로 말미암아 기뻐하는 중에 여호와께서 그들이 바라는 항구로 인도하시는도다"(시 107:30).

65
빌립보에서의 바울

"안식일에 우리가 기도할 곳이 있을까 하여 문 밖 강가에 나가
거기 앉아서 모인 여자들에게 말하는데"
행 16:13

이것은 유럽에서 복음이 전파된 첫 기록이며, 아마도 그에 대한 첫 실례(實例)일 것입니다. 바울로 하여금 마게도냐 해협을 건너도록 하기 위해 마게도냐 사람의 환상이 필요했던 사실과 빌립보에서 일어난 사건들이 상세하게 기록된 사실이 그러한 추측을 가능하게 만듭니다. 만일 정말로 그렇다면, 여기는 이를테면 거대한 강이 시작되는 발원지(發源地)가 되는 셈입니다. 수천 킬로미터에 이르는 거대한 강의 길이와 마침내 바다와 만나는 광대한 하구(河口)를 생각할 때, 여기의 발원지에서 졸졸 흘러내리는 물은 너무도 큰 중요성을 갖습니다. 여기에 시작이 있습니다. 오늘날의 유럽은 여기의 사건으로부터 온 것입니다. 틀림없이 바울은 자신의 발걸음이 유럽으로 옮겨짐으로 인해 새로운 기원(紀元)이 시작되고 있었음을 전혀 의식하지 못했을 것입니다. 그러나 우리는 그러한 사실을 의식하지 않을 수 없습니다.

오늘 본문의 말씀을 통해 우리는 세상과 역사를 변화시킨 거대한 힘이 너무나 조용하며 미약하게 새로운 대륙으로 흘러들어온 것을 발견하게 됩니다. 그러나 그것은 이후 그들의 앞을 향한 행진을 예고하면서, 그들의

자유의 기초가 되고, 또 그들의 저술의 출발점이 되었습니다. 이러한 사실을 생각할 때, 우리는 여기로부터 매우 중요한 몇 가지 교훈을 끌어내지 않을 수 없습니다.

1. 첫째, 여기에서 우리는 기독교 사역이 겉으로 볼 때는 하찮은 것처럼 보이지만 그러나 실제로는 매우 위대하다는 사실을 발견할 수 있습니다.

빌립보 전체에서 그날 아침 긴 여행에 지친 몇 명의 사람들이 강가에 나가 거기에서 몇 명의 여자들과 이야기한 사건보다 더 사소하며 대수롭지 않은 사건은 없는 것처럼 보였습니다. 어떤 사람이 빌립보의 고관(高官)들에게 이렇게 말했다고 상상해 보십시오. "그대들은 잊혀질 것이지만 그러나 여기의 두 여자는 세상 역사가 계속되는 한 영원히 잊혀지지 않을 것이요. 모든 사람이 유오디아와 순두게를 알 것이요. 그대들의 빌립보 도성은 잊혀질 것이지만 그러나 여기의 초라한 유대인과 장차 그가 여기의 소수의 신자들에게 쓰게 될 편지는 영원히 남아 있게 될 것이요." 그러면 그들은 눈을 동그랗게 뜨고 그 말이 무슨 뜻인지 의아하게 생각했을 것입니다. 그날 아침 유럽 대륙 전체에서 행해진 가장 위대한 사건은 바울 사도가 강가에 앉아 "거기 모인 몇 명의 여자들에게 말한" 사건이었습니다.

무엇이 큰 것이며 무엇이 작은 것인가에 대한 세상의 일반적 오류는 계속해서 반복되어왔습니다. 우리 모두는 우리 자신 안에 있는 세상적이며 통속적인 개념으로 말미암아 우리 본성의 최고의 부분이 크게 손상되는 시험을 당합니다. 그러므로 잠시 멈추고 우리의 행동에 있어 큰 것과 작은 것의 기준이 무엇인지 생각해보는 것은 매우 가치 있는 일이 아닐 수 없습니다. 나는 거기에 세 가지 기준이 있다고 생각하는데, 그것은 우리의 행동의 동기와 그것의 영역과 그 결과입니다. 하나님을 위해 행해진 일은 항상 큰 일입니다. 조약돌 하나를 취하여 호수에 떨어뜨려 보십시오. 그러면 즉시 잔물결이 일어나고 거기에 햇빛이 닿을 때 호수는 아름다운 색채로 빛나게 됩니다. 그럴 때 조약돌의 중요성은 얼마나 커집니까! 이와 마찬가지로 여러분의 작은 행동들을 하나님께 던져 보십시오. 그러면 그것들은 모두 크고 위대한 행동들이 될 것입니다. 그것들이 아무리 작고 사소한 것들이라 하더라도 말입니다. 반대로 여러분의 행동들을 하나님으로부터 단절시켜 보십시오. 그러면 그것들은 작아질 것입니다. 그것들에 대해 세상의 모든 사람들이 북을 치면서 환호하며 그 위대함을 칭송한다 하더라도 말입니다. 제단은 예물과 그가 드리는 예물을 크고 거룩하게 만듭니다. 큰 일은 하나님을 위해 행해진 일입니다.

또 어떤 행동의 크고 작음은 그것의 영역에 따라 결정됩니다. 물질적 부분에 영향을 끼치는 것은 정신적 부분에 영향을 끼치는 것보다 작습니다. 정신적 지식을 가르치는 선생은 물질적 부(富)를 증진시켜 주는 사람보다 더 큽니다. 같은 원리 위에서, 사람의 보다 더 신적(神的)인 부분 즉 그의 본성과 의지와 양심과 감정과 하나님에 대한 관계에 영향을 끼치는 사람은 앞의 두 사람보다 더 큽니다. 마찬가지로 이러한 것들에 영향을 끼치는 행동들이 가장 높고 가장 크며 가장 위대합니다. 나는 다른 사람의 영혼을 자신이 소유한 빛으로 이끌고자 애쓰는 가장 보잘것없는 그리스도인의 가장 사소한 행동이 단순한 과학자나 교사보다 더 크다고 믿으며, 여러분도 그렇게 믿기를 바랍니다. 세상에서 가장 큰 일은 사랑(charity)입니다. 그리고 세상에서 가장 순수한 사랑은 그의 사랑하는 아들의 인격과 사역 안에서 먼저 우리를 사랑하신 하나님을 향한 사랑입니다. 왜냐하면 그것이 모든 사랑의 기초가 되기 때문입니다.

또 그 결과가 길게 지속되는 행동이 그것이 짧게 지속되는 행동보다 더 큽니다. 그러므로 사람들을 하나님의 빛으로 이끌기 위해 복음을 전파하는 사람은 큰 일을 행하는 자입니다. 우리는 무엇이 크고 무엇이 작은가에 대한 세상의 통속적 판단으로부터 우리 영혼을 정결케 해야 합니다. 요컨대 우리는 하나님을 위해 행해진 일과 사람들의 영혼을 위해 행해진 일과 영원한 결과를 가져오는 일이야말로 결국 인생에 있어 참으로 큰 일이라는 사실을 깨달아야만 합니다.

어느 날 판단의 놀라운 반전(反轉)이 있을 것입니다. 지금 요란한 북소리로 가득한 이름들은 잠잠함 가운데 떨어질 것입니다. 지금 마치 "생명의 책"의 페이지들처럼 읽히는 페이지들은 흔적도 없이 사라질 것입니다. 헛된 영광의 모든 불꽃들이 연기를 내며 꺼질 때, "지혜 있는 자는 궁창의 빛과 같이 빛날 것이요 많은 사람을 옳은 데로 돌아오게 한 자는 별과 같이 영원토록 빛날" 것입니다(단 12:3). 큰 일은 기독교적인 일입니다. 그날 오랜 여행이 지친 몇 명의 사람들이 강가에 앉아 거기 모인 여자들에게 말한 사건보다 더 큰 사건은 지구 전체를 통해 어디에도 없었습니다. 세상의 요란한 소리에 겁먹지 마십시오. 다만 기독교 사역이야말로 한 인간이 행할 수 있는 가장 크고 위대한 일이라는 사실을 깨달으십시오.

2. 둘째, 우리는 이 사건으로부터 그리스도의 나라가 자라는 법칙을 발견할 수 있습니다.

　앞에서 이야기한 것처럼, 여기에 발원지로부터 졸졸 흘러나오는 작은 물줄기가 있습니다. 오늘날 우리는 거대하게 확장된 강의 한복판에 서 있는데, 바로 여기에 그 미약한 시작이 있습니다. 오늘날 우리가 보는 세계는 이것으로부터 온 것입니다. 하나님의 나라는 눈에 보이게 임하지 않습니다. 여기의 사건으로부터 우리는 "미약하게 시작했다가 천천히 그리고 눈에 띄지 않게 자라는" 하나님 나라의 법칙을 주목할 수 있습니다.

　우리는 여기에서 작고 조용하게 시작하는 법칙의 한 가지 실례(實例)를 보게 됩니다. 이에 대한 최고의 실례인 예수의 생애로 되돌아가 봅시다. 베들레헴의 구유, 목수로서 일하던 나사렛의 일터, 작은 마을에 묻혀 지냈던 30년, 지구의 한 모퉁이에서 조용히 오르내렸던 이삼 년을 생각해 보십시오. 그뿐입니까? 그는 잠잠히 세상을 떠나셨으며, 세상은 그를 알지 못했습니다. "그는 다투지도 아니하며 들레지도 아니하리니 아무도 길에서 그 소리를 듣지 못하리라"(마 12:19). 그리스도께서 그러셨던 것처럼 그의 교회도 마찬가지입니다. 그의 복음이 그러했던 것처럼 그로부터 시작되는 모든 선한 운동들이 그러합니다. 파괴적 일들은 대체로 요란하며 시끄럽습니다. 반면 건설적 일들은 조용히 그리고 작게 시작됩니다. 만일 어떤 일이 북을 치며 나팔을 부는 요란한 소리와 함께 시작된다면, 여러분은 그것이 매우 작은 일이라고 확신해도 좋습니다. 북은 속이 비어 있습니다. 그렇지 않다면 그렇게 요란한 소리가 나지 않을 것입니다. 나팔은 단지 바람을 마셨다가 내뱉는 통로일 뿐입니다. 숲에서 제일 큰 나무라고 하는 "Wellingtonia gigantea"를 생각해 보십시오. 그 나무의 씨앗은 동종(同種)의 식물들의 씨앗들 가운데 가장 작습니다. 또 생식세포를 보십시오. 얼마나 작습니까! 이와 같이 작은 시작은 큰 끝의 예언입니다.

마찬가지 방식으로 여기에서 우리는 또 하나의 원리를 발견할 수 있습니다. 그것은 조급하며 인내할 줄 모르는 이 세대에 우리가 너무나 쉽게 잊곤 하는 것으로, 성장률은 생존 기간이 짧을수록 높다는 원리입니다. 갈대는 하룻밤에 솟아오릅니다. 반면 참나무는 얼마나 오랜 세월에 걸쳐 천천히 자랍니까! 하루 만에 자라는 하루살이는 고작 하루밖에 살지 못합니다. 반면 사람을 생각해 보십시오. 사람처럼 오랜 기간의 유아기를 갖는 동물이 어디에 있습니까? 탄광에서 다이너마이트를 매설하는 작업을 생각해 보십시오. 처음에 얼마나 천천히 일을 진행시킵니까? 그러다가 마침내 다이너마이트가 구멍 속에 끼워지고, 불꽃을 당겨집니다. 그러면 어떻게 됩니까? 이와 같이 "처음에 속히 잡은 산업은 마침내 복이 되지 못할" 것입니다(잠 20:21).

우리는 이러한 사실을 우리 자신의 개인적 삶과 일에다가 그리고 세상에서의 기독교의 성장에다가 적용시켜야 합니다. 어떤 것이 느리다고 흔들리지 맙시다. "주의 약속은 어떤 이들이 더디다고 생각하는 것 같이 더딘 것이 아니라"(벧후 3:9). "사랑하는 자들아 주께는 하루가 천 년 같고 천 년이 하루 같다는 이 한 가지를 잊지 말라"(8절). 천 년이 단지 새벽의 미명 같을 뿐인 하루는 얼마나 길 것입니까! 형제들이여, 여러분에게는 인내가 필요합니다. 우리가 우리를 둘러싼 악의 거대한 덩어리에 어떤 영향을 끼쳤다고 말할 수 있게 되기 위해서는 얼마나 오랜 시간이 걸립니까! 하나님은 사람을 위해 준비된 세상을 갖기 전에 먼저 오랜 세월을 기다리셨습니다. 하나님은 성육신을 위해 준비된 세상을 갖기 전에 먼저 오랜 세월을 기다리셨습니다. 그의 일하심은 매우 느립니다. 왜냐하면 그것은 영원히 앞으로 나아가기 때문입니다. 만일 우리가 조금씩 앞으로 나아간다면, 그것으로 인해 감사합시다. 속히 결과가 나오지 않는다고 조바심을 내지 맙시다. 속히 이루어지는 것은 속히 허물어지는 법입니다. 만일 우리가 하나님 자신의 목적을 위해 일하고 있음을 안다면, 우리는 빠른 결과가 없이도 얼마든지 그 일을 기쁨으로 감당할 수 있을 것입니다.

3. 마지막으로, 이 사건으로부터 하나님이 자신의 나라의 성장을 맡기는 힘의 단순성을 주목하십시오.

여기의 이야기로부터 바울이 추구했던 목적과 그것에 이르기 위해 취한 방법 사이의 불균형을 생각해 보십시오. "우리가 강가에 나가 거기 앉아서 모인 여자들에게 말하는데"(13절). 이것이 전부였습니다. 당시의 유럽에 대해 생각해 보십시오. 언덕 위에 그리스가 있었습니다. 관용과 강압을 번갈아가며 사용하던 로마가 있었습니다. 그리고 멀찍이 야만족들이 있었습니다. 여기의 사람들이 직면해야만 했던 곳곳에 뿌리박혀 있었던 우상숭배들을 생각해 보십시오. 마치 벌레처럼 사회의 심장을 파먹고 있었던 도덕적 타락을 생각해 보십시오. 그들은 이 모든 것을 정복했습니다. 그러면 어떻게 그렇게 했습니까? 골리앗을 죽인 것은 시냇가로부터 취한 작은 돌들이 아니었습니까? 여기에 그러한 돌들이 있습니다. 그것은 그들이 말한 메시지였습니다. 그들은 열정적으로 말했으며, 그들 뒤에 '신적 돕는 자'(divine Helper)가 계셨습니다. 우리 역시도 그러한 메시지를 가지고 있습니다. 형제들이여, "하나님이 그리스도 안에서 세상을 자기와 화목하게 하셨다"는 바울의 용암과 같이 끓어오르는 옛 메시지는 그 시대와 마찬가지로 오늘날의 복잡한 사회에도 똑같이 적용될 필요가 있습니다(고후 5:19). 그러나 끓어오르는 용암과 같았던 그것은 오늘날 싸늘하게 식고 딱딱하게 굳어졌습니다. 왜냐하면 그 안에 있던 뜨거운 열기가 다 빠져나갔기 때문입니다. 그것은 메시지가 그것을 말하는 자에게 문제가 있기 때문입니다. 그 메시지는 그때와 마찬가지로 지금도 똑같은 능력을 가지고 있습니다. 만일 기독교회가 십자가를 더 굳게 붙잡고 그것을 온전히 선포한다면, 우리가 지금도 그것이 정말로 그러함을 보게 될 것이라고 생각합니다. 말씀의 검은 아직도 그 능력을 잃어버리지 않았습니다. 놉의 제사장들이 다윗에게 골리앗의 칼이 보자기에 싸여 에봇 뒤에 있다고 말했을 때, 다윗이 "그 같은 것이 또 없나니 내게 주소서"라고 말했던 것처럼 말입니다(삼상 21:9). "구원에 이르는 하나님의 능력"이었던 것은 기적이 아니라 선포된 복음이었습니다.

그날 강가에서 그 메시지는 열정적으로 선포되었습니다. 예수 그리스도를 위해 성공적으로 일하는 모든 종들에게는 한 가지 공통적 요소가 있습니다. 그들 가운데 어떤 사람들은 총명한 사람들이었으며, 어떤 사람들은 무지한 사람들이었습니다. 그들 가운데 어떤 사람들은 수많은 미숙한 개념들로 옷 입고 있었으며, 심지어 의식주의(儀式主義)적이며 사제주의(司祭主義)적인 개념을 가진 자들도 있었습니다. 그들 가운데 어떤 사람들은 칼빈주의자들이었으며, 어떤 사람들은 알미니안주의자들이었습니다. 그들 가운데 어떤 사람들은 박식한 학자들이었으며, 어떤 사람들은 겨우 글을 읽을 수 있을 정도의 사람들이었습니다. 그러나 그들 모두가 공통적으로 가지고 있었던 한 가지는 자신들이 말하는 것을 전심(全心)으로 믿었다는 사실입니다. 그들은 다음과 같은 호라티우스(Horatius, 주전 1세기의 로마의 서정시인)의 원리를 성취했습니다. "만일 당신이 나를 울게 만들기를 원한다면, 당신의 눈에 먼저 눈물이 흘러야 한다." 우리는 그러한 원리를 이렇게 바꿀 수 있습니다. "만일 당신이 나를 믿게 만들기를 원한다면, 당신은 자신 없는 목소리가 아니라 확신에 찬 목소리로 말해야만 한다."

바울에게 있었던 또 한 가지는 그리스도께서 그와 함께 하셨다는 사실입니다. 그날 아침 회심한 루디아란 여인과 관련하여 성경이 어떻게 말하는지 주목해 보십시오. "두아디라 시에 있는 자색 옷감 장사로서 하나님을 섬기는 루디아라 하는 한 여자가 말을 듣고 있을 때 주께서 그 마음을 열어 바울의 말을 따르게 하신지라"(14절). 주께서 그녀의 마음을 여셨습니다. 나는 이러한 말씀으로부터 칼빈주의나 혹은 다른 "주의"(ism)를 끌어내지 않을 것입니다. 그렇지만 나는 여러분이 여기에서 사도행전 전체를 관통하는 핵심적 개념 즉 예수 그리스도 자신이 일하고 계신다는 개념이 나타나고 있는 사실을 주목하기를 바랍니다. 예수 그리스도 자신이 그의 종들을 통해 이루어지는 모든 일들을 행하고 계셨던 것입니다. 뜨거운 열정과 주님에 대한 사랑과 그의 이름을 전파하고자 하는 책임감으로 불타는 그리스도인들이 있는 모든 곳에 그리스도께서 함께 계실 것입니다. 그리고 그곳에서 그들을 도우실 것입니다. 마가복음을 마무리하는 마음과 같은 마지막 구절은 계속해서 반복될 것입니다 "제자들이 나가 두루 전파할새 주께서 함께 역사하사 그 따르는 표적으로 말씀을 확실히 증언하시니라"(16:20).

사랑하는 형제들이여, 바울을 드로아로부터 빌립보로 건너오도록 이끈 마게도냐 사람의 환상은 오늘날에도 우리에게 여러 가지 목소리로 "이리로 건너와 우리를 도우라"고 말합니다. 만일 우리가 그러한 초청에 응답하여 우리 안에 있는 메시지를 그들에게 말한다면, 비록 그것이 작고 보잘것없으며 초라한 방식처럼 보인다 하더라도 실제로 우리는 그날 아침 빌립보의 한 강가에서 말한 바울처럼 위대한 씨앗을 심고 있는 것입니다. 그리고 그 씨앗은 발아(發芽)하여 마침내 위대한 형제로 나타날 것입니다. "또 네가 뿌리는 것은 장래의 형체를 뿌리는 것이 아니요 다만 밀이나 다른 것의 알맹이 뿐이로되 하나님이 그 뜻대로 그에게 형체를 주시되 각 종자에게 그 형체를 주시느니라"(고전 15:37, 38).

66

빌립보에서의 소동

"[19]여종의 주인들은 자기 수익의 소망이 끊어진 것을 보고 바울과 실라를 붙잡아 장터로 관리들에게 끌어 갔다가 [20]상관들 앞에 데리고 가서 말하되 이 사람들이 유대인인데 우리 성을 심히 요란하게 하여 [21]로마 사람인 우리가 받지도 못하고 행하지도 못할 풍속을 전한다 하거늘 [22]무리가 일제히 일어나 고발하니 상관들이 옷을 찢어 벗기고 매로 치라 하여 [23]많이 친 후에 옥에 가두고 간수에게 명하여 든든히 지키라 하니 [24]그가 이러한 명령을 받아 그들을 깊은 옥에 가두고 그 발을 차고에 든든히 채웠더니 [25]한밤중에 바울과 실라가 기도하고 하나님을 찬송하매 죄수들이 듣더라 [26]이에 갑자기 큰 지진이 나서 옥터가 움직이고 문이 곧 다 열리며 모든 사람의 매인 것이 다 벗어진지라 [27]간수가 자다가 깨어 옥문들이 열린 것을 보고 죄수들이 도망한 줄 생각하고 칼을 빼어 자결하려 하거늘 [28]바울이 크게 소리 질러 이르되 네 몸을 상하지 말라 우리가 다 여기 있노라 하니 [29]간수가 등불을 달라고 하며 뛰어 들어가 무서워 떨며 바울과 실라 앞에 엎드리고 [30]그들을 데리고 나가 이르되 선생들이여 내가 어떻게 하여야 구원을 받으리이까 하거늘 [31]이르되 주 예수를 믿으라 그리하면 너와 네 집이 구원을 받으리라 하고 [32]주의 말씀을 그 사람과 그 집에 있는 모든 사람에게 전하더라 [33]그 밤 그 시각에 간수가 그들을 데려다가 그 맞은 자리를 씻어 주고 자기와 그 온 가족이 다 세례를 받은 후 [34]그들을 데리고 자기 집에 올라가서 음식을 차려 주고 그와 온 집안이 하나님을 믿으므로 크게 기뻐하니라"

행 16:19–34

본문은 우리에게 바울 사도가 순수한 이방인들의 반대에 부딪힌 첫 번째 사건을 보여줍니다. 전체적 장면은 예전의 반대들과는 매우 다른 형태를 띠는데, 이러한 사실은 우리에게 이곳이 유럽이라는 사실을 일깨워 줍니다. 고소자들도 새롭고, 고소의 이유도 새롭습니다. 예전에는 유대인들이 공격의 선봉에 섰지만, 지금은 이방인들이 그렇게 합니다. 전에는 자신들의 종교에 대한 죄로 고소했지만. 지금은 법과 질서에 대한 죄로 고소합니다. 오늘의 본문의 이야기는 매우 자세하게 기록됩니다. 처음 이야기는 자세하게 기록하고 이어지는 유사한 이야기들은 간략하게 언급하는 것은 사도행전의 두드러진 특징들 가운데 하나입니다. 우리는 여기에서 까닭 없는 고소와 공정하지 못한 명령, 바울과 실라의 찬미와 그들의 믿음에 대한 하늘의 응답, 간수의 어둠 위에 비췬 큰 빛을 주목할 수 있습니다.

1. 그리스도의 부르심에 따라 나아갔음에도 불구하고 그들의 사역은 매우 거칠게 시작되었습니다.

연약한 믿음을 가진 사람들은 이렇게 생각할 수 있습니다. "주께서 가리키는 방향으로 나아간 우리가 어째서 이런 일을 만나야만 한단 말인가?" 항구를 떠나자마자 바람을 만났다고 해서 그것이 우리가 항구를 떠나지 말았어야 했음을 의미하는 것은 아닙니다. 처음에 힘들게 시작하는 것은 종종 앞으로 형통한 항해가 펼쳐질 것을 의미하는 것이 되곤 합니다. 난관은 하지 말았어야 할 일을 한 것에 대한 증표가 아닙니다.

유럽에서 복음에 대한 첫 번째 반대의 뿌리는 순전히 금전적 이익과 관련된 것이었습니다. 점치는 귀신 들린 여종의 주인들은 바울이 전파하는 교리에 대해서는 아무런 두려움도 가지고 있지 않았습니다. 그들이 분개한 것은 자신들이 섬기는 아폴로 신에 대한 열심 때문이 아니었습니다. 그들은 단순히 "자신들의 수익의 소망의 끊어진" 것을 보았을 뿐입니다(19절). 그들의 반대의 이유보다 차라리 유대인들의 반대의 이유가 훨씬 더 고상(高尙)한 것이었습니다. 왜냐하면 유대인들이 반대했던 것은 자신들의 종교에 대한 열심 때문이었기 때문입니다. 설령 그들의 종교적 개념이 불완전했고 또 그들의 열심이 순수하지 않았다고 하더라도 말입니다. 그때 이래로 오늘날까지 얼마나 많은 반대들이 이와 같은 저급한 이유로부터 옵니까! 사람들은 돈을 벌기 위해서라면 수단과 방법을 가리지 않습니다. 사람들은 "돈에서는 냄새가 나지 않는다"고 말합니다. 아무리 더러운 시궁창에서 취했다 하더라도 말입니다. 그리스도인들은 마땅히 이러한 가증한 것들에 대항해야 합니다. 그럴 때 돈은 술을 파는 자들과 소비하는 자들 그리고 육신의 죄를 좇는 자들의 손아귀로부터 벗어나 정직한 산업 쪽으로 그리고 사회에 건전한 청교도 정신을 강화하는 쪽으로 흘러들어갈 것입니다.

바울 일행을 고소한 사람들은 그들이 전파하는 메시지에 대해서는 전혀 주의를 기울이지 않았습니다. 그들은 다만 민족적 감정을 은근히 부추길 뿐입니다. 여기의 초창기 반 유대(anti-Semitic) 선동자들은 유대인들에 대한 편견의 가치를 잘 알고 있었습니다. "이 사람들이 유대인인데 우리 성을 심히 요란하게 하여 로마 사람인 우리가 받지도 못하고 행하지도 못할 풍속을 전한다 하거늘"(20, 21절). 이것으로 충분했습니다. 그들은 스스로를 "로마 사람"이라고 부릅니다. 마게도냐 사람들이 자신들의 참된 국적(國籍)을 망각하고 스스로를 "로마 사람"이라고 부르는 것은 얼마나 초라한 자부심입니까! 바울을 고소하는 죄는 그가 자신들의 성을 심히 요란하게 했다는 것이었습니다. 이것은 항상 그러했습니다. 그것이 조지 폭스(George Fox)든 혹은 존 웨슬리(John Wesley)든 혹은 구세군(Salvation Army)이든, 모든 사회의 무법한 종자들은 질서의 이름으로 복음전파자들을 공격하고 질서를 지키고자 하는 열심으로 평안을 깨뜨립니다. 빌립보에 어떤 "요란"도 없었습니다. 다만 그들 스스로 만든 소동이 있었을 뿐입니다. 강가의 조용한 기도장소와 거리에서 소리 지르는 여종을 잠잠케 한 것은 도시의 평온을 어지럽게 만드는 자들의 표적이 결코 아니었습니다.

여기의 고소자들이 바울 일행의 메시지가 유대인들의 통상적 교리와 전혀 달랐음에 대해 완전히 무지(無知)했던 사실을 주목하십시오. 이러한 사실은 그들의 고소를 얼마나 터무니없는 것으로 만듭니까! 그들은 바울 일행을 향하여 로마 사람들의 건전한 관습을 해치는 악독한 자들이라고 고소했습니다. 그러나 만일 빌립보의 상관들이 "무슨 관습을 말하는 것인가?"라고 물었다면, 그들의 고소는 그 순간 허물어졌을 것입니다. 분명 복음은 많은 "관습들"에 반대하며, 또 그것을 변화시키는 능력을 가지고 있습니다. 그러나 복음은 그러한 관습들을 공격하는 것으로부터 시작하지 않습니다. 하물며 불법적인 일을 선동하면서까지 그렇게 하지는 더더욱 아니 했습니다. 복음의 대상은 일차적으로 개인입니다. 그것은 속사람을 하나님과 올바른 자리에 세웁니다. 그러고 난 연후에 새 생명이 스스로 작동하여 옛 생명이 선하다고 생각한 악들에 대항하여 싸울 것입니다. 그러나 '외적 행동을 규정하는 법전'으로서의 기독교 개념은 피상적 개념일 뿐입니다.

어느 때든지 군중심리에 따라 부화뇌동하는 사람들이 있는 법입니다. 특별히 누군가를 공격하며 해치고자 하는 대상이 있는 경우는 더욱 그러합니다. 자칭 평온을 사랑하는 자들은 바울과 실라를 공회로 끌고가 그들에 대해 거짓으로 고소함으로써 자신들의 악한 마음을 나타냈습니다. 그러자 무리들이 그들의 거짓 고소에 동조했습니다. "무리가 일제히 일어나 고발하니"(22절). 그러나 상관들은 피고소자들에 대해 심문조차 하지 않습니다. 그들은 군중들의 행동에 겁을 먹었든지 아니면 그 일에 대해 전혀 무관심했습니다. 그들은 조사(調査)조차 하지 않고 사도들을 채찍으로 때린 후 옥에 가둡니다(23절). 이것은 이후 계속해서 반복되어 일어났던 일의 표본이었습니다. 얼마나 많은 성도들이 군중들의 마음에 영합하고자 했던 비열한 권력자들에 의해 순교를 당하곤 했습니까! 이것은 오늘날에도 마찬가지입니다. 오늘날에도 얼마나 많은 정치인들이 대중들의 마음에 영합하기 위해 자신의 양심을 스스로 억제하곤 합니까!

간수는 기꺼이 자신이 받은 지시(指示) 이상으로 행동할 준비가 되어 있었습니다. 이런 종류의 사람들에게 모호한 지시를 내리는 것은 위험합니다. 어쨌든 든든히 지키라는 지시를 받았을 때, 간수는 그들의 발에 차꼬를 채워 그들을 가장 깊고 어둡고 고약한 냄새가 나는 옥에 던집니다(24절).

2. 여기의 두 마리의 새는 어두운 새장 안에서도 노래할 수 있었습니다.

회심 후 간수가 취한 행동은 처음에 그가 하지 않았던 일을 보여줍니다. 그들은 아무것도 먹지 못했으며, 채찍에 맞은 상처는 아무런 돌봄을 받지 못한 채 방치되었습니다. 그들은 발에 차꼬가 채워진 채 불결한 옥에 던져 졌습니다. 그들이 잠잘 수 없었던 것은 조금도 놀랄 일이 아닙니다! 대부 분의 사람들은 이런 상황에서 믿음이 흔들리고 찬송이 막힐 것입니다. 그 러나 그들은 그렇지 않았습니다. 하나님은 그들로 하여금 "밤중에 노래할 수 있도록" 만들어 주셨습니다. 우리는 모든 세대를 통해 울려 퍼지는 이 러한 노래를 들을 수 있습니다. 그들은 우리에게 어떤 상황에서든 기뻐하 며 믿음을 굳게 하라고 말합니다. 눈물과 탄식이 있어야 마땅한 상황에서 기뻐하며 찬미할 때, 기독교 신앙은 가장 위대한 승리를 거둡니다. 그리고 그러한 때보다 기독교 신앙이 더 숭고해지는 때는 결코 없습니다. 바로 이 것이 "세상을 이기는 승리"입니다. "무릇 하나님께로부터 난 자마다 세상 을 이기느니라 세상을 이기는 승리는 이것이니 우리의 믿음이니라"(요일 5:4). 우리에게 참된 승리를 위한 능력을 공급해주는 약(藥)은 하나님에 대한 믿음입니다. 다른 죄수들이 그들이 기도하며 찬송하는 것을 들은 것 은 조금도 놀랄 일이 아닙니다(25절). 왜냐하면 그들은 그와 같은 장소에 서 기도하며 찬송하는 것을 한 번도 들어본 적이 없었기 때문입니다. 이후 로 많은 성도들과 순교자들이 그들처럼 가혹한 옥중에서 기도하며 찬송했 습니다.

우리는 그들이 구원을 위해 기도했다는 말을 듣지 못합니다. 이와 같은 상황에서 항상 구원이 허락된 것은 아니었습니다. 실제로 베드로는 옥으 로부터 구원을 받았지만 그러나 스데반과 야고보는 순교를 당했습니다. 두 영웅에게는 기적이 베풀어지지 않았지만 그러나 그들은 동일한 믿음으 로 하나님께 감사의 기도를 올렸습니다. 그러한 기도는 항상 응답됩니다. 기 적적인 구원을 통해서든 혹은 고난 가운데 지켜주심을 통해서든 말입니다.

여기의 경우에는 구원이 임했습니다. 땅이 흔들린 것은 하나님의 응답의 증표였습니다. 지진으로 인해 차고가 풀어진 것으로는 보이지 않습니다. 아마도 지진으로 인한 결과로 옥문이 열린 것 같습니다. 그리고 차꼬가 풀어진 것은 별도의 신적 능력의 행동으로 말미암은 것으로 보입니다. 어쨌든 우리는 여기에서 또 다시 최초의 사건은 자세하게 기록하고 이어지는 유사한 사건들은 간략하게 요약하는 사도행전의 특징을 보게 됩니다. 하나님은 자신을 믿고 의지하는 제자들을 결코 원수들의 격노 아래 내버려두지 않으실 것입니다. 때로 하나님은 자신의 손을 뻗어 그들을 옥으로부터 자유케 하실 것이며, 때로 그들로 하여금 끝까지 감당하도록 내버려두실 것입니다. 그러나 그런 때에도 항상 그들의 부르짖음을 들으시고 그들을 구원하실 것입니다. 바울은 빌립보 감옥으로부터 다음과 같은 교훈을 배웠습니다. "주께서 나를 모든 악한 일에서 건져내시고 또 그의 천국에 들어가도록 구원하시리니"(딤후 4:18).

3. 간수는 그와 같은 자리에 있는 사람들이 통상적으로 하는 행동을 합니다.

간수는 폭동이 일어난다든지 혹은 죄수가 탈옥하는 상황에 대비하여 옷을 입고 칼을 찬 채 자신의 자리에서 자고 있었습니다. 그가 지진에 놀라 깨어나자마자 한 최초의 충동적 행동은 옥문을 바라보는 것이었습니다. 그러나 옥문은 활짝 열려 있었습니다. 어떤 죄수들이 그것을 부수었을 것이었습니다. 그는 죄수들이 도망친 줄 생각하고 칼을 빼어 자결하려고 했습니다(27절). 여기에서 그가 즉각적으로 자살을 생각한 것은 당시 형벌의 야만적 가혹함을 보여줄 뿐만 아니라 또한 당시 로마세계에 편만했던 생명을 대수롭지 않게 여기는 태도와 초월적 세계에 대한 무지를 이야기해 줍니다. 겁쟁이들과 염세주의자들의 피난처인 자살은 때로 강한 전염성을 갖습니다. 사람은 믿음과 소망을 완전히 잃어버리기 전에는 결코 자살을 생각할 수 없습니다.

바울의 말은 간수를 극심한 두려움으로부터 건져냈습니다. "네 몸을 상하지 말라 우리가 다 여기 있노라"(28절). 이 모든 이상한 일들의 연속은 무엇을 의미하는 것이었습니까? 여기에 열린 옥문이 있습니다. 어떻게 그럴 수 있었습니까? 여기에 충분히 도망칠 수 있었음에도 불구하고 그렇게 하지 않은 죄수들이 있습니다. 어떻게 그럴 수 있었습니까? 여기에 자살하려는 자신을 제지함으로써 자신의 목숨을 지켜준 죄수가 있습니다. 어떻게 그럴 수 있었습니까? 돌연 알 수 없는 두려움이 그에게 덮쳐오기 시작합니다. 어느 정도 상황을 깨달았을 때 그리고 자신이 차꼬에 채웠던 두 사람이 차꼬가 풀린 채 자기 앞에 서 있는 것을 보았을 때, 간수는 갑자기 허물어지고 맙니다. 그는 그들이 자신을 훨씬 더 능가하는 자들임을 인식하면서, "이 사람들은 지극히 높은 하나님의 종으로서 구원의 길을 너희에게 전하는 자라"는 점치는 귀신 들린 여종의 말을 기억합니다(17절).

비평학자들은 여기의 "선생들이여 내가 어떻게 하여야 구원을 받으리이까"라는 간수의 질문이 "심리학적으로 불가능"한 것이라고 주장합니다(30절). 아마도 그들 자신이 그와 같은 질문을 한 번도 해본 적이 없을 것입니다. "심리학적으로"라는 위압적인 단어를 사용함으로써 그들은 자신들의 생각이 매우 합리적임을 부각시키려고 합니다. 물론 이 사람은 "구원"이 의미하는 모든 것을 알지 못했을 것입니다. 그럼에도 불구하고 그가 그와 같은 질문을 할 수 없었다는 주장은 지나친 비약입니다. 특별히 점치는 귀신 들린 여종의 말로부터 시작해서 지금까지 펼쳐진 일련의 사건들을 주의 깊게 살필 때 말입니다.

간수의 두려움은 사람이 하나님의 권능 앞에 놓일 때 솟아오르는 자연스러운 두려움이었습니다. 그리고 그의 질문은 모든 사람들 안에 잠재되어 있는 구원의 필요성에 대한 희미한 의식(意識)의 부르짖음입니다. 구원을 위해 "무엇을 행해야" 할 것인가라고 생각한 점에 있어 그는 틀렸습니다(KJV에는 "선생들아 내가 무엇을 행해야 구원을 받으리이까"로 되어 있음, what must I do to be saved?). 그러나 자신에게 구원이 필요하다고 생각한 점에 있어 그는 옳았습니다. 바울은 그가 어떻게 구원받을 수 있는지 말해줄 수 있었습니다. 우리 가운데 많은 사람들은 구원에 대해 여기의 간수보다 훨씬 더 많이 앎에도 불구하고 이와 같은 복된 질문을 던지지도 않고 또 그에 대한 답을 얻기 위해 바울에게 가지도 않습니다. 이것은 우리 모두가 물어야만 하는 질문입니다. 왜냐하면 우리 모두가 구원을 필요로 하기 때문입니다.

바울의 대답은 너무도 간결하고 명쾌합니다. "주 예수를 믿으라"(31절). 이러한 간결함과 단순함은 복음의 영광입니다. 그것은 모든 사람이 따라야할 핵심적 명령을 하나의 짧막한 문장으로 구체화합니다.

구원을 위해 요구되는 것이 얼마나 작은지 보십시오. 동시에 구원을 위해 요구되는 것이 얼마나 큰지 보십시오. 왜냐하면 모든 것 가운데 가장 어려운 일은 그것을 "돈 없이 값 없이" 선물로써 받는 것으로 만족하는 것이기 때문입니다. 많은 사람들이 평생 동안 수많은 설교를 들었으면서도 여전히 구원의 길에 대해 분명하게 이해하지 못합니다. 아, 얼마나 자주 이와 같은 바울의 단순하며 명쾌한 대답은 이렇게 저렇게 설명하는 수많은 설명어들에 의해 흐려지곤 합니까! 실제로 아무것도 설명하지 못하면서 말입니다.

바울의 짧막한 문장은 우리 모두가 받을 수 있는 축복과 함께 끝납니다. "그리하면 너와 네 집이 구원을 받으리라." 물론 이렇게 시작된 것은 반복적 믿음의 행동에 의해 그리고 지식을 더하며 순종을 더함에 의해 계속되어야만 합니다. 처음 구원은 매우 불완전하지만 그러나 매우 실제적입니다. 어떤 성품은 단번의 확고한 결심에 의해 그리스도인에게 합당한 성품이 됩니다. 반면 어떤 것들은 천천히 이루어질 때 가장 잘 이루어집니다. 어떤 사람의 삶 속에 빛은 마치 북극지방에 햇빛이 비취는 것처럼 비춥니다. 오랜 시간의 미명(微明)을 통해 아주 천천히 밝아지는 북극지방처럼 말입니다. 그러나 적도지방에서 태양은 순식간에 하늘로 솟아오릅니다. 이와 같이 태양은 어떤 사람에게는 속히 솟아오르고, 또 어떤 사람에게는 천천히 솟아오릅니다. 그러나 태양이 아무리 천천히 솟아오른들 그것이 무슨 상관이겠습니까? 결국 하늘 꼭대기까지 솟아오르기만 한다면 말입니다.

67
위대한 질문과
단순한 대답

"그들을 데리고 나가 이르되 선생들이여 내가 어떻게 하여야 구원을 받으리이까
하거늘 이르되 주 예수를 믿으라 그리하면 너와 네 집이 구원을 받으리라 하고"
행 16:30, 31

마게도냐 감옥의 간수가 특별히 소심하며 예민한 성격의 사람은 아니었을 것입니다. 그렇기 때문에 이 사람이 빠졌던 특별한 혼란과 공황의 상태는 어느 정도 설명을 필요로 합니다. 여러분 모두 기억하는 것처럼, 거기에 이상한 종류의 지진이 있었습니다. 그로 인해 옥문이 열렸을 뿐만 아니라 또한 죄수의 차꼬가 풀어졌습니다. 옥문이 열린 것을 보았을 때, 간수는 당연히 죄수들이 도망쳤을 것이라고 생각하며 큰 두려움에 사로잡혔습니다.

그리하여 간수는 극도의 절망감 가운데 칼을 뽑아 자결하려고 했고, 바로 그 순간 바울이 그를 제지했습니다.

이제 그 순간의 두려움은 지나갔습니다. 그런데 지금 그는 무엇을 두려워하고 있습니까? 그는 죄수들이 모두 도망치지 않고 그 자리에 있음을 알았습니다. 그런데 어째서 그는 "무서워 떨어야만" 했습니까?(29절). 아마도 우리는 "어째서 그는 자신의 두려움을 해결하기 위해 자신에게 맡겨진 두 죄수인 바울과 실라에게 가야만 했을까?"라는 또 하나의 질문 속에

서 이러한 질문에 대한 대답을 발견할 수 있을 것입니다.

아마도 그와 같은 질문에 대한 대답은 여기의 특이한 사건이 일어나기 전 며칠 동안 빌립보에서 벌어진 일을 회상함으로써 찾아질 수 있을 것입니다. 여러 날 동안 "점치는 귀신"에 들린 한 여자가 여기의 두 사람을 쫓아다니면서 "이 사람들은 지극히 높은 하나님의 종으로서 구원의 길을 너희에게 전하는 자라"고 소리치며 빌립보 거리를 다녔습니다(17절). 그것은 빌립보 혹은 마게도냐에서 새로운 말이며 새로운 개념이었습니다. 그리하여 간수는 어렴풋이나마 여기의 두 사람의 손에 어떤 특별한 무엇이 있을 것이라는 생각을 마음에 두고 있었습니다. 그러는 가운데 지진으로 인한 정신적 공황상태로 인해, 그는 어떤 초자연 분위기를 의식하게 되었으며, 전에는 알지 못했던 특이한 열망과 두려움을 느꼈습니다. 바로 이러한 상황에서, 그는 바울 앞에 그와 같은 특이한 질문을 던졌던 것입니다. "선생들이여 내가 어떻게 하여야 구원을 받으리이까?"(30절).

여러분은 그와 같은 간수의 질문이 일종의 어리석은 미신에 불과하다고 생각합니까? 아마도 여러분 가운데 몇몇 사람들을 그렇게 생각하는지 모릅니다. 또 아마도 어떤 사람들은 그것이 그에게 매우 불필요한 질문이었다고 생각하는지 모릅니다. 그와 관련하여 오늘 나는 다음과 같은 세 가지 요점을 다루고자 합니다 — 우리 모두가 물어야만 하는 질문, 우리 모두가 취할 수 있는 대답, 우리 모두가 가질 수 있는 축복.

1. 우리 모두가 물어야만 하는 질문.

나는 오늘날 사람이 필요로 하는 것으로서 "구원"에 대해 말하는 것이 매우 시대에 뒤떨어진 일이라는 사실을 잘 압니다. 그 단어는 이제 많은 사람들이 외면할 정도로 낡고 진부한 단어가 되었습니다. 그럼에도 불구하고 이 시간 나는 여러분에게 그 단어가 표현하는 깊은 필요를 일깨워 주고자 합니다.

구원받는 것은 무엇입니까? 두 가지입니다. 고침을 받는 것과 안전하게 되는 것입니다. 그 단어는 성경에서 이와 같은 두 가지 측면으로 계속해서 그리고 반복적으로 사용됩니다. 그것은 병으로부터 고침을 받는 것이나 혹은 위험으로부터 구출되는 것을 의미합니다. 나는 여러분 모두에게 다음과 같은 두 가지 개념을 강하게 역설하고자 합니다. 첫째는 우리 모두가 병으로부터 고침을 받을 필요가 있다는 개념이며, 둘째는 우리 모두가 위험으로부터의 안전을 필요로 한다는 개념입니다.

사랑하는 형제들이여, 나는 여러분 가운데 대부분의 사람들을 잘 알지 못합니다. 아마도 여러분 가운데 많은 사람들은 지금까지 나의 목소리를 한 번도 들어본 적이 없을 것이며, 앞으로도 또 다시 듣게 되지 못할 것입니다. 그럼에도 불구하고 나는 "우리 모두가 죄를 범함으로써 하나님의 영광에 이르지 못했다"는 사실을 감히 말할 수 있습니다. 왜냐하면 우리 모두는 서로 잘 알지 못함에도 불구하고 공통적 마음과 공통적 경험을 공유하고 있기 때문입니다.

내가 지금 여러 가지 악(惡)들에 대해 말하고 있지 않다는 사실을 유념하십시오. 나는 여러분이 각자의 삶의 일상적 관계들 가운데 그런대로 훌륭한 사람들이라는 사실을 조금도 의심하지 않습니다. 뿐만 아니라 지금 나는 어떤 특별한 범죄에 대해 말하고 있는 것도 아닙니다. 어쩌면 이 자리에 어떤 범죄로 인해 재판을 받은 사람들이 한두 사람 있을는지 모릅니다. 실제로 그렇든 그렇지 않든 아무 상관없습니다. 나는 지금 악에 대해서나 혹은 범죄에 대해 말하고 있는 것이 아닙니다. 다만 지금 내가 말하는 것은 우리가 하나님과의 관계 속에서 어떻게 서 있는가 하는 것입니다. 이 시간 여러분에게 간절히 당부하노니, 여러분 자신을 하나님 아버지의 절대적이며 순전한 의 앞에 가져가십시오. 마치 얼굴과 얼굴을 마주하는 것처럼 말입니다. 그러면서 여러분의 실제적 삶과 하나님이 본래 원하시는 모습 사이의 차이를 느껴 보십시오. 그리고 여러분 자신에게 이와 같은 죄의 병이 있는지 스스로에게 정직하게 물어보고 또 스스로 정직하게 대답해 보십시오. 선에 대하여 무감각해지면서 악으로 기우는 성향 말입니다. 만일 구원이 병으로부터 고침을 받는 것을 의미한다면, 우리 모두는 그 병을 가지고 있습니다. 그리고 우리가 바라든 바라지 않든, 우리는 고침을 필요로 합니다.

구원이란 단어의 또 하나의 의미가 무엇이었습니까? 그것은 안전하게 되는 것을 의미합니다. 여러분은 안전합니까? 나는 안전합니까? 어떤 사람이 우주 전체를 통치하는 두려운 율법 앞에 안전하게 섭니까? "사람이 무엇으로 심든지 그대로 거둘" 것입니까? 나는 미래 형벌의 성격과 지속 기간과 목적 등과 관련하여 이 세대가 논의하기를 좋아하는 어떤 의문점들에 대해 이야기하고 있는 것이 아닙니다. 다만 지금 내가 다루고 있는 모든 것은 모든 사람이 자신의 의식의 깊은 기저(基底)로부터 여기의 형벌과 같은 어떤 것이 있음을 안다는 사실입니다. 어디서든 그리고 어떤 방식으로든 사람들은 자신이 만든 침대 위에 눕고 자신이 만든 포도주를 마시게 될 것입니다. 만일 죄가 하나님으로부터의 분리를 의미한다면 그리고 하나님으로부터의 분리가 죽음을 의미한다면, 여러분에게 묻노니 여러분은 위험 가운데 있지 않습니까? 만일 구원이 병으로부터 고침받은 상태와 위험으로부터 건짐받은 상태를 의미한다면, 우리는 그것을 필요로 하지 않습니까?

아! 형제들이여, 감히 말하건대 우리는 다른 어떤 것보다도 구원을 가장 필요로 합니다. 이 말을 오해하지 말기를 바랍니다. 나는 지금 오늘날 사회와 개인들을 신음하게 만드는 여러 가지 악들에 대해 다양하게 제시되는 다른 해결책들을 아무것도 아닌 것으로 평가절하하고 있는 것이 아닙니다. 나는 그 모든 것들에 대해 마음으로 공감(共感)합니다. 그리고 그러한 일들을 돕기 위해 내가 할 수 있는 일을 기꺼이 할 것입니다. 나는 문화적이며 도덕적이며 사회적이며 경제적이며 정치적인 변화들이 나름대로 상당한 중요성을 가지고 있다고 생각합니다. 그럼에도 불구하고 여러분은 이러한 것들보다 더 깊이 들어가야만 합니다. 우리가 가장 필요로 하는 것은 문화가 아닙니다. 형제들이여, 여러분과 나는 하나님과의 관계에 있어 잘못되었으며, 그것은 죽음과 저주를 의미합니다. 우리는 하나님과의 관계에 있어 잘못되었으며, 이러한 잘못된 상태는 올바른 상태로 되돌려져야만 합니다. 다시 말해서, 우리의 가장 깊은 필요는 구원입니다.

그럼에도 불구하고 많은 사람들이 이러한 필요에 대해 평생 동안 아무런 주의도 기울이지 않은 채 그냥 지나가는 것은 도대체 무슨 연고입니까? 사람에게 있어 자신의 상태와 관련한 가장 근본적 요소 즉 하나님에 대한 관계를 바라보기를 거절하는 것보다 더 큰 어리석음이 도대체 무엇이겠습니까? 인생이 파멸되는 값을 치르면서 기꺼이 잠시 동안 두려움을 잊게 해주는 약을 사는 것은 정말로 이상한 일이 아닙니까!

여러분은 프랑스 혁명 시절에 죄수들이 행동했던 방식에 대한 옛 이야기를 기억합니까? 매일 아침 사형수들을 싣는 수레가 와서 그들을 단두대로 데려갔습니다. 그러면 나머지 사람들은 하얗게 질린 얼굴로 상류사회의 살롱에서 교제모임을 하던 흉내를 내곤 했습니다. 그 일은 한두 시간 동안 계속되었습니다. 그러나 다음 날 수레는 똑같이 왔고, 단두대는 여전히 입을 벌린 채 그 자리에 두렵게 서 있었습니다. 명백한 사실에 직면하지 않고 도리어 그 앞에서 눈을 감아버린 채 다른 일에 열중하는 것처럼 꾸미는 것은 얼마나 쓸모없는 일입니까! 또 우리 가운데 얼마나 많은 사람들이 그렇게 합니까! 사람이 스스로에게 "나로 하여금 보이지 않는 세상에 대한 나의 관계의 실상을 보게 하라. 그리고 만일 그것이 잘못되었다면, 나로 하여금 그것을 바로잡게 하라"라고 말하는 것은 정말로 지혜로운 일입니다. "너는 마지막에 어떨 것인가?"라는 질문은 사람이 스스로에게 물을 수 있는 가장 지혜로운 질문입니다.

이 시간 여러분에게 간절한 마음으로 말합니다. 형제들이여, 만일 여러분이 마게도냐 감옥의 간수처럼 나아와 "내가 어떻게 하여야 구원을 받으리이까?"라고 묻는다면 그리고 그러한 물음에 대한 대답을 얻을 때까지 결코 쉬지 않는다면, 여러분은 정말로 지혜로운 사람입니다.

제자들에게 항상 "죽기 전 날 회개하라"고 가르쳤던 옛 랍비가 있었습니다. "선생님, 우리는 죽을 날을 모르지 않습니까?"라고 되묻는 제자들에게, 그는 "그러면 오늘 회개하라"고 말했습니다. 마찬가지로 나는 여러분에게 말합니다. "종말이 오기 전에 종말을 준비하십시오. 만일 그날이 언제인지 알지 못한다면, 바로 지금 준비하십시오."

2. 우리 모두가 취할 수 있는 명쾌한 대답.

바울과 실라는 간수의 질문에 당황하지 않았을 뿐만 아니라 오늘날 많은 사람들이 대답했을 법한 방식으로 대답하지 않았습니다. 다른 대답들에 대한 몇 가지 표본을 제시해 볼까요? 만일 어떤 사람이 "선생이여 내가 어떻게 하여야 구원을 받으리이까?"라는 질문과 함께 오늘날의 어떤 지혜로운 선생에게 간다면, 그는 이렇게 대답할 것입니다. "구원이라고? 이 사람아, 구원받아야 할 것은 아무것도 없네. 어리석은 망상과 미신으로부터 벗어나게." 또 어떤 선생은 이렇게 대답할 것입니다. "구원이라고? 좋아, 만일 자네가 잘못된 길로 갔다면, 올바른 길로 돌아올 수 있도록 자네가 할 수 있는 최선을 다하게." 또 어떤 선생은 이렇게 말할 것입니다. "앞으로 나와 세례를 받게. 거룩한 세례 안에서 중생의 은혜를 받게. 그리고 성례에 참여하면서 사도들로부터 계승돈 교회의 충성된 지체가 되게." 또 어떤 선생은 이렇게 말할 것입니다. "그런 기분으로 스스로를 괴롭히지 말게. 짧은 인생을 즐겁게 살게. 지금의 삶에 최선을 다하게, 미래의 생명 따위는 잊어버리게." 그러나 바울의 대답은 차가운 도덕이나 세속적 철학이나 편협한 교회주의와 거리가 멀었습니다. 그는 "주 예수 그리스도를 믿으라 그리하면 네가 구원을 받을 것이라"고 말했습니다.

가련한 이교도 간수가 주 예수 그리스도에 대해 무엇을 알았겠습니까? 그는 거의 아무것도 알지 못했을 것입니다. 그런 그가 어떻게 주 예수 그리스도를 믿을 수 있단 말입니까? 정말로 그리스도에 대해 거의 아무것도 알지 못한다면 말입니다. 그러나 여러분은 문맥을 통해 여기의 짧막한 대답이 그들 사이의 대화의 끝이 아니라 시작이라는 사실을 알 수 있을 것입니다. 그렇지만 어쨌든 우리가 복음의 핵심적 진리를 불과 몇 개의 단어로 제시할 수 있는 것은 정말로 위대한 사실입니다. 사랑하는 형제들이여, 나는 여기의 "주 예수 그리스도를 믿으라"는 단순한 메시지 이외에 또 다른 메시지를 가지고 있지 않습니다. 나에게 그것보다 더 새롭고 더 놀라운 메시지는 없습니다.

나는 이러한 단순한 말씀에 거창한 주석을 덧붙임으로써 여러분을 피곤하게 만들고 싶지 않습니다. 다만 여러분 앞에 여기의 말씀으로부터 두 가지 요점을 제시하고자 합니다. 그것들은 이미 익숙한 것일 수도 있지만, 어쨌든 새로운 능력으로 여러분에게 임하기를 바랍니다.

첫째, 믿음의 대상이 누구인지 주목해 보십시오. 그는 주 예수 그리스도입니다. 주는 신적인 이름이며, 예수는 사람의 이름이며, 그리스도는 직분의 이름입니다. 만일 여러분이 이러한 세 이름을 함께 놓는다면, 그것은 이와 같은 의미가 될 것입니다. 즉 죄인인 우리가 고침과 안전을 위해 유일하게 의지하며 소망할 수 있는 자는 우리의 삶을 살고 우리의 죽음을 죽기 위해 그리고 우리의 죄를 짊어지고 옛 예언과 상징이 선포한 모든 것을 이루기 위해 세상에 내려오신 하나님의 아들이라는 것입니다. 그는 이름이 주도 아니고 그리스도도 아니고 단지 예수일 뿐인 반쪽짜리 구주가 아닙니다. 여러분은 그의 본성과 능력과 관련한 전체적 계시를 붙잡아야만 합니다. 만일 그로부터 여러분이 필요로 하는 생명이 흘러나오기를 바란다면 말입니다.

계속해서 우리가 예수 그리스도에 대해 무엇을 실행해야 하는지 주목하십시오. 그것은 "그를 가까이하여 믿는"(believe on Him) 것입니다(KJV에는 31절 본문이 "Believe on the Lord Jesus Christ"로 되어 있음 — 역주). "그를 의지하는" 것은 단순히 "그를 믿는"(believing Him) 것과는 매우 다릅니다. 여러분은 그가 누구인지 그리고 그가 어떤 존재인지와 관련하여 내가 말한 모든 것을 받아들이면서 그러나 영혼을 구원하는 믿음으로부터는 실제로 멀리 떨어져 있을 수 있습니다. 주 예수 그리스도를 가까이하여 믿는 것은 여러분 자신의 모든 무게를 그에게 기대는 것입니다. 어떤 작은 선물을 주겠노라고 약속한 사람을 신뢰할 때, 여러분은 어떻게 합니까? 어떤 사랑하는 사람이 "나의 사랑 위에 안심하고 기대려무나"라고 말할 때, 여러분은 어떻게 합니까? 여러분은 단순하게 그들을 의지할 것입니다. 마음과 생각을 이와 같이 실행하는 것은 사람들 간의 관계를 얼마나 단단하게 결속시킵니까! 그리고 서로 간의 관계를 우정과 사랑으로 얼마나 가득 차게 만듭니까! 이와 똑같은 방식으로 예수 그리스도께 대하여 우리의 마음과 생각을 실행시킬 때, 우리의 생명 안에 그의 구원의 능력이 실행될 것입니다. 형제들이여, 그를 의지하십시오. 그를 주로서 의지하십시오. 그를 예수로서 의지하십시오. 그를 그리스도로서 의지하십시오. 여러분이 병들었다는 사실을 인식하십시오. 여러분이 위험 가운데 있다는 사실을 인식하십시오. 여러분의 병을 고치는 자를 의지하십시오. 그리고 여러분의 안전으로 인해 기뻐하십시오. "주 예수 그리스도를 가까이하여 믿으라. 그리하면 네가 구원을 받을 것이라."

3. 우리 모두가 가질 수 있는 축복.

여기의 간수를 보십시오. 그는 해가 질 때는 이교도였지만, 다음 날 해가 뜰 때는 그리스도인이었습니다. 그는 우상을 숭배하는 가운데 미래에 대한 아무런 소망도 없이 어둠 가운데 더듬고 있었습니다. 그러던 어느 날 그는 자신에게 맡겨진 죄수들이 도망친 줄 알고 절망 가운데 스스로를 영원한 어둠 가운데 던지고자 했습니다. 그러나 불과 한두 시간 후 "그와 온 집안이 하나님을 믿으므로 크게 기뻐"했습니다(34절).

여러분은 갑작스런 회심은 항상 의심스럽다고 말합니다. 나 역시 그러한 것에 대해 항상 확실하다고 생각하지는 않습니다. 상황에 따라 어떤 때는 그럴 수도 있고, 어떤 때는 그렇지 않을 수도 있습니다. 사람이 어둠으로부터 빛으로 즉각적으로 옮겨질 수 있다고 가르치는 것이 오늘날 시대에 뒤떨어진 가르침이라는 사실을 나는 잘 알고 있습니다. 사람들은 갑작스런 회심에 대한 옛 이론에 대해 어깨를 으쓱합니다. 그러나 세상에는 갑작스럽게 이루어지는 일이 너무나 많습니다. 나는 어떤 사람이 한 걸음에 깊은 어둠으로부터 기독교적 생명의 빛과 기쁨으로 도약하기를 더 많이 바랍니다. 그가 조금씩 점진적으로 거기에 이르고자 애쓰는 것보다 말입니다. 여러분은 이 세상에서 행할 가치가 있는 모든 것을 순간적 결심에 의해 행해야만 합니다. 그러한 결심에 이르기까지 오랜 준비과정이 필요하다 하더라도 말입니다. 결심의 행동은 항상 순간적 행동입니다. 어둠과 방탕 가운데 빠져 있는 어떤 사람을 상상해 보십시오. 나는 그가 자신의 악을 벗어버림에 있어 자신을 감고 있는 뱀으로부터 조금씩 벗어나려고 애쓰는 것보다 한 순간에 뿌리쳐 버리는 것이 훨씬 더 쉽다고 생각합니다. 어째서 가장 확실하며 가장 오래 지속되는 변화가 순간적 결심에 의해 시작될 수 없다는 것인지 나는 도무지 알 수 없습니다.

만일 그러한 변화가 순간적 결심에 의해 시작될 수 없다면, 나는 우리가 실제로 그와 같은 변화의 기회를 거의 갖게 되지 못할 것이라고 생각합니다. 아마도 여러분 가운데 많은 사람들은 자신이 그리스도인이 되어야만 한다는 사실을 알면서도 오랫동안 스스로에게 다음과 같이 말하곤 했을 것입니다. "그래, 나는 그에 대해 생각해 볼 거야. 나는 계속해서 그 일에 마음을 두고 있어. 그렇지만 지금 당장 그 안으로 뛰어들 수는 없어." 어째서 그럴 수 없단 말입니까? 어째서 지금은 그렇게 하지 않을 것이란 말입니까? 하고자 한다면, 여러분은 지금 당장 할 수 있습니다. 여러분은 지금 당장 해야만 합니다. 그렇게 한다면, 여러분은 더 선하며 더 행복한 사람이 될 것입니다. 여러분은 병으로부터 고침을 받을 것이며, 위험으로부터 안전하게 될 것입니다.

여기의 간수는 한 순간에 시민권이 바뀌었습니다. 그리스도의 나라의 변두리에 거주하는 자들이여, 어째서 여러분은 속히 성문(城門) 안으로 들어가지 않습니까? 물론 "주의 교훈과 훈계" 가운데 점차적으로 자라는 것은 자연스러운 길입니다. 그러나 나는 어떤 사람들에게 갑작스런 변화가 최선의 길이라고 굳게 믿습니다. 어떤 사람들에게는 마치 열대의 태양이 비취는 것처럼 그렇게 빛이 비칩니다. 지금까지 캄캄하고 추웠던 세상이 다음 순간 갑자기 찬란한 태양으로 빛나는 것처럼 말입니다. 그런가 하면 또 어떤 사람들에게는 마치 북극지방에 태양이 비취는 것처럼 비칩니다. 그곳에서는 해가 뜨기 전에 긴 시간에 걸쳐 조금씩 여명이 밝아집니다. 그러나 우리가 어떻게 그리스도를 얻는가 하는 것은 별로 중요하지 않습니다. 우리가 실제로 그를 얻기만 한다면 말입니다. 사람의 믿음이 한 순간에 자라느냐 아니면 오랜 시간에 걸쳐 천천히 자라느냐 하는 것은 그다지 중요하지 않습니다. 오직 그 믿음이 그리스도 안에 뿌리 박혀 있기만 하다면, 그것은 마침내 영원한 생명의 열매를 맺을 것입니다.

그러므로 사랑하는 형제들이여, 주 예수 그리스도를 믿고 즐거워하는 이 사람을 보면서 마지막으로 여러분에게 한 가지 질문을 던지고자 합니다. 어째서 그를 믿지 않습니까? 어째서 여러분은 지금 그를 믿지 않는 것입니까? "땅의 모든 끝이여 나를 바라보고 구원을 받으라"(사 45:22, 한글 개역개정판에는 "땅의 모든 끝이여 내게로 돌이켜 구원을 받으라"라고 되어 있음 — 역주). 바라보는 것은 순간적 행동입니다. 그러나 만일 그것이 평생에 걸친 바라봄의 시작이라면, 그것은 생명보다 더 긴 구원과 영광의 시작이 될 것입니다.

68
데살로니가와 베뢰아

"[1]그들이 암비볼리와 아볼로니아로 다녀가 데살로니가에 이르니 거기 유대인의 회당이 있는지라 [2]바울이 자기의 관례대로 그들에게로 들어가서 세 안식일에 성경을 가지고 강론하며 [3]뜻을 풀어 그리스도가 해를 받고 죽은 자 가운데서 다시 살아나야 할 것을 증언하고 이르되 내가 너희에게 전하는 이 예수가 곧 그리스도라 하니 [4]그 중의 어떤 사람 곧 경건한 헬라인의 큰 무리와 적지 않은 귀부인도 권함을 받고 바울과 실라를 따르나 [5]그러나 유대인들은 시기하여 저자의 어떤 불량한 사람들을 데리고 떼를 지어 성을 소동하게 하여 야손의 집에 침입하여 그들을 백성에게 끌어내려고 찾았으나 [6]발견하지 못하매 야손과 몇 형제들을 끌고 읍장들 앞에 가서 소리 질러 이르되 천하를 어지럽게 하던 이 사람들이 여기도 이르매 [7]야손이 그들을 맞아 들였도다 이 사람들이 다 가이사의 명을 거역하여 말하되 다른 임금 곧 예수라 하는 이가 있다 하더이다 하니 [8]무리와 읍장들이 이 말을 듣고 소동하여 [9]야손과 그 나머지 사람들에게 보석금을 받고 놓아 주니라 [10]밤에 형제들이 곧 바울과 실라를 베뢰아로 보내니 그들이 이르러 유대인의 회당에 들어가니라 [11]베뢰아에 있는 사람들은 데살로니가에 있는 사람들보다 더 너그러워서 간절한 마음으로 말씀을 받고 이것이 그러한가 하여 날마다 성경을 상고하므로 [12]그 중에 믿는 사람이 많고 또 헬라의 귀부인과 남자가 적지 아니하나"

행 17:1–12

바울은 데살로니가 사람들에게 이를테면 이렇게 말합니다. "빌립보가 하나님의 말씀을 버리고 영생을 얻기에 합당하지 않은 자로 자처하기로 우리가 너희에게로 왔노라." 빌립보에서의 반대는 연약한 믿음의 사람은 위축시킬 수 있었겠지만, 그러나 바울에게는 지나가는 우박이 바위에 끼치는 정도의 영향밖에는 끼치지 못했습니다. 사역을 포기하는 것은 죄가 될 것이지만, 그러나 사역의 현장을 바꾸는 것은 지혜로운 일이 될 것이었습니다. 그렇지만 바울이 흔들리지 않고 계속 자신의 일을 진행시켜 나가는 것은 그 자신의 용기로 말미암은 것이 아니었습니다. 그는 그것을 하나님으로부터 끌어냈습니다. 그는 하나님과의 교제 가운데 거했습니다. 그랬기 때문에 위험이 커질수록 그의 용기 또한 커졌습니다. 그는 용감하게 행동했지만, 그러나 자신을 돕는 자가 누군지 잘 알고 있었습니다. 그랬기 때문에 무엇에 부딪히든 그는 계속해서 앞으로 나아갔습니다.

그가 데살로니가로 사역의 현장을 옮긴 것은 그의 또 다른 행동 원칙을 보여줍니다. 그것은 그가 사역 현장으로 사람들이 많이 모여 사는 중심지를 선호(選好)했다는 사실입니다. 그는 큰 도시에서 사역하기 위해 덜 중요한 장소 두 곳은 그냥 지나갑니다. 머리를 집중적으로 공격하는 것은 지혜로운 일입니다. 도시를 정복하십시오. 그러면 마을과 촌락들은 스스로 항복할 것입니다. 이것은 기독교가 마치 들불처럼 제국을 정복해나간 방법이었습니다. 후대의 선교사들도 이러한 방법을 계속해서 이어나갔습니다.

데살로니가에서 사용된 방법 역시 지금까지 해온 방식과 마찬가지의 방법이었습니다. 누가는 우리에게 바울이 각각의 도시들에서 동일한 방법을 사용했음을 보여줍니다. 그것은 먼저 회당에 가서 거기에서 예수를 그리스도라 증명하는 것이었습니다. 암비볼리와 아볼로니아에는 회당이 없었던 것으로 보입니다(1절). 아마도 거기에는 상대적으로 적은 수의 유대인들이 있었던 것으로 보입니다. 그리고 그들은 종교적으로 데살로니가에 의존하고 있었던 것 같습니다. 바울이 세 안식일 동안 그들의 성경을 가지고 그리스도가 해를 받고 죽은 자 가운데서 다시 살아나야 할 것과 예수가 바로 그 그리스도임을 증언했을 때, 우리는 회당에서 상당한 소동이 벌어졌을 것으로 충분히 상상할 수 있습니다(2, 3절). 그가 이런저런 성경구절들을 인용하며 그 의미를 풀었을 때, 많은 사람들이 이글거리는 눈빛과 요란한 동작으로 언성을 높이며 고함을 질렀을 것입니다. 우리는 훗날 그가 "많은 싸움 가운데" 그들에게 복음을 전했노라고 회상하는 이야기를 듣습니다. "너희가 아는 바와 같이 우리가 먼저 빌립보에서 고난과 능욕을 당하였으나 우리 하나님을 힘입어 많은 싸움 중에 하나님의 복음을 너희에게 전하였노라"(살전 2:2).

복음을 제시하는 방법에 있어서의 모든 차이들에도 불구하고, 기독교 전도자의 참된 메시지는 여전히 데살로니가 회당에서와 같은 반대를 유발하는 메시지입니다 — 그리스도의 인격과 그의 죽음과 부활에 대한 담대한 선포. 또 모든 차이들에도 불구하고, 확신의 도구는 여전히 "성령의 검 곧 하나님의 말씀"인 성경입니다. 우리는 이와 같은 메시지와 이와 같은 무기를 더 굳게 붙잡아야만 합니다.

복음을 신실하게 전파했을 때, 그 결과는 항상 동일합니다. 그것은 둘 중 하나입니다. 듣는 자들의 마음을 녹이고 그들을 믿음으로 이끌든지 아니면 그들로 하여금 격렬한 적의를 불태우도록 만드는 것입니다. 그것은 견고한 모퉁이돌이든지 아니면 걸려 넘어지게 하는 돌입니다. 우리는 그 위에 집을 세우든지 아니면 그 위에 넘어지고 마침내 그것에 의해 깨어집니다. 회심자들은 소수의 유대인들과 많은 이방인 개종자들로 구성되었습니다. 또 거기에는 많은 귀부인들이 있었으며(4절), 이것은 베뢰아에서도 마찬가지였습니다(12절). 아마도 이들 역시 이방인 개종자들이었을 것입니다.

복음이 유럽에 도착하자마자 회심자들 가운데 귀부인들이 많았던 사실은 매우 흥미로울 뿐만 아니라 또한 예언적입니다. 여기의 여자들의 사회적 신분이 높았던 사실은 상류계급의 사람들이 하류계급의 사람들보다 미신으로부터 보다 더 자유로웠음을 암시합니다.

데살로니가에서도 역시 바울 일행의 복음전파는 또 다시 반대에 부딪힙니다. 이야기의 전체적 개요는 다른 도시에서와 거의 대동소이합니다. 여기에서의 누가의 차분한 이야기와 데살로니가전서에서의 바울의 열정적 이야기를 함께 살필 때, 우리는 유대인들이 왜 폭동을 일으켰는지 뿐만 아니라 그에 대해 바울이 어떻게 느꼈는지 하는 것까지도 알게 됩니다. 누가는 유대인들이 "시기"했다고 말합니다(5절). 한편 바울은 그것을 좀 더 부연 설명합니다. "유대인들은 모든 사람에게 대적이 되어 우리가 이방인에게 말하여 구원받게 함을 금하여"(살전 2:15, 16). 유대인들이 격렬하게 대적한 것은 그들이 예수를 메시야로 전파하는 것을 싫어했기 때문이라기보다 유대인으로서 특권이 침해되고 자녀의 떡을 취하여 개들에게 던지는 것에 격노했기 때문이었습니다. 이스라엘이 택함 받은 것은 그들이 하나님의 증인이 되어 자신들이 소유한 보화를 온 세상에 나누어 주도록 하기 위함이었습니다. 그러나 그들은 하나님의 선물을 나누어 주려고 하지 않고 도리어 그것을 독점하려고 했습니다. 후대의 기독교 공동체들 가운데 이와 똑같은 정신으로 움직였던 공동체들이 있지 않았습니까?

데살로니가의 장터에는 불량한 사람들이 많이 있었습니다. 누구든 해할 기회만 있다면, 기꺼이 그렇게 할 준비가 되어 있는 사람들이었습니다. 그러므로 유대인 선동자들은 쉽게 군중을 모을 수 있었습니다. 그들은 군중들에게 진짜 이유를 말할 필요가 없었습니다. 다만 어떤 집을 가리키며 그곳에 있는 이방인들을 끌어내라고 말하는 것으로 충분했습니다. 야손의 집은 아마도 바울이 임시로 묵고 있던 거처였을 것입니다(5절). 그리고 이곳에서 그는 데살로니가전서 2장에서 자신의 입으로 직접 말한 것처럼 아무에게도 폐를 끼치지 않으려고 스스로의 손으로 일했을 것입니다. "형제들아 우리의 수고와 애쓴 것을 너희가 기억하리니 너희 아무에게도 폐를 끼치지 아니하려고 밤낮으로 일하면서 너희에게 하나님의 복음을 전하였노라"(9절). 그와 실라는 난동자들이 오고 있다는 경고를 받고 어디론가 피신했던 것 같습니다. 어쨌든 야손의 집은 비어 있었습니다. 그러나 군중들은 누군가를 희생제물로 삼아야만 했습니다. 그리하여 그들은 바울 대신 야손을 붙잡았습니다. 야손의 죄목은 참으로 허탄한 것이었습니다. 그의 시대 이래로 많은 사람들이 그리스도인들을 숨겨주었다든지 혹은 이단 자라든지 혹은 사제(司祭)들의 권위를 따르지 않는 자라는 등의 죄목으로 핍박을 당했습니다.

야손의 죄목은 그가 사도 일행을 맞아들이고 그들의 계획에 적극적으로 동조했다는 것이었습니다(7절). 나아가 바울 일행의 죄목은 그들이 황제에 대해 반역을 꾀하는 혁명가들이라는 것이었습니다. 우리는 특별히 이러한 죄목과 관련하여 세 가지를 주목할 수 있습니다. 첫째, 그것이 다름 아닌 유대인 자신들로부터 왔다는 사실입니다. 실제로 그들은 황제에게 잠잠히 순종하는 사람들이 아니었습니다. 그들은 대체로 가이사에 대해 적대적이었습니다. 가이사를 위해 열심을 품은 유대인은 매우 이례적인 경우입니다. 만일 어떤 유대인이 가이사를 위해 열심을 보인다면, 그는 틀림없이 통치자들의 의심을 불러일으킬 것입니다. 그런데 바로 그런 유대인들이 여기에서 바울 일행을 평화를 깨뜨리며 천하를 어지럽게 한다는 죄목으로 고소하고 있습니다(6절). 실제로 그 도시를 시끄럽게 만드는 것은 회당에서 조용히 말씀을 전파하던 바울이 아니라 그들 자신이었습니다. 어린 양이 강물을 더럽힌다고 늑대가 어린 양을 꾸짖는 꼴이었습니다.

또 그들의 고소는 사실을 완전히 왜곡하는 것이었습니다. 어쩌면 유대인 선동자들은 자신들이 말하는 것을 실제로 믿었을는지도 모릅니다. 그러나 바울의 가르침을 의식적으로 왜곡시켰을 가능성이 훨씬 더 큽니다. 왜냐하면 그들은 가이사를 대적하며 천하를 어지럽게 한다는 죄목보다 더 큰 효과를 일으키는 죄목은 아무것도 없다는 사실을 잘 알고 있었기 때문입니다. 단순히 반역을 도모했다고 은근히 암시하는 것만으로도 종종 치명적 효과를 일으킬 수 있었습니다. 그리스도인들이 "천하를 어지럽게" 했다는 과도한 참소의 말 속에서, 그들의 증오심과 두려움을 엿볼 수 있습니다. 어쨌든 그들이 자신들이 참소하는 바를 스스로 믿었든 믿지 않았든 간에, 여기에서 유대인들이 자신들의 가장 간절한 소망을 스스로 부인하는 것을 발견할 수 있습니다. 마치 "우리에게 가이사 외에 다른 왕이 없다"고 선언하면서 예수를 십자가에 못 박으라고 소리쳤던 다른 유대인들처럼 말입니다. 자신들의 특권을 광적으로 옹호하려고 했던 여기의 유대인들에 의해 이스라엘의 영광은 완전히 땅에 떨어지고 맙니다.

그러나 여기의 죄목은 또 다른 의미에서 완전히 사실이었습니다. 왜냐하면 기독교는 참된 의미에서 혁명이기 때문입니다. 기독교의 목표는 천하를 뒤집어엎는 것입니다. 그리고 참된 왕은 가이사나 다른 어떤 왕이 아니라 예수 그리스도입니다. 그러나 그의 혁명은 각각의 개인들을 어둠으로부터 빛으로 옮기는 혁명입니다. 그는 먼저 개인의 영혼을 다루며, 나중에 사회를 다룹니다. 폭력은 항상 잘못된 것입니다. 잘못된 관습을 바꾸는 유일한 방법은 사람들의 본성을 바꾸는 것입니다. 그러면 관습은 저절로 바뀌게 됩니다. 참된 통치는 마음을 움직이는 것으로부터 시작됩니다. 그러면 의지가 순종적 의지로 바뀝니다. 그리고 그럴 때, 행동은 율법에 대한 내적 기쁨의 표현입니다. 그것을 주신 자에 대한 사랑과 감사 때문에 말입니다.

바울을 놓친 난동자들은 야손과 그의 형제들을 붙잡았습니다. 그들은 평온을 해친 죄목으로 결박되었습니다. 통치자들은 여기의 보잘것없는 혁명가들에 대해 별다른 두려움을 느끼지 않았지만 그러나 황제에게 충성하지 않는다는 비난을 초래하지 않기 위해 미온적으로나마 움직였습니다.

아마도 바울 일행이 떠난 것은 야손과의 약속에 따른 것이었을 것입니다. 그들이 황급하게 떠난 것은 또 다시 소동이 일어났기 때문인 것으로는 보이지 않습니다. 어쨌든 그들은 급히 베뢰아로 갔고, 거기에서 새로운 경험을 하게 됩니다. 베뢰아의 유대인들은 다른 도시의 유대인들과는 전혀 다르게 행동했습니다. 그들은 "간절한 마음으로 말씀을 받고 이것이 그러한가 하여 날마다 성경을 상고"했습니다(11절). 그 결과 누가는 "그러므로 그들 가운데 많은 사람들이 믿었다"고 말합니다(12절, Therefore many of them believed). 영혼의 참된 위대함은 기꺼이 말씀을 받고 그것을 성경에 비추어 부지런히 시험하는 것입니다. 그리스도는 맹목적으로 자신을 따를 것을 요구하지 않습니다. 참된 기독교 선생은 청중들의 판단을 금하지 않습니다. "눈을 감고 입을 열라. 그리고 내가 주는 것을 무조건 삼키라"는 말은 기독교의 언어가 아닙니다. 설령 어떤 선생들이 때때로 그와 같은 요구를 한다고 하더라도 말입니다. 가르치는 자든 배우는 자든 맹목적 믿음이 아니라 분별 있는 믿음을 가져야 합니다. 만일 오늘날의 그리스도인들이 성경에 좀 더 익숙한 가운데 어떤 새로운 가르침을 들을 때마다 항상 그것을 성경에 비추어 보았다면, 오늘날 세상을 덮고 있는 각종 거짓과 오류는 훨씬 적었을 것이며 사람들은 진리를 훨씬 더 굳게 붙잡았을 것입니다.

69
아덴에서의 바울

"²²바울이 아레오바고 가운데 서서 말하되 아덴 사람들아 너희를 보니 범사에 종교심이 많도다 ²³내가 두루 다니며 너희가 위하는 것들을 보다가 알지 못하는 신에게라고 새긴 단도 보았으니 그런즉 너희가 알지 못하고 위하는 그것을 내가 너희에게 알게 하리라 ²⁴우주와 그 가운데 있는 만물을 지으신 하나님께서는 천지의 주재시니 손으로 지은 전에 계시지 아니하시고 ²⁵또 무엇이 부족한 것처럼 사람의 손으로 섬김을 받으시는 것이 아니니 이는 만민에게 생명과 호흡과 만물을 친히 주시는 이심이라 ²⁶인류의 모든 족속을 한 혈통으로 만드사 온 땅에 살게 하시고 그들의 연대를 정하시며 거주의 경계를 한정하셨으니 ²⁷이는 사람으로 혹 하나님을 더듬어 찾아 발견하게 하려 하심이로되 그는 우리 각 사람에게서 멀리 계시지 아니하도다 ²⁸우리가 그를 힘입어 살며 기동하며 존재하느니라 너희 시인 중 어떤 사람들의 말과 같이 우리가 그의 소생이라 하니 ²⁹이와 같이 하나님의 소생이 되었은즉 하나님을 금이나 은이나 돌에다 사람의 기술과 고안으로 새긴 것들과 같이 여길 것이 아니니라 ³⁰알지 못하던 시대에는 하나님이 간과하셨거니와 이제는 어디든지 사람에게 다 명하사 회개하라 하셨으니 ³¹이는 정하신 사람으로 하여금 천하를 공의로 심판할 날을 작정하시고 이에 그를 죽은 자 가운데서 다시 살리신 것으로 모든 사람에게 믿을 만한 증거를 주셨음이니라 하니라 ³²그들이 죽은 자의 부활을 듣고 어떤 사람은 조롱도 하고 어떤 사람은 이 일에 대하여 네 말을 다시 듣겠다 하니 ³³이에 바울이 그들 가운데서 떠나매 ³⁴몇 사람이 그를 가까이하여 믿으니 그 중에는 아레오바고 관리 디오누시오와 다마리라 하는 여자와 또 다른 사람들도 있었더라"

행 17:22-34

바울은 "내가 여러 사람에게 여러 모습이 되었다"고 말했는데, 아덴에서의 설교야말로 이와 같은 그의 원칙을 보여주는 두드러진 실례(實例)입니다(고전 9:22). 여기의 설교를 구약과 유대적 개념에 전적으로 호소했던 비시디아 안디옥의 회당에서의 설교와 비교해 보십시오. 또 여기의 설교를 아덴 사람들과 비슷한 종교적 개념들을 가지고 있는 가운데 바울과 바나바를 신들의 현현(顯現)이라고 생각하며 엉뚱한 소동을 벌였던 루가오니아의 시골 농부들에게 행한 설교와 비교해 보십시오(14:15 이하). 그러면 여러분은 그것들 사이에 매우 두드러진 차이가 존재하는 사실을 발견하게 될 것입니다. 루가오니아에서의 설교에서 바울은 "하늘로부터 비를 내리시며 결실기를 주시는" 하나님의 선물에 호소했습니다(14:17). 이러한 것들은 그의 말을 듣는 청중들에게 가장 익숙한 것들이었습니다. 반면 여기에서 바울은 유식한 "철학자들"에게 말하고 있었습니다. 그는 그리스의 시를 인용하며, 신성(神性)의 본질과 역사철학과 우상숭배의 어리석음 등에 대한 합리적 논증을 제시합니다. 지금 그는 그리스 예술의 화려한 영광에 둘러싸여 있었습니다. 아테나 여신의 조상(彫像)을 비롯한 수많은 조각물들은 그것들이 아무것도 아님을 논증하고 있는 여기의 초라한 유대인을 내려다보고 있었습니다.

바울의 사고(思考)의 유연성과 스스로를 상황에 맞추는 적응력이 지혜로운 아덴 사람들에 대한 여기의 위대한 설교에서보다 더 두드러지게 나타나는 곳은 결코 없습니다. 그의 설교는 세 부분으로 나누어집니다 — 유화적 서언(22, 23절), 알지 못하는 신을 선포함(24-29절), 하나님이 보내신 자를 선포함(30, 31절).

1. 유화적 서언(22, 23절).

새로운 진리를 선포하는 전도자에게 있어, 예전의 그릇된 진리와 다짜고짜 논쟁을 벌이면서 시작하는 것은 지혜롭지 못한 방법입니다. 반면 자신이 선포하고자 하는 메시지와 지금까지 사람들이 가지고 있던 믿음 사이에 어떤 공통점을 찾고자 추구하는 것은 지혜로운 태도입니다. 단순히 사람들의 호의를 얻기 위해 듣기 좋은 사탕발림의 말을 하는 사람은 저열(低劣)한 자입니다. 그러나 자신이 뒤집어엎고자 하는 체계(system)의 기저(基底)에 있는 진리를 분별하는 전도자는 지혜로운 자입니다.

흠정역(Authorized Version)의 표현에 따르면, 바울은 아덴의 까다로운 청중들의 과도한 미신을 꾸짖으면서 말을 시작하는 것으로 나타납니다(흠정역 22절은 "I perceive that in all things ye are too superstitious" 즉 "내가 보니 너희가 범사에 너무나 미신적이로다"라고 되어 있음 — 역주). 반면 개정역(Revised Version)은 그와 상당히 다르게 묘사합니다(개정역 22절은 "I perceive that in every way you are very religious" 즉 "내가 보니 너희가 범사에 매우 종교적이로다"라고 되어 있음 — 역주). 바울은 아덴 사람들을 책망하고 있었던 것이 아니라 단지 자신이 주목한 사실을 이야기하고 있었을 뿐입니다. 그는 이러한 사실로부터 시작하기를 바랐습니다. 램지(Ramsay)는 22절을 "내가 보니 너희가 신(神)으로 공경하는 것들이 많이 있도다"라고 번역하는데, 그러한 번역은 본래 바울이 의도한 것에 대한 보다 더 올바른 개념을 제시합니다. "미신"이라는 단어는 필연적으로 책망의 의미를 전달하지만, 그러나 원어(原語)에는 그러한 개념이 담겨 있지 않습니다.

우리는 바울이 도시를 두루 다니며 예리한 눈으로 곳곳에 만연해 있는 우상숭배의 모든 증표들을 주목하는 것을 발견합니다(23절). 우상으로 가득 찬 도시를 바라볼 때 그의 마음은 분개와 슬픔으로 끓어올랐지만, 그는 그러한 마음을 청중들에게 표현하지 않습니다. 그렇게 하는 대신 그는 자신이 주목한 한 단 즉 "알지 못하는 신에게"라고 새겨진 단에 대해 이야기합니다. 아마도 그것은 사람들에 의해 거의 잊혀진 단이었을 것입니다. 학자들은 다른 문서들로부터 아덴에 정말로 그러한 단이 있었는지를 밝히고자 많은 애를 썼습니다. 그러나 어떤 다른 문서도 바울의 "권위"를 능가하지 못합니다. 우리는 그의 말을 통해 그가 정말로 그렇게 새겨진 단을 보았다고 충분히 받아들일 수 있습니다. 그것이 바울이 이해한 대로의 충분한 의미를 가지고 있었든 그렇지 않았든, 어쨌든 그것은 그리스 종교의

"많은 신들" 뒤에 혹은 위에 있는 어떤 존재에 대한 개념을 구체화합니다.

지식에 대한 자부심으로 가득 찬 아덴의 청중들을 책망하는 것은 위험하며 무례한 행동이 될 것입니다. 도리어 그들로 하여금 스스로 책망하도록 만드는 것이 훨씬 더 효과적일 것입니다. 그리고 그렇게 하는 것이 대중들의 마음의 가장 깊은 의식(意識)에 호소하는 것이 될 것입니다. 어쨌든 바울은 매우 유화적 태도로 그리고 그들 자신의 용어를 사용하며 조용히 그들에게 다가갑니다.

바울이 아덴의 까다로운 청중들에게 접근한 정신은 모든 기독교 선교사들과 논쟁자들에게 매우 필요한 그러나 너무나 자주 간과되는 교훈을 가르쳐줍니다. 우리는 차이점이 아니라 유사점을 강조하는 것으로부터 시작해야 합니다. 우리는 잘못된 것들에 대해 논쟁을 벌임으로써 그들로 하여금 방어적 태도를 취하도록 만들어서는 안 됩니다. 우리는 그들의 교리나 풍속들 안에서 그들이 알지 못하는 가운데 더듬어 찾던 것을 분별하는 가운데 우리가 전하고자 하는 진리가 들어갈 수 있는 틈을 발견해야 합니다.

2. 알지 못하는 신을 선포함(24-29절).

바울은 "알지 못하는 신"(the Unknown God)에 대해 이야기하는 가운데 우상숭배의 어리석음에 대해 변론합니다. 유화적 태도는 진리와 거짓의 구별까지 가릴 정도로 지나치게 확장되어서는 안 됩니다. 우리는 비기독교적 종교체계에 대하여 마땅히 유화적 태도를 가질 수 있지만, 그러나 참된 종교와 상반되며 불일치되는 부분에 대하여까지 눈을 감아버릴 수는 없습니다. 유화도 필요하고 논쟁도 필요합니다. 둘 사이의 균형을 잘 유지하는 사람이 최고의 기독교 전도자입니다.

바울은 아덴 사람들의 잘못된 믿음을 올바르게 그리고 충분하게 지적하며 비판합니다. 그는 창조로부터 시작합니다. 그리고 그것을 그는 여러 신들이나 비인격적 힘이나 우연의 결과가 아니라 한 분의 인격적 하나님의 행동으로 선포합니다. 그는 파르테논 신전 앞에서 오직 한 분의 하나님이 계실 뿐임을 담대하게 선포합니다. 그는 우주 전체를 창조하신 창조주이기 때문에 우주적이며 보편적인 하나님입니다(24절). 틀림없이 이러한 사실로부터 필연적으로 도출되는 수많은 결론들이 그의 생각 속에 가득 차 있었을 것입니다. 그러나 그러한 것들을 거론하는 대신 그는 곧바로 그러한 사실을 아덴에 가득한 많은 신전들의 위용과 그들의 제단 위에서 드려지는 무수한 제물들과 연결시킵니다. 만물의 창조자요 주인으로서의 하나님에 대한 참된 개념은 신전(神殿)을 신의 거처로 그리고 제물을 신의 필요를 공급하는 것으로 간주하는 이교적 개념에 의해 지금까지 가려져 왔습니다. 이에 바울은 결정적 한방으로 자신을 둘러싸고 있는 아름다운 신전들을 굴복시키면서, 거기에서 드려지는 제물들은 하나님의 본성과 관련한 명백한 진리와 모순된다고 선포합니다. 사람이 하나님에게 무엇인가를 드릴 수 있다든지 혹은 그가 무엇인가를 필요로 한다고 생각하는 것은 터무니없는 생각입니다. 이교도들의 모든 섬김은 하나님의 자리와 사람의 자리를 뒤바꾸었습니다. 그리고 그들은 모든 것을 주시는 자가 하나님이라는 사실을 보지 못합니다. 생명과 그것을 유지시키는 호흡과 그것을 풍성하게 하는 데 필요한 모든 것은 그로부터 옵니다. 그러므로 참된 섬김은 그에게 무엇인가를 드리는 것이 아니라 그로부터 감사하게 받고 그것을 그를 위해 사용하는 것입니다.

이와 같이 바울은 만물을 창조하시고 지탱하시는 자로서의 한 분 하나님을 선포합니다. 계속해서 그는 아덴 사람들에게 위대한 역사철학을 제시합니다. 모든 족속을 한 혈통으로 만드셨다는 인류의 하나됨의 선언은 자부심 강한 아덴 사람들에게 매우 낯선 메시지였습니다(26절). 그들은 스스로 구별된 인종이라고 생각했습니다. 자신들과는 다른 흙으로 만들어졌다고 생각했던 "야만족들"로부터 뿐단 아니라 헬라 세계의 다른 민족들로부터도 말입니다. 그것은 그들의 가장 소중한 특권들 가운데 하나를 정면으로 부정하는 것이었습니다. 바울은 모든 사람이 동일한 기원(起源)으로부터 말미암았음을 주장할 뿐만 아니라 또한 모든 나라들이 한 분 하나님에 의해 똑같이 돌봄을 받는다고 선포합니다. 그리스인들은 각 나라마다 각자 자신의 수호신을 가지고 있으며, 각 나라들 간의 전쟁은 그들의 신들 사이의 전쟁이며, 각각의 신들이 자기 백성들을 위해 영토를 확보해 주며 그들의 국가적 행운을 주관한다고 믿었습니다. 바울은 이 모든 개념들에 반대합니다. 왜냐하면 한 분의 창조주가 계시며 그가 모든 나라를 섭리하시며 그들의 연대를 정하시고 거주의 경계를 한정하신다는 선언은 필연적으로 그러한 개념들과 배치되기 때문입니다.

한 걸음 더 나아가 바울은 거미줄 같이 얽힌 역사의 씨줄과 날줄 안에 — 모든 나라들의 다양한 조건들과 흥망성쇠와 그 영광과 쇠락과 그들이 땅에 심겨지고 뽑혀지는 것과 같은 것들 안에 — 모든 사람으로 하여금 "하나님을 찾도록" 이끌기 위한 신적 목적이 있음을 선언합니다. 바로 이것이 역사의 가장 깊은 의미입니다. 인간 만사의 전체 과정은 하나님이 사람들을 자기에게로 이끄는 전체 과정입니다. 인간 만사를 통해 하나님은 사람들로 하여금 자신을 찾도록 이끄시며 격려하십니다.

그러나 그러한 위대한 목적은 실현되지 않았습니다. 27절의 비극적인 "혹"을 주목하십시오. "이는 사람으로 혹 하나님을 더듬어 찾아 발견하게 하려 하심이로되." 사람들은 하나님을 향한 충동에 순복하기를 거절할 수 있습니다. 실제로 사람들은 대부분 그렇게 했습니다. 호박과 같은 덩굴식물의 덩굴손은 멀리 떨어져 있는 빛을 찾아 움직이지만, 그러나 사람의 영혼은 그와 같이 하나님을 찾아 더듬지 않습니다. 신적 목적을 좌절시키는 그리고 사람들을 소경으로 만들어 하나님을 찾지 않게 만드는 무엇인가가 들어온 것입니다.

바울은 즉시로 다음과 같은 두 가지 명백한 추론을 끌어내지 않습니다. 첫째로 하나님이 새로운 방법으로 그들을 찾으셨다는 것과, 둘째로 하나님의 창조와 섭리의 계획을 좌절시킨 권능이 죄라는 것 말입니다. 그에게는 이러한 주제들과 관련하여 할 말이 매우 많았습니다. 그러나 여기에서는 하나님을 발견하지 못하는 것이 그가 스스로를 은밀한 곳에 숨겼기 때문이 아니라는 사실을 지적하는 것으로 만족합니다. 이것은 그의 말을 듣고 있는 청중들도 자각하고 있는 것이며, 또한 여러 사상가들과 시인들의 말에 의해서도 입증되는 것입니다. 사람들은 이를테면 하나님의 바다에 던져집니다. 그리고 공기처럼 하나님에 의해 둘러싸입니다. 그리고 가장 심오한 의미에서 사람들은 하나님과 유사한 존재입니다. 그로부터 생명을 끌어왔다는 점과 그와 같은 형상을 가졌다는 점에서 말입니다. 그렇다면 사람들이 하나님을 발견하지 못하는 것은 바로 그들 자신의 잘못이 아니고 무엇이겠습니까? 만일 그가 "알지 못하는 신"이라면, 그것은 그가 스스로를 어둠 가운데 감추었기 때문이 아니라 사람들이 빛을 싫어했기 때문입니다. 사람이 하나님의 소생이 되었다는 개념으로부터 우상숭배의 어리석음이 증명되는데, 이러한 사실은 그의 설교를 자연스럽게 그리스도와 관련한 결론으로 이끕니다.

3. 하나님이 보내신 자를 선포함(30, 31절).

본 설교의 세 번째 부분은 어쩌면 어떤 사람들의 조롱과 또 어떤 사람들의 듣기 싫어함에 의해 갑자기 끝나게 된 것인지도 모릅니다. 나는 충분히 그랬을 가능성이 있다고 생각합니다. 그들은 바울의 말을 더 이상 듣고 싶어 하지 않았습니다. 그들은 "이 일에 대하여 다시 듣겠다"고 말했는데, 그것은 "지금은 더 듣지 않겠다"는 의미입니다(32절). 그러나 바울은 자신에게 주어진 여건 안에서 자신의 메시지를 충분히 전달합니다.

우리는 그의 전체적 개념이 진행되는 과정을 다음과 같이 요약할 수 있습니다. 그는 다시금 "알지 못하는"(ignorance)이라는 단어로 되돌아옵니다(30절). 아덴의 유식한 사람들이 삼키기에 그 단어는 너무나 쓴 단어입니다. 그는 그들의 종교가 하나님과 사람에 대한 참된 개념에 대해 얼마나 "알지 못하는지" 혹은 그것과 모순되는지 보입니다. 그는 그들을 책망하기가 무섭게 곧바로 하나님의 오래 참으심에 대해 이야기합니다. 그리고 하나님의 오래 참으심에 대해 이야기하기가 무섭게 곧바로 하나님의 사자(使者)로서 권위 있는 어투로 하나님의 "명령"을 전달합니다.

여기에서 두 번째 부분에 은연중 암시되어 있었던 것이 명백해집니다. 회개의 요구는 죄를 함축합니다. "알지 못했다"(ignorance)고 해서 무죄한 것은 아니었습니다. 사람이 하나님을 더듬어 찾지 않는 데에는 죄의 요소가 있었습니다. 죄는 보편적인 것입니다. 왜냐하면 모든 장소에 있는 모든 사람들에게 회개할 것이 촉구되었기 때문입니다. "알지 못하던 시대에는 하나님이 간과하셨거니와 이제는 어디든지 사람에게 다 명하사 회개하라 하셨으니"(30절). 여기에는 철학자들과 예술가들과 총명한 자들과 제우스와 아테나를 숭배하는 자들과 모든 야만족들까지 다 포함됩니다. 이것은 오늘날의 우리의 자부심을 뭉개버리는 것처럼 아덴 사람들의 자부심을 뭉개버렸습니다. 회개하라는 명령과 마찬가지로 회개의 이유 역시 청중들에게 이상한 것이었습니다. 그것은 우주적 심판이었습니다. "이는 정하신 사람으로 하여금 천하를 공의로 심판할 날을 작정하시고"(31 상반절). 더구나 심판을 행할 자는 미노스나 라다만투스가 아니라 그 일을 위해 정하신 "사람"이었습니다(미노스는 제우스와 에우로페 사이에서 태어난 크레타의 왕이며, 라다만투스는 미노스의 형제로 사후에 음부의 재판관이 됨 — 역주).

이러한 말은 죽음 이후의 삶에 대한 믿음을 거의 잃어버린 사람들에게 얼마나 터무니없는 말로 들렸겠습니까! 천하를 심판하는 "사람"이라고! 지혜로운 아덴 사람들은 여기의 떠돌이 유대인 광신자를 조롱하기 시작합니다. 그 따위 터무니없는 헛소리를 자신들처럼 교육을 많이 받은 총명한 사람들에게 지껄이다니! 더구나 자신의 주장을 증명하기 위해 그가 제시하는 증거는 한층 더 우스꽝스러운 것이었습니다. "이에 그를 죽은 자 가운데서 다시 살리신 것으로 모든 사람에게 믿을 만한 증거를 주셨음이니라"(31 하반절). "사람이 죽은 자 가운데서 다시 살아났다고? 한 번도 들어본 적이 없는 그리고 저 떠돌이 유대인처럼 시골뜨기일 것이 분명한 그 익명의 사람이 우리와 스토아 철학자들과 에피쿠로스 철학자들을 심판할 자라고? 우리가 미개한 야만인들과 함께 그의 심판대 앞에 서게 될 것이라고?"

마침내 그들은 실소(失笑)를 터뜨리고 맙니다. 그리고 바울은 더 이상 그들에게 예수의 이름을 이야기하지 않고 조용히 그들을 떠납니다. 그는 더 이상 자신의 가르침을 청중들에게 맞추고자 애쓰지 않습니다. 바울에게 있어 아덴에서의 사역보다 더 성공적이지 못한 사역은 결코 없었습니

다. 훗날 바울은 고린도교회에 편지를 쓰는 가운데 자신이 전파하는 복음
이 "지혜를 찾는 헬라인들에게는 미련한" 것이라고 말하는데, 이것은 바로
이때의 기억 때문이 아니었을까요? "유대인은 표적을 구하고 헬라인은 지
혜를 찾으나 우리는 십자가에 못 박힌 그리스도를 전하니 유대인에게는
거리끼는 것이요 이방인에게는 미련한 것이로되"(고전 1:22, 23).

70
천하를 심판할 사람

"이는 정하신 사람으로 하여금 천하를 공의로 심판할 날을 작정하시고
이에 그를 죽은 자 가운데서 다시 살리신 것으로 모든 사람에게
믿을 만한 증거를 주셨음이니라 하니라"
행 17:31

1. 예수의 부활은 심판의 확실성을 보증합니다.

(a) 그리스도의 부활은 우리의 부활의 보증입니다.

지금 바울의 말을 듣고 있는 대부분의 아덴 사람들에게 미래의 삶은 매우 희미하며 모호한 것이었습니다. 그들에게 그것은 형체 없는 영들이 유령처럼 음산한 지하세계를 떠도는 것과 같은 것이었습니다.

예수의 부활을 믿는 믿음은 그리스인들의 불확실한 추측을 확실한 사실로 바꿉니다. 그것은 그들의 믿음에 견고성을 부여해주며, 그것을 굳게 붙잡는 것을 보다 더 쉽게 만들어줍니다. 만일 미래의 삶에 대한 개념이 육체를 가진 삶이라는 믿음에 의해 완성되지 않는다면, 그것은 결코 명확성과 실재성을 갖지 못할 것입니다.

(b) 부활은 심판을 함축합니다.

미래의 육체적 삶은 개인의 정체성이 죽음의 사건을 넘어 계속되는 것을 확증합니다. 그리고 그것을 이 세상에서의 삶이 그 개별적인 결과들 안에서 충분히 발전되는 상태로서 생각해야만 합니다. 죽었다가 다시 살아

날 때, 사람들은 "육체 가운데 행한 일들을 자신들이 행한 것에 따라" 받을 것입니다. 그것이 좋은 일이든 나쁜 일이든 말입니다. 역사적으로 부활과 심판의 두 개념은 항상 같이 갔습니다. 부활이 확실한 사실로 받아들여 질 때, 다가올 심판에 대한 예상 역시 강력하게 양심을 찔렀습니다.

심지어 이러한 측면에서도 예수는 우리의 모범입니다. 그가 다시 부활하시고 지금 보좌에 앉아 통치하시는 모든 영광은 그의 지상 생애의 결과입니다. 그리고 그의 부활과 승천 안에서 우리는 모든 사람들에게 이 땅에서의 자기희생의 삶이 하늘의 영광의 삶으로 확실하게 꽃피게 될 것을 확증하는 역사적 사실을 갖습니다. 그의 십자가도 우리의 것이며, 그의 죽음도 우리의 것이며, 그의 하늘의 영광도 우리의 것입니다.

2. 예수의 부활은 그가 심판자라는 사실을 확증합니다.

단순히 그가 다시 살아났다는 사실 자체는 그러한 확증을 전달해주지 않습니다. 우리는 그가 다시 살아났다는 사실의 의미를 좀 더 면밀히 살펴볼 필요가 있습니다.

(a) 그리스도의 부활의 의미.

그리스도의 부활은 그의 사역을 하나님이 인정하시고 받으셨음을 인치는 것이었습니다. 또한 그것은 자신이 하나님과 특별한 관계라는 그리스도의 주장과 그의 무죄함을 하나님이 확증하는 것이었습니다. 예수는 자신이 항상 아버지를 기쁘시게 하는 일을 행했노라고 선언하셨습니다. 또 그는 스스로를 "인성(人性)에 대한 신적 이상(理想)의 완전한 실현"이라고 주장하셨습니다. 나아가 그는 스스로를 전적인 헌신의 합법적 대상으로 그리고 종교적 믿음과 사랑과 순종의 합법적 대상으로 그리고 하나님께 나아가는 유일한 길로 제시하셨습니다. 사람들은 그가 신성을 모독했다고 말했습니다. 그러나 하나님은 그를 죽은 자 가운데 다시 살리심으로 말미암아 "이는 나의 사랑하는 아들이라 내가 그를 기뻐하노라"라고 가장 확실하게 말씀하셨습니다.

(b) 그리스도의 부활의 결과.

"그리스도께서 죽은 자 가운데서 살아나셨으매 다시 죽지 아니하시고" — 이러한 사실은 그를 성경에서 다시 살아난 다른 사람들로부터 구별시킵니다(롬 6:9). 그의 부활은 이를테면 하나의 점입니다. 그리고 그의 승천과 하나님 우편에 앉으심은 그 점이 연장된 선(線)입니다. 그리고 이러한 점과 선으로부터 그가 심판자라는 확증이 따릅니다.

3. 부활하신 그리스도가 심판자인 것은 그가 사람이기 때문입니다.

이것은 역설처럼 보입니다. 우리가 다른 사람을 심판하기에 합당치 못하다는 것은 지극히 상식적 사실입니다. 왜냐하면 사람의 눈은 다른 사람의 마음의 은밀한 것을 읽을 수 없기 때문입니다. 우리는 다른 사람들의 동기를 추측할 수 있을 뿐 알 수는 없습니다. 사람의 행동에 있어 가장 중요한 부분이 바로 그 동기가 아닙니까? 그러나 그리스도의 인성을 올바로 이해할 때, 그가 우리의 심판자가 되기에 참으로 합당한 자라는 사실을 깨닫게 됩니다. 그리고 그를 그렇게 깨닫는 것은 참으로 복된 일입니다. 바울은 아덴 사람들에게 그들과 세상의 심판자인 자가 "사람"이라고 말합니다. "이는 정하신 사람으로 하여금 천하를 공의로 심판할 날을 작정하시고." 그 안에 인간 본성의 모든 온전한 것이 담겨 있습니다. 그는 참된 사람의 이상입니다.

계속해서 바울은 아덴 사람들에게 하나님이 그를 "통해" 심판하시며 또 "공의로" 그렇게 하신다고 말합니다. 그는 우리의 심판자가 되기에 합당합니다. 왜냐하면 그는 우리의 본질을 완전하게 가지고 계시며 또 그것의 모든 약하고 구부러진 것들을 경험으로 아시기 때문입니다. 그는 하나님의 아심으로 우리를 아시며, 또한 형제의 동정심으로 우리를 아십니다.

모든 사람을 위해 죽으신 그 사람은 바로 그 때문에 모든 사람의 심판자가 되십니다. 심지어 이 땅의 생애에서조차 예수와 그의 십자가는 우리를 심판합니다. 우리의 전체적 성격이 어떠함을 나타내는 것은 그에 대한 우리의 성향(性向) 즉 그를 어떻게 생각하며 대하는가 하는 것입니다. 또 그에 대한 사람들의 태도 여하에 따라 그들의 마음의 생각이 나타납니다.

"너희는 나를 누구라 하느냐?"라는 질문을 생각해 보십시오. 이에 대한 대답 여하가 우리의 운명을 결정합니다. 왜냐하면 그것이 우리의 가장 깊은 자아를 그대로 드러내기 때문입니다. 우리가 하나님으로부터 복을 받을 그릇인지 아니면 화를 받을 그릇인지 말입니다. 예수 그리스도는 하나님의 나라에 들어가는 조건을 "하늘에 계신 내 아버지의 뜻대로 행하는" 것이라고 가르치셨습니다. 그는 또한 "하나님의 일은 곧 그가 보내신 자를 믿는" 것이라고 가르치셨습니다. 예수를 우리의 구주로 믿는 믿음은 좋은 열매를 맺는 좋은 나무의 뿌리입니다. 그리고 그 나무로부터 "우리로 심판 날에 담대함을 갖도록 만들어주는 사랑"이 열립니다. "이로써 사랑이 우리에게 온전히 이루어진 것은 우리로 심판 날에 담대함을 가지게 하려 함이니 주께서 그러하심과 같이 우리도 이 세상에서 그러하니라"(요일 4:17).

71
고린도에서의 바울

"¹그 후에 바울이 아덴을 떠나 고린도에 이르러 ²아굴라라 하는 본도에서 난 유대인 한 사람을 만나니 글라우디오가 모든 유대인을 명하여 로마에서 떠나라 한 고로 그가 그 아내 브리스길라와 함께 이달리야로부터 새로 온지라 바울이 그들에게 가매 ³생업이 같으므로 함께 살며 일을 하니 그 생업은 천막을 만드는 것이더라 ⁴안식일마다 바울이 회당에서 강론하고 유대인과 헬라인을 권면하니라 ⁵실라와 디모데가 마게도냐로부터 내려오매 바울이 하나님의 말씀에 붙잡혀 유대인들에게 예수는 그리스도라 밝히 증언하니 ⁶그들이 대적하여 비방하거늘 바울이 옷을 털면서 이르되 너희 피가 너희 머리로 돌아갈 것이요 나는 깨끗하니라 이 후에는 이방인에게로 가리라 하고 ⁷거기서 옮겨 하나님을 경외하는 디도 유스도라 하는 사람의 집에 들어가니 그 집은 회당 옆이라 ⁸또 회당장 그리스보가 온 집안과 더불어 주를 믿으며 수많은 고린도 사람도 듣고 믿어 세례를 받더라 ⁹밤에 주께서 환상 가운데 바울에게 말씀하시되 두려워하지 말며 침묵하지 말고 말하라 ¹⁰내가 너와 함께 있으매 어떤 사람도 너를 대적하여 해롭게 할 자가 없을 것이니 이는 이 성중에 내 백성이 많음이라 하시더라 ¹¹일 년 육 개월을 머물며 그들 가운데서 하나님의 말씀을 가르치니라"

행 18:1-11

예민한 성격을 가진 사람들에게 홀로 떨어져 있는 것은 큰 시련입니다. 그리고 그럴 때 그들의 사역 능력은 약화되기 쉽습니다. 바울은 아덴에서 완전히 혼자였으며, 그래서 그곳에 그다지 오래 머물지 않은 것으로 보입니다. 아덴에서 합류할 계획이었던 두 친구는 바울이 고린도로 가서 어느 정도 머문 연후에야 비로소 그와 합류하게 되었습니다. 어쨌든 바울은 고린도에서 상당 기간 머물게 되는데, 우리는 고린도에서의 그의 긴 체류를 대략 세 단계로 나눌 수 있습니다. 그리고 그로부터 우리는 몇 가지 중요한 교훈들을 배울 수 있습니다.

1. 바울의 고린도 체류와 관련된 첫 번째 단계는 그가 친구를 찾으며, 스스로 수고하여 필요를 채우며, 동시에 복음을 전파하는 단계입니다.

고린도는 상업과 부(富)의 중심지였으며 동시에 도덕적 타락의 중심지였습니다. 그곳은 아프로디테 숭배로 유명했습니다. 그리고 그것은 그 도시를 부요와 동시에 타락으로 이끌었습니다. 거기에서 바울은 헬라적 삶의 새로운 국면과 만났는데, 그것은 복음을 거스름에 있어 아덴의 문화 못지않게 강력한 힘을 가지고 있었습니다. 그는 우리에게 고린도에서의 사역을 "약함과 두려움과 심한 떨림으로" 시작했노라고 말합니다. "내가 너희 가운데 거할 때에 약하고 두려워하고 심히 떨었노라"(고전 2:3). 그러면서 동시에 그는 자신의 전파하는 말씀을 유대인이나 헬라인의 입맛에 맞게 적합화시키려고 하지 않고 오직 "여수 그리스도와 그의 십자가에 못박힌 것"만을 전파했노라고 말합니다. 왜냐하면 그것이 그들이 필요로 하는 것에 실제로 부응하는 것임을 알았기 때문입니다. 이러한 사역은 그의 통상적 방식대로 사람들의 눈에 띄지 않으면서 그리고 매우 조용하게 시작되었습니다. 그의 첫 번째 관심사는 당장 머물 집을 찾는 것이었으며, 두 번째 관심사는 어떻게 일용할 양식을 충당할 것인가 하는 것이었습니다. 이러한 두 가지가 해결되었을 때, 그는 자유롭게 안식일에 회당에 가서 복음을 전파할 수 있었습니다.

바울이 이미 아굴라 부부를 알고 있었는지 여부에 대해 우리는 말할 수 없습니다. 또 실제로 그들이 이미 그리스도인이었는지 여부도 확실하지 않습니다. 바울이 그들과 함께 살게 된 이유는 단순히 생업을 위한 것이었습니다(3절). 만일 그들이 신자(信者)였다면 그러한 사실이 그가 그들과 함께 살게 된 이유들 가운데 하나로 언급되었을 것이라는 생각에는 어느 정도 타당성이 있어 보입니다. 아굴라의 출생지인 본도는 길리기아 북부와 마주 보고 있었습니다(2절). 비록 두 지역의 거리가 어느 정도 멀기는 하지만 그러나 양 지역에 사는 동족끼리 어떤 종류의 유대를 갖기에는 충분한 거리였습니다(길리기아는 바울의 출생지인 다소가 위치한 지역임 — 역주). 뿐만 아니라 그들은 서로 같은 기술을 가지고 있었기 때문에 보다 더 가까워질 수 있었을 것입니다.

모든 랍비들에게 있어 어떤 종류의 생업을 갖는 것은 매우 바람직한 일이었습니다. 만일 교육을 많이 받은 모든 사람들이 이와 같이 한다면, 많은 교육을 받고도 게으름 가운데 일하지 않는 사람은 훨씬 더 적었을 것입니다. 그런 사람들은 사회에 위험할 뿐만 아니라 자신과 주위 사람들에게 짐이 됩니다. 만일 고린도의 지도자들이 그들의 도시에서 가장 위대한 사람이 천막을 만드는 업을 가진 초라한 유대인이라는 말을 듣는다면, 틀림없이 그들은 경멸의 의미로 입술을 삐죽였을 것입니다. 바울은 이와 같이 수수하며 허세부리지 않는 방식으로 고린도의 모든 사회적 종교적 질서를 뒤집어엎을 진리들을 전파하기 시작했습니다. 참된 열정은 허세를 부리지 않습니다.

염소 가죽으로 천막을 만드는 것은 그리스도의 이름을 전파하는 것과 마찬가지로 참으로 그리스도를 섬기는 일이 될 수 있습니다. 같은 목적에 기여하는 모든 형태의 일은 그 가치와 상급에 있어 동일합니다. 만일 어떤 전도자가 바울의 모범을 따라 "내가 너희와 함께 있을 때 비용이 부족하였으되 아무에게도 누를 끼치지 아니하였도다"라고 말할 수 있다면, 그는 가장 바람직한 형태의 기독교 사역을 감당한 것이 될 것입니다(고후 11:9). 설령 완전하게까지는 아니라 하더라도, 어쨌든 우리는 이러한 정신을 따라야만 합니다. 만일 어떤 전도자가 많은 영혼을 얻고자 한다면, 그는 돈과 관련된 어떤 의심의 오명(汚名)으로부터도 자유로워야만 합니다.

2. 바울의 고린도 체류와 관련한 두 번째 단계는 그의 사역이 본격적으로 확장되는 단계입니다.

고린도에서의 바울의 사역은 실라와 디모데가 베뢰아로부터 옴과 함께 본격적으로 펼쳐집니다(5절). 우리는 빌립보서 4장 15절과 고린도후서 11장 9절로부터 그들이 빌립보 교회로부터 선물을 가져왔으며 또한 데살로니가전서 3장 6절로부터 그들이 데살로니가의 회심자들이 견고한 믿음 가운데 굳게 섰다는 기쁜 소식을 가지고 왔음을 보게 됩니다. 이제 바울은 재정적으로 어느 정도 여유가 생겼으므로 일주일의 대부분의 시간을 일하는 데 사용할 필요가 없게 되었습니다. 또 데살로니가 형제들의 "믿음과 사랑"의 좋은 소식은 그의 마음에 새로운 활력을 불어넣어 주었으며, 실라와 디모데는 그에게 큰 도움과 힘이 되어 주었습니다. 이 모든 일로 인해 이제 고린도에서의 바울의 사역은 본격적으로 펼쳐지게 됩니다.

5절의 "바울이 말씀에 강요되어"라는 표현을 주목해 보십시오(Paul was constrained by the word, 한글개역개정판에는 "바울이 하나님의 말씀에 붙잡혀"라고 되어 있음 — 역주). 이러한 표현은 복음을 전파하지 않을 수 없게 만드는 강력한 기독교적 충동을 두드러지게 나타냅니다. 이러한 충동의 영향력은 바울의 경우에 그랬던 것처럼 다양할 수 있습니다. 그러나 만일 하나님의 은혜를 깊이 소유한다면, 우리도 바울처럼 어느 정도 재정적 필요가 채워지고 또 기독교적 교제로 인해 마음에 새로운 활력이 생기면 복음을 전파하지 않을 수 없는 강한 충동을 느끼게 될 것입니다. 하나님의 말씀이 사람을 강요하는 대신 사람이 하나님의 말씀을 억제하는 것은 슬픈 일입니다. 말씀을 전하지 않고는 견딜 수 없는 충동을 한 번도 느껴 보지 못한 사람은 자신이 정말 복음에 대한 참된 믿음을 가지고 있는지 스스로에게 물어볼 필요가 있습니다. 복음을 실제적으로 소유하고 있으면 항상 그것을 나누고자 하는 열망이 따르는 법입니다.

계속해서 6절의 바울의 상징적 행동을 주목해 보십시오. "바울이 옷을 털면서 이르되 너희 피가 너희 머리로 돌아갈 것이요 나는 깨끗하니라." 유대인들 가운데서는 더 이상 말씀을 전하지 않겠다는 이러한 선언은 물론 고린도에만 한정되는 말입니다. 왜냐하면 우리는 계속되는 사역 속에서 그가 "먼저 유대인에게 말씀을 전하는" 통상적 방법을 계속해서 유지하는 것을 발견하기 때문입니다. 열매 없는 노력을 중단할 합당한 때를 깨닫는 것은 복음사역에 있어 매우 중요한 지혜입니다. 많은 수고를 기울임에도 불구하고 아무런 열매도 맺지 못하는 사역현장을 계속해서 고집할 때, 우리의 마음은 낙망되고 힘은 고갈될 것입니다. 우리는 종종 실패를 인정하지 않는 것을 믿음이라고 부릅니다. 사실은 교만임에도 불구하고 말입니다. 모래와 진흙밖에 나오지 않음에도 불구하고 계속해서 파내려가는 것보다 차라리 섭리가 가르치는 교훈을 배우면서 새로운 일을 시도하는 것이 훨씬 더 낫습니다. 하나님은 우리에게 성공을 통해서 뿐만 아니라 실패를 통해서도 가르치십니다. 실패를 인정하고 그에 따라 새로운 사역지로 옮기는 것을 지나치게 부끄럽게 생각하지 마십시오.

"나는 깨끗하니라"라는 말은 얼마나 놀라운 선언입니까!(6절). 모든 책임을 상대에게 지우고자 한다면, 그렇게 하기 전에 먼저 그들을 위해 부지런히 수고하며 그들을 뜨겁게 사랑하며 그들을 위해 하나님께 간절히 기도하며 뜨거운 마음으로 설득하는 것이 반드시 필요합니다. 이 모든 일을 다 행했노라고 말할 수 있게 되기 전까지, 우리는 "이후에는 다른 사람들에게로 가리라"라고 말할 권리를 갖지 못합니다.

그러나 바울은 그리 멀리 가지는 않았으며, 그래서 하나님이 그 마음을 만진 사람들은 여전히 고린도에서 그를 어렵지 않게 발견할 수 있었습니다. 그는 회당 옆에 있는 "하나님을 경외하는 사람" 즉 이방인 개종자의 집으로 거처를 옮겼습니다. "거기서 옮겨 하나님을 경외하는 디도 유스도라 하는 사람의 집에 들어가니 그 집은 회당 옆이라"(7절). 우리는 여기에서 결코 이스라엘을 포기할 수 없는 그의 간절한 사랑의 일면을 발견하게 됩니다. 나아가 우리는 여기에서 주님의 모범을 발견할 수 있지 않습니까? "에브라임이여 내가 어찌 너를 놓겠느냐 이스라엘이여 내가 어찌 너를 버리겠느냐 내가 어찌 너를 아드마 같이 놓겠느냐 어찌 너를 스보임 같이 두겠느냐 내 마음이 내 속에서 돌이키어 나의 긍휼이 온전히 불붙듯 하도다"

(호 11:8). 예수 그리스도는 오래 참으시는 사랑 가운데 이와 같이 우리 주위에 계속해서 남아 계시지 않습니까? 만일 그가 어느 정도 물러나신다면, 그것은 우리로 하여금 더욱 힘써 그를 찾도록 자극하기 위해서가 아닙니까? 그러면서도 그는 우리가 그를 충분히 찾을 수 있도록 가까이 머물러 계시지 않습니까?

고린도의 유대인들에 대한 바울의 엄숙한 경고의 목적은 부분적으로 성취되었습니다. 왜냐하면 회당장과 그의 온 가족이 주를 믿게 되었기 때문입니다(8절). 이와 같이 때로 사람들은 복음을 받아들이는 것을 그들 자신에게 남겨두는 것으로 말미암아 보다 더 쉽게 결단하는 자리로 이끌려지기도 합니다. 때로 마음대로 하라고 그냥 내버려두는 식의 태도가 큰 효과를 내기도 합니다. 만일 기차가 막 출발하려고 하고 있다면, 우물쭈물하던 승객은 즉시로 마음을 정하고 기차 위로 뛰어오를 것입니다. 시간이 촉박하다고 말하며 즉각적 결단을 촉구하는 것은 때로 매우 지혜로운 일이 될 수 있습니다.

고린도전서 1장에서 우리는 바울이 상례(常例)를 벗어나 직접 여기의 회당장 그리스보에게 세례를 주었음을 보게 됩니다. "나는 그리스보와 가이오 외에는 너희 중 아무에게도 내가 세례를 베풀지 아니한 것을 감사하노니"(14절). 바울이 상례를 벗어나 직접 그리스보에게 세례를 준 것은 단지 그가 중요한 인물이기 때문은 아니었을 것입니다. 다만 그것은 주님이 회당장 그리스보를 주신 것에 대해 바울이 얼마나 깊은 감사의 마음을 가졌었나 하는 것을 잘 보여줍니다. 왜냐하면 그것은 거의 실패처럼 보였던 사역에 대하여 주님이 격려의 인(印)을 치는 사건이었기 때문입니다. 참된 복음전도자에게 한 사람의 회심은 많은 사람들의 반대와 훼방보다 훨씬 더 중요한 의미를 갖습니다. 물론 모든 영혼이 같은 가치를 갖지만, 그러나 다른 사람에게 끼치는 영향력에 있어서는 같지 않습니다. 여기의 그리스보의 경우도 그러했습니다. 그는 다른 사람들에게 매우 큰 영향력을 끼치는 사람이었습니다. 왜냐하면 그가 회심했다는 소식을 듣고 많은 고린도인들이 믿었기 때문입니다. "수많은 고린도 사람도 듣고 믿어 세례를 받더라"(8절). 이런 차원에서 우리는 모든 사람이 그리스도 앞에 똑같이 고귀하다는 큰 원칙을 훼손하지 않으면서 각각의 회심자들의 가치를 분별하며 측량할 수 있습니다.

3. 세 번째 단계는 바울이 특별한 환상을 받고 고린도에 오랜 시간 머물게 되는 단계입니다.

하나님은 환상을 허비하지 않습니다. 하나님은 사람들에게 실제로 그들을 따라다니지 않는 두려움에 대해 "두려워하지 말라"고 말씀하지 않습니다. 여기의 환상은 우리로 하여금 그것이 임할 때 바울의 마음 상태가 어떠했는지를 짐작하게 해줍니다. 그는 몇몇 이유로 매우 낙망했습니다. 그는 일이 잘 풀리지 않을 때에도 이렇지 않았습니다. 지금 그 주위에는 친구들이 있었으며 또한 많은 회심자들이 있었습니다. 그럼에도 불구하고 지금 그는 슬픈 마음에 짓눌리고 있었습니다. 그와 같은 사람들은 종종 외적 상황과는 무관하게 내부에서 일어나는 특별한 충동들로 말미암아 흔들리곤 합니다. 어쩌면 그는 그의 성공적 사역으로 인해 적대감이 더욱 크게 증폭되는 것을 느끼면서 생명의 위험을 예상했는지 모릅니다. 어쨌든 그 때 그에게 임한 환상은 이러한 추측을 가능하게 만듭니다.

그러나 단순히 두려움을 갖지 않게 해주는 것이 여기의 환상의 주된 메시지는 아니었습니다. 주된 메시지는 "침묵하지 말고 말하라"는 것이었습니다(9절). 두려움 가운데 침묵하는 것은 항상 겁쟁이의 행동일 뿐입니다. 그리고 그러한 두려움은 항상 과장된 두려움입니다. 떨리는 입술로부터 나오는 말은 매우 강력할 수 있습니다. 그리고 두려움을 고치는 치료약으로서 그리스도를 위해 일하는 것보다 더 좋은 것은 아무것도 없습니다. 자신이 두려워하는 것에 대해 과감히 직면할 때, 두려움은 사라집니다. 물을 두려워하는 사람이 물속에 들어가는 순간 두려움이 사라지는 것처럼 말입니다.

어째서 바울은 두려워하지 말아야 합니까? "두려워하지 말라"고 말하는 것은 쉽습니다. 그러나 단지 그렇게 훈계하는 것이 전부일 뿐이라면, 그것은 헛된 말에 불과합니다. 바울은 모든 두려움을 끝장내는 말씀을 받습니다 — "내가 너와 함께 있으매 어떤 사람도 너를 대적하여 해롭게 할 자가 없을 것이니"(10절). 이것은 분명 모든 두려움과 낙망의 악령들을 쫓아내기에 충분한 말씀입니다. 나아가 이것은 모든 그리스도의 종들이 자신들의 마음속에 그의 임재를 가질 수 있도록 확증합니다. 그의 임재는 단순한 비유로서가 아니라 실제적으로 그들의 것입니다. 그들의 두려움이 외부로부터 오건 내부로부터 오건, 그의 임재는 그들을 강하고 담대하게 만들기에 충분합니다.

바울은 환상을 필요로 했습니다. 왜냐하면 그는 그리스도를 "육체대로" 보지 못했을 뿐만 아니라 또한 그의 마지막 약속도 듣지 못했기 때문입니다. 그러나 우리는 환상을 필요로 하지 않습니다. 왜냐하면 우리는 그가 승천하면서 모든 제자들에게 남긴 변할 수 없는 말씀을 가지고 있기 때문입니다. 그 말씀은 세상 끝 날까지 항상 사실로 남아 있습니다.

그리스도의 임재의 결과는 원수들의 대적을 면제시켜 주는 것이 아니라 그러한 대적 가운데 지켜주는 것입니다. "내가 너와 함께 있으매 어떤 사람도 너를 대적하여 해롭게 할 자가 없을 것이니"(10절). 사람들이 바울을 대적할 수는 있지만 그러나 그를 해롭게 할 수는 없습니다. 이러한 약속은 유대인 대적자들이 총독 갈리오에 의해 수치스럽게 쫓겨났을 때 문자적으로 성취되었습니다(12-16절). 또 그것은 오늘날에도 똑같이 성취됩니다. 왜냐하면 그리스도께서 우리와 함께 계실 때 어떤 해악도 우리에게 임할 수 없기 때문입니다.

계속해서 "이 성 중에 내 백성이 많음이라"는 말씀을 주목해 보십시오. 예수 그리스도는 바울이 보지 못한 것을 보았습니다. 그것은 아직까지 그에게 나아오지 않은 많은 영혼들이었습니다. 주님의 사랑의 눈은 자신의 양들을 기쁨으로 바라봅니다. 설령 그들이 아직까지는 목자로부터 떨어져 있는 가운데 이리들의 위험 가운데 있다고 하더라도 말입니다. "또 이 우리에 들지 아니한 다른 양들이 내게 있어 내가 인도하여야 할 터이니"(요 10:16). 그러므로 그의 임재를 의식하면서 그리고 가장 초라하며 소외된 사람들 안에서 선한 목자가 찾으시는 양들을 볼 것을 소망하면서 새 힘과 용기를 가지고 나아가는 종들은 참으로 지혜로운 종들입니다. 이러한 소망은 그들을 모든 사역에 있어 강하고 활기차게 만들어줄 것입니다. 그리고 바울이 본 것과 같은 환상은 그의 종들을 모든 위험 가운데 담대하게 만들어줄 것입니다.

72

말씀에 강요되어

"실라와 디모데가 마게도냐로부터 내려오매 바울이 하나님의 말씀에 붙잡혀
유대인들에게 예수는 그리스도라 밝히 증언하니"
행 18:5

흠정역 처럼 "영 안에서 밀려"(pressed in the spirit)라고 읽는
대신, 개정역(Revised Version)은 "말씀에 의해 강제되어"(constrained
by the word)라고 읽습니다(한글개역개정판에는 "하나님의 말씀에 붙잡
혀"라고 되어 있음). 이러한 차이들은 부분적으로는 독법(讀法)의 다양성
에 그리고 부분적으로는 단순한 번역의 차이에 기인합니다. 하나는 의미
에 있어서의 중요한 차이를 불러오며, 다른 하나는 단지 표현이 바뀐 것에
불과합니다. 흠정역에서 "밀려"(pressed)라고 번역되고 개정역에서 "강요
되어"(constrained)라고 번역된 단어는 "주여 무리가 밀려들어 미나이다"
라는 표현에서 문자적으로 그리고 "그리스도의 사랑이 우리를 강권하시는
도다"라는 표현에서 은유적으로 사용된 단어입니다(눅 8:45). "강요되어"
와 "밀려" 사이에 큰 차이는 없습니다. 그러나 "영 안에서"(in the spirit)와
"말씀에 의해"(by the word) 사이에는 큰 차이가 있습니다. "영 안에서 밀
려"는 단순히 마음이나 느낌의 상태를 묘사합니다. 반면 "말씀에 의해 강
요되어"는 강한 압력이나 강제를 야기하는 힘을 선언합니다. 그러면 "말씀
에 의해 강요되어"는 무엇을 나타냅니까? 그것은 바울의 메시지가 그를

단단히 붙잡고 그로 하여금 그것을 전달하도록 강제했음을 나타냅니다.

또 한 가지 주목해야 할 것은 오늘 본문이 바울 사도의 이와 같은 마음 상태와 그의 두 친구인 실라와 디모데가 온 것을 원인과 결과로 연결시키는 사실입니다. 바울은 고린도에서 홀로 있었습니다. 그의 최근의 사역은 활기차게 이루어지지 못했습니다. 그는 그곳에서 비교적 조용하게 지내며 대부분의 시간을 천막 만드는 일에 사용했습니다. 그러나 두 친구가 옴과 함께 그의 영을 누르고 있던 구름이 걷혔습니다. 그리고 그는 이를테면 예전의 상태와 예전의 사역으로 다시 되돌아왔습니다.

본문과 관련하여 이와 같은 관점을 취할 때, 나는 우리가 이로부터 여러 가지 유익한 교훈을 발견하게 될 것이라고 생각합니다. 이제 그러한 것들을 좀 더 상세하게 살펴보도록 합시다.

1. 여기에서 다소 맥이 빠져 있는 듯한 바울의 모습을 주목하십시오.

"맥이 빠져 있다"는 표현은 바울처럼 예수 그리스도에 의해 영감(靈感)된 사역자에게 사용하기에는 매우 부적절한 표현이 아닙니까? 결코 그렇지 않습니다. 만일 여기의 영감된 사도가 여러 가지 감정을 가진 민감한 사람이라는 사실을 인식하지 못한다면, 우리는 영감의 본질에 대해 많은 오류를 범할 것입니다. 만일 그의 영혼이 나무에 걸려 미세한 산들바람에도 떠는 "애올루스의 하프"와 같지 않았다면, 그로부터 그토록 아름다운 음악은 결코 나오지 않았을 것입니다(Aeolus: 바람의 신). 그러므로 우리는 여기에 나타난 바울 사도의 마음 상태를 "맥이 빠져 있는 듯하다"고 표현하기를 주저할 필요가 없습니다.

우리는 본문 앞의 구절들로부터 그의 행동이 평소와는 매우 다른 것을 주목할 수 있습니다. 그는 고린도에 간 후에 복음을 전하는 사역을 그다지 열심히 하지 않았습니다. 다만 일주일에 한 번 회당에 가서 유대인들에게 말하는 것이 전부였습니다(4절). 그가 회당에서 강론하는 이야기보다 도리어 또 다른 궁핍한 유대인과 함께 살며 그와 함께 고된 일을 하면서 스스로의 필요를 채우는 이야기가 훨씬 더 상세하게 다루어지고 있습니다.

고린도에서의 이와 같은 행적은 새로운 도시에서의 그의 통상적 행적과 매우 큰 대조를 보입니다.

우리는 바울이 고린도에서 이와 같이 무기력하게 행동한 이유를 그리 어렵지 않게 찾을 수 있습니다. 데살로니가전서는 여기의 두 친구 즉 실라와 디모데가 바울에게 온 직후에 기록되었습니다. 그 편지에서 바울은 그들이 오기 전의 자신의 마음 상태에 대해 어떻게 묘사합니까? 그는 자신이 "모든 궁핍과 환난 가운데" 있었다고 말합니다. "이러므로 형제들아 우리가 모든 궁핍과 환난 가운데서 너희 믿음으로 말미암아 너희에게 위로를 받았노라"(살전 3:7). 바울은 데살로니가의 새로운 회심자들이 여전히 든든하게 선 가운데 건강하게 자라고 있는지 염려하고 있었습니다. 또 고린도전서에서, 우리는 그가 당시의 자신의 마음 상태를 다음과 같이 회상하는 것을 발견할 수 있습니다. "내가 너희 가운데 거할 때에 약하고 두려워하고 심히 떨었노라"(2:3). 뿐만 아니라 본문 바로 뒤에서, 우리는 바울에게 임한 환상을 볼 때 그가 이미 어느 정도 두려움에 사로잡혀 있었음을 알 수 있습니다. "밤에 주께서 환상 가운데 바울에게 말씀하시되 두려워하지 말며 침묵하지 말고 말하라 하시더라"(9절). 주께서 그에게 두려워하지 말라고 말씀하신 이유가 무엇이겠습ㄴ까? 만일 당시 그에게 두려움 가운데 침묵할 위험이 없었다면, 주님은 결코 그에게 "두려워하지 말며 침묵하지 말고 말하라"고 말씀하지 않으셨을 것입니다.

그러면 무엇이 그의 하늘을 먹구름으로 가득 끼게 만들었습니까? 그 동안 일이 전개된 과정을 살필 때, 이에 대한 답을 어렵지 않게 찾을 수 있습니다. 몇 주 전 바울은 직접적인 신적 명령에 순종하여 완전히 새로운 국면의 사역으로 뛰어들었습니다. 그는 바다를 건너 유럽으로 왔습니다. 빌립보 항구에 도착한 순간부터 고린도의 작은 방에 거처를 마련할 때까지, 그에게는 오직 고난과 위험과 낙망만이 계속되었습니다. 빌립보 감옥에 갇힌 일, 데살로니가로부터 계속 이어지는 소요(騷擾)들, 베뢰아로부터 급히 피신한 일, 아덴에서의 거의 실패에 가까운 복음전파 사역, 화려하고 부유한 고린도에서의 외로움과 낯섬 — 이 모든 것들이 그의 마음을 무겁게 짓눌렀습니다. 따라서 지금 그의 마음이 무기력하게 가라앉아 있는 것은 조금도 이상한 일이 아닙니다.

이와 같이 우리는 여기의 위대한 믿음의 영웅 안에서 때로 고양(高揚)되기도 하고 때로 떨어지기도 하는 요동하는 마음의 한 사례를 보게 됩니다. 우리 모두가 그런 것과 똑같이 말입니다. 바울에게도 이와 같은 오르내림이 있었으며, 이러한 사실은 그를 더 가까이 하게 해줍니다. 여기의 위대한 별똥별로 하여금 어둠을 가로지르도록 몰아간 힘은 변화무쌍했습니다. 마치 우리를 몰고 가는 힘이 그러한 것처럼 말입니다. 변할 수 없는 것은 오직 하나님만의 특권입니다. 반면 사람의 마음에는 오르내림이 있습니다. 태양은 변함없이 불타지만, 촛불은 깜빡거립니다. 오늘 엘리야는 아합과 이세벨과 바알의 모든 제사장들과 맞섭니다. 그러나 내일 그는 자신의 머리를 쥐어뜯으며 "지금 내 생명을 거두시옵소서 나는 내 조상들보다 낫지 못하니이다"라고 말합니다(왕상 19:4). 우리의 기독교적 삶에는 다른 영역의 삶에서와 마찬가지로 오르내림이 있을 것입니다. 우리가 물질적 몸 안에 거하는 한 그리고 이 땅의 환경에 둘러싸여 있는 한 말입니다.

형제들이여, 이러한 사실을 깨닫는 것은 기독교적 지혜에 있어 결코 작은 부분이 아닙니다. 우리 영혼에 썰물이 임할 때, 자신에 대해 과도하게 의심할 필요가 없습니다. 우리는 기분과 활력과 마음상태에 오르내림이 있을 것이라는 사실을 항상 기억할 필요가 있습니다. 다만 가능한 이러한 오르내림을 최소화하고자 노력해야 합니다. 사람의 손은 결코 완전한 직선을 그릴 수 없습니다. 그것은 단지 수학적 이상일 뿐입니다. 우리가 그린 모든 선은 항상 비뚤어집니다. 그러나 그러한 비뚤어짐을 최소화시킬 수 있습니다. 두 개의 원자(原子)는 둘 사이에 어떤 공간도 없을 정도로 그렇게 가까이 있지 않습니다. 어떤 사람의 삶도 거룩하며 경건한 생각과 행동이 아무런 단절 없이 절대적으로 연속적이지 않습니다. 그러나 우리는 두 상태 사이의 간격을 최소화시킬 수 있습니다. 횃불을 손에 들고 빙글빙글 돌려 보십시오. 그러면 그것을 바라보는 사람들의 눈에 밝은 원(圓)이 나타날 것입니다. 이와 같이 우리의 삶을 사람들이 보기에 연속적인 것으로 만들 수 있습니다. 우리에게 활력이 넘치는 때도 있을 것이며 그렇지 않은 때도 있을 것입니다. 그러나 기독교는 우리의 감정을 통제할 수 있도록 도울 것입니다. 그리고 지속적으로 성장시킴으로 말미암아 우리로 하여금 견고하며 흔들리지 않는 상태로 더 가까이 다가가도록 이끌 것입니다.

그러면 우리는 이러한 사실로부터 무슨 교훈을 배울 수 있습니까? 그것은 이것입니다. 즉 자신의 영적 수레바퀴가 무겁게 구르는 것을 느낄 때 할 수 있는 가장 지혜로운 일은 자신의 일상의 삶에 더욱 힘써 착념하는 교훈입니다. 바울은 이와 같은 무기력함을 느낄 때 가만히 앉아 슬퍼하지 않았습니다. 그렇게 하는 대신 그는 아굴라에게 가서 "자, 천막을 만드는 일을 하자"라고 말했습니다. 여러분이 매일 같이 행하는 일상의 일로 인해 감사하십시오. 그것은 여러분을 수많은 해로운 상상들로부터 구원해줄 것이며 또한 여러분 자신에 대해 생각하는 것으로부터 건져줄 것입니다. 그러므로 여러분의 일에 더욱 힘써 착념하십시오. 만일 여러분이 바울처럼 무기력함을 느낀다면, 여러분의 일터와 사무실과 책상과 부엌이 여러분을 스스로 허물어지는 것으로부터 막아줄 것이라는 사실을 확신하십시오.

2. 이제 "말씀에 강요된" 바울을 주목해 보도록 합시다.

나는 이미 앞에서 실라와 디모데가 바울에게 데살로니가의 새로운 회심자들이 든든한 믿음 위에 굳게 섰다는 좋은 소식을 전해줌으로써 그의 마음으로부터 근심의 무거운 짐을 덜어주었음을 이야기했습니다. 그는 새로운 신병(新兵)들을 지휘관도 없이 전장에 그대로 남겨두고 왔습니다. 그러므로 그들이 흩어지지 않고 그대로 대오(隊伍)를 유지하고 있는지 염려한 것은 조금도 이상한 일이 아니었습니다. 그러나 다행히도 그들은 그렇게 했습니다. 그러자 그를 누르고 있던 무거운 짐이 덜어졌으며, 그와 함께 말씀을 전파하고자 하는 옛 충동이 다시금 그를 사로잡았습니다. 스프링을 누르고 있던 힘이 사라지자마자 그것이 다시금 원래의 자리로 튀어오르는 것처럼 말입니다. 그것은 근심의 누르는 힘이 제거되자마자 스스로를 드러내는 매우 강력하며 심원(深遠)한 충동이었습니다.

바울은 말씀에 의해 강제되었습니다. 그 결과가 무엇이었습니까? 그것은 예수를 그리스도를 증언하는 것이었습니다. 여기에서의 바울의 모범은 두 가지 사실을 가르쳐줍니다. 첫째는 그러한 충동은 환경의 압력에 따라 때로 다양할 수 있으며 심지어 잠시 동안 중단될 수도 있다는 것이며, 둘째는 만일 어떤 사람이 참된 그리스도인이라면 그는 압력이 제거되자마자 "만일 내가 복음을 전하지 않으면 내게 화가 있을 것이라"라고 느낄 것이라는 것입니다. 설령 바울의 사역의 영역이 오늘날의 우리와 다르다고 하더라도, 사역에 대한 그의 의무감과 충동은 모든 그리스도인들에게 공통적인 것이며 또 마땅히 그래야만 합니다. 우리가 믿고 또 그로 말미암아 생명을 얻는 말씀을 전하고자 하는 충동은 본질적으로 참된 기독교 신앙과 분리될 수 없습니다. 모든 감정은 표현을 요구합니다. 만일 어떤 사람이 자신의 기독교 신앙을 표현하고자 하는 충동을 전혀 느끼지 못한다면, 그것은 매우 불길한 표적입니다. 물이 끓으면 필연적으로 거품이 끓어오르지 않습니까? 마찬가지로 감정은 필연적으로 표현을 요구합니다. 우리 모두가 그것을 압니다. 그리스도인들이 참으로 예수 그리스도를 사랑하며 의지할 때, 그들은 필연적으로 자신이 사랑하는 이름을 말하지 않을 수 없는 충동을 갖게 될 것입니다. 나아가 모든 확신 역시도 표현을 요구합니다. 인간의 삶에 별다른 중요성을 갖지 않는 진리들이 있습니다. 그런 경우 그러한 것들을 깨달았다고 해도 그것을 다른 사람들에게 이야기할 책임감을 별로 느끼지 않을 것입니다. 그러나 이러한 것들을 예외적인 것들에 불과합니다. 인간의 삶에 더 중요하고 더 밀접한 영향을 끼치는 것일수록, 우리는 그것을 다른 사람들에게 전달하고자 하는 마음을 더 강하게 느끼게 될 것입니다. "너희가 귓속말로 듣는 것을 집 위에서 전파하라"는 그리스도의 말씀은 많은 영역에서 실현된 그리고 그리스도인 안에서 가장 강조적으로 실현되어야 할 보편적 진리를 표현합니다(마 10:27). 사람들이 이해하거나 깨닫거나 마음에 둘 수 있는 모든 진리들 가운데 예수 그리스도를 통해 구원받는 진리보다 더 큰 영향력을 끼치며 그렇기 때문에 모든 사람들에게 반드시 전파되어야만 하는 진리는 결코 없습니다.

그러므로 나는 기독교회와 개별적 그리스도인들이 그토록 사랑스러운 이름을 선포하는 것으로부터 어떻게 스스로를 억제할 수 있는지 도무지 알 수 없습니다. 지금 나는 이것을 책임이라든지 혹은 의무라든지 혹은 강제적 명령의 문제로 말하고 싶지 않습니다. 이것을 나는 오직 충동으로 말하고 싶습니다. 이러한 충동은 기독교적 생명으로부터 분리될 수 없습니다. 그것은 여기의 바울의 경우에서 나타나는 것처럼 그 강도(強度)에 있어서나 강제력에 있어서 다양할 수 있습니다. 또 그것이 의지에 순종하는 형태는 개인들 간에 무한히 다양할 수 있습니다. 그러나 그들이 그리스도인이라면, 그것은 항상 그들 안에 있으며 또 마땅히 있어야만 합니다.

그렇다면 이러한 강제적 힘을 거의 느끼지 못하는 소위 그리스도인이라 불리는 많은 사람들은 어떻게 된 것입니까? 또 그것을 충분히 느끼면서도 그에 의해 별다른 영향을 받지 않는 많은 사람들은 어떻게 된 것입니까? 어떤 그리스도인이 말씀을 전하며 다른 사람들의 회심을 위해 애쓰고자 하는 충동을 느끼는 정도가 바로 그의 신앙의 깊이를 재는 척도라고 나는 감히 믿습니다. 만일 어떤 용기(容器)가 절반쯤 비어 있다면, 그것은 결코 흘러넘치지 않을 것입니다. 그러나 만일 그것이 꼭대기까지 가득 찼다면, 반짝이는 보화가 사방으로 떨어질 것입니다. 약한 식물은 땅 위로 푸른 줄기를 뻗지 못할 것이지만, 그러나 강한 식물은 빛을 향해 뻗어날 것입니다. 작은 불꽃은 나뭇단 안에서 꺼져버릴 것이지만, 그러나 계속해서 솟아오르는 불길은 그것을 모두 태워버릴 것입니다. 만일 말씀이 여러분을 강요하여 사람들에게 말하도록 만들지 않는다면, 여러분이 스스로 그 말씀을 소유하고 있노라고 지나치게 확신하지 않기를 바랍니다.

3. 마지막으로, 우리는 여기에서 그가 말씀을 증언하는 것을 보게 됩니다.

"바울이 말씀에 강요되어 유대인들에게 예수는 그리스도라 밝히 증언하니." 만일 내가 여러분에게 본문(5절)의 어법과 이전의 그의 행동을 묘사한 앞 절(4절)의 어법 사이의 차이를 주목하라고 말한다면, 별로 중요하지 않은 표현의 차이에 불과한 것에 대해 내가 지나치게 큰 의미를 부여하는 것입니까? 나는 그렇게 생각하지 않습니다. 4절의 표현을 주목해 보십시오. "안식일마다 바울이 회당에서 논증하고"(한글개역개정판에는 "강론하고"로 되어 있음 —역주). 그러나 새로운 충동이 솟아올랐을 때, 논증하는(reasoning) 것은 너무나 냉랭한 방법이었으므로 바울은 증언하는(testifying) 방법을 취했습니다. 여기를 보십시오. 그리스도인이 사용할 수 있는 가장 강력한 무기는 자신의 개인적으로 경험하고 확신한 것을 증언하는 것입니다. 나는 논증을 멸시하지 않습니다. 그러나 대부분의 경우 논증은 다른 사람들의 생각을 변화시키지 못합니다. 사람들은 결코 자신의 마음을 바꾸지 않습니다. 논리적이며 논쟁적인 논증은 "주의 길을 예비하는" 것이 될 수 있습니다. 그러나 그것은 단지 "광야에서"일 뿐입니다. 그러나 만일 어떤 사람이 "너희 모두는 나아와 들을지어다. 내가 하나님이 나의 영혼을 위해 행하신 일을 선포하리라"라고 외친다든지 혹은 그의 형제에게 "우리가 메시야를 만났다"라고 말하거나 혹은 "내가 아는 한 가지는 내가 전에는 소경이었으나 이제는 보것 것이라"라고 말한다면, 사람들은 이러한 증언에 쉽게 맞서지 못할 것입니다.

　이와 같이 증언하는 것은 우리 모두가 취할 수 있는 방법입니다. 우리가 뜻하기만 한다면 말입니다. 모든 그리스도인들은 모두 그렇게 말할 수 있습니다. 물론 나는 복음을 전파하는 간접적 방법들이 있음을 잘 알고 있습니다. 여러분 가운데 어떤 사람들은 복음을 전파하는 일을 재정적으로 돕는다든지 혹은 관심을 기울임으로써 자신의 일을 충분히 감당했노라고 생각할 것입니다. 여러분은 자신이 직접 군대에 가는 대신 다른 사람을 고용하여 대신 군대에 보낼 수 있습니다. 그러나 그리스도의 일을 위해서는 그렇게 할 수 없습니다. 여러분 주위에는 여러분이 말할 수 있는 대상들이 있습니다. 바울에게 아굴라와 브리스길라가 있었던 것처럼 말입니다. 집에서 낙타털로 천을 짜 그것으로 천막을 만드는 동안 그들은 무슨 이야기를 했을까요? 바울이 아굴라를 만났을 때, 그는 그리스도인이 아니었습니다. 그러나 그는 얼마 후 그리스도인이 되었습니다. 그를 그리스도인으로 만든 것은 먼지로 가득한 작업장에서의 말씀 전파였습니다. 만일 우리가 그리스도에 대해 말하기를 열망한다면, 많은 대상들을 발견하게 될 것입니다. "너희는 나의 증인이요 나는 하나님이니라 여호와의 말씀이니라"(사 43:12).

사랑하는 친구들이여, 마지막으로 한 가지만 더 이야기하겠습니다. 여러분 가운데 "이 설교는 나에게 전혀 해당되지 않아"라고 생각하는 사람이 있을 것입니다. 정말로 오늘 설교는 여러분에게 해당되지 않습니까? 만일 그렇다면, 그것은 무엇을 의미하는 것입니까? 그것은 여러분이 말씀을 전파하기 위한 첫 번째 필수조건 즉 말씀에 대한 믿음을 가지고 있지 않음을 의미합니다. 또 그것은 여러분이 말씀과 그것이 말하는 구주를 여러분의 삶 속에 받아들이기를 거부하거나 혹은 최소한 게을리 한 것을 의미합니다. 그러나 이것이 여러분이 말씀으로부터 벗어났음을 의미하는 것은 아닙니다. 설령 여러분이 말씀을 붙잡지 않는다 하더라도, 말씀은 여러분을 그냥 가도록 내버려두지 않을 것입니다. 그것은 여러분을 훨씬 더 엄중하고 두려운 힘으로 붙잡을 것입니다. 마치 간수가 여러분을 "강제로" 심판장 앞으로 끌고 가는 것처럼 말입니다. 여러분은 말씀을 생명에 이르는 냄새로 만들 수도 있고 사망에 이르는 냄새로 만들 수도 있습니다. 설령 여러분이 그것을 붙잡지 않는다 하더라도, 그것은 여러분을 붙잡을 것입니다. "내가 한 그 말이 마지막 날에 그를 심판하리라"(요 12:48).

73
갈리오

"바울이 입을 열고자 할 때에 갈리오가 유대인들에게 이르되 너희 유대인들아 만일 이것이 무슨 부정한 일이나 불량한 행동이었으면 내가 너희 말을 들어 주는 것이 옳거니와 만일 문제가 언어와 명칭과 너희 법에 관한 것이면 너희가 스스로 처리하라 나는 이러한 일에 재판장 되기를 원하지 아니하노라 하고"

행 18:14, 15

잠깐 동안 성경의 무대에 등장함으로써 불멸의 이름을 얻게 된 사람들이 있습니다. 마치 유성(流星)이 우리의 대기권 안으로 들어오면서 잠깐 동안 불타오르는 것처럼 말입니다. 여기의 갈리오도 그런 사람들 가운데 한 사람입니다. 그는 여기의 짤막한 한 마디 말로 인해 사람들 사이에 영원히 잊혀지지 않게 될 것을 꿈에도 생각하지 못했을 것입니다. 그는 세네카의 형제였으며, 아마도 그의 철학에 상당 부분 영향을 받았을 것입니다. 어쨌든 그는 가혹한 태도를 취하기를 원하지 않았으며, 따라서 사람들이 그를 비난하는 것은 공정하지 않은 일입니다. 그와 관련하여 우리는 몇 가지 주목할 만한 교훈을 배울 수 있습니다.

1. 사법권의 기능과 관련한 올바른 교훈.

갈리오는 행동(conduct)과 생각(opinion) 사이를 명확하게 구분하면서, 후자의 영역은 자신의 통치권의 범위로부터 제외시킵니다. 여기의 이야기는 세속적 통치자가 어떤 사람을 그의 개인적 생각이나 혹은 사상으로 인해 재판하기를 거부한 첫 번째 사례입니다. 열아홉 세기가 지났어도 여전히 모든 재판이 이 정도 수준까지 온 것은 아닙니다. 갈리오는 자신이 미신이라고 생각한 사소한 일들에 괘해 큰 관심을 기울이려고 하지 않았습니다. 이와 같이 우리는 개인적 생각이나 사상의 신성함을 인정할 필요가 있습니다.

2. 복음의 본질과 관련된 사람들의 비극적 오류.

사도행전에서 우리는 복음전파자들과 한두 번 접촉했던 사람들을 여럿 만나게 됩니다. 그리고 그런 사람들에 의해 만들어진 복음에 대한 그릇된 평가를 대할 때, 우리는 슬픈 마음을 갖지 않을 수 없습니다. 그들은 자신들 앞에 있었던 것에 대해 얼마나 조금밖에 깨닫지 못합니까! 우리는 여기의 갈리오 안에서도 이와 똑같은 경향을 보게 됩니다.

갈리오는 단순한 이상을 대수롭지 않게 여기는 실용주의적인 사람이었습니다. 실용주의적인 사람은 항상 보이지 않는 생각보다 보이는 사물을 중시하는 경향이 있습니다. 고린도의 총독인 갈리오와 그와 비슷한 유형의 사람인 유대의 총독 빌라도는 모두 눈으로 볼 수 있는 권력을 믿었습니다. 빌라도의 "진리가 무엇이냐?"라는 질문은 진리를 진심으로 찾는 자의 질문이 아니었습니다. 그것은 단지 한 사람의 회의주의자가 거기에는 정답이 없을 것이라고 생각하며 냉소적으로 내뱉은 말이었을 뿐입니다. 한편 여기의 갈리오가 "이러한 일"에 관여하기를 거부한 것 안에도 단순한 이상을 대수롭지 않게 여기는 로마 특유의 정신이 담겨 있습니다(15절). 그는 로마의 힘과 권세를 믿었습니다. 그는 공론이나 일삼는 바울과 같은 부류의 사람은 그냥 내버려두어도 아무 문제없다고 생각했습니다. 그는 바울이 전파하는 메시지 안에 외견상 견고하게 보이는 로마제국의 구조물 전체를 완전히 녹여 버릴 수 있는 강력한 능력이 담겨 있는 것을 알지 못했습니다. 마치 뜨거운 바람 앞에 있는 딱딱한 얼음덩어리처럼 말입니다.

우리 가운데 얼마나 많은 사람들이 눈에 보이는 물질적인 것은 굳게 신뢰하면서 보이지 않는 진리는 대수롭지 않게 여깁니까! 이것은 우리 모두를 둘러싸고 있는 위험입니다. 그러나 세상을 움직이는 진정한 힘은 이상(理想)입니다.

갈리오는 거드름을 피우면서 신학적인 하찮은 문제들에 대해서는 관심을 기울이고자 하지 않았습니다. 그에게 바울이 전파하는 메시지와 그에 대한 유대인들의 집요인 반대는 모두 "언어와 명칭"에 관한 시시껄렁한 다툼에 불과한 것으로 보였습니다. 그가 그렇게 생각한 까닭은 무엇이었을까요? 그것은 아마도 유대인들이 바울을 참소한 것이 그가 예수에게 "그리스도"라는 명칭을 부여한 것으로 말미암은 것이었기 때문입니다.

갈리오의 태도는 부분적으로 모든 미신에 대한 스토아주의적 경멸과, 부분적으로 모든 적대적 종교들이 "언어와 명칭"만 다를 뿐 실제로는 모두 같은 것을 이야기하는 것이라는 절충주의적 생각과, 부분적으로 이와 같은 전체적 주제에 대한 순전한 무관심 때문이었을 것입니다. 오늘날에도 기독교는 많은 사람들에게 이와 같이 보입니다.

그러면 실제로 기독교는 무엇입니까? 그것은 단순한 "언어"가 아니라 능력입니다. 또 그것은 단순한 "명칭"이 아니라 생명의 이름입니다. 아, 우리의 무익한 다툼으로 인해 외인들에게 이와 같은 잘못된 개념을 전달해주는 것은 얼마나 슬픈 일입니까!

갈리오는 복음이 행동과 거의 상관이 없다고 잘못 생각했습니다. 갈리오는 행동과 사상을 구별했는데, 이 점에서 그는 옳았습니다. 그러나 그는 여기의 사상(즉 복음)이 행동과 아무런 상관도 없다고 생각했는데, 이 부분에서 그는 완전히 틀렸습니다. 복음은 행동을 만드는 가장 강한 힘입니다.

3. 사람들이 부지불식간에 무심코 지나치는 운명적 순간들.

갈리오는 자기 앞에 열려 있었던 무한한 가능성을 알지 못했습니다. 거기에 보이지 않는 가운데 천사들이 배회하고 있었습니다. 우리의 삶에 있어 운명적 순간들을, 우리는 그러한 순간들이 지나갈 때까지 거의 인식하지 못합니다.

지금 갈리오는 그리스도 안에 있는 구원과 맞닥뜨렸습니다. 그것은 정말로 운명적 순간이었습니다. 그것은 또 다시 반복되지 않을 수 있습니다. 갈리오에게 또 다시 바울과 혹은 바울의 주님과 접촉할 기회가 있었습니까? 우리는 알지 못합니다. 그는 시야(視野)에서 사라집니다. 탐조등은 다른 방향으로 움직이고, 그는 어둠 가운데 남겨집니다. 우리는 그가 우리 모두와 마찬가지로 예수의 심판대 앞에 서게 될 때를 생각하지 않을 수 없습니다. 심판장으로서가 아니라 심판을 받을 자로서 말입니다. 그때가 되기 전에, 그가 한때 "언어와 명칭"에 관한 시시껄렁한 문제라고 생각했던 것이 생명과 영으로 가득 찬 하늘의 메시지임을 깨달았다면 얼마나 좋았겠습니까? 많은 사람들에 의해 종종 대수롭지 않은 존재로 여겨지곤 하는 예수가 어느 날 우리 모두를 심판할 것이며 또 그의 심판이 우리의 운명을 영원히 결정할 것이라는 사실을 한 순간도 잊어서는 안 됩니다.

74
에베소에서의
바울의 사역

"¹아볼로가 고린도에 있을 때에 바울이 윗지방으로 다녀 에베소에 와서 어떤 제자들을 만나 ²이르되 너희가 믿을 때에 성령을 받았느냐 이르되 아니라 우리는 성령이 계심도 듣지 못하였노라 ³바울이 이르되 그러면 너희가 무슨 세례를 받았느냐 대답하되 요한의 세례니라 ⁴바울이 이르되 요한이 회개의 세례를 베풀며 백성에게 말하되 내 뒤에 오시는 이를 믿으라 하였으니 이는 곧 예수라 하거늘 ⁵그들이 듣고 주 예수의 이름으로 세례를 받으니 ⁶바울이 그들에게 안수하매 성령이 그들에게 임하시므로 방언도 하고 예언도 하니 ⁷모두 열두 사람쯤 되니라 ⁸바울이 회당에 들어가 석 달 동안 담대히 하나님 나라에 관하여 강론하며 권면하되 ⁹어떤 사람들은 마음이 굳어 순종하지 않고 무리 앞에서 이 도를 비방하거늘 바울이 그들을 떠나 제자들을 따로 세우고 두란노 서원에서 날마다 강론하니라 ¹⁰두 해 동안 이같이 하니 아시아에 사는 자는 유대인이나 헬라인이나 다 주의 말씀을 듣더라 ¹¹하나님이 바울의 손으로 놀라운 능력을 행하게 하시니 ¹²심지어 사람들이 바울의 몸에서 손수건이나 앞치마를 가져다가 병든 사람에게 얹으면 그 병이 떠나고 악귀도 나가더라"

행 19:1–12

본문은 바울이 에베소에서 활동한 이야기를 기록하고 있습니다. 바울은 그리스로부터 돌아오는 길에 에베소를 방문했으며, 그곳에 그의 두 친구 아굴라와 브리스길라를 남겨두고 예루살렘으로 올라갔다가, 다시 안디옥으로 돌아와 예전의 전도여행 동안 세웠던 소아시아의 여러 교회들을 방문했습니다. 그는 내륙의 윗지방으로부터 해안 지역으로 내려와 대도시 에베소에 상당 기간 머물게 됩니다. 한편 에베소에는 아굴라와 다른 사람들의 수고의 결과로 소수의 제자들이 모여 있었습니다. 본문에서 특별히 두 가지 두드러진 사실을 발견하는데, 하나는 요한의 제자들이 교회와 더불어 연합하여 있었던 사실이고 또 하나는 바울이 이곳의 사역에서 큰 성공을 거둔 사실입니다.

본문에서 첫 번째 사실은 매우 두드러지게 나타나며, 어떤 측면에서 그것은 상당히 의외의 사건입니다. 이 사건은 곧바로 아볼로와 관련한 바로 앞의 이야기(즉 18:24 이하의 이야기)와 연결됩니다. 에베소의 열두 명의 제자들과 아볼로는 영적 진보에 있어 동일한 수준의 단계에 있었습니다. 그들과 그는 똑같이 요한의 세례만 알 따름이었습니다. 그렇지만 만일 그들이 아볼로의 제자들이었다면, 틀림없이 그들은 아볼로에 의해 그가 아굴라와 브리스길라로부터 받은 보다 더 충분한 빛으로 인도함을 받았을 것이었습니다. 그러나 실제로 그렇지 않았던 사실로부터 추측할 때, 그들은 아볼로와 독립적으로 요한의 제자들이었던 것으로 보입니다. 그들이 매우 적은 기독교 지식밖에 가지고 있지 않았음을 생각할 때, 본문이 그들을 "제자"로 부르는 것은 다소 특이한 사실입니다(1절). 뿐만 아니라 그들이 교회와 연합되어 있었음에도 불구하고 기독교의 초보적 진리들을 배우지 못한 것은 한층 더 특이한 사실이 아닐 수 없습니다. 그러나 있을 법 하지 않은 일들도 종종 일어나는 법입니다. 누가는 아볼로와 이들 사이의 특이한 유사성에 매우 강한 인상을 받은 것처럼 보입니다. 그리고 여기의 이야기를 그것의 중요성 때문만이 아니라 특이성 때문에 상세하게 기록한 것으로 보입니다.

우리가 주목해야 할 첫 번째 요점은 여기에 등장하는 열두 사람이 제자들이었다는 사실입니다. 바울은 그들이 "믿었다"고 말합니다(2절). 뿐만 아니라 그들은 명백히 교회와 연합되어 있었습니다. 그러나 그것은 틀림없이 매우 느슨한 연합이었을 것입니다. 왜냐하면 그들은 세례를 받지 않았기 때문입니다. 아마도 그들은 교회 주변부에 있었던 부분적인 회심자들이었던 것으로 보입니다. 그렇지만 어쨌든 바울은 그들을 "제자들"로서 받아들였습니다. 그러나 그들에게는 다소 의심의 여지가 있었습니다. 그렇지 않았다면, 바울은 그들에게 "너희가 믿을 때에 성령을 받았느냐?"라는 질문을 던지지 않았을 것입니다(2절). 그들은 요한이 메시야의 오심에 대해 가르친 것을 믿었습니다. 그러나 그들은 요한이 가르친 메시야가 바로 예수란 사실은 알지 못했습니다.

이제 "너희가 믿을 때에 성령을 받았느냐?"라는 바울의 질문을 생각해 보도록 합시다. 그는 그들 안에서 성령의 표적을 보지 못했습니다. 그것이 이적적 능력이든 혹은 도덕적이며 영적인 변화이든 말입니다. 어쨌든 이러한 질문은 성령을 소유하는 것이 모든 신자들의 정상적 상태라는 사실을 암시합니다. 그분은 "그를 믿는 자들이 받을 성령"입니다(요 7:39, "이는 그를 믿는 자들이 받을 성령을 가리켜 말씀하신 것이라"). 그가 주어지는 외적 방식은 다양합니다. 때로 세례 후 주어지기도 하는가 하면, 때로 고넬료의 경우처럼 세례 전에 주어지기도 합니다. 때로 그는 사도들의 안수로 말미암아 주어지기도 하며, 때로 그러한 것 없이 주어지기도 합니다. 그러나 그가 주어지기 전에 항상 선행되는 것이 한 가지 있는데, 그것은 믿음입니다. 그리고 어떤 사람이 믿을 때, 그로 말미암아 그는 성령을 선물로 받습니다. 그러나 불행하게도 오늘날의 기독교는 이러한 진리를 강조하지 않는 경향이 있습니다.

그렇다면 우리는 신앙을 고백하는 많은 그리스도인들 가운데 성령이 임한 표적이 나타나지 않는 사실을 생각해보지 않을 수 없습니다. 바울은 "너희가 믿을 때에 성령을 받았느냐?"라고 물었습니다. 그에게 성령이 임한 표적이 나타나지 않는 것은 매우 이상한 일로 보였던 것입니다. 만일 그가 오늘날의 교회들 가운데 온다면, 그러한 질문을 또 다시 던지지 않을 수 없을 것입니다. 아마도 그는 이적을 행하는 등의 능력들 안에서 눈에 보이는 표적을 찾을 것입니다. 그러나 그러한 것들은 일시적인 것들입니다. 영구적 표적은 거룩함과 하나님의 자녀가 되었음을 의식하는 것과 하나님을 향한 열망과 영적인 조명(照明)과 육체를 이기는 것 등입니다. 제자들 가운데 이러한 것들이 분명하게 나타나야 합니다. 만일 성령이 소멸되지 않았다면, 그러한 것들은 분명하게 나타날 것입니다. 그렇지 않다면, 도대체 우리가 무엇으로 그리스도인이 된 표적을 나타낼 것입니까?

바울의 질문에 대한 그들의 대답은 무엇이었습니까? 그들의 대답은 우리를 놀라게 하기에 충분합니다. 그들은 성령이 주어졌음을 듣지 못했다고 대답했습니다(한글개역개정판에는 "성령이 계심도 듣지 못하였노라"라고 되어 있음, 2절 — 역주). 요한은 성령의 불로 세례를 베풀 자가 오실 것이라고 예언했습니다. 그러므로 그의 제자들은 그러한 존재에 대해 모를 수 없었습니다. 그러나 그들은 그들의 스승의 예언이 성취된 것을 듣지 못했습니다. 이를 통해 우리는 예수의 이야기로 말미암아 이루어진 일이 아직까지 모든 지역에 널리 알려진 것은 아니었다는 사실을 어렴풋이 알 수 있습니다.

계속해서 3절에 나타난 바울의 두 번째 질문을 주목해 보십시오. "그러면 너희가 무슨 세례를 받았느냐?" 여기에서도 우리는 그의 첫 번째 질문과 관련해서 못지않게 그가 얼마나 놀랐는지를 짐작할 수 있습니다. 바울은 그들이 제자로서 당연히 세례를 받았을 것으로 생각했습니다. 그리고 여기의 질문은 기독교 세례의 필수적 조건이 4절에 언급된 기본적 교훈이었다는 사실과 세례의 결과가 성령을 선물로 받는 것이었다는 사실을 함축합니다. 물론 4절에 언급된 바울의 교훈은 간략하게 축약된 것입니다. 그것의 요지는 요한이 예고한 메시야가 바로 예수라는 것입니다. 요한은 자신의 사역은 단지 예비적인 것에 불과하며, 자신의 제자들은 마땅히 그리스도를 믿어야만 한다고 가르친 것이었습니다.

여기의 제자들은 이러한 교훈을 기쁘게 받아들였습니다. 그들은 요한의 다른 제자들과는 달리 예수를 요한의 경쟁자로 보지 않았습니다. 그리하여 그들은 "참된 제자들"이 되었으며, 곧바로 주 예수의 이름으로 세례를 받았습니다(5절). 그리고 바울이 그들에게 안수하자 그들에게 성령이 임했으며, 오순절에 제자들이 그랬던 것처럼 방언도 하고 예언도 했습니다 (6절). 그것은 오순절의 반복이었으며, 오순절의 선물들이 때와 장소에 제한되지 않음을 증명하는 것이었습니다. 오순절의 선물들은 신자들이 영구히 소유하는 것이었습니다. 그것은 예루살렘에서 뿐만 아니라 이방 지역인 에베소에서도 마찬가지였습니다. 만일 우리가 오늘날의 영국에서도 이것이 사실임을 덧붙이지 않는다면, 우리는 이 사건의 의미를 놓치고 마는 것입니다. 오순절에 붙은 불은 꺼지지 않았습니다. 만일 우리가 믿는다면, 그 불은 우리의 머리 위에서 그리고 무엇보다도 우리의 영 안에서 타오를 것입니다.

여러 학자들이 여기의 "열둘"이라는 숫자의 의미를 밝히기 위해 많은 노력을 기울였습니다(7절). 이러한 숫자의 의미를 설명하기 위해 예수의 열두 사도와 야곱의 열두 아들이 제시되기도 했습니다. 마치 이들이 새 이스라엘의 창시자들이나 되는 것처럼 말입니다. 그러나 여기의 열둘이란 숫자는 특별한 중요성을 갖지 않습니다. 본문은 단지 "모두 열두 사람쯤 되니라"(about twelve)라고 말할 뿐입니다. 다시 말해서 정확한 숫자가 아니라 대략 그 정도 된다는 것입니다. 누가는 단지 그때 바울로부터 안수를 받고 성령을 받은 사람들이 어느 정도 되었는지 이야기하고 싶었을 뿐입니다. 그러나 그들이 몇 명이었는지는 그 자신도 정확하게 알지 못했습니다. 더 중요한 것은 이것이 신약에서 요한과 그의 제자들에 대한 마지막 언급이라는 사실입니다. 누가는 여기에서 요한의 제자들 가운데 십여 명 정도가 충분한 믿음으로 인도되었음을 이야기하고자 했던 것입니다.

계속해서 본문은 우리에게 바울의 사역의 익숙한 특징들을 보여줍니다 — 먼저 회당에서 말씀을 전함, 회당이 그의 메시지를 배척함, 바울이 회당을 떠나 제자들을 따로 세움(9절). 그리고 이어 바울이 오랜 시간 에베소에서 머문 것과 지속적으로 복음을 전파할 수 있는 센터를 세운 것과 거기에서 아무런 방해 없이 복음을 전파한 것과 그에 따라 특별한 이적들이 일어난 것에 대해 이야기합니다. 바울이 에베소에 오랜 시간 머문 것은 그곳이 매우 크고 중요한 도시였기 때문이었습니다. 그는 자신이 오랜 시간

에베소에 머물고자 한 것은 자신 앞에 "광대하고 유효한 문"이 열렸기 때문이라고 말합니다. "내가 오순절까지 에베소에 머물려 함은 내게 광대하고 유효한 문이 열렸으나 대적하는 자가 많음이라"(고전 16:8, 9). 그는 대적하는 자들이 많다고 하여 그 문으로 들어가기를 움츠리는 사람이 아니었습니다. 도리어 그것은 그가 자신의 사역을 더욱 힘써 행하는 이유가 되었습니다.

그러나 복음전파 사역이 마침내 돼지 앞에 진주를 던지는 것과 같은 것이 될 때, 바울은 회당을 떠납니다. 그가 그곳에 계속해서 남아 있는 것이 도리어 그들의 강퍅한 마음을 더욱 강퍅하게 만들 때 말입니다. 9절의 "순종하지 않고"라는 단어를 주목해 보십시오. 그것 즉 불순종은 불신앙으로 말미암아 도덕적 의지가 억제되는 것입니다. 불순종과 불신앙은 서로 동의어가 아닙니다. 비록 둘 모두가 동일한 마음 상태에 적용되는 것이라 하더라도 말입니다. 불신앙이 뿌리이며, 불순종은 그 뿌리로부터 솟아오른 줄기입니다. 불순종은 불신앙으로부터 오며, 그렇기 때문에 그것은 형벌을 받기에 합당합니다.

계속해서 기독교를 "그 도"(the Way)라고 표현한 것을 주목해 보십시오(9절). 이러한 용례(用例)는 사도행전에서 여러 번 나타납니다. 복음은 우리가 나아가야 할 길을 제시합니다. 복음은 진리의 체계일 뿐만 아니라 또한 실천을 위한 지침입니다. 제자도는 실천으로 증명되며 나타납니다. 복음은 광야를 통과하여 시온에 이르러 안식하는 길을 가리킵니다. 복음은 "그 길"(the Way) 즉 유일하며 영원한 길입니다.

나아가 바울이 제자들을 "두란노서원"(the school of Tyrannus)에 모은 것은 복음전파에 있어 획기적인 진전이었습니다. 아마도 두란노는 수사학이나 철학을 가르치는 그리스인 선생이었을 것으로 추측됩니다. 그리고 바울은 랍비들을 두려워하여 그의 학교를 빌린 것 같습니다. 어쨌든 바울의 이와 같은 행동은 회당으로부터 완전하게 이탈하여 이방인 대중들에게 담대하게 나아가는 것이었습니다. 에베소는 빌립보나 루스드라보다 복음 위에 더 든든하게 설 수 있었을 것입니다. 그리고 유대적 요소는 상대적으로 약화되었을 것입니다. 어쨌든 이곳에서 바울은 두 해 동안 많은 대중들에게 복음을 마음껏 전파할 수 있었습니다.

여기에서 복음을 전파하는 방법에 있어서의 바울의 유연성을 주목해 보십시오. 그는 자신의 사역을 위해 이교도 선생의 학교를 기꺼이 사용했습니다. 그는 안식일뿐만 아니라 매일같이 자신의 자리에 있었습니다. 그리고 여러 지역으로부터 수많은 사람들이 그의 가르침을 듣기 위해 찾아왔습니다. 왜냐하면 에베소는 소아시아 지역의 중심적 도시였기 때문입니다. 이러한 사실로부터 우리는 우리의 사역을 중요한 중심지에 집중시켜야 한다는 사실을 배울 수 있습니다. 우리는 복음을 전파하기 위해 자신을 드러내는 것을 두려워해서는 안 됩니다. 바울의 메시지는 두란노서원을 거룩하게 했습니다. 과거에 다른 학문을 가르치는 장소였던 그곳은 바울에게 있어 그의 메시지를 전파할 수 있는 좋은 장소였습니다.

계속해서 이곳에서 나타난 특별한 이적들을 주목해 보십시오. 여기에서는 통상적 방식과는 다른 방식으로 이적들이 일어났습니다. 바울 자신이 병자를 치료하기 위해 "손수건과 앞치마"를 보낸 것으로는 나타나지 않습니다. 다만 바울은 사람들이 그것을 사용하는 것을 허락했을 뿐입니다. 회심자들은 그러한 것들을 통해 이적이 일어날 것을 믿었으며, 하나님은 그러한 믿음을 존귀케 하셨습니다. 여기에서 특별히 11절의 표현을 주목해 보십시오. "하나님이 바울의 손으로 놀라운 능력을 행하게 하시니." 행하신 자는 하나님이셨으며, 바울은 단지 통로에 불과했습니다. 만일 사람들이 미신적 생각으로 바울에게 특별한 능력이 있는 줄로 생각하며 그를 넘어 하나님을 바라보지 않았다면, 어떤 이적도 일어나지 않았을 것입니다. 그럼에도 불구하고 여전히 그의 손수건과 앞치마를 병자들에게 얹은 것은 매우 특이한 일이었습니다. 우리는 이와 비슷한 예를 오직 베드로에게서만 발견할 수 있습니다.

사도행전에 기록된 모든 이적들을 연구함에 있어 우리는 다음과 같은 베드로의 말을 기본적 원리로 삼아야 합니다. "이스라엘 사람들아 이 일을 왜 놀랍게 여기느냐 우리 개인의 권능과 경건으로 이 사람을 걷게 한 것처

럼 왜 우리를 주목하느냐"(3:12). 일하신 자는 예수 그리스도이지, 그의 종
들이 아닙니다. 그들은 자신의 "권능과 경건"으로 병자를 고친 것이 아닙
니다. 예수 그리스도는 물질적 매개물을 사용하여 고칠 수도 있고, 물질적
매개물 없이 고칠 수도 있습니다. 어떤 경우 그는 말씀으로 직접 고치시기
도 하고, 또 어떤 경우에는 소경의 눈에 진흙을 바르고 실로암 연못에 가
서 씻도록 하기도 하셨습니다. 우리 주님은 감각에 예속된 믿음조차도 배
척하지 않으셨습니다. 도리어 여러 가지 물질적 매개물들을 사용하여 그
들의 믿음을 강화시키고 고양시키셨습니다.

75
시험 삼아 악귀를
쫓아내려고 한 사람들

"악귀가 대답하여 이르되 내가 예수도 알고
바울도 알거니와 너희는 누구냐 하며"

행 19:15

여기에서 악귀를 쫓아내려고 했던 사람들은 예수와 아무런 인격적 연합도 가지고 있지 않았습니다. 그들에게 그는 단지 "바울이 전파하는 예수"일 뿐이었습니다(13절). 그들은 시험 삼아 그의 이름을 불렀습니다. "예수의 이름으로" 명하는 것은 그의 이름을 존귀케 할 것을 호소하며 그의 능력을 행사하는 것이었습니다. 그러므로 만일 그렇게 명하는 자가 그 이름에 대한 혹은 그의 능력에 대한 믿음을 가지고 있지 않다면, 거기에 아무런 응답도 없을 것이었습니다. 왜냐하면 그것은 그에게 실제적으로 호소하는 것이 아니기 때문입니다.

1. 악귀를 쫓아낼 수 있는 유일한 능력은 예수의 이름입니다.

이것은 기독교 신앙에 있어 상식입니다. 그러나 우리는 이러한 진리를 지나치게 편협하게 고집함으로써 자칫 기독교 복음을 사람들을 개선시키고자 하는 다른 운동들과 불필요한 마찰을 일으키게 만드는 어리석음을 범하지 않도록 조심할 필요가 있습니다. 그런 것들을 동맹군으로 인식하는 대신 말입니다. 기독교 사역자들은 종종 "우리를 반대하지 않는 자는 우리를 위하는 자니라"라는 우리 주님의 말씀을 잊는 경향이 있습니다(막 9:40). "구원에 이르는 하나님의 능력"이 복음임을 믿는다고 해서, 우리가 다른 것들을 깔볼 필요는 없습니다 많은 박애주의 운동들과 많은 혁명적인 사회적 이념들은 그 본질과 기원에 있어 실질적으로 기독교적이며, "예수의 이름"에 내재된 원리들을 사회의 악들에 적용하고자 시도한 것들입니다. 물론 그러한 운동을 이끈 지도자들 가운데 많은 사람들이 비그리스도인(non-Christian)이거나 심지어 반그리스도인(anti-Christian)이었던 것은 사실입니다. 그러나 비록 그들 가운데 일부 사람들이 식물을 그것이 처음 꽃을 피웠던 흙으로부터 뿌리 채 뽑고자 과격하게 시도했다 할지라도, 여전히 많은 흙이 거기에 붙어 있습니다. 만일 그 식물이 그 본래의 토양으로부터 뽑힌다면, 그것은 오래 살지 못할 것입니다.

어쨌든 기독교적 복음전파와 인류로부터 악한 영들을 쫓아내고자 하는 다른 운동들은 서로 상충되지 않습니다. 만일 그와 같은 다른 운동들로부터 좋은 결과들이 따른다면, 그 역시 넓은 의미에서 예수의 이름 안에 내재된 능력 때문입니다. 오직 이것만이 개인의 영혼으로부터 악한 영들을 쫓아내고, 사회를 그들의 폭정으로부터 해방시킬 수 있습니다.

그렇지만 우리는 예수를 구주로 선포하는 복음만이 우리의 본성 안에 있는 가장 심오한 문제인 죄의 문제를 다루는 유일한 것이라는 사실을 기억할 필요가 있습니다. 오직 그와 같은 복음만이 죄의 권능으로부터 개인을 구원하며, 그에게 새로운 생명을 전달해주며, 그에게 새로운 동기와 새로운 충동과 새로운 능력을 가져다주는 유일한 것입니다.

이것을 세상의 병에 대한 다른 의사들의 부정확한 진단과 그 결과로 말미암은 불완전한 치료와 비교해 보십시오. 대부분의 의사들은 오직 외적 행동만을 억제하려고 할 뿐입니다. 그들은 악 전체를 다루지 않습니다. 단지 그 가운데 아주 작은 일부만을 다룰 뿐입니다. 법은 행동을 억제합니다. 또 도덕은 원리를 선포합니다. 그 자신조차도 그것을 실현할 능력을 가지고 있지 못하면서 말입니다. 그것은 사람들에게 높은 고지(高地)를 보여주지만, 그러나 여전히 사람들을 저지대의 늪지에서 허우적거리도록 남겨둡니다. 또 교육은 무지(無知)의 악귀를 내쫓습니다. 그렇지만 그러는 가운데 그것이 쫓아내지 않은 다른 악귀들을 더 위험하게 만듭니다. 그것은 그 자신의 악들을 가져옵니다. 알곡으로 가득한 밭에는 그와 함께 자란 가라지가 있는 법입니다. 사회적이며 정치적인 변화들은 많은 일들을 행할 것입니다. 그러나 그것들은 가장 중요한 한 가지를 행하지 못합니다. 다시 말해서 그것들은 사회를 구성하는 개인들의 본성을 변화시키지 못합니다. 개인들의 본성이 변화될 때까지, 모든 형태의 사회 속에 항상 악이 함께 자랄 것입니다. 그리스도 없는 민주주의는 그리스도 없는 왕정체제나 그리스도 없는 귀족정치체제만큼 나쁠 것입니다. 만일 벽돌들이 예전과 똑같은 상태로 남아있다면, 여러분이 그것을 어떻게 쌓든 그것은 그다지 큰 문제가 되지 않을 것입니다.

여기의 시험 삼아 악귀를 쫓아내고자 했던 사람들을 생각해 보십시오. 악귀들을 쫓아내고자 한 그들의 헛된 수고는 도리어 악귀들을 화나게 만들었을 뿐입니다. 이것은 종종 사회적 병에 있어서도 동일합니다. 사회적 병을 고치려고 하는 노력이 도리어 그것을 더 악화시키는 경우는 결코 드문 경우가 아닙니다. 네덜란드의 제방(堤防)을 생각해 보십시오. 어느 한 곳에 구멍이 났습니다. 그 구멍을 막습니다. 그러면 어떻게 됩니까? 더 큰 압력이 다른 약한 부분으로 쏠리게 되고, 마침내 또 다시 그곳에서 물이 새기 시작합니다. 모든 악들을 쫓아내는 오직 하나의 이름이 있을 뿐입니다. 사회를 구원하는 오직 한 구주가 있을 뿐입니다. 그는 예수 그리스도입니다. 그의 생명에 참여함으로써 사람들은 옛 생명으로부터 벗어납니다. 사회의 모든 악들은 바로 이러한 옛 생명으로부터 말미암습니다. 그런데 사회는 그의 능력이 아니라 다른 능력으로 말미암아 그러한 악들로부터 벗어나고자 헛되게 노력합니다.

2. 그 이름은 오직 믿음으로 선포되어야만 합니다.

여기에서 악귀를 쫓아내려고 시도했던 자들은 아무런 믿음도 가지고 있지 않았습니다. 예수에 대해 그들이 알았던 모든 것은 그가 "바울이 전파하는 자"였다는 사실뿐이었습니다. 어떤 사람이 예수의 이름의 능력을 보고 그것을 앵무새처럼 똑같이 반복한다 하더라도, 그 이름은 아무런 능력도 나타내지 않을 것입니다. 왜냐하면 거기에는 어떤 믿음도 담겨 있지 않기 때문입니다.

모든 영역에서 특별히 예술이나 문학의 영역에서, 남의 흉내를 내며 모조품을 만드는 자들은 아무런 인정도 받지 못합니다. 그리고 사람들은 원작과 모조품 사이의 차이를 재빨리 간파할 것입니다. 일반적으로 모조품을 만드는 자들은 피상적으로 흉내를 냅니다. 그들은 외적이며 사소한 특징들을 흉내 내는 것 이상으로는 거의 나아가지 못합니다. 내적 정신과 영감(靈感)은 결코 흉내 내지 못합니다.

이와 같이 믿음이 없음으로 인해 혹은 믿음이 적음으로 인해 악귀를 쫓아내지 못하는 것이 소위 기독교 사역에 있어서의 많은 실패의 원인입니다. 물론 성공하지 못한 데는 다른 원인들이 있을 수 있습니다. 그렇지만 이러한 사실을 인정한다 하더라도, 복음의 메시지가 종종 아무런 능력을 나타내지 못하는 가장 중요한 이유가 그것이 흔들리는 믿음으로 그리고 분명한 확신 없이 그리고 시험 삼아 선포되었기 때문이라는 것은 여전히 사실로 남습니다. 악귀들은 바울의 불같은 어투와 그것을 냉랭하게 흉내 내는 것 사이의 차이를 구별할 수 있는 귀를 가지고 있습니다. 오직 불타는 확신으로 선포된 말만이 다른 사람들 안에서도 그와 같은 확신을 만들어낼 수 있습니다. 어떤 로마의 시인은 "만일 당신이 나를 눈물을 흘리게 만들고자 한다면, 먼저 당신의 눈에 눈물이 흘러야만 한다"라고 말했습니다. 다른 요소들도 상당한 도움이 될 수 있습니다. 그러므로 지혜로운 사람이라면 그런 것들을 결코 깔보지 않을 것입니다. 그러나 그런 것들은 믿음 없이는 아무런 능력도 갖지 못합니다. 그러나 믿음은 그런 것들 없이도 강력한 능력을 갖습니다.

예수의 이름을 말하는 자 측에서의 그와 같은 인격적 믿음의 효과를 생각해 보십시오. 그와 같은 믿음은 그의 말에 강한 힘을 부여해줄 것이며,

그로 하여금 자기 자신을 잊고 오직 그 이름에만 집중하도록 이끌 것입니다.

한편 듣는 자들 측에서의 그러한 믿음의 효과를 생각해 보십시오. 그와 같은 믿음은 듣는 자들의 마음을 크게 움직일 것입니다. 마치 강한 바람이 나무들을 크게 흔드는 것처럼 말입니다.

또 하나님의 능력을 끌어냄에 있어서 그러한 믿음의 효과를 생각해 보십시오. 언젠가 예수 그리스도는 "말하는 이는 너희가 아니라 너희 속에서 말씀하시는 이 곧 너희 아버지의 성령이시니라"라는 말씀하신 적이 있습니다(마 10:20). 기독교적 확신으로 가득 차 담대하게 선포하는 사람에 대해 이와 같이 말할 수 있지 않습니까?

바로 여기에 기독교 사역에 있어서 성공의 비밀과 실패의 원인이 있습니다. 악귀에 사로잡힌 인류의 해방을 열망하는 모든 사람은 반드시 여기의 진리를 마음에 새겨야 합니다. 그럴 때 비로소 그들은 아무런 열매도 맺지 못하는 헛된 수고로부터, 많은 노력과 동정심을 무익하게 허비하는 것으로부터, 그리고 많은 실망과 좌절로부터 구원받게 될 것입니다. 악귀들은 예수의 이름을 들으면서 "내가 예수도 알고 바울도 알거니와"라고 고백할 수밖에 없었습니다. 그러면서 그 안에 믿음이 담겨 있지 않은 어설픈 어투를 간파하면서 "너희는 누구냐?"고 되물었습니다. 이것은 오래전 에베소에서와 마찬가지로 오늘날에도 똑같이 사실입니다. "강한 자가 무장을 하고 자기 집을 지킬 때에는 그 소유가 안전할" 것입니다(눅 11:21). 그러나 그보다 더 강한 자가 한 분 계십니다. 그는 우리 주 예수 그리스도입니다. 우리 주님은 그를 굴복시키고, 그가 믿던 무장을 빼앗고, 그의 재물을 나눌 수 있습니다(22절). 우리 주님의 이름이 믿음으로 선포될 때, 마귀들은 두려워하며 도망칩니다.

76
에베소에서 야수들과 싸움

"²¹이 일이 있은 후에 바울이 마게도냐와 아가야를 거쳐 예루살렘에 가기로 작정하여 이르되 내가 거기 갔다가 후에 로마도 보아야 하리라 하고 ²²자기를 돕는 사람 중에서 디모데와 에라스도 두 사람을 마게도냐로 보내고 자기는 아시아에 얼마 동안 더 있으니라 ²³그 때쯤 되어 이 도로 말미암아 적지 않은 소동이 있었으니 ²⁴즉 데메드리오라 하는 어떤 은장색이 은으로 아데미의 신상 모형을 만들어 직공들에게 적지 않은 벌이를 하게 하더니 ²⁵그가 그 직공들과 그러한 영업하는 자들을 모아 이르되 여러분도 알거니와 우리의 풍족한 생활이 이 생업에 있는데 ²⁶이 바울이 에베소뿐 아니라 거의 전 아시아를 통하여 수많은 사람을 권유하여 말하되 사람의 손으로 만든 것들은 신이 아니라 하니 이는 그대들도 보고 들은 것이라 ²⁷우리의 이 영업이 천하여질 위험이 있을 뿐 아니라 큰 여신 아데미의 신전도 무시 당하게 되고 온 아시아와 천하가 위하는 그의 위엄도 떨어질까 하노라 하더라 ²⁸그들이 이 말을 듣고 분노가 가득하여 외쳐 이르되 크다 에베소 사람의 아데미여 하니 ²⁹온 시내가 요란하여 바울과 같이 다니는 마게도냐 사람 가이오와 아리스다고를 붙들어 일제히 연극장으로 달려 들어가는지라 ³⁰바울이 백성 가운데로 들어가고자 하나 제자들이 말리고 ³¹또 아시아 관리 중에 바울의 친구된 어떤 이들이 그에게 통지하여 연극장에 들어가지 말라 권하더라 ³²사람들이 외쳐 어떤 이는 이런 말을, 어떤 이는 저런 말을 하니 모인 무리가 분란하여 태반이나 어찌하여 모였는지 알지 못하더라 ³³유대인들이 무리 가운데서 알렉산더를 권하여 앞으로 밀어내니 알렉산더가 손짓하며 백성에게 변명하려 하나 ³⁴그들은 그가 유대인인 줄 알고 다 한 소리로 외쳐 이르되 크다 에베소 사람의 아데미여 하기를 두 시간이나 하더니"

행 19:21-34

바울이 에베소에 오랜 시간 머문 것은 그 도시의 중요성을 잘 보여줍니다. 매우 부유하며 큰 도시였던 에베소는 아시아 전역에 복음을 전파하는 최적의 중심지였습니다. 그러나 그의 마음속에는 더 큰 계획이 자리 잡고 있었습니다. 그의 계획은 항상 복음의 최전선으로 달려가는 것이었습니다. 큰 도시들은 그가 좋아하는 일터였으며, 그의 생각은 이미 가장 문명화된 도시이며 제국의 중심지인 로마를 향해 달려가고 있었습니다. 거기에서 복음을 전파한다면, 그 소리가 세상 전체를 울릴 것입니다. 바울은 바울대로의 계획을 가지고 있었으며, 하나님 역시도 그분대로의 계획을 가지고 계셨습니다. 바울의 계획은 실제로 실현되기는 했지만, 그러나 그가 생각한 방식대로 실현되지는 않았습니다. 왜냐하면 그는 죄수로서 로마에 갈 것을 예상하지 못했기 때문입니다. 바울의 대략적 계획은 하나님에 의해 구체화되고 다듬어졌습니다.

21절과 22절의 계획은 사람들이 통상적으로 말하는 대로 하면 여러 상황에 의해 수정되었습니다. 에베소에서의 폭동이 그를 에베소로부터 속히 떠나도록 이끌었습니다. 그는 실제로 예루살렘에 갔으며, 실제로 로마를 보았습니다. 그러나 실제로 펼쳐지는 사건들은 그에게 있어 오랫동안 마음에 품고 있었던 소망을 이루는 것보다 도리어 방해하는 것처럼 보였습니다. 이와 같이 계획이 항상 우리의 생각대로 이루어지는 것은 아닙니다. 우리의 모든 계획을 하나님께 가져가 그의 손에 맡겨야 합니다.

본문에 묘사된 폭동에 대한 설명은 너무도 생생하며 살아 움직이는 듯합니다. 그것은 우리에게 복음을 반대하는 것과 관련된 새로운 동기를 보여줍니다. 그것은 일종의 상인 조합(商人組合)의 시위로서, 바울이 이제까지 만난 것과는 전혀 다른 종류의 것이었습니다. 그것은 우리에게 당시 에베소 시민들의 삶의 일면을 보여줍니다. 당시 에베소에서 선동자들과 군중들은 오늘날의 영국에서와 마찬가지로 한 통속이었습니다. 우리는 여기의 이야기로부터 여러 가지 흥미로운 교훈들을 배울 수 있습니다.

1. 데메드리오의 선동을 주목하십시오.

우리는 여기에서 신상(神像)을 만드는 자들과 그것을 거래하는 상인들이 함께 연합하여 복음에 대해 반대하는 시위를 벌이는 것을 발견합니다. 그러한 시위는 데메드리오의 교묘한 선동에 의해 일어났습니다. 그는 틀림없이 그 분야에 있어 중요한 인물이었을 것입니다. 그의 연설이 보여주는 것처럼, 그는 대중들의 마음을 움직이는 방법을 정확하게 알고 있었습니다. 그와 그의 동료들이 만든 작은 신상들은 진흙으로부터 은에 이르기까지 다양한 재료로 만들어졌습니다. 그것은 아데미 숭배자들이 신전(神殿)에 봉헌하기 위한 목적으로 만들어진 것이었습니다. 그리고 거기에서 아데미 여신은 그녀의 사자(獅子)들 곁에 앉아 있는 모습으로 표현되었습니다. 이와 같이 신상을 만드는 일은 매우 유망한 업(業)이었으며, 많은 사람들이 이러한 업에 종사했습니다. 그러나 신상과 관련한 업은 침체되고, 판매량은 계속해서 떨어지기 시작하고 있었습니다. 틀림없이 데메드리오의 연설에는 과장된 부분이 있었을 것입니다. 그러나 만일 바울의 복음전파로 말미암아 그들이 이와 같은 위기의식을 실제로 느끼지 않았다면, 그와 같은 대규모의 시위는 결코 일어나지 않았을 것입니다. 아마도 데메드리오를 위시하여 그 업에 종사했던 대부분의 사람들은 상당한 위기의식을 느꼈던 것으로 보입니다. 사람들은 자신들의 지갑이 위협을 받을 때 즉각 경각심을 갖게 마련입니다.

데메드리오의 연설은 인간의 사적 이익에 대한 열망이 어떻게 고상한 동기로 가장될 수 있는지를 보여주는 완벽한 예입니다. “우리의 영업이 천하여질 위험”이 첫 번째로 오고, “아데미 여신의 위엄이 떨어지는” 것이 두 번째로 옵니다(27절). 자신들의 영업이 위험에 처하는 것이 그들의 첫 번째 관심사였습니다. 그러나 그런 본심은 종교적 동기를 자신들의 주된 관심사로 내세우고자 하는 “뿐 아니라”에 의해 슬쩍 가려져 있습니다(27절). 의심의 여지없이 데메드리오는 아데미 여신을 숭배하는 독실한 신자였을 것입니다. 그리고 스스로 자신은 종교적인 고상한 동기에 의해 분기(奮起)했노라고 생각했을 것입니다. 신상과 관련된 영업을 하는 사람은 “사람의 손으로 만든 것들은 신이 아니라”는 말을 결코 쉽게 받아들이지 않을 것입니다(26절).

이와 같이 종교적 열심이라는 고상한 동기와 사적 이익이라는 저급한 동기의 교묘한 혼합은 매우 흔한 일입니다. 그리고 그것은 언제든지 우리를 속일 수 있습니다. 우리가 항상 스스로를 살피지 않는다면 말입니다. 예후는 왕이 되고자 하는 욕망으로 사람들을 살육하면서 "여호와를 위한 열심"을 내세웠습니다. 틀림없이 그는 자신의 동기가 순수했다고 생각했을 것입니다. 얼마나 많은 사람들이 실제로는 사적 이익에 주된 관심이 기울어져 있음에도 불구하고 겉으로는 국가를 위해서라느니 의를 위해서라느니 하며 스스로를 속입니까? 교회에서도 마찬가지입니다. 사람들은 종종 하나님의 영광을 위한 열심이라고 떠벌리곤 합니다. 실제는 그것이 사적 이익과 연결되어 있음에도 불구하고 말입니다. 수은(水銀)은 공기에 노출되자마자 흐려지고 빛을 잃습니다. 마찬가지로 가장 순수한 동기는 쉽게 흐려지고 빛을 잃습니다. 만일 우리가 하나님과의 교제로 그것을 순수한 상태로 계속 유지하지 않는다면 말입니다.

이와 같이 데메드리오가 바울을 대적한 근본적 이유는 만일 바울의 가르침이 온 세상에 전파된다면 자신의 신상은 이제 더 이상 필요하게 되지 않을 것이라는 명백한 사실 때문이었습니다. 이것은 복음을 대적하는 새로운 동기였습니다. 이것은 빌립보에서 점치는 귀신 들린 여종의 주인들이 가졌던 것과 동일한 동기였습니다. 그러나 복음을 대적함에 있어 이러한 동기는 항상 반복되는 동기입니다. 오늘날 영국에도 그리스도의 삶의 법칙이 보편적으로 적용된다면 없어지게 될 많은 영업들이 있습니다. 복음이 금하는 일과 관련된 영업을 하는 사람들이 오늘날 얼마나 많습니까! 우리는 그러한 사람들과 맞서 싸우고자 결심해야 합니다. 예를 들어 술을 파는 사람들을 생각해 보십시오. 그들은 자신들의 "영업을 천하게 만드는" 기독교를 호의적인 시선으로 바라보지 않을 것입니다. 이것 외에도 그리스도께서 왕이 되신다면 사라지게 될 많은 직업들이 있습니다.

한 독법(讀法)에 따를 때, 28절의 데메드리오로 말미암아 분기(奮起)한 군중들의 외침은 아데미에 대한 신앙고백이 아니라 아데미를 부르는 외침이었습니다. 만일 우리가 약간의 개조(改造)를 받아들인다면, 여기에서 분기한 군중들에 대한 보다 더 생생한 그림을 보게 됩니다. 종교적으로든 정치적으로든, 자신들의 구호를 외치는 군중들을 얻는 것은 쉬운 일입니다. 군중들은 그러한 구호의 의미를 더 적게 이해할수록 더 큰 소리로 외칠 것입니다. 아타나시우스의 시대에 콘스탄티노플의 군중들은 삼위일체와 관련한 미묘한 문제들을 저열(低劣)하게 만드는 고함소리로 온 도시를 시끄럽게 만들었습니다. 우리는 이러한 예를 어디에서나 쉽게 발견할 수 있습니다. 종교적이거나 혹은 정치적이거나 혹은 사회적 문제에 그와 같이 부적합한 심판자들을 끌어들이는 것은 범죄입니다. "백성들의 소리"가 항상 "하나님의 소리"인 것은 아닙니다. 우상을 숭배하는 자들의 요란한 외침에 동참하는 것보다 두세 사람과 함께 진리의 편에 서는 것이 훨씬 더 낫습니다.

2. 28절에 대한 다른 독법(讀法)은 좀 더 상세한 설명을 제공해줍니다.

물론 표준으로 인정된 본문 안에도 그것이 함축되어 있기는 하지만, 어쨌든 그 외침은 이야기를 좀 더 생생하고 완전하게 만들어줍니다. 그것은 직공들이 "거리로" 달려가 소리 높여 외침으로써 자연스럽게 도시를 혼란으로 "가득 차게" 만들었다고 덧붙입니다. 이와 같이 구호를 외치는 군중들은 시간이 지날수록 점점 더 많아지고 격렬해짐으로써 마침내 도시 전체를 뒤덮어 버렸습니다.

거리에서 그들은 바울의 동료 두 명을 발견하고 곧바로 그들을 붙잡았습니다(29절). 이들 두 사람에게 어떻게 하려고 했는지 아마도 그들 자신조차도 알지 못했을 것입니다. 군중들은 아무런 계획도 가지고 있지 않았습니다. 그들의 대부분의 행동은 미리 계획하지 않은 것들이었습니다. 고삐가 풀린 집단적 흥분 상태는 대부분의 경우 피를 흘리는 것과 함께 끝납니다. 가이오와 아리스다고의 목숨은 실에 매달려 있었습니다. 흥분한 군중들 가운데 격노의 폭풍이 몰아쳤으며, 두 사람은 수백 명의 손에 의해 찢겨질 수 있었습니다. 그러면 어느 누구도 자신을 그들을 죽인 살인자라고 생각하지 않을 것이었습니다.

이러한 흥분한 군중들과 믿음으로 하늘을 바라보며 조용히 기도하는 자들은 얼마나 선명하게 대조됩니까! 여기에서 바울이 얼마나 당당하게 앞으로 나오는지 보십시오. 그는 군중들에 의해 발견되지 않았습니다. 아마도 군중들은 그를 찾으려고 하지도 않았을 것입니다. 왜냐하면 그들은 지금 맹목적으로 흥분되어 있었기 때문입니다. 그러나 바울은 자신의 친구들을 위험 가운데 내버려둔 채 모른 척 하고 있을 수 없었습니다. 그리하여 그는 "백성 가운데로 들어가고자" 했습니다(30절). 그곳에서 흥분한 야수(野獸)들을 만나게 될 것을 뻔히 알면서 말입니다. 하나님에 대한 믿음과 그리스도와의 교제로 인해 그의 영혼은 이미 죽음에 대한 두려움을 초월한 상태였습니다. 가장 숭고한 용기는 육체로부터 말미암는 것도 아니고, 흥분으로부터 말미암는 것도 아니고, 전쟁의 광기로부터 말미암는 것도 아닙니다. 그것은 오직 그리스도에 대한 고요한 믿음과 절대적 순복으로부터 솟아오릅니다.

제자들이 바울을 말린 것은 만일 목자가 위해(危害)를 당하면 양들이 흩어질 것이라고 생각했기 때문이었습니다. 여기에서 31절의 "아시아 우두머리들 중에 바울의 친구된 어떤 이들"이라는 표현을 주목해 보십시오(한글개역개정판에는 "아시아의 관리"로 되어 있음). 아시아의 우두머리들은 황제숭배와 관련하여 그 지역의 종교적이며 정치적 기관의 수장들이었습니다. 그들의 친절한 태도는 제국의 정책이 아직까지 복음에 대해 적대적이지 않았다는 사실과 당시 지배계급에 속한 사람들은 대중들의 미신적인 적대감을 공유하고 있지 않았다는 사실을 보여주는 증거입니다(Ramsay, *St. Paul the Traveller*, p. 281). 자신들의 전통적 신앙이 허물어져 가던 종교적 불안의 시대에, 어느 정도 식견을 가진 사람들은 "사람의 손으로 만든 것들은 신이 아니라는" 바울의 말에 마음으로 동의할 수 있었을 것입니다.

이와 같이 우리는 여기에서 세 부류의 사람들을 발견할 수 있습니다 — 고요한 믿음과 진정한 용기를 가진 그리스도인과 집단적 광기에 빠진 이교도 광신자들과 양쪽 어느 편에도 서지 않는 아시아의 우두머리들. 특별히 아시아의 우두머리들은 아데미에 대한 믿음도 가지고 있지 않았고, 그렇다고 해서 바울의 메시지를 믿음으로 받아들인 것도 아니었습니다. 그들은 군중들과 함께 하지도 않았고, 그렇다고 해서 그들의 소요를 적극적으로 막지도 않았습니다. 그들은 단지 바울에게 사람들을 보내 연극장에 가지 말라고 경고했을 뿐입니다. 도대체 누가 그리스도인들의 용기가 군중들의 광기와 아시아의 우두머리들의 보신주의(保身主義)보다 훨씬 더 숭고하다는 사실을 의심할 수 있겠습니까? 만일 여기의 우두머리들이 바울의 친구였다면, 틀림없이 그들은 그를 보호하기 위한 특별한 조치를 취했을 것입니다.

3. 32절로부터 다시 이어지는 연극장에서의 장면을 주목해 보십시오.

누가는 여기의 장면을 마치 군종들을 조소하는 듯한 어투로 묘사합니다. 왜냐하면 그들은 거의 대부분 자신들이 왜 거기에 모여 있는지 조차 알지 못했기 때문입니다. 그들은 대부분 그들 자신의 경제적 이익을 지키기 위한 목적을 가지고 있었습니다. 뿐만 아니라 거기에는 적지 않은 유대인들도 함께 모여 있었습니다. 아마도 이들은 그리스도인들을 대적하는 일에 부채질을 하기 위한 목적으로 함께 동참했을 것입니다. 사도행전에서 우리는 유대인들과 이방인들이 평소 가지고 있던 서로에 대한 혐오감은 잠시 내려놓고 복음에 대한 공동의 증오심으로 함께 연합하는 모습을 종종 발견합니다. 유대인들은 지금이야말로 그리스도인들을 죽이든지 혹은 쫓아낼 수 있는 좋은 기회라고 생각했습니다. 냉철한 머리를 가진 대여섯 명의 사람은 자신들이 원하는 대로 군중들을 움직일 수 있는 법입니다. 그들이 "앞으로 밀어낸" 알렉산더는 틀림없이 에베소에 정착하여 살고 있는 유대인들이 바울과는 아무런 관련도 없음을 역설하는 변명을 하려고 했을 것입니다(33절).

그러나 연극장에 모여 있는 군중들은 유대인들이 자기들끼리 서로 구별하는 이야기를 듣고 싶어 하지 않았습니다. 왜냐하면 그들에게는 이쪽이든 저쪽이든 모두 혐오스러운 유대인들일 뿐이었기 때문입니다. 바울도 유대인이었고, 이 사람도 유대인이었습니다. 그들에게는 그것으로 충분할 뿐이었습니다. 그리하여 그들은 또 다시 "크다 에베소 사람의 아데미여!"라는 구호를 두 시간 동안이나 계속해서 목이 쉬도록 외쳤습니다(34절). 가이오와 아리스다고는 언제 죽을지 알지 못하는 가운데 조용히 서 있었습니다. 여기의 장면은 우리로 하여금 갈멜산에서 바알의 제사장들이 미친 듯이 소리치던 장면을 생각나게 만듭니다. 어쨌든 이것은 이방종교에서 흔히 나타나는 '먹고 마시며 떠드는 요란한 소동'을 온전히 표현합니다. 뿐만 아니라 이것은 교묘한 선동으로 인해 — 특별히 사적 이익의 문제를 건드림으로 말미암아 — 광분한 군중들 사이에서 항상 벌어지는 일에 대한 생생한 실례입니다.

우리의 정부가 민주주의적 형태를 더 많이 띨수록, 백성들의 소리와 폭도들의 소리를 구별한 필요성은 더 커집니다. 그리고 우리는 요란하게 외치는 소리에 지배되거나 혹은 그것에 영향을 받지 않도록 항상 조심할 필요가 있습니다. 그 소리가 아무리 크다고 하더라도 말입니다.

77

바울의 고별사

"²²보라 이제 나는 성령에 매여 예루살렘으로 가는데 거기서 무슨 일을 당할는지 알지 못하노라 ²³오직 성령이 각 성에서 내게 증언하여 결박과 환난이 나를 기다린다 하시나 ²⁴내가 달려갈 길과 주 예수께 받은 사명 곧 하나님의 은혜의 복음을 증언하는 일을 마치려 함에는 나의 생명조차 조금도 귀한 것으로 여기지 아니하노라 ²⁵보라 내가 여러분 중에 왕래하며 하나님의 나라를 전파하였으나 이제는 여러분이 다 내 얼굴을 다시 보지 못할 줄 아노라 ²⁶그러므로 오늘 여러분에게 증언하거니와 모든 사람의 피에 대하여 내가 깨끗하니 ²⁷이는 내가 꺼리지 않고 하나님의 뜻을 다 여러분에게 전하였음이라 ²⁸여러분은 자기를 위하여 또는 온 양 떼를 위하여 삼가라 성령이 그들 가운데 여러분을 감독자로 삼고 하나님이 자기 피로 사신 교회를 보살피게 하셨느니라 ²⁹내가 떠난 후에 사나운 이리가 여러분에게 들어와서 그 양 떼를 아끼지 아니하며 ³⁰또한 여러분 중에서도 제자들을 끌어 자기를 따르게 하려고 어그러진 말을 하는 사람들이 일어날 줄을 내가 아노라 ³¹그러므로 여러분이 일깨어 내가 삼 년이나 밤낮 쉬지 않고 눈물로 각 사람을 훈계하던 것을 기억하라 ³²지금 내가 여러분을 주와 및 그 은혜의 말씀에 부탁하노니 그 말씀이 여러분을 능히 든든히 세우사 거룩하게 하심을 입은 모든 자 가운데 기업이 있게 하시리라 ³³내가 아무의 은이나 금이나 의복을 탐하지 아니하였고 ³⁴여러분이 아는 바와 같이 이 손으로 나와 내 동행들이 쓰는 것을 충당하여 ³⁵범사에 여러분에게 모본을 보여준 바와 같이 수고하여 약한 사람들을 돕고 또 주 예수께서 친히 말씀하신 바 주는 것이 받는 것보다 복이 있다 하심을 기억하여야 할지니라"

행 20:22–35

에베소 장로들에게 대한 바울의 고별사는 단순함과 따뜻함과 위엄으로 가득하며, 모든 문장마다 뜨거운 사랑으로 고동칩니다. 그것은 철저히 '바울적'(Pauline)입니다. 이 글을 읽을 때, 먼저 그가 에베소에서 오랜 시간 머문 사실을 기억해야만 합니다. 바울은 지금 자신이 오랜 시간 함께 생활하며 사랑했던 자들과 영원히 이별하고 있음을 분명히 알고 있었습니다. 고별사는 대부분의 경우 가슴이 뭉클하고 엄숙하게 마련입니다. 그리고 여기의 경우는 더욱 그렇습니다.

여기에서 바울 자신의 개인적 언급이 많이 나타나는 것을 발견하게 되는데, 이것은 매우 자연스러운 일입니다. 27절까지의 전체적인 이야기가 그러하고, 31절과 33절이 또한 그러하며, 이러한 특징은 고별사 말미에서 또 다시 나타납니다. 사실 바울 자신의 개인적 이야기가 많이 나타나는 것은 그의 서신들에서도 동일하게 나타나는 특징입니다. 하물며 여기처럼 사랑하는 형제들과 마지막으로 이별하는 장면에서야 얼마나 더 그렇겠습니까? 영적 지도자들 가운데 바울만큼 자신에 대해 많이 이야기한 사람은 거의 없습니다. 바울은 자신의 허물을 드러내거나 혹은 자신의 마음을 나타내는 데 거의 머뭇거리지 않았습니다.

22절부터 27절까지의 개인적 언급에서 우리는 두 가지 사실을 주목할 수 있는데, 그것은 자신의 고난과 어쩌면 순교까지도 바라보는 그의 영웅적 태도와 하나님의 뜻을 거리낌 없이 전파했으므로 모든 사람의 피에 대하여 깨끗하다고 하는 그의 개인적 확신입니다. 그는 지금까지 달려온 길을 돌아봅니다. 그의 양심은 그가 자신의 사명을 이행했음을 증언합니다. 그는 앞을 내다봅니다. 그는 자기 앞에 무엇이 기다리고 있든 그것에 기꺼이 직면할 준비가 되어 있음을 분명하게 선언합니다. 심지어 그것이 죽음이라 하더라도 말입니다.

사람의 용기를 시험함에 있어 정녕 두려운 일을 막연하게 기다리고 있는 것보다 더 강렬한 것은 없습니다. 어느 순간 여러분의 목 위에 칼날이 떨어질지 잘 알 수 없다면, 여러분은 두려워 떨지 않을 수 없을 것입니다. 지금 바울이 이와 같은 상황에 직면해 있었습니다. 그는 예루살렘에서 "결박과 환난"이 기다리고 있다는 예언적 경고를 여러 차례 들었노라고 장로들에게 말합니다(23절). 그러한 경고는 그의 마음을 더욱 무겁게 했습니다.

바울은 설령 두려움 가운데 사로잡히지는 않았다 하더라도 그러나 사람인 이상 감옥과 죽음을 상상하며 무거운 마음을 갖지 않을 수 없었을 것입니다. 그렇지만 그러한 전망조차도 그의 나아가는 길을 머리터럭 만큼도 가로막지 못했습니다. 진실로 그는 "성령에 매인" 사람이었습니다(22절). 이것은 그가 즐거운 마음으로 스스로 그 길로 갔다기보다, 불가항력적 힘에 의해 움직여졌음을 암시합니다. 그러나 무엇을 느꼈든지 간에 그의 의지는 강철과 같았으며, 그는 고요한 다음으로 자신의 길을 향해 앞으로 나아갔습니다. 미지의 위험이 자기 앞에 기다리고 있음을 알았음에도 불구하고 말입니다.

그러면 도대체 무엇이 그로 하여금 두려움 없이 죽음에 직면하도록 용기를 불어넣어 주었습니까? 그것은 주님이 주신 사명을 행하고자 하는 그의 최고의 결심이었습니다. 그는 주님이 자신에게 임무를 부여하셨다는 사실과 자신이 해야 하는 한 가지 일은 바로 그 임무를 행하는 것임을 알고 있었습니다. 우리의 나아가는 길에 바울에게 있었던 것과 같은 장애물들은 없을는지 모릅니다. 그렇지만 만일 우리가 자신의 사명을 감당하고자 한다면, 바울과 똑같은 정신을 가져야만 합니다. 자신의 사명을 의식하고, 그것을 이행하고자 굳게 결심하며, 그에 따르는 장애물들을 대수롭지 않게 생각하는 것은 모든 위대한 생애에 그리고 특별히 참된 그리스도인들의 생애에 공통적으로 나타나는 주된 특징입니다. 시련과 역경과 위험은 우리로 하여금 그리스도께서 주신 사명의 길로부터 돌이키도록 만드는 힘을 가지고 있지 못합니다. 마치 폭풍과 풍랑이 나침반의 바늘을 조금도 다른 방향으로 돌리지 못하는 것처럼 달입니다.

적이 보이지 않을 때 영웅적으로 말하는 것은 쉽습니다. 그러나 지금 바울은 여러 가지 위험들을 바라보며 그것을 가까이 느끼고 있었습니다. 그는 "자기의 달려갈 길을 마치고자 하는" 열망으로 가득 차 있었습니다(24

절). 그것은 그 길이 즐거운 길이었기 때문이 아니라 다만 자신에게 주어진 의무를 기꺼이 행하고자 했기 때문이었습니다. 그는 자신의 의무를 행하기를 간절히 열망했습니다. 그리고 그의 마지막 편지에서 "나의 달려갈 길을 마쳤다"고 말할 때, 여기에서의 그의 열망은 실현되었습니다(딤후 4:7).

계속해서 25절로부터 27절을 보십시오. 여기에서 바울은 앞을 내다봄과 동시에 뒤를 돌아봅니다. 그는 지금 자신이 에베소교회의 장로들과 영원히 이별하고 있다는 생각하고 있었습니다. 이런 생각은 자연적으로 그로 하여금 그들과의 오랜 사역이 이제 끝났다고 생각하도록 이끌었습니다. 여기에 나타난 바울의 회고(回顧)를 보십시오. 그것은 보통 선생들의 그것과는 너무나 달랐습니다. 만일 우리가 안일(安逸)을 위해서였든 혹은 사람들로부터 좋은 말을 듣기 위해서였든 우리가 아는 하나님의 모든 진리를 담대하게 말하지 않았다면, 우리의 손은 영혼들의 피로 얼룩졌을 것입니다.

우리 모두는 전체 복음 가운데 자신이 좋아하는 일부분을 즐겨 가르치는 경향이 있습니다. 만일 우리가 먼저 자신이 하나님의 뜻 전체를 이해하고자 애쓰며 또 그것을 전체적으로 가르치고자 추구하지 않는다면, 그러한 행동은 자칫 하나님의 뜻을 전체적으로 가르쳤다면 결코 잃어버리지 않았을 어떤 사람들을 진리로부터 쫓아내는 결과가 될 수 있을 것입니다. 그러면 우리의 손은 그들의 피로 얼룩질 것입니다. 어느 누구도 하나님의 복음 전체와 관련하여 충분한 분량의 이해와 깨달음에 도달할 수 없습니다. 그러나 최소한 우리는 선생으로서 이상적인 완전함에 가까워지고자 추구할 수 있습니다. 우리가 "모든 사람의 피에 대하여 깨끗하게" 되는 것은 오직 우리가 "꺼리지 않고 하나님의 뜻 전체를 전할" 때뿐이라는 사실을 우리는 기억할 필요가 있습니다(26, 27절). 우리는 하나님의 뜻 전체를 완전하게 알도록 요구되지 않습니다. 그러나 우리는 우리가 아는 하나님의 뜻 전체를 꺼리지 않고 전하도록 요구됩니다.

바울의 이와 같은 회고의 목적은 단지 스스로를 변론하기 위한 것이었을 뿐만 아니라 또한 장로들에게 그들의 의무를 제시하기 위한 것이었습니다. 그리하여 그는 장차 에베소교회에 닥칠 일을 예고하며 그들이 마땅히 감당해야만 할 일을 훈계합니다. "여러분은 자기를 위하여 또는 온 양 떼를 위하여 삼가라"(28절). 여기에서 자기 영혼을 위해 삼가는 것이 먼저 오는 사실을 주목하십시오. 스스로의 믿음을 굳게 지키지 못하는 사람은 교회를 위해 아무런 쓸모도 없게 될 것입니다. 모든 선생들과 설교자들과 다른 사람들에게 일정 부분 영향력을 끼치는 자들은 이러한 훈계를 마음에 새길 필요가 있습니다.

이어지는 훈계를 보십시오. "성령이 그들 가운데 여러분을 감독자로 삼고 하나님이 자기 피로 사신 교회를 토살피게 하셨느니라"(28절 하반절). 이와 같은 짤막한 훈계 안에 매우 중요한 교훈들이 응축되어 있는 것을 주목하십시오. 여기에 하나님이 어떤 사람들에게 직분을 맡기신다는 사실과, 하나님이 양들 가운데 "감독자들"을 세우신다는 사실과, 그러한 양들의 신적 소유권과, 그들을 얻기 위해 치른 값이 무엇인지 등이 나타납니다. "여러분은 온 양 떼를 위하여 삼가라." 이것을 17절과 비교할 때, 우리는 장로와 감독자가 동일한 직분을 나타내는 두 이름이라는 사실을 알 수 있습니다. 그러나 '교회의 초창기 조직'과 관련된 문제는 — 물론 이것도 어느 정도 중요하기는 하지만 — '하나님에 대한 교회의 관계'와 관련된 문제보다 그리고 사람이 하나님의 소유가 되기 위해 치러진 값이 무엇이었는지와 관련된 문제보다 훨씬 덜 중요합니다.

개정역(Revisec Version)은 난외(欄外)에서 28절을 "주의 양떼"로 읽는데, 이에 대해서는 길게 논의하지 맙시다. 어쨌든 28절의 주된 개념은 교회가 하나님의 양떼이며, 예수의 죽음이 그들을 하나님의 소유로 이끌었으며, 그러므로 작은 목자들이 하나님의 양떼를 소홀히 돌보는 것은 큰 죄라는 것입니다.

계속해서 바울은 나중에 자신에게 일어날 일뿐만 아니라 장차 교회에 닥칠 일을 예고합니다(29, 30절). 그는 두 방면으로부터 악한 자들이 다가올 것을 내다봅니다. 왜냐하면 "이리들"은 외부로부터 오는 반면, "제자들을 끌어 자기들을 따르게 하려고 어그러진 말을 하는 사람들"은 내부로부터 오기 때문입니다. 여기의 "이리"라는 표현은 마태복음 7장 17절에 나타난 그리스도의 경고의 반영일 수 있습니다. "거짓 선지자들을 삼가라 양의 옷을 입고 너희에게 나아오나 속에는 노략질하는 이리라." 우리는 요한계시록 2장의 에베소교회에 보내는 편지 속에서 바울의 이와 같은 예상이 그대로 적중한 것을 분명하게 보게 됩니다. "내가 네 행위와 수고와 네 인내를 알고 또 악한 자들을 용납하지 아니한 것과 자칭 사도라 하되 아닌 자들을 시험하여 그의 거짓된 것을 네가 드러낸 것을 아노라"(2절). 은밀하게 접근하는 이리들의 공격을 격퇴하기 위해서는 잠자지 않고 깨어 경계하는 것이 필요합니다. 이런 가운데 바울은 스스로를 모범으로 제시하는데(31절), 그것은 자신의 헛된 영광을 위함이 아니라 그들로 하여금 항상 깨어 경계할 것을 격려하기 위함이었습니다. 바울은 그들이 넘어지지 않기를 간절히 바랐습니다. 이런 "목자들"이 많을수록 양들이 길을 잃는 일은 적어질 것입니다.

이와 같은 불길한 예상과 그에 따른 간절한 훈계는 자연스럽게 하나님께로 돌이켜 그의 보호와 돌보심을 간구하는 것으로 이어집니다. 여기에서 바울의 마음은 급하게 움직입니다. 그는 더 나은 인도자가 교회를 떠나지 않고 계속해서 지켜줄 것을 생각하며 모든 걱정을 내려놓습니다. "지금 내가 여러분을 주와 및 그 은혜의 말씀에 부탁하노니 그 말씀이 여러분을 능히 든든히 세우사 거룩하게 하심을 입은 모든 자 가운데 기업이 있게 하시리라"(32절). 그는 교회를 지키는 하나님의 능력을 기억하며 장로들을 위로하는 동시에 스스로를 위로합니다. 야곱도 죽음을 앞둔 자리에서 요셉에게 그와 같이 말했습니다. "나는 죽으나 하나님이 너희와 함께 계실 것이라"(창 48:21). 마찬가지로 모세 역시도 죽음을 앞두고 이렇게 말했습니다. "네 하나님 여호와께서 너보다 먼저 건너가사 이 민족들을 네 앞에서 멸하시고 네가 그 땅을 차지하게 할 것이며"(신 31:3). 심지어 바울조차도 꼭 필요한 사람은 아니었습니다. 작은 목자들은 죽어도, 그 목자(the Shepherd)는 살아계셔서 자신의 양들을 이리들로부터 지켜주십니다. 바울이 기초를 놓은 건축물은 완성되지 않은 상태로 서 있지 않을 것입니다. 어떤 왕에 의해 시작되고 절반 정도 지어져가다가 그 왕이 죽음으로 인해 중단된 채 폐허가 된 어떤 왕궁과는 달리 말입니다. 교회와 교회를 이루는 개별적 지체들은 계속해서 자랄 것입니다. 왜냐하면 그것을 행하시는 자가 하나님이시기 때문입니다.

그 일을 위해 하나님이 사용하는 도구는 "그의 은혜의 말씀"입니다(32절). 그러므로 만일 우리가 자라고자 한다면, 그 말씀을 사용해야만 합니다. 만일 하나님의 말씀이 우리의 양식이 되지 않는다면, 기독교적 진보는 결코 가능하지 않습니다. 그것은 젖을 먹지 않는 아이가 자랄 수 없는 것과 마찬가지입니다. 이와 같이 자라는 것과 진보하는 것과 세워지는 것은 — 이와 같은 세 가지 표현은 동일한 것을 의미합니다 — 모두 하나의 종착지로 귀결되는데, 그것은 각각의 구속받은 영혼들이 각자에게 할당된 약속의 땅을 기업으로 받는 것입니다. 만일 우리가 하나님의 은혜의 말씀을 신실하게 사용하고 그로 인해 자란다면, 마침내 우리는 성도로 부르심을 입은 자들 가운데 거하게 될 것입니다. 그는 능히 이러한 일들을 행하실 수 있습니다. 반면 그의 권능에 순복하며 그 권능이 우리에게 역사(役事)하는 조건을 지키는 것은 우리의 몫입니다.

고별사 말미에 바울은 다시 한 번 개인적 이야기를 합니다. 그는 자신이 아무런 사욕도 갖지 않았음을 역설합니다(33절). 그러면서 이를테면 자신의 손을 내밀면서 그것이 많은 수고로 인해 얼마나 거칠어졌는지를 보여 줍니다(34절). 여기에서 바울이 자신의 고별사 말미 즉 모든 사람의 마음이 가장 비장해 있었던 순간에 사욕을 위해 하나님의 일을 하는 것과 관련된 이야기를 한 것을 주목해 보십시오. 만일 거기에 정말로 두려운 위험이 없었다면, 아마도 바울은 그 시간에 그와 같은 말을 하지 않았을 것입니다. 이것은 오늘날에도 똑같이 사실입니다. 만일 어떤 기독교 사역자가 사람들로부터 혹시 돈을 위해 일하는 것이 아닌가 하는 의심을 받는다면, 그의 능력은 썰물처럼 빠져나가고 그의 말은 즉시로 힘을 잃고 말 것입니다.

장로들에게 스스로 수고하여 약한 사람들을 도우라고 말할 때, 바울은 바로 이런 위험에 대해 생각하고 있었던 것입니다(36절). 여기에서 "약한 사람들"이라는 표현으로 그가 의미한 것은 가난한 사람들이 아니라 장로들 안에서 사욕을 봄으로써 실족하게 될 불완전한 제자들이었습니다. 양보다 양털에 더 큰 관심을 가진 목자는 양들에게 "사나운 이리" 못지않게 해를 끼치게 될 것입니다.

마지막으로 바울은 "주는 것이 받는 것보다 복이 있다"는 다른 곳에 전혀 기록되지 않은 그리스도의 말씀을 인용합니다(35절). 그것은 마치 통치자의 인장(印章)처럼 신하의 말을 확증합니다. 그것은 기독교 도덕의 핵심을 한 문장으로 요약합니다. 또 그것은 하나님의 축복의 가장 깊은 비밀을 계시합니다. 반면 그것은 자기중심적 본성에게는 어리석으며 불합리한 것입니다. 그렇지만 그것은 "말할 수 없는 선물"을 받고 새로운 성품으로 변화된 모든 사람들의 경험 안에서 완전히 사실입니다.

78
성취된 열망

"내가 달려갈 길과 주 예수께 받은 사명 곧 하나님의 은혜의 복음을 증언하는 일을
마치려 함에는 나의 생명조차 조금도 귀한 것으로 여기지 아니하노라"

행 20:24

"나는 선한 싸움을 싸우고 나의 달려갈 길을 마치고 믿음을 지켰으니"

딤후 4:7

나는 로마 감옥에 갇혀 순교를 바라보고 있던 바울이 과거에 에베소에
서 했던 자신의 말을 기억했을 것이라고 생각하지 않습니다. 그러나 여기
에서 에베소 장로들에게 했던 말과 로마 감옥에서의 그의 마지막 고백이
서로 일치하는 사실은 나에게 너무나 아름다울 뿐만 아니라 또한 참으로
의미심장하게 느껴집니다. 그는 자기 앞에 여러 가지 위험들이 기다리고
있는 것을 예상하면서 "내가 달려갈 길을 마치려 함에는"이라고 말합니다.
그는 "결박과 환난"이 기다리고 있는 것 외에는 아무것도 알지 못했습니다
(22, 23절). 자신이 두려워해야만 하는 것을 정확하게 알 때, 사람은 그것
에 직면할 수 있습니다. 그러나 알지 못하는 어떤 거대한 위험이 기다리고
있음을 어렴풋이 느낄 때, 그의 용기는 시험대에 서게 될 것입니다. 그러
나 바울은 그 모든 것에도 불구하고 "그 어떤 것도 나의 달려갈 길을 마치
려고 하는 나의 결심을 가로막지 못할 것"이라고 말합니다.

오늘 나는 서로 연결되는 두 본문으로부터 세 가지 요점을 제시하고자 합니다. 첫째는 바울이 인생을 근본적으로 무엇이라고 생각했는지, 둘째는 바울이 무엇을 목표로 했는지, 셋째는 그로 말미암아 그가 무엇을 얻었는지 하는 것입니다.

1. 그가 인생을 근본적으로 무엇이라고 생각했는지 주목하십시오.

"내가 달려갈 길을 마치려 함에는." 현대 영어에서 "달려갈 길"(course)이라는 단어는 여기에서 바울의 생각을 표현하기에는 너무나 불충분한 단어입니다. 우리에게 그것은 마침내 우리의 이력(履歷)를 이루는 '행동들의 평온한 연속 혹은 연쇄'를 의미합니다. 그러나 본래의 헬라어 단어 속에는 이것보다 훨씬 많은 의미가 담겨 있습니다. 만일 우리가 그것을 "경주"(race)라고 읽는다면, 우리는 바울의 생각에 훨씬 더 가까이 다가가게 될 것입니다. 그에게 인생은 "경주"의 이미지를 가진 것이었습니다. 그리스도인이든 그리스도인이 아니든, 세상에서 뭔가 가치 있는 일을 하는 모든 사람들에게 그런 것처럼 말입니다. 세상을 단지 돈을 벌고 가정을 이루며 사랑을 하며 즐거움을 추구하는 등 자신의 이기적 목표를 이루기 위한 장소로 생각하지 않는 사람들 말입니다. 이러한 '경주(競走)로서의 인생'의 이미지 속에는 우리의 인생을 숭고하게 만드는 몇 가지 매우 중요한 사실들이 함축되어 있습니다.

이러한 은유는 인생을 우리가 설계하고 또 지켜야 할 진로(path) 또경주(track)로 간주합니다. 바울은 자신의 인생을 하나님으로 말미암아 자신이 달려가야 할 하나의 경주로처럼 생각했습니다. 그리고 그는 그 길을 벗어나는 것을 매우 위험할 뿐만 아니라 또한 경주의 규칙을 어기는 것으로 생각했습니다. 그의 눈앞에는 항상 자신의 의무들이 아른거렸습니다. 아침에 일어나 그가 제일 먼저 생각하는 것은 이것이었습니다. "오늘 나를 위한 하나님의 뜻은 무엇이지? 오늘 내가 달려갈 길은 어디이지?" 매 순간 그에게 어떤 위험에도 불구하고 행해야만 하는 임무가 부여되었습니다. 이러한 철저한 사명의식은 가치 있는 인생에 있어 필수불가결한 요소입니다.

"나의 달려갈 길을 마치려 함에는." 사랑하는 형제들이여, 만일 우리가 항상 이와 같은 철저한 사명의식을 가지고 주어진 길을 충성되게 달려간다면, 우리의 인생은 훨씬 덜 낭비적이며 훨씬 덜 이기적이며 훨씬 덜 후회하는 인생이 될 것입니다. 그의 이름을 송축합시다! 우리에게 주어진 사명이 아무리 작으며 또 하는 일이 아무리 일상적이며 일반적이라 하더라도, 우리는 그 위에 즉 우리의 모든 종류의 삶 위에 "여호와께 성결"이라고 새길 수 있습니다.

왕실 문장(紋章)이 새겨진 화살을 생각해 보십시오. 그 화살이 어디에 있든, 그러한 문장은 그 화살을 존귀하게 하지 않습니까! 만일 우리의 하루하루의 날들이 고요함과 정결함으로 가득 차게 되고 또 우리의 삶이 진정으로 최선의 삶이 되고자 한다면, 인생은 하나의 "달려갈 길"(course) 다시 말해서 "하나님에 의해 우리에게 새겨진 일련의 명확한 의무들"이라는 의식을 항상 마음에 품어야 합니다.

나아가 이러한 이미지는 우리에게 주어진 임무를 수행하기 위해 계속적인 노력이 필요하다는 사실을 암시합니다. 상상력과 감수성이 풍부한 다른 모든 사람들과 마찬가지로, 바울은 비유로서 말하는 데 매우 익숙했습니다. 그렇게 함으로써 그는 자신이 말하고자 하는 것들을 추상적이기 보다는 좀 더 구체적이며 생생하게 표현했습니다. 여기의 "달려갈 길"이라는 이미지를 보십시오. 그것은 다른 어떤 단어보다도 계속적 노력을 더욱 강하게 강조하지 않습니까? 그것은 팽팽하게 긴장된 근육과 강렬한 집중과 경기장에서 앞을 향해 내달리는 경주자의 모습을 보여줍니다. 요컨대 바울은 이렇게 말하고 있었던 셈입니다. "나는 정말로 맹렬하게 살았도다. 나는 최선을 다했으며, 내가 얻을 수 있는 최선의 것을 얻었도다." 이것은 마땅히 우리의 모범이 되어야 하지 않습니까?

만일 우리가 이와 같이 팽팽하게 긴장된 삶을 살기를 원하지 않는다면, 우리는 아무 일도 할 수 없을 것입니다. 안이하며 태평한 삶은 항상 하찮은 삶을 만드는 법입니다. 자신이 쉽게 할 수 있는 일 외에는 아무것도 하지 않는 사람은 결코 자신이 처음 시작한 일보다 더 큰 일을 행할 수 없을 것입니다. 그리고 그런 사람은 가치 있는 일을 전혀 행하지 못할 것입니다. 일상의 삶 속에서 우리 모두가 알고 행하는 것처럼, 노력은 모든 분야에서 인생의 법칙입니다. 그런데 만일 우리가 유독 우리의 기독교적 성품들만은 아무런 노력 없이 저절로 얻어질 수 있다고 생각한다면, 그것은 얼마나 이상한 일입니까?

두 영역에서 노력이 취하는 방향은 다릅니다. 우리의 모든 기능을 집중시킬 필요성은 다른 형태의 삶에서보다는 기독교적 "달려갈 길"에서 훨씬 더 큽니다.

우리가 그리스도를 닮아가는 것은 단지 노력으로 말미암아서만이 아니라 믿음으로 말미암아 이루어진다고 나는 굳게 믿습니다. 그러나 나는 노력 없는 믿음은 없으며, 믿음으로부터 오는 성장은 노력 없이는 결코 우리의 것으로서 전유(專有)될 수 없을 것이라고 믿습니다. 이와 같이 우리 가운데 역사하는 하나님의 능력으로 말미암아 씻음을 받고 온전하여진다는 위대한 진리와 "두렵고 떨림으로 구원을 이루어" 나가야만 한다는 진리는 서로 상충되지 않습니다.

형제들이여, 만일 우리가 경주를 위한 모든 수고와 노력을 기꺼이 감수하기를 바라지 않는다면, 차라리 "달려갈 길"을 출발하지 않는 편이 훨씬 더 나을 것입니다. 그리스도인들에게는 각자에게 부여된 임무가 있습니다. 그러한 임무를 수행함에 있어 그들에게는 모든 노력을 경주하는 것과 자신의 모든 에너지를 계속적으로 집중시키는 것이 요구됩니다.

여기의 상징 속에 담겨 있는 또 하나의 개념은 그리스도인들에게 부여된 임무가 본질적으로 진보적(progressive)이라는 사실입니다. 평균적 교회의 지체들과 공적으로 신앙을 고백하는 그리스도인들의 기독교는 계속해서 앞으로 나아가고 있습니까? 오늘은 어제보다 더 낫습니까? 이미 이룬 것들은 계속적으로 뒤로 남겨지고 있습니까? 그리스도인의 통상적인 삶을 "달려갈 길"로 말하는 것은 여러분에게 자연스럽게 느껴집니까? 여러분은 새로운 신병들이 계속해서 훈련을 받고 전선으로 보냄을 받는 것을 보고 있습니까? 신병들이 제일 먼저 배우는 것은 "거위 걸음" (goose-step, 무릎을 굽히지 않고 발을 높이 들면서 걷는 걸음)입니다. 이른바 그리스도인이라 불리는 많은 사람들이 이와 같은 거위 걸음으로 자신들의 "달려갈 길"을 달려갑니다. 그들은 진보하지 않고 항상 그 모습 그대로입니다. 그들은 5년 전에, 10년 전에, 심지어 20년 전에 서 있었던 바로 그 자리에 계속해서 서 있습니다. 그들은 더 지혜로워지지도 않았으며, 그리스도와 더 비슷해지지도 않았습니다. 그들은 자신들의 성품 안에 있는 악을 더 잘 다스리지 못하며, 오래 전에 가지고 있었던 혈기와 허물들을 여전히 그대로 가지고 있습니다. 그러면서 도대체 어떻게 그들이 기독교적 경주를 달려간다고 말할 수 있단 말입니까? 진보는 실제적 기독교적 삶에 있어 본질적입니다.

2. 바울이 무엇을 목표로 했는지 주목하십시오.

사람에게 있어 "예수께서 내게 주신 의무를 행하는 것이 나의 인생의 가장 큰 목적이야"라고 말하는 것은 쉽습니다. 그러한 목적을 행함에 있어 아무런 장애물도 없을 때 말입니다. 그러나 여기의 바울의 경우처럼 확실한 "결박과 환난"이 기다리고 있을 때 그렇게 말하는 것은 매우 어렵습니다. 어떤 두려움이나 동요나 머뭇거림 없이 그렇게 말할 수 있는 삶이야말로 정말로 살 만한 가치가 있는 유일한 삶입니다.

우리는 본문에 나타난 바울의 짧막한 말 속에서 하나님이 주신 사명에 절대적으로 헌신하고자 하는 그의 중심을 봅니다. 그러한 중심은 그로 하여금 자기 앞에 기다리고 있는 "결박과 환난"까지도 대수롭지 않게 여기도록 만들었을 뿐만 아니라 또한 그로 하여금 그의 길을 가로막는 모든 장애물들을 초월하도록 만들었습니다. 우리의 인생은 이와 같은 동기에 의해 움직여져야 하지 않겠습니까? 인생의 목표로 삼을 만한 가치가 있는 유일한 것은 우리의 길을 완주(完走)하는 것입니다.

본문에서 "마치려"(finish)로 번역된 단어의 원어는 단순히 "끝내다" (end)를 의미하는 것이 아니라는 사실을 주목하십시오. 그렇게 이해하는 것은 매우 불충분한 이해입니다. 왜냐하면 시간은 우리 모두를 위해 결국 그렇게 해줄 것이기 때문입니다. 시간이 우리의 달려갈 길을 끝낼 것입니다. 하지만 끝나기는 했지만 마쳐지지 않은 경주가 얼마든지 있을 수 있습니다. 그러한 단어로써 바울이 의도한 것은 단순히 어떤 방식으로든 마지막에 도달하고자 하는 것이 아니라, 자신의 달려갈 길을 완주하는 것 다시 말해서 하나님이 계획하신 것 그리고 자신이 마땅히 행해야 하는 모든 것을 행하는 것이었습니다.

사도행전을 필사한 어떤 초창기 필사자는 바울의 의도를 오해한 가운데 여기에서 사도가 자신의 마지막에 이르기를 간절히 열망한 것으로 생각했습니다. 그리하여 그는 스스로 덧붙일 필요가 있다고 여겨지는 것을 — 아마도 난외(欄外)에다가 — 삽입했습니다. 그리하여 불행하게도 흠정역에 "기쁨으로"(with joy)라는 구절이 덧붙여지게 된 것입니다(KJV 24절은 다음과 같이 되어 있음, "But none of these things move me, neither count I my life dear unto myself, so that I might finish my course with joy, and the ministry, which I have received of the Lord Jesus, to testify the gospel of the grace of God"— 역주). 이러한 구절을 그대로 받아들여 이해할 때, 우리는 필연적으로 "마치려"(finish)라는 단어의 의미를 앞에서 이야기한 것처럼 피상적이며 저급한 의미로 제한하게 될 수밖에 없습니다. 반면 그러한 구절을 배제하고 이해할 때, 우리는 훨씬 더 숭고한 개념을 얻게 됩니다. 바울은 마지막 순간의 기쁨에 대해 생각하고 있었던 것이 아닙니다. 그가 정말로 원했던 것은 마지막 순간까지 그의 모든 사명을 행하는 것이었습니다. 그는 마지막 순간에 기쁨이 있을 것을 알기는 했지만, 그러나 지금 그에 대해 말하고 있는 것은 아닙니다. 그가 원한 모든 것은 자신의 일을 행하는 것이었습니다. 그러면 기쁨은 자연적으로 따를 것이었습니다.

우리 모두를 위한 참된 마취제 혹은 참된 진통제는 우리가 이러한 확고한 사명의식을 굳게 붙잡고 경주 가운데 생기는 모든 고통과 장애물과 슬픔을 대수롭지 않게 여기는 것입니다. 여러분은 철길에 새끼줄을 걸쳐 놓는 것으로 급행열차를 멈추게 할 수 없으며, 짚으로 장벽을 만들어 세우는 것으로 강물을 멈추게 할 수 없습니다. 만일 어떤 사람이 인생 전체를 통해 이와 같은 확고한 사명의식을 가지고 있다면, 슬픈 일이든 기쁜 일이든 그의 달려갈 길을 가로막을 것은 아무것도 없을 것입니다. 사람들이 그의 달려가는 길에 헤스페리데스의 정원으로부터 모든 황금사과들을 굴릴는지 모릅니다(Hesperides: 그리스 신화에 나오는 황금사과밭을 지키는 요정). 그러나 그는 결코 그것을 집기 위해 멈추지 않을 것입니다. 혹은 사탄이 거센 불길로 그의 길을 가로막을는지 모릅니다. 그러나 그는 "내가 거센 불길 가운데로 지날지라도 해를 두려워하지 않을 것은 주께서 나와 함께 하심이라"라고 말하면서 그 가운데로 지날 것입니다.

3. 마지막으로, 그로 말미암아 바울이 무엇을 얻었는지 주목하십시오.

"내가 달려갈 길을 마치려 함에는 … 나의 달려갈 길을 마치고." 그는 자신의 달려갈 길을 완전하게 완주했습니다.

아마도 어떤 예민한 사람들에게는 항상 인간의 모든 순종과 섬김의 불완전함을 전파하던 바울이 인생 말미에 "나는 선한 싸움을 싸우고 나의 달려갈 길을 마치고 믿음을 지켰다"고 득의만만하게 회고하는 것이 그들이 생각하기에 참으로 이상할 것입니다(딤후 4:7). 물론 그는 자신의 지나온 인생에 아무런 흠이나 점이나 얼룩진 것이 없다고 회고하고 있는 것이 아닙니다. 결코 그렇지 않습니다. 충분한 의미로 그렇게 말할 수 있는 사람은 역사 이래로 단 한 사람밖에 없습니다. "다 이루었다 … 아버지께서 내게 하라고 주신 일을 내가 이루어"(요 17:4; 19:30). 흠도 없고 점도 없고 하나님의 뜻과의 어떤 불일치도 없는 삶에 대한 예수 그리스도의 회고는 그의 종들의 어떤 경험 속에서도 결코 반복되지 않습니다. 그러나 만일 어떤 사람이 수많은 고난과 역경 가운데서도 담대하게 "아무것도 나의 길을 가로막을 수 없으므로 나는 나의 달려갈 길을 능히 완주할 수 있어"라고 말한다면, 그의 믿음의 수고는 결코 헛되지 않을 것이며 마지막에 자신의 인생길이 비록 많은 허물과 불완전한 것들로 얼룩졌다 하더라도, 그는 마침내 하나님의 목적을 이루었노라고 회고할 수 있게 될 것입니다.

형제들이여, 대부분의 사람들은 이와 같이 회고할 수 없습니다. 경건한 사람의 길과 세속적 사람의 길은 얼마나 다릅니까! 즐거움, 안일, 위로, 인기, 고통이 없는 평온한 삶 — 이 모든 것들은 너무나 매력적인 것으로 보입니다. 반면 하나님의 뜻은 종종 너무나 가혹하게 보입니다. 특별히 우리가 달갑지 않은 의무를 짊어지고 나아갈 때 말입니다. 그러나 그 길을 지나고 난 뒤 뒤를 돌아볼 때, 두 길의 성격은 정반대로 바뀝니다. 의무를 소홀히 한 대가로 얻는 모든 즐거움들은 점점 더 작아집니다. 그리고 그것들은 마침내 아무것도 아닌 것으로 나타납니다. 그것들은 결국 아무것도 아닌 것에다가 금박을 입히고, 페인트를 칠하고, 기름을 바른 것에 불과했음이 온전히 드러납니다. 반면 의를 행하며, 자신에게 주어진 작은 의무를 행하며, 하나님의 뜻을 인식하며, 하나님을 의지하는 가운데 충성된 노력으로 그 뜻을 행하고자 추구한 것은 점점 더 커집니다. 이러한 삶이야말로 정말로 살 만한 가치가 있는 삶입니다.

그러므로 마지막에 모든 것이 온전히 드러날 것이라는 사실을 항상 마음에 새기며 살아갑시다. 그리고 진정으로 평온한 마음으로 회고하게 될 유일한 삶은 사랑하는 주님을 위해 자신에게 맡겨진 사명을 겸손하며 신실하게 행하는 삶이라는 사실을 확신하십시오. 만일 여러분과 내가 진실로 "내가 달려갈 길과 주 예수께 받은 사명을 마치려 함에는 나의 생명조차 조금도 귀한 것으로 여기지 아니하노라"라고 말할 수 있다면, 우리 역시도 마지막에 "나의 달려갈 길을 마쳤노라"라고 담대하게 말할 수 있을 것입니다.

79
고별사

(오스트레일리아로 떠나기에 앞서 행한 설교)

"지금 내가 여러분을 주와 및 그 은혜의 말씀에 부탁하노니"

행 20:32

부디 오늘의 설교가 평소와는 달리 좀 더 개인적 성격을 띠는 것에 대해 양해해 주기를 바랍니다. 오늘 나는 주로 우리 교회의 지체들인 형제들에게 말하고자 합니다. 그러므로 따뜻한 격려의 말을 전해 주기 위해 찾아온 다른 형제들은 부디 이러한 사정을 이해해 주기 바랍니다.

여기에서 바울은 자신이 에베소교회의 장로들과 영원히 이별하고 있다고 생각하고 있었습니다. 그러면서 그는 자신을 기다리고 있는 위험들에 대해 이야기하면서 동시에 그들에게 몇 가지 훈계를 주고 있습니다. 훈계들, 장차 다가올 두려운 일에 대한 예언, 염려의 표현, 기독교적 사랑의 행동 — 이 모든 것이 본문에서 절정에 이릅니다. 여기에서 가장 강력하게 부각되는 것은 하나님의 함께 하심입니다. 비록 인간 지도자는 떠난다 하더라도 그러나 하나님과 그의 은혜의 말씀은 그들과 함께 계셔서 그들을 "능히 든든히 세우사 거룩하게 하심을 입은 모든 자 가운데 기업이 있게" 하실 것입니다.

에베소교회의 제반 상황을 생각할 때, 바울의 이 같은 담대한 확신은 정말로 놀랄 만한 것이 아닐 수 없습니다. 그들은 이교의 미신(迷信) 한 가운데 세워졌습니다. 그들은 불과 얼마 전까지만 해도 그러한 미신 가운데 있었으며, 그들이 그로부터 건짐 받은 것은 그리 오래 전의 일이 아니었습니다. 또 그들의 지식은 극히 적었으며, 그들을 이끌어줄 어떤 사도도 없었습니다. 이제 그들은 타락한 도시에서 여러 가지 악들과의 싸움에 홀로 남겨질 것입니다. 그럼에도 불구하고 바울은 그들을 떠납니다. 그들은 마치 이리 가운데 남겨진 양들처럼 남겨질 것입니다. 그들의 기독교는 매우 불완전한 기독교였으며, 그들에게는 성경도 없고 선생도 없었습니다. 그러나 바울은 그들에게 어떤 해악도 끼쳐지지 않을 것을 분명하게 확신합니다. 왜냐하면 하나님과 그의 은혜의 말씀이 그들과 함께 하실 것이기 때문입니다. 그러면 그것으로 충분할 것이었습니다.

사랑하는 형제들이여, 지금 나는 여기의 바울과 똑같은 마음을 느끼고 있습니다. 나는 우리가 모두 안전하다고 하는 동일한 확신을 여러분과 내가 공유(共有)하기를 간절히 바랍니다. 하나님과 그의 은혜의 말씀이 나와 함께 가시고 또 여러분과 함께 남아 계실 것이기 때문에 말입니다.

1. 첫째, 교회와 개인의 안전과 조명(照明)을 위한 유일한 근원을 주목하십시오.

우리는 하나님과 그의 은혜의 말씀 사이를 분리해서는 안 됩니다. 바울은 다만 하나님이 에베소교회를 보호하시고 축복하시는 방법이 주로 "그의 은혜의 말씀"을 통해 그렇게 하시는 것으로 생각하고 있을 뿐입니다. 우리는 교회와 개인의 삶을 보호하시며 지키시는 '내주하시는 성령'의 영속적 임재를 잊어서는 안 됩니다. 그러나 여기에서 바울이 생각하고 있었던 것은 실제적으로 말하여진 — 그러나 아직 기록되지는 않은 — 말씀입니다. 그 근원이 하나님의 낮추심의 사랑이며, 그 내용이 그 사랑을 설명하는 것인 말씀 말입니다. 다시 말해서 예수 그리스도 안에서의 하나님의 은혜의 나타남과 그것을 둘러싸고 있는 모든 위대한 진리들이 교회와 개인들의 안전과 조명을 위한 완전히 충족된 근원입니다. 그와 같은 위대한 말씀을 올바로 사용하며 신실하게 지키는 사람들에게는 어떤 나쁜 일도 생기지 않을 것이며, 그런 사람들의 믿음은 결코 파선되지 않을 것입니다.

바울은 그 말씀이 사람들을 "능히 든든히 세울" 수 있다고 말합니다. 하나님의 복음 안에, 신적 구속자인 예수 그리스도의 진리 안에, 십자가와 수난과 부활과 승천으로부터 흘러나오는 원리들 안에 사람들에게 필요한 모든 것과 그들의 삶을 위해 원하는 도든 것과 그들의 경건을 위해 필요한 모든 것이 있습니다. 그들의 신조(信條)의 기초, 그들의 행동을 위한 충분한 지침, 그들의 성품을 아름답고 고결하게 빚는 능력 — 이 모든 것이 "하나님께서 그리스도 안에 계시사 세상을 자기와 화목하게 하시며"라는 메시지 안에 담겨 있습니다(고후 5:19). 그것을 항상 마음속에 간직하고 있는 사람들은 누구든지 그것이 자신의 영혼의 양분이 될 때까지 그것을 계속해서 반추하며 또 그 안에 내포되어 있는 교훈과 약속과 원리들을 계속적으로 묵상합니다. 그리고 그런 사람들은 삶을 위한 다른 인도자를 필요로 하지 않으며, 슬픔 가운데 다른 위로자를 필요로 하지 않으며, 다른 소망의 닻을 필요로 하지 않으며, 시련과 죽음 가운데 다른 버팀줄을 필요로 하지 않습니다. "내가 여러분을 주와 및 그 은혜의 말씀에 부탁하노니" — 이것은 삶과 경건을 위해 우리가 필요르 하는 모든 것으로 가득 찬 거대한 보고입니다. 이러한 보고를 가진 사람은 마치 채석장이 딸려 있는 땅을 가지고 있는 땅 주인과 같습니다. 그곳으로부터 그는 언제든지 돌을 캐내어 자신의 집을 건축할 수 있습니다. 만일 이러한 복음을 진실로 소유하고 또 굳게 붙잡는다면, 여러분은 충분한 것을 가지는 것입니다.

여기에서 바울의 말을 듣고 있는 신자들이 신약성경을 가지고 있지 않다는 사실을 기억하십시오. 뿐만 아니라 그들 대부분은 구약성경조차도 읽을 수 없었을 것입니다. 그들 가운데 '기록된 복음서'는 아직 존재하지 않았습니다. 뿐만 아니라 대부분의 서신들 역시도 아직 쓰여지지 않았습니다. 다만 다른 지역에 속한 교회들에게 쓴 두세 개의 서신들만이 있었을 뿐입니다. 지금 바울은 "말하여진 말씀"(spoken word)에 그들을 부탁하고 있는 것입니다. 그렇다면 지금 우리는 영구히 기록된 신적 계시에 서로를 얼마나 더 안전하게 부탁할 수 있습니까!

이와 같은 '기록된 말씀'은 개인에게 있어서와 마찬가지로 교회에게 있어서도 정결과 불멸을 보증하는 담보물입니다. 기독교는 쇠퇴의 기간을 통과하고 난 후 다시 정결케 된 유일한 종교입니다. 사람들은 종종 템즈 강물이 오염되었다가 다시 깨끗하게 되었기 때문에 배가 다니기에 가장 좋다고 말하곤 합니다. 이것이 사실인지 아닌지 나는 알지 못합니다. 그러나 기독교에 있어 이것은 분명한 사실입니다. 여러 번 기독교는 부패했지만, 그러나 그때마다 다시금 정결케 되었습니다. 그리고 그것은 항상 동일한 과정으로 말미암아 그렇게 되었습니다. 사람들은 말씀으로 돌아가 다시금 그 말씀의 권능을 붙잡았으며, 그럴 때마다 부패한 기독교는 다시금 새로운 정결함과 능력으로 다시 일어났습니다. 하나님의 말씀 다시 말해서 그리스도 안에 담겨 있고 신약성경에 영원히 기록된 계시의 원리들은 교회의 불멸과 정결을 보증하는 담보물입니다. 사람들은 배반하고 떠날 수 있습니다. 어떤 지역은 하나님의 통치권으로부터 잠시 동안 벗어날 수 있습니다. 배반과 이단의 표준은 바뀔 수 있습니다. 그러나 하나님의 기초는 확실하게 섭니다. 반석 위에 세우는 자는 안전한 집을 건축하고 평안히 거할 것입니다. 우리의 모든 교회들이 오늘 당장 폐허가 되고, 기독교의 모든 공식적 신조들이 산산조각이 나며, 교회의 모든 제도들이 허물어진다고 상상해 보십시오. 그럼에도 불구하고 신약성경이 그대로 남아 있다면, 그 모든 것은 조만간 다시 세워질 것입니다. "내가 여러분을 주와 및 그 은혜의 말씀에 부탁하노니."

2. 둘째, 인간의 목소리가 잠잠케 되는 것의 유익을 주목하십시오.

바울은 자신의 부재(不在)와 말씀의 능력을 나란히 놓습니다. "이제는 여러분이 다 내 얼굴을 다시 보지 못할 줄 아노라"(25절), "지금 내가 여러분을 주와 및 그 은혜의 말씀에 부탁하노니"(32절). 하나님의 말씀의 달콤한 음악이 우리 마음에 도달되기 위해 인간의 목소리가 잠잠케 되는 것은 참으로 좋은 일입니다. 물론 나는 설교자들과 경건서적들과 하나님의 뜻을 형제들에게 가르치는 지혜로운 사람들의 가치를 평가절하 하고자 하는 것은 아닙니다. 다만 나는 신적 말씀에 대한 인간의 조력(助力)은 종종 도움보다는 장애가 될 수 있음을 이야기하는 것입니다. 그리고 그러한 모든 조력 안에는 항상 사람들을 하나님께로 이끌기보다 스스로를 드러내는 경향이 있습니다. 스스로를 끊임없이 살피며 경계하지 않는다면 말입니다. 그렇게 하지 않을 때, 인간의 조력은 자칫 사람에게 하나님을 보여주는 거울이 아니라 도리어 사람과 하나님 사이를 흐릿하게 만드는 모호한 매개물이 됩니다. 이러한 위험은 사람을 하나님에게 데려가기 위해 만들어진 각종 규례들이나 직분들에도 동일하게 존재합니다. 우리는 그런 것들을 사다리로 만들 수도 있고, 장애물로 만들 수도 있습니다. 우리는 그런 것들로 말미암아 올라갈 수도 있고, 그런 것들 안에 머물 수도 있습니다. 우리는 채색유리의 화려한 색채를 바라보면서 그러한 색채를 통과하는 빛은 보지 못할 수 있습니다.

그러므로 하나님의 말씀을 전하는 인간의 목소리가 잠잠케 되는 것은 종종 좋은 일입니다. 그것은 마치 다른 도움들과 버팀목들이 없어지는 것이 종종 좋은 일인 것과 마찬가지입니다. 사람들은 다른 모든 버팀목들이 사라지기 전까지 하나님의 팔에 온전히 기대지 않습니다.

그러므로 사랑하는 형제들이여, 이러한 명백한 사실을 자신에게 적용해 봅시다. 잠시 동안 내가 여러분과 함께 있지 않는 것이 여러분을 하나님 및 그의 은혜의 말씀과 직접적으로 교제하도록 만드는 결과가 될 수 있지 않겠습니까? 그리고 마땅히 그런 결과가 되어야만 하지 않습니까? 다른 모든 기독교 사역자들과 마찬가지로, 나 역시도 물론 진리를 바라보는 내 자신의 독특한 방식을 가지고 있습니다. 거기에는 다양한 특징들이 있으며, 동시에 한계들도 있습니다. 여러분은 지난 30년 동안 나의 설교를 듣고 또 내가 말씀을 전하는 방식을 보았습니다. 사람들마다 하나님의 진리를 바라보는 각도에 있어서나 혹은 강조하는 측면에 있어서 다소간 차이가 있게 마련입니다. 그렇기 때문에 이제 다른 방식으로 말씀을 전하는 사람들의 이야기를 듣는 것은 매우 좋은 일이 될 것입니다. 그것은 부분적으로 내가 말씀을 전하는 방식의 한계 때문이기도 하고, 또 부분적으로 여러분이 나의 말에 너무나 오랫동안 익숙해 있었으므로 이제 무슨 말씀을 들어도 별다른 감흥을 느끼지 못하기 때문이기도 합니다. 자칫 여러분은 오랜 세월의 익숙함으로 인해 보화보다 그것을 담고 있는 용기(容器)를 바라보게 될 위험이 있습니다. 그렇게 볼 때 내가 잠시 동안 여러분과 떨어져 있는 가운데 다른 사람이 이 자리에 서서 여러분에게 새로운 방식으로 말씀을 전하는 것은 얼마나 좋은 일입니까? 여러분이 나의 설교를 듣지 못하는 것이 도대체 무슨 문제가 되겠습니까? 여러분에게는 성경이 있습니다. 여러분에게는 하나님의 영이 있습니다. 만일 나의 부재(不在)가 여러분으로 하여금 이러한 것들을 더 소중하게 여기며 또 더 많이 사용하도록 이끈다면, 나의 부재는 매우 유익한 결과가 될 것입니다. 사역자는 의사와 같습니다. 사역자들의 성공은 그들이 더 이상 필요치 않게 되는 것입니다. 우리가 "이제 그들은 우리 없이 설 수 있으며 그들은 더 이상 우리를 필요로 하지 않아"라고 말할 수 있을 때, 바로 이것이 우리 사역의 면류관입니다.

3. 셋째, 기독교적 염려와 사랑의 최고의 표현을 주목하십시오.

바울은 "내가 여러분을 주와 및 그 은혜의 말씀에 부탁하노니"라고 말합니다. 이것을 조금 다른 표현으로 바꾸면 "내가 여러분을 하나님 곁에 두노니"가 될 것입니다. 이것은 얼마나 아름다운 표현입니까? 그렇지 않습니까? 바울은 이제 에베소교회를 떠나 멀리서 지켜볼 수밖에 없게 되었습니다. 그는 그들에 대해 많은 염려를 가지고 있었으며, 그들의 미래에 생길 두려운 일을 예감하고 있었습니다. 그는 자신이 떠난 후 사나운 이리가 그들 가운데 들어올 것을 잘 알고 있었습니다. 그는 말합니다. "나는 더 이상 짐을 질 수 없도다. 이제 내가 여러분을 주님의 불꽃같은 눈과 그의 강한 손에 맡기노라." 그들을 주님에게 부탁하는 것은 사실상 모든 염려를 주께 맡기고 기도하는 것입니다.

바로 이것이 기독교적 염려와 사랑의 최고의 표현입니다. 물론 여러분과 나는 6개월 동안의 이별의 시간을 생각하면서 여러 가지 염려와 근심을 갖습니다. 나는 혹시 교회가 무기력해지지 않을까, 선한 사역들이 지지 부진해지지 않을까, 교우들의 숫자가 줄지 않을까, 교우들의 연합의 띠가 느슨해지지 않을까, 6개월 후 다시 돌아왔을 때 모든 일을 원래대로 되돌릴 수 있을까 하는 따위의 두려운 마음을 느낄 수 있습니다. 자신의 사역에 인생 전체를 바친 사람일수록 더욱 그럴 것입니다. 그러면 어떻게 할 것입니까? "내가 여러분을 하나님께 부탁하노니." 여러분도 마찬가지입니다. 내가 여러분을 위해 염려하는 것처럼, 여러분도 나를 위해 염려할 수 있습니다. 사랑하는 형제들이여, 모든 염려를 내려놓고 서로를 위해 하나님께 기도합시다. 나는 여러분을 하나님께 맡기고, 여러분은 나를 하나님께 맡깁시다.

　이와 같이 하나님께 부탁하는 것은 기독교적 염려의 최고의 표현이면서 동시에 기독교적 사랑의 최고의 표현입니다. 나는 눈물을 흘리며 슬퍼하지 않을 것입니다. 나는 우리 모두를 연합시키는 띠의 깊음과 거룩함에 대해 말하지 않을 것입니다. 나는 우리가 그에 대해 아무 말 하지 않더라도 그것을 당연한 것으로 받아들일 수 있다고 생각합니다. 그러나 사랑하는 형제들이여, 나는 여러분과 나 자신에게 다음과 같은 사실을 확실히 하고 싶습니다. 그것은 우리의 염려와 사랑이 우리로 하여금 서로를 위해 기도하도록 이끈다는 사실과, 우리가 비록 멀리 떨어져 있음에도 불구하고 여전히 연합되어 있다는 사실입니다. 우리가 멀리 떨어져 있음에도 불구하고 여전히 연합될 수 있는 것은 우리의 눈이 모두 동일한 보좌를 바라보기 때문입니다. 바로 여기에 실제적 기도가 있습니다. 우리가 멀리 떨어져 있음에도 불구하고, 나는 여러분을 위해 기도할 것입니다. 여러분 역시도 나를 위해 기도할 것이 아닙니까? 남반구의 해면(海面)으로부터 올라온 수증기가 여기 북반구에 있는 영국 땅을 축축하게 적시는 것처럼, 멀리 오스트레일리아에서 믿음으로 드려진 기도가 이곳에 하나님의 축복의 비로 떨어질 것입니다. "지금 내가 여러분을 주와 및 그 은혜의 말씀에 부탁하노니."

4. 마지막으로, 이러한 부탁 속에 내포된 훈계를 주목하십시오.

만일 하나님과 그의 말씀이 모든 안전과 조명(照明)의 근원인 것이 사실이라면, 형제들을 하나님에게 부탁하는 것은 기도일 뿐만 아니라 또한 간곡한 훈계이기도 합니다. 다시 말해서 형제들을 하나님에게 부탁하는 것 속에는 그들에게 안전의 유일한 근원을 확실하게 붙잡으라는 간곡한 훈계가 함축되어 있습니다. 나는 교회의 질서라든지 혹은 각종 모임의 문제 등과 같은 사소한 문제들에 대해서 훈계하지 않을 것입니다. 이러한 것들은 모두 잘 될 것입니다. 본문에 함축된 두 가지 주된 훈계를 마음에 새긴다면 말입니다. 그러나 만일 여러분이 그러한 것들을 마음에 새기지 않을 경우, 예배당을 가득 채우는 일이라든지 혹은 구제헌금을 많이 거두는 따위의 사소한 문제들에 대해 감정이 폭발해도 괘념치 않겠습니다. 이러한 것들은 부차적인 것들입니다. 만일 여러분이 본문에 함축된 두 가지 주된 훈계를 마음에 새긴다면, 이러한 것들은 자연스럽게 따르게 될 것입니다.

(a) "전심으로 주께 붙어있으라." 마치 굴이 바위에 붙어있는 것처럼 말입니다. 하나님의 은혜의 나타남인 예수 그리스도에게 굳게 붙어 있으십시오. 그러면 우리는 어떻게 그에게 붙어 있습니까? 영혼을 붙이는 접착제는 무엇입니까? 그것은 사랑과 믿음입니다. 예수 그리스도에 대해 사랑과 믿음을 실행하는 자는 누구든지 그 안에 세워지며, 그에게 속하며, 그와 생명으로 연합됩니다. 사랑하는 형제들이여, 믿음과 사랑으로 말미암아, 기도와 교제로 말미암아, 그리고 삶을 실제적으로 일치시킴으로 말미암아 그리스도에게 붙어 있으십시오. 또 믿음으로 이루어진 그와 같은 연합은 죄로 인해 깨어질 수 있다는 사실을 기억하십시오. 또 만일 그러한 연합이 의로운 행동과 성품으로 나타나서 영속화되지 않는다면, 그것은 실제적 연합이 아니라는 사실을 기억하십시오. 두 개의 유리조각을 잘 맞추면 서로 붙을 것입니다. 그러나 둘 사이에 작은 모래 알갱이 하나라도 있으며, 둘은 곧 떨어질 것입니다. 이와 같이 만일 여러분이 죄의 작은 알갱이로 하여금 여러분과 여러분의 주님 사이에 들어오도록 허락한다면, 믿음과 사랑으로 그와 연합되었다는 말은 무익한 허언(虛言)에 불과한 것이 될 것입니다. 예수 그리스도에게 가까이 붙어 있으십시오. 그러면 여러

분은 안전할 것입니다.

(b) "그의 은혜의 말씀에 붙어 있으라." 말씀이 가르치는 교훈들을 더 잘 이해하고자 노력하십시오. 더욱 열심히 성경을 연구하십시오. 복음 안에 우리가 필요로 하는 모든 진리가 담겨 있다는 사실을 좀 더 충분하게 믿으십시오. 기독교의 원리들을 여러분의 일상의 삶 속으로 가져가십시오. 그리고 그것들의 빛으로 말미암아 행하십시오. 그리고 임재하시는 하나님의 광채 안에 거하십시오. 그러면 앞에서 언급한 다른 모든 것들은 — 매우 중요하기는 하지만 그러나 부차적인 것들은 — 자연히 따를 것입니다.

사랑하는 형제들이여, 죄인으로서 여러분의 믿음을 여러분을 위한 위대한 속죄제물이신 성육신하신 주님 위어 두십시오. 스스로를 그리스도 안에서 하나님에게 순복시키십시오. 여러분의 모든 죄와 허물과 약함을 그에게 가져가십시오. 그리고 그의 희생제사를 온전히 그리고 전적으로 의지하십시오.

"내가 여러분을 주와 및 그 은혜의 말씀에 부탁하노니." 마지막으로 간절한 마음으로 여러분에게 당부합니다. 부디 나로 하여금 "가 보나 떠나 있으나 여러분이 한마음으로 서서 한 뜻으로 복음의 신앙을 위하여 협력한다는" 소식을 듣게 하십시오(빌 1:27).

80
주는 것의 축복

"주는 것이 받는 것보다 복이 있다"

행 20:35

예수께서 행하시고 말씀하신 것들 가운데 이 책에 기록되지 않은 것들이 얼마나 많습니까! 우리는 여기에서 기록되지 않은 보배로운 말씀들 가운데 하나를 보게 됩니다. 그것은 망각의 바다 위에 떠다니고 있다가, 바울에 의해 건져져 세상을 부요하게 했습니다. 그러나 '기록된 말씀' 가운데 그 내용에 있어 이것과 본질적으로 병행되는 말씀이 있습니다. "인자가 온 것은 섬김을 받으려 함이 아니라 도리어 섬기려 함이니라"(막 10:45). 어쨌든 본문은 예수 자신의 경험을 그대로 옮긴 것입니다. 본문을 통해 우리는 어떻게 인자가 제자들에게 유산으로서 "내 기쁨"을 줄 수 있었는지를 이해할 수 있게 해줍니다. "지금 내가 아버지께로 가오니 내가 세상에서 이 말을 하옵는 것은 그들로 내 기쁨을 그들 안에 충만히 가지게 하려 함이니이다"(요 17:13). 그는 "내 기쁨"을 "충만"한 것으로 말할 수 있었습니다.

1. 이러한 말씀이 근거하는 이유들.

본문의 교훈은 주는 행동 안에 권세와 우월의 개념이 있는 반면 받는 행동 안에는 고통스러운 채무의식이 있다는 사실만이 아니라, 그것보다 훨씬 더 심오한 사실 즉 다른 사람들을 행복하게 만드는 것 안에 순수하며 신적인 기쁨이 있다는 사실 위에 기초합니다.

본문의 교훈이 근거하는 기초는 주는 것이 사랑과 자기희생의 결과라는 것입니다. 설령 다른 사람에게 무엇인가를 준다 하더라도 만일 거기에 사랑과 자기희생이 없다면 그러한 행동은 주는 자를 복되게 하는 행동이 아닙니다. 만일 여러분이 무엇인가를 얻으려고 하는 속셈으로나 혹은 강요에 의해서나 혹은 마치 기계적 일처럼 무관심하게 준다면, 이러한 것들은 그리스도께서 "복이 있다"고 말씀하신 행동의 실례가 아닙니다. 그러나 마음이 실제적 사랑으로 가득 차고 그 사랑이 자기희생의 즐거운 행동으로 스스로를 표현할 때, 바로 여기에 오로지 자기 소유를 지키려고만 하는 혹은 오로지 자기 자신만을 위해 사용하려고만 하는 자기중심적인 영혼의 저급하며 탐욕스러운 기쁨을 훨씬 능가하는 잔잔한 축복이 있습니다. 그것은 단순히 우리의 주는 행동으로 말미암아 다른 사람들이 행복해지는 것을 생각하는 것으로부터 뿐만 아니라 또한 우리의 마음 안에 이러한 두 가지 신적 감정이 작동하는 것으로부터 옵니다. 스스로를 자신의 목적으로 삼는 것과 자신의 소유를 지키는 것에 과도하게 집착하는 것으로부터 구원받기 위해, 우리는 참된 축복의 두 요소를 기억해야 합니다. 그것은 사랑하는 것과 자기 자신을 주는 것입니다.

그러므로 우리의 소유를 가장 숭고하게 사용하는 것은 그것을 나누어주는 것 안에서 발견됩니다. 그리고 그럴 때 최고의 기쁨이 따릅니다.

(a) 이것은 이 세상의 재물과 관련하여 사실입니다.

다음과 같은 옛 비문(碑文)은 참으로 진리입니다. "내가 지킨 것을 나는 잃었으며, 내가 준 것을 나는 지켰도다." 이러한 진리를 배우고, 살아있는 동안 그에 따라 행하는 자는 얼마나 복됩니까!

(b) 이것은 진리와 지식과 관련하여 사실입니다.

(c) 이것은 하나님의 은혜의 복음과 관련하여 사실입니다.

2. 주는 것이 복되다는 사실에 대한 하나님 자신의 위대한 모범.

하나님은 주십니다. 하나님은 오직 주십니다. 하나님은 항상 주십니다. 하나님은 주심으로써 기뻐하십니다. 만일 그가 "주시는 하나님"이 아니라면, 그는 "영원히 복되신 하나님"이 아닐 것입니다. 우리는 창조가 신적 본성에 있어 필연적이었다고 생각해서는 안 됩니다. 창조가 하나님의 복되심을 더욱 확대했다고 생각하는 것은 위험한 생각일 수 있습니다. 그러나 우리는 최소한 하나님이 "자비를 베푸시기를 기뻐하셨다"고 말할 수 있습니다. 시간 안에서 창조가 실현되기 전에 이미 그에 대한 하나님의 생각이 영원히 있었습니다. 그것은 그의 존재와 분리될 수 없으며, 그러므로 영원으로부터 그는 "사람이 거처할 땅에서 즐거워하며 인자들을 기뻐"하셨습니다(잠 8:31).

이렇게 하여 우리에 대한 그의 관계 위에 빛과 영광이 비칩니다.

그는 주십니다. 그는 주시기 전에는 요구하지 않으며, 자신이 요구하는 것을 주십니다. 요구는 사랑 안에서 행해지며, 그것은 그 자체로 "은혜를 주는" 것입니다. 왜냐하면 그것은 하나님의 피조물들에게 그들로 하여금 그의 보좌로 제물을 가져오는 것을 허락하심으로 말미암아 하나님의 것 가운데 작은 일부를 드리는 것을 허락하는 것이기 때문입니다. 그래서 하나님이 그들에게 주신 것 가운데 일부를 그분께 드림으로써 그들로 하여금 기쁨을 갖게 하십니다. "나와 내 백성이 무엇이기에 이처럼 즐거운 마음으로 드릴 힘이 있었나이까 모든 것이 주께로 말미암았사오니 우리가 주의 손에서 받은 것으로 주께 드렸을 뿐이니이다"(대상 29:14). 이러한 개념은 하나님의 명령과 요구와 관련한, 예배와 관련한, 공로와 관련한, 우리 자신의 공로로 천국을 얻는 것과 관련한 모든 노예적 개념에 종지부를 찍습니다.

이것은 영적 축복을 받음에 있어서도 동일합니다. 우리는 믿음으로 말미암아 그 안에 사랑과 자기희생을 가지고 있는 복음을 받습니다.

이와 같이 우리는 하늘에서 모든 것을 주시는 위대한 모범을 가지며, 땅에서 하나님에 대한 우리의 관계들 가운데 그에 대한 그림자를 갖습니다. 그렇기 때문에 우리는 사람들에 대한 우리의 관계들 가운데 그러한 모범을 나타내야 합니다. 사랑과 자기희생으로 주는 것이 우리의 일이 되어야 합니다.

이와 같이 본문의 교훈은 어쩌면 모든 영역에서 세상에 대한 그리고 서로에 대한 그리스도인들의 관계를 규정하는 듯 합니다. 그것은 그리스도인들이 자신의 돈을 쓰는 방법을 규정할 것입니다. 그것은 우리가 우리의 모든 소유를 사용하는 방법을 규정해야 합니다.

81
폭풍 속으로
더 가까이 다가감

"¹우리가 그들을 작별하고 배를 타고 바로 고스로 가서 이튿날 로도에 이르러 거기서부터 바다라로 가서 ²베니게로 건너가는 배를 만나서 타고 가다가 ³구브로를 바라보고 이를 왼편에 두고 수리아로 항해하여 두로에서 상륙하니 거기서 배의 짐을 풀려 함이러라 ⁴제자들을 찾아 거기서 이레를 머물더니 그 제자들이 성령의 감동으로 바울더러 예루살렘에 들어가지 말라 하더라 ⁵이 여러 날을 지낸 후 우리가 떠나갈새 그들이 다 그 처자와 함께 성문 밖까지 전송하거늘 우리가 바닷가에서 무릎을 꿇어 기도하고 ⁶서로 작별한 후 우리는 배에 오르고 그들은 집으로 돌아가니라 ⁷두로를 떠나 항해를 다 마치고 돌레마이에 이르러 형제들에게 안부를 묻고 그들과 함께 하루를 있다가 ⁸이튿날 떠나 가이사랴에 이르러 일곱 집사 중 하나인 전도자 빌립의 집에 들어가서 머무르니라 ⁹그에게 딸 넷이 있으니 처녀로 예언하는 자라 ¹⁰여러 날 머물러 있더니 아가보라 하는 한 선지자가 유대로부터 내려와 ¹¹우리에게 와서 바울의 띠를 가져다가 자기 수족을 잡아매고 말하기를 성령이 말씀하시되 예루살렘에서 유대인들이 이같이 이 띠 임자를 결박하여 이방인의 손에 넘겨 주리라 하거늘 ¹²우리가 그 말을 듣고 그 곳 사람들과 더불어 바울에게 예루살렘으로 올라가지 말라 권하니 ¹³바울이 대답하되 여러분이 어찌하여 울어 내 마음을 상하게 하느냐 나는 주 예수의 이름을 위하여 결박 당할 뿐 아니라 예루살렘에서 죽을 것도 각오하였노라 하니 ¹⁴그가 권함을 받지 아니하므로 우리가 주의 뜻대로 이루어지이다 하고 그쳤노라 ¹⁵이 여러 날 후에 여장을 꾸려 예루살렘으로 올라갈새"

행 21:1-15

여기에서 또 다시 우리는 가는 곳마다 이어지는 "결박과 환난"에 대한 경고까지도 대수롭지 않게 여기는 바울의 영웅적 결심을 보게 됩니다. 그러나 여기의 본문은 그와 관련하여 마치 살아 꿈틀거리는 듯한 세부적 묘사들로 가득 차 있습니다. 여기에서 우리는 대략 세 가지 이야기를 주목할 수 있는데, 그것은 항해 이야기와 두로에서의 이야기와 가이사랴에서의 이야기입니다.

1. 1-3절에 기록된 항해 기록은 당시 그 지역에서의 유유(悠悠)한 항해 방식을 보여줍니다.

분명히 배는 밤에 항구에 정박했을 것입니다. 그들은 밀레도로부터 해안을 따라 내려오면서 첫날 고스의 작은 섬에서 밤새도록 머물고, 다음 날 로도에 이르렀다가, 셋째 날 바다라에 도착했습니다(1절). 어떤 독법(讀法)에 따르면, 그들은 그곳으로부터 조금 더 동쪽에 있는 그리고 수리아로 떠나는 통상적 항구인 무라(Myra)까지 왔습니다. 램지(Ramsay)는 바람이 이른 아침에 수리아 쪽으로 불기 시작하다가 황혼 무렵쯤 잦아들기 때문에 해가 지고 난 이후에 계속 바다에 있는 것은 아무런 소용도 없었다고 설명합니다.

바다라(혹은 무라)에서 바울 일행은 배를 갈아타야만 했습니다. 왜냐하면 지금까지 탔던 배는 아마도 해안지역을 항해하기에 적합한 작은 배였기 때문이었을 것입니다. 그들은 어렵지 않게 자신들을 수리아로 데려다 줄 배를 찾을 수 있었습니다. 그렇게 하여 그들은 두로로 가는 배로 옮겨 탔습니다. 그들이 탄 배는 곧바로 바다로 나가 서쪽을 향해 나아가다가 이윽고 구브로 남부를 지나가게 됩니다(3절). 여기에서 누가가 특별히 구브로를 언급하는 것은 아마도 이곳이 바울이 처음 선교사역을 시작한 장소였기 때문이었을 것입니다. 바보(Paphos)에서의 그날 이후로 얼마나 많은 날들이 지나갔습니까! 틀림없이 그들은 갑판 위에서 바보를 바라보면서 큰 회한에 젖었을 것입니다. 바울은 바나바와 요한 마가와 함께 바보를 떠났습니다 ― 그런데 지금 그들은 어디에 있습니까? 바울은 이방인들 가운데 복음을 전파하기 위해 구브로로부터 항해를 떠났습니다. 그런데 지금 그는 그 동안 얻은 동역자들과 함께 그곳을 지나가고 있습니다. 거기에서 그는 자신의 사역을 시작했습니다. 그런데 지금 그는 자신의 사역이 어쩌면 끝날지도 모른다는 생각을 어렴풋이나마 하고 있습니다. 넘실거리는 파도 너머 저 멀리 희미하게 보이는 바보의 촌락들을 바라보면서, 그의 마음은 수많은 생각들로 가득 찼을 것입니다.

두로는 하역(荷役) 작업이 이루어지는 첫 번째 기항(寄港地)이었습니다(3절). 여행자들은 짐을 내리고 새로운 짐을 실을 때까지 기다려야만 했습니다. 그들이 그곳에서 칠 일을 머문 것은 바로 이런 이유 때문이었습니다(4절). 왜냐하면 우리는 바울이 같은 배에 다시 탄 사실을 발견하기 때문입니다. 어쨌든 바울은 그 배를 타고 돌레마이를 경유하여 마침내 가이사랴에 도착합니다(7, 8절).

우리는 바울 일행이 중간의 어떤 기항지에서도 형제들을 만나 그곳에서 전도사역을 했다는 이야기를 듣지 못합니다. 그들은 배의 일정에 맞춰 움직여야 할 단순한 승객들이었습니다. 그들은 밤에 항구에 머물다가 다음 날 일찍 출발했습니다. 틀림없이 이런 한가한 시간들은 그들에게 원기를 회복하는 기회가 되었을 것입니다. 오늘날 지친 노동자들에게 그런 것처럼 말입니다.

2. 당시 두로는 분주한 항구였습니다.

그곳의 많은 인구에 비해 제자들은 매우 적었습니다. 그래서 바울 일행은 그들을 찾아야만 했습니다. "제자들을 찾아 거기서 이레를 머물더니"(4절). 바울 일행은 그곳의 제자들이 자신들과 같은 영혼을 가진 자들임을 곧 발견했습니다. 밀레도 이래로 그들은 아무런 기독교적 교제도 가지지 못했습니다. 특별히 선원들은 같은 영혼을 가진 사람들이 아니었습니다. 그랬기 때문에 그들에게 있어 두로에서의 일주일은 항해 중에 매우 축복된 휴식시간이었습니다. 우리는 그들이 회당을 방문했다든지 혹은 이방인들에게 복음을 전파했다든지 혹은 그곳의 형제들에게 특별한 가르침을 베풀었다든지 하는 등의 이야기를 전혀 듣지 못합니다.

누가는 여기에서 바울이 가는 곳마다 들어야만 했던 메시지가 또 다시 반복되는 것을 언급합니다. "그 제자들이 성령의 감동으로 바울더러 예루살렘에 들어가지 말라 하더라"(4절). 그것은 "성령의 감동으로" 말미암은 것이었습니다. 이 모든 것에도 불구하고 계속해서 자신의 길을 고집할 때, 바울은 하나님이 막는 것을 막무가내로 밀고 나가는 것이었습니까? 결코 그렇지 않습니다. 우리는 4절의 의미를 정확하게 이해할 필요가 있습니다. "성령의 감동"을 통해 온 것은 오직 바울 앞에 핍박이 기다리고 있다는 예언뿐이었습니다. 예루살렘에 들어가지 말라는 권고는 단지 사람의 안타까운 마음으로 한 말이었을 뿐입니다. 이와 같이 분명한 통찰력으로부터 그릇된 권고를 끌어내는 일은 흔히 있는 일입니다.

두로의 그리스도인들의 간곡한 권고의 효과에 대해서는 아무 언급도 나타나지 않습니다. 그것은 결국 아무 효과도 없었습니다. 누가가 그것을 언급한 것은 동일한 권고가 계속해서 반복되었음을 보여주기 위한 것이었습니다. 어쨌든 두로에서의 이별 장면은 밀레도에서의 그것과 비슷하면서도 달랐습니다. 두 곳 모두에서 그리스드인들은 바닷가까지 바울을 따릅니다. 두 곳 모두에서 그들은 무릎을 꿇고 기도합니다. 두 곳 모두에서 사랑으로 가득한 작별인사가 나누어집니다. 그러나 두로의 그리스도인들은 바울과 오랫동안 함께 한 경험이 없었으며, 그랬기 때문에 그를 자신들의 영적 아버지로 느낄 수 없었습니다. 따라서 그들에게는 바울과 헤어지는 것에 대한 견딜 수 없는 애절한 마음이 없었습니다. 그들은 바울의 목을 끌어안고 울지 않았습니다. 그들에게는 영원한 이별의 애절한 슬픔이 없었습니다. 비슷한 두 장면에서의 이러한 미묘한 차이들은 여기에 목격자의 기량이 있음을 알려줍니다. 두로의 그리스도인들이 처자와 함께 바닷가까지 나왔다는 언급은 그들의 숫자가 매우 적었음을 암시합니다(5절). 그러한 사실은 바울 일행이 그들을 "찾았다"는 4절의 언급에서도 암시되었는데, 어쨌든 5절의 암시는 4절의 암시를 다시 한 번 확증합니다.

3. 바울 일행은 돌레마이를 경유하여 마침내 가이사랴에 도착합니다.

배는 해안을 따라 항해하여 돌레마이에 도착합니다(7절). 여기에서 배는 하루를 머무는데, 아마도 그것은 하역작업을 위한 것이었습니다. 돌레마이로부터 가이사랴까지, 바울 일행은 바닷길을 통해 갈 수도 있었고 육로로 갈 수도 있었습니다. 그러나 본문은 이에 대해 우리에게 아무 말도 해주지 않습니다. 두로와 마찬가지로 돌레마이에도 작은 무리의 제자들이 있었습니다. 가이사랴에서 오래 머문 것과 대조적으로 돌레마이에서는 단지 하루만 머무는데, 틀림없이 그것은 배의 운행과 관련한 일정 때문이었을 것입니다. 어쨌든 바울 일행은 마침내 가이사랴에 도착합니다. 여기에서 바울은 사랑하는 형제들에 둘러싸여 평안한 휴식을 갖게 됩니다. 오랜 여행에 지친 바울은 예루살렘에서 기다리고 있는 폭풍 속으로 들어가기 전에 이곳에서 형제들과 함께 어느 기간 동안 머무르게 됩니다.

바울은 여행 초기의 급한 움직임과는 대조적으로 목적지에 가까워진 가이사랴에서는 비교적 여유 있게 행동합니다. 여행 초기에 그가 유일하게 바랐던 것은 절기 기간에 맞추어 예루살렘에 도착하는 것이었습니다. 그런 마음으로 초기에 급하게 움직이고 또 여행이 순조롭기 진행된 덕분에, 이제 그는 어느 정도 여유를 가질 수 있게 되었습니다. 그는 절기가 시작되기 전에 너무 일찍 예루살렘에 도착하기를 바라지 않았습니다.

여기에서 우리는 가이사랴에서 일어난 두 가지 일에 대해 듣게 되는데, 하나는 빌립과의 교제이고 다른 하나는 예루살렘에 들어가는 것에 대한 또 하나의 경고입니다. 빌립은 우리가 그에 대해 들은 이래 계속해서 가이사랴에 머물고 있었습니다(8장). 그는 로마의 총독부가 위치하고 있던 그곳으로 자신의 가족을 모두 데려가 그곳에 정착했습니다. 그는 그리스도에 의해 복음을 이방인들에게 전달하는 일에 쓰임을 받았습니다. 어느 정도 기간 동안, 그는 이방인들에게 복음을 전달하는 사자(使者)였습니다. 그러나 그 사명은 곧 끝났으며, 그 일은 다른 사람에게 떨어졌습니다. 그러나 빌립은 바울을 시기하지 않았으며, 바울은 빌립을 피하지 않았습니다. 주인에게는 각각의 종들이 해야 할 일을 정해 주는 권리가 있는 법입니다. 어떤 종에게 무슨 일을 맡기느냐 하는 것은 전적으로 주인의 몫입니다.

빌립은 자기보다 연소(年少)한 바울을 시기하며 대수롭지 않다는 투로 바라볼 수 있었습니다. 왜냐하면 자신이 일곱 집사 가운데 하나로 뽑힐 때 아무것도 아니었던 그가 지금은 그를 훨씬 능가하는 사람이 되어 있었기 때문입니다. 그러나 그런 저열한 감정이 두 사람의 기독교적 교제를 훼손할 수 없었습니다. 우리는 바울이 가이사랴에 머무는 기간 동안 두 사람이 ― 어쩌면 고넬료도 함께 ― 많은 교제와 대화를 나누었을 것으로 충분히 상상할 수 있습니다. 의심의 여지없이 일행 가운데 한 사람이었던 누가 역시도 이 기간을 빌립으로부터 승천과 오순절을 전후하여 일어났던 초창기 사건들에 대해 충분히 듣는 기회로 선용했을 것입니다.

우리는 앞에서 선지자 아가보에 대해 들었습니다(11:28). 그런데 어째서 그가 여기에서 마치 낯선 자처럼 소개되는지 우리는 알지 못합니다(10절). 그것을 추측하는 것은 쓸모없는 일입니다. 어쨌든 그의 예언은 이제까지의 어떤 예언보다 더 명확하고 구체적입니다(11절). 바로 이것이 하나님의 방법입니다. 하나님은 일을 점진적으로 더 분명하게 드러내십니다. 그리고 위험이 가까워질수록 경고도 더욱 강렬해집니다. 여기에서 비로소 "환난"이 구체적으로 어떤 모양을 띨지 분명하게 언급됩니다. 유대인들은 바울을 이방인들에게 넘겨줄 것이었습니다. 마치 그의 주인에 대하여 그렇게 했던 것처럼 말입니다.

그러나 여기에서 휘장이 내려집니다. 이방인들이 바울을 어떻게 할 것입니까? 이것은 계시되지 않은 채 남겨집니다. 절반은 비극적 일로 채워지고, 나머지는 어둠으로 가려집니다. 이런 경우는 모든 것이 다 드러나는 경우보다 우리의 용기를 더 많이 시험합니다. 이런 경우에는 상상력이 활발하게 작동하여 모든 종류의 두려운 일들을 만들어냅니다. 이와 마찬가지로 어렴풋한 미래는 우리의 믿음을 시험합니다. 우리 앞에 길이 펼쳐져 있습니다. 우리는 바로 앞까지만 볼 수 있을 뿐, 길은 갑자기 꺾여 우리 시야에서 사라집니다. 그러면 우리는 모퉁이 주위에 숨어 있는 두려운 형상들을 상상하게 마련입니다.

아가보의 예언과 형제들의 간절한 탄원에도 불구하고 바울의 용기는 꺾이지 않았습니다. 그들에 대한 바울의 감동적인 말을 들어 보십시오. "여러분이 어찌하여 울어 내 마음을 상하게 하느냐 나는 주 예수의 이름을 위하여 결박 당할 뿐 아니라 예루살렘에서 죽을 것도 각오하였노라"(13절). 여기에서 "내 마음을 상하게 하느냐"라는 표현을 주목해 보십시오. 만일 그러한 표현을 현대적 의미로 받아들인다면, 우리는 바울의 감동적인 말을 오해하게 될 것입니다. 왜냐하면 그것은 실제로 "나의 결심을 녹이느냐"를 의미하기 때문입니다. 다시 말해서 그것은 형제들의 간곡한 만류로 인해 바울의 굳은 결심이 흔들리기 시작하고 있었음을 보여줍니다. 어떤 두려움도 할 수 없었던 일을 형제들의 간곡한 만류가 하기 시작하고 있었던 것입니다. 그러나 바울은 "주 예수의 이름을 위하여" 그 모든 것을 그리고 심지어 죽는 것까지도 기꺼이 감당할 준비가 되어 있노라고 말합니다. 도대체 무엇이 그러한 숭고한 불길에 계속해서 연료를 공급했습니까? 그것은 자신의 영혼을 구속하시고 그것을 그의 소유로 사신 예수 그리스도에 대한 사랑이었습니다.

만일 우리가 "값으로 산 바" 되었음을 느낀다면, 우리 역시도 각자 자신의 영역에서 이와 같은 뜨거운 헌신의 마음으로 가득 찰 것입니다. 그럴 때 우리의 목숨조차도 귀하게 여기지 않을 것입니다. 만일 그가 우리에게 그것을 포기하도록 부르신다면 말입니다. 여기의 바울로부터 우리가 배워야 하는 한 가지는 우리가 '주의 이름을 영화롭게 하고자 하는 확고한 결심'과 '형제들의 따뜻한 마음에 부응하고자 하는 부드러움'을 동시에 가져야 한다는 사실입니다. 강한 의지와 부드러운 마음은 서로 놀랍도록 아름답게 조화될 수 있습니다. 그리고 모든 그리스도인들은 두 가지를 함께 붙잡을 필요가 있습니다.

82
전도자 빌립

“이튿날 떠나 가이사랴에 이르러 일곱 집사 중 하나인 전도자
빌립의 집에 들어가서 머무르니라”
행 21:8

여기의 빌립의 생애는 참으로 주목할 만한 생애입니다. 그의 생애는 둘로 나누어집니다. 하나는 활발하게 사역하던 시기이고, 다른 하나는 다른 사람들의 눈에 띠지 않는 상태로 조용하게 지낸 시기입니다. 그의 생애는 마치 반달과 같습니다. 절반은 금빛으로 찬란하게 빛나고, 나머지 절반은 보이지 않습니다. 이제 그에 대해 좀 더 상세하게 살펴보도록 합시다.

빌립이라는 이름으로 미루어 보건대, 그는 본토 유대인이 아니었을 가능성이 많습니다. 아마도 그는 유대 혈통을 가지고 이방인들 가운데 살았던 사람들 가운데 한 사람이었던 것으로 보입니다. 우리가 그에 대해 처음 듣게 되는 것은 그가 교회에 의해 일곱 집사 가운데 한 사람으로 뽑힐 때입니다. 그때 사도들의 제안으로 집사들을 뽑은 것은 소위 “헬라파”라 불리는 사람들의 불평을 — 자신들에게 속한 과부들이 구제에 빠지는 것으로 인한 — 해소하기 위한 것이었습니다. 빌립의 이름은 그들 가운데 지도자였던 것으로 보이는 스데반의 이름 다음에 옵니다. 스데반이 순교를 당한 후 빌립은 예루살렘으로부터 피신하여 사마리아로 가서 거기에서 복음을 전합니다. 그가 그렇게 한 것은 상황이 그를 그렇게 몰고 갔기 때문이

었습니다. 그가 일곱 집사 가운데 한 사람이 된 것은 형제들이 그를 임명했기 때문이었습니다. 그러나 그의 다음 행보는 그리스도의 특별한 명령에 따라 이루어졌습니다. 그는 광야로 가서 에디오피아 내시에게 복음을 전했습니다. 이후 성령이 그를 아소도로 데려간 후 그는 가이사랴에 이를 때까지 팔레스타인의 해안을 따라 여러 도시들을 다니며 복음을 전했습니다. "빌립은 아소도에 나타나 여러 성을 지나 다니며 복음을 전하고 가이사랴에 이르니라"(8:40). 이렇게 하여 가이사랴에 온 빌립은 이곳에 20년 동안 머물게 됩니다. 이 기간 동안 그가 어떻게 살았는지에 대해 아무것도 듣지 못합니다. 그러다가 마침내 바울 일행이 절기를 지키기 위해 예루살렘으로 올라가는 도중에 이곳에 오게 됩니다. 이렇게 하여 바울 일행은 "전도자 빌립의 집에 들어가 머물게" 되는데, 이것은 우리가 그에 대해 마지막으로 들었을 때로부터 20년이 지난 후였습니다. 어쨌든 이렇게 하여 바울 일행은 "여러 날" 그와 함께 머물게 됩니다(10절). 이것이 우리가 빌립에 대해 듣는 마지막 모습입니다.

이제 둘로 두드러지게 구분되는 빌립의 생애로부터 몇 가지 교훈을 찾아보도록 합시다. 그에게는 '눈에 띄게 일하던 짧은 기간'과 '눈에 띄지 않게 수고하던 긴 기간'이 있었습니다.

1. 눈에 띄게 일하던 짧은 기간.

앞에서 이야기한 것처럼, 소위 "헬라파"라 불리는 사람들은 교회에 대해 많은 불평을 가지고 있었습니다. 왜냐하면 자신들에게 속한 과부들이 교회 안에서 본토 유대인들에 의해 부당하게 대접받고 있다고 생각했기 때문이었습니다. 그리하여 사도들은 이렇게 말합니다. "너희의 이런 다툼이 어찜이뇨? 너희가 좋아하는 대로 일곱을 선택하라. 그러면 우리가 그들에게 구제하는 일을 맡기리라. 그러면 너희의 불평이 그칠 것이라. 너희가 원하는 사람들을 선택하라. 그러면 우리가 너희의 선택을 확증할 것이라." 이렇게 하여 교회는 일곱 명의 형제를 선택했는데, 그들은 모두 "헬라파" 혹은 "헬라어를 말하는 유대인들"이었던 것으로 보입니다. 그리고 특별히 그들 가운데 한 사람은 혈통적 유대인이 아닌 "안디옥의 개종자"였습니다.

이러한 일곱 사람은 신약에서 결코 "집사"로 불리지 않습니다. 비록 처음에 그와 같은 임무를 위해 세움을 받은 사람들이었다 하더라도 말입니다(이와 관련하여 한글개역개정판 본문의 "일곱 집사 중 하나인 전도자 빌립"이라는 표현을 주목해 보십시오. 여기의 "집사"는 원문에는 없는 단어입니다. 이와 관련하여 흠정역 본문은 다음과 같이 되어 있습니다. "We entered into the house of Philip the evangelist, which was [one] of the seven" — 역주). 어쨌든 그와 같은 직분이 생기게 된 것은 우리에게 많은 것을 가르쳐줍니다. 그것은 교회에 생긴 어려운 문제를 해결하기 위해 사도들에 의해 만들어졌습니다. 어떤 사람들은 감독과 사제와 집사의 세 직분이 없는 교회는 교회로 불릴 가치조차 없다고 주장하는데, 이것이 교회조직을 극도로 중시하는 그와 같은 사상을 뒷받침해 줍니까? 분명한 것은 초창기 교회에는 아무런 조직도 없었다는 사실입니다. 조직은 상황이 요구하는 대로 만들어졌을 뿐입니다. 오직 다음과 같은 두 가지 원리만이 있었을 뿐입니다. 첫째는 "예수 그리스도가 주인이시고 너희 모두는 형제다"라는 원리이며, 둘째는 "주의 영이 임하실 때 너희가 상황에 따라 행할 것이라"라는 원리입니다(삼상 10:7). 이와 같이 여기의 일곱은 일시적 문제를 해결하기 위해 임명되었습니다. 그리고 그러한 일이 더 이상 필요치 않을 때, 그들의 직분은 끝났습니다. 실제로 예루살렘교회가 흩어진 직후 그렇게 된 것으로 보입니다. 그러고 난 후 점차적으로 장로들과 집사들이 세워졌습니다. 실제로는 유동적임에도 불구하고, 사람들은 하나의 엄격한 그리고 불변의 교회조직이 있다고 생각합니다. 실제로 초대교회는 다양한 상황 가운데 있는 이후의 모든 교회가 반드시 따라야 할 하나의 전형(典型)으로 의도되지 않았습니다. 어떤 조직도 결코 깨뜨려서는 안 되는 큰 원리들이 있습니다. 이러한 원리들이 지켜진다면, 형식은 단지 편의(便宜)에 따른 문제일 뿐입니다.

이것이 내가 여기의 이야기로부터 얻는 첫 번째 교훈입니다. 물론 이러한 교훈은 빌립 자신과는 직접적으로 관련되지 않습니다. 그렇지만 이것은 특정한 교회조직이 필수적이라는 생각이 만연한 오늘날 반드시 지적될 필요가 있습니다. 특별한 교회조직을 가지고 있지 않은 우리 비국교도 교회는 많은 사람들에 의해 교회가 아닌 것으로 매도를 당합니다. 그들이 필수적이라고 생각하는 교회조직을 우리가 가지고 있지 않다는 이유 때문에 말입니다. 그러나 초대교회 역시 그러한 조직을 가지고 있지 않았습니다.

나아가 이와 같이 눈에 두드러지게 활동하던 기간 속에서, 우리는 그리스도인으로 하여금 기독교적 사역을 행하도록 이끄는 자발적인 충동을 주목할 수 있습니다. 빌립을 선택하여 "이제 가서 구제사역을 담당하라"고 말한 것은 그의 형제들이었습니다. 그러나 그의 형제들은 그의 다음 행보와는 아무 상관없었습니다. 그는 특별한 상황으로 말미암아 예루살렘으로부터 피하여 사마리아로 왔습니다. 그는 거기에서 아마도 예수 그리스도께서 승천하시던 날 말씀하셨던 것을 기억했을 것입니다. "너희는 예루살렘과 온 유대와 사마리아와 땅 끝까지 이르러 내 증인이 되리라 하시니라"(1:8). 그렇지만 이러한 말씀을 기억했든 기억하지 못했든, 그는 여기 사마리아에서 조상 적부터 원수처럼 지내던 사람들 가운데 있었습니다. 그가 사마리아에 갔을 때, 아무도 그에게 복음을 전파하라고 말하지 않았습니다. 그는 사도들로부터 아무런 위임도 받지 않았습니다. 그에게 주어진 직분은 말씀을 전하는 것이 아니라 단지 과부들을 보살피는 일이었을 뿐입니다. 사도들은 일곱 사람을 세우면서 이를테면 이렇게 말했습니다. "그들로 하여금 식탁을 돌보게 하자. 그러면 우리는 말씀에 전무할 수 있을 것이라." 그러나 예수 그리스도는 자기 종들의 역할과 관련한 사람들의 제한을 무효화시킵니다. 그리하여 빌립은 아무런 위임이 없었음에도 불구하고 구원의 메시지를 유대인에게만 한정하는 제한을 깨뜨린 첫 번째 사람이 되었습니다. 사마리아 사람들이 그리스도를 필요로 하는 것을 발견했을 때, 빌립은 베드로와 야고보와 요한이 자신에게 와서 안수하며 "자, 너에게 그리스도에 대하여 말할 수 있는 권세를 부여하노라"라고 말하는 것을 기다리지 않았습니다. 그는 어떤 위임도 기다리지 않았습니다. 그는 다만 예수 그리스도로 충만한 자신의 마음이 이끄는 대로 따랐습니다. 그는 그

리스도에 대해 말하지 않을 수 없었고, 그래서 그곳에서 복음을 전파했습니다,

이렇게 하여 빌립은 유대주의의 영역 너머 어둠 가운데 있는 사람들에게 빛을 가져다준 최초의 그리스도인이 되었습니다. 그가 단순히 개인적 그리스도인으로서 그렇게 한 것을 기억하십시오. 그는 어떤 사람으로부터도 부름을 받거나 혹은 위임을 받거나 혹은 성직을 수여받지 않았습니다. 그가 이방인들에게 복음을 전파한 것은 그렇게 하지 않을 수 없었기 때문입니다. 그는 "지금 나는 과감하게 새르운 일을 행하고 있어!"라고 추호도 생각하지 않았습니다. 그가 사마리아에서 복음을 전파한 것은 세상에서 가장 자연스러운 일이었습니다. 만일 우리가 여기의 빌립이 가졌던 것과 같은 참된 믿음과 개인적 체험을 가진 그리스도인이라면, 그것은 우리에게도 같을 것입니다.

빌립의 초창기의 활발한 사역으로부터 우리가 발견할 수 있는 또 한 가지 교훈이 있습니다. 그것은 하나님이 작은 일에 충성된 자에게 큰 일을 맡긴다는 사실입니다. 주의 사자가 그어게 와서 "일어나 남쪽으로 향하여 예루살렘에서 가사로 내려가는 길까지 가라. 거기에서 네가 할 일을 이르리라"라고 말한 것은 그가 사마리아에서 열심히 복음을 전파했기 때문이었습니다(8:26). 이러한 분명한 명령에 따라 그는 광야로 갔습니다. 틀림없이 그는 스스로 이렇게 생각했을 것입니다. "사마리아에서의 활발한 사역을 뒤로 하고 한적한 광야로 보냄 받는 것은 참으로 이상한 일이 아닌가! 거기에는 사람이라고는 단 한 명도 살고 있지 않지 않은가!" 그러나 그는 갔습니다. 그리고 지정된 장소에 도착했을 때, 그는 자신이 도대체 무슨 일을 위해 이곳까지 보냄을 받았는지 알기 위해 사방을 돌아보았습니다. 그때 수레 하나가 시야(視野)에 들어왔습니다. 틀림없이 그는 스스로에게 "아, 바로 저거야!"라고 말했을 것입니다. 그 수레에 가까이 다가갔을 때, 그는 거기에 탄 자가 큰 소리로 이사야서의 위대한 예언을 읽는 것을 들었습니다. 아마도 에디오피아 내시는 구약의 헬라어 역본에 대해 그다지 익숙하지 않았을 것입니다. 빌립은 바로 이 일을 위해 자신이 이곳으로

보냄을 받았다는 사실을 즉시 알아차렸습니다. 그리하여 그는 "수레에 올라" 자신에게 맡겨진 일을 수행하기 시작합니다.

이와 같이 예수 그리스도는 자신의 자리에서 작은 일에 충성된 자를 새로운 일을 위한 대행자를 선택하십니다. "무릇 있는 자는 받아 풍족하게 되고 없는 자는 그 있는 것까지 빼앗기리라"(마 25:29). 만일 여러분이 큰 일을 맡기를 원한다면, 여러분은 먼저 작은 일에 충성해야 합니다. 그러면 여러분의 용량은 큰 일을 맡기에 충분할 정도로 커지게 될 것입니다.

2. 눈에 띄지 않은 채 모퉁이에 가려져 있었던 긴 기간.

빌립이 가이사랴에 머문 20년 동안, 그가 무슨 일을 했는지 우리는 아무것도 듣지 못합니다. 나는 가이사랴에 살던 빌립과 관련하여 한 가지 의아하게 생각하는 것이 있습니다. 그것은 같은 가이사랴에 살던 고넬료와 관련한 것입니다. 예수 그리스도는 고넬료로 하여금 복음을 듣도록 하시기를 원하셨습니다. 그런데 어째서 주님은 고넬료를 같은 가이사랴에 살던 빌립에게 보내지 않고 욥바에 가서 베드로를 데려오도록 명하셨을까요? 또 안디옥에서 바나바가 가이사랴에 있던 빌립을 부르기 위해 남쪽으로 가는 대신 다소의 사울을 찾기 위해 북쪽으로 간 이유는 무엇이었을까요? 한때 빌립은 이방인들에게 복음을 전파하는 일에 가장 적극적이었습니다. 실제로 그는 사마리아에서 뿐만 아니라 광야로 가는 길에서 유대주의의 좁은 경계를 뛰어넘어 복음을 전파한 첫 번째 사람이었습니다. 그런데 이후 단계에서는 어째서 예수 그리스도께서 그를 그냥 지나치셨을까요? 어째서 그의 형제들은 그가 시작한 이방인 전도사역이 본격적으로 확장되고 있었음에도 불구하고 그토록 오랜 기간 동안 그를 그냥 가이사랴에 내버려 두었을까요? 우리는 그 이유를 알지 못합니다. 그에 대해 상상의 나래를 펼치는 것은 쓸모없는 일입니다. 그렇지만 우리는 그러한 사실로부터 매우 중요한 교훈을 배울 수 있습니다.

여기에서 우리는 훨씬 덜 눈에 띄는 위치를 기꺼이 받아들이는 것에 대한 아름다운 실례(實例)를 발견합니다. 우리가 짧은 기간 동안 어떤 위대한 일을 행하다가, 이후 평범한 삶을 산다고 생각해 봅시다. 짧은 기간 동안의 찬란한 광채는 우리로 하여금 나머지 인생이 매우 시시하며 단조로우며 무미건조한 것처럼 보이도록 만들 것입니다. 우리는 뒤를 돌아보며 이렇게 생각합니다. "아, 그때 나를 위해 문이 활짝 열렸었어. 그렇지만 그 문은 얼마나 빨리 닫히고 말았나! 나에게 있어 이와 같이 시시한 모습으로 살아가는 것은 정말로 어려운 일이야." 그러나 빌립은 그렇게 생각하지 않았습니다. 예수 그리스도는 빌립을 에디오피아 내시에게는 보냈지만 그러나 고넬료에게는 보내지 않았습니다. 그러나 빌립에게는 그것으로 충분했습니다. 그를 내시에게 보낸 것도 주님이었으며, 그를 고넬료에게 보내지 않은 것도 주님이었습니다. 주님이 그를 어떤 위치에 두든, 그는 기꺼이 그 위치를 취하고 기꺼이 그곳에서 수고했습니다.

여기에 대부분의 경우 눈에 띄지 않는 삶을 살아야만 하는 우리를 위한 또 하나의 교훈이 있습니다. 그것은 빌립이 눈에 띄지 않는 삶을 기꺼이 받아들였을 뿐만 아니라 또한 눈에 띄지 않는 사역을 부지런히 감당했다는 사실입니다. 오늘 본문을 다시 한 번 유심히 살펴보십시오. "이튿날 떠나 가이사랴에 이르러 일곱 가운데 하나인 전도자 빌립의 집에 들어가서 머무르니라."(한글개역개정판에는 "일곱 집사 중 하나인"이라고 되어 있음 — 역주). 누가가 그의 예전의 직분을 잊어버린 것일까요? 결코 그렇지 않습니다. 그러나 누가는 20년이 지난 지금 그의 다른 직분을 강조합니다. 그는 지금 "전도자"였습니다. 비록 그 일이 한쪽 모퉁이에서 조용하게 행해지는 가운데 사람들의 별다른 주의를 끌지 않았다 하더라도 말입니다. 한때 그는 높은 직위의 고관에게 주의 말씀을 전파했습니다. 한때 하나의 도시 전체가 그가 전하는 말씀으로 진동했습니다. 한때 그는 바울과 같은 사역을 행했습니다. 그러나 그러한 화려한 순간들은 지나갔으며, 그는 20년 동안 사람들의 눈에 띄지 않는 한적한 모퉁이에서 수고하도록 남겨졌습니다. 그러나 그는 기꺼이 그러한 위치를 받아들였으며, 자신에게 맡겨진 일을 최선을 다해 감당했습니다. 그리고 20년이 지났을 때, 우리는 그가 "전도자 빌립"으로 불리는 것을 듣습니다.

여기에서 우리는 주목받지 못하는 사역을 꾸준히 행하는 충성된 일꾼의 모습을 봅니다. 그리스도인의 사역에는 큰 것도 없고 작은 것도 없습니다. 사람들이 우리의 사역을 알든 모르든, 그것은 아무런 문제도 아닙니다. 중요한 것은 주님이 아시는 것입니다. 우리 가운데 대부분의 사람들은 별달리 사람들의 눈에 띄지 않는 사역을 수행해야 합니다. 나와 같은 위치에 있는 사람들은 사람들의 눈에 조금 더 띄게 마련이지만, 그러나 은퇴하고 한두 해만 지나면 그들도 역시 잊혀지게 마련입니다. 그런데 그것이 도대체 무슨 문제란 말입니까? "내가 그들의 모든 행위를 절대로 잊지 아니하리라"(암 8:7). 오늘날은 스스로를 광고하는 시대입니다. 오늘날 사람들은 자신의 이름이 널리 알려지기를 바랍니다. 사람들은 신문에 보도되지 않는 작고 사소한 일을 행하는 것을 그다지 좋아하지 않습니다. 이런 시대에 우리 모두는 여기의 빌립의 행동으로부터 선한 모범을 취할 수 있습니다. 그는 너무나 화려하게 시작했지만, 그러나 20년 동안 사람들의 눈에 띄지 않은 채 모퉁이에 가려져 있었습니다. 그러나 그는 항상 "전도자"였습니다.

3. 마지막으로, 여기에서 빌립이 사역자들을 즐겁게 맞이한 것을 주목하십시오.

바울의 빌립의 집에 왔을 때 빌립이 따뜻하게 맞이한 것은 참으로 아름다운 장면이 아닐 수 없습니다. 바울은 지금 매우 지쳐 있었을 것이었습니다. 왜냐하면 예루살렘에 절기에 맞추어 도착하기 위해 고린도로부터 출발해서 지금까지 상당히 서둘렀기 때문입니다. 그러나 이제 그는 어느 정도 여유를 가질 수 있게 되었습니다. 그것은 그동안 서두른 덕분에 어느 정도 시간적 여유가 생겼기 때문이었을 뿐만 아니라 또한 빌립과의 교제로부터 같은 그리스도인으로서의 편안한 동류의식을 느꼈기 때문이었습니다.

빌립은 자기보다 연소(年少)한 바울에 대해 어떤 시기심도 갖지 않았습니다. 그가 자신을 능가한다는 이유 때문에 말입니다. 빌립은 선구자의 영광을 나누는 것을 불쾌하게 생각하지 않았습니다. 그는 자신이 시작한 일을 다른 사람이 이어가는 것을 기뻐했습니다. "한 사람이 심고 다른 사람이 거둔다"(요 4:37). 빌립은 그 일을 위해 앞서 준비된 사람이었습니다. 그리고 그는 지금 주님이 그의 형제를 통해 행하시는 것을 보며 또 다시 즐거워합니다. 설령 한때 자신을 통해 행하실 것으로 생각했다 하더라도 말입니다. 그들은 서로 무슨 이야기를 나누었겠습니까! 그들은 서로 얼마나 많은 대화를 가졌겠습니까! 빌립은 자신보다 연소한 바울이 성공적으로 사역하는 것을 보며 얼마나 기뻐했겠습니까!

그들 가운데 말은 별로 많이 하지 않았지만 그러나 귀를 쫑긋 세우고 듣고 있었던 한 사람이 있었습니다. 그의 이름은 누가였습니다. 틀림없이 누가는 빌립의 말을 들으며 우리를 위해 이 책에 보존된 몇몇 이야기들을 모았을 것입니다. 특별히 초창기 예루살렘교회와 관련된 이야기를 말입니다.

결국 빌립은 자신이 생각한 것처럼 그렇게 사람들의 눈에 띄지 않는 모퉁이에서 일하고 있었던 것이 아니었습니다. 온 세상이 그에 대해 압니다. 그는 오랜 시간 동안 휘장 뒤에서 일하고 있었습니다. 그러나 그는 자신의 말을 귀 기울여 듣고 있던 "사랑하는 의원 누가"가 그러한 휘장을 활짝 열어젖히고 온 세상으로 하여금 그가 행한 일을 보도록 할 줄은 꿈에도 생각지 못했습니다.

이것은 우리 모두에게도 똑같이 이르어질 일입니다. 언젠가 휘장이 젖혀질 것입니다. 그때 우리가 주님을 위해 수고한 모든 것들이 온전히 펼쳐질 것입니다. 사람들이 알든 알지 못하든 상관없이 주님을 위해 인내하며 수고한 모든 것들 말입니다. 그러므로 우리는 우리보다 더 크고 두드러진 일에 부름 받은 다른 사람들에 대해 어떤 시기심도 가질 필요가 없습니다.

이방인들에게 복음을 전파하기 시작한 자와 그 일을 완성한 자 사이의 여러 날 동안의 조용한 대화를 생각해 보십시오. 우리는 그것을 하나의 위대한 일에 동참했던 모든 사람이 그 즐거움에 참여하게 될 때에 대한 일종의 예언적 상징으로 취할 수 있지 않습니까? 누군가는 기초를 팠으며, 누군가는 벽돌을 쌓았으며, 누군가는 지붕을 올렸습니다. 그러나 누가 무엇을 했든 그것은 아무런 문제도 아닙니다. 그들은 모두 집을 짓는 일에 동참했으며, 각자 자신의 분깃만큼 그것을 완성한 즐거움을 함께 나눕니다. "이는 뿌리는 자와 거두는 자가 함께 즐거워하게 하려 함이라"(요 4:36).

83
한 오랜 제자

"가이사랴의 몇 제자가 함께 가며 한 오랜 제자 구브로 사람 나손을
데리고 가니 이는 우리가 그의 집에 머물려 함이라"
행 21:16

우리가 신약에서 만나는 사람들 가운데 우리의 상상력을 자극하는 사람들이 있습니다. 실제로 거의 알려진 것이 없음에도 불구하고 신약에 단지 한 줄 기록된 것으로 말미암아 불멸의 이름을 얻게 된 것은 얼마나 특이한 운명입니까? 여기에 바울과 함께 등장하는 나손이라는 인물이 그러합니다. 그에 대해 우리는 다른 곳에서 아무것도 듣지 못하지만, 그러나 그의 이름은 세상이 끝날 때까지 사람들의 귀에 익숙할 것입니다. 이 사람의 모습은 마치 연필로 대충 스케치하듯이 대략적으로 그려집니다. 그러나 만일 우리가 이러한 짧막한 구절을 취하여 깊이 묵상한다면, 우리는 그에 대한 실제적 그림을 얻을 수 있을 것입니다. 여기의 나손은 단지 바울의 이야기의 배경으로 희미하게 등장할 뿐입니다. 그러나 우리는 그로부터 몇 가지 중요한 교훈들을 배울 수 있습니다.

그의 이름과 출생지는 그가 바울과 같은 부류의 사람이었음을 보여줍니다. 다시 말해서 그는 헬라파 유대인 즉 혈통적으로는 유대인이지만 이방 땅에서 태어나 헬라어를 말하는 사람이었습니다. 그는 바나바의 고향인 구브로 출신이었습니다. 어쩌면 그는 바나바의 친구였을는지도 모릅니다.

특별히 그는 "오랜 제자"(old disciple)였습니다. 이러한 표현은 단지 그가 나이가 많았음을 의미하는 것이 아니라, 그가 "처음부터 제자" 즉 초창기 신자들의 무리 가운데 한 사람이었음을 의미합니다. 만일 우리가 그 단어를 엄격하게 번역한다면, 우리는 그가 30여 년 전에 육체로 계신 그리스도를 보았으며 주님이 이 땅에 계실 때부터 그를 따랐던 사람들 가운데 하나였을 것으로 추측해야만 합니다. 당시 그런 사람들은 급속하게 그 수가 줄어들어 가고 있었습니다. 그가 오래 전에 회심한 사람이라는 이러한 특별한 언급은 명백히 그런 부류의 사람이 점점 극소수가 되어 가고 있음을 암시합니다. 뿐만 아니라 여기에는 두 번째 세대의 교회가 초창기 세대의 신자들에게 표하는 어떤 존귀와 영예가 함축되어 있습니다. 어쨌든 여기의 나손은 초창기 신자들 가운데 한 사람으로서 당시 상당한 연륜을 가진 사람이었을 것입니다. 구브로 출신인 그는 예루살렘으로 가는 도상(途上)에 있는 마을로 이사와 살고 있었습니다. 그는 자신의 집에서 바울 일행을 접대할 수 있을 정도의 풍족함과 따뜻한 마음을 가지고 있었습니다. 나손은 바울처럼 헬라파 유대인이었음에도 불구하고 바울과는 초면(初面)이었던 것으로 보입니다. 왜냐하면 본문의 가장 개연성 높은 독법(讀法)은 본문을 "가이사랴의 몇 제자가 함께 가며 우리를 한 오랜 제자 구브로 사람 나손에게 데리고 가니"라고 읽는 것이기 때문입니다(한글개역개정판에는 단순히 "가이사랴의 몇 제자가 함께 가며 한 오랜 제자 구브로 사람 나손을 데리고 가니"라고 되어 있음). 이러한 표현은 이것이 서로간의 첫 만남이었음을 암시합니다. 그러나 아직까지 낯선 상태의 첫 만남이었음에도 불구하고 또 바울의 사상이 아직까지 본토 그리스도인들에게 어느 정도 의구심의 대상이었음에도 불구하고, 초창기 제자들 가운데 한 사람인 나손은 마음을 열고 전심으로 바울을 영접했습니다. 나손의 이러한 태도는 "율법에 열성을 가진 수만 명의 유대인 신자들"에게 어느 정도 영향을 끼쳤을 것입니다(20절). 나손의 행동은 바울에게 큰 도움이었던 것처럼 또한 그 자신에게는 매우 영예로운 일이었습니다.

이 모든 것을 종합할 때, 지금까지 희미하게 밖에 나타나지 않던 나손이라는 인물이 이제는 좀 더 확실하지 나타나기 시작하지 않습니까? 나손은 여기에 있는 우리들에게 몇 가지 중요한 교훈을 알려줍니다.

1. 그가 알려주는 첫 번째 교훈은 처음 믿음을 굳게 붙잡으라는 것입니다.

우리 주님 자신의 아름다운 성품과 달콤한 목소리가 이 사람을 끌어당긴 이래로 많은 세월이 지났습니다. 그때 이래로 얼마나 많은 일들이 일어났습니까? 갈보리와 부활과 감람산과 오순절 등 말입니다. 이제 그는 혈기왕성한 젊은이로부터 신중한 노인으로 바뀌었습니다. 그의 전체적 감정과 세상을 바라보는 관점은 달라졌습니다. 그의 옛 친구들은 대부분 떠났습니다. 베드로와 요한과 주님의 형제 야고보는 아직 남아 있었지만, 그러나 대부분의 사람들은 세상을 떠났습니다. 그 주위에 새로운 세대가 일어나고 있었으며, 새로운 생각과 새로운 방식이 작동하고 있었습니다. 그러나 예전과 마찬가지로 지금도 똑같이 그대로인 것이 하나 있는데, 그것은 그리스도였습니다. "한 세대는 가고 한 세대는 오되 '그리스도'는 영원히 거하시도다."

"우리 모두는 조금씩 변화되도다.
영혼의 기초 외에 모든 것이 그러하도다."

여기의 "영혼의 기초"라는 표현을 주목해 보십시오. 그것이 무엇입니까? 그것은 가장 참된 의미에서 하나님이 놓으신 기초입니다. 그것은 시간이 아무리 흘러도 결코 변하지 않는 영구한 기초입니다. 그 위에 건축하는 자가 결코 실망하지 않을 그런 기초 말입니다. 우리는 이러한 기초 위에 건축하고 있습니까? 우리는 시간이 흐를수록 우리의 소망이신 예수 그리스도를 더욱 굳게 붙잡습니까?

옛 사랑과 옛 믿음과 옛 기쁨을 여전히 가지고 있는 여기의 노인의 경험보다 더 아름답고 더 축복된 경험은 결코 없습니다. 그러나 만일 그가 어떤 피조물의 사랑과 도움의 빛을 자신의 빛으로 삼고 그것을 의지했다면,

그의 인생은 결코 그토록 축복된 인생이 될 수 없었을 것입니다. 우리의 모든 날들을 하나로 만드는 데에는 오직 하나의 길이 있을 뿐입니다. 왜냐하면 하나의 사랑과 하나의 소망과 하나의 기쁨과 하나의 목표가 그 모든 날들을 하나로 묶기 때문입니다. 그것은 예수 그리스도를 우리의 구주로 받아들이고 모든 날들을 항상 그 안에서 거하는 것입니다. 첫 믿음을 굳게 붙잡는 것은 그 가운데 고착되는 것을 의미하는 것이 아닙니다. 그리스도 안에서 진보하는 데는 다양한 영역이 있습니다. "초창기 제자"가 되었을 때, 틀림없이 나손은 주님과 자신의 사역의 의미와 가치에 대해 아주 조금밖에 알지 못했을 것입니다. 이후 알게 된 풍성한 지식과 비교할 때 말입니다. 우리의 참된 진보는 그리스도로부터 멀리 자라는 데 있는 것이 아니라, 그 안으로 자라가는 데 있습니다. 또 그것은 구주로서 그에 대한 우리의 첫 믿음을 간과하며 저버리는 것에 있는 것이 아니라, 그러한 믿음을 세월의 경험을 통해 검증하며 심화시키며 펼쳐나가는 데 있습니다. 설령 여전히 불완전하다고 하더라도 말입니다. 우리는 우리의 삶 전체를 그러한 진보에 도움이 되도록 만들 수 있습니다. 그리고 만일 우리의 초창기 믿음이 마지막까지 빛나는 그리고 마지막을 빛나게 하는 믿음이라면, 우리는 참으로 복된 자일 것입니다. 자신이 평생 동안 사랑하며 섬겼던 주님을 끝까지 굳게 붙잡는 사람은 얼마나 복된 사람입니까! 평생 동안 자신을 인도했던 구름기둥이 해가 기울어지는 시간에 — 다시 말해서 죽음의 순간에 이를 때 — 불기둥으로 바뀌어 찬란하게 타오르는 것을 발견하는 사람은 얼마나 복된 사람입니까! 사랑하는 친구들이여, 여러분이 지금 믿음의 도상의 출발점에 있든 혹은 종착점에 가까웠든 부디 여러분의 믿음을 버리지 마십시오. 왜냐하면 그것이 여러분으로 하여금 큰 상을 얻게 하기 때문입니다. "그러므로 너희 믿음을 버리지 말라 이것이 큰 상을 얻게 하느니라"(히 10:35, 한글개역개정판에는 "너희 담대함을 버리지 말라"라고 되어 있음 — 역주). 오직 "구주 예수 그리스도의 은혜와 그를 아는 지식에서 자라" 가십시오(벧후 3:18). 그를 아는 것이 영생이며, 그를 조금 더 잘 알게 되는 것이 참된 진보이며, 그를 점점 더 충분하게 알게 되는 것이 하늘의 영광과 기쁨입니다. 본문에 나타난 희미한 인물을 보십시오. 그리고 그가 멀리서 우리를 향해 외치면서 우리에게 "굳건한 마음으로 주와 함께 머물러 있으라"고 권하는 소리를 들어 보십시오(행 11:23).

2. 여기의 이야기로부터 배울 수 있는 또 하나의 교훈은 새로운 생각과 새로운 방식을 기꺼이 받아들일 준비가 되어 있어야 한다는 것입니다.

바울을 영접한 일과 관련하여, 우리는 교회 안에서의 나손의 중요한 위치를 주목할 필요가 있습니다. 우리는 이제 얼마 남지 않은 "초창기 제자들"이 스스로 우쭐하는 마음을 갖게 되는 경향이 있었을 것이라고 상상할 수 있습니다. 그들은 주님의 뜻과 관련하여 그를 육체로 알지 못하는 자들보다 자신들이 훨씬 더 잘 안다고 고집하는 시험을 당할 수 있었을 것입니다. 당시 교회 안에는 주님을 육체로 크지 못했던 여기의 바울에 대해 상당한 의구심을 품고 있었던 철저한 유대주의자들이 있었는데, 초창기 제자들 역시도 충분이 그와 같은 의구심을 공유하기 쉬웠을 것입니다. 여기의 나손은 이렇게 말할 수도 있었습니다. "나는 이와 같은 새로운 방식들을 좋아하지 않아. 우리가 젊었을 때에는 이와 같은 종류의 방식은 없었어. 이 따위 신출내기가 복음의 초창기부터 있었던 우리에게 복음을 가르치는 것이 말이나 되는 일이야? 나는 이러한 변화를 따라가기에는 너무 늙었어." 이렇게 말할 수도 있었던 나손이 이방인의 사도 바울을 자신의 집으로 영접하고 기쁨으로 대접한 것은 얼마나 멋지고 훌륭한 일입니까! 우리는 그가 열린 마음으로 바울의 가르침을 기쁘게 받아들였다고 충분히 믿을 수 있습니다. 그렇지만 틀림없이 모든 "오랜 제자들"이 다 그렇지는 않았을 것입니다.

옛 신조(信條)를 굳게 지키면서 동시에 새로운 방식에 대해 이와 같은 유연한 마음을 갖는 것은 참으로 바람직한 일이 아닙니까? 어느 시대든 이것은 드문 일입니다. 특별히 나이가 닳은 사람들 가운데는 더욱 그러합니다. 우리는 종종 어떤 고정된 믿음에 완고하고 집착하는 가운데 결코 떼어내서는 안 되는 것을 떼어내고 마는 경향이 있습니다. 신념이 강한 사람들은 중요하지 않은 사소한 것들까지도 본질적인 것과 똑같이 완강하게 붙잡고 늘어지는 경향이 있습니다. 반면 새로운 빛과 새로운 방식들을 기꺼이 받아들이기를 좋아하는 사람들은 굳게 붙잡아야만 하는 것까지도 유동적인 것으로 생각하기를 좋아하는 경향이 있습니다. 이런 사람들은 스스로를 "관대한" 사람으로 평가하는데, 실제로 그것이 의미하는 것은 그에게는 중심적 진리와 뿌리 깊은 확신이 없다는 것입니다. 사람들은 나이가 들어가면서 점점 더 완고해지는 경향이 있습니다. 그들은 새로운 일과 새로운 생각을 잘 받아들이려고 하지 않습니다. 이렇게 볼 때, 나이가 많은 그리스도인들이 자신들의 옛 복음을 굳게 붙잡는 가운데 새로운 생각과 새로운 방식들을 마음을 열고 기꺼이 받아들이는 것은 얼마나 멋진 일입니까!

우리는 두 가지를 잘 조화시켜야만 합니다. 우리는 변하지 않는 것을 굳게 붙잡으면서 동시에 유연성을 계발하도록 노력할 필요가 있습니다. 옛 것을 사랑하면서 동시에 새것을 기꺼이 받아들일 준비를 갖추십시오. 여러분 자신이나 혹은 다른 사람들의 생각하는 방식이나 혹은 일하는 방식에다가 우리 구원의 중심적 진리에 속하는 것과 동일한 신성함을 부여하지 마십시오. 그렇다고 해서 어떤 변화든 다 받아들이려고 하지도 마십시오. 두 가지를 온전히 조화시키는 것은 결코 쉬운 일이 아닙니다. 그러나 둘은 반대되는 위치에 있는 것이 아니라 서로 보완되는 위치에 있습니다. 바람에 흔들리는 잎과 여린 가지들은 굳센 줄기와 깊은 뿌리를 필요로 합니다. 미동(微動)도 하지 않는 굳센 줄기와 바람에 춤추는 잎사귀들이 함께 어우러질 때, 나무는 얼마나 멋진 모습을 나타냅니까! 이방인의 사도를 기쁨으로 영접한 여기의 "오랜 제자"의 견고함과 열린 마음을 본받도록 노력하십시오.

3. 여기에서 발견할 수 있는 또 한 가지 교훈은 비록 무명(無名)의 삶을 산다 하더라도 그것이 얼마든지 아름다운 삶일 수 있다는 사실입니다.

여기의 나손에 대해 우리는 그가 제자였다는 것 외에는 아무것도 말할 것이 없습니다. 그는 주님을 위해 특별히 큰 일을 행한 것도 없었습니다. 그는 선생도 아니었고, 설교자도 아니었습니다. 그 안에 특별한 재능이나 언변술도 없었습니다. 그에 대해 어떤 영웅적 행동이나 혹은 위대한 인내의 행동 같은 것은 전혀 기록된 것이 없습니다. 다만 그에 대해 기록된 모든 것은 그가 평생 동안 그리스도를 사랑하고 따랐다는 것뿐입니다. 그렇지만 이러한 기록으로 충분하지 않습니까? 그에게 붙여진 수식어는 오직 하나, 즉 그가 "오랜 제자"였다는 것뿐입니다. 그가 이런 이름으로 세상에 영원히 기억되는 것은 정말로 놀라운 축복이 아닙니까?

우리가 세상을 떠나고 불과 일 년만 지나도 세상은 우리를 거의 기억하지 못할 것입니다. 우리가 행했던 어떤 행동이나 우리가 가졌던 어떤 생각도 아주 친밀했던 소수의 몇 사람을 제외하고 사람들의 기억 속에 남아 있지 않을 것입니다. 또 사람들의 기록 속에 우리 대부분의 사람들을 위한 자리는 없을 것입니다. 그러나 사랑하는 친구들이여, 만일 우리의 이름이 어린 양의 생명책에 "제자"라고 기록된다면, 그 모든 것이 도대체 무슨 문제란 말입니까? 그 단어가 우리의 인성을 가장 숭고하게 요약하지 않습니까? 사상가겠습니까? 영웅이겠습니까? 대인(大人)이겠습니까? 백만장자겠습니까? 아닙니다. "제자"입니다. 그것이 모든 것을 말해줍니다. 부디 그것이 여러분과 나의 묘비명이 되기를 바랍니다.

나손은 자신이 할 수 있는 일을 했습니다. 바울처럼 "먼 곳"으로 가는 것이나, 야고보처럼 교회를 지도하는 것이나, 마태처럼 복음서를 기록하는 것이나, 스데반처럼 예수를 위해 죽는 것은 그의 부르심이 아니었습니다. 그러나 그는 바울 일행을 위해 집을 개방함으로써 그들의 사역에 동참할 수 있었습니다. "선지자의 이름으로 선지자를 영접하는 자는 선지자의 상을 받을 것이요"(마 10:41). 따뜻한 마음으로 선지자를 영접하고 대접하는 자는 그런 행동을 통해 자신이 동일한 영적 자리에 서 있음을 나타냅니다. 그럼으로써 그는 선지자가 한 일에 함께 참여한 것이 되며, 그렇기 때문에 선지자가 받을 상을 그도 함께 받게 되는 것입니다. 비록 입술을 벌려 하나님을 위해 말하지 않았다 하더라도 말입니다. 그는 선지자와 한 영(靈)

이므로, 상에 있어서도 하나입니다. 다음과 같은 이스라엘의 옛 법칙은 그리스도의 병사들에게 있어서도 마찬가지입니다. "전장에 내려갔던 자의 분깃이나 소유물 곁에 머물렀던 자의 분깃이 동일할지니 같이 분배할 것이니라"(삼상 30:24). 후방에서 진영을 지켰던 병사들도 전방에서 적들과 싸워 승리를 거둔 병사들과 마찬가지로 상급과 명예를 가질 자격이 있습니다. 실제적 영적 가치와 관련된 한, 우리가 무엇을 행하느냐 하는 것은 중요하지 않습니다. 중요한 것은 왜 우리가 그것을 행하느냐 하는 것입니다. 동일한 동기와 동일한 헌신으로부터 행해진 모든 행동은 모두 같습니다. 외적 행동이 아니라 내적 동기에 의해 심판하시는 자는 마지막 날 많은 사람들을 동일하게 대접할 것입니다. 이 땅에서는 그 하는 일의 종류에 따라 천차만별이었다 하더라도 말입니다.

"그녀는 힘을 다하여 내 몸에 향유를 부어 내 장례를 미리 준비하였느니라"(막 14:8). 그녀의 힘이 일의 형태와 분량을 결정했습니다. 그녀에게는 매우 값비싼 것이 하나 있었습니다. 그녀는 자신의 값비싼 향유 병을 깨뜨려 주님의 발에 향유를 부었습니다. 그리하여 그녀의 전적인 사랑으로 말미암은 쓸모없는 행동과 값으로 따질 수 없는 자기희생은 주님으로부터 최고의 칭찬을 받았습니다. 그의 칭찬은 우리의 최고의 영광이 아닙니까? 세상은 여전히 그녀가 부은 향유의 향기로 가득합니다.

본문에 나타난 "오랜 제자" 나손을 다시 한 번 생각해 보십시오. 그의 환대는 성경에 기록되어 영원히 잊혀지지 않게 되었습니다. 그리고 그에 대한 기록은 우리에게 주님은 자신을 위해 행한 가장 작은 섬김까지도 잊지 않으신다는 사실을 일깨워줍니다. 사람들은 세상 역사의 페이지에 자기 이름이 한 줄 기록되는 것을 위해 삽니다. 고작해야 모래 위에 쓰는 것에 불과함에도 불구하고 말입니다. 그리고 그렇게 되지 못함으로 인해 낙망하며 실망합니다. 그러나 여기에 기록된 보잘것없는 한 그리스도인의 사소한 행동을 보십시오. 그는 긴 여행에 지친 몇 명의 여행자들에게 잠깐 동안 머물 수 있는 장소를 제공해 줌으로써 영원히 잊혀지지 않는 이름을 얻었습니다. "네가 너를 위하여 큰 일을 찾느냐 그것을 찾지 말라"(렘

45:5). 큰 일을 구하지 마십시오. 도리어 여러분 각자의 작은 삶의 영역을 주님을 위한 눈에 띄지 않는 일로 채우십시오. 사람이 기억해주는 것이나 칭찬해주는 것 따위는 신경 쓰지 마십시오. 오직 예수 그리스도께서 칭찬해주시는 것에만 관심을 가지십시오. 왜냐하면 그가 칭찬해주시는 것이 우리의 유일한 영광이며 그가 기억해주시는 것이 최고의 상급이기 때문입니다. "하나님은 불의하지 아니하사 너희 행위와 그의 이름을 위하여 나타낸 사랑으로 이미 성도를 섬긴 것과 이제도 섬기고 있는 것을 잊어버리지 아니하시느니라"(히 6:10).

84
성전에서의 바울

"²⁷그 이레가 거의 차매 아시아로부터 온 유대인들이 성전에서 바울을 보고 모든 무리를 충동하여 그를 붙들고 ²⁸외치되 이스라엘 사람들아 도우라 이 사람은 각처에서 우리 백성과 율법과 이 곳을 비방하여 모든 사람을 가르치는 그 자인데 또 헬라인을 데리고 성전에 들어가서 이 거룩한 곳을 더럽혔다 하니 ²⁹이는 그들이 전에 에베소 사람 드로비모가 바울과 함께 시내에 있음을 보고 바울이 그를 성전에 데리고 들어간 줄로 생각함이러라 ³⁰온 성이 소동하여 백성이 달려와 모여 바울을 잡아 성전 밖으로 끌고 나가니 문들이 곧 닫히더라 ³¹그들이 그를 죽이려 할 때에 온 예루살렘이 요란하다는 소문이 군대의 천부장에게 들리매 ³²그가 급히 군인들과 백부장들을 거느리고 달려 내려가니 그들이 천부장과 군인들을 보고 바울 치기를 그치는지라 ³³이에 천부장이 가까이 가서 바울을 잡아 두 쇠사슬로 결박하라 명하고 그가 누구이며 그가 무슨 일을 하였느냐 물으니 ³⁴무리 가운데서 어떤 이는 이런 말로, 어떤 이는 저런 말로 소리 치거늘 천부장이 소동으로 말미암아 진상을 알 수 없어 그를 영내로 데려가라 명하니라 ³⁵바울이 층대에 이를 때에 무리의 폭행으로 말미암아 군사들에게 들려가니 ³⁶이는 백성의 무리가 그를 없이하자고 외치며 따라 감이러라 ³⁷바울을 데리고 영내로 들어가려 할 그 때에 바울이 천부장에게 이르되 내가 당신에게 말할 수 있느냐 이르되 네가 헬라 말을 아느냐 ³⁸그러면 네가 이전에 소요를 일으켜 자객 사천 명을 거느리고 광야로 가던 애굽인이 아니냐 ³⁹바울이 이르되 나는 유대인이라 소읍이 아닌 길리기아 다소 시의 시민이니 청컨대 백성에게 말하기를 허락하라 하니"

행 21:27-39

어떤 사람의 믿음이 강하면 강할스록 상대방의 마음을 헤아리며 달래고자 하는 생각 역시 더 커질 것입니다. 그리고 마땅히 그래야 합니다. 나실인의 서원에 동참하라는 예루살렘 장로들의 제안을 받아들였을 때, 바울은 약한 형제들을 위해 최대한도로 양보하며 가능한 그들의 입장과 절충하고자 했습니다(23, 24절). 그렇지만 실상 그것은 바울의 입장과 배치되는 것이 아니었습니다. 왜냐하면 그가 반대한 것은 유대의 의식(儀式)이 아니라, 그것을 필수불가결한 것으로 고집하는 것이었기 때문입니다. 이방인들과 거리낌 없이 교제할 때를 제외하고는, 그 역시 한 사람의 유대인으로 살았습니다. 그는 유대 의식(儀式)에 사형판결이 내려졌음을 알고 있었습니다. 그러나 그는 그 판결이 실제로 집행되는 것은 시간에 맡길 수 있었습니다. 다만 그가 받아들일 수 없었던 것은 그것을 이방인 그리스도인들에게 강요하는 것이었습니다. 이방인 그리스도인들에게 있어, 예수께로 가는 길은 성전이나 혹은 회당을 통한 것이 아니었습니다. 반면 유대인 그리스도인들에게 있어, 그는 그들이 의식을 지키도록 내버려둘 수 있었습니다. 그들이 원한다면 말입니다. 장로들이 제안한 절충안은 바울의 관점과 완전하게 조화되는 것이었습니다. 그것은 그리스도인인 유대인들에게는 성공을 거두었지만, 그러나 그리스도인이 아닌 유대인들에게는 성공을 거두지 못했습니다.

오늘의 이야기는 바울을 위한 하나님의 목적을 성취함에 있어 두 대리인이 맡은 입장을 두드러지게 나타냅니다. 그들은 하나님의 목적을 성취하는 무의식적 도구였습니다. 그들이 서로 협동하는 것은 상상할 수조차 없는 일이었음에도 불구하고 말입니다. 그러나 유대인과 로마인은 함께 연합하여 스스로 결코 상상치도 못했던 계획을 이루었습니다.

1. 바울에 대한 참소를 주목하십시오.

"아시아로부터 온 유대인들"은 한눈에 바울을 알아보았습니다(27절). 왜냐하면 그들은 에베소와 다른 곳에서 그를 이미 보았기 때문이었습니다. 어쩌면 그들 가운데 몇 사람은 밀레도로부터 그와 함께 배를 탔던 여행객들 가운데 있었는지도 모릅니다. 그들은 바울이 성전에 나타난 것을 성전에 대한 모독으로 이해했습니다. 루터나 혹은 존 낙스가 성베드로 대성당에 나타났다고 생각해 보십시오. 틀림없이 사람들은 그들이 예배를 드리기 위해 그곳에 왔다고 생각하지 않을 것입니다. 바울이 성전에 나타난 것은 매우 자연스럽게 열성적 유대주의자들로부터 격분을 불러 일으켰습니다. 왜냐하면 그들은 그가 성전과 희생제사를 반대한다고 생각했기 때문이었습니다.

종교적 논쟁에 있어 반대자가 가르친 것으로부터 추론한 것을 가지고 마치 그것이 그의 믿음의 골자인 것처럼 간주하는 경향이 항상 있어 왔습니다. 여기의 열정적 유대인들도 바울에 대해 그렇게 했습니다. 그에 대한 반대는 노골적인 거짓이었으며, 부분적으로 그의 입장에 대한 오해로부터 나온 결론이었으며, 부분적으로 과장이었으며, 부분적으로 성급한 억측이었습니다. 바울은 "이스라엘 백성을 비방하는" 말을 단 한 마디도 한 적이 없습니다(28절). 실제로 그는 율법은 이방인들을 위한 것이 아니며, 구원을 가져다주는 완전한 계시도 아니라고 가르쳤습니다. 또 그는 예수 안에서 성전이 예표했던 모든 것이 실현되었다고 가르쳤습니다. 이러한 가르침은 율법과 성전을 "비방하는" 것이 아니었습니다. 도리어 구원의 전체 과정에 대한 그것들의 참된 관계를 제시함으로써 그 참된 의미를 드러내는 것이었습니다. 또 바울은 단 한 사람의 "헬라인"도 성전에 데리고 들어가지 않았습니다(28절). 군중들 가운데 격분이 휘몰아칠 때, 과장과 억측은 곧 분명한 사실이 됩니다. 여기의 참소는 야비한 방법으로 상대방을 몰아세우는 것을 보여주는 완전한 실례입니다. 이런 일은 모든 세대에 항상 반복되었습니다. 바울 역시도 한때 이와 똑같은 방식의 참소에 의해 스데반이 죽임을 당할 때 그것을 "마땅한 것으로" 여기지 않았습니까? 그날 이후 바울은 얼마나 먼 길을 돌아 왔습니까!

2. 즉시로 군중들의 증오심이 불붙은 것을 주목하십시오.

예루살렘의 군중들은 쉽게 격분하는 경향이 있었는데, 특별히 절기 때는 더 그랬습니다. 왜냐하면 절기 때는 사방으로부터 열심 있는 예배자들이 많이 모여들었기 때문입니다. 대체로 군중들은 고상한 가르침에 대해서는 별로 관심을 기울이지 않는 반면 그들의 편협한 편견에 호소하는 말에는 귀를 쫑긋 세웁니다. 그러다가 순간적으로 화약에 불꽃이 튀기고 곧 폭발이 일어납니다. 사람들에게 그들의 '종교'를 위해 살라고 설득하는 것보다 그들의 '종교'를 위해 싸우라고 선동하는 것이 항상 더 쉬운 법입니다. 예후는 '여호와를 위한 열심'을 내세웠지만, 실상 그것은 야만적 악행을 그럴듯하게 위장한 것 뿐이었습니다. 고함치는 군중은 그러한 참소가 사실인지 여부를 따져보기 위해 자신들의 고함을 멈추지 않았습니다. 단지 참소가 제기된 것으로 충분했습니다. 스코틀랜드에는 '제다트식 재판'(Jeddart justice)이라는 말이 있는데, 그것은 먼저 사람을 교수형에 처하고 난 후 나중에 천천히 그에 대해 심리(審理)하는 것입니다. 이와 같이 여기의 군중들은 불문곡직하고 바울을 죽이려고 했습니다(30, 31절).

여기에서 격노한 군중들이 성전을 더럽히지 않으려는 열심을 주목해 보십시오. 그들은 바울을 죽이기 전에 그를 성전 밖으로 끌어냈습니다(30절). 그들은 사람을 죽이는 것은 두려워하지 않았지만 그러나 의식법(儀式法)을 깨뜨리는 것은 두려워했습니다. 종교가 주로 외적 의식을 지키는 것으로 간주될 때, 죄는 그것을 깨뜨리는 것으로 축소됩니다. 우리 모두는 이와 같이 우리 종교의 무게중심을 각종 의식을 지키는 것으로 옮기는 유혹을 당합니다. 바울을 죽이는 것은 아구 일도 아닙니다. 다만 먼저 그를 성소(聖所) 밖으로 끌어내야만 합니다. 제사장들은 성전이 더럽혀지지 않기 위해 곧 문을 닫았습니다(30절). 사람을 죽이는 일이 성전 밖에서만 행해진다면 그것은 상관할 일이 아니었습니다. 그들은 희생자를 구할 수 있었습니다. 왜냐하면 범죄자는 제단 뿔을 붙잡음으로써 죽음을 면할 수 있었기 때문입니다. 그러나 여기의 제사장들은 가해자들과 은밀히 동조하는 가운데 피 흘리는 일을 방조합니다. 바울은 쉽게 군중들의 손에 죽임을 당할 수 있었습니다. 그러면 그의 죽음에 대한 책임은 어느 누구에게도 떨어지지 않을 것이었습니다. 그러나 그들이 바울을 죽이려는 결정적 순간 다른 요인이 개입합니다.

3. 누가 바울을 구원하는지 주목하십시오.

당시 안토니아 요새에 로마 수비대가 주둔하고 있었는데, 그것은 성전 북서쪽의 높은 지대에서 성전을 내려다보고 있었습니다. 그때 "예루살렘이 요란하다는" 소식이 천부장에게 전달되었습니다(31절). 우리는 23장에서 그의 이름이 글라우디오 루시아였다는 사실을 보게 됩니다(26절). 그는 급히 병사들을 거느리고 달려 내려갔습니다(32절). 여기에서 '로마 군대의 조용한 강함'과 '군중들의 요란한 약함'이 두드러지게 대조되는 것을 주목해 보십시오. 우리는 이와 같은 지휘관의 즉각적 행동 속에서 로마 통치의 최고의 특성들 가운데 하나를 보게 됩니다. 그 앞에서 흥분한 군중들은 움츠릴 수밖에 없었습니다. 그들은 "바울을 치는" 손을 거두어 들였습니다(31절). 왜냐하면 더 강한 손이 자신들에게 떨어지는 것을 두려워했기 때문입니다. 루시아는 신속한 결단으로 먼저 행동하고, 나중에 이야기합니다. 그는 먼저 소란의 중심이 된 것으로 보이는 사람을 확보합니다. 그리고 그를 두 사슬로 결박하고, 군중들에게 그가 누구이며 무슨 일을 했는지 묻습니다(33절).

그러자 군중들은 술렁거리며 어떤 이는 이런 말로 어떤 이는 저런 말로 저마다 목소리를 높여 대답합니다(34절). 군중들은 루시아의 질문에 정확하게 대답할 수 없었습니다. 다만 그들이 할 수 있었던 것은 목이 쉬도록 "그를 없이 하자!"고 소리치는 것뿐이었습니다(36절). 이것은 자신들의 무지(無知)를 따라 지껄이기를 좋아하는 군중들의 모습을 보여주는 완전한 그림입니다. 루시아는 자신들이 확보한 죄수에 대해 확실하게 알 때까지 그를 단단히 붙잡아 두고자 결심합니다. 그리하여 루시아는 그를 영내로 데려갈 것을 명령합니다(34절). 이렇게 하여 군중들은 자신들의 먹이가 빠져나가는 것을 보면서 다시금 군사들을 밀치며 격렬하게 달려듭니다(35절). 그리하여 영내로 들어가는 층대에서 군사들은 다시금 군중들을 제지합니다. 군중들은 단지 격노 가운데 고함을 치는 것 외에 아무것도 할 수 없었습니다.

　여기에서 나타난 것과 같은 로마 권력의 역할은 사도행전 전체를 통해 반복됩니다. 그것은 유대의 가해자들로부터 유아기의 기독교를 보호합니다. 마치 로물루스에게 젖을 먹인 늑대처럼 말입니다. 로마 통치에 있어서의 좋은 특징과 나쁜 특징 모두가 그러한 목적을 이루는 데 활용되었습니다. 로마는 관념(ideas)을 경멸했습니다. 그 가운데서도 특별히 종교에 있어서의 사변적 차이들을 경멸했습니다. 또 로마는 자신들에게 예속된 나라들을 이해하는 일에 별다른 주의를 기울이지 않았습니다. 또 로마에는 강력한 군사적 규율과 법적 정의가 있었습니다. 이 모든 것이 연합하여 로마로 하여금 초창기 그리스도인들을 보호하는 데 중요한 역할을 맡도록 이끌었습니다. 예루살렘이 박해하고 로마가 보호하는 것은 얼마나 이상한 일입니까!

　여기에서 사람들이 부지불식간에 하나님의 목적을 이루는 것을 주목하십시오. 유대인과 로마인은 서로 원수지간이었습니다. 이들은 지금 서로 반대 방향으로 움직이고 있습니다. 그러나 하나님은 둘 모두를 자신의 목적을 이루는 일에 사용하고 계십니다. 바울은 로마로 가야만 합니다. 그런데 여기의 두 세력은 함께 연합하여 그를 그곳으로 데려갑니다. 둘은 마치 반대 방향으로 돌아가는 '두 개의 톱니 달린 수레바퀴'와 같았습니다. 그런데 두 바퀴가 서로 연합하여 수레를 한 목적지로 이끌어 갑니다. 또 로마 군사들과 유대 군중들은 마치 체스판의 말들과 같았습니다. 보이지 않는 어떤 손이 그들을 움직이고 있었던 것입니다.

4. 바울의 조용한 용기를 주목하십시오.

　바울은 난폭한 군중들로부터 큰 곤욕을 치렀으며, 불과 몇 분 전만해도 죽음 일보직전까지 갔었습니다. 그럼에도 불구하고 그는 주님을 위해 말할 준비가 되어 있었습니다. 그의 정중한 말투를 주목해 보십시오. "내가 당신에게 말할 수 있느냐?"(37절). 그는 천부장이 자신으로 하여금 말하는 것을 금지할 권한이 있음을 인정합니다. 바울은 어떤 상황에서도 침착함과 자제력을 잃지 않는 사람이었습니다. 그는 어떤 풍랑이나 폭풍 속에서도 흔들리지 않을 수 있었습니다. 그것은 훌륭한 성격 덕분이 아니라, 그의 마음과 생각을 완전한 평온으로 지켜주는 확고한 믿음 덕분이었습니다. 자신의 달려갈 길을 위해서는 목숨까지도 귀하게 여기지 않는 사람을 요동(搖動)시키는 것은 결코 쉬운 일이 아닙니다. 이러한 평온한 자기통제의 근원은 우리에게도 똑같이 열려 있습니다. 만일 하나님이 우리의 반석이며 산성이라면, 우리는 결코 요동치 않을 것입니다.

그때 어떤 이유 때문이었는지는 모르지만 천부장의 마음에 이 사람이 많은 자객들을 거느렸던 유명한 '애굽인'이 아닌가 하는 생각이 떠올랐습니다. "네가 이전에 소요를 일으켜 자객 사천 명을 거느리고 광야로 가던 애굽인이 아니냐?"(38절). 우리는 요세푸스를 통해서도 이 사람이 행한 일에 대해 들을 수 있습니다. 루시아는 그 순간 유대인들이 이 사람을 죽이려고 했다는 사실을 잠깐 동안 고려하지 않은 것으로 보입니다. 그러나 이 사람이 헬라어로 정중하게 말하는 것을 들었을 때, 그는 이 사람이 결코 야만적이며 무지막지한 폭도가 아니라는 사실을 즉시 알아차립니다. 그리하여 천부장은 바울에게 말하는 것을 허락합니다. 어떤 사람들은 이것이 매우 있음직하지 않은 일이라고 생각합니다. 그러나 강한 사람들은 서로를 알아보는 법입니다. 여기의 용감한 로마인은 또 한 사람의 용감한 유대인의 말투와 태도에 강한 인상을 받은 것으로 보입니다. 그러한 인상은 천부장으로 하여금 이 사람에게 말하도록 허락한다고 해서 아무런 해(害)도 생기지 않을 것이라고 본능적으로 확신하도록 만들었습니다. 그리스도인들의 태도에 이와 같은 것이 있어야 하지 않겠습니까? 그것을 보는 자에게 강한 인상을 가져다주는 그런 태도 말입니다.

85
자신의 회심을 설명하는 바울

"⁶가는 중 다메섹에 가까이 갔을 때에 오정쯤 되어 홀연히 하늘로부터 큰 빛이 나를 둘러 비치매 ⁷내가 땅에 엎드러져 들으니 소리 있어 이르되 사울아 사울아 네가 왜 나를 박해하느냐 하시거늘 ⁸내가 대답하되 주님 누구시니이까 하니 이르시되 나는 네가 박해하는 나사렛 예수라 하시더라 ⁹나와 함께 있는 사람들이 빛은 보면서도 나에게 말씀하시는 이의 소리는 듣지 못하더라 ¹⁰내가 이르되 주님 무엇을 하리이까 주께서 이르시되 일어나 다메섹으로 들어가라 네가 해야 할 모든 것을 거기서 누가 이르리라 하시거늘 ¹¹나는 그 빛의 광채로 말미암아 볼 수 없게 되었으므로 나와 함께 있는 사람들의 손에 끌려 다메섹에 들어갔노라 ¹²율법에 따라 경건한 사람으로 거기 사는 모든 유대인들에게 칭찬을 듣는 아나니아라 하는 이가 ¹³내게 와 곁에 서서 말하되 형제 사울아 다시 보라 하거늘 즉시 그를 쳐다보았노라 ¹⁴그가 또 이르되 우리 조상들의 하나님이 너를 택하여 너로 하여금 자기 뜻을 알게 하시며 그 의인을 보게 하시고 그 입에서 나오는 음성을 듣게 하셨으니 ¹⁵네가 그를 위하여 모든 사람 앞에서 네가 보고 들은 것에 증인이 되리라 ¹⁶이제는 왜 주저하느냐 일어나 주의 이름을 불러 세례를 받고 너의 죄를 씻으라 하더라 "

행 22:6-16

예수께서 하늘로부터 바울에게 나타나신 것을 예수가 자신의 부활을 다른 제자들에게 나타내셨던 것과 동일선상에 놓을 때, 우리는 바울의 선례를 따르는 것입니다. "맨 나중에 만삭되지 못하여 난 자 같은 내게도 보이셨느니라"(고전 15:8). 그렇지만 이 말이 그러한 나타남들이 모두 동일한 종류의 것이라거나 혹은 바울이 실제로 그렇게 생각했다는 것은 아닙니다. 다만 그것들은 모두 똑같이 실제적이었으며, 똑같이 객관적이었으며, 똑같이 예수의 부활을 증명하는 것들이었습니다. 바울은 두 곳에서 다메섹 도상에서의 예수의 나타나심의 이야기를 자신을 위한 최고의 "변명"으로서 제시합니다. 한 곳은 여기의 본문이고, 다른 한 곳은 아그립바에게 말하는 26장입니다. "나는 그를 보았고 또 들었노라. 그것이 나의 인생을 뒤바꾸어 놓았으며, 나로 심히 나 되게 만들었느니라." 두 이야기는 다소 차이가 나지만, 그러나 우리는 그러한 차이들을 어렵지 않게 조화시킬 수 있습니다. 그리고 두 곳 모두의 전체적 이야기는 9장의 묘사와 동일합니다.

어떤 사람들은 바울의 회심이 갑작스런 것이 아니었다고 주장합니다. 스데반의 죽음 이후 항상 그의 마음속에 불안한 마음이 작동하고 있었다는 것입니다. 분명 이러한 관점은 사실과 다릅니다. 만일 그의 마음속에 정말로 새로운 신앙의 싹이 움트고 있었다면, 그런 사람이 그와 같은 신앙을 따르는 자들을 박해하는 것은 얼마나 이상한 일입니까! 바울은 자신의 마음 상태를 명확하게 알고 있었습니다. 그로부터 열아홉 세기 떨어진 오늘날의 비평학자가 자신의 마음 상태를 명확하게 아는 것과 마찬가지로 말입니다. 그는 자신이 메시야를 사칭하다가 정죄를 받고 죽은 예수를 증오하면서 예루살렘으로부터 출발했다가, 분명한 확신을 가진 제자로서 — 왜냐하면 그를 보고 들었기 때문에 — 다메섹으로 비틀거리며 걸어 들어 갔음을 알고 있습니다. 바로 이것이 그 사건에 대한 그의 설명의 요지입니다. 바울은 주님의 나타나심의 돌연성을 특별히 그 시간을 분명하게 언급함으로써 강조합니다. "오정쯤 되어"(6절). 그때는 가장 밝은 시간입니다. 그는 눈을 뜰 수 없을 정도의 강렬한 광채로 빛이 비췬 것을 기억합니다. 나아가 바울은 그 사건이 시각과 청각 등 감각을 통해 펼쳐진 사실을 분명히 밝힙니다. 그는 찬란한 빛의 영광을 보았으며, 음성을 들었습니다. 그는 여기에서 예수를 보았다고 말하지 않지만 그러나 그를 본 것은 분명합니다. 왜냐하면 14절에서 애니아가 '그 의인을 보게 하시고'라고 말하고 있기 때문입니다. 뿐만 아니라 그는 고린도전서 15장에서 "맨 나중에 만삭되지 못하여 난 자 같은 내게도 보이셨느니라"라고 말합니다(8절). 뿐만 아니라 그는, 자신의 동료들도 함께 참여하기는 했지만 그러나 그들은 단지 부분적으로만 참여했을 뿐임을 언급함으로써, 그날의 환상이 자신의 허무맹랑한 환영(幻影)이 아니라 오직 자신에게 특별하게 나타난 계시였음을 강조합니다(9절). 그들은 빛을 보았지만 그러나 "그 의인"은 보지 못했습니다. 그들은 소리를 들었지만 그러나 그것의 의미는 알지 못했습니다. 이와 같이 그의 동료들은 그의 특별한 경험에 함께 참여하기는 했지만, 단지 부분적으로만 참여했을 뿐입니다.

어쨌든 말할 수 없는 광채로 인해 일행은 모두 땅에 엎드러졌습니다. "우리가 다 땅에 엎드러지매"(26:14). 이와 같이 땅에 엎드러진 상태로 그리고 아마도 눈을 감은 상태로, 바울은 자신이 이름이 두 번 불리는 것을 듣습니다. "사울아 사울아"(7절). 그것은 권위와 사랑이 가득한 목소리였습니다. 그리고 이어지는 "네가 왜 나를 박해하느냐?"라는 질문은 그의 양심을 찌르며 그의 행동에 대한 합리적 설명을 요구하는 것이었을 뿐만 아니라 또한 그의 행동 위에 새로운 빛을 비추는 것이었습니다. 왜냐하면 그리스도인들을 박해하는 것은 곧 지금 그에게 말하고 있는 하늘의 미지(未知)의 존재를 박해하는 것이었기 때문입니다. 그러므로 사울의 마음에 처음 떠오른 생각은 자신이나 혹은 자신의 행동에 대한 것이 아니라 지금 말하고 있는 자의 정체에 대한 것이었습니다. 사울은 두려움 가운데 그를 "주님"이라고 부릅니다(8절). 그러면서 그로부터 나오게 될 대답을 아마도 약간은 예상하면서 "당신은 누구시니이까?"라고 묻습니다. 이러한 질문에 대해 하늘의 음성은 "나는 네가 박해하는 나사렛 예수라"라고 대답합니다. 도대체 누가 이러한 대답이 사울의 마음에 가져다준 충격을 상상할 수 있겠습니까? 지금까지 사울은 이 사람을 정당하게 십자가형에 처하여진 사악한 배교자로서 생각했습니다. 그리고 그는 그를 따르는 자들의 허무맹랑한 주장과는 달리 결코 부활하지 않았다고 생각했습니다. 그렇게 생각했던 그가 하늘에 살아계시며, 자신과 자신이 행하고 있는 모든 일들을 알고 계셨습니다. 뿐만 아니라 그는 지금 "천상의 빛으로 옷 입고" 계시며, 하늘의 영광 가운데 자신이 죽이려고 쫓아다니고 있었던 가련한 자들과 스스로를 동일시하고 계셨습니다. 다시 말해서 그들을 박해하는 것은 곧 그를 박해하는 것이었습니다. 폭탄이 터지고, 그의 요새의 기초가 산산조각이 났습니다. 홍수가 나서 그가 서 있는 땅을 모조리 쓸어가 버렸습니다. 그의 전체 생애는 혁명적으로 바뀌었습니다. 그의 생애의 가장 견고한 요소들은 완전히 용해되어 연기가 되었으며, 그가 말도 안 되는 것이라고 생각했던 것은 확실한 사실이었습니다. 그의 박해의 "이유"를 찾는 것은 불가능한 일이었습니다. 그가 할 수 있는 말이라고는 고작 "내가 알지 못하고 행하였나이다"라는 것뿐이었습니다. 하늘에 계신 예수가 어떤 사람에게 나타나 자신을 멀리 하는 이유를 제시하라고 요구한다고 상상해 보십시오. 그러면 그의 삶은 지금까지 살았던 삶과 완전히 달라질 것입니다. 햇빛 아래서 보면 매우 낡은 옷이라도 촛불 아래서 보면 그런대로 괜찮게 보일 것입니다. 예수께서 우리에게 오실 때, 그가 행하는 첫 번째 작업은 우리로 스스로의 과거를 판단하도록 만드는 것입니다. 그렇게 함으로써 그는 우리 스스로를 그에게 돌이키도록 만듭니다.

사울은 즉시로 무기를 버리고 항복합니다. 그는 자신의 확신에 따라 행함에 있어 매우 열정적인 사람이었습니다. 전에 그리스도의 제자들을 박해할 때도 그랬고, 지금 항복할 때도 마찬가지였습니다. 승천하신 그리스도에 대한 참된 믿음의 증거는 그에게 자신의 뜻을 순복시키고, 그의 뜻을 알기를 간절히 바라며, 기꺼이 그 뜻을 행할 준비가 되어 있는 것입니다. "주님 누구시니이까?"라는 질문에 이어 "주님 내가 무엇을 하리이까?"라는 질문이 따라야 합니다.

사울은 "그 빛의 광채로 말미암아 볼 수 없게" 됨으로써 다른 사람들의 손에 이끌려 다메섹에 들어갔습니다(11절). 그러나 볼 수 없게 되었음에도 불구하고 그는 예전보다 더 잘 보게 되었습니다. "그 빛의 광채"는 그로 하여금 보이는 것을 보지 못하게 만든 반면 보이지 않는 것을 볼 수 있게 만들었습니다. 여기에서 바울은 유대인들에게 말하는 가운데 애니아를 "율법에 따라 경건한 사람"으로 묘사합니다(12절). 그렇게 한 것은 그들을 달래는 동시에 그리스도인은 배교자가 아니라 완전한 유대인이라는 큰 원리를 제시하기 위함이었습니다. 반면 다그립바에게 말할 때는 애니아에 대해서는 전혀 언급하지 않습니다. 왜냐하면 그것은 거기에서 그가 말하는 목적과 직접적으로 관련되지 않았기 때문입니다. 다만 여기에서 애니아를 통해 받은 사명을 거기에서는 그리스도의 음성으로 직접 받는 것으로 묘사합니다. 여기에서 바울은 그의 눈을 뜨게 해준 자와 다음과 같은 두 가지 요점을 포함하는 그의 메시지에 초점을 맞춥니다. 자신에게 환상을 보여준 자가 "우리 조상들의 하나님"이었다는 것과 그러한 환상의 목적이 그를 "모든 사람 앞에서 증인"이 되도록 하는 것입니다(14, 15절). 이러한 말의 취지는 분명합니다. 그것은 화해의 목적을 가진 것이었습니다. 우리는 환상에 대한 상세한 설명 가운데 그것이 "그의 뜻을 알게" 하기 위한 것이었다는 언급을 주목할 수 있습니다(14절). 바로 이것이 빛과 음성이 주어진 목적이었습니다. 나아가 여기에서 두 가지 감각의 증거가 두드러지게 나타나는 것을 주목하십시오. "그 의인을 보게 하시고 그 입에서 나오는 음성을 듣게 하셨으니"(14절). "네가 보고 들은 것에 증인이 되리라"(15절). 예수를 개인적으로 아는 것이 증인으로서 자격과 책임을 만들어 냅니다. 만일 우리가 "우리가 보고 들은 바를 너희에게 전하노라"라고 말할 수 있다면, 우리의 증언은 강력한 힘과 큰 설득력을 갖게 될 것입니다(요일 1:3). 그리고 만일 우리가 그리스도의 소유라면, 우리 모두 그렇게 말할 수 있습니다.

86
로마가 바울을 보호함

"17후에 내가 예루살렘으로 돌아와서 성전에서 기도할 때에 황홀한 중에 18보매 주께서 내게 말씀하시되 속히 예루살렘에서 나가라 그들은 네가 내게 대하여 증언하는 말을 듣지 아니하리라 하시거늘 19내가 말하기를 주님 내가 주를 믿는 사람들을 가두고 또 각 회당에서 때리고 20또 주의 증인 스데반이 피를 흘릴 때에 내가 곁에 서서 찬성하고 그 죽이는 사람들의 옷을 지킨 줄 그들도 아나이다 21나더러 또 이르시되 떠나가라 내가 너를 멀리 이방인에게로 보내리라 하셨느니라 22이 말하는 것까지 그들이 듣다가 소리 질러 이르되 이러한 자는 세상에서 없애 버리자 살려 둘 자가 아니라 하여 23떠들며 옷을 벗어 던지고 티끌을 공중에 날리니 24천부장이 바울을 영내로 데려가라 명하고 그들이 무슨 일로 그에 대하여 떠드는지 알고자 하여 채찍질하며 심문하라 한대 25가죽 줄로 바울을 매니 바울이 곁에 서 있는 백부장더러 이르되 너희가 로마 시민 된 자를 죄도 정하지 아니하고 채찍질할 수 있느냐 하니 26백부장이 듣고 가서 천부장에게 전하여 이르되 어찌하려 하느냐 이는 로마 시민이라 하니 27천부장이 와서 바울에게 말하되 네가 로마 시민이냐 내게 말하라 이르되 그러하다 28천부장이 대답하되 나는 돈을 많이 들여 이 시민권을 얻었노라 바울이 이르되 나는 나면서부터라 하니 29심문하려던 사람들이 곧 그에게서 물러가고 천부장도 그가 로마 시민인 줄 알고 또 그 결박한 것 때문에 두려워하니라 30이튿날 천부장은 유대인들이 무슨 일로 그를 고발하는지 진상을 알고자 하여 그 결박을 풀고 명하여 제사장들과 온 공회를 모으고 바울을 데리고 내려가서 그들 앞에 세우니라"

행 22:17-30

마침내 예루살렘에서 바울에게 폭풍이 몰려옵니다. 예루살렘에 도착한 지 사흘째 되던 날, 그는 장로들의 권유에 의해 자신이 율법을 반대하지 않는다는 사실을 증명하기 위해 결례 의식을 행하기 시작했습니다. 그러나 일주일간의 결례 기간이 다 차기 전에 소요(騷擾)가 발생했습니다. 그로 인해 바울은 큰 위험에 처하게 되지만, 그러나 군사들을 거느리고 급히 성전으로 내려온 천부장에 의해 죽음으로부터 구원을 받게 됩니다.

천부장의 유일한 관심은 소요를 진압하고, 소요의 원인으로 추정되는 자가 흥분한 군중들로부터 죽임을 당하는 것을 막는 것이었습니다. 그가 전에 수많은 자객을 거느리고 폭동을 일으켰던 유명한 애굽인이든 아니든 말입니다. 그는 소요의 이유에 대해서는 아무것도 알지 못했으며 별로 관심도 없었습니다. 그러나 그는 광분한 유대인 군중들이 그들의 율법으로 로마 정의의 권위에 도전하는 것은 허락할 수 없었습니다. 그리하여 그는 광분한 군중들을 제지하면서, 죽음 일보 직전까지 갔던 소요의 희생자로 하여금 군중들에게 말하도록 허락합니다. 그것은 정말로 특이한 장면이었습니다. 아래쪽에 광분한 군중들이 있습니다. 그리고 위쪽 층계에 로마 군사들의 보호를 받고 있는 그리스도인 설교자가 있습니다. 그리고 전체적 장면을 로마의 천부장이 주관합니다.

바울은 자신의 회심 이야기를 동족 이스라엘 백성들에게 사용할 수 있는 최고의 논증거리로 생각했습니다. 그리하여 그는 자신의 이야기를 하기 시작합니다. 오늘 본문은 그가 이방인들 가운데 사역하게 된 경위를 설명하는 것으로부터 시작됩니다. 그것은 하늘로부터의 명령에 따른 것이었습니다. 먼저 바울은 예루살렘에 와서 기도하던 중에 체험한 "황홀"의 경험에 대해 이야기합니다. "후에 내가 예루살렘으로 돌아와서 성전에서 기도할 때에 황홀한 중에"(17절). 우리는 이러한 특이한 경험을 한 때가 언제인지에 대해서는 논의할 필요가 없습니다. 그것이 회심 후 첫 번째 방문 때였든, 아니면 램지(Ramsay)가 강력하게 주장하는 것처럼 11장 30절과 12장 25절에서 언급된 방문 때였든 말입니다.

여기에서 바울은 자신의 회심이 결코 성전 예배와 상충되지 않음을 은

연중에 강조합니다. 왜냐하면 황홀의 체험을 한 것이 다름 아닌 성전에서 기도할 때였다고 분명하게 말하기 때문입니다. 나아가 그는 "성전"을 언급함으로써 그의 환상에다가 신성(神聖)의 옷을 덧입힙니다.

특별히 여기에서 우리는 예수의 이름이 언급되지 않는 것을 주목할 필요가 있습니다. 아마도 그것은 군중들의 격노(激怒)를 더욱 자극할 수 있었기 때문입니다. 또 우리는 여기에서 바울에게 주신 우리 주님의 첫 번째 말씀이 그가 어디로 갈 것인지에 대한 말씀이 아니라 단순히 예루살렘을 떠나라는 말씀이었던 것을 주목할 수 있습니다(18절). 이방인 사역에 대한 충분한 고지(告知)는 예수께서 바울에게 말씀하실 때나 혹은 바울이 그의 형제들에게 말할 때나 가능한 뒤로 미루어집니다. 그는 "속히 예루살렘에서 나가야" 했으며, 그것은 그에게 너무나 비극적 일이었습니다. 그는 그토록 사랑했던 자기 백성들을 위한 사역을 포기해야 했습니다. 그것은 그들의 뿌리 깊은 불신과 그에 대한 증오심 때문이었습니다. 다른 사람들이 그 일을 맡을 수 있지만, 그러나 바울은 그럴 수 없었습니다. "그들은 네가 내게 대하여 증언하는 말을 듣지 아니하리라."

그러나 바울의 마음은 자기 나라 이스라엘에 밀착되어 있었습니다. 그래서 그는 주님의 명령에 대해 일종의 이의제기를 합니다. "그러나 주님 내가 주를 믿는 사람들을 가두고 또 각 회당에서 때리고 또 주의 증인 스데반이 피를 흘릴 때에 내가 곁에 서서 찬성하고 그 죽이는 사람들의 옷을 지킨 줄 그들도 아나이다"(19, 20절). 그의 애국심은 그를 거의 불순종의 일보 직전까지 데려가는 가운데, 그로 하여금 "그러나 주님"이라고 말하도록 이끌었습니다. 그는 유대인들이 자신의 증언을 받아들일 것이라는 나름대로의 근거를 제시합니다. 그들은 그가 행한 일을 알고 있었습니다. 따라서 그들은 그의 삶을 완전히 뒤바꾸어 놓은 힘 안에는 실제적이며 강력한 무엇인가가 있을 것이라고 생각할 것입니다. 그로 하여금 그가 미워했던 모든 것을 사랑하게 만들고 또 그가 자랑했던 모든 것을 "배설물"로 여기도록 만든 무엇인가가 있을 것이라고 말입니다. 그러나 이 모든 것은 단지 그의 억측일 뿐이었습니다. 모세와 예레미야도 이와 비슷한 이의제기를 한 적이 있었습니다. 하고 싶은 일이 제지를 당하면서 하고 싶지 않은 일로 부름을 받을 때, 아마도 많은 그리스도인들이 이와 비슷한 이의제기를 할 것입니다.

그러나 주님은 자기 종들의 이의제기를 부당한 것으로 받아들이지 않습니다. 만일 그것이 혼잣말로 불평하는 것이 아니라 그에게 솔직하게 제기하는 것이라면 말입니다. 그러므로 주님께 우리 마음속에 있는 모든 것을 솔직하게 말합시다. 그러면 그는 들으시고, 우리의 모든 의구심을 깨끗이 씻어 주실 것입니다. 그리고 우리에게 길을 보여주시고, 우리로 하여금 기꺼이 그 길을 가도록 만들어주실 것입니다. 주님은 그 문제에 대하여 바울과 더불어 의논하지 않으셨습니다. 다만 같은 명령을 되풀이하면서, 그것을 다시금 분명히 하셨을 뿐입니다. "떠나가라 내가 너를 멀리 이방인에게로 보내리라"(21절). 바울은 더 이상 이의제기를 하지 않고 자신의 뜻을 포기합니다. 설령 충분히 설득되지 않았다 할지라도, 그는 "주의 뜻대로 이루어지이다"라고 말합니다. 바울은 할 수 있는 대로 "이방인"이라는 밉살스러운 단어를 뒤로 미루었습니다. 그러다가 마침내 흥분한 군중들 앞에 그 단어를 입에 올립니다. 그가 이방인의 사도가 된 것은 예수께서 그를 그의 뜻과 상관없이 그렇게 만들었기 때문이었습니다. 그리하여 그는 자신에게 맡겨진 사역을 행해야만 했습니다.

여기까지 들었을 때, 군중들의 격노는 마침내 폭발하고 맙니다. 그들은 고함을 지르며, 자신들의 옷을 찢으며, 티끌을 공중에 날립니다(23절). 마치 다윗을 저주하는 시므이처럼 말입니다. 그것은 격앙된 증오심을 보여주는 전형적 그림이었습니다. 그들이 그토록 격노한 이유는 무엇이었습니까? 그것은 이방인들이 이스라엘의 특권에 참여하도록 허락되었기 때문이었습니다. 그러면 그들이 이토록 이기적으로 독점했던 특권은 무엇이었습니까? 그것은 하나님의 호의와 보호하심이었습니다. 그런데 그 하나님은, 그들의 선지자들이 가르쳤던 것처럼, 온 땅의 하나님이셨습니다. 그리고 하나님이 당신을 이스라엘에게 나타내신 것은 그들로 하여금 당신을 온 세상에 나타내도록 하시기 위함이었습니다.

이러한 참된 기업(基業)을 적게 소유할수록, 그들은 그것을 이방인들과 나누는 데 더 많이 분개했습니다. 그들의 특권이 외적인 것이 될수록, 그들은 그것에 참여하고자 하는 자들에 대해 마치 자기 먹이를 빼앗기지 않으려는 개처럼 으르렁거렸습니다. 자신들의 종교적 축복을 지키고자 몸부림치는 것은 그들이 실제로 그것을 소유하고 있지 않음을 보여주는 결정적 증거입니다. 만일 우리가 그것을 가지고 있다면, 우리는 그것을 다른 사람들과 나누기를 열망할 것입니다. 형식적 종교인들은 언제든지 선교사업을 좋아하지 않는 법입니다.

천부장은 조용히 서서 군중들 가운데 격노가 폭발하는 것을 지켜보고 있었습니다. 물론 그는 바울이 히브리말로 말하는 것을 한 마디로 이해하지 못했습니다(21:40). 그렇기 때문에 당연히 무슨 이유로 군중들의 격노가 폭발했는지도 알지 못했습니다. 그는 여기에 자신이 알지 못하는 무엇인가가 있음을 느꼈습니다. 그리고 그것을 분명하게 알아야만 했습니다. 그러나 흥분한 군중들 가운데 어떤 사람을 붙잡아 그로부터 합리적 설명을 듣고자 하는 것은 바랄 수 없는 일이었습니다. 그리하여 천부장은 소요의 원인이 된 자로부터 직접 무엇인가를 알아내고자 결심합니다. 왜냐하면 천부장은 이미 그가 상당한 수준의 교양과 지식을 갖춘 자로서 단순한 선동가가 아님을 어느 정도 눈치 채고 있었기 때문입니다. 사실을 알아냄에 있어, 그는 굳이 채찍질을 하지 않고서도 좀 더 신사적 수단을 사용할 수 있었습니다. 그러나 당시 채찍질하는 것은 통상적 수단이었습니다. 그것은 불과 얼마 전까지만 해도 세상이 흔히 사용하는 방법이었습니다. 그러므로 여기의 로마 천부장이 그것을 사용하는 것은 조금도 놀랄 일이 아닙니다.

이렇게 하여 바울은 채찍질을 당하기 위해 등을 노출시킨 자세로 기둥에 묶이게 되었습니다. 그때 바울은 자신을 채찍질하려던 백부장에게 "너희가 로마 시민 된 자를 죄도 정하지 아니하고 채찍질할 수 있느냐?"라는 말로 항의합니다(25절). 아마도 바울은 기둥에 묶일 때까지 병사들에게 무슨 명령이 내려졌는지 알지 못했을 것입니다. 우리는 어째서 그가 좀 더 일찍 자신의 시민권을 제시하지 않았는지 알지 못합니다. 그러나 우리는 그가 빌립보에서 채찍질을 당하면서까지도 자신의 시민권을 제시하지 않은 사실을 기억할 수 있습니다. 여기의 경우 그가 계속해서 입을 다물고 있다가 마침내 "나는 로마 시민이라"는 마법의 말을 한 것에 대해 우리는 아무것도 말할 수 없습니다.

그러나 우리는 여기에서 두 가지의 교훈을 추측할 수 있습니다. 첫째, 그리스도의 종들은 때로 부당한 일을 묵묵히 받아들일 수 있어야 한다는 것입니다. 둘째, 그들은 불법적 처사이 대해 합법적인 대응을 할 수 있는 권리를 가지고 있다는 것입니다. 묵묵히 받아들이는 것과 대응하는 것 가운데 어느 것이 더 나은 방법인가 하는 것은 각각의 상황에 따라 양심과 성령의 인도하심에 의해 결정되어야 합니다. 그 순간 가장 중요한 기준은 "어떤 방법이 나의 주님을 최고로 영화롭게 할 것인가?"가 되어야만 합니다.

이러한 정보는 즉시 천부장에게 전달되었으며, 그와 함께 상황은 단번에 역전되었습니다. "네가 로마시민이냐?"라는 천부장의 질문에 대한 바울의 "그러하다"는 대답은 즉시 받아들여집니다(27절). 왜냐하면 그것을 거짓으로 주장하는 것은 너무나 위험한 일이었기 때문입니다. 뿐만 아니라 천부장은 앞서 바울의 태도에 강한 인상을 받았기 때문에 지금의 이 말을 쉽게 받아들일 수 있었던 것으로 보입니다. 이어지는 "나는 돈을 많이 들여 이 시민권을 얻었노라"라는 천부장의 말 속에는 어느 정도의 경멸과 의심의 흔적이 담겨 있습니다(28절). 왜냐하면 그러한 말 속에는 "너 같이 가난한 자가 도대체 어디에서 그 많은 돈을 얻었단 말이냐?"라는 질문이 함축되어 있기 때문입니다. 돈으로 시민권을 사는 제도는 로마제국이 타락하던 시대에 시행되었으며, 여기의 천부장은 바로 이런 방법으로 시민권을 얻었습니다. 이에 바울은 "나는 나면서부터라"라고 대답합니다. 이러한 대답은 그가 자유인으로 태어났음을 의미하는 것으로서, 그의 권리는 천부장의 권리를 능가하는 것이었습니다.

바울이 로마시민임을 알게 된 천부장은 그를 채찍질하려던 계획을 즉시

철회하면서 결박도 바로 풀어줍니다. 천부장은 이 일이 알려지게 될 것을 두려워하면서, 잘못을 바로잡고자 애를 씁니다. 그는 요새 안에 바울을 안전하게 보호하고, 곧이어 유대인들 사이에 벌어진 이 이상한 사건을 좀 더 적법하게 해결하기 위해 공회를 소집합니다(30절). 여기에서 로마 장교의 소집에 복종해야만 하는 산헤드린 공회의 퇴락한 모습을 보십시오.

여기에서 다시 한 번 로마는 기독교 전도자들을 유대인들의 격노로부터 구원하는 모습으로 나타납니다. 실제로 이런 모습은 사도행전에서 계속적으로 반복됩니다. 이와 같이 초창기 기독교에 대한 로마의 호의적 묵인과 보호를 이야기하는 것은 사도행전을 기록한 여러 가지 목적들 가운데 하나입니다. 로마 박해의 시대는 아직 오지 않았으며, 제국은 기독교에 대해 비교적 호의적이었습니다. 그것은 대제국으로서 유대인들의 두 종파 사이의 사소한 다툼에 개입하고 싶지 않았기 때문이었습니다.

물론 로마제국은 힘으로 여러 나라의 독립을 짓밟았습니다. 그렇지만 또 다른 측면에서 로마의 강한 힘은 폭력을 억제하고, 사람들을 사적 보복으로부터 지키며, 제국 전체에 평화를 널리 확장시키며, 바울의 전도여행과 초창기 기독교회가 이 땅에 심겨지는 일을 가능하게 만들었습니다. 로마제국 아래서의 통합은 하나님이 정하신 통합이었습니다. 비록 불완전하며 또 어떤 측면에서 불행한 통합이었다고 하더라도 말입니다. 그리고 그것은 기독교회 안에서 실현된 보다 더 높은 형태의 통합을 위한 길을 예비했습니다. 그리고 교회는 마침내 처음에 자신을 보호해 주었던 로마제국이라는 저급한 통합을 산산이 부수어 버리고 말았습니다. 황제들이 제국의 야망을 따라 행할 때, 그들은 실제로 하나님의 일을 행하고 있었습니다. 그들은 그리스도의 수레를 끄는 말들이었습니다. 비록 알지 못한 채 그리고 본의 아니게 끌었다 하더라도 말입니다. 하나님은 고레스에게 "너는 나를 알지 못하였을지라도 나는 너를 띠로 묶었느니라"라고 말씀하셨습니다(사 45:5). 이러한 말씀은 로마제국의 황제들에게도 똑같이 적용될 수 있지 않습니까?

87
그리스도의 증인

"그 날 밤에 주께서 바울 곁에 서서 이르시되 담대하라 네가 예루살렘에서
나의 일을 증언한 것 같이 로마에서도 증언하여야 하리라 하시니라"
행 23:11

로마에서 복음을 전하는 것은 바울의 오랜 소망이었습니다. "그러
므로 나는 할 수 있는 대로 로마에 있는 너희에게도 복음 전하기를 원하노
라"(롬 1:15). 사도행전에도 분명하게 나타나는 것처럼, 그의 확고한 선교
정책은 많은 사람들이 모여 사는 중심지로 날아가 그곳을 공략하는 것이
었습니다. 우리는 그의 발걸음이 안디옥과 빌립보와 데살로니가와 아덴과
고린도와 에베소로 이어지는 것을 추적할 수 있습니다. 그러므로 당연히
로마는 그가 가고자 하는 최종적 목적지였습니다. 왜냐하면 그곳은 제국
의 중심지로서, 그곳에 울려퍼진 복음은 제국 전체를 흔들 것이기 때문입
니다. 그리하여 바울은 그것을 계획했으며, 그것을 위해 기도했으며, 그에
대해 생각했으며, 그에 관해 말했습니다. 그러나 그의 소망은 우리의 기도
와 계획이 종종 그런 것과 마찬가지로 그가 전혀 예상하지 못한 방식으로
이루어졌습니다. 예루살렘에서의 군중들의 소요, 로마 천부장의 개입, 산
헤드린의 최종적 거부, 가이사랴에서의 구류, 가이사에게 호소함, 고된 항
해, 파선, 이것이 그의 소망이 이루어지는 일련의 과정이었으며, 이런 과
정을 통해 그는 마침내 제국의 수도에 들어가게 됩니다.

오늘 본문의 말씀은 바울의 운명이 위기에 빠져 있었을 때 임한 것입니다. 자기 백성들에 의해 배척당한 그는 지금 역설적으로 로마 수비대의 요새 안에 안전하게 보호되어 있었습니다. 아마도 그날 밤 로마 병영에 누워 있는 가운데, 그는 자신이 지금 전환점에 서 있음을 느꼈을 것입니다. 그리고 마음속에 여러 가지 생각이 떠올랐을 것입니다. "이것은 생명을 위한 일인가, 아니면 죽음을 위한 일인가? 내가 그리스도를 위해 더 많은 일을 할 것인가, 아니면 여기에서 영원히 끝낼 것인가?" 그 순간 그에게 주의 말씀이 임합니다. "그 날 밤에 주께서 바울 곁에 서서 이르시되 담대하라." 하늘의 메시지는 그가 살아야만 함을 확증해 주었습니다. 예수 그리스도는 지금까지의 그의 사역을 재가(裁可)하시면서, 그에 대한 보상으로 그가 더 큰 사역을 감당해야만 함을 확증하십니다. 이렇게 하여 바울은 자기 곁에 주님을 모시고 미지의 미래를 향해 조용히 나아가게 됩니다. 사랑하는 형제들이여, 본문의 위대한 말씀 속에서 우리는 모든 그리스도인들에게 적용될 수 있는 중요한 교훈들을 발견할 수 있습니다. 이제 그러한 것들을 몇 가지 살펴보도록 합시다.

1. 모든 그리스도인은 마땅히 증인의 삶을 살아야만 합니다.

본문은 바울의 삶이 여기에서 끝나지 않고 계속될 것을 약속하면서 동시에 그것이 계속적 증인의 삶이 될 것을 확증합니다. 바울이 담대함을 가질 수 있는 이유는 원수들의 모든 격노가 헛되이 끝날 것이라는 것 때문이 아니라 그에게 아직 할 일이 남아 있다는 것 때문이었습니다. 그에게 삶의 약속은 바로 이런 형태로 주어졌습니다. 이것은 바울에게만 특별한 것이 아니라 모든 그리스도인들에게 마찬가지입니다. 그리스도인의 삶은 마땅히 주 예수 그리스도를 위한 계속적 증인의 삶이 되어야만 합니다.

이러한 주제에 대해 좀 더 상세히 살펴보도록 합시다. 어떤 측면에서 그리스도의 사역의 궁극적 목적은 자신을 위한 증인들을 세우는 것입니다. 사랑하는 형제들이여, 만일 여러분과 내가 주님과 더불어 생명의 관계를 가지고 있다면 그리고 그를 우리 마음 안으로 받아들였다면, 우리는 "우리를 어두운 데서 불러내어 그의 기이한 빛에 들어가게 하신 이의 아름다운 덕을 선포할” 수 있습니다(벧전 2:9). 예수 그리스도께서 우리를 자기에게로 이끄신 것은 우리로 하여금 그의 임재의 달콤함과 그의 피의 씻음과 우리 안에 내주하는 그의 생명의 추진력을 알도록 하기 위함일 뿐만 아니라 또한 우리로 하여금 그의 증인이 되도록 하기 위함입니다. “이 백성은 내가 나를 위하여 지었나니 나를 찬송하게 하려 함이니라”라는 말씀처럼 말입니다(사 43:21).

하나님이 우리에게 “예수 그리스도의 얼굴 안에 있는 하나님의 영광의 빛을 비추신” 것은 우리로 하여금 그 빛을 다른 사람들에게 나누어주게 하기 위함입니다. 사랑하는 형제들이여, 만일 여러분 안에 기독교적 생명이 있다면, 여러분이 그것을 소유한 유일한 목적은 그리스도를 위한 증인이 되기 위함입니다.

나아가 그리스도를 위한 증인이 되는 것은 참된 기독교적 생명의 필연적 결과입니다. 다시 말해서 만일 어떤 사람에게 참된 기독교적 생명이 있다면, 그는 필연적으로 그리스도를 위한 증인이 될 것입니다. 모든 생명은 행동으로써 스스로 드러내기를 열망합니다. 만일 어떤 사람에게 어떤 확신이 있다면, 그는 그에 대해 말하기를 열망할 것입니다. 특별히 신앙적 문제에 있어서는 더욱 그러합니다. 만일 우리가 주님의 이름을 전파하고자 하는 욕구를 느끼지 않는다면, 우리는 복음의 위대한 진리를 실제적으로 소유하고 있지 않은 것입니다. 예수 그리스도와 더불어 살아있는 교제를 누리는 사람은 그에 대해 말하기를 즐거워할 것입니다. 사랑하는 형제들이여, 바로 여기에 우리를 위한 시금석(試金石)이 있습니다. 나는 이와 같은 압도적 열망을 느끼지 못하는 많은 그리스도인들을 압니다. 그들은 공적으로 신앙을 고백하며 나름대로 훌륭한 모습을 가지고 있지만 그러나 미지근하며 평균적 분량의 기독교 신앙을 가진 자들입니다. 예레미야의 말을 들어 보십시오. “내가 다시는 여호와를 선포하지 아니하며 그의 이름으로 말하지 아니하리라 하면 나의 마음이 불붙는 것 같아서 골수에 사무치니 답답하여 견딜 수 없나이다”(렘 20:9). 그런데 어째서 그들은 이런 마음을 느끼지 못합니까? 그것은 그들이 그리스도를 소유한 것이 너무나 피상적이며 부분적이기 때문입니다. 예레미야의 경험은 왕성한 기독교적 생명이 있는 곳에서 필연적으로 반복될 것입니다. "나의 마음이 불붙는 것 같아서 골수에 사무치니 답답하여 견딜 수 없나이다." 사랑하는 그리스도인들이여, 여러분은 이와 같은 압도적 추진력을 압니까? 만일 알지 못한다면, 여러분의 신앙고백의 깊이와 실재를 곰곰이 되돌아보십시오.

증인의 삶을 사는 것이 모든 강한 삶의 조건이라는 사실을 기억하십시오. 만일 여러분이 어떤 식물의 싹을 계속해서 딴다면, 그 식물은 마침내 죽고 말 것입니다. 여러분이 사람의 영혼에게 기독교에 대해 한 마디도 말하지 않는다면, 여러분의 기독교는 계속해서 쇠약해질 것입니다. 행동이 믿음을 강화시키며, 말이 믿음을 심화시킵니다. 물론 자신의 종교에 대해 지나치게 많이 떠벌임으로써 도리어 손해를 보게 되는 경우도 있을 수 있습니다. 그러나 너무 말을 하지 않음으로 받는 손해는 그것보다 훨씬 더 큽니다. 여러분의 기독교에 대해 입을 닫아 보십시오. 그러면 그것은 환기조차도 되지 않는 어두운 창고 속에 감금된 어떤 야생동물처럼 될 것입니다. 여러분이 문을 열 때, 그것은 이미 죽어 있을 것입니다. 교회의 수많은 평균적 지체들이 그렇게 하는 것처럼, 여러분의 신앙에 대해 입을 굳게 닫아 보십시오. 그러면 그것은 서랍에 놓인 채 오랜 세월 잊혀진 휘발성 향수처럼 될 것입니다. 서랍을 열 때, 거기에는 빈 병과 썩은 코르크 마개 외에는 아무것도 남아 있지 않을 것입니다. 만일 여러분이 믿음을 강하게 하기를 원한다면, 여러분의 믿음에 대해 말하십시오. 만일 여러분이 그에 대해 입을 닫는다면, 여러분은 그것을 질식시켜 죽게 만드는 긴 길을 가는 셈입니다. 여러분은 증인입니다. 여러분은 그 책임을 회피하면서도 아무런 손해를 당하지 않을 것으로 기대해서는 안 됩니다.

나아가 이와 같은 증인의 일은 모든 종류의 삶을 통해 행해질 수 있다는 사실을 기억하십시오. 나는 다음과 같은 두 가지 큰 방법 사이를 굳이 구별할 필요를 느끼지 않습니다. 첫째는 예수 그리스도의 이름을 직접적으로 말하는 것입니다. 그 일은 그가 누구든 모든 그리스도인에게 있어 가능합니다. 그가 아무리 연약하며, 무지하며, 영향력이 없는 자라고 하더라도 말입니다. 아무리 미약한 자라도 그리스도에 대해 말할 때, 반드시 그 말을 듣는 사람들이 있게 마련입니다. 여러분은 이 세상에 여러분의 말을 다른 어느 누구의 말보다 더 귀 기울여 들어줄 아내와 아이들과 부모들과 친구들이 있음을 알지 못합니까? 친구들이여, 여러분은 이러한 관계를 예수 그리스도의 이름과 관련하여 활용합니까?

둘째로, 우리 모두가 다양한 방식으로 행할 수 있는 간접적 일들이 있습니다. 여기에서 나는 단순히 자선을 베푸는 일만을 의미하지 않습니다. 물론 그것이 매우 중요한 일이기는 하지만 말입니다. 여기에서 내가 의미하는 것은 그리스도인들이 자신의 동정심과 관심을 나타낼 수 있는 모든 종류의 다양한 방법들입니다. "전장에 내려갔던 자의 분깃이나 소유물 곁에 머물렀던 자의 분깃이 동일한" 것은 옛 이스라엘의 법칙이었습니다(삼상 30:24). 싸움에서 승리를 거두고 탈취물을 나눌 때, 뒤에 남아 도왔던 자들은 전선에서 아말렉 사람들과 직접적으로 싸웠던 자들과 동일한 분깃을 받았습니다. 어째서 그랬습니까? 그것은 그들이 동일한 동기를 가지고 동일한 큰 목적에 협력했기 때문입니다. "선지자의 이름으로 선지자를 영접하는 자는 선지자의 상을 받을 것이요'라고 말씀하실 때, 우리 주님은 그와 같은 개념을 자기 백성들의 간접적 일들에 적용시키셨습니다(마 10:41). 동기가 같다면 행동의 본질적 성격 또한 같은 것이며, 그렇다면 상도 또한 같을 것입니다. 여러분은 "우리가 메시야를 만났도다"라고 말하면서 그리스도를 위해 직접적으로 증언할 수 있습니다. 그리고 실제로 여러분은 모두 그렇게 할 수 있습니다. 여러분이 원하기만 한다면 말입니다. 뿐만 아니라 여러분은 여러분의 형제들이 행하고 있는 일에 한 마음으로 협력함으로써 그리스도를 위한 증인이 될 수 있습니다. 사랑하는 형제들이여, 나는 우리 모두가 각자 자신의 작은 분량대로 그리고 그리스도와 우리 사이의 무한한 차이를 겸손하게 인정하면서 다음과 같이 말할 의무가 있음을 굳게 믿습니다. "내가 이를 위하여 태어났으며 이를 위하여 세상에 왔나니 곧 진리에 대하여 증언하려 함이로라"(요 18:37).

2. 우리는 세상의 일반적 사건들을 이러한 증인의 관점으로부터 바라보아야만 합니다.

본문의 경우를 살펴보도록 합시다. 여기에 두 개의 독립적이며 적대적인 세력이 있습니다. 한쪽에 로마의 멍에를 증오하는 완악한 유대 산헤드린이 있으며, 다른 한쪽에 그들을 멍에로 억누르는 거만하며 잔혹한 로마가 있습니다. 여기의 상극의 두 원수들은 각자 자기의 노선(路線)을 따라 행합니다. 각자는 어떻게든 상대방을 좌절시키고자 애를 씁니다. 과학자들은 "힘의 성질"에 대해 이야기하면서 두 개의 힘이 어떤 대상에 서로 직각으로 가해질 때 두 힘은 서로 합하여져 그 대상을 대각선 방향으로 움직이게 만든다고 말합니다. 한쪽에 유대주의를 대표하는 산헤드린이 있습니다. 그리고 다른 한쪽에 로마의 힘을 대표하는 천부장이 있습니다. 그들은 서로 각각의 노선을 따라 행합니다. 그러나 두 힘은 자신들도 알지 못하는 사이에 서로 합력하여 그들 모두에게 감추어진 목적을 이루는 데 사용됩니다.

로마제국이 기독교를 전파하기 위해 태어났다고 말하는 것은 분명 터무니없는 말입니다. 어떤 현상을 그것이 야기한 결과로 말미암아 설명하는 것은 명백한 오류입니다. 그렇지만 어떤 현상이 야기한 결과를 연구하는 것과 그것을 가능하게 한 힘을 연구하는 것은 항상 병행되어야 합니다. 그럴 때 우리는 그 안에 감추어진 위대한 섭리를 발견하게 될 것입니다.

이와 같이 여기에서 우리는 사람들이 스스로 전혀 깨닫지 못한 상태로 하나님의 위대한 목적을 실현시키는 것에 대한 확실한 실례(實例)를 보게 됩니다. 스스로는 아무것도 알지 못한 상태로 아름다운 비단을 위해 실을 뽑아내는 누에처럼 말입니다. 이것은 항상 그러합니다. 보다 더 분명한 경우와 보다 덜 분명한 경우가 있다 하더라도 말입니다.

예를 들어봅시다. 만일 우리 자신의 삶을 이해하기를 원한다면, 우리는 기쁨과 슬픔 혹은 이익과 손해 따위의 피상적인 것들에 집중해서는 안 됩니다. 그렇게 하는 대신 우리는 깊은 곳으로 내려가 이 모든 피상적인 것들이 두 개의 큰 목적을 위해 봉사하고 있는 것을 보아야만 합니다. 첫째는 우리가 주님처럼 만들어지는 것입니다. 성경이 "오직 하나님은 우리를 그의 거룩하심에 참여하게 하시느니라"라고 말하는 것처럼 말입니다(히 12:10). 그리고 둘째는 우리가 그의 은혜와 사랑을 증언하는 증인이 되는 것입니다. 만일 우리가 우리의 삶을 이러한 관점으로부터 바라볼 수만 있다면, 우리는 감추어진 신적 섭리를 훨씬 잘 깨닫게 될 것입니다. 우리에게 일어나는 모든 일들의 목적은 단지 우리를 슬프게 하거나 혹은 기쁘게 하기 위한 것에 불과한 것이 아닙니다. 그것은 우리의 경건을 완성에 이르게 하며, 예수 그리스도를 증언하는 기회와 능력을 증가시키기 위한 것입니다.

나는 어떻게 이와 같은 원리가 신적 섭리를 믿는 모든 사람들에 의해 세상 역사의 다양한 사건들에 적용되어야 하는지 장황하게 설명할 필요를 느끼지 않습니다. 여러분의 시간도 나로 하여금 그렇게 하는 것을 허락하지 않을 것입니다. 그렇지만 한 가지만은 꼭 이야기하고 싶습니다. 그것은 다음과 같은 두 가지 사실 즉 그리스도인으로서 우리가 순전한 믿음을 소유하고 있다는 사실과 영국인으로서 우리가 세계적 영향력을 가진 사회의 구성원이라는 사실이 결코 헛되지 않다는 것입니다. 그것은 단순히 여러분 가운데 몇몇 사람이 동인도와 중국 무역으로부터 많은 돈을 번다는 의미가 아닙니다. 그것이 의미하는 바는 이것입니다. 즉 우리가 "모든 믿는 자에게 구원을 가져다주는" 믿음을 가지고 있다는 사실과 우리가 많은 이교도들과 필연적으로 접촉할 수밖에 없는 사실이 우리 영국인 그리스도인들에게 매우 엄중한 책임을 부여한다는 사실입니다.

바울은 그의 사역이 완수될 때까지 죽을 수 없었습니다. "그 날 밤에 주께서 바울 곁에 서서 이르시되 담대하라 네가 예루살렘에서 나의 일을 증언한 것 같이 로마에서도 증언하여야 하리라 하시니라." 이것은 우리 자신들에게도 마찬가지이고, 우리가 고백하는 복음에 있어서도 마찬가지입니다. 그의 종들로 하여금 복음에 대해 증언할 기회를 갖도록 하기 위한 동일한 신적 섭리가 여전히 작동하고 있습니다. 그리하여 그 일이 마쳐질 때까지 그 일은 결코 그치지 않을 것입니다. 오늘날의 반기독교 문학과 사상의 모든 섣부른 환호에도 불구하고 말입니다. 우리는 우리 자신에 대해 염려할 필요가 없습니다. 그리스도의 종들에게 있어 자신에게 주어진 사역을 다 마치지 못한 상태로 죽은 사람은 아무도 없다는 사실을 우리는 충분히 이해할 수 없을는지 모릅니다. 그러나 우리는 그가 자기 자녀들을 돌볼 것이라는 사실을 확신할 수 있습니다. 그들이 자신들에게 맡겨진 사역을 끝마칠 때까지 말입니다. 이것은 그의 위대한 복음과 관련해서도 마찬가지입니다. 우리는 그의 복음과 관련하여 아무것도 그리스도를 태운 배를 침몰시킬 수 없음을 확신할 수 있습니다. "담대하라 네가 그곳에서 나의 일을 증언한 것 같이 저곳에서도 증언하여야 하리라."

3. 여기에서 발견할 수 있는 또 하나의 교훈은 어떤 사역을 충성되게 감당한 증인은 또 다른 사역으로 보상받는다는 사실입니다.

"네가 예루살렘에서 나의 일을 증언한 것 같이 로마에서도 증언하여야 하리라." 예루살렘은 하나의 산 위에 건설된 작은 도성인 반면 로마는 일곱 개의 언덕 위에 세워진 거대한 제국의 수도였습니다. 사역에 대한 상급은 더 큰 사역이 맡겨지는 것입니다. 예수 그리스도는 "모든 교회를 위한 염려로 날마다 눌리는" 바울에게 "네가 많은 수고를 감당했으니 이제 좀 쉬어라"라고 말씀하지 않으셨습니다(고후 11:28). 도리어 그는 바울에게 "네가 작은 일을 감당했으니 그에 대한 상급으로 내가 네게 큰 일을 맡기리라"라고 말씀하셨습니다.

바로 이것이 인생의 법칙입니다. 모든 종류의 도구들을 보십시오. 어떤 도구가 유용하게 사용되었다면, 그 도구는 더 크고 중요한 일에 유용하게 사용될 것입니다. 어떤 일을 잘 행한 사람에게는 더 큰 규모의 새로운 일이 맡겨질 것입니다. "누구든지 있는 자는 받겠고 없는 자는 그 있는 줄로 아는 것까지도 빼앗기리라"(눅 8:18). 이것은 또한 하늘나라의 법칙이기도 합니다. "너는 작고 어두운 땅에서 증언하였도다. 이제 이리로 올라와 여기의 찬란한 광채 가운데 나를 위해 증언하라."

이것은 또한 세상에서의 기독교 사역을 위한 법칙이기도 합니다. 만일 여러분이 "작은 모퉁이"에서 충성되게 빛을 비추었다면, 이제 여러분은 "집 안에 있는 모든 사람에게 빛을 비출" 수 있게 될 것입니다. 또 이것은 이 땅에서의 거대한 기독교 선교사업을 위한 법칙이기도 합니다. 어떤 지역에서 선교사업이 성공을 거둘 때, 그 결과로 모든 곳에서 문들이 열립니다. 오늘날 영국교회가 할 수 있는 일은 무한합니다. 그러나 우리 앞에 열린 기회들은 지금까지 보다도 훨씬 더 온전한 성별(聖別)과 주님과의 훨씬 더 친밀한 교제를 요구합니다. 우리는 아직까지도 절반쯤 잠들어 있는 상태입니다. 우리는 사람과 물질과 행동과 기도 안에 있는 우리의 자원들을 알지 못합니다.

우리가 시대의 요구에 영향을 받는다는 것은 틀림없이 교회가 쇠퇴했다는 슬픈 표지이고 성령이 소멸했다는 확실한 전조입니다. 혹시 우리는 깊은 잠에 떨어져 마게도냐 사람이 "이리로 건너와 우리를 도우라!"라고 외치는 소리를 듣지 못하는 것이 아닙니까? 우리는 주님으로부터 "땅끝까지 이르러 나의 증인이 되라"는 명령을 받은 교회의 지체이며 동시에 온 세상에 강력한 영향력을 끼치는 나라의 시민입니다. 이러한 두 가지 신분으로 말미암아 하나님은 우리로 하여금 우리의 사역을 감당하도록 부르십니다. 하나님은 우리에게 "네 장막터를 넓히며 네 처소의 휘장을 아끼지 말고 널리 펴되 너의 줄을 길게 하며 너의 말뚝을 견고히 할지어다. 예루살렘으로부터 나와 로마로 가라"라고 말씀하십니다(사 54:2). 이러한 부르심에 우리는 어떻게 응답할 것입니까? 하나님은 우리에게 어떤 영역을 맡기시고, 그 영역을 채울 수 있는 은혜를 주십니다. 그리고 그런 다음 우리를 더 넓은 영역으로 옮기십니다. 거기에서 충성된 청지기에게는 주와 함께 다스리는 권세가 주어질 것이며, 종의 수고는 주님의 기쁨으로 바꾸어질 것입니다.

88
좌절된 음모

"[12]날이 새매 유대인들이 당을 지어 맹세하되 바울을 죽이기 전에는 먹지도 아니하고 마시지도 아니하겠다 하고 [13]이같이 동맹한 자가 사십여 명이더라 [14]대제사장들과 장로들에게 가서 말하되 우리가 바울을 죽이기 전에는 아무것도 먹지 않기로 굳게 맹세하였으니 [15]이제 너희는 그의 사실을 더 자세히 물어보려는 척하면서 공회와 함께 천부장에게 청하여 바울을 너희에게로 데리고 내려오게 하라 우리는 그가 가까이 오기 전에 죽이기로 준비하였노라 하더니 [16]바울의 생질이 그들이 매복하여 있다 함을 듣고 와서 영내에 들어가 바울에게 알린지라 [17]바울이 한 백부장을 청하여 이르되 이 청년을 천부장에게로 인도하라 그에게 무슨 할 말이 있다 하니 [18]천부장에게로 데리고 가서 이르되 죄수 바울이 나를 불러 이 청년이 당신께 할 말이 있다 하여 데리고 가기를 청하더이다 하매 [19]천부장이 그의 손을 잡고 물러가서 조용히 묻되 내게 할 말이 무엇이냐 [20]대답하되 유대인들이 공모하기를 그들이 바울에 대하여 더 자세한 것을 묻기 위함이라 하고 내일 그를 데리고 공회로 내려오기를 당신께 청하자 하였으니 [21]당신은 그들의 청함을 따르지 마옵소서 그들 중에서 바울을 죽이기 전에는 먹지도 않고 마시지도 않기로 맹세한 자 사십여 명이 그를 죽이려고 숨어서 지금 다 준비하고 당신의 허락만 기다리나이다 하니 [22]이에 천부장이 청년을 보내며 경계하되 이 일을 내게 알렸다고 아무에게도 이르지 말라 하고"

행 23:12-22

"**악인이** 의인 치기를 꾀하고 그를 향하여 그의 이를 가는도다 그러나 주께서 그를 비웃으시리니"(시 37:12. 13). 이와 같은 시편 기자의 믿음과 경험은 바울의 경우에 그대로 반복됩니다. 공회 앞에서 그는 교묘한 말로 바리새인들과 사두개인들 사이에 다툼을 일으켰습니다. "여러분 형제들아 나는 바리새인이요 또 바리새인의 아들이라 죽은 자의 소망 곧 부활로 말미암아 내가 심문을 받노라"(6절). 바리새인들은 바울의 기독교에 대해 상대적으로 호의적이었습니다. 왜냐하면 그 자신이 "바리새인이요 바리새인의 아들"이었기 때문입니다. 그러므로 여기에서 음모를 꾸민 자들은 아마도 사두개인들이었을 것입니다. 그들은 심지어 기독교인들보다도 바리새인들을 더 미워했습니다. 바울 자신은 나중에 자신이 두 종파 사이에 불화의 사과를 던진 것이 옳은 일이었는지에 대해 확신하지 못했습니다(24:21). 어쨌든 틀림없이 바로 그것이 여기의 음모의 직접적 원인이었을 것입니다. 교묘한 책략으로 자신과 자신의 믿음을 방어하는 것으로 그리스도인은 아무것도 얻지 못합니다. 그 순간의 바울의 말이 성령의 인도하심으로 말미암은 것인지는 매우 의심스럽습니다.

"가장 선한 자가 타락할 때 가장 악한 자가 된다"는 속담을 생각해 보입시오. 박해의 역사가 보여주는 것처럼, 거기에는 항상 형식적 종교의 증오심과 교활한 책략이 기묘하게 결합되어 있었습니다. 오늘날 우리는 성령의 불과 장작과는 절연했습니다. 그렇지만 변함없는 악한 정욕과 기질이 변형된 형태로 여전히 예수 그리스도와의 내적 연합을 잃어버린 형식적 기독교의 곁에 남아 있습니다. 이런 의미에서 또한 "의문(儀文)은 죽이는 것"입니다. 우리는 부활과 천사와 영을 믿는다는 이유로 바울을 죽이려고 하는 여기의 광포한 광신자들을 두려운 마음으로 바라보지 않을 수 없습니다. 우리는 이와 비슷한 것이 우리 안에 있지 않은지 스스로를 살필 필요가 있습니다. 여기의 음모를 보십시오. 그 속에 마귀적인 교활한 책략이 있지 않습니까! 우리는 여기에서 사람을 죽이고자 하는 열정과 교활한 책략이 뒤엉켜 있는 것을 보게 됩니다. 여기에 뱀의 지혜와 그의 독니가 명백하게 나타납니다. 여기의 사십여 명은 바울을 죽일 준비만 되어 있었던 것이 아닙니다. 그들은 이 일을 행하는 가운데 자신들도 기꺼이 죽을 준비가 되어 있어야만 했습니다. 왜냐하면 바울을 호송하는 로마 병사들과의 충돌을 생각하지 않을 수 없었기 때문입니다.

1. 사십여 명의 음모자들은 공회원들에게 바울을 좀 더 자세히 심리(審理)하고자 한다는 구실로 그를 다시 산헤드린으로 보내달라고 천부장에게 요청하라고 말합니다(15절).

누가는 공회가 이러한 음모에 대해 어떻게 대답했는지 우리에게 말해주지 않습니다. 그러나 우리는 20절에 나타난 바울의 생질의 말로부터 그들이 그렇게 하기로 합의했음을 알 수 있습니다. 여기에서 우리는 또 다시 꼬리가 머리를 이끄는 모습을 보게 됩니다. 다시 말해서 공회가 광포한 광신자들의 도구가 된 것입니다. 틀림없이 대부분의 공회원들은 자신이 직접 바울을 죽이는 것은 꺼렸을 것입니다. 그러나 그들은 그를 죽이는 일에 자신의 손 하나를 얹는 것은 꺼리지 않았습니다. 그들은 당시 가장 종교적이며 가장 존경받는 부류의 사람들이었습니다. 그들은 틀림없이 바울을 죽인 책임이 어쨌든 사십여 명의 음모가들에게 있다고 생각하면서 스스로의 양심을 달랬을 것입니다. 이와 같이 사람들은 얼마나 자주 범죄행위에 간접적으로 동조하는 가운데 자신은 아무 책임 없다고 생각하며 스스로를 속입니까! 어느 날 그들의 알량한 양심을 가리고 있던 얇은 휘장이 젖혀지고 모든 것이 적나라하게 드러날 것입니다.

2. 바울의 생질의 돌연한 등장은 우리의 호기심을 자극하기에 충분합니다.

그러나 그에 대해 우리는 본문에 언급된 것 외에는 아무것도 알지 못합니다. 그가 바울을 위해 움직인 것이 같은 그리스도인이었기 때문인지 아니면 단순히 혈연관계 때문이었는지 우리는 알지 못합니다. 어쩌면 그는 예전에 바울이 그랬던 것처럼 어떤 유명한 랍비의 문하생이었을는지 모릅니다. 어쨌든 그는 바울과 관련한 음모를 알게 되었습니다(16절). 개정역(Revised Version) 난외(欄外)의 표현은 그가 그러한 음모를 알게 된 경위를 설명해 줍니다. 왜냐하면 거기에 "그가 그들 가운데로 들어가서"라는 표현이 있기 때문입니다. 다시 말해서 공회원들이 서로 의논하고 있는 동안 그곳으로 들어갔다는 것입니다. 그러나 우리는 난외보다 본문을 우선해야 합니다. 따라서 우리는 그가 어떤 경로로 그러한 정보를 알게 되었는지에 대해 단지 추측만 할 수 있을 뿐입니다. 그러나 우리가 여기에서 특별히 주목해야만 하는 것은 하나님이 "자연적" 방법을 통해서도 자기 종들을 구원하시며 또 자신의 목적을 이르신다는 사실입니다. 그것은 천사를 보내 베드로를 옥에서 건져낸 것이나 혹은 빌립보 감옥에서 지진을 일으킨 것과 똑같이 신적 역사(役事)입니다.

어쩌면 바울의 생질은 예루살렘에 거주하는 사람이 아니었을는지 모릅니다. 그렇다면 그가 그곳에 있음으로 인해 은밀한 비밀을 알게 된 것은 단순한 우연 이상이었을 것입니다. 그것은 신적 섭리로 말미암은 것이었습니다. 일련의 자연적 사건들 속에 하나님의 보이지 않는 손이 있었습니다. 그러한 사건들이 서로 협동하여 하나님의 뜻을 성취하는 것이 설령 선명하게 나타나지 않는다 할지라도 그렇다고 해서 덜 사실인 것은 결코 아닙니다. 기적의 경우와 비교할 때 말입니다. 여기의 경우 각각의 독립된 요인들이 마치 체스판의 말들처럼 전능자의 보이지 않는 손에 의해 얼마나 놀랍게 움직여집니까! 바울의 심장에 칼을 꽂기를 열망하는 격노한 광신자들이나 자신이 알게 된 음모를 즉시 바울에게 알린 젊은이나 자신의 골치 아픈 죄수로부터 속히 벗어나기를 바라는 로마의 천부장이나 자신들이 모두 하나님의 목적을 이루는 협력자들이라는 사실을 추호도 생각하지 못했습니다. "네가 예루살렘에서 나의 일을 증언한 것 같이 로마에서도 증언하여야 하리라"는 전날 밤 주님이 바울에게 이르신 목적 말입니다(11절).

3. 그러나 이러한 새로운 소동조차도 바울의 평안을 깨뜨리지 못했습니다.

바울은 지난밤의 환상으로 마음의 평안과 담대함을 갖게 되었는데, 그러한 평안과 담대함은 여기의 새로운 소동에도 불구하고 깨어지지 않았습니다. 바울은 특유의 명민함으로 이런 상황에서 어떻게 행동해야 할지를 알았으며, 특유의 민첩함으로 즉시 그렇게 행동했습니다. 누가는 우리에게 이와 같은 가공할만한 위험 앞에서 바울의 마음 상태가 어땠는지를 보여줍니다. 바울이 여러 말을 하지 않고 즉시 행동을 취한 것은 그의 마음의 평정과 그의 실제적 지혜를 잘 보여줍니다. 지난밤에 그와 같은 달콤한 환상을 체험한 사람은 다음날 아침 새롭게 펼쳐진 상황 앞에서 크게 요동하지 않을 것입니다. 예수 그리스도의 참된 종들은 여기의 바울처럼 주님이 모든 악으로부터 자신을 지켜주실 것을 굳게 확신할 것입니다. 그리고 만일 자신의 삶이 "증인"의 삶이라면 그 삶은 그 일이 완료될 때까지 결코 끝나지 않을 것임을 굳게 확신할 것입니다. 우리의 믿음은 우리를 마음의 평온으로 이끌 것입니다. 그리고 우리로 하여금 특정한 상황에서 어떻게 행동해야 할지를 명확하게 인식하고 주어진 기회를 속히 붙잡도록 이끌 것입니다. 바울은 어떤 위험 가운데서도 안전할 것이라는 주님의 말씀을 믿었습니다. 그러나 그러한 믿음은 그로 하여금 가만히 앉아 있는 것이 아니라 스스로 자신의 안전을 확실하게 하고자 노력하도록 이끌었습니다.

4. 이에 천부장이 어떻게 행동하는지 주목하십시오.

그는 바울의 개인적 매력에 상당한 인상을 받은 것으로 보입니다. 그가 볼 때 바울은 상당한 교양과 지식을 갖춘 사람이었습니다. 천부장은 청년의 "손을 잡고 물러가서" 그로 하여금 자유롭게 말할 수 있도록 배려합니다(19절). 그리고 그와 같은 행동으로 자신이 그를 신뢰하고 있음을 보여줍니다. 의심의 여지없이 청년은 자신이 지금 로마의 천부장 앞에 있다는 사실과 자신이 가지고 있는 정보의 중요성으로 인해 상당 부분 당황한 상태에 있었을 것입니다. 이런 상황에서 천부장의 부드러운 태도는 그의 그러한 마음을 다독거려 주었습니다. 높은 사람의 겸손한 태도는 사람의 입을 열게 만드는 최고의 도구입니다. 우리는 항상 누군가가 우리를 쳐다보고 있다는 사실을 기억해야 합니다. 그런 사람들에게 우리의 작은 친절은 매우 값진 것이 됩니다. 만일 우리가 높은 사람들에게 존경을 주는 것과 마찬가지로 낮은 사람들에게 겸양과 정중한 태도를 주지 않는다면, 우리는 "모든 자에게 줄 것을 주지" 않은 것입니다. "모든 자에게 줄 것을 주되 공세를 받을 자에게 공세를 바치고 국세 받을 자에게 국세를 바치고 두려워할 자를 두려워하며 존경할 자를 존경하라"(롬 13:7). 천부장은 청년에게 자신의 직위의 위엄을 지키며 사무적으로 대할 수 있었습니다. 만일 천부장이 무뚝뚝한 태도로 사무적으로 대했다면, 어쩌면 청년의 입술은 열리지 않았을는지도 모릅니다. 어쨌든 청년은 천부장에게 바울과 관련한 음모를 알렸고, 이에 천부장은 공회가 자신에게 요청하기 전에 신속하게 바울을 가이사랴로 이송했습니다. 틀림없이 그는 그렇게 하는 것을 매우 기뻐했을 것입니다. 왜냐하면 그렇게 함으로써 이 골치 아픈 일로부터 손을 완전히 뗄 수 있었기 때문입니다. 이와 같이 그 역시도 거대한 수레바퀴의 한 부속품, 즉 환상 가운데 하나님의 종에게 주어진 약속을 이루는 하나의 도구였습니다. 설령 그 자신은 전혀 알지 못했다 하더라도 말입니다.

89
여왕 즉위
50주년을 경축하며

(빅토리아 여왕 즉위 50주년 기념 설교)

"벨릭스 각하여 우리가 당신을 힘입어 태평을 누리고 또 이 민족이 당신의 선견으로 말미암아 여러 가지로 개선된 것을 우리가 어느 모양으로나 어느 곳에서나 크게 감사하나이다"

행 24:3

본문은 로마의 가장 악독한 총독 가운데 한 사람에 대하여 직업적 변호사가 말한 입에 발린 찬사입니다. 말하는 자도 자신의 말이 거짓임을 알고 있었으며, 듣는 자도 그것이 입에 발린 말임을 알고 있었습니다. 거기에 있는 사람들 가운데 아마도 그 총독을 증오하지 않은 사람은 단 한 사람도 없었을 것입니다. 만일 그 총독이 자객의 칼에 맞아 죽는다면, 틀림없이 모든 사람이 기뻐할 것이었습니다.

그러나 우리는 이와 같은 더둘로의 입에 발린 찬사의 말 속에 통치자가 마땅히 어떤 역할을 감당해야 하는지에 대한 개념이 담겨 있음을 주목할 필요가 있습니다. 물론 여기의 말은 충심(衷心)으로부터 나온 것이 아니라 굴종적 태도로부터 나온 것입니다. 그럼에도 불구하고 우리는 이러한 말로부터 몇 가지 중요한 사실들을 도출할 수 있습니다. 이제 그런 것들을 하나씩 살펴보도록 합시다.

1. 첫째, 여기에서 우리는 개인의 공로를 기꺼이 인정하며 치하하는 것을 발견할 수 있습니다.

지난주에 우리는 여왕 즉위 50주년 기념행사를 지켜보았습니다. 나는 이번 행사의 경우와 같이 국가 전체가 기뻐하며 경축하는 것을 세상이 결코 보지 못했을 것이라고 생각합니다. 왜냐하면 어떤 통치자의 치세기간이 이토록 오래 지속되는 경우도 매우 드물 뿐만 아니라 더구나 전체 국민이 이토록 진심으로 축하해주는 일도 더더욱 드물기 때문입니다. 지금 영국 전체가 하나가 되어 기뻐하고 있습니다. 각자의 생각이나 의견 등은 서로 다르다 하더라도, 여왕 즉위 50주년을 축하하는 데는 모두 하나입니다. 지금 영국 전역에서 축하의 불꽃이 타오르고 있을 뿐만 아니라, 영국의 영향력이 펼쳐지는 모든 지역에서 또한 그러합니다. 모든 사람이 여왕 즉위 50주년을 한 마음으로 기뻐하며 축하하고 있습니다.

나는 모든 사람이 여왕 안에서 통치자로서의 공적 직책과 개인으로서의 한 여인 사이에 묘한 대조를 느꼈을 것이라고 생각합니다. 젊은 나이에 홀몸이 된 여왕이 홀로 웨스트민스터 사원의 통로를 걸어 자신의 자리에 앉았을 때, 사람들은 그녀의 직책과 인격 사이에 묘한 대조를 느꼈을 것입니다. 그리고 그러한 대조는 여왕으로서의 직책에 합당한 존경심과 한 여인으로서의 인격에 합당한 동정심을 고양(高揚)시켰습니다. 여왕은 국가 권력의 가시적 표현이며, 영국의 화신(化身)이며, 살아있는 역사이며, 모든 과거의 결과이며, 자유와 법을 대표하는 존재이며, 많은 선한 것들이 흘러나오는 강력한 사회적 영향력이며, 사회의 다양한 계층을 통합하며 조정하는 힘이며, 무분별한 변화를 억제하는 권능입니다. 지상에 이것보다 더 고귀한 직책은 없습니다.

이러한 사실을 기꺼이 인정하며 치하하는 것은 결코 입에 발린 아부가 아닙니다. 그것은 국민으로서의 마땅한 의무입니다. 우리는 여왕의 통치 기간 동안 일어났던 위대한 변화들을 여왕 자신의 개인적 영도(領導)에 따른 것으로 돌릴 수 없습니다. 하나님께 감사하게도, 어떤 군주도 지금의 영국을 만들거나 망가뜨릴 수 없습니다. 그러나 우리는 "여왕의 궁전은 정결하며, 여왕의 생애는 평온하도다.”라고 말할 수 있습니다. 국가의 복리(福利)에 관심을 기울이는 여성 특유의 자애로움, 슬픔 가운데 있는 자들에 대한 동정심, 가난한 자들과 비천한 자들과 과부들에 대한 따뜻한 관심, 그러면서도 성령과 만왕의 왕에 대한 순전한 믿음 — 이러한 여왕으로 인해 영국은 마땅히 감사할 수 있습니다. 우리 같은 문외한들은 여왕의 개인적 영향력이 국가의 행동을 촉진시키거나 혹은 억제하는 데 어느 정도까지 힘을 발휘하는지 알지 못합니다. 그러나 일반적으로 말하여지는 대로 여왕의 치세기간 동안 그녀가 영국을 두 번이나 전쟁의 어리석음으로부터 지킨 것이 사실이라면, 우리는 정말로 그녀에게 너무나 큰 빚을 지고 있는 것입니다. 그러므로 우리는 “당신으로 인해 우리는 큰 평화를 누립니다. 그리고 우리는 감사함으로 그러한 평화를 받아들입니다”라고 말할 수 있습니다.

2. 둘째로, 본문으로부터 우리는 여왕의 50년 치세 기간 동안 이루어진 진보와 관련한 보다 더 넓은 관점을 추론할 수 있습니다.

흠정역의 “여러 가지 가치 있는 일들이 행하여진 것을”(worthy deeds are done)이라는 표현을 개정역(Revised Version)은 “여러 가지 악들이 바로잡혀진 것을”(evils are corrected)이라고 읽는데, 바로 이것이 정확한 번역입니다(한글개역개정판에는 “여러 가지로 개선된 것을”이라고 되어 있음— 역주). 본문에서 로마의 압제자에게 입에 발린 말로 돌려진 두 가지 기능 즉 첫째로 자신의 통치 영역 안에서 평화를 확보하며 둘째로 군주의 선견(先見)으로 각종 악들을 바로잡는 것은 왕권과 관련한 전통적 이상(理想)입니다.

이러한 기능들과 관련하여, 우리는 군주 개인보다 국가가 훨씬 더 많은 일을 할 수 있음을 압니다. 그러므로 지난 50년 통치 기간 동안의 진보에 대해 말할 때, 대체적으로 우리는 그것을 여왕 개인에 의해서라기보다 수많은 영국인들에 의해 이루어진 것으로서 받아들입니다. 잠깐 동안 이러한 진보의 두드러진 부분들을 생각해보고자 합니다. 물질적 진보와 상업적 번영과 제조업의 성장과 각종 발명 등에 대하여 이미 충분한 호산나 찬미가 울려퍼졌습니다. 거기에다가 나의 보잘것없는 목소리를 더할 필요는 없습니다. 나는 이런 것들을 과소평가할 생각은 추호도 없습니다. 그러나 사람은 떡으로만 살 것이 아니요 하나님의 입으로부터 나오는 모든 말씀으로 삽니다. 거대한 상업사회에 살고 있는 우리는 국가적 산업에 있어서의 엄청난 팽창과 그로 말미암은 국가적 부(富)의 막대한 증가를 결코 과소평가하지 않을 것입니다. 그렇지만 그것보다 더 중요한 것들이 있습니다.

나는 여러분에게 지난 50년 동안 이루어진 보다 더 중요한 변화들을 일깨워주고자 합니다. 영국의 도덕은 개선되었으며, 야만적이며 조악(粗惡)한 풍속은 상당 부분 극복되었습니다. 그리고 저급한 유흥문화 역시도 많이 개량되었습니다. 전국적으로 일어난 금주운동은 얼마나 감사한 일입니까! 국가적 양심이 크게 각성되었으며, 국가적 교육체계가 이 땅에서 놀랍게 자리를 잡았습니다. 신문과 각종 서적들이 싼 값에 공급되게 되었으며, 정치적 자유가 계속적으로 신장되었습니다. 이제 어떤 정당도 이러한 변화를 거스를 것을 생각하지 못합니다. 종교적 편협성도 많이 극복되었으며, 각각의 종파들은 예전에 비해 훨씬 더 가까워졌습니다. 사람들은 그리스도의 인격이 신학(神學)의 함정에 매몰된 엄격한 교리주의적 기독교로부터 훨씬 더 자유롭고 그리스도 중심적 신앙으로 나아갔습니다. 만일 우리가 바울 사도와 같은 관점을 취한다면, 우리 시대의 두드러진 특징인 종교에 대한 반감은 도리어 손익계산서의 대변(貸邊)에 기입되어야 합니다. 왜냐하면 그는 자신의 손에 확실한 진리가 들려있음을 확신하는 가운데 담대하게 이렇게 말했기 때문입니다. "나는 이곳에 머물 것이라. 왜냐하면 대적하는 자가 많음에도 불구하고 내게 광대하고 유효한 문이 열렸기 때문이라"(고전 16:9). 종교적 문제와 관련하여, 하나님의 진리는 무관심과 더불어 싸울 때보다 반대와 더불어 싸울 떠 훨씬 더 잘 싸울 수 있습니다. 우리의 교회들을 보십시오. 안타깝게도 모든 교회들 가운데 세속주의 풍조가 만연하지 않습니까! 그렇지만 동시에 감사하게도 우리 가운데 가난하며 미개한 사람들을 위한 새로운 책임 의식이 솟아오르고 있습니다. 모든 곳에서 우리는 기꺼이 도움의 손을 펼치는 선한 사람들을 봅니다. 우리 사회의 버려진 자들뿐만 아니라 온 세상의 가장 희망 없는 이교도들을 돕기 위해 말입니다. 이 모든 것들을 생각할 때 우리는 진심으로 감사하지 않을 수 없습니다.

사랑하는 형제들이여, 영국의 진보와 관련한 이와 같은 종류의 이야기는 자칫 그릇된 자기만족과 우스꽝스러운 자화자찬이 될 수 있습니다. 이와 관련하여 오늘날 도처에 만연한 모조품 애국주의를 지혜로운 자들은 조심할 필요가 있습니다.

이러한 진보의 원인을 우리는 어떤 군주에게나 혹은 의회가 아니라 영국 국민들의 불굴의 용기와 에너지, 앵글로색슨적 인내심, 사려 깊은 생각과 자기를 부인하는 노력에 돌립니다. 그리고 특별히 이런 가운데 우리는 하나님을 잊어버리지 않도록 조심해야 합니다. "그러나 네가 마음에 이르기를 내 능력과 내 손의 힘으로 내가 이 재물을 얻었다 말할 것이라 네 하나님 여호와를 기억하라 그가 네게 재물 얻을 능력을 주셨음이라"(신 8:17).

그리고 내가 여기에서 마지막으로 경고하고자 하는 것은 우리의 국가적 진보에 대한 호산나 찬미가 "이제는 앉아 쉬며 즐기자"로 변질되지 않도록 조심하라는 것입니다.

3. 마지막으로, 우리는 진보의 반대편에 있는 그늘진 부분을 주목해야 합니다.

최근 몇 달 동안 영국의 가장 위대한 두 지성(知性) 사이에 큰 논쟁이 벌어졌습니다. 한 사람은 가장 위대한 시인 가운데 한 사람이며, 다른 한 사람은 가장 위대한 정치인 가운데 한 사람입니다. 한 사람은 지난 50년을 돌아보며 오직 악마의 왕국과 고통만을 봅니다. 또 한 사람은 같은 기간을 돌아보면서 성취된 꿈과 계속적 진보의 예언을 봅니다. 이러한 논쟁 속에 끼어드는 것은 나의 몫이 아닙니다. 양쪽 다 옳습니다. 실제로 많은 것이 성취되었습니다. 그럼에도 불구하고 아직 성취하지 못한 것이 많이 남아 있습니다. "얻을 땅이 매우 많이 남아 있도다"(수 13:1). 과거의 승리와 축복이 무엇이었든지 간에, 우리 사회에는 곪은 부분들이 있습니다. 만일 도려내고 치료하지 않는다면 악성 종양으로 자랄 그런 부분들 말입니다. 우리 사회 곳곳에 수많은 위험들이 내재해 있습니다. 저 멀리 지평선을 바라보십시오. 조만간 환호를 애곡으로 바꿀 수 있는 구름들이 보이지 않습니까? 이러한 위험들을 막을 수 있는 최선의 방책은 각자가 자신의 자리에서 우리의 작은 영향력을 의(義)를 만드는 일에 사용하는 것입니다. 그렇게 할 때, 우리들의 삶으로 인해 영국은 좀 더 아름답고 좀 더 거룩한 나라가 될 것입니다. 우리 그리스도인들의 이상은 기독교적 원리 위에서 사회를 구성하는 것입니다. 여러분은 우리가 그러한 자리에 도달했다고 생각합니까? 여러분 주위를 둘러보십시오. 여러분은 오늘날의 무한경쟁의 풍토와 부의 분배가 신약의 원리와 정확하게 일치한다고 생각합니까? 여러분은 오늘날의 영국사회가 마땅히 되어져야 할 모습으로 서 있다고 생각합니까? 만일 이 나라의 그리스도인들이 기독교적 원리 위에서 산다면 되게 될 바로 그런 모습 말입니다. 만일 "소금이 그 맛을 잃지" 않았다면, 어떻게 이와 같은 썩고 부패한 부분들이 있을 수 있겠습니까? 여러분은 우리의 신문들이 매일 같이 보도하는 각종 악들이 기독교적 원리 위에 구성된 사회와 어울린다고 생각합니까? 무절제, 사회적 부정, 거리의 가판대를 채우고 있는 각종 저급한 잡지들, 야수(野獸)와 같은 잔인함, 하층계급에 속한 사람들의 비참한 상태 등을 생각해 보십시오. 화려한 상부구조물에 가려진 음울한 하부구조물의 모습이 아닙니까? 또 파당으로 나뉘어 서로 싸우는 정치인들의 모습은 어떠합니까? 서로 자신은 옳고 상대방은 틀렸다고 생각하며 끝없이 싸우지 않습니까? 이러한 것들은 영국 사회의 어두운 면을 증언합니다. 그리고 많은 사람들이 이러한 것들을 바라보며 거의 절망에 빠집니다. 천 년 이상의 기독교의 결과물이 겨우 이것밖에 안 되느냐고 생각하면서 말입니다.

사랑하는 형제들이여, 우리는 지금까지 이루어진 성취로 인해 감사할 수 있습니다. 그러면서 동시에 우리의 결함과 잘못을 기꺼이 인정할 필요가 있습니다. 그렇지 않습니까? 우리는 조상들로부터 위대한 유산을 상속받았습니다. 우리는 그러한 유산을 우리의 노력과 자기부인으로 개선해서 다음 세대로 전해주어야 합니다. 영국을 고치는 방법은 여러분 자신을 고치는 것으로 말미암아 시작된다는 사실을 기억하십시오. 그러므로 먼저 여러분 자신의 마음속에 그리스도의 나라가 임하게 하십시오. 그러고 난 연후에 우리는 다른 사람들의 마음속에 그 나라가 임하도록 노력할 의무가 있습니다. 그렇게 함으로써 그리스도의 나라의 누룩이 사회 전체에 퍼지도록 해야 합니다. 먼저 스스로의 잘못을 고치고 나아가 다른 사람들에게 그리스도의 복음의 한량없는 부요를 알게 하지 않는 그리스도인은 다른 사람들의 피로부터 결코 깨끗할 수 없습니다.

국가에 대한 그리스도인의 책임은, 그의 나라가 기독교적 원리들로 온전히 구성될 때까지 그래서 그의 나라가 단순한 "세상 나라"에서 "하나님과 그의 그리스도의 나라"가 될 때까지, 결코 끝나지 않습니다. 이러한 궁극의 완성을 향해 나아가는 일에 협력하는 것은 왕이든 농부든 모든 국민이 그의 나라에 바칠 수 있는 가장 고결한 봉사입니다. 단순한 물질적 진보나 정신적 계몽이 아니라 하나님의 뜻에 일치되는 것이 진정한 번영이며 진정으로 강하게 되는 것입니다. 그리고 그의 규례와 법도를 지키는 것이 참된 지혜요 참된 지식입니다. "내가 나의 하나님 여호와께서 명령하신 대로 규례와 법도를 너희에게 가르쳤나니 이는 너희가 들어가서 기업으로 차지할 땅에서 그대로 행하게 하려 함인즉 너희는 지켜 행하라 이것이 여러 민족 앞에서 너희의 지혜요 너희의 지식이라 그들이 이 모든 규례를 듣고 이르기를 이 큰 나라 사람은 과연 지혜와 지식이 있는 백성이로다 하리라"(신 4:6).

90
벨릭스 앞에서의 바울

"¹⁰총독이 바울에게 머리로 표시하여 말하라 하니 그가 대답하되 당신이 여러 해 전부터 이 민족의 재판장 된 것을 내가 알고 내 사건에 대하여 기꺼이 변명하나이다 ¹¹당신이 아실 수 있는 바와 같이 내가 예루살렘에 예배하러 올라간 지 열이틀밖에 안 되었고 ¹²그들은 내가 성전에서 누구와 변론하는 것이나 회당 또는 시중에서 무리를 소동하게 하는 것을 보지 못하였으니 ¹³이제 나를 고발하는 모든 일에 대하여 그들이 능히 당신 앞에 내세울 것이 없나이다 ¹⁴그러나 이것을 당신께 고백하리이다 나는 그들이 이단이라 하는 도를 따라 조상의 하나님을 섬기고 율법과 선지자들의 글에 기록된 것을 다 믿으며 ¹⁵그들이 기다리는 바 하나님께 향한 소망을 나도 가졌으니 곧 의인과 악인의 부활이 있으리라 함이니이다 ¹⁶이것으로 말미암아 나도 하나님과 사람에 대하여 항상 양심에 거리낌이 없기를 힘쓰나이다 ¹⁷여러 해 만에 내가 내 민족을 구제할 것과 제물을 가지고 와서 ¹⁸드리는 중에 내가 결례를 행하였고 모임도 없고 소동도 없이 성전에 있는 것을 그들이 보았나이다 그러나 아시아로부터 온 어떤 유대인들이 있었으니 ¹⁹그들이 만일 나를 반대할 사건이 있으면 마땅히 당신 앞에 와서 고발하였을 것이요 ²⁰그렇지 않으면 이 사람들이 내가 공회 앞에 섰을 때에 무슨 옳지 않은 것을 보았는가 말하라 하소서 ²¹오직 내가 그들 가운데 서서 외치기를 내가 죽은 자의 부활에 대하여 오늘 너희 앞에 심문을 받는다고 한 이 한 소리만 있을 따름이니이다 하니 ²²벨릭스가 이 도에 관한 것을 더 자세히 아는 고로 연기하여 이르되 천부장 루시아가 내려오거든 너희 일을 처결하리라 하고 ²³백부장에게 명하여 바울을 지키되 자유를 주고 그의 친구들이 그를 돌보아 주는 것을 금하지 말라 하니라 ²⁴수일 후에 벨릭스가 그 아내 유대 여자 드루실라와 함께 와서 바울을 불러 그리스도 예수 믿는 도를 듣거늘 ²⁵바울이 의와 절제와 장차 오는 심판을 강론하니 벨릭스가 두려워하여 대답하되 지금은 가라 내가 틈이 있으면 너를 부르리라 하고 "

행 24:10-25

더둘로는 바울에 대해 세 가지로 고소했습니다. 그것은 그가 첫째로 소요를 일으켰다는 것과, 둘째로 이단의 우두머리라는 것과, 셋째로 성전을 더럽혔다는 것이었습니다(5, 6절). 더둘로는 영리하게도 유대인들이 바울을 증오한 진짜 이유를 제일 마지막에 놓습니다. 왜냐하면 로마인들이 볼 때 그것은 매우 사소한 문제였기 때문입니다. 반면 그는 벨릭스가 가장 중요하게 여길 문제를 제일 앞에 놓습니다. 아무리 무딘 자라 하더라도, 유대의 지도자들이 로마에 대해 소요를 일으킨 자를 로마의 총독에게 고발하는 것은 충분히 이상하다고 생각할 만한 일이었습니다. 뿐만 아니라 벨릭스는 유대인들의 종교에 대해 나름대로 상당한 지식을 가지고 있었던 것으로 보입니다. 비록 아무 말로 하지 않고 가만히 있었다 하더라도 말입니다. 어쨌든 바울은 더둘로의 세 가지 고소에 대해 변명합니다. 확실한 증거로 뒷받침되지 않는 고소는 결국 공허한 메아리로 끝날 뿐입니다.

1. 본문의 전반부는 더둘로의 고소에 대한 바울의 변명을 다룹니다.

바울이 정중하며 예의 바르게 자신의 말을 시작하는 것을 주목해 보십시오(10절). 이러한 말은 더둘로의 입에 발린 거짓된 말과 좋은 대조를 보입니다. 바울은 거짓으로 말하지 않습니다. 그는 다만 권위를 존중할 뿐입니다. 벨릭스는 "여러 해 전부터" — 대략 6년 동안 — 유대인들의 "재판장"이었습니다(10절). 그가 어떤 종류의 재판장이었는지 바울은 말하지 않습니다. 다만 바울은 더둘로가 고소한 내용들에 대해 효과적으로 변명하는 데 집중합니다.

바울은 첫 번째 고소 즉 그가 로마에 대항하여 소요를 일으켰다는 고소에 대해 단호한 부인으로 대응합니다. 특별히 바울은 자신이 예루살렘에 온 지 열이틀밖에 안 되었음을 강조합니다(11절). 이러한 사실은 쉽게 확인될 수 있는 것이었습니다. 열이틀은 유대인들에게 있어 바울이 위험한 선동가임을 발견하기에는 너무나 짧은 시간이었습니다. 뿐만 아니라 그들은 그러한 고소를 뒷받침할 수 있는 명백한 증거를 아무것도 제시할 수 없었습니다. 그리고 그가 군중을 선동하여 소요를 일으키는 것을 목격한 증인도 없었습니다. 이렇게 하여 첫 번째 고소에 대해서는 더 이상 항변할 것이 아무것도 없게 되었습니다. 공정한 재판장이라면 첫 번째 고소와 관련하여 더 이상 들어볼 것도 없이 기각할 것이었습니다.

두 번째 고소에 대해 바울은 부인하면서 동시에 인정합니다. 그는 나사렛 예수를 따르는 자들에 속합니다. 그러나 그것은 "분파"(sect)가 아닙니다(한글개역개정판에는 "이단"이라고 되어 있음 ― 역주). 그것은 "그 도"(the Way)입니다(14절). 그것은 조상들이 걸어갔던 길로부터 이탈한 길이 아니며, 또 자의적 분파주의자들의 잘못된 길도 아닙니다. 그것은 하나님이 정하신 생명의 길이며, 사람이 그것을 통해 하늘로 나아갈 수 있는 유일한 길입니다. 여기에서 우리는 '기독교에 대한 유대교의 관계'와 관련한 바울의 전체적 개념이 벨릭스가 이해할 수 있는 형태로 제시되는 것을 보게 됩니다. 여기의 소위 "분파"(sect)는 실제로 유대교입니다(바울은 이 단어를 5절의 더둘로의 말로부터 취합니다). 왜냐하면 그것의 구성원들은 실제적으로 배타적인 유대인 집단이기 때문입니다. 바울은 기독교인이 되기 위해 무엇을 버렸습니까? 그는 아브라함과 이삭과 야곱의 하나님을 섬기는 것도 버리지 않았으며, 율법도 버리지 않았으며, 선지자들도 버리지 않았으며, 부활의 소망도 버리지 않았습니다(14, 15절).

바울은 자신이 율법에 기록된 모든 것을 행한다고 말하지 않습니다. 다만 그 모든 것을 "믿는다"고 말할 뿐입니다. 율법 역시도 하나님의 계시로서, 사람들은 그것에 순종하기에 앞서 먼저 기쁨으로 그것을 받아들여야 합니다. 바울이 다른 곳에서 말한 것처럼, 그것은 "우리를 그리스도께로 인도하는 초등교사"입니다(갈 3:24). 유대교는 싹이며, 기독교는 활짝 핀 꽃입니다. 바울은 그의 전체적 복음을 전파하고 있었던 것이 아니라, "나사렛 분파의 우두머리"라는 특별한 고소로부터 스스로를 변명하고 있었습니다. 그는 벨릭스가 기독교에 대해 어느 정도 알고 있음을 전제하며 말합니다. 그러면서 그는 자신이 분파주의자임은 단호히 부인합니다. 그러는 가운데 그러한 고소는 도리어 자신을 그소하는 자들 다시 말해서 그리스도를 믿지 않는 자들에게 더 적합하다고 생각합니다. 그는 그들이 율법과 선지자들을 믿지 않았다고 은연중 암시합니다. 왜냐하면 만일 그들이 율법과 선지자들을 정말로 믿었다면, 그들 역시도 그리스도인이 되었을 것이기 때문입니다.

여기에서 그의 믿음의 실제적 결과들이 언급됩니다. 16절의 "이것으로 말미암아"라는 표현을 주목해 보십시오. 그것은 "내가 바로 앞에서 말한 믿음과 소망 안에서"라는 의미입니다. 바울은 그러한 것들이 자신을 하나님과 사람들 앞에서 흠이 없게 만든다고 말하지 않습니다. 다만 그러한 흠이 없는 상태는 그의 목표일 뿐입니다. 그는 진지한 수고와 절제로 그러한 목표를 추구합니다. 양심에 거리낌이 없도록 만드는 데 필요한 자기부인으로 이끌지 못하는 기독교는 바울의 기독교가 아닙니다. 만일 우리가 기독교의 위대한 진리들 가운데 거한다면, 우리는 육신을 굴복시키기 위해 스스로를 쳐서 복종시키며 양심의 평안을 간절히 추구하게 될 것입니다. 그렇지만 우리는 바울과 마찬가지로 그것을 얻었노라고 말하는 데는 매우 느릴 것이지만, 그러나 그러한 이상을 향해 애쓰노라고 말하는 것은 조금도 두려워하지 않을 것입니다.

세 번째 고소 즉 성전을 더럽혔다는 고소에 대해 바울은 자신이 예루살렘에 온 실제적 목적을 분명하게 언급하는 것으로 대응합니다. "성전을 더럽혔다고요! 나는 절기에 예배하기 위해 먼 길을 왔을 뿐입니다. 뿐만 아니라 나는 빈손으로 오지 않았습니다. 나는 내 민족을 위해 구제할 것과 제물을 가지고 왔으며 심지어 결례까지도 행했습니다"(17, 18절). 유대인들은 그를 "나사렛 이단의 우두머리"(Nazarene)라고 불렀습니다. 그러나 그는 "나실인"(Nazarite)으로 성전에 있었습니다. 그런 목적으로 성전에 온 그가 성전을 더럽혔다는 것이 도대체 어떻게 가능할 수 있단 말입니까?

계속해서 바울은 "아시아로부터 온 어떤 유대인들"에 관해 이야기하기 시작합니다(18절). 실상 이 모든 소동은 그들로 인해 시작되었으며, 바울은 그들에 대해 어느 정도 분개하는 마음을 가졌을 것입니다. 그러나 바울은 공의를 의식하며 자신의 감정을 억제합니다. 그는 그 자리에 있지 않은 사람들에 대해서는 아무 말도 하지 않을 것입니다. 다만 바울은 다시 한 번 자신을 고소하는 내용들을 입증할 수 있는 증거를 제시할 것을 요구합니다(19, 20절). 더둘로와 다른 고소자들은 단지 풍문으로 들은 것만을 가지고 있었을 뿐이었습니다. 결국 그들은 아무 말도 하지 못하고 가만히 있을 수밖에 없었습니다.

바울의 마지막 말은 적진(敵陣)을 다시금 분열시킬 만한 말이었습니다. "오직 내가 그들 가운데 서서 외치기를 내가 죽은 자의 부활에 대하여 오늘 너희 앞에 심문을 받는다고 한 이 한 소리만 있을 따름이니이다"(21절). 바울은 고소자들에게 그들 자신이 직접 들은 것을 말하라고 도전합니다. 그들은 단지 공회에서 직접 보고 들은 것만을 증언할 수 있을 따름이었습니다. 그것은 바로 위와 같은 바울의 말뿐이었습니다. 그러나 더둘로는 그에 대해서는 총독에게 아무 말도 하지 않았습니다. 왜냐하면 그것은 그들에게 아무런 이득도 되지 않을 것이었기 때문입니다. 여기의 바울의 마지막 말 속에는 은근한 빈정거림이 담겨 있었습니다. 특별히 우리가 대제사장 아나니아와 같은 고위 인물들이 사두개인이었음을 기억할 때 말입니다. 바울로부터 부활을 믿는다는 말을 들었을 때, 바리새인들은 공회에서 그에게 악한 것이 아무것도 없다고 말했었습니다(23:9). 그가 고소를 당한 진짜 이유는 그가 로마에 대항하여 소요를 일으켰다든지 혹은 성전을 더럽혔다는 것이 아니라 바로 이것이었습니다. 지금 총독 앞에 서 있는 고소자들은 바울의 유죄를 입증하기 위해 혈안이 되어 있었습니다. 그러나 산헤드린의 절반의 공회원들은 그에게 악한 것이 아무것도 없다고 생각했습니다. "이스라엘의 소망을 내팽개쳐 버리고 부활을 믿지 않는 이들 유대인들이 나를 배교자로 고소하고 있습니다. 그렇다면 누가 진짜 배교자며, 누가 진짜 분파주의자입니까? 납니까, 아니면 이들입니까?"

2. 이 문제와 관련하여 벨릭스가 내릴 수 있는 공정한 판결은 오직 그를 무죄로 석방하는 것뿐이었습니다.

그러나 벨릭스는 예전에 빌라도가 행했던 것과 똑같이 행합니다. 그는 공정한 판결을 내림으로써 영향력 있는 유대인들을 자극하게 되는 것을 꺼렸습니다. 그는 빌라도보다도 더 변명의 여지가 없습니다. 왜냐하면 그는 오랫동안 총독의 자리에 있음으로 해서 "그 도"(the Way)에 대해 비교적 자세히 알고 있었기 때문입니다(22절). 지금까지 행한 여러 악행들로 인해 그에게는 이미 충분히 많은 적들이 있었습니다. 그렇기 때문에 그는 또 다시 새로운 적들을 만들고 싶지 않았습니다. 그리하여 벨릭스는 곧바로 이 일을 처결하지 않고 뒤로 미룹니다. 우유부단한 사람들이 곤란한 상황에서 종종 그렇게 하는 것처럼 말입니다. "벨릭스가 연기하여 이르되 천부장 루시아가 내려오거든 너희 일을 처결하리라 하고"(22절).

이 얼마나 애매모호한 말입니까? 도대체 언제 루시아가 내려올 것이란 말입니까? 그리고 어째서 이 문제를 루시아가 처결해야 한단 말입니까? 앞장 25절 이하의 루시아의 편지는 이 문제와 관련한 모든 결정이 벨릭스 앞에 있음을 당연한 것으로 전제하지 않습니까? 루시아에게는 이 문제와 관련하여 말할 것이 더 이상 아무것도 없었습니다. 여기에서 벨릭스가 의도한 것은 분명합니다. 그는 단지 결정을 내일로 미루고자 한 것뿐이었습니다. 그리고 내일에는 또 다른 핑계거리가 생길 것이었습니다. 마땅히 행해야만 하는 일은 그 자리에서 당장 행하는 것이 가장 안전한 법입니다. 벨릭스가 바울에게 베푼 관대한(?) 처분을 주목해 보십시오. "백부장에게 명하여 바울을 지키되 자유를 주고 그의 친구들이 그를 돌보아 주는 것을 금하지 말라"(23절). 이것은 우리에게, 벨릭스가 자신이 올바르지 못한 일을 행하고 있음을 스스로 알고 있었음을, 잘 보여주지 않습니까? 그러나 작은 호의가 공정하지 못한 큰 잘못을 가려주지는 못합니다.

3. 수일 후 벨릭스는 자기 아내 드루실라와 함께 다시 한 번 바울의 이야기를 듣는 기회를 가집니다.

어떤 사본에는 24절 가운데 드루실라가 바울을 만나보기를 바랐으며 그리하여 벨릭스가 그녀를 기쁘게 하기 위해 그를 불렀다는 언급이 끼워져 있습니다. 유대인인 드루실라가 "그 도"에 관해 어느 정도 알았다는 것은 충분히 가능한 일입니다. 그리하여 호기심에 가득 찬 그녀는 여기의 기묘한 사람을 만나 그의 말을 듣기를 원했습니다. 그것은 무료한 시간을 보내기에 안성맞춤의 일이었으며, 그렇게 함으로써 그녀는 좋은 잡담거리를 얻을 수 있을 것이었습니다.

그녀와 벨릭스는 자신들이 기대했던 것보다 훨씬 더 많은 이야기를 들었습니다. 지금 바울은 죄수가 아니라 전도자였습니다. 그는 "그리스도 예수를 믿는 도"에 대해 직접적으로 그리고 명확하게 말했습니다(24절). 계속해서 그는 가장 불의한 총독 가운데 한 사람에게 "의"에 대해, 탐욕과 사치에 있어 가장 절제할 줄 모르는 한 쌍의 부부에게 "절제"에 대해, 그리고 로마 역사가의 말을 인용할 때 "아무 처벌도 받지 않고 모든 악을 행할 수 있다고 생각한" 사람에게 "장차 오는 심판"에 대해 강론했습니다(25절).

바울의 강한 메시지 앞에 강퍅한 벨릭스의 영혼조차도 흔들리지 않을 수 없었습니다. 드루실라는 별다른 자극을 받지 않은 것으로 보입니다. 어쩌면 그것은 그녀가 자기 남편보다도 더 천박한 여자였기 때문이었는지도 모릅니다. 반면 벨릭스는 상당한 충격을 받았습니다. 그는 지금까지 행한 여러 가지 악들을 생각하며 두려워했습니다. 그러나 그의 악이 또다시 그를 억눌렀습니다. "지금은 가라 내가 편리한 때가 있으면 너를 부르리라"(25절, 한글개역개정판에는 "틈이 있으면"이라고 되어 있음 ― 역주). "편리한 때"는 바로 지금이었습니다. 그때는 결코 다시 오지 않았습니다. 왜냐하면 바울과 자주 이야기했음에도 불구하고 두려워 떤 것은 오직 이때뿐이었기 때문입니다. 그리하여 그는 다시금 어둠 속으로 되돌아가고 맙니다.

91
바울 앞에서의 벨릭스

(청년들을 위한 설교)

"바울이 의와 절제와 장차 오는 심판을 강론하니 벨릭스가 두려워하여
대답하되 지금은 가라 내가 틈이 있으면 너를 부르리라 하고"

행 24:25

여기의 벨릭스와 그의 형제는 황제의 친애하는 수하(手下)로서, 로마에서 상당한 힘을 가지고 있었습니다. 이 사건이 있던 즈음 그는 오륙 년 정도 유대의 총독으로 있었습니다. 그가 어떻게 자신의 권력을 사용했는지에 대해 역사가 타키투스는 다음과 같은 짤막한 문장으로 요약합니다. "그는 모든 잔인함과 탐욕과 더불어 노예의 정신으로 총독의 권세를 휘둘렀다."

그의 아내는 하나님에게 영광을 돌리지 않다가 벌레에게 먹혀 죽은 헤롯의 딸 드루실라였으며(행 12:23), 그가 수장(首長)으로 있던 총독부는 피와 방탕으로 가득했습니다. 여기에서 그는 바울과 두 번째로 대면하고 있습니다. 앞의 대면에서 그는 바울이 로마제국을 위협하는 위험한 인물이 아니라고 결론을 내릴 만한 충분한 이유를 보았습니다. 그의 동족들이 그를 로마제국에 대해 소요를 일으킨 죄목으로 고소했음에도 불구하고 말입니다. 그렇게 하여 그는 바울에게 상당한 정도의 자유를 허락했습니다.

여기에서 벨릭스가 두 번째로 바울을 불러 대면한 것은 재판장으로서가

아니었습니다. 그것은 부분적으로 그로부터 뇌물을 받기를 기대했기 때문이었고, 또 부분적으로 당시 대부분의 로마인들이 가지고 있었던 동방의 종교에 대한 일종의 호기심 때문이었습니다. 그리고 틀림없이 바울에 대한 개인적 호기심도 일부 있었을 것입니다.

이렇게 하여 벨릭스와 드루실라는 바울 사도를 불렀습니다. 바울은 그들에게 헬라 철학자로서 말하지 않습니다. 그는 그들을 기쁘게 하는 일에는 조금의 관심도 기울이지 않습니다. 그렇게 하는 대신 그는 그들의 죄로 직행합니다. 그는 불의한 재판장에게 "의"에 대해 강론합니다. 그는 방종에 빠져 살아가는 자들에게 "절제"에 대해 강론합니다. 그는 아무런 처벌도 받지 않고 자신들이 원하는 모든 일을 행할 수 있다고 생각하는 사람들에게 "장차 오는 심판"에 대해 강론합니다. 기독교는 상류층 사람들의 죄라고 해서 대충 눈감아주지 않습니다.

바울의 강론이 진행되는 동안 이상한 두려움이 벨릭스의 마음속으로 기어들어오기 시작했습니다. 지금은 그의 운명이 결정되는 그의 인생의 분수령이었습니다. 모든 것이 지금부터 펼쳐지는 5분에 달려 있었습니다. 그는 순복할 것입니까? 아니면 저항할 것입니까? 균형추가 잠시 동안 흔들리며 머뭇거리더니, 이윽고 천천히 잘못된 방향으로 기울어집니다. "지금은 가라." 아, 만일 그가 "이 이상한 두려움을 벗어버릴 수 있도록 와서 나를 도우라"라고 말했다면, 모든 것은 얼마나 달라졌겠습니까! 지금 뜨거운 불에 쇠가 녹아 액체상태가 되었습니다. 그것은 어떤 모양을 취할 것입니까? 우리가 아는 한, 그것은 잘못된 주형(鑄型) 속으로 부어졌습니다. 그리고 그 주형 속에서 딱딱하게 굳어졌습니다. 그에게 한 번의 기회가 주어졌으나, 그는 그것을 영원히 놓쳐버리고 말았습니다. 그 순간은 마치 아무 일도 없었다는 듯 지나가 버리고 맙니다. 영혼의 영원한 운명이 결정되는 순간이었음에도 불구하고 말입니다.

사랑하는 청년들이여, 나는 여러분에게 여기의 벨릭스에 대해 더 이상 말하고자 하지 않습니다. 다만 이제부터 이 사건으로부터 우리가 결코 놓쳐서는 안 되는 몇 가지 교훈들을 취하고자 합니다.

1. 첫째, 각성된 양심을 억누르면서 그리스도를 위한 결정을 미루지 마십시오.

벨릭스가 실제로 바란 것은 "지금은 가라"는 것이었습니다. 지금 그의 머리를 가득 채우고 있는 생각은 바울이 전파하는 두려운 메시지로부터 벗어나는 것이었습니다. 그러나 그는 문을 완전히 닫기를 바라지 않습니다. 그는 자신의 각성된 양심을 달래기 위해 그것에다가 약간의 선심을 씁니다. 그는 지금 당장 결정해야만 하는 문제를 막연한 미래의 약속과 함께 가볍게 뒤로 미루면서 스스로를 속입니다. "내가 편리한 때(convenient season)가 있으면 너를 부르리라"(한글개역개정판에는 "틈이 있으면"이라고 되어 있음 — 역주). 그가 실제로 의미한 것은 "어쨌든 지금은 아니다"라는 것입니다. 그는 "다음에 다시 생각해보자"라는 마음으로 스스로를 속입니다. 나는 여러분 가운데도 여기의 벨릭스가 행하는 것과 똑같이 행하고 있는 사람들이 적지 않음을 압니다. 이 순간의 나의 목적은 그리고 나의 간절한 기도는 여러분을 지금 그리스도를 위한 결정으로 이끄는 것입니다. 단 한 번의 용기 있는 행동에 의해 여러분의 영원한 운명이 결정될 것입니다.

이와 같은 오늘의 첫 번째 주제와 관련하여 여러분에게 몇 가지 이야기할 것이 있습니다. 물론 그리스도 예수 안에 있는 하나님의 사랑의 메시지는 너무도 아름다우며, 너무도 은혜로우며, 너무도 소중하며, 사랑과 긍휼로 가득 차 있습니다. 그럼에도 불구하고 거기에는 또 다른 측면이 있습니다. 그것은 사람의 양심을 일깨우며 두려움을 불러일으킨다는 사실입니다.

여러분이 어떤 사람을 여기의 세 가지 개념 즉 "의와 절제와 장차 오는 심판"의 개념과 접촉하도록 이끈다고 상상해 보십시오. 그 결과가 무엇이겠습니까? 의심의 여지없이 그 결과는 항상 크든 작든 죄와 실패와 불충분함과 결함의 의식을 일깨우면서 동시에 두려움을 일으키는 것이 될 것입니다. 마치 내가 하나님의 율법 앞에 설 때, 그 율법이 나를 짓누르는 것처럼 말입니다. 그러한 두려움은 합당한 것입니다. 우리에게 하나님의 복음이 임합니다. 그것이 복음이라는 바로 그 이유 때문에 그리고 그것이 여

러분과 나로 하여금 예수 그리스도를 사랑하며 의지하도록 이끌고자 의도
된 것이기 때문에 그리고 우리의 마음과 영혼을 그에게 드리도록 의도된
것이기 때문에 그리고 그것이 세상에 임한 최고의 "좋은 소식"이기 때문
에, 그것은 종종 사람으로 하여금 자신이 큰 죄인임을 느끼도록 만듦으로
말미암아 그리고 자신이 하나님의 율법을 너무나 많이 거슬렀음을 깨닫도
록 만듦으로 말미암아 시작됩니다. 나는 이따금씩 하나님의 진리와 접촉
함으로 말미암아 "그래 그것은 모두 사실이야. 나는 악한 죄인이야. 나는
하나님의 율법을 깨뜨렸어. 나의 운명은 정말로 암울해"라고 느끼는 순간
을 전혀 가져보지 못한 사람은 거의 없을 것이라고 믿습니다. 나는 여러분
모두 이러한 마음을 알 것이라고 믿습니다.

여기에서 우리는 그와 같은 각성된 양심은 육체적 세계에서 고통을 의
식하는 것과 똑같다는 사실을 기억할 필요가 있습니다. 그러한 고통은 여
러분으로 하여금 위험한 장소로부터 멀리 떨어지도록 경고합니다. 그것은
또한 여러분으로 하여금 죽음으로부터 멀리 떨어지도록 지켜줍니다. 고통
으로 인해 하나님께 감사하십시오. 왜냐하면 고통은 종종 우리를 죽음으
로부터 지켜주기 때문입니다. 마찬가지로 양심의 찔림으로 인해 하나님께
감사하십시오. 왜냐하면 그것은 우리에게 마치 전시(戰時)에 울리는 공습
경보와 같기 때문입니다. 그것은 우리를 안전한 피난처로 도망치도록 이
끕니다. 이 시간 여러분에게 간절한 마음으로 묻고 싶습니다. "여러분의
양심이 죄의식으로 인해 각성되었을 때, 여러분은 그것을 예수 그리스도
께로 도망치는 기회로 삼았습니까?"

사도행전에서 우리는 이와 같이 양심이 각성되었다가 결국에는 서로 다
른 길로 가고 만 두 사람을 발견합니다. 그러한 두 사람에 대해 이야기하
는 것이 오늘의 주제에 대해 내가 할 수 있는 최선의 설교가 될 것입니다.
그 가운데 한 사람은 여기의 벨릭스입니다. 그를 보십시오. 바울의 메시지
를 듣고 두려운 마음에 사로잡힌 그는 흠칫 뒤로 물러나며, 자신을 혼란에
빠뜨린 메시지로부터 움츠립니다. 그리고 나서 어떻게 됩니까? 마치 아무
일도 없었다는 듯 금방 그는 자신의 본래의 상태로 다시 되돌아갑니다. 반

면 빌립보 감옥의 간수를 보십시오. 그 역시도 여기의 벨릭스와 똑같은 두려움 가운데 빠졌습니다. 그러나 그는 자신의 두려움의 이유를 알기를 원합니다. 그리고 어떻게 그러한 두려움을 제거할 수 있는지 알고자 애씁니다. 그리하여 그는 바울의 발 앞에 엎드려 "선생들이여 내가 어떻게 하여야 구원을 받으리이까?"라고 묻습니다(16:30).

이러한 두려움은 그것 자체가 목적이 아닙니다. 그것 자체로는 아무 소용없습니다. 그것은 단지 우리로 하여금 구주를 바라보도록 이끌기 위한 것일 뿐입니다. 사람은 마땅히 그러한 두려움을 그렇게 사용해야 합니다. 그럼에도 불구하고 많은 사람들이 그렇게 하지 않고 다음으로 미루면서 스스로를 속입니다. "다 일치하게 사양하여 한 사람은 이르되 나는 밭을 샀으매 아무래도 나가 보아야 하겠으니 청컨대 나를 양해하도록 하라 하고"(눅 14:18). 그때 그랬던 것처럼, 오늘날에도 마찬가지입니다. 나는 지금 나의 설교를 듣고 있는 여러분 가운데에도 그런 사람들이 적지 않게 있을 것이라고 생각합니다. 나의 설교로 말미암아 양심이 각성되었음에도 불구하고 흠칫 뒤로 물러나며 믿음의 결정을 다음으로 미루다가 마침내 모든 것을 까맣게 잊고 처음의 상태로 되돌아가는 것입니다. 사랑하는 청년들이여, 간절한 마음으로 여러분에게 당부합니다. 부디 각성된 양심으로부터 나오는 경고의 종소리를 억압하지 마십시오. 그리고 다음에 생각해보자는 식으로 뒤로 미룸으로써 스스로를 속이지 마십시오.

2. 둘째, 이와 같이 믿음의 결정을 미룸으로써 스스로를 속이는 몇 가지 이유들을 살펴보도록 합시다.

벨릭스의 말을 다시 한 번 들어 보십시오. "지금은 가라 내가 편리한 때가 있으면 너를 부르리라." 만일 벨릭스가 그냥 "가라"라고 말했다면, 그것은 너무나 직설적인 말이 되었을 것입니다. 그렇기 때문에 그는 같은 의미의 말을 다음과 같이 순화(純化)하여 표현합니다. "오늘 이야기는 여기에서 끝내는 것이 좋겠다. 지금은 가라 내가 편리한 때가 있으면 다시 너를 부르리라."

사람들이 이와 같은 태도를 취하는 이유는 무엇입니까? 이제 그러한 이유들을 몇 가지 살펴보도록 합시다. 첫째로, 그것은 그와 같은 불쾌한 주제로부터 벗어나고자 하는 본능적이며 자연적인 바람 때문입니다. 대부분의 사람들은 "의와 절제와 장차 오는 심판"과 같은 개념들을 좋아하지 않습니다. 그렇기 때문에 그들은 그러한 주제로부터 피하려고 애쓰게 됩니다. 왜냐하면 그것은 불쾌하며 고통스러운 주제이기 때문입니다. 자신이 지금 파산 상태에 있음을 감지하기 시작한 어떤 사람을 상상해 보십시오. 만일 그가 더 이상 자신의 장부(帳簿)를 보기를 거절하며 될 대로 되라는 식으로 행동한다면, 여러분은 그것이 지혜로운 행동이라고 생각합니까? 여러분은 조만간 채권자들이 그에게 들이닥치게 될 것이라고 생각하지 않습니까? 채권자들은 결코 그의 사정을 봐주지 않을 것입니다. 그렇지 않습니까? 만일 그가 무엇인가 잘못되고 있음을 감지하기 시작했다면, 마땅히 그는 가능한 빨리 근본적 문제를 파악하고 그것을 올바르게 처리해야 하지 않습니까? 그것이 참된 지혜가 아닙니까? 배의 밑바닥에 큰 구멍이 생겼을 수 있다고 의심하게 된 선원들을 생각해 보십시오. 그런데 만일 그들이 물을 퍼내려고도 하지 않고 구멍을 막으려고도 생각하지 않고 다만 "항구에 도착할 때까지 별일 없을 거야"라고 말한다면, 여러분은 그들을 무엇이라고 부를 것입니까?

지금 여러분 앞에 어떤 불쾌한 주제가 놓여 있다고 생각해 보십시오. 그렇다면 그것이 유쾌한 주제가 될 때까지 더 깊이 생각하며 문제를 해결하려고 노력하는 것이 훨씬 더 지혜로운 일이 아니겠습니까? 만일 여러분이 하고자 하기만 한다면, 그것을 바꿀 수 있습니다. 여러분은 그것이 여러분을 억누르는 시커먼 먹구름이 되지 않도록 만들 수 있습니다. 그렇게 하지 않는다면, 여러분은 스스로를 지혜로운 자라고 부를 아무런 자격도 갖지 못할 것입니다. 유쾌한 주제가 아니라는 이유로 질질 끌며 다음으로 미루는 것은 분명 지혜로운 일이 아닙니다.

또 하나의 이유가 있습니다. 많은 청년들이 이렇게 말합니다. "아직은 때가 아니야. 이런 심각한 문제는 좀 더 나이가 들었을 때 생각해도 결코 늦지 않아." 심지어 어떤 사람들은 종교는 60세 이상 된 사람들에게나 어울릴 뿐 젊은 사람들에게는 어울리지 않는다고 생각하기까지 합니다. 세익스피어는 자신의 책에 등장하는 인물들 가운데 한 사람의 입에 다음과 같은 섬뜩한 말을 담습니다. 그는 하나님을 부르면서 죽어가는 어떤 사람을 묘사하는 가운데 해설자(narrator)의 입에 다음과 같은 말을 담습니다. "나는 그에게 하나님을 생각해서는 안 된다고 말하노라. 나는 아직은 그가 그런 생각으로 스스로를 괴롭힐 필요가 없노라고 말하노라."

나는 여러분 가운데 적지 않은 사람들이 실제로 이와 같이 생각하며 살고 있을 것이라고 믿습니다. 그들은 하나님을 생각하는 것을 약이 더 이상 소용이 없을 때 혹은 죽음의 그림자가 음산하게 덮이기 시작할 때 필요한 것으로 생각합니다. "젊은이는 젊은이일 뿐이다"라든지, "젊은이의 특징은 혈기와 경거망동이다"라든지, "젊은이에게서 노인의 지혜를 기대해서는 안 된다"라는 따위의 속담들을 생각해 보십시오. 이와 같은 종류의 속담들이 의미하는 것이 무엇입니까? 악과 불경건은 젊은이에게 속하는 반면 덕과 경건은 노인에게 속한다는 것이 아닙니까? 꽃은 봄에 속하는 반면 열매는 가을에 속하는 것처럼 말입니다. 여러분에게 간절히 당부하노니, 부디 이런 거짓된 생각에 속지 마십시오. 그리고 바로 그런 생각이 여러분으로 하여금 "지금은 가라 내가 편리한 때가 있으면 너를 부르리라"라고 말하도록 이끄는 이유들 가운데 하나가 아닌지 스스로를 살피기를 바랍니다.

이와 같이 많은 사람들이 무의식적으로 그리고 "아니야, 나는 그리스도를 믿지 않을 거야"라고 분명하게 말하지 않으면서, 세상의 향락과 즐거움과 근심과 의무들에 마음을 빼앗긴 상태로 그리스도를 위한 결정을 미룹니다. 만일 여러분이 대학에서 그토록 많은 공부를 하지 않았다면, 여러분은 신앙에 대해 생각할 수 있는 시간을 가졌을 것입니다. 만일 여러분에게 그토록 많은 파티와 모임이 없었다면, 여러분은 자신의 각성된 양심을 그토록 허망하게 억눌러 질식시키지는 않았을 것입니다. 만일 여러분이 상점에 가서 쇼핑을 하지 않았다면, 만일 여러분이 이것을 하지 않았다면,

만일 여러분이 저것을 하지 않았다면, 만일 여러분이 사랑에 빠지지 않았다면, 만일 여러분에게 즐거운 일들이 없었다면, 만일 여러분이 승진을 하지 않았다면, 만일 여러분이 어떤 문화생활에 참여하지 않았다면 — 여러분은 신앙을 위한 시간을 가졌을 것입니다. 그러나 씨가 뿌려지고 씨 뿌리는 자가 돌아가자마자, 온갖 종류의 헛된 생각들과 덧없는 상념들이 그 위에 달려들어 모든 씨앗들을 먹어 버립니다. 설령 몇 개의 씨앗들이 이곳저곳에 남아 싹을 내기 시작한다 하더라도, 악한 가라지들이 무성하게 자라 그것들을 질식시킵니다. "세상의 염려와 재물의 유혹에 말씀이 막혀 결실하지 못하는 자요"(마 13:22).

이곳에서 여러분은 말씀을 듣는 가운데 어느 정도의 심각한 생각이 일어납니다. 그러나 내일 낮에 그 모든 것은 사라집니다. 여러분은 그렇게 하고자 의도하지 않았습니다. 또한 스스로 그것을 내팽개쳐 버리지 않았습니다. 단지 여러분은 세상의 염려와 재물의 유혹이 들어올 수 있도록 그리고 여러분이 받은 감동과 각성된 양심이 빠져 나갈 수 있도록 문을 열었을 뿐입니다. 그렇지 않고 여러분의 생각을 잘 살폈다면, 여러분은 예수 그리스도의 십자가로 인도되었을 것입니다. 여러분 자신을 세상 염려의 물결에 떠내려가도록 내버려두지 마십시오. 여러분이 받은 감동과 해야할 본분을 놓치지 마십시오.

그럼에도 불구하고 여러분 가운데 어떤 사람들은 여기의 벨릭스처럼 다음으로 미루면서 하나님의 사랑을 전하는 자에게 "지금은 가라"라고 말할 것입니다. 그렇게 말하는 이유가 무엇일까요? 그것은 그들이 하나님의 사랑과 합치되지 않는 무엇인가를 포기하기를 원하지 않기 때문입니다. 벨릭스는 드루실라와 헤어지기를 원하지 않았으며, 또한 총독으로서 부당하게 취한 재물을 토해내는 것도 원하지 않았습니다. 그러므로 벨릭스는 말씀을 들을 때 받았던 마음의 충격을 억눌러야만 했습니다. 지금 나의 말을 듣고 있는 어떤 남자 청년이 말씀으로 하여금 자신을 이끌도록 허락한다면, 그는 "영혼을 거슬러 싸우는 육체의 정욕"(벧전 2:11)을 버릴 것입니까? 지금 나의 말을 듣고 있는 어떤 여자 청년이 말씀으로 하여금 자신을 이끌도록 허락한다면, 그녀는 지금까지 살아왔던 삶과는 다른 삶을 살 것입니까? 그녀는 단순히 즐거움을 위한 삶이 아닌 보다 더 높고 숭고한 목표를 가지고 살 것입니까? 여러분 가운데 "나는 이것을 혹은 저것을 포기할 수 없어"라고 말하는 사람이 있지 않습니까? 나의 사랑하는 친구들이여, 다음의 말씀을 마음에 깊이 새기십시오. "만일 네 오른 눈이 너로 실족하게 하거든 빼어 내버리라 네 백체 중 하나가 없어지고 온 몸이 지옥에 던져지지 않는 것이 유익하며 또한 만일 네 오른손이 너로 실족하게 하거든 찍어 내버리라 네 백체 중 하나가 없어지고 온 몸이 지옥에 던져지지 않는 것이 유익하니라"(마 5:29, 30).

이와 같이 사람들이 그리스도를 위한 결정을 뒤로 미루는 이유들은 다음과 같습니다. 첫째, 불쾌한 주제를 피하려는 마음, 둘째, 아직은 충분한 시간이 있다는 생각. 셋째, 세상 염려로 인해 말씀을 들을 때 받은 감동과 각성된 양심이 질식되는 것. 넷째, 스스로 생각할 때 버려야만 하는 어떤 것을 포기하는 것으로부터 움츠리는 것.

3. 마지막으로, 예수 그리스도를 자신의 구주와 주인으로 지금 결정해야만 하는 이유 몇 가지 살펴보도록 합시다.

나는 여러분에게 미루지 말고 지금 그를 여러분의 구속자로서, 친구로서, 돕는 자로서, 대장으로서, 여러분의 모든 것으로서 선택하라고 말합니다. 왜냐하면 미루는 것은 사실상 잘못된 것을 선택하는 것이기 때문입니다. 다음으로 미루지 말고, 지금 예수 그리스도를 영혼의 구주로 영접하십시오. 오늘밤 잠들기 전에 여러분의 영혼을 그에게 맡기십시오. 왜냐하면 다음으로 미루어야 할 어떤 이유도 없기 때문입니다. 지금보다 더 "편리한 때"는 없을 것입니다. 모든 매시간이 올바른 일을 행할 수 있는 올바른 때입니다. 매시간이 그를 따르기 시작할 수 있는 올바른 때입니다. 기다릴 것은 아무것도 없습니다. 하나님의 말씀을 듣는 모든 사람들이 어째서 그리스도의 십자가를 죄 사함을 위한 유일한 소망으로 지금 붙잡고 스스로를 주께 순복시키지 않는 것일까요? 거기에 자신의 마음이 내키지 않는 것 외에 또 다른 이유는 없습니다. 오늘 예수 그리스도께 자신을 드리십시오. 그렇게 하지 않은 상태로 오늘을 그냥 흘려보내지 마십시오. 오늘 그렇게 하지 않는다면, 다음에 그렇게 하는 것은 훨씬 더 어려운 일이 될 것입니다.

인(燐)을 조금 취하여 그것을 마른 나뭇가지 위에 올려놓고 불에 태워 보십시오. 그러면 인은 밝은 빛을 내며 탈 것입니다. 그러면 그것으로부터 하얀 재가 만들어지면서 그것이 나뭇가지의 표면을 덮고 그럼으로써 나뭇가지를 타지 않도록 만들 것입니다. 마찬가지로 말씀을 들음으로써 받은 마음의 감동이 스스로 불타면, 그것이 여러분의 마음을 덮음으로써 여러분의 마음은 다시 불붙이기 어렵게 될 것입니다. 벨릭스는 "지금은 가라 내가 편리한 때가 있으면 너를 부르리라"라고 말했습니다. 그렇습니다. 그렇게 그는 바울을 보냈습니다. 그리고 그는 이후에도 수차례 바울과 더불어 이야기하는 기회를 가졌습니다. 그러나 우리는 그가 또 다시 두려워했는지 여부를 알지 못합니다. 그는 여러 차례 바울과 이야기했지만 그러나 그의 양심이 각성된 것은 오직 한번 뿐이었습니다. 복음의 메시지를 들을 때마다 항상 여러분의 양심이 각성되지는 않을 것입니다. 바로 이것이 내가 더 큰 책임감을 느끼는 이유입니다. 만일 여러분이 나로부터 말씀을 듣고도 충분히 설득되지 않는다면 그리고 여러분의 양심이 점점 더 적게 각성된다면, 나는 그것이 여러분에게 도리어 해를 끼치는 일이 될 수 있음을 잘 압니다.

사랑하는 친구들이여, 어쩌면 여러분은 지금 받은 감동보다 더 큰 감동을 다시는 받지 못할는지 모릅니다. 충분히 그럴 가능성이 많습니다. 왜냐하면 모든 진리는 반복에 의해 그 힘이 약화되는 경향이 있기 때문입니다. 뿐만 아니라 행동으로 이어지지 않는 감정은 점점 더 희미해지는 경향이 있습니다. 그러므로 여러분에게 간절히 당부하노니, 지금 여러분의 마음에 임한 감동을 부디 헛되게 하지 마십시오. 아무리 작은 것이라 하더라도 말입니다. 그것으로 하여금 여러분을 그리스도께로 이끌게 하십시오. 지금 그를 여러분의 구주와 주님으로 영접하십시오.

나중으로 미루지 말고 지금 결정해야만 하는 이유는 나중으로 미룸으로써 큰 축복을 빼앗길 것이기 때문입니다. 나중은 오늘보다 예수 그리스도를 훨씬 덜 필요로 하게 될 것입니다. 예수 그리스도는 인생의 초창기부터 필요합니다. 어째서 인생의 일부를 그리스도의 부요한 긍휼 없이 지내야만 한단 말입니까? 어째서 가장 정결한 기쁨과 가장 존귀한 축복과 가장 거룩한 힘을 소유하는 것을 자꾸만 미루어야만 한단 말입니까? 어째서 여러분은 마음속에 가장 좋은 친구를 맞아들이는 것을 자꾸만 미루어야만 한단 말입니까? 도대체 어째서 그렇게 해야만 합니까?

또 지금 예수 그리스도를 여러분의 주님으로 영접해야 하는 이유는 그것을 미루는 것은 필연적으로 여러분에게 큰 손실을 가져다줄 것이기 때문입니다. 시간이 지체될수록 필연적으로 여러분에게는 죄의 쓰라린 기억들이 쌓일 것입니다. 지금 이 세상에 쓰라린 기억의 서판(書板)들을 지워 버릴 수만 있다면 기꺼이 자신의 모든 것을 드릴 좋은 그리스도인들이 있음을 나는 압니다. 나는 여러분들이 이런 것들을 무시하기를 바랍니다. 사랑하는 청년들이여, 만일 여러분이 그리스도 없이 중년(中年)으로 자란다면, 틀림없이 여러분은 나쁜 습관들과 쓰라린 기억들을 갖게 될 것입니다. 악에 빠져 있다가 그것으로부터 건짐을 받는 것보다 차라리 그것을 알지 못하는 것이 훨씬 더 낫지 않습니까? 여러분은 일찍 예수 그리스도를 자신의 구주로 영접하고 그를 따름으로써 엄청난 분량의 해악을 피할 수 있습니다.

마지막으로 지금 여러분 자신을 예수 그리스도께 드려야만 하는 이유는 내일은 여러분의 것이 아닐 수도 있기 때문입니다. 다음으로 미루는 것은 매우 불확실한 것과 더불어 매우 비합리적으로 도박을 하는 것입니다. "들으라 너희 중에 말하기를 오늘이나 내일이나 우리가 어떤 도시에 가서 거기서 일 년을 머물며 장사하여 이익을 보리라 하는 자들아 내일 일을 너희가 알지 못하는도다 너희 생명이 무엇이냐 너희는 잠깐 보이다가 없어지는 안개니라"(약 4:13, 14).

나는 맨체스터에서 매년마다 청년들에게 이러한 설교를 해 왔습니다.

나의 초창기 설교를 들은 사람들 가운데 많은 사람들은 이미 세상을 떠났습니다. 젊은 나이에 세상을 떠난 사람들도 적지 않습니다. 그들 역시도 한때는 "지금은 아니야. 나는 노인이 된 후에 신앙을 가질 거야"라고 말했습니다. 그러나 그들은 결코 노인이 되지 못했습니다. 이것은 매우 진부한 말이기는 하지만 그러나 나는 여러분이 이러한 사실을 명심하기를 바랍니다. 여러분에게는 낭비할 시간이 없습니다.

미루지 마십시오. 왜냐하면 미루는 것은 사실상 잘못된 길을 선택하는 것이기 때문입니다. 미루지 마십시오. 왜냐하면 미룸으로써 여러분은 큰 축복을 잃게 되기 때문입니다. 미루지 마십시오. 왜냐하면 미룸으로써 여러분에게 쓰라린 기억만 더 쌓일 것이기 때문입니다. 미루지 마십시오. 왜냐하면 어느 날 갑자기 죽음이 찾아올는지 모르기 때문입니다. 이 모든 이유들을 생각해 보십시오. 그리고 구주 예수 그리스도께 나오십시오. 그에게 죄 사함을 간청하십시오. 그리고 그의 발자취를 따르십시오. 지금 그렇게 하십시오. "오늘 너희가 그의 음성을 듣거든 너희 마음을 완고하게 하지 말라"(히 4:7).

92
그리스도의 충고

"우리가 다 땅에 엎드러지매 내가 소리를 들으니 히브리 말로 이르되 사울아 사울
아 네가 어찌하여 나를 박해하느냐 가시채를 뒷발질하기가 네게 고생이니라"

행 26:14

"**구스인이** 그의 피부를, 표범이 그의 반점을 변하게 할 수 있느냐?"
(렘 13:23), 결코 그럴 수 없습니다. 그러나 하나님은 피부를 변하게 할 수
있습니다. 왜냐하면 하나님은 본질(nature)을 변화시킬 수 있기 때문입니
다. 바울의 회심과 관련한 여기의 이야기 속에서 우리는 어떻게 가시나무
가 포도나무가 될 수 있는지 그리고 어떻게 가라지가 알곡이 될 수 있는지
를 보여주는 하나의 실례(實例)를 발견합니다. 여기에서 예수 그리스도를
증오하던 자는 한 순간에 그를 사랑하는 충성된 종으로 변화되었습니다.

바울을 그렇게 변화시킨 능력은 우리에게도 동일하게 임합니다. 오늘
설교의 목적은 바울의 회심과 관련하여 여기에 나타나는 단계들을 추적하
는 것입니다. 전체적 사건이 거의 한 순간에 이루어진 것임에도 불구하고,
그것을 몇 가지 "단계들"로 구분하여 살피고자 합니다. 왜냐하면 한 순간
에 하늘을 가로지르는 번개를 몇 단계로 구분할 수 있는 것처럼, 여기의
사건 역시도 그렇게 할 수 있기 때문입니다. 시간은 매우 탄력적입니다.
우리 모두가 종종 경험하는 것처럼, 긴 시간이라도 어떤 때는 아주 짧게
느껴지며 극히 짧은 시간이라도 어떤 때는 아주 길게 느껴집니다.

1. 첫 번째 단계는 예수 그리스도의 나타나심입니다.

물론 바울에게 그것은 기적으로 말미암은 것이었습니다. 실제로 그는 하늘에 계신 부활하신 주님이 나타나신 것이라고 믿었습니다. 그리고 그는 그것을 자신의 사도직의 확실한 근거로서 주장합니다. 그는 한 서신에서 다메섹 도상에서의 전체적 사건을 하나님의 아들이 자신에게 나타나신 것으로서 말합니다. 마음에 나타나는 것이 주된 것이었으며, 눈과 귀에 나타나는 것은 단지 수단일 뿐이었습니다. 그의 경우, 수단은 우리와 다르지만 그 목적은 같습니다. 바울에게 그것은 마치 거대한 홍수가 덮치듯이 임했습니다. 그가 무덤에 누워있다고 생각했던 그리스도가 하늘에 살아계셨으며 거기에서 통치하고 계셨습니다. 그렇지만 예수가 하늘에 살아 계시다는 단순한 사실은 그에게 별다른 효과를 끼치지 못할 것입니다. 만일 거기에 그와 예수 그리스도 사이에 친근한 인격적 관계가 있다는 놀랄만한 사실의 계시가 수반되지 않는다면 말입니다.

"사울아 사울아 네가 어찌하여 나를 박해하느냐?" 몽유병 환자는 그의 이름을 부름으로 깨울 수 있다고 합니다. 여기에서 예수 그리스도는 사울의 이름을 부름으로 마치 몽유병과 같은 미몽(迷夢)의 상태에 빠져 있는 그를 깨우고 온전한 의식상태로 데려갑니다. 여기에서 사울의 이름이 두 번 불린 것에는 이 일의 엄중함과 절박함이 담겨 있습니다.

이와 같은 부르심은 여러분과 나에게 무엇을 가르쳐줍니까? 그것은 살아계셔서 온 세상을 통치하시는 예수 그리스도가 우리를 완전하게 알고 계시며 또한 각자가 그 앞에 독립적으로 서 있다는 사실을 가르쳐줍니다. 마치 전지(全知)의 모든 빛이 우리 위에 초점이 맞추어진 것처럼 말입니다. 그는 우리가 어떤 존재임을 아십니다. 그는 우리와 관련한 모든 것을 아시며 그 이상을 아십니다. 그는 각 사람에게 직접적으로 말을 거십니다.

우리는 자주 군중들 속에 스스로를 숨기곤 합니다. 하나님의 모든 사랑의 메시지와 그가 하실 일에 대한 경고와 복음의 모든 교훈과 초청과 탄원은 너무나 자주 우리 머리 위를 지나쳐 날아갑니다. 마치 다른 사람들을 위해 의도된 것인 양 말입니다. 그러나 그것들은 모두 직접적으로 당신을 위해 의도된 것입니다. 마치 세상에 당신 한 사람만 있는 것처럼 말입니다. 부디 이러한 사실을 마음에 새기십시오. 설령 아무 소리도 들리지 않는다 할지라도 또 어떤 광채도 여러분의 눈을 멀게 하지 않는다 할지라도, 바울 사도에게 히브리 말로 "사울아 사울아"라고 부르는 음성이 들렸던 것처럼, 당신도 영어로 당신의 이름을 부르는 음성을 들을 수 있습니다. 여기에서 내가 "누구든지"라는 모호한 표현 대신 "당신"이라는 명확한 표현을 사용한 것을 주목하십시오. 이 시간 나의 설교를 듣고 있는 모든 사람들에게 분명하게 말합니다. 예수 그리스도의 복음은 당신을 위해 의도된 것이며, 그리스도는 당신을 부르시고 계신다는 사실을 믿으십시오. 나단이 다윗에게 "당신이 바로 그 사람이라"라고 말한 것처럼 말입니다.

군중들 속에 당신 자신을 숨기지 마십시오. 그리스도의 부르심으로부터 당신 자신을 배제시키지 마십시오. 도리어 당신 혼자 그의 음성을 듣고 있는 것처럼 당신 홀로 그 앞에 서십시오.

2. 두 번째 단계로 사울의 과거의 특성이 그대로 드러나는 것을 주목하십시오.

"네가 어찌하여 나를 박해하느냐?" 오늘 설교의 목적에 충실하기 위해 나는 예수 그리스도와 그를 따르는 자들의 연합의 개념 즉 지체가 고통을 당할 때 그와 함께 머리도 같이 고통을 당하는 개념에 대해서는 여기에서 다루지 않을 것입니다. 그것은 너무도 아름답고 감동적이며 우리에게 힘을 주는 진리이지만, 그러나 오늘 우리는 그것을 그냥 지나쳐야만 합니다.

사울은 예수 그리스도와 직접적으로 대면한 가운데 지금까지 지나온 자신의 모든 인생을 되돌아보도록 이끌려집니다. 이러한 환상을 경험할 때까지 그는 예수에 대해 조금의 호의(好意)도 가지고 있지 않았습니다. 그에게 있어 예수는 갈릴리 출신의 사기꾼일 뿐이었습니다. 실제로 그가 예수의 제자들을 증오한 것은 예수 자신에 대한 증오심으로부터 말미암은 것이었습니다. 그러나 그는 예수 그리스도가 자신의 종들에게 가하는 모든 공격을 자신에게 가하는 공격으로 간주하는 것은 알지 못했습니다. 더욱이 그는 자신이 지금 박해하고 있는 그리스도가 하늘에서 통치하고 계시는 사실은 전혀 알지 못했습니다. 그리하여 그의 과거의 모든 삶이 그리스도 앞에 펼쳐졌을 때, 그것은 그에게 전혀 새로운 모습으로 나타날 수밖에 없었습니다.

만일 이와 동일한 과정이 우리의 삶에 적용된다면, 우리에게도 역시 매우 주목할 만한 결과가 야기될 것입니다. 만일 내가 여러분의 모든 과거를 단 10분 동안만이라도 예수 그리스도의 얼굴 앞에 펼쳐 놓을 수만 있다면, 의심의 여지없이 여러분에게 매우 닮은 일이 일어날 것입니다. 우리의 행동이 선한지 악한지를 판단하는 한 가지 확실한 방법은 우리가 그것을 그리스도의 얼굴의 광채 앞으로 가져가는 것입니다. 만일 여러분이 비단이나 무명 따위의 옷감으로부터 어떤 결함을 찾기를 원한다면, 여러분은 그것을 빛 앞으로 가지고 가서 비춰 볼 것입니다. 그렇지 않습니까? 그렇게 함으로써 여러분은 얼룩이라든지 혹은 구멍 난 곳이나 불규칙하게 바느질한 곳 등을 찾게 될 것입니다. 이와 마찬가지로 여러분의 삶을 빛 앞으로 가져가 비춰 보십시오. 그러면 여러분은 거기에서 스스로 부끄러워할 수밖에 없는 많은 것들을 찾게 될 것입니다. 여러분은 낮에 연극 무대에 있어본 적이 있습니까? 배경으로 그려진 그림들은 얼마나 조잡하고 투박스럽습니까? 한낮의 무자비한 빛이 임할 때, 무대는 얼마나 지저분하며 보기 흉합니까? 그 빛이 여러분의 삶에 비취게 하십시오. 여러분의 눈에 조잡하고 투박스러운 것들이 보인다면, 하나님께 감사하십시오. 그러면 여러분의 미래는 과거보다 훨씬 더 아름다운 것이 될 것입니다.

나아가 사울의 과거에 대한 이와 같은 계시는 그것이 전적으로 비이성적(非理性的)인 것이었음을 드러냅니다. "네가 어찌하여 나를 박해하느냐?"라는 질문은 모든 것을 산산조각 나게 만들었습니다. 그것은 시편 2편 1절의 질문과 같은 종류의 질문이었습니다. "어찌하여 열방이 분노하며 민족들이 허사를 경영하는고?" 만일 여러분이 자기가 누군지 그리고 자기가 어디에 서 있는지 생각한다면, 여러분은 하나님과 그리스도가 없는 삶이 얼마나 비이성적인 삶인지 알게 될 것입니다. 세상 전체에 죄처럼 어리석은 것은 아무것도 없습니다. 만일 하나님이 계시고, 우리가 그에게 의존하며 살아간다면 말입니다. 대부분의 사람들은 그와 같은 하나님이 계심을 받아들입니다. 대부분은 그에게 의존하며 살아감을 받아들입니다. 여러분 가운데 대부분은 그를 사랑하며 섬겨야 함을 받아들입니다. 여러분 가운데 대부분의 사람들은 스스로를 그리스도인이라 부릅니다. 다시 말해서 여러분은 하나님의 아들 예수 그리스도가 이 세상에 오셔서 사람들을 위해 죽으셨음을 하나의 역사적 사실로서 믿습니다. 그럼에도 불구하고 여러분은 그로부터 등을 돌리고, 그를 사랑하지도 않고, 그를 섬기지도 않고, 그를 의지하지도 않고, 죄로부터 돌이키지도 않습니다. 그렇다면 이것보다 더 미친 짓이 무엇이란 말입니까? "네가 어찌하여 나를 박해하느냐?" 사울은 아무 말도 하지 못했습니다. 왜냐하면 어떤 대답도 가능하지 않았기 때문입니다. 네가 어찌하여 마땅히 행할 일을 행하지 않느냐? 네가 어찌하며 나를 잊어버리느냐? 네가 어찌하여 순전한 그리스도인이 되지 못하느냐? 만일 우리가 온전한 이성(理性)을 가지고 깊이 생각한다면, 우리는 "여호와를 경외하는 것이 지혜의 근본"이라는 옛 말씀으로 돌아오게 될 것입니다. 그리고 예수 그리스도께 자신의 마음과 생명을 드리지 않는 자는 어느 날 "보라, 나는 심히 어리석은 삶을 살았도다"라고 말하게 될 것입니다. 나의 형제들이여, 깨어 일어나십시오. 아직 시간이 있을 때, 이런 일에 대해 깊이 생각하십시오. 대부분의 사람들의 삶 속에서 이성적 분별이 아주 작은 부분을 차지하는 것보다 더 슬픈 일은 아무것도 없습니다. 여러분은 충동과 습관과 관례와 외적 필요의 압박을 따라 삽니다. 나는 우리 가운데 가끔씩이라도 "자, 지금 내가 추구하고 있는 것이 과연 올바른 것인지 한번 생각해 보자"라고 말하는 사람이 그리 많지 않을 것이라고 생각합니다. 여러분은 다음과 같은 질문들을 어느 정도까지는 매우 유쾌하게 진척시킬 수 있지만, 그러나 결국에는 막다른 골목에 도달하게 됩니다. "내가 도대체 무엇을 위해 그 일을 하지?" "그것은 내가 그 일을 좋아하기 때문이지." "그러면 어째서 내가 그 일을 좋아하지?" "왜냐하면 그 일이 나의 필요 혹은 나의 열망 혹은 나의 기호(嗜好) 혹은 나의 지적 호기심을 만족시켜주기 때문이지." 그러면 어째서 여러분은 여러분의 필요와 열망과 기호와 지적 호기심을 만족시킵니까? 이러한 질문에 여러분은 어떻게 대답할 것입니까? 힌두교도들은 세상이 코끼리 위에 놓여 있다고 말합니다. 그리고 코끼리는 거북이 위에 놓여 있습니다. 그러면 거북이는 무엇 위에 놓여 있습니까? 아무것도 없습니다. 세상과 코끼리는 아무것 위에도 놓여 있지 않습니다. 이와 같이 마지막 질문에 이를 때, 여러분은 자신의 삶 전체가 거대한 오류 위에 세워졌음을 발견하게 될 것입니다. 그 오류는 사람이 하나님 없이도 얼마든지 행복할 수 있다는 것입니다.

나아가 이러한 계시는 사울에게 그의 배은망덕함을 드러냅니다. "네가 어찌하여 나를 박해하느냐?" 이것은 다음과 같이 말하는 것과 마찬가지입니다. "내가 너의 미움을 받을 만한 무슨 일을 행했느냐? 도리어 내가 너의 사랑을 받을 만한 일을 행하지 않았느냐?" 바울은 예수 그리스도가 자신을 위해 행한 모든 것을 알지 못했습니다. 그가 그것의 일부를 배우고 자신이 배운 것을 형제들에게 가르칠 때까지는 많은 시간이 필요했습니다. 그리고 그는 다메섹 도상에서의 그날부터 로마의 성벽 밖에서 목 베임을 당할 때까지 계속해서 그것을 배웠습니다. 그는 예수 그리스도께서 자신을 위해 행하신 것을 그리고 어째서 자신이 그를 박해해서는 안 되는지를 계속해서 그리고 점점 더 풍성하게 배웠습니다.

그러나 이러한 질문은 우리 각자에게도 동일하게 임합니다. 나의 친구여, 예수 그리스도께서 당신을 위해, 나를 위해, 모든 사람의 영혼을 위해 무엇을 하셨습니까? 그는 자신의 목숨보다도 나를 더 사랑하셨습니다. 그는 나를 위해 자신을 주셨습니다. 그는 나를 자신에게로 이끌기 위해 내 곁에 머물러 계셨습니다. 그리고 그는 여전히 내 곁에 머물러 계십니다. 우리가 그에게 가져가는 모든 것은 기껏해야 우물쭈물하는 믿음과 미지근한 사랑과 불완전한 헌신뿐입니다. 우리 가운데 어떤 사람들은 심지어 이런 것조차도 가져가지 않습니다. 우리 가운데 어떤 사람들은 그리스도를 위한 조그만 희생조차도 알지 못했으며, 그의 한량없는 사랑에 대한 작은 보답조차도 알지 못했습니다. 우리는 연약함 가운데 그에게 기대는 것을 알지 못했으며, 그에게 돌이켜 "나를 당신께 드리나이다. 그럼으로써 나는 당신을 소유하나이다”라는 말을 알지 못했습니다. 아, 어리석은 자들이여! 주의 은혜에 대해 여러분은 이와 같이 갚습니까? 나는 자신을 돕기 위해 달려온 위생병들을 자신의 총검으로 찌른 부상병들에 대해 들은 적이 있습니다. 바로 이것이 여러분 가운데 어떤 사람들이 자신을 위해 죽으신 그리고 의원(醫員)으로서 상한 마음을 치료하기 위해 붕대와 반창고를 가지고 오신 주님께 행하는 일입니다. “사울아 사울아 네가 어찌하여 나를 박해하느냐?”

3. 마지막으로, 우리는 여기에서 미련한 행동을 하지 말라는 충고를 발견합니다.

“가시채를 뒷발질하기가 네게 고생이니라.” 이러한 말씀은 본서 9장에 나타난 바울의 회심 이야기 속에는 나타나지 않습니다. 여기의 본문은 바울 자신의 이야기로부터 온 것입니다. 누가에 의해 제시된 비교적 짤막한 이야기에다가 바울의 이와 같이 강력하면서도 호소력 있는 말씀을 덧붙이는 것을 보는 것은 매우 흥미롭습니다. 이 말씀은 바울의 마음에 매우 강한 인상으로 새겨졌습니다. 그렇기 때문에 그는 이 말씀을 결코 잊을 수 없었습니다.

여기의 은유는 매우 명백합니다. 가시채는 소를 몰 때 사용하는 도구입니다. 그것은 길이가 2미터 정도 되는 것으로서, 끝에 뾰족한 쇠가 달려 있습니다. 그것은 창으로도 사용될 수 있으며, 위급한 상황에서 상대방에게 치명적 타격을 가할 수 있습니다. 그것은 특별히 반항하는 동물들에게 매우 효과적입니다. 농부는 그것으로 가볍게 톡톡 건드림으로써 소를 쉽게 몰 수 있습니다. 그럴 때 소는 아무런 상처도 입지 않습니다. 그러나 만일 소가 날뛰며 그것을 뒷발로 찬다면, 그 결과가 무엇이겠습니까? 그것에 찔려 피를 흘리게 되지 않겠습니까? 지금까지 바울은 순종하는 대신 반항하며 날뛰었으며, 그 결과는 스스로 피투성이가 된 것뿐이었습니다.

이러한 말씀으로부터 우리는 두 가지 사실을 추론할 수 있습니다. 첫째는 신적 의지를 거스르며 보낸 삶은 전적으로 무익하다는 사실입니다. 거센 물결이 흘러내려 오고 있다고 상상해 보십시오. 만일 그러한 물결을 거스르고자 애쓴다면, 여러분은 결국 그 물결에 휩쓸려 가게 되고 말 것입니다. 어떤 작은 낚싯배를 상상해 보십시오. 앞에 대양을 횡단하는 거대한 여객선이 오고 있습니다. 만일 작은 낚싯배가 거대한 여객선과 맞선다면, 그 결과가 무엇이겠습니까? 철길을 따라 가는 작은 마차를 상상해 보십시오. 그런데 앞에서 특급열차가 굉음을 내며 달려오고 있습니다. 그 결과가 무엇일 것입니까? 하나님이 "이것을 행하라" 혹은 "너희는 이와 같이 되어라"라고 말씀하십니다. 그런데 어떤 사람이 고개를 빳빳이 세우고 "나는 그렇게 하지 않을 거야!"라고 말합니다. 그러면 그 결과가 어떻게 될 것이라고 생각합니까? "이 세상도 그 정욕도 지나가되 오직 하나님의 뜻을 행하는 이는 영원히 거하느니라"(요일 2:17). "가시채를 뒷발질하기가 네게 고생이니라." 다시 말해서, 가시채를 뒷발질해봐야 자기만 고통을 당한다는 것입니다. 일반적 도덕과 관련해서도 마찬가지입니다. 육신의 죄에 탐닉해 보십시오. 그 결과가 무엇이겠습니까? 결국 그로 말미암아 자신이 고통을 당하는 것으로 귀결될 것입니다. 여러분은 소위 "자연적 귀결"이라고 일컬어지는 것을 피할 수 없습니다. 그러나 자연을 만드신 분은 하나님이셨습니다. 그러므로 나는 그것을 "하나님이 부과한 형벌"이라고 부릅니다. 하물며 기독교를 대적하는 것은 얼마나 더 고통스러운 일일 것입니까? 지금 나는 이러한 주제에 대해서는 이야기하지 않을 것입니다. 어쨌든 아무리 많은 십자가의 원수들이 복음을 대적하며 기독교를 비방한다 하더라도, 그들은 모두 잊혀지고 십자가는 여전히 굳게 설 것입니다. "가시채를 뒷발질하기가 네게 고생이니라." 가시채를 뒷발질해봐야 여러분의 몸만 상할 뿐 가시채는 끄떡없을 것입니다.

이 말씀에는 또 하나의 측면이 있는데, 그것은 하나님의 책망의 가시채에 맞서는 것으로부터 오는 "스스로 투과한 해악"입니다. 그것이 양심에 의해 부과된 것이든 혹은 다른 매개체에 의해 부과된 것이든 말입니다. 만일 양심의 첫 가시가 무시되면, 다음 가시가 더 깊고 아프게 찌를 것입니다. 잘못된 일을 행하기 전에 "그 일을 행하지 말아라"라는 음성이 비교적 조용한 훈계의 어투로 말할 것입니다. 그러나 그 일을 행하고 난 후에는 그 음성이 더 엄격하고 더 쓰라리게 말할 것입니다. 양심의 가책을 의미하는 "remorse"는 "다시 물다"(again-bite)를 의미하는데, 이것은 잘못된 일을 행한 이후에 오는 고통이 처음에 오는 고통보다 더 크다는 사실을 우리에게 가르쳐줍니다. 이와 같이 그릇된 일을 행하거나 혹은 올바른 일을 게을리 하는 것은 고통을 가져다줍니다. 그렇지 않으면 상처가 괴사하게 되어 더 나쁜 결과를 가져다줄 것입니다. 그러므로 차라리 고통이 있는 것이 더 낫습니다. 가시채를 걷어차고 나서 생긴 상처를 치료하지 않고 그냥 내버려둠으로써 상처가 괴사되고 감각이 마비될 가능성이 있습니다. 화인 맞은 양심은 고통을 느끼는 양심보다 열 배나 더 위험합니다,

그러므로 사랑하는 형제들이여, "가시채를 뒷발질하기가 네게 고생이니라"라고 말씀하는 주님의 긍휼의 음성에 귀를 기울이십시오. 그는 가시채를 들기를 기뻐하지 않으십니다. 더구나 우리가 가시채를 걷어참으로써 상처를 입는 것은 더더욱 기뻐하지 않으십니다. 그렇기 때문에 그는 또 다시 이렇게 말씀하십니다. "너희가 어찌하여 매를 더 맞으려고 더욱 더욱 패역하느냐? 이스라엘 족속아 돌이키고 돌이키라 너희 악한 길에서 떠나라 어찌 죽고자 하느냐?"(사 1:5;겔 33:11).

우리는 마태복음에서 소와 관련한 또 하나의 은유를 발견합니다. "나의 멍에를 메고 내게 배우라 그러면 너희 마음이 쉼을 얻으리니"(11:29). 가시채를 걷어차지 않는 것이 복인 것처럼, 멍에를 기꺼이 메는 것이 우리에게 쉼을 가져다줍니다. 사랑하는 형제들이여, 만일 여러분이 하늘로부터 말씀하시는 그리스도의 음성을 듣는다면, 여러분의 모든 상처가 치유될 것이며 여러분의 삶은 더 이상 스스로를 괴롭히거나 혹은 무익하거나 혹은 비이성적 삶이 되지 않을 것입니다. 여러분에게 아낌없이 부어지는 그리스도의 긍휼은 여러분으로 하여금 스스로를 그에게 드리도록 이끌 것입니다. 그것은 지극히 합당한 이성적 행동입니다. 왜냐하면 그렇게 하지 않는 것이 비이성적 행동이기 때문입니다. 그렇게 하지 않는 것은 무엇과도 비교할 수 없는 어리석음이며, 손해이며, 손실입니다.

93
그리스도를 믿는 믿음

"나를 믿어 거룩하게 된"

행 26:18

기독교의 특징적 교리들이 복음서보다 서신서에서 더 많이 발견되는 것은 분명한 사실입니다. 만일 그리스도의 본성과 인격에 관한 가장 분명한 말씀들을 원한다면, 바울의 골로새서로 가야만 합니다. 만일 희생제사로서의 그리스도의 사역에 관한 가장 충분한 교훈을 원한다면, 히브리서로 가야만 합니다. 만일 우리가 사람이 행위가 아니라 믿음으로 말미암아 의롭다함을 받는 것을 증명하고자 한다면, 로마서와 갈라디아서로 가야만 합니다. 다시 말해서 우리는 주인 자신의 말씀보다 종들의 저작물로 가야만 합니다. 기독교 교리에 관련하여 사도들의 가르침 속에 포함된 이와 같은 보다 더 충분한 발전에 대해 부인할 수도 없고 또 이상하게 여길 필요도 없습니다. 그 이유들에 관해서는 오늘 다루지 않을 것입니다. 다만 그러한 이유들을 발견하는 것은 그리 어려운 일이 아닙니다. 그리스도는 복음을 말하기 위해서 오신 것이 아니라 복음이 되기 위해 오셨습니다. 그러나 이와 같은 보다 더 충분한 발전의 사실은 종종 지나치게 과장되는 경향이 있습니다. 마치 그리스도는 제사장직이라든지 희생제사라든지 믿음 등에 대해서 아무 말씀도 하지 않은 것처럼 말입니다. 그러나 그는 그와 같은 것들에 대해 이 땅에 계시는 동안 실제적으로 말씀하셨습니다. 오늘 본문의 말씀이 그러한 것들 가운데 하나입니다.

여기에서 우리는 다메섹 도상에서 그리스도께서 하늘로부터 바울에게 직접 말씀하신 내용을 보게 됩니다. 만일 어떤 사람이 나에게 바울이 도대체 어디에서 자신이 전파한 교리들의 기초를 얻었느냐고 묻는다면, 나는 추호의 망설임도 없이 바로 여기 즉 다메섹 도상에서라고 대답할 것입니다. 그는 기세등등하게 다메섹으로 가던 도중 주님을 보았고 또 주님의 말씀을 들었습니다. 그때 울려 퍼진 말씀들이 나중에 기록된 그의 모든 서신들의 씨앗이 되었으며, 이후의 그의 모든 음악의 으뜸음이 되었습니다. 그리고 나중의 그의 모든 가르침은 이때의 강력한 음성의 메아리에 불과했습니다. 그리스도께서 그에게 말씀합니다. "이스라엘과 이방인들에게서 내가 너를 구원하여 그들에게 보내어 그 눈을 뜨게 하여 어둠에서 빛으로, 사탄의 권세에서 하나님께로 돌아오게 하고 죄 사함과 나를 믿어 거룩하게 된 무리 가운데서 기업을 얻게 하리라"(17, 18절). 자, 여러분에게 묻습니다. 여기에 바울의 복음이 아닌 것이 무엇입니까? 인간의 영적 파산, 인간의 타락과 어둠의 상태, 사탄의 권세, 그리스도의 유일한 구속사역, 믿음으로 말미암아 의롭다함을 받음, 의롭다함과 함께 오는 거룩함, 하늘에서의 최종적 영광과 안식 — 다메섹 도상에서 강렬한 광채로 말미암아 소경이 된 상태로 어둠으로부터 빛으로 돌이켰을 때, 이 모든 말씀들이 그의 귀에 들렸습니다.

한 번의 설교에서 이 모든 주제를 다 써버리려고 시도하는 것은 분명 어리석은 행동이 될 것입니다. 그렇게 하는 대신 오늘 우리는 마지막 구절에 초점을 맞추고자 합니다. "나를 믿어 거룩하게 된 무리 가운데서 기업을 얻게 하리라." 이것은 전체적 기독교 진리를 얼마나 완전하게 요약합니까! 이것을 명확한 명제들로 바꾸어봅시다. 그러면 이렇게 될 것입니다. 첫째, 믿음의 대상으로서의 그리스도 — "나를 믿어." 둘째, 믿음 위에 기초하는 거룩함 — "나를 믿어 거룩하게 된." 마지막으로, 거룩함 위에 기초하는 천국 — "나를 믿어 거룩하게 된 무리 가운데서 기업을 얻게 하리라." 이와 같이 우리는 여기에서 전체적 복음을 보게 됩니다.

　이제 우리는 이러한 광범위한 요약의 한 부분을 오늘의 본문으로 삼고 거기에 초점을 맞추고자 합니다 — "나를 믿어." 그리고 이로부터 "믿음"이라는 익숙한 단어와 관련한 몇 가지 진리들을 끌어내고자 합니다. 그 단어는 우리에게 너무나 익숙해짐으로 말미암아 어떤 사람들에게 그것은 거의 무의미한 것이 되는 지경에까지 이르렀습니다. 이와 같은 성경의 핵심어들은 오랫동안 유통된 동전들과 같은 운명을 맞이합니다. 동전들은 많은 사람들의 손을 거치면서 거기에 새겨진 그림과 글이 거의 지워질 정도로 닳게 됩니다. 우리 모두는 믿음과 죄 사함과 의롭다함과 거룩함에 대해 말할 수 있습니다. 그렇지만 우리 가운데 과연 몇 사람이나 이러한 단어들이 의미하는 것을 정확하게 이해하고 있겠습니까! 대부분의 평범한 교회 출석자들은 믿음이 실제로 무엇인지에 대해 매우 모호한 개념밖에는 가지고 있지 않습니다. 그러므로 특별히 오늘 갈씀에 귀를 기울입시다. 그러면 우리는 예수 그리스도께서 하늘로부터 바울에게 말씀하신 "나를 믿어"라고 표현 속에서 반짝이는 매우 중요한 진리들을 볼 수 있게 될 것입니다.

1. 첫째, 믿음의 대상은 그리스도입니다.

　"나를 믿어"라는 표현은 우리의 믿음의 대상이 그리스도임을 직접적으로 나타냅니다. 기독교는 단순히 하나님에 대한 진리들의 체계도 아니고, 그러한 진리들로부터 추론한 도덕 법전도 아닙니다. 그것은 그 아들의 인격 안에서 나타난 하나님의 계시입니다. 기독교의 핵심은 하나님에 대한 이런저런 진리들을 믿는 것이 아닙니다. 하물며 그로부터 나오는 도덕과 윤리를 받아들이며 실천하는 것은 더더욱 아닙니다. 그것은 예수 그리스도의 구속 위에 기초한 전체적 진리를 신뢰하며 받아들이는 것입니다.

　진실로 우리의 믿음의 대상은 그리스도입니다. 그의 기록된 생애와 그의 사도들의 가르침 속에서 분명하게 나타나는 것처럼 말입니다. 진실로 우리가 그를 알게 되는 유일한 수단은 우리가 보지 못한 다른 사람들의 경우와 마찬가지로 우리에게 주어진 그와 그의 인격과 그의 사역에 대한 서술들(descriptions)입니다. 진실로 "그리스도"라는 빈 이름(empty name)

은 성경의 전기(傳記)적이며 교리적인 언급들로 채워져야 합니다. 믿음의 대상인 그가 올바로 이해되기 위해서 말입니다. 진실로 우리가 성육신하신 아들과 완전한 사람과 속죄의 희생제물과 부활하신 주님과 승천하신 중보자로 믿어야 하는 대상은 그리스도입니다. 그리스도의 속성들과 특징들은 오직 전기적 언급들과 교리적 명제들에 의해 우리에게 알려집니다. 그에 대한 믿음에 앞서, 이러한 것들이 어느 정도 이해되고 받아들여져야만 합니다. 그렇지 않다면, 그리스도의 모습은 마치 실체가 희미한 유령과 같을 것입니다. 그리고 그러한 희미한 존재에 향하여진 믿음은 단지 "지성(知性)이 결여된 감정"에 불과할 것입니다. 그리고 그러한 믿음은 희미하며 아무런 힘도 없을 것입니다.

그러므로 믿음의 대상이 어떤 명제가 아니라 한 인격이라는 사실 위에 세워지지 않은 기독교는 결국 사상누각에 불과합니다. 한편에서 성경의 교리적 언급들 가운데 계시된 그리스도 즉 신성(神性)과 인성(人性)을 동시에 가진 구주가 우리의 믿음의 대상이라는 것은 분명한 사실입니다. 동시에 다른 한편에서 우리의 믿음의 대상은 그에 대한 언급들이 아니라 그 자신이라는 사실을 기억해야만 합니다.

그리스도 자신이 직접 하신 말씀들을 보십시오. 그는 단순히 이렇게 말씀하지 않습니다. "나에 대한 이것 혹은 저것을 믿어라. 이 교리 혹은 저 교리를 믿어라. 이 약속 혹은 저 약속을 받아들여라. 미래의 이 일 혹은 저 일을 소망하라." 이 모든 것들은 함께 오는 것이기는 하지만 그러나 중심적인 것은 아닙니다. 그는 이렇게 말씀하십니다. "나를 믿어라. 내가 곧 길이요 진리요 생명이니라. 나에게 오는 자는 결코 주리지 아니할 것이요 나에게 오는 자는 결코 목마르지 아니할 것이라." 여러분은 이러한 사실을 올바로 이해합니까? 만일 사람들이 이러한 사실 즉 그리스도 자신이 복음이며 믿음의 대상은 단순히 이 책에 기록된 진리들이 아니라 그 자신이라는 사실을 굳게 붙잡는다면, 나는 복음과 관련한 그들의 개념이 분명하게 세워질 것이라고 확신합니다. 사람이 '어떤 인물'을 믿을 때와 '그 인물에 대한 무엇'을 믿을 때, 그의 마음의 전체적 느낌과 태도는 완전히 다를 것입니다. 그러므로 여기에 놓여 있는 첫 번째의 개략적 진리는 이것입니다. 즉 믿음은 단순히 어떤 교리나 혹은 어떤 체계와 관련되는 것이 아니라 그것보다 훨씬 더 심오한 것 즉 살아계신 주님과 관련된 것이라는 것입니다 — "나를 믿어."

그리스도 자신이 믿음의 대상이라는 여기의 첫 번째 개념으로부터 우리는 그의 신성(神性)을 추론할 수 있습니다. 만일 여러분이 구약을 면밀히 살핀다면, 여러분은 다음과 같은 말씀들이 계속해서 반복되는 것을 발견하게 될 것입니다. "너희는 영원히 주를 믿어라, 너희는 여호와를 믿어라." 비록 율법의 울타리 아래서라 하더라도, 거기에서도 역시 믿음이 모든 영적 생명의 씨앗이었습니다. 비록 외적 순종과 의식(儀式)적 희생제사의 딱딱한 껍질 아래서라 하더라도, 거기에서도 역시 의인은 믿음으로 말미암아 살았습니다. 믿음의 대상은 옛 언약의 여호와였습니다. 어느 시대든 종교는 항상 동일했습니다. 어느 시대든 경건한 사람을 만드는 것은 항상 동일했습니다. 사람을 하나님께 매는 것은 항상 믿음이었습니다. 사람에게 소망을 주는 것은 항상 믿음이었습니다. 그러나 신약에 이르면, 중심이 이동됩니다. "너희는 주 여호와를 믿어라"라는 옛 말씀은 어떻게 되었습니까? 보십시오! 그 자리에 그리스도께서 서셔서 "나를 믿어라!"라고 말씀하십니다. 그는 장엄한 위엄으로 자신의 손을 모든 옛 말씀들 위에 그리고 그룹들 가운데 거하시는 보이지 않는 하나님에게 향하여졌던 모든 옛 마음들 위에 놓습니다. 그러면서 그는 이렇게 말씀하십니다. "그것들은 모두 내 것이라. 그것들을 나에게 달라. 옛 믿음을 나에게 돌려라. 나는 그것을 가질 권리가 있노라. 옛 순종은 나에게 속하노라. 내가 바로 하나님을 사랑하는 모든 사람들이 바라보았던 바로 그니라. 나는 언약의 사자라. 누구든지 나를 믿는 자는 결코 실족하지 아니할 것이라." 나는 여러분이 다음과 같은 분명한 사실을 받아들이기를 바랍니다. 즉 신약에서 그리스도가 구약에서의 여호와의 자리를 대체했다는 사실 말입니다. 여러분 자신에게 그리스도의 본성과 인격과 사역에 대한 어떤 이론이 이러한 사실을 설명하는지 그리고 그를 신성모독의 비난으로부터 구원하는지 정직하게 물어

보십시오. "나를 믿는 자는 영원히 주리지 아니할 것이요." 아, 나의 형제여! 그렇게 말한 자는 단순한 사람이 아니었습니다. 다메섹 도상에서 하늘로부터 바울에게 "나를 믿어 거룩하게 된"이라고 말한 자는 단순한 사람이 아니었습니다. 그리스도는 우리의 형제며 우리와 같은 사람이셨지만, 그러나 그는 하나님의 아들이며 신적 구속자셨습니다. 믿음의 대상은 그리스도입니다. 그리고 믿음의 대상으로서 그는 신성을 가진 자여야만 했습니다.

2. 둘째, 믿음의 행동 자체의 성격과 본질에 대해 생각해보도록 합시다.

지금까지 우리는 누구를 믿어야 할 것인지에 대해 이야기했습니다. 그러면 이제 믿음을 갖는다는 것이 무엇인지 살펴보도록 합시다. 믿음을 갖는다는 것이 무엇인지는 매우 간단하게 언급될 수 있습니다. 만일 믿음의 대상이 어떤 사실들이라면, 그러한 것들에 동의하는 것으로 충분할 것입니다. 만일 믿음의 대상이 보이지 않는 것들이라면, 그러한 것들을 인정하고 받아들이는 것으로 충분할 것입니다. 만일 믿음의 대상이 미래의 어떤 좋은 것에 대한 약속이라면, 그러한 약속을 확실하게 소망하는 것으로 충분할 것입니다. 그러나 만일 믿음의 대상이 어떤 사실들 이상이며 보이지 않는 것들 이상이며 미래의 약속 이상이라면 다시 말해서 만일 믿음의 대상이 어떤 살아있는 인물이라면, 필연적으로 믿음은 단순히 이해하고 동의하는 것도 아니며 보이지 않는 것들의 실재성을 인정하고 받아들이는 것도 아니며 미래의 약속을 신뢰하는 마음으로 기대하는 것이 아니라 믿음의 대상인 살아있는 인물과의 인격적 관계라는 사실이 따를 것입니다. 그러므로 믿음은 그 인물을 신뢰하는(trust) 것입니다.

이와 같이 믿음은 곧 신뢰하는 것이라는 단순한 원리를 붙잡을 때, 우리는 하나님의 복음의 가장 위대한 진리들 위에 비취는 아름다운 빛을 얻게 됩니다. 다시 말해서 믿음에 대하여 이러한 개념을 취할 때, 우리는 그것의 풍성한 의미를 제한하지 않고 그것을 훨씬 더 명확하게 이해하게 될 것입니다. 나아가 이런 개념을 취할 때, 그리스도를 신뢰한다는 것은 또한 얼마나 단순하며 얼마나 웅장하며 얼마나 친숙하게 들립니까! 그것은 사람들 상호 간의 관계 속에서 우리 모두가 아는 것과 같은 종류의 느낌입니다. 비록 그 정도에 있어서나 그 대상의 영광과 위엄의 측면에서는 매우 다르다 하더라도 말입니다. 바로 그것이 믿음입니다. 우리는 사랑하는 사람에 대해 신뢰감을 가집니다. 어린아이가 모든 돌봄의 상징인 어머니의 얼굴이나 혹은 모든 권위의 상징인 아버지의 얼굴을 올려다 볼 때를 생각해 보십시오. 그때 아이가 무슨 감정을 갖겠습니까? 온전한 신뢰의 감정이 아니겠습니까? 바로 그것이 믿음이며, 이 믿음이 영혼을 구원합니다. 복음은 신비 위에 세워지지만, 그러나 그것의 실제적 부분은 신비가 아닙니다. 우리가 여러분에게 "그리스도를 믿으십시오. 그러면 구원받을 것입니다"라고 설교할 때, 우리는 여러분에게 어떤 신비한 능력을 행할 것을 요구하고 있는 것이 아닙니다. 단지 우리는 여러분이 다른 사랑하는 사람들에 대하여 갖는 신뢰의 마음을 그분께 드리고 그분 안에서 안전하게 쉴 것을 요구하고 있는 것입니다. 믿음은 곧 신뢰입니다. 우리가 믿음의 대상인 살아있는 인격을 신뢰할 때, 그는 우리에게 이렇게 말씀하십니다. "네가 나를 신뢰하며 의지할 때, 나는 만족할 것이라." 믿음은 강력하면서도 신적인 하나님의 선물이지만, 그러나 그것은 또한 우리가 익숙하게 알고 있는 느낌이며 감정입니다.

이제 우리는 예수 그리스도에 대한 인격적 신뢰가 믿음에 대한 기독교 교리의 핵심이라는 기초로부터 그것의 모든 부차적 의미들과 용례들이 파생되어 나오는 것을 주목해야만 합니다. 사람들은 종종 믿음과 이성(理性), 믿음과 보는 것, 믿음과 소유 사이를 서로 대조시킵니다. 그들은 "우리는 알지 못해, 우리는 믿어야 해"라고 말합니다. 그들은 "우리는 보지 못해. 우리는 믿어야 해"라고 말합니다. 그들은 "우리는 소유하지 못해. 우리는 믿어야 해"라고 말합니다. 여기에서 우리는 믿음이라는 단어에 부여된 또 다른 의미들을 보게 됩니다. 예를 들어, 어떤 의미에서 믿음은 보는 것의 반대입니다. 보이지 않는 그리스도께서 보이지 않는 세상으로 가셨으므로, 그에게 향하여지는 믿음은 필연적으로 감각의 영역을 넘어설 것을 요구합니다. 그러므로 믿음은 보는 것의 반대입니다. 그리스도께서 우리에게 보이지 않는 영원한 세상에 대해 확증해 주셨기 때문에, 그를 신뢰하는 우리는 그가 말씀하신 것을 믿습니다. 그리고 우리는 저 너머에 우리의 눈으로 볼 수 없고 손으로 만질 수 없는 것들이 있음을 확신하며 압니다. 마찬가지로, 믿음은 이성의 완성입니다. 그리스도를 신뢰하기 때문에, 우리는 그가 말씀하신 것을 믿습니다. 그리고 그가 우리에게 진리를 말씀하셨음을 믿습니다. 비록 어떤 것이 진리임을 충분히 발견할 수 없다 하더라도, 우리는 그의 신실하심에 대한 믿음 위에서 그리고 우리가 그를 신뢰하기 때문에 그것을 받아들입니다. 마찬가지로, 믿음은 현재적 소유와 대조됩니다. 그리스도께서 우리에게 미래의 영광과 축복을 약속하셨기 때문에 그리고 우리가 그를 온전히 신뢰하기 때문에, 우리는 그가 말씀하신 것을 믿고 장차 그것들을 소유하게 될 것을 믿습니다. 그러나 보는 것의 반대로서의 믿음의 능력과 이성의 망원경으로서의 믿음의 능력과 "아직 소유하지 않는 것에 대한 확신"으로서의 믿음의 능력이 솟아오르는 뿌리는 훨씬 더 심오한 것입니다. 즉 그것은 그리스도 자신에 대한 인격적 믿음입니다. 우리는 그를 믿으며, 그의 모든 말씀을 참된 것으로 받아들입니다. 왜냐하면 그는 "진리"이기 때문입니다.

또 만일 이것 즉 그리스도를 우리의 살아계신 구속자로서 인격적으로 신뢰하는 것이 믿음이라면, 마음속에 이와 밀접하게 연결된 어떤 다른 감정들이나 느낌들이 임할 것입니다. 예를 들어, 내가 그리스도를 신뢰하고 있다면, 그것은 필연적으로 자신을 신뢰하지 않는 것으로 연결될 것입니다. 감정에 두 면이 있습니다. 다른 어떤 존재를 신뢰하는 감정은 필연적으로 자기 자신을 신뢰하지 않을 것입니다. 예를 들어봅시다. 나무가 있습니다. 작은 씨앗으로부터 줄기가 뻗어 올라가며, 빛을 향해 나아가며, 햇빛을 받으며, 잎과 열매를 맺습니다. 이것이 믿음 곧 그리스도를 신뢰하는 것의 위로 올라가는 성향입니다. 한편 뿌리가 있습니다. 아래로 깊이 뻗어 내려가며, 땅에 묻혀 있으며, 보이지 않습니다. 둘 다 하나의 씨앗으로부터 뻗어가지만, 그러나 서로 반대 방향으로 뻗어갑니다. 이것이 이를테면 자기를 신뢰하지 않는 것의 소극적인 측면 즉 아래로 내려가는 성향입니다. 이와 같은 두 가지 즉 다른 존재에 대한 적극적 신뢰와 자기 자신에 대한 소극적 불신은 함께 갑니다. 자기 자신의 무능함뿐만 아니라 자신의 죄성에 대한 깊은 의식이 있어야만 합니다. 믿음의 씨앗이 자라기 위해 마음은 비워져야만 합니다. 그러나 믿음이 들어오는 것 자체가 마음이 비워지는 수단입니다. 둘은 공존합니다. 우리는 개념적으로 둘을 나눌 수 있습니다. 우리는 어느 것이 먼저 오는지를 두고 논쟁을 벌일 수 있습니다. 그러나 우리는 경험적으로 그것들을 나눌 수 없습니다. 개념적으로는 나눌 수 있다 하더라도 말입니다. 왜냐하면 그것들은 하나의 동전의 서로 다른 양면이기 때문입니다. 믿음과 회개, 믿음과 자기불신 — 둘은 서로 나눌 수 없는 하나의 행동입니다.

이런 측면에서 믿음은 그것의 직접적이며 확실한 결과로서 필연적으로 사랑으로 연결될 것입니다. 아니, 믿음과 사랑의 두 감정은 불가분리적이며 실제적으로 공존할 것입니다. 개념적으로 우리는 둘을 나눌 수 있습니다. 논리적으로 믿음이 먼저 오고, 다음에 사랑이 옵니다. 그러나 삶 속에서 둘은 함께 올 것입니다. 어느 것이 먼저 오느냐 하는 순서의 문제는 종종 신학적 논쟁의 대상이 되어 왔습니다. 그러나 영혼 속에서 신앙적 감정이 성장하는 실제적 과정에서 둘 사이의 간격은 거의 인지할 수 없을 정도로 극미(極微)합니다. 모든 신뢰의 행동에 사랑이 함께 있습니다. 그리고 그리스도께 대한 모든 사랑의 감정의 기초는 항상 그에 대한 신뢰입니다.

어쨌든 오늘의 전체적 주제는 이것입니다. 믿음은 단순히 어떤 원리에 동의하는 것이 아니라 그리스도를 신뢰하는 것입니다. 그것은 "세상 죄를 지고 가는 하나님의 어린 양"으로 계시된 자를 인격적으로 의존하는 것입니다. 그것은 이해뿐만 아니라 의지의 행동이며, 본질적으로 이해의 행동이 아니라 의지의 행동입니다. 바로 이것이 영혼을 구원하는 믿음입니다. 이와 같이 만일 우리가 믿음이 예수 그리스도를 신뢰하는 것이라는 단순한 진리를 굳게 붙잡는다면, 우리로부터 영혼을 구원하는 믿음과 관련한 모호함은 마치 안개의 사라짐 같이 사라질 것입니다.

3. 셋째, 믿음과 관련한 이와 같은 일반적 정의로부터 믿음의 능력을 설명할 수 있습니다.

성경은 "우리가 믿음으로 말미암아 의롭다함을 받는다"고 말합니다. 만일 어떤 사람이 믿는다면, 그는 구원을 받습니다. 어째서 그렇습니까? 그것은 믿음 자체 안에 어떤 공로가 있기 때문이 아닙니다. 이 부분에서 종종 "행위로 말미암아 의롭다함을 받는" 교리가 교묘하게 부활하곤 합니다. 우리는 종종 그리스도의 복음을 믿는 믿음이 "하나님이 그로 말미암아 구원을 보답으로 주시는 바로 그 행위 혹은 공로"로 말하여지는 것을 듣습니다. 이것이 행위로 말미암아 의롭다함을 받는 교리가 다시금 새로운 형태로 부활하는 것이 아니면 무엇이겠습니까? 사람이 자기 손으로 행하는 것과 자기 마음으로 느끼는 것 사이에 도대체 무슨 차이가 있단 말입니까? 이런 공로로 구원을 얻든 저런 공로로 구원을 얻든, 결국 똑같이 사람이 자신이 행한 어떤 것으로 천국을 얻는다는 결론으로 귀결될 수밖에 없습니다. 그러한 행위가 육체로 행해지는 것이냐 혹은 영혼으로 행해지는 것이냐 하는 것은 아무런 문제도 되지 않습니다. 우리가 "믿음으로 말미암아"(by faith) 구원받는다고 말할 때, 그것은 정확하게 "믿음을 통해"(through faith)를 의미합니다. 구원하는 자는 하나님입니다. 구원하는 것은 그리스도의 생명이며, 그리스도의 피며, 그리스도의 희생제사며, 그리스도의 중보입니다. 믿음은 단지 나의 빈 공간에 하나님의 충만이 흘러들어오는 통로일 뿐입니다. 혹은 옛 비유를 사용하면, 믿음은 그리스도께서 주시는 은택(恩澤)을 받는 손입니다. 그리스도를 믿는 살아있는 믿음에는 구원에 이르는 능력이 있습니다. 왜냐하면 그것은 "구원에 이르는 하나님의 능력"이 내 마음속으로 임하는 통로이기 때문입니다. 한쪽에 그리스도의 사랑과 부요와 공로와 의의 대양(大洋)이 있습니다. 아니 좀 더 정확하게 말하면, 그 모든 것을 포함하는 그리스도 자신의 거대한 대양이 있습니다. 그리고 다른 쪽에 내 영혼의 빈 그릇이 있습니다. 그리고 대양의 신선한 바닷물이 내 영혼의 빈 그릇 속으로 흘러들어오는 작은 파이프가 있는데, 바로 그것이 그를 믿는 믿음입니다. 어떤 행위나 혹은 어떤 감정 속에도 구원에 이르는 공로는 없습니다. 우리를 구원하는 것은 믿음이 아닙니다. 우리를 구원하는 것은 그리스도입니다. 그가 믿음을 통해 우리를 구원하십니다.

마지막으로, 이러한 원리들은 또한 우리로 하여금 무엇이 불신앙의 죄책(罪責)을 구성하는지 이해하도록 돕습니다. 때로 사람들은 하나님이 예수 그리스도를 믿는 이 한 가지를 구원의 수단으로 임의로 선택하셨다고 생각하면서 어째서 불신앙이 그토록 악독하며 절망적인 것인지 명확하게 알지 못합니다. 나는 지금까지 내가 설명한 원리들이 우리로 하여금 어떻게 믿음이 구원의 수단으로 임의로 선택된 것이 아닌지 이해하도록 돕는다고 생각합니다. 구원을 유효하게 하는 다른 길은 없습니다. 하나님은 믿음 외에 다른 어떤 방법으로 우리를 구원할 수 없습니다. 구원을 받는 조건은 그의 아들을 믿는 믿음뿐입니다.

나아가 이러한 원리들은 불신앙의 죄책이 어디에 놓여있는지를 보여줍니다. 믿음은 일차적으로 이해의 행동이 아닙니다. 그것은 어떤 사실들에 대한 단순한 동의가 아닙니다. 나는 사람들이 자신의 지적 과정에 책임이 있다고 생각합니다. 그리고 그러한 지적 과정을 실행함으로 말미암아 도달하는 믿음에도 스스로 책임을 져야 한다고 생각합니다. 나아가 나는 "사람은 자신의 머리 색깔에 대해 책임이 없는 것처럼 자신의 믿음에도 책임이 없다"고 말하는 것을 매우 천박한 철학이라고 생각합니다. 설령 믿음이 단순한 지적 과정에 불과하다 하더라도, 사람들이 그에 대해 책임이 있는 것은 여전히 사실입니다. 그러나 사람을 구원하는 믿음과 사람을 파멸시키는 불신앙은 단순한 이해의 과정에 불과한 것이 아닙니다. 의지와 마음과 전체적인 도덕적 존재가 모두 관련됩니다. 어째서 어떤 사람이 예수 그리스도를 신뢰하지 않을까요? 여기에는 오직 하나의 이유가 있을 뿐입니다. 그것은 그가 그렇게 하고자 뜻하지 않기 때문입니다. 어째서 어떤 사람이 하나님의 어린 양에 대한 믿음을 갖지 않는 것일까요? 그것은 그의 전체적 본성이 그의 사랑의 얼굴로부터 피하며, 그 얼굴을 대적하고 있기 때문입니다. 어째서 어떤 사람이 믿기를 거부하는 것일까요? 그것은 그가 자신을 신뢰하기 때문이며, 자신의 죄를 지각하지 못하기 때문이며, 그의 마음속에 구주에 대한 사랑이 없기 때문입니다. 그러므로 사람은 자신의 불신앙에 대해 책임을 져야 합니다. 불신앙은 범죄입니다. 왜냐하면 그것은 도덕적 행동 즉 전체적 본성의 행동이기 때문입니다. 믿느냐 믿지 않느냐 하는 것이 그의 전체적 영적 상태를 시험하는 시금석입니다. 왜냐하면 그 안에 관련된 것은 단순히 이해뿐만 아니라 감정과 의지와 양심을 포함하는 전체적 존재이기 때문입니다. 그러므로 "나를 믿어 거룩하게 된"이라고 말씀하시는 그리스도는 또한 "믿지 않는 사람은 정죄를 받으리라"라고 말씀하십니다(막 16:16).

사랑하는 형제들이여, 여러분의 마음속에 다음과 같은 사실을 분명하게 새기십시오. 즉 사람을 그리스도인으로 만드는 것, 나의 영혼과 여러분의 영혼을 구원하는 것, 나의 삶 속에 그리스도의 사랑을 가져다주는 것, 그리스도의 희생제사를 죄 사함과 정결의 능력으로 만드는 것 — 이 모든 것은 단순히 이 책을 믿는다든지 혹은 그 안에 있는 교리들을 이해하는 것이 아니라 훨씬 더 심원(深遠)한 행동이라는 사실입니다. 그것은 나 자신을 그리스도 위에 던지는 것입니다. 그것은 나의 의지를 그의 의지에 순복시키는 것입니다. 그것은 나의 빈 공간을 그의 충만으로 연결시키며, 나의 죄로 얼룩진 본성을 그의 의로 연결시키며, 나의 죽음을 그의 생명으로 연결시키는 것입니다. 나는 그로 말미암아 생명을 얻으며, 그로 말미암아 거룩하여지며, 그로 말미암아 "영원한 구원으로" 구원됩니다. 이와 같이 믿음의 대상은 그리스도이며, 믿음은 그를 신뢰하는 것입니다. 그리고 바로 이런 믿음이 구원의 조건입니다. 반면 믿지 않는 것은 여러분의 잘못이며, 여러분의 손실입니다. 그리고 그것은 사람들의 영혼을 파멸시키는 범죄입니다.

94
총독과 왕 앞에서

"[19]아그립바 왕이여 그러므로 하늘에서 보이신 것을 내가 거스르지 아니하고 [20]먼저 다메섹과 예루살렘에 있는 사람과 유대 온 땅과 이방인에게까지 회개하고 하나님께로 돌아와서 회개에 합당한 일을 하라 전하므로 [21]유대인들이 성전에서 나를 잡아 죽이고자 하였으나 [22]하나님의 도우심을 받아 내가 오늘까지 서서 높고 낮은 사람 앞에서 증언하는 것은 선지자들과 모세가 반드시 되리라고 말한 것밖에 없으니 [23]곧 그리스도가 고난을 받으실 것과 죽은 자 가운데서 먼저 다시 살아나사 이스라엘과 이방인들에게 빛을 전하시리라 함이니이다 하니라 [24]바울이 이같이 변명하매 베스도가 크게 소리 내어 이르되 바울아 네가 미쳤도다 네 많은 학문이 너를 미치게 한다 하니 [25]바울이 이르되 베스도 각하여 내가 미친 것이 아니요 참되고 온전한 말을 하나이다 [26]왕께서는 이 일을 아시기로 내가 왕께 담대히 말하노니 이 일에 하나라도 아시지 못함이 없는 줄 믿나이다 이 일은 한쪽 구석에서 행한 것이 아니니이다 [27]아그립바 왕이여 선지자를 믿으시나이까 믿으시는 줄 아나이다 [28]아그립바가 바울에게 이르되 네가 적은 말로 나를 권하여 그리스도인이 되게 하려 하는도다 [29]바울이 이르되 말이 적으나 많으나 당신뿐만 아니라 오늘 내 말을 듣는 모든 사람도 다 이렇게 결박된 것 외에는 나와 같이 되기를 하나님께 원하나이다 하니라 [30]왕과 총독과 버니게와 그 함께 앉은 사람들이 다 일어나서 [31]물러가 서로 말하되 이 사람은 사형이나 결박을 당할 만한 행위가 없다 하더라 [32]이에 아그립바가 베스도에게 이르되 이 사람이 만일 가이사에게 상소하지 아니하였더라면 석방될 수 있을 뻔하였다 하니라"

행 26:19-32

베스도는 의로운 재판장의 모범이 아니었습니다. 그는 바울과 관련한 전체적 사실을 이해했으며, 유대인들이 그를 고소한 실제적 이유가 그들의 종교적 문제와 특별히 그가 부활을 역설한 사실이었음을 알고 있었습니다. "오직 자기들의 종교와 또는 예수라 하는 이가 죽은 것을 살아 있다고 바울이 주장하는 그 일에 관한 문제로 고발하는 것뿐이라"(25:19). 그럼에도 불구하고 그는 유대인들의 환심을 얻고자 스스로의 길을 굽게 하면서 바울에게 예루살렘에 올라가서 재판을 받으면 어떻겠느냐고 제안합니다. "베스도가 유대인의 마음을 얻고자 하여 바울더러 묻되 네가 예루살렘에 올라가서 이 사건에 대하여 내 앞에서 심문을 받으려느냐"(25:9). 이에 바울은 곧바로 로마에 상소합니다(10절). 왜냐하면 예루살렘에 가는 것은 곧 죽음을 의미한다는 사실을 잘 알고 있었기 때문입니다.

이렇게 하여 바울과 관련한 재판은 베스도의 관할 영역을 넘어서게 됩니다. 그러므로 아그립바 앞에서 심문을 받는 것은 정상적 재판 과정이라기보다 단지 그의 기분 전환을 위한 일종의 유흥거리와 같은 것이었습니다. 25장 24절부터 27절에서 베스도는 심문의 목적이 마치 바울의 죄목을 좀 더 분명히 하려고 하는 것인 양 꾸미지만, 실상 그것은 매우 어설픈 구실에 불과했습니다. 앞에서 아그립바는 베스도에게 "나도 이 사람의 말을 듣고자 하노라"라고 말했습니다(25:22). 그러므로 다음날의 심문은 "그의 요청"에 의해 이루어진 것이었습니다. 이렇게 하여 바울은 일종의 유흥거리를 위해 모인 사람들 앞에 서게 됩니다. 그러나 그는 왕과 그의 누이와 로마 총독과 가이사랴의 모든 상류층 사람들 앞에서 조금도 위축되지 않았습니다. 다메섹 도상에서 예수를 본 자는 "큰 자든 작은 자든" 누구 앞에서든 능히 당당하게 설 수 있었습니다.

여기에서 바울의 이야기의 요지는 이전의 "변론"들의 그것과 본질적으로 동일합니다. 그는 자신을 지금 이 자리까지 이끈 힘과 자신의 삶의 비밀에 대해 있는 그대로 이야기합니다. "하늘에서 보이신 것을 내가 거스르지 아니하고"(19절). 이렇게 볼 때, 그리스도께로부터 "네가 왜 나를 박해하느냐?"는 책망의 말씀과 함께 증인의 사명을 받은 이후에도 그에게는 그것을 거스를 가능성이 열려 있었습니다. 그러나 그는 주인의 가시채를 뒷발질하는 대신 자신의 강퍅한 의지를 그의 의지에 굴복시키면서 그의 멍에를 기꺼이 받아들였습니다. 그러그로 "해보다 더 밝은 빛"은 여전히 그를 둘러 비취고 있었으며, 그의 전체 인생은 순종의 긴 행동이 되었습니다(13절).

또 우리는 바울이 20절에서 자신의 사역을 다음과 같이 요약하는 것을 주목할 수 있습니다. "먼저 다메섹과 예루살렘에 있는 사람과 유대 온 땅과 이방인에게까지 회개하고 하나님께로 돌아와서 회개에 합당한 일을 하라 전하므로." 그는 자신의 사역 영역을 다메섹으로부터 예루살렘까지, 예루살렘으로부터 유대까지, 유대로부터 이방인들에게까지 확장되는 것으로 표현합니다. 그는 단계적으로 점점 더 먼 곳으로 이끌려졌으며, 각 단계마다 "하늘의 환상"이 그의 앞에 비취었습니다.

또 여기에서 바울이 유대인들과 이방인들의 구별을 얼마나 멋지게 뛰어넘는지 주목해 보십시오. 회개는 이방인들에게와 마찬가지로 유대인들에게도 똑같이 필요한 것이었으며, 유대인들에게와 마찬가지로 이방인들에게도 똑같이 열려 있었습니다. 그의 메시지는 모두에게 보편적인 메시지였습니다. 그것의 보편성을 제한하는 것은 그것의 사지(四肢)를 절단하는 것이었습니다.

나아가 우리는 바울이 유대인들이 자신을 고소하는 진짜 이유를 제시하는 것을 주목할 수 있습니다. 그는 자신이 로마에 대해 소요를 일으켰다는 고소를 반박합니다. 실제로 그것은 베스도도 이미 알고 있는 것이었으며, 거기에 있는 어느 누구도 그것을 믿지 않았습니다. 그는 두려워하지도 않고 분노하지도 않습니다. 다만 자신을 죽이려고 하는 적의(敵意)가 아무런 근거도 없는 것임을 잠잠히 제시할 뿐입니다.

계속해서 우리는 하나님의 도우심에 대한 그의 굳은 확신을 주목할 수 있습니다. 그는 자신을 잡아 죽이려고 하는 수많은 공격들에도 불구하고 "하나님의 도우심을 받아" 지금 이 자리에까지 서 있을 수 있었습니다(22절). 그는 "거의 넘어질 뻔" 하였습니다. "나는 거의 넘어질 뻔하였고 나의 걸음이 미끄러질 뻔하였으니"(시 73:2). 그러나 하나님의 긍휼이 그를 굳게 붙잡아 주었습니다.

마지막으로 바울은 자신이 높은 사람들과 낮은 사람들 모두에게 전파하는 메시지를 한 문장으로 압축합니다. 그것은 옛 계시들과 완전하게 일치되는 메시지로서 다음과 같은 삼중적 내용입니다(22절). 즉 그것은 예수 그리스도가 고난을 당하셨다는 것과 죽은 자들 가운데 다시 살아나셨다는 것과 세상의 빛이시라는 것입니다(23절).

여기까지 잠잠히 듣고 있던 총독은 갑자기 오만한 태도로 다음과 같이 거칠게 외칩니다. "바울아 네가 미쳤도다 네 많은 학문이 너를 미치게 한다"(24절). 어떤 독법(讀法)은 그가 "바울아 네가 미쳤도다, 네가 미쳤도다" 하며 두 번 반복하는 것으로 읽는데, 이러한 독법은 그의 외침을 더욱 거칠게 만듭니다. 총독은 매우 현실주의적인 사람이었습니다. 그와 같은 사람에게 그리스도의 나타나심과 같은 고상한 이야기는 매우 따분하며 피곤하게 만드는 이야기였습니다. 세상은 재물이나 권력이나 과학이나 쾌락 따위의 주제에 열중하는 것은 미친 짓이 아니라고 생각합니다. 그러나 영혼이나 혹은 종교적 주제에 열중하는 것은 미친 짓이라고 생각합니다. "그리스도를 얻기 위해 모든 것을 배설물로 여긴" 바울과 자신의 총독직과 그로부터 얻을 수 있는 각종 특권들을 지키는 것을 삶의 목적으로 삼은 베스도 중에 누가 더 제정신을 가진 사람이었습니까? 누가 진짜 미친 사람입니까? 예수를 만나 그 앞에 굴복하고 일평생을 그를 위해 헌신한 사람입니까? 아니면 하늘을 올려다보며 "아무것도 보이지 않는군. 도대체 무엇이 보인단 말인가? 나는 오직 이 땅만 바라볼 뿐이야"라고 말하는 사람입니까? 우리 가운데 더 많은 사람들이 바울처럼 미친다면, 이 땅은 훨씬 더 행복하고 훨씬 더 제정신인 세상이 될 것입니다.

베스도의 오만한 외침에 바울은 자신의 말이 모두 참이라는 사실을 조용하면서도 정중하게 확언합니다. "베스도 각하여 내가 미친 것이 아니요 참되고 온전한 말을 하나이다"(25절). 계속해서 바울은 아무것도 이해하지 못한 베스로로부터 어쨌든 어느 정도는 이해했을 아그립바에게로 관심을 돌이킵니다. "왕께서는 이 일을 아시기로 내가 왕께 담대히 말하노니 이 일에 하나라도 아시지 못함이 없는 줄 믿나이다"(26절). 실제로 베스도는 시종일관 두 번째 자리를 차지하고 있었습니다. 이런 상태에서 자신을 무시하는 듯한 바울의 태도에 그는 어느 정도 불쾌한 감정을 느꼈을 수 있습니다. 왜냐하면 아그립바에게 대한 모든 정중한 태도에도 불구하고, 베스도는 그가 고작해야 꼭두각시 왕에 불과하다는 사실을 잘 알고 있었기 때문입니다.

어쨌든 바울 사도는 자신의 변명을 모두 마쳤습니다. 지금 그는 여기에 모여 있는 겉만 그럴듯한 귀인(貴人)들 앞에서 홀로 우뚝 솟아 있습니다. 그는 왕의 양심으로 직행합니다. 베스도는 예수라는 자의 부활을 중요하지 않은 것으로 여겼습니다. 바울은 그것을 주장했으며, 유대인들은 그것을 부인했습니다. 어느 쪽이 옳은지 묻는 것은 무가치한 일이었습니다. 그 사람은 죽었으며, 그것은 모두가 동의하는 바였습니다. 만일 바울이 그 사람이 죽은 후에 다시 살아났다고 주장한다면, 그것은 단지 그가 미쳤음을 보여주는 또 하나의 증거일 뿐이었습니다. 로마 총독은 그 따위 어리석은 사건을 다루기에는 너무나 바쁘고 중요한 사람이었습니다. 그렇지만 비록 유대인은 아니었다 하더라도 아그립바는 예수의 부활과 교회가 세워진 것과 관련한 지난 20년 동안의 역사를 충분히 알고 있었습니다. 이런 아그립바에게 바울은 단도직입적으로 묻습니다. "선지자를 믿으시나이까?"(27절).

여기에서 바울이 두 가지 사실 즉 그리스도와 관련한 사실과 선지자에 대한 믿음을 서로 연결시킨 것은 무엇 때문이었습니까? 만일 아그립바의 대답이 "그렇다, 내가 선지자를 믿노라"라는 것이었다면, 틀림없이 바울의 다음 질문은 이것이었을 것입니다. "그렇다면 당신은 그 생애와 죽음과 부활이 선지자들의 예언의 성취인 그리스도를 믿으시나이까?" 아그립바에게 이것은 대답하기 매우 곤란한 질문이 될 것이었습니다. 그의 양심은 불편해지기 시작합니다. 그리고 그의 위엄은 여기의 극도로 무례한 사람에 의해 손상을 당합니다. 왜냐하면 그는 감히 왕에게 마치 보통 사람들에게 말하는 것처럼 말하고 있었기 때문입니다. 아그립바는 빈정거리는 말 외에 다른 말을 찾을 수 없었습니다. "네가 적은 말로 나를 권하여 그리스도인이 되게 하려 하는도다"(28절). 이러한 대답은 그가 바울이 던진 질문의 의미를 꿰뚫어 보았음과 그것을 혐오했음과 그것에 상당히 당황했음을 드러냅니다. 그의 빈정거리는 말은 그가 "거의 설득되었음"을 보여주는 것이 아닙니다. 그것은 도리어 그가 바울의 질문에 대해 비웃으며 조롱하는 태도를 가졌음을 보여줍니다. "감히 네가 나 같이 위대한 왕을 그리스도인으로 변화시키려고 정말로 생각한단 말이냐?"

바울은 아그립바의 그와 같은 빈정거리는 태도에 대해 매우 진지한 태도로 대응합니다. 틀림없이 이러한 태도는 왕과 함께 웃을 준비가 되어 있었던 그곳에 모여 있는 아첨꾼들을 조용하게 만들기에 충분했을 것입니다. "말이 적으나 많으나 당신뿐만 아니라 오늘 내 말을 듣는 모든 사람도 다 나와 같이 되기를 하나님께 원하나이다"(29절). 바울의 영혼은 그들 모두가 구원받기를 바라는 간절한 열망으로 불타고 있었습니다. 그는 그리스도인이라는 단어 속에 담겨 있는 빈정거림의 의미라든지 혹은 왕의 경박함 따위에는 아무런 주의도 기울이지 않았습니다. 그는 가장 순수한 사랑이 자신의 마음을 채우고 있음을 보여주었습니다. 그는 자신이 가장 가난한 자로부터 가장 부유한 자에 이르기까지 모든 사람들을 참으로 부요하게 하는 보화를 발견했음을 보여주었습니다. 그는 얼마나 복된 죄수입니까! 어떤 사람에게든 그는 자기 안에 있는 믿음보다 더 나은 것을 바랄 수 없었습니다. 그는 그러한 목적을 위해서라면 어떤 고통과 고난도 기꺼이 감수할 수 있음을 은연중 암시합니다. 그러면서 그는 자신을 결박한 사슬을 바라보며 약간의 미소를 머금은 채 이렇게 덧붙입니다. "이렇게 결박된 것 외에는."

틀림없이 베스도는 이러한 말 앞에 어느 정도 움찔했을 것입니다. 어쨌든 유흥을 위해 마련한 자리는 지나치게 진지하며 엄숙한 자리가 되고 말았습니다. 만일 여기의 이상한 죄수가 이런 방식으로 계속 양심을 흔들 것이라면, 이런 종류의 자리는 속히 파하는 것이 좋을 것이었습니다.

이렇게 하여 베스도와 아그립바와 버니게 세 사람은 자리에서 일어나 함께 그 자리에 있었던 아첨꾼들의 인사를 받으며 물러갑니다(30절). 한 가지 결론은 분명했습니다. 그것은 그가 완전히 무죄하다는 사실이었습니다. 그리하여 아그립바는 "이 사람은 사형이나 결박을 당할 만한 행위가 없다"고 분명하게 이야기합니다(31절). 그러면서 무죄한 자를 계속해서 구금하는 부당한 일의 책임을 가이사에게 상소한 바울에게로 돌립니다. "이 사람이 만일 가이사에게 상소하지 아니하였더라면 석방될 수 있을 뻔하였다"(32절). 그러나 그에 대해 책임져야 할 사람은 다름 아닌 베스도였습니다. 왜냐하면 바울로 하여금 스스로의 목숨을 구원하기 위해 가이사에게 상소하지 않을 수 없도록 만든 장본인이 바로 그였기 때문입니다.

95
하늘의 환상

"아그립바 왕이여 그러므로 하늘에서 보이신 것을
내가 거스르지 아니하고"
행 26:19

이것은 바울의 미래 전체와 기독교와 세상의 미래의 큰 부분이 걸려 있었던 그의 생애의 결정적 순간에 대한 설명입니다. 하늘로부터 은혜의 음성이 울려 퍼졌으며, 이제 모든 것은 그 순간 소경이 된 채 엎드려 있었던 자의 마음속에 떠오른 대답에 달려 있게 되었습니다. 그는 은혜의 부르심으로 말미암아 부드러워진 심령으로 하늘의 음성에 항복하면서 일어날 것입니까, 아니면 강퍅한 심령으로 승귀(昇貴)하신 주님의 부르심에 저항하면서 일어날 것입니까? 그가 여기에서 사용한 다소 특이한 표현은 우리에게 그의 항복의 과정을 보여줍니다. 왜냐하면 그것은 "내가 불순종하지 않게 되었고"라고 번역될 수 있기 때문입니다(I became not disobedient, 한글개역개정판에는 "내가 거스르지 아니하고"라고 되어 있음 ― 역주). 마치 그가 먼저 불순종하는 상태에 있었다는 듯이 말입니다. 이로부터 우리는 그가 먼저 불순종하는 상태에 있었다가 곧바로 그의 의지를 굴복시키는 상태로 이행했음을 알게 됩니다. 세상 역사 가운데 여기의 죄수가 아그립바에게 "그러므로 하늘에서 보이신 것을 내가 불순종하지 않게 되었고"라고 말한 것보다 더 큰 결심은 거의 없습니다.

1. 첫째, 여기의 하늘에서 보이신 것 즉 하늘의 환상이 우리에게도 똑같이 임하는 사실을 주목하십시오.

바울은 항상 다메섹 도상에서 예수 그리스도께서 자신에게 나타나신 사건을 그가 부활 후 열한 제자에게 육체로 나타나신 것과 동일한 의미를 가진 것으로 간주합니다. 여기에서 나는 한 걸음 더 나아가 여러분에게 우리가 예수 그리스도를 보고 아는 것이 다메섹 도상에서 바울에게 하늘의 환상이 임한 것과 동일한 의미를 가진 것이라고 말합니다. 왜냐하면 영과 마음과 의지에 임한 계시는 그것이 하늘의 환상을 통해 바울에게 임한 것이든, 혹은 예수의 생애와 죽음과 부활과 승천의 사실들을 통해 다른 사도들에게 임한 것이든, 혹은 같은 사실들이 성경 안에 보존됨으로써 그것의 기록에 의해 우리에게 임한 것이든 모두 동일하기 때문입니다. 바울이 그리스도를 본 것은 한 순간이었습니다. 반면 우리는 성경을 펼침으로써 원할 때마다 그를 볼 수 있습니다. 한 순간 그리스도를 봄으로써 바울이 얻은 것은 그에 대한 부분적 이해였습니다. 이후 바울은 그리스도에 대해 계속해서 배워야만 했습니다. 그리스도를 보는 것은 한 순간의 일이었으며, 그를 "아는" 것은 평생의 노력이었습니다. 우리는 바울의 서신들 속에서 그의 평생에 걸친 노력의 영속적인 결과를 봅니다. 한편 우리는 하늘의 일시적 환상 대신 사복음서 안에서 그리스도에 대한 영원한 기록들과 서신들의 권위 있는 가르침 안에서 역사적 사실들의 의미가 펼쳐지는 것을 봅니다. 뿐만 아니라 우리는 이러한 사실들 위에 세워진 교회의 역사(歷史) 속에서 그리고 신자들을 통해 나타나는 신적 능력의 명백한 역사(役事) 안에서 환상이 나타나는 것과 그것이 하늘의 것으로 증명되며, 더욱 발전되어, 그 의미가 더 풍성해지는 것을 봅니다.

사랑하는 형제들이여, 세상과 세상의 역사(歷史)와 설교자의 간절한 탄원과 시대의 흐름 속에서 그리스도를 보며, 그가 때때로 양심 속에 불어넣는 경고와 그가 때때로 생각 속에 비추는 조명(照明) 속에서 그의 음성을 듣는 자들은 그의 은혜로운 나타나심에 대한 더 높고 더 확실하며 더 명약관화한 표현을 요구할 필요가 없습니다. 우리 각자에게 이러한 환상이 주어집니다. 그것은 심지어 나의 보잘것없는 설교를 통해서조차 여러분에게 주어질 수 있습니다.

2. 둘째, 그리스도의 환상은 순종을 요구하면서 임합니다.

예수 그리스도께서 스스로를 바울에게 나타내신 목적은 그에게 큰 임무를 부여하기 위함이었습니다. 주님이 그러한 임무를 위한 길을 예비한 방식은 두 가지였습니다. 그는 자신의 빛나는 영광 가운데, 자신의 영화로워진 존재 가운데, 자신을 믿는 신자들과의 신비한 연합 가운데, 지금 다메섹을 향해 가고 있는 젊은 박해자가 행한 모든 일들을 아시는 가운데 스스로를 나타내셨습니다. 또 그는 박해자 사울에게 그의 마음 안에 잠복해 있었던 내적인 악을 드러내시고 또한 그가 올바른 길이라고 여겼던 것이 실상은 하나님을 훼방하며 대적하는 죄라는 사실을 보여주셨습니다. 이와 같이 자신이 모든 것을 아는 자임을 나타내심으로써 그리고 스스로를 자신을 믿는 신자들과 온전히 동일시하심으로써 그리고 자기를 대적하는 자의 악과 죄를 드러내심으로써, 예수 그리스도는 그러한 임무를 위한 길을 예비하셨습니다. 그 중심에 죄 사함의 확신이 자리 잡고 있으며, 그 자체가 주님에 대한 사랑의 표현인 그런 임무 말입니다.

이와 같이 모든 하늘의 환상은 인간의 순종을 요구합니다. 하나님이 우리에게 자신을 아는 지식을 주셨을 때 만일 우리가 그것을 활용하여 생의 수레바퀴를 움직여 실제 생활에서의 실천으로 나아가지 않는다면, 우리는 하나님이 그것으로 우리에게 행하도록 의도하신 것을 행하지 않은 것입니다. 계시는 단순히 호기심을 만족시키기 위해 의도된 것이 아닙니다. 그것은 하늘의 별들처럼 우리 위에 비취지만, 그러나 그것들과는 달리 우리의 삶을 인도하기 위해 비칩니다. 신적 본성이나 혹은 그리스도의 사랑의 모든 빛은 우리로 하여금 자신의 의지를 즐겁게 순복시키며, 주를 위해 열심히 수고하며, 그의 계명에 순종하는 길로 속히 달려가도록 하기 위해 의도된 것입니다.

그러나 별 의미 없이 하늘의 환상을 보는 경우가 얼마나 많습니까? 여러분에게 간절히 당부합니다. 부디 그리스도께서 하늘을 여시고 우리에게 하나님을 보여주시는 것이 사람들로 하여금 단순히 그를 알도록 하기 위한 것이 아니라 그를 앎으로써 무엇인가를 행하도록 하기 위한 것이라는 사실을 마음에 새기십시오. 이와 같이 모든 환상은 명령의 기초입니다. 그러므로 우리 모두는 "예수 그리스도를 아는 것으로 우리가 무엇을 하리이까?"라고 물어야만 합니다. 우리는 그에 대한 지식을 행동으로 옮겼습니까? 우리의 모든 행동을 그에 대한 지식의 기초 위에 세웠습니까? 어떤 사람이 "나는 환상을 보았노라" 혹은 "나는 환상을 보고 깨달았노라" 혹은 "나는 환상을 이해했노라"라고 말하는 것으로는 충분하지 않습니다. 보고 깨닫고 이해하는 것은 모두 매우 좋은 일입니다. 그러나 하늘의 환상을 본 것의 올바른 결과는 "나는 그것에 불순종하지 않았노라"가 되어야만 합니다. 만일 여러분의 그리스도를 아는 지식이 행동으로 연결되지 않는다면, 그것은 단지 무익한 환상에 불과합니다. 그렇다면 그것은 도리어 여러분에게 죄를 더하는 것 외에 아무것도 아닐 것입니다.

　이와 관련하여 환상이 요구하는 순종이 어떤 특성을 가진 것인지 주목해 보십시오. 여기의 바울의 회심 이야기 속에는 사람을 회심으로 이끄는 요체인 믿음에 대해서는 단 한 마디도 나오지 않습니다. 단 한 마디도 말입니다. 그러나 면밀히 살필 때, 우리는 여기에 "믿음"이라는 단어는 나오지 않지만 그러나 그 실체가 나타나는 사실을 주목할 수 있습니다. 왜냐하면 본문에서 바울이 말하는 순종은 어떤 형태로든 행함과 연결되지 않기 때문입니다. 그는 자신이 "하늘의 환상에 불순종하지 않았다"고 말합니다. 아직 아무 일도 행하지 않았음에도 불구하고 말입니다. 그때 사울의 의지는 하늘의 환상으로 말미암아 완전히 녹아버리고 말았습니다. 다시 말해서 그의 의지는 모두 사라지고, 그의 내적 존재는 완전히 굴복된 것입니다. 그러므로 여기의 순종은 어떤 특별한 일을 행하는 것이 아니라 단순히 자아를 하나님께 순복시키는 것이었습니다.

　나아가 바울의 순종은 하늘로 승귀(昇貴)되셔서 자신을 믿는 신자들과 하나로 연합되신 살아계신 예수 그리스도의 환상 위에 기초한 순종입니다.

나아가 그것은 바울이 스스로의 악을 깨달은 기초 위에 세워진 순종입니다. 지금까지 지극히 정당하며 의로운 줄 여겼던 자신의 삶이 알고 보니 지극히 어리석은 삶이었던 것입니다.

나아가 그것은 그리스도 안에서 긍휼과 죄 사함을 인식한 기초 위에 세워진 순종입니다. 그의 죄를 엄중하게 책망하신 후, 그리스도는 미소를 머금은 채 하늘로부터 내려다보며 이렇게 말씀하십니다. "일어나 네 발로 서라. 내가 너를 많은 사람들에게 보내 나를 알리게 하리라."

나아가 그것은 내적 의지의 항복이면서 동시에 살아계신 그리스도의 계시 위에 세워진 순종입니다. 그는 죽으셨으며, 영원히 살아나셨으며, 그의 모든 제자들과 가까이 계십니다. 나아가 그것은 또한 자신의 죄와 더불어 그것이 사함을 받은 것을 확신하는 마음이 감사함으로 드리는 예물입니다.

지금까지 여기의 순종에 대해 여러 가지로 살펴보았는데, 그렇다면 생각해 보십시오. 이러한 순종이 믿음으로부터 말미암은 순종이 아니면 무엇이겠습니까? 내가 하늘의 환상이 순종을 요구한다고 말할 때 의미하는 것은 그리스도께서 여러분에게 스스로를 나타내는 것이 여러분으로 하여금 무슨 일인가를 행하도록 하기 위한 것이 아니라, 여러분으로 하여금 그에게 스스로를 순복시킴으로써 그의 거룩한 뜻을 행할 수 있는 능력을 받도록 하기 위한 것이라는 사실을 잊지 마십시오.

3. 셋째, 이와 같이 순종하거나 혹은 불순종하는 것이 우리의 능력의 범주 안에 있다는 사실을 주목하십시오.

서론에서 이야기한 것처럼, 바울은 우리에게 자신이 어떤 상태에서 어떤 상태로 이행되었는지를 언급합니다. "내가 불순종하지 않게 되었고." 그의 경우 그것은 완전하며, 신속하며, 영원한 결심이었습니다. 마치 두껍게 언 얼음이 따뜻한 물속에서 한 순간에 녹아버리는 것처럼 말입니다. 그러나 신속하게 이루어진 것이든 천천히 이루어진 것이든, 그것은 그 자신의 행동이었습니다. 하늘의 음성을 들었음에도 불구하고 바울은 그것에 저항하면서 종으로서가 아니라 여전히 박해자로서 다시 일어날 수 있었습니다. 왜냐하면 하나님의 은혜는 결코 강제적으로 역사(役事)하지 않기 때문입니다. 그가 우리를 부르실 때, 우리에게는 항상 "나는 그렇게 하지 않을 것입니다"라고 말하면서 거부할 가능성이 열려 있습니다.

여기에는 모든 세대의 가장 예리한 지성인들조차도 쉽게 깨달을 수 없는 신비가 있습니다. 나 역시도 짧은 시간에 그것을 충분히 설명할 수 없습니다. 다만 내가 말하고자 하는 요지는 이것입니다. 두 가지 신비가 있는데, 하나는 사람이 그리스도의 음성에 저항할 수 있다는 것이고 또 하나는 그것에 실제로 저항한다는 것입니다. 전자와 관련하여, 우리는 그러한 신비의 깊이를 측량할 수 없습니다. 그러나 모든 난제(難題)에도 불구하고 우리의 양심은 그것이 사실임을 감지합니다. 내 앞에 두 길이 있습니다. 두 길 가운데 어느 길로 갈 것인지를 결정하는 것은 나의 의지입니다. 이와 관련하여 우리는 무한한 의지이신 하나님이 자신의 형상을 따라 창조한 사람들에게 그의 목적과 음성에 순복하거나 혹은 저항할 수 있는 불가해한 능력을 주셨다는 사실을 인정하지 않을 수 없습니다.

"우리의 의지가 어떻게 우리의 것일 수 있는지
우리는 알지 못하노라.
우리의 의지가 우리의 것임은
그것을 그의 의지로 만들기 위함이라."

또 하나의 신비는 사람들이 스스로를 의식적으로 하나님을 거스르는 자리에 놓으면서 자신들의 유익을 위한 선물들을 배척하는 것입니다. 죄를 무지(無知)라고 말하는 것은 무익한 일입니다. 결코 그렇지 않습니다. 그것은 단지 표면적 설명에 불과할 뿐입니다. 여러분과 내가 너무나 잘 아는 것처럼, 우리는 종종 하나님이 원하시는 것을 분명히 알면서도 정반대로 행동하곤 합니다. 스스로 그리스도인이 되어야만 한다는 사실을 잘 안면서도 예수 그리스도의 부르시는 음성에 순복하기를 거절하는 사람들이 많이 있음을 나는 잘 압니다.

4. 마지막으로, 이러한 순종은 단번에 인생에 혁명을 일으킬 수 있습니다.

바울은 "위협과 살기가 등등한" 상태로 말을 타고 예루살렘을 떠났습니다(행 9:1). 그러나 예수의 잔혹한 원수요 박해자인 그는 도중에 자신의 말로부터 떨어졌습니다. 얼마의 시간이 지납니다. 그 사이에 중대한 결정을 내린 한 순간이 있었습니다. 그는 비틀거리면서 일어납니다. 지금까지 증오했던 모든 것을 사랑하면서 그리고 지금까지 신뢰했던 모든 것을 버리면서 말입니다. "누구든지 그리스도 안에 있으면 새로운 피조물이라 이전 것은 지나갔으니 보라 새 것이 되었도다"라는 그의 교훈은 다메섹 도상에서 자신에게 일어났던 일을 일반화한 것에 불과합니다(고후 5:17). 이 사람의 마음속에서 오래 전부터 갈등이 진행되어 왔으며 그의 완전한 항복은 단지 그러한 갈등의 최종적 결과에 불과하다고 말하는 것은 사실과 다릅니다. 우리는 그의 회심 이야기 속에서 그와 같은 종류의 흔적을 전혀 찾을 수 없습니다. 그것은 단지 반초자연적(anti-supernatural) 관점으로부터 출발한 가설(假說)일 뿐입니다.

이와 같은 돌연한 혁명의 실례(實例)들은 너무나 많습니다. 도덕적 종류의 혁명들은 대부분 갑작스럽게 일어날 때 가장 잘 일어날 수 있습니다. 모든 사람이 아는 것처럼, 알코올중독자가 술을 점진적으로 끊는 것은 거의 바랄 수 없는 일입니다. 그가 스스로를 정반대 방향으로 확실하게 돌이키는 한 순간이 있어야만 합니다. 어떤 일들은 계속적이며 점진적으로 이루어질 때 가장 잘 이루어질 수 있습니다. 반면 갑작스러운 돌이킴에 의해 이루어지는 일들도 많이 있습니다.

복음주의적 비국교도들 가운데 오직 한 가지 유형의 종교적 체험만을 지나치게 주장하는 사람들이 있었습니다. 그들은 자신들에게 갑작스런 변화가 일어나 어둠으로부터 빛으로 옮겨진 순간을 분명하게 가리킬 수 있어야만 한다고 믿었습니다. 이것은 분명 지나친 주장입니다. 반드시 돌연한 회심이어야만 한다고 주장할 필요는 없습니다. 그러나 우리는 돌연한 회심이 가능하다는 사실을 반드시 주장해야만 합니다. 아무리 어떤 사람들이 그러한 경험이 가능할 수 없음을 증명하려고 애쓴다 하더라도, 모든 그리스도인 선생들은 실제로 그와 같은 일들이 종종 일어나는 것을 경험으로 압니다. 예수 그리스도께서 고친 사람들을 생각해 보십시오. 두 사람은 점진적으로 고침을 받았지만, 그러나 나머지 모든 사람들은 한 순간에 고침을 받았습니다. 기독교의 영향권 아래 태어나 그리스도인 가정에서 양육 받은 젊은이들을 생각해 보십시오. 그들이 그리스도인이 되는 통상적 방식은 천천히 그리고 자신들도 감지하지 못하는 방식으로 예수 그리스도와의 교제를 의식하게 되는 것입니다. 반면 불경건한 환경에서 자란 사람들은 많은 경우 갑작스럽게 어둠의 나라에서 하나님의 아들의 나라로 옮겨집니다. 그러므로 지금 내가 여러분 모두에게 전하려고 하는 메시지는 이것입니다. 여러분의 과거가 어떠하든지, 여러분의 인생의 얼마나 많은 부분이 허비되었든지, 여러분의 악한 습관이 얼마나 깊이 뿌리를 내렸든지, 스스로를 고치려고 하는 여러분의 노력이 얼마나 자주 좌절을 거듭했든지 — 순간적 항복의 행동에 의해 그와 같은 사슬을 끊어내는 일은 여전히 가능하다는 사실을 잊지 마십시오. 모든 사람의 삶 속에는 몇 년을 한 순간으로 응축한 것 같은 순간들이 있습니다. 큰 슬픔, 큰 기쁨, 새롭게 깨달은 큰 진리, 큰 결심 — 이런 것들은 "하루를 천년처럼" 만들 것입니다. 사람들은 이런 순간들을 기억하며 사는 가운데 나머지 시간들은 거의 기억하지 못합니다. 이와 같이 시간을 탄력적이며 풍부한 의미를 가진 것으로 만드는 최고의 실례는 사람이 스스로를 그리스도께 굴복시키기로 결심하는 순간입니다. 그것은 순간의 역사(役事)지만, 그러나 과거와 미래 사이에 거대한 심연을 만듭니다. 마치 "하나님이 빛이 있으라고 말씀하심으로써 빛이 있게" 된 이전과 이후의 시간처럼 말입니다(창 1:3). 만일 여러분이 아직까지 하늘의 환상 앞에 항복하지 않고 사죄의 은총에 의해 정복되지 않았다면 그리고 아직까지 주 예수의 행복한 종이 되지 못했다면, 지금 그렇게 하십시오. 여러분은 그렇게 할 수 있습니다. 미루는 것은 불순종이며, 그것은 여러분을 사망으로 이끌 수 있습니다. 지금 그렇게 하십시오. 그러면 여러분의 인생 전체가 변화될 것입니다. 여러분에게 평안과 기쁨과 능력이 임할 것이며, 여러분은 새 사람이 될 것이며, 여러분은 새로운 관계와 새로운 의무와 새로운 활력과 새로운 사랑과 새로운 기쁨과 새로운 도움과 새로운 소망의 새로운 세상으로 옮겨질 것입니다. 만일 여러분이 순간의 점(點)들을 선(線)으로 연장시키며 매 순간 순종을 새롭게 하며 "주여 내가 무엇을 하기를 원하시나이까?"라고 부르짖는다면, 여러분은 항상 보좌에 앉으셔서 사죄의 은총을 베푸시며, 동정(同情)하시며, 명령하시는 그리스도의 환상을 보게 될 것입니다. 그러면 그러한 환상은 여러분의 하늘을 영광으로 가득 채울 것이며, 여러분의 나아갈 길을 가리킬 것이며, 여러분으로 하여금 아름다움을 보고 만족케 할 것이며, 여러분의 마음을 그의 영원히 존재하는 사랑으로 풍성하게 채울 것입니다.

96
아그립바의 오만한 대답

"아그립바가 바울에게 이르되 네가 적은 말로
나를 권하여 그리스도인이 되게 하려 하는도다"
행 26:28

여기에 등장하는 아그립바는 우리가 사도행전에서 박해자로서 듣게 되는 또 다른 헤롯의 아들이었습니다. 이 사람은 성경 밖의 다른 문서들에서도 여러 가지 측면에서 매우 악한 인물로 묘사됩니다. 그는 로마를 추종하는 인물로서, 매우 나약하고 무기력한 사람이었습니다. 그의 왕권은 로마에 빚졌으며, 예루살렘이 함락되는 동안 계속해서 로마에 붙어 있었습니다. 그는 여러 가지 측면에서 영국 총독에게 협력하는 조건 위에서 자신들의 왕권을 유지하도록 허락된 인도의 라자(rajah: 인도의 각 지역들의 왕들)들과 매우 비슷했습니다. 물론 이런 종류의 사람들이 하는 일이란 대개 허랑방탕하며 천박한 일들입니다. 여기의 아그립바가 어떤 종류의 사람이었는가 하는 것을 우리는 버니게가 그의 누이였던 사실로부터 충분히 추론할 수 있습니다.

그러나 그는 유대인들에 대해서는 잘 알았습니다. 그들의 생각이나 종교 혹은 그들 가운데 지난 50년 동안 벌어진 일들 같은 것 말입니다. 뿐만 아니라 그는 정략적으로 유대인들의 믿음을 받아들이노라고 공언했습니다. 이에 대한 좋은 예를 우리는 그의 누이인 버니게가 그를 따라 로마로

가는 것이 허락되지 않은 사실에서 발견할 수 있습니다. 왜냐하면 그때 그녀는 예루살렘 성전에서 나실인 서원을 이행하고 있었기 때문이었습니다.

그랬기 때문에 바울은 아그립바가 유대교에 대해서 뿐만 아니라 예수 그리스도의 역사(歷史)에 대해서도 충분히 아는 것으로 확신할 수 있었습니다. "아그립바 왕이여 선지자를 믿으시나이까 믿으시는 줄 아나이다"(27절). 이것은 아그립바의 급소를 찌르는 말이었습니다. 오늘 본문은 이와 같은 바울의 급소를 찌르는 말에 대한 아그립바의 대답입니다.

본문은 우리에게 매우 친숙한 표현으로서, 예수 그리스도를 구주로 영접하도록 설득하는 많은 설교의 기초가 되어 왔습니다. 그러나 본문의 실제적 의미는 그와 같은 목적으로 사용되기에 매우 부적합합니다. 대부분의 주석가들은 우리의 흠정역 본문이 아그립바가 말한 것의 참된 의미를 충분히 나타내지 못한다고 생각합니다(흠정역 본문은 "Then Agrlppa said unto Paul, Almost thou persuadest me to be a Christian" 즉 "아그립바가 바울에게 이르되 네가 나를 그리스도인이 되도록 거의 설득하였도다"라고 되어 있음, 반면 한글개역개정판에는 "아그립바가 바울에게 이르되 네가 적은 말로 나를 권하여 그리스도인이 되게 하려 하는도다"라고 되어 있음 — 역주). 아그립바는 지금 마음이 거의 설득된 상태로 진지하게 말하고 있었던 것이 아니었습니다. 도리어 그는 빈정거리는 말투로 말하고 있었습니다. 우리는 다음과 같은 개정역(Revised Version)의 번역이 그의 의도를 올바르게 표현하고 있다고 생각합니다. "네가 적은 말로 나를 설득하여 그리스도인이 되게 하려 하는도다"(With but little persuasion thou wouldst fain make me a Christian. 한글개역개정판의 번역과 거의 동일함 — 역주).

아그립바는 감히 보잘것없는 죄수 따위가 그렇게 간단하게 자신을 낚을 수 있다고 생각한 것에 대해 상당한 불쾌감을 느낀 것으로 보입니다. "바울아, 나 같은 사람을 그리스도인으로 만드는 것은 네가 생각하는 것처럼 그렇게 쉬운 일이 아니로다." 바로 이것이 본문의 실제적 의미입니다. 이제 이와 같은 실제적 의미로부터 몇 가지 교훈을 찾아보도록 합시다.

1. 첫째, 여기에서 우리는 기독교 진리에 대한 피상적 이해가 얼마나 위험한 것인 지를 보여주는 한 가지 실례(實例)를 보게 됩니다.

앞에서 이야기한 것처럼, 아그립바는 선지자들과 유대교에 대해서 뿐만 아니라 예수 그리스도의 죽음과 부활의 특별한 사실들에 대해서까지도 상당 부분 잘 알고 있었습니다. "선지자를 믿으시나이까 믿으시는 줄 아나이다"라는 말을 생각해 보십시오. 만일 그것이 사실에 근거한 말이 아니었다면, 그러한 말은 아그립바에 의해 곧바로 부인되었을 것입니다(27절). 그가 그러한 말을 부인하지 않고 그대로 받아들인 사실은 그가 선지자들에 대해 잘 알고 있었음을 보여줍니다. 나아가 그는 다음 절에서 "그리스도인"이라는 단어를 사용하는데, 이러한 사실은 또한 그가 그러한 이름으로 불려지는 사람들에 대해 상당 부분 알고 있었음을 보여줍니다. 예를 들어, 여기의 아그립바와 그 옆에 있는 로마의 고관(高官)들을 비교해 보십시오. 베스도에게 있어, 죽은 사람이 다시 살아났으며 그가 모든 나라의 빛이 되었다는 말은 터무니없는 헛소리에 불과했습니다. 그랬기 때문에 그는 로마인 특유의 경멸적인 어투로 "바울아 네가 미쳤도다 네 많은 학문이 너를 미치게 한다"라고 말했던 것입니다(24절). 반면 아그립바는 부활에 대한 대략적 개념을 가지고 있었습니다.

그러면 아그립바에게 특별히 더 나은 것이 있었습니까? 결코 그렇지 않습니다. 도리어 더 나빴습니다. 왜냐하면 그로 인해 호기심이 상당 부분 감소되었기 때문입니다. 그것은 그로 하여금 바울이 말하는 것에 대해 자신은 이미 다 알고 있다고 생각하도록 만들었습니다. 그것은 진리를 깨닫는 데 도리어 걸림돌이 되었습니다.

이것은 자신이 평생 동안 기독교와 접촉하면서 살아왔다고 생각하는 많은 사람들의 경우에도 마찬가지입니다. 피상적 지식은 정확한 지식을 가로막는 최대의 적입니다. 왜냐하면 어떤 것을 앎에 있어 첫 번째 조건은 우리가 그것을 알지 못한다는 것을 아는 것이기 때문입니다. 어린 시절부터 그리스도와 그의 복음과 그가 행한 일에 대해 어렴풋하며 부분적이며 부정확한 개념들을 여기저기에서 많이 주워들은 사람들을 생각해 보십시오. 그들은 그러한 단편적 지식들로부터 자신들이 모든 것을 다 안다고 생각하며 스스로 만족합니다. 그렇기 때문에 그들은 마음을 집중하여 말씀을 듣는 일에 그다지 주의를 기울이지 않습니다. 그들의 마음은 그들 자신의 어렴풋하며 부정확한 이해에 의해 미리 점령되어 있습니다. 나는 복음진리와 실제적으로 접촉함에 있어 이와 같은 반쪽짜리 지식보다 더 방해가 되는 것은 아무것도 없다고 생각합니다. 여러분은 내가 말하는 모든 것을 이미 알고 있다고 생각합니다. 어쩌면 그럴는지 모릅니다. 그러나 여러분은 자신의 죄성(罪性), 인간의 무능함, 구주의 필요성, 여러분을 위해 십자가에서 죽으신 예수 그리스도의 완전한 사역, 그와 하나로 연합시키는 단순한 믿음의 능력, 그의 본성에 참여하며 하늘의 기업의 상속자가 되는 것 등과 같은 기독교의 핵심적 진리들을 굳게 붙잡아 본 적이 있습니까? 이런 것들은 단지 복음진리의 기본적 개요에 불과합니다. 그러나 여러분 가운데 너무나 많은 사람들은 이러한 것들을 마치 초점이 맞지 않는 희미한 영상을 보는 것처럼 봅니다. 그리고 그러는 가운데 이러한 희미한 개념들이 여러분으로 하여금 예수 안에 있는 진리들을 정확하게 보지 못하도록 방해합니다. 모든 영역에서 부정확한 지식은 보다 풍성한 깨달음으로 나아가는 것을 가로막는 가장 나쁜 적입니다. 그리고 이것은 신앙의 영역에서는 특별히 그러합니다. 형제들이여, 여러분은 이런 상태에 있지 않습니까?

여기의 아그립바가 가지고 있었던 것과 같은 지식이 도리어 방해물이 되는 또 하나의 이유는 그것이 인격(character)에 아무런 영향도 끼치지 못하는 지식이기 때문입니다. 많은 사람들에게 있어, 기독교에 대한 그들의 지식이 무슨 영향을 끼칩니까? 그들의 마음은 마치 여러 개의 방을 가진 어떤 집과 같습니다. 각 방들은 어떤 교통(交通)도 불가능할 정도로 서로 완벽하게 나누어져 있습니다. 그리고 그들은 각각의 방들의 문을 항상 꽉 닫은 상태로 유지합니다. 그리하여 이해의 방에 들어온 진리들은 의지에 아무런 영향도 끼치지 못합니다. 여러분 가운데 많은 사람들은 복음을 지적으로 믿습니다. 그러면 그런 복음은 여러분의 생각이나 감정이나 행동에 별다른 영향을 끼치지 못할 것입니다. 그렇다면 그런 복음이 여러분에게 도대체 무슨 소용이 있겠습니까? "아그립바 왕이여 선지자를 믿으시나이까 믿으시는 줄 아나이다." 그렇습니다. 아그립바는 선지자를 믿었습니다. 그 곁에 함께 앉아 있는 버니게도 역시 선지자를 믿었습니다. 그러나 그들은 불신자와 조금도 다를 것 없이 살았습니다. 여기를 보십시오. 이런 종류의 기독교 지식이 도대체 무슨 유익이 있단 말입니까? 이런 종류의 지식은 도리어 보다 더 실제적이며 효과적인 지식으로 나아가는 길을 가로막는 방해물이 아닙니까? 이런 종류의 지식보다 더 무력한 것은 아무것도 없습니다. 여러분의 기독교 지식은 어떻습니까?

2. 둘째, 여기에서 우리는 복음에 순복하기를 거부하는 교만한 자의 한 실례를 보게 됩니다.

"네가 적은 말로 나를 권하여 그리스도인이 되게 하려 하는도다." 아그립바가 "나"와 "그리스도인"을 나란히 놓는 것을 주목해 보십시오. 우리는 거기에 강한 경멸의 의미가 담겨 있는 것을 간파(看破)할 수 있습니다. "감히 나를 그리스도인이 되게 하겠다고?' 그는 자신의 위엄을 과시합니다. 그러나 실상 그것은 대단한 위엄도 아니었습니다. 그는 고작해야 조그만 나라의 왕이었을 뿐입니다. 그것도 로마의 호의에 의해 세워진 꼭두각시 왕이었을 뿐입니다. 그러면서 그는 조그만 언덕 위에서 자신의 보잘것없는 날개를 퍼덕거리며 홰를 칩니다. 마치 그것이 거대한 산이라도 되는 듯이 말입니다. "감히 나를 그리스도인이 되게 하겠다고?" "위대한 아그립바를 그리스도인이 되게 하겠다고?" 그는 "그리스도인"이라는 단어 속에 강한 경멸의 의미를 담습니다. 여기에서 "그리스도인"이라는 호칭에 대해 잠간 동안 생각해보도록 합시다. 그와 같은 호칭으로 제일 먼저 불린 사람들은 안디옥교회의 신자들이었습니다. "제자들이 안디옥에서 비로소 그리스도인이라 일컬음을 받게 되었더라"(행 11:26). 거기에는 명백한 빈정거림의 의미가 담겨 있었습니다. 그들은 그리스도인들, 즉 스스로 메시야를 사칭한 사기꾼을 따르는 자들이었습니다. 안디옥의 지혜로운 사람들은 그와 같은 호칭을 만듦으로써 스스로의 기지(機智)를 뽐냈습니다. 안디옥에서 와 똑같이 여기에서도 그 단어는 명백한 경멸의 의미와 함께 사용되었습 니다. 나아가 "그리스도인"이라는 호칭은 베드로에 의해 한 번 더 사용됩 니다. 그때 베드로는 그 단어를 어떤 제자들이 당하는 고난과 연결시켜 사 용합니다. "만일 그리스도인으로 고난을 받으면 부끄러워하지 말고 도리 어 그 이름으로 하나님께 영광을 돌리라"(벧전 4:16). 이와 같이 아그립바 가 "나를 권하여 그리스도인이 되게 하려 하는도다"라고 말할 때, 그는 그 단어에다가 강한 경멸의 의미를 담습니다. 그는 마치 이렇게 말하는 것과 같습니다. "네가 정말로 나로 하여금 네가 따르는 그리스도를 따르도록 만 들겠다는 말이냐? 그 얼마나 우스꽝스러운 일인가! 너 따위가 감히 몇 마 디 말로 나를 설득하여 그리스도인이 되게 하려 하다니! 그것은 그리 쉬운 일이 결코 아닐 것이로다."

사랑하는 친구들이여, 이와 같은 태도는 오늘날에도 그대로 남아 있지 않습니까? 그 양태(樣態)는 달라졌다 하더라도 말입니다. 예수 그리스도 의 복음에는 인간의 자만심과 마찰을 일으키는 몇 가지 특징들이 있습니 다. 이제 이런 것들을 간략히 살펴보도록 합시다.

복음은 모든 사람을 같은 방식으로 다룹니다. 다시 말해서 복음은 모든 사람을 동일한 수준 위에 서 있는 것으로 간주합니다. 그러나 우리 가운데 많은 사람들은 이런 것을 좋아하지 않습니다. 아그립바의 경멸적 어투를 오늘날의 어법으로 바꾸어 보면 이럴 것입니다. "나는 그런대로 괜찮은 맨 체스터 시민이야. 그런데 내가 나의 하인(下人)과 동일한 수준 위에 서 있 다고?" 그렇습니다. 정확하게 동일한 수준 위에 서 있습니다. 여러분은 학 자일 수도 있고, 과학교사일 수도 있고, 교육을 많이 받은 사람일 수도 있 고, 변호사일 수도 있고, 전문가일 수도 있습니다. 그런데 여러분이 글조 차 읽을 줄 모르는 사람들과 동일한 수준 위에 서 있단 말입니까? 그렇습 니다. 정확하게 그렇습니다. 그러므로 어떤 사람들은 마치 옛 나아만처럼 "몸을 돌려 분노하며" 떠납니다. "다메섹 강 아바나와 바르발은 이스라엘 모든 강물보다 낫지 아니하냐 내가 거기서 몸을 씻으면 깨끗하게 되지 아니하랴 하고 몸을 돌려 분노하여 떠나니"(왕하 5:12). 많은 사람들은 자신들의 지위나 학력이나 신분이나 혹은 이런저런 것들로 인해 어느 정도 특별한 대우를 받아야만 한다고 생각합니다. 어쨌든 세상에서 우리는 가난한 자들이나 무지한 자들이나 죄인들이나 야만인들과 동일한 범주 안에 분류되지 않습니다. 그러나 복음은 실제로 우리를 동일한 범주로 분류합니다. 여러분과 파타고니아 사람들은 같은 공기를 호흡하고 있지 않습니까? 여러분의 몸은 모두 같은 법칙들을 따르고 있지 않습니까? 여러분은 같은 방식으로 잠자고, 같은 방식으로 먹고, 같은 방식으로 마시지 않습니까? 우리 모두는 같은 마음을 가지고 있습니다. 거기에는 아무런 차이도 없습니다. 왜냐하면 우리 모두가 범죄하여 하나님의 영광에 이르지 못했기 때문입니다. 인성(人性)에 있어, 동질성이 이질성보다 훨씬 더 크고 깊습니다. 우리 모두에게는 한 분의 구주가 계시며, 우리 모두는 동일한 방식으로 구원받습니다. 이러한 사실은 우리 가운데 자신이 어느 정도 우월한 위치에 서 있다고 생각하는 사람들을 겸손하게 만듭니다. 그러나 그것은 단지 하나님의 사람이 범세계적이며 그리스도의 복음이 모든 사람을 위해 의도된 것이라는 위대한 진리의 또 다른 측면일 뿐입니다. 나아만은 위대한 인물로 간주되고 치료받기를 원했습니다. 그러나 엘리사는 그를 단지 한 사람의 문둥병자로 간주했을 뿐입니다. 이것이 모든 차이를 만들어냅니다. 나는 어떤 의사로부터 얼마 전 죽은 독일 황제가 만일 스스로의 신분을 감추고 병원에 갔다면 자신의 병을 고칠 수 있는 더 좋은 기회를 가졌을 것이라는 말을 들은 적이 있습니다. 우리 모두는 같은 의원(醫員)을 필요로 합니다. 그리고 우리는 같은 방식으로 고침을 받는 것으로 만족해야 합니다. 그러나 우리 가운데 어떤 사람들은 자신들이 가장 낮고 비천한 사람들과 같은 방식으로 취급되는 것을 쉽게 받아들이지 못합니다.

때로 사람들이 복음으로부터 움츠리는 또 하나의 이유는 그것이 모든 사람들이 전적으로 다른 존재에 의존하여 구원받는다고 가르치기 때문입니다. 우리는 자신의 구원에 있어 자신이 한 부분을 취하기를 원합니다. 우리 가운데 많은 사람들은 구원에 있어 다음과 같이 고백하기보다 무슨 일인가를 행하기를 더 좋아합니다.

"내 손에 드릴 것은 아무것도 없나이다.
오직 당신의 십자가만을 붙잡을 뿐이나이다."

타락한 기독교는 사람이 스스로의 공로로 그리스도의 공로를 보충할 수 있다고 가르쳐 왔습니다. 다시 말해서 사람이 자신의 구원에 있어 일부에 참여할 수 있다는 것입니다. 사랑하는 형제들이여, 나는 여러분을 이것과는 전혀 다른 종류의 복음으로 데려가야만 합니다. 모든 일이 우리를 위해 행하여졌으며, 모든 일이 우리 안에서 행하여질 것이며, 우리에 의해 행하여져야 할 것은 아무것도 없습니다. 물에 빠진 사람을 생각해 보십시오. 만일 그가 구원자를 돕겠다고 사지(四肢)를 버둥거린다면, 그와 구원자가 함께 물에 빠져 죽을 것입니다. 이와 같이 사람들은 아무런 버둥거림 없이 모든 것을 예수 그리스도께 맡기는 것으로 만족해야 합니다. 그러나 만일 우리가 그렇게 하지 않는다면, 우리는 그의 복음에 스스로의 작은 몫을 취하는 것입니다.

사람들의 길을 가로막는 또 한 가지는 복음이 예수 그리스도에 대한 절대적 순복을 요구한다는 사실입니다. 아그립바는 자신이 스스로 깃발을 내리고 왕관을 벗고 갈릴리 출신의 시골뜨기 유대인의 종이 되어야만 한다는 것을 말도 안 되는 헛소리로 여겼습니다. 우리 가운데 매우 많은 사람들 역시도 스스로의 의지를 그리스도의 의지에 순복시키며 절대적 순종의 조건을 받아들이는 것을 매우 힘든 일로 여깁니다. 그들은 이렇게 말합니다. "그래도 한쪽 귀퉁이에서나마 나의 의지를 어느 정도 사용해야 하지 않겠어?" 그들은 자신들의 생각을 그의 생각에 순복시키며 그의 말씀을 모든 것을 결정하는 최종적인 것으로 받아들이기를 매우 힘들어 합니다. "그리스도께서 말씀하신 것을 내가 모든 논란에 종지부를 찍는 것으로 받아들여야만 한단 말인가?" 그렇습니다. 절대적 순복이야말로 참된 기독교의 가장 명백한 조건입니다. "그리스도인"이라는 이름 자체가 우리에게 그것을 말해줍니다. 우리는 "그리스도인" 즉 그리스도의 사람들입니다. 만일 우리가 그리스도의 사람들이 아니라면, 우리는 그러한 이름으로 불릴 권리를 갖지 못합니다. 그러나 많은 사람들은 스스로 자아(自我)의 주인이 되기를 더 좋아합니다. 그러면서 그들은 자아의 의지를 따르는 가운데 악한 자아의 종이 됩니다. 자신의 자아를 주님께 순복시키면서, 사랑으로 말미암은 참된 섬김의 자유 안으로 들어가는 대신 말입니다. "네가 적은 말로 나를 권하여 그리스도인이 되게 하려 하는도다" — 여기에서 스스로를 순복시키는 것으로부터 뒤로 움츠리는 교만한 마음을 주목해 보십시오. 형제들이여, 부디 여러분은 이렇게 하지 말기를 간절히 바랍니다.

3. 셋째, 여기에서 우리는 일반적 진리를 개인적으로 적용시키는 것으로부터 뒤로 움츠리는 것에 대한 한 실례를 보게 됩니다.

바울이 자신의 개인적 경험과 일반적인 이야기를 할 때, 아그립바는 큰 흥미와 관심을 가지고 들었습니다. 그러나 그것이 자신의 심령과 부딪히는 지점에 도달했을 때, 이제는 자리에서 일어나야 할 때였습니다. "왕이여 선지자를 믿으시나이까?"라는 바울의 갑작스러운 질문이 마치 예리한 단검(短劍)처럼 그의 심령에 꽂히자, 왕은 즉시 저항의 태도를 취합니다. 아, 바로 이것이 수많은 사람들이 취하는 바로 그 태도입니다. 내가 여러분이 좋아하는 이야기를 할 때나 일반적 이야기를 할 때, 여러분은 즐겁게 듣습니다. 그러나 "여러분은 어떻습니까?"라는 지점에 도달할 때, 나는 "무례"하며 "사적인 영역을 함부로 침범하는" 설교자가 됩니다. 그리고 그럴 때, 여러분은 자신의 귀와 마음을 닫아 버립니다.

그러나 형제들이여, 단순히 일반적 이야기들이 도대체 무슨 소용이 있단 말입니까? 만일 내가 일반적 이야기들을 예리하게 다듬어 그것을 여러분 각자의 심령에 꽂지 않는다면, 도대체 내가 여기에 있는 것이 무슨 유익이 있겠습니까? 청중들에게 항상 일반적 이야기만을 하면서 그들의 마음에 "당신이 바로 그 사람이라"라든지 혹은 "그러면 당신은 믿는가?"라는 예리한 단검을 던지지 않는 사람은 결코 복음을 신실하게 전파하고 있는 것이 아닙니다.

그러므로 나로 하여금 당신에게 그러한 질문을 던지게 하십시오. 다른 사람들에 대해서는 신경 쓰지 마십시오. 당신과 나 오직 두 사람만 이 자리에 있다고 생각하십시오. 그리고 나의 말을 오직 당신 자신에게 해당되는 것으로 받아들이십시오. 그러면 나의 말은 당신에게 얼마나 강력한 능력으로 임하겠습니까! 다른 모든 사람들에 대해서는 신경 쓰지 마십시오. 이 장소에 대해서도 신경 쓰지 마십시오. 심지어 나에 대해서도 신경 쓰지 마십시오. 오직 그리스도의 말씀으로 하여금 당신의 영혼에 개별적인 능력으로 임하게 하십시오. "당신은 믿습니까?" 여러분은 언젠가 이러한 질문에 대답해야만 할 것입니다. 지금 이러한 질문에 직면하는 것이 모호한 미래에 남겨두는 것보다 훨씬 더 낫지 않겠습니까? 그러다가 갑자기 "각 사람이 자기 일을 하나님께 직고할" 날이 이르지 않겠습니까(롬 14:12)?

4. 마지막으로, 여기에서 우리는 빛으로 가까이 다가갔다가 결국 어둠 속으로 사라져 버리고 만 영혼의 한 실례를 보게 됩니다.

아그립바는 바울의 말을 듣습니다. 베니게도 듣습니다. 베스도도 듣습니다. 그러면 그 결과가 무엇입니까? 오직 이것이었습니다. "그들이 다 일어나서 물러가 서로 말하되 이 사람은 사형이나 결박을 당할 만한 행위가 없다 하더라"(30, 31절). 이것을 오늘날의 표현으로 바꾸면 이럴 것입니다. 사람들이 다 일어나서 돌아가며 서로 말합니다. "이 사람은 오늘 매우 감동적인 설교를 했어" 혹은 "이 사람은 오늘 매우 지루한 설교를 했어." 그리고 이것이 전부입니다.

아그립바와 버니게와 베스도는 작자 자신들의 악한 길로 갔습니다. 그들 가운데 어느 누구도 자신들이 운명적 순간을 지나왔음을 깨닫지 못했습니다. 아! 형제들이여, 우리의 인생 가운데에도 이와 같은 순간들이 많이 있지 않습니까? 우리의 미래 전체에 결정적 영향을 끼치는 결정을 하면서도 그러한 사실을 깨닫지 못하는 그런 순간들 말입니다. 예수 그리스도와 그의 복음과 관련해서는 더욱 그러합니다. 여기의 세 사람은 빛 가운데 있었습니다. 이후 그들은 또 다시 이처럼 빛과 가까이 있지 못했습니다. 어쩌면 그들은 다시는 복음을 듣지 못했을는지 모릅니다. 바울의 입을 막으면서 자리를 떠날 때, 그들은 자신들이 무슨 일을 하고 있는지 알지 못했습니다. 여러분은 이후에 많은 설교를 들을 수도 있고, 그렇지 못할 수도 있습니다. 그러나 이것 한 가지는 반드시 명심하십시오. 만일 여러분이 오늘 설교를 들으면서 회개하지도 않고 믿지도 않은 채 그냥 집으로 돌아간다면, 그것은 결코 사소한 일이 아니라는 사실 말입니다. 여러분은 여러분 자신을 참된 거룩함과 행복과 소망과 천국으로부터 가로막는 장벽 위에 돌 하나를 더한 것입니다. 여러분에게 "네가 믿느냐?"라고 묻는 자는 내가 아닙니다. 바울도 아닙니다. 그렇게 묻는 자는 바로 예수 그리스도 자신입니다. 마치 소경 바디매오에게 "네가 인자를 믿느냐?"라고 물으신 것이나 혹은 마르다에게 "네가 이것을 믿느냐?"라고 물으신 것처럼 말입니다. 오! 사랑하는 친구들이여, 여기의 교만한 왕처럼 대답하지 말고 다음과 같이 눈물로 부르짖으십시오. "내가 믿나이다 나의 믿음 없는 것을 도와주소서"(막 9:24).

97
폭풍과 믿음

"¹³남풍이 순하게 불매 그들이 뜻을 이룬 줄 알고 닻을 감아 그레데 해변을 끼고 항해하더니 ¹⁴얼마 안 되어 섬 가운데로부터 유라굴로라는 광풍이 크게 일어나니 ¹⁵배가 밀려 바람을 맞추어 갈 수 없어 가는 대로 두고 쫓겨가다가 ¹⁶가우다라는 작은 섬 아래로 지나 간신히 거루를 잡아 ¹⁷끌어 올리고 줄을 가지고 선체를 둘러 감고 스르디스에 걸릴까 두려워하여 연장을 내리고 그냥 쫓겨가더니 ¹⁸우리가 풍랑으로 심히 애쓰다가 이튿날 사공들이 짐을 바다에 풀어 버리고 ¹⁹사흘째 되는 날에 배의 기구를 그들의 손으로 내버리니라 ²⁰여러 날 동안 해도 별도 보이지 아니하고 큰 풍랑이 그대로 있으매 구원의 여망마저 없어졌더라 ²¹여러 사람이 오래 먹지 못하였으매 바울이 가운데 서서 말하되 여러분이여 내 말을 듣고 그레데에서 떠나지 아니하여 이 타격과 손상을 면하였더라면 좋을 뻔하였느니라 ²²내가 너희를 권하노니 이제는 안심하라 너희 중 아무도 생명에는 아무런 손상이 없겠고 오직 배뿐이리라 ²³내가 속한 바 곧 내가 섬기는 하나님의 사자가 어제 밤에 내 곁에 서서 말하되 ²⁴바울아 두려워하지 말라 네가 가이사 앞에 서야 하겠고 또 하나님께서 너와 함께 항해하는 자를 다 네게 주셨다 하였으니 ²⁵그러므로 여러분이여 안심하라 나는 내게 말씀하신 그대로 되리라고 하나님을 믿노라 ²⁶그런즉 우리가 반드시 한 섬에 걸리리라 하더라"

행 27:13-26

파선(破船)과 관련된 누가의 상세한 설명은 그가 유대인이 아니었다는 사실을 은연중에 보여줍니다. 바다에 대한 그의 관심과 그가 선원들이 사용하는 용어에 익숙했던 사실은 유대인들의 특징과 매우 다릅니다. 우리는 요나서에서 바다에서의 폭풍과 관련한 한 유대인의 묘사를 보게 됩니다. 요나의 책이 육지 사람의 작품이었다면, 여기의 누가의 책은 비록 선원(船員)은 아니었다 하더라도 바다에 대해 잘 아는 사람의 작품입니다. 그의 서술은 핵심적 요점들을 붙잡으며, 생생하며, 정확합니다. 여기의 본문은 두 부분으로 구성되어 있습니다. 첫 번째 부분은 항해 중에 일어난 거대한 폭풍에 대한 설명이며, 두 번째 부분은 그러한 상황에서도 요동하지 않는 바울의 평온한 믿음과 다른 사람들에 대한 격려입니다.

1. 백부장은 바울의 조언보다 선장의 말을 더 신뢰하면서 출항을 결정합니다(10, 11절).

이러한 장면은 항해와 관련하여 선장이 전적으로 책임지고 결정하는 오늘날의 관점으로 보면 매우 부자연스럽습니다. 그러나 알렉산드리아의 곡물운반선의 선장보다 로마 군대의 장교인 백부장이 훨씬 더 우월했습니다. 또 여기의 중요한 결정에 바울이 부분적으로나마 참여한 것 역시 그다지 놀랄 일이 아닙니다. 왜냐하면 백부장은 바울에 대해 상당히 호의적이었기 때문입니다. 어쨌든 자연스럽게 백부장은 전문가가 아닌 사람의 의견보다 전문가의 의견을 따라 출항을 결정하게 됩니다.

지금 바울 일행을 태운 배는 겨울을 지내기에 불편한 항구에 정박해 있었습니다(12절). 그러므로 가능하다면 좀 더 안전한 항구로 가는 것이 지혜로울 것입니다. 그러는 가운데 순한 남풍이 불자 그들은 곧바로 항해에 나서게 됩니다(13절). 얼마 동안 그러한 결정은 올바른 결정처럼 보였습니다. 그러나 그들 앞에 삐죽 튀어나온 곳(串, headland)이 있었기에,그것을 돌아가야만 했습니다. 이것은 쉽지 않은 일이었기 때문에 그들은 해변을 따라 그곳을 돌아 지나가고자 했습니다. 그러나 그들이 항구 안으로 들어오기 전에 갑자기 바람이 휘몰아쳤습니다. 그것은 그 해안에 종종 부는 바람이었습니다. 그러자 순한 남풍은 갑자기 광풍으로 바뀌었으며, 이렇게 하여 문제가 일어나기 시작했습니다. 그리하여 바울 일행을 태운 배가 항구 안으로 들어가는 일은 불가능하게 되었습니다. 알렉산드리아의 곡물 운반선은 광풍에 맞설 수 없었으며, 결국 그들은 바람에 휘몰려 들어갈 수밖에 없었습니다. 광풍은 그들을 남서쪽에 있는 작은 섬으로 이끌었으며, 그들은 그곳으로 피신할 수 있을 것이라는 희망을 가질 수 있었습니다. 여기에서 그들은 한숨을 돌리며, 거루를 끌어 올렸습니다(16절).

그러나 보다 더 중요한 작업은 튼튼한 동아줄로 용골(龍骨)과 선체의 옆구리를 둘러 감는 작업이었습니다. "줄을 가지고 선체를 둘러 감고"(17절). 이것은 선체를 구성하는 목재들을 서로 단단하게 붙잡기 위한 것이었습니다. 세 번째 작업은 가장 중요한 작업으로서, 배에 대해 잘 알지 못하는 주석가들에 의해 종종 오해되어온 작업입니다. 그것은 "연장을 내리고"라고 표현된 작업입니다. 그러한 구절에 대한 가장 개연성 높은 해석은 아마도 "선체의 머리를 유지하기 위해 돛을 바람에 그냥 내버려둔 채 떨어질 수 있는 모든 것을 내리고"일 것입니다(Ramsay, St. Paul, p. 329).

누가는 배를 끌어당기는 일에 대해서는 "우리"라는 주어를 사용하고, 여타 다른 작업에 대해서는 "그들"이라는 주어를 사용하여 말합니다. 그와 다른 승객들은 전자의 일에 있어서는 힘을 합칠 수 있었지만, 그러나 후자의 일에 있어서는 그럴 수 없었습니다. 왜냐하면 후자의 일은 좀 더 숙련된 기술을 요구하는 일이었기 때문입니다. 선원들이 돛은 그대로 유지한 채 모든 불필요한 것들을 내린 이유는 아프리카 해안의 거대한 유사(流沙)에 걸리는 것으로부터 배를 지키기 위한 것이었습니다.

그러나 모든 노력에도 불구하고 그들의 배는 폭풍에 휘몰려 그들이 잘 아는 "작은 섬"의 피난처로부터 멀리 표류하여 갔습니다. 그들은 침몰의 위험 가운데 있었습니다. 이제 배의 옆구리가 풍랑의 연속적 때림에 의해 얼마나 견딜 수 있을지 혹은 언제까지 파선하지 않고 떠 있을는지 의문시되었습니다. 배의 침몰을 막을 수 있는 유일한 방법은 그것을 가볍게 하는 것뿐이었습니다. 그리하여 먼저 선원들은 짐을 버렸습니다. 그리고 다음 날 그들은 — 혹은 어떤 사본에 따를 때 "우리" 즉 승객들까지 포함한 모두가 — 가능한 모든 것을 배 밖으로 던졌습니다.

이것은 스스로를 구원할 수 있는 마지막 시도였습니다. 이제 그들이 할 수 있는 일은 모두 함께 침몰하는 피할 수 없는 시간을 기다리는 것 외에 아무것도 없었습니다. 더 이상 아무것도 할 수 없게 되자, 그들은 절망 가운데 빠졌습니다. 음식도 부족하였으며, 음식을 조리하는 것도 불가능했으며, 식욕도 다 떨어졌습니다. 사람들은 희망도 없고, 지치고, 굶주리고, 물에 젖은 상태로 아무 곳에서나 웅크리고 앉아 있었습니다. 그렇게 그들은 여러 날을 표류했으며, 모든 무리가 절망과 우울함 가운데 빠져 있었습니다. 그러나 무리 가운데 희망의 등불이 타고 있었던 한 사람이 있었습니다. 그는 바울이었습니다. 해도 보이지 않았고 별들도 보이지 않았지만, 그는 더 나은 빛을 바라보았으며 그의 하늘은 고요하고 청명했습니다.

2. 공통의 위험은 신분의 구별을 없어버렸습니다.

이런 때에는 굳은 확신을 가지고 사람들을 이끄는 지도자가 등장하게 마련입니다. 겁과 두려움이 전염성이 있는 것처럼 희망 역시 마찬가지입니다. 한 사람의 희망에 찬 목소리가 절망 가운데 고개를 숙이고 있는 수많은 영혼들을 소생시킬 것입니다. 바울은 로마 병사들과 죄수들과 선원들과 제자들의 잡다한 무리 가운데 이미 두각을 나타내고 있었습니다. 이제 그는 굳은 확신 가운데 당당하게 서서 모든 사람들 안에 새로운 희망을 불어넣습니다. 믿음은 얼마나 강력한 능력을 가지고 있습니까! 여러 날 동안 상황은 조금도 달라진 것이 없었습니다. 바람은 계속해서 휘몰아치고 있었으며, 풍랑은 계속해서 배의 옆구리를 때려대고 있었습니다. 하늘은 폭풍으로 어두컴컴했으며, 어떤 도움의 손길도 보이지 않았습니다. 그러나 바울이 말하자 모든 것이 변했습니다. 그리고 한 줄기 햇살이 거세게 요동치는 바다 위에 비취었습니다.

여기의 바울의 말 속에서 세 가지 요점을 주목할 수 있습니다. 첫째로, 거기에 안전에 대한 확실한 보증이 있었습니다. 이런 상황에서 보통 정도의 인격을 가진 사람들은 다음과 같이 말하면서 자기의 의견이 옳았음을 강조하는 데 더 열중할 것입니다. "봐라, 내 말대로 되지 않았는가! 지금 너희 모두는 내가 옳았음을 보고 있노라.” 그러나 바울은 그런 종류의 작은 승리를 과시하는 데 거의 관심을 기울이지 않습니다. 또 그릇이 작은 사람들은 자신의 의견이 받아들여지지 않은 것으로 인해 뿌루퉁해진 가운데 스스로에게 이렇게 말할 것입니다. “그들은 전에 내 말에 귀를 기울이지 않았어. 그러니 이제 더 이상 아무 말도 하지 않을 거야.” 그러나 바울은 그렇게 하지 않았습니다. 그는 사람들에게 자신의 의견대로 했더라면 좋았을 것이라고 말합니다. “여러분이여 내 말을 듣고 그레데에서 떠나지 아니하여 이 타격과 손상을 면하였더라면 좋을 뻔하였느니라”(21절). 그러나 그것은 자신의 작은 승리를 과시하기 위한 것이 아니었습니다. 그렇게 한 것은 오로지 사람들로 하여금 자신이 지금부터 말하려고 하는 것을 받아들이도록 하려는 목적 때문이었습니다.

사람들에게 “힘을 내라”라고 말하는 것은 쉽습니다. 그러나 그렇게 할 수 있는 분명한 이유를 제시하지 않는다면, 그것은 무익한 말에 불과합니다. 바울은 분명한 이유를 제시합니다. 설령 배는 파선될지라도, 단 한 사람도 목숨을 잃지 않을 것이었습니다. 바울은 앞에서 만일 그들이 곧바로 출항한다면 배와 하물(荷物)뿐만 아니라 사람들의 목숨까지 타격을 입게 될 것이라고 말했었습니다. “여러분이여 내가 보니 이번 항해가 하물과 배만 아니라 우리 생명에도 타격과 많은 손해를 끼치리라”(10절). “내가 보니”라는 표현에 나타나는 것처럼, 이런 의견은 그 자신의 추측으로 말미암은 것이었습니다. 그러나 이제 그는 자신의 추측으로부터가 아니라 하나님의 확증으로부터 권위를 가지고 말합니다. 바울의 담대한 말은 절망 가운데 빠져 있었던 선원들에게 어리석은 말처럼 들릴 수 있었습니다. 왜냐하면 그들의 눈앞에 여전히 광풍이 몰아치고 있었으며, 배는 풍랑의 연속적 때림에 의해 거의 파선 직전에 있었기 때문입니다. 그러므로 바울은 곧바로 자신의 확신의 이유를 제시하는 쪽으로 나아갑니다. 그것은 하나님의 사자의 확증이었습니다.

여기에 나타난 두 가지를 주목해 보십시오. 한쪽에 휘몰아치는 광풍과 거의 파선 직전의 배와 절망 속에 빠져 있는 사람들이 있습니다. 그리고 다른 한쪽에 바울에게 임한 분명한 환상이 있습니다. 이러한 두 가지는 서로 얼마나 선명한 대조를 이룹니까! 베드로는 빌립보의 감옥에서 그리고 바울은 가이사랴에서와 여기의 폭풍 속에서 빛으로 찬란한 천사를 봅니다. 하나님의 사자들은 대체로 우리의 가장 캄캄한 시간에 그리고 우리의 가장 거센 폭풍의 때에 나타나는 경향이 있습니다.

여기에서 바울이 하늘의 사신(使臣)에 대해 부르는 호칭을 주목해 보십시오. "내가 속한 바 곧 내가 섬기는 하나님의 사자"(23절). 이러한 호칭은 요나의 신앙고백이 생각나도록 만듭니다. 그러나 실제로 이것은 하나님께 속한다는 의미에서 그리고 그 안에 표현된 순종의 강도(强度)에 있어 그것을 훨씬 능가합니다. 여기에서 바울은 고린도인들에게 말한 다음과 같은 원리를 그 자신에게 온전히 적용시킵니다. "너희는 너희 자신의 것이 아니라 값으로 산 것이 되었으니"(고전 6:19). 우리가 하나님께 속했음을 인정하면서 스스로를 즐거이 그에게 드리며 힘을 다해 그를 섬길 때, 하나님의 사자가 우리 곁에 와서 그 무엇도 우리를 해하지 못할 것임을 확증해 줄 것입니다. 우리 자신을 하나님의 것으로 드리는 것은 하나님 자신을 우리의 것으로 만드는 것입니다.

하나님의 사자가 바울에게 온 것은 그가 자신이 하나님께 속하며 그를 섬기는 사실을 인정했기 때문이었습니다. 그리하여 그는 자신에게 임한 환상을 자신과 하나님의 관계의 토대 위에서 설명합니다. 이와 같은 위급한 때에 하나님이 그를 돕지 않고 그냥 내버려두는 일보다 더 불가능한 일은 결코 없습니다.

24절의 메시지를 보십시오. "바울아 두려워하지 말라 네가 가이사 앞에 서야 하겠고 또 하나님께서 너와 함께 항해하는 자를 다 네게 주셨다." 의심의 여지없이 이것은 전체 메시지의 요약이었을 것입니다. 다시 말해서 하나님의 사자의 본래의 메시지 안에는 이것 외에도 다른 세부적 내용들이 포함되어 있었을 것입니다. 예컨대 배가 "한 섬"에 걸릴 것이라는 것 같은 것 말입니다(26절). 그렇지만 바울이 받은 환상 가운데 두 가지 두드러진 것은 그의 목숨이 보존될 것이라는 것과 — 왜냐하면 그가 가이사 앞에서는 신적 목적이 이루어져야 하기 때문에 — 모든 사람들이 안전하게 피신하게 될 것이라는 것입니다. 전자와 관련하여, 우리는 어떻게 바울의 목숨이 — 다른 모든 사람들의 목숨과 마찬가지로 — 신적 계획에 따라 빚어지는지를 배울 수 있습니다. 그의 일이 마쳐질 때까지 그는 결코 죽을 수 없었습니다. 이를 통해 우리의 일이 마쳐질 때까지 혹은 하나님이 우리 안에서 혹은 우리로 말미암아 당신의 일을 이루실 때까지 우리가 결코 죽을 수 없다는 사실을 배울 수 있습니다. 또 후자와 관련하여 그리고 특별히 "네게 주셨다"는 표현으로부터, 바울이 자신과 함께 항해하는 자들을 위해 계속해서 기도했음을 추측할 수 있습니다. 이를 통해 우리는 하나님의 종들의 기도가 사람들에 대한 하나님의 다루심을 결정하는 실제적 요소라는 사실과, 하나님의 참된 종은 이교도든 박해자든 거친 자든 무관심한 자든 혹은 동료 신자든 자기 주변에 있는 사람들을 위해 계속해서 기도한다는 사실을 배울 수 있습니다. 만일 그리스도인들이 이와 같은 중보(仲保)의 의무를 좀 더 신실하게 이행한다면, 그들은 폭풍이 몰아치는 인생 바다를 "함께 항해하는 모든 사람들"의 목숨을 더 많이 구해줄 수 있게 될 것입니다.

바울의 격려의 말 가운데 세 번째 요점은 그 자신의 믿음의 모범입니다. "나는 내게 말씀하신 그대로 되리라고 하나님을 믿노라"(25절). 이것은 또한 사람들에게 동일한 믿음으로 하나님을 의지할 것을 격려하는 것이기도 했습니다. 만일 하나님이 당신의 사자로 말미암아 그와 같은 굳은 약속을 주셨다면, 사람은 마땅히 그러한 신적 확증을 굳게 붙잡아야 합니다. 우리는 반석 위에 반석을 세워야 합니다. "나는 하나님을 믿노라" — 이것은 상식에 의해 요구되고 온전한 이성에 의해 확증되는 신조입니다. 만일 우리가 실제로 그와 같이 믿는다면 그리고 그의 말씀을 현재의 의무와 미래의 축복을 나타내는 절대적 권위로서 받아들인다면, 우리는 아무리 하늘이 캄캄하고 바다가 요동하며 풍랑이 계속해서 배의 옆구리를 치며 도울 자가 아무도 없으며 우리 마음이 무거울 때라도 "안심"할 것입니다. 그리고 마침내 하나님의 약속이 사실이었으며 그에 대한 우리의 믿음이 옳았음이 온전히 증명될 것입니다. 설령 우리를 둘러싸고 있는 모든 것이 우리의 믿음을 어리석은 것으로 만들며, 우리의 희망을 터무니없는 것으로 만드는 것처럼 보인다 하더라도 말입니다.

98
짤막한 신앙고백

"내가 속한 바 곧 내가 섬기는 하나님의 사자가
어제 밤에 내 곁에 서서 말하되"
행 27:23

오늘 나는 특별히 "내가 속한 바 곧 내가 섬기는"이라는 구절에 초점을 맞추고자 합니다. 큰 위기의 때에는 종종 새로운 지도자가 등장하는 경향이 있습니다. 그렇게 볼 때 여기의 파선(破船) 이야기 속에서 백부장과 선장을 비롯하여 지도적 위치에 있던 사람들은 뒤로 물러가고 바울이 지도자와 조언자와 격려자로서 등장하게 된 것은 지극히 자연스러운 일입니다. 그의 인격의 힘과 믿음으로부터 나오는 평온함은 이와 같은 위기의 상황에서 그를 절망에 빠진 사람들의 지도자로 만들었습니다. 우리는 여기의 파선 이야기를 구약의 유명한 파선 이야기와 대조해볼 필요가 있습니다. 바울과 요나를 비교해 보십시오. 한 사람은 거센 폭풍 앞에 조금도 요동하지 않고 평온하며 용기 있게 행동한 반면, 다른 한 사람은 폭풍 앞에서 불순종으로 인한 망연자실함 가운데 빠져 있었습니다.

여기에서 우리는 바울이 본 환상에 대해서는 다루지 않을 것입니다. 다만 오늘 본문 가운데 두드러지게 나타나는 몇 가지 요점에 주목하고자 합니다. 본문은 참된 신앙의 요체와, 그것이 가져다주는 담대한 고백과, 그 안에서 누리는 평온함과 안전을 보여줍니다. 이제 이러한 것들을 좀 더 상세하게 살펴보도록 합시다.

1. 참된 신앙의 요체가 무엇인지 주목하십시오.

　　바울이 이교도들에게 말하고 있었다는 사실을 기억하십시오. 여기에서 그의 목적은 복음을 전파하는 것이 아니라 자신이 어떤 존재인지를 — 특별히 하나님과의 관계와 관련하여 — 분명하게 하기 위한 것이었습니다. 그는 하나님을 "내가 속한 바 곧 내가 섬기는 하나님"이라고 부릅니다. 여기에서 "내가 속한"은 그의 모든 내적 삶을 망라하는 표현인 반면, 내가 섬기는"은 그의 모든 외적 삶을 망라하는 표현입니다.

　　"내가 속한 하나님." 두 말할 것도 없이 사람은 하나님의 피조물이라는 사실에 기인하여 하나님에게 속합니다. 이것은 우주적이며 보편적인 사실입니다. "그는 우리를 지으신 이요 우리는 그의 것이니"(시 100:3). 그러나 여기에서 바울이 자신이 하나님에게 속한다고 말할 때, 그는 이러한 개념보다 훨씬 더 깊이 들어갑니다. "나는 당신의 것이나이다" — 이것이 이 사람의 마음속에 있는 가장 깊은 생각이며 가장 깊은 느낌이었습니다. 자신이 하나님에게 속함을 의식하는 것이 가장 순수한 형태의 경건입니다. 우리는 이러한 표현을 그의 다른 말씀들에 비추어 해석해야 합니다. 예컨대 "너희는 너희 자신의 것이 아니라 값으로 산 것이 되었으니 그런즉 너희 몸으로 하나님께 영광을 돌리라"와 같은 말씀들 말입니다(고전 6:20). 그는 자신이 하나님의 소유라는 사실의 근거를 창조의 사실이나 — 이것은 외적 관계를 세울 뿐 그 이상은 아닙니다 — 혹은 심지어 그의 머리 위에 부어진 각종 은택들이 아니라, 신적 사랑이라는 초월적 사실로부터 추적합니다. 이것은 우리에게도 마찬가지입니다. 우리는 영이 영을 소유할 수 있는 유일한 방법이 — 한쪽에 남자가 있고 다른 쪽에 여자가 있든 혹은 한쪽에 하나님이 있고 다른 쪽에 사람이 있든 — 완전하며 상호적인 사랑의 감미로움이라는 사실을 인식해야 합니다. 자신을 하나님에게 드리는 사람은 하나님을 자신의 것으로 얻습니다. "내가 속한 하나님" — 만일 하나님이 먼저 그 아들 안에서 자신을 그에게 주시기 않았다면, 그는 자신이 결코 하나님에게도 혹은 자신에게도 속하지 못했을 것이라고 생각했을 것입니다. 우리에 대한 신적 소유권은 오직 우리가 예수 그리스도의 희생제사로 말미암아 하나님의 것이 되었음을 의식할 때만 비로소 실현됩니다.

형제들이여, 하나님은 단지 어떤 사람을 만드셨다는 이유로 그를 자신의 소유로 간주하지 않습니다. 만일 그가 자신이 하나님에게 의존하는 존재임을 느끼면서 스스로를 하나님에게 순복시키지 않는다면 말입니다. 하나님의 소유권은 외적이며 형식적인 소유권이 아닙니다. 하나님은 마음을 원하십니다. 오직 스스로를 하나님에게 순복시킨 자들만이 그에게 속합니다.

만일 여러분과 내가 그의 소유라면, 그것은 우리의 패역한 자아(自我)를 그의 보좌 앞에 내려놓았음을 함축합니다. 하나님에게 속하는 자들은 더 이상 스스로를 향하여 살기를 그칩니다. 인간의 삶에는 두 개의 중심이 있습니다. 하나는 하나님이며, 다른 하나는 나의 패역한 자아입니다. 우리 자신의 패역한 자아가 우리의 삶의 중심일 때, 우리는 이를테면 자신의 작은 궤도 안에서 움직이는 셈입니다. 그러나 우리가 그러한 작은 궤도로부터 벗어나 태양의 위대한 중심을 도는 행성(行星)이 될 때, 우리는 훨씬 더 고귀한 궤도를 돌면서 더 풍성하고 복된 빛을 얻게 될 것입니다. 자기가 자기의 중심이 되는 사람들은 마치 마침내 어둠의 싸늘한 심연 속으로 사라지고 마는 혜성과 같습니다. 반면 하나님을 중심으로 삼은 사람들은 마치 행성과 같습니다. 그들은 하나님을 중심으로 돌면서 음악을 만들며 그의 빛을 반사합니다.

이와 같이 자신의 자아를 하나님에게 드리는 것 다시 말해서 자신의 의지와 목적과 감정과 기타 자신의 존재를 구성하는 모든 것을 그에게 순복시키는 것이 그와 우리 자신을 참으로 소유하는 유일한 방법이라는 사실을 기억하십시오.

앞에서 나는 영이 영을 소유하는 유일한 방법이 사랑이라는 사실을 이야기했습니다. 그리고 그것은 필연적으로 상호간의 사랑이어야만 합니다. 그러므로 우리가 자신을 하나님에게 드릴 때, 우리는 하나님을 우리의 소유로 받습니다. 사랑하시는 하나님과 하나님을 사랑하는 자들 사이에 서로 주고받는 놀라운 교호(交互) 관계가 있습니다. 먼저 하나님의 선물이 사람에게 주어집니다. 그러면 사람은 자신을 하나님에게 드립니다. 그러면 더 큰 하나님의 선물이 사람에게 주어집니다. 마치 두 개의 거울 사이에서 빛이 서로 반사하는 것처럼 말입니다. 우리가 하나님의 것일 때, 하나님은 우리의 것입니다. "그 날 후에 내가 이스라엘 집과 맺을 언약은 이러하니 … 나는 그들의 하나님이 되고 그들은 내 백성이 될 것이라"(렘 31:33).

마찬가지로 우리는 자신을 하나님에게 드릴 때까지 결코 자신을 소유할 수 없습니다. 우리 각자는 마치 왕에게 의존하는 봉건 영주와 같습니다. 그의 영지에서 반란이 일어났다고 상상해 보십시오. 그에게는 반란을 일으킨 자들을 진압할 수 있는 힘이 없습니다. 그러나 그는 왕에게 메시지를 보낼 수 있습니다. 그러면 왕은 군대를 보내 반란을 일으킨 자들을 진압하고 질서를 회복시키며 그의 통치권을 다시금 든든하게 세워줍니다. 이와 같이 만일 여러분이 자신을 소유하기를 바란다든지 혹은 여러분 자신의 본성으로부터 얻을 수 있는 감미로움을 알기를 바란다면 또 만일 여러분이 자신의 작은 왕국을 올바로 통치할 수 있기를 바란다면, 스스로를 하나님의 손 위에 올려놓고 이렇게 말하십시오. "나는 당신의 것이나이다. 나를 붙잡으소서. 그러면 나는 안전할 것이나이다."

계속해서 "내가 섬기는 하나님"이라는 표현을 살펴보도록 합시다. 이에 대해 나는 한 가지만 이야기하는 것으로 충분하다고 생각합니다. 여기에서 바울이 사용한 단어는 노예의 섬김을 의미하는 단어가 아니라, 예배자 혹은 제사장의 섬김을 의미하는 단어입니다. 그가 이와 같은 표현을 사용한 목적은 그의 내적 본성 전체가 그가 속하는 하나님의 영향력 아래 있음으로 인해 그의 외적 삶 전체가 예배의 삶이 된다는 사실을 말하고자 한 것이었습니다. 그는 배 안에서 폭풍과 두려움 가운데 하나님을 예배하고 있었습니다. 그의 고요함 자체가 예배였습니다. 그의 믿음이 곧 예배였으며, 그가 사람들에게 한 격려의 말이 또한 예배였습니다. 그의 삶 전체 위에 그가 하나님을 섬긴다는 도장이 찍혀 있었습니다. 바로 여기에 기독교적 삶과 관련한 올바른 개념이 있습니다. 삶의 모든 국면들과 태도들과 행동들 가운데 그가 하나님의 소유로서 그분을 섬긴다는 사실이 분명하게 나타나야 합니다. 이와 같이 우리가 행하는 모든 일이 예배가 될 수 있습니다. 우리의 입술로부터 아무런 간구도 흘러나오지 않는다 할지라도 만일 우리가 마음으로 하나님과 접촉하며 매일의 삶 가운데 그분을 섬기며 영화롭게 한다면, 바로 이것이 "쉬지 않고 기도하는" 것일 수 있습니다. 성소에서 섬기는 제사장들을 생각해 보십시오. 그들이 행하는 모든 일이 곧 하나님을 섬기는 것이었습니다.

2. 참된 신앙이 요구하는 담대한 고백을 주목하십시오.

배 안은 서로를 매우 빨리 알 수 있는 공간입니다. 거기에서는 사람의 인품이 감추어질 수 없습니다. 지난 두 주간 동안 바울이 처해 있었던 상황들, 아드리아 해(海)에서의 광풍과 거센 풍랑, 매 순간 닥쳐오는 죽음의 공포 — 이러한 것들은 그의 인품의 어떠함을 드러내기에 충분했습니다. 만일 바울이 여기의 사람들 가운데 일관성 있게 경건의 삶을 살지 않았다면, 그는 그들에게 감히 "내가 속한 바 곧 내가 섬기는 하나님"이라고 말할 수 없었을 것입니다.

여기에서 하나님에 대한 이와 같은 개인적이며 인격적인 관계에 대한 고백이 모든 그리스도인들에게 요구된다는 사실을 주목하십시오. 물론 우리는 사람들의 면전에서 항상 그러한 고백을 떠벌일 필요는 없습니다. 그러나 오늘날의 평범한 그리스도인들 가운데 이것을 우려할 필요는 거의 없는 것 같습니다. 오늘날의 실제적 문제는 사람들이 이러한 고백을 너무나 과도하게 숨긴다는 사실입니다. 오늘날 우리는 우리의 신앙과 관련하여 말이 아니라 행동으로 보여주어야 한다는 말을 너무나 자주 듣습니다. 물론 이것은 틀린 말이 아닙니다. 신앙에는 분명 이러한 요소가 있습니다. 그러나 여러분은 참된 신앙을 소유한 사람들이 기회가 주어질 때마다 자신의 신앙에 대해 기꺼이 입술을 벌려 말하는 것을 발견할 것입니다. 말이 아니라 행동으로 보여주는 것이 더 적합할 때, 그들은 행동으로 그렇게 할 것입니다. 반면 행동이 아니라 말로 증언하는 것이 더 적합할 때, 그들은 기꺼이 입술로써 증언할 준비가 되어 있습니다. 만일 어떤 사람이 하나님에게 속한다면 그리고 그의 삶 전체가 그러한 사실이 구체화되는 현장이라면, 도대체 어째서 말로써 주님을 증언하는 것이 그러한 현장으로부터 배제되어야만 한단 말입니까?

오늘날 공적으로 신앙을 고백하는 그리스도인들 가운데 너무나 많은 사람들이 평생 동안 다른 사람들에게 그리스도에 대해 전혀 증언하지 않는 사실 앞에 나는 큰 두려움을 느끼지 않을 수 없습니다. "내가 속한 바 곧 내가 섬기는 하나님." 사랑하는 형제들이여, 간절히 당부하노니 오늘의 훈계를 깊이 마음에 새기십시오. 다른 어떤 수단보다도 분명한 말로 증언하는 것이 가장 효과적이며 강력한 힘을 가지고 있다는 사실을 잊지 마십시오. 만일 여러분이 어떤 사람에게 "당신 역시도 그리스도인이 되지 않을 것입니까?"라고 말한다면, 자칫 그의 기분이 상하게 될 수도 있을 것입니다. 그렇지만 단순히 여러분이 그리스도인이라고 말한다면, 그의 기분이 그렇게 상하지는 않을 것입니다. 나는 이 부분에서 우리에게 지혜가 필요하다고 생각합니다. 또 개인적 체험을 이야기하는 것이 웅변적으로 변론하며 논증을 펼치는 것보다 훨씬 더 강한 힘을 갖고 있다는 사실을 기억하십시오. 여러분이 "맛보고 느끼고 체험한" 것을 이야기하십시오. 다른 어떤 것보다 그것이 더 큰 결과를 가져올 것입니다.

나아가 입술의 증언은 실제적 삶으로 뒷받침되어야만 한다는 사실을 잊지 마십시오. 바울의 말이 배 위에서의 그의 모든 행동들에 의해 뒷받침되었던 것처럼 말입니다. 그렇지 못할 때, 입술의 증언은 유익은 고사하고 도리어 더 많은 해를 끼치게 될 것입니다. 우리 주변에는 항상 날카로운 비판자들이 있게 마련입니다. 특별히 그리스도인이라고 공언할 때는 더욱 그러합니다. 바울이 탄 배 위에도 날카로운 비판자들이 있었습니다. 만일 바울의 모습이 다른 사람들의 모습과 전혀 다르지 않았다면, 여러분은 로마 병사들과 다른 죄수들이 그에 대해 코웃음을 쳤을 것이라고 생각하지 않습니까? 그들은 틀림없이 이렇게 말했을 것입니다. "네가 속한 바 곧 네가 섬기는 하나님이라고? 정말 웃기는군! 하나님을 섬기는 네가 제우스를 섬기는 우리와 다른 것이 도대체 무엇이란 말인가?" 세상은 그리스도인들에 대해 그렇게 말할 수 있는 권리를 가지고 있습니다. 우리의 입술의 고백이 분명할수록 우리의 삶은 더 거룩해져야만 합니다.

3. 참된 신앙이 가져다주는 평온함과 안전을 주목하십시오.

여기의 이야기 속에서 우리는 바울 안에 있었던 '위험 속에서의 평온함'과 '안전에 대한 절대적인 확신'과 '다른 사람들에 대한 따뜻한 마음' 등을 발견할 수 있습니다. 이 모든 것은 하나님에 대한 그의 전적 순복과 그의 일관성 있는 삶의 직접적 결과였습니다. 물론 환상 가운데 천사가 그에게 그의 목숨이 안전할 것임을 확증해 주었습니다. 그러나 설령 천사가 나타나 그렇게 말하지 않았다 하더라도, 틀림없이 그는 그와 동일한 평온함과 안전의 확신 가운데 거했을 것입니다. "나는 하나님에게 속하노라"라고 말할 수 있는 사람은 위험으로 인해 요동할 필요가 없습니다. 그는 여기의 바울이 보여주는 것처럼 자신의 상식을 사용해야만 할 것입니다. 그는 자신의 정당한 목적을 이루기 위해 활용할 수 있는 모든 수단을 사용해야만 할 것입니다. 그러나 그 모든 것을 사용하고 난 후, 그는 이렇게 말할 수 있습니다. "나는 하나님의 소유야, 하나님은 마땅히 자신의 소유를 돌보실 거야. 왜냐하면 그렇게 하는 것이 그의 일이니까." 하나님은 자신의 소유를 느슨하게 붙잡음으로써 그의 손가락으로부터 그들 미끄러져 나가 수렁에 빠지도록 내버려두지 않을 것입니다. 하나님은 자신의 소유인 영혼들을 무덤 속에서 잃어버리지 않을 것입니다. 하나님은 자신의 사랑하는 자가 썩음을 당하도록 내버려두지 않을 것입니다. 하나님은 자신의 소유를 지킬 것입니다. 이러한 사실을 더 굳게 확신할수록, 우리는 환난 가운데 더 큰 평온을 누릴 것입니다.

마지막으로 안전에 대한 절대적 확신 역시 하나님과 바울 사이의 상호 소유와 사랑의 관계의 직접적 결과였습니다. 바울이 헤엄을 쳐서 상륙한 무리와 널조각 따위에 의지하여 상륙한 무리 가운데 어디에 속했는지 우리는 알지 못합니다(43, 44절). 그가 헤엄을 칠 수 있었든 혹은 널조각 따위를 의지해야만 했든, 어쨌든 그는 안전하게 상륙했습니다. 그러나 그를 안전하게 상륙하게 만든 것은 그의 수영 실력도 아니었고 널조각도 아니었습니다. 그것은 그가 속한 하나님이었습니다. 폭풍이 몰아치는 바다로부터 우리를 지켜주는 생명의 줄은 바로 믿음입니다. 만일 우리가 하나님의 소유임을 느끼며 그에 따라 살아간다면, 우리는 어떤 상황 속에서도 평온할 것이며 다른 사람들이 요동할 때 침착할 것이며 그들을 돕는 자가 될 것입니다. 마침내 배는 파선(破船)되어 산산조각이 나지만, 그러나 사람들은 모두 안전하게 상륙합니다. 이윽고 아침이 밝았을 때, 폭풍 가운데 잃어진 자는 단 한 사람도 없었습니다.

99
모든 사람이 구원받음

"³⁰사공들이 도망하고자 하여 이물에서 닻을 내리는 체하고 거룻배를 바다에 내려 놓거늘 ³¹바울이 백부장과 군인들에게 이르되 이 사람들이 배에 있지 아니하면 너희가 구원을 얻지 못하리라 하니 ³²이에 군인들이 거룻줄을 끊어 떼어 버리니라 ³³날이 새어 가매 바울이 여러 사람에게 음식 먹기를 권하여 이르되 너희가 기다리고 기다리며 먹지 못하고 주린 지가 오늘까지 열나흘인즉 ³⁴음식 먹기를 권하노니 이것이 너희의 구원을 위하는 것이요 너희 중 머리카락 하나도 잃을 자가 없으리라 하고 ³⁵떡을 가져다가 모든 사람 앞에서 하나님께 축사하고 떼어 먹기를 시작하매 ³⁶그들도 다 안심하고 받아 먹으니 ³⁷배에 있는 우리의 수는 전부 이백칠십육 명이더라 ³⁸배부르게 먹고 밀을 바다에 버려 배를 가볍게 하였더니 ³⁹날이 새매 어느 땅인지 알지 못하나 경사진 해안으로 된 항만이 눈에 띄거늘 배를 거기에 들여다 댈 수 있는가 의논한 후 ⁴⁰닻을 끊어 바다에 버리는 동시에 키를 풀어 늦추고 돛을 달고 바람에 맞추어 해안을 향하여 들어가다가 ⁴¹두 물이 합하여 흐르는 곳을 만나 배를 걸매 이물은 부딪쳐 움직일 수 없이 붙고 고물은 큰 물결에 깨어져 가니 ⁴²군인들은 죄수가 헤엄쳐서 도망할까 하여 그들을 죽이는 것이 좋다 하였으나 ⁴³백부장이 바울을 구원하려 하여 그들의 뜻을 막고 헤엄칠 줄 아는 사람들을 명하여 물에 뛰어내려 먼저 육지에 나가게 하고 ⁴⁴그 남은 사람들은 널조각 혹은 배 물건에 의지하여 나가게 하니 마침내 사람들이 다 상륙하여 구조되니라"

행 27:30-44

유대인들은 해양 민족이 아니었습니다. 그들의 해안은 배를 멜 만한 안전한 항구가 아니었으며, 그들이 배를 타고 지중해로 멀리 나아가는 일은 거의 없었습니다. 배를 타고 서쪽으로 나아가는 바울의 모습은 매우 의미심장한 장면입니다. 그것은 유다교가 세계적 종교로 확장되는 것과 미래의 기독교의 경로를 이야기합니다. 한편 여기의 사건과 유일하게 병행을 이루는 구약의 사건은 요나의 사건인데, 두 사건 사이의 유사성과 상이성 모두가 우리에게 많은 교훈을 가르쳐줍니다.

여기의 사건에 대한 상세한 묘사는 이것이 항해와 관련하여 상당한 지식을 가지고 있었던 사람의 작품이라는 사실을 보여줍니다. 이것은 마치 항해일지와도 비슷합니다. 그러나 제임스 스미스(James Smith)가 그의 흥미로운 논문에서 지적한 것처럼 여기의 묘사는 정확하기는 하지만 그러나 항해 전문가의 작품은 아닙니다. 그리고 그러한 사실은 누가의 저작권을 뒷받침하는 증거들 가운데 하나가 될 수 있습니다. 그러면 "사랑하는 의원(醫員)"은 도대체 어디에서 배와 바다에 대해 그토록 많은 것을 배웠을까요? 큰 배에는 오늘날처럼 의원들이 탔을까요? 어쨌든 여기의 이야기는 항해와 관련하여 기록된 가장 생생한 설명들 가운데 하나입니다. 오늘의 이야기는 그들이 탄 배가 암초로 가득한 해안에 가까이 접근하는 것과 함께 시작합니다. 그들은 자신들의 배가 암초에 걸릴까 염려하여 고물로 닻 넷을 내리고 날이 새기를 기다렸습니다(29절).

오늘 우리가 첫 번째로 주목할 수 있는 것은 스스로를 구원하고자 하는 선원들의 비열한 계교(計巧)입니다. 그러나 그들의 계교는 바울의 예리한 통찰력과 신속한 대처에 의해 좌절되었습니다. 그들은 "도망하고자 하여 이물에서 닻을 내리는 체하고 거룻배를 바다에 내려" 놓았습니다(30절). 이물(船頭)에서 닻을 내리는 것은 고물(船尾)에서 닻을 내리는 것과 마찬가지로 배가 해변으로 밀려가는 것을 막기 위한 것이었습니다. 그들은 승객들은 어떻게 되든 상관하지 않고 자신들만 거룻배를 타고 섬으로 피신하려고 했습니다. 거룻배는 선원들을 모두 태울 수 있을 정도의 상당한 크기였을 것입니다. 승객들은 별다른 의심을 하지 않았습니다. 다만 선원들의 행동을 배의 안전을 확보하기 위한 조치로만 여겼을 뿐입니다. 그러나 바울은 즉시로 그들의 계교를 간파했습니다. 신앙적 열정뿐만 아니라 실제적 총명함 역시 그의 두드러진 특징이었습니다. 신앙적 열정과 일반적 상식은 결코 상충되는 것이 아닙니다. 선원들의 계교를 꿰뚫어봄에 있어, 이상주의자인 바울이 현실주의자인 백부장을 훨씬 더 능가했습니다.

여기에서 바울 사도가 보여주는 것처럼, 서로 다른 특징들이 하나로 결합되는 것은 종종 매우 자연스러운 일입니다. 가장 세상적 일에서 종종 가장 신앙적 특징들이 나타나곤 합니다. 여기에서 바울의 예리한 통찰력뿐만 아니라 그의 신속한 대처 역시 주목할 만합니다. 그는 비열한 선원들에게 항의한답시고 시간을 허비하지 않습니다. 그렇게 하는 대신 곧바로 이 일을 해결할 수 있는 권세를 가진 자에게 갑니다(31절). 여기에서 또한 바울이 죄수로서의 자신의 위치를 지키는 것을 주목하십시오. 그들이 해야만 하는 일을 제시하는 것은 그의 일이 아니었습니다. 그것은 주제넘은 일이 될 수 있었습니다. 그러나 그에게 위험을 알릴 수 있는 권리는 있었습니다. 그렇게 하면서 바울은 이 문제를 해결하는 일을 백부장에게 남겨둡니다. 여기에서 바울이 "우리가"라고 말하지 않고 "당신들이"라고 말하는 것은 매우 의미심장합니다. "이 사람들이 배에 있지 아니하면 당신들이 구원을 얻지 못하리라"(31절, 한글개역개정판에는 "너희가"라고 되어 있음). 그는 자신이 "가이사 앞에 서게" 될 것을 완전히 확신하고 있었습니다. 물론 배 안에 있는 모든 사람이 구원받게 될 것을 믿었다 하더라도, 그러나 그는 자신의 안전을 다른 사람들의 안전보다 더 확실한 것으로 간주했던 것으로 보입니다.

여기에서 우리는 한 가지 교훈을 끌어낼 수 있습니다. 그것은 하나님의 목적을 이루기 위해 사람들의 행동이 필요하다는 사실입니다. 배 안에 있는 모든 사람들이 구원받을 것입니다. 그러나 "이 사람들이 배에 있지 않으면 당신들이 구원받지 못할" 것입니다. 하나님이 어떤 일을 행하시고자 뜻하신다고 믿을 때, 우리는 그것을 이루기 위해 필요한 모든 수단을 사용해야만 합니다. 우리는 손을 뒤로 빼면서 "우리가 행하든 행하지 않든 하나님이 그 일을 행하실 거야"라고 말해서는 안 됩니다. 우리는 하나님의 뜻에 대한 기독교적 신뢰와 운명주의를 혼동해서는 안 됩니다.

계속해서 군인들의 신속한 행동을 주목해 보십시오. 그들은 선원들과 이야기한다든지 혹은 그들을 붙잡아 두려고 애쓰느라 시간을 허비하지 않았습니다. 그렇게 하는 대신 그들은 자신들의 칼로 거룻줄을 끊고 거룻배를 어둠 가운데 떠내려 보냈습니다. "군인들이 거룻줄을 끊어 떼어 버리니라"(32절). 가능하면 거룻배를 계속해서 가지고 있는 것이 더 나을 것이었습니다. 왜냐하면 분명 그것은 섬에 안전하게 상륙하는 데 도움이 될 수 있을 것이기 때문입니다. 그러나 지금의 상황에서는 그것을 끊어 내버리는 것이 가장 지혜로운 일일 것이었습니다. 우리의 인생 가운데 더 큰 유익을 위해 작은 유익은 어쩔 수 없이 희생시켜야만 하는 때가 있습니다. 배에 타고 있는 승객들이 안전하게 구원받기 위해서는 거룻배를 그냥 떠나보내야만 합니다. 그 자체로는 좋은 것이라 하더라도 잘못 사용됨으로써 나쁜 결과를 가져올 것으로 예상될 때, 우리는 기꺼이 그것을 버려야만 합니다.

다음 장면에서 우리는 또 다시 바울이 전면에 등장하는 것을 보게 됩니다. 밤새도록 바울은 모든 사람들의 구원자의 위치에 있었습니다. 이제 새벽 미명이 동터오고 있었습니다. 바야흐로 결정적 행동을 위한 시간이 다가오고 있었습니다. 여기에서 우리는 바울이 계속해서 사람들의 격려자와 조언자로 등장하는 것을 보게 됩니다. 여기에서 또 다시 그의 상식(常識)이 나타나는 것을 주목하십시오. 그는 젖 먹던 힘까지 다 내야만 하는 순간이 임박했음을 알고 있었습니다. 그리하여 바울은 그들에게 음식을 먹을 것을 권합니다(33절). 그가 그렇게 권한 것은 그의 믿음 때문이었습니다. 그의 믿음은 사람이 자신의 영혼뿐만 아니라 육체까지도 돌봐야만 한다는 것이었습니다. 그들은 지금 물에 젖고, 먹지도 못하고, 잠도 제대로 자기 못한 상태였습니다. 이런 상태로는 파도를 뚫고 안전하게 해변까지 도달할 수 없었습니다. 그러므로 그들이 해야만 하는 첫 번째 일은 음식을 먹는 일이었습니다. 물론 33절의 말은 그들이 두 주 동안 완전히 아무것도 먹지 못했음을 의미하는 것은 아닙니다. 다만 충분하게 먹지 못했다는 의미일 뿐입니다. 바울의 믿음은 영혼을 위한 돌봄과 육체를 위한 돌봄이 온전하게 조화를 이루어야만 한다는 것입니다. 그는 모든 사람 앞에서 하나님께 감사를 드렸습니다. "떡을 가져다가 모든 사람 앞에서 하나님께 축사하고"(35절). 이러한 기도는 모든 사람들의 마음을 얼마나 강하게 건드렸겠습니까! 바울의 평온함은 다른 사람들에게도 전염되었습니다. 그러한 평온함의 뿌리는 하나님이 그에게 말씀하신 것에 대한 그의 믿음이었습니다. 그 순간 거기에 있던 모든 사람들이 그것을 느꼈을 것입니다. 분위기는 전염되는 법입니다. 그리하여 그들은 모두 즐거운 마음으로 음식을 먹었습니다(36절). 음식을 먹고 난 그들에게 틀림없이 모든 상황은 훨씬 덜 절망적으로 느껴졌을 것입니다.

여기에서 그 배에 타고 있던 사람들의 정확한 숫자가 명기(明記)되는 것을 주목하십시오. 어쩌면 그때 음식을 먹기 위한 인원 점검이 있었는지 모릅니다. 어쨌든 여기에 정확한 인원이 명기됩니다. 그들은 모두 276명이었습니다(37절). 바울이 이미 배는 파선될 것이라고 분명하게 말했음에도 불구하고, 그들은 아직까지도 배를 구할 수 있을지 모른다는 약간의 희망을 가지고 있었습니다. 그리하여 그들은 알렉산드리아로부터 가져온 밀을 바다에 버리고 배의 무게를 가볍게 했습니다(38절).

다음으로 우리는 그들이 배를 해안에 대려고 시도하는 것을 보게 됩니다. "날이 새매 어느 땅인지 알지 못하나"(39절). 다시 말해서 그들은 자신들이 해안의 어느 부분으로 떠밀려 왔는지 알지 못했습니다. 그렇지만 그들은 대부분 바위로 가득한 해안에서 모래 비탈로 된 경사진 해변을 발견했습니다. 그들은 어쩌면 그곳으로 배를 댈 수 있을지도 모른다고 생각했습니다. 이 부분에서 개정역(Revised Version)이 우리에게 흠정역보다 훨씬 더 정확한 설명을 제공해 줍니다. 그들은 닻들을 배 위로 끌어올리지 않고 줄을 끊어 바다에 버립니다(40절). 그리고 키를 풀어 늦추고, 배가 해변에 접근하는 것들 돕기 위해 앞돛(foresail)을 답니다(흠정역처럼 "주된 돛[main sail]이 아니라). 이 모든 작업은 이와 같은 상황에서 선원들이 행하는 통상적 작업이었습니다.

그러나 그들은 곧 예상치 못한 난관에 부딪힙니다. 제임스 스미스(James Smith)는 그의 책에서 여기의 지형(地形)에 대해 잘 설명합니다. 거기에 본섬으로부터 북동쪽으로 불과 100미터도 채 떨어지지 않은 작은 섬이 하나 있었습니다. 멀리서 섬으로 들어오는 사람들의 눈에 그것은 별도의 작은 섬이 아니라 이어진 땅처럼 보였습니다. 그러나 배가 가까이 접근함에 따라 그들은 그것이 좁은 수로(水路)라는 사실을 알게 되었습니다. 그곳은 두 개의 물이 서로 합치면서 소용돌이를 일으키는 곳이었으며, 그런 가운데 진흙으로 된 해변이 형성되어 있었습니다. 이러한 좁은 수로와 충분하지 못한 깊이와 물의 급한 흐름은 배의 접근을 가로막았습니다. 이런 상황에 부딪힌 가운데 그들이 탄 배의 이물(船頭)은 꼼짝하지 못하게 되고 고물(船尾)는 깨어지기 시작합니다(41절).

로마 병사들은 죄수인 바울로부터 큰 은택을 입었습니다. 그러나 그들은 그러한 은택을 곧 잊어버리고 말았습니다. 그들은 선원들이 나타냈던 것보다도 더 야비한 자기보존의 본능으로 죄수들을 죽이는 것이 좋겠다고 제안합니다(42절). 이러한 제안 속에서 우리는 사람의 생명에 대한 잔인한 무관심을 발견합니다. 이것이 바울로부터 받은 은택에 대한 보답이란 말입니까! 인간의 야만적 본성은 심지어 이와 같은 은택의 행위에 의해서조차 잘 녹지 않습니다. 만일 바울이 으리가 종종 그렇게 하는 것처럼 보답을 바랐다면, 그는 실망했을 것입니다. 만일 우리가 사람들에게 보답을 바라고 선을 행한다면, 그것은 순수한 동기가 아닙니다. 하나님의 모범과 우리의 경험은 우리로 하여금 아무런 브답도 바라지 말고 선을 행할 것을 요구합니다.

그러나 백부장은 매우 사려 깊은 사람이었습니다. 그는 어떻게 하든 바울의 목숨을 보호해주고자 했습니다. 그는 군국주의의 좋은 측면을 보여줍니다. 다른 병사들이 그것의 나쁜 측면을 보여주는 반면 말입니다. 그는 위급한 때에 침착하며, 사려 깊으며, 어떻게 행동해야 할지를 압니다. 그는 최악의 순간에 고삐를 굳게 붙잡으며, 올바른 결정을 내립니다. 헤엄을

칠 줄 아는 사람들을 먼저 보낸 것은 지혜로운 결정이었습니다(43절). 그렇게 하면 그들이 다른 사람들을 도울 수 있을 것입니다. 육지까지의 거리는 그다지 멀지 않았으며, 나머지 사람들은 널조각 따위에 의지해서 해변에 도달할 수 있었습니다(44절).

"마침내 사람들이 다 상륙하여 구조되니라." 결국 모든 일은 바울이 말한 그대로 되었습니다. 하나님은 사람이 해야 할 일을 대신 해주지 않습니다. 여기에서 행해진 모든 일들은 지극히 "자연스러운" 일들이었습니다. 그럼에도 불구하고 우리는 이 모든 일들을 통하여 하나님의 손이 역사(役事)하고 계셨음을 인정해야 합니다. 그리고 마침내 그의 약속이 모두 이루어졌습니다. 만일 우리가 일상적 일들을 올바른 시각을 가지고 바라본다면, 그 모든 일들 가운데 하나님이 역사하고 계시는 것을 보게 될 것입니다. 그리고 그가 우리를 기적을 통해서와 마찬가지로 기적 없이도 얼마든지 구원할 수 있음을 믿게 될 것입니다. 신속하며 지혜로운 결정과 수영 기술과 풍랑 속에서의 치열한 분투가 파선한 배로부터 276명의 목숨을 구원했습니다. 그럼에도 불구하고 그들 모두를 구원한 것은 하나님이었습니다. 바울이 헤엄을 칠 줄 알았든 아니면 널조각 따위에 의지해야만 했든, 그를 붙잡은 것은 하나님의 손이었습니다. "높은 곳에서 손을 펴사 그를 붙잡아 주시고 많은 물에서 그를 건져내신" 것은 하나님이었습니다(시 18:16).

100
파선 이후

"¹우리가 구조된 후에 안즉 그 섬은 멜리데라 하더라 ²비가 오고 날이 차매 원주민들이 우리에게 특별한 동정을 하여 불을 피워 우리를 다 영접하더라 ³바울이 나무 한 묶음을 거두어 불에 넣으니 뜨거움으로 말미암아 독사가 나와 그 손을 물고 있는지라 ⁴원주민들이 이 짐승이 그 손에 매달려 있음을 보고 서로 말하되 진실로 이 사람은 살인한 자로다 바다에서는 구조를 받았으나 공의가 그를 살지 못하게 함이로다 하더니 ⁵바울이 그 짐승을 불에 떨어 버리매 조금도 상함이 없더라 ⁶그들은 그가 붓든지 혹은 갑자기 쓰러져 죽을 줄로 기다렸다가 오래 기다려도 그에게 아무 이상이 없음을 보고 돌이켜 생각하여 말하되 그를 신이라 하더라 ⁷이 섬에서 가장 높은 사람 보블리오라 하는 이가 그 근처에 토지가 있는지라 그가 우리를 영접하여 사흘이나 친절히 머물게 하더니 ⁸보블리오의 부친이 열병과 이질에 걸려 누워 있거늘 바울이 들어가서 기도하고 그에게 안수하여 낫게 하매 ⁹이러므로 섬 가운데 다른 병든 사람들이 와서 고침을 받고 ¹⁰후한 예로 우리를 대접하고 떠날 때에 우리 쓸 것을 배에 실었더라   [바울이 로마로 가다]   ¹¹석 달 후에 우리가 그 섬에서 겨울을 난 알렉산드리아 배를 타고 떠나니 그 배의 머리 장식은 디오스구로라 ¹²수라구사에 대고 사흘을 있다가 ¹³거기서 둘러가서 레기온에 이르러 하루를 지낸 후 남풍이 일어나므로 이튿날 보디올에 이르러 ¹⁴거기서 형제들을 만나 그들의 청함을 받아 이레를 함께 머무니라 그래서 우리는 이와 같이 로마로 가니라 ¹⁵그 곳 형제들이 우리 소식을 듣고 압비오 광장과 트레이스 타베르네까지 맞으러 오니 바울이 그들을 보고 하나님께 감사하고 담대한 마음을 얻으니라   [바울이 로마에서 전도하다]   ¹⁶우리가 로마에 들어가니 바울에게는 자기를 지키는 한 군인과 함께 따로 있게 허락하더라"

행 28:1–16

"**마침내** 사람들이 다 상륙하여 구조되니라"(27:44), 누가는 "아무도 생명에는 아무런 손상이 없을 것"이라는 바울의 확언이 입증되었음을 가리키면서 그렇게 강조하여 말합니다(27:27). 침몰한 배에서 276명 전원이 외부의 도움 없이 구원받는 것은 거의 불가능한 일이었습니다. 그러나 천사가 그렇게 약속했으며, 바울은 그것을 분명하게 믿었습니다. 그러므로 거의 불가능한 일이 현실이 되었으며, 276명 전원이 안전하게 해변에 도달했습니다. 하나님의 약속을 붙잡는 믿음은 불가능을 조롱하며, 마침내 그것을 현실로 바꿉니다.

그들은 물에 젖고, 춥고, 지친 상태로 그날 아침 해변에 모여 있었습니다. 틀림없이 그들은 그 섬의 주민들이 어떻게 대할 것인지 궁금하게 여겼을 것입니다. 그들의 첫 번째 의문은 "도대체 여기가 어디지?"라는 것이었을 것입니다. 왜냐하면 그들은 며칠 동안 완전히 방향감각을 잃은 채 표류했기 때문입니다. 그들 주위에 그 섬의 주민들이 모여 있었으며, 그들 가운데 몇몇 사람은 헬라어나 혹은 라틴어를 말할 수 있었습니다. 그리하여 그들은 조난자들에게 이곳이 멜리데 섬이라고 말해줄 수 있었습니다. 그러나 그들 가운데 대부분의 사람들은 누가가 알아들을 수 없는 언어로 말했으며, 따라서 누가는 그들을 "야만인들"(barbarians)이라고 불렀습니다 (2절, 한글개역개정판에는 "원주민들"이라고 되어 있음 — 역주). 누가가 그들을 그런 호칭으로 부른 것은 그들이 문명화되지 못했다는 의미에서가 아니라 헬라어를 사용하지 않는다는 의미에서입니다. 그러나 그들은 동정 (同情)과 친절의 유창한 언어를 사용할 수 있었습니다. 그들은 이교도였지만 그러나 사람이었습니다. 그들은 약탈을 위해 그곳에 오지 않았습니다. 다만 해변에서 추위에 떨고 있는 가련한 조난자들을 돕기 위해 왔습니다.

항상 그렇듯이, 누가의 그림의 주인공은 바울입니다. 다른 275명은 단지 배경에 불과했습니다. 멜리데 섬에서 3개월 간 머무는 동안 벌어진 수많은 사건들 가운데 누가는 오직 두 개의 사건만 기록합니다. 하나는 바울이 독사에 물렸음에도 불구하고 아무런 해도 입지 않은 사건이고, 다른 하나는 그가 많은 원주민들을 고친 사건입니다. 첫 번째 사건에서 바울은 어떤 위험으로부터도 하나님에 의해 보호받는 자로서 나타나며, 두 번째 사건에서는 사람들의 병을 고치는 능력을 가진 자로서 나타납니다. 이러한 두 사건은 우리에게 세상에서의 그리스도인의 위치를 보여줍니다. 세상에서 그리스도인은 신적 돌봄의 대상이면서 동시에 신적 축복의 통로입니다. 특별히 첫 번째 사건과 관련하여 우리는 바울이 "한 묶음의 나무를 거두어 불에 넣는" 것을 보게 됩니다(3절). 이를 통해 우리는 그가 자신에게 주어진 가장 비천한 임무를 기꺼이 수행한 실례를 보게 됩니다. 그는 저급한 일을 저급한 부류의 사람들에게 맡기는 잘못된 권위 의식을 가지고 있지 않았습니다. 예컨대 부유한 중국인들이 자신이 아무 일도 하지 않는다는 사실을 증명하는 긴 손톱을 자랑스럽게 여기는 것과 같은 것 말입니다.

여기의 파선 사건은 아마도 11월 즈음에 일어났을 것입니다. 그렇다면 독사는 겨울잠을 위해 나뭇가지들 사이에 똬리를 틀고 있다가 바울에 의해 나뭇가지들과 함께 옮겨졌을 것입니다. 독사는 뜨거움으로 인해 깜짝 놀라 깨어 일어나 바울의 손을 물었으며, 그렇게 하여 독사는 바울의 손에 매달려 있게 되었습니다. 독사가 바울의 손에 매달려 있는 광경은 원주민들로 하여금 그가 공의의 여신에 의해 쫓김을 당하는 살인자라고 결론 내리도록 만들었습니다(4절). 여기의 야만적 원주민들은 나름대로 신적 보응의 법칙을 자각하고 있었습니다.

선악에 대한 이교도들의 인식에 아무리 큰 오류가 있다 하더라도, 어쨌든 그들 모두 악은 나쁜 것이라는 사실을 알고 있습니다. 그리고 그들 모두의 마음속에 악에 대한 신적 보응의 희미한 관념이 있습니다. 그리하여 바울에 대한 그들의 생각은 갑자기 바뀌게 됩니다. 여기에서 재미있는 것은 바울에 대한 그들의 생각이 루스드라 사람들의 경우와 정확하게 반대라는 사실입니다. 루스드라 사람들은 처음에 바울을 신으로 받아들였다가 나중에는 범죄자로 받아들였습니다. 그들은 어제 그에게 예배했다가 오늘은 돌을 던집니다. 이것은 우리에게 이교도들의 신 개념이 얼마나 유치한지, 그리고 그들이 얼마나 쉽게 그러한 이름을 어떤 대상에게 갖다 붙이는지 가르쳐 줍니다. 그것은 또한 우리에게 대중들의 판단이 얼마나 변덕스러운지, 그리고 얼마나 쉽게 이쪽 극단으로부터 저쪽 극단으로 바뀔 수 있는지, 그리하여 오늘의 우상이 얼마나 쉽게 내일에는 가증한 것이 될 수 있는지 잘 보여줍니다. 그러므로 우리는 그들의 갈채뿐만 아니라 그들의 비방에도 귀를 기울일 필요가 없습니다. 사실 우리 가운데에도 여기의 멜리데 사람들처럼 생각하는 사람들이 얼마나 많습니까! 사람들의 공로의 기초 위에서 그들의 성공과 실패를 판단하는 경우 말입니다. 선한 사람이 선한 일을 행하는 가운데 독사에게 물릴 수 있습니다. 독사에게 물린 사실이 그가 악인임을 증명하는 것은 아닙니다. 마찬가지로 그는 치명적인 것처럼 보이는 상황에서 아무 해도 입지 않을 수 있습니다. 그렇다고 해서 그것이 그가 신이거나 혹은 성자(聖者)임을 증명하는 것은 아닙니다.

누가가 기록하는 또 하나의 사건은 바울이 여러 원주민들을 고친 사건입니다. 이러한 사건은 그리스도인들을 다른 사람들을 고치는 치유의 원천으로 제시합니다. 멜리데에서 발견된 비문(碑文)들은 이곳의 통치자를 일컫는 공식적 명칭이 "멜리데인들 가운데 첫째 사람"(First of the Melitaeans)이었음을 보여주는데, 이러한 사실은 누가의 정확성을 보여주는 또 하나의 증거입니다. 왜냐하면 여기에서 "가장 높은"이라고 번역된 단어는 문자적으로 "첫째"를 의미하는 단어이기 때문입니다. "이 섬에서 가장 높은 사람"(7절). 누가의 정확성은 보블리오의 부친의 병에 대한 그의 묘사에서 또 다시 나타납니다. 왜냐하면 그것은 전문적 의학용어이기 때문입니다. "보블리오의 부친이 열병과 이질에 걸려 누워 있거늘"(8절). 바울은 청함을 받지 않은 상태로 보블리오의 부친의 병을 고쳐준 것으로 보입니다. 바울은 도움을 베풀고자 하는 자발적 바람으로 그의 집에 들어갔습니다. 본문 속에서 우리는 보블리오가 자기 부친의 치료를 기대했다든지 혹은 요청했다는 기록을 보지 못합니다.

그리스도인들은 "사람을 기다리지 않고 임의로 떨어지는 풀 위에 내리는 이슬"과 같아야 합니다(미 5:7). 바울이 보블리오의 부친을 고친 방식은 그것의 신적 근원을 분명하게 나타냅니다. 바울은 단지 하나님의 능력을 전달하는 통로였을 뿐입니다. 바울은 기도하고 병자에게 안수했습니다. 바울은 그가 나을 것이라는 어떤 확증의 말도 하지 않았습니다. 그는 하나님께 간구했으며, 하나님의 능력이 그의 손을 통해 흘러들어왔습니다. 우리도 우리에게 맡겨진 일을 행함에 있어 이와 같아야 합니다. 우리는 단지 축복의 통로일 뿐입니다. 우리는 단지 생수(生水)가 메마른 입술로 흘러들어가는 파이프일 뿐입니다. 그러므로 기독교적 치유를 행하고자 함에 있어 반드시 기도가 먼저 선행되어야만 합니다. 아무리 큰 은사를 받은 사람이라 하더라도 단지 도구로서 사용되는 사환(使喚)일 뿐입니다. 여기의 바울처럼 말입니다.

멜리데에서의 바울의 전도사역에 대한 언급이 전혀 나타나지 않는 것은 매우 주목할 만한 사실입니다. 어쩌면 바울은 죄수로서 사람들에게 그리스도를 자유롭게 전파할 수 없었는지 모릅니다.

고대의 항해는 오늘날과는 달리 매우 여유롭게 진행되었습니다. 광풍으로 말미암은 멜리데 섬에서의 석 달간의 지연은 대략 3월 초쯤 끝났을 것입니다. 왜냐하면 그때가 통상적으로 항해가 시작되는 때였기 때문입니다. 누가는 자신들이 타고 떠나게 된 배의 뱃머리에 장식된 "카스토르"와 "폴룩스"의 형상을 주목합니다(한글개역개정판 11절에 "디오스구로"라고 되어 있는 것이 흠정역에는 "Castor and Pollux"로 되어 있음, And after three months we departed in a ship of Alexandria, which had wintered in the isle, whose sign was Castor and Pollux — 역주). 그들은 제우스(Zeus)와 레다(Leda)의 쌍둥이 아들로서 뱃사람들의 수호신이었습니다. 이 얼마나 기묘한 결합입니까! 뱃머리에 카스토로의 폴룩스가 있고, 갑판 위에 바울이 있었습니다.

나폴리 만(灣)에 위치한 보디올은 배가 오랜 시간 정박할 수 있는 안전한 부두였습니다. 거기에서 세 사람의 그리스도인 즉 바울과 아리스다고와 누가는 형제들을 만났습니다(13, 14절). 우리는 이러한 만남으로 인해 그들이 얼마나 기뻐했을지 충분히 짐작할 수 있습니다. 아마도 그들은 지금까지 지나온 수많은 위험들에 대해 이야기했을 것입니다. 14절과 관련하여 "우리가 그들 가운데 이레를 함께 머물며 위로를 받으니라"라고 읽는 독법(讀法)이 있는데, 나는 이것이 올바른 독법이라고 생각합니다. 백부장은 보디올에서 그리스도인들을 기쁘게 하기 위해 언제까지나 지체할 수는 없었습니다. 어쨌든 그들은 그곳에서 일주일을 머문 후 마침내 로마를 향해 출발하게 됩니다.

보디올에서 로마까지는 대략 200km가 조금 넘는 거리였습니다. 보디올에서의 일주일간의 지체는 로마교회에 바울 사도가 온다는 소식을 전할 수 있는 충분한 시간을 주었습니다. 그리하여 두 무리의 형제들이 그를 맞이하기 위해 나왔는데, 한 무리는 로마로부터 대략 60km 정도 떨어진 압비오 광장까지 나왔으며 다른 한 무리는 거기로부터 15km 정도 더 가까운 트레이스 타베르네까지 나왔습니다(15절). 이러한 만남과 관련하여 누가는 다음과 같이 간단하게 언급합니다. "바울이 그들을 보고 하나님께 감사하고 담대한 마음을 얻으니라." 이러한 짤막한 언급은 많은 말보다도 훨씬 더 감동적입니다. 아마도 이러한 만남에 앞서 바울은 울적한 기분을 느끼고 있었을 것입니다. 그것은 부분적으로 온갖 위험으로 가득했던 오랜 항해의 긴장 때문이었을 것이고, 또 부분적으로 운명적 순간이 가까이 다가오고 있었기 때문이었을 것입니다. 그러나 로마 형제들의 손을 잡고 그들의 얼굴을 보았을 때, 그는 하나님께 감사하면서 담대한 마음을 얻었습니다. 그들은 바울이 그토록 오랫동안 만나 보기를 열망했던 사랑하는 형제들이었습니다. 가장 영웅적인 사람조차도 비천한 자들의 동정을 필요로 하며 또 그들의 도움을 받아야만 합니다. 보름스 의회에서 루터는 자신의 등을 두드려주며 격려해준 무명의 한 기사(騎士)로 말미암아 담대함을 얻었습니다.

바울을 맞으러 나온 로마 형제들 가운데에는 몇 명의 옛 친구들이 있었습니다. 그리고 그들 가운데에는 아굴라와 브리스길라라든지 혹은 그가 "나의 어머니"라고 부른 루포의 어머니와 같이 로마서 16장에 그 이름이 기록된 사람들도 있었을 것입니다. 그 시간은 사랑과 기쁨으로 가득한 시간이었습니다. 가이사 앞에 서야 하는 어두운 그림자가 사랑과 기쁨의 찬란한 광채를 가리지 못했습니다. 바울은 이러한 즐거운 만남 속에서 하나님의 손을 보았습니다. 우리 역시도 형제들과의 소중한 교제 속에서 종종 경험하는 것처럼 말입니다. 그가 기뻐한 것은 자신을 맞으러 나온 사람들이 자신의 친구들이었기 때문만이 아니라, 특별히 그들이 그리스도의 친구들이며 종들이었기 때문입니다. 바울은 그들 안에서 그리스도의 나라가 심지어 세계의 수도(首都)에서조차 그리고 가이사의 보좌의 그늘 아래서조차 펼쳐지고 있는 것을 보았습니다. 그것은 그를 기쁘게 하면서 동시에 그로 하여금 모든 개인적 걱정거리들을 잊도록 만들었습니다. 우리 역시도 그리스도의 나라가 확장되는 것을 바라보는 기쁨 안에서 우리 자신의 개인적 문제들은 기꺼이 뒤로 제쳐놓아야만 합니다.

바울은 과거와 현재에 대한 감사를 미래에 대한 고요한 소망으로 바꿉니다. "바울이 담대한 마음을 얻으니라." 그에게는 두려워하며 낙망할 만한 충분한 이유가 있었습니다. 그러나 그에게는 하나님과 그리스도가 있었습니다. 그러므로 그는 모든 가능성을 하나님의 손에 맡긴 채 두려움 없이 불확실한 미래에 직면할 수 있었습니다. 그와 같은 과거를 가진 사람들은 두려움 가운데 사로잡힐 필요가 없습니다. 그리고 어떤 미래든 고요한 마음과 완전한 평안으로 맞이할 수 있습니다. 왜냐하면 하나님이 그들과 함께 계시기 때문입니다.

101
로마에서의 바울 (1)

"¹⁷사흘 후에 바울이 유대인 중 높은 사람들을 청하여 그들이 모인 후에 이르되 여러분 형제들아 내가 이스라엘 백성이나 우리 조상의 관습을 배척한 일이 없는데 예루살렘에서 로마인의 손에 죄수로 내준 바 되었으니 ¹⁸로마인은 나를 심문하여 죽일 죄목이 없으므로 석방하려 하였으나 ¹⁹유대인들이 반대하기로 내가 마지 못하여 가이사에게 상소함이요 내 민족을 고발하려는 것이 아니니라 ²⁰이러므로 너희를 보고 함께 이야기하려고 청하였으니 이스라엘의 소망으로 말미암아 내가 이 쇠사슬에 매인 바 되었노라 ²¹그들이 이르되 우리가 유대에서 네게 대한 편지도 받은 일이 없고 또 형제 중 누가 와서 네게 대하여 좋지 못한 것을 전하든지 이야기한 일도 없느니라 ²²이에 우리가 너의 사상이 어떠한가 듣고자 하니 이 파에 대하여는 어디서든지 반대를 받는 줄 알기 때문이라 하더라 ²³그들이 날짜를 정하고 그가 유숙하는 집에 많이 오니 바울이 아침부터 저녁까지 강론하여 하나님의 나라를 증언하고 모세의 율법과 선지자의 말을 가지고 예수에 대하여 권하더라 ²⁴그 말을 믿는 사람도 있고 믿지 아니하는 사람도 있어 ²⁵서로 맞지 아니하여 흩어질 때에 바울이 한 말로 이르되 성령이 선지자 이사야를 통하여 너희 조상들에게 말씀하신 것이 옳도다 ²⁶일렀으되 이 백성에게 가서 말하기를 너희가 듣기는 들어도 도무지 깨닫지 못하며 보기는 보아도 도무지 알지 못하는도다 ²⁷이 백성들의 마음이 우둔하여져서 그 귀로는 둔하게 듣고 그 눈은 감았으니 이는 눈으로 보고 귀로 듣고 마음으로 깨달아 돌아오면 내가 고쳐 줄까 함이라 하였으니 ²⁸그런즉 하나님의 이 구원이 이방인에게로 보내어진 줄 알라 그들은 그것을 들으리라 하더라 ²⁹(없음) ³⁰바울이 온 이태를 자기 셋집에 머물면서 자기에게 오는 사람을 다 영접하고 ³¹하나님의 나라를 전파하며 주 예수 그리스도에 관한 모든 것을 담대하게 거침없이 가르치더라"

행 28:17–31

우리는 여기에서 로마에서의 바울의 행적의 일단을 보게 됩니다. 그는 로마에서 복음을 전하고자 하는 오랜 열망을 가지고 있었습니다. 그러나 그는 자신의 열망이 어떻게 성취될 것이었는지에 대해서는 거의 알지 못했습니다. 우리 역시도 종종 우리의 열망에 대한 하나님의 응답이 이루어지는 방식에 대해 깜짝 놀라곤 합니다. 오랫동안 마음에 품어온 열망이 이루어지는 과정에서 예기치 못한 고통스러운 일들이 생기는 것이 무슨 대수겠습니까? 우리는 그러한 일들을 여기의 바울처럼 담대하며 즐겁게 받아들일 수 있습니다. 이제 본문의 이야기를 좀 더 유심히 살펴보도록 합시다. 우리는 여기에서 바울을 중심으로 퍼져나가는 세 개의 동심원을 발견할 수 있습니다.

1. 여기에서 우리는 바울과 로마 회당의 지도자들을 보게 됩니다.

바울은 자기 발밑에 있는 풀이 그냥 자라도록 내버려두는 사람이 아니었습니다. 보통 사람이라면 그와 같은 오랜 항해 후에 어느 정도 휴식기간을 갖는 것이 자연스러울 것이었습니다. 그러나 그가 스스로에게 허락한 기간은 사흘이 전부였습니다. 그리고 이러한 사흘의 기간도 틀림없이 그는 대부분 로마의 그리스도인들과 만나는 일과 새로운 숙소에 들어가는 일과 관련된 사소한 일들을 처리하는 데 할애했을 것입니다. 바울은 우리가 갖지 못한 은사들을 가지고 있었습니다. 그는 우리가 갖지 못한 많은 영웅적 덕(德)들의 모범이었습니다. 그러나 그는 특별히 일상의 일을 부지런히 그리고 지속적으로 행하는 평범한 덕을 가지고 있었습니다. 만일 우리가 바울이 가이사랴를 떠난 이후 만난 모든 상황을 거쳐 왔다면, 우리 가운데 대부분의 사람들은 틀림없이 스스로에게 "아, 나에게는 오랜 시간의 휴식이 필요해!"라고 말했을 것입니다.

바울이 "유대인 중 높은 사람들"을 청한 것은 전도를 위한 것이라기보다 다가올 재판을 위한 지혜로운 준비였습니다(17절). 그들에게 사실을 분명하게 알리는 것이 중요했습니다. 그리그 가능하다면 그들로 하여금 이제 곧 있게 될 재판과 관련하여 중립을 지키도록 만드는 것이 필요했습니다.

그리하여 바울은 그들에게 자신의 입장을 설명합니다. 그는 자신이 유대교의 기본적 원리들을 굳게 견지(堅持)한다는 사실과, 이스라엘과 율법과 조상들의 관습을 배척하지 않는다는 사실과, 로마인들에 의해 무죄가 밝혀졌다는 사실과, 가이사에게 상소한 것이 이스라엘을 고발하기 위한 것이 아니라 스스로의 목숨을 구원하기 위해 어쩔 수 없이 행한 일이었다는 사실을 이야기합니다(18, 19절).

바울은 지금 그리스도의 복음과 옛 율법 사이에서 어렵게 줄타기를 하고 있었습니다. 그는 놀랄 만한 방식으로 자신의 길을 나아갑니다. 그렇지만 자신의 입장과 관련한 그의 설명은 단순한 기술적 변명이 아닙니다. 도리어 그것은 우리가 굳게 붙잡아야만 하는 가장 중요한 진리 가운데 하나를 구체화합니다. 그것은 기독교가 옛 계시의 참된 성취이며 완성이라는 사실입니다. 자신이 이스라엘의 소망 즉 이스라엘의 최고의 영광인 메시야의 소망으로 인해 죄수가 되었다는 그의 선언은 단순히 로마의 유대인들을 설득하기 위해 의도한 지혜로운 변명의 한 부분이 아니었습니다. 그것은 그의 가르침 전체를 관통하여 흐르는 기본적 원리였습니다. 그리스도인은 참된 유대인이었습니다. 그는 결코 조상들의 믿음을 배반한 변절자가 아니었습니다. 도리어 자신을 고소하는 자들이 예수 안에서 성취된 이스라엘의 소망을 부인하고 배척했습니다. 지금 그를 결박하고 있는 쇠사슬이 그가 여전히 "히브리인 중의 히브리인"이라는 사실을 입증하는 증거였습니다.

이에 로마 회당의 지도자들은 다소 어정쩡한 태도를 취합니다. 그들은 한쪽 당사자의 일방적인 주장을 즉시로 받아들이지 않고, 자신들은 잘 알지 못한다고 말하면서 도피처를 만듭니다(21절). 아마도 그들은 여기의 말과는 달리 실제로 바울에 대해 상당히 많은 것을 알았을 것입니다. 어떤 학자들은 이들의 언급을 "역사적 사실과 맞지 않는" 허구적인 것으로 간주하면서, 이것을 누가의 저작권을 의심하는 근거로 사용합니다. 기록자가 자신이 기록하는 주장의 진실성에 책임이 있다는 것이 비평학자들의 중요한 표준입니다. 만일 그가 사실이 아닌 것을 진실하게 보도한다면, 그가 진실하게 보도하는 것이 사실이 아닌 것에 대해 그에게 책임이 지워진다는 것입니다. 그러나 누가에게는 단지 여기의 사람들이 말한 대로 진실하게 보도할 책임이 있을 뿐입니다. 그것의 진실성은 그들의 책임일 뿐입니다. 개정역(Revised Version)이 보여주는 것처럼, 그들은 단순히 자신들이 바울에 대한 공식적 보고를 받지 못했음을 이야기하는 것일 뿐이었습니다. 이것은 충분한 개연성을 가집니다. 왜냐하면 바울이 예루살렘을 떠난 후 그와 관련한 공식적 보고를 가진 어떤 사람이 탄 다른 배가 먼저 로마에 도착했을 것으로는 보기 어렵기 때문입니다. 로마 회당의 지도자들이 바울에 대해 상당히 많은 것을 알았다고 하더라도 그러나 그의 재판과 관련해서 어떻게 행동할지에 대한 정보는 가지고 있지 못했을 수 있습니다. 그들은 바울의 재판과 관련하여 어떤 명확한 의견을 표명한다든지 혹은 어떻게 행동하겠다는 식으로 확실하게 약속하고자 하지 않았습니다. 예루살렘으로부터 확실한 지침을 받을 때까지 말입니다.

그들은 신중하며 품위 있게 행동했지만, 그러나 "이 파"(this sect)라는 언급을 통해 은연중 기독교와 관련한 자신들의 혐오감을 드러냈습니다(22절). 바울은 그에 대해 아무것도 말하지 않았었습니다. 그러므로 그들이 그와 같은 표현을 사용한 것은 그들이 이미 바울과 기독교에 대해 상당 부분 알고 있었음을 드러냅니다. 그들이 바울의 사상에 대해 듣기를 원한 것은 나름대로 편파적이지 않고자 했던 것처럼 보입니다. 그러나 실상 그것은 진리를 찾고자 하는 정직한 태도와는 거리가 멀었습니다. 틀림없이 그들은 로마교회의 존재에 대해 알았을 것입니다. 그리고 거기에는 많은 유대인들이 포함되어 있었습니다. 그러므로 그들은 로마교회가 세워진 근본적인 신조(信條)에 대해 모를 수 없었습니다. 그러므로 그들이 바울로부터 듣고자 했던 것은 그로부터 그를 정죄할 수 있는 근거들을 직접적으로 얻고자 하는 바람 때문이었습니다. 바울은 최소한 그들이 중립을 지켜주기를 바랐습니다. 그러나 그들의 마음은 이미 그를 고소한 자들 쪽으로 상당 부분 기울어져 있었습니다. 특별히 종교적 문제에 있어 어떤 죄수에게 "네가 믿는 바에 대해 말해보라"라고 권유하는 것은 종종 죽음을 부르는 올가미 외에 아무것도 아닙니다. 그러나 우리는 "우리 속에 있는 소망에 관한 이유를 묻는 자들에게 대답할 것을 항상 준비"해야 합니다(벤전 3:15). 설령 그렇게 묻는 동기가 배우고자 하는 진지한 열망 이외의 다른 것이라 하더라도 말입니다.

2. 그리하여 바울은 기꺼이 자신의 믿는 도리에 대해 이야기하기 시작합니다.

여기에서 우리는 바울을 중심으로 하는 두 번째 동심원을 보게 되는데, 그것은 그가 많은 유대인들에게 복음을 전하는 모습입니다(23절). 그는 회당에 갈 수 없었습니다. 따라서 회당에 속한 많은 사람들이 그에게 왔습니다. 늘 하던 대로 바울은 옛 계시로부터 이야기를 시작합니다. 그러나 우리는 여기에서 그가 말씀을 전파하는 두 가지 방식을 주목할 수 있습니다. 그것은 "증언하는"(testifying) 것과 "설득하는"(persuading) 것이었습니다(후자와 관련하여 한글개역개정판에는 "권하더라"라고 되어 있음, 23절). 전자는 이성에 호소하는 것인 반면 후자는 감정과 의지에 호소하는 것입니다. 여기에서 우리는 기독교 사역자들이 이와 같은 두 가지 방식을 적절히 혼합해서 사용해야 함을 배울 수 있습니다. 그들은 논증을 사용해야 합니다. 그러나 얼음처럼 차갑게 사용해서는 안 됩니다. 오직 불처럼 뜨겁게 사용해야 합니다. 또 사람들을 하나님의 나라로 이끈답시고 위협한다든지 혹은 꾸짖는다든지 혹은 두렵게 만들어서는 안 됩니다. 오직 사랑의 줄로 그들을 이끌어야 합니다. 견고한 논증의 기초 없는 설득은 미숙하며 무력합니다. 반면 설득의 따뜻함이 없는 논증은 얼음처럼 차가우며, 그것으로부터는 아무것도 자라지 못합니다.

또 여기에서 바울이 "아침부터 저녁까지" 강론했다는 말씀을 주목해 보십시오. 그는 오랜 시간의 수고를 아끼지 않았습니다. 우리는 여기에서 선지자들의 두루마리를 펼쳐 놓고 하루 종일 변론을 벌이는 열정적 전도자의 모습을 상상할 수 있습니다. 그는 여러 랍비들과 더불어 번갈아 가며 변론을 벌입니다. 그는 자신의 입장을 굳게 견지하면서 그들의 공격을 막아냅니다. 이와 같은 모습은 모든 기독교 사역자들에게 좋은 본보기가 되지 않습니까!

결과는 어떠했습니까? 항상 반복되던 결과가 또 다시 반복됩니다. 복음으로 인해 마치 키질로 말미암아 알곡과 쭉정이가 나누어지는 것처럼 사람들이 나누어집니다. "그 말을 믿는 사람도 있고 믿지 아니하는 사람도 있어"(24절). 어떤 사람들은 받아들이고, 어떤 사람들은 배척합니다. 이와 같은 이중적 결과는 항상 그러했고, 항상 그러하고, 항상 그러할 것입니다. 우리 각자는 이와 같은 두 부류 가운데 어느 한 부류에 속합니다. 동일한 불이 밀랍은 녹이고, 진흙은 굳힙니다. 동일한 빛이 건강한 눈에는 기쁨이 되지만, 그러나 병든 눈에는 고통이 됩니다. 동일한 말씀이 어떤 사람들에게는 "생명에 이르는 생명의 냄새"가 되지만, 다른 사람들에게는 "사망에 이르는 사망의 냄새"가 됩니다. 동일한 그리스도가 어떤 사람들에게는 넘어짐이 되지만, 다른 사람들에게는 일어섬이 됩니다. 동일한 그리스도가 어떤 사람들에게는 견고한 반석이 되지만, 다른 사람들에게는 실족케 하는 걸림돌이 됩니다.

이에 바울은 이사야의 예언을 취하여 그들에게 마지막 엄중한 경고의 말을 하는데, 이것은 이미 예수 자신에 의해 사용된 예언이었습니다(25절). 어쨌든 여기의 말은 육체를 따라 형제가 된 자들에게 한 그의 마지막 말입니다. 이것은 억압된 열망과 슬픔으로 가득 찬 너무나 무거운 말이었습니다. 이것은 일종의 예언이었으며, 이스라엘의 슬픈 역사의 새 시대를 여는 말이었습니다. 이스라엘은 그와 같은 두려운 선고(宣告)를 가슴에 달고 시야에서 사라집니다. 자신의 죄목을 적은 종이를 가슴에 붙였던 옛 범죄자처럼 말입니다. 생명과 소망으로부터의 이와 같은 비극적인 배제는 결국 하나님에 대하여 반역을 행한 자들의 마지막 결말입니다. 이제 복음은 이방인들에게로 넘어가며, 유대인들은 스스로를 그것으로부터 차단합니다. 이렇게 하여 열아홉 세기가 지났습니다. 바울이 로마에 유숙하는 장면은 옛 시대가 막을 내리고 새 시대가 열리는 것을 보여주지 않습니까?

3. 사도행전 마지막에 나타나는 바울의 모습은 새 시대가 열리고 있음을 보여주는

더욱 의미심장한 그림입니다.

우리는 여기에서 세 번째 동심원을 보게 됩니다. 바울이 그 중심에 있습니다. 그리고 그의 셋집에 와서 복음을 듣는 많은 사람들이 그를 중심으로 원을 이루고 있습니다. 우리는 여기에서 두 가지 사실을 주목할 수 있습니다, 첫째는 바울이 아무 방해 없이 세계의 수도의 심장부에서 2년 동안 복음을 전파하는 것이 이 책의 완성이며 종결이라는 사실입니다. 벵겔(Bengel)이 말한 것처럼, "로마에서의 바울은 하나님의 말씀의 승리이며, 복음의 절정이며, 사도행전의 종결"입니다.

둘째는 이 책의 종결이 너무나 갑작스럽게 이루어지고 있다는 사실입니다. 여기의 종결은 누가 보아도 납득할 수 있을 만한 만족스러운 종결이 아닙니다. 지금까지의 이야기의 상세한 설명을 생각해 보십시오. 그가 예루살렘에 올라와 로마의 권세자들에게 체포되는 과정이라든지 혹은 총독이나 왕에게 이야기하는 장면이라든지 혹은 로마에 이르기까지의 항해 이야기 등은 많은 지면을 할애하여 상세하게 설명되어 있습니다. 그런데 정작 가장 중요하며 결정적 사건인 로마에 도착한 사건은 짤막하게 언급되고는 돌연 중단됩니다. 이러한 사실을 우리는 어떻게 이해해야 할까요? 이와 관련하여 램지(Ramsay)는 누가가 세 번째 책을 쓰려고 계획하고 있었을 것이라고 추측합니다. 거기에서 그의 재판과 관련한 이야기와 그 이후에 벌어진 사건들을 기록하려고 했지만, 그러나 우리가 알지 못하는 어떤 이유로 인해 — 어쩌면 순교로 인해 — 불가능하게 되었을 것이라는 것입니다. 그러나 이에 대해 우리는 아무것도 알지 못합니다. 이것이 사실이든 사실이 아니든, 어쨌든 여기의 두 절(30절과 31절)과 그가 연금 상태에 있는 동안 기록한 서신들로부터 나오는 몇 가지 단편적 정보들이 로마에서의 바울의 삶과 관련하여 우리가 아는 것의 전부입니다. 빌립보서로부터 우리는 복음이 그의 매임으로 인해 더욱 활발하게 전파되었음을 듣습니다(1:12). 그리고 다른 서신들로부터 우리는 그의 동료들과 관련한 세부적 정보들을 모을 수 있습니다.

이 책의 마지막 두 절은 그의 재판과 관련한 이야기가 아니라 그의 복음

전파 사역과 관련한 이야기를 다루고 있습니다. 이러한 사실은 우리에게 "노인 바울" 안에서 복음의 열정이 모든 방해와 자신의 운명에 대한 불안과 피곤함과 지나온 모든 고난에도 불구하고 계속해서 힘차게 불타고 있었음을 보여줍니다. "청년 사울" 안에서 불타고 있었던 잘못된 열정의 불꽃처럼 말입니다. 그리고 또한 지금까지 수많은 시련과 박해 가운데 감당해온 사역이 로마에서의 연금 상태 속에서도 동일한 기쁨과 확신으로 그리고 예전과 똑같이 성공적으로 계속되었음을 보여줍니다. 이처럼 하나님은 전혀 예상하지 못한 방법으로 로다의 형제들에게 복음을 전하기를 간절히 바랐던 바울의 오랜 소원을 이루어주셨습니다. "그러므로 나는 할 수 있는 대로 로마에 있는 너희에게도 톤음 전하기를 원하노라"(롬 1:15). 담대하게 말씀을 전파하는 것은 여기의 바울처럼 하늘의 기업을 상속받은 모든 그리스도인들의 의무입니다. 뿐만 아니라 오늘날 우리는 바울보다도 훨씬 더 "거침없이"(KJV, "no man forbidding") 말씀을 전파할 수 있습니다(31절).

102
로마에서의 바울 (2)

"바울이 온 이태를 자기 셋집에 머물면서 자기에게 오는 사람을
다 영접하고 하나님의 나라를 전파하며 주 예수 그리스도에 관한 모든 것을
담대하게 거침없이 가르치더라"

행 28:30, 31

사도행전은 이렇게 끝납니다. 사실상 그것은 끝난다기보다 멈춥니다. 이와 같이 끝나는 것에 대해 많은 이유들이 제시될 수 있지만, 그러나 우리는 그에 대해 아무것도 알지 못합니다. 아마도 사도행전은 여기의 "이태" 동안 기록되었을 것인데, 어쨌든 이러한 갑작스러운 종결은 우리에게 몇 가지 주목할 만한 개념들을 제시합니다.

1. 이 책의 참된 주제.

누가가 여기에서 끝내지 않고 우리에게 좀 더 많은 이야기를 해주었더라면 얼마나 좋았겠습니까! 그러나 바울의 역사(歷史)는 미완성인 채로 끝납니다. 베드로나 요한의 역사가 그런 것과 마찬가지로 말입니다. 이 책이 모든 사도들을 다루는 방식은 우리에게 이 책의 참된 주제가 바로 예수 그리스도와 그의 행하심이라는 사실을 가르쳐줍니다.

우리는 이러한 교훈을 깊이 새길 필요가 있습니다. 만일 우리가 모든 인간 사역자들에 대해 "그는 이 빛이 아니요 이 빛에 대하여 증언하러 온 자

라"라고 말한다면, 우리는 이러한 교훈을 배운 것입니다(요 1:8).

2. 자신의 목적과 우리의 바람을 성취하시는 예기치 못한 그리고 어떤 때는 달갑지 않은 하나님의 방법.

"로마를 보는" 것은 바울의 오랜 꿈이었습니다. "내가 거기 갔다가 후에 로마도 보아야 하리라"(행 19:21). 그러나 그는 자신의 꿈이 이루어지는 방법에 대해서는 거의 알지 못했습니다. 그는 에베소교회의 장로들에게 자신이 성령에 매여 예루살렘으로 올라가는데 "거기에서 무슨 일을 당할는지 알지 못한다고" 말했습니다(행 20:22). 다만 "결박과 환난"이 기다리는 것을 제외하고 말입니다(23절). 그는 이러한 "결박과 환난"이 자신을 로마로 데려가는 하나님의 방법이었다는 사실을 알지 못했습니다. 유대인들의 격노, 로마의 법치주의적 통치 체제, 2년간의 감금, 로마까지의 항해, 폭풍과 파선 — 이 모든 것이 그를 그가 오랫동안 품어온 꿈으로 이끌었습니다. 하나님은 복음을 진척시키기 위해 심지어 복음에 대한 사람들의 적의와 반대까지도 사용하십니다. 무수한 산호충(珊瑚蟲)들로 이루어진 거대한 산호섬을 생각해 보십시오. 각각의 산호충들은 거대한 산호섬의 극히 작은 일부를 담당합니다. 자신이 전체의 일부라는 사실을 인식하지 못하면서 말입니다. 이와 같이 사람들은 스스로 전혀 의식하지 못한 채 하나님의 계획을 이루는 극히 작은 일부를 담당합니다.

이와 같이 우리는 "폭풍과 바람을 통해 자신의 말씀을 이루시며 불꽃으로 하여금 자신의 사역자로 삼으시는" 자가 우리의 꿈을 이루어주실 것이라는 — 만일 그것이 그의 뜻과 합치되는 것이라면 — 사실을 믿어야 합니다. 심지어 그것을 산산조각 나게 만드는 것처럼 보이는 사건들을 통해서조차 말입니다. 그리고 그러한 사실로부터 우리는 명백하게 반대되는 상황까지도 순종하는 마음으로 묵묵히 받아들이는 법을 배워야 합니다. 그러므로 계속해서 믿고 의지하며 인내합시다. 그 모든 사건들의 마지막 결말을 볼 때까지 말입니다.

3. 위대함과 관련한 세상의 그릇된 평가.

당시 로마에서 가장 큰 자는 누구였습니까? 가이사가 아니라 초라한 유대인 죄수였습니다. 만일 가이사와 바울이 함께 이런 사실을 들었다면, 두 사람 모두 얼마나 놀랐겠습니까? 이를테면 두 나라가 이들 두 사람 안에서 서로 마주보고 있었습니다. 그들은 각 나라의 대표들이었으며, 그들 중 누구도 자신의 정확한 중요성을 알지 못했습니다. 가이사는 자신의 모든 권력과 강력한 군대에도 불구하고 자신이 단지 "하나의 소음"(a noise)에 불과하다는 사실을 알지 못했습니다. 바울 역시도 당시 자신이 세상에서 누구와도 비교할 수 없는 가장 강력한 영향력을 끼치는 자라는 사실을 의식하지 못했습니다. 오만한 로마인들의 눈에 바울은 단지 재판을 위해 골치 아픈 정복지로부터 보내진 죄수일 뿐이었습니다. 그들에게 그는 아무것도 아니었습니다. 만일 어떤 사람이 여기의 초라한 죄수를 가리키며 "이 사람이 로마제국과 세상 전체를 뒤집어엎을 말씀을 가졌도다"라고 말한다면, 광장과 원형경기장에 모인 군중들은 박장대소를 하며 폭소를 터뜨릴 것이었습니다.

말씀의 위대함을 확신하십시오. 비록 세상은 그 아름다운 음악을 듣지 못하며 그 능력을 보지 못한다 하더라도 말입니다. 그리고 하나님의 일에 스스로를 연합시키기를 두려워하지 마십시오. 비록 그것이 세상 사람들에 의해 인기도 없고 또 대수롭지 않게 여김을 받는다 하더라도 말입니다.

4. 교회와 국가 간의 참된 관계.

여기에서 "거침없이"(none forbidding him)란 표현을 주목해 보십시오 (31절). 이러한 표현 속에는 매우 많은 것들이 함축되어 있습니다. 바울은 로마에서 아무런 방해도 받지 않고 자유롭게 복음을 전파했는데, 이것 자체가 "말씀의 승리이며 복음의 절정"이었습니다. 제국의 중립적 태도는 실제로 차후에 일어나게 되는 박해에 의해 깨졌지만, 그러나 우리는 전체적으로 로마가 기독교를 그냥 내버려두었다고 말할 수 있습니다. 바로 이것이 국가가 교회에게 할 수 있는 최고의 봉사입니다. 그 이상의 것은 도리어 복음의 참된 영적 능력에 해(害)가 될 뿐입니다. 교회가 세속 권력에 대해 실제적으로 요구해야 하는 것은 위대한 철학자 디오게네스가 "무엇이든 원하는 것을 말해보라"는 알렉산더에게 대답한 바로 그것이어야 합니다. "왕이여, 햇빛을 가리지 마소서. 그것이 내가 원하는 전부나이다."

로마서

1
부활은 무엇을 증거하는가

"죽은 자들 가운데서 부활하사
능력으로 하나님의 아들로 선포되셨으니"
롬 1:4

바울의 서신들 특히, 로마서를 신학적 서신으로만 다루는 것은 큰 잘못입니다. 바울 서신들은 바울이 평생 동안 겪은 경험을 기록해 놓은 보고서의 성격을 가지고 있습니다. 여러분드 잘 아시는 것처럼 바울의 복음은 예수님을 부활하신 그리스도로 보는 계시에 근거하여, 예수님의 생애와 활동이 지니고 있는 의미를 해석한 것입니다. 바울은 다메섹으로 가는 길에 예수님을 보았습니다. 이때 만난 예수님의 모습이 그의 생애를 변혁시켰고 그를 핍박자로부터 제자로 전환시켰으며 부활에 대한 증인으로 임명된 사도들의 대열에 끼도록 했습니다. 사도들은 예수의 부활을 무엇보다도 역사적 사실로 받아들였습니다. 사도들은 점차 초월성을 띠고 있는 부활사건이 모든 주님의 제자들이 죽은 뒤에 경험하게 될 사건을 예시해주며, 그들에게 가능한 현재의 삶이 어떤 것인가를 상징해주는 것임을 간파하게 되었습니다. 이 같은 세 가지 양상이 바울의 글에 명확하게 표현되어 있습니다. 지금 선택한 본문은 그 세 가지 양상 가운데 첫 번째 항목과 관계되어 있습니다. 기독교의 특징을 구성하여, 기독교를 신뢰할만

하고 힘 있는 종교로 만들어 주는 것은 곧 부활의 역사성입니다.

1. 그리스도의 부활은 그의 아들 되심을 선언합니다.

부활과 승귀는 밀접하게 연결되어 있습니다. 예수님은 인간의 질병과 피곤함을 다시 나누어 가지시기 위해 부활하신 것은 아닙니다. 부활하신 "그분은 다시는 죽지 않습니다. 죽음이 더 이상 그분을 지배하지 못합니다." "그분은 죄에 대하여 단번에 죽으셨습니다." 육체적 죽음은 주님의 부활하신 인성에 결코 손을 뻗칠 수 없습니다. 하나님의 임재의 상징이었던 밝은 구름이 예수님을 감싸 올리면서, 놀란 제자들 앞에서 감람산의 후미진 구석으로부터 비로소 예수께서 승천하셨다는 사실은 아침 여명이 채 밝아오기도 전에 시작된 부활 과정의 마지막을 장식하는 것이었습니다. 그는 수의를 벗어서 한쪽에 개어 놓으신 뒤 무덤으로부터 나오셨습니다. 그 거대한 돌이 입구로부터 옆으로 굴려져 열려 있었다는 사실은 예수님이 무덤에서 나왔다는 것을 더 분명히 증거 해주고 있습니다. 바울이 고백한 바와 같이 "주님께서 죽은 자들로부터 부활하여" 승리자로서 "하나님의 오른편에 앉아 계시지" 않는다면, 주님의 부활에 대한 위대한 신앙고백은 의미를 잃고 마는 것입니다. 두 가지 사건이 모두 초자연적입니다. 바꾸어 말해서, 동정녀탄생이라는 시초의 사건은 마지막의 초자연적 부활과 승천 사건에 상응하는 것입니다. 주님의 세상 안에 찾아오심과 세상으로부터 떠나심은 주님의 참된 인성을 선언하는 것이며 "이 인성이 하나님의 아들이심"을 선포하는 것입니다.

한걸음 더 나아가 부활은 그리스도께서 말씀하신 어마어마한 주장들에 대한 하나님의 거룩한 "확증"입니다. 그리스도의 부활사건이 사실상 그리스도의 신성을 선언한다고는 보기 어렵습니다. 그러나 부활을 예언한 사람의 부활은 신성을 선언합니다. 십자가 그리고 이름 없는 무덤이 마지막이라면 항상 아버지와 함께 계셨으며 항상 아버지를 기쁘시게 해드리는 일들을 행할 것이라는 예수님의 주장은 한갓 어리석은 넋두리로 끝나지 않겠습니까! 부활은 "이는 내 사랑하는 아들이니 너희는 그의 말을 들으라"는 하나님의 최후의 가장 자랑스러운 선언입니다. 그 옛날 시편 기자는 그리스도가 성부의 거룩한 아들이므로 성부가 그의 혼을 지옥에 버려두거나 거룩의 띠로 그와 연합되어 있는 者를 썩음에 방치시켜 둔다는 것은 있을 수 없는 일이라고 믿었습니다. 하나님의 독생자이시며 완전한 자기성별의 의식을 가지신 예수님은 삼일 만에 다시 살아나리라는 부동의 확신을 가지고 무덤으로 내려 가셨습니다. 그 옛 시편은 예수님의 부활사건의 요점들을 명쾌하게 잘 지적하고 있습니다. 그리스도가 죽은 자들로부터 다시 살아날 것이라든지, 그리스도가 주장하는 내용들이 신성모독의 거만함을 내포하고 있는 것이라거나 그의 명성이 형편없이 손상당하리라는 것 등이 그 좋은 실례들입니다.

그러나 또한 기억하지 않으면 안 될 사실은 이 그리스도의 부활은 신적 행위로 묘사하고 있을 뿐만 아니라 그리스도의 권능의 행위로 묘사하고 있다는 점입니다. 지상에 계실 때 주님은 이미 육체적 죽음, 그리고 부활과 자신의 관계는 독특한 것임을 밝히신 바 있습니다. 주님은 말씀하십니다. "나는 내 생명을 버릴 권세도 가지고 있고 생명을 다시 찾을 권세도 가지고 있다." 그러나 이 같은 어마어마한 자기 확신을 하면서도 주님은 여전히 순종하는 아들로 남아 있습니다. 주님은 이렇게 말씀하십니다. "나는 이 계명을 나의 아버지로부터 받았노라.' 이 주장들이 정당하다면 예수께서 지상에 계시는 동안 행하신 기적들을 의심하는 것은 헛된 작업입니다. 주님께서 지금까지 보여 주셨던 지상생활을 취소하고 다시 시작한다 하더라도 그 삶은 다른 사람들의 삶의 모습과는 다를 것이 분명합니다. 그리스도의 현상 전체가 초자연적인 것입니다. 의심하는 도마와 같이 부활하신 아들의 발 앞에 꿇어 엎드려 "나의 주 나의 하나님"이라는 감격에 찬 탄성을 발하면서 충성과 경배를 드릴 때 비로소 우리는 부활, 그리고 주님을 참되게 이해하고 올바르게 평가하는 것입니다.

2. 부활은 그리스도의 죽음에 대한 해석입니다.

그리스도의 죽음에 관하여 그리스도 자신이 가르치신 명료한 가르침들을 제자들이 전혀 받아들이지 못했던 것과 강한 권능이 임한 오순절 사건 이후 제자들이 너무나 명료하게 그리스도의 사건을 수납한 것은 현격한 대조를 이룹니다. 그들이 계속해서 제자로 남아 있었다는 점이나, 그 이후에도 교회라는 공동체로서 연속성을 가질 수 있었던 것은 그들이 부활을 믿었기 때문입니다. 그것이 그 유일한 이유입니다. 만일 그리스도께서 죽은 자들로부터 살아나지 않았다면, 제자들이 주님께서 부활하셨다는 사실을 명백하고 상식적인 사실로서 받아들이지 않았다면, 그들은 틀림없이 이리저리 흩어진 채 고립된 마음을 가지고 소망이 좌절되어 버린 쓰라림을 곱씹어야만 했을 것입니다. 만일 그리스도께서 어느 이름 없는 무덤에 누워 계시며, 주님이 죽은 자들로부터 부활하셨다는 사실을 제자들이 확신할 수 없었다면 주님의 죽으심은 그 자신이 지상에 계실 때 주장했던 내용들이 거짓이라는 점을 보여주는 것밖에는 안 될 것입니다. 거짓 안에는 구속의 능력도, 죄에 대한 승리도 있을 수 없습니다. 그리스도의 죽으심 이후에 부활과 승천이 뒤따르지 않는다면 기독교의 구조 전체가 무너져 버리고 맙니다. 사도 바울은 부활에 관한 장에서 부활을 믿지 않는 자들을 "너희가 아직 너희 죄안에 있다"고 표현합니다. 복음이 인간들에게 제시해 주고 있는 용서는 하나님의 자비하심, 혹은 단순한 인간의 회개에만 의존하고 있는 것이 아닙니다. 그것은 그리스도께서 죄를 위해 단번에 희생제물이 되신 사건에 근거하고 있는데 이 사건을 하나님께서 받으실 만한 사건으로 정당화시켜 주는 사건이 곧 부활입니다. "그리스도께서 진실로 다시 사셨다"는 주장을 할 수 없다면 우리의 설교는 허공을 울릴 뿐입니다.

기독교의 도덕이 세상을 위한 속죄제로서의 죽으심, 그리고 그 속죄 제사가 초래한 위대한 부활이라는 두 가지 신비스러운 교리에 의해 정화될 때 곧 기독교의 생명력 있는 중심으로서 뚜렷이 설 수 있다고 이야기하는 사람들이 많습니다. 바울은 그렇게 생각하지 않았습니다. 바울이 생각한 복음의 윤리는 모두 우리의 본보기가 되신 하나님의 아들 그리스도의 삶으로부터, 그리고 우리를 위해 죽으신 그의 죽으심으로부터 연역되는 것인데, 그리스도의 죽으심은 인간의 마음을 감동시키며 그분이 하신 일에 대하여 기쁜 마음으로 순종하도록 동기를 부여해 줍니다. 기독교는 이 세상에서는 전혀 새로운 어떤 것입니다. 그것은 도덕적 가르침에 불과한 것이 아닙니다. 기독교는 그 가르침에 복종하는 도덕적 능력으로서 부활에 의하여 해석된 십자가에 근거하고 있습니다. 우리에게 있는 그리스도가 죽임 당하신 그리스도에 지나지 않는다면 우리의 기독교는 죽은 기독교입니다.

3. 부활은 앞으로 그리스도께서 다시 오시리라는 것을 보여줍니다.

바울은 아테네에서 거만한 희랍의 철학자들이 듣는 자리에서 자신이 그들에게 선포하는 예수는 "하나님께서 의로 세상을 심판하기 위해 예비하신 자"이며, 그를 죽은 가운데서 일으키심으로써 모든 사람들에게 그 같은 사실을 확증했다고 선언했습니다. 부활은 우리의 입장에서 보았을 때 승귀에 이르러 절정에 도달하는 과정의 시작이었습니다. 영화롭게 된 하나님의 아들의 초자연적 삶은 승귀 이후까지 확장됩니다. 감람산이 마지막이 될 수는 없습니다. 소수의 무리가 지켜보고 있는 가운데 흰 옷 입은 두 천사가 한 말은 지금도 교회의 희망으로 남아 있습니다. "이 예수는 너희가 하늘로 올리워 가심을 본 모양 그대로 다시 오시리라." 그 위대한 확신은 예수께서 육체를 가진 모습으로 다시 오실 것을 암시하고 있습니다. 예수께서 다시 오셔야 하는 이유는 성육신, 죽음, 부활, 승귀와 같은 일련의 과정들을 통하여 진행된 사역을 완성하셔야 하기 때문입니다. 부활은 전 기독교신앙의 모퉁잇돌입니다. 부활은 예수님이 능력을 가지신 하나님의 아들이라는 것, 그분이 우리를 위해 죽으셨다는 것, 이제는 하늘에 올라가 우리를 위해 한 처소를 예비하셨다는 것, 그가 세상에 다시 오셔서 우리를 그에게 이끄시리라는 것을 인통합니다. 만일 우리가 주님을 신뢰하면서 저 부활절 아침 "주께서 진실로 살아나셨다"는 여인들의 인사를 우리들을 위한 것으로 생각한다면, 주님은 "너희에게 평강이 있을지어다"라는 인사와 함께 우리에게 찾아오실 것입니다.

2
특권과 의무

"로마에서 하나님의 사랑하심을 받고
성도로 부르심을 받은 모든 자에게"
롬 1:7

로마서 1장 7절은 이 서신이 배달되어야 할 주소를 명기하고 있습니다. 서론을 대신하여 이 주소에 관하여 주목해야 할 첫 번째 사실은 바울의 기독교인들에 관한 이와 같은 호칭이 보편성을 띠고 있다는 사실입니다. 바울은 한 번도 로마에 가본 일이 없었습니다. 바울은 로마의 개종자들이 종교적으로 어느 정도 성숙했었는가에 대해서도 별반 아는 바가 없었습니다. 그러나 그는 그들을 모두 "하나님이 사랑하심을 입은" "성도"들이라고 선언하는 데 주저하지 않았습니다. 그들 중에는 불완전한 기독교인들이 많이 있었습니다. 그들에게는 책망을 받아야 할 일도 많았습니다. 그들에겐 활기가 없고, 차가우며, 앞뒤가 안 맞는 모습들이 있었습니다. 그러나 이와 같은 것들은 결코 기독교인이라는 위대한 호칭을 그들에게 적용하는 것을 방해하지 못했던 것입니다. 그러므로 "하나님의 사랑하심을 입었다"는 표현이나 "성도들"이라는 표현은 기독교라는 영역 안에 어떤 계급이 존재함을 시사해주는 말이 아니라 공동체 전체, 그리고 몸의 각 지체들에게 적용되는 말입니다.

두 번째로 생각해야 할 점은 "하나님의 사랑하심을 입었다" "성도들"의 두 가지 위대한 용어들이 기독교인의 삶의 거의 모든 영역을 포괄하고 있다는 점입니다. 이 두 가지 용어는 서로 매우 밀접한 관련을 맺고 있습니다. 이 점에 대해서는 후에 언급이 될 것입니다. 다만 여기서 기억해야 될 점은 첫 번째 용어가 하나님의 마음속으로 우리를 깊이 끌고 들어가는 반면 두 번째 용어는 우리와 그분과의 관계의 토대를 전부 포괄하고 있다는 사실입니다. 첫 번째 용어는 보편적 특권을 달하고 있는 반면 두 번째 용어는 보편적 의무를 강조하고 있습니다. 그러면 이제 이 두 가지 요소 곧, 기독교인의 삶의 보편적 특권과 보편적 의무에 관하여 살펴보기로 하겠습니다.

1. 기독교인의 삶의 보편적 특권

"하나님의 사랑하심을 입음." 우리는 "사랑"과 "하나님"이라는 두 개념을 병렬시키는 데 너무 익숙해있기 때문에 이 두 개념이 연결된다는 사실이 얼마나 놀라운 일인지 느끼지 못할 때가 많습니다. 그러나 예수 그리스도께서 자신의 사역을 완수하시기 전까지는 아무도 그 두 개의 개념이 연결될 수 있으리라고는 생각하지 못했습니다.

하나님은 누구든지 다 사랑하십니까? 우리는 이 질문을 물을 필요가 없는 너무나 당연한 것으로 생각하며 그 질문에 대한 답변도 본능적으로 나옵니다. 그러나 하나님이 모든 사람을 사랑하신다는 것은 결단코 본능적인 사실이 아닙니다. 사실상 그리스도께서 우리를 위하여 그 질문에 답변하시기 전까지는 세상 사람들이 그들의 마음속에서 제기되는 그 질문 앞에서 입을 다문 채 서 있을 수밖에 없었습니다. 괴로움을 받은 영혼들이 질문을 제기합니다. "과연 하늘에 위로가 있는 것일까? 그곳에 사랑이 있는 것일까?" 그러나 "아무런 음성도, 답변도 돌아보는 자도" 없었습니다. 여러분의 삶을 되 돌이켜 보십시오. 자연을 한번 살펴보십시오. 여러분의 삶은 온갖 슬픔과 불행과 고통, 그리고 죄와 허비한 나날들로 가득 차 있을 것이며 자연은 강풍과 태풍과 질병, 갑작스런 지진이나 화산폭발로 어지러울 것입니다. "날카로운 송곳니로 무장한 자연이 겁탈하려는 듯한 태도로" 하나님은 사랑이라는 신념을 향해 으르렁거린다는 냉혹한 속담은 거짓이 아닌 사실로 느끼게 되실 것입니다.

세상이 무엇을 숭배해 왔는가를 생각해 보십시오. 세상이 숭배해온 것은 온갖 기괴한 것들이 아닌가요. 때로는 사람들 눈에 아름다운 모습으로 변장하고 나타나지만 그렇다고 해서 기괴하지 않다고 할 수는 없습니다. 그들이 찬양한 신들은 잔인하고, 정욕으로 가득 차 있으며, 난폭하고, 변덕스러우며, 이기적이고 무관심한 존재들입니다. 그러나 하나님께서는 "우리가 아직 죄인 되었을 때에 그리스도로 하여금 우리를 위하여 죽게 하심으로써", 우리를 향한 자기의 사랑을 확증하셨던 것입니다.

오! 형제들이여! 우리가 기어오른 그 사다리를 발로 차 버리지 맙시다. 사랑의 하나님이라는 명칭을 사용하면서 인류에게 사랑하시는 하나님이라는 개념을 배태시킨 기독교의 가르침을 버리는 일이 일어나서는 안 되겠습니다. 오늘날 많은 사람들이 태양빛과도 같이 밝은 진리의 빛 안에 들어오려고 하지 않습니다. 심지어는 가물거리는 별빛조차도, 마치 그것이 복음을 위해 존재하지 않는 듯이 이제는 수평선 밑으로 사라져버리고 쓸모없어진 것으로 간주해버립니다. 그들은 이제 자신들에게 그 개념을 제공한 복음 그 자체를 적대하면서 그 복음이 하나님의 사랑을 협소하고 어렵게 생각하고 있다고 비난합니다.

복음을 대적하는 자들이 종종 예리한 무기를 들이대는 성경의 진리들 가운데 하나는 "하나님이 모든 사람을 다 사랑하는 것은 아니라고 해야 하는가"라는 다른 형태의 질문에 대해서 성경이 "그렇다! 정말 그렇다! 결단코 그렇다"고 답변하는 부분입니다. 그러나 다른 또 하나의 질문이 있습니다. 모든 사람을 향한 하나님의 사랑이 기독교인들만을 특별히 사랑하심을 입은 자들이라고 호칭하는 것과 모순되는 일이 아닌가? 이 질문에 대해서 저는 "아니라"고 단호하게 답변하고 싶습니다. 하나님의 사랑의 보편성을 가장 폭넓게 선언한다고 해서 깊이 있는 현실적 방법으로 그리스도 안에 있는 자들만이 하나님의 사랑하심을 입은 자들이라는 바울의 결정적 선언이 모순을 일으킨다고 볼 수 없습니다. 특별한 애정은 그 성격상 보편적 자비 및 인애와 모순되지 않습니다. 인간의 성품을 전혀 무시한 채 하나님의 보편적 사랑만을 전한다면 그것은 하나님의 사랑이라는 개념을 높이는 것이 아니라 오히려 깎아 내리는 것입니다. 여러분이 이같이 이야기했다고 가정해 봅시다. "인간이 하나님을 사랑하고 섬기든지, 하나님을 향하여 반역의 기치를 높이 들고 자신을 자기 자신의 중심에 두면서 그분의 목표와 그분의 모든 것을 사장시켜 버리든지 하나님에게는 관계없다." 그렇다면 여러분은 하나님을 존귀하게 높여 드리는 것이 아닙니다. 하나님이 감사하지 않는 자와 악한 자들에게 햇볕을 비추어 주시며 비와 이슬을 내려 주셔서 그들도 하나님을 사랑하도록 이끌어 주시는 것은 사실입니다. 그러나 그 하나님께서 죄악에 집착하고 있는 죄악된 피조물들을 하나님의 형상이 자신의 영혼 안에 이루어질 것을 갈망하는 회개하는 영혼과 똑같이 취급한다고 생각하는 것은 하나님을 모독하는 것이요, 하나님의 보편적 사랑을 존귀하게 여기는 태도가 아닙니다.

내 입으로부터 나오는 그 어떤 말도 "하나님이 세상을 이처럼 사랑하사 그의 아들을 주셨다"는 저 위대한 진리에 아주 작은 그림자라도 드리우게 해서는 안 됩니다. 동시에 나의 말이 하나님의 무한한 사랑은 그 사랑이 임하는 인간의 성품을 무시한다는 것을 긍정하는 듯이 보이게 되어서도 안 됩니다. 모든 사람이 다 받아들일 수 있는 여러 가지 사랑하는 마음의 표현들이 물론 있습니다. 모든 사람들 하나하나가 하나님께서 주시는 사랑을 받습니다. 그러나 꽃은 이슬을 마시지만 화강암은 이슬을 마시지 못합니다. 하나님의 사랑을 받는 사람의 성품이 그 다양한 사랑의 표현들을 얼마만큼 또 어떤 방법으로 진정하게 자기의 것으로 소유하는가를 결정합니다. 그 성품 여하에 따라 그 사랑을 받지 않은 채 남아 있을 수도 있습니다.

그러므로 "하나님은 모든 사람을 사랑하시는가?" "하나님은 모든 사람을 다 사랑하지 않으시는가?" "하나님은 특별히 어떤 사람만을 사랑하시는가?"라는 질문들에 대하여 우리는 한결같이 "그렇다"는 대답을 하지 않으면 안 되는 것입니다.

그러므로, 사랑하는 형제들이여! 완전하고 감미로우며 지극히 부드러운 성부 하나님의 마음을 받은 저 복된 공동체에 들어가는 길을 배워야 하겠습니다. "어떤 사람이 나를 사랑하면 나의 말을 지킬 것이며 내 아버지도 그를 사랑할 것이다." 신화에 의하면 시초엔 희미한 물질을 통하여 분산되었던 빛이 후에 모여 태양이 되었다고 합니다. 이와 같이 하나님의 보편적 사랑이 예수 그리스도 안에 결집된 것입니다. 그런즉 우리가 그리스도를 소유하고 있으면 하나님의 사랑을 소유한 셈입니다. 만일 우리에게 믿음이 있다면 그리스도가 계신 것이며 "생명이든 죽음이든 현재 일이나 장래 일이나, 높음이나 깊음이나, 어떤 다른 피조물도 우리를 그리스도 예수 우리 주 안에 있는 하나님의 사랑으로부터 끊을 수 없노라"는 고백을 할 수 있는 것입니다.

2. 이제는 두 번째로 기독교인의 삶의 보편적 의무에 관하여 살펴보기로 하겠습니다.

"성도로 부르심을 입음"이 제가 선택한 본문입니다. 여러분도 잘 아시는 것처럼 본문엔 "⋯로"(to be)라는 말이 보충적으로 삽입되어 있습니다(영역본엔 Called to be saints, 곧 성도들이 되도록 부르심을 입은 — 역주). 이와 같은 삽입은 옳다고 보겠습니다. 그러나 이 용어는 모든 기독교인들이 "부르심"을 받은 것은 현재의 순간에는 실현되지 않은 미래의 어떤 일인 듯한 오해를 불러일으킬 소지가 다분히 있습니다. 그런데 문맥에서 사도 바울은 제가 선정한 본문의 의미를 밝히는 절에서 자신에 대하여 똑같은 표현 형식을 사용하고 있습니다. 바울은 1절에서 이렇게 말합니다. "바울, 예수 그리스도의 종은 사도가 되도록 부르심을 받았다." 더 정확히 표현한다면 "사도로 부르심을 받았다"는 것입니다. 사도됨이 부르심과 시간적으로 일치하고 있습니다. 바꾸어 말한다면 그 원인과 동시간적인 것으로 되어 있습니다. 바울이 부르심을 받았기 때문에 사도가 되었다면, 성도들도 부르심을 받았기 때문에 성도가 된 것입니다. "하나님의 사랑하심을 입은 자들은" "성도로 부르심을 받은 자들입니다."

여기서 "부르심을 받았다"는 말은 '명명되었다' 혹은 '지명되었다'는 의미를 갖는 것이 아니라 '소환되었다'는 의미를 갖습니다. 이 용어는 기독교인들을 식별해주는 호칭이 아니라 그들이 초청되고, 소환되며, 하나님에 의하여 "부르심"을 받은 상태를 말합니다. 그것은 그들의 소명이지 그들의 호칭이 아닙니다. 여러분도 잘 아시는 것처럼 "성도"와 "거룩"은 같은 개념을 전달하는 것입니다. 전자는 튜튼어족의 용어이며 후자는 고전어에서 파생된 말 가운데 하나입니다.

사실상 모든 기독교인들에게 해당되는 이 같은 보편적 거룩이 지니고 있는 진정한 사상은 하나님께로의 성별입니다. 옛날에는 성전, 제단, 제물, 성전기명들, 제사장들과 같은 사람들, 안식일과 절기와 같은 날들을 "거룩하다"고 호칭했습니다. 이 모든 것들에 대해서 거룩이라는 단어를 사용했을 대, 그 밑바닥에 깔린 공통된 사상은 하나님께 속해 있다는 것입니다. 그것은 또한 신약에서 사용되고 있는 "성도"의 근본 의미이기도 합니다. 성도는 하나님께서 예수 그리스도를 우리에게 주셨을 때, 하나님은 스스로 우리를 부르신 것입니다. 우리가 그리스도를 영접하면 그의 부르심에 응답하는 셈이 되는 것입니다. 그러므로 이제 우리는 우리들 자신의 소유가 아니라 "성별된"자 곧, "성도들"입니다.

다음 단계는 순결입니다. 순결은 곧 성결(sanctity)을 의미합니다. 순결은 성별(consecration)에 뒤따르는 것이며 성별이 없는 한, 비록 성별이 없이 순결을 얻을 수 있다 하더라도, 그것은 가치가 없습니다. 하나님께 복종하는 것을 의미하기도 하는 "성별"로부터 파생되는 순결은 하나님을 무시하는 도덕보다 훨씬 더 깊고 숭고하게 윤리적 선함에 입각한 봉사와 그것의 조건들을 밝혀줍니다. 세속의 윤리는 행위와 성품들에 관하여 많은 말들을 하지만 결코 문제의 뿌리를 파헤치지는 못합니다. 또 그것은 유사한 방법으로 의로운 행위들을 마지못해 추구하면서도 의롭게 되기 위해서 먼저 하나님께 복종하는 태도가 필요하다는 사실을 망각하고 있는 천박한 종교보다 얼마나 더 숭고한 개념을 전달하고 있는 것일까요? 사람이 하나님께 몸을 맡기면 의를 두려워할 필요가 없습니다. 덕, 선함, 순결, 의, 기타 이와 유사한 모든 동의어들은 매우 숭고한 실체들을 표현하고 있습니다. 그러나 그 모든 개념들의 밑바닥 깊은 곳에는 신약적 거룩(holiness)의 개념, 곧, 우리 자신을 하나님께 성별해 바친다는 생각이 자리 잡고 있는 것입니다. 그러므로 성별은 앞에 열거한 모든 것들의 부모격입니다.

여러분이 또 한 가지 기억해 두셔야 할 점은 이 성별이 인간의 성품 전체에 포괄적으로 적용되어야만 한다는 사실입니다. 제가 이미 지적해드린 바와 같이 여러분 자신을 하나님께 굴복시키는 것이야말로 모든 의의 불가사의한 비밀입니다. 복잡하고 다양한 우리 실존의 모든 부분 하나하나가 그같이 성별되어야 합니다. 나의 마음을 거룩하게 할 때 비로소 나의 마음은 주님의 마음과 얽히는 것입니다. 나의 생각을 거룩하게 할 때 비로소 주님의 진리는 나의 안내자가 되며, 나는 그 진리의 안내를 받아 나의 습관과 생각을 조정해 갑니다. 나의 의지를 거룩하게 해야 비로소 그것은 머리를 숙이고 이렇게 말합니다. "주여, 말씀하소서! 당신의 종이 듣겠습니다." 나의 오관(五官)을 거룩하게 할 때 비로소 나는 그것들을 하나님께서 주신 것들로 간주하고 그분을 안식하며, 그분을 위해 사용하게 됩니다. 사실상 이 세상엔 두 가지 삶의 방식이 존재합니다. 지나치게 협소하게 들릴는지 모릅니다만 나는 오직 두 가지 삶의 방식만이 존재한다고 감히 말씀드리고 싶습니다. 하나는 나의 중심에 하나님이 계시는 것인데 그것을 거룩이라고 합니다. 또 하나는 자아가 아주 교묘한 형태로 나의 중심에 있는 경우인데 그것이 곧 죄입니다.

그런데 모든 순결을 낳을 뿐만 아니라 인간의 삶의 전 영역을 포괄하는 이 같은 성별은 "하나님의 사랑하심을 입음"이라는 축복된 생각을 깊이 들이마셨을 때 비로소 가능한 것입니다. 나 자신을 주님께 복종시키는 것은 주님께서 자신을 나에게 주신 데 대한 반응일 뿐입니다. 주님은 첫 번째 사랑의 대상이 되어야 합니다. 여러분이 사람과 논쟁을 하여 하나님을 사랑하도록 이끌어 줄 수 없는 것은 마치 망치로 장미 봉오리를 두들겨 꽃피우게 할 수 없는 것과 같습니다. 만일 장미 봉오리를 두들기려 하면 틀림없이 꽃잎들을 상하게 만들고야 말 것입니다. 그러나 주님이 우리를 사랑할 때 우리는 주님을 사랑하게 됩니다. 그것은 마치 꼭 닫힌 꽃에 태양빛이 부드럽게 찾아올 때 그 꽃 몽우리를 여는 것과도 같은 것입니다. 그 꽃 몽우리는 빛을 받아 성장할 것입니다. 그 꽃은 점점 자라가다가 마침내는 그 정도와 본질이 햇볕처럼 밝은 모습으로 드러나게 될 것입니다. 그러므로 다만 우리를 부르시기만 하는 하나님은 우리가 복종해야 할 대상으로서의 하나님은 결코 될 수 없을 것입니다. 우리를 향한 사랑을 가지신 하나님만이 우리를 성별시켜 "성도"로 축복하시는 하나님이 될 수 있습니다.

성별은 하나님의 거룩한 사랑을 받아들일 때 이루어집니다. 성별은 우리의 본성 전체에 영향을 끼치는 것이며, 우리를 순결의 세계로 인도합니다. 이 같은 일련의 과정은 기독교인들이 지닌 보편적 특징이기도 합니다. 믿음을 가진 자는 순종하게 되어 있습니다. 기독교회 안에 특별히 가족이라는 명칭을 받을 만한 어떤 귀족계급이 있다고 생각해서는 안 됩니다. 이 사람, 저 사람, 아니면 다른 어떤 사람이 "성도"라는 표현들은 성도가 된다는 명예와 의무가 예수 그리스도를 사랑하는 모든 자들에게 똑같이 적용된다는 진리를 어둡게 할 수가 있습니다. 물론 하나님께서 자신의 아들 안에 나타내신 사랑을 통해 자신에게로 이끌어 주신 사람들은 모두 객관적으로 거룩한 것입니다. 그들은 하나님께 속해 있는 것입니다. 그러나 성별은 계발될 수 있고 계발되어 증진되어야만 합니다. 스스로를 기독교인들이라고 호칭하는 우리들은 모두 의식적으로 생애 전체를 그분께 굴복시키며 우리의 몸과 혼과 영을 "주님을 경외하는 가운데 완전한 거룩함에 이르도록" 하기 위해 노력한다는 의미에서 성도들이 되어야만 할 엄숙한 의무가 있는 것입니다.

로마에 있는 "하나님의 사랑하심을 입은 자들" "성도들로 부르심을 입은 자들"에게 보내는 바울의 편지는 비단 로마의 성도들에게 국한되지 않습니다. 로마라는 주소가 적힌 그 편지가 길거리에 떨어져 있을 때, 누군가가 그것을 주어서 우리도 그 편지의 수신자들이 될 수 있다는 사실을 알고 여러분 혹은 기독교 사회 전체에 그 서신을 전달했다고 여러분은 생각하십니까? 세상은 성도들이라는 명칭을 지닌 우리들을 조롱해 왔으며 그 말 안에 포함된 고백을 비웃었습니다. 그런데 때로는 그들이 조롱 하는 것도 타당성이 있을 때가 있습니다! "성도들"이라는 표현이 교회 내에서 다만

"착한 사람들"을 가리키는 말로 사용되는 경우도 있는데 그것은 그릇된 생각입니다. "사랑하는 자들이여! 우리가 이 약속들을 가졌으니, 이제 영과 육의 모든 더러움으로부터 우리 자신을 정결케 하며 주님을 경외하는 가운데 완전한 거룩에 이르도록 힘쓰자."

3
바울의 염원

"내가 너희 보기를 간절히 원하는 것은 어떤 신령한 은사를 너희에게
나누어 주어 너희를 견고하게 하려 함이니 이는 곧 내가 너희 가운데서
너희와 나의 믿음으로 말미암아 피차 안위함을 얻으려 함이라"

롬 1:11, 12

나는 강단에서 좀처럼 개인적 이야기를 하지 않습니다. 그러나 오늘만
은 개인적 이야기를 하고 싶은 충동을 느낍니다. 내가 겪은 행복한 상황에
대하여 여러분에게 몇 마디 말씀을 드리고 싶습니다. 오늘 내가 목양하고
있는 성도들을 염두에 두고 말씀을 드리려고 합니다. 나의 말씀을 듣는 분
들 가운데 사사로이 호칭할 수 없는 분들이 계신다면 나의 실례를 용서하
십시오.

나는 이 본문을 선정하면서 나 자신은 바울의 그늘 뒤에 숨고 싶습니다.
바울의 감정을 설명하는 것으로 나의 감정에 대한 설명을 대신하고자 하
며 그 설명을 통해서 우리 모두에게 도움이 되는 유익한 교훈들을 찾아보
려고 합니다. 이 본문에서 말씀드리려고 하는 사항은 세 가지입니다. 첫째
는 강한 어조로 표현된 기독교적 애정입니다. 둘째는, 기독교인들이 만나
는 숭고한 목적의식이 무엇인가 하는 것입니다. 셋째는, 주어야 할 것이
많다면 거꾸로 받아야 할 것도 많다는 사실입니다. 이 세 가지 사항에 대
해서 모두 간략하게 말씀드리려고 합니다.

1. 먼저, 바울이 여기서 강한 어조로 기독교인의 애정을 표현하고 있다는 점에 주목해 보십시오.

바울만큼 자신에 관하여 많은 것을 이야기할 수 있고 이야기해야 했던 기독교 교사들도 매우 드물 것입니다. 모든 바울의 편지 안에는 개인적 요소들이 강하게 혼합되어 있습니다. 그것은 너무나 솔직하고 신실하며 외식이나 가식이 없으므로 그런 요소들에 접하면 배격하고 싶은 감정보다는 오히려 거기에 매혹당하고 맙니다. 역설적 표현을 빌린다면 그의 개인적 이야기들은 자기를 의식하고 있으면서도 자기를 의식하지 않고 있음을 선연하게 드러내고 있습니다.

바울은 이 서신들을 쓸 때 로마에 한 번도 간 일이 없었습니다. 바울은 로마에 있는 신자들과 한 번도 개인적 교제를 나눈 적이 없었습니다. 바울은 한 번도 그들의 얼굴을 본 적이 없습니다. 해가 지나면서 맺어지기 마련인 동정심과 신뢰도 없었습니다. 그러나 바울의 마음은 그들을 향하여 나아갔으며 자신의 마음을 보여주는 일을 주저하지 않았던 것입니다. "나는 너희를 보기를 심히 원한다." "원한다"는 단어를 원어로 살펴보면 밀도 있는 동경의 마음과 그들로부터 그토록 오랫동안 떨어져 있었던 데 대한 안타까운 마음이 어우러져 나타나 있습니다.

사람들이 너무 빈번하게 애정 어린 마음을 고백하는 것은 좋은 일이 아닙니다. 나는 공적 입장에 있는 교사가 청중들 앞에서 그 같은 감정을 나열하는 것은 그다지 지혜로운 일이 아니라고 생각합니다. 그들에겐 더 중요한 일들이 있는 것입니다. 그러나 모든 규칙에는 언제나 예외가 있기 마련입니다. 나는 이 시간 규칙을 어기고 대단히 즐거운 마음으로 그 옛 장소로 되돌아가고자 합니다. 그곳은 나에게 신성한 많은 기억들과 연상을 안겨주는 매우 친숙한 장소입니다. 나는 이 시간 30년이라는 긴 시간 동안 나와 상대편 사이에 맺어진, 끊어지지 않았던 사랑의 띠를 다시 한 번 동여매려고 합니다.

사랑하는 친구들이여! 하나님께서 우리 마음을 사랑하는 마음으로 묶어 주셨다면 오늘 하나님께 감사해야겠습니다. 더욱이 여러분과 제가 친구의 얼굴을 보면서 지내온 추억들을 기쁜 마음으로 되새겨 보는 것처럼 눈과 눈을 마주 볼 수 있다면 더욱 하나님께 감사를 드려야 될 것입니다.

사랑하는 형제들이여! 이제 한 가지 교훈을 기억해 둡시다. 이 과감하고 솔직하며 종종 조용한 침묵 속에 전개되는 이 애정이 우리에게 없다면 빨리 그 애정을 회복해야겠습니다. 그 회복은 빠르면 빠를수록 좋습니다. 만일 내 마음속에 그 애정이 없다면 나는 여러분에게 아무런 유익도 줄 수 없습니다. 설교자의 마음이 청중의 마음을 꽉 사로잡지 못한다면 그리스도의 복음이 가진 감미롭고 인간을 사로잡는 힘을 바르게 사용할 수 없습니다. 만일 청중들이 날카로운 비평, 냉랭한 찬사, 그리고 무관심으로 가득 찬 마음으로 설교를 듣는다면 아무리 주의를 기울여 듣는다 하더라도 아무런 유익이 없을 것입니다. 오직 소박한 사랑의 관계가 맺어져야만 개신교 설교자와 청중이 호흡을 같이 할 수 있습니다. 이 관계는 바다 고상한 모든 일들, 모든 영적 일들의 필수조건이며 참된 것입니다. 그러나 종종 그 관계는 은밀한 서로간의 애정과 관심으로 표현되기도 합니다. 우리에게 그 관계가 이루어져 있다면 하나님께 감사해야 합니다. 그리고 그 관계를 더욱 증진시켜 나가기 위해 노력해야 합니다. 이것이 제가 첫 번째 사실에 대하여 여러분에게 강조하고 싶었던 점입니다.

2. 그들이 만나는 목적이 매우 숭고한 것임을 주목하십시오.

"내가 너희 보기를 심히 원하는 것은 무슨 신령한 은사를 너희에게 나눠주고자 함이라." 바울은 로마의 성도들에게 줄 수 있는 어떤 것을 가지고 있음을 알고 있었습니다. 바울은 그 선물을 "무슨 신령한 은사"라는 대단히 포괄적인 용어를 통해 표현하고 있습니다. 이 모종의 선물은 성령을 통하여 인간의 영혼에 제공되는 것입니다.

그런데 신령한 은사라는 표현은 성경에서 여러 가지 의미로 사용됩니다. 이 표현은 때로는 이른바 기적적 선물을 가리킬 수도 있고 공적 재능을 가리킬 경우도 있습니다. 그러나 여기서는 이와 같이 제한되고 특별한 것들을 지칭하지 않습니다. 이 단어가 의미하는 바는 기독교적 은사들, 예컨대 지식, 신앙, 사랑 등으로 영혼을 채우는 하나님의 활동에 관한 일반적 개념입니다. 좀 더 간단하게 이야기한다면, 바울이 그들에게 주려고 했던 것은 예수 그리스도, 그의 사랑과 능력을 더욱 확고하게 붙들며 또한 더욱 완전하게 소유하도록 하는 것이었습니다. 이 선물을 받을 때 로마의 성도들의 삶은 더욱 깊어지고 강건해지는 것입니다. 만일 로마의 성도들이 바울의 이야기에 귀를 기울인다면 바울은 그 선물을 가지고 있기 때문에 그것을 나누어 줄 수 있다고 확신하고 있었습니다. 이처럼 바울은 자신이 로마의 성도들을 만나고자 하는 목적과 실제로 만났을 때의 결과가 숭고하리라는 것을 알고 있었으면서도, 또한 자기에게 부여된 임무의 중대성에 비추어 볼 때 자신의 능력이 지극히 제한되어 있음을 잘 알고 있었습니다. 이 같은 사실들은 명백하게 본문에 나타나 있습니다. 바울이 여기서 사용하는 "은사"라는 단어는 신약성경에서 한 인간이 다른 사람에게 줄 수 있는 어떤 것을 가리키는 말로는 사용되지 않고 언제나 하나님께서 인간들에게 부여하신 은총의 구체적 결과들을 가리키는 말로 사용되고 있습니다. 그러므로 이 표현 그 자체가 이미 바울이 자신을 직접 자기가 소유한 것을 주는 원초적 부여자로서 간주하지 않고 다만 하나님께서 주신 것을 전달하는 통로로서 간주하고 있다는 사실을 보여줍니다. 같은 맥락에서 명사 앞에 오는 형용사, 곧 "신령한"이라는 단어는 아마도 은사의 기원이 하나님의 영임을 묘사해주는 것 같습니다. 그 영어는 그 은사를 받는 사람의 영혼의 상태를 묘사한다고는 보기 어렵습니다. 여기서, 그 은사의 궁극적 목적을 진술할 때 이 용어가 적절하고 정확할 뿐만 아니라 바울이 그 은사에 참여함에 있어서 느끼는 한계도 아울러 표현하고 있다는 점에 유의하십시오. 바울은 "내가 너희를 강건하게 하리라"고 표현하지 않습니다. 이 표현은 너무 자기중심적 표현이며 자기를 많이 드러내는 용어입니다. 바울은 다만 "너희가 강건하게 됨을 받게 하려는 것이라"는 어조로 표현하고 있는데 그 까닭은 진정한 의미에 있어서 강건하게 하는 자는 바울이 아니라 하나님의 성령이기 때문입니다.

그러므로 기독교사는 한편으로 다른 사람에게 제공할 수 있는 선물을 소유하고 있다는 고상한 소명을 차원 높게 의식하는 태도가 요청됩니다. 그러나 다른 한편에서는 그 선물이 자기의 것이 아니라 하나님의 것이며, 인간이라는 기관을 통하여 말씀이 인간의 마음에 전달될 때 활짝 꽃을 피우는 모든 은사들을 주시는 이는 곧 주님의 영이라는 생각을 가지고 있어야만 합니다. 그것은 곧 자신의 한계를 의식하는 것을 의미합니다.

그러면, 여기서 우리가 받을 수 있는 교훈은 무엇일까요. 매우 단순한 두 가지 교훈을 받을 수 있다고 봅니다. 그 어떤 기독교 교사라 할지라도 성령께서 인간들에게 선물로서 주시는 것을 받았다는 확신이 없는 한 입을 열어서는 안 된다는 것입니다. 우리가 의심하고 있는 바를 전한다든지, 자신의 견해를 전한다든지, 보잘것없는 진부한 말들을 늘어놓는다든지, 정치·도덕·기호·문학 등에 관하여 강단에서 이야기하는 것은 강단을 세속화시키는 것이요, 신성모독입니다 "주께서 이것을 나에게 보여 주셨습니다. 이제 이것을 주의 말씀으로 여러분에게 전달드립니다"라는 말을 할 수 있기 전에는 그 누구도 입을 열어서는 안 됩니다. 기독교공동체 조직이 존재하는 이유는 이 신령한 은사를 전달하고 받아들이며 더욱 더 널리 퍼뜨리는 기능을 수행하는 데 있습니다. 그와 같은 인식을 상실한 교회들은 신령한 은사 대신에 형식적 예배, 음악, 여흥, 단순한 지성적 대화 따위밖에는 제공할 것이 없습니다. 그런 교회는 정통교회이든지, "진보된" 교회이든지 하등 존재할 이유가 없습니다. 적자생존의 원리가 지배하는 교회가 어떻게 오래 지탱해갈 수 있겠습니까. 여러분과 저 사이에 존재하는 이와 같은 관계를 보증해주는 한 가지 끈은 내가 하나님으로부터 소식을 전달받았다는 저 자신의 인식 그리고 제 입을 통해 하나님의 말씀을 듣는다는 여러분의 신앙뿐입니다. 우리에게 그와 같은 관계가 맺어져 있지 않다면 이 벽들은 가능한 한 빨리 와해되고, 이 건물 안에서 들리는 소리는 중단되며 여러분은 이 자리를 떠나 버리는 것이 더 낳을 것입니다. "나에게는 나누어 줄 은사가 있다. 나는 그 은사를 여러분에게 나누어 주기를 갈망한다." 아! 오늘날 우리의 강단에서는 얼마나 더 갈급하게 하나님의 소식에 대한 인식이 요청되고 있는가요. 이 같은 인식이 설교에 나타나야 하며 풍부한 보화를 나누어 주고자 하는, 그리스도로부터 받은 염원이 우리에게도 있어야 하지 않을까요.

그 외에 우리는 또 한 가지 교훈을 얻을 수 있습니다. 사랑하는 친구들이여! 이미 말씀드린 바 있는 한계 안에서 제가 제공해야 할 은사를 받으셨습니까? 여러분들 가운데 어떤 분들은 어린아이 때부터 저의 목소리에 귀를 기울여 오셨습니다. 그렇게 많은 숫자는 아닙니다만 여러분 가운데 일부는 근 30년 가까이 저의 설교를 들으셨습니다. 이 30년이라는 세월 동안 저의 설교는 매우 빈약한 것이긴 합니다만 적어도 솔직한 것이었음은 하나님도 아실 것입니다. 여러분에게 전하려고 애를 써온 것들을 받아들이셨습니까? 다시 말해서, 여러분은 그리스도를 영접하셨으며, 그리스도를 믿고 계십니까? 기독교인들이라 자칭하는 여러분과 저 사이에서 이긴 세월 동안 많은 축복이 서로 오고 갔습니다. 그러나 사랑하는 친구들이여! 여러분은 그 중요한 축복을 받아들이셨습니까? 여러분들이 이 자리에 나오실 때마다 무겁고 성가시며 슬픔으로 가득 찬 삶을 날마다 견뎌내고 승리할 수 있는 힘을 얻으셨습니까? 그런 점에서 제가 여러분에게 어떤 유익을 끼쳤습니까? 우리가 처음 만났을 때보다 여러분은 더 나은 사람으로 변화되셨습니까? 그리스도께서 여러분에게 더욱 친밀해지셨으며 더욱더 여러분에게 구체적으로, 가까워지셨습니까? 여러분의 삶이 더 거룩해지셨습니까? 여러분의 삶은 하나님과 은밀하게 연합되어 있음을 증거하고 있습니까? 여러분은 이 회중의 일원이라는 이유 때문에 세상에서 주님과 같이 행동하고 계십니까? 만일 그렇다면 제 설교의 목표는 성취되었습니다. 만일 그렇지 못하다면 저의 설교는 실패한 것입니다.

이미 말씀드린 것처럼 우리를 하나로 연결해준 애정의 띠에 대해서 저는 하나님께 감사해야겠습니다. 그러나 이와 같은 단계에까지 그 애정이 이르지 못한다면 그 애정이 무슨 소용이 있겠습니까? 저는 소위 인기와 명성을 얻을 만큼 얻었습니다. 무엇보다도 여러분들이 더욱더 저에게 존경과 경의를 표하고 계십니다. 이 점에 대해서 저는 조금도 염려할 필요를 느끼지 않고 있습니다. 그런데, 사랑하는 형제들이여! 만일 우리가 주일마다 만나서는 저의 별 볼일 없는 말과 행동들을 칭찬하거나 비판하는 일에만 관심을 갖는다면 우리의 관계는 축복이 아니라 저주에 지나지 않을 것입니다. 우리의 만남은 우리를 증진시켜주기 보다는 더 악화시킬 것입니다. 교회의 목적, 사역의 목적, 우리가 함께 모이는 의미는 신령한 은사들을 서로 나누기 위한 것입니다. 하나님께서 제게 주신 은사를 여러분과 나누어 갖는 것이 우리의 만남의 목적입니다. 만일 그 목적을 성취하지 못한다면 모든 다른 목적들은 비록 성취되었다 하더라도 아무런 쓸모가 없는 것이며 차라리 없는 것만 못합니다.

3. 이제 마지막으로 우리가 주어야 할 것도 많지만 또한 받아야 할 것도 많다는 겸손한 의식을 주목해야 되겠습니다.

　바울은 "무슨 신령한 은사를 너희에게 나눠 주어 너희를 견고케 하려 한다"고 말씀한 뒤에 "이는 곧 내가 너희 가운데서 너희와 나의 믿음을 인하여 피차 안위함을 얻으려 함이라"는 말씀을 첨가하고 있습니다. 바울이 사용하는 말이 자신과 로마의 성도들 사이에 맺어진 관계에 대한 깊은 관심에서 우러난, 명확하면서도 신실한 것이 아니라고 가정하더라도 적어도 그의 표현이 아주 예의 바르며 우아하다는 점은 인정하지 않을 수 없습니다. 그러나 바울의 표현은 예의라는 범주보다는 훨씬 더 사실적 범주에서 이루어진 것입니다. 바울이 이야기하고 있는 것은 로마의 기독교인들이 받아야 할 여러 가지 조건들에 관한 깊은 진리에 관한 것인데 그것은 그들이 받아야 할 뿐만 아니라 또한 주어야 할 것이기도 합니다. 오직 주기만 하시며 받지 않으시는 분은 오직 하나님 한 분 뿐입니다. 그 외에 모든 다른 주는 자들은 한결같이 또한 받는 자들이기도 합니다. 바울이 로마의 성도들을 그토록 만나고자 했던 것은 바울 자신이 위로를 받기 위함이었습니다. 바울이 파선된 배에 실렸던 죄수의 몸으로 아피안로(路)를 따라 여행을 하는 도중 그들을 만났을 때 "하나님께 감사하고 위로를 얻었다"고 사도행전은 기록하고 있습니다. 그들을 만난 것만으로도 그는 힘을 얻어 앞으로 다가올 일에 대해 준비할 수 있었습니다.

바울은 매우 복합적 성격의 소유자였습니다. 그의 의지는 바위처럼 굳었으면서도 그의 감성은 동정심에 예민하고 유약했습니다. 그것은 마치 뿌리가 깊이 박힌 나무와도 같았습니다. 단단한 줄기는 어떤 바람에도 끄떡하지 않았으나 그 나무의 푸른 잎사귀들은 아주 가벼운 미풍에도 견디지 못하고 나부꼈습니다. 바울의 영혼은 형제들로부터 어떤 영접을 받는가에 따라 고양되기도 하고 좌절하기도 했습니다. 형제들이 믿음위에 굳게 서있는 모습을 볼 때 바울의 마음은 소생되었고 강화되었습니다.

바울은 보편적인 하나의 법칙을 예시해주는 본보기에 지나지 않습니다. 교사들이란 언제나 형제들이 진정한 마음을 보여줄 때 더 동정의 마음을 많이 갖게 되고 환경에 민감해집니다. 웅변을 많이 하는 사람일수록 환경에 민감한 법입니다. 환경의 호응을 받지 못할 때 아무리 열심히 일을 해도 깊은 좌절로부터 헤어 나올 수가 없습니다. 기독교 교사들도 결코 예외는 아닙니다. 제가 꼭 저 자신에 관하여 말하는 것은 아닙니다. 그러나 말씀을 전하는 자는 엘리야와도 같이 힘 있게 예언의 말씀을 전한 뒤에는 머리를 외투 속에 파묻고 "나를 데려 가소서! 나는 나의 선조들보다 나은 것이 하나도 없나이다"는 고백을 합니다. 30년 동안, 도시교회에 따라오기 마련인 온갖 변화를 목도하면서 한 사람이 같은 교인들 앞에서 주일마다 강단에 서야 했을 때, 그들 가운데 일부가 고집스럽게도 무감각한 모습을 나타내고 있는 것을 봐야만 했을 때, 어떤 이들이 믿음으로부터 떠나는 모습과 사랑하는 형제자매들이 늘 있던 자리에 그 모습을 드러내지 않아 텅 빈 좌석을 바라보아야만 했을 때 '아! 내가 기울인 노력이 헛되었구나! 내가 힘을 쏟은 것이 아무런 효력도 없었구나!'하는 절망스러운 생각이 그를 사로잡는 것은 조금도 이상한 일이 아닙니다. 듣는 자가 말하는 자에게 민감하듯이 말하는 자도 듣는 자의 상황에 민감합니다. 만일 여러분이 의자에 얼음을 가지고 와서 앉아 계신다면 실내의 온도는 급격히 내려갈 것입니다. 거의 죽어있다시피 한 사람들 사이에서 불을 지피는 것은 정말 어려운 일입니다. 얼음덩어리 위에다 계속해서 불을 지피는 것처럼 힘든 일이 또 어디 있겠습니까. 회중이 불신앙과 저급한 종교심에 사로잡혀 있게 되면, 그들의 사역자가 자신들보다 더 거룩하고 더 나을 때 그 사역자의 믿음과 열의를 언제나 끌어내려 버립니다.

"그 사역자는 그들의 불신앙 때문에 많은 일을 할 수 없습니다." 그리스도께서는 냉랭하고 동정심이 없는 혼경 때문에 자신의 권능이 짓밟히고 제약받는 상황을 체험하셨습니다. 제가 힘을 가지느냐 아니면 약해지느냐 하는 것은 주로 여러분의 손에 좌우됩니다. 여러분의 사역자가 더 훌륭하게 설교를 하고 모든 면에서 그의 사역을 보다 쾌활하고 신실하게 행하는 모습을 보기 원하신다면 그 열쇠는 여러분에게 있음을 기억하십시오. 냉랭한 무관심, 나쁜 해석, 예리한 비평, 상대방의 말을 신속하게 잊어버리고 마는 습관 따위가 강단의 열의를 죽이고 맙니다.

한편 그리스도의 복음을 전파하라는 뜻을 이루어 드리기 위해 노력하는 사람에게 참된 격려가 되는 말은 어깨를 두드리면서 "당신의 설교는 정말 놀라운 것이었습니다! 천재적이요 웅변적 모습이 엿보이는군요"라고 말하는 것이 아닙니다. 또 돌아다니면서 그 설교를 칭찬하는 것도 아닙니다. "당신의 말은 나를 그리스도에게로 인도했습니다. 당신에게서 저는 선물 중에서도 가장 귀한 선물을 받았습니다"라고 말하는 것입니다.

사랑하는 형제들이여! 사역자는 청중들이 개종하고 성장하는 모습 안에서 위로를 받습니다. 우리는 사역자와 교인의 관계를 맺어 왔습니다. 관계를 맺은 지가 얼마나 되는지 그 기간은 문제가 되지 않습니다. 아마도 앞으로 남은 기간은 아무리 길어봐야 지금까지 지난 기간보다 짧을 것은 틀림이 없습니다. 앞으로 우리에게 허용될 기간 동안에 제가 더욱 더 고상하면서도 겸손한 의식을 가지고 여러분에게 나아가게 되기를 기도드립니다. 저는 그리스도께서 제게 주신 소식을 가지고 나아갈 것입니다. 그때 여러분은 저의 말이 아닌 그리스도의 진리를 더욱 더 가까이 하게 되기를 간절히 바랍니다. 그때 우리는 서로를 도울 수 있을 것이며 우리가 부름 받고, 또 성별된 싸움터에서 서로를 격려할 수 있을 것입니다.

4
모든 사람에게 빚진 자

"헬라인이나 야만인이나 지혜 있는 자나
어리석은 자에게 다 내가 빚진 자라"

롬 1:14

바울이 여기서 이방인을 위한 사도로 그를 부르신 거룩한 부르심을 통해 그에게 부여된 특별한 의무를 염두에 두고 있다는 점은 의심할 여지가 없습니다. 그는 청지기의 입장에서 복음을 위탁받았습니다. 따라서 그는 그 복음을 모든 부류의 사람들에게, 모든 상황에 처해 있는 자들에게 전해야 할 의무를 가지고 있었습니다. 그러나 바울의 선언 밑바닥에 깔린 원리는 모든 기독교인들에게 적용됩니다. 여기서 말하는 빚지고 있다는 생각은 사도들에게만 특별히 적용되는 말이 아니라 모든 신자들에게 해당되는 말입니다. 예수 그리스도의 종이라면 누구든지 진리를 받을 때 청지기의 입장에서 받습니다. 따라서 그는 하나님께 빚진 자입니다. 그는 하나님의 신뢰를 받은 것입니다. 동시에 그는 사람들을 위하여 받은 것이기도 합니다. 그 의무를 제한하는 유일한 것은 바울이 말한 것처럼 "내 안에 가지고 있는 것만큼"이라는 어구입니다. 신자 한 사람 한 사람에게 부여된 역량은 그의 기능, 기회, 환경에 따라 차이가 나며, 그 역량에 따라 그가 그 의무를 이행 할 때 어떤 유형의 활동을 해야 하며 어느 정도까지 활동해야 하는가가 결정됩니다. 그러나 그 의무는 모든 신자들에게 부여되어 있습니다. 우리에게는 예수 그리스도의 이름을 세상에 널리 전파할 것인가 아니면 하지 않을 것인가 하는 문제에 관하여는 선택권이 주어져 있지 않습니다. 그것은 우리가 하나님과 사람들에게 빚지고 있는 하나의 빚일 뿐입니다. 평범한 기독교인들이 정말 복음전파의 사명을 빚으로 간주하고 있을까요? 불행하게도 그렇지 않은 사람이 많은 것 같습니다. 만일 그와 같이 생각하는 기독교인들이 많다면 우리의 보고(寶庫)는 가득찰 것이며 말씀을 전하는 자들의 수효도 급격히 증가할 것입니다.

빚을 지불하는 것을 그렇게 큰 덕목이라고 생각하는 사람은 없습니다. 빚을 갚았다고 해서 칭찬을 기대한다면 참으로 어리석은 사람입니다. 우리에게는 빚을 지불해야 하느냐 말아야 하느냐를 선택할 권한이 주어져 있지 않습니다. 빚을 갚지 않는 것은 부정직한 행위입니다. 또한 우리가 정직해지는 것을 어떤 공적이라고 할 수 없습니다. 기독교인들은 이 원리를 자신들의 신앙생활에 적용해 볼 필요가 있습니다. 만일 그렇게 한다면 세계 그리고 교회가 근본적으로 달라질 것입니다.

그러므로 저는 우리가 빚진 자라는 생각과, 이 빚을 갚는 것은 상식적으로 생각해볼 때 정직한 태도라는 개념을 강조하고자 합니다. 이 두 개념이 제가 선정한 본문의 근저에 깔려 있습니다. 바울은 자신이 접하는 모든 사람들에게 "모든 이름에 뛰어나신 이름"을 전함으로써 자신이 인류에게 진 빚을 효과적으로 갚을 수 있다고 생각했습니다.

1. 기독교인들이 모든 사람들에게 빚진 자인 이유는 우리 모든 사람들이 인간이라는 점에서 공통성이 있기 때문입니다.

기독교가 세상에 내놓은 선물들 가운데 가장 중요한 것은 인류 전체를 형제애의 끈으로 묶는 새로운 사상입니다. '인류'라는 단어 그 자체가 기독교적 조어(造語)입니다. 이 단어는 인류가 예수 그리스도의 복음 곧, 하나님의 아버지 되심을 전하는 복음을 받아들이자마자 인류의 마음속에 고동치기 시작한 새로운 사상을 표현하고 있습니다. 인류 사이에 맺어져 있는 형제애에 대한 신앙은 하나님의 아버지 되심에 대한 신앙에 근거하고 있으며 그래야만 그것은 안전한 토대위에 자리 잡는 것입니다.

이 본문은 어느 유대인이 희랍어로 로마인들에게 보내는 글입니다. 이 현상 자체가 이미 불어 오르기 시작한 홍수의 징조이며, 새로운 질서의 시작인 것입니다. 이 홍수는 시간이 거듭됨에 따라 사람들 사이에 가로막혀 있는 장벽들을 서서히 허물어 갈 것입니다. 바울 사도는 본문에서 인류를 갈라놓는 넓은 두 개의 만(灣)을 지적하고 있습니다. "헬라인과 야만인"은 인종과 언어의 측면에서 인류를 갈라놓습니다. "지혜 있는 자나 어리석은 자"는 문화 및 지적 능력이라는 측면에서 인류를 갈라놓습니다. 이 두 개의 만은 예수 그리스도의 복음이 주는 직접적 또 간접적 영향을 크게 받았음에도 불구하고 여전히 남아 있습니다. 아직까지도 존재하는 격심한 인류의 적개심은 이미 쇠퇴되어 가기 시작한 옛 질서에 속한 것으로 가능한 한 빨리 자취를 감추어야 합니다. 현대사회의 문화가 점차 발전해감에 따라 문명인과 야만인들 사이의 간격이 점점 더 크게 벌어지고 있습니다. 미국 내에서만도 상류층과 하류층 사이에 벌어지기 시작한 교육 수준의 차이 — 제가 말씀드리는 것은 재산이나 지위에 있어서의 높고 낮음이 아니라 지적 성취와 능력의 차이를 말하는 것입니다 — 는 과거 그 어느 때 보다도 커진 상황입니다. 그러나 그 만 위에 다리가 놓여진다면 큰 문제는 되지 않을 것입니다. 유대인과 이방인, 헬라인과 야만인, 교육받은 자와 문맹인, 학문의 재능이 있는 자와 없는 자, 지혜로운 자와 지혜롭지 못한 자 사이를 갈라놓은 피상적 계곡 저 높이 모든 인류가 그리스도 예수 안에서 하나라는 위대한 진리의 무지개가 떠 있습니다. 하나님 아버지가 없는 형제애는 아주 불행스럽게도 백 년 전에 교수대로 끝나고 말았으며 오늘날도 좌절과 더불어 끝날 수밖에 없을 것입니다. 그것은 구호에 불과한 것입니다. 그러나 우리에게는 한 아버지와 한 구주가 계신다는 기독교의 진리가 임할 때 인류의 하나 됨은 안전하게 보장되는 것입니다.

더욱이 그 하나됨은 우리가 모든 사람들에 대하여 빚진 자임을 확증시켜 줍니다. 문화, 인종, 나이, 지위와 같은 온갖 피상적 차이들 이면에는 모든 인간의 영혼 안에 공통적으로 들어있는 필요, 동경, 가능성이 자리 잡고 있습니다. 야만적 상태에 있는 사람이든, 계몽된 상태에 있는 사람이든 모든 인간은 동일한 공기를 마시며, 동일한 빛에 의해 사물을 보며, 동일한 음식과 음료를 섭취하며, 같은 동경의 마음을 가지며, 충족되지 않을 때 고통을 느끼는 고귀한 열망을 공유하고 있습니다. 인류는 또한 같은 죄의식을 가지고 있으며 감사하게도 같은 구주와 구원을 가지고 있습니다.

우리는 모두 한 가족이기 때문에 우리의 소유, 존재, 능력이 이웃에게 나누어 주기 위한 목적으로 우리에게 위탁된 것임을 알아야 합니다. 우리는 빨아들이기만 하는 스폰지가 아닙니다. 우리는 샘에 박힌 파이프입니다. 우리는 귀중한 생수를 내뿜어 주어야 할 책임을 안고 있는 것입니다.

가인은 우리들의 좋은 본보기가 될 수 없으나 가인이 제기한 질문은 세상이 제기한 것과 같은 질문입니다. 가인의 질문은 부정적인 답변을 기대합니다. "내가 내 동생을 지키는 자니이까?" 이 말 자체 안에 이미 답변이 내포되어 있습니다. 가인은 "아니오"라는 답변을 기대하겠지만 지혜로운 자라면 "예"라는 답변을 할 수밖에 없을 것입니다. 왜냐하면 만일 내가 내 동생의 형이라면 나는 분명히 내 동생을 지키는 자이기 때문입니다. 그런데 오늘 본문에는 더 나은 본보기가 있습니다. 여기 또 한 사람의 형이 있습니다. 그는 자신이 소유한 모든 것을 형제들에게 나누어 주고자 합니다. 그런데 우리가 형제애라는 신비스러운 끈으로 모든 사람들과 연결되어 있기 때문에 소유물에 관하여 모든 자에게 빚진 자의 상태에 있음을 깨닫지 못한다면 우리는 바울을 본받는 자라고 말할 수 없을 것입니다. 이와 같은 기독교 진리가 현대의 사회주의 이념 밑바닥에 깔려있는 것입니다. 궁극적으로 어떤 형식을 통해 그것이 인류를 지배하게 되든, 그 원리는 언젠가는 반드시 승리할 것입니다. 기독교인인 우리들은 그 원리가 승리할 그날을 앞당겨야 할 의무를 가지고 있습니다. 우리가 빚진 자들인 까닭은 인류라는 보편성을 가지고 있기 때문입니다.

2. 우리는 보편적 구원을 소유하고 있기 때문에 빚진 자들입니다.

내가 이미 제시한 원리는 우리가 소유한 것, 존재, 능력, 그 어느 분야에도 적용이 가능합니다. 그러나 그 많은 분야들 가운데 가장 중요하고 고상한 분야는 기독교인이 마음에 희락을 가져다주는 복음을 소유하고 있다는 것과 그와 관련된 제반 의무들을 가지고 있다는 점에 적용될 수 있을 것입니다. 그리스도께서 인간들을 자신에게로 이끄시는 이유는 인간들을 위해서입니다. 이것은 매우 감사한 일입니다. 그러나 그리스도께서 인간들을 자신에게로 이끄시는 것은 다만 그들을 위한 것만은 아닙니다. 그가 그들을 자신에게로 부르신 것은 그들이 다른 이들을 불러 모아 한 목자 주위에 모이는 양떼들의 숫자를 더 불어나게 하기 위한 목적을 가지고 있습니다. 주님이 축복의 이슬을 가장 작은 꽃 잔에 부어 주시는 이유는 "바로 옆에 있는 또 하나의 꽃 잔에 그 이슬을 나누어 주게 하려는"것입니다. 밀가루 반죽에 이스트가 들어가면 점점 불어나 마침내는 온 반죽 전체에 이스트 기운이 퍼지듯이 기독교인들은 하나님과 인간에게 빚진 자로서 예수 그리스도의 복음을 나누어 주어야 할 의무가 있습니다. "헬라인이나 야만이나, 지혜자나 어리석은 자"가 모두 그 대상이 되는 것입니다. 복음을 나누어 주는 데는 어떤 차별도 있을 수 없습니다. 피부 빛깔, 인종, 언어, 능력, 학식 여부와 관계없이 어떤 한 사람을 만날 수 있게 되었을 때, 그가 나를 신뢰하고 있을 때 내가 그를 예수 그리스도에게 이끌기 위하여 최선을 다하지 못한다면 그에게서 빼앗는 결과가 됩니다.

이 의무는 복음이 모든 부류의. 그리고 모든 상황에 처해 있는 사람들에게 적용될 수 있다는 사실이 입증되면서 더욱 더 중요시되고 있습니다. 모든 종교들 중에 유독 기독교만이 모든 형태의 인물을 지배할 수 있으며, 모든 단계의 문명에 영향을 끼치며 모든 언어로 번역이 가능하며, 모든 인류의 의복이 될 수 있음이 입증되었습니다. 다른 종교들은 한정된 활동 분야에 그 영향력이 제한되며 지정학적 조건이나 문명의 단계들에 의해 엄격하게 통제받습니다. 포도주는 항해하는 과정에서 대개 상합니다. 따라서 포도주는 포도가 생산된 땅에서만 마셔야 합니다. 모든 인종적 종교들이 지니고 있는 한계가 바로 그런 것입니다. 기독교만이 온 땅을 두루 다니면서 모든 사람들에게 영향을 끼칠 수 있습니다. 이 사실은 선교의 역사를 더듬어 보면 분명히 드러납니다. 아직도 예수 그리스도의 복음을 전달받고 그 복음의 작용에 의해 고양되어야 할 인종이 많이 있습니다.

우리가 접하는 모든 사람들에게 복음을 전달해야 할 책임이 우리에게 부여되어 있습니다. 종종 국내든 해외든 이교도들을 돕는 일에 손가락 하나도 까딱하지 않는 사람들이 국내의 사역과 국외의 사역을 구분하는 일은 우리가 참된 기독교적 관점에 서게 된다면 완전히 사라지고 말 것입니다. 여기 복음을 원하는 한 사람이 있습니다. 나는 복음을 가지고 있습니다. 나는 그것을 그에게 줄 수 있습니다. 이 의무는 하늘로부터 우리에게 부여되는 명령이라고 할 수 있습니다. 형제들이여! "아무에게도 빚을 지지 말라"는 명령을 우리는 순종하지 않고 있습니다. 우리는 우리의 능력이 미치는 한, 국내든 국외든 우리가 영향을 끼칠 수 있는 모든 분야에 걸쳐서 그리스도의 이름과 그 안에 있는 구원을 전해야 합니다.

3. 우리가 빚진 자인 까닭은 은총을 받았기 때문입니다.

이제 나는 많은 재산을 소유한 이들에게 말씀드리고자 합니다. 재산을 많이 증식시킨 분들 가운데는 복음을 필요로 하는 지역과 상거래를 함으로써 부를 이룩하신 분들도 있습니다. 영국이 오늘날 소유하고 있는 것과 같은 대제국을 이룩한 것을 전혀 쓸모없는 일이라고 몰아 부칠 수는 없겠지요. 얻은 것은 분명히 얻은 것이니까요. 그러나 기독교적 원리에 비추어 볼 때 낯 뜨거워 견딜 수 없는 그런 방법으로 얻은 것이 얼마나 많습니까? 그러나 얻은 것은 얻은 것이겠지요.

이른바 "이교도의" 땅에 우리가 빚을 지고 있다면 그것은 무엇을 의미하는 것일까요? 우리의 의사소통에 도구로 쓰이는 언어, 문명의 기원, 팽창하는 인구의 이민을 위한 넓은 들, 온갖 지혜의 보고들, 우리가 그토록 오만하게 자랑하면서도 책임을 지지 않으려는 제국, 그리고 맨체스터의 번창한 상업! 하나님께서 우리가 이와 같은 국가를 형성하도록 축복하신 일이 우리의 위대한 문학적 재능, 위대한 학문, 축복받은 법률, 우리의 공장을 그 먼 나라에 이식시킨다는 단 하나의 목적만을 가지고 있는 것일까요? 우리가 줄 수 있는 최선의 것은 우리들 모두가 주는 일에 도움을 제공할 수 있는 것 곧, 예수 그리스도의 복음입니다. "이 때를 위해서 네가 여기 있는 것이 아닌지 누가 아느냐?"(스 4:14).

4. 마지막으로 우리가 빚진 자들인 까닭은 우리가 피해를 끼쳤기 때문입니다.

많은 속국민들이 우리 국민에 비교해 볼 때 쇠퇴해가는 것처럼 보입니다. 영국이 대영제국을 얻는 과정에서 보여준 헤아릴 수 없이 많은 잔인한 행위들과 통탄할 만한 작태들을 생각하면, 영국이 선보다는 해를 더 많이 끼쳤으며 차라리 이 속국민들이 종종 우리로부터 받아온 치명적 선물들을 받는 것보다는 차라리 우리의 문명을 무시한 채 낡은 신앙 안에서 생활하도록 방치해두었더라면 더욱 더 좋았으리라는 생각이 듭니다. 저에게 과장하려는 의도는 전혀 없습니다. 그러나 기독교적인 관점을 갖지 않은 사람들이 저지른 사건들을 생각한다면 영국이 야만인들과 어리석은 자들에게 갚아야 할 빚을 안고 있다는 사실을 인정하게 될 것입니다.

아프리카 부족들이 근근이 생계를 유지하는 데 필요로 하는 물품들을 럼주와 교환함으로써 얼마나 많은 사람들을 죽음으로 몰아넣었습니까? 악의 씨앗인 새로운 질병들을 남해군도에 이식시키고 그곳에 거하는 주민들로부터 세금을 거두어 그들을 파산지경으로 몰아넣은 것은 또 어떻게 해석해야 될까요? 그 옛날 선지자가 타락한 이스라엘을 보고 울었듯이 야만인의 땅을 배회하며 횡포를 일삼는 영국의 백인 건달들을 보고 우리는 탄식하게 됩니다. "너희들로 말미암아 하나님의 이름이 이방인들 가운데서 모욕을 받는도다"(롬 2:24). 어느 인도인이 이렇게 이야기했다고 합니다. "여러분이 가지고 있는 책은 매우 훌륭하오. 여러분이 여러분의 책만큼만 선량하다면 5년도 채 못되어 이 나라를 정복할 것이요." 그 말이 사실이든 사실이 아니든 신앙이 없는 영국인들이 이교도들에게 어떤 인상을 심어 주었는가를 다시 한 번 깨닫지 않을 수 없습니다. 우리는 지금 그들로부터 종교를 박탈하고 있는 중입니다. 그것은 그들에게 유럽의 사상을 교육시키고 유럽의 사상에 접촉할 수 있는 기회를 제공한 결과입니다. 그런데 만일 우리가 그들의 종교보다 더 고상한 구속의 신앙을 그들에게 제시해 주지 못한다면 인도인들의 나중 상태가 처음 상태보다 더 악화될 것입니다.

오늘날 인도 북서부 국경지대에서 전투가 벌어지고 있다는 이야기가 들려옵니다. 또 다른 유형의 해독을 끼치고 있음을 어렵지 않게 짐작할 수 있습니다. 이 자리는 정치를 이야기하는 자리는 아닙니다. 그러나 다음과 같은 질문을 하지 않을 수가 없습니다. "국가의 행위를 결정하는 데 기독교적인 원리들이 적용되고 있는가?" 자부심에 가득 찬 우리 영국인들 만큼이나 독립에 대한 애착과 권리를 품고 있는 종족들에게 억지로 우리의 멍에를 씌우는 것이 과연 기독교적 행의일까요? 정벌과 기관총이 모든 사람들에게 빚을 갚는 도구인가요? 예수 그리스도께서는 그 행위를 어떻게 평가하실까요?

형제들이여! 우리는 모든 인류에게 빚진 자들입니다. 바울을 통하여 우리에게 계시된 형제애가 국가의 행위에도 영향을 주도록 최선을 다해야겠습니다. 적어도 우리들만은 빚지고 있음을 인식하고 그 빚을 갚아야겠습니다. 우리는 모두 인류라는 공동체 안에 있기 때문에, 누구에게나 적용되는 복음을 소유하고 있기 때문에, 우리는 모든 이들에게 빚진 자입니다. 우리가 많은 이들로부터 많은 선물을 받았으면서도 많은 이들을 괴롭혀 왔기 때문에 더욱 더 우리는 빚진 자입니다. 이 빚을 갚지 않을 때 "국가의 필요"라는 명목으로 자행된 범죄를 경감시키라는 요청을 듣게 될 것입니다. "네 치마폭에서 죄 없는 가련한 자의 피가 발견된다"는 주님의 엄숙한 말씀을 듣게 될 것입니다. 우리는 빚진 자들입니다. 이제 빚을 갚아야겠습니다.

5
복음은 하나님의 능력

"내가 복음을 부끄러워하지 아니하노니
이 복음은 모든 믿는 자에게 구원을 주시는
하나님의 능력이 됨이라"

롬 1:16

로마에서 복음을 전하는 것은 바울의 숙원이었습니다. 바울은 지혜의 고향인 아테네에서 한 일을 권력의 중심지에서도 하고자 했던 것입니다. 바울은 자신이 아니라 자신이 전하는 복음에 대한 놀라운 확신을 가지고 당대의 가장 강한 것과 결전을 벌이려고 시도했습니다. 오히려 바울에게 있어서 위험이라면 그의 대담함이었습니다. 바울은 뱀과 싸울 때는 갑작스럽게 머리를 강타해야 한다고 생각했던 것입니다. 로마에서 영향력을 행사하게 되면 그 여파가 제국 전역에 미치리라는 점도 잘 간파하고 있었습니다. 본문이 지니고 있는 장엄한 담대함을 이해하기 위해서는 로마인의 입장에서 그 말들에 귀를 기울여볼 필요가 있습니다. 지금 여기 어느 가련하고 보잘것없는 유대인이 있었습니다. 그는 유대인들의 빈민 거주지에서 기거하는 수많은 다른 유대인들과 조금도 다를 것이 없는 인물입니다. 그의 머릿속에는 한 젊은 꿈쟁이에 관한 광적 환상이 가득 차 있습니다. 이 젊은 꿈쟁이는 시리아의 총독에 의해 죽임을 당한 자입니다. 시리아의 총독이 그를 죽인 까닭은 소란이 일어난 속주를 잠잠하게 만들기 위함이었습니다. 이 꿈쟁이에 관한 환상을 가진 이 유대인이 자기의 말이 황제들의 권좌를 흔들흔들하게 하리라는 생각을 가지고 로마로 가려는 것입니다. 여행에 찌들린 죄수가 아피안로를 지친 몸을 이끌고 터벅터벅 걷고 있습니다. 그런데 바로 그가 세계를 우하여 염려하면서 세계에서 가장 강한 일을 하려고 한다는 이야기를 그들이 듣는다면, 그들의 입술은 교만함과 비웃음이 담긴 조소로 일그러질 것입니다. 로마인들은 사상을 그다지 신뢰하지 않는 사람들입니다. 그들이 생각하는 힘이란 예리한 칼날이며, 식민지 백성들의 목에 둘러씌운 철 멍에였습니다. 그러나 역사 특히 기독교의 역사를 살펴보면 사상이 우월함을 보여주며 사상이 혁신적 힘을 가지고 있음을 입증합니다. 사상은 모든 가시적 세력들보다 더 강한 것입니다. 사상은 해체하기도 하며 다시 일으켜 세우기도 합니다. 제국과 제도는 전기램프의 탄소막대와도 같이 사상 앞에서 녹아버립니다. 갈보리의 바위언덕이 왕궁에 있는 카피톨리누스 언덕브다 높은 것입니다. "내가 복음을 부끄러워하지 아니하노니 복음은 구원을 주시는 하나님의 능력이 됨이라."

그런데, 친애하는 친구들이여! 저는 이 위대한 본문을 선택하여 그 본문의 의미를 밝혀 보려고 애를 써 왔습니다. 그러나 저는 누구보다도 분명하게 제가 그 본문을 취급할 때마다 의미를 보다 강하게 드러내기 보다는 오히려 본문의 의미를 약화시켰다는 사실을 깨닫게 됩니다. 이 용기 있는 확신의 영향을 받으며, 예수 그리스도의 복음에 대한 바울의 열정과 자랑에 불타오르는 것만으로도 우리 신도들과 사역자들은 충분한 힘을 공급받게 될 것입니다.

이제 저는 여러분에게 세 가지 사항들을 숙고해보도록 요청하겠습니다.

1. 바울이 복음이라고 했을 때 그것은 무엇을 의미하는 것이었는가?

바울은 늘 하던 방식에 따라 요약된 진술을 먼저 우리에게 주고 있습니다. 이 요약은 뼈대만 간추리고 살은 완전히 제거한 것으로 복음이라는 단어를 바울이 어떤 의미로 사용하고 있는가를 보여주고 있습니다. 더 이상 축소시킬 수 없는 그 최소한의 진술은 무엇이었습니까? 여러분은 고린도전서 15장을 통해 예수 그리스도의 죽으심과 부활하심에 관한 기록들을 접할 것입니다. 이처럼 복음은 어떤 원리들에 관한 언명이 아니라 이 세계 안에서 일어난 실제적 사건들에 관한 기록입니다. 어떤 사건의 지극히 작은 부분도 우리 눈에 명확하게 그 모습이 들어오는 것입니다. 사건에 관한 설명이 뒤따르지 않는다면 그 사건은 아무런 의미도 없는 사건이 되고 맙니다. 따라서 바울은 사실들과 그 사실들에 관한 설명을 항상 연결시키고 있습니다. 젊은 나사렛 사람 예수가 처형되었다는 사실 그 자체는 두 사람의 강도가 예수와 함께 처형되었다는 사실처럼 복음이 될 수 없습니다. 그러나 눈에 보이는 그 사실의 근본을 밝혀주며 또한 해석해주는 설명이 첨가된다면, 연대기적인 그 사실은 복음으로 바뀌게 됩니다. 만일 여러분이 그의 죽음을 이해하고자 하신다면 죽으신 분이 누구인가를 알아야합니다. 그의 죽음은 동정과 비웃음을 동시에 유발시키는 하나의 관념이며 또 많은 사람들에게 매우 귀중한 것으로 이해되는 것입니다. 그러나 "그리스도께서 성경에 따라 죽으셨다"는 이야기를 듣게 되면 상징으로 가득 찬 고대의 제사의식과 번득이는 선지자들의 예언이 우리 앞에 떠오르면서 죽음은 전혀 다른 양상을 띠고 우리에게 나타납니다. 만일 "예수께서 죽으셨다"는 것으로 끝난다면 그 죽음은 영웅주의의 아름다운 본보기, 감미롭고 정념적인 무고한 희생, 세상의 교사들에게는 명백히 부담감을 안겨주는 사건 정도에 지나지 않는 것으로 인식될 것입니다. 그러나 "형제들이여, 내가 전하는 복음은 … 그리스도께서 성경대로 … 어떻게 죽으셨는가에 관한 것이라"는 사도 바울의 말을 머리에 떠올리면 그 사건은 한순간에 견실한 아름다움으로 바뀌면서 우리를 구원하는 구원의 복음이 됩니다. 설명은 여기서 끝나지 않고 계속됩니다. "그 그리스도가 우리의 죄를 위하여 어떻게 죽으셨는가"에 관한 것입니다. 저는 사실상 우둔한 자입니다. 그러나 제가 감히 말씀드릴 수 있는 것은 그리스도의 죽으심이 어떤 지성적 의미에서 우리의 죄를 대신한 죽으심인지, 다시 말하자면 나의 죄악이 어떻게 제거되었으며 또 그 죄로부터 내가 구원받게 되었는지 — 만일 그의 희생의 구속적 의미를 전제하지 않는 한 — 알 길이 없었을 것이라는 점입니다. 저는 이야기를 더 전개시키기 위해서 여기서 중단할 수는 없습니다. 그러나 감히 말씀드릴 수 있는 것은 본문은 좁게 해석하면 심오한 의미를 가진 바울의 말씀을 적절히 이해하지 못하게 된다는 것입니다. 설명은 계속됩니다. "그리고 그가 장사 지낸 바 되었다." 무엇 때문에 그와 같이 세밀하게 설명해야 될까요? 그 이유 가운데 하나는 그와 같은 설명이 주님의 죽으신 사실을 보증해 주기 때문이며, 또 다른 이유는 주님의 부활의 증거들을 뒷받침 해주기 때문입니다. "그리고 그는 성경대로 죽은 자 가운데서 일어나셨다." 이것은 위대한 사실입니다. 이 사실이 없었다면 그리스도는 지지를 받지 못할 것이며, "여러분은 여전히 죄 안에 있게 됩니다."

 그러나 여기서 내가 선택한 본문은 이 서신을 위한 바울의 본문이기도 하다는 점을 기억하십시오. 이 본문은 지금까지 내가 이야기해 온 압축된 요약과는 다른 것입니다. 그것은 마치 꽃잎을 오므리고 있는 꽃 봉우리는 꽃잎을 활짝 펼치고 아름다움을 한껏 과시하는 꽃과는 서로 다른 것과 같습니다. 이제 내가 선정한 본문이 이 서신의 핵심이라고 생각하고 이 서신의 처음 여덟 장을 읽어보십시오. 바울기 목적을 성취하여 로마에 있는 자들에게도 "복음"을 전한다고 말하고 있는데, 여기서 바울은 무엇에 관하여 이야기하고 있는 것일까요? 바울이 여기서 두서너 마디로 간략하게 요약한 복음은 많은 내용들을 함축하고 있습니다. 죄의 보편성, 무서운 죄의 짐, 전율하게 하는 형벌, 인간에겐 자기 자신을 구원하거나 의롭게 살 수 있는 능력이 결여되어 있다는 사실, 서상 죄를 위한 희생 제물로 바쳐진 예수 그리스도의 성육신·생애·죽음, 믿음의 손으로만이 주어진 축복을 받을 수 있다는 것, 믿는 영혼 안에 성령이 내주하시는 것, 그 결과로서 신자가 아들의 생명, 권능, 화평, 승리, 영광을 얻게 된다는 것, 그 누구도 끊을 수 없는 아버지의 사랑 안에 자녀가 들어가는 것 등이 이 서신의 주제이며 내가 선택한 본문의 무게 있는 어구들에 대한 설명이기도 합니다. 바울은 이러한 요소들이 최소한의 복음의 정수라고 말합니다.

그러나 바울 혼자만 복음을 이와 같이 구성하고 있는 것은 아닙니다. 오늘날 바울 기독교에 대하여 많은 이야기들이 오가고 있습니다. 이 말이 함의하고 있는 바는 간단히 말해서 바울이 복음적 기독교의 창시자라는 것입니다. 신약성경 안에 바울의 가르침, 베드로의 가르침, 요한의 가르침이 있다고 생각하는 것은 대단히 놀라운 관점입니다. 그런데 이 세 가지 유형의 교훈들은 복음의 근본적 내용에 관한 한 아무런 차이도 보여주지 않고 있습니다. "우리가 아직 죄인 되었을 때 그리스도께서 우리를 위해 죽으심으로 하나님께서 우리를 향한 자기의 사랑을 확증하셨다"는 바울의 선언이나, "나무 위에서 친히 자기 몸에 우리의 죄를 담당하셨다"는 베드로의 말이나, "우리를 사랑하시고 자기 피로 우리를 죄로부터 정결케 하신 그분께"라는 요한이 고도(孤島)에서 보낸 찬양은 사실 같은 내용입니다. 사실상 바울이 복음의 근거에 관하여 완전한 확신을 가지고 있지 못했다면 그가 직면해야 했던 신랄한 비평에 과감히 대항할 수 없었을 것입니다. 그러므로 바울은 "나나 그들이나 전하는 복음은 같은 것"이라는 지극히 당연한 고백을 했던 것입니다.

많은 사람들은, 우리는 복음서의 그리스도, 역사적 예수에게로 되돌아가야 하는데 그 예수는 바울이 생각한 복음이라고 규정한 이 모든 중요한 요점들에 관하여 아무런 말도 하지 않았다고 말합니다. 만일 당신이 어느 복음서에나 적용될 수 있는 그리스도 관을 확립하고자 한다면 복음서의 그리스도에게로 되돌아가십시오. 그때 비로소 당신은 "인자는 섬김을 받으려 함이 아니라 섬기기 위해, 많은 사람들에게 나의 생명을 대속물로 주기 위해 세상에 왔다"고 말씀하시는 그리스도를 만나게 될 것입니다. 당신은 또한 "내가 하늘로 올라간 후엔 많은 사람들을 내게로 이끌리라"고 말씀하시는 그리스도께 돌아가게 될 것입니다. 당신은 또한 "내가 주는 떡은 나의 몸이요, 이 떡은 내가 세상의 생명을 위해 주는 것이라"고 말씀하신 그리스도를 만나게 될 것입니다. 그때 당신은 고요한 아름다움을 지닌 그의 생애와 설득력이 있고 감미로운 그의 은혜로운 말씀들, 기적적 축복의 능력을 영원히 기억하도록 요구하시지 않고 그의 생애의 마지막 몇 시간에 걸쳐 진행된 신비스러운 고통을 기억하도록 요청하시는 그리스도를 만나게 될 것입니다. 바로 그 고통에 그의 권능의 비밀, 소망의 근거, 우리의 사역의 동기가 놓여 있음을 주님이 가르쳐 주실 것입니다.

형제들이여! 제가 이 문제를 오랫동안 감히 남겨둔 것은 복음이 무엇인지 이해하지 않고는 복음에 관하여 달해봐야 아무 소용도 없기 때문입니다. 감히 말씀드릴 수 있는 것은 지금까지 말씀드린 내용이 곧 바울의 복음관인 동시에 나의 복음관이기도 하다는 점입니다. 선정한 본문을 너무 좁게 해석하지 마십시오. 선정한 본문들을 표현 방식의 차이를 세세하게 검토해보는 일에 사용해서는 안 된다고 생각합니다. 표현 방식의 차이란 개인의 성격의 차이에 따라 우리가 여수 그리스도에 관하여 생각하고 전하는 관념들에 항상 나타나기 마련입니다. 나는 설교를 할 때 일정한 어구들을 앵무새처럼 반복하는 것은, 그 어구들이 아무리 위대한 내용을 지니고 있다 하더라도 그렇게 바람직한 것은 아니라고 봅니다. 진리를 진리로서 받아들이는 자들이라면 지금까지 언급한 차이점들에 대하여 그들이 때때로 보여주는 것보다는 좀 더 폭넓은 아량을 보여 주어야 하리라고 봅니다. 뿐만 아니라 이제 주님을 갓 영접하여 은혜로운 말씀들에 담긴 모든 진리를 충분히 받아들이는 자리까지 아직 성숙하지 못한 젊은이들에 대해서도 지금보다는 좀 더 따뜻하게 수용할 수 있으리라고 봅니다. 바울이 이해한 그리스도의 복음 안에는 그것이 의존하는 함의와 전제의 심오한 근거들, 그리고 아직 드러나지 않는 결론의 영역들과 더불어 다양한 사상을 위한 여백이 있습니다. 그리스도의 십자가는 우주를 푸는 열쇠이며 인간의 모든 사고의 영역에 그 영향을 미친다는 사실을 기억하십시오.

2. 그렇다면 복음의 정체는 무엇인가.

"구원에 이르는 하나님의 능력." 바울 사도의 사고의 배경에는 암암리에 바울이 직면하게 될 적대적 권력 즉, 르마의 권력에 대한 언명이 깔려 있습니다. 나는 그것을 본문 안에서 추적해 보고자 합니다. 이미 말씀드린 것처럼 로마는 사상을 믿지 않는 물리적 세력의 구현체(具現體)입니다. 바울은 연약한 듯이 보이는 십자가를 이 세속 권력보다 더 높게 평가하여 십자가의 사람보다 강함을 선언했습니다. "십자가는 구원에 이르는 능력이기" 때문입니다. 권력의 상징인 로마는 강합니다. 지혜의 상징인 아테네는 더 강합니다. 십자가는 세상에 있는 그 무엇보다도 강합니다. 그런데 십자가는 한 가련한 인간이 죽어가는 연약한 모습을 그 특징으로 하고 있습니다. 그것은 하나님의 권능을 이상한 방법으로 구현하고 있는 것입니다. 그렇습니다. 십자가는 너무 이상하기 때문에 그토록 감동적이며 정복적인 것입니다. 연약함으로 둘러싸여 있으나 십자가는 힘입니다. 로마의 권력이 종종 의로운 일에 사용되었던 것은 사실이지만 그 권력의 전반적 흐름은 파괴의 힘으로 사용되었습니다. 로마는 우악스러운 손이 탐스러운 포도송이를 움켜쥐어 형체가 없는 덩어리로 만들어 버리듯이 열국을 집어삼켰습니다. 군단의 말발굽소리는 죽음을 의미했고 그들의 말발굽이 짓밟고 지나간 곳에서는 풀이 자라나질 못했습니다. 이 무시무시한 파멸의 무기에 대항하여 바울은 사랑이라는 온유한 군단을 이끌고 대항했습니다. 이 군단의 유일한 목적은 인간의 구원이었습니다.

이제 사람들이 지금까지 종종 소중하게 간직해왔던 것보다 더 깊고 폭넓은 관념들을 소유하기 위해 필요한 몇 가지 핵심적 단어들에 관하여 살펴봐야겠습니다. 구원은 무엇입니까? 부정적 관점에서 말한다면 많은 학파들이 이야기하는 것처럼, 구원은 육체적이며 도덕적인 온갖 악들을 제거하고 없애는 것입니다. 긍정적으로, 구원은 복합적인 인간 본성의 제반 부분들에 유익한 모든 선한 것들을 포괄하는 것입니다. 이 두 가지 일을 담당하는 것이 곧 복음의 과업입니다. 이제, 우리는 그와 같은 목적을 수행하기 위해서 인간의 권능이 아닌 다른 어떤 일이 어떻게 절대적으로 필요한가에 관해서 언급할 필요를 느끼지 않습니다. 하나님의 다스리심과 나와의 관계를 변경시킬 수 있는 분은 오직 하나님뿐입니다. 오직 하나님만이 나의 죄악의 내면적 결과들을 제어하실 수 있으며 그것들이 나를 탄핵하는 것을 방지할 수 있습니다. 오로지 하나님만이 죽은 나에게 새 생명을 공급하여 그 생명이 의와 아름다움에까지 자라나게 하시며, 마침내 그 자신의 아름다움을 포착하고 그것에 유사한 지경까지 근접하는 것을 가능하게 하실 수 있습니다. 그러나 이것이 과연 복음이 목표로 하는 것이라면 복음이 인간의 질병에 대하여 내리는 처방은 오늘날 현대인들 사이에서 애호를 받고 있는 것보다 훨씬 더 진지한 것이라 할 수 있습니다. 구원은 우리 주위에서 들을 수 있는 그 어떤 사소한 복음의 음성보다도 더 위대한 단어입니다. 구원은 사회적이거나 지성적인, 혹은 물질적이거나 정치적인 관점에서 인간의 조건을 향상시키는 것보다 훨씬 큰 어떤 것입니다. 인간의 질병의 뿌리는 매우 깊습니다. 우리가 부분적으로밖에는 체험하지 못하고 있는 파멸과 손실은 너무나 큽니다. 이 질병은 우리 모든 영혼의 머리위에 무시무시한 모습을 한 채 드리워져 있습니다. 그러므로 우리의 관심은 변두리에서 어물쩡거리는 것, 자기 개발에서 볼 수 있듯이 인간의 오성(悟性)을 다루는 것, 사회복음의 경우에서처럼 인간의 경제적 문화적 조건을 다루는 것 이상의 문제에까지 확대되어야 합니다. 사랑하는 형제들이여! 특히 기독교 사역자들이여! 온갖 수단을 다 동원하여 사회적 기독교를, 응용된 기독교를 전하십시오. 왜냐하면 예수 그리스도의 복음에는 우리의 사회적 상황을 괴롭히는 모든 문제들에 대한 해답이 들어 있기 때문입니다. 그러나 기독교를 응용하기 위해서는 먼저 기독교가 있어야 한다는 사실을 분명하게 인식하십시오. 구원의 과정을 개인의 마음 깊은 곳에서부터 시작하여 무엇보다도 개인인 그를 변화시킨다는 점을 기억하십시오. 그 능력은 "믿는 모든 자를 위한" 것입니다. 그 능력은 보편적 위력을 지니고 있습니다. 로마제국은 문자 그대로 범세계적이었습니다. 그러나 그리스도의 비둘기는 언제든지 움켜잡을 태세를 갖춘 부리와 발톱을 갖춘 로마의 독수리 보다 더 멀리 나릅니다. 인간이 있는 곳에는 인간을 위한 복음이 언제나 있는 것입니다. 복음에 한계가 있다면 그것은 보편성에 한계가 있는 것이 아닙니다. 또한 복음을 받아들인 자에겐 오직 선한 결과만을 초래한다는 만병통치약과 같은 것이 곧 복음이라는 주장에 한계가 있는 것이 아닙니다. 왜냐하면 우리는 같은 요구와 욕망을 가지고 있으며 같은 빵을 먹으며 같은 물을 마시며 같은 공기를 흡입하며 같은 죄악을 가지고 있으며, 감사하게도 같은 구주를 모시고 있기 때문입니다. "복음은 믿는 모든 자에게 구원을 주시는 하나님의 능력"(롬 1:16)인 것입니다.

이제 이 문제로부터 다른 문제로 넘어가기에 앞서서 제가 말씀드리고 싶은 것이 한 가지 더 있습니다. 그것은 "구원에 이르는 하나님의 능력"이라는 빛나는 언어를 오직 바울이 증거 한 복음에만 적용시켜서는 안 된다는 점입니다. 성육신과 예수 그리스도의 죽음의 의미를 상실한 기독교, 제가 지금까지 다루어 온 핵심적 사실들을 묵살하는 기독교는 어떤 형태를 취하든지, 이 세상에서 큰 위력을 보여주지 못했으며, 못하고 있으며 또 못할 것입니다. 여기 시계가 하나 있습니다. 이 시계는 뒷부분이 아름답게 장식되어 있으며 매우 예술적인 바늘판을 갖고 있습니다. 이 시계는 최신의 유행에 걸맞게 만들어졌습니다. 그런데도 시계가 가지 않습니다. 왜냐하면 가장 중요한 태엽이 끊어졌기 때문입니다. 그렇습니다. 바울이 이 서신을 통해 상세하게 설명한 복음만이 "구원에 이르는 하나님의 능력"입니다. 사랑하는 형제들이여! 물론 이와 같은 설교에서 교리화 한다는 비판을 듣지 않을 수 없습니다. 저에게 주어진 짧은 시간을 고려할 때 그것은 어쩔 수 없는 일 같습니다. 그러나 저는 여기서 준엄하게 다시 한 번 선언하지 않을 수 없습니다. 이런 표현이 여러분에게 별다른 의미가 없는 것이겠지만 저는 그와 같은 표현을 사용하는 것이 합당하다고 봅니다. 건물의 아치(arch)에서 쐐기돌을 빼보십시오. 만일 여러분이 다른 돌들을 묶어두지 않는다면 그 돌은 여러분의 머리 위로 몽땅 떨어져 내리고 말 것입니다. 그처럼 바울이 이 짧은 말로 요약한 교리를 기독교라는 개념으로부터 제거해 버리고 기독교가 효력을 발휘할 것을 기대해 보십시오. 어떤 결과가 나타나겠습니까? 고통 받는 인류를 괴롭히는 악마를 주관하는 이름은 오직 하나뿐입니다. 매력은 있어 보일지라도, 바울이 전한 복음이 아닌 다른 힘이 약한 것을 들고 악마들을 집적거려 보십시오. 그들이 틀림없이 이렇게 말할 것입니다. "예수도 내가 알고, 바울도 내가 아는데, 너는 도대체 누구냐?"(행 19:5).

3. 바울은 이 복음에 관하여 어떤 느낌을 받았는가.

"내가 부끄러워하지 않는다"는 바울의 담백한 표현은 바울이 늘 사용하는 온건한 어조에 비교해 볼 때 상당히 강력한 것입니다. 이 표현은 바울이 마음속에 확고한 목표와 태도를 가지고 있다는 것과, 로마의 상황이 복음을 부끄럽게 여기도록 이끌 수 있는 상황임을 바울이 잘 인식하고 있다는 사실을 보여 줍니다. 바울 앞에 포진하고 있는 세력들을 한번 생각해 보십시오. 존경받는 종교, 체계화된 철학, 증오와 편견, 세속권력과 부. 이상과 같은 것들은 골리앗의 청동갑옷입니다. 이 작은 다윗은 물매에 다섯 개의 자갈을 들고 골짜기를 활보하여 내려갔습니다. 그는 물매의 사용법을 정확히 터득하고 있었습니다. 물매는 그가 생각했던 대로 작용을 했습니다. 그가 전하는 복음은 로마제국을 뒤흔들어 그 제국을 다른 모양으로 바꾸어 놓았습니다.

사랑하는 친구들이여! 오늘날에도 우리의 확신을 무너뜨리려는 유혹들이 대단히 많습니다. 오늘날 이른바 영향력 있는 견해로서 제시되는 수많은 견해들은 모두 반초자연적인 것들입니다. 우리 주위에 그러한 요소들이 많이 현존해 있다는 사실을 우리는 잘 인식하고 있습니다. 특히 그와 같은 생각들은 젊은이들에게 큰 영향력을 끼치고 있지만 그 영향은 젊은이들에게만 국한되는 것은 아닙니다. 오늘날 우리들의 사고를 형성하는 데 기여하고 있는 수많은 정기간행물들이 이와 같은 진리들을 추구하고 있습니다. 그런데 이곳에서 나오는 간행물들에는 소경의 나라에서는 애꾸눈이 왕이요, 통속 소설가들은 신학교수들이라는 원리가 지배하고 있습니다. 새로운 출판 시즌이 될 때마다 매년 쏟아져 나오는 간행물들은 기독교를 파멸로 몰아넣고 있습니다. 이 파멸은 지난날의 완전한 파멸을 훨씬 능가하는 것입니다. 이 같은 상황 속에서 우리의 깃발을 드날리는 것은 매우 어려운 일입니다. 우리를 둘러싸고 있는 얼음벽이 기온을 낮추든지, 우리를 자극하여 불에 더 많은 연료를 집어넣어 불이 그것을 녹이든지 두 가지 상황 가운데 한 가지 상황이 발생할 것입니다. 이와 같은 유혹들이 우리를 압박하면 할수록 우리에게 필요한 것은 기독교인들에게 기독교의 핵심적 진리를 더욱 굳게 의지하라고 요청하면서 그들의 안전을 지켜 줄 영감을 그 진리로부터 얻어야 한다는 것입니다. 그러면 그 일을 어떻게 해야 할 수 있을까요? 아마, 생각이 깊고 많은 학식을 갖춘 자들이 여러 가지 방법으로 그 일을 해낼 수 있을 것입니다. 그러나 저는 여기서 모든 기독교인들이 어렵지 않게 할 수 있는 작업을 소개하고 싶습니다. 제가 과감하게 말씀드릴 수 있는 것은 "구원에 이르는 하나님의 능력"을 확신할 수 있는 길은 끊임없이 그 능력의 정결케 하며 새롭게 하는 영향력에 우리 자신을 복종시키는 것이라는 사실입니다. 수많은 변증서들과 그 밖의 탐구서들과 연구서들이 복음의 능력의 확고함을 드러내는 일에 기여할 수 있을 것입니다. 나는 이와 같은 서적들이 지닌 가치를 무시하고자 하는 마음은 전혀 없습니다. 그러나 하나님의 능력을 획득할 수 있는 진정한 길은 살아계신 하나님과 깊이 연합됨으로써 우리와 함께 계시며 우리의 친구, 구주, 성령을 통하여 우리를 성화시키시는 분이신 예수 그리스도의 인격성을 깨닫는 것입니다. 그런데 약간 과장된 표현일는지는 모르겠지만, 바울의 복음은 바울 자신의 경험을 일반화한 것이라고 볼 수 있습니다. 그것은 곧 우리가 전해야 한다고 생각하는 복음이라고 우리 모두가 생각한 것이기도 합니다. "우리는 우리가 아는 것을 말하며 우리가 본 바를 증거한다." 바울은 자신의 양심과 자신에게 제시된 증거에 비추어 보아 "그분이 나를 사랑했고 나를 위해 자신을 드렸다"고 확신 있게 말할 수 있었기 때문에 "믿는 모든 자에게 구원을 주시는 하나님의 능력"이라고 말할 수 있었습니다. 형제와 친구들이여! 깊은 곳으로 내려가십시오. 깊은 곳에서 주께 부르짖으십시오. 그러면 여러분은 그분의 강하면서도 부드러운 손이 여러분을 높은 곳으로 이끌어 올리시며 그 누구도 줄 수 없는 능력을 주신다는 사실을 깨닫게 될 것입니다. 그때 여러분은 "나 자신이 그의 음성을 들었다. 나는 이분이 그리스도이며 세상의 구주이심을 이제 나는 안다"(요 44:42)고 말할 수 있게 될 것입니다.

그런데 우리에게 확신을 심어주는 또 하나의 근거가 우리에게 열려 있습니다. 그것은 역사입니다.

물리적 측면에서 기독교의 진리를 공격하고 있는 현대의 회의주의자들은 이상스럽게도 역사의 가치를 잘 모릅니다. 기능의 한계가 여러 가지 측면에서 그들을 제한하고 있는데, 무엇보다도 그 현상이 치명적으로 나타나는 부분이 복음에 대한 그들의 태드입니다. 그러므로 예수 그리스도께서는 "열매로 그들을 안다"는 궁극적인 이야기를 하지 않을 수 없었던 것입니다. 도덕적으로 그릇된 것이 정치적으로 옳은 일일 수 없는 것처럼 지성적으로 그릇된 것 역시 윤리적으로 선할 수 없습니다. 진, 선, 미는 한 가지 사태의 다양한 국면들을 가리키는 세 개의 명칭일 뿐입니다. B.C.와 A.D.를 구분한 것이 하나님의 진리가 아닌 복음으로부터 나온 것이라면 지금까지 세계에 가장 값진 포도주를 공급해온 포도나무는 결국 가시나무 위에서 성장한 것이라고 밖에는 말할 수 없습니다. 기독교가 죄악에 빠져 비극적으로 세상을 향해 기독교를 효율적으로 전하지 못했던 것은 사실입니다. 그러나 이 같은 결점에도 불구하고 "너는 나의 증인이라고 주님은 변함없이 말씀하십니다." 뿐만 아니라 예수 그리스도의 이 복음을 모방할 때 더 고귀한 관습과 더 순결한 법률이 나타났던 것입니다. 기독교가 세상에서 이루어놓은 것을 되돌아보면서 저는 감히 이렇게 말할 수 있습니다. "이와 같은 일을 행한, 혹은 이 일과 조금이라도 유사한 일을 행한 종교의 체계 또는 비종교의 체계가 있다면 나에게 보여 보라. 그 후에 나는 복음서가 지닌 다른 증거들에 관하여 토의하겠다."

이제, 이 설교를 마무리하면서, 연장자의 입장에서 — 연장자라는 사실은 저를 우울하게 합니다만 — 한두 마디 충고를 해도 될까요? 적진영이 초기에 승리를 거둔 모습을 보고 또는 우리 진영이 내는 함성이 보잘 것 없이 작은 것을 보고 두려움에 사로잡혀 신앙을 잃는 일이 없도록 주의하십시오. 마음의 두려움을 버리고 흔들릴 수 있는 것들과 흔들릴 수 없는 하나님의 나라가 구분되어 있다는 사실을 분명하게 마음속에 두십시오. 넓고 긴 국경선을 수호하는 것은 바람직하지 않은 전략입니다. 군대의 주진영 저 밖에 위치한 전초기지를 빼앗는 것은 비겁한 일입니다. 오늘날 많은 선한 기독교인들이 흔히 범하게 되는 오류 가운데 하나는 영원한 복음과 복음의 원리들로부터 연역되어 나오는 결론 사이의 연관 관계가 마치 양자를 뒤집어엎는 적대적 관계에 있다고 생각하는 것입니다. 만일 그것이 사실이라면, 모든 것을 다 받아들이든지, 모든 것을 다 포기하든지 둘 중의 하나를 선택해야 한다고 생각하는 선량하지만 그릇된 사고를 갖고 있는 기독교인들이 마땅히 비난받아야 할 것입니다. 성경의 진정성, 영감, 무오류 등의 문제들에 관하여 오늘날 벌어지고 있는 격렬한 논쟁들, 예컨대 역대하에서 발견되는 오류가 기독교인의 확신의 토대를 흔들어놓는다는 것은 "하나님이 세상을 이처럼 사랑하사 독생자를 주셨으니 이는 누구든지 저를 믿는 자마다 멸망치 않게 하려 하심이라"는 말씀과는 하등 상관이 없습니다. 오늘날과 같은 시대에는 진리도 그 옷을 갈아입어야만 한다는 것입니다. 이러한 심각한 견해의 차이가 노정되고 있는 영국교회가 가장 고상하고 완전하게 하나님나라를 구현하고 있다고 믿을 사람이 어디 있겠습니까? 인간이 만든 어떤 신조 안에 하나님나라의 모든 것이 들어 있다거나 그 안에 오직 영구적 복음만이 들어 있다고 누가 생각하겠습니까? 두려워하지 마십시오. 흔들릴 수 있는 일들이 제거되면 흔들릴 수 없는 것까지도 생존하지 못한다는 생각을 갖지 마십시오. 불완전하게나마 제가 여러분에게 묘사해보려고 애를 썼던 복음에 의존하십시오. 사람들이 땅위에서 자신들을 죄인으로 인식하면서 구세주를 필요로 하는 한 그 복음은 영원히 계속될 것입니다. 어떤 장엄한 성당 주위에 보잘것없는 건물들이 들어서 있습니다. 그 너덜너덜한 건물들을 싹 쓸어 없애버린다고 해서 그 건물들 한 가운데 높이 우뚝 서서 중세적 장엄함을 갖추고 있는 성당의 위용이 사라지겠습니까? 필요하면 그것들을 제거하십시오. 오히려 그것들을 제거하면 성당의 균형이 아름다움, 위용, 하늘을 향해 치솟는 열망이 더욱 영광스럽게 빛날 것입니다. 진리를 적극적으로 전하십시오. 의심하는 것들을 전하지 마십시오. 킹슬리의 『이스트』(Yeast)를 기억하십시오. 그 이름이 이미 그 작품을 비판하고 있습니다. 이스트는 마시는 것이 아니라 안 보이는 곳에 숨어서 발효를 시키는 작용을 합니다. 사람들 앞에 내어 놓아야 할 것은 이스트가 아니라 이스트의 발효작용이 끝난 술입니다. 적들과 논쟁을 벌이지 마십시오. 진리를 전하는 것이 훨씬 더 중요합니다. 주님의 말씀을 기억하십시오. "소경이 소경을 인도하도록 내버려두라. 둘 다 구덩이에 빠지고 말 것이다." 강단은 논쟁을 하는 장소가 아닙니다. 우리들 가운데는 저나 여러분들보다 훨씬 더 훌륭하게 논쟁을 전개할 줄 아는, 더 지혜롭고 유능한 자들이 있습니다. 우리는 다만 우리가 아는 바를 말하고 아는 바 복음이 스스로 증거 하도록 허용하는 겸손하면서도 더 영광스러운 직무만으로 만족해야겠습니다. 신의 존재를 증명하는 정교한 설교를 하시는 어느 목사님의 총애를 받고 있는 어느 노파가 목사님의 설교가 끝나자 이렇게 이야기했다고 합니다. "그 신사분이 무엇을 말하든지 나는 하나님이 계신다는 사실을 믿습니다." 어두워져가는 들판에 긴 그림자가 드리워져 가고 있는 모습을 보면서 많은 투쟁과 의심과 어려움으로 고통을 받고 있는 젊은 형제들에게 따뜻한 동정이 깃든 한마디를 하고 싶습니다. 저는 그들에게 탄원합니다(그러나 충고는 오랜 세월 동안 사역을 감당해온 권고자를 먼저 비판하는군요). "예수 그리스도가 어떻게 성경대로 우리의 죄를 위하여 죽임을 당하셨는지"에 관하여 말하고 있는 복음을 굳게 붙드십시오. 친애하는 젊은 형제들이여! 만일 여러분이 바울이 간 장소만을 간다면, 또 바울이 그곳에서 포착한 영감을 여러분도 포착할 수만 있다면 여러분의 좌표는 명확하게 드러날 것입니다. 영혼을 구원하기 위한 열정 때문에 하늘로부터 땅위에 내려오시지 않을 수 없었던 그리스도와 만났을 때 비로소 바울은 영혼구원에 대한 열정을 가질 수 있게 된 것입니다. 만일 저와 여러분이 거룩한 열정에 감동을 받고 그 열정을 우리의 삶의 목표로 삼는다면, 우리는 곧 단 하나의 권능, 하늘 아래 단 하나의 이름만을 가지고 있다는 사실을 알게 될 것입니다. 우리는 이 이름과 능력에 의해서 우리가 원하는 것을 성취할 수 있을 것입니다. "그 이름은 죽으셨다가 다시 살아나셔서 하나님 우편에 앉아 계시면서 우리 모두를 위하여 간구하시는 예수 그리스도의 이름"입니다. 우리의 목표가 분명하다면 우리의 방법도 명확해질 것입니다. "내가 너희들 중에서는 십자가에 못 박힌 예수 그리스도 이외에는 그 무엇도 전하지 않기로 결심했다"(고전 2:2)

는 바울의 고백이 우리의 사역의 동기가 된다면, 사람들이 받아들이든지 말든지, 용납하든지 안하든지, 그들은 마침내 오직 한 사람의 선지자만이 있었음을 분명히 알게 될 것입니다.

6
전 세계적 죄악과
전 세계적 구원

"[19]우리가 알거니와 무릇 율법이 말하는 바는 율법 아래에 있는 자들에게 말하는 것이니 이는 모든 입을 막고 온 세상으로 하나님의 심판 아래에 있게 하려 함이라 [20]그러므로 율법의 행위로 그의 앞에 의롭다 하심을 얻을 육체가 없나니 율법으로는 죄를 깨달음이니라 [21]이제는 율법 외에 하나님의 한 의가 나타났으니 율법과 선지자들에게 증거를 받은 것이라 [22]곧 예수 그리스도를 믿음으로 말미암아 모든 믿는 자에게 미치는 하나님의 의니 차별이 없느니라 [23]모든 사람이 죄를 범하였으매 하나님의 영광에 이르지 못하더니 [24]그리스도 예수 안에 있는 속량으로 말미암아 하나님의 은혜로 값 없이 의롭다 하심을 얻은 자 되었느니라 [25]이 예수를 하나님이 그의 피로써 믿음으로 말미암는 화목제물로 세우셨으니 이는 하나님께서 길이 참으시는 중에 전에 지은 죄를 간과하심으로 자기의 의로우심을 나타내려 하심이니 [26]곧 이 때에 자기의 의로우심을 나타내사 자기도 의로우시며 또한 예수 믿는 자를 의롭다 하려 하심이라"

롬 3:19-26

이 본문이 내포하고 있는 주요 진리들을 평범한 용어로써 다시 한 번 생각해 보겠습니다. 나는 본문이 말해주는 진리를 네 가지로 요약할 수 있다고 생각합니다.

1. 율법의 목적에 관한 바울의 견해.

바울은 시편과 이사야로부터 구약성경의 단락들을 인용하면서 재구성합니다. 바울은 이 성경의 단락들을 "율법"의 일부로 간주하고 있습니다. 바울이 여기서 말하는 율법이라는 용어는 인간의 행위에 관하여 계시된 하나님의 뜻으로서 이전의 계시 전체를 포괄하는 것입니다. 하나님의 모든 말씀은 약속이든, 교리든, 특정한 명령이든 그 안에 행위에 관한 요소를 내포하고 있습니다. 하나님의 계시의 목적은 다만 우리로 하여금 지식을 갖도록 하는 것에 국한되지 않습니다. 그것은 우리에게 행위를 촉구하며 하나님이 기뻐하시는 존재들이 되도록 요청합니다. 모든 하나님의 말씀이 율법입니다.

그러나 바울은 여기서 하나님의 계시의 목적에 대한 또 다른 견해를 제시하고 있습니다. 그것은 인간의 양심 속에 자신이 죄인임을 확신시켜 주는 것입니다. 하지만 그것이 계시의 유일한 목적이 될 수는 없습니다. 왜냐하면 하나님은 사람이 그것을 행할 수 있도록 하기 위해 무엇보다 먼저 의무를 계시하고 또 그의 율법은 사람이 순종하도록 의도되어진 것이기 때문입니다. 그러나 순종에 실패했을 때 계시의 두 번째 목적이 작용합니다. 이때 하나님의 율법은 즉각 죄에 대항하여 증거를 합니다. 우리가 우리의 의무를 분명하게 인식하면 할수록 우리가 실패했다는 의식은 강도를 더하게 될 것입니다. 올바른 길을 보여주기 위해 비취는 빛은 우리가 길에서 이탈했다는 사실도 아울러 비추어 줍니다. 죄에 대한 확신은 모든 이전의 계시가 지닌 목적으로서, 자비로운 선물입니다. 바울 사도가 말한 것처럼 그것은 구속 신앙의 전제조건이기도 합니다.

사실상 어떤 이교 국가에서 보다도 유대인들 사이에서 좀 더 깊고 내면적인 죄에 대한 확신이 있었습니다. 시편에 기록되어 있는 많은 탄식을 희랍 또는 로마의 문헌에 등장하는 그것과 비교해 보십시오. 물론 인간의 마음에는 율법이 새겨져 있어서 낮은 수준이나마 죄에 대한 인식을 일깨워 줍니다. 앗시리아와 바빌로니아의 토판에 있는 기도문들을 시편 51편의 기도문들을 방불케 하는 내용들이 기록되어 있습니다. 그러나 전체적 시작으로 볼 때 깊은 죄의식은 계시된 율법의 산물입니다. 우리가 마땅히 어떤 인간이 되어야 한다는 인간의 당위의식을 가장 훌륭하게 사용하는 방법은 양심을 자극하여 현재의 우리의 모습에 불만을 갖게 만드는 것입니다. 그와 같은 불만이 우리를 그리스도에게로 이끌어갑니다. 구약에 기록된 율법이든, 우리 마음에 새긴 법이든, 율법은 우리를 그리스도께로 이끌어가는 종과 같은 존재입니다. 우리는 그리스도에게 나아갈 때 비로소 하나님의 명령을 지킬 수 있는 힘을 얻게 됩니다.

율법이 지닌 또 하나의 목적은 21절에 서술되어 있습니다. 그것은 선지자들과 관계하여 장차 보다 완전한 하나님의 의가 나타날 것을 증거하는 것입니다. 율법의 대부분은 상징적이며 예언적입니다. 율법이 제시하는 이상은 항상 성취되지 않은 상태로 남아 있을 수는 없습니다. 율법 전체를 떠받치고 있는 입장은 미래를 향해 기대(期待)하는 태도입니다. 구약의 계시의 저자, 연대, 기원 등에 관하여 탐구하는 현대신학이 지니는 위험은 구약계시의 핵심적 성격이 상실될 우려가 있다는 점입니다. 다시 말해서 구약의 계시가 보다 완전한 계시를 지향하고 있으며 그 계시는 이전의 계시를 초월한다는 사실을 간과할 수 있습니다.

2. 보편적 죄악성에 관한 바울의 견해.

바울은 이 문제를 20절, 24절 두 군데에서 언급하고 있습니다. 죄악의 보편성은 율법의 목적을 다룬 바울의 견해 밑바닥에 깔려 있습니다. 20절에서 바울은 "율법의 행위로는 의롭다 여김을 받을 육체가 없다"고 선언하고 있습니다. 23절과 24절에서 바울은 부정적 서술로부터 한걸음 더 나아가 모든 사람들이 죄를 범하였다는 적극적 단언을 내리고 있습니다. 율법의 행위를 통해서는 의롭다 여김을 받을 수 없다는 생각은 두 가지 관점에서 고려되어야 합니다. 첫째는, 사실상 어느 육체도 절대적으로 완전하고 순결하게 율법을 행할 수 없었다는 관점입니다. 두 번째는, 비록 그들이 율법을 행했다 하더라도 행위보다는 동기가 중요시되는 법정에서는 사면을 얻을 수 없을 것이라는 관점입니다. 첫 번째 관점이 바울이 강조하는 부분입니다.

23절에서는 동일한 보편적 경험의 사실이 적극적 죄라는 관점과 "영광"에 도달하지 못하는 소극적 관점으로 이해됩니다(여기서 말하는 영광은 요 5:44, 12:43에서처럼 하나님의 인정을 의미하는 것 같습니다). "차별이 있을 수 없다." 상황, 성격, 업적이 아무리 각 개인에 따라 달라도 숙명적 더러움이 모든 것 위에 묻었다는 점에서도 공통점이 있는 것입니다. "우리 모두는 하나의 인간성을 가지고 있습니다." 우리는 모두 한결같이 육체적 욕구와 본능을 가지고 있으며 무엇보다도 죄악성을 공통적으로 경험하는 비극적 현실 안에 있습니다.

바울은 여기서 다양한 개성을 생명이 없는 단일한 수준으로 끌어 내리려는 것이 아니라 죄의 얼룩으로부터 자유로운 자는 아무도 없음을 단언하는 것을 의중에 두고 있습니다. 어떤 사람이 자신에 관한 한 솔직한 태도로 자신을 검토하기만 하면 바울의 선언을 받아들이는 데 아무런 어려움도 없을 것입니다. 사람들이 죄악의 보편성을 깊이 인식하면 인식할수록 복음도 더 잘 이해할 수 있게 될 것입니다. 재산을 재분배한다든지, 문화를 증진시킴으로써 모든 사람에게 행복을 안겨주려는 어떤 시도보다도 복음이 우월하다는 사실을 간파할 수 있을 것입니다. 인간의 비참함을 치유할 수 있는 유일한 처방은 보편적 죄악성을 치유하는 것임을 알게 될 것입니다.

3. 인간의 죄악성에 대한 바울의 처방.

이것은 21절과 22절에 일반적인 용어로써 서술되어 있습니다. 죄를 범한 인간들이 우글거리는 세계 안에 "하나님의 의"라는 빛이 흘러들어 온 것입니다. 하나님의 의라는 표현은 여기서 하나님께서 부여하신, 하나님의 뜻에 부합하는 윤리적 상태를 말합니다. 바울 자신에게 선포하도록 위임된 저 위대하고 기쁨에 넘친 소식은, 율법이 요구하는 일치(하나님의 뜻과)의 상태에 도달하는 참된 길은 믿음의 길인데, 이 믿음은 길은 정교하지 못한 보편적 양심으로는 도달하기 어려운 길이라는 것입니다.

우리는 이 소식에 너무 친숙해 있기 때문에 그 소식이 처음 선포되었을 때 얼마나 위대한 경이로움을 안겨 주었는지 깨닫지 못할 때가 많습니다. 하나님께서 의를 주셔야 했습니다. 그 의는 "하나님의" 의여야 했습니다. 그것은 하나님으로부터 오는 것이어야 했으며 진정한 의미에 있어서 하나님 자신의 완전성과 관련이 있는 것이어야 했습니다. 자비로운 타이탄이 움푹 들어간 등나무 줄기에다가 불의 선물을 담아 하늘로부터 가지고 내려왔다는 고대의 전설과도 같이 그 의는 예수 그리스도께서 인간들에게 가져온 것입니다. 그 의는 예수 그리스도께서 인간들에게 가져온 것입니다. 그 의는 예수 그리스도를 구주로서 믿기만 하면 우리의 의가 됩니다. 그런데 우리가 타성에 젖게 되면 그 진리들의 경이로움을 맛보지 못합니다. 우리 스스로가 그 진리가 지닌 능력을 체험함으로써 그것에 속한 천상의 빛을 부분적으로나마 회복할 수 있도록 그 진리들에 관하여 묵상하지 않으시겠습니까?

22절에는 그리스도 안에 있는 구속의 보편성이 죄의 보편성으로부터 연역되어 나오고 있다는 사실을 주목하십시오. 질병의 정도 여하에 따라 처방의 범위가 결정되기 마련입니다. 죄가 차별이 없다면 구속행위에 있어서도 차별이 있을 수 없습니다. 세상의 모든 국가에 슬픔이 편만하게 퍼졌다면, 축복의 빛도 또한 그들 모두우에 마땅히 편만해져야만 하는 것입니다. 죄의 제국은 그리스도의 왕국보다 더 멀리 뻗어나갈 수 없는 것입니다.

4. 복음으로 하여금 처방이 되게 하는 것은 복음이 지닌 어떤 요인 때문인가에 관한 바울의 견해.

21절과 22절에서는 그리스도가 의를 획득하기 위한 통로요, 믿음은 조건이라고 서술되었습니다. 믿음의 인격적 대상이 선언된 것입니다. 그리스도 안에 있는 어떤 특정한 것을 믿어야 한다는 생각이 선언된 것은 아닙니다. 이 같은 사실은 24-26절에 잘 설명이 되어있습니다. 본 절에 담긴 위대한 말씀들 하나하나 상세하게 논의하기는 어렵습니다. 왜냐하면 그 같은 작업은 한권의 책을 펴내야 하는 분량을 요구하기 때문입니다. 다만 여기서 짚고 넘어가고 싶은 것은 "의롭다 여김을 받았다"는 말은 하나의 법정적 행위로서 의롭다고 간주되거나 선언되는 것을 의미한다는 점입니다. 그와 같은 칭의는 하나님의 "은혜"를 그 궁극적인 근원으로 가지고 있습니다. 그것은 하나님 자신의 사랑의 성품에 근거하는 것입니다. 이 사랑은 가치가 없고 비천한 피조물들을 향한 사랑이며 예수 그리스도 안에 있는 "구속"을 증여의 수단으로 삼습니다. 구속은 하나님으로부터 은혜가 전달되는 통로입니다.

"구속"은 포로 된 자를 값을 지불하고 해방시켰다는 것을 의미합니다. 속전을 지불하고 해방시킨 노예의 은유는 25절에서 희생제사적인 용어로 대체됩니다. 화목제물을 드리는 자는 처벌에서 면제됩니다. 희생제물이 죽임을 당하면 경배자의 생명이 보전됩니다. 이와 같이 그리스도의 피 혹은 죽음은 화목의 제물 또는 구속의 제물입니다. 그리스도의 희생은 우리의 포로됨을 종결지으며 우리의 자유를 확보해주는 속전입니다. 그분의 구속이 하나님의 은혜가 인간들에게 공여되는 통로이듯이, 믿음은 은혜를 우리의 것으로 만들기 위한 하나의 조건입니다.

바울이 구주로서의 예수 그리스도를 말하고 있을 뿐만 아니라 그의 죽음이 구속의 능력을 지니고 있음을 지적하고 있다는 사실에 주목하십시오. 우리는 예수 그리스도에 대한 믿음을 가지고 있어야 합니다(22절). 그러나 그것만으로는 완전하지 못합니다. 그 믿음은 주님의 화목케 하시는 사역에 대한 믿음이어야 그분의 구속사역과 살아있는 접촉이 가능합니다. 그리스도에 관하여 많은 이야기를 하면서도 그리스도의 십자가에 관해서는 거의 이야기를 하지 않는 복음, 주님의 아름다운 생애에 관해서 많은 지면을 할애하면서도 주님의 희생의 죽음에 관하여 이야기를 시작할 때는 주춤거리는 복음은 바울의 복음은 아닙니다. 그 같은 복음은 보편화된 죄라는 질병을 치료하는 데는 아무런 능력도 없습니다.

본문의 마지막 절들은 그리스도의 희생을 통하여 획득된 또 하나의 목적을 서술하고 있는 바, 그것은 예수께서 오시기 전에 범한 죄에 대하여 형벌을 가하는 것을 참으신 하나님의 의를 옹호하는 것입니다. 십자가의 능력은 전방위적으로 행사됩니다. 하늘 높은 곳까지, 지옥의 깊은 곳까지 (골 1:20), 앞으로 다가 올 미래에까지, 그리고 이미 지나간 과거까지 그 능력은 유효합니다. 세상이 시작될 때부터 갈보리 언덕에 십자가가 세워질 때까지 모든 세대 동안에 처벌이 중지된 것은 십자가가 처음부터 하나님의 마음속에 계획되어 있었기 때문입니다. "범죄자가 무죄방면 되거나, 처벌하지 않는 채로 방기되면 재판관이 비난을 받기"마련입니다. 하나님의 공의를 옹호하지 않는다면, 죄의 숙명적 결과가 그리스도의 희생에 나타나지 않았더라면 하나님의 다스리심은 그 엄격성 때문이 아닌 그 관용성 때문에 흠이 생겼을 것입니다. 십자가가 하나님이 반윤리적으로 죄악에 대하여 관용을 베푸시는 것이 아님을 보여주지 않았더라면, 오래 참으심 또는 죄인을 의롭다고 하시는 것만으로 하나님이 자기 자신의 공의로우심을 보여줄 수 없었을 것입니다.

7
차별이 없느니라

"차별이 없느니라"

롬 3:22

모든 사람들이 다 같은 입장에 있다는 점을 보여주는 일들은 그들이 서로 다른 입장에 있음을 보여주는 일들보다 훨씬 더 중요합니다. 다양성은 피상적인 것입니다. 그러나 예컨대 동질성은 생명만큼이나 깊은 것입니다. 육체적 과정과 필요는 모든 사람들에게 똑같이 필요한 것으로 나타납니다. 왕이든 거지든 문명인이든 야만인이든, 부자든 가난한자든, 지혜로운 자든 어리석은 자든, 글을 아는 자든 모르는 자든, 모든 사람들은 같은 공기를 호흡하며, 배고픔을 느끼며 목마름을 느끼며, 먹고 마시고 잠자며 병들며 마침내는 죽는 것입니다. 우리는 모든 동일한 인간의 마음을 지니고 있습니다. 슬프면 눈물이 나고 기쁘면 웃음이 나오는 것은 우리 모두에게 공통된 기능입니다. 소망, 두려움, 사랑이 모든 인간의 마음의 현에 동일하게 작용합니다. 동일한 의무의 법칙이 모든 사람들 위에 드리워져 있으며, 동일한 하나님의 나라가 모든 인간들 위에 있는 것입니다.

종교란 인간의 마음속 깊이 내재한 동질성을 다루는 것이지, 피상적 차이성을 다루는 것이 아닙니다. 세상엔 수많은 귀족주의적 종교들이 있습니다. 그러나 기독교의 탁월한 영광은 중심에 자리 잡고 있는 유사성을 직시하는 것이요, 온갖 종속적인 다양성은 2차적인 중요성밖에는 지니지 않은 것으로 제쳐두고, 인류 모두에게 공통된 위대한 사실들과 모든 인류가 상속받을 수 있는 커다란 소망을 붙잡는 것입니다.

바울은 여기서 매우 장엄한 어투로 인간과 인간 사이, 순결한 자와 순결하지 못한 자, 유대인과 이방인, 현명한 자와 어리석은 자 사이에 가로놓은 온갖 소소한 차이점들을 뛰어넘어 승리의 노래를 부르고 있는 것입니다. 인간의 내면에 자리 잡고 있는 가장 깊고 중요한 요소들에 비추어 볼 때 "차별이 있을 수 없으며" 따라서 그의 복음은 세상을 위한 복음이라고 단언합니다. 복음은 모든 인간을 같은 차원에 두고 다룹니다. 이제 저는 복음의 체계가 지닌 이 위대한 영광스러운 특성을 몇 마디의 언어로 표현해 봄으로써 모든 사람들이 ― 그들의 출신이나 신분 여하를 막론하고 ― 하나의 범주 안에 서 있으며 동일한 체험과 관심을 가지고 있다는 더 중요한 사실을 보여 드리고자 합니다.

1. 첫째, 모든 인간이 죄인이라는 점에 차별이 있을 수 없습니다.

그런데 여기서, 복음은 죄의 정도에 있어서도 차이가 없다고 말하고 있는 것은 아니라는 점을 지적해야 하겠습니다. "본성적으로 율법에 포함된 일들을 행한" 사람과 고의적으로 율법을 범한 사람 사이에 아무런 차별이 없다는 것은, 일부 사도들이 그렇게 가르치거나 그런 표현을 하고 있는 듯이 보일지라도 결코 기독교의 가르침은 아닙니다. 검정색은 모두 같은 명암을 가진 것이라거나 모든 죄는 같은 비중을 가진 것이라거나, 자신에게 주어진 빛에 따라 바른 일을 행하기 위해 애쓰는 자가 자기 자신에게 주어진 모든 의무를 비웃으며 자신 앞에 놓여 있는 모든 율법의 길을 짓밟으며 정욕과 욕망의 전차를 몰아가는 사람과 똑같은 단계에 서 있는 것이라는 가르침은 신약성경 어디에도 없는 교훈입니다.

내가 선정한 본문이 가르치고 있는 바는 범죄성이 절대적으로 단일하다는 것이 아니라 다만 모든 사람이 범죄성에 참여하고 있다는 점입니다. 만일 여러분이 앞에 말씀드린 두 개의 극단적 길 가운데 어느 한 길을 선택하여, 세상에는 가장 선한 한 인간과 가장 악한 한 인간만이 존재하는 것이 가능하다고 가정한다면 양자 사이의 차이점은 언뜻 보기엔 그다지 크지 않은 것으로 보일 것입니다. 우리가 여기서 기억해 두어야 할 사실은 동기가 행위를 낳는다는 점입니다. 그런데 어떤 사람의 행위의 옳고 그름을 평가할 때 동기를 숙고하여, 곧, 인간이 행위가 아니라 "마음속에 무슨 생각을 가지고 있느냐"에 따라 평가할 수는 없습니다. 이와 같은 사실과 아울러, 우리가 또 기억해두지 않으면 안 될 것은 어떤 사람들의 삶의 모습은 철저하게 주의를 기울여 조심한 결과 존경 받을 만하고 순결한 모습을 보여 줄 때가 있는데, 좀 더 깊이 들어가 보면 그것은 진실하고 순결한 건강을 보여주기 보다는 진실하지 못한 문둥병자의 흰 살결과도 같은 것임을 발견하게 된다는 점입니다.

엘리자베스 여왕 시대에, 온갖 음식찌꺼기와 오물로 가득 찬 성안의 홀을 청소하는 방법 가운데 하나는 그 오물위에 골풀을 가져다 덮고는 아주 산뜻하고 깨끗하다고 생각하는 것이었습니다. 여러분 가운데 상당히 많은 분들이 이와 같은 일을 하고 있습니다. 그들은 달짝지근한 냄새를 풍기는 인습적인 예의범절의 두꺼운 층으로 더러움을 위장하고는 자신을 아주 깨끗하며 완전한 존재로 착각하고 있습니다. 옳다고 생각되는 일을 행하기 위해 노력을 기울이고 있는 분들에게 어떤 형태로든 상처를 가하는 말을 단 한마디라도 하는 것을 하나님께서 금하고 계십니다. 그러나 나는 이 사실을 선언하지 않을 수 없습니다. 선언한다기 보다는 내가 선정한 본문이 대신 선언하고 있다고 하겠습니다. 선을 행하고자 하는 사람들의 모든 노력을 충분히 의식하고 그 가치를 인정하며, 정도에 있어서의 다양성이 존재한다는 사실을 시인하면서도 동질성이 다양성보다는 깊다는 사실을 말하지 않을 수 없습니다. "선을 행하면서 죄를 짓지 않는 의로운 자는 이 땅 위에 한사람도 없습니다."

오! 사랑하는 친구들이여! 정도가 문제가 아니라 방향이 문제입니다. 배가 항해할 때 어디까지 나아갔느냐가 문제가 아니라 어디를 지향하고 있느냐가 문제입니다. 선과 악은 그 농도와 크기 때문에 본질에 영향을 받지 않습니다. 비소는 한 톤을 가지고 있든 한 알맹이를 가지고 있든 같은 비소입니다. 독약은 아주 작은 한 방울만 떨어뜨려도, 충분히 그 독성을 발휘합니다. 복음은 죄라는 사실에 있어서는 아무런 차이도 있을 수 없다는 단언과 더불어 시작됩니다. 그 단언은 충분히 확증된 바 있습니다. 양심이 동의하지 않습니까? 우리는 모두 우리들 자신이 "허물"이 있는 존재임을 시인하지 않습니까? 우리는 모두 "불완전한 존재들"임을 인정합니다. "죄"라는 작은 단어 하나 때문에 또 하나의 성찰이 필요하게 됩니다. 죄는 양심으로 하여금 쉽게 동의하지 못하도록 방해합니다. 그러나 죄란 사실상 하나님의 율법에 관계되어 고찰된 허물을 의미하는 것입니다. 하나님이라는 개념, "허물" "실족" "연약함"과 같은 용어들을 주의해 보십시오. 이처럼 우리는 이런 용어들을 사용함으로써 추악한 일의 추악함을 경감시켜 보려고 애를 씁니다. 그러나 마침내는 그 용어들이 지닌 어조와 크기와 중요성이 얼마나 큰 것인가를 깨닫고는 죄를 고백하고야 맙니다.

그러므로 이제, 모든 인간들이 이처럼 불완전함을 인식한다면, 또 그 같은 인식만으로도 하나님과 만나야 할 필요성을 인식시켜 주기에 충분하다면 이 같은 보편적 죄의식은 피상적 차이가 아무리 큰 것이라도 우리 모두를 하나의 범주 안에 집어 넣을 수 있을 것입니다. 셰익스피어와 오스트레일리아의 야만인, 가장 큰 두뇌와 가장 작은 두뇌, 가장 고상한 자와 가장 비열한 자, 가장 순결한 자와 가장 그릇된 자가 모두 한 범주 안에 속해 있는 것입니다. 문제는 어떻게 세분화 하느냐 일 뿐입니다. 성경은 모든 사람들을 죄 아래 묶어 놓고 있습니다. 즉, 모든 사람들이 감옥에 있는 자인 것처럼 그 입을 틀어막고 있는 것입니다. 프랑스혁명이 발발했던 기간 중에 온갖 유형의 사람들이 다 차별 없이 파리의 지하 감옥에 수감되었던 이야기를 잘 아실 것입니다. 그 안엔 공주, 비천한 농부의 딸, 시골에서 온 뜨내기, 지주, 백작, 후작, 현인, 철학자, 문맹노동자가 모두 지하 감옥 속에 들어갔습니다. 그들은 죄수 호송차가 그들을 실어가는 순간까지도 사회계급과 신분을 따지면서 서로를 조롱하고 있었습니다. 엄숙하고 거대한 죄라는 감옥에 갇혀 있는 우리들도 비슷한 양상을 보여주고 있습니다. 우리가 현명하든 어리석든, 사회적 지위를 가지고 있든 그런 지위가 없든, 우리는 모두 죄수들일 뿐입니다. 여러분은 학생인 동시에 죄인입니다. 여러분은 맨체스터의 부유한 상인인 동시에 죄인입니다. 여러분은 신분이 높은 사람인 동시에 죄인입니다. 나아만이 엘리사에게 갔을 때 엘리사가 자신을 우연히 귀족이 된 문둥병자로 취급했기 때문에 대단히 분노했습니다. 그는 우연히 문둥병자가 된 귀족으로 대접받고자 했습니다. 이 같은 일이 우리에게도 발생하고 있습니다. 우리는 자신들이 행악자들과 한 범주에 속한 것으로 분류되는 것을 싫어합니다. 그러나, 친구들이여! "차별은 있을 수 없습니다." "모든 사람이 죄를 범하여 하나님의 영광에 이르지 못했습니다."

2. 하나님이 우리를 사랑하신다는 사실에 있어서도 차별이 없습니다.

하나님께서는 인간의 신분 때문에 인간을 사랑하시지 않습니다. 따라서 하나님은 인간의 신분 여하에 따라 인간에 대한 사랑을 중지하시는 법도 없습니다. 인간의 아들들을 향한 하나님의 사랑은 그들의 선함, 도덕, 순종 여부에 좌우되지 않습니다. 하나님의 사랑은 하나님 자신의 깊은 마음으로부터 솟아 나오는 것입니다. 왜냐하면 "사랑은 하나님의 성품이요 속성이기" 때문입니다. 사랑이 하나님의 속성이기 때문에 하나님은 사랑할 수밖에 없는 것입니다. 여러분은 순종과 어떤 덕목들을 만들어 냄으로써 하나님의 위대한 애정을 퍼 올리려 할 필요가 없습니다. 하나님의 사랑은 아르테시아의 우물과도 같습니다. 이 우물은 우물 그 자체의 추력에 의해 물이 뿜어져 나오며, 우물 근원 자체가 지닌 열로부터 풍부한 힘을 공급받아 도처에 물줄기를 내려 보냅니다. 이와 같이 우리의 죄악이 하나님과 우리와의 관계를 무섭게 혼란시켜 놓으며, 백방으로 상처를 입혀도 우리를 하나님의 사랑으로부터 끊지 못합니다. 죄는 영원히 피조물을 향하여 흘러나가는 그분의 위대한 사랑을 가로막을 수 없습니다. 하나님의 사랑은 잔잔하면서도 넘치는 홍수를 이루어 도도히 흘러가는데, 이 홍수의 물결로부터 인간들을 끌어내올 수 있는 힘은 아무것도 없습니다. "우리는 그리스도 안에서 살고 있으며 움직이고 있으며 존재하고 있습니다.” 그리스도 안에서 산다는 말은 결국 그의 사랑 안에서 산다는 것을 의미합니다. 인간이 대기 밖으로 벗어나면 곧 죽을 수밖에 없는 것처럼 하나님의 사랑으로부터 벗어나면 죽기 마련입니다. 온 우주를 뒤덮고 있는 영원한 사랑의 궁창 밖으로까지 여행할 수 있는 사람들은 있을 수 없습니다. 아무리 악하고 감사할 줄 모르는 사람이라 할지라도 하나님의 사랑 안에 포용되지 않는 사람은 없는 것입니다. “차별이란 있을 수 없습니다.”

그러나 차별은 있습니다. 죄는 하나님의 사랑을 막을 수 없습니다. 그러나 죄는 하나님의 사랑과 관련하여 무시무시한 힘을 발휘합니다. 죄는 두 가지 일을 할 수 있습니다. 죄는 그 사랑이 제공하는 최고의 축복을 받지 못하도록 우리를 유도합니다. 하나님께서는 “감사하지 않은 자와 악한 자에게도” 많은 자비를 베푸십니다. 이것들은 하나님께서 우리에게 주시는 최소한의 선물들입니다. 하나님의 가장 고상하고 최상의 선물은 감사하지 않는 자와 악한 자에게는 주어지지 않습니다. 그 선물들을 그들도 받을 수만 있다면 받으려고 할 것입니다. 그러나 그들은 받을 수가 없는데, 그 까닭은 그 선물이 그들에게 주어지지 않기 때문입니다. 여러분은 셔터를 내려 빛을 차단할 수 있습니다. 병마개를 막아 물이 흘러 들어가지 못하도록 할 수 있습니다. 여러분은 빛이 빛을 내는 것, 물이 흐르는 것을 방해할 수 없습니다. 그러나 여러분은 그것이 주는 최상의 축복들을 받기를 거절할 수 있습니다.

나의 죄악이 하나님의 사랑과 관련하여 보여주는 또 하나의 무서운 힘은 하나님의 사랑이 우리를 다루는 형태를 변형시킬 수 있다는 사실입니다. 우리는 하나님이 기꺼운 마음으로 우리를 도우시며 위로하시며 축복하시고자 할 때, 이사야가 말한 바 “주의 일” “주의 이상한 일” 곧 처벌을 내리는 일을 하도록 자극할 수 있는 것입니다. 하늘에 안개가 자욱하게 끼었다고 해서 그 안개가 태양을 변화시키진 못합니다. 그러나 그 안개는 태양의 모습을 시뻘건 불덩어리의 모습으로 우리의 눈에 비치게 만듭니다. 마찬가지로 나의 죄의 안개가 나와 하나님 사이에 가로 놓이면 나의 이해력과 수용능력 때문에 하나님의 위대한 사랑의 모습이 나에게 기괴한 모습으로 비추이게 되는 것입니다. 그러나 하나님이 우리를 사랑하신다는 사실에는 변함이 없습니다.

3. 세 번째, 우리 모두를 향한 그리스도의 십자가의 목적과 권능에는 차별이 없습니다.

주님은 모든 사람들을 위해 죽으셨습니다. 그리스도의 죽으심의 목적과 권능이 영향력을 미치는 범위는 정확하게 죄의 권능이 영향력을 미치는 범위와 일치합니다. 정말 감사한 일은 죄라는 까마귀가 감람나무 가지를 입에 물고 있는 비둘기보다 더 멀리 날아갈 수 없다는 점입니다. 질병이 처방보다 더 넓게 퍼질 수는 없습니다. 사랑하는 형제들이여! 저는 지금 이 소식을 가지고 당신에 찾아와야만 합니다. 어떤 유형의 인간이든, 그가 어느 범위까지 나아가든, 그가 어느 정도까지 죄악에 물들어 있든, 십자가 위에서 나타난 저 위대한 희생의 감미로운 은혜로부터 제아무리 멀리 떨어져 있어도 그리스도의 죽으심은 당신을 위한 것입니다. 그리스도의 희생의 권능은 과거, 현재, 미래의 온 세상의 모든 죄를 용서할 수 있습니다. 하나님의 성육신하신 독생자가 십자가의 죽음에 자발적으로 굴복했던 저 희생제사의 가치는 모든 사람의 모든 죄를 속해 주기에 충분합니다.

십자가의 권능과 아울러 그 목적도 또한 전 포괄적입니다. 그리스도께서 죽으시던 바로 그 시간에 주님의 거룩한 편재하심 앞에 모든 인류가 서 있었습니다. 그들은 모두 주님의 부드러운 동정의 마음을 느꼈으며, 그분에 관한 완전한 지식을 습득했을 뿐만 아니라, 그들 모두를 위하여 주께서 고난 받으셨음을 알게 되었습니다. 모든 인류는 그 희생제물의 머리에 손을 얹고 "자기 자신들의 죄악이 그곳에 있음"을 뼈저리게 인식했으며 바울과 같이 승리에 찬 믿음 안에서 "주께서 나를 사랑하셨다"는 고백을 할 수 있었습니다. 그들은 그 고통과 사랑의 순간에 그리스도께서 나를 위해 자신을 주셨음을 알게 된 것입니다.

앞에서 사용한 바 있는 비유로 다시 돌아갑시다. 죄수들이 감옥 안에 모여 앉아 있는 것은 죽임을 당하기 우한 것이 아닙니다. 다만 "하나님께서 그들을 모아 놓으셨기" 때문입니다. 하나님께서 그들을 모아 놓으신 까닭은 "그들 모두에게 자비를 베풀기 위함"입니다. 예수께서 지상에 계셨을 때나, 지금이나 앞으로나 그 목적에는 변함이 없습니다. 누구든지 주님께 나올 수 있습니다. 주님께 나오는 자는 "어떤 질병을 가지고 있든지 온전히 치유될 것입니다." 그리스도에게는 치료불가능한 자나, 내쫓김을 받을 자가 있을 수 없습니다. "차별은 있을 수 없습니다."

4. 마지막으로 구원의 방법도 또한 차별이 있을 수 없습니다.

사람을 예수 그리스도와 연합하게 해주는 유일한 끈은 믿음입니다. 여러분은 그리스도를 신뢰해야 합니다. 여러분은 그의 희생제사의 능력을 신뢰해야 합니다. 여러분은 죽은 자를 살리시는 주님의 능력을 믿어야만 합니다. 여러분은 주님을 신뢰함과 동시에 자기를 부인해야 합니다. 여러분은 주님을 전적으로 신뢰해야 합니다. 이 장에서 바울의 비판의 대상이 된 사람들도 믿음이 기독교인들을 기독교인 되게 하는 요소임을 기꺼이 인정합니다. 그러나 그들은 믿음에 무엇인가를 자꾸 첨가시키려고 애를 씁니다. 그들은 유대주의에서 말하는 의식과 율법에 대한 순종을 덧붙이려고 합니다. 사람들은 항상 그와 같이 오류투성이인 길을 걸어왔던 것입니다. 때로 사람들은 자신의 윤리성을 덧붙여 보려고 애를 썼습니다. 때로는 의례와 성례전을 첨가하기 위해 어를 쓰기도 했습니다. 무엇을 덧붙이느냐 하는 것은 시간과 장소에 따라 변했습니다. 그러나 그리스도의 십자가에 이르는 길은 두 개가 아닙니다. 주님께서 주시는 구원에 이르는 길 또한 마찬가지입니다. 구원의 길은 오직 하나 뿐입니다. 모든 인류는 다 그 길을 가야 합니다. 친구의 팔의 도움을 완전히 믿지 못하는 소심한 절름발이처럼, 반은 그리스도를 의지하고 반은 여러분 자신을 의지하는 것은 진정한 구원의 길이 될 수 없습니다. 여러분 자신이 직조한 재료를 가지고 주님께서 여러분에게 입혀 주신 의복을 꿰맨다는 것은 있을 수 없습니다. 주인이 선물로서 준 물건에 대해 값을 치루는 것은 주인에 대한 모독이라고 할 수 있습니다. 그리스도께서 베푸신 복음의 잔치는 손님 각자가 자기 접시를 들고 와야 하는 사교장은 아닙니다. 우리가 할 일은 그저 받는 일입니다. 우리가 축복을 받기 원한다면 우리는 빈손으로 나아가야 하는 것입니다.

우리는 피상적 차이를 제거해야 합니다. 복음은 세상을 위한 것입니다. 그러므로 우리가 복음을 받아들이는 행위는 누구나 똑같이 수행할 수 있는 행위라야 합니다. 소수의 사람들만이 실행할 수 있는 것이어서는 안됩니다. 우리를 그리스도와 연합시켜 주는 것은 지혜도 의도 아니요 다만 믿음입니다. 그러므로 자신을 지혜롭다거나 의롭다고 생각하는 사람들은 자신들에게 어떤 "특권"이 있음을 부인하는 견해를 반대하게 되는 것입니다. 그들은 자신들이 어떤 특별한 권능을 지닌 존재이기나 한 것처럼 생각하기를 좋아합니다. 기독교는 귀족계급의 교만을 반대합니다. 그 교만이 문화에 의거한 것이든, 지위나 기타 그 어떤 것에 의거한 것이든 기독교는 교만을 전파하는 것을 배격합니다. "여러분은 거지가 들어갔던 바로 그 문으로 들어가야 합니다." "차별은 있을 수 없습니다." 온 세상을 향해 활짝 열려 있는 넓은 길을 우리는 자꾸만 좁다고 생각합니다. 그리하여 그 길이 우리의 앞길에 방해거리가 되는 것입니다. 나아만의 하인이 나아만에게 했던 상식적 질문을 여러분에게도 하고 싶습니다. "선지자가 더 큰 일을 하라고 해도 하셔야 될 텐데 그 쉬운 일을 하지 않으시겠다는 말입니까?" 그렇습니다! 여러분은 그 일을 하지 않으면 안됩니다. "몸을 씻으라 그러면 깨끗해지리라'는 말을 한다면 더더욱 해야 하지 않겠습니까?" 먼지를 떨어내 버리는 데는 오직 한 가지 길이 있을 뿐입니다. 그것은 물을 가지고 닦아내는 것입니다. 죄를 떨쳐 버리는 길도 오직 하나뿐인데, 그것은 예수 그리스도의 피를 통해 제거하는 것입니다. 여러분의 마음에 피를 적용시켜 보는 방법도 오직 하나뿐인데, 그것은 그분을 의지하는 것입니다. 우리가 "공통의 믿음"을 행사할 때 "공통의 구원"은 우리의 소유가 되는 것입니다. 우리의 죄에는 "차별이 있을 수 없습니다." 감사하게도 하나님께서 사랑으로써 우리를 붙드신다는 사실에도 "차별은 있을 수 없습니다."

예수 그리스도께서 우리 모두를 위해 죽으셨다는 사실에도 차별은 없습니다. 우리의 믿음 또한 차별이 없는 것입니다. 만일 우리의 믿음에 어떤 차별이 있다면 그것은 천국과 지옥의 차이 만큼이나 큰 것이 될 것입니다. 믿는 자와 믿지 않는 자의 차이는 구원받은 자와 멸망한 자의 사이로 어두운 그림자가 드리워지면서 그 차이가 크게 될 것입니다.

8
화평을 누리자

"우리 주 예수 그리스도로 말미암아
하나님과 화평을 누리자"
롬 5:1

영역본 가운데 하나인 개정역에는 "우리 주 예수 그리스도를 통하여 하나님과 더불어 화평을 누리자"(Let us have peace with God through our Lord Jesus Christ)로 번역되어 있습니다. 이와 같은 번역이 가능한 것은 희랍어 어원 가운데 한 단어의 모음을 단모음 대신 장모음으로 이해했기 때문입니다(희랍어 단모음 O를 취하면 현재 직설법이 되어 "[화평을]소유한다"는 뜻이 되고 장모음 ω를 채택하면 권고의 가정법이 되어 "[화평을] 소유하자"가 된다 — 역주). 대다수의 권위 있는 사본들이 "화평을 누리자"로 되어 있습니다. 바꾸어 말하자면 하나의 선언이 아닌 권고로 되어 있다는 것입니다. 몇몇 열등한 사본들(Mss.)에서 권고 대신 선언의 형태를 사용하고 있는 까닭은 바울의 사상의 흐름을 정확하게 간파하지 못한 결과가 아닌가 생각됩니다. 그러나 나는 내가 선택한 본문에 사용된 단어들이나 문맥을 살펴볼 때 단언이 아닌 권고의 형태를 받아들여야 한다고 주장하고 싶습니다.

서론적 언급을 한 가지만 더 간략히 해보도록 하겠습니다. 바울 사도가 여기서 아주 겸손한 태도로 자기의 글을 전달받게 될 기독교인들과 자신을 동일 선상에 놓고 생각하고 있다는 점, 사도인 자신도 그의 편지를 받게 될 지극히 연약한 성도들과 마찬가지로 동일한 충고와 자극을 필요로 하는 자임을 고백하고 있다는 사실이 얼마나 아름다운 모습입니까! 바울은 얼마든지 자신을 따로 떼어 놓으면서 이렇게 말할 수도 있었을 것입니다. "자, 당신들은 하나님과 화평을 누리게 되었소. 이제 그 화평을 지속적으로 누리시오." 그러나 바울은 자신이 권고하고 있는 자들과 자신을 같은 범주에 집어넣고 있는 것입니다. 효율적 충고를 주기를 원하는 자들은 모두 이와 같은 태도를 본받아야만 합니다. 바울은 우월한 입장에 서서 로마의 기독교인들을 내려다보고 있지 않습니다. 바울은 자신에게는 권고가 필요없고 권고가 필요한 자들은 다만 로마의 성도들뿐이라고 말하고 있는 것이 아닙니다. 바울은 자신도 또한 충고가 필요한 존재임을 인식하고 있습니다. "사도이건, 아주 겸비한 신자이건 모두 같이 동일한 귀중한 믿음을 얻었으니, 이제 모두 같이 하나님과 더불어 화평을 누리자."

그러면, 이제 먼저 비교적 간단한 이 권고의 의미가 무엇인가 살펴보기로 하겠습니다.

사도 바울이 그와 같은 권고를 하게 된 이면에는 하나님과 인간의 관계에 관한 하나의 이론이 깔려 있습니다. 이 이론은 현대인들로부터 별로 지지를 받지 못하는 이론이지만 인간 본성 깊숙이 자리 잡고 있는 일들이나 인류 역사 안에 내재해 있는 깊은 신비를 잘 설명해주는 것입니다. 그 이론은 무엇인가가 역사 안에 들어와 하나님과 인간 사이에 어떤 우호관계나 조화도 존재하지 않게 되는 전조으로 부자연스럽고 기괴한 현실을 산출해 냈다는 것입니다. 인간은 고립되었는데 그 이유는 인간들의 의지가 반역적 양상을 띠었으며 인간들의 목표가 하나님의 목표에서 이탈했기 때문이라는 것입니다. 게다가 — 이것은 현대의 감상적 기독교가 외면하고 있는 사실입니다만 — 하나님의 입장에서 그 같은 관계가 방해를 받게 되었다는 것입니다. 그리고 "우리는 본질상 다른 사람들과 마찬가지로 진노의 자식들이라는" 것입니다. 여기서 말하는 진노는 단지 불쾌하고 성급하고 열화와 같은, 대상의 상해(傷害)를 노리는 진노가 아니라 우리와 같은 피조물들로부터 순결한 사랑과는 정반대되는 필연적 적대감을 야기시키는 진노입니다. "화목"은 일방(一方)에 치우신 것이라고 신약성경이 가르치고 있기나 한 듯이 이야기한다든지 — 사실상 이 같은 가르침은 용어상 모순을 내포하고 있습니다. 왜냐하면 화목은 두 당사자를 전제하기 때문입니다 — 화목은 하나님과의 그릇된 관계를 인간이 버리는 것을 뜻한다고 신약성경이 가르치고 있다고 말하는 것은 모두 평범한 가르침을 모르기 때문에 할 수 있는 말이라고 생각합니다. 하나님과 인간 사이에 이 같은 적대 감정이 가로놓여 있기 때문에 복음은 그것을 다루지 않을 수 없는 것이며, 예수 그리스도가 그 증오를 철폐하셨으며, 십자가 위에서 죽으심으로 우리의 화목제물이 되셨으며, 우리는 그리스도에 대한 믿음을 통하여, 또 그리스도의 죽으심을 믿음으로 받아들임으로 말미암아 적대의 관계에서 떠나 화목의 상태로 옮겨졌다고 선언하고 있는 것입니다.

이와 같은 사실을 염두에 두면서 본문으로 돌아가 보겠습니다. 본문은 이상하게 보입니다. "그러므로 믿음으로 의롭다함을 얻었은즉, 화평을 누리자." 여러분은 이렇게 말할 것입니다. "그러나 보라! 당신이 말하고자 하는 것은 고작 믿음으로 의롭다 여김을 받는 것, 우리를 의롭다고 하시는 그분을 믿음으로 말미암아 의롭다고 선언된다는 것이 곧 하나님과 화평을 누리는 길이라는 점이 아닌가? 당신이 주는 훈계는 얼마나 피상적인 것에 불과한가?" 맞습니다. 흠정역을 담당했던 필사자 또는 번역자의 생각은 바로 그것이었습니다. 두 가지 사실, 곧 칭의와 화평은 병행하는 것입니다. 칭의가 하나의 과정이라면 화평은 그 과정의 필연적이며 동시적 결과인 것입니다. 그러나 그와 같은 결론을 매듭짓는 것은 너무 성급한 일이라고 생각됩니다. "믿음으로 말미암아 의롭다 여김을 받았으니, 하나님과 더불어 화평을 누리자"는 말씀은 다음과 같은 의미를 지닙니다. "네가 현재 어디 서 있는가를 주의하라. 그리고 네가 소유한 것을 유지하라." 바울이 주는 권고는 화평을 획득하라는 것이 아닙니다. 다만 화평을 지속적으로 보유하라는 것입니다. "네가 소유한 바를 굳게 붙잡으라! 그 누구도 네 왕관을 빼앗지 못하도록 하라!" "믿음으로 의롭다 여김을 받은 것"을 귀중하게 보존하라. 그 무엇도 그것을 빼앗아가지 못하도록 하라. 그리고 "하나님과 더불어 화평을 누리라."

이제, 두 번째로 이 권고의 필요성과 중요성에 관하여 말씀드리겠습니다.

이 중요한 생각 밑에는 어떤 근본 사상이 깔려 있습니다. 사실상 기독교인들은 특히 어떤 유형의 기독교 교리들에 대해서는 거듭 반복해서 학습 받을 필요가 있습니다. 그 근본 사상이란 우리가 축복받은 삶 그 자체 혹은 그 삶이 지니고 있는 축복들을 누리기 위해서는 그것들을 간직하고자 하는 노력이 전제되어야 한다는 것입니다. 육체적 생명이 계속해서 자양분을 공급 받지 못하면 죽어 버리는 것과 같이, 이와 같이 믿음으로 말미암아 의롭다 여김을 받고 하나님과 화목한 관계에 들어간 신자들은 그와 같은 상태를 영구화시키기 위하여 열심히 노력하지 않으면 안 됩니다. 만일 그와 같은 노력을 기울이지 않는다면 그 같은 상태를 누리기는 어려울 것입니다. 우리가 게으르고 나태하면 옛날의 모든 상태가 다시 대두할 것입니다. 우리가 보호해 주지 않는다면 그 보화를 간직하기 어려울 것입니다. 우리는 그 보화를 소유하고 있기 때문에 그것을 계속해서 보유하기 위해 온 정성을 기울일 필요가 있는 것입니다.

우리가 지속적으로 하나님과의 화평을 소유하며 칭의를 소유하는 것을 항상 방해하는 세력들이 얼마나 다양하고 강한가를 기억하십시오, 우리의 일상적 삶 속에서는 늘 온갖 근심, 해야 할 일, 취미, 행운 따위가 늘 뒤엉켜 있기 마련입니다. 이와 같은 일상사들이 거룩한 동기와 행위로서 이루어져 가야 합니다. 그리하여 이와 같은 요소들이 방해거리가 아닌 도움을 제공하는 요소들로 변화되어야 합니다. 그러나 그렇게 되기 위해서는 많은 노력이 필요합니다. 근면한 노력을 통해서만 비로소 그와 같은 일상잡무들이 깨끗한 엔진 부품의 여기저기에 둘러붙어 엔진의 작동을 제한하고 재난을 유발하는 것을 방지할 수 있습니다. 여러 가지 일상적 일들은 우리를 유혹하여 우리가 다만 믿음으로 아는 것들을 잊게 하며, 우리가 손쉽게 만지고 맛보고 다룰 수 있는 것들에 빠져들도록 만듭니다. 경사진 언덕을 기어 올라가고 있는 어떤 사람이 바짝 긴장하여 힘을 모으지 않으면 중력이 그를 자꾸만 끌어내릴 것입니다. 기독교인이 하나님과 화평한 관계 안에서 교제를 나누고 있다는 인식을 강하게, 그리고 지속적으로 붙잡지 않으면 그는 그 인식을 명료하게 가질 수 없을 것이며, 그 인식으로부터 나오는 평안을 누릴 수 없을 것입니다. 그렇게 되면 우리는 세상 속에 들어가 우리가 직면해야 하는 일상의 삶 속에서 기독교인의 삶에 대하여 적대적 태도를 취하는 세력들을 대항하여 싸울 수 없을 것입니다. 그런데 감사한 일은 우리를 돕는 세력도 존재한다는 사실입니다. 우리의 일상적 삶이 우리의 종교에 대하여 적이 되느냐 친구가 되느냐는 우리가 얼마만큼 자신의 노력을 지속적이면서도 끈기 있게 계속하느냐에 따라 좌우됩니다. 그런데, 이와 같이 우리를 잡아 끌어내리는 외면적 세력들보다 더 악한 세력이 있습니다. 그것은 우리의 내면에 자리 잡고 있는 것입니다. 그것은 우리의 내면에 언제나 잠복 중인 흔들리는 의지, 방황하는 마음, 기만하는 애정과 열정 따위입니다. 이와 같은 요소들이 나타나지 말아야 할 때 불쑥불쑥 그 머리를 드러내는 일이 있습니다. 우리는 마음의 고삐를 바짝 당겨야만 합니다. 그렇지 않으면 우리의 이해를 초월하는 하나님과의 평화를 가져오는 칭의에 대한 인식을 박탈당하고 말 것입니다.

와이트(Wight) 섬에 가면 해발 수백 피트 높이까지 천애의 절벽이 솟아 있습니다. 이 절벽은 조금도 허술함이 없이 꽉 짜인 밀도 있는 형세를 나타내고 있습니다. 그러나 그 절벽은 경사가 가파른 진흙 평지위에 세워져 있습니다. 그 절벽의 틈새에서는 습기가 가느다란 물줄기를 이루면서 진흙 평지위로 흘러내립니다. 이때 진흙 평지는 마치 배를 진수시키기 위해 조성해 놓은 길과도 같이 미끈미끈한 길로 변합니다. 언젠가는 그 천애의 절벽, 수많은 세월이 흐르는 동안 강풍을 견뎌온 높은 요새가 분해되어 해변가에 보기 싫은 폐허 덩어리로 남게 될 것입니다. 우리의 마음속에도 이와 같은 "물이 새는 층"이 있습니다. 만일 주의하지 않으면 그 물이 새는 층으로 이루어진 우리의 마음이 언젠가는 무서운 폐허로 변할지도 모릅니다. "의롭다 하심을 받았은즉, 하나님으로 더불어 화평을 누리자." 하나님께서 이 훈계를 주신 것은 우리로 하여금 이 화평을 박탈하려고 하는 많은 세력들을 고려하고, 하나님과 화평을 상실한 경우에 인간의 성품 전체에 찾아온 무서운 재난을 염두에 두고 하신 말씀이라는 점을 기억해 둘 필요가 있습니다. 우리의 존재의 가장 깊은 곳에 자리 잡고 있는 성소 안에서 하나님과의 화평을 의식하지 못한다면, 전투와도 같은 삶의 현장에 직면할 때뿐만 아니라 어려운 재난에 직면해야 할 때 자신과, 인간들과 평화를 누릴 수 없을 것입니다. 만일 여러분이 안식을 원하신다면 — 사실상 안식 이외에는 어떤 축복도 존재하지 않습니다 — 자신의 어떤 격정이나 증오에도 방해받지 않는 정숙의 기쁨을 누리고 싶으시다면, 심지어는 들에 사는 모든 짐승들과 화평을 누리며 모든 것이 나의 조력자, 나의 동맹자가 되기를 원하신다면 그 소망을 성사시킬 수 있는 길은 오직 하나 뿐입니다. 그것은 칭의와 함께 따라오는 하나님과의 화평을 보유하는 것입니다.

마지막으로 이 권고를 실행에 옮기는 방법에 관하여 간략하게 살펴보겠습니다.

나는 본문이 말하는 화평이 원래 어떻게 해서 나의 믿음을 통하여 포착된 그리스도의 사역을 통해서 들어오게 되었는지를 설명해보려고 노력했습니다. 여기서는 세 가지 사항만 이야기하고 넘어 가겠습니다.

처음에 믿음을 초래한 바로 그 믿음을 행사함으로써 화평을 지속적으로 보유하십시오, 그 다음에는 여러분이 처음 받아들인 바로 그 주님과 연합함으로써 그것을 보유하십시오. 여기서 반드시 기억해야 할 것은 바울이 그리스도의 죽으심으로부터 받은 은사들과 그리스도의 생명을 통하여 받게 될 은사들을 구분하고 있다는 사실입니다. 이 같은 사실은 내가 선정한 본문을 가장 훌륭하게 주석하고 있는 것입니다. "우리가 원수 되었을 때에 아들의 죽으심으로 말미암아 하나님과 화목 되었다면, 더욱더 화목된 우리는 그의 생명 안에서 구원을 얻으리라." 그러므로 이제 우리는 두 가지 사실을 믿음으로 굳게 붙잡아야만 합니다. 하나는 그리스도께서 증오를 철폐하고 우리에게 화평을 가져오기 위하여 죽으셨다는 사실과 그리스도께서 다시 사심으로써, 그리스도 자신의 생명을 우리의 마음속에 쏟아 부어 우리가 더욱 더 그의 형상을 닮아가게 하셨다는 사실입니다. 이 두 가지 평범한 실천적 교훈에 덧붙여서, 나는 한 가지 교훈을 더 첨가하고자 합니다. 그것은 우리 자신의 행동을 통해 하나님과 맺어진 화평을 방해하는 일이 없어야겠다는 것입니다. 만일 누구든지 자신의 의지를 사용하여 하나님의 의지를 반역하고자 한다면, 그의 마음으로부터 모든 화평이 사라지고 말 것입니다. 만일 내가 하나님께 대항하여 반역한다면 하늘에 계신 성부 하나님과 고요한 가운데 연합하는 교제를 계속해서 누릴 수 있는 가능성은 사라지고 말 것입니다. 죄는 아무리 작은 것이라도 우리가 용서받았다는 의식과 하나님과 더불어 화평을 누리고 있다는 인식을 잠시 동안 파괴할 수 있습니다. 고요한 수면에 하늘과 밝은 태양, 영롱한 별들을 반영하고 있는 푸른 호수의 수면은 고양이가 가볍게 물을 휘젓기만 해도 수면에 반영되어 있던 모든 영상들이 사라져 버리고 맙니다. 만일 우리의 마음의 거울에 하늘로부터 찾아오는 평화로움이 계속 남아있게 하고 싶다면 그 마음의 거울에 악한 격정과 반역적 의지가 침해하지 못하도록 울타리를 쳐 주어야 합니다. "오! 내 말에 귀를 기울이라! 그러면 네 평화가 강물같이 흐르리라."

9
은혜에 들어감

"또한 그로 말미암아 우리가 믿음으로 서 있는
이 은혜에 들어감을 얻었으며"
롬 5:2

먼저 이 본문에 등장하는 용어들을 간단히 설명할 필요가 있다고 생각 됩니다. 여기서 우리는 앞 절을 다시 한 번 살펴 볼 필요가 있습니다. 앞 절은 내가 선정한 본문이 그 절에 대한 부록과도 같은 것임을 보여주고 있 습니다. 앞 절에서는 무엇을 말하고 있습니까? 앞 절이 말하고 있는 내용 은 믿음을 통하여 예수 그리스도로 말미암아 인간에게 찾아온 "하나님의 화평", 증오의 제지, 의의 선언입니다. 그러나 하나님과의 화평은 기독교 적 관점에서 보았을 때 모든 일의 시작이라 할 수 있겠습니다. 그렇습니 다. 화평은 단지 시작일 뿐입니다. 화평 뒤에는 많은 것들이 뒤따라 와야 합니다. 본문은 분명히 하나의 발전을 이야기하고 있습니다. "우리가 서 있는 이 은혜에 나아감"은 "하나님과의 화평"이상의 것이며 그 뒤에 따라 오는 것입니다. 그러면서도 두 본문은 유사성을 지니고 있습니다. 후자 곧, 오늘의 본문에 나타나 있는 두 가지 위대한 진리들 곧, 그리스도의 중 보사역과 그를 통하여 그리고 그 안에서 우리에게 찾아오는 축복들을 받 는 조건으로서의 믿음이 되풀이하여 강조되고 있는데 여기에는 어떤 의미 가 있습니다. "그로 말미암아 우리가 나아감을 얻었다." "하나님과의 화평," "믿음으로 이 은혜에 나아감" — 이 세 가지 개념은 매우 심오한 의미를 지니고 있습니다. 처음 시작하는 단계에서의 축복을 얻는 방법이나, 그 이후에 따라오는 기독교인의 삶에 있어서의 축복들을 얻는 길이나 모두 한결같습니다. 통로도, 그 통로를 통하여 오는 그 축복들을 우리의 것으로 누리는 행위도 동일합니다. 그런데 오늘의 본문에 나타난 언어는 "나아감, 믿음, 은혜"에 대하여 이야기하고 있는데, 대부분의 기독교인들에게는 매우 어렵고 소원하고 전문적 용어처럼 들리고 있는 것이 사실입니다. 많은 사람들이 신약에서 사용되고 있는 모든 용어들은 불속에서 꺼져가는 숯과 같아서, 그나마 남아있는 작은 불씨는 회색빛 재로 점점 더 두껍게 덮여간다고 말합니다. 그렇습니다. 그러나 일단 그 재를 입으로 불어보면 그 안엔 여전히 불씨가 남아 있습니다. 재들은 입으로 불어 떨구어 버릴 수만 있다면 그렇게 해봅시다.

이 본문은 고어(古語)적인 문체로 표현되었다고 생각됩니다. 이 본문이 지닌 놀라운 아름다움을 맛보기 위해서는 죽어버린 듯한 문체의 불씨를 입으로 불어 되살려 보아야 합니다. 본문은 기독교인의 삶의 장엄한 이상을 세 가지로 전달하고 있습니다. 첫째, 기독교인의 위치인데 그것은 "은혜로 나아가는 것"입니다. 둘째, 기독인의 태도인데 그것은 "우리가 서 있는"입니다. 세 번째는 그 이상을 실현하는 수단인데, 그것은 "그로 말미암아"와 "믿음으로"입니다. 이제부터 이 세 가지 요소를 살펴보겠습니다.

1. 기독교인의 위치.

"나아감"이라는 단어와 "서있다"는 단어에는 분명히 어떤 은유적 의미가 내포되어 있습니다. "은혜"는 어떤 넓은 장소를 가리킵니다. 인간이 이 장소에 들어가면 머무를 수 있으며, 서 있을 수 있으며, 말할 수도 있습니다. 다르게 표현한다면 우리가 들어갈 수 있는 궁전 또는 보물창고라고 생각할 수 있습니다. 그 위대한 신약성경의 단어 "은혜"를 택하여 그 의미를 숙고해보면 이와 같은 배경을 가지고 있음을 쉽게 알 수 있습니다. 이 단어 안에는 웅장하면서도 경이로운 중심 사상이 숨어 있습니다. 이 사상은 주의를 기울이지 않는 청중들은 쉽게 간파하기 어려운 것입니다. 그 사상은 하나님의 사랑을 전혀 받을 자격이 없는 하찮은 인간들에게 하나님의 적극적 사랑이 쏟아 부어졌다는 것입니다. 은혜는 또 하나의 의미를 가지고 있는데, 이 의미는 신약성경에서 이 단어가 사용될 때 대부분의 영역을 차지하는 것으로서, 그것은 하나님의 사랑을 인간들에게 전달했다는 것입니다. 다시 말해서 특정하며 개개인을 염두에 둔 선물들이 인내, 용서, 겸손, 증여 등의 성질을 띤 사랑의 저수지로부터 흘러나왔다는 것입니다. 여기서 우리는 또 하나의 의미를 생각할 수 있는데, 이 의미는 성경에는 그리 크게 나타나지는 않으나 그렇다고 전혀 없다고도 볼 수 없는 것으로서, 곧 은혜가 아름다움을 간직하고 있다는 사실입니다. 은혜를 받은 영혼은 우아한 영혼이 되어야 하며 또 우아합니다. 최고의 사랑스러움이 인간의 본성에 알려지는 것은 하나님의 무조건적이며, 자유로우며, 무한한 사랑이 담긴 선물들이 그 본성에 전달될 때 비로소 나타납니다.

이상에서 말한 것과 같이 세 가지 사상들이 바울 사도의 장엄한 은유 (즉 기독교인들이 들어가는 넓은 장소) 안에 조화되어 있다면, 우리는 다음과 같은 교훈을 생각할 수 있을 것입니다. "기독교인의 삶은 끊임없는 하나님의 사랑에 대한 인식을 공급받을 수 있고 또 공급받아야 한다." 그 인식은 기독교인의 삶 속에 들어있는 모든 것을 변화시킵니다. 여기 어떤 드넓은 시골 땅이 있습니다. 이 땅은 아마도 고지(高地)에 자리 잡은 습지라고 생각됩니다. 이 습지에 자리 잡고 있는 작은 호수들은 회색빛을 띠고 있으며 냉기가 감돕니다. 이곳에서 자라는 식물은 암울하고 어두운 색조를 띠고 있습니다. 음울함이 온 땅위에 덮여 있습니다. 푸른 하늘 아래 짙은 구름이 땅을 덮고 있기 때문입니다. 그러나 태양이 그 예리한 햇살의 창을 가지고 안개를 뚫고 들어와 안개를 거두어 수평선 저 건너편으로 날려 보내 버리면 어떻게 될까요. 검고 사악하게 보였던 모든 작은 호수들은 이제 청순한 푸른색과 발랄한 즐거움이 가득 찬 발랄함으로 번득일 것이며 호수면의 잔물결까지도 다 보일 것입니다. 히이드꽃들은 햇볕을 받아 이글거리는 아름다움을 과시할 것입니다. 이처럼 고독하고 슬픔으로 가득 찬 우리의 삶 속에 하나님의 사랑의 빛이 비취면 우리의 삶은 고귀함으로 승화될 것이며 아름다움과 고요함, 위대함으로 빛날 것입니다. 이것은 다른 어떤 것도 이룰 수 없는 것입니다. 여러분이 하나님 안에 거할 때 여러분은 사랑 안에 거하게 될 것입니다. 그때 여러분의 삶은 아름다워질 것입니다. 은혜 안에 나아갈 수 있는 특권이 여러분에겐 부여되어 있습니다. 그리로 나아가십시오. 나이팅게일들이 길가에서 아름다운 노래를 부르고 있는 모습을 상정해 보십시오. 우리의 삶 속에도 그와 같은 아름다운 정경이 이루어질 것입니다. 우리의 삶 속에 하나님의 사랑에 관한 끊임없는 묵상이 조용한 곡조와 함께 찾아들 것입니다. 인생길이 먼지로 뒤덮인 험한 길일 때도, 그 길을 걷기에 우리가 지쳐있을 때도 변함이 없을 것입니다. 기독교인의 삶 속에는 끊임없는 하나님의 사랑에 대한 인식이 있어야만 합니다.

이제 두 번째 은혜의 의미 곧, 이차적이며 파생적이라고 볼 수 있는 의미에 관하여 생각해 보겠습니다. 그것은 물론 그 사랑이 우리에게 전달된다는 것입니다. 그 사랑이 우리에게 전달되기 때문에 기독교인의 삶은 하나님의 충만함으로부터 나오는 끊임없는 선물들로 가득 찰 수 있으며 또 가득차야 한다고 말할 수 있는 것입니다. 이미 말씀드린 바와 같이 사도 바울은 하나의 은유를 사용하여, 인간이 들어가도록 허용된 넓은 장소 또는 보물창고에 은혜를 비유하고 있습니다. 우리는 그곳에 들어갈 권리를 지니고 있습니다. 그곳에는 사방에 미처 주조하지 못한 금궤들과 수많은 보석덩어리들이 가득 차 있습니다. 그 많은 것들 중에서 많이 취하든 적게 취하든 그것은 우리의 자유입니다. 하나님의 보화를 우리가 얼마나 취할 것인가 하는 것은 전적으로 우리의 결단에 달린 문제입니다. 우리는 보물창고에 들어왔기 때문에 이와 같은 특권을 지니게 된 것입니다. 사람이 어떤 자루를 가지고 들어오느냐에 따라 그가 가지고 갈 수 있는 보물의 양이 결정됩니다. 여러분 가운데 일부는 매우 작은 바구니를 가지고 와서는 아주 작은 양만을 기대할 것입니다. 그렇게 되면 여러분이 기대하는 그 이상의 양은 얻을 수 없는 것입니다.

하나님의 충만한 재화는 그것을 담는 그릇의 크기에 따라 모양과 양이 결정됩니다. 하나님의 보물은 다양한 형태를 띠고 있습니다. 우리가 요구하는 것은 무엇이든지, 우리의 성품 드는 우리의 환경이 요구하는 것은 무엇이든지 얻을 수 있습니다. 물이 어느 모양의 물병에 담겨지느냐에 따라 그 모양이 달라지듯이 그 한 가지 선물이 다양한 형태를 취합니다. 인간이 어떤 필요를 가지고 있느냐에 따라 등일한 선물이 무한히 다양한 양태를 취하는 것입니다. 그것은 마치 작가가 쓰는 펜, 목수가 사용하는 망치, 농부의 쟁기가 같은 금속으로 만들어지는 것과도 같습니다. 이와 같이 하나님의 은혜도 우리의 다양한 소명과 요구, 환경, 의무, 슬픔, 유혹에 따라 각각 다른 형태로 우리에게 찾아옵니다.

형제들이여! 이토록 많은 가능성을 안고 있는 우리들이 그 가능성을 지극히 적은 분량밖에 나의 것으로 만들지 못한다면 얼마나 부끄러운 일입니까. 인도에 파견되었던 영국군의 장교 가운데 한 사람이 영국으로 돌아왔을 때 그의 군대가 정복한 라자족으로부터 너무 많은 보물을 빼앗아 왔다는 죄목 때문에 고소를 당한 적이 있었습니다. 그때 그 장군은 자기 자신에게 쏟아지는 비난에 대해 이렇게 답변했습니다. "아니! 저는 오히려 내가 왜 이만큼밖에 안 가져 왔느냐는 사실에 대해 의아해하고 있는 걸요!" 그렇습니다. 중용의 태도 때문에 부끄러움을 느껴야 할 기독교인들이 많이 있습니다. 그들은 보물창고에 들어갔습니다. 그 창고 안에는 온갖 보석더미들과 금 막대기들로 가득 차 있습니다. 그들은 아무리 크게 욕심을 내도 좋을 장소에 가서 보잘것없는 주화 하나만을 가지고 나와서는 만족해하는 것입니다. 형제들이여! 여러분은 하나님의 충만함에 "나아갈 권리"를 소유하고 계십니다. 만일 여러분이 빈손으로 나온다면 누구 잘못이겠습니까?

그런데 이미 말씀드린 바와 같이 본문에는 또 하나의 의미가 있습니다. 우리의 생활 속에 스며 들어온 그 사랑, 그 사랑이 낳는 여러 가지 결과들은 삶을 풍요하게 할 것이며 우리가 어느 정도까지 그 사랑을 받느냐에 따라 우리의 삶을 아름답게 장식할 것입니다. "은혜"는 선함과 아울러 사랑스러움을 의미하기도 합니다. 이 모든 요소들의 근원이 되시는 하나님은 선한 모든 것 뿐만 아니라 "아름다운 모든 것들"의 근원이기도 하십니다. 이 사실은 두 가지 생각을 가능하게 하는데, 이 시점에서 이 두 생각을 길게 논의하기는 어렵습니다. 한 가지 생각은 최고의 아름다움이란 곧 선함을 의미한다는 것과 어느 한 국가의 예술이 그 사실을 알지 못한다면 그 국가의 예술은 지저분한 죄악의 도구로 전락하고 말 것이라는 점입니다. 사람들은 "예술 그 자체를 위한 예술"을 제창합니다. 많은 시인들과 화가들이 부패함 속에서 아름다움을 발견해내려고 노력하고 있습니다. 예컨대 썩어가는 나무 안에서 번득이는 인광의 빛, 오물들이 넘실대는 웅덩이에서 빛나는 무지개빛 색상들을 발견해냅니다. 선함을 배제한 상태에서 아름다움을 추구하면서 신성한 본능을 악의 하수인으로 전환시키고 있는 것입니다. 그러나 참된 우아함은 인간에게 주어진 하나님의 충만함을 의미하는 은혜로부터 나오는 것입니다.

그러나 여기 또 하나의 교훈이 있습니다. 그것은 하나님의 사랑을 받는 삶을 영위한다고 말하면서 풍요로운 하나님의 손길로부터 선물들을 받고 있다고 고백하는 기독교인들은 자신들에게 주어진 선함이 "거칠고 구겨진 것"이 되지 않도록 주의해야 합니다. 그것은 운율적이고 좋은 것이 되어야 합니다. 여러분은 여러분의 선함이 매력적인 것이 되도록, "좋은 소식에서 나오는 것들"은 "사랑스러운 것들"이기도 하다는 점을 보여주도록 노력할 의무를 가지고 있습니다.

2. 이제 두 번째 논점인 기독교인의 태도에 관하여 이야기해 보기로 하겠습니다.

"네가 서 있는 은혜." 본문에서는 "서 있는"이라는 단어가 매우 강조되고 있습니다. 이 말은 단순히 "계속한다"는 것만을 뜻하는 것이 아니라 기독교인의 태도를 의미합니다.

여기엔 두 가지 의미가 함축되어 있습니다. 하나는 그와 같이 사랑의 물을 마시며, 하나님이 주시는 선물들로 부요해지며, 사랑스러움으로 장식된 삶은 안정되고 견실한 삶이 될 것이라는 점입니다. 저항과 안정성이 단어들 안에 암시되어 있습니다. 무섭게 공격해 들어오는 적군에 대항하여 어느 정도까지 끈질기게 저항하면서 견실히 설 수 있는가를 결정해주는 중요한 항목 가운데 하나는 그가 어디에 어떤 모습으로 서 있는가를 알아보는 것입니다. 만일 여러분이 미끈디끈한 진흙탕 위에나 빙하의 얼음위에 발을 디디고 서 있다면 여러분은 그 위에 오랫동안 서 있을 수 없게 될 것입니다. 그러나 여러분이 만일 하나님의 은혜위에 발을 디디고 서 있다면 여러분은 "악한 날에 견딜 수 있을 것이며 어떤 상황 안에서도 동요하지 않을 것입니다." 그렇다면 인간은 어떻게 하나님의 은혜위에 발을 디디고 서 있을 수 있을까요. 방법은 간단합니다. 자기 자신을 의지하지 않고 소박하게 하나님을 신뢰하는 일입니다. 일관된 삶을 영위하며, 돌풍처럼 휘몰아쳐 오는 유혹과 난관들을 성공적으로 극복해내기 위해서는 은혜의 반석 위에 두 발을 굳게 디디고 있어야 합니다. 그 같은 바탕 위에서만 여러분의 행위는 확립될 것입니다.

예수 그리스도는 자기 자신 안에 있는 생명의 선물을 통하여 우리에게 안정성을 선물로 주셨습니다. 바로 이 안정성이 우리 자신의 마음의 방황을 멈추게 합니다. 압력이 찾아올 때 우리는 굴복하고 맙니다. 우리의 감정은 매우 기복이 심합니다. 급류가 휘몰아치거나 불규칙한 돌풍이 불어올 때 우리의 발은 정신없이 이리저리 흔들립니다. 그러나 주님의 은혜가 찾아들면 우리를 대항하여 제기되는 다양한 공격에 저항할 힘을 얻게 됩니다. 우리의 가련한 성품들은 수시로 변화하고, 죄악에 물든 채 이리저리 요동할 만큼 연약합니다. 이와 같은 성품이 하나님의 은혜를 받는 순간 안정을 찾게 되는 것입니다. 이른바 이 석화(石化)시키는 우물 안에 천 조각이나 새의 둥지, 나무 조각들을 집어넣으면 용해되어 있던 광물이 엉겨 붙고 침투해 들어와 그것들을 굳고 딱딱한 물질로 변화시키듯이, 우리의 보잘것없고 변화하기 잘하며 우왕좌왕하는 결의, 정처 없이 방황하는 마음, 유혹에 쉽사리 흥분되는 격정 등을 그 위대한 샘물에 집어넣으면 우리의 유동성은 고정성으로 변화할 것이며, 우리의 가변성엔 하나님의 불변성의 그림자가 드리우게 될 것이며 우리는 주님과 주님의 전능한 권능 안에 굳게 설 수 있을 것입니다.

더욱이, 이 태도에 관련하여 한 가지 더 기억해야 할 점이 있습니다. 이 태도는 은혜를 소유한 결과로서 나타나는 것인데, 그것은 안정성과 견실성을 의미할 뿐만 아니라 굽은 것에 반대되는 곧음을 의미하기도 한다는 것입니다. 한 인간의 독립성은 저 하나님의 전달된 은혜에 의존함으로써 또 그것을 소유함으로써 보장됩니다. 하나님의 명령과 주권적 의지, 사실 안에 나타나는 하나님의 은혜를 가장 강조해온 기독교의 가르침이 — 이 가르침을 우리는 대략 칼빈주의라고 부릅니다 — 유럽의 자유를 낳았으며 제사장이든 시인이든 인간이 인간을 지배한다는 개념에 강한 반기를 들도록 유럽인들을 자극했다는 사실을 여러분은 잘 아시리라고 믿습니다. "주의 영이 있는 곳에는 자유함이 있느니라." 만일 인간이 마음속에 하나님의 은혜를 소유하고 있으면, 그는 어엿한 한 인간으로 설 수 있습니다. "너희는 값으로 사신 바 되었으니, 다시는 죄의 종이 되지 말라." 성직 제도 및 기타 여러 가지 방법을 통한 지배를 단호히 거부할 수 있는 정신과 기독교적 민주주의는 모든 하나하나의 기독교인들이 지혜의 근원에 법과 명령의 유일한 근원, 모든 힘을 유발시키는 자, 모든 은총의 수여자에게 접근할 때 비로소 가능한 것입니다. 여러분은 믿음으로 서야 합니다. "그리스도께서 너희를 자유케 하신 자유 안에 굳게 서라."

3. 마지막으로 기독교인이 은혜에 들어가는 방법에 관하여 이야기를 나누어 보겠습니다.

앞에서도 이미 언급했던 바와 같이, 오늘 선택한 본문과 그 앞 절에 이 은혜 혹은 화평을 소유하는 데는 두 가지 조건이 있습니다. "그리스도로 말미암아", "믿음으로"가 그 두 조건입니다. 예수 그리스도께서 우리에게 "나아감"을 주셨음을 주목하십시오. 그런데 이 표현은 원어를 완전하게 번역했다고는 보기 어렵습니다. 이 표현과 연관된 말들이 없다면 "나아감" 대신 "소개"라는 뜻으로 번역되었을 것입니다. "그를 통하여 우리가 서 있는 이 은혜로 소개되었다." 즉, 예수 그리스도께서 우리를 안전하게 이 풍요로운 장소로, 이 보물창고로 이끌어 들인다는 것입니다. 그것은 마치 어느 궁전 관리가 왕궁 문턱에 서 있는 가난한 시골 사람의 손을 붙잡아 그에게는 전혀 생소한 광휘로 번득이는 길들을 통과하며 마침내는 왕 주위에 그어져 있는 중심원에까지 데리고 가는 것과도 같습니다. 이 비유의 밑바닥에 깔린 실제 내용이 무엇인가는 분명합니다. 죄인인 우리들은 결코 왕궁 한가운데서 빛나는 영광의 옥좌에 나아갈 수 없으며, 은혜의 선물들을 소유할 수조차 없습니다. 우리와 하나님, 우리와 지고의 사랑의 선물들 사이에 놓인 장벽을 헐어 버리기 전에는 결코 불가능합니다.

어느 오래된 전설에 따르면 두 명의 기사들이 어느 왕궁에 들어가려고 시도하고 있었는데 그 왕궁으로 들어가는 현관 중앙에는 신비스러운 불이 타오르고 있었다고 합니다. 그 기사 가운데 한 사람이 그 불을 뚫고 들어가려고 했을 때 그는 불에 그을린 채 물러날 수밖에 없었습니다. 그러나 다른 기사가 들어가려고 시도할 때는 격렬히 타오르던 불이 꺼지고 길은 깨끗하게 열렸다고 합니다. 예수 그리스도께서 죽으심으로 그의 피가 불에 닿자 불은 꺼지고 "지성소로" 들어가는 길이 열린 것입니다. 주님은 은혜를 가져오셨을 뿐만 아니라 우리가 은혜 안에 들어가는 것을 가능하게 하셨습니다.

그러나 여러분의 신앙이 개입되지 않는다면 그리스도의 사역이 여러분에겐 아무런 의미도 없는 것이 되고 맙니다. 그러므로 본문은 이렇게 말하고 있는 것입니다. "믿음으로 들어감을 얻었다." 이것은 독단적 선언이 아닙니다. 선물을 받은 자는 당연히 누릴 권리입니다. 하나님께 가까이 나아가는 것을 주저하고 있는 사람, "나아감"을 원하지 조차 않는 사람, 그것을 소유하고 있으면서도 사용할 수 없는 사람에게 하나님은 어떻게 그 은혜에 나아갈 수 있는 길을 열어 주셨습니까? 하나님이 어떻게 마음 문을 닫고 소유하기를 원치 않는 자에게 내면의 영적 선물들을 수여해 주실 수 있습니까? 믿음이 바로 그 조건입니다. 그리고 그리스도는 수여자이십니다. 만일 내가 나의 믿음을 통하여 주님과 연합한다면 주님께서 나에게 주실 것입니다. 그러나 만일 내가 그렇게 하려는 강한 의지를 가지고 연합하지 않는다면 그는 자신이 가장 아끼는 최선의 선물들을 수여해줄 수 없을 것입니다. 물에 빠져 죽어가는 사람이 구조원이 내민 손을 잡기 위해 손을 뻗지 않는다면 안전한 해안에 올라오기란 불가능한 일입니다. 물속에 빠진 사람이 똑같이 빠져가는 사람의 손을 붙들어 봐야 무슨 소용이 있겠습니까.

형제들이여! 하나님께서는 하나님이 고르고 고르신 가장 귀한 선물들을 우리 모두에게 주셔서, 우리를 기쁘게 하고 부요하게 하며 단장하며 안정시키고 곧게 서도록 만드시는 것을 원하고 계십니다. 그러나 여러분이 주님을 신뢰하지 않으면 주님은 여러분에게 주실 수 없습니다. "그분 안에 모든 충만함이 거하는 것이 성부 하나님을 기쁘게 했습니다." 귀한 향유단지가 땅 위에 내려온 것입니다. 그 단지가 십자가 위에서 깨어졌을 때 "집안"은 온통 "향유냄새로 가득 차게 된 것입니다." 유일한 조건은 우리의 믿음입니다. 그것은 단 하나의 조건인 동시에 그 향유로 기름부음을 받기 위한 필수 조건이기도 합니다. 오직 주님만이 하나님의 풍요로움을 우리에게 주실 수 있습니다.

10
소망의 근원

"하나님의 영광을 바라고 즐거워하느니라
다만 이뿐 아니라 우리가 환난 중에도 즐거워하나니
이는 환난은 인내를, 인내는 연단을, 연단은 소망을 이루는 줄 앎이로다"
롬 5:2-4

앞 설교에서는 오늘 선정한 본문의 앞 본문을 통하여 바울 사도가 제시하고 있는 웅대한 기독교인의 이상적 삶에 관하여 살펴보았습니다. 그 삶은 '칭의'에 근거하고 있는 것이며 '하나님과의 화평'을 꽃피우는 것입니다. 뿐만 아니라 '은혜로 나아감'을 가능하게 하는 것이었습니다. 그것은 또한 온갖 적대자들과 거짓 선생들에게 감연히 대항하는 것이었습니다. 오늘 선택한 본문에서는 미래에 관한 기득교인의 진정한 태도가 무엇인가를 개관함으로써 앞 본문에서 서술하기 시작한 내용을 완결 짓고 있습니다. 내가 선정한 본문은 대단히 많은 내용을 함축하고 있는 본문입니다. 왜냐하면 본문에 나타난 각 절들 사이에는 매우 밀접한 관계가 있기 때문에 각 절들을 묶어서 종합적 관점에서 보지 않으면 그 의미를 상실하게 됩니다. 먼저 우리는 "우리가 소망 안에서 즐거워한다" "환난 중에도 기뻐한다"는 표현들에 주목하십시오. 원어상으로 보면 한 단어가 "기뻐한다"와 "자랑한다"라는 두 가지 의미로 번역될 수 있습니다(우리말 성경에 "즐거워한다"로 번역된 헬라어는 "즐거워한다" 보다는 "자랑한다"로 번역하는 것이 원어의 의미를 더 정확하게 살리는 것이다 — 역주). "자랑한다"는 번역이 "즐거워한다"는 번역보다 훨씬 더 나은 번역입니다. 왜냐하면 원어의 표현은 기쁨의 감정을 나타낼 뿐만 아니라 그 기쁨을 말로써 표현하고 있기 때문입니다. 어쨌든, 바울은 미래에 대한 밝은 소망, 그리고 현재의 어두운 암흑성을 대조해 보면서 그와 같은 감정을 가질 수 있고 그것은 기독교인이 가질 수 있는 가능한 감정 이상의 것임을 말하고 있습니다. 이 기쁨은 매우 강한 것입니다. 그러므로 바울은 계속해서 그 기쁨이 어떻게 해서 그와 같이 강할 수 있는가를 설명함과 아울러 고난은 그 고난이 낳는 여러 가지 결과들을 통해 마침내 이 기쁨에 이르게 된다는 점을 지적하고 있습니다. 그 기쁨을 마음속에 올바르게 품기만 하면 그것은 하나님의 영광을 포착한 소망을 더욱 더 밝게 빛내줄 것입니다. 우리는 오늘 이 본문 안에서 기독교인의 소망이라는 덩굴이 그 덩굴손을 뻗어 휘감고 있는 원목과, 소망의 이중적 근원, 세상의 어둠과 미래의 밝음에 직면할 때 기독교인이 마땅히 갖추고 있어야만 하는 하나의 감정을 발견하게 됩니다. 우리 각자가 견실한 소망과 두려움이나 근심이 없는 기쁨으로 무장되어 있다면 우리의 생활은 얼마나 크게 변화 될까요! 그 같은 변화는 가능합니다. 마땅히 변화가 되어야 합니다. 이제 나는 세 가지 점을 여러분께 지적드리고 싶습니다.

1. 본문에서는 결단코 꺼지지 않는 빛을 가지고 온갖 미래의 어두운 세계를 채우라는, 기독교인에게 주어진 소망의 한 가지 목적이 웅장한 모습으로 나타나 있음을 발견할 것입니다.

"우리는 하나님의 영광을 바라고 즐거워하느니라." 두말할 필요도 없이 "하나님의 영광"이라는 어구는 구약성경에서 속죄소의 그룹들 사이에 거하는 빛을 뜻하는 말로 사용되었습니다. 그것은 또한 신적 완전성을 상징하는 것이며 신적 현존을 의미하는 것입니다. 이 상징의 실재(實在)는 말하자면 온 우주에 그 광휘를 발하고 있는 충만한 신성을 가리킵니다. 기독교인의 참된 소망은 어떤 진정한 의미에서, 그리고 영원히 자라가는 정도라는 의미에 있어서 장차 그것을 실제적으로 소유하는 자가 되었을 때 받게 될 영광에 대한 소망을 뜻합니다. 이것은 어마어마한 주장입니다. 이 소망은 우리를 심오한 진리로 이끌어 갑니다. 나는 그 진리에 대해서는 지금 상론하려고 하지 않습니다. 그것은 곧, 인성과 신성은 수많은 차이점들을 내포하고 있으면서도 유사한 점도 있다는 것입니다. 오직 오만한 종교 형태만이 이 점을 중요하지 않은 것으로 간과해 버립니다. 전문적 용어를 사용해 보겠습니다. 하나님과 인간이 닮았다는 것은 비인격적인 어떤 빛 안에 범신론적으로 흡수해 들어간다거나 해탈의 경지에 이르러 막연한 전체 안에 합일되는 것을 의미하는 것은 아닙니다. 바울이 말하고자 하는 것은 가능한 한 가장 가까이 접근하는 것이요, 인격성을 구원하며, 개인의 인식을 깊게 심층화시키는 것을 뜻합니다. 그것은 유한한 피조물에게 영광으로 충만하게 넘치는 인성의 옷을 입히는 것을 뜻합니다. 그것은 완전한 지식, 완전한 순결, 완전한 사랑을 뜻하며 모든 연약함을 떨구어 버리고 새로운 힘의 공급을 받는 것을 의미합니다. 그것은 또한 "의지"와 "당위" 사이에 가로놓인 틈을 메우는 것이며 "의지"와 "가능성"을 연결 짓는 것을 뜻합니다. "의롭다 하신 이를 또한 영화롭게 하셨느니라." "우리가 모두 거울 안에서 바라보듯이" — 이것은 오히려 거울이 물체의 상을 반영하듯이 (하나님의 영광을) 반영하는 것을 뜻합니다 — "우리도 그 영광과 같은 형상으로 변화되리라"는 바울의 언급들은 모두 같은 것을 의미합니다.

성막을 통하여 빈약하고 임시적으로 밖에는 드러나지 않은 거룩한 빛이 인간들 사이에 그리스도 안에서 "거했으며" 인간의 한계가 허용하는 한 그리스도로부터 전달되어 왔고 또 현재도 전달되고 있다는 것, 그리고 이 같은 현상들은 확실하게 "우리들이 주님과 같이 변화되어 주님의 모습을 있는 그대로 보게 될 때" 그 신성의 빛을 완전히 입게 된다는 사실을 가리킨다는 것 등이 기독교의 핵심입니다. 세 사람이 용광로 속에서 거닐 수 있었던 것은 "인자 같은 이가 함께 동행했기 때문입니다." 신적인 완전성을 지닌 "영원한 불 속에서도 살아남을 수 있는 자가 누구입니까?" 바로 그리스도로 말미암아 은혜에 들어간 자이겨, 그리스도로 말미암아 영광으로 이끌려 들어간 자인 것입니다.

그런데 형제들이여! 나의 사견에 따르면 이것보다 훨씬 더 중요하며 가장 고상한 미래의 삶에 관한 개념들 가운데 하나를 살펴봐야만 한다고 생각됩니다. 수고로부터의 안식, 미래가 우리에게 제공해주는 소망에 힘을 얻어 달갑지 않은, 고난으로 가득 찬 현재의 상황들을 거부하는 것에 관하여 우리는 많은 이야기들을 해야 합니다. 아마도 "그곳에는 밤도 없고 눈물도 없고 슬픔이나 탄식이 없으며, 수고함도 없다"고 말하는 사람보다 더 깊은 감정에 호소할 수 있는 사람은 없을 것입니다. 그러나 우리의 인식이 여기 머물러서는 안 됩니다. 왜냐하면 우리의 하늘나라는 하나님 안에서 사는 것이며 하나님의 영광을 소유하는 자들이 됨을 뜻하기 때문입니다. 실재가 아닌 상징에 머물러서는 안 되겠습니다. 땅위의 것들을 반대하는 입장에만 머무르는 것도 바람직한 일은 아닙니다. 상징과 부정을 넘어서서 적극적 진리로 나아가야 합니다. "우리에겐 축복이 가득 차 있다. 우리는 순결함으로 가득 차 있다. 우리는 지식으로 가득 차 있다"고 말하는 것만으로 만족하려 해서는 안 됩니다. 오히려 그들 모두를 포용하는 것에 관하여 생각해야겠습니다. 그것은 곧 우리가 하나님으로 충만하게 될 것이라는 점입니다.

2. 그렇다면 그 소망의 이중적 근원은 무엇입니까.

제가 선택한 본문의 첫 구절은 사실상 마지막 절이라는 점을 주목하십시오. 이 절은 "믿음으로 말미암아 의롭다 하심을 얻었은즉"으로 시작됩니다. 그 다음엔 "하나님으로 더불어 화평을 얻었다"는 말이 뒤따릅니다. 세 번째는 "이 은혜에 나아감을 입었다." 네 번째는 "우리가 서 있다." 그 뒤엔 "우리가 하나님의 영광을 바라고 즐거워한다"가 뒤따릅니다. 그것을 좀 더 일반화된 용어로 표현해 보겠습니다. 먼저 예수 그리스도 안에 나타난 계시를 모든 것의 근원으로 삼습니다. 이 계시가 없이는 어떤 미래에 대한, 무덤 저편에 대한 소망도 무의미한 것이기 때문입니다. 그 뒤엔 기독교인의 삶은 무덤 저편의 밝은 영광을 최고로 반영하는 삶이라는 인식이 뒤따릅니다. 그것은 당연한 순서입니다. '이신칭의' '하나님과의 화평' '은혜로 들어감' — 사망이라는 용어가 상식이라는 미명을 빌어 무엇을 할 수 있겠습니까? 사망의 무딘 칼날이 이와 같은 것들을 그 근원으로부터 경험한 영혼을 결합하고 있는 띠를 어떻게 끊을 수 있겠습니까? 종속적이고 우연한 사실 곧, 육체적 세계밖에는 지배하지 못하는 실제가 이와 같은 고차원인 인식의 영역을 다룰 수 있다고 생각하는 것보다 더 기괴하고 앞뒤가 들어맞지 않은 것은 없을 것입니다.

한걸음 더 나아가 이와 같은 신령한 선물들을 소유하고 있는 사람들에게는, 그 선물들이 언젠가는 바닥이 날 것이라는 생각은 전적으로 터무니없는 것으로 이해됩니다. 이 세상에서 이와 같은 기독교인의 감정과 축복들을 정확하게 나의 것으로 소유할 때, 우리는 거의 본능적으로 그 선물들이 "어떤 일정한 기간 동안만을 위한 것이 아니라 모든 세대를 위한 것이요," "모든 세대만을 위한 것이 아니라 영원을 위한 것으로서" 존재하는 것임을 알게 됩니다. 우리에게 이와 같은 감정이 있다는 사실은, 자기 자신이 영원한 것을 파악하고 있다는 점을 보아서 인간이 결코 죽기 위해 창조된 것은 아니라는 생각이 옳은 생각임을 완전히 입증해주지는 못하더라도 적어도 강하게 암시해줄 수는 있다고 생각합니다. 마찬가지로 우리 자신들의 체험을 바라볼 때, 그 모든 체험들이 불완전함의 인(印)을 가지고 있음을 알게 됩니다. 인간의 경험은 불완전함을 통해 완전함의 존재를 암시해 줍니다. 하늘에 초생달이 떠오르면 곧 은빛 원으로 빛나는 보름달이 출현할 것을 예시해주듯이 현세에서의 기독교인의 체험은 그 위대하면서도 보잘것없음을 통해서 불완전함이 완전함으로 변화될 사물의 질서 또는 그렇게 될 때를 선언하는 것입니다. 부드럽고 유약한 초록빛 소수상화(小穗狀花)가 갈색 진흙덩어리를 뚫고 나오면 곧 바람에 흔들려 소담스럽게 하늘거리는 이삭이 패리라는 것을 예시하듯이, 넓은 대로가 나오면 곧 광야 저 끝에 마을이 있으리라는 사실을 암시해 주듯이, 세상에서의 기독교인의 생활 속에 나타나는 여러 가지 사실들은 하나님의 영광에 대한 소망이 확고한 것임을 증명해줍니다.

그런즉, 형제들이여, 만일 여러분이 미래를 가득히 채워줄 저 위대한 빛을 밝히기를 원한다면 여러분의 현재에 있어서의 기독교가 '하나님과의 화평', '은혜로 나아감' 이 두 가지 덕목으로부터 유래하는 굳게 섬 등으로 가득 차도록 주의하십시오. 산속에 있는 샘이 마르면 골짜기를 흐르는 강물도 줄어들기 마련입니다. 산속의 샘이 가득 차 있으면 그 샘은 언덕을 넘어 흘러내릴 것입니다. 이와 같이 현세에서의 우리의 기독교인다운 삶이 풍부하면 미래에 대한 우리의 소망은 더욱 밝아질 것입니다. 여러분 자신을 들여다보십시오. 그 안에 저 위대한 미래를 증언하는 어떤 요소가 들어 있습니까? 그 안에 더 큰 능력의 시작임을 알리는, 그것을 향하여 나아가도록 정해진 어떤 것이 있습니까? 북위 45도 지경에서, 열대지방의 식물이 겨우 자라면서, 쪼그라든 잎과 잘 피지 않는 꽃, 쪼그라들고 신 맛이 나는 열매를 내면서도 따뜻한 고향땅을 꿈꾸는 것과 같은 그런 요소가 여러분에게 있습니까? 반사망원경을 들여다보면 그 거울 속에 하늘의 별들이 나타납니다. 여러분 자신을 들여다보십시오. 자신의 내면에 잘 닦인 거울을 가지고 있습니까? 그곳에 하나님의 보좌 주위를 도는 별들의 영상이 나타나 있습니까?

이제 바울 사도가 기독교인의 소망의 두 번째 근원으로 밝히고 있는 것을 잠시 살펴보도록 하겠습니다. 이 점을 지나치게 길게 설명하지는 않으려고 합니다. 나의 간략한 설명을 여러분은 용납하시리라고 생각됩니다. 바울은 환난은 인내를 낳는다고 말씀하고 있습니다. 여기서 말하는 인내는 수동적 참음을 뜻하는 것이 아니라 수많은 적대 세력들이 있음에도 불구하고 과감하게 견인하는 것을 뜻합니다. 환난을 잘 견뎌내면 그와 같은 결과가 나타납니다. 물론 사도 바울은 여기서 하나의 이상적인 것을 말하고 있습니다. 불행하게도 우리의 현실을 이야기하고 있는 것은 아닙니다. 우리의 현실은 어떻습니까? 우리의 현실 속에서는 오히려 환난을 만날 때 성급해지기 쉬우며 모든 노력이 마비당하기 쉽상입니다. 환난은 인내를 낳고 "인내는 연단을 낳습니다." 연단(experience)이라는 원어는 영어로 번역하기가 매우 어려운 단어입니다. 연단이라는 용어는 종종 성경에 자주 등장하는 하나의 사상 곧, 인간을 시험하는 모든 유형의 환난 ─ 마치 제련소의 풀무나 선풍기의 부채날개와도 같은 ─ 개념이 깔려 있습니다. 연단은 인간을 시험합니다. 만일 인간이 인내함으로 환난을 견뎌낸다면, 그는 시험을 통과할 것이며 하나님 앞에서 인정받는 자가 될 것입니다. 이와 같이 인내는 그 사람이 신봉하는 기독교에 대한 증명 또는 인정을 낳는 것입니다. 한걸음 더 나아가서 그의 기독교가 이해하는 그리스도의 실재와 권능을 입증해줍니다. 견인을 통하여 환난을 참아낼 때 찾아오는 그 같은 인정 또는 증명으로부터, 시험 속에서도 마지막까지 견뎌낸 그 마음속에 고요한 소망이 싹트게 됩니다. 이 소망은 곧 미래는 과거와 같이 되리라는 것입니다. 이 소망은 여섯 번의 환난을 통과하고 하나님의 도우심을 힘입어 일곱 번째 환난마저 극복한 뒤에 마침내는 환난이 끝나고 하나님 나라를 획득하게 된다는 것입니다.

형제들이여! 이것이 환난 그리고 시련을 바라보는 진정한 관점입니다. 환난은 언제나 시련을 가져옵니다. 이 세상에서 해야 하는 일들, 기쁜 일들, 세속적 일들에는 언제나 시련이 뒤따르기 마련입니다. 우리가 시련을 통하여 시련을 올바르게 대처하는 법을 알게 되고 하나님과 하나님의 실존적 권능을 경험하게 된다면 확신이 싹틀 것입니다. 우리가 그와 같은 관점에서 이 변화무쌍한 현세에서의 생활의 온갖 변화들을 바라보게 될 때, 가장 견디기 어려운 슬픔조차도 우리를 당황하게 하거나 좌절시키지 않을 것입니다. 외과의사가 수술을 시작하기 전에 수술대위에 놓아둔 번쩍거리는 핀셋들과 가위, 칼 등을 바라보면 매우 두려운 느낌을 안겨줍니다. 그러나 그 도구들이 그곳에 놓여있는 목적은 인간에게 지속적으로 해를 끼치는 것을 제거하기 위한 것입니다. 만일 그것을 제거해내지 않으면, 그것은 마침내 인간을 죽이고 말 것입니다. 이와 같이 우리의 삶속에서 발견되는 크고 작은 수많은 고난들은 수술 도구와 같은 역할을 합니다. 즉, 그것들은 우리로 하여금 더욱 더 확실하고 가깝게 하나님을 알 수 있도록 이끌어 주며, 그렇게 함으로써 우리의 성품을 새롭게 하며 또한 강화시킵니다. 그렇다면 이와 같은 결과들을 산출하며 그렇게 함으로써 우리를 더 밝은 소망을 갖도록 이끌어 주는 환난을 우리가 기뻐하도록 해주는 모든 것들은 사실은 축복인 것입니다.

이처럼 소망의 근거에는 두 가지가 있습니다. 하나는 기독교인의 삶에서 발견되는 축복이요, 다른 하나는 외형적 삶의 모습이 보여주는 슬픔입니다. 양자는 모두 우리의 기독교적 소망을 밝게 하는 일에 그 초점이 맞추어져 있습니다. 무지개는 태양과 비 사이에서 태어난 아들입니다. 기독교인의 소망은 한편으로는 '믿음으로 의롭다 여김을 받는 것, 하나님과 더불어 화평을 누리는 것, … 은혜로 들어가는 것'으로부터 나오는 것이며 다른 한편으로는 '인내를 이루는' 환난과 '인정(칭찬)을 이루는' 인내로부터 오는 것입니다. 부싯돌과 강철이 부딪칠 때 스파크가 일어나기도 하며 태양 그 자체가 불꽃을 일으키는 경우도 있습니다. 그러나 양쪽은 모두 불이라는 점에서는 같습니다.

3. 기독교인이 현세의 삶 속에서 직면해야 하는 온갖 사건들을 만날 때 반드시 가져야 할 하나의 감정이 있습니다.

"우리가 소망 가운데서 즐거워한다." "우리가 환난 가운데서 즐거워한다." 바울은 견실하면서도 모든 것을 포용하는 기쁨의 마음을 기독교인의 중요한 품성 가운데 하나로 다루고 있는데, 이 문제에 관해서는 그렇게 상세하게까지 다룰 필요는 없을 것입니다. 기독교인인 우리들은 기독교인의 의무와 기독교인의 특권이 모두 항상 기쁨을 안겨주는 것이라는 점을 충분히 알고 있으리라고 생각합니다. 여러분에게는 근심할 권리가 없습니다. 만일 여러분이 우울함과 좌절, 싫증과 조울증에 사로잡혀 있다면 여러분은 잘못된 것입니다. 그렇습니다. 우리 기독교인들의 생활 속에는 슬픔을 자아내는 많은 사례들이 있습니다. 기독교인이 기뻐하는 기쁨이 세속의 관점에서 보면 우울한 일에 지나지 않을 수도 있습니다. 그러나 훨씬 더 많은 경우에 즉, 모든 일이 잘 되어 갈 때로 기쁨을 누릴 수 있습니다. 그러나 모든 일이 잘 되어가든 잘 되어가지 않든 기뻐하는 것은 우리의 의무입니다. 어쨌든, 오늘날 우리 안에 있는 소망보다 더 밝은 소망이 우리 안에 있어서 항상 우리의 마음을 사로잡는다면 우리는 기쁨으로 찬양해야 합니다. 슬픔과 기쁨이 공존하면서 둘이 같이 기독교인의 삶을 증진시키는 데 기여할 수 있다는 것은 얼마나 놀라운 역설입니까! 표면에는 슬픔이 있으나 그 이면엔 안식이 있는 것입니다. 하늘의 강풍이 대양(大洋)에 휘몰아치면 대양은 강풍이 몰아친 하늘을 향해 큰 파도의 구름을 만들어 대항합니다. 그러나 대양 깊은 곳엔 고요함이 있습니다. 이 고요함은 결코 정체는 아닙니다. 왜냐하면 그 깊은 곳에서 움직이는 움직임을 통해 생명과 신선함이 솟아오르고 있기 때문입니다. 그렇습니다. 우리의 삶의 표면에 돌풍이 몰아치면 우리의 영혼은 너무나 빈번하게 성급해합니다. 그러나 성급해하는 영혼의 보다 깊은 내면에는 하나님 자신을 향한 넓은 본성의 고요한 대양이 자리 잡고 있어야만 합니다. 바울이 말한 바다 같이 "슬픔 속에 있으면서도 항상 기뻐하는 태도"가 필요한 것입니다. "우리가 지금은 잠시 동안 많은 시험을 인하여 슬픔에 잠겨 있으나 크게 즐거워해야 하는 것입니다." 여러분의 환난이 곧 소망을 산출해 내는 도구라는 관점에서 여러분의 삶을 돌이켜 보십시오. 여러분은 하나님께서 여러분을 인도해 오신 방법에 대해 감사하게 될 것입니다.

이제, 형제들이여! 이 모든 것이 시사해주는 평범한 교훈은 이 본문들 안에 우리의 죄악된 마음과 하나님의 코좌를 연결시켜 주는 고리들이 있다는 사실입니다. 이 고리들 가운데 어느 것 하나도 빠뜨려서는 안 됩니다. 여러분은 첫 고리부터 시작하지 않으면 안 됩니다. 그래야만 마침내 끝까지 나아갈 수 있습니다. 만일 우리가 흔들림이 없는 기쁨을 누리고자 한다면 우리에겐 '견실한 소망'이 있어야만 합니다. 만일 우리가 '견실한 소망'을 갖고자 한다면 우리에겐 현재의 '은혜'가 있어야만 합니다. 만일 우리가 현재의 '은혜'와 하나님의 충만함에 '나아감'을 얻고자 한다면 우리에겐 '하나님과의 화평'이 있어야 합니다. 만일 우리가 '하나님과의 화평'을 갖고자 한다면 우리의 저주와 형벌이 제거되어야만 합니다. 만일 우리의 저주와 형벌이 제거되어야만 한다면 예수 그리스도께서 그것들을 짊어지셔야만 합니다. 만일 예수 그리스도께서 그 저주와 형벌을 제거하셔야만 한다면 우리는 그분을 신뢰해야만 합니다. 이와 같은 과정은 거꾸로 더듬어 볼 수도 있습니다. "내가 예수 그리스도를 믿는다면 모든 고리들이 내 손을 거쳐 나갈 것이다. 내게는 칭의, 화평, 들어감, 은혜, 바로 섬, 소망, 기쁨이 있을 것이며 마침내 주님은 내가 그토록 바라는 영광으로 내 손을 잡아 이끄실 것이다. 이 영광은 성부가 창세 전에 주님께 주신 것인데, 세상이 불에 타 사라질 때 내게도 제공될 것이다."

11
세 겹의 끈

"소망이 우리를 부끄럽게 하지 아니함은
우리에게 주신 성령으로 말미암아
하나님의 사랑이 우리 마음에 부은 바 됨이니"
롬 5:5

앞 설교에서 살펴본 바와 같이 바울 사도는 기독교인의 소망이 두 가지 근거를 가지고 있다고 보았습니다. 한 가지 근거는 '칭의'에 뒤따르는 일련의 경험들이요, 다른 하나는 환난을 잘 견뎌내었을 때 뒤따르는 체험들입니다. 이 두 가닥의 금줄이 소망이라는 귀중한 보석을 지탱해주고 있습니다. 그러나 줄이 어떤 물체를 지탱하려면 꺽쇠가 있어야 합니다. 꺽쇠가 없으면 그 물체는 땅으로 떨어지고 맙니다. 그러므로 바울은 여기서 또 하나의 생각에 관심을 기울이기 시작합니다. 우리의 내적 체험과 외적 훈련의 배후에 자리 잡고 있는 어떤 것에 관심을 집중시키는 것입니다. 결국 영원하며 자기 기원적 하나님의 사랑이 모든 기독교인의 체험의 원천이라고 할 수 있습니다. 그 까닭은 그 모든 경험들의 원천이 되는 그리스도의 사역 때문입니다. 하나님의 사랑은 우주의 근원적 사실이며 우리의 최고의 기대와 욕망이 비실재적 환상이 아니라 반드시 이루어진다고 알려져 있는 아침의 꿈임을 보증해주는 것이기도 합니다. 하나님은 사랑이십니다. 그러므로 그를 의뢰하는 자는 부끄러움을 당하지 않을 것입니다.

그러나 바울 사도는 여기서 하나님의 사랑을 이 금줄들을 거는 꺽쇠로 제시함과 동시에 그 근원에 대한 사랑으로 가득 찬 인간의 마음을 추적하고 있습니다. 물론 분석의 필요에 따라 시간적으로 제일 마지막에 위치해 있던 것이 언명할 때는 언제나 제일 앞에 놓여지게 됩니다. 우리는 표면에서 시작합니다. 그리고는 점점 깊은 곳으로 파고들어 갑니다. 결과로부터 원인으로 향해 전진하는 것입니다. 그 원인은 또 앞서 존재했던 원인의 결과였습니다. 양파 껍질을 벗기듯이 한꺼풀 한꺼풀 벗겨가다가 마침내는 생명력이 넘치는 중심에 다다르게 되는 것입니다. 소망이 사랑으로부터 나오고 사랑은 마음속에 있는 성령으로부터 나옵니다. 그러므로 시간과 시현(示顯)의 순서를 살피기 위해서는 본문에서 사용되고 있는 분석의 순서를 역으로 밟아 올라가면 되는 것입니다. 분석의 순서가 끝나는 곳에서 시작하면 됩니다. 이제 우리는 세 개의 단계를 밟으려고 합니다. 첫째는 우리에게 성령이 주어졌다는 것이요, 둘째는 그 성령을 통하여 사랑이 쏟아 부어졌다는 것이며, 셋째는 그 사랑에 근거하여 소망이 확립되었다는 것입니다. 이제 이 세 단계들을 간략하게 살펴보도록 하겠습니다.

1. 우리에게 성령이 주어졌습니다.

우선, 우리가 일차적으로 강조하고자 하는 첫 번째 요점은 흠정역보다는 개정역이 본문의 의미를 더 정확하게 번역해주고 있다는 점에서 찾을 수 있습니다. 개정역에서는 "주어진다" (is given)는 표현을 사용하지 않고 "주어졌다"(was given)는 표현을 사용하고 있기 때문입니다. 원문을 보게 되면 사도 바울이 여기에 생각하고 있는 관점은 지속적으로 주어지는 어떤 것이 아니라 그가 이야기하고 있는 사람에게 이 위대한 선물이 주어졌던 과거의 어느 한 시점에 바탕을 두고 있다는 사실을 발견할 것입니다.

그러므로 여기서 일어나는 의문점은 이 로마의 기독교인들에게 언제 성령이 주어졌는가하는 문제입니다. 이 문제에 관하여 교회는 두 가지 다른 답변을 제시했습니다. 오늘날까지도 우리들의 삶 속에 깊이 뿌리를 박고 있는 하나의 영향력 있는 답변은 "세려 시에" 성령이 임했다는 것이며, 다른 하나는 "믿는 순간에" 임했다는 것입니다. 저는 여기서 어떤 논쟁을 전개하고 싶지는 않습니다. 왜냐하면 필자가 염두에 두고 있는 목적은 논쟁이 아니기 때문입니다. 다만 저는 첫 번째로 제시된 답변에 대해서 몇 마디 논평을 하고 지나가야겠다는 생각이 듭니다. 어떤 분들은 "세례 시에 성령이 임한다"고 말합니다. 제가 감히 말씀드릴 수 있는 것은 그들은 그렇게 함으로써 기독교를 어떤 마술체계 비슷한 것으로 전락시키고 있다는 사실입니다. 그들은 두 개의 전혀 다른 실재 곧 외적인 물리적 행위와 영적 변화를 하나로 통합시키고 있는 것입니다. 기독교인에게 찾아오는 그 어떤 선물보다도 위대한 이 선물을 인간에게 가져다주는 도구 또는 그 통로가 곧 세례라는 개념이 얼마나 파멸적인 결과를 초래하느냐 하는가에 대해서는 여기서 언급하지 않으려고 합니다. 성령은 곧 생명입니다. 그러므로 우리에게 성령이 주어졌을 때, 그 결과는 새 생명입니다. 그리고 우리 모두는 세례에 의한 중생(regeneration by baptism)의 교리가 얼마나 잘못된 결과를 초래했는지 잘 알고 있습니다. 초대교회에서 성령이 통상적으로 세례 때에 주어졌다는 것은 의심의 여지 없는 분명한 사실입니다. 그렇지만 거기에는 반드시 고려해야만 할 사항이 있습니다. 고넬료의 경우에서도 나타나는 것처럼, 비록 그에게 성령이 주어진 것은 세례 때(at baptism)였다 할지라도 그러나 그것은 세례 안에서(in baptism) 주어진 것이 아니라 믿음을 통해 주어진 것이었다는 사실입니다. 당시 세례는 믿음의 귀착점이요 표증이었습니다.

저는 일단 이 문제는 접어두고 언제 성령이 주어지는가라는 문제를 다룬 말씀을 생각해 보고자 합니다. "이는 그를 믿는 자가 받을 성령을 말함이라." 저는 다른 이론을 주장하는 현대의 학자들을 향하여, 사도 바울이 갈라디아교회의 할례자들을 향해 던진 예리한 질문을 던지고자 합니다. "내가 너희에게 다만 이것을 알려 하노니 너희가 성령을 받은 것은 율법의 행위로냐 듣고 믿음으로냐."

"성령이 언제 주어졌느냐"라는 고전적 질문에 대하여 복음주의 기독교인이 제시하는 답변은 기독교 신앙의 영성과 조화를 이룰 정도로 타당성이 있습니다. 여기에서 필요한 조건은 마음의 문을 활짝 열고 성령의 오심을 받아들이는 것입니다. 만(灣)이 형성되어 안쪽으로 들어가 있는 지대이면 쉽게 바닷물이 흘러들어가 그곳을 가득 채우듯이, 하나님을 향하여 마음이 열려 있으면 하나님의 거룩한 성령이 그 마음속으로 충만히 흘러 들어가 하나님 자신의 복된 영향력을 끼칠 것입니다.

그러므로 사랑하는 형제들이여! 저는 여러분이 바로 이 점에 주목하기를 원합니다. 바울은 로마의 기독교인들이 자신이 말하고자 하는 진리를 잘 알고 있었으며, 하나님을 믿을 때 거룩한 성령이 주어진다는 사실을 확증하는 체험을 가지고 있었다는 사실을 전제하고 말하는 것입니다. 아! 오늘 우리의 회중들에게도 바울과 같은 생각을 적용할 수 있을까요? 우리는 현재 우리가 영위하는 삶의 모습보다 더 차원 높은 삶이 있음을 조금이라도 인식하고 있는지요? 성령이 우리의 영혼 안에 거하시면서 우리의 영혼을 형성하고 높이 들어 올리며, 깨닫게 하며 인내하며, 억제하면서도 강요하지 않는 체험을 하고 있는지요? 우리는 마땅히 이와 같은 일들을 체험해야 합니다. "성령이 너희 안에 거하시면 너희가 버림받지 못한다는 사실을 모르느냐?" 형제들이여! 저는 이 시대에 십자가 위에서 행하신 그리스도의 사역에 관한 가르침과 우리의 마음과 영 안에서 활동하는 그리스도의 영의 결과적 사역에 관한 가르침의 비율이 바뀌어져야 한다고 생각합니다. 우리가 보다 기독교인다운 기독교인이 되기 위해서는 보다 신비적이 되어야 합니다. 우리들은 대부분 "그리스도께서 성경대로 우리를 위해 죽으셨다"는 진리를 복음이라고 생각하면서 우리가 그의 제자라면 그리스도께서 우리 안에 성령으로 거하신다는 사실을 무시해 왔습니다. 이와 같은 복음 이해는 그리스도인의 생활에 엄청난 피해를 줍니다. 뿐만 아니라 기독교의 본질도 크게 왜곡시킵니다. 이 사실을 받아들인 사람이든, 받아들이지 않는 사람이든, 자기의 죄를 있는 모습 그대로 인정하기 보다는 범죄의 결과로부터 도피하는 수단으로 복음을 이용하는 현상이 나타납니다. 새 생명이 부은바 되면 온갖 아름답고 선한 열매를 맺게끔 되어 있습니다.

사도 바울이 에베소에 있는 열두 제자들에게 "너희가 믿을 때에 성령을 받았느냐?"라고 질문하자 제자들은 큰 충격을 받았습니다. 오늘날 스스로를 기독교인이라고 생각하는 자들에 대해서도 같은 질문을 할 수 있다고 생각합니다. 오늘날 많은 현대인들이 이와 같은 질문을 받고, 그 제자들과 같이 이런 답변을 하지 않을는지 염려됩니다. "우리는 성령이 있다는 말조차 듣지 못했습니다."

이제 두 번째 주제로 넘어가고자 합니다.

2. 성령이 부어준 사랑

여기서 말하는 "하나님의 사랑"은 그를 향한 우리의 사랑이 아니라 우리를 향한 그의 사랑입니다. 본문에 사용된 은유가 무엇인가를 암시해 주는 표현은 "부은바 됨"이라는 부분입니다. 이 표현은 마음속으로 물밀듯이 쏟아져 들어오는 홍수와 같은 물결을 의미합니다. 아니면 하늘의 별들이 호수 면에 반짝이는 고요하고 깊은 호수를 의미하기도 합니다. 물론, 우리를 향한 하나님의 사랑이 마음속에 스며들어 오면, 그 사랑에 대한 인식이 뒤따라옵니다. 사도 바울이 말하고자 한 것은 사랑의 인식이 아니라 그 인식의 배후에 있는 것, 곧, 하나님의 감미롭고 충만한 사랑이 실제로 인간의 마음속에 흘러들어 왔다는 것입니다. 우리가 그리스도를 믿을 때 우리 안에 거하는 거룩한 성령이 우리의 공허한 마음속에 사랑을 풍성히 쏟아 부어 주십니다. 그러므로 하나님과 인간이 진정으로 교류할 수 있다고 믿는 것은 하나님의 성품에서 보거나 인간의 성품에서 보았을 때 조금도 모순이 없는 말입니다. 하나님은 생각과 고양과 예리한 신념과 갑자기 찾아드는 명료한 조명 등의 방법으로 상상하지조차 못했던 일들을 기다리는 우리의 마음속에 말씀해 주시는 것입니다.

내면의 귀에 소리가 들립니다.
먼 곳에서도 들리는 소리입니다.
귀 기울여 들으십시오. 고귀하게 보호하십시오.

친밀하게 붙드십시오. 그 소리는 하나님의 소리입니다.

그러나 우리가 여기서 반드시 기억하지 않으면 안 될 한 가지 사실이 있습니다. 신약성경의 사상의 큰 흐름에 의하면 성령께서 인간의 마음속에 홍수와 같은 사랑을 부어 주시는 통로는 그리스도께서 가르쳐 주신 바와 같이 그리스도의 일들을 선택하여 그 일들을 우리에게 보여 주시는 것입니다.

이미 설교의 앞부분에서도 지적한 바와 같이 바울 사도는 성령의 은사가 모든 그리스도인들에게 속한 은사라는 사실을 전제하고 있었습니다. 여기서 또한 바울은 모든 그리스도인의 마음속에 하나님이 작용에 의해 사랑의 임재, 사랑의 인식, 하나님의 인식을 가지게 된다는 사실을 기정사실로 전제하고 있습니다. 그런데 또 다시 여기서 우리 모두에게 경각심을 불러일으키는 하나의 문제가 제기됩니다. 그것이 "우리의 경험의 복제냐"라는 문제입니다. 앞에서 말한 것은 이상적 그리스도인의 삶의 모습입니다. 그리스도인은 마땅히 그런 모습을 갖추고 있어야 합니다. 지속적으로 그런 모습을 갖추고 있지 않으면 안 됩니다. 우리에게 부어지는 사랑의 물줄기는 여름과 겨울을 지나면서, 가뭄 속에서도 마르지 않고 홍수 시에도 소동을 일으키거나 시끄럽지 않고 늘 같은 수량이 말없이 흐르는 경우가 대부분입니다. 대다수의 선한 그리스도인들의 체험이 적도지방에 있는 와디나 극동지방에 있는 협곡과 같은 모습을 하고 있지 않은가 우려됩니다. 그곳에서는 홍수기와 가뭄기가 번갈아 나타납니다. 번쩍이는 물줄기, 이곳저곳에 가득 넘치는 생명, 강둑에까지 넘실거리는 물 대신에 오랜 기간 동안 햇볕에 탄 절망적인 흰 바위와 물 한 방울조차 흐르지 않는 바위 협곡만이 앙상하게 드러나는 몰골일 수 있습니다. 성령은 하나님의 사랑을 인간의 영혼 속에 쏟아 부어 주십니다. 그러나 댐과 장벽이 그 흐름을 가로막고 있을 수 있습니다. 그러면 빈 가슴속에 물 한 방울 흘러들어 오지 않습니다.

퀘이커 교도들은 "우리 안에서 생명이 샘솟기를 기다려야 한다"는 말을 많이 합니다. 그들이 사용하는 용어가 맞는지 틀리는지는 고려하지 마십시오. 이 말의 의미는 조용히 앉아 묵상하는 가운데 은혜의 영향이 영혼 깊숙이 스며들도록 허용하는 시간이 없다면, 어떤 그리스도인도 성령이 주시는 축복을 깨닫지 못한다는 의미인데, 이 말은 깊은 진리를 함축하고 있습니다. 고요한 시간을 갖는 가운데 마음속에서 하나님의 사랑에 대한 의식이 솟아오른다는 것입니다. 생각이 나면 어쩌다가 한 번씩 그런 시간에 관심을 가진다든지, 고요히 앉아 있는 시간이 없으면, 그런 의식을 체험하지 못할 것입니다. 만일 우리가 부들부들 떨리는 손에 컵을 들고 과감히 그 컵을 내밀지 못한다면 아무리 수량이 풍부한 샘 옆에 서 있는다 하더라도 물을 조금밖에 컵에 담을 수 없을 것입니다. 만일 우리가 '주님을 기다리지' 않는다면 우리는 '새 힘을 공급받지' 못할 것입니다. 강물뿐만 아니라 바닷물까지도 철저히 차단하여 한 방울도 댐을 넘어 흘러들어 가지 못하게 하는 네덜란드의 댐과 같은 댐을 우리도 축조할 수 있습니다. 형제들이여! 우리는 하나님의 사랑 안에 거해야합니다.

3. 우리에게 부은바 된 사랑이 주는 소망

이 사실에 대해서는 길게 언급할 필요가 없다고 생각합니다. 그 이유는 이 문제에 대해서는 이미 앞의 설교에서 충분히 말씀드린 바 있기 때문입니다. 다만 몇 마디만 첨가하고자 합니다. 우리가 확신할 수 있는 것은 이 사랑이 우리가 죽어 땅에 묻힌 후에도 사라지지 않는다는 사실입니다. 하나님의 사랑에 관하여 우리보다 훨씬 적은 지식을 가지고 있으며, 예수 그리스도 안에 계시된 사랑의 소식을 증거하는 성령의 감미로운 음성에 관하여 아무것도 모르는 옛 시편 기자도 확신에 넘쳐서 하나님의 사랑을 아름답게 노래했습니다. 이 시편 기자의 노래는 물론 메시아 예언입니다만 꼭 그런 것만은 아닙니다. "주께서 내 영혼을 음부에 버리지 않으시며, 주께서 주가 사랑하시는 자를 고통을 당하지 않게 하시리라." "주께서 주의 사랑의 자녀에게 썩음을 보지 않게 하시리라." 뼈만 앙상하게 보이는 죽음의 손가락들은 모든 하나님의 참된 사랑을 받는 자들의 모든 매듭을 풀어

버릴 수 있습니다. 그러나 한 가지 매듭만은 풀 수 없습니다. 그것은 하나님의 사랑의 매듭입니다. 하나님은 자기 자녀를 무덤 속에 버려두시지 않습니다.

하나님의 사랑이 우리를 좌절시키고 말 소망을 우리 안에 심어 놓으실 까닭이 없습니다. 하나님의 사랑을 깊이 느끼면 느낄수록, 그 사랑이 언젠가 끝난다거나 죽음으로써 모든 일이 끝난다는 생각이 얼마나 터무니없는 것인가를 느끼게 될 것입니다. 운하에 물이 차 들어오면 배는 물에 뜹니다. 우리의 마음속에 홍수와도 같은 하나님의 충만한 사랑이 쏟아져 들어오면, 우리의 소망은 불붙어서 더욱더 하늘에 가까이 나아갈 것입니다. 그러므로 땅 위에서 하나님과 교제를 계속해서 나누다 보면 그 교제가 영원히 계속되리라는 확신이 찾아옵니다. 동시에 소망이 헛되지 않을 것이라는 매우 강한 신념도 생깁니다. 여러분은 이 모든 일이 한낮 인간의 주관적 생각에 지나지 않는다고 생각할는지도 모릅니다. 그러나 저는 이 체험이 소망의 사실성을 의심하는 사람까지도 보편적으로 경험할 수 있는 것으로 우리의 믿음의 충분한 근거가 될 수 있다고 생각합니다. 우리에겐 예수 그리스도의 부활이라는 역사적 사실이 있습니다. 뿐만 아니라 하나님과의 진정한 교제를 누릴 수 있는 곳에 불멸에 대한 소망이 솟아오르는 체험도 있습니다. "하나님은 사랑이십니다." 하나님은 자신을 사랑하는 자를 혼란에 빠뜨리는 일이 없으십니다.

지상의 사랑을 생각해 보십시오. 우리의 영혼을 사랑하시는 하나님이 우리와 함께하고 싶어 하시며 공간적 의미에서나 마음에 있어서 서로 헤어지고 싶어 하지 않는 것은 당연한 이야기 아니겠습니까? 남편과 아내, 연인과 친구가 함께 지내기를 소원하며, 완전함과 안식을 위해 서로 함께함을 원하듯이, 하나님의 사람도 모든 자녀들을 그 품에 안으시고 그들이 하나님의 사랑에 참여한 자가 될 때 비로소 만족하실 것입니다.

사람들이 소중하게 간직하는 많은 소망들이 오히려 그들을 수치를 느끼지 않을 수 없도록 만드는 이유는 그 소망이 결코 성취될 수 없는 것이기 때문이요, 성취되었다 해도 기대에 훨씬 못 미치는 것이기 때문입니다. 꽃이 우리의 손에 쥐어졌을 때보다 우리의 머리에 꽂혀졌을 때 훨씬 더 사랑스럽게 보이는 것처럼, 둑 위에 누워있는 고기보다는 낚시 바늘에 꿰인 채 버둥거리는 고기가 더 무거운 것처럼, 무지개를 끝까지 추적해 가면 금 단지가 나오지 않고 차갑고 습기 찬 안개만 만나게 되는 것처럼 "내일이 오늘보다 더 풍요하리라"는 소망은 허무하게 사라질 수밖에 없습니다. 그러나 그 소망이 결코 허무하지 않은 한 사람이 있습니다. 그가 누구입니까? 주 하나님 안에 소망을 가진 자입니다. 우리가 믿음으로 마음을 열면, 지금까지 제가 이야기해 온 세 개의 끈이 한 점으로 모일 것입니다. 그리고 우리에겐 '믿음으로 말미암아 의롭다 여김을 받는' 소망, 불안과 걱정이 고요하게 잠자는 소망을 갖게 될 것입니다. 동시에 또한 우리의 내적 체험과 외적 훈련을 더 철저하고 깊게 받게 되면 받게 될수록 "하나님은 사랑이시라"는 우주적 비밀을 깨닫고, 다음과 같은 사도 바울의 고백에 동참할 수 있을 것입니다. "내가 확신하노니 사망이나 생명이나 천사들이나 권세자들이나 현재일이나 장래 일이나 능력이나 높음이나 깊음이나 다른 아무 피조물이라도 예수 안에 있는 하나님의 사랑에서 끊을 수 없으리라."

12
무엇이 하나님의
사랑을 확증하나?

"우리가 아직 죄인 되었을 때에 그리스도께서 우리를 위하여 죽으심으로

하나님께서 우리에 대한 자기의 사랑을 확증하셨느니라"

롬 5:8

지금까지 우리는 사도 바울이 결국은 그리스도인의 소망으로 초점이 모아지는 일련의 이야기들을 진행시켜 나가는 것을 살펴보았습니다. 그리고 바로 앞에서는 하나님의 사랑이 마치 등에 부어지는 기름처럼 우리 마음속에 부어져 빛을 밝히는 사실을 살펴보았습니다. 이와 같이 하나님의 큰 사랑의 계시를 언급한 후 계속해서 바울은 "우리가 아직 죄인 되었을 때에 그리스도께서 경건치 않은 자들을 위해 죽으심으로 우리에게 주신 성령으로 말미암아 하나님의 사랑이 우리 마음속에 부어졌다"고 말합니다. 그러는 가운데 그의 생각은 이와 같이 아무 자격 없는 자들에게 부어지는 사랑이 얼마나 특별하며 비할 데 없는 사랑인가 하는 데까지 이르게 됩니다. 그는 생각합니다. "우리는 모두 경건치 않은 자요 아무 자격도 없는 자들이다. 그런데 그가 우리를 위해 죽으셨다. 도대체 어느 누가 이렇게 한단 말인가? 의인을 위해 기꺼이 죽으려고 하는 사람을 찾는 것도 결코 쉬운 일은 아닐 것이다. 선인을 위해서도 마찬가지일 것이다. 사랑하는 사람을 위해 기꺼이 죽을 수 있는 사람도 그렇게 흔하지는 않을 것

이다. 그러나 하나님은 우리가 아직 죄인 되었을 때 우리를 위한 그리스도의 죽음을 통해 자신의 사랑을 확증하셨다.” 여기에서 ‘확증하셨다’ (commend)라고 말할 때 바울은 매우 의미심장한 단어를 사용합니다. 이 단어는 신약에서 두 가지 용법으로 사용됩니다. 첫째로 그것은 ‘확립하다’ ‘증명하다’ ‘확실하게 하다’ 등의 의미로 사용됩니다. 이것은 감정이 담기지 않은 싸늘한 단어입니다. 둘째로 그 단어는 ‘권하다’ 즉 마음에 호소하는 방식으로 제시하는 것을 의미합니다. 그러므로 우리는 그것을 두 가지 의미를 포괄하는 방식으로 이해할 수 있습니다. 하나님은 그 사실을 확실하게 하셨으며 또한 이를테면 사람의 마음속에 그것을 권하셨습니다.

이제 우리는 여기에서 다음과 같은 몇 가지 문제를 살펴야만 하는데, 그것들은 머리로만 이해할 것이 아니라 마음으로 받아들여야 합니다. 왜냐하면 단지 하나님의 사랑을 증명하는 것은 너무도 빈약하며 보잘것없는 것이기 때문입니다. 우리는 하나님의 사랑을 확실하게 알게 될 뿐만 아니라 그것에 의해 감화(感化)되어야만 합니다.

1. 바울은 예수 그리스도가 누구를 위해 죽었다고 말하는가?

“그리스도께서 우리를 위하여 죽으심으로.” 이러한 표현은 다음과 같은 두 가지를 함축합니다. 첫째, 그리스도께서 자발적으로 죽으셨으며 그것은 은혜의 동기에 의해 이루어진 일이라는 것. 둘째, 그러한 자발적 죽음은 우리의 유익을 위한 것이라는 것. ‘위하여’에 해당하는 헬라 원어는 그러한 죽음이 어떤 방식으로 우리의 유익이 되는지까지는 이야기하지 않습니다. 그것은 다만 예수 그리스도를 보지 못한 로마의 그리스도인들과 그와 함께 십자가로부터 열아홉 세기가 지난 후에 살고 있는 저와 여러분들의 유익을 위한 것이었음을 분명하게 언명할 따름입니다. 그리스도의 죽으심이라는 사실 속에 유익이 있는 것입니다. 이와 관련하여 제가 선교사들의 순교 이야기 속에서 한 사건을 인용해 보겠습니다. 중국선교부에 한 부인이 있었습니다. 아마도 여러분 가운데 어떤 분들은 그녀를 잘 알고 있을 것입니다. 그녀는 다른 선교사들과 함께 허둥지둥 뛰쳐나오고 있었습니다. 이제 그녀의 생명은 안전했습니다. 그러나 그녀는 위험 속에 있는 한 중국 소년을 돌아보고 그 소년을 구하기 위해 되돌아 왔습니다. 그러자 사람들이 그녀를 붙잡아 불타는 집 속으로 던져버렸습니다. 그녀는 완전히 재가 되어 유해조차도 찾을 수 없었습니다. 이것은 다른 사람을 위한 죽음이었습니다. 그러나 예수께서는 이것보다 훨씬 더 깊은 의미에서 "우리를 위해" 죽으셨습니다. 다른 경우를 이야기해 보지요. 어떤 위대한 대의(大義)에 헌신한 사람이 있었습니다. 그는 자신의 목표를 이루고자 한다면 자신의 생명을 버려야만 한다는 사실을 알게 되었습니다. 그는 그렇게 했으며, 순교자로서 기꺼이 자기 목숨을 바쳤습니다. 그가 목표로 한 것은 오직 그의 생명을 희생시키는 것으로서만 이루어질 수 있었습니다. 죽음은 그의 목표에 이르는 수단이었으며, 그는 동료들을 위해 죽었습니다. 그러나 이것 역시도 바울이 예수 그리스도께서 우리를 위해 죽으셨다고 말할 때 의미한 것과는 그 깊이가 다른 것입니다. 예수님은 다른 많은 순교자들처럼 죽은 것이 결코 아니었습니다. 그리스도의 죽음과 우리 사이에 어떤 특별한 관계가 세워지는 데에는 오직 한 가지 길만이 있을 뿐입니다. 그것은 그가 우리를 위해 죽은 것이 "그가 나무 위에서 자기 몸으로 우리의 죄를 담당하셨기" 때문이라는 사실입니다.

　사랑하는 형제들이여, 여러분 가운데 어떤 사람들은 이런 관점을 받아들이지 않을 것입니다. 그러나 만일 이것이 우리가 갈보리 십자가를 바라보는 관점이 아니라면, 나는 성경의 이토록 분명한 말씀을 달리 어떻게 해석할 수 있을지 알지 못합니다. 갈보리 십자가야말로 희생의 어린 양이 세상의 모든 죄를 담당한 곳이었습니다. 나는 그리스도의 죽음이 희생제사이요 속죄라는 사실을 믿는 데서는 일치하는 그리스도인들이 그러나 그것을 표현하는 방법에서는 서로 갈라지는 것을 알고 있습니다. 나는 다양한 해석들이 큰 전등 주위에 둘러 서있는 사람들에게 임하는 다양한 광선들과 같다고 믿습니다. 그러한 광선들은 모두 동일한 근원을 가지고 있으며, 동일한 전등이 발산하는 빛의 일부일 뿐입니다. 그가 우리를 위해 죽은 것은 그의 죽음 안에서 우리의 죄가 제거되고 우리에게 신적 은총이 회복될 것이기 때문입니다.

나는 예수 그리스도의 사역의 이와 같은 국면이 서신서에서 보다 복음서에서 훨씬 적게 언급되는 사실을 잘 알고 있습니다. 우리는 예수 자신의 입으로부터는 그와 같은 교리를 듣지 못합니다. 그러므로 나는 이것을 어떤 사실(fact)로부터 충분히 발전된 가르침(fully-developed teaching)으로 받아들입니다. 나는 예수 그리스도가 스스로에 대해 '세상 죄를 위한 희생제물'로서 아무것도 말하지 않았다고 생각하지 않습니다. 왜냐하면 우리는 그의 입술로부터 "인자가 섬김을 받으러 온 것이 아니라 섬기러 왔으며" 또 "자기 목숨을 많은 사람을 위한 대속물로 주기 위해 왔다"는 말씀을 들을 수 있기 때문입니다. 이러한 구절들을 공정하게 다루는 한, 어느 누구도 그의 죽음의 속죄적 국면을 부인할 수 없을 것입니다.

그리고 주의 만찬을 생각해 보십시오. 어째서 예수 그리스도는 자신의 생애의 바로 그 지점을 영원히 기념되어야 할 지점으로 선택했을까요? 어째서 그는 자신의 몸과 피를 기념하라고 했을까요? 몸이 떼어지고 피가 흘려지는 것은 폭력적 죽음을 상징하는 것이 아니었을까요? 그는 생명을 주기 위해 세상에 오셨습니다. 그리고 그것은 자신이 희생제물이 됨으로써 이루어질 것이었습니다. 그리고 그의 희생제사는 그가 죄의 결과들을 담당함으로써 그리고 세상 죄를 위한 속죄제물이 됨으로써 완성될 것이었습니다. 바로 이것이 오늘날 우리가 주의 만찬을 기념하는 의미가 아닙니까?

형제들이여, 바로 이것이 그리스도의 죽음의 의미입니다. 만일 이것을 제외한다면, 그의 죽음이 우리에게 무슨 의미가 있겠습니까? 단지 한 사람의 위대한 박애주의자나 위대한 스승이나 어떤 영웅이나 순교자나 성자가 죽었다면, 그것이 우리에게 무슨 의미가 있겠습니까? 거기에는 아무 의미도 없습니다. 그리스도의 죽음은 고작 부드럽고 애수에 찬 아름다운 음악으로 둘러싸이는 것 외에 아무것도 아닐 것입니다. 그것은 하나의 이야기로서 사람들의 마음에 감동을 가져다주며 그들의 마음에 동정심과 안타까운 마음을 불어넣어 줄 것입니다. 그러나 대부분의 영웅들의 비극적인 죽음이 모두 그러했습니다. 만일 여러분이 그리스도의 십자가를 올바른 자리에 세우기를 원한다면, 여러분은 그 위대한 진리를 함부로 고쳐서는 안 됩니다. 우리는 다만 "그가 성경대로 우리 죄를 위해 죽으셨다"라고 말해야만 합니다.

이제 우리는 다음과 같은 두 번째 질문을 던져야만 합니다.

2. 그리스도의 죽음이 어떻게 하나님의 사랑을 '확증'하는가?

"그리스도의 죽으심으로 하나님이 우리에게 대한 자신의 사랑을 확증하셨다"는 말씀은 매우 생소한 표현이 아닐 수 없습니다. 만일 바울이 "그리스도의 죽으심으로 그리스도가 우리에게 대한 자신의 사랑을 확증하셨다"라고 말했다면, 우리는 그 말씀을 쉽게 이해할 수 있었을 것입니다. 그러나 어떤 사람의 죽음이 하나님의 사랑을 확증한다는 개념은 어디로부터 온 것일까요? 여러분은 이러한 짤막한 문장 배후에 사도 바울이 당연한 것으로 받아들이는 하나의 전제가 있다는 사실을 아십니까? 그것은 "하나님이 그리스도 안에 계신다"는 것으로서 그리스도께서 행하시는 모든 것이 하나님의 계시라는 개념입니다. 만일 여러분이 "하나님이 그리스도 안에서 세상과 화해하고 계셨다"는 사실을 충분하게 받아들이지 않는 한 여러분은 이것이 의미하는 바를 결코 이해하지 못할 것입니다.

동료들을 위해 죽은 어떤 위대한 순교자를 상상해 보십시오. 모든 사람이 그의 무덤에 와 경의를 표하며 슬퍼하며 화환을 바칠 것입니다. 그러나 그의 죽음이 우리에게 대한 하나님의 사랑을 깨닫는 것과 무슨 관계가 있습니까? 아무 관계도 없습니다. 있다고 해야 매우 간접적이며 어렴풋한 관계만 있을 것입니다. 우리는 그것보다 더 깊이 들어가야 합니다. "그리스도께서 죽으심으로 하나님이 자기 사랑을 확증하셨느니라." "나를 본 자는 아버지도 보았느니라." 하나님이 세상을 이처럼 사랑하사 독생자를 주셨지만, 그러나 우리는 그리스도 안에 있었던 사랑은 하나님 자신의 사랑의 나타남이라는 사실을 알아야만 합니다.

저기 십자가가 서 있는 것을 보십시오. 그것은 우리에게 한 형제의 희생을 계시하는 것일 뿐만 아니라 아버지의 사랑을 계시하는 것입니다. 예수 그리스도는 하나님의 계시로서 "그의 영광의 나타남이며 그의 인격의 명백한 형상"입니다. 친구들이여! 십자가에서 빛이 쏟아져 나오고 있습니다. 그것은 강력한 힘을 가진 광선이며 모든 것을 두루 비추는 광휘입니다. 그것은 모든 것을 변화시키는 빛이며 모든 것을 녹이는 열입니다. 세상은 그것을 바라보아야만 합니다. 그 위에 우리 죄를 위한 희생제물이신 하나님의 아들이 달려 있습니다. 나에게 성육신과 예수 그리스도의 속죄의 위대한 진리는 단순히 사변적 신학의 범주에 머물지 않습니다. 나에게 그것은 종교의 살아 움직이는 핵심입니다. 그리고 모든 사람은 그것을 경험할 필요가 있습니다.

하나님의 사랑은 어떤 분명하며 부인할 수 없는 사실에 의해 확고하게 확증될 수 있을까요? 그러나 세상언 하나님의 사랑을 의심하게 만드는 것들이 얼마나 많습니까?

> "치열한 적자생존과 정글의 법칙이
>   지배하는 자연"

그와 관련하여 우리는 위와 같은 애매모호한 이론을 새삼스럽게 거론할 필요도 없을 것입니다. 인간의 삶 속에서 벌어지는 온갖 슬픔들과 세상의 비참한 일들과 마치 자욱한 안개처럼 세상을 덮고 있는 눈물들이 어떻게 하나님이 사랑이라는 가르침과 모순을 일으키는지에 대해서도 장황하게 늘어놓을 필요조차 없습니다. 또 정말로 하나님의 사랑의 대상이라고 생각하기 어려운 것들도 우리는 많이 대하게 됩니다. 하나님이 사랑이라는 사실을 믿기 어렵게 만드는 이 모든 난제들은 정말로 풀기 어려운 문제임을 우리 모두가 잘 알고 있습니다. 그리고 세상에는 모든 유형의 신화들과 종교들과 각종 신들이 있지만 그러나 어디에서도 사랑이신 하나님을 찾을 수는 없습니다.

우리는 하나님의 사랑이라는 개념이 역사적으로 성육신과 예수 그리스도의 희생제사의 교리로부터 말미암은 것이라는 사실을 기억할 필요가 있습니다. 나는 이러한 개념이야말로 기독교의 핵심이라고 생각합니다. 만일 이러한 개념이 특별히 이 세대에 그것을 부인하는 자들 가운데에도 여전히 존속되고 있다면 다시 말해서 마치 근원으로부터는 끊어졌지만 여전히 흐르고 있는 시내처럼 존속된다면, 그것은 단지 사람들이 스스로도 그 근원을 알지 못하는 많은 개념들을 붙잡고 있음을 보여줄 따름입니다. 하나님은 사랑입니다. 만일 그리스도께서 우리 죄를 위해 죽으셨다는 개념을 붙잡지 않는다면, 외부와 내부의 도전으로부터 우리의 믿음을 영원히 지키지 못할 것입니다.

3. 이제 마지막으로, 그리스도의 죽음은 하나님 안에 있는 어떤 종류의 사랑을 우리에게 나타냈나?

죄에도 불구하고 하나님의 사랑은 옮겨지지 않았습니다. 내가 이미 지적한 것처럼 바로 이것이 바울 사도가 제시하는 요점입니다. 인간의 사랑의 극점(極點)은 선을 위해 죽는 것입니다 — 의인을 위하여 죽는 자가 쉽지 않고. 그러나 하나님은 자기 아들을 보내셨습니다. 그것은 아들 안에서 하나님 자신이 오신 것입니다. 그리고 아들은 경건치 않은 자들과 죄인들을 위해 죽으셨습니다. 그러한 죽음은 그것의 동기이며 근원인 사랑을 나타냅니다. 우리는 어떤 것이 사랑할 만한 대상이라고 깨닫기 때문에 사랑합니다. 그러나 하나님은 스스로의 충동에 의해, 다시 말해서 그 자신의 솟아오르는 마음으로 사랑하십니다.

하나님의 사랑은 어떤 죄에 의해서도 옮겨지지 않은 사랑이었습니다. 그렇지만 그럼에도 불구하고 그것은 그리스도의 완전한 의의 죽음에 의해 증거된 사랑이었습니다. 그것은 이래도 좋고 저래도 좋다는 식의 기준 없는 사랑도 아니며 또한 자기 자녀를 망치는 어리석은 부모의 지나친 관대함 같은 사랑도 아닙니다. 하나님의 사랑은 우리 가운데 너무나 많은 사람들이 흔히 생각하는 것처럼 '아무렇게나 해도 상관없는 관대함'이 결코 아닙니다. 도리어 그것은 완전히 의로운 것이며, 따라서 그리스도께서 죽으셔야만 했습니다. 그의 죽으심은 하나님의 사랑이 기꺼이 희생제사를 요구하는 사랑이라는 사실을 증거합니다. 여기의 이삭은 생명의 아낌을 받지 못했습니다. 하나님은 자기 아들을 내어주셨습니다. 그것은 어떤 죄에도 불구하고 옮겨지지 않은 사랑이었지만 그러나 완전히 의로운 사랑으로서 모든 세대와 모든 나라를 끌어안습니다. 우리는 여기의 말씀이 "하나님이 확증하셨느니라(commended)"가 아니라 "하나님이 확증하시니라(commends)"로 되어 있는 것을 주목할 필요가 있습니다(KJV에는 현재형으로 되어 있음 — 역주). 이와 같은 장엄한 현재 시제는 시간과 공간이 하나님의 영원한 빛 앞에서는 아무것도 아님을 암시합니다. 그 사랑은 우리를 향한 사랑이며, 여러분과 나와 우리 모두를 향한 사랑입니다. 그리고 그의 죽으심은 역사의 어느 한 시점에 일어난 역사적 사건이며, 십자가는 모든 세대 모든 인간들에게 빛과 사랑을 방사(放射)하는 영원한 능력입니다.

하나님은 그 위대한 희생제물 안에서 모든 인생들의 마음을 계속해서 두드리고 계십니다. 여러분은 예수 그리스도께서 '성경대로' 여러분의 죄를 위해 죽으셨다는 사실을 믿습니까? 여러분은 거기에서 하나님의 사랑이 확증되는 것을 보십니까? 그리고 무엇보다 하늘로부터 쏟아져 나온 사랑의 빛이 여러분의 마음의 거울에 반사되어 다시 하늘로 향합니까? "사랑이 여기 있으니 우리가 하나님을 사랑한 것이 아니요 하나님이 우리를 사랑하사 자기 아들을 우리를 위한 화목제물로 주셨느니라." 우리가 하나님을 사랑하는 것은 그가 먼저 우리를 사랑했기 때문이라는 것이 여러분에게 사실입니까?

13
서로 싸우는 두 왕

"이는 죄가 사망 안에서 왕 노릇 한 것 같이
은혜도 또한 의로 말미암아 왕 노릇 하여
우리 주 예수 그리스도로 말미암아 영생에 이르게 하려 함이라"
롬 5:21

나는 이 본문이 여러분 가운데 어떤 사람들에게 매우 무미건조하게 들릴 것을 두려워합니다. 왜냐하면 본문은 '죄' '사망' '은혜' '의' '영생' 등 진부한 용어들로 가득 차 있기 때문입니다. 이러한 용어들은 무미건조한 신학을 암시합니다. 그렇지만 이러한 용어들이 본래 바울 사도의 뜨거운 마음으로부터 분출하던 당시 그것들은 마치 불타는 용암천 같았습니다. 그러나 용암천은 식어버렸고, 그리하여 우리 가운데 많은 사람들에게 그것은 마치 오래 전에 분출했다가 굳어버린 용암처럼 메마르고 딱딱하게 보입니다.

위의 용어들은 너무나 진부하고 자주 들어온 것들이어서 우리 마음속에 어렴풋한 개념들만 만들어낼 뿐입니다. 그리하여 많은 사람들이 그것을 일상적 생활과는 거의 관계가 없는 것으로 여깁니다. 그러나 만일 여러분이 바울을 단순히 신학적 작가로만 취급한다면, 그것은 그를 크게 잘못 대하는 것입니다. 그는 사람들을 예수 그리스도 안에 있는 사랑과 믿음으로 이끌고자 애썼던 열렬한 복음전도자였습니다. 그리고 그의 서신들은

— 설령 어떤 이들이 보기에 진부하고 교리적이며 딱딱하게 보인다 할지라도 — 모두 살아 고동치며 생명이 넘치며 모든 세대와 장소에 진실한 것들입니다.

내가 이러한 말씀에 생동감을 불어넣을 수 있을는지 잘 모르겠습니다. 다만 그렇게 하기를 바랄 뿐입니다. 나는 여기에서 바울 사도가 자신의 사상을 매우 상상력이 풍부하며 생동감 넘치는 방식으로 표현한 것에 주목하지 않을 수 없습니다. 그는 휘장을 제치면서 우리에게 두 왕의 형상을 보여줍니다.

두 왕은 통치 영역을 서로 나눈 가운데 영원히 대적하며 싸우고 있습니다. 그리고 난 후 그는 이러한 두 왕이 각각 자기 백성들에게 행한 결과를 보여줍니다. 그리고 나서 그는 묻습니다. "너희는 어느 왕 아래 있고자 하느냐?" 분명히 이것은 시대에 뒤떨어진 신학이 아닙니다. 오히려 이것은 최고의 중요성을 가진 그리고 우리 모두가 가장 큰 관심을 기울여야만 하는 진리입니다.

1. 먼저 인간의 삶을 다스리는 두 왕을 봅시다.

여기에 죄와 은혜가 의인화되어 있습니다. 둘은 모두 여성(女性)으로 그려져 있으며, 실제적 통치자로 묘사되어 있습니다. 그들은 서로 마주 서있으며, 피차를 적으로 인식하고 있습니다. 한 왕이 자신의 통치권을 세웁니다 — "죄가 왕 노릇 한 것같이." 그러자 다른 왕도 자기 통치권을 세우기 위해 싸웁니다 — "은혜도 왕 노릇 하여." 그리하여 그들 가운데 싸움이 벌어집니다. 그 싸움은 세상의 넓은 들판에서뿐만 아니라 우리 각자의 마음의 좁은 격투장에서도 벌어집니다.

우리는 여기에서 죄가 통치하는 사실을 보게 됩니다. 설령 이것이 우리들에게 너무나 반갑지 않은 사실이라 할지라도, 이러한 장엄한 그림의 근저에 있는 사실들은 너무나 분명합니다.

이제 본문의 용어들을 살펴봅시다. 어떤 사람이 도둑질을 하는 것을 상상해 보십시오. 여러분들은 그것을 세 가지 서로 다른 관점에서 묘사할 수 있을 것입니다. 도둑질을 함으로써 그는 나라의 법을 깨뜨렸습니다. 이러한 관점에서 생각할 때, 그것을 범죄(crime)라고 부를 수 있습니다. 한편 그는 '도덕법'을 깨뜨렸습니다. 그의 행동을 이와 같은 관점에서 바라볼 때, 그것을 악(vice)이라고 부릅니다. 이것이 전부일까요? 그는 또 다른 것을 깨뜨렸는데, 그것은 하나님의 율법입니다. 이러한 관점에서 그의 행동을 바라볼 때, 우리는 그것을 죄(sin)라고 부릅니다. 범죄(crime)는 아니지만 그러나 죄(sin)가 되는 것들이 매우 많이 있습니다. 또 어떤 특별한 경우, 악(vice)은 아니면서도 그러나 죄(sin)가 되는 그런 것도 있을 수 있습니다. 죄는 하나님을 향해 행해진 것입니다. 밧세바에게 가한 추악한 위해(危害)와 우리아에게 가한 끔찍한 악행을 고백하는 가운데 다윗이 "내가 주께만 죄를 범하여"라고 고백한 것은 전적으로 옳은 것이었습니다. 그의 범죄(crime)와 악(vice)이 죄(sin)가 될 수밖에 없는 것은 그것이 하나님을 향해 행해진 것이었기 때문입니다.

그러면 우리의 어떤 행동을 죄로 만들고 또 그러한 행동을 한 우리를 죄인으로 만드는 것은 무엇일까요? 누가복음에 나오는 탕자를 생각해 보십시오. "아버지여 재산 중에서 내게 돌아올 분깃을 내게 주소서." 그러자 아버지는 그의 살림을 나누어 주었습니다. 이에 탕자는 재물을 다 모아 가지고 먼 나라에 가 거기서 허랑방탕하여 그 재산을 낭비했습니다. 여기에서 우리는 죄의 본질을 볼 수 있습니다. 스스로 자신을 주장하는 것, 하나님의 뜻과 무관하게 혹은 그것을 거슬러 행동하는 것, 스스로 하나님의 멍에를 떨쳐버리려고 시도하는 것, 하나님과 더불어 아무 관련도 갖지 않는 것, 모든 행실에 있어 하나님과 아무 상관없는 것처럼 행동하는 것 — 바로 이것이 죄입니다.

국가의 법이 범죄로 규정하거나 혹은 양심이 악으로 선언하는 저속한 행동들에서 뿐만 아니라, 낮은 관점에서 볼 때 정당하며 순전하며 훌륭한 것으로 보일 수 있는 많은 행동들에서도 하나님을 망각하는 것이나 배반하는 것일 수 있습니다. 그러한 것들 가운데 이러한 자기주장이나 하나님에 대한 망각이 있다면, 우리는 그것들조차도 죄의 범주에 포함시켜야만 합니다. 왜냐하면 사람에게 있어 참으로 칭찬할 만하며 훌륭한 것으로 받아들여질 수 있는 것은 오직 하나님과의 올바른 관계 속에서만 가능하기 때문입니다.

바로 이것이 죄가 다스리는 인간의 상태에 대한 가장 깊은 관점이며 성경이 말하는 바입니다. 이러한 관점은 종종 많은 사람들에 의해 외면을 당해왔지만, 그러나 우리는 그것을 올바로 볼 수 있어야 합니다. 여기에서 나는 이것을 개인적 경험의 영역에서 살펴보고자 합니다. 하나님을 사랑한다고 하면서 그러나 그분을 그냥 내버려 두는 곳에서, 어떤 일을 결심하거나 결정하면서 그러나 그분 앞에 스스로를 굴복시키지 않는 곳에서, 수고하며 바쁘게 일하지만 그러나 그것이 스스로의 선택 가운데 하늘에 계신 우리 아버지와는 아무 상관없는 곳에서 — 이곳에 아무리 크고 아름다운 빛이 비췬다 할지라도 이 모든 것의 본질은 하나님의 율법을 거스르는 것입니다.

왜냐하면 바로 이것이 하나님의 율법이기 때문입니다: "너는 마음을 다하고 목숨을 다하고 힘을 다하고 뜻을 다하여 네 하나님 여호와를 사랑하라." 여러분에게 어떤 범죄(crimes)가 있을 때, 나는 그것에 대해 여러분을 참소하지 않습니다. 악(vices)에 대해서도 역시 마찬가지입니다. 나는 어떤 것으로도 여러분들을 참소하지 않습니다. 다만 그런 상황에서 여러분들이 나와 함께 나와 다음과 같이 고백하기를 바랄 뿐입니다. "우리 모두가 죄를 범하여 하나님의 영광에 이르지 못하였나이다."

사람이 이러한 관점을 흔쾌히 받아들이는 것은 결코 쉬운 일이 아니라고 생각합니다. 우리를 지배하는 죄의 구서운 힘의 존재 여부와 관련하여, 그것이 우리를 어르면서 스스로의 존재에 대해 의식하지 못하게 만드는 것보다 더 강력한 증거는 없습니다. 여러분은 잠자는 사람 위에 올라 타 피를 빠는 동물에 대한 옛 이야기들을 기억할 것입니다 — 나는 이것이 실제 이야기라고는 생각하지 않지만 그러나 예화로서는 매우 유용합니다. 그 동물은 피를 빠는 동안 날개를 살살 흔들어 그로 더 깊은 잠에 빠지도록 만듭니다.

바로 이 일을 이 끔찍한 왕이 인간들에게 행하고 있는 것입니다. 그는 컴컴한 구름으로 스스로를 가리며 음침한 곳으로부터 명령을 발합니다. 사람들은 그의 종노릇 하면서도 스스로 자유롭다고 생각합니다. 사랑하는 형제들이여, 여러분들은 단지 이것이 하나의 종교적 이야기에 불과할 뿐이라고 생각할지 모릅니다. 그러나 이것은 우리의 실제 상태를 있는 그대로 서술한 것입니다. "죄가 왕 노릇 한 것 같이."

이제 다른 그림을 살펴보도록 합시다. "은혜도 또한 왕 노릇 하여." 이러한 옛 폭군의 광범위한 통치권에 맞서 일어난 또 하나의 왕이 있습니다. 이 왕은 2만의 군사를 거느리고 1만의 군사를 가진 옛 왕과 싸우기 위해 나옵니다.

다시 한 번 말하지만 우리는 성경의 용어들을 올바로 이해할 필요가 있습니다. 신약의 핵심적 단어들 가운데 은혜라는 단어보다 그 영광스러운 광채를 더 많이 잃어버린 단어도 없을 것입니다. 은혜라는 단어는 항상 바울의 입술 위에 있었던 단어였습니다. 그에게 있어 그것은 아름다운 음악과도 같은 단어였습니다. 그러나 그것이 우리에게는 칼빈주의 이론들과 결부되어 한 토막의 죽은 교리가 되고 말았습니다. 은혜라는 위대한 단어를 생각할 때마다 바울의 심장은 뛰고 맥박은 고동쳤는데, 이 점에서 그는 우리보다 옳았습니다.

그러면 그는 무슨 의미로 은혜라는 단어를 사용했을까요? 간단하게 말해서 은혜라는 이름의 또 하나의 왕은 우리 같은 자격 없는 피조물에게 내려주신 하나님의 사랑 외에 아무것도 아니라는 사실을 나타내기 위함이었습니다. 죄가 저기 서 있습니다. 왕의 이름을 갖고 있기는 하지만 실상은 소름끼치는 마녀의 모습을 하고 말입니다. 그리고 은혜가 여기 서 있습니다. 위엄과 사랑의 모습으로 말입니다. 죄인들에게 하나님의 사랑이 임한 것, 바로 이것이 은혜라는 단어가 의미하는 바입니다. 이것은 얼마나 위대한 사상입니까?

우리는 여기에서 바울 사도가 의도한 것을 좀 더 명확하게 할 필요가 있습니다. 여기에서 그가 자신의 대구법(對句法)을 좀 더 명확하게 하기 위해 어떻게 그것의 정확한 어법을 희생시켰는지 주목해 보십시오. 죄의 반대는 무엇입니까? 그것은 의(義)입니다. 그런데 어째서 그는 "죄가 사망 안에서 왕 노릇 한 것 같이 의도 또한 생명 안에서 왕 노릇 하여"라고 말하지 않았을까요? 그 이유가 무엇이었을까요? 그것은 죄와 맞서 승리를 거두는 것이 사람이나 혹은 사람 안에 있는 어떤 것이 아니기 때문입니다. 싸움터에 들어와 죄와 더불어 싸워 승리를 거두는 분은 하나님입니다. 오직 그분만이 죄가 두려워하는 죄의 대적이십니다. 다시 말해서 죄가 왕 노릇 하는 세상에서의 유일한 소망은 오직 하나님의 사랑의 맥박 속에 있는 것입니다. 여기에서 잠시 그림을 바꿔 하나님이 사람의 죄와 더불어 싸우시는 무기를 주목해 보십시오. 거기에는 징벌이나 율법이나 위협이나 죄의 악독함을 나타내는 것 등이 있을 것입니다. 그러나 이런 것들은 2차적이며 부수적인 것들입니다. 세상의 악을 정복하는 것은 하나님의 사랑의 나타남 외에 아무것도 없습니다. 인내심을 갖고 계속해서 내리쬐는 햇볕만이 우리 모두의 마음에 떠있는 빙산을 녹일 것입니다. 인간의 죄의 모든 국면들에 하나님의 계획이 개입하고 역사한 사실은 얼마나 놀랍고도 축복된 일입니까?

그럼으로써 악으로부터 선이 이루어졌습니다. 하나님을 대적하는 것이 더욱 격렬해지고 보편화될수록 그것은 더 깊고 놀라운 부드러움을 불러일으켰습니다. 먹구름이 더 짙고 어두울수록 무지개는 더 밝게 빛났습니다. 이와 같이 이 두 왕이 서로 대치합니다. 첫 번째 왕(즉 죄)은 이미 자기 보좌를 굳게 세워 놓았습니다, 그 보좌는 "열 명의 복수의 원령들처럼 흉포하며 지옥처럼 두려운" 보좌입니다. 이제 두 번째 왕이 세상을 정복하여 자신에게 돌리기 위해 그리고 첫 번째 왕의 흉악한 통치 아래 신음하는 인간들을 구원하기 위해 나옵니다.

2. 이들 두 왕이 자기 백성들에게 무슨 선물을 주는지 주목하십시오.

"죄가 사망 안에서 왕 노릇 한 것 같이 은혜도 또한 왕 노릇 하여 영생에 이르게 하려 함이라." 첫 번째 왕이 통치권을 세웠는데, 그의 통치는 이를테면 묘지 안에서의 통치입니다. 그리고 그의 백성들은 죽은 자들입니다. 만일 여러분이 이에 대한 현대적 실례를 보고자 한다면, 아르메니아를 생각해 보십시오. 아르메니아의 통치자가 백성들에게 준 선물은 죽음입니다. 바울은 죄가 왕 노릇 하고 있으며 그 사실을 증명하는 것이 사람이 죽는 것이라고 말합니다.

나는 여기에서 죄의 사실 때문에 육체의 죽음이 인류에게 임하게 되었는지 여부의 문제는 다루지 않을 것입니다. 나는 그것을 전제하지 않습니다. 성경이 "모든 사람이 죄를 지었으므로 사망이 모든 사람에게 이르렀다"고 말할 때, 우리는 그것이 단순히 육체적 죽음의 사실을 의미하는 것이 아니라 하나님과의 단절을 의미하는 것임을 기억할 필요가 있습니다.

바울은 다른 곳에서 "사망의 쏘는 것은 죄"라고 말합니다. 이를 통해 그가 말하고자 한 것은, 내가 추측컨대, 만일 하나님과의 단절의 사실과 그의 거룩한 뜻을 배반함이 없었다면 사람들은 마치 동물들처럼 평온하게 죽을 수 있었을 것이라는 것이었습니다. 사람이 있기 오래 전부터 세상에 죽음이 있었다는 것은 의심의 여지없는 사실입니다. 또한 모든 피조물이 인간의 죄의 사실로 인해 큰 고통 아래 떨어지게 된 것 역시도 의심의 여지없는 사실입니다.

"죄가 사망 안에서 왕 노릇 했다"고 말할 때 바울 사도가 생각하고 있었던 것은 그러한 육체적 사실이라기보다는 그가 항상 반복해서 말하는 그 장엄한 진리 곧 사람이 일생 동안 행동하는 모든 것이 하나님을 의존하는 것으로부터 끊어졌다는 것입니다 — 사람이 아무리 왕성하게 두뇌를 사용하고 열심히 일하며 많은 사업을 벌였다 할지라도, 가장 깊은 의미에서 그것은 살아있는 죽음이며 사망이라고 일컬어질 수 있다는 것입니다. 이와 같이 죄가 가져다준 것은 사망입니다. 즉 죄는 모든 피조물에게 죽음과 썩음을 가져다주었으며, 그의 종으로 살아가는 모든 것은 살았으나 죽었습니다.

사랑하는 형제들이여, 여러분들은 이러한 바울의 가르침을 대수롭지 않은 것처럼 간과해서는 결코 안 됩니다. 만일 여러분들이 이러한 가르침으로부터 돌이켜 어깨를 으쓱하면서 "이것은 구닥다리 칼빈주의 신학 아닌가!"라고 말한다면, 그것은 너무도 비합리적이며 어리석은 일이 될 것입니다.

이제 다른 왕의 모습을 살펴봅시다 두 번째 왕 역시도 자기 백성들에게 줄 선물을 가지고 있는데, 그것은 두 가지 국면 즉 현재적 국면과 미래적 국면을 가지고 있습니다. 죄와 사망으로부터의 구속과 하나님과의 연합 속에서 주어지는 생명 — 바로 이것이 하나님의 사랑이 우리 모두에게 주는 현재적 선물입니다. 이러한 생명은 이 땅에 있는 동안에는 불완전하지만, 그러나 그러한 불완전하다는 사실 자체가 그것이 장차 더 나은 세상에서 그리고 더 나은 형태로 완전해질 것이라는 예언을 담고 있습니다. 마치 싹이 장차 나타나게 될 꽃과 열매의 예언이듯이 말입니다. 또 절반쯤 지어진 집이 장차 완성된 집의 예언이듯이 말입니다. 이 땅에서 예수 그리스도를 통해 그의 아버지이신 하나님을 앎으로써 영생의 선물을 받은 자들은 마땅히 사망은 지평선 아래로 감추어지고 생명이 온 하늘 가득 차고 넘치는 영역으로 향해야 합니다. 형제들이여, 여러분은 저 흉악한 왕이 주는 악한 선물에 또 다시 가까이 가려고 해서는 결코 안 됩니다. 여러분은 그것으로부터 돌이켜 은혜라는 이름의 새 왕이 주는 영생의 선물을 굳게 취해야만 합니다.

3. 이러한 새 왕은 어떻게 선물을 줍니까?

우리는 여기에서 바울 사도가 두 개의 한정구(限定句)를 사용하는 것을 주목할 수 있습니다. 추측건대 이 글을 쓸 때 그가 의도한 것은 단순히 다음과 같은 내용이었을 것입니다: "죄가 왕 노릇 하여 사망에 이르게 한 것 같이 은혜도 또한 왕 노릇 하여 영생에 이르게 하려 함이라." 그러나 그는 여기에다가 "의로 말미암아"와 "예수 그리스도로 말미암아" 등 두 개의 한정 구를 끼워 넣습니다. 그러면 이것으로 그가 의도한 것은 무엇이었을까요?

이것으로 그가 의도한 첫 번째 것은 하나님의 큰 사랑이라 할지라도 단순히 자의적 의지의 결과물로서 영생을 줄 수는 없다는 것이었습니다. 하나님은 "감사치 않는 자들과 악인들에게까지" 해가 비취게 하고 비가 내리게 할 수 있습니다. 마찬가지로 하나님은 만일 하시고자 한다면 선한 자와 악한 자를 막론하고 모든 사람에게 영생을 주실 수 있을 것입니다. 그러나 하나님은 그렇게 하실 수 없습니다. 왜냐하면 의가 있는 곳에 생명이 주어져야 하기 때문입니다. 사망이 죄의 열매인 것처럼 생명은 의의 열매이기 때문입니다.

다음으로 그가 의도한 것은 의가 없이 생명이 없다면 하나님의 선물 없이는 의도 역시 없다는 것을 나타내고자 함이었을 것입니다. 여러분들은 죄의 통치로부터 탈피할 수 없습니다. 다시 말해서 여러분 스스로의 요새를 쌓고 그곳에 들어가 여러분 스스로의 힘으로 죄의 공격을 막아낼 수는 없다는 것입니다. 사랑하는 형제들이여, 우리는 과거를 되돌릴 수 없습니다. 우리는 사지에 엉겨 붙은 죄의 의복을 벗어버릴 수 없습니다. 우리가 스스로의 힘으로 많은 것들을 고칠 수는 있지만, 그러나 자신의 의지와 행동으로 의의 옷을 입을 수는 없습니다. 하나님의 선물 없이는 어떤 의도 없습니다.

또 하나의 한정구인 "예수 그리스도로 말미암아"가 이러한 생각을 완성시켜 줍니다. 그 안에 하나님의 모든 은혜가 있으며 하나님의 모든 사랑이 나타납니다. 그것은 태초의 혼돈에서의 흐릿한 빛처럼 흩어지는 것이 아니라 궤도를 따라 도는 행성들에게 온기와 생명을 주는 태양처럼 하나의 초점으로 모아지는 것입니다. 하나님의 은혜는 우리 주 예수 그리스도 안에 있습니다. 그리고 그 안에 영생이 있습니다. 그러므로 우리가 영생을 소유하고자 하면, 우리는 그를 소유해야만 합니다. 또 그 안에 의가 있습니다. 그러므로 만일 우리가 자신의 부정함을 하나님을 보는 거룩함으로 바꾸기를 원한다면, 예수 그리스도께로 가야만 합니다. 은혜는 생명 안에서 왕 노릇 하지만, 그러나 그것은 우리 주 예수 그리스도를 통한 의로 말미암은 생명입니다.

그러므로 형제들이여, 내가 간청하는 것은 여러분 각자가 믿음으로 그와 연합되어야 한다는 것입니다. 그러면 "은혜와 진리의 충만"이신 그가 여러분들에게 오실 것이며, 그와 함께 의와 영생을 가져다주실 것입니다. 만일 우리가 그 위에 깃들이며 그와 긴밀하게 접촉한다면, 우리는 흑암의 나라로부터 구원을 받아 그의 사랑하는 아들의 나라로 옮겨질 것입니다.

14
교훈의 본

"너희가 너희에게 전하여 준 바
교훈의 본을 마음으로 순종하여"
롬 6:17

바울이 여기에서 '본'(本, form)이라는 표현을 통해 의도한 것이 정확하게 무엇이었는가 하는 데에는 의견 차이의 여지가 있습니다. 그같이 번역된 단어는 형태(type)를 나타내는 것으로서 다양한 의미를 갖습니다. 본래 그것은 압력이나 충격에 의해 만들어진 흔적(mark)을 의미합니다. 그러면서 그것이 자연스러운 변이과정을 거치면서 틀(mould), 형태(pattern), 모범(example) 등의 의미를 갖게 되었으며, 나아가 그러한 틀이나 형태나 모범으로부터 찍어 만든 사본(copy)을 의미하게 되었습니다. 그것은 또한 다른 의미도 갖고 있는데, 그에 상응하는 영어 단어는 오늘날 매우 광범위한 의미를 갖습니다. 예를 들어 우리는 오늘날 '영국식 얼굴형'(an English type of face)과 같은 표현을 보게 되는데, 이것은 어떤 대상의 독특한 특성을 보존하는 전반적 윤곽을 의미합니다. 이제 우리는 '본'이란 단어와 관련하여 이러한 두 가지 의미 가운데 하나를 선택할 수 있습니다. 만일 바울이 그것을 후자의 의미로 사용했다면, '본'(form)이라는 번역은 그런대로 어울리는 번역이 될 것입니다. 그리고 그는 로마의 그리스도인들에게 주어진 교훈이 다른 부류의 교훈 예컨대 유대인이나 이방인들의 교훈과는 구별되는 어떤 분명한 특징을 갖는 것으로 생각하고 있었던 것이 될 것입니다.

그러나 우리는 그것을 전자의 의미로 취할 수도 있습니다. 그러면 지금 바울은 자신의 사상을 보다 강력하게 하기 위해 매우 생생한 생동적 은유를 사용하는 있는 것이 됩니다. 다시 말해서 그는 지금 로마의 그리스도인들이 받은 교훈을 일종의 어떤 틀이나 형태로 생각하고 있는 것입니다. 그들로 그 틀이나 형태에 맞게 새롭게 빚어지도록 하기 위해서 말입니다. 내가 보기에 이것이 좀 더 개연성이 높아 보입니다. 그리고 이것은 본문의 마지막 어구를 도치시켜 흠정역(Authorized Version)처럼 "너희에게 전하여준 바 교훈의 본을"(that form of doctrine which was delivered you)이라고 읽는 대신 개정역(Revised Version)처럼 "너희가 구원받은 본을"(that form whereunto ye were delivered)이라고 읽는 것이 좀 더 정확하다는 사실에 의해 뒷받침됩니다.

만일 이것이 본문에 대한 보편적 의미라면, 우리는 여기에 다음과 같은 세 가지 사상이 담겨있는 것을 보게 됩니다. 첫째, 바울의 복음은 분명한 교훈의 통일체였다는 것. 둘째, 그 교훈은 행위와 성품의 틀이라는 것. 셋째, 그러므로 그 교훈은 순종을 요구한다는 것. 이제 이러한 세 가지 사상을 차례대로 살펴보도록 합시다.

1. 첫째, 바울의 복음은 분명한 교훈의 통일체였습니다.

본문에 사용된 '교훈'(혹은 교리, doctrine)이라는 단어는 흠정역이 만들어진 이래 시간의 흐름과 함께 점점 그 의미가 축소되었습니다. 흠정역이 번역되던 때에 '교훈'(doctrine)은 '가르침'(teaching)과 거의 동의어였습니다. 그러나 이후로 그 단어는 어떤 관념적 원리들을 체계적으로 진술하는 것과 같은 의미를 갖게 되었습니다. 그러나 지금 바울이 의미하는 것은 전혀 이것이 아닙니다. 그는 자기의 복음을 하나의 신학적 체계로서의 교훈의 본으로 말하지 않습니다. 그가 의미하는 것은 그것이 교훈의 통일체라는 것입니다.

그러므로 우리는 복음이 관념적이며 무미건조한 원리들을 가르치는 것이 아니라 구체적이며 역사적 사실들을 가르치는 것이라는 사실을 주목해야 합니다. 바로 이것이 복음의 위대한 그리고 축복된 특성입니다. 이러한 사실로부터 우리는 많은 원리들을 추론할 수 있는데, 무엇보다도 그러한 복음이 하나님으로부터 사람들에게 올 때 그것은 어떤 일련의 이론이나 명제가 아니라 이 땅 위에서 행해진 어떤 특별한 행동들의 역사였다는 사실입니다. 따라서 그것은 모든 영혼들에게 양식이 될 뿐만 아니라 또한 모든 사람들에게 일종의 틀(mold)이 되기에 적합했습니다.

예수 그리스도는 사람들에게 하나님에 관해 말해주기 위해 오지 않았습니다. 그는 다만 사시고 죽으셨으며, 그것이 하나님에 대한 그의 주된 가르침이었습니다. 또한 그는 사람들에게 속죄의 이론이나 대속의 교리 혹은 죄와 관련한 신학 따위를 가르치기 위해 오지 않았습니다. 다만 그는 십자가로 가서서 우리를 위해 자신을 내어주셨으며, 바로 이것이 희생제사에 대한 그의 가르침이었습니다. 그는 사람들에게 "장래의 생명이 있나니 그것은 이러이러하니라"라고 가르치지 않았습니다. 다만 그는 무덤에서 나와 "나를 만져보고 내 몸에 손을 대어보라, 영은 살과 뼈가 없으되 나는 있느니라"라고 말씀하셨습니다. 그럼으로써 그는 공허한 말로써가 아니라 실제적 사실로써 영원한 생명과 죽지 않음을 가져오셨습니다. 그는 윤리와 도덕에 대해서도 강의하지 않았습니다. 다만 그는 완전한 인간의 삶을 사셨으며, 이로부터 모든 도덕적 원리들이 추출되었습니다. 이와 같이 우리에게 식물도감을 제시하는 대신, 그는 우리를 아름다운 꽃이 만발한 들판으로 데려가셨습니다. 그의 삶과 죽음 그리고 그것이 함축하는 모든 것이 그의 교훈이며 가르침이었습니다.

한편 우리는 어떤 역사적 사실이 단지 외부적으로 일어난 어떤 일을 단순하게 진술하는 것에 불과한 것이 아님을 기억해야 합니다. 예를 들어 그리스도의 십자가 밑에 다음과 같은 네 사람이 서 있었다고 상상해 보십시오. 첫째 사람은 로마 병사이며, 둘째 사람은 바리새인이며, 셋째 사람은 울고 있는 가련한 여인들 중의 한 사람으로서 그러나 제자는 아닌 여인이며, 넷째 사람은 제자입니다. 첫째 사람이 자기가 본 사실을 말합니다 ― "반란을 도모했던 유대인이 오늘 아침 십자가에 못박혔다." 둘째 사람이 사실을 말합니다 ― "하나님을 모독한 배교자가 오늘 마땅한 형벌을 받았다." 셋째 여인이 사실을 말합니다 ― "온유하며 가련한 자가 오늘 억울하게 죽음을 당했다." 그리고 넷째 사람이 사실을 말합니다 ― "하나님의 아들 예수 그리스도께서 우리 죄를 위해 죽으셨다." 처음 세 사람은 동일한 사실을 말합니다. 그러나 넷째 사람은 복음을 선포합니다. 다시 말해서 기독교의 교훈은 사실(fact)에다가 그들의 해석(explanation)을 더한 것입니다. 바로 이것이 그것을 여타의 다른 기록들과 구별 짓게 만드는 요소입니다. 바울 자신도 다른 곳에서 그와 똑같이 말하면서 복음을 선포합니다. 나사렛 예수께서 "성경대로 우리 죄를 위해 죽으시고 장사되셨다가 성경대로 사흘 만에 부활하셨도다." 이렇게 하여 있는 그대로의 사실 이야기가 삶의 틀(혹은 주조틀, mold)인 교훈으로 바뀌는 것입니다.

그렇다고 해서 우리는 우리의 종교가 단지 감정과 도덕의 종교에 불과하다고 상상하는 잘못에 빠져서는 결코 안 됩니다. 그것은 신적 진리에 기초한 종교입니다. 오늘날에는 교리에 대해 반감을 갖는 경향이 있습니다. 이러한 반감은 상당 부분 발전과 진보에 있어 필요한 것으로 정당화될 수 있습니다. 그러나 인간의 본성은 극단으로 치우치는 경향이 있습니다. 따라서 사람의 교리에 대해 반감을 품는 가운데 자칫 하나님의 진리를 내팽개쳐버릴 위험이 있다는 사실을 우리는 기억해야 합니다. 기독교는 우리가 외부적으로 일어난 어떤 단순한 사실들을 붙잡는 것만으로는 지켜지지 않습니다. 우리에게는 그러한 사실들에 더하여 그에 대한 해석이 필요합니다.

동시에 우리는 성경 속에서 구체화된 그리스도의 교훈들과 이후 그것으로부터 기독교가 발전시킨 각종 체계들(systems) 사이에 건널 수 없는 넓은 간격이 있다는 사실을 기억해야 합니다. 체계화된 형태의 신학은 지적이며 이성적 측면에서 필요불가결한 일입니다. 그러나 기독교의 진리 그 자체와 그것으로부터 사람들이 추론하고 체계화시킨 것 사이에는 항상 차이가 있는 법입니다. 한 가지는 우리 위에 던져진 황금 지붕이며, 또 한 가지는 너무나 흔한 것으로서 서로 엮여 그 광채를 어둡게 만든 거미줄입니다. 하나님의 진리로부터 인간이 추론한 것을 의미하기에 이른 '교리'(doctrine, 혹은 교훈)란 단어가 개정역에서 '가르침'(teaching)이란 단어로 대체된 것은 참으로 바람직한 일입니다. 가르침은 사실들(facts)에다가 그에 대한 영감된 해석이 더하여진 것입니다.

2. 둘째, 복음의 교훈은 인간의 삶이 그것에 따라 주조되어야 할 일종의 틀(mold)이나 본(pattern)입니다.

성경에 제시되는 가르침 속에 우리의 삶을 형성하며 또 우리로 하여금 악으로부터 피하도록 만들어주는 가장 강력한 힘이 있다는 것은 의문의 여지없는 사실입니다.

그리스도는 사람들이 그 속으로 던져지는 형(type) 혹은 주조틀(mold)입니다. 성경이 제시하는 복음은 우리에게 다음과 같은 세 가지를 줍니다. 첫째로, 완전한 주조틀(mold)과 둘째로, 완전한 동기(motive)와 셋째로, 완전한 힘(power). 그리고 이 세 가지 안에서 사람의 행위에 영향을 끼치거나 인성(人性)을 주조(鑄造)하려고 했던 모든 다른 체계들과는 구별되는 그리고 그것들을 훨씬 초월하는 복음의 독특한 영광이 나타납니다.

예수 그리스도 안에서 우리는 완전한 조화와 균형을 이룬 가장 탁월한 인간성을 보게 됩니다. 그러면서도 그는 형제됨(brotherhood)의 실재를 결코 잃지 않습니다. 그리스도 안에서 우리는 하나의 형과 틀과 본과 거울과 완전한 사람을 보게 됩니다.

그리고 그러한 비슷함(likeness, 즉 완전한 틀인 그리스도와 비슷해지는 것)은 우리 안에서 어떤 강요나 강압에 의해 재현되지 않습니다. 다만 그와 비슷해질 때까지 그리고 그의 영광으로 변화될 때까지 계속해서 바라보는 지속적 과정에 의해 이루어집니다.

만일 여러분에게 불이 없다면 틀(mold)만 가지고 있는 것으로는 아무 소용없습니다. 만일 여러분이 완전한 모범(pattern)을 가지고 있다 할지라도 그것을 닮고자 하는 동기(motive)를 가지고 있지 못하다면, 그 역시 아무 소용없습니다. 사람은 모범이 없다는 이유로 마귀에게 가지 않습니다. 인생의 참된 형태나 틀이 무엇인지 알지 못하기 때문에 도덕성이 퇴조하는 것도 아닙니다. 오직 우리는 신약의 충만한 교훈 속에서 인간의 모든 강퍅한 의지를 녹여 하나님의 손앞에 겸비하게 만드는 강력한 동기를 발견할 수 있습니다. 만일 우리가 "그가 나를 사랑하사 나를 위해 자신을 주셨다"라고 말할 수 있다면, 모든 도덕성의 핵심인 "너희가 서로 사랑하라"는 옛 계명은 그의 사랑이 우리의 모범(pattern)이 될 때 새로운 힘과 강력한 동기를 갖게 될 것입니다. 사람으로 하여금 그리스도와 같아지도록 만드는 유일한 것은 그리스도가 그들의 희생제물이요 구주라는 믿음입니다. 확신하건대 그리스도가 세상의 죄를 위해 십자가에서 죽으셨음을 분명하게 선포하지 못하는 절름발이 기독교는 인간의 의지를 주조하기에 충분한 열기를 만들어 내지 못할 것입니다. 또 사람의 삶을 이끌어 그리스도를 닮아가도록 만들기에 충분한 동기를 결코 만들어 내지 못할 것입니다. 시계를 생각해 보십시오. 모든 것이 제대로 되어 있습니다. 시간과 분을 가리키는 표시들도 제 자리에 정확하게 표시되어 있으며, 시계바늘들도 모두 온전합니다. 그러나 만일 안에 메인스프링이 없다면, 정확하게 표시된 시간들과 시계바늘들이 무슨 소용이 있겠습니까? 그리스도를 단지 우리가 순종해야 할 선생으로만 가르치는 기독교는 마치 메인스프링이 없는 시계처럼 무력하고 무능한 것일 뿐입니다. 우리가 필요로 하는 것은 우리에게 보내어진 모범과 그러한 모범을 본받고자 하는 동기입니다. 그리고 그러한 동기는 "그가 나를 사랑하사 나를 위해 자신을 주셨다"는 위대한 사상으로부터 발출(拔出)되는 것입니다.

한 걸음 더 나아가 그러한 교훈은 삶을 변화시키는 힘입니다. 왜냐하면 그것이 신자(信者)로 하여금 주님을 닮아가도록 이끄는 은사를 가져다주기 때문입니다. 그러한 교훈 속에 오순절의 사실이 있으며 또한 승천의 사실이 있습니다. 그리고 승천의 결과와 오순절의 확실한 약속은 그분을 사랑하며 기다리는 모든 자들이 "그리스도 예수 안에서 생명의 성령"을 받을 것이라는 것입니다. 그리고 그것은 그들을 죄와 사망의 법으로부터 자유케 해줄 것입니다.

그러므로 사랑하는 형제들이여, 한편으로 우리의 종교는 행함을 위해 의도된 것이라는 사실을 기억합시다. 우리의 품성이 그리스도를 닮아감에 있어 교리 자체는 무의미합니다. 그러므로 우리의 모든 교리는 실천을 위한 것이 되어야만 합니다. 만일 우리가 복음의 교훈을 단순히 받아들이는 것으로 만족하면서 그것을 삶으로 승화시키는 일에는 아무 노력도 기울이지 않는다면, 우리는 스스로 속이는 위선자가 될 것입니다.

그리고 다른 한편으로, 도덕성은 단지 몸에 불과하며 그 몸의 영혼은 다름 아닌 종교란 사실을 우리는 결코 잊어서는 안 됩니다. 그러므로 본질적 의미에서, 종교에 기초하지 않으면서 참되고 고상한 도덕적 삶을 사는 것은 불가능한 것입니다. 그렇다고 해서 사람이 기독교 없이는 올바른 삶의 도리들을 알 수 없음을 뜻하는 것은 아닙니다. 다만 내가 말하려고 하는 요점은 복음 없이 지식은 아무것도 행하지 못할 것이라는 것입니다.

기독교적 유형의 품성은 이교의 영웅주의나 다른 도덕체계에서의 의와 미덕과는 명백하게 구별됩니다. 음악가의 잘 훈련된 귀가 어떤 곡이 베토벤의 것인지 혹은 헨델의 것인지 혹은 멘델스존의 것인지 말할 수 있는 것처럼 그리고 잘 훈련된 눈을 가진 사람이 마술사의 현란한 손놀림을 간파할 수 있는 것처럼, 그리스도는 선생으로서 독특한 품성을 가지고 있습니다. 그리고 그로부터 가르침을 받은 모든 제자들은 자신들이 누구로부터 가르침을 받았는지 그리고 자기들의 주인이 누구인지를 보여주는 분명한 흔적을 가지고 있습니다. 그들이 참된 제자들이라면 말입니다.

3. 이러한 교훈은 순종을 요구합니다.

이것은 필연적인 것입니다. 만일 복음의 '교훈'이 추상적 진리들을 가르치는 것일 뿐이라면, 그러한 것에 동의를 표하는 것만으로 충분할 것입니다. 나는 삼각형의 세 각의 합은 두 개의 직각의 합과 같음을 믿습니다. 이러한 명제를 들었을 때, "예, 그렇군요"라고 말하는 것으로 나는 내가 해야 할 바를 다 한 것입니다. 그러나 예수 그리스도께서 주신 '교훈'은 이것과는 전혀 다른 방법으로 다루어질 것을 요구합니다. '교훈'에 있어서는 동의에 이어 순종이 따라야 하는 것입니다. 여러분은 여러분의 마음속에 예수 그리스도를 모셔 들일 수도 있고 모셔 들이지 않을 수도 있습니다. 그러나 만일 그를 모셔 들인다면, 그는 여러분의 주인이 되실 것입니다. 그러므로 그를 모셔 들이기만 하고 순종하지 않는 것은, 다시 말해서 그를 모셔 들였음에도 불구하고 그가 주인이 되지 않는 것은 불가능한 일입니다.

이와 같이 복음의 요구는 그 안에 신뢰의 요소와 마찬가지로 순종의 요소를 갖고 있습니다. 그리고 순종의 요소가 있고 없음에 따라 진짜 믿음과 가짜 믿음이 나누어지는 것입니다. "행함이 없는 믿음은 죽은 것이니라." 믿음은 있으나 순종이 없는 신앙은 믿음도 아니고 순종도 아닙니다.

바로 이것이 많은 사람들이 예수 그리스도 안에 있는 믿음에 스스로를 순복시키지 않는 이유입니다. 복음이 단지 "만일 너희가 나를 믿으면 죄 사함을 얻을 것"이라고만 말한다면, 나는 지금보다 훨씬 더 많은 사람이 기독교를 받아들일 것이라고 생각합니다. 그러나 그리스도는 우리에게 오셔서 이렇게 말씀하셨습니다. "나를 믿으라, 나를 따르라, 나를 너희의 주인으로 받아들여라, 그리고 나를 본받으라." 이러한 말씀에 대하여, 어떤 사람은 발로 차버릴 것이며 어떤 사람은 뒤로 물러날 것입니다. 그리고 우리 가운데 수많은 마귀의 종들은 반항심과 적대감으로 귀를 막고 목을 뻣뻣하게 할 것입니다. 그러나 '순종'은 복음의 근본적 요구입니다. 믿음으로 순종하며 사랑 안에서 순종하라.

또한 복음의 요구인 순종은 자유를 의미합니다. 바울 사도는 문맥 속에서 죄와 정욕의 종노릇 하는 것과 하나님과 의에 순종함으로 말미암아 자유를 누리는 것을 놀랍게 대비시킵니다. 진리에 순종하십시오. 그러면 그 진리가 여러분을 자유케 할 것입니다. 왜냐하면 자유는 하나님의 뜻에 대한 의지적 순복이기 때문입니다. "내가 주의 법도들을 구하였사오니 자유롭게 걸어갈 것이오며(시 119:45)." 그리스도를 주인으로 모셔 들이고 그의 종이 되십시오. 그러면 여러분은 자신의 주인이 될 것이며, 덤으로 세상에 대해서도 그러할 것입니다. 왜냐하면 "여러분이 그리스도의 것이 될 때 모든 것이 여러분의 것이 되기" 때문입니다. 쉬운 멍에를 메고 가벼운 짐을 지는 것을 거부하십시오. 그것은 여러분에게 자유를 가져다주는 것이 아니라 방종을 가져다줄 것입니다. 그러면 여러분은 세상과 육체와 마귀의 노예가 될 것입니다. 그리고 스스로 자유하다고 여기는 동안에도 실제로는 타락의 멍에 아래 있는 자가 될 것입니다. 그러므로 우리가 받은 교훈의 본을 마음으로 순종합시다. 그러한 순종을 통해 우리는 참으로 자유케 될 것입니다.

15
주의 자유케 하는 영

"이는 그리스도 예수 안에 있는 생명의 성령의 법이
죄와 사망의 법에서 너를 해방하였음이라"
롬 8:2

우리는 법(law, 이 단어는 상황에 따라 법, 법칙, 율법 등으로 번역됨)의 두 가지 의미를 구별해야만 합니다. 엄격한 의미에서, 법(혹은 율법)은 사람의 순종을 위해 제시된 통치자의 권위 있는 의지의 표현을 나타냅니다. 그리고 좀 더 넓은 의미에서, 그것은 지속적이며 동일한 사실의 일반화된 표현을 의미합니다. 예를 들어, 굴체들은 동일한 환경에서 항상 동일한 힘으로써 서로를 끌어당깁니다. 그 사실이 일반화된 표현으로 언급될 때, 그것은 인력의 법칙(law)이 되는 것입니다. 이와 같이 말은 통상적인 과정을 통해 그 의미가 확장되고 다양화됩니다. 본문의 법(law)은 전자의 의미로서보다는 훨씬 더 후자의 의미로 사용되었습니다. "죄와 사망의 법"은 일련의 계명들을 의미하는 것일 수 없습니다. 그것은 분명 모세의 율법을 의미하지 않습니다. 그것은 완전히 비유적인 의미이든지(죄와 사망을 사람들 위에 군림하는 두 명의 큰 폭군을 의미하는 것으로서), 아니면 그와 같은 힘들의 지속적 활동을 의미하는 것으로 받아들여져야 합니다. 결국 둘은 결국 같은 것을 말하는 것입니다. 죄와 사망의 법은 사람들이 그 아래 놓여 있는 어떤 고정적이며 지속적인 작용을 묘사하는 것입니다. 그러나 또 하나의 고정적이며 지속적인 작용이 있습니다. 그것은 앞의 힘에 맞서는 또 하나의 강력한 힘으로서, 앞의 힘의 통치로부터 자유케 하는 새로운 힘입니다. 그것은 "그리스도 예수 안에 있는 생명의 성령의 법"입니다.

1. 종의 멍에

바울 사도는 지금 자신의 경험을 토대로 말하고 있습니다. 그는 냉혹하며 지속적인 힘으로 죄가 자기 안에서 역사하고 있음을 발견했습니다. 그리하여 그의 영혼은 하나님과 분리되어 참된 사망 아래 떨어졌으며, 그 안에서 선하고 고결한 것들은 억압되고 소멸되었습니다. 이러한 냉혹하며 지속적인 힘을 그는 역설적으로 '법'이라고 부릅니다. 비록 그것의 특성이 참된 인간성의 율법을 무법하게 깨뜨리는 것이라 하더라도 말입니다. 바울 사도가 그것을 그와 같이 묘사하는 이유 중 일부는 그것이 우리를 지배하고 있음을 그가 지금 강조하고 있기 때문입니다. 죄는 냉혹한 통치권으로 지배하고 있으며, 사람들은 그것에 맹목적으로 순종합니다. 그리고 사람들이 스스로 자유하다고 생각할 때에도 그들은 죄의 가혹한 폭정 아래 있습니다. 한 걸음 더 나아가 바울은 죄와 사망이 지속적으로 작동하는 하나의 과정의 각 부분들이라는 사실을 강조합니다. 이러한 암울한 무질서와 불순종과 불법의 혼돈은 그 자체의 법을 가지고 있습니다. 별들이 정확한 궤도를 따라 진행하는 것처럼 그리고 나무에서 잎이 떨어지는 것처럼, 죄는 사망의 목적지를 향해 달려갑니다. 그리고 그러한 죽음에 이르는 무도(舞蹈, dance) 속에서 죄는 사망 속으로 끌려 들어갑니다. 처음에는 현란한 약속들로 유혹하지만 그러나 종국에는 가면을 벗고 죽입니다. 그러한 유혹하는 소리에 미혹된 자들이 "죽은 자들이 거기 있는 것과 그의 객들이 스올 깊은 곳에 있는 것을 알지 못하는" 것은 분명한 사실입니다(잠 9:18).

2. 구원(혹은 해방)의 방법

　로마서 7장은 인간의 무능의 깊이에 대해 이야기하는 가운데 죄로 더러워진 옷을 벗어버리려는 인간의 노력이 얼마나 불가능한 것인지를 보여줍니다. 그리고 8장에서 바울은 자기가 어떻게 구원받았는지에 대한 놀라운 이야기를 전해줍니다. 그러면서 그는 자신의 구원이 다른 모든 포로된 영혼들에게도 동일하게 적용되는 것으로 여기면서 크게 기뻐합니다. 그것은 그 자신이 죄와 사망의 두려운 연결고리를 깨뜨리는 신적 권능을 체험했기 때문입니다. 그리하여 그는 모든 영혼이 그와 같은 체험을 공유할 수 있음을 당연한 것으로 받아들입니다. 어떤 외부적 수단도 영을 해방시키기에 결코 충분하지 못합니다. 어떤 합리적 수단들도 우리로 하여금 죄에 사로잡힌 욕망과 격정으로부터 자유케 하지 못할 것입니다. 아무리 강력한 법을 시행하더라도 인간의 부패한 의지를 새롭게 바꾸지는 못할 것입니다. 오직 우리 안에서 지속적으로 영향을 끼치는 더 강한 힘이 부어지는 것만이 인간의 부패한 의지를 새롭게 할 수 있을 뿐입니다.

　그렇게 부어지는 힘은 생명을 줄 것입니다. 강력하며 활기 넘치는 생명의 성령은 모든 필요를 채우기에 충분할 것입니다. 그와 같은 성령은 자기 안에 있는 생명을 줄 것이며, 그들의 영 안에서 잠자고 있는 힘을 깨우고 활동하게 만들 것입니다. 그것은 새로운 에너지와 동기 그리고 새로운 열망과 기호와 성향을 줄 것입니다. 그것은 현존하는 부패한 성향들을 제압하며 죽이는 더 강한 힘을 작동시킬 것입니다. 그것은 마치 어떤 화학합성물에 새로운 물질을 첨가함으로써 전혀 새로운 결과물이 만들어지는 것과 같습니다.

　바울은 자신의 경험을 통해 그러한 새로운 생명이 예수 그리스도와의 연합을 통해 왔다는 사실을 깨달았습니다. 그러한 연합은 너무도 깊고 신비한 것으로서 모든 참된 그리스도인들 가운데 보편적 경험입니다. 그리고 이러한 연합이야말로 복음의 핵심인 것입니다. '우리를 위한 그리스도'라는 바울의 메시지가 마치 그의 복음의 전부인 것처럼 받아들여진 가운데 불행하게도 '우리 안에 계신 그리스도'라는 그의 위대한 메시지는 너무도 많이 그 의미가 축소되고 그 영광이 가려졌습니다. 그러나 그러한 두 가지 가운데 어느 한 가지만 취하는 것은 그리스도의 완전한 하나의 복음을 불완전한 두 개의 반쪽짜리 복음으로 쪼개는 것입니다.

우리는 종종 바울이 기독교 교리의 진정한 창시자이며 그러므로 그로부터 예수 자신에게로 되돌아가야 한다는 말을 듣습니다. 그러나 그렇게 하더라도, 우리는 예수의 입으로부터도 똑같은 말을 듣게 됩니다. "나는 포도나무요 너희는 가지니." 바울이 "그리스도 예수 안에 있는 생명의 성령의 법이 죄와 사망의 법에서 너를 해방하였음이라"라고 말할 때, 그는 예수께서 말씀하신 포도나무와 가지의 비유를 단순하게 반복하고 있었던 것입니다. 가지는 많지만 포도나무는 하나입니다. 그리고 깊은 뿌리로부터 흘러나온 진액은 바람에 흔들리는 모든 잎사귀들까지 이르며, 꽃을 피우며, 모든 포도송이를 자라게 합니다. 예수님은 자신의 상징을 식물의 생장 방식으로부터 끌어왔습니다. 반면 바울의 상징은 육체의 삶의 방식으로부터 취하여집니다. 그는 한 몸에 붙어있는 많은 지체들과 모든 지체를 다스리는 머리를 지적하면서 "그리스도도 그러하니라"라고 말합니다. 그리고 다른 곳에서 그는 이 남편과 아내의 하나됨의 상징을 사용합니다. 남편과 아내의 거룩한 하나됨과 축복된 교제는 그리스도와 교회의 영적 하나됨과 사랑 안에서의 교제를 나타내는 아름다운 상징입니다.

이 모든 신비한 하나됨은 매우 실제적 측면을 갖습니다. 예수 안에서 그리고 그와의 연합을 통해 우리는 죄로부터 해방시키는 그리고 죄를 따라 사망으로 이끄는 은밀한 진행을 저지하는 힘을 부여받습니다. 그에 대한 사랑과 그와의 교제의 결과와 그로부터 받은 생명의 힘은 구원받은 심령으로 하여금 그의 뜻을 즐거워하며 모든 유혹을 대적하게 만드는 강력한 동기(motive)가 됩니다. 겸손한 믿음의 근거 위에서, 우리는 그 안에 있으며 그는 우리 안에 계십니다. 이와 같이 나의 믿음은 나를 그리스도와 연합되게 만드는 것이며, 따라서 그것은 "세상을 이기는 이김"이며 많은 죄들의 사슬을 깨뜨리는 것이 되는 것입니다. 이와 같이 그리스도와의 연합은 우리에게 있어 영적이며 승리의 삶을 증진시키는 방편이기도 합니다. 그리고 그것은 "죄를 범하는 영혼은 죽을 것"이라고 선언하는 죄의 필연적 결과와 맞서는 유일한 대적자가 될 것입니다.

3. 구원(혹은 해방)의 과정

　개정역(Revised Version)은 "해방하였음이라"에 해당되는 본문을 완료형이 아닌 과거형으로 표기합니다. 이러한 사실은 이것이 과거의 어느 한 시점에 일어난 역사적 사건임을 분명하게 보여줍니다. 어떤 이들은 이것을 바울 사도가 세례를 받은 것을 가리키는 것으로 생각하기도 하지만 그러나 그의 회심을 가리키는 것으로 생각하는 것이 좀 더 타당하다고 여겨집니다. 여기에 나타난 그의 강력하며 단호한 언어는 그가 죄가 없음을 주장하는 것을 의미하지 않습니다. 비록 이제 시작된 것이라 할지라도, 해방은 실제로 일어났습니다. 그는 예수님이 다메섹 도상에서 자신에게 나타나셨을 때 그리고 그분께 순복하면서 그분을 자신의 주로 받아들였을 때 자신의 해방이 실제로 일어났다고 — 비록 완성된 것은 아니라 할지라도 — 주장합니다. 그는 죄와 사망의 법과 관련하여 실제적 상황의 변화가 일어났음을 인식했습니다. 바울은 참된 자아와 실제로 우리 자신의 많은 부분을 형성하는 이기적이며 육신적인 습관의 축적 사이를 구별합니다. 더 깊고 순전한 자아는 심지어 그러한 해방이 아직 일어나지 않은 동안에도 의지와 마음속에서 활동할 수 있으며 또 자유케 될 수 있습니다. 누룩의 비유는 개인적 갱신(更新)에도 적용됩니다. 또한 바울의 이러한 관점에는, 죄로 인해 육신의 정욕이 우리의 더 나은 자아를 억압하는 것이 자신의 책임이며 우리가 초래한 결과임을 기억하는 한, 어떤 맹신적인 요소나 해로운 것이 없습니다. 이와 같이 새롭게 변화된 그리스도인들의 영혼에 여전히 남아있는 모든 악들을 그러한 영혼의 일부로서가 아니라 떨어져 나갈 운명에 있는 것으로 생각하는 것은 전적으로 옳은 것입니다.

　또한 본문의 선언은 심지어 불완전한 그리스도인들 가운데서도 역사하는 새로운 힘의 통치에 대한 예언적 확신으로서 마땅히 정당한 것으로 받아들여져야 합니다. 바울 역시도 '없는 것을 있는 것처럼" 부릅니다(롬 4:17). 만일 나의 생명의 영이 "그리스도 안에 있는 생명의 성령"이라면,

그것은 결국 완전에까지 이르게 될 것입니다. 그것이 영이므로 그것은 육체를 정복합니다. 그것이 거룩한 영이므로 그것은 전능한 힘을 갖고 있습니다. 그것은 생명을 나누어주고 또 생명으로 끌어들이는 생명의 영입니다. 그것은 그리스도 안에 있는 생명의 성령이므로 우리의 영을 이끌어 그의 생명의 영과 일치시킵니다. 그것은 그리스도 안에 있는 생명으로서 계속해서 자라가는 과정 중에 있는 것입니다. 만일 우리에게 어떤 것의 싹이 있다면, 우리는 그 안에서 열매를 바라볼 수 있을 것입니다. 우리는 잘 여문 도토리 안에서 무성하게 자란 참나무를 볼 수 있습니다. 그리고 알 안에서 나중에 거기에서 부화하고 나올 새를 볼 수 있습니다. 그리고 이와 같이 성령이 주어지는 것 안에서 우리는 승리를 보게 됩니다. 만일 우리가 원인을 갖고 있다면, 동시에 우리는 그 안에 싸여 있는 결과를 갖고 있는 것입니다. 다만 우리는 계속해서 자라는 것을 기다려야만 합니다.

그리스도인의 삶은 그 삶 안에 담긴 자유를 펼쳐나가는 점진적이며 긴 노력이 되어야 합니다. 바울은 자신의 해방이 결코 완전한 것이 아니라는 사실을 잘 알고 있었습니다. 그가 "내가 이미 얻었다 함도 아니요 온전히 이루었다 함도 아니라"고 쓴 것은 아마도 이러한 승리에 찬 확신의 표현 뒤였을 것입니다(빌 3:12). 첫 단계는 새 힘이 공급되는 것입니다. 이어 그 힘을 자신의 것으로 삼고 더욱 발전시키는 것은 생명의 역사입니다. 그리고 그것은 일련의 점진적 변화들을 통과해야 합니다. 그리고 그것을 발전시키는 방법은 모든 자유의 원천인 생명의 성령께 지속적으로 위탁하는 가운데 끊임없는 노력으로 죄와 유혹을 정복하는 것입니다. 그리스도인의 영적 전쟁의 과정 속에 고통 없는 발전은 없습니다. 만일 우리가 성령 안에서 살고자 하면, 육체의 행동들을 통제해야 합니다. 그리스도인의 삶 속에는 그 자체 안에 십자가의 본질이 있는 것입니다. 그것은 그리스도를 위한 끊임없는 노력이며, 그의 성령 안에서 죄를 정복하고 실제적 거룩함을 쟁취하는 것입니다. 평범한 도덕은 영적 교제에 관한 모든 허식의 결과이자 근거입니다.

나아가서 우리는 여호와를 경외하는 가운데 "구속을 기다림으로" 거룩을 완성해야 합니다. 그러나 그것은 단순한 수동적 기다림이 아니라 다가오는 친구에게 환영의 손을 뻗치는 것과 같은 적극적 기대입니다. 또한 우리는 이렇게 이루어진 구원이 이 땅에 있는 동안에는 단지 부분적인 것에 불과하다는 사실을 잊어서는 안 됩니다. "몸은 죄로 인하여 죽었으나 영은 의를 인하여 산 것이니라." 다만 완전한 구원에 가까이 다가가는 과정만이 있을 뿐입니다. 이러한 과정에 대한 성경의 모든 비유들, 예컨대 투쟁이나 경주나 집을 짓는 것이나 나무가 자라는 것 등의 비유들은 모두 지속적 발전의 개념을 내포합니다. 이 땅에 있는 동안에는 마지막 목적지에 도달하지 못할 것입니다. 그러므로 우리는 이 땅에 있는 동안 스스로 정결하다고 여길 것이 아니라 자신의 정결치 못함을 인식하면서 끊임없이 정결을 지향해야 합니다. 그러므로 이 땅에서 우리에게 필요한 것은 겸손과 끊임없는 노력과 굳건한 소망입니다. 우리는 마치 탈출한 노예들과 같습니다. 그러나 우리는 여전히 광야에 있으며, 원수들의 개들이 우리 발 앞에서 짖고 있습니다. 그러나 우리는 마침내 자유의 땅에 도달하게 될 것이며, 거기에 더 이상 죄와 사망은 없을 것입니다.

16
죄를 정죄하는 그리스도

"율법이 육신으로 말미암아 연약하여 할 수 없는 그것을
하나님은 하시나니 곧 죄로 말미암아
자기 아들을 죄 있는 육신의 모양으로 보내어
육신에 죄를 정하사"
롬 8:3

본 장 1절에서 우리는 "그리스도 예수 안에 있는 자에게는 결코 정죄함이 없다"는 말씀을 듣게 됩니다. 그것은 그들이 '죄와 사망의 법'을 구성하는 원인과 결과의 끔찍한 사슬로부터 해방되었기 때문입니다. 또 그들이 그리스도의 능력으로 그러한 끔찍한 사슬로부터 해방된 것은 그가 "육체 안에 있는 죄를 정죄했기" 때문입니다. 여기에서 두 개의 단어 '정죄함'(1절, condemnation)과 '정하사'(3절, condemned)가 나타나는 것을 주목하십시오. 여기에서 우리는 죄가 마치 육신 안에 살고 있는 것처럼 의인화되어 있는 것을 볼 수 있습니다. 여기에서 육신으로 표현된 것은 단순히 몸을 의미하는 것이 아니라 거듭나지 않는 인간 본성을 의미하는 것입니다. 그(죄)는 거기(육신)에다가 자신의 성채를 만들어 놓고 그 모든 것을 지배합니다. 강한 자가 자기 집을 지키매 그 집에 속한 것들이 평안을 누립니다. 그는 자신에게 던져지는 모든 종류의 율법과 도덕들의 시도를 비웃습니다. 그의 통치는 사망이며, 그는 인간의 본성 위에서 폭군으로 통치

합니다. 그가 지배하는 사람들에게 정죄는 필연적입니다. 그들은 필경 멸망을 당합니다. 그는 피할지라도 그들은 죽습니다. 만일 그가 죽임을 당한다면, 그들은 살 수 있을 것입니다. 그리스도께서 오셔서 그 폭군을 정죄하고 그를 내쫓습니다. 그가 죽임을 당함으로 우리에게 사망은 없습니다. 이 위대한 은유 속에 있는 두 대상을 세밀히 살핌으로써 그것의 의미를 좀더 명확하게 해 봅시다 — 인간의 본성을 통제하며 그것을 극복하려는 모든 시도를 대적하는 죄와 그 폭군을 정죄하고 쫓아내는 그리스도.

1. 인간의 본성을 통제하며 그것을 극복하려는 모든 시도를 대적하는 죄.

바울은 멍에 아래 있는 거듭나지 않은 인간의 본성을 붙잡고 있는 외적인 힘에 대해 말할 때 자신의 경험을 일반화하면서 말합니다. 그는 지금 자신의 이야기를 하고 있으며, 모든 사람이 자신과 동일한 경험을 할 수 있음을 당연한 것으로 받아들이고 있습니다. 마치 거울 안에서처럼, 마음은 마음을 비춥니다. 만일 사람이 하나의 통일체(unity)라면, 그에게 들어간 독(毒)은 모든 핏줄을 타고 온 몸에 퍼져 그의 존재 전체에 영향을 끼칠 것입니다. 의지와 이해력과 마음 모두가 독이라는 침입자로 말미암아 영향을 받을 것입니다. 그리고 만일 사람이 집합적 전체(collective whole)라면, 각 사람의 경험은 다른 형제들에게서도 반복될 것입니다.

바울은 죄의 지배를 떨쳐 버리려는 모든 노력이 헛된 것임을 말하는 자리에서 자신의 경험을 다시금 반복하여 적습니다. 그는 자신의 경험을 통해 심지어 모세 율법의 최고의 계시조차도 죄를 정죄함에 있어 완전히 실패했음을 발견했습니다. 이것은 모세 율법에 대하여 뿐만 아니라 양심의 법과 모든 종류의 도덕적 가르침들에 대하여도 마찬가지로 사실입니다. 그러한 모든 법들이 죄에 대한 하나님의 심판을 엄중하게 선언한다는 의미에서 그것들이 죄를 정죄한다는 것은 분명한 사실입니다. 그러나 실제적 정죄의 의미에서 다시 말해서 죄의 힘을 박탈하고 쫓아낸다는 의미에서, 그것들은 모두 무력합니다. 법(혹은 율법)이 노골적인 악한 행위들을 막고 개별적으로 순종을 야기시킬 수는 있을 것입니다. 또 죄의 폭정에 맞서려는 마음을 불러일으킬 수도 있을 것입니다. 그러나 그것이 전부입니다. 그 이상 할 수 있는 것은 아무것도 없습니다. 율법(law, 혹은 법)은 정결케 하지도 못하고 순종을 만들어내지도 못합니다. 율법의 천둥소리는 두려움을 불러일으키고, 뒤이어 열매 맺지 못하는 비를 내리게 합니다. 사람과 율법 사이에는 항상 건널 수 없는 심연이 가로놓여 있습니다.

바울이 "율법이 육신으로 말미암아 연약하여"라고 말할 때 의미한 것은 바로 이것입니다. 율법 자체는 선한 것입니다. 그러나 율법은 죄 있는 육신을 통해 역사할 수밖에 없습니다. 율법이 호소할 수 있는 유일한 힘은 이미 그 권능을 상실한 힘입니다. 율법은 마치 왕관을 잃어버린 왕과 같습니다. 그는 다시 왕관을 되찾지 못할 것입니다. 왜냐하면 율법은 우리의 인간성에 새로운 요소를 가져다주지 못하기 때문입니다. 그것이 우리 인간성에 호소하는 것은 지나가는 바람소리 이상의 효과를 갖지 못합니다. 율법은 옳고 그름에 대한 분명한 선언으로 양심(良心)과 이성(理性)에 호소합니다. 또 율법은 자신의 권위를 나타냄으로써 의지와 깨달음에 호소하며, 결과들을 분명하게 제시함으로써 두려움과 신중함에 호소합니다. 그러나 옳은 것을 알지만 그것을 행하는 것은 바라지 않는, 자기들이 해야만 하는 것은 믿지만 하려고는 하지 않는, 결과는 알지만 그러나 "잠깐 동안의 죄의 낙을 더 좋아하여 선택하는" 사람들에게 그것이 무슨 소용이 있겠습니까? 이것이 모든 율법(혹은 법)의 본질적 약점입니다. 이 폭군은 자신의 통치권을 위협하는 자가 없는 한 두려워하지 않습니다. 그의 성채는 시내 산으로부터 부는 나팔소리에 무너지지 않을 것입니다.

2. 그 폭군을 정죄하고 쫓아내는 그리스도.

바울은 3중의 정죄를 지적합니다.

첫째, 예수님은 "죄 있는 육신의 모양으로" 세상에 오셔서 자신의 완전한 삶으로써 죄를 정죄합니다. '죄 있는 육신의 모양'이란 표현은 예수님의 참된 인성(人性)과 그의 완전한 무죄함을 함축하면서 동시에 그가 죄를 정죄하는 첫 번째 방식 즉 육신 가운데 죄를 정죄하는 것을 암시합니다. 예수님은 자신의 생애 동안 율법을 더 나은 방식으로 재현합니다. 한 사람이 글로 기록한 것을 다음 사람이 '온전한 행위의 사랑스러움'으로 실현합니다(이것은 모세가 기록한 율법을 예수께서 온전히 이루신 것을 의미하는 것으로 보임 — 역자 주). 실제로 모범을 보이는 것이야말로 의에 대한 가장 강력한 설교입니다. 또 선을 행하는 것은 다른 사람들에게 존경심과 본받고자 하는 마음을 불러일으킵니다. '육신의' 완전한 아름다움에 대한 꿈은 실현되었습니다. 예수 그리스도는 우리의 영원한 모범입니다. 그 폭군이 지배하는 바로 그 육신 속에서, 예수님은 거룩한 삶의 가능성과 사랑스러움을 보여주셨습니다.

그러나 이것이 전부가 아닙니다. 그리스도가 육신 가운데 죄를 정죄하는 데에는 또 다른 방법이 있는데, 그것은 자신의 완전한 희생제사를 통한 것입니다. 바울 역시도 "죄 있는 육신"이란 구절에서 이것을 지적합니다. 그리스도의 모범이 강력한 것이기는 하지만 그러나 그 역시 약하며 충분치 못합니다. 왜냐하면 율법이 약하며 충분치 못하다는 바로 그 이유 때문에 그렇습니다. 율법은 오직 우리의 본성을 통해서만 역사하므로 약하며 충분치 못합니다. 죄가 사람을 붙잡는 것은 이중적입니다 — 하나는 하나님과의 관계를 어그러뜨리는 것이며 또 하나는 본성을 타락시키는 것입니다. 그러므로 그와 같은 사람 안에는 하나님으로부터의 분리와 죄책의 개념이 있는 것입니다. 이러한 두 가지가 사람을 처참한 형편으로 이끌 뿐만 아니라 죄의 통치를 더욱 강화시키는 것입니다. 죄는 하나님을 저버린 사람들로 하여금 그들에게 사망을 선고하는 율법을 일깨워줌으로써 그들을 더욱 강하게 붙잡습니다. 죄책에 사로잡히는 것은 우리로 하여금 절망과 자포자기에 빠져 아무 소망 없이 그릇된 일을 계속하도록 이끌 것입니다. 우리는 "나는 너무도 잘못 되서 더 나아지려고 노력하는 것은 아무 소용없는 일이야"라는 부르짖음을 흔히 듣습니다. 반면 죄책을 억누르는 것은 마음을 더욱 강퍅하게 하면서 더 큰 욕정과 방탕에 탐닉하도록 이끌 것입니다. 그런가 하면 싸구려 회개를 남발하면서 죄책을 대수롭지 않게 여기는 것은 우리로 하여금 죄에 더욱 쉽기 빠져들도록 이끌 것입니다. 이와 마찬가지로 하나님과의 분리도 모든 악의 뿌리입니다. 하나님을 가혹한 분으로 그리고 적처럼 생각하는 것은 항상 우리를 죄로 인도합니다. 그러므로 만일 과거의 죄의 권능이 소멸되어야 한다면, 먼저 죄책의 개념이 제거되고 하나님과 사람 사이를 가로막은 장벽이 허물어져야 합니다. 이러한 요구에 율법이 어떻게 부응할 수 있단 말입니까? 입을 막고 잠잠할 수밖에 없습니다. 그것은 단지 "기록된 것은 기록된 것일 뿐"이라고 밖에는 말할 수 없습니다. 그것은 "우리를 대적하는 글(즉 율법의 儀文)을 지우는 약속들"에 대해서는 할 말이 아무것도 없습니다. 그리고 그러한 잠잠함 속에서 우리는 자기의 성채를 지키는 그 폭군의 비웃는 소리를 들을 수 있습니다.

그러나 그리스도께서 "죄를 위하여" 오셨습니다. 다시 말해서 그의 성육신과 죽음은 사람의 죄와 관계된 것이며 또 그것을 제거하는 것이 목적입니다. 그는 악을 제거하고 하나님의 용서를 가져오기 위해 오셨습니다. 우리가 그의 희생을 깨닫고 감사하는 마음을 가질 때, 그것은 그의 모범을 본받기 위한 적절한 동기가 될 것입니다. 그리고 그의 죽음 안에서 인간의 죄를 위한 하나님의 희생을 보는 자들은 스스로를 그분께 순복시키는 가운데 큰 기쁨을 발견하게 될 것입니다. 그의 사랑으로 불붙은 사랑은 그를 닮은 자들을 만들어낼 것이며, 외적인 율법을 내적인 "그리스도 예수 안에 있는 생명의 성령"으로 변화시킬 것입니다.

하나님이 "육신에 죄를 정하는"(정죄하는) 또 하나의 방법이 본문의 "자기 아들을 보내어"라는 구절 속에 나타나 있습니다. 본 서신 서두에서 예수님은 "성결의 영으로는 능력으로 하나님의 아들로 선포되신" 자로 언급됩니다(롬 1:4). 우리는 이러한 언급을 여기의 본문과 연결시켜 성결의 영에 완전한 인성(人性)을 주시는 것을 육신에 죄를 정하는(정죄하는) 것의 일부로서 생각해야 합니다. 그 폭군이 지배하는 영역(즉 육신) 속으로 하나님의 아들은 실제적인 새로운 힘을 구성하는 새로운 본성을 전달합니다. 그러한 영은 우리의 모든 기능들 위에서 역사하면서 그것들을 타락의 멍에로부터 회복시킵니다. 이 땅의 모든 샘들은 오염되고 더럽혀졌습니다. 그러나 맑고 깨끗한 새로운 샘이 열렸습니다. 성결의 영이 사람의 영속으로 들어옴으로써, 찬탈자는 중앙의 성채로부터 쫓겨났습니다. 비록 그가 주변에 배회하며 게릴라전을 벌인다 할지라도, 그가 할 수 있는 일은 그것이 전부입니다. 그리스도는 "우리 죄를 위해" 죽었지만 그러나 그의 성령을 주시는 것 안에서 성결의 원리를 우리에게 나누어주기 위해 다시 살아나셨습니다. 이러한 사실을 온전히 깨닫기까지 우리는 그리스도께서 사람에게 주신 것을 결코 깨닫지 못할 것입니다. 가나안 사람들이 여전히 남아 있을 것입니다. 그러나 우리 안에서 그리고 우리를 통해 역사하는 새로운 힘이 — 이 힘은 계속해서 자라가는 힘입니다 — 여전히 죄와 연합된 모든 것들과 더불어 싸우고 있습니다. 온 몸과 혼과 영이 우리 안에 거하시는 성령의 영향 아래 온전히 있게 될 때까지 이러한 싸움은 끝이 없을 것입니다. 그리고 마침내 하나님의 거룩한 산에서 더 이상 해함도 죽음도 없게 될 것입니다.

바로 이것이 그리스도께서 "우리를 위해" 행하신 것입니다. 그리고 모든 사람들은 다음과 같은 절체절명(絕體絕命)의 질문 앞에 서야 합니다: 당신은 이 사실을 기꺼이 받아들이는가? 우리 모두는 둘 중의 하나를 선택해야만 합니다. 우리 자신이 정죄를 당하든지 아니면 우리 안에 거하는 죄가 정죄를 당하든지. 그리스도 예수 안에 있는 자들에게는 결코 정죄함이 없을 것입니다. 왜냐하면 그들 안에 거하는 죄가 정죄를 받았기 때문입니다. 죄는 죽임을 당해야 합니다. 그렇지 않으면 그것이 우리를 죽일 것입니다. 죄는 쫓겨남을 당해야 합니다. 그렇지 않으면 그것이 우리를 하나님으로부터 쫓아낼 것입니다. 죄는 우리와 분리되어야 합니다. 그렇기 않으면 그것이 우리를 하나님과 분리시킬 것입니다. 우리는 정죄를 당할 필요가 없습니다. 그러나 죄가 정죄를 당하지 않는다면 우리가 정죄를 당하게 될 것입니다.

17
성령의 증언

"성령이 친히 우리의 영과 더불어
우리가 하나님의 자녀인 것을 증언하시나니"
롬 8:16

어떤 사람이 실제로 그리스도인이 아님에도 불구하고 그리스도인으로 경솔하게 받아들여지는 경우가 있습니다. 이것은 그릇된 믿음(false confidence)입니다. 반면 실제로 그리스도인임에도 불구하고 그렇지 않을는지도 모른다고 생각하며 과도하게 망설이는 경우도 있는데, 이것은 그릇된 머뭇거림(false diffidence)입니다. 혹시 그릇된 믿음을 갖게 될까 두려워하며 스스로 조심하는 자들은 그러한 그릇된 믿음으로부터 최대한 멀리 떨어져 있게 될 것입니다. 반면 그러한 그릇된 믿음이 존재한다는 사실과 그것이 자신들에게 큰 위험이 된다는 사실을 전혀 깨닫지 못하는 것보다 더 위험한 것은 없습니다. 그러한 두 가지 즉 그릇된 믿음과 그릇된 머뭇거림은 겉으로 드러나는 것과는 달리 실제로는 매우 동질적이며 유사합니다. 그리고 그것들의 반대말인 그리스도에 대한 신뢰인 참된 믿음(true confidence)과 자신에 대한 불신인 참된 머뭇거림(true diffidence) 역시도 마찬가지로 동질적이며 유사합니다. 그러나 때로 참된 믿음과 그릇된 머뭇거림이 결합되는 경우도 있습니다. 이 경우는 믿음은 존재하지만 그러나 그것이 존재한다는 사실을 의심하는 것입니다. 아마도 많은 그리스도인들이 이런 상쾌로 살아갈 것입니다. 그들은 이러한 의심을 어쩔 수 없는 것으로 여기면서 수동적으로 받아들입니다. 그리고 그들은 나름대로의 독창력을 발휘하여 기쁨과 위로의 포도주가 되는 말씀으로부터 스스로 쓰디 쓴 쓸개즙을 뽑아냅니다.

여기의 본문은 너무나 자주 그리스도인들의 마음을 괴롭혀 왔던 말씀들 가운데 하나입니다. 그들은 스스로 이렇게 말합니다. "나는 그에 대해 아무런 증거(evidence)도 갖고 있지 못합니다. 나는 성령이 내 영에 증언(witness)하는 것을 인식하지 못합니다." 자신이 그리스도인인지 아닌지에 대한 이런 의문에 대해 다른 근거를 찾고 또 "모든 그리스도인이 이러한 증언을 가지고 있다고 본문이 단언하고 있으므로 나 역시도 어떤 모양으로든지 그것을 가지고 있을 것"이라고 생각하는 대신, 그들은 스스로 "나는 나의 영 안에서 하나님의 영이 증언하는 장엄하며 초자연적인 음성을 느끼지 못하며 따라서 내가 정말로 진정한 그리스도인인지 의심하게 된다"라고 말합니다. 만일 이제부터 내가 여러분 앞에 제시하려고 하는 것이 하나님의 도우심으로 여러분의 마음의 무거운 짐을 가볍게 해주는 것이 된다면, 나로서는 더할 나위 없이 감사한 일이 될 것입니다.

"성령이 친히 우리의 영과 더불어 우리가 하나님의 자녀인 것을 증언하시나니." 우리는 여기에서 다음과 같은 세 가지 사실을 배울 수 있습니다. 첫째, '아버지'란 우리의 부르짖음은 우리가 아들이라는 증거입니다. 둘째, 그러한 부르짖음은 단순히 우리의 부르짖음이 아니라 하나님의 성령의 음성입니다. 셋째, 우리의 영 안에서의 하나님의 증언은 우리의 영에 영향을 끼치는 통상적 영향들에 종속됩니다.

이제 이러한 세 가지 사실을 좀 더 자세히 살펴봅시다.

1. '아버지'란 우리의 부르짖음은 우리가 아들이라는 증거입니다.

본문의 주장에 다시금 주의를 기울여 보십시오. "성령이 친히 우리의 영과 더불어 증언하시나니." 여기의 성령의 증언은 우리의 영에게 주어지는 계시라기보다는 우리의 영 안에서 혹은 우리의 영과 더불어 나타나는 계시입니다. 그리고 우리의 영은 단순히 그와 같은 증언의 수납자(受納者, recipient)로서가 아니라 그러한 증언에 함께 협력하는 자(co-operant)로서 간주되어야 합니다. 그것은 우리의 영이 하나님을 '아버지'로 부름으로써 하나님의 자녀임을 증언하고 이어 하나님의 성령이 다른 증거와 함께 별도의 과정으로 와서 우리의 믿음에 아멘 하는 것을 말하는 것이 아닙니다. 공통의 근원을 가진 오직 하나의 증언이 있을 뿐입니다. 그것은 참된 원천인 하나님의 성령의 근원과 그러한 증언에 대한 수납자(recipient)요 협력자(co-operant)인 우리의 영의 근원입니다. 이러한 구절의 가르침이나 성경이 내적 증거와 관련하여 사용하는 다른 구절들로부터 우리는 그리스도인의 마음속에서 자신의 존재 영역을 초월하는 근원으로부터 올라오는 어떤 특별한 음성을 추론해서는 안 됩니다. 그러한 음성은 그 자체의 특성에 의해, 어떤 특별하고 구별되는 어떤 것으로 인해, 그 본질상 특이한 어떤 것으로 인해, 혹은 사람들이 통상적으로 상상하는 과정으로부터, 즉시로 자신의 음성이 아니라 하나님의 음성으로 간주되곤 합니다. 이것은 우리가 성령의 증언을 찾는 방향이 아닙니다. 성령의 증언은 실제로 하나님의 성령으로 말미암은 증거입니다. 그러나 그것은 우리의 영에 주어지는 증거일 뿐만 아니라 우리의 영을 통해 그리고 우리의 영과 더불어 나타나는 증거입니다. 증언은 하나입니다. 증언의 형태와 관련하여 여러분들은 열광적이며 자의적이며 자신의 경험과는 분리된 어떤 것을 추구해서는 안 됩니다. 대신에 여러분들은 얼핏 보기에 여러분 자신의 것이라고 가장 배타적으로 주장하는 경험을 추구해야 합니다. 그리고 계속해서 여러분들은 여러분의 영혼과 함께 역사하는 것은 없는지, 그것을 통해 역사하는 것은 없는지, 그것 아래서 역사하는 것은 없는지, 그리고 그것과는 구분되지만 그러나 분리할 수 없는 그렇지만 그 결과로서 알 수 있는 세미한 음성을 찾아야 합니다. 회리바람이나 불이나 지진이 아니라 은밀하게 말씀하시는 하나님의 음성이 여러분 자신의 마음의 소리와 음색을 띠고 여러분에게 말합니다. "너는 내 자녀라, 나의 은혜에 따라 그리고 나의 감동으로 말미암아 너희 영혼이 아빠 아버지라 부르짖느니라."

그렇다면 이러한 증거(evidence) 곧 나 자신의 확신의 형태는 무엇입니까? 그것의 실체에 관련하여 그것은 무엇에 대한 확신입니까? 본문 자체는 성령이 증언하는 증거가 무엇인가에 대해 말하지 않습니다. 본문의 앞 구절 즉 15절은 우리에게 말합니다. "너희는 다시 무서워하는 종의 영을 받지 아니하고 양자의 영을 받았으므로 우리가 아빠 아버지라고 부르짖느니라." 우리가 '아빠 아버지'라 부르짖는 이와 같은 방식으로 "성령이 친히 우리의 영과 더불어 우리가 하나님의 자녀인 것을 증언"하십니다. 하나님의 성령의 증언에 의해 인간의 영에 자리 잡은 확신의 실체는 일차적으로 하나님께 대한 우리의 관계나 감정으로 향하지 않고 그것보다 훨씬 더 웅대한 것 즉 우리에 대한 하나님의 감정과 관계로 향합니다. 다음으로 넘어가기에 앞서 나는 여러분들이 성령의 증언의 전체적 국면이 "너는 내 자녀라" 혹은 "나는 네 아버지라"는 하나님의 직접적인 증언과 얼마나 전적으로 다른지 잠시 동안 생각해 보기를 바랍니다. 두 가지는 비슷한 것처럼 보이지만, 그렇지 않습니다. 잘못된 경우를 취할 때, 우리는 자신의 상태에 대한 보다 심원한 확신과 자신에 대한 더 나은 소망의 기초를 갖지 못할 것입니다. 반면 올바른 경우를 취할 때, 우리는 자신의 모든 것이 첫째가 아니라 둘째가 되고 모든 확신의 참된 기초가 우리가 하나님께 대하여 갖거나 느끼는 생각이 아니라 하나님이 우리에 대하여 갖거나 느끼는 생각에 근거하는 '넓은 장소'로 인도될 것입니다. 그리하여 우리 마음의 온갖 잡동사니 속에서 수고로이 탐색하는 대신 깨어지고 더러워진 모든 표면을 깨끗이 하고 그 아래 놓여있는 살아있는 반석으로 내려가는 것을 배우게 될 것입니다. 이사야서에서 우리는 다음과 같은 말씀을 듣게 됩니다. "주는 우리 아버지시라(사 63:16), 무릇 우리는 다 부정한 자 같아서 우리의 죄악이 바람 같이 우리를 몰아가나이다(사 64:6)." 우리 안에는 견고한 것이 아무것도 없습니다. 우리의 결심은 유혹의 바람이 한 번만 불어쳐도 마치 여름 타작마당의 쭉정이같이 사라져 버립니다. 그러나 그 결과가 무엇입니까? "이러한 것이 오래 계속되었을지라도 우리가 구원을 얻을 것이나이다." 사랑하는 형제들이여, 나는 하나님의 자녀라는 나의 모든 확신의 기초로써 하나님이 나의 아버지라고 확신하는 이러한 생각을 가장 넓고 웅장한 형태로 확장시켜 보십시오. 그러면 우리는 다음과 같은 축복된 확신으로 나아가게 될 것입니다. 나는 아무것도 아니며, 나의 거룩함도 아무것도 아니며, 나의 결심도 아무것도 아니며, 나의 믿음도 아무것도 아니며, 나의 힘도 아무것도 아니라는 확신 말입니다. 나는 벌거벗은 모습으로 스스로를 하늘 아버지의 자비로운 품으로 던집니다. 나의 아들됨(sonship)의 증거를 찾는 것과 하나님의 아버지되심(Fatherhood)의 확신을 얻기를 구하는 것 사이에는 하늘과 땅의 차이가 있습니다. 전자(前者)는 끝없이 스스로를 괴롭게 하는 무익한 작업입니다. 반면 후자(後者)는 하나님의 자녀의 빛과 자유, 곧 영광스러운 자유입니다.

이와 같이 성령의 증거의 실체는 하나님의 무한한 사랑과 아들이신 그리스도 안에서의 아버지되심 즉 하나님이 나의 아버지라는 계시에 기초한 직접적 확신입니다. 이러한 직접적 확신으로부터 우리는 "그러므로 나는 하나님의 아들"이라는 믿음으로 나아가게 됩니다. 그러나 그 근거가 무엇입니까? 내 안에 있는 어떤 것 때문입니까? 그렇지 않습니다. 그것은 오직 하나님으로 말미암은 것입니다. 하나님의 아버지되심과 우리의 아들됨의 표상은 우리에게 그것이 아버지의 뜻과 마음에 의존한다는 사실을 가르쳐 줍니다. 성령의 증언은 형태(form)적으로는 우리 자신의 확신으로 나타나며 실체(substance)적으로는 다음과 같은 우리의 겸손한 부르짖음으로 나타납니다: "오! 주는 하늘에 계신 나의 아버지이시니 이다!" 형제들이여, 이것은 "너희 마음속에서 너희를 하나님의 자녀로 특징지워 줄 기이하고 특별한 표적을 찾으라"고 말하는 것보다 훨씬 더 진실하고 고상한 종류의 것이 아닙니까? 우리가 그것이 어떤 특별하고 기적적인 증거로부터 발견되는 것이 아니라 우리 마음속에서 성령이 자연적으로(사실은 초자연적으로) 역사하는 가운데 그리고 그 속에서 하나님이 나의 아버지라는 확신이 자라는 가운데 발견되는 것이라고 말할 때, 그것은 우리에게는 더 큰 축복이 되고 하나님께는 더 큰 영광이 되는 것이 아닙니까? 만일 내가 이러한 성령의 증언과 관련된 말씀이 마치 그룹과 화염검처럼 느껴지는 다시 말해서 그것이 비록 밝고 아름답기는 해도 그러나 너무나 두렵고 혐오스럽게 느껴지는 그리스도인들에게 말하고 있다면, 나는 여러분들에게 본문을 좀 더 세심하고 참을성 있게 검토해볼 것을 요청하고 싶습니다. 형제자매들이여, 확신을 가지십시오. 이것은 결코 잘못된 확신이 아닙니다. 여러분의 죄로 물든 마음의 샘의 모든 쓴물로부터 때로 하나님이 사랑이라고 하는 그리고 하나님이 나의 아버지라고 하는 오염되지 않은 즐거운 확신이 솟아오른다는 사실을 믿으십시오. "성령이 친히 우리 영과 더불어 증언"하는 것을 확신하십시오.

2. 둘째, 그러한 부르짖음은 단순히 우리의 부르짖음이 아니라 하나님의 성령의 음성입니다.

우리의 확신이 우리의 것인 이유는 그것이 하나님의 확신이기 때문입니다. 우리 영혼은 이러한 사랑의 감정과 하나님께로 나아가는 부드러운 열망을 가지고 있습니다. 우리의 영은 다만 그것을 가지고 있을 뿐 그것을 만들어 내지는 않았습니다. 그것은 소유(property)로는 우리의 것이지만 그러나 원천(source)으로는 하나님의 것입니다. 그리스도인의 영은 그 안에 어떤 선한 생각이나 참된 생각이나 하나님의 복음의 은혜에 대한 지각이나 거룩한 열망이나 순전한 결심을 가지고 있지 않습니다. 그의 영에 더 높은 근원의 표증이 찍혀 있는 것도 아니며 하나님의 성령의 증언이 있는 것도 아닙니다. 본문은 그리스도인의 마음속에 있는 아버지 개념 그리하여 우리로 하여금 하나님을 아버지로 부르짖게 만드는 것은 하나님의 성령으로부터 온 것이라고 말합니다. 본문을 갈라디아서의 병행구절과 연결해서 읽을 때, 우리는 이 사실이 마우 강력하게 드러나는 것을 보게 됩니다. 본문은 "양자의 영을 받았으므로 우리가 아빠 아버지라고 부르짖느니라"라고 말합니다. 이에 대한 갈라디아서의 병행구절은 다음과 같습니다. "너희가 아들이므로 하나님이 그 아들의 영을 우리 마음 가운데 보내사 아빠 아버지라 부르게 하셨느니라"(갈 4:6). 이와 같이 한 곳에서는 그러한 부르짖음이 믿는 자의 마음으로부터 나오는 음성으로 간주되는 반면 다른 곳에서는 하나님의 성령의 음성으로 간주됩니다. 그러한 두 가지는 모두 진리입니다. 만일 하나가 다른 하나의 보완(補完)을 받지 못한다면, 피차 그 기초를 결핍하게 될 것입니다. 성령의 부르짖음은 만일 그것이 나에 의해 소유되지 않는다면 그것은 내게 아무것도 아닌 것이 될 것입니다. 나는 여기에서 어떤 종류의 형이상학적인 공론(空論)에 뛰어들 필요를 느끼지 않습니다. 다만 단순하며 실제적인 성경의 가르침을 살피는 것으로 충분합니다. 모든 그리스도인들의 경험을 통해 나는 그들 안에 있는 모든 것은 그들 자신으로부터 말미암은 것이 아니라, 하나님으로부터 말미암은 것이며 다만 은사(gift)와 영감(inspiration)으로 그들에게 주어진 것이라는 사실을 믿습니다. 이제 우리는 본문의 전체적 교훈을 다음과 같은 한 마디 말로 요약할 수 있을 것입니다. 그것은 우리 마음속에 하나님의 성령이 없이는 하나님을 아버지로 인식할 수 없었다는 것입니다. 우리 안에서 사랑과 어린아이 같은 믿음과 경외심을 가지고 "하나님의 영광이 거하는" 곳으로 달려가는 것 그리고 우리 안에서 '아버지'라고 부르짖는 것은 하나님과 관련된 것입니다. 그것은 성화되지 않은 본래의 인간 본성이 결코 아닙니다. 인간의 욕망은 그 근원 이상으로 올라가지 않습니다. 우리의 마음속에 하늘을 향해 올라가는 생각이나 바람이나 기도나 믿음이 있다면, 그것은 그것이 먼저 하늘로부터 내려왔기 때문입니다. 사람 안에 있는 거룩한 모든 것은 하나님으로부터 온 것입니다. 사람 안에 하나님을 향하게 하는 모든 것은 사람의 마음속에 있는 하나님의 음성입니다. 우리에게 허락하신 성령의 거룩케 하심과 살리심의 역사가 없었다면, 우리의 영혼은 영원히 티끌만을 붙잡고 땅에 주저앉아 있으면서 하나님을 향해 일어나 그의 임재의 빛 가운데 살지 못했을 것입니다. 그러므로 모든 그리스도인은 자기 마음속에 하나님의 아버지되심에 대한 생각과 믿음이 아무리 미약할지라도, 그것은 그가 만든 것이 아니라 단지 받은 것이며 소중하게 간직한 것이며 그에 대해 생각하고 지킨 것이며 그것이 꺼지지 않도록 주의를 기울인 것일 뿐이라는 사실을 확신할 수 있습니다. 그것의 근원은 하나님입니다. 그리고 그것은 영원히 하나님의 자녀들의 마음속에 있는 성령의 음성입니다.

그러나 만일 이러한 원리가 진리라면, 그것은 단지 믿는 자의 영혼이 아빠 아버지라 부르짖는 이 한 가지에간 적용되는 것은 아닙니다. 그것은 그리스도인의 삶 전체를 포함하는 것으로 확대되어야 합니다. 그리고 동일한 진리는 그의 존재의 다른 모든 영역으로 또 마음과 생활 속에서 옳고 순전한 모든 영역으로 적용되어야 합니다. "성령이 친히 우리의 영과 더불어 증언하시나니." 하나님의 말씀에 대한 모든 지각에서, 우리의 어둠 위로 떠오르는 하나님의 계획의 모든 계시에서, 하나님을 추구하는 모든 열망에서, 모든 거룩한 결심에서, 사랑과 욕망의 모든 떨림과 흥분에서 — 성령이 친히 우리의 영과 더불어 증언하십니다. 이 모든 것은 우리 자신의 것입니다. 왜냐하면 우리의 마음속에서 그것이 경험되고 처리되기 때문입니다. 또 그 모든 것이 우리 자신의 것인 까닭은 우리가 죽은 존재로서 마술적이며 초자연적인 은혜의 수동적 수납자(受納者)가 결코 아니기 때문입니다. 동시에 그것은 하나님의 것입니다. 그렇기 때문에 그것이 또한 우리의 것이 된 것입니다.

어떤 사람들은 이것이 자칫 모든 형태의 미혹의 문을 여는 것이 될 수 있으며 사람에게 있어 자신의 생각과 성령의 작용을 혼동하는 것보다 더 위험한 것은 없다고 말함으로써 이에 대해 이의를 제기할 것입니다. 이에 대해 나는 다만 사도 바울이 제시하는 한 가지 보증을 제시하고자 합니다. 그는 "여러분들의 영에 하나님의 증언이 있다"고 말합니다. 그러면 여러분들은 이렇게 말할 수 있을 것입니다. 만일 그 증언이 우리 자신의 마음속에서 그와 같은 확신의 형태로 온다면, 우리가 실수할 수도 있고 잘못 이해할 수도 있지 않은가? 그렇습니다. 그래서 여기에 외적 보증이 있습니다. "무릇 하나님의 영으로 인도함을 받는 사람은 곧 하나님의 아들이라(14절)." 그러므로 마음과 생활의 양쪽 영역에 성별(聖別)의 사상이 깊이 새겨집니다. 사랑으로 채워진 마음과 깨닫는 머리와 마땅히 준행할 율법에 대해 즉각적으로 반응하는 양심과 선한 결심을 품는 의지 — 이 모든 것이 그분에 의해 거룩케 된 것으로서 성령의 증언입니다. 또 열심히 순종하는 생활과 죄와 유혹과 더불어 싸우는 생활과 일상적 의무를 계속해서 준행하는 생활과 순교의 죽음과 순교의 삶 — 이 모든 것 역시 동일한 성령의 역사입니다(그것이 순전하고 옳은 것인 한). 내적 확신을 시험하는 것은 외적 생활입니다. 그리고 자신 안에 성령의 증언을 갖고 있는 자들은 하나님의 성령에 의해 불붙여진 삶의 빛을 갖고 있습니다. 그리고 그것으로 자신들의 마음에 기록된 것을 읽고 그것이 자신들이 기록한 것이 아니라 하나님이 기록한 것임을 확신할 수 있습니다.

3. 마지막으로, 우리의 영 안에서의 이러한 하나님의 증언은 우리의 영에 영향을 끼치는 통상적 영향들에 종속됩니다.

만일 마음속에 통상적 감정들과는 구별되는 것으로서 그 근원을 분명하게 나타내는 하나님의 성령의 이러한 신적 증언(witness)이 있다면 — 그것은 마음의 제단 위에서 꺼지지도 않고 깜빡거리지도 않고 항상 타오르는 강력하고 영원하며 순결한 불이어야 합니다 — 그 개념은 상당한 설득력을 갖게 될 것입니다. 그러나 지금 우리 앞에 놓인 구절 그리고 이 문제와 관련한 다른 모든 구절들은 그와는 직접적으로 반대되는 개념을 제시합니다. 사람의 영의 좁은 방 안으로 들어올 때, 하나님의 성령은 스스로를 낮추어 인간 본성의 통상적 법칙과 조건에 순복함으로써 우리의 현재적 목적에 적합하도록 합니다. 그리스도께서도 세상에 오실 때 이와 같이 하셨습니다. 그는 "종의 형체"를 가지셨으며 "사람의 모양"으로 나타나셨습니다(빌 2:7-8). 그의 입으신 인성(人性)은 그 안에 거하는 신성(神性)의 나타남을 제한하며 조정했습니다. 사람의 마음속에 내주하기 위해 오시는 성령의 작용도 이와 다르지 않습니다. 그 역시도 사람을 통해 역사하는 가운데 "사람의 모양으로" 나타납니다. 또 확신의 근원이 하나님이라 할지라도 그리고 내 마음의 음성이 나의 음성일 뿐만 아니라 동시에 하나님의 음성이라 할지라도, 그것은 수많은 상황에 따라 사람의 생각과 감정을 변화시키며 그것들을 오르내리게 하며 깜빡거리게 하며 또 다시 불타오르게 하는 동일한 법칙들에 따를 것입니다. 성령의 증언은 만일 그것이 하늘 너머에 있는 것이라면 마치 영원한 별처럼 빛날 것입니다. 그러나 그 것이 이 땅의 사람들의 마음속에 있을 때, 그것은 깜빡거리는 불꽃처럼 타 오를 뿐입니다. 그것은 결코 꺼지지는 않지만 그러나 항상 밝게 빛나는 것 은 아닙니다. 그것은 때로 조정될 필요도 있고 갑작스런 돌풍으로부터 보 호될 필요도 있습니다. 그렇지 않다면, 바울 사도가 무엇 때문에 "성령을 소멸하지 말라"(살전 5:19)고 말했겠습니까? 그는 또 "성령을 근심케 하지 말라"고 말했는데(엡 4:30), 그것이 무슨 의미이겠습니까? 또 "허리에 띠 를 띠고 등불을 켜고 서 있으라"(눅 12:35)는 말씀과 "깨어 있으라 내가 너 희에게 하는 이 말은 모든 사람에게 하는 말이니라"(막 13:37)는 말씀은 무슨 의미이겠습니까? 만일 하나님의 아버지되심에 대한 우리의 확신이 우리가 주의하고 깨어있는 것과는 상관없이 언제나 동일하고 불변한 것이 라면 말입니다. 성령의 증언은 하나님으로부터 오는 것입니다. 따라서 그 것은 참되며 거룩하며 강력한 것입니다. 그러나 하나님으로부터 오는 성 령의 증언은 사람 안에서 이루어지는 것입니다. 따라서 그것은 그릇되게 읽혀질 수도 있고, 억제될 수도 있으며, 잠시 동안 그것이 나타나는 것이 방해될 수도 있습니다.

이 모든 것으로부터 오는 실제적 결론은 "우리가 말하는 그 증거가 여러 분들의 마음속에서 그 분명함과 강력함에 있어 차이와 변화가 있다고 할 지라도 놀라지 말라"는 것입니다. "육체의 소욕은 성령을 거스르고 성령은 육체를 거스르나니"(갈 5:17). 그것이 변할 수 있으므로 참된 것일 수 없다 고 생각하지 마십시오. 하늘에 태양이 있습니다. 그렇지만 그 빛은 성하기 도 하고 쇠하기도 합니다. 성하기도 하고 쇠하기도 하는 등 가변적이라 할 지라도 그것은 하늘의 빛인 것입니다. 설령 여러분들이 성령의 증언 (witness)이 여러분의 마음속에서 다양하게 변하는 것을 발견한다 할지라 도, 여러분들은 낙망하거나 낙담할 필요가 없습니다. 그렇다고 해서 실망 하지 마십시오. 도리어 그렇게 되지 않도록 경계하며 지키십시오. 여러분 이 여러분의 증거들을 윤이 나도록 문지른다고 해서 그것들이 더 빛나지 는 않을 것입니다. 거울을 깨끗하게 문지른다고 해서 거기에 비취는 태양의 형상이 더 잘 보이지는 않을 것입니다. 그렇게 하는 유일한 방법은 거울 조각을 햇빛 속으로 가져가는 것입니다. 그러면 그것은 즉시로 햇빛을 비춰줄 것입니다. 우리가 하나님의 아들이라는 증거를 자신의 성품으로부터 끌어내기를 바라면서 스스로를 개량(改良)시키는 것은 참으로 수고스러운 작업입니다. 그리스도의 사랑의 빛으로 가득 찬 마음을 갖는 것이야말로 빛으로 가득 찬 전 존재(whole being)를 갖는 유일한 방법입니다. 만일 여러분이 "나는 주님의 자녀입니다"라는 반박할 수 없는 확실하며 확고한 확신을 갖고 있다면, 하나님의 보좌로 가서 그 발등상 앞에 엎드려 "하늘에 계신 나의 아버지"를 먼저 생각하십시오. 그러면 그것이 여러분의 삶 속에서 여러분이 하나님의 자녀라는 성령의 증언을 더욱 빛나게 하고 굳게 세우며 강력하게 할 것입니다.

18
아들과 상속자

"자녀이면 또한 상속자 곧 하나님의 상속자요
그리스도와 함께 한 상속자니"
롬 8:17

하나님의 가장 큰 선물은 하나님 자신입니다. 우리가 받을 수 있는 최고의 축복은 우리가 하나님의 상속자 곧 하나님을 소유한 자가 되는 것입니다. 우리는 성경 속에서 '상호 소유'의 놀라운 개념을 볼 수 있는데, 그것은 여호와는 이스라엘의 기업(基業, inheritance)이며 이스라엘은 여호와의 기업이라는 개념입니다. 모세는 "여호와께서 너희를 자기 기업의 백성으로 택하셨다"고 말합니다. 베드로 역시도 "너희는 그의 소유된 백성"이라고 말합니다. 반면 다윗은 "여호와는 나의 기업의 분깃"이라고 말하며, 바울은 "너희는 하나님의 상속자"라고 말합니다. 땅과 하늘에서 하나님의 자녀의 기업은 하나님 자신입니다. 그것은 하나님이 그들과 함께 계시며 그들의 기쁨이 되고, 그들 안에서 그들을 신의 성품에 참여하는 자로 삼으셨기 때문입니다. 이러한 사실을 분명하게 이해함으로써, 우리는 그러한 기업을 소유하기 위한 조건과 관련한 바울 사도의 사유과정을 따를 준비를 갖추게 될 것입니다. 하나님의 상속자는 곧 하나님의 자녀입니다. 그것은 아들이신 그리스도 예수와의 연합으로 말미암은 것입니다. 그 기업은 아들에게 속한 것이므로, 그 이름을 믿는 자는 하나님의 아들이 되는 권세를 갖게 되며 그와 함께 그 기업의 소유권도 갖게 되는 것입니다. 우리는 본문의 압축된 표현 속에서 다음과 같은 좀 더 확장된 일련의 사상들이 나타나는 것을 발견할 수 있습니다. 즉 아들됨(sonship)이 없이는 기업도 없으며, 영적 탄생이 없으면 아들됨도 없으며, 그리스도 없이는 영적 탄생도 없으며, 믿음이 없이는 그리스도도 없다는 것 말입니다.

1. 첫째, 본문은 우리에게 아들됨이 없으면 기업도 없다고 말합니다.

일반적으로 말해서, 영적 축복들은 오직 확실한 영적 조건 안에 있는 자들에게만 주어질 수 있습니다. 어떤 축복이 주어지기에 앞서 먼저 그것을 받을 용량 혹은 자격이 선행되는 법입니다. 빛은 모든 곳에 비취지만, 오직 그것을 받아들인 눈만이 그것을 볼 수 있습니다. 보다 낮은 형태의 피조물들은 보다 높은 형태의 생명에 속한 은사들(gifts)에 참여하지 못합니다. 그것은 그와 같이 피조되었기 때문입니다. 그들은 이를테면 장벽으로 둘러쳐져 있습니다. 그들이 외부 세계와 교통할 수 있는 유일한 문은 감각의 문입니다. 하지만 인간은 더 높은 은사를 가지고 있습니다. 그것은 그가 더 높은 용량(capacities)을 가지고 있기 때문입니다. 모든 피조물들은 하나님의 은혜와 은사의 무한한 바다 속으로 던져집니다. 그리고 하나님의 은혜와 은사가 그가 만드신 바대로 그리고 받을 수 있는 분량만큼 각 피조물 속으로 흘러들어갑니다. 인간에게는 동물보다도 더 많은 문과 창문이 열려 있습니다. 인간은 지적 자극을 받고 영적 감정을 품을 수 있습니다. 그는 생각하고 느끼고 바라며 뜻을 품고 결심할 수 있습니다. 그럼으로써 인간은 자기 아래 있는 동물보다 더 높은 위치를 차지합니다.

"성령 안에서 의와 평강과 희락"인 하나님의 나라와 관련해서도 역시 다르지 않습니다. 구원의 선물과 축복은 일차적으로 영적 선물이며, 외적 결과들은 이차적이며 부수적인 것일 뿐입니다. 그것은 근본적으로 하나님과 화평을 이룬 마음 속에, 하나님의 사랑으로 채워진 영혼 속에, 죄의 무거운 멍에가 치워지고 그것이 새로운 사랑의 생명과 욕구로 대체된 곳에 존재합니다. 그러므로 그러한 구원의 선물은 마음과 본성이 그것에 맞게 적합화된 곳 외에서는 하나님도 그것을 주실 수 없고 사람도 그것을 받을 수 없습니다. 영적 축복은 그것을 받기 위한 영적 용량(capacity)을 요구합니다. 그렇지 않으면 본문이 말하는 것처럼 만일 여러분이 아들이 아니라면 유산(혹은 基業, inheritance)을 받을 수 없습니다. 만일 구원이 단순히 장소의 변화를 의미하는 것일 뿐이라면, 만일 그것이 단순히 어떤 수단이나 타협에 의해 외적 징벌(독단적인 재판관의 의지에 굴복하거나 그렇지 않음)을 막는 것일 뿐이라면, 어떤 조건으로 그 고통을 연장하도록 할지를 결정하는 것은 칼을 휘두를 수 있는 권세를 가진 자가 할 수 있었을 것입니다. 그러나 하나님의 구원은 단지 외적 징벌로부터의 구원이 아닙니다. 설령 그것이 죄책으로부터의 구원이면서 동시에 징벌로부터의 구원이라 할지라도, 그것은 일차적으로 외적 결과들로부터의 구원이 아니라 그러한 외적 결과들을 야기시키는 본성과 기질을 제거하는 것입니다. 그러므로 사람이 영적 구원의 축복을 받고 향유하도록 준비되고 적합화되지 않는다면, 그는 구원받을 수 없으며, 하나님의 사랑도 그를 구원할 수 없으며, 하나님의 공의도 그를 구원하지 않을 것이며, 하나님의 권능도 그를 구원하는 것으로부터 물러날 것입니다.

또한 본문이 말하는 유산은 그리스도인이 하늘에서 받기를 바라고 또 들어가기를 바라는 그러한 유산입니다. 동일한 원리가 여기에서도 정확하게 적용됩니다. 아들됨이 없이는 하늘의 유산(inheritance)도 없습니다. 왜냐하면 그러한 미래의 삶의 모든 축복은 영적인 것이기 때문입니다. 물론 그러한 더 높고 더 나은 삶의 기쁨과 환희와 영광은 육체적 형태의 어떤 변화들 그리고 일반 사람들에게도 똑같이 주어질 수 있는 어떤 변화들과 관련되어 왔습니다. 그러나 친구들이여, 그것은 황금 비파(golden harp)도 아니며, "불이 섞인 유리" 길도 아닙니다(계 15:2). 그것은 일을 멈추고 쉬는 것도 아니며, 평온하고 안정하게 거하는 것도 아니며, 하늘의 하늘을 만드는 공동체도 아닙니다. 그것들은 단지 내적 사실들 즉 영혼이 그 존재의 깊음 안에서 하나님과 화평을 이루고 그 눈이 아버지를 응시하며 그 마음이 하나님의 품 안에서 안식하는 것이 구체화된 것일 따름입니다. 오직 하나님의 소유인 한에서만 하늘이 하늘일 뿐입니다. 만일 하나님의 소유가 아니라면 하늘은 더 이상 하늘이 아닙니다. "하늘에서는 주 외에 누가 내게 있으리요"란 시편 기자의 말은 결코 과장도 아니며 미래의 축복의 다른 요소들을 잊은 것도 아닙니다(시 73:25). 그것은 단순히 사실을 문자 그대로 표현한 것일 뿐입니다. 하나님은 그의 백성들의 유산(heritage)입니다. 그의 사랑 안에 거하는 것, 그의 빛으로 채워지는 것, 그의 빛나는 얼굴의 영광 안에서 영원히 걷는 것, 그의 뜻을 행하는 것, 우리 이마에 그의 인을 받는 것 — 이것이 우리가 열망하는 영광이며 완전함입니다. 그러므로 미래의 영광과 관련하여 우리에게 멀찍이 그리고 흐릿하게 나타나는 상징들을 의지하지 마십시오. 거기에 나타난 모양은 단지 그림자에 불과하다는 사실을 잊지 마십시오. 이 모든 상징적 표현들을 뛰어넘어 그것을 현재의 이 땅의 상태로 느끼십시오. 장차 올 축복과 관련하여 그것을 지상적 경험의 형태로 표현하고 감각에 호소하는 것보다 더 높고 순전하며 영적이며 참된 표현은 결코 존재하지 않습니다. 그러나 이 모든 것들은 있는 그대로의 '진술'(presentations)이 아니라 상상 등이 가미된 '표현'(representations)입니다. 여호와의 종들의 기업은 여호와 자신입니다. 그들은 그 안에 거하며, 거기에 그들의 기쁨이 있습니다.

만일 그것이 부분적으로라도 사실이라면 만일 하나님이 그의 복음에 의해 세상에 주어진 참된 축복이라면 그리고 그 자신이 가장 큰 선물이며 참된 하늘의 하늘이라면, 그것은 얼마나 큰 빛의 홍수를 "자녀이면 또한 상속자"란 본문 말씀 위에 쏟아 붓는 것이겠습니까? 아들됨이 없이는 유산도 없습니다. 하나님을 사랑하는 자가 아니라면 누가 그분을 소유할 수 있겠습니까? 그분의 사랑을 아는 자가 아니라면 누가 그분을 사랑할 수 있겠습니까? 그의 얼굴의 빛을 마시는 꽃들처럼 하나님의 보이지 않는 손의 만짐 아래 감사하는 마음으로 잠잠히 누워있는 영혼이 아니라면, 누가 그분으로 하여금 자신들의 마음속에서 거룩하고 복된 변화를 만들어 나가도록 할 수 있겠습니까? 정결을 사랑하는 마음이 아니라면 어떤 마음속에 하나님이 거할 수 있겠습니까? "정직하고 정결한 마음"이 아니라면 어디에서 하나님이 자신의 성품을 만들어 가실 수 있겠습니까? 신의 성품을 받고 그 안에서 그러한 신의 성품이 자라고 있는 아들이 아니라면 하나님이 누구와 더불어 교제를 나눌 수 있겠습니까? "그리스도와 벨리알이 어찌 사귀리요?"란 말씀은 우리의 실제적 생활 속에서 뿐만 아니라 하나님의 유산(혹은 基業, inheritance)이 오직 아들들에게만 속한다는 원리에도 똑같이 적용됩니다. "마음이 청결한 자는 복이 있나니 저희가 하나님을 볼 것임이요." 하나님을 사랑하는 자들 그리고 그의 자녀 된 자들 — 오직 이들에게 하나님이 나아오시며 아버지는 이들에게 속하십니다. 이와 같이 첫 번째 원리는 "아들됨이 없이는 기업(유산, heritage)도 없다"는 것입니다.

2. 둘째, 본문은 우리에게 영적 탄생이 없으면 아들됨도 없다고 말합니다.

요한복음의 서문은 영원한 존재와 관련한 가장 깊은 진리들을 마치 어린아이의 언어처럼 단순한 언어로 그리고 신의 음성처럼 무궁무진한 언어로 제시합니다. 거기에서 요한은 하나님의 나타남과 사람이 믿음 안으로 들어오는 것 사이의 관계를 제시합니다. 그가 사람으로 오시므로 모든 사람에게 참 빛이 비취었습니다. 또 그의 이름을 믿는 자는 그로부터 하나님의 아들이 되는 특권을 받습니다. 이를 통해 우리는 그가 말하는 아들됨이 사람으로서 사람에게 속하는 것도 아니며, 자연적 출생으로 들어가게 되는 관계도 아니며, 그 빛으로 비침 받은 모든 자들이 아들이 되는 것도 아니라는 사실을 배울 수 있습니다. 다만 그가 말하는 아들됨은 그를 영접한 자들 그리고 하나님이 영적 생명을 전달하심으로써 하나님으로 말미암아 새롭게 아들로 태어나는 자들로 이루어지는 것입니다.

사도 요한은 또한 그의 서신에서 하나님의 아들들과 — 이들은 의를 행함으로써 그와 같이 알려지는 자들입니다 — 그리스도를 알지 못하며 또 부분적으로라도 그를 닮은 자들을 알지 못하는 세상을 가장 뚜렷한 대조법으로 대조시킵니다. 아니, 그는 한 걸음 더 나아가 자신의 성품에 대한 일반적 평가와는 상반되게 그러나 죄를 미워하셨던 성육신하신 자와는 비숫하게 말합니다. "이것으로 하나님의 자녀들과 마귀의 자녀들이 드러나나니"(요일 3:10). 우리는 여기에서 비록 온유한 분이셨으나 때로 가장 날카롭게 말씀하셨으며 가장 따뜻한 사랑의 손을 가지고 계셨으나 한번은 그 손에 채찍을 드셨던 자의 음성이 반향(反響)되는 것을 들을 수 있습니다. "하나님이 너희 아버지였으면 너희가 나를 사랑하였으리니, 너희는 너희 아비 마귀에게서 났느니라"(요 8:42, 44).

이러한 말씀들은 성령으로 거듭난 자만이 하나님의 아들이라는 원리를 제시하는 — 직설적으로든 함축적으로든 — 성경 구절 전체의 몇몇 표본에 불과합니다.

이 모든 구절들 가운데 어떤 구절도 모든 사람이 하나님의 자녀라는 — 그들이 하나님의 거룩한 손으로 빚어지고 하나님이 그들의 코에 생기를 불어넣으셨기 때문에 — 믿음과 모순되지 않습니다. 아들됨(sonship)이 이러한 구절들이 언명(言明)하는 것처럼 보이는 조건 위에서 얻어진다고 생각하는 자들은 또한 비둘기 같은 성령이 태초의 혼돈 위에서 그렇게 했던 것처럼 아버지의 사랑이 모든 인간의 마음을 덮고 있다고 믿고 싶어 합니다. 그들은 그리스도께서 오시므로 모든 사람이 아들됨의 권세를 받을 수 있다고 선포하기를 좋아합니다. 그러나 그들은 세상에 대한 자신들의 메시지와 세상을 위한 자신들의 소망이 크게 축복된 것도 아니며 대단히 넓은 것도 아니라는 사실을 깨닫지 못합니다. 왜냐하면 그들이 모든 사람으로 와서 하나님이 값없이 주시는 것을 취하라고 부르지만 그러나 실제로 나아와 하나님의 축복을 취하는 자는 소수의 믿는 자들이기 때문입니다. 모든 사람은 예수 그리스도를 믿음으로 하나님의 아들과 상속자가 될 수 있습니다.

우리 모두에게 속한 모든 은총들에도 불구하고, 공기와 빛처럼 온 세상에 가득하며 우리의 모든 삶의 기초가 되는 신적 은택에도 불구하고, 그리스도의 사역의 보편적 적용과 목적에도 불구하고, 그의 부드러운 음성과 끊임없는 사랑의 부르심에도 불구하고, 세상이 하나님에 의해 창조되고 그에 의해 사랑과 돌봄을 받으며 그리스도께서 위하여 죽으셨으며 하나님의 아들이 될 수 있음에도 불구하고 — 그러나 그렇게 되지 않는 사람들이 있다는 것은 여전히 사실입니다.

아버지되심(fatherhood)이란 단어 자체가 우리에게 가르치는 것은 무엇입니까? 그것은 생명의 전달과 사랑의 교제를 내포합니다. 그것은 신적 행동에 기초하며 인간적 감정을 내포합니다. 그것은 아버지와 아들이 동질(同質)의 생명을 갖게 될 것을 내포합니다. 아버지는 생명을 주시고 아들은 생명을 소유합니다. 그 생명은 아버지로부터 말미암은 생명입니다. 그렇기 때문에 그것은 동질적 생명이며, 동질적이기 때문에 그것을 주신 아버지의 형상대로 전개되는 생명입니다. 또한 그것은 아버지의 마음과 아들의 마음 사이에 서로 응답하는 사랑의 교제가 있을 것을 요구합니다. 만일 이것이 모든 사람들의 상태라면, 여러분의 마음속에 한 가지 의문이 떠오를 것입니다. 여러분 안에 일반적 생명보다 더 높은 어떤 것이 있음을 의식합니까? 여러분이 죽지 않는 영혼을 가진 존재들이기 때문에 말입니다. 여러분은 "하나님의 손으로부터 새롭고 더 나은 생명이 나에게 주어지고 심겨졌다"라고 말할 수 있습니까? 우리가 하나님의 가족이라는 여러분의 주장이 다음과 같은 것들, 즉 그와 같이 거룩한 마음을 품으며 같은 목적을 가지며 그가 사랑하는 것을 사랑하며 그가 미워하는 것을 미워하며 그가 뜻하는 것을 행하며 그가 보내는 것을 받으며 그분 자신을 열망하며 그의 임재 가운데 복을 누리는 등의 것들로써 검증됩니까? 여러분의 아들됨(sonship)이 하늘에 계신 아버지에 대한 사랑으로 두근거리는 마음의 깊음과 진정성으로 증명됩니까? 그렇지 않으면 이 모든 감정들은 여러분에게 강단에서 전파되었지만 그러나 여러분의 실제적인 삶 속에서는 아무런 의미를 갖지 못하는 공허한 말에 불과합니까? 사랑하는 형제들이여, 내가 여러분에게 무엇을 말하고 있습니까? 그것은 영적 탄생이 없이는 아들됨도 없다는 것입니다. 이러한 아들됨이 없다면 오직 멍에의 영이 있을 뿐입니다. 이러한 아들됨이 없다면 그러므로 여러분이 하늘나라를 붙잡고 있지 않다면, 여러분은 지옥을 붙잡고 있는 것입니다. 만일 여러분이 저 위에 있는 거룩한 샘으로부터 여러분의 생명과 성품과 감정들을 끌어오지 않는다면, 여러분은 저 아래에 있는 검은 샘으로부터 끌어오고 있는 것입니다. 여러분은 거듭남으로 아들이든지 아니면 "악을 행함으로" 종과 원수입니다. 우리는 둘 중에 하나를 선택해야만 합니다. 그것은 냉혹하지만 그러나 분명한 사실입니다.

3. 셋째, 그리스도 없이는 영적 탄생도 없습니다.

우리는 유산을 소유할 권세를 부여하며 영적 탄생에 의해 오는 아들됨이 하나님이 영적 생명을 주시는 것에 근거한다는 사실을 살펴보았습니다. 그리고 그러한 아들됨이 신적 성품 및 의지와 충분한 조화를 이룬 가운데 거룩한 성품과 감정과 열망과 영혼의 고동으로 펼쳐지는 것을 살펴보았습니다. 그렇다면 사람이 스스로 그러한 새 생명을 만들 수 없다는 것과 죄의 습관으로 인해 그리고 죄책과 죄의 징벌로 인해 그러한 새 생명의 삶을 살 수 없다는 것은 너무도 분명한 사실입니다. 만일 아들됨을 위해 다시 태어나는 것이 필요하다면, 그것이 어찌 우리 자신의 권세 안에 있는 것이겠습니까? 사람 안에 이러한 새로운 존재가 펼쳐지기에 앞서 먼저 인간 본성의 덩어리에 하늘의 누룩이 내려와야 합니다. 거기에 하나님의 선물이 있어야 합니다. 하늘의 에너지가 모두 거룩하고, 신적인 생명의 원천이 되어야 합니다. 그리스도는 여러분과 내가 예전과는 전혀 다른 새로운 삶을 살도록 하기 위해 오셨습니다. 그것은 하나님의 사랑을 소유한 자의 삶입니다. 그것은 거룩한 성령이 거하며 다스리는 삶입니다. 그것은 우리 마음속에서 예전에는 결코 불붙일 수 없었던 새로운 열망으로 사는 것입니다. 그것은 우리 영혼 속에서 예전에는 결코 가질 수 없었던 새로운 목적으로 사는 것입니다.

나는 복음의 핵심이 이러한 중생임을 강조하고 싶습니다. 만일 복음이 단순히 인간의 삶을 개량하고 도덕적 개혁을 이루기 위해 온 것일 뿐이라면, 그것은 불필요한 것이 되었을 것입니다. 만일 그 변화가 단순히 사람들의 입장에서 습관과 행동의 변화일 뿐이라면, 우리는 그리스도 없이도 그 일을 행할 수 있었을 것입니다. 만일 그 변화가 단지 우리로 하여금 장래에 더 낮게 행동하도록 만드는 것일 뿐이라면, 우리는 다른 방법으로도 그렇게 할 수 있었을 것입니다. 그러나 만일 구속이 하나님으로부터 생명을 주는 것이라면 만일 구속이 하나님의 율법뿐만 아니라 하나님의 사랑과 관련된 신분의 변화를 의미하는 것이라면, 위에서 이야기한 것과 같은 변화들은 구속의 참된 변화가 될 수 없는 것입니다. 우리는 엎지른 물을 다시 주워 담을 수 없습니다. 우리는 예전의 삶을 다시 주워 담는다든지 혹은 다시 태어나게 할 수 없습니다. 죄가 그대로 있으며, 죄책도 그대로 있습니다. 하나님의 필연적 율법은 모든 참회와 새롭게 됨과 새롭게 된 이후의 모든 열망들에도 불구하고 자기의 길을 계속해서 갈 것입니다. 하나님과 관련된 우리의 위치를 변화시킬 수 있는 분은 오직 한 분밖에 없습니다. 사람을 "새로운 피조물"로 변화시킬 수 있는 분은 오직 한 분밖에 없습니다. 세상을 조성한 창조의 영은 우리 영혼 속에 새로운 존재를 조성해야 합니다. 우리는 아버지의 율법을 범했으며, 그의 사랑을 경멸했으며, 그로부터 돌이켰습니다. 그러므로 우리의 위치는 하나님의 심판과 공의이며, 우리는 결코 그러한 위치를 바꿀 수 없습니다. 오직 하나님께서 바꾸셔야만 합니다. 그리스도 없이는 새로운 탄생도 없습니다. 우리가 할 수 있는 어떤 것으로도 우리는 "하나님과 원수 된" 우리의 옛 위치로부터 피할 수 없습니다. "하늘로부터 오신 둘째 아담" 없이는 유산(inheritance)에 대한 소망도 없습니다. 그는 오셨고 "우리와 함께" 거하셨습니다. 그는 우리의 생명을 입으셨으며, 이 세상 속에서 걸어가셨습니다. 그는 우리 인간들의 모든 형편을 아셨으며, 신적 공의와 통치의 국면에서 실제적 변화를 이루셨습니다. 그는 자신의 인성(人性)의 든 항아리 속에 새 영과 새 생명을 담으셨습니다. 그리고 그 금 항아리는 갈보리 십자가 위에서 깨어졌으며, 거기로부터 물이 흘러 나왔습니다. 그 물이 흐르는 곳에 생명이 있으며, 그 물이 흐르지 않는 곳에 죽음이 있습니다!

4. 마지막으로, 믿음 없이는 그리스도도 없습니다.

이제까지의 모든 단계들을 살피는 가운데 만일 우리가 길을 잃어버린 채 그리스도께서 이루신 축복과 은택에 참여하는 데에 오직 하나의 길만이 있을 뿐이라는 사실을 잊어버린다면, 그것은 얼마나 불행한 일이겠습니까? 다시 한 번 강조하거니와 유산(inheritance)을 위해서는 아들됨(sonship)이 있어야만 합니다. 또 아들됨을 위해서는 영적 재탄생이 있어야만 합니다. 그리고 이러한 영적 재탄생의 권능은 모두 그리스도 예수 안으로 모아집니다. 그러나 이 지점에서 길을 벗어나 다음과 같이 생각하기를 좋아하는 사람들이 많이 있습니다. 즉 그들이 잘 알지 못하는 어떤 신비한 방법으로 그리스도의 죽음과 사역의 은택이 기독교 나라에 속한 모든 사람들에게 임한다고 하는 것입니다. 여기에서 나는 어떤 신학적 논쟁을 벌이지는 않을 것입니다. 그러나 내가 지금 여러분 모두의 마음속에 남기기를 원하는 것은 다음과 같은 진심어린 확신입니다. 즉 만일 우리가 그리스도의 은총과 권능에 대한 믿음으로 그와 연합하지 않는다면, 그리스도는 우리에게 아무것도 아니라는 것입니다. 우리는 이 문제에 대한 결정적 시험을 소홀히 여겨서는 안 됩니다. 우리는 영원히 그리스도에 대해 말할 수 있습니다. 우리는 그의 사역의 위대하며 영광스러운 측면들들 제시할 수 있습니다. 그는 우리에게 매우 고귀한 분일 수 있습니다. 그러나 가장 핵심적 질문은 "나는 그를 나의 거룩한 구속자로 믿는가? 나는 그를 하나님의 아들로 신뢰하는가?"입니다. 우리 가운데 어떤 사람들은 그리스도와 더불어 다만 명목적 관계만을 가지고 있을 뿐입니다. 그러나 그것은 실제적 관계가 아닙니다. 그것은 습관적으로 공적 예배에 참례하는 것으로 인한 전통적이며 의식적(儀式的)인 관계일 뿐입니다. 의식도 아무것도 아니며, 관념도 아무것도 아닙니다. 믿음도 아무것도 아니며 형식적으로 예배에 참례하는 것도 아무것도 아닙니다. 그리스도를 믿는 자에게 그리스도가 모든 것입니다. 그러나 그를 믿지 않는 자에게 그는 심판하는 자요 정죄하는 자일 뿐입니다. 여기에 결정적인 질문이 있는데, 그것은 "나는 나의 구원을 위해 그를 의지하는가?"하는 것입니다. 만일 그렇다면, 여러분은 이러한 계단으로부터 시작하여 위로 오를 수 있습니다. 믿음이 있다면 새로운 탄생이 따를 것입니다. 새로운 탄생이 있다면 아들됨이 따를 것입니다. 아들됨이 있다면 "하나님의 상속자 곧 그리스도와 함께 상속자"가 되는 것이 따를 것입니다. 그러나 만일 여러분이 첫 계단을 딛고 있지 않다면, 사다리의 꼭대기에 서서 여러분들을 내려다보며 "내 아들아, 나에게 아빠 아버지라 부르짖지 않으려느냐?"라고 말씀하고 계시는 자의 얼굴이 보이는 곳으로 올라가지 못할 것입니다.

19
그리스도와 함께
영광을 받기 위해서는?

"우리가 그와 함께 영광을 받기 위하여
고난도 함께 받아야 할 것이니라"
롬 8:17

본 구절의 앞부분에서 바울은 우리가 하나님의 상속자가 되기 위해서는 먼저 아들이 되어야만 한다고 이야기했습니다. 그런데 얼핏 보면 여기에서 그가 또 하나의 조건 즉 그리스도와 함께 고난을 받아야 한다는 새로운 조건을 덧붙이고 있는 것처럼 보입니다.

두 말할 필요도 없이 유산을 상속받는 것과 관련하여 아들이 되는 것과 고난을 받는 것이 같은 수준에 서는 것은 결코 아닙니다. 전자(前者)는 필수불가결의 조건인 반면 후자(後者)는 그 조건이 작동되기 위한 방편일 뿐입니다. 전자(아들이 되고 그리스도와 함께 한 상속자가 되는 것)는 근본적인 문제의 뿌리인 반면 후자(그와 함께 고난 받는 것)는 그 뿌리로부터 "싹이 나고 다음에는 이삭이 나고 그 다음에는 이삭에 충실한 곡식이 나는" 것과 같은 다양한 과정입니다(막 4:28). 아들됨(sonship)이 주어지는 것 ─ 만일 그것이 온전히 이루어지고자 하면 그리스도와 함께 고난 받는 것이 있어야 합니다. 그렇지만 아들됨이 없다면, 하나님의 유산을 받을 가능성도 없습니다. 연단과 고난을 받는 것조차도 아무 소용없습니다. 우리가 여기의 본문으로부터 얻을 수 있는 주된 교훈은 단순히 모든 하나님의 아들들이 그리스도와 함께 고난을 받아야만 한다는 것입니다. 그리고 이러한 원리에 더하여 다음과 같은 사실들을 짤막하게 덧붙일 수 있습니다. 즉 하나님의 유산은 고난을 통해 얻어질 것이며, 만일 그와 더불어 고난을 받으면 우리는 필경 유산을 받을 것이라는 것입니다.

1. 첫째, 그리스도와 함께 아들 되는 것은 필연적으로 그와 함께 고난 받는 것을 포함합니다.

만일 우리가 이것을 흔히 시험이나 고난으로 일컬어지는 외적 재난을 언급하는 것으로 추측하면서 이러한 말씀을 통해 매일의 생활 속에서 일어나는 고통은 우리가 하나님의 자녀임을 보여주는 표적이며 또 우리로 하여금 장차 올 영광을 위해 준비하도록 만들어주는 것이라는 교훈만을 발견한다면, 우리는 이 구절의 의미를 완전히 오해하는 것입니다. 여기에는 그것보다 훨씬 더 많은 내용이 담겨 있습니다. 본문은 단지 고난 가운데 있는 사람들만을 위한 말씀이 아니라 우리 모두를 위한 말씀입니다. 그것은 단지 삶의 어떤 특정한 일부분을 위한 법칙만을 담고 있는 것이 아닙니다. 도리어 삶 전체를 위한 법칙을 담고 있습니다. 그것은 단순히 우리의 모든 고통 속에 그리스도께서 고통을 당하실 것을 약속하는 것이 아닙니다. 도리어 그것은 우리로 하여금 "그의 고난에 동참"하며 "그의 죽음의 본을 따르도록" 명령하는 장엄한 명령입니다. 만일 우리가 "그의 부활의 본을 따라" 발견되고 그의 영광의 공동체에서 분깃을 얻기를 기대한다면, 우리는 마땅히 "그의 죽음의 본을 따르는" 자가 되어야 합니다. 다시 말해서, 그것의 기초는 그리스도가 우리의 고난에 동참하는 것이 아니라 우리가 그리스도인으로서 그의 고난에 참여하는 것입니다. 그가 우리와 더불어 고난 받는 것이 아니라 우리가 "그와 더불어 고난 받는" 것입니다.

나의 말을 오해하지 마십시오. 또 그리스도의 고난의 장엄한 의미를 내가 잊고 있다고 성급하게 판단하지 마십시오. 그리스도의 고난은 이 세상 그 무엇하고도 결코 비교할 수 없는 것입니다. 세상의 모든 사람들은 다음과 같은 한 가지 생각을 갖고 그 앞으로 돌이켜야 합니다. "그것처럼 내가 할 수 있는 것은 아무것도 없도다. 나는 그와 같은 것은 아무것도 필요로 하지 않는도다. 그것은 단번에 영원히 행하여졌도다. 그러므로 내가 해야만 하는 일은 단순히 그 앞에 엎드려 그의 죽음과 고난의 권능과 축복이 내 마음 속으로 흘러 들어오도록 하는 것뿐이로다." 우리의 거룩한 구속자는 영원한 구속을 이루셨습니다. 그리스도의 고난 즉 그의 삶의 고난과 죽음의 고난은 그 자체의 본질적 특성에 의해 그 원천에서나 강렬함에서나 성격에서나 결과에서나 세상이 서 있는 동안에는 결코 반복될 수 없으며 또 그럴 필요도 없는 것입니다. 그러나 세상을 위한 그리스도의 유일하며 완전하며 영원한 구속을 가장 넓게 선포하는 신약의 구절들이 또한 우리에 대하여 "그의 죽으심과 같은 모양으로 연합한 자가 되었다"고 말하는 사실을 잊어서는 안 됩니다(롬 6:5). 여러분은 그리스도의 십자가로 말미암아 "세상에 대하여" 못 박혔습니다. 또 여러분은 "그리스도의 남은 고난을 채워야" 합니다. 그는, 만일 우리가 그의 보좌에 앉아 그와 함께 그의 영광에 참여하기를 바란다면, 자신이 마신 잔을 우리도 마시고 자신이 받은 세례를 우리도 받아야 한다고 말씀하셨습니다.

그러면 이와 같은 장엄한 말씀들로 바울 사도와 그리스도 자신이 의미하고자 한 것은 무엇이었을까요? 어떤 이들은 그리스도가 마신 잔을 우리도 마셔야 한다는 이러한 말씀으로부터 움츠리면서 이것이 복음의 중심적 교훈을 침해하고 있다고 말합니다. 그들은 "그것이 가능한가?"라고 묻습니다. 그렇습니다. 가능합니다. 만일 어떤 그리스도인이 자기 안에 그리스도의 영과 생명을 가지고 있다면, 그의 생애는 그리스도 안에 거하는 동일한 영으로 말미암아 비록 불완전하다 할지라도 실제적으로 변화될 것입니다. 어떤 측면에서 인간들을 위해 영원히 종결된 그리스도의 생애는 또 다른 측면에서 모든 그리스도인들에 의해 새롭게 살아지고 있는 것입니다. 악으로 가득 찬 세상 속에서 비슷한 방식으로 세상과 더불어 싸워야 하며, 비슷한 방식으로 시험을 대적해야 하며, 비슷한 방식으로 하나님의 도우심 가운데 순전하며 무죄하게 살아야 하는 그리스도인들에 의해서 말입니다. 그리스도의 고난은 단지 갈보리에서의 고난이었을 뿐입니까? 그리스도의 고난은 단지 "그에 대한 죄인들의 대적"으로부터 온 것이었을 뿐입니까? 그리스도의 고난은 단지 우리의 구속을 위한 그의 육체적 고통과 괴로움이었을 뿐입니까? 결코 그렇지 않습니다. 죄와 타락으로 가득 찬 세상 속에서 그가 실제적 사람으로서 완전하며 무죄한 생애를 산 것을 생각해 보십시오. 이내 고통과 위해(危害)와 배반이 따르지 않겠습니까? 그의 고통 가운데 어떤 것이 죄 없는 인자가 죄로 가득 찬 세상과 접촉하는 것으로부터 오지 않은 것이 있겠습니까? 하나님의 아들이신 그리스도가 죄인들 속에 거하는 가운데 겪은 고통은 가혹하며 실제적인 것이었습니다. "믿음이 없고 패역한 세대여 내가 얼다나 너희와 함께 있으며 얼마나 너희에게 참으리요." 이것은 그의 목적과 그들의 목적 사이에 얼마나 큰 괴리가 있었는지를 잘 보여주는 탄식입니다. "만일 내게 비둘기 같이 날개가 있다면 날아가서 편히 쉬리로다(시 55:6)." 이것이 그와 같은 영과 고통을 가진 자의 언어가 아니면 무엇이겠습니까?

우리는 "그리스도의 고난"의 또 한 가지 측면을 다음과 같은 깊고 신비한 사실에서 발견할 수 있습니다. 즉 그리스도께서 사람으로서의 완전한 순종을 시험을 통과하면서 그리고 고난에 의해 이루셨다는 사실입니다. 그 안에는 죄도 없으셨으며, 죄의 성향도 없으셨으며, 악에 굴복하는 것도 없으셨습니다. "이 세상의 임금이 오겠음이라 그러나 그는 내게 관계할 것이 없으니"(요 14:30). 그러나 어둠의 권세가 그의 곁에 서서 "네가 만일 하나님의 아들이어든 뛰어내리라"고 달했을 때, 그것은 가짜 시험이 아니라 진짜 시험이었습니다. 그러나 그에게는 추호의 머뭇거림이나 주저함도 없었습니다. 그의 고요한 의지 속에는 순간적 충동조차도 일어나지 않았습니다. 그렇지만 그리스도께서 승리하시고 시험하는 자가 떠난 후에도 계속해서 시험과 싸움이 있었습니다. 순종이 기쁨이기는 했지만 그리고 아버지의 뜻을 행하는 것이 그의 즐거움이기는 했지만, 그럼에도 불구하고 그것은 순전하며 정결한 마음을 필요로 하는 것이었습니다. 시험에도 불구하고 계속되는 순종은 충분히 고난으로 불릴 수 있습니다. 우리는 주님의 순종을 아버지의 의지에 자신의 의지를 굴복시키는 것으로 말할 수 없습니다. 왜냐하면 그렇게 할 때 자칫 두 의지가 서로 충돌하는 것처럼 보일 수 있기 때문입니다. 그리스도의 순종에서는 우리의 복종을 고통스러운 항복으로 삼는 죄로 물든 자아를 물리칠 기회는 없었지만, 그러나 그는 유혹을 아셨습니다. 육체와 감각과 세상과 이 세상의 임금이 그에게 유혹을 던졌습니다. 그러므로 비록 아버지의 뜻을 행하는 것이 그의 양식이며 즐거움이었다 할지라도 그의 순종은 또한 고통이었습니다.

여기에서 여러분에게 한 가지 일깨워주고자 합니다. 그것은 무죄한 그리스도의 생애뿐만 아니라 그의 죽음까지도 우리를 위한 본이 된다는 사실입니다. 그리스도의 죽음은 그리스도인의 삶의 모형입니다. 그리스도인의 삶은 죄에 대하여 자신에 대하여 그리고 세상에 대하여 날마다 죽는 삶입니다. 옛 사람이 십자가에 못 박히는 것은 날마다 그리스도인의 삶 속에서 일어나는 일이어야 합니다. "세상은 나에 대해 십자가에 못 박히고 나도 세상에 대해 그러하니라." 이러한 사상은 바울 사도의 가르침 속에서 계속해서 반복됩니다. 여러분은 마치 그것이 크게 중요하지 않은 단순한 은유(隱喩)에 불과한 것처럼 그것을 간과해서는 안 됩니다. 거기에는 가장 장엄한 실재가 담겨 있습니다. 그것은 만일 여러분이 그리스도인이라면 이중적 생명(double life)을 갖고 있다는 것입니다. 거기에는 여러분에게 마치 그의 본성처럼 순전하며 무죄하며 범죄할 수 없는 본성을 부여하는 그리스도가 있으며 그의 권능과 그의 영이 있습니다. 하나님으로 말미암아 태어난 새 사람은 죄를 짓지 않으며 또 지을 수도 없습니다. 그러나 그것과 나란히 있으며, 그것을 통해 역사하며, 그것 안에서 역사하며, 그것에게 영향을 끼치며, 여러분의 의식에 그것과 구별되지 않는 또 하나가 있습니다. 그것은 '옛 사람' '육' '옛 아담'으로서, 여러분 자신의 불경건하며 독립적이며 이기적이며 교만한 존재입니다. 둘은 서로 싸우며 피차 죽이려고 합니다. 십자가에 못 박히는 것, 옛 사람을 쫓아내는 것, 오른 눈을 뽑는 것, 오른 손을 찍어 내버리는 것 — 우리는 이러한 표현들이 단순한 시적 상징이나 은유에 불과한 것이 아니라는 사실을 항상 기억해야 합니다. 이러한 표현들은 우리에게 고통이 없이는 자람도 없다는 사실을 가르쳐 줍니다. 이것 즉 우리의 악함이 마 일 매시간 죽임을 당하는 것 외에 다른 방법으로는 거룩함을 얻을 수 없습니다. 계속되는 고난의 과정 속에서 여러분은 죄로 물든 생명과 자아를 끊어내야 합니다. 그것은 죄로 물든 자아를 십자가에 못 박고 또 죽이는 길고 고통스러운 과정입니다. 여러분이 "이제는 내가 사는 것이 아니요 오직 내 안에 그리스도께서 사시는 것"이라고 말할 수 있기 전까지는 여러분은 "그의 죽으심과 같은 모양으로 연합" 하며 "그의 고난에 참여"하는 일을 결코 행할 수 없을 것입니다.

바울 사도가 여기에서 "우리가 그와 함께 영광을 받기 위하여 고난도 함께 받아야 할 것"이라고 지적한 것은 악을 벗어 버리기 위한 이러한 내적 투쟁과 갈등의 과정을 의미하는 것입니다. 그리스도가 우리로 하여금 우리의 외적 연약함과 고통을 감당하도록 도우실 것이라고 생각하는 낮은 수준에서가 아니라 이러한 높은 수준에서, "우리의 고난이 곧 그의 고난"이라고 말하면서 그러나 그 기초를 "그의 고난이 곧 우리의 것"이라는 데 두는 성경의 가르침의 모든 의미를 발견할 수 있습니다. 그것은 그리스도께서 우리에게 특별한 일을 행하시고 우리의 슬픔을 짊어지셨다고 말하는 것으로 시작합니다. 그리고 나서 그것은 그리스도의 순종의 생애가 우리의 삶 속에서 반복되어야 한다고 말합니다. 그것은 우리 앞에 갈보리 십자가와 그곳에서의 모든 슬픔과 고통을 제시합니다. 또 그것은 우리에게 이렇게 말합니다. "그리스도인들이여, 만일 여러분이 거룩한 삶을 위한 능력을 원한다면 그리스도의 속죄의 죽음에 참여하라. 만일 여러분이 거룩한 삶의 모범을 원한다면, 십자가를 바라보고 '나는 세상에 대하여 십자가에 못 박혔으며, 내가 육체 가운데 사는 삶은 하나님의 아들을 믿는 믿음에 의해 사는 것'임을 생각하라."

그러나 이와 같은 사상이 필연적으로 다음과 같은 사상을 배제하는 것은 아닙니다. 즉 이와 같이 그리스도의 고난에 영적으로 참여하는 곳에 그리고 그의 죽음이 이 악한 세상에서 우리가 매일같이 스스로를 정결케 하는 가운데 재현되고 영속화되는 곳에 — 그곳에 그리스도께서 우리 가운데 함께 계신다고 하는 사상 말입니다. 하나님은 이러한 위로의 말씀이 가려지는 것을 원치 않으십니다. 그것은 모든 세대의 고통 가운데 있는 자들에게 마치 밤중의 음악과 같고 목마를 때 냉수와 같습니다. 우리는 여기의 말씀이 "우리의 모든 고통 속에서 그가 고통을 당하신다"는 위로의 사상과 아무런 상관이 없다고 고집할 필요가 없습니다. 형제들이여, 우리는 모두 고난의 길을 걸어가야만 합니다. 어떤 사람은 이런 고난의 길로 가고 또 어떤 사람은 저런 고난의 길로 가지만, 모두가 같은 고난의 길입니다. 우리가 사망의 음침한 골짜기를 지나 찬란한 빛으로 가득한 길로 나아갈 때 그리고 예수께서 우리 앞서 행하시는 표징 가운데 나아갈 때, 그것은 얼마나 축복된 일입니까? 길이 없는 땅에서 한 친구가 지나가는 가운데 나뭇가지 따위를 치면서 흔적을 남기고 뒤따르는 자들이 그가 지나간 흔적을 보고 길을 잃어버리지 않는 것은 얼마나 좋은 일입니까? 우리가 어두컴컴한 밤에 고통과 슬픔의 어두운 숲을 여행할 때, 여기저기에서 그의 발자국과 함께 꺾인 나뭇가지들과 각종 흔적들을 발견하면서 그가 이 길을 지나간 것을 되새기는 것은 얼마나 좋은 일입니까? "그는 모든 일에 우리처럼 시험을 받으셨으되." 그는 우리를 위해 슬픔을 지셨으며, 우리와 함께 슬픔을 지셨으며, 우리처럼 슬픔을 지셨습니다.

우리는 그리스도께서 우리의 슬픔 가운데 함께 하신다고 하는 이러한 사상을 인생의 더 많은 시험들에 적용할 수 있습니다. 만일 눈 속에 있는 티가 여러분을 괴롭게 하기에 충분하다면, 그것은 또한 그의 불쌍히 여김을 끌어내기에 충분합니다. 만일 어떤 슬픔이 그가 불쌍히 여기고 나누기에 너무나 작다면, 그것은 여러분이 그것으로 인해 괴로워하기에는 너무나 작은 것입니다. 만일 여러분이 "그리스도께서 나와 함께 이 슬픔을 짊어지셨다"는 거룩한 사상을 종종 여러분이 거대한 산만큼 과장하는 사소한 것들에 적용하기를 부끄러워한다면, 그러한 것들에 걸려 넘어지는 것이 여러분에게 부끄러운 일이란 사실을 기억하십시오. 그러나 반면 그리스도께서 가장 사소하고 별 의미 없는 일상의 번거로운 일들까지도 기꺼이 짊어지시고 또 우리로 하여금 감당하도록 돕는다는 생각이 너무나 불경스러운 생각이 아닌가 염려하지 마십시오. 한 마리의 뱀이 물었든 수많은 모기들이 물었든, 만일 아프고 쑤시는 것이 있다면 그에게로 가십시오. 그러면 그가 도우실 것입니다. 아니, 그는 그 이상의 일을 행하실 것입니다. 그는 여러분과 함께 그 일을 감당할 것입니다. 우리가 그와 함께 고통을 당하고 그가 우리와 함께 고통을 당할 때, 우리는 그와 소유를 함께 하게 될 것입니다. "내 것이 모두 네 것이며 네 것이 모두 내 것이니라."

2. 둘째, 이와 같이 고난을 공유(共有)하는 것은 영광을 공유하는 것을 위한 필연적 준비입니다.

나는 여러분의 주의를 환기시키기 위해 다음과 같은 사실을 먼저 지적하고자 합니다. 즉 어떤 사람이 하나님의 자녀가 되었지만 일찍 죽거나 혹은 다른 이유로 인해 고난의 과정을 통과할 기회를 갖지 못한 경우, 이것은 이들이 기업을 잃을 것을 의미하는 것은 아니라는 사실입니다. 우리는 세상의 고난을 장차 올 영광을 준비하는 필수적 부분으로 간주하는 것처럼 보이는 그와 같은 구절들을 항상 다른 진리 즉 어떤 사람이 진심으로 하나님을 사랑할 때 — 설령 그것이 작고 미약하다 할지라도 — 그는 하나님의 기업을 받기에 합당한 자라는 진리와 연결하여 이해해야 합니다. 내가 보기에 많은 그리스도인들이 "빛의 자녀의 기업을 얻기에 합당해지는 것"과 "영광을 위해 무르익은 것"에 대해 말할 때 많은 오류를 범하는 것 같습니다. 어쨌든 한 가지는 분명합니다. 즉 고난이 우리로 하여금 빛의 자녀의 기업을 얻기에 합당하게 만들어 주는 것은 아니라는 사실입니다. 빛의 자녀의 기업을 얻기에 합당하게 만들어 주는 것은 고난 이전으로 거슬러 올라갑니다. 고난은 단지 그러한 합당성을 진전시켜주는 것일 따름입니다. 바울은 "하나님이 우리로 하여금 빛 가운데서 성도의 기업의 부분을 얻기에 합당하게 하셨다"고 말합니다(골 1:12). 그것은 과거의 행동입니다. 어떤 사람이 그리스도께 돌이킬 때, 하늘나라를 위해 준비되는 것은 순간적으로 일어납니다. 하늘나라가 오직 — 거룩한 열망과 바람에 의해 — 거기에 들어갈 수 있는 자들에게만 열리는 것이 사실이라 할지라도, 그러한 열망과 바람이 가장 저급하고 타락한 자들의 마음속에서 순간적으로 일어날 수 있는 일이라는 것 역시 마찬가지로 사실입니다. "오늘 네가 나와 함께 낙원에 있으리라." 강도가 그리스도께 돌이켰을 때, 그는 하늘의 기업을 얻기에 합당한 자가 되었습니다.

그러므로 우리는 본문과 같은 말씀을 오해하여 고난을 구원받기 위해 꼭 필요한 것으로 ― 구원받기 위해서는 믿음이 꼭 필요하다는 것과 동일한 의미에서 ― 생각해서는 안 됩니다. 한 가지(고난)는 꼭 필요하지 않을 수도 있지만, 또 한 가지(믿음)는 꼭 필요합니다. 어떤 그리스도인에게 있어 그의 생애의 어떤 시점에서든지 만일 하나님이 그를 받기를 기뻐하신다면 그는 하나님 나라를 위해 합당한 것입니다. 어린아이의 유약함이든 장성한 자의 강함이든 노년의 원숙함과 고요함이든 ― 생명은 생명인 것입니다. 그러나 우리는 "더 넉넉히 들어감"을 위해 "믿음을 더해야" 합니다. 여러분 안에 하나님 나라의 씨가 있을 수 있습니다. 그러므로 여러분은 만일 하나님이 기뻐하시면 자신이 하늘나라를 위해 합당하다고 느낄 수 있습니다. 그럼에도 불구하고 하나님은 자신의 은총 가운데 여러분을 이 땅에 그냥 두시고, 훈련하시며, 연단하시며, 깨끗케 하시며, 자신의 화살통에 있는 화살처럼 만드셨습니다. 그리고 격렬한 시험의 모든 뜨거운 불과 고난의 모든 찬 물을 쓸모없는 쇠를 잘 다듬어진 철로 변화시키기 위해 지나가야 하는 과정으로 삼으셨습니다.

그러므로 우리는 모든 시험을 우리의 아들됨(sonship)의 표증으로 바라보는 법을 배워야 합니다. 또 우리는 그것을 하나님이 우리에게 더 높은 보좌와 더 아름다운 지위와 더 귀한 왕관을 주시기 위해 그리고 "고난 받으시고 시험 당하신 자"와 더 가까이 교제하도록 하기 위해 허락하신 수단으로 간주해야 합니다. "유업을 이을 자가 모든 것의 주인이나 어렸을 동안에는 종과 다름이 없어서 후견인과 청지기 아래에 있나니"(갈 4:1-2). 하나님은 우리를 엄한 후견인과 청지기 아래 두시고 "그리스도와 함께 고난당할" 기회를 주십니다. 그리고 우리의 옛 성품이 매일같이 십자가에 못 박힘을 통해 그리고 외부적 고난의 교훈과 축복을 통해 우리로 더욱 자라게 하시고 더 고결하고 순전하며 거룩하게 하십니다. 그럼으로써 우리로 하여금 하늘의 기업에 합당한 자게 되게 하시는데, 이것을 위해 절대적으로 필요한 유일한 것은 "그리스도의 죽음"이며 그것을 위해 합당하게 하는 유일한 것은 "그의 이름을 믿는" 것입니다.

3. 마지막으로, 그러한 기업은 과거에 받은 고난의 필연적 결과입니다.

고난은 그리스도와의 연합의 결과입니다. 그리고 그러한 연합은 영광 가운데 정점에 이르러야만 합니다. 그것은 단지 이 땅에서 자녀됨(sonship)으로 인해 고난을 겪는 하나님의 자녀들에게 하나님의 사랑을 입증하기 위해 장래의 행복이 요구되기 때문만은 아닙니다. 그와 같은 보상의 개념은 장래의 확실한 행복의 기초로서 너무나 초라한 것입니다. 그러나 이 땅에서 그리스도와 함께 고난을 당하는 모든 자들에게 기업(基業, inheritance)은 너무도 확실한 것입니다. 왜냐하면 그리스도와의 연합이라는 한 가지 사실이 이 땅에서 그의 고난에 동참하는 현재의 결과와 장차 그의 기쁨과 그의 소유에 동참하는 미래의 결과를 동시에 가져오기 때문입니다. 기업(혹은 유산, inheritance)이 확실한 것은 그리스도께서 지금 그것을 소유하고 계시기 때문입니다. 기업이 확실한 것은 이 땅에서의 고난이 단순히 보상받기를 요구하기 때문만이 아니라 그것이 분명한 목적 즉 우리를 기업에 합당하도록 만들고자 하는 목적을 가지고 있기 때문입니다. 만일 하나님이 우리를 위해 예비하신 것이 우리에게 주어지지 않을 것이라면, 그것은 하나님의 지혜와 지식과 계획에 대한 모든 믿음에 큰 걸림돌이 될 것입니다. 만일 시험이 하나님의 목적에 이르는 수단이 아니라면, 그것은 아무 의미 없는 것입니다. 그 목적은 바로 기업입니다. 그리고 이 땅에서의 성령의 역사뿐만 아니라 이 땅에서의 고난 역시도 기업의 보증입니다. 그것에 선행(先行)하는 것(즉 고난)을 통해 장차 올 영광이 얼마나 큰 것인지 측량해 보십시오. 하나님은 이 땅에서의 모든 고난과 시험을 취하여 장차 올 축복으로 이끄십니다. 우리가 장차 올 축복이 얼마나 큰 것인지 헤아릴 수 있다면, 70년 동안의 수고와 슬픔은 고작 순간의 준비에 불과하다는 사실을 깨닫게 될 것입니다. 이 땅에서의 고난의 결과이며 그것의 대칭축인 장차 올 영광은 얼마나 크고 아름다운 것이겠습니까? 추가 한 쪽으로 더 멀리 나아갈수록 반대쪽으로도 더 멀리 나아갈 것입니다. 하나님이 혜성을 저 멀리 더 깊은 어둠 속으로 던질수록 그것은 태양으로 더 가까이 다가와 찬란한 영광의 빛으로 타오르게 될 것입니다. 이것은 우리도 마찬가지입니다. 이 땅의 고난으로부터 보좌까지의 거리가 멀면 멀수록 장차 올 영광의 밝음과 완전함과 영원함은 더 클 것입니다. 그러므로 우리가 자녀라면 그와 함께 고난을 받아야 합니다. 또 우리가 고난을 받으면 그와 함께 영광에 참여하게 될 것입니다.

20
하나님의 아들들의 나타남

"피조물이 고대하는 바는
하나님의 아들들이 나타나는 것이니"
롬 8:19

바울은 17절에서 믿는 자들을 "아들과 상속자"로 표현했습니다. 이어 그는 그들의 현재의 상태와 미래의 영광을 대조하기 위해 이러한 초월적인 높은 지위에서부터 내려옵니다. "생각하건대 현재의 고난은 장차 우리에게 나타날 영광과 비교할 수 없도다"(18절). 설령 고난의 슬픈 현실이 그에게 있어 그리스도와 함께 상속자가 되는 것의 증표라 할지라도 그리고 그리스도와 함께 고난당하는 것이 미래의 영광을 약속하는 것이라 할지라도, 이러한 고난의 슬픈 현실은 그의 고결한 소망을 어둡게 만듭니다. 그는 미래의 영광을 현재의 고난과는 결코 비교할 수 없는 것으로 묘사합니다. 이어 그는 19절에서 그러한 나타남의 사상을 다양하게 적용하면서, "하나님의 아들들"을 그것의 주어(主語)의 자리에 놓습니다. 그리스도와 함께 상속자가 되는 영광이 나타날 때 그들도 그와 같이 나타날 것입니다. 그들은 이를테면 안개와 구름에 둘러싸여 걸어가지만 그러나 그들 위에 떨어질 광채가 시샘하는 어둠을 쫓아낼 것입니다. 그리고 "우리의 생명이신 그리스도께서 나타나실 때, 그와 함께 상속자 된 자들 역시도 영광 가운데 나타날 것입니다."

우리는 여기에서 다음과 같은 것들을 고려해야만 합니다.

1. 하나님의 아들들을 덮은 현재의 휘장.

실재와 현상 사이 그리고 이상과 그것이 구체화되는 것 사이에는 항상 차이가 있는 법입니다. 모든 사람에게 있어 자신을 충분하게 나타내는 것은 불가능합니다. 사람의 행동은 그의 본질적 자아를 나타내기에 충분치 못하며, 모든 의지는 육체의 장막에 의해 방해를 받습니다. "나의 혀가 내 안에서 일어나는 모든 생각을 말할 수 있도록 하리라"는 것은 큰 감동을 받은 모든 마음이 열망하는 바지만, 그러나 다툼의 요소들(contending principles)이 계속해서 모든 개인을 흔들며 서로의 표현을 훼방합니다. 이러한 이유들과 다른 많은 이유들로 인해, 모든 생명의 총체는 결국 수의(壽衣)에 둘러싸여 살아가는 것에 불과합니다.

하지만 우리 모두는 자신을 나타내는 모든 노력 후에 다른 사람들과 자신에게 신비로 남습니다. 이 모든 것은 하나님의 아들들에게도 분명한 사실입니다. 그들의 영혼 속에 생명의 씨가 감추어져 있습니다. 그것은 본질상 전 존재(whole being)로 확장될 운명을 가지고 있으며, 강력한 에너지를 가지고 그들의 삶의 모든 영역으로 스며들어 갈 것입니다. 그러나 그것은 약하며, 종종 방해하는 것들에 의해 짓눌림을 당합니다. 땅에 심긴 씨는 나쁜 날씨와 척박한 토양과 수많은 잡초에도 불구하고 자랄 것입니다.

설령 그것이 이 모든 것들을 극복하도록 운명지어졌다 할지라도, 지금 겉으로 드러나는 모습은 작고 유약한 싹에 불과합니다. 그리스의 생명이 사람들에게 분여(分與)되는 비용과 그것의 신적 근원과 그것을 위한 오랜 연단을 생각할 때, 우리는 아무것도 그것의 보편적 다스림에 미치지 못한다고 생각하지 않을 수 없습니다. 헤라클레스는 요람 속에서도 여전히 헤라클레스며, 뱀을 죽이는 힘을 갖고 있습니다. 추위와 태양은 한겨울에는 서로 싸울는지 모르며, 추위가 더 강한 힘을 갖는 것처럼 보일는지 모릅니다. 그러나 태양이 하늘에서 계속해서 자신의 궤도를 넓히며 빛과 열기를 증가시키는 가운데 조만간 여름이 반드시 올 것입니다.

다른 이들보다 더 많이 하나님의 아들들 안에서 다툼의 요소들(contending principles)이 서로 싸우고 있습니다. "나는 그 사람을 알지 못한다"고 맹세로써 부인한 사람과 뜨거운 사랑과 회개로 그의 발 앞에 무릎 꿇은 사람은 동일한 사람이었습니다. 그러나 옆에서 바라볼 때 어느 쪽이 진짜 그 사람이며 어느 쪽이 이길 것인지 말하기는 매우 어렵습니다. 하나님의 아들들도 다른 사람들처럼 말로써 스스로를 나타내야 하지만, 그러나 그것이 그들의 생각과 감정에 충분하게 적합한 것은 아닙니다. 다윗의 회개는 충분치 못한 탄식으로 만족해야 했습니다. 또한 주님의 품에 안긴 요한의 기쁨은 고작 눈을 감고 아무 말도 하지 않는 것으로밖에는 달리 나타낼 수 없었습니다. 하나님의 아들들은 결코 그들의 신분에 충분히 부응하지 못합니다. 항상 자신들의 열망과 의도에 어느 정도 미치지 못합니다. 예술가는 자신이 구상한 것을 완전하게 나타내지 못합니다. 자기의 일이 자신의 창조 계획을 충분히 구체화하고 만족시켜 주기 때문에 "자기 일로부터 쉬는" 것은 오직 하나님뿐입니다.

이와 같은 사실로부터 우리는 그리스도인들이 이상(理想)대로 살지 못하는 것으로 인해 낙망하거나 절망할 필요가 없다는 사실을 배울 수 있습니다. 하나님의 아들들은 "휘장으로 가려" 있는데, 그것은 그들에 대한 세상의 평가가 올바르지 않기 때문입니다. 세상이 위인을 알아보지 못한다는 격언은 하나님의 아들들에 대하여도 동일하게 적용됩니다. 그들이 세상의 영광과 찬사를 얻는 것은 — 만일 그러한 영광과 찬사가 그들의 몫으로 떨어진다면 — 그들의 기독교 신앙 때문이 아닙니다. 그들은 무명하나 유명한 자들입니다. 그들은 대부분 궁벽한 곳에 휘장에 가려 있습니다. "빛이 어둠에 비취되 어둠이 깨닫지 못하더라." 그들은 하나님의 감춰진 자들입니다.

만일 그들이 지혜롭다면, 그들은 세상에 알려지는 것과 세상으로부터 찬사를 받는 것을 사모하지 않을 것입니다. 그리고 우리의 영광의 구주께서 그러셨던 것처럼, 이 세상의 왕들에게 알려지지 않은 채 사는 것을 만족스럽게 여길 것입니다. 그들이 그를 죽인 것은 그들의 어두운 눈이 그의 영광의 광채를 볼 수 없었기 때문입니다. 그의 영광은 "휘장 곧 그의 육체에 가려" 있었습니다. 그러나 내주(內住)하시는 그리스도의 나타남이 불완전하다고 하여 우리 안에 있는 새로운 생명을 따라 살아가는 그리고 세상에 빛을 비추는 노력이 위축되어서는 결코 안 됩니다. 또한 우리가 "휘장으로 가려진 채" 살아간다는 사실이 우리로 하여금 우리의 생명의 비밀에 대해 스스로 감추며 침묵하도록 만들어서도 안 됩니다.

2. 하나님의 아들들의 나타남.

하나님의 아들들의 나타남은 본문에서 우리에게 나타날 영광과 함께 오는 것으로 그리고 타락의 멍에로부터 창조 세계 자체의 구속과 동시적인 것으로 그리고 하나님의 자녀들이 영광의 자유 속으로 들어가는 것으로 묘사됩니다. 그것은 피조물이 신음하며 고통하는 것이 사라지는 것과 양자됨 곧 우리 몸의 속량과 동시에 일어납니다. 그때 소망이 온전히 열매 맺게 될 것입니다. 예수 그리스도께서 나타나시는 그 시점에 그의 종들도 그와 함께 영광 가운데 나타날 것입니다. 이러한 나타남은 필연적으로 그와 함께 하나님의 아들들의 나타남을 가져옵니다.

이러한 하나님의 아들들의 나타남은 그들 안에 있는 하나님의 성령의 전체적 다스림과 주권의 결과입니다. 그들의 의식이 전체적으로 새롭게 되는 그날에 다른 동기(動機)로 행해지는 일은 아무것도 없을 것입니다. 그들의 존재 안에 세워진 하나님의 촛대로부터의 완전한 비췸을 혼란케 할 다른 빛은 없을 것입니다. 그날의 생명에 대하여 대적하는 것은 아무것도 없을 것입니다.

그날의 생명은 하나이며 단순할 것입니다. 따라서 그것은 완전하게 이해할 수 있는 것일 것입니다. 바로 이것이 불완전한 그리스도인의 생명의 필연적 결과입니다. 매일의 생활 속에서 그리스도 예수 안에 있는 생명의 영의 작용을 가장 희미하게 밖에는 경험하지 못하는 그리스도인들조차도 거기에서 영원한 삶을 누릴 약속을 갖는데, 그것은 그들이 그와 같아질 때까지 그리고 그를 계신 그대로 완전하게 볼 때까지 아무것도 그들의 자람을 가로막지 못할 것이기 때문입니다.

그러나 그러한 나타남은 보다 더 적합하며 충분한 나타남의 방법을 갖는 것을 보증합니다. 현재 우리의 육체적 삶의 한계와 불완전성은 "영광의 몸"을 입는 가운데 모두 사라져 버릴 것입니다. 새 혀는 새 지식과 새 생명의 기쁨을 완전하게 말할 것이며, 새 손은 우리의 이상(理想)을 완전하게 실현할 것입니다. 그리고 모든 이마 위에 그리스도의 새 이름이 새겨질 것입니다.

또 그러한 나타남은 하나님의 아들들의 특성을 나타내는 신적 행동에 의해 실현될 것입니다. 땅의 심판은 "내가 그를 높은 곳에 세우리니 이는 그가 나의 이름을 앎이라"는 신적 음성에 의해 뒤집힐 것이며, 곤고한 세대를 통해 하늘의 별처럼 비취는 그 든 약속은 그때 가까이 있는 태양으로 인해 완전하게 알려질 것입니다. 세상의 나팔에 의해 요란하게 불려진 많은 이름들은 그때 잠잠케 될 것입니다. 많은 별들이 빛을 잃을 것이지만 그러나 "지혜 있는 자는 궁창의 빛과 같이 빛날 것"입니다(단 12:3).

또한 하나님의 아들들의 나타남은 바로 그들 자신들에게 더 놀라운 것이 될 것입니다. 그때 그곳의 거울에 비췬 그들의 모습은 이 땅에서의 모습과 얼마나 다른 모습이겠습니까! 그들의 첫 번째 충격은 그들이 보는 형상에 대해 놀라며 "주여, 이것이 나란 말입니까?"라고 묻는 것일 것입니다. 그들이 자신들이 알지 못하는 많은 사람들을 알아보게 될 때 그들의 놀람은 더욱 커질 것입니다.

하나님의 가족이 마침내 모일 때의 늘람은 너무도 클 것입니다. 포로 된 이스라엘은 수많은 무리가 마치 비둘기처럼 자신들에게 몰려오는 것을 볼 때 크게 놀라지 않을 수 없었습니다.

그러면서 "나는 홀로 남았거늘 이들은 어디서 생겼는고"라고 외치며 자신들의 좁은 시야를 부끄러워했습니다(사 49:21). 하나님의 아들들이 나타나는 날 그리고 궁벽한 곳에 숨어 있던 많은 이들이 아버지의 식탁에 앉을 날 — 우리 모두 기뻐하며 즐거워합시다. 그러한 나타남은 우주 전체에 이루어질 것입니다. 우리는 그 일이 어떻게 일어날지는 알지 못하지만 그러나 그 일이 일어날 것이라는 것은 분명하게 압니다. 본문이 말하는 것처럼, 하나님의 아들들의 나타남은 곤고한 세대에 걸쳐 피조물이 간절히 고대하는 바람입니다.

21
몸의 속량

"양자 될 것 곧 우리 몸의 속량을 기다리느니라"
롬 8:23

앞에서 바울은 모든 참된 그리스도인들이 "양자(養子)의 영"을 받았다고 말했습니다(15절). 그들은 아들이신 그리스도를 통해 하나님의 아들들이 되었으며, 그리스도를 통해 하나님으로부터 영적인 거룩한 새 생명을 받았습니다. 그러한 새 생명이 그들의 본성을 지배하며 생기를 불어 넣고 있다면 그리고 그들이 "아빠 아버지"라고 부르짖는다면, 그들은 "양자의 영"을 받은 것입니다. 그렇지만 몸은 여전히 약함의 근원(source of weakness)으로 그리고 죄의 자리(seat of sin)로 남아 있습니다. 몸은 높은 목적(high purposes)에 적합지 않습니다. 그것은 아버지께서 그것에다가 생기를 불어넣어주신 것과는 달리 여전히 "죄와 사망의 법"에 종속되어 있습니다. 그것은 여전히 멍에 아래 있으며, 아직 양자됨(adoption)을 받지 못했습니다. 본문은 구속의 정점이요 면류관인 몸의 변화와 그것이 새로워진 영과 결합될 것을 내다보면서 그러한 변화가 이루어질 때까지 그리스도인의 상태는 불완전하며 때로 탄식하고 있음을 선언합니다.

이러한 본문으로부터 우리는 다음과 같은 사실들을 관찰할 수 있습니다.

1. 불멸의 개념에 명확성과 구체성을 부여하기 위해서는 미래의 생명에도 몸이 필요하다는 사실입니다.

복음이 오기 전에 미래의 생명에 대한 사람들의 믿음은 모호하고 무력했습니다. 그것은 부활의 복음을 알지 못했기 때문이며 또 확실한 것이 아무것도 없었기 때문입니다. 복음은 미래의 상태에 대한 믿음을 무한히 명확하고 강력하게 만들어 줍니다. 그것은 복음이 실제적 부활과 미래의 몸의 생명을 강조하고 있기 때문입니다. 불멸의 몸에 대한 강력한 증거는 무덤 너머까지 이어지지 못하는 이 땅의 생명의 헛됨과 관련한 윤리적 고찰이나 영혼의 열망이나 직관으로부터가 아니라 예수 그리스도의 부활과 그가 몸을 가지고 하늘로 승천한 역사적 사실로부터 얻어집니다. 복음은 이러한 두 가지 일을 그의 경험의 일부로서 선포하면서, 그가 죽은 자로부터 일어나 하늘로 승천하셨을 때 그는 "많은 형제들 가운데 첫 열매"로서 그리고 그들의 선구자와 본보기로서 그렇게 했다고 확언합니다. 복음에 권능을 부여하는 것은 바로 이것입니다. 그리고 이로써 모호하고 어렴풋했던 불멸의 개념이 구체적이며 명확한 신앙으로 바뀌게 된 것입니다. 왜냐하면 우리는 이미 역사적 보증을 가지고 있기 때문입니다. 부활의 과정의 성격과 관련하여 아직도 엄청난 신비의 휘장이 덮여 있습니다. 그렇지만 만일 기독교의 부활 교리를 받아들이는 것과 육체에서 분리된 채 활동하는 유한한 영의 개념 사이에서 하나를 선택해야 한다면, 어느 것이 더 합리적이며 믿을 만한 것인가에 대하여는 의문의 여지가 없습니다. 몸과 혼과 영은 삼위일체와 유사하게 완전한 사람을 만듭니다.

몸의 생명으로서의 미래의 생명의 개념은 우리의 마음이 열망하는 것을 만족시켜 줍니다. 사람이 죽음으로부터 움츠리는 것은 매우 자연스러운 것입니다. 그것은 오랜 벗과 반려로부터 분리되기를 싫어하는 것으로부터 오는 것입니다. 바울은 그것을 "우리가 벗고자 함이 아니요 오히려 덧입고자 함"이라고 표현합니다(고후 5:4). 몸의 생명(즉 몸이 다시 사는 것)의 개념을 갖지 못한 모든 미래 생명의 개념들은 우리에게 아무런 호감을 주지 못하는 유령 같은 존재 양식을 제시할 뿐입니다. 그리고 그러한 개념들은 몸과 더불어 사는 것에 익숙해 있는 사람들을 쫓아낼 수밖에 없습니다. 그들은 몸이 없이 존재하는 자신의 존재를 결코 상상하지 못합니다.

2. 장래의 몸은 해방된 몸이라는 사실입니다.

그리스도의 교회에 주어진 성령의 다양한 은사들은 내주하시는 성령의 더 큰 은사들을 소망하도록 고무합니다. 이러한 것들 가운데 주된 것으로서 본문은 흙으로 된 몸이 영적 몸으로 변화되는 것을 제시합니다. 이러한 변화를 본문은 몸이 속량(혹은 구속, redemption)에 참여하는 것으로 언급합니다. 우리는 여기의 언급을 부활 장인 고린도전서 15장의 교훈의 빛에 비추어 해석해야 합니다 ― 그 장의 주된 논점은 보다 저급한 본성에 적합한 기관인 "육체의 몸"과 영에 적합한 기관인 "영적인 몸"을 전체적으로 대조하는 것입니다. 우리는 "몸의 부활"을 다음과 같은 사도의 분명한 선언에 근거하여 해석해야 합니다. "네가 뿌리는 것은 장래의 형체를 뿌리는 것이 아니요 … 하나님이 그 뜻대로 그에게 형체를 주시나니"(고전 15:37, 38절). 또 우리는 고린도전서 15장 42절 이하에서 바울이 "심는 것"과 "다시 사는 것" 사이의 특성을 대조하는 것을 주목해야 합니다. 전자는 "썩을 것으로 심는" 것이고, 후자는 "썩지 아니할 것으로 다시 사는" 것입니다. 자연적 썩음이 불멸의 젊음과 대조되고 있습니다. 또 전자는 "욕된 것으로 심는" 것이고, 후자는 "영광스러운 것으로 다시 사는" 것입니다. 이러한 대조는 윤리적인 것으로서, 이 땅에서 몸이 영에 대하여 종속적 위치를 갖는 것을 언급하는 것이든지 아니면 육욕을 탐닉하는 것과 관련한 저급함과 수치의 개념을 언급하는 것일 것입니다. 또 전자는 "약한 것으로 심는" 것이고, 후자는 "강한 것으로 다시 사는" 것입니다. 또 전자는 "육의 몸으로 심는" 것이고, 후자는 "신령한 몸으로 다시 사는" 것입니다. 이러한 일련의 대조 속에서 바울은 다메섹 도상에서 부활하신 그리스도가 자기 앞에 나타나셨을 때 보았던 이상(異像, vision)을 생각하고 있었던 것이 아닐까요? 그리고 그때 이후로 지나간 세월이 그로 하여금 부활하신 그리스도 안에서 장차 그의 종들이 어떻게 변화될 것인가에 대한 예언과 원형

(原形)을 보도록 가르친 것이 아닐까요? 다메섹의 경험과 관련하여, 우리는 그가 그것을 고린도후서에서 다시 한 번 언급하는 것을 볼 수 있습니다. 거기에서 그는 "땅에 속한 몸"과 "영광의 몸"을 강력하게 대조시킵니다. 거기에서 그는 두 몸을 두 집의 표상으로 묘사하는데, 하나는 잠시 동안밖에는 서있지 못하는 "땅에 있는 우리의 장막 집"이며 또 하나는 "손으로 짓지 않은 하늘에 있는 영원한 집"입니다(고후 5:1).

이러한 고찰들은 마침내 우리를 확실한 소망에 이르도록 인도합니다. 예컨대 그것들은 우리를 다음과 같은 생각으로 이끕니다. 즉 속량된 몸은 더 이상 썩음과 사망에 종속되지 않으며, 더 이상 약함과 곤고함 아래 있지 않으며, 자신의 힘 이상의 일을 갖지 않으며, 스스로를 유지하기 위해 음식을 필요로 하지 않으며, 원기를 회복하기 위해 잠을 필요로 하지 않는다는 생각 말입니다. "보좌에 앉은 어린 양이 저들을 먹이시리라"는 말씀은 직접적인 신적 선물로서 계속해서 힘(strength)이 전달되는 것을 암시합니다. 그리고 이러한 말씀으로부터 우리는 미래의 몸에서는 이 땅에서와 같은 세월의 흐름에 따른 변화가 나타나지 않을 것이라는 사실을 유추할 수 있습니다. 예수님의 무덤가에 앉아 있었던 두 청년은 아담 이전부터 있었을 것입니다. 그리고 오늘날 우리가 그들을 다시 보더라도 그들은 여전히 젊을 것입니다.

또한 속량된 몸은 외부 세계와 교통하는 더 완전한 도구가 될 것입니다. 우리는 지금의 육체가 모든 지각과 지식의 필요조건이며, 감각이 사물의 모든 특색을 다 지각하는 것은 아니라는 사실을 압니다. 현미경과 망원경은 우리의 시야를 크게 확장시켰으며, 무한히 작은 물체와 무한히 먼 물체를 우리의 지각 범위 안으로 들어오도록 만들었습니다. 또 우리의 귀는 일정 범위 이내의 진동수를 가진 소리만을 듣습니다. 그러나 만일 우리가 좀 더 예민하게 지어졌다면, 의심의 여지없이 지금은 듣지 못하는 소리를 들을 수 있었을 것입니다. 때로 우리가 '하급' 피조물이라고 부르는 생물이 우리가 인식하는 것보다 훨씬 더 많은 것을 인식하는 것처럼 보입니다. 발람의 나귀는 발람 앞을 가로막고 서 있는 천사를 보았습니다. 모든 마음의 힘이 몸에서 함께 일할 도구를 공급한다고 가정할 만한 근거는 없습니다. 그렇지만 영의 적합한 도구인 몸이 보다 깊게 알며, 보다 지혜롭게 생각하며, 보다 빨리 깨달으며, 보다 넓게 인식하며, 보다 확실하게 기억하며, 보다 온전하게 판단하는 도구가 되는 것은 충분히 가능합니다. 그때와 지금 사이의 대조는 속도와 관련하여 전보(電報)와 느림보 심부름꾼, 정확성과 관련하여 사진과 서투른 그림, 그리고 몸이 내주하는 자아에게 전달하는 메시지의 완전성과 관련하여 보름달과 그믐달 사이의 대조와 유사합니다.

그러나 속량 받지 못한 몸은 각종 육체의 소욕들을 갖고 있는데, 그것은 스스로를 만족케 하는 것과 더러운 욕망과 곤고한 수고로 이끕니다. "육체의 소욕은 성령을 거스르고 성령은 육체를 거스르나니"(갈 5:17). 속량 받은 몸은 그 안에 유혹 받는 것이나 휘방 받는 것이 아무것도 없을 것입니다. 다만 영에게 돕는 자가 되고 힘의 원천이 될 것입니다. 하나님의 영광스러운 작품인 몸은 그 안에 약함과 한계와 악의 성향을 갖고 있습니다. 우리는 "죽은 자가 어떻게 다시 살며 어떤 몸으로 오느냐?"와 같은 해답 없는 질문으로 스스로를 시험에 빠지게 해서는 안 됩니다. 그렇게 하는 대신에 우리는 예수께서 올라가 기도하셨던 산을 바라볼 수 있습니다. "기도하실 때에 용모가 변화되고 그 옷이 희어져 광채가 나더라"(눅 9:29). 그는 쉐키나의 구름 속으로 들어가, 그의 아들됨(sonship)을 증거하면서 우리에게 그의 음성을 들으라고 명하신 아버지와 더불어 교제를 나누실 수 있으셨습니다. 또 우리는 감람산을 올려다보며 승천하는 예수님을 바라볼 수 있습니다. 마치 그가 다시 쉐키나 구름을 통과하여 세상을 떠나 아버지께로 갈 때까지 그가 빈 축복이 하늘을 향한 우리의 얼굴 위에 떨어지기라도 하는 것처럼 말입니다. 이러한 두 가지 즉 그의 순간적 변화와 영원한 승천으로부터 우리는 "그가 우리의 비천한 몸을 새롭게 변화시킬 것이며 그 몸은 그의 영광의 몸과 같이 될 것"이라는 확실한 보증을 끌어낼 수 있습니다.

3. 속량 받은 몸은 내주하시는 그리스도의 영의 결과라는 사실입니다.

그것은 죽음이나 부활의 자연적 결과가 아니라 "믿음과 믿음의 의를 통해" 영이 살아나는 과정의 결과입니다. 그리고 그러한 과정은 이 땅에서부터 시작되는 것입니다. 문맥은 '양자'(養子)의 개념을 두 번 사용함으로써 이러한 논점을 분명하게 역설합니다. 즉 한 쪽 측면에서 그것은 이미 얻어진 것으로서 "우리가 지금 하나님의 자녀"인 사실에서 분명하게 나타나며, 다른 쪽 측면에서 그것은 여전히 장차 올 것으로서 우리가 "기다리는" 것입니다. 그리스도인은 새로워진 영 안에서 이미 거듭 태어났습니다. 동시에 그리스도인은 여전히 그러한 아들됨(sonship)이 완성되는 것을 기다리고 있습니다. 그것은 새로워진 영이 더 이상 "흙으로 지은 땅에 있는 장막 집"에 거하지 않고 "손으로 짓지 않은 하늘에 있는 영원한 집"에 거하게 될 때입니다.

단순히 영적 거듭남으로 만족하기에 성경은 너무도 전체적이며 포괄적입니다. 동시에 단순한 물질적 하늘나라로 만족하기에 그것은 너무도 영적입니다. 성경은 양쪽 요소를 모두 포괄합니다. 성경은 완전한 인간성을 위해서는 영뿐만 아니라 몸도 있어야만 함을 역설합니다. 또 둘 사이에 교통이 있어야 합니다. 영이 그러함 같이 몸도 그러해야 합니다. 그리고 한 걸음 더 나아가 그러한 작용은 중심에서 시작되어 바깥으로 확장되어야 합니다. 그러므로 영이 먼저 변화되고 그 후에 몸도 그러한 변화에 참여해야 합니다.

성경이 "영광으로 다시 사는"것에 대해 말하는 모든 것은 믿는 자들에 대해 말하여진 것입니다. 그것은 영적 과정(spiritual process)으로 표현됩니다. 자신의 영에 하나님의 영을 가진 자들은 우리 주님의 영광스러운 몸과 같은 영화된 몸을 받습니다. "영광으로 다시 살기" 위해 죽는 것만으로는 충분치 않습니다. "예수를 죽은 자 가운데서 살리신 이의 영이 너희 안에 거하시면 그리스도 예수를 죽은 자 가운데서 살리신 이가 너희 안에 거하시는 그의 영으로 말미암아 너희 죽을 몸도 살리시리라"(롬 8:11). 부활은 모든 인류에게 약속됩니다. 그렇지만 그것은 영광은 없이 끝없이 사는 부활일는지 모릅니다. 거기에는 아름다운 것도 없고 복된 것도 없습니다. 거기에서 몸은 "약한 것으로 심고" 약한 것으로 다시 살며, "욕된 것으로 심고" 욕된 것으로 다시 살며, 죽은 것으로 심고 살아있는 죽음으로 다시 사는 것일 뿐입니다. "땅의 티끌 가운데에서 자는 자 중에서 많은 사람이 깨어나 영생을 받는 자도 있겠고 수치를 당하여서 영원히 부끄러움을 당할 자도 있을 것이며"(단 12:2). 이것이 별 의미 없는 말씀입니까? "선한 일을 행한 자는 생명의 부활로, 악한 일을 행한 자는 심판의 부활로 나오리라"(요 5:29). 이것 역시도 별 의미 없는 말씀입니까? 성경의 이러한 말씀들 속에는 우리로 잠시 멈추고 깊이 숙고하게 만드는 비밀스러운 신비들이 있습니다. 영광의 부활로 인도하는 유일한 길은 예수 그리스도 안에 있는 믿음의 길입니다. 우리가 그에게 순복하면 그는 우리의 영에 자신의 영을 심으실 것이며, 우리의 인생길을 인도하사 점진적으로 거룩케 하실 것이며, 자기 안에 있는 생명의 성령의 내주하심으로 죄와 사망의 법으로부터 우리를 구원하실 것입니다. 강력한 에너지로 우리의 전 존재를 가득 채울 때까지, 그의 변화시키는 힘은 결코 그치지 않을 것입니다. 그리고 우리는 "만물을 자기에게 복종하게 하실 수 있는 자의 역사를 따라" 몸과 혼과 영이 속량된 자들로서 그리스도와 함께 굳게 설 것입니다.

22
간구의 영

"오직 성령이 말할 수 없는 탄식으로
우리를 위하여 친히 간구하시느니라"
롬 8:26

오순절은 영속적 은사의 일시적 표적이었습니다. 성령의 은사들이 임할 때 눈에 보이는 모습으로 나타났던 불의 혀와 강하고 급한 바람 그리고 초대교회와 구경꾼들에게 내주하는 능력의 분명한 증거였던 방언과 예언과 치유의 은사는 오래 지속되지 않았습니다. 그러면 무엇이 남았을까요? 로마서 8장 전체가 이러한 질문에 대한 바울의 웅대한 답변입니다. 하나님의 성령은 참된 생명의 원천으로서 모든 믿는 자들 안에 내주하시며, 그들에게 "양자의 영"이 되시며, 그들의 영에게 그들이 하나님의 자녀요 그리스도와 함께 한 상속자임을 증거합니다. 성령은 이러한 증거의 일에 있어 인간의 영과 협동합니다. 그렇지만 본문이 포함된 단락은 또 다른 형태의 협동을 제시합니다. 본문의 앞부분에서 "도우시나니"로 번역된 단어의 원문은 하나님의 성령이 우리를 위해 간구하는 가운데 우리와 연합하여 일하는 것을 더욱 명확하게 암시합니다.

1. 첫째, 성령의 간구는 우리와 분리되어 행해지지 않습니다.

오늘날 많은 현대인들은 이 점에서 오류를 범하고 있습니다. 왜냐하면 그들은 성령의 간구를 신자(信者)의 개별적 존재 안에서 일어나는 것으로 라기보다 하늘에서 이루어지는 것으로 생각하기 때문입니다. 그러나 성경 전체를 주의 깊게 살필 때, 우리는 그리스도의 사역의 나타남과 그리스도의 영의 사역의 나타남 사이에 는 큰 차이가 있음을 발견할 수 있습니다. 전자 즉 그리스도의 사역은 그 나타남과 이루어짐의 특성에 있어서는 땅 위에서 행해졌으며, 간구와 축복의 부여(賦與)의 특성에 있어서는 하늘의 하나님의 우편에서 행해집니다. 반면 성령의 역사 전체는 이 땅의 인간의 영 안에서 행해집니다. 본문은 간구를 "말할 수 없는 탄식"으로 표현하고 있지만, 그러나 그것은 "마음을 살피는 자"가 충분히 이해할 수 있는 것입니다. 그러므로 이러한 탄식은 인간의 마음으로부터 나오는 것이면서 동시에 성령의 음성입니다.

2. 둘째, 우리의 영 안에서의 성령의 간구는 우리 자신의 '신적으로 감동된 열망' (divinely-inspired longings)으로 존재합니다.

바울은 우리 안에서의 또 다른 탄식에 대해 말하고 있는데, 그것은 "양자될 것 곧 우리 몸의 속량"에 대한 진지한 기대를 표현하는 것입니다. 그리고 그는 그러한 열망이 더 간절할수록 그것은 소망으로 더욱 가득찰 것이라고 말합니다. 바로 이것이 바울이 갖고 있었던 그리스도인 영혼의 정상적인 태도의 개념입니다. 그러나 그러한 태도를 어떤 사람이 스스로의 힘으로 지키기는 매우 어렵습니다. 그것은 우리로 하여금 계속해서 앞으로 전진하는 것을 가로막고 현재에 안주하도록 이끄는 시간과 감각의 흐트러짐 때문입니다. 몸의 속량과 그것이 함축하며 포함하는 모든 것은 모든 그리스도인의 마음과 기도가 향하는 최고의 목표가 되어야 합니다. 그러나 매일의 경험은 우리로 하여금 그러한 것이 너무나 높고 멀기 때문에 우리의 힘으로는 불가능함을 깨닫게 만들어 줍니다. 바울이 여기에서 제시하는 것처럼, "우리는 마땅히 기도할 바를 알지 못합니다." 또 우리는 무엇을 열망하는지 정확하게 고정하고 초점을 맞추지 못합니다. 성령의 도우심이 향해지는 곳은 이와 같은 우리의 열망과 기도의 약함과 불완전함입니다. 성령은 자신의 직접적 작용으로 우리의 열망을 강화시킵니다. 우리의 기대가 생생할수록 우리의 열망하는 것이 견고할수록 그리고 우리의 영이 미래의 속량으로 다가갈수록 우리는 그 가운데 인간적 생각 이상의 어떤 것이 있다는 사실과 그러한 이상들(異像, visions)은 참되지 않은 것이기에는 너무나 선하며 우리 상상력의 산물이기에는 너무나 확실한 것이라는 사실을 더 확실하게 깨닫게 됩니다. 이러한 경험을 우리의 경험으로 더 많이 인식할수록 그것들 안에서 말하는 것은 우리가 아니라 "우리 안에서 말씀하시는 아버지의 영"이란 사실을 더욱 확신하게 될 것입니다.

3. 셋째, 이러한 '신적으로 감동된 열망'은 충분히 표현될 수 없습니다.

말로 표현할 수 있는 것은 얕은 감정들입니다. 우리의 가장 깊은 감정들과 가장 진실한 사랑을 표현함에 있어 언어는 무력합니다. 사람 안에 있는 가장 깊은 것들을 가장 잘 표현할 수 있는 말은 "말로 표현할 수 없다"는 것입니다. 슬픔은 수만 마디의 말보다 흐느낌과 눈물로 더 잘 표현될 수 있습니다. 또 사랑은 눈빛과 손을 잡는 것으로 가장 잘 표현됩니다. 그리스도인의 영혼의 깊은 곳에서 터져 나오는 탄식은 인간 언어의 좁은 틀 속에 제한되도록 강요될 수 없습니다.

그렇지만 우리는 오늘날의 그리스도인의 경험 가운데 어디에서 몸의 속량 이후의 이러한 "말로 표현할 수 없는 갈망" 즉 "말할 수 없는 탄식"과 비슷한 것을 발견할 수 있습니까? 우리 시대의 평균적 기독교의 경우, 로마서 전체를 통해 로마의 그리스도인들의 경험이 바울의 말을 전체적으로 지지할 것을 당연한 것으로 받아들이는 조용한 확신보다 더 놀랄만한 정죄는 없습니다. 여기에서 그가 말하는 바를 잠시 보십시오. 그의 말을 짤막하게 축약하여 말하면 이것입니다. "우리가 아빠 아버지라 부르짖느니라." "우리는 하나님의 자녀라." "우리는 그와 함께 영광을 받기 위하여 고난도 함께 받아야 할 것이니라." "우리에게 영광이 나타날 것이니라." "우리는 성령의 처음 익은 열매를 가지고 있느니라." "우리가 우리 안에서 탄식하느니라." "우리가 소망으로 구원을 얻었느니라." "우리는 보지 못하는 것을 바라느니라." "그렇다면 참음으로 기다릴지니라." "우리는 하나님을 사랑하는 자들에게 모든 것이 합력하여 선이 이루어지는 것을 아느니라." "이 모든 일들을 통해 우리는 정복자 이상이 되느니라." "사망이나 생명이나 … 다른 어떤 피조물이라도 우리를 하나님의 사랑에서 끊을 수 없으리라."그는 이러한 감격에 찬 승리의 말들 속에서 자신이 로마의 모든 그리스도인들의 경험을 아우르고 있으며 그들 역시도 동일한 믿음으로 '아멘' 할 것을 믿어 의심치 않았습니다. 오늘날 이러한 말을 듣고 동일한 믿음으로 똑같이 합창할 수 있는 무리들이 어디에 있습니까? 이러한 "말할 수 없는 탄식"에 대해 아는 자들이 얼마나 적은지요! 마치 가을에 해가 짧아지고 기온이 떨어지면 따뜻한 남쪽 나라를 향해 날아가는 철새들처럼 우리 가운데 그 영이 영속적인 여름을 열망하는 자들이 얼마나 적은지요!

그러나 아무리 우리의 보잘것없는 경험이 본문의 이상(理想), 즉 초대교회에서 어느 정도 실현된 이상에 크게 미치지 못한다는 사실을 우리가 받아들여야만 한다 할지라도, 동시에 우리의 경험의 불완전성을 기독교의 비현실성의 증거로 받아들이는 것을 경계해야 합니다. 그것은 다만 우리 안에 있는 성령의 작용이 제한되고 방해를 받는 것의 증거일 뿐입니다. 그것은 우리에게, 만일 우리가 그분으로 하여금 우리의 음성을 통해 말하도록 허락하지 않으면, 그분이 "말할 수 없는 탄식으로" 간구하지 않을 것임을 가르칩니다. 그러므로 만일 우리의 의식 속에 그러한 말할 수 없는 탄식과 상응하는 것을 거의 혹은 아주 조금밖에 발견하지 못한다면, 다음과 같은 경고를 심각하게 받아들여야만 합니다. "성령을 소멸치 말라," "하나님의 성령을 근심하게 하지 말라 그 안에서 너희가 구원의 날까지 인치심을 받았느니라."

4. 넷째, 이러한 말할 수 없는 탄식은 반드시 응답될 것입니다.

마음을 살피시는 자는 성령의 탄식하는 기도의 의미를 아십니다. 그리고 사람의 영의 깊은 것을 살피시는 가운데 그것이 갈망하는 것을 해석하며 그것이 단순한 인간의 마음의 표현인지 아니면 신적으로 감동된 열망인지를 분별합니다. 만일 우리의 기도가 연약하다면, 그러한 기도는 그것이 신적 열망을 구체화하는 만큼 응답될 것입니다. 우리의 어떤 간청이 좌절될 때, 그것조차도 실제적 기도에 대한 실제적 응답일는지 모릅니다. 마리아와 마르다와 나사로를 사랑하셨음에도 불구하고 나사로가 죽음의 문턱에 있을 때 예수께서 즉시로 달려가지 않고 그 자리에 그대로 머물러 있었던 것은 그를 다시 살리기 위함이었습니다. 바로 이것이 그가 즉시로 달려와 주기를 바랐던 마리아와 마르다의 소망에 대한 참된 응답이었습니다. 하나님이 우리에게 어떤 것을 주시는 방법은 먼저 우리 안에 그에 대한 열망을 불어 넣으시고 그 다음에 그 열망에 응답하는 것입니다. 그러므로 열망 즉 바라는 것은 이루어지는 것의 예언입니다. 그 바라는 것이 하나님의 뜻을 따른 것이라면 말입니다. "주리고 목마른" 자에게는 먹을 것과 마실 것이 주어질 것입니다. 종종 우리가 진정으로 무엇을 바라는지 잘 알지 못하는 경우도 있습니다. 그럴 때 우리는 그러한 열망을 말로 옮기는 데 오류를 범합니다. 그러나 우리의 기도를 들으시는 하나님은 기도 안에 있는 기도를 분별하실 수 있습니다. 그리고 종종 우리가 간구하는 것이 외양적으로는 거절되지만, 그러나 도리어 실질적으로 응답이 되는 경우도 있습니다. 우리가 이런 하나님께 기도할 수 있는 것이 얼마나 감사한지요.

23

아들과 함께 모든 것을
선물로 주시는 하나님

"자기 아들을 아끼지 아니하시고
우리 모든 사람을 위하여 내주신 이가
어찌 그 아들과 함께 모든 것을
우리에게 주시지 아니하겠느냐"

롬 8:32

우리는 여기에 아브라함이 이삭을 제물로 드리는 창세기의 이야기가 암시되어 있는 것을 알 수 있습니다. 여기에서 "아끼다"에 해당되는 히브리 단어를 번역하기 위해 바울은 70인경에서 사용된 것과 동일한 단어를 사용합니다. 아브라함이 아들 이삭을 제물로 드리는 놀랄 만한 믿음의 행동과 하나님이 자기 아들을 세상에 주시는 엄청난 선물 사이에는 유비관계(analogy)가 존재합니다.

이제 그와 같은 유비관계에 따라 여기의 말씀을 살펴보도록 합시다.

1. 첫째, 하나님이 아들을 내어주신 신비한 행위를 생각해 보십시오.

좀 특이하기는 하지만 그리고 신적 성품의 엄위하고 추상적인 개념과는 거리가 먼 것 같기는 하지만, 그러한 유비관계는 우리에게 아버지가 아들을 세상의 구주로 보내실 때 아브라함의 마음을 그늘지게 했던 고통과 상실 비슷한 감정이 하나님의 마음을 스치고 지나가는 것을 암시하는 것처럼 보입니다. 우리가 아는 대로 단순히 주는(give) 것이 아니라 내어주는(give up) 것이 사랑의 최고의 면류관이며 영광입니다. 우리가 하나님의 본질을 충분히 아노라고 누가 감히 말할 수 있겠습니까? 우리는 이렇게 말합니다. "나는 값없는 것으로는 하나님께 드리지 않을 것이라." 본문 말씀에 언뜻 나타나는 희미한 암시 앞에 조용히 머리를 숙입시다. 그러면 이어서 하나님이 우리에게 이렇게 말씀하십니다. "나는 값없는 것으로 너희에게 주지 않을 것이라." "자기 아들을 아끼지 아니하시고" ― 하나님은 우리를 위해 자기 아들을 내어주셨습니다.

그러나 많은 사람들이 가상적이며 증명되지 않은 것이라고 여기는 것은 그대로 내버려두고, 보다 확실한 근거를 갖고 있는 본문의 다른 말씀을 살펴보도록 합시다. 그리고 내어줌의 실재가 어떻게 신비한 영원 속에서 아버지와 아들을 함께 결합시키는 긴밀한 결속에 의해 강조되고 있는지 주목하십시오. 아브라함에게서와 같이 하나님의 경우에도 ― 아브라함과 이삭은 단지 물에 비친 희미한 그림자일 뿐입니다 ― 아들은 자기 아들 곧 '그 자신의'(His own) 아들입니다. 본문의 말씀을 공정하게 해석한다면, 우리는 여기의 '그 자신의'(His own)라는 형용사에다가 가장 높고 신비로운 의미를 부여해야 합니다. 그것은 단순히 메시야에 상응하는 것일 수 없으며, 또한 순전한 성품과 긴밀한 교제에 있어 하나님과 유사한 자를 단지 의미할 수 없습니다. 왜냐하면 그 단어에 놓인 강조점과 ― 영어에서보다도 헬라어에서 이 단어가 더욱 분명하게 강조되어 있습니다 ― 강력한 유비관계는 본질의 공유와 관계의 유일성과 다른 어떤 것과도 비교할 수 없는 밀접한 친밀성을 가리킵니다. 그러므로 우리는 그러한 내어줌의 크기를 아버지와 아들의 장엄하며 밀접한 유대로부터 평가해야 합니다. "이제 한 사람이 남았으니 곧 그가 사랑하는 아들이라 최후로 이를 보내며 이르되 내 아들은 존대하리라 하였더니"(막 12:6).

또 여기에서 내어줌이 얼마나 크게 강조되고 있는지 주목하십시오. 그것은 긍정문과 부정문으로 되어 있는 이어지는 두 절에 잘 나타납니다.

"자기 아들을 아끼지 아니하시고 우리 모든 사람을 위하여 내주신 이가" — 이것은 아들을 죽음의 수치와 비밀로 확실하고 명확하게 내어준 것입니다.

또한 그러한 내어줌의 유일한 동기인 사랑과 은택이 "우리 모든 사람을 위하여"란 구절에 잘 나타나는 것을 주목하십시오. 하나님이 그와 같이 계획하시고 결정하신 유일한 이유는 우리의 축복을 위한 것이었습니다. 그것이 어떤 방법으로 우리의 선을 위해 작동되는지에 대한 설명은 여기에 제시되지 않습니다. 바울 사도는 지금 그것을 장황하게 논할 필요를 느끼지 않습니다. 지금 그의 목적은 아들을 내어주도록 이끈 하나님의 동기를 강조하는 것입니다. 전체 인류에 대한 위대한 사랑의 고동(鼓動)이 우리가 그것을 미처 알기도 전에 그와 같이 아들을 내어주는 신적 의지를 작동시킨 것입니다.

그러면 바울은 이와 같이 아들을 내어주는 신비한 행위를 어떻게 깨닫게 되었을까요? 하나님이 아들을 내어주는 놀라운 사건으로부터 그리고 오직 그것으로부터만, 하나님 안에 있는 가장 깊은 것 위로 빛의 광채가 내려옵니다. 우리는 우리를 향한 그리스도의 무한한 사랑의 샘이 온전하게 나타나는 것으로서 그의 완전한 무아(無我)의 생애와 순전한 은택(恩澤)의 죽음을 생각하는 데 익숙해 있습니다. 또한 우리는 예수 그리스도의 사랑뿐만 아니라 하나님의 사랑이 우리에게 나타나는 것으로서 그리스도의 사명과 죽음을 생각하는 것에 익숙해 있습니다 — 왜냐하면 "하나님이 그리스도 안에서 세상과 화해"하셨으며 "나를 본 자는 아버지도 보았느니라"는 말씀처럼 그가 자신의 생애와 인격 속에서 자신의 신성을 계시하셨다고 우리가 믿기 때문입니다. 우리가 그리스도의 사랑과 관련하여 도출하는 모든 결론은 그 자체가 하나님의 사랑이라는 것입니다. 그렇지만 우리의 본문은 그 문제를 매우 다른 관점에서 바라보면서, 우리로 하여금 그리스도의 사명과 희생에서 하나님의 사랑이 크게 나타나는 것을 볼 것을 가리킵니다. 그것은 "하나님이 그리스도 안에" 있기 때문만이 아니라 또한 우리를 위해 아들을 내어주는 것이 아버지의 뜻이었기 때문입니다(아버지의 뜻은 아들의 뜻과 다르지만 그러나 조화를 이루는 것이었습니다). 우리는 그리스도의 사랑에서 하나님의 사랑을 본다고 말할 뿐만 아니라 또한 "하나님이 세상을 이처럼 사랑하사 독생자를 주심"으로써 우리가 그를 통해 생명을 얻도록 하셨다고 말해야만 합니다.

하나님의 사랑을 나타내는 것으로서 그리스도의 사랑의 이러한 다양한 국면들은 우리의 생각과 완전하게 조화를 이룰 수 없을는지 모릅니다. 그러나 그러한 다양한 국면들은 하나로 결합되며, 그 모든 것들 때문에 "우리가 아직 죄인 되었을 때에 하나님께서 우리에 대한 자기의 사랑을 확증"하셨습니다. 우리는 아들을 내어준 아브라함뿐 아니라 아무 저항도 하지 않은 무죄한 이삭도 생각해야 합니다. 그는 그리스도께서 십자가를 지신 것처럼 번제에 쓸 나무를 등에 지고 나무더미에 결박되는 것을 기꺼이 받아들였습니다. 그는 자신의 수족을 묶은 줄뿐 아니라 순종과 순복의 줄에 결박되었습니다. 이와 같이 두 사람 모두 안에 나타난 하나님의 사랑의 계시 앞에서 우리는 고개를 숙여야만 합니다.

2. 그러므로 둘째, 아들을 내어주신 하나님에게 그와 함께 다른 모든 것을 주는 것은 얼마나 쉬운 일이겠는지 생각해 보십시오.

"어찌 그 아들과 함께 모든 것을 우리에게 주시지 아니하겠느냐?" 이와 같이 바울에게는 웅장한 질문에 긍정적으로 대답하기 위해서 하나님의 마음은 변할 수 없으며 그의 계획은 영원히 동일하다는 것을 믿는 믿음이 필요합니다. 우리도 그와 같이 믿는다면, 다음과 같은 결론이 필연적으로 따를 것입니다. "그 아들과 함께 모든 것을 우리에게 주시지 않겠느냐?"

정말 그렇습니다. 왜냐하면 큰 선물은 작은 선물을 포함하기 때문입니다. 억만 금을 준 사람이 고작 동전 한 푼을 아끼겠습니까? 만일 당신이 다이아몬드를 준다면, 그것을 담을 상자까지도 기꺼이 줄 것입니다. 하나님의 선물에서는 작은 것이 큰 것을 따를 것입니다. 사람이 무엇을 원하든 그가 원하는 것은 하나님에게 있어 자기 아들을 주는 것보다는 훨씬 작은 것입니다.

우리는 두 종류의 선물을 주는 방식이 원문(原文) 속에서 아름답게 대조되고 있는 것을 볼 수 있습니다(역본에서는 이러한 아름다운 대조가 잘 드러나지 않습니다). "freely give"(값없이 주시지 않겠느냐 — 한글개역개정판에는 freely가 특별히 나타나 있지 않음 — 역주)라고 번역된 표현은 주는 행동에 은혜와 즐거움이 있음을 암시합니다(참고로 KJV의 본문은 다음과 같음, He that spared not his own Son, but delivered him up for us all, how shall he not with him also freely give us all things? — 역주) 하나님은 차마 줄 수 없는 것을 주셨습니다. 그런 그분이 더 작은 것을 주시지 않겠습니까? 그것이 무엇이든지 말입니다. 그것을 주는 것이 그의 기쁨인데 말입니다. 보다 큰 것은 작은 것도 포함합니다.

더욱이 이 하나의 큰 선물(즉 아들을 주신 것)은 다른 모든 작은 선물들을 이끌어냅니다. 왜냐하면 만일 작은 선물을 주는 것이 없다면, 더 큰 선물을 주신 목적 역시 이루어질 수 없기 때문입니다. 하나님은 시작한 것을 끝마치지 못하는 어리석은 건축자가 아닙니다. 그는 자신이 가진 것을 잘못 계산하지도 않으며, 요란하게 시작했다가 부족하여 중단함으로써 스스로를 어리석은 자로 만드는 분도 아닙니다. 사람들은 큰 집을 짓다가 지붕을 올리기 전에 중단하기도 합니다. 그러나 하나님은 자신의 능력을 알고 계획을 세웁니다. 하나님은 먼저 자기 아들이라는 가장 큰 선물을 주셨습니다. 그런 하나님이 더 작은 것들을 주지 않음으로써 처음에 행한 큰 일을 스스로 헛되게 만들겠습니까? 그리스도 역시도 다른 곳에서 똑같은 변론을 합니다. 바울은 말합니다. "하나님이 그리스도 안에서 기초를 놓으셨느니라." 여러분은 하나님이 그 일이 완성되기 전에 중단할 것이라고 생각합니까? 그리스도께서 말씀하셨습니다. "너희 아버지께서 그 나라를 너희에게 주시기를 기뻐하시느니라"(눅 12:32). 여러분은 하나님이 거기로 가는 도중에 여러분에게 떡과 물을 주지 않을 것이라고 생각합니까? 하나님이 자기 병사들을 아무 준비 없이 보내시겠습니까? 병사들이 행군하는 도중에 양식과 각종 물품이 떨어지겠습니까? 왕의 자녀들이 먹고 마실 것이 부족하여 서로 빼앗고 다투도록 내버려둠을 당하겠습니까? 그것은 하나님이 행하시는 방법이 아닙니다. 선한 일을 시작하는 그는 또한 그 일을 마치실 것입니다. 하나님이 여러분과 나에게 자기 아들을 주셨다면, 그분은 또한 우리에게 모든 이차적이며 부수적인 축복들을 주실 수밖에 없습니다. 왜냐하면 그래야만 아들을 주신 일이 온전케 될 수 있기 때문입니다.

그리고 이 큰 축복은 필연적 귀결로서 다른 모든 더 작고 이차적인 선물들을 이끌어당깁니다. 그것은 실제적 의미에서 우리가 그리스도를 영접할 때 모든 것이 그 안에 포함되고 소유되기 때문입니다 — "그 아들과 함께." 바울은 아들을 주는 것이 다른 모든 작은 선물들을 주는 것을 필연적으로 동반한다고 말합니다. 이를테면 예수 그리스도는 큰 '풍요의 뿔'(Cornrcopia-어린 제우스에게 젖을 먹였다는 염소의 뿔)입니다. 그것으로부터 우리가 구하는 대로 모든 필요한 것들이 공급될 것입니다. 이 샘으로부터 사람들이 필요로 하는 대로 젖과 포도주와 물이 흘러나옵니다. 그리스도가 우리에게 주어졌을 때, 그와 함께 모든 것들이 또한 주어집니다. 왜냐하면 그리스도는 모든 것의 상속자이며, 우리는 그 안에서 모든 것을 소유하기 때문입니다. 그것은 마치 변장한 왕자와 결혼한 어떤 시골 처녀와 같습니다. 결혼식이 끝난 이튿날 그녀는 한 나라의 왕자 비가 된 자신을 발견하게 될 것입니다. "자기 아들을 아끼지 아니하시고 우리 모든 사람을 위하여 내주신 이가 어찌 그 아들과 함께 모든 것을 우리에게 주시지 아니하겠느냐."

그러므로 형제들이여, 그 큰 선물(즉 아들을 주신 것)은 하나님의 마음을 밝혀 주는 '조명의 실재'(illuminating fact)임과 동시에 그의 행동을 이해하게 하는 '해석의 실재'(interpreting fact)입니다. 오직 하나님의 선물로서 그리고 하나님이 행하신 모든 일을 설명하는 자로서 그리스도를 견고하게 붙잡고 있을 때만 우리는 예로부터 인간의 고통의 신비와 관련하여 사람들의 마음을 괴롭혀 왔던 난처한 질문들에 직면할 수 있게 됩니다. 만일 우리가 하나님이 우리에게 자기 아들을 주셨음을 인식한다면, 모든 것은 그 큰 선물로 인하여 최소한 어렴풋한 섬광이 나타날 것입니다. 그리고 우리는 그리스도를 내어준 것이 하나님의 다른 행동들을 강제하는 '강요의 실재'(constraining fact)인 것을 깨닫게 될 것입니다. 자기 아들을 아끼지 않고 내어주신 하나님이 세상에 선하지 않은 것을 주심으로써 스스로의 행동에 상반되게 행하시겠습니까?

3. 이제 마지막으로, 우리 자신의 믿음 및 행동과 관련하여 이러한 사상으로부터 파생되는 한두 가지 실제적 문제들을 살펴보도록 합시다.

첫째, 우리는 그와 같은 두 종류의 선물의 상대적 중요성과 관련한 우리의 평가를 올바로 세워야 합니다. 한 쪽에 그리스도께서 홀로 서 계시며, 다른 쪽에 사람들이 좋아하는 모든 축복과 즐거움들이 모여 있습니다. 그러나 후자의 모든 것은 단지 부수적인 것일 뿐입니다. 그것들은 모두 "또한"(also, 한글개역개정판에는 also가 명확하게 나타나 있지 않음)으로 뭉뚱그려집니다. 그것들은 단지 거대한 금덩어리로부터 떨어진 금 부스러기들에 불과합니다. 그것들은 단지 그가 얼마나 심원하며 참된 가치를 갖고 있는가를 보여주는 외적 증표일 뿐입니다. 그가 주된 위치를 차지하며, 다른 것들은 이차적인 것들에 불과합니다. 우리는 얼마나 자주 주된 것과 부수적인 것의 위치를 뒤바꾸곤 합니까? 여러분은 세상의 모든 재물과 즐거움과 안일과 형통을 "또한"으로 뭉뚱그릴 수 있습니까? 여러분은 그것들을 그리스도의 결과로서 기꺼이 이차적 위치에 놓을 수 있습니까? 여러분은 무엇을 위해 가장 주리며 목말라합니까? 여러분은 무엇을 위해 가장 열심히 수고합니까? "너희는 먼저 그 왕과 그의 나라를 구하라 그러면 이 모든 것들을 너희에게 더하시리라."

우리는 이와 같은 차원에서 슬픔조차도 그리스도의 선물 가운데 하나임을 배울 수 있습니다. 우리의 본문은 언뜻 보면 단순히 풍성한 지상의 복을 약속하는 것처럼 보일 수 있습니다. 그러나 이어지는 말씀을 보십시오. "환난이나 곤고나 박해나 기근이나 적신이나 위험이나 칼이랴." 이것들은 바울이 하나님이 자신과 자기 형제들에게 주실 것으로 예상했던 "모든 것"

의 일부입니다. 그는 이 모든 것을 바라보며 말합니다. "모든 것이 합력 하여 선을 이루느니라." 그리고 그 모든 것 안에서 우리는 넉넉히 이기는 자가 될 수 있습니다. 만일 아들을 주신 것에 이어 단지 세상 재물의 달콤한 것들만 뒤따른다면, 그것들은 우리가 지금까지 말해 온 그 큰 선물의 초라한 결과에 불과할 것입니다. 그러나 여기에 우리가 놓쳐서는 안 되는 중요한 요점이 있습니다. 그것은 하나님이 우리에게 모든 것을 주셨기 때문에 우리는 그러한 모든 것을 그의 사랑의 선물로 그리고 그리스도 자신의 선물로 받아들여야 한다는 사실입니다. 무지한 구경꾼에게 지혜로운 의사는 모순적 방법으로 행동하고 있는 것으로 보일 수 있습니다. 그는 어느 순간 날카롭고 번쩍이는 칼로 상처를 잘라낸 후 다음 순간 그 상처를 조심스럽게 꿰맵니다. 그러나 그의 상반되는 것처럼 보이는 두 행동의 목적은 하나입니다.

지구는 매일같이 자전함으로써 찬란한 일출과 애수에 찬 일몰을 만들어 냅니다. 또한 공전을 통해 따뜻한 여름날과 살을 에는 겨울날이 교차됩니다. 이와 같이 하나님의 방법은 여러 가지지만, 그러나 그의 목적은 하나입니다. 길은 목적지를 향해 뻗어 있습니다. 그러나 때로 어둡고 습기 차며 답답한 터널을 지나기도 하며 때로 오솔길을 어떤 때는 푸른 풀밭을 지나기도 합니다. 하나님의 목적은 항상 사랑입니다. 때로 하나님이 손을 거두시기도 하지만 그것 역시 우리에게 주시는 은혜의 선물입니다. 그리고 슬픔 역시도 슬픔의 사람(the Man of Sorrows, 곧 그리스도)을 통해 우리에게 오는 은택(恩澤)의 일부입니다.

또 이를 통해 우리는 매우 고요하고 평화로운 믿음으로 살아야 함을 배워야 합니다. 우리는 땅을 위해서보다 하늘을 위해, 가까운 축복들을 위해서보다 먼 축복들을 위해 하나님을 의지하는 것이 훨씬 더 쉽다는 사실을 발견하곤 합니다. 많은 사람들이 자기 영혼은 하나님의 손에 맡기지만 그러나 내일의 양식을 위해서는 주저합니다. 왜 그럴까요? 그것은 더 큰 것에 대해 실제로 하나님을 믿지 않기 때문이 아닐까요? 그렇기 때문에 더 작은 것에 관해 그를 믿지 못하는 것이 아닐까요? 그것은 우리가 실제로 큰 것보다 작은 것을 더 많이 원하기 때문이 아닐까요? 하나님이 모든 것을 주신다는 평온한 믿음으로 살아갑시다. 하나님은 영원을 위해 주시는 것처럼 또한 내일을 위해 주십니다. 하나님은 하늘을 위해서와 마찬가지로 땅을 위해서도 주십니다.

둘째, 여러분이 하나님의 큰 선물을 받았다는 사실을 분명하게 확신하십시오. 하나님은 그것을 온 세상에 주셨습니다. 그러나 오직 믿음으로 받아들이는 자만이 그것을 받습니다. 사랑하는 형제들이여, 여러분은 그 선물을 가지고 있습니까? 우리 주위에는 믿음을 고백하는 많은 수의 그리스도인들이 있습니다. 그들에게 나는 다음과 같은 질문을 던지고자 합니다 — 당신은 실제로 그리스도를 당신 자신의 것으로 가지고 계십니까? "너희가 어찌하여 양식이 아닌 것을 위하여 은을 달아 주며 배부르게 하지 못할 것을 위하여 수고하느냐"(사 55:2). 여러분이 세상의 좋은 것들을 움켜쥐기 위해 얼마나 힘써 싸우며 다투며 땀을 흘리며 안달하는지 보십시오. 하나님은 마치 장터에 서서 공짜로 금화를 나눠주는 어떤 사람과 같습니다. 그런데 아무도 그것을 받으려고 하지 않습니다. 왜냐하면 사람들은 그것이 진짜 금화일 리가 없다고 생각했기 때문입니다. 그리하여 하나님은 이렇게 한탄하며 탄식합니다: 내가 하루 종일 온갖 선물을 가득 들고 손을 뻗치고 있는데 아무도 쳐다보지 않는도다.

"오직 하나님 한 분만을 구하는 자들에게
 주어지는 것은 오직 하늘이라"

하나님이 자기 아들을 주셨습니다. 그의 희생을 믿는 겸손한 믿음과 성령으로 그를 영접하십시오. 그리고 그와 함께 하십시오. 그러면 그가 여러분들에게 모든 것을 값없이 주실 것입니다.

24
넉넉히 이기는 자

"그러나 이 모든 일에 우리를 사랑하시는 이로 말미암아

우리가 넉넉히 이기느니라"

롬 8:37

바울의 이와 같은 승리의 외침을 충분히 이해하고 느끼기 위해서는 우리는 이것이 앞의 질문에 대한 부정적 대답이라는 사실에 주목해야 합니다. "누가 우리를 그리스도의 사랑에서 끊으리요 환난이나 곤고나 박해나 기근이나 적신이나 위험이나 칼이랴"(35절). 바울은 여기에서 우리를 대적하는 여러 가지 이질적인 것들을 한 덩어리로 뭉뚱그립니다. 이것들은 모두 우리에게 해악을 끼치는 것이라는 점 외에는 다른 공통점이 없습니다. 여기에 우리를 대적하는 모든 요소들을 다 망라시키려고 한다든지 혹은 그것들을 성격에 따라 분류하려고 하는 따위의 시도는 존재하지 않습니다. 다만 바울은 우리를 대적하는 여러 가지 것들을 되는 대로 열거하면서, 그 모든 것들이 우리를 예수 그리스도로부터 단절시키는 일에 전적으로 무력함을 웅변으로 증거합니다. 질문 자체가 그에 대한 대답이지만, 그러나 우리는 그 대답을 좀 더 상세하게 살펴볼 필요가 있습니다. "결코 그럴 수 없느니라! 이와 같은 무력한 것들은 결코 우리를 그리스도의 사랑에서 끊을 수 없느니라"라고 직설적으로 대답하는 대신 그는 이렇게 대답합니다. "결코 그럴 수 없느니라! 이 모든 것들이 우리를 둘러싸 삼키려 한

다 할지라도 '우리는 넉넉히 이기느니라.'" 여기에서 바울은 대적하는 것들로 효력을 발휘하지 못하게 하기 위해서는 먼저 어떤 것이 필히 전제되어야 함을 분명하게 제시합니다. 그와 관련하여 다음과 같은 세 가지를 간략하게 살펴보도록 합시다. 첫째, 사랑의 무력한 원수들, 둘째, 사랑의 넘치는 승리(우리가 넉넉히 이기느니라), 그리고 셋째, 우리로 승리케 하는 사랑.

1. 첫째, 사랑의 무력한 원수들.

여기에서 바울은 대적하는 것들을 생각나는 대로 열거합니다. 그는 "환난"이라는 모든 것을 포괄하는 가장 넓은 의미의 단어로부터 시작합니다. 그리고 나서 다양한 형태의 괴로움을 의미하는 "곤고"를 언급한 후, 계속해서 그리스도를 위해 사람들로부터 당하는 해악인 "박해"를 열거합니다. 이어 그는 순전히 육체적인 해악인 "기근"과 "적신"을 열거합니다. 그리고 마지막으로 사람을 대적하는 "위험"과 "칼"을 제시합니다. 이와 같이 바울은 논리적 순서 따위는 무시한 채 이러한 단어들을 열거합니다. 그리고 그것들을 그리스도의 사랑과 비교할 때 무력하고 아무것도 아닌 것으로 여기면서 조소합니다.

우리는 여기에서 바울이 그리스도어 대한 우리의 사랑이 아니라 우리에 대한 그리스도의 사랑을 지적하고 있는 사실에 주목해야 합니다. 또 우리가 그의 사랑을 지각하는 것조차도 그에게 있어 중요한 문제가 아닙니다. 중요한 것은 오직 그리스도가 우리를 사랑한다는 사실 그 자체입니다. 그의 질문은 단순히 이것입니다: 세상어 어떤 사람에 대한 그리스도의 사랑을 멈추게 할 수 있는 어떤 해악이 있는가? 앞에서 말한 바와 같이, 이러한 질문은 그 자체가 곧 대답입니다. 두 가지가 서로 다른 영역에 속해 있습니다. 공동의 영역은 존재하지 않습니다. 하나는 세상의 낮은 영역에서 움직이며, 다른 하나는 영원의 심연에 거합니다. 세상에서 우리를 공격하고 괴롭히는 것들이 우리에 대한 그리스도의 사랑을 멈추게 할 수 있다고 생각하는 것은 안개가 햇빛을 소멸시킬 수 있다고 생각하는 것이나 땅에 있는 것들이 하늘에 해악을 끼치며 하늘을 어둡게 할 수 있다고 생각하는 것과 마찬가지입니다.

물론 우리는 그러한 것들의 가공할 힘을 간과해서는 안 됩니다. 그러한 것들은 우리를 많은 것들로부터 끊을 수 있습니다. 그러한 것들은 우리를 기쁨으로부터, 소망으로부터, 그리고 우리가 삶 속에서 바라는 거의 대부분의 것들로부터 끊을 수 있습니다. 그것들은 우리를 속살까지 벗길 수 있지만, 그러나 그 속살을 건드릴 수는 없습니다. 겨울의 추위는 꽃을 시들게 하고 줄기를 마르게 하며 시냇물을 얼려 물이 흐르는 아름다운 음악소리를 멈추게 할 수 있습니다. 그러나 그것은 뿌리에 있는 생명은 건드리지 못합니다.

이와 같이 이 모든 외적 고통들은 외적 생명을 억압하며, 즐거움과 소망을 잃어버리게 만들며, 사람들로 극심한 어둠과 고독 속에 빠지게 만들 수 있습니다. 그러나 그것들은 우리와 그리스도를 묶는 은밀한 띠는 조금도 건드리지 못합니다. 또한 그것들은 우리를 향한 그의 사랑의 물결에 아무런 영향도 미치지 못합니다. 그러므로 우리는 그것들과 정면으로 부딪치면서 웃으며 다음과 같이 말할 수 있습니다.

모든 것을 게걸스럽게 삼키는 시간이여,
이 넓은 세상에서 그리고 모든 사라지는 달콤한 것들 가운데
네가 하고자 하는 일을 해볼지어다.

"내 육체와 마음은 쇠약하나 하나님은 내 마음의 반석이시요 영원한 분 깃이시라"(시 73:26).

그리스도께서 여러분 곁에 계시는 한 여러분은 과도하게 두려워할 필요가 없습니다. 우리의 소망이신 그리스도께서 여전히 여러분에게 신실한 약속을 말씀하시는 한 여러분은 낙망할 필요가 없습니다. 또 자신들이 그리스도의 변함없는 사랑 안에 있음을 느끼는 자들에게 세상은 결코 어둡거나 외롭지 않을 것입니다. "환난이나 곤고나 박해랴?" — 이 모든 일에

"우리를 사랑하시는 이로 말미암아 우리가 넉넉히 이기느니라." 사랑하는 형제들이여, 우리가 모든 일 즉 밝고 즐거운 일뿐 아니라 어둡고 슬픈 일까지도 이와 같은 방식으로 바라보는 것이 바로 그리스도인의 시각입니다. 비록 외적 축복들이 거두어진다 할지라도, 그것이 그리스도와 교제하는 삶의 거룩함과 감미로움을 해하지는 못합니다. 마찬가지로 외적 축복들이 주어진다 할지라도, 그것이 그리스도와 교제하는 삶의 거룩함과 즐거움을 크게 더하거나 빛나게 하는 것도 아닙니다. 우리는 그런 것들이 거두어지는 것에 당당하게 직면할 수 있으며 또 그런 것들을 소유하는 것을 탐할 필요도 없습니다. 왜냐하면 우리는 그리스도 안에서 모든 것을 가지고 있기 때문입니다. 그리스도의 사랑 없이 세상의 모든 외적 축복들을 갖는 것보다 차라리 세상의 외적 축복들은 갖지 못한다 할지라도 그리스도의 사랑을 갖는 것이 훨씬 더 우리를 복되게 합니다. 그러므로 세상은 ― 주는 것으로든지 거두는 것으로든지 ― 우리가 정말로 필요로 하는 것 즉 그리스도의 사랑을 온전히 소유하는 것을 결코 훼방하지 못합니다.

지금까지 살펴본 것처럼 이 모든 원수들은 우리에 대한 그리스도의 사랑의 실재를 가로막는 데에는 아무런 힘도 갖지 못하지만, 그러나 우리가 그와 같은 사랑을 의식하며 지각하는 데에는 매우 강력한 힘을 갖습니다. 우리는 종종 고통과 슬픔 속에서 그의 임재의 확신을 잃어버리거나 혹은 세상의 거짓된 달콤한 약속들에 매혹을 당하는 등의 구덩이에 빠질 수 있습니다. 환난은 우리로부터 그리스도의 사랑을 벗겨 내지는 못하지만 그러나 우리의 지각을 어둡게 하여 태양을 보지 못하도록 할 수는 있습니다. 반면 세상의 즐거운 것들은 잠시 우리의 마음을 부요케 할 수는 있지만 그러나 자칫 우리로 그리스도의 임재를 사모하는 것을 잃어버리게 만들 수도 있습니다. 그러므로 우리는 우리를 슬프게 하며 괴롭게 하는 것들의 무력성(無力性)을 과장해서는 안 됩니다. 도리어 그것들 가운데 실제적 위험이 있다는 사실을 분명하게 인식해야 합니다. 그것은 세상의 슬프고 고통스러운 것들뿐만 아니라 세상의 축복된 것들도 마찬가지입니다.

2. 둘째, 사랑의 넘치는 승리.

여기에서 바울이 상당히 고양되고 흥분된 심령으로 말하고 있는 것을 주목하십시오. 그는 "우리가 승리자"라는 단순한 표현으로는 결코 만족하지 못합니다. 만일 그 승리가 간발의 차이로 겨우 얻어진 것이라면, 그러한 승리는 매우 초라한 것이 될 것입니다. 그러나 우리의 승리에는 우리 안에서 승리하신 그리스도의 권능과 상응하는 어떤 것이 있어야만 합니다. 그럼으로써 우리의 승리는 넘치는 승리가 될 것입니다. 바울이 앞에서 열거한 것들은 우리를 대적하며 훼방하기는커녕 도리어 우리를 돕는 것들이 됩니다. "넉넉히 이기는 자"(more than conquers, 승리자 이상의 사람들)란 표현은 대적하는 원수가 정복되어 같은 편 혹은 돕는 자로 바뀌었음을 의미하는 것으로 보입니다. 아메리칸 인디언들은 적을 도끼로 찍어 죽이면 그의 힘이 자신에게로 온다는 미신을 갖고 있습니다. 이와 같이 우리가 모든 고난과 시련을 올바로 감당하고 극복할 때, 그것들은 우리를 더욱 강한 자로 그리고 예수 그리스도께로 더 가까이 나아가도록 만들어 줍니다.

또한 우리의 승리는 적을 친구로 만드는 넘치는 승리일 뿐만 아니라 또한 우리가 싸움 가운데 있는 동안 얻은 승리라는 사실을 주목하십시오. 그것은 우리가 모든 전쟁의 소리가 그치는 하늘에서 승리자가 될 것이라는 것이 아닙니다. 그것은 지금 여기에서 죽음을 무릅쓰고 싸워 얻은 승리입니다. 만일 지금 여기에서의 승리가 없다면 장차 하늘에서의 궁극적 승리 역시 없을 것입니다. "우리는 우리를 사랑하시는 이로 말미암아 넉넉히 이기는 자(more than conquers, 승리자 이상의 사람들)가 될 것입니다."

이러한 '넘치는 승리'와 관련하여 우리는 다음과 같은 사실을 확신할 수 있습니다. 즉 만일 여러분이 세상으로 하여금 여러분이 그리스도의 사랑을 누리는 것을 더 풍성하게 하도록 만든다면, 여러분은 세상을 이기는 것입니다. 바로 그것이 삶에 있어서의 실제적 승리, 유일한 실제적 승리입니다. 사람들은 이 땅에서의 '승리'에 대하여 말하면서, 그것을 자신들이 원하는 것을 이루는 것을 의미하는 것으로 사용합니다. 자신들이 계획하고 목적한 세상의 어떤 좋은 것을 얻었을 때, 그들은 '승리했다'고 말합니다. 그러나 그것은 기독교적 승리의 개념이 아닙니다. 우리로 하여금 예수 그리스도의 사랑의 진실함과 감미로움을 더욱 강렬하게 느끼도록 만드는 모든 것은 결국 우리에 의해 정복된 것들이며 우리의 최고의 선을 위해 '돕는 것들'이 될 것입니다. 반면 우리와 그리스도 사이를 가로막음으로써 그의 얼굴빛을 가리고 또 우리로 하여금 그의 사랑을 덜 바라고 덜 확신하며 덜 만족하게 만드는 모든 것은 요컨대 그것이 우리를 정복한(이긴) 것입니다. 세상의 모든 해악들(evils)은, 만일 그것이 우리를 그리스도께로 데려가며 우리로 그분께 더욱 착념하도록 이끌며 그의 사랑의 감미로움을 더욱 풍성하게 누리도록 이끈다면, 그것들은 우리의 친구와 동료로 바뀐 것입니다. 그것이 바로 승리, 유일한 승리입니다. 세상이 나로 하여금 그리스도를 붙잡도록 도왔습니까? 그렇다면 나는 세상을 이긴 것입니다. 내가 그리스도를 붙잡는 것을 세상이 느슨하게 만들었습니까? 그렇다면 세상이 나를 이긴 것입니다.

또 이러한 '넘치는 승리'는 우리가 의적 삶의 변화들을 어떻게 대하는지에 달려있다는 사실을 주목하십시오. 고난은 그 자체로 유익한 것이 아무것도 없습니다. 마찬가지로 그리스도인의 믿음에 대해 그 자체로 대적하는 것 역시 아무것도 없습니다. 어떤 고난이나 시련이 사람을 더 나은 사람으로 만들어 주는 것은 아닙니다. 마찬가지로 그것이 사람을 더 나쁜 사람으로 만들지도 않습니다. 그것은 오로지 우리가 그것을 어떻게 받아들이느냐에 달려있습니다. 지금 여러분 앞에 불어오는 바람을 여러분은 어떻게 받아들입니까? 그것을 어떻게 받아들이느냐에 따라 다시 말해서 여러분이 돛을 어떻게 세우며 키를 어떻게 붙잡고 나아가느냐에 따라 그 바람은 여러분을 목적지 항구로 데려다 줄 수도 있고 망망대해를 표류하도록 만들 수도 있을 것입니다. 여러 가지 고난으로 인해 평안한 정박지를 찾지 못한 채 망망대해에서 헤매는 자들도 있을 것이며, 자신들의 유익을 위해 다가온 시련들을 올바로 받아들이지 못함으로 인해 믿음과 평안이 산산이 깨어져버린 그리스도인들도 있을 것입니다. 모든 고난 가운데 가장 나쁜 것은 헛된 고난입니다. 만일 우리에게 예수 그리스도의 사랑의 실재를 가르쳐주지 않는다면, 그러한 고난은 모두 헛된 고난입니다.

3. 마지막으로, 우리를 승리자로 만들어주는 사랑을 주목하십시오.

바울은 여기에서 매우 뜨거운 마음으로 우리를 사랑하는 그리스도에 대해 말하고 있습니다. 그는 이렇게 질문합니다: "무엇이 우리를 그리스도의 사랑에서 끊을 수 있으리요?" 그의 대답은 바로 그 사랑이 우리를 더욱 견고히 붙잡는다는 것이었습니다. 이러한 예수 그리스도의 위대한 사랑으로 인해 우리를 그러한 사랑으로부터 끊어내려고 위협하는 것들이 도리어 우리로 그 사랑에 더 가까이 나아가도록 만들어주는 것이 될 것입니다.

여기에서 바울은 그리스도를 "우리를 사랑하는 이"로 언급하는데, 이러한 표현은 사랑의 위대한 본보기가 되는 어떤 한 사실 즉 그의 죽음을 분명하게 가리킵니다. 이와 같이 우리는 그리스도의 사랑이 우리를 도와 승리하게 했다고 말할 수 있는데, 그것은 그가 자신의 죽음으로써 우리의 모든 고난과 시련을 설명하기 때문입니다. 만일 우리에 대한 사랑이 그를 십자가에 못 박은 것이 사실이라면, 우리에게 오는 것은 사랑의 증표와 열매 외에 무엇이겠습니까? 십자가는 모든 환난의 열쇠입니다. 그리고 그것은 또한 모든 환난이 변함없는 사랑의 증표이며 도구임을 보여줍니다.

더 나아가 그리스도의 위대한 사랑은 우리를 도와 승리자가 되게 합니다. 그것은 그가 자신의 고난과 죽음 안에서 수고하며 무거운 짐 진 모든 자들의 동류(同類)가 되었기 때문입니다. 비록 거칠고 어둡고 외로운 길이라 할지라도 우리가 거기에서 가시에 찢기고 피의 흔적이 남아있는 그의 발자국을 본다면 그 길은 우리에게 새로운 모습으로 보일 것입니다. 만일 우리의 모든 고난 가운데 그도 함께 고난을 당하셨으며 또 그가 쓴 잔의 마지막 한 방울까지 다 마셨음을 깨닫는다면, 우리는 능히 모든 고난을 이길 수 있을 것입니다. 그가 그 잔에 입을 맞추셨습니다. 그러므로 그가 그 잔을 내밀며 "너희도 이것을 마셔라"라고 말씀하실 때, 우리는 움츠릴 필요가 없습니다. 우리의 슬픔과 고난 속에 그리스도께서 함께 하신다는 이 하나의 생각이 우리로 넉넉히 이기는 자(more than conquers)가 되게 할 것입니다.

마지막으로, 우리의 영혼을 죽으시기까지 사랑하신 자는 우리에게 강력한 힘 곧 모든 외적 일들까지도 그리스도의 완전한 사랑에 더욱 풍성하게 참여하는 데 도움이 되도록 만드는 힘을 전달해 줍니다. 우리를 괴롭게 하며 슬프게 만드는 모든 외적 일들은 우리를 그리스도로부터 멀리 떨어지게 만들려고 합니다. 이와 같이 세상으로 이끄는 것에 대한 반작용으로 우리는 더욱 힘 있게 그를 붙잡고 그를 더욱 가까이 해야 합니다. 이것은 제단의 뿔을 붙잡았지만 그러나 아무런 응답도 받지 못하는 그런 불쌍한 자의 모습입니까? 결코 그렇지 않습니다. 우리가 붙잡은 것은 결코 죽은 손이 아닙니다. 그것은 살아있는 손입니다. 그리고 우리가 그 손을 잡은 것보다 그 손이 우리의 손을 더욱 강하게 붙잡습니다. 우리가 모든 연약함 가운데서도 그리고 그 모든 원수들의 훼방 가운데서도 그와 함께 하는 것은 우리가 그를 붙잡고 있기 때문이 아니라 그가 우리를 붙잡고 있기 때문입니다. 우리 자신이 그리스도를 내던져 버리지 않는 한 그 모든 원수들은 설령 다른 것들은 끊을 수 있을는지 모르지만 그러나 결코 우리를 그리스도로부터 끊을 수는 없습니다. 우리의 이김은 바로 여기에 있습니다. "또 우리 형제들이 어린 양의 피와 자기들이 증언하는 말씀으로써 그를 이겼으니(계 12:11)."

25
사랑의 승리자

"내가 확신하노니 사망이나 생명이나 천사들이나 권세자들이나 현재 일이나
장래 일이나 능력이나 높음이나 깊음이나 다른 어떤 피조물이라도
우리를 우리 주 그리스도 예수 안에 있는
하나님의 사랑에서 끊을 수 없으리라"

롬 8:38, 39

본문의 감격에 찬 선언은 복음이 "하나님의 의가 나타나 믿음으로 믿음에 이르게 하는" 것이며 따라서 "구원을 주시는 하나님의 능력"이라는 논거에 대한 긴 설명이 마지막 최고조에 이른 것입니다. 우리는 그의 논증의 처음과 마지막이 극적으로 대조되어 있는 것을 발견할 수 있습니다. 그의 논증은 인간의 죄성(罪性)과 하나님을 아는 지식의 왜곡이라는 우울하고 슬픈 이야기로부터 시작했다가 마침내 이와 같은 찬란한 승리의 탄성으로 종결됩니다. 그것은 마치 깊은 계곡이나 황량한 광야에서 시작된 강과 같습니다. 그 강은 깊은 협곡의 바위틈 사이를 지나면서 거품을 일으키며 요동을 치다가, 기름진 평야에 이르러 고요하게 흐르면서 찬란한 햇빛을 담뿍 받다가, 마침내 하나님의 사랑의 바다에 이릅니다.

우리는 인간의 본성에 대한 성경의 관점이 매우 어두운 것임을 앞에서 살펴보았습니다. 그러나 그것과는 별개로 인간의 도덕적 상태에 대한 성경의 관점은 다 어두운 것은 아닙니다. 만일 여러분이 성경을 전체적으로

살펴본다면 그러한 사실을 분명히 알 수 있을 것입니다. 물론 어떤 부분은 그것을 매우 어둡게 묘사하기도 하지만 말입니다. 예를 들어 인간이 어떤 존재인가와 관련하여 로마서 앞부분에서 그린 그림은 마치 렘브란트의 유화처럼 매우 어둡습니다(인간의 본성을 그린 최고의 화가는 바로 성경입니다). 그러나 이러한 주제와 관련한 성경 전체의 교훈을 얻기 위해서 우리는 인간이 어떤 존재인지에 대해서 뿐만 아니라 인간이 어떻게 될 수 있는지에 대해서도 성경의 관점을 신중하게 살펴야 합니다. 그러면 성경의 인간론이 어둡고 우울한 것이라고 누가 말할 것입니까? 나에게 있어 그와 같은 어둡고 우울한 관점은 어떤 나아짐도 생각할 수 없는 진정한 '절망의 복음'으로 보입니다. 정말로 기독교는 "선을 행하는 자는 없나니 하나도 없도다"로부터 시작합니다. 그러나 동시에 그것은 여기의 본문과 같은 찬란한 승리의 환호로 끝납니다.

우리는 여기에서 이제까지 제시된 위대한 말씀들이 너무도 장엄하게 종결되는 것을 보게 됩니다. 마치 그 절정에서 찬란한 왕관이 씌어진 것 같습니다. 우리는 본문 말씀을 이제까지의 모든 말씀들을 일소하거나 혹은 앙양시키는 개념으로 받아들이는 것을 조심해야 합니다. 여기에서 내가 하고자 하는 바는 매우 단순한 것입니다. 나는 다만 여기에서 바울이 우리를 대적하는 것들로서 열거하는 것들의 주목할 만한 순서를 제시하고자 할 뿐입니다. 우리는 본문에 나타난 순서대로 살핌으로써 그것의 풍성한 의미를 가장 잘 이해할 수 있게 될 것입니다.

1. 하나님의 사랑은 우리의 상태의 최고의 변화에 의해서도 영향을 받지 않습니다.

바울 사도는 온 땅을 덮는 한 쌍의 상반되는 개념으로 이미 정복한 대적들의 목록을 열거하기 시작합니다 — "사망이나 생명이나." 무엇을 더 말할 필요가 있겠습니까? 분명 이 두 가지는 모든 것을 포괄합니다. 그렇지만 나중에 보게 될 것처럼 여기에는 우리가 좀 더 살펴보아야 할 것들이 있습니다. 이와 같이 사망과 생명이라고 하는 한 쌍의 대적들로 시작하는 것은 그것들이 한 쌍을 이루면서 온 땅을 덮고 있으며 우리 모두에게 일어날 수 있는 변화의 양 극단을 나타내기 때문일 것입니다. 하나는 이쪽 극단에 있고 다른 하나는 저쪽 극단에 있습니다. 만일 이 두 지점이 똑같이 하나님의 사랑에 가까이 있다면(둘 사이의 거리는 극단적으로 멀다 할지라도), 그 사이에 있는 어떤 지점도 그 사랑으로부터 결코 멀리 떨어져 있을 수 없을 것입니다. 만일 우리가 경험할 수 있는 가장 극단적 변화가 하나님의 사랑이 우리 위에 있다는 사실 혹은 우리가 그 사랑을 가질 수 있다는 사실을 깨닫는 데 조금의 걸림돌도 되지 않는다면, 그것보다 덜 극단적인 변화들이야 무슨 걸림돌이 될 수 있겠습니까? 우리는 바울의 이와 같은 사상을 그의 다른 말씀 속에서도 똑같이 발견할 수 있습니다. "우리가 살아도 주를 위하여 살고 죽어도 주를 위하여 죽나니"(롬 14:8). 모든 상황 속에서 심지어 사망과 생명이라고 하는 가장 큰 변화 속에서조차 우리가 그를 따른다는 사실은 동일합니다. 우리에 대한 그의 사랑은 그러한 가장 큰 변화조차도 아무것도 아닌 것으로 만들어 버립니다. 그렇다면 그것보다 훨씬 더 작은 일들이야 우리에 대한 그의 사랑에 무슨 영향을 끼칠 수 있겠습니까?

어떤 별의 거리는 지상의 서로 다른 지점에서 관찰했을 때 그것의 위치가 어떻게 달라지느냐 하는 것으로 측정됩니다. 그러나 하나님의 사랑의 위대한 빛은 생명의 한 여름에 보든지 사망의 한 겨울에 보든지 머리터럭만큼도 움직이지 않습니다.

물론 이러한 태도 속에는 불멸에 대한 믿음이 내포되어 있습니다. 사망은 영혼의 본질적 생명에 아무런 영향도 끼치지 못할 뿐만 아니라 그 영혼에 하나님의 사랑이 흘러넘치는 것에도 아무런 영향을 끼치지 못합니다. 그것은 단지 상태와 상황의 변화일 뿐 그 이상은 아닙니다. 하나님은 사망의 진토 속에서도 우리를 잃어버리지 않습니다. 길에 떨어진 낙엽은 사람들의 발에 밟혀 흙과 뒤엉켜 사람의 눈에 구별할 수 없게 됩니다. 그러나 하나님은 그 잎이 생명의 나무에 달려 있을 때와 마찬가지로 사망의 땅에 떨어져 흙과 뒤엉켜 있을 때에도 똑같이 아십니다.

이러한 생각은 사람의 경험 가운데 가장 슬픈 국면인 사망의 경험과 얼마나 아름답게 대조됩니까! 사망은 우리를 모든 것으로부터 끊어냅니다. 사망은 우리의 손을 가장 친밀하고 사랑하는 이들로부터 끊어내며, 관절과 골수를 쪼개며, 영혼과 육체를 분리시키며, 모든 습관과 관계와 업무로부터 떠나게 하며, 모든 교제와 교우관계를 단절시킵니다. 그러나 사망의 "무시무시한 가위"가 끊을 수 없는 하나의 끈이 있습니다. 그것은 하나님의 사랑의 끈입니다. 우리를 꽉 붙잡고 있는 하나님의 손을 사망의 메마른 손가락이 풀려고 애를 쓰지만 그러나 그것은 헛된 노력입니다. 끊어내는 자인 사망은 도리어 연합시키는 자가 됩니다. 사망은 우리를 "하나님에게로 데려갈 수 있도록" 세상으로부터 끊어냅니다. 살아있는 동안에는 우리에게 한 방울씩 스며들어왔던 사랑은 죽음으로 홍수와 같이 우리에게 쏟아 부어집니다. "내가 확신하노니 사망이나 생명이나 우리를 우리 주 그리스도 예수 안에 있는 하나님의 사랑에서 끊을 수 없으리라."

2. 하나님의 사랑은 영적 존재들로 인해서도 옮겨지지 않습니다.

계속해서 바울은 "천사들이나 권세자들이나"라고 말합니다(KJV에는 "nor angels, nor principalities, nor powers" 즉 "천사들이나 정사들이나 권세자들이나"로 되어 있음 ─ 역즈). 여기에서 우리는 우리 자신에게 영향을 끼치는 상태로부터 우리를 초월하는 살아있는 존재들에게로 옮겨 갑니다. 여기의 표현은 무엇을 의미하는 것일까요? 어떤 한정어 없이 사용될 때, 이러한 표현은 거의 예외 없이 선한 천사들과 하나님의 보좌 앞에 있는 축복받은 영들의 계급을 의미합니다. 그러므로 이것은 사람들을 하나님으로부터 끊어내려고 애쓰는 악한 영들과는 아무 관련이 없습니다. 여기의 가정(假定)은 실제로는 불가능한 것입니다. 구원의 상속자가 될 자들을 섬기도록 보냄 받은 이러한 영들이 어떻게 자신들의 사명을 잊어버리고 그들을 하나님의 사랑으로부터 끊어내고자 하겠습니까? 도리어 그들에게 하나님의 사랑을 전달해 주는 것이 그들의 가장 큰 기쁨인데 말입니다. 바울은 그것이 불가능한 가정이란 사실을 잘 알고 있습니다. 그렇지만 바로 그러한 불가능성이 그의 결론에 더욱 강력한 힘을 부여해 줍니다. 우리는 이와 비슷한 예를 "하늘로부터 온 천사라도 그가 전파한 것과 다른 복음을 전파하면 저주를 받을" 것이라는 그의 또 하나의 불가능한 가정 속에서 잘 볼 수 있습니다.

여기에서 우리 영혼과 하나님 사이의 관계에 대한 제 3자의 완전한 무력성(無力性)을 발견할 수 있습니다. 우리는 오로지 하나님과만 관계를 갖습니다. 인격성의 한 특성인 개별성(individuality)은 하나님에 대한 우리의 관계 속에서 그 최고의 표현이 나타납니다. 거기에 제 3자는 아무런 힘도 갖지 못합니다. 물론 그들은 실제로 우리를 하나님께로 더 가까이 이끌든지 아니면 더 멀리 떨어지게 만들 수 있는 조언과 격려, 제의나 유혹, 가르침이나 거짓말 등을 할 수 있습니다. 그러나 그 모든 사실들에도 불구하고, 모든 것은 우리 자신의 가장 깊은 존재의 개별적 행동에 달려 있습니다. 사람이나 천사는 그와 같은 행동들로 우리에게 어떤 영향을 끼칠 수 있지만 그러나 그것은 단지 외부적인 것일 뿐입니다. 예전의 어떤 신비주의자들은 기도를 "고독한 영혼이 하나님께 날아가는 것"으로 묘사했습니다. 또 우리의 청교도 선조들이 말했던 것처럼, 하나님과 영혼은 서로 관계를 맺어야 합니다. 마치 우주에 다른 아무 존재도 없고 오직 그들 둘 만이 있다는 듯이 말입니다. 천사들(angels)과 정사들(principalities)과 권세자들(powers)은 기쁜 마음으로 우리를 바라보며 서 있을는지 모릅니다. 그들은 여러 가지 방법으로 축복과 보호의 일을 수행하고 있을는지 모릅니다. 그러나 하나님과 영혼을 연합시키는 결정적 문제에 관하여는, 그들은 그것을 수행할 수도 없고 막을 수도 없습니다.

천사들이 그런 것처럼 우리 주위의 사람들 역시 그러합니다. 그들이 우리를 해하는 능력에는 한계가 있습니다. 그들이 우리를 비방함으로써 우리로 사람들의 사랑을 잃어버리게 만들 수 있을는지 모릅니다. 그리고 우리와 사랑하는 사람들 사이의 관계를 이간시킬 수 있을는지 모릅니다. 그들은 중상하는 입술과 미움의 독화살로 우리를 헐뜯고 괴롭게 할 수 있을는지 모릅니다. 그러나 그들이 할 수 없는 일이 하나 있습니다. 그들은 우리 주위에 벽을 세우고 우리로부터 여러 가지 즐거운 일들을 빼앗을 수는 있지만 그러나 하늘로부터 내려오는 감미로운 권능을 차단하기 위한 혹은 우리로 하늘을 바라보지 못하도록 막는 지붕은 덮을 수 없습니다. 우리 자신 외에는 어느 누구도 우리와 하나님 사이에 끼어들 수 없습니다.

또 하나님의 보좌 주위에 있는 축복 받은 영들은 우리로부터 하나님의 사랑을 빼앗거나 가로채지 않습니다. 그들은 "큰 무리"를 이룬 채 하나님의 보좌 주위에 모여 있습니다. 그들은 하나님과 가까이 있으며 또 그 수가 헤아릴 수 없이 많음에도 불구하고 자신들을 지나쳐 우리에게 내려오는 그 사랑을 가로막지 않습니다. 많은 무리 속에서 그리스도의 옷깃에 손을 댄 가련한 여인처럼, 우리는 모든 무리를 통과하여 하나님께 우리의 손을 뻗을 수 있습니다. 아니, 그보다도 하나님이 당신의 강한 손을 우리에게 뻗으시면서 우리를 고치시고 축복하십니다. 초청받은 모든 객(客)들이 하나님의 큰 식탁에서 배불리 먹을 것입니다. 어떤 사람을 얻었다고 다른 사람을 잃지는 않을 것입니다. 모든 무리가 풀밭에 앉아 마지막 오십 명의 마지막 한 사람까지 첫 번째 사람처럼 풍성하게 얻을 것입니다. "그들이 모두 먹고 배불렀더라." 그들 모두가 먹은 것보다 더 많은 것이 남을 것입니다. 이와 같이 왕의 나라에서는 모두가 풍성하게 먹을 것입니다. 그리고 아무도 다른 사람의 몫을 빼앗지 않을 것입니다. 이러한 치료의 샘은 그 치료하는 힘이 마르지 않을 것입니다. "나중 온 이 사람에게 너와 같이 주는 것이 내 뜻이니라"(마 20:14). "천사들이나 권세자들이나 우리를 우리 주 그리스도 예수 안에 있는 하나님의 사랑에서 끊을 수 없으리라."

3. 하나님의 사랑은 시간의 힘을 초월합니다.

우리와 하나님의 사랑 사이를 끊을 수 없는 것으로서 바울 사도가 다음으로 꼽는 것은 "현재 일과 장래 일"입니다. 본문의 배열은 매우 율동적입니다. 본문은 음악적 흐름뿐 아니라 수사학적 흐름까지도 담고 있습니다. 우리는 처음에 한 쌍의 상반적 개념을 살펴보았습니다(사망이나 생명이나). 그리고 삼중의 영적 존재들이 이어졌습니다(천사들이나 정사들이나 권세자들이나; angels, principalities, and powers — 한글개역개정판에는 "천사들이나 권세자들이나"로 되어 있음 — 역주). 이제 또 다시 우리는 한 쌍의 상반적인 개념을 보게 됩니다(현재 일이나 장래 일이나). 그리고 또 다시 삼중적 표현이 이어집니다(높음이나 깊음이나 다른 어떤 피조물이라도 — KJV에는 "능력이나"에 해당되는 단어가 없음 — 역주). 이러한 사실에 근거하여 우리는 전체를 크게 둘로 나눌 수 있습니다. 그리고 우리는 첫 번째와 두 번째가 좀 더 비슷한 경향을 갖고 있으며 세 번째와 네 번째가 또한 그러함을 알 수 있습니다. 시간과 공간이라는 두 신비한 개념은 인간의 모든 사랑에 숙명적으로 관련됨에도 불구하고 여기에서 무력(無力)한 존재로 묘사됩니다.

하나님은 모세에게 스스로를 "나는 스스로 존재하는 자"(I am that I am)로 계시하셨습니다. 그리고 말씀의 계시와 나란히 나타난 것이 불이 붙었으나 타지 않는 떨기나무의 상징이었습니다. 이것은 성경에서 이상(異像)이 나타나는 통상적 경우와 완전히 상반됩니다. 통상적인 경우, 이상은 먼저 실제적 형태로 나타나고 이어 그 이상의 의미를 설명하는 말씀이 나옵니다. 불이 붙었으나 소멸되지 않는 떨기나무의 이상은 흔히 오해되어 왔습니다. 그것은 대체로 이스라엘이 핍박의 뜨거운 풀무 속에서도 해를 입지 않고 존속될 것을 보여주는 것으로 받아들여져 왔습니다. 그러나 그와 같은 이상이 가르치는 것은 이스라엘의 존속뿐만 아니라 이스라엘의 하나님의 영원성입니다. 불이 붙은 떨기나무와 여호와의 이름은 스스로 기원한 존재, 스스로 결정하는 존재, 영원하며 쇠하지 않는 존재라는 같은 진리를 나타냅니다. 죽지 아니하시는 영원하신 하나님과 관련하여 불이 붙었으나 소멸되지 않는 떨기나무의 상징보다 더 나은 상징이 무엇이겠습니까? 하나님은 결코 다함이 없으며 그 빛이 꺼짐이 없는 하나님이십니다.

또한 이와 같은 하나님의 영원성은 단순한 형이상학적 추론에 불과한 것이 아닙니다. 하나님의 영원성은 사랑의 영원성입니다. 왜냐하면 하나님은 사랑이시기 때문입니다. 하나님 자신의 가장 깊은 존재로부터 흘러나오는 거대한 강줄기는 그침을 알지 못하며, 그것이 발원하는 깊은 샘은 결코 마르지 않습니다.

우리는 세상의 참되며 영원한 사랑에 대해서도 알고 있습니다. 그러한 사랑은 영혼 속으로 깊이 스며들어갑니다. 우리는 그와 같이 죽음보다 강한 사랑이 있음으로 인해 하나님께 감사해야 합니다. 그러한 사실은 우리로 하여금 하나님의 변치 않는 사랑의 영원성을 더 쉽게 받아들일 수 있게 합니다. 그러나 동시에 우리는 변할 수 있는 사랑도 알고 있습니다. 또한 우리는 모든 사랑은 결국 소멸될 수밖에 없다는 사실도 알고 있습니다.

그렇다면 우리에게 결코 변하지 않고 소멸되지도 않는 사랑이 있다는 사실은 얼마나 축복된 것입니까! 세상의 사랑을 녹슬게 만들기에 충분한 '천 년'을 '하루'처럼 바꾸실 수 있는 자에게 그리고 우리의 사랑을 아주 조금밖에는 나타낼 수 없는 '하루'를 '천 년'이 되게 하실 수 있는 자에게, 과거와 현재와 미래는 모두 동일한 것입니다. 하나님은 우리에게 언제나 오늘입니다. "야곱의 하나님은 우리의 피난처시라." 하나님의 돌보심과 인도하심에 대한 과거의 모든 이야기들은 오늘 우리의 삶 속에서 똑같이 반복될 수 있습니다.

그러므로 우리는 과거의 모든 축복들을 현재 속으로 끌어올 수 있으며, 불확실한 미래에 잠잠히 직면할 수 있으며, 그것이 우리로부터 하나님의 사랑을 빼앗아갈 수 없음을 확신할 수 있습니다.

우리의 헛되이 움켜쥐려고 하는 손으로부터 무엇이 빠져나가든지, 우리의 마음이 그의 사랑 안에 머물러 있는 한 그것은 아무것도 아닙니다. 현재 일이든 장래 일이든 그것은 하나님의 사랑을 바꾸지도 못하고 옮기지도 못합니다. 황폐되고 시들어지며 멀어지고 식어지며 노화되고 썩는 등의 끊임없는 변화의 모든 흐름을 바라보면서도 우리는 옛 성도들의 승리의 노래를 소리 높여 부를 수 있습니다. "여호와께 감사하라 그의 선하심과 인자하심이 영원함이니라."

4. 하나님의 사랑은 어디에나 현존합니다.

마지막으로 바울은 다음과 같은 삼중의 대적하는 것들로써 자신의 목록을 마무리합니다 — 높음이나 깊음이나 다른 어떤 피조물이라도. 앞의 항목이 시간의 무력성(無力性)을 선언하는 것이라면 지금의 항목은 공간의 무력성을 선언하는 것입니다. 높음이나 깊음, 그것은 아무것도 아닙니다. 하나님의 사랑은 방사(放射)적인 사랑으로서 그 자체로 사방으로 방사되며 흩어집니다. 그것은 위로나 아래로나 동일합니다. 그것의 중심으로부터의 거리는 하늘에서 제일 높은 곳이나 하늘에서 제일 낮은 곳이나 동일합니다.

또 앞의 항목이 영원성의 개념과 관련되는 것이라면 이번 항목은 편재성의 개념과 관련되는 것입니다. 편재성의 개념은 쉽게 이해되기 어려운 측면이 있으며, 죄 가운데 있는 영혼에게는 그다지 유쾌한 개념이 아닙니다. 그럼에도 불구하고 그것이 사랑의 편재성으로 확장되면서 그것은 마치 아침 햇살에 빛나는 장엄한 바위 절벽처럼 아름답고 영광스럽게 빛납니다. "하나님이여 주께서 나를 보고 계시나이다"란 말씀은, 만일 보고 계시는 하나님이 단지 의로운 재판장일 뿐이라면, 우리에게 가혹하고 두려운 말씀일 수 있습니다. 감옥에 갇혀 있는 어떤 죄수에게 있어 만일 간수가 보이지 않는 구멍을 통해 자신의 일거수일투족을 지켜보고 있다고 생각한다면 그의 마음이 어떻겠습니까? 우리는 어떤 사람이 시편 139편의 다음과 같은 장엄한 말씀을 읽을 때 그와 비슷한 마음을 가질 수 있을 것이라고 충분히 예상할 수 있습니다: "내가 하늘에 올라갈지라도 거기 계시며 스올에 내 자리를 펼지라도 거기 계시니이다"(8절). 또 "내가 주의 영을 떠나 어디로 가며 주의 앞에서 어디로 피하리이까"란 말씀을 읽을 때, 그는 오싹해지는 기분을 느낄 수도 있을 것입니다(시 139:7). 그러나 지금 우리가 읽고 있는 로마서의 본문은 얼마나 다른 느낌을 줍니까? "높음이나 깊음이나 우리를 하나님의 사랑에서 끊을 수 없으리라."

하나님의 사랑의 거대한 바다에서 우리는 살고 움직이며 우리의 존재를 갖습니다. 그리고 바다 한 가운데 부유(浮游)하는 말미잘처럼 우리는 하나님의 사랑의 바다에서 부유합니다. 그 바다의 물소리가 항상 우리 귀에 그리고 우리의 위와 아래와 주위에 있으며, 강력한 물결이 항상 우리 곁에 있습니다. 우리는 무자비한 모습으로 그 손을 무릎 위에 올려놓고 무심코 사막을 바라보는 애굽의 신들처럼 우리를 바라보는 이방 신의 응시(凝視) 앞에 위축될 필요가 없습니다. 하나님의 사랑의 편재성은 그와 같은 것이 아닙니다. 우리는 사랑의 편재성(遍在性)이나 우리의 모든 것을 아는 전지성(全知性)을 두려워할 필요가 없습니다. 도리어 우리는 면류관을 받고 "영원히 그와 함께 있게" 되는 날이 올 때까지 우리가 그의 임재 앞에 있다는 사실을 즐거워하며 하루 종일 그의 얼굴의 빛 가운데 행하기를 바랄 뿐입니다.

하나님의 사랑이 이러한 모든 대적하는 것들을 이긴다는 사실을 깨달을 때, 우리 역시도 그것들을 주관하는 주인이 되어서 그것들이 던지는 각종 시험들을 이길 수 있는 힘을 얻게 될 것입니다. 그것들은 도리어 우리의 종이 됩니다. 그리고 우리로 하나님의 사랑에 더욱 견고하게 연합되도록 돕는 것이 될 것입니다. 그러므로 우리는 사망의 두려움으로부터 그리고 삶에 수반되는 각종 혼란들로부터 해방됩니다. 그러므로 우리는 보이지 않는 세계에 대한 미신적 두려움으로부터 그리고 사람에 대한 두려움으로부터 구원을 받습니다. 그러므로 우리는 현재에 매몰되는 것으로부터 그리고 미래에 대한 염려로부터 자유케 됩니다. 그러므로 우리는 어디서든 평안을 누릴 수 있습니다. 이 세상 어디든지 그곳은 우리에게 우리 아버지의 많은 집들 가운데 하나일 뿐입니다. "모든 것이 다 너희의 것이요 너희는 그리스도의 것이요 그리스도는 하나님의 것이니라"(고전 3:22, 23).

여기에서 한 가지 꼭 기억해야 할 것이 있습니다. 그것은 하나님의 이러한 사랑이 바울에 의해 "우리 주 그리스도 예수 안에" 있는 것으로 설명되고 있다는 사실입니다. 그것은 무한하며, 영원하며, 모든 곳에 스며드는 사랑입니다. 그러나 그것은 경로와 과정을 가지고 있는 사랑입니다. 그 사랑은 그것이 세상에 부어지는 경로와 과정을 가지고 있습니다. 그것은 혼돈의 우주 속에 흩어져 있는 빛처럼 희미하고 모호한 빛이 아닙니다. 그것은 낮을 주관하는 큰 빛이며 "나는 세상의 빛이라"고 말씀하신 자 안에 있는 빛입니다. 그리스도 안에서 하나님의 사랑은 하나로 모아지며, 구체화되었다가, 모든 죄인들과 주린 심령들에게 나누어집니다. 마치 불붙은 석탄들이 난로에 모여 집에 있는 모든 사람들에게 온기를 나누어 주듯이 말입니다. "하나님이 세상을 이처럼 사랑"하셨습니다. 그리고 다음이 무엇입니까? 많은 사람들은 여기에서 갑자기 마지막 부분으로 건너뛰면서, "영생"을 하나님의 우주적 사랑의 유일한 표현으로 간주합니다. 그러나 그리스도는 그렇게 말씀하지 않았습니다. 그러한 우주적 사랑의 궁극적 목적과 모든 사람들이 바라는 것 사이에 그리스도는 두 가지 조건을 끼워 놓으셨습니다. 하나는 하나님 편에서의 조건이고, 다른 하나는 사람 편에서의 조건입니다. 하나님의 사랑은 신적 행동과 인간의 응답을 통해 그것의 목적 즉 영생을 주는 것에 도달합니다. "하나님이 세상을 이처럼 사랑하사 독생자를 주셨으니 이는 그를 믿는 자마다 멸망하지 않고 영생을 얻게 하려 하심이라"(요3:16). 이와 같이 여러분과 나와 우리 모든 형제들을 위한 하나님의 모든 우주적 사랑은 "우리 주 그리스도 예수 안에" 있는 것입니다. 그리고 그리스도를 믿는 믿음이 우리를 그 사랑과 연결시켜 주며, 어떤 원수도 그 사랑의 끈을 끊을 수 없습니다. 아무리 큰 변화의 충격도 그 끈을 물어뜯을 수 없으며, 아무리 긴 시간도 그것을 썩게 할 수 없으며, 아무리 먼 거리도 그것을 파괴시킬 수 없습니다. "내가 확신하노니 사망이나 생명이나 천사들이나 권세자들이나 현재 일이나 장래 일이나 능력이나 높음이나 깊음이나 다른 어떤 피조물이라도 우리를 우리 주 그리스도 예수 안에 있는 하나님의 사랑에서 끊을 수 없으리라."

26
몸의 제물

"그러므로 형제들아 내가 하나님의 모든 자비하심으로 너희를 권하노니
너희 몸을 하나님이 기뻐하시는 거룩한 산 제물로 드리라
이는 너희가 드릴 영적 예배니라"

롬 12:1

로마서 전반부에서 바울은 거대한 교리 체계를 세웠습니다. 그러한 교리 체계는 비록 오랜 세월 방치되어 오기는 했지만 그러나 경건한 영혼들에게는 안식처 같은 것이기도 했습니다. 이제 그는 교리의 영역으로부터 실천의 영역으로 나아갑니다. 그는 전반부와 후반부를 "그러므로"라는 의미심장한 단어로 연결시키고 있는데, 그 단어는 바로 앞에서 이야기한 것을 되돌아보면서 동시에 지금까지 이야기한 것 전체를 되돌아봅니다. "하나님이 짝지어 주신 것을 사람이 나누지 못할지니라." 그리스도인의 삶은 그리스도인의 믿음과 불가분리적으로 연결되어 있습니다. 우리 선조들의 실수는 믿음과 실천 사이의 거리를 너무 멀리 떼어 놓은 것이었습니다. 그들은 정통적 믿음으로 충분하다고 생각했습니다. 반면 오늘날의 시험은 정확하게 반대쪽에 위치합니다. 어떤 학자는 "실천이 삶의 4분의 3을 차지한다"고 말합니다. 그렇습니다. 그러면 실천의 기초가 되는 나머지 4분의 1은 어떻게 되었습니까? 지금 바울이 제시하고 있는 방법이 올바른 방법입니다. 우리에게 계시된 하나님의 진리의 기초를 굳게 세우십시오. 그

리고 그 위에 올바른 삶의 집을 건축하십시오. 오늘날의 세대는 믿음의 영역과 실천의 영역을 분리시킨 채 가시로부터 포도를 그리고 엉겅퀴로부터 무화과를 얻으려고 하는 경향이 있습니다. 그릇된 사상이 어떻게 올바른 실천을 이끌 수 있겠습니까? "그러므로 형제들아 내가 하나님의 모든 자비하심으로 너희를 권하노니 너희 몸을 하나님이 기뻐하시는 거룩한 산 제물로 드리라."

바울은 실천적 교훈을 시작하면서 그것의 기초로서 쌍둥이와 같은 한 쌍의 훈계를 제시합니다. 하나는 지금 우리가 다루어야만 하는 것으로서 주로 외적 삶에 영향을 끼치는 것이고(1절), 다른 하나는 다음 절에 나타난 것으로서 주로 내적 삶에 영향을 끼치는 것입니다(2절). 바울의 교리적 교훈의 영에 취한 자들은 자기 몸을 산 제물로 드릴 것이며 또한 마음과 영이 새로워질 것입니다. 이와 같이 외적인 것과 내적인 것은 하나님의 이상(理想)에 접근하게 될 것이며, 그들은 모든 덕을 갖춘 자들이 될 것입니다. 그와 같은 두 가지 훈계(즉 12장 1절과 2절의 훈계)는 로마서 후반부의 실천적 교훈의 전체적 윤곽을 제시합니다. 그리고 이어지는 모든 세세한 명령과 훈계들은 그 윤곽을 구체적으로 채우는 것에 불과합니다.

1. 첫째, 본문은 외적인 삶 전체를 포괄하는 명령입니다.

우리는 여기에서 제물의 은유가 본문의 어법 전체를 관통하고 있는 사실을 주목해야 합니다. "제물로 드린다"는 표현은 제사를 집행하는 제사장의 행동을 나타내는 전문적 용어입니다. 우리는 여기에서 당시 유대인들과 로마인들에게 친숙했던 제사의식과 기독교적 참된 예배가 암묵적으로 대조되는 것을 볼 수 있습니다. 전자(前者)에 있어 대부분의 제물은 죽임을 당한 짐승들로 구성됩니다. 반면 오늘날 우리들의 경우 그것은 "산 제물"이 됩니다. 전자의 경우 제물은 신에게 드려지므로 그것은 신의 소유물이 됩니다. 그와 마찬가지로 기독교 예배에서도 제물은 예배자의 소유로부터 하나님의 사용을 위해 따로 구별됩니다. 바로 이것이 '거룩'이라는 단어의 의미입니다. 짐승으로 드리는 제물은 은유적으로 하나님께 올려지는 향기로운 냄새로 선언됩니다. 비슷한 방식으로 기독교적인 제물은 "하나님께 받으심직한" 것입니다. 또 짐승으로 드리는 제물은 순전히 외적이며 육체적인 것으로서 아무런 효력도 끌어내지 못합니다. 반면 우리의 제물은, 비록 몸으로 드리는 것이라 할지라도, 속사람의 행동입니다. 따라서 그것은 온당하며 영적인 제물입니다. 본문 끝 부분의 '예배'(service)란 단어는 제사적인 의미를 함축합니다. 왜냐하면 그것이 의미하는 바는 종이 주인을 섬기는 것이나 가사 일을 섬기는 것 따위가 아니라 제사장적 섬김이기 때문입니다. 이와 같이 그리스도인의 삶의 총체는 '제물'입니다. 이것은 다시 다음과 같은 두 가지 즉 자기를 부인하는 것과 하나님께 순복하는 것을 함축합니다.

바울은 내적 변화와는 상관없이 오로지 외적 변화만을 강조하는 천박한 도덕주의자가 결코 아니었습니다. 그는 외적 삶의 변화에 앞서 먼저 내적 변화가 우선되어야 함을 강조합니다. 제사장은 제물을 드리기에 앞서 먼저 자신을 정결케 해야 합니다. 마찬가지로 우리 역시도 외적 행동들이 하나님의 제단에 놓이기에 앞서 먼저 우리 본성의 가장 깊은 것이 그분께 성별되고 순복되어야 합니다. 바울은 내적 순복을 외적 순복으로 대체하는 실수를 범하지 않습니다. 그는 내적 순복이 선행됨을 분명하게 전제하는데, 우리는 그러한 사실을 그의 다른 말씀에서도 분명하게 볼 수 있습니다. "오직 너희 자신을 하나님께 드리며 너희 지체를 의의 무기로 하나님께 드리라"(롬 6:13). 그러므로 먼저 우리는 스스로를 내적으로 정결케 하는 제사장이 되어야 합니다. 그리고 나서 우리의 외적 삶을 가져다가 하나님의 제단 위에 놓아야 합니다.

본문의 위대한 명령을 여러 가지 다양한 측면에서 실제적으로 적용하는 것에 대해, 나는 여기에서 장황하게 논할 필요를 느끼지 않습니다. 다만 '제물'이 그리스도인의 삶에 있어 키워드가 된다는 사실을 마음에 새기는 것이 그것이 적용되는 여러 측면들을 논하는 것보다 훨씬 더 중요합니다. 그렇지만 그러한 것들을 어느 정도는 살펴볼 필요가 있습니다. 여기에서 바울이 하나님께 드리라고 말하는 '몸'과 관련하여, 우리는 그것을 다음과 같은 세 가지 방식으로 생각할 수 있습니다.

첫째, 몸은 외부로부터의 자극을 받아들이는 용기(容器)입니다. 거기에는 성별(聖別)을 위한 장(場)이 있습니다. 악한 것을 바라보는 가운데 패역하며 정욕적이며 감각적이며 더러운 욕망들을 마음에 불러일으키는 눈은 마침내 거룩한 율법을 깨뜨리는 도구가 됩니다. 그러나 보이는 것들 가운데 부정한 것으로부터 돌이켜 순전한 것을 즐거이 바라보는 눈, 보이는 것들 뒤에 가물거리는 희미한 빛을 분별하면서 그것을 통해 보이지 않는 영원한 것들을 바라보는 눈은 성별된 눈입니다. 오늘날 흔히 말하는 "예술을 위한 예술"은 실상 "육체를 위한 예술"을 의미하는 것일 뿐입니다. 오늘날 젊은이들의 눈을 번쩍이게 하면서 그 눈을 더럽게 하는 그림과 책과 여러 가지 종류의 볼 것들이 있습니다. 나는 여러분이 여러분의 마음의 창인 눈을 잘 지키기를 바랍니다. "내 눈을 돌이켜 허탄한 것을 보지 말게 하소서"(시 119: 37). 그와 마찬가지로 다른 감각들도 하나님과 긴밀하게 연결될 필요가 있습니다. 그것들이 우리를 마귀에게로 끌고 가지 못하도록 하기 위해서는 말입니다.

둘째, 몸은 외부로부터의 자극을 받아들이는 용기일 뿐만 아니라 또한 각종 욕구와 필요들을 가지고 있는 용기입니다. 그러한 몸의 각종 욕구와 필요들은 하나님과의 지속적 관계 속에서 만족되는 것들입니다. "기쁨과 순전한 마음으로 음식을 먹고 하나님을 찬미하는" 것은 그리스도인의 삶에 있어 얼마나 아름다운 일입니까? 그러나 우리의 육체적 삶의 이와 같은 특성들은 우리를 하나님께 대한 최고의 성별(聖別)로부터 수많은 다른 방향으로 이끄는 경향이 있습니다. 오늘날 무분별한 사치가 만연합니다. 또 젊은이들은 육체적 힘과 완전함에 대해 지나치게 큰 관심을 갖습니다. 또 사람들은 무절제하게 먹고 마십니다. 사람들은 물질적 안락을 얻고자 과도한 관심을 기울이는 가운데 각종 근심으로 영을 질식시키며 스스로를 물질의 노예로 만듭니다. 술 취함과 정욕으로 말미암는 타락이 있으며, 사람들로 하여금 숭고한 열망과 고귀한 사역을 가로막는 게으름이 있습니다. 그리고 이것들 외에도 수없이 많은 형태의 악이 있는데, 이에 대해서는 장황하게 논할 필요조차 없습니다. 이러한 모든 악들은 우리가 본문의 훈계를 마음에 둘 때 깨끗하게 치워질 것입니다: "그러므로 형제들아 내가 너희를 권하노니 너희 몸을 거룩한 산 제물로 드리라." 각종 욕망과 욕구와 육체의 필요들은 오직 하나님과의 관계 위에 정확하게 놓여야 합니다. 나는 자기 몸을 그대(you)라고 부르는 한 독일인 교장의 다음과 같은 말을 기억합니다: "나는 하루에 세 번 먹기 위해 그대와 함께 가노라, 그대는 하루에 세 번 기도하기 위해 나와 함끼 가야만 하노라." 몸을 순복시키십시오. 그리고 그것으로 영의 종과 벗이 되게 하십시오.

셋째, 뿐만 아니라 몸은 세상에서 일하기 위한 우리의 도구이기도 합니다. 그러므로 본문의 훈계는 머리와 눈과 혀와 손과 발 등을 매개로 하여 이루어지는 우리의 모든 활동들이 하나님께 의식적(意識的)으로 드려져야 하며 또한 제물로서 그의 제단 위에 놓여야 한다는 사실을 함축합니다. 이와 같이 우리의 모든 삶의 영역에서 이루어지는 하나님과의 관계는 모든 그리스도인들이 계속해서 증진시켜 나가야 하는 것입니다. 바울 사도는 "쉬지 말고 기도하라"고 말합니다. 본문의 훈계는 오직 우리의 행동이 하나님의 도우심에 의해, 하나님을 위해, 그리고 하나님과의 교제 안에서 행해지는 참된 예배가 될 때 이루어질 수 있습니다.

그러므로 사랑하는 형제들이여, 결국 핵심은 '제물'이 되는 것입니다. 그것은 우리의 감각에 근거해서 받아들인 결과와 우리의 욕구에 허락되는 탐닉과 우리의 필요를 위해 추구하는 만족과 하나님이 우리에게 맡긴 이 놀랄 만한 도구(몸)를 수단으로 우리가 행하는 모든 활동들과 관련하여, 육체를 다스리고 굴복시켜 하나님께 복종케 하는 것입니다. 이러한 것들이 본문의 훈계 속에 함축된 분명한 원리들입니다. "육체를 위하여 심는 자는 육체로부터 썩어질 것을 거두고." "내가 내 몸을 쳐 복종하게 함은." 몸은 선한 종이든지 악한 주인이든지, 둘 중의 하나입니다.

2. 둘째, 여기의 제사장적 예배와 다른 종류의 예배 사이의 관계를 주목하십시오.

나는 이에 대한 오직 한 가지만 말하고자 합니다. 바울은 제사의식을 평가절하하려고 의도하고 있지 않습니다. 다만 그는 지금 육체의 활동을 통해 나타나는 삶의 헌신이 그 본질에 있어 제단이나 제물 등의 상징적 예배보다 더 낫다는 것을 주장하고 있을 따름입니다. 매일의 삶이 의식(儀式)적인 예배보다 더 낫다는 원리는 오늘날의 일반적 경향과 합치됩니다. 그러나 그것은 의식적 예배가 전적으로 무시되는 경우에도 매일의 삶이 충분히 만족스러운 것으 받아들여질 수 있는지에 대해 묻는 것을 잊어버리고 말았습니다. 나는 참된 예배가 가톨릭이나 다른 성례주의적인 교회의 복잡한 형식이나 청교도와 비국교도의 단순함이나 퀘이커 교도들의 전적인 비형식성보다 훨씬 더 낫다고 믿습니다. 나는 최선의 예배가 매일의 삶의 다양한 활동들이 하나님의 제단 위에 놓이는 것이며 따라서 세속적인 것과 거룩한 것을 구별하는 것은 대부분의 경우 적절치 않은 것임을 믿습니다. 그러나 동시에 만일 여러분의 삶 속에 의식적 예배를 통한 영적 재충전과 안식과 기도의 만남이 없다면, 나는 여러분이 하나님과의 관련성을 거의 가질 기회가 없을 것이라고 믿습니다. 그러므로 사랑하는 형제들이여, 삶이 예배라면 의식적 예배도 또한 있어야만 한다는 사실을 기억하십시오.

3. 마지막으로, 본문의 포괄적인 훈계의 전체적 동기와 이유를 주목하십시오.

"내가 하나님의 모든 자비하심으로(by the mercies of God) 너희를 권하노니." 여기의 복수형(모든 자비하심, mercies)은 바울이 신적 은총의 전체적 장(場)에 대한 그의 관점을 확장시키고 있는 것을 의미하지 않습니다. 도리어 그는 로마서의 전반부가 웅변적으로 말하고 있는 하나의 포괄적 자비(mercy)를 생각하면서, 그것으로부터 흘러나오는 다양한 축복들을 생각하고 있는 것입니다. 사람으로 하여금 제물로서 스스로를 드리도록 이끄는 하나님의 자비들(mercies)은 그의 섭리에서 확산된 은총들(diffused beneficences)이 아니라 그의 아들의 인격과 사역 안에 있는 집중된 사랑(concentrated love)입니다.

삶 전체를 통해 주어지는 강력한 힘과 관련하여 우리가 호소할 수 있는 하나의 동기(動機)가 있습니다. 그리스도가 제물이 된 것이 우리의 몸의 제물이 드려지고 열납되는 것의 근거입니다. 왜냐하면 그것은 속죄와 정결을 위한 제물이며, 그 위에 우리의 열정적인 삶의 제물 즉 감사의 제물이 올려질 수 있기 때문입니다.

그것은 우리의 제물이 열납될 수 있는 근거일 뿐만 아니라 또한 우리의 제물이 요구되는 강력한 동기(動機)입니다. "너희 몸을 제물로 드리라"는 기독교의 가르침과 그와 유사한 다른 고상한 가르침들 사이에는 차이가 있습니다. 예전에 매우 순전하며 고상한 도덕주의자가 있었는데, 그는 세네카라 불리는 바울과 동시대 사람이었습니다. 그의 마음속에서 본문의 바울의 훈계와 똑같은 것이 계속해서 메아리쳤지만 그러나 그는 바울의 동기(動機)에 대해서는 전혀 알지 못했습니다. 그러므로 그의 훈계는 무력할 수밖에 없었습니다. 그의 훈계는 사람들의 마음을 움직일 수 있는 강력한 힘을 갖지 못했으며, 그의 고상한 가르침은 마치 광야에서 외치는 자의 소리와 같았습니다. 그가 가르치는 동안 로마는 도덕적 타락의 시궁창이었으며, 네로는 수많은 사람들을 살육하느라 광분하고 있었습니다. 이것은 언제나 그렇습니다. 자기 절제와 순전함 따위와 관련한 가르침이 있을 수 있습니다. 그러나 악하고 음란한 세대는 그러한 피리 부는 소리에 춤추려고 하지 않습니다.

시인 테니슨(Alfred Lord Tennyson)은 이렇게 노래합니다.

"위로 올라가라, 짐승을 쫓아버려라,
원숭이와 호랑이로 죽게 하라."

그러나 "위로 올라"가기에 우리는 너무나 무겁고 비둔합니다. 우리는 어떻게 짐승을 "쫓아낼" 수 있습니까? 우리 안에 있는 "원숭이와 호랑이"는 어떤 방법으로 죽여야 합니까? 바울은 말합니다. "하나님의 모든 자비하심으로." 우리의 의지와 마음속으로 들어온 그리스도의 은사(gift)가 우리의 완악함을 녹이는 힘이며 우리를 그것으로 이끄는 자석입니다.

형제들이여, 우리의 경험이 가르쳐 주는 것처럼 그리고 세상의 경험이 확증하는 것처럼, 다른 어떤 것도 우리 안에 있는 짐승을 묶고 그의 코에 갈고리를 꿰지 못할 것입니다. 그리스도의 사랑의 강제적 동기와는 달리, 사람들이 자신의 사나운 욕망을 묶으려고 하는 모든 줄은 귀신 들린 자의 손목에 묶인 쇠사슬과 같습니다 — "이는 여러 번 고랑과 쇠사슬에 매였어도 쇠사슬을 끊고 고랑을 깨뜨렸음이러라"(막 5:4). 그러나 시에 등장하는 아름다운 우나(Fair Una)가 사자를 데리고 다니는 비단 줄, 즉 사랑의 비단 줄이 강한 자를 묶고 우리로 하여금 스스로를 다스릴 수 있도록 만들어 줄 것입니다. 만일 우리가 그리스도의 제물에 우리 마음을 열면, 우리는 스스로를 감사의 제물로서 드릴 수 있게 될 것입니다. 만일 그리스도의 사랑으로 우리의 의지와 양심을 다스리게 한다면, 그는 우리의 의지와 양심에 우리의 육체를 다스리며 그것을 제물로 드릴 수 있는 힘을 부어주실 것입니다. 그리고 만일 우리가 바울이 제시하는 동기(動機)의 감화하는 힘 아래 살아간다면, 장차 우리의 비천한 몸이 그리스도의 영광의 몸의 모양으로 변화될 그 위대한 변화가 우리 안에서 시작될 것입니다. "너희는 너희 자신의 것이 아니라 값으로 산 것이 되었으니 그런즉 하나님의 것인 너희 몸과 영으로 그분께 영광을 돌리라."

27
위대한 변화

"너희는 이 세대를 본받지 말고 오직 마음을
새롭게 함으로 변화를 받아 하나님의 선하시고 기뻐하시고
온전하신 뜻이 무엇인지 분별하도록 하라"
롬 12:2

나는 앞에서 바울이 '그러므로'란 접속사를 매개로 교리적 부분으로부터 실천적 부분으로 이행(移行)했으며, 실천적 부분의 첫머리 즉 12장 1절과 2절에서 전체적 원리를 제시하고 이어 구체적 훈계와 충고들을 제시했음을 지적했습니다. 우리가 앞에서 살펴본 것처럼 그리스도인의 삶 전체를 아우르는 핵심적 단어는 '제물'인데, 그것은 스스로를 부인하며 하나님께 순복하는 것입니다. 비슷한 방식으로 바울은 여기에서 그리스도인의 삶에 있어서의 또 하나의 광범위한 포괄적 개념을 제시합니다. 어떤 측면에서 그것은 스스로를 순복시키는 것(self-surrender)이며, 또 어떤 측면에서 그것은 점진적 변화(growing transformation)입니다. 앞 절에서 우리는 내적 순복이 외적 제물에 선행한다는 사실과 이와 같이 하나님께 스스로를 순복함으로써 제사장으로 성별된 속사람은 그러한 내적 성별을 외적 제물로서 나타내도록 요구된다는 사실을 살펴보았습니다. 그와 마찬가지로 2절의 이어지는 훈계 속에서 내적으로 "마음을 새롭게 하는" 것이 외적 삶의 변화에 선행(先行)하는 것으로 간주됩니다.

우리는 여기에서 그리스도인의 삶이 어떠해야 하는지에 대한 또 하나의 포괄적 관점을 보게 됩니다. 그리스도인에게 있어 마땅히 행할 의무들의 윤곽이 본문의 세 가지 사상 속에 제시되고 있는데, 그것은 '새로워진 마음'과 '변화된 삶'과 '우리가 어떠해야 한다는 것에 대한 명확한 통찰력'입니다.

1. 첫째, 인격과 행위의 변화의 모든 기초가 마음이 새로워지는 것 위에 놓여있는 사실을 주목하십시오.

자기를 향상시키는 힘이 매우 좁은 영역에 제한되어 있다는 사실은 우리 모두가 매일같이 경험하는 바입니다. 어떤 사소한 습관을 고치려고 한다든지 길들여진 취미나 입맛 따위를 바꾸려고 할 때, 우리는 종종 굳게 결심하고 큰 노력을 기울임에도 불구하고 얻는 것이 거의 없음을 발견하곤 합니다. 어떤 성과가 나타난다 할지라도, 모든 나라의 잠언이 가르쳐주는 것처럼 그것은 정말로 너무도 작고 미약한 부분입니다. 로마인들은 말합니다: "너희는 창으로 본성을 쫓아낼 수 없느니라." 영국인들은 말합니다: "뼈 속에서 자란 것은 살 밖으로 나오지 않을 것이니라." 히브리인들은 말합니다: "구스인이 그의 피부를, 표범이 그의 반점을 변하게 할 수 있느냐?" 우리 모두는 이 질문에 대한 답을 압니다. 어떤 사람에게 있어 자신을 향상시키기 위해 극복해야 할 문제는 마치 베데스다 못가에 누워 있었던 가련한 중풍병자가 직면했던 문제와 비슷합니다. "만일 그가 걸을 수 있다면, 그는 자기를 걸을 수 있게 만들어줄 연못에 들어갈 수 있게 될 것입니다. 그러나 그가 고침 받기 위해 해야만 하는 일을 할 수 있기 전에 그는 먼저 고침을 받아야만 합니다." 매듭을 끊을 수 있는 유일한 칼이 있습니다. 예수 그리스도의 복음이 바로 그것입니다. 복음은 단순히 도덕을 다시 선포하거나 사람으로 하여금 의를 행하도록 새로운 자극과 동기를 부여해 주는 것이 아니라 사람들에게 그것을 행할 새로운 힘을 실제적으로 전달해 줍니다. 그것은 스스로 펼쳐지는 생명의 새로운 은사(gift)입니다. 마치 싹이 꽃으로 펼쳐지고 꽃이 열매로 펼쳐지는 것처럼 말입니다. 그것은 우리에게 새로운 열망과 기호(嗜好)와 삶의 방향을 부여해 주며 또한 우리의 모든 본성을 새롭게 합니다. 바울은 여기에서 이와 같은 변화의 시작은 존재의 가장 깊은 곳에서의 변화이며 그것은 내적 자아에 새로운 자극과 힘을 전달한다고 말합니다.

본문의 '마음'이란 단어는 모든 감정과 의지와 우리 본성의 모든 기능을 포괄하는 가장 넓은 의미로 사용된 것이라기보다는 보다 좁은 의미에서 어떤 사실들을 지각하고 인식하여 내 것으로 만드는 능력이나 힘 따위를 의미하는 것으로 보입니다. 그러므로 "마음을 새롭게 하는" 것은 생각을 바꾸는 것 혹은 새로운 일련의 관점들을 갖는 것 혹은 좀 더 좁은 의미로 새로운 일련의 깨우침들(convictions)을 갖는 것을 의미하는 것으로 보입니다. "대저 그 마음의 생각이 어떠하면 그 위인도 그러하다"(잠 23:7)는 말은 정말로 진리입니다. 우리의 인격(character)은 무엇이 선하고 악하며 무엇이 바람직하고 바람직하지 않은가에 대한 생각과 판단에 의해 대부분 형성됩니다. 바울이 여기에서 생각하고 있는 것은 근본적으로 기독교의 진리 체계가 어떻게 단순히 사람의 머리가 아니라 본성 전체를 바꾸고 변화시키는지와 관련된 것입니다. 우리 모두는 전에는 감추어 있었던 어떤 새로운 사실이 갑작스럽게 드러남으로써 삶 전체가 종종 혁명적으로 변화되곤 했음을 잘 알고 있습니다. 단일 우리가 본문의 다소 고어풍의 어법을 현대적인 명확한 문장으로 바꾼다면 이렇게 될 것입니다: "만일 여러분이 여러분의 인격(character)을 바꾸기를 원한다면, 여러분 마음의 깊은 깨우침(convictions)을 바꾸고 살아있는 실재로서 그리스도의 복음의 위대한 진리를 붙잡으십시오." 만일 여러분과 내가 우리가 말하고 믿는 것 즉 예수 그리스도께서 우리를 위해 죽으시고 다시 사셨으며 우리를 위해 성령의 은사를 부어주실 준비가 되어 있으시다는 사실을 정말로 믿으며 또 그리스도와 같이 되고자 정말로 사모하며 뜻한다면 그리고 그의 오른편에서 최상의 축복과 영원한 생명을 누릴 것을 바라보며 소망한다면, 어떻게 우리가 변화되지 못한 미약한 모습으로 계속해서 있을 수 있겠습니까? 여러분의 인격의 많은 부분을 형성하는 것은 여러분이 말하고 믿는 것이 아닙니다. 진리를 고백하는 것은 변화의 능력을 갖지 못합니다. 오직 그 진리를 영접하고 그것으로 먹고 마실 때 그 진리가 우리의 모든 인격과 성품을 혁명적으로 바꿀 수 있습니다.

그러므로 사랑하는 형제들이여, 우리의 본문이 — 비록 기독교적 향상의 방법을 분석하는 것임에도 불구하고 — 그 자체로서 하나의 완전한 명령이라는 사실을 기억하십시오. 만일 복음의 원리들이 인간의 삶에 변화의 힘을 작동시키는 것이 사실이라면, 다음을 본 설교 전반부의 실제적 결론으로 삼으십시오. 즉 우리가 말하고 믿는 모든 진리들과 계속해서 접촉하며, 그러한 진리들을 매일의 삶의 모든 활동에 철저히 적용시키라는 것입니다. 만일 어느 날 모든 것을 가져다가 우리가 고백하는 신조(信條)와 결합시킬 수 있다면, 우리는 전혀 다른 사람들이 될 것입니다. 여러분의 모든 생각이 행동이 되게 하십시오. 그리고 모든 행동을 생각과 연결시키십시오. 그리고 그것이 좀 더 기독교적인 것이 되게 하려면, 여러분의 신조 속에 본문의 명령과 무관한 것은 두지 마십시오. 그리고 여러분의 삶속에 이러한 명령에 의해 형성되는 것 외에는 아무것도 두지 마십시오. 모든 변화의 시작은 마음이 복음의 진리를 영접함으로써 혁명적으로 변화되는 것입니다.

2. 둘째, 변화된 삶을 주목하십시오.

계속해서 바울은 "변화를 받으라"고 명령합니다. 이 단어는 두 명의 복음서 기자가 우리 주님의 변화 이야기를 기록할 때 사용한 단어와 동일한 단어입니다. 내가 볼 때 여기의 명령을 주님의 변화 사건과 직접적으로 연결시키는 것은 지나친 억측으로 여겨집니다. 그렇지만 그것을 선한 그리스도인에게 열린 가능성에 대한 하나의 좋은 실례(實例)로서 되돌아보는 것은 충분히 가능한 일입니다. 그것은 위로부터 오는 것으로서 얼굴에서 특이한 광채를 발하는 변화지만, 그럼에도 불구하고 자신의 정체성을 그대로 유지하는 변화입니다. 우리의 경우에도 새로워진 마음으로부터 변화된 삶이 따를 것입니다. 그러나 그러한 변화는 그 얼굴이 해같이 빛나며

"세상에서 빨래하는 자가 그렇게 희게 할 수 없을 만큼" 그 옷이 광채가 났던 그리스도의 변화와는 다른 것입니다.

그것은 삶을 바꾸는 변화지만, 그러나 개인적 정체성의 의식이나 인격의 주된 경향과 흐름은 동일하게 남아 있습니다. 예수 그리스도의 복음은 우리 각자가 천부적으로 받은 개별성을 말살하거나 지우지 않습니다. 도리어 복음은 개별성을 더욱 고양시키고 강화시킵니다. 복음은 각각의 사람들을 다른 어느 누구도 아닌 더욱 철저한 자기 자신이 되게 합니다. 우리의 본성의 완성은 우리의 본성의 특성들을 끝까지 추구하는 가운데 발견됩니다. 그렇게 함으로써 거기에 다양성으로 인한 더 큰 조화가 있게 될 것이며, 우리 모두가 참여자가 되는 무한한 영광이 더 크게 반영될 것입니다. 그러나 기독교의 성별(聖別)에 의해 개별성이 남아있고 또 고양(高揚)되어야 함에도 불구하고, 변화는 우리의 삶 전체를 관통해야 합니다. 마치 여름의 태양이 겨울의 삭막하고 황량한 풍경을 푸르고 아름다운 풍경으로 바꾸는 것처럼 말입니다. 진홍색의 포도주 한 두 방울이 컵에 떨어져 물 전체에 은은하게 퍼지는 그와 같은 변화가 있어야 합니다. 우리 안에 계신 그리스도는, 만일 우리가 그에게 진실하다면, 우리로 하여금 더욱 우리 자신으로 그러면서 동시에 그리스도 예수 안에서 새로운 피조물로 만드실 것입니다.

또 그것은 모든 온전함의 모범이신 그리스도의 형상을 따르는 변화입니다. 우리는 동일한 틀을 따라 빚어져야 합니다. 우리 앞에는 두 개의 틀이 있습니다. 하나는 '이 세상'이고 또 하나는 '예수 그리스도'입니다. 우리는 무엇에 따라 빚어질 것인지 스스로 선택해야 합니다. "그것을 만든 자가 다 그것과 같으리로다"(시 135:18). 사람은 자기가 섬기는 신들을 닮습니다. 사람은 크게든 작게든 자기가 섬기는 우상과 같아집니다. 여러분은 여러분이 바람직하다고 생각하는 것을 점점 더 자신과 동화(同化)시켜나갈 것입니다. 그리스도는 그리스도의 사람들의 틀입니다. 그는 눈멀고 타락한 세상보다 더 나은 틀이 아닙니까?

또 그것은 갑작스런 변화가 아닙니다. 물론 여기의 변화의 기초가 되는 혁명적 변화는 순간적인 것일 수 있더라도 말입니다. 새로운 힘과 새로운 동기가 작동하는 것은 단순히 순간적 작업에 불과한 것이 아닙니다. 그것은 빵 덩어리 전체가 부풀 때까지 평생에 걸쳐 계속되는 작업입니다. 미카엘 안젤로(Michael Angelo)가 말한 것처럼, 조각(彫刻)은 부분들을 제거해 나가는 것을 통해 그 목적을 이루어 나갑니다. 마치 대리석 덩어리 속에 만들고자 하는 가상의 조각상이 숨어 있는 듯이 말입니다. 우리는 매일같이 본래의 형상을 가리고 있는 무익한 것들을 제거하는 작업을 수행해야 합니다. 어떤 때는 큰 망치와 끌로 세게 침으로써 큰 덩어리를 떼어내야 할 때도 있습니다. 또 어떤 때는 정교한 도구로 세밀하게 두드려야 할 때도 있습니다. 어쨌든 이러한 작업을 통해 점점 더 우리 자신을 그리스도의 온전한 틀에 일치시켜 나가야 합니다.

또한 형제들이여, 이러한 변화는 우리가 잠자는 동안 일어나는 마술적 변화가 결코 아니라는 사실을 기억하십시오. 그것은 우리가 매일매일 이루고자 힘써야 할 명령이면서 동시에 우리 스스로를 주님과 더욱 온전하게 동화(同化)시켜 나가야할 작업이기도 합니다. 우리는 매일같이 이렇게 물어야 합니다. "오늘의 나는 어제의 나보다 더 예수 그리스도를 닮았는가? 오늘 나의 마음을 새롭게 한 진리는 지난날의 그것보다 나를 더 강하게 붙잡고 있는가?"

그러나 이와 같은 적극적 명령은 단지 그러한 변화의 한쪽 측면에 불과합니다. 어떤 사람에게 그리스도를 닮은 새로운 형상이 새겨질 때, 우리는 그 과정을 또 다른 측면에서 바라볼 수 있습니다. 우리가 예수 그리스도와 같아진 분량만큼 우리는 과거에 형성된 옛 형상과 달라질 것입니다. 그러므로 바울은 말합니다. "너희는 이 세대를 본받지 말고 변화를 받으라." 이 말은 이 세대를 본받지 않는 것이 변화를 받는 것에 선행(先行)함을 의미하지 않습니다. 그것은 하나의 과정의 두 측면입니다. 그리고 둘 다 마음을 새롭게 하는 것으로부터 오는 것입니다.

나는 여기에서 이에 대해 간단하게만 다루려고 합니다. 여기의 '세대'의 의미는 요한이 즐겨 사용하는 '세상'이라는 단어의 의미와 본질적으로 동일합니다. 즉 그것은 "하나님과 분리된 것으로 특징지워지는 경건치 않은 사람들과 사물들의 총합"을 의미합니다. 바울의 시대를 말하는 '이 세대'는 또한 오늘날의 세대이기도 합니다. 의심의 여지없이 복음은 세상을 향기롭게 만듭니다. 의심의 여지없이 오늘날 영국에서의 평균적인 경건치 않은 삶은 로마제국에서의 평균적인 경건치 않은 삶보다 분명 낫습니다. 의심의 여지없이 오늘날 영국 사회에서 기독교적 삶의 방식과 관점은 널리 퍼져 있습니다. 그러나 세상은 여전히 세상이며, '이 세대'는 여전히 '이 세대'입니다. 오늘날 영국 사회에 기독교적 삶의 방식들이 있는 것은 사실이지만, 그러나 기독교 진리를 그 마음에 두지 않는 많은 사람들 사이에 그와 반대되는 것들이 많이 있는 것 역시 똑같이 사실입니다.

나는 여기에서 이 세대의 풍조와 관련하여 한 가지를 특별히 지적하고자 합니다. 오늘날 스스로 그리스도인이라 부르는 많은 사람들은 사물을 바라보는 방식이나 학문, 사회적 관습, 정치, 교역, 오락 등의 분야에서 비기독교 세상에 더 가까이 다가갈수록 그들은 더 '넓어지고' '편견을 초월'하게 된다고 생각합니다. 오늘날 청고도 정신은 신학의 영역에서 뿐만 아니라 삶과 행위의 영역에서도 매우 경시되고 있습니다. 오늘날 기독교 신앙을 고백하는 많은 사람들은 한 발은 길 위를 그리고 다른 발은 벼랑 끝을 딛고 있는 알프스 산맥의 노새들처럼 걷는 것을 큰 자랑거리나 되는 것처럼 생각합니다. 그와 같은 위험한 행보(行步)를 멀리 하십시오. 그러면 여러분들은 훨씬 더 안전해질 것입니다. 예수 그리스도와 그의 복음을 믿는 자와 그렇지 않은 자 사이에는 거대한 간격이 있습니다. 그것은 단순히 형식적 차이에 불과한 것이 아닙니다. 그리고 그리스도인의 믿음이 거짓된 것이 아닌 한, 양자(兩者)의 행동은 결코 같을 수 없습니다.

3. 마지막으로, 이러한 변화된 삶의 큰 상급과 면류관을 주목하십시오.

그와 같이 변화된 삶의 결말은 직각적이며 확실하게 하나님의 뜻을 지각하는 능력이 크게 증진되는 것입니다. 이것은 그 자체가 상급입니다. 나침판 주위로부터 혼란케 하는 쇳조각들을 치워버릴 때 비로소 그것이 올바른 방향을 가리키는 것처럼, 우리 주위로부터 판단을 혼란케 하는 것들을 치워버릴 때 우리는 하나님의 뜻을 분별할 수 있는 분명한 통찰력을 갖게 될 것입니다.

우리의 변화된 삶 속에 어려운 일들과 혼란케 하는 것들이 많이 있을 수 있습니다. 거기에는 이 땅의 약속이 없습니다. 변화된 삶으로부터 우리가 특별히 세상적 이익이나 지혜와 관련한 어떤 지침을 기대할 수 있는 것도 아닙니다. 그러한 모든 문제들은 여전히 우리 자신의 판단력과 상식을 사용하여 적당한 방식으로 결정되어야 합니다. 그러나 보다 높은 영역에서 선악을 분별하는 지식은 분명 축복된 상급이며 사람에게 주어질 수 있는 최고의 것들 가운데 하나입니다. 그리고 그는 마치 하나님의 아들처럼 하나님과의 완전한 교제를 갖게 될 것입니다. 그는 "항상 아버지를 기쁘시게 하는 일만을 행할" 것이며, 아버지는 그에게 자신이 행하시는 것들을 보여주실 것입니다. 자신이 해야만 하는 일을 아무 의심 없이 아는 것 그리고 그것을 행하는 데 아무런 머뭇거림이나 거리낌을 갖지 않는 것은 내가 보기에 이 땅에서 천국을 누리는 것이며, 그는 부족한 것이 아무것도 없는 자입니다. 그러므로 이것은 상급입니다. 우리가 오르는 산꼭대기는 우리 앞에 미지의 땅에 대한 더 넓고 분명한 전망(展望)을 열어줄 것입니다.

그러므로 형제들이여, 여기에 우리 자신을 변화시킬 수 있는 유일한 길이 있습니다. 먼저 진리와 접촉함으로써 우리 마음을 새롭게 하는 것입니다. 그러면 우리의 삶을 예수 그리스도의 형상으로 변화시킬 수 있게 될 것이며, 우리의 얼굴 역시 그와 같이 빛나고, 우리의 삶은 새롭고 고귀한 모습으로 바뀔 것입니다. 그리고 이 모든 것의 결과로서 우리는 보다 분명하고 심오한 통찰력을 갖게 될 것입니다. 이렇게 하여 우리 각자에게 다음과 같은 바울 사도의 약속이 이루어지게 될 것입니다. "우리가 다 수건을 벗은 얼굴로 거울을 보는 것 같이 주의 영광을 보매 그와 같은 형상으로 변화될 것이라"(고후 3:18).

28
지혜롭게 생각하라

"내게 주신 은혜로 말미암아 너희 각 사람에게 말하노니

마땅히 생각할 그 이상의 생각을 품지 말고

오직 하나님께서 각 사람에게 나누어 주신

믿음의 분량대로 지혜롭게 생각하라"

롬 12:3

우월함을 자임(自任)함이 없이 어떤 사람에게 충고나 조언을 하는 것은 어려운 일입니다. 그리고 만일 층고를 주는 자가 스스로를 그것을 받는 자와 동일시하지 않는다면 그리고 그러한 충고가 그 자신을 위한 법칙임을 보여주지 못한다면, 그것을 받아들이는 것은 어려운 일입니다. 바울이 여기에서 그렇게 합니다. 그는 로마의 그리스도인들에게 하나님을 모든 능력과 은혜를 주는 자로서 인식하는 기초 위에서 스스로 생각할 것과 "은혜를 따라 우리에게 주신 다양한 은사들"을 모두의 유익을 위해 신실하게 사용할 것을 당부합니다. 본문의 앞부분에서 그는 사도의 권위에 호소하여 자신의 훈계를 강화(强化)합니다. 그렇지만 그렇게 하는 가운데 그는 자신을 로마의 그리스도인들로부터 분리하는 대신 그들과 동일시합니다. 그는 여기에서 "내게 주신 은혜"에 관해 말하고, 6절에서는 "우리에게 주신 은혜"에 관해 말합니다. 그는 그들 각자에게 다양한 은사를 주시는 동일한 하나님에 의해 사도가 되었습니다. 그는 자기가 가진 은혜에 대해 잘

알고 있었습니다. 그는 이러한 충고 가운데 우월함을 자임(自任)하지 않지만, 그러나 모두의 유익을 위해 자신에게 부여된 특별한 은사를 기꺼이 사용합니다. 자신의 신적 은사를 부각시키는 다소 위압적이고 권위적으로 들릴 수 있는 이러한 언급과 함께 바울은 그리스도인들이 피차 감당해야 하는 첫 번째 사회적 의무로서 스스로 지혜롭고(sober) 공정하게(just) 생각할 것을 충고합니다. "지혜롭게 생각하는 것"(sober estimate, '지혜롭게'에 해당하는 sober는 '술 취하지 않은 맑은 정신'을 의미하는 단어임-역주)은 여기에서 올바른 섬김에 도움이 되는 것으로서 매우 중요한 것으로 간주됩니다. 그리고 그에 바로 뒤이어 다양한 은사들을 신실하게 사용할 것에 대한 충고가 따릅니다. 이와 같이 우리는 "지혜롭게 생각"함으로써 우리의 은사가 무엇인지 알 수 있습니다. 그리고 그러한 앎을 얻는 것이 본문의 목적입니다.

1. 우리의 은사를 결정하는 것.

바울은 여기에서 우리가 스스로에 대해 생각하는 것에 관한 정확한 표준 혹은 그가 말하는 대로 "분량"(measure)을 제시합니다. "믿음"은 우리 은사들의 분량이며, 그 자체가 하나님의 선물입니다. 그리스도인의 믿음의 힘은 그리스도인으로서 그의 전체 인격(character)을 결정합니다. 믿음은 신뢰이며, 받아들임의 태도입니다. 그 안에 필요의 의식이 있으며, 기대하는 것에 대한 간절한 열망과 신뢰가 있습니다. 그것은 채워질 것에 대한 확신으로 빈손을 드는 것입니다. 그것은 채워질 것에 대한 확신으로 빈 두레박을 우물 속으로 내리는 것입니다. 그것은 "자기를 신뢰하는 가운데 하나님과 단절되는" 것과 정반대 개념입니다. 그리스도인의 삶의 법칙은 항상 "네 믿음대로 될지어다" "네가 믿음으로 구한 것은 이미 받은 줄로 믿으라"는 것입니다. 그러므로 사람이 더 큰 믿음을 사용할수록 그는 하나님과 그리스도의 더 많은 것을 가지게 될 것입니다. 믿음은 우리의 용량(容量)의 분량입니다. 그러므로 하나님이 신실한 영혼에게 주시는 은사에는 무한한 증가(增加)가 있을 것입니다. 우리는 각자 바라는 만큼 그리고 담을 수 있는 만큼 갖게 될 것입니다. 마음의 벽은 팽창성을 가지고 있으며, 바라고 열망하는 만큼 팽창될 것입니다.

믿음에 의해 주어진 은혜는 그것을 소유한 자의 자연적 재능의 연장선상에서 작동합니다. 그러나 이러한 재능은 초자연적으로 강화되고 확장되는 동시에 신적 은사에 의해 통제되고 억제되면서, 이렇게 다루어지는 자연적 은사들은 바울이 '카리스마'라고 부르는 것이 됩니다. "그리스도 예수 안에 있는 생명의 성령"이 내주하며 감동할 때, 그리스도인의 전체적 본성은 고양(高揚)되고 고귀하게 됩니다. 어두컴컴한 대지에 찬란한 태양이 떠오름으로써 강변에 핀 꽃들이 더욱 아름다운 색으로 빛나고 은빛 물결이 더욱 아름답게 반짝이는 것처럼, 그리스도인의 삶 속에 그리스도의 생명을 가져다주는 믿음은 그로 하여금 예전의 그보다 훨씬 더 나은 사람이 되게 합니다. 그렇게 하여 이루어지는 성품에는 무한한 다양성이 있게 될 것입니다. 우레 속에서 번쩍이는 것이나 이슬방울 속에서 반짝이는 것이나 나비의 날개에 색깔을 입히는 것이나 별 안에서 빛나는 것은 모두 동일한 힘이 서로 다른 형태로 작동하는 것입니다. 모든 개별적 독특성들은 그리스도의 교회 안에서 개발되고 발전되어야 합니다. 그리고 교회의 지체들이 스스로를 내주하시는 성령께 온전히 순복하며 육체 가운데 사는 것이 하나님의 아들을 믿는 믿음 안에서 사는 것임을 진실로 고백할 수 있을 때, 그 일은 온전히 이루어질 것입니다.

또 바울은 여기에서 믿음의 분량을 "하나님이 각 사람에게 나누어주신" 것으로 언급합니다. 우리가 이러한 구절을 문법적으로 어떻게 해석하든지 간에, 여기에는 우리의 믿음이 하나님의 선물이라는 깊은 의미가 있습니다. 우리는 믿음의 두 개념 즉 '사람의 행동'이라는 개념과 '하나님의 선물'이라는 개념에다가 똑같은 강조점을 두어야만 합니다. 이러한 두 개념은 실제로는 상호보완적인 것임에도 불구하고 오랜 세월 피차 양립할 수 없는 것으로 간주되는 가운데 다툼과 논쟁의 대상이 되어 왔습니다. 둘 사이의 외견적 모순은 인간과 하나님의 관계와 관련하여 마침내 도달하게 되는 위대한 반정립(反定立, antithesis)의 한 예(例)일 뿐입니다. "너희 안에서 행하시는 이는 하나님이시니 자기의 기쁘신 뜻을 위하여 너희에게 소원을 두고 행하게 하시나니"(빌 3:13). 또 우리의 모든 선함은 하나님이 주신 선함입니다. 그럼에도 불구하고 그것은 또한 우리의 선함입니다. 모든 경건한 자는 자신을 하나님과 연결시키는 믿음이 자기 안에서 일하시는 하나님의 역사라는 의식을 가지고 있습니다. "자신의 믿음이 자기 자신의 행동"이라는 의식은 다음과 같은 애절한 기도에 나타나는 것과 같은 "그것이 또한 그리스도의 선물"이라는 의식과 완전하게 조화됩니다: "내가 믿나이다 나의 믿음 없는 것을 도와주소서"(막 9:24).

2. 우리의 은사를 올바르게 생각하는 것.

바울은 "마땅히 생각할 그 이상의 생각을 품지 말라"고 부정적으로 명령하면서 동시에 "지혜롭게 생각하라"고 적극적으로 명령합니다.

우리 스스로에 대해 올바로 생각하기 위해서는 모든 것이 하나님의 선물(gift)이라는 분명한 의식이 수반되어야 합니다. 그것은 우리를 교만의 본성이나 지나친 자기 과신으로부터 지켜줄 것입니다. 그리고 그것은 우리를 참된 겸손으로 이끌 것입니다. 그것은 우리가 할 수 있는 것에 대해 알지 못하는 것을 의미하는 것이 아니라, 행하는 자인 우리 자신은 단지 보잘것없는 피조물에 불과하다는 사실을 인식하는 것입니다. 지금 우리가 어떤 모양이든지 하나님이 그렇게 만드셨다고 생각할 때, 스스로를 실제보다 더 위대하게 생각할 위험에 덜 빠지게 될 것입니다. "네게 있는 것 중에 받지 아니한 것이 무엇이냐 네가 받았은즉 어찌하여 받지 아니한 것 같이 자랑하느냐?"(고전 4:7).

또한 여기에서 바울이 하나님이 나누어주신 것을 생각하라는 것은 섬김(service)의 관점에서 생각하라는 것임을 주목하십시오. 많은 경우 스스로 자기를 조사하는 것(self-investigation)은 건전치 못합니다. 왜냐하면 스스로에게 도취되기 때문입니다. 또 그것이 건전치 못한 것은 그것이 자신의 "영적 상태"를 단지 확인하기 위한 목적으로만 행해지기 때문입니다. 그러한 '자기 조사'는 그 나름대로는 충분히 선한 것이며, 종종 매우 필요하기도 합니다. 우리가 무엇에 적합한지 확인할 목적으로 우리의 재능(capacities)을 시험하는 것은 매우 유익한 것입니다. 은사는 일하라는 하나님의 부르심입니다. 그리고 그러한 부르심에 대한 우리의 첫 번째 반응은 우리의 은사를 세심하게 조사하는 것입니다. 우리가 가지고 있는 떡을 잠잠히 바라보는 것은 좋은 일입니다. 그러한 보잘것없는 양식을 그분 앞에 가져다가 그의 손에 놓고 그가 수만 명의 사람들의 필요에 맞게 크게 증가시켜주는 결과가 된다면 말입니다. 잠잠히 자신을 관찰하는 것은 중요할 수 있지만 그러나 잘못되기 쉽습니다. "우리가 무엇을 할 수 있는가"에 대한 참된 시험은 "우리가 실제로 구엇을 행하는가"입니다.

우리의 은사에 대한 올바른 생각은 하나님이 우리에게 의도하시는 것을 확인하기 위해 필요합니다. 그렇게 함으로써 다른 것을 시험하느라 우리의 힘을 낭비하지도 않게 될 것이며, 우리의 달란트를 무지(無知)나 거짓된 겸손의 보자기 속에 숨기지도 않게 될 것입니다. 그리스도인의 성품이나 섬김에 있어 우리의 힘을 초월하는 것에 대해 자기과시적으로 시도하는 것에 의해서 만큼이나 우리의 힘 안에 있는 것을 인식하지 못하는 것에 의해 많은 해악이 끼쳐집니다. 우리는 우리 자신이 되어야 합니다. 하나님이 우리의 자연적 재능들 안에서 우리를 만드신 것처럼 말입니다. 그리고 그러한 자연적 재능들 위에 작동하는 그리스도의 새 생명이 우리의 옛 성품들을 변화시킴(changing)에 의해서가 아니라 확장시킴(enlarging)에 의해 우리를 그 안에서 새로운 피조물로 만드신 것처럼 말입니다. 그리스도인의 섬김의 특별한 형태가 무엇이냐 하는 것은 중요하지 않습니다. 만유의 주 앞에는 가장 작은 것이나 가장 큰 것이나 동일하며, 그가 자기 종들에게 할 일을 지정해 주셨기 때문입니다. 그가 하인인지 고관인지 여부는 조금도 중요하지 않습니다. "작은 일에 충성된 자는 큰 일에도 충성되니라."

자기에게 주어진 은사에 대한 이러한 올바른 생각의 긍정적 측면은 개정역(Revised Version)처럼 "지혜롭게 생각하는 것처럼 생각하는"(so to think as to think soberly, 한글개역개정판에서 '지혜롭게'로 번역된

soberly는 '술 취하지 않은 맑은 정신'을 의미하는 단어임–역주) 것입니다. '술 취하지 않은 맑은 정신'(sobriety)은 온전한 정신뿐만 아니라 스스로 다스리는 것(self-government)까지도 포함합니다. 본문의 이러한 측면은 우리에게 주어진 은사들은 세상적 욕망을 억제하고, 그러한 은사들을 이기적으로 사용하는 것을 막으며, 엄격한 통제를 통해 그것들이 불균형적으로 되거나 주인이 되는 것을 막는 등, 육신의 생각의 지속적 억제를 통해 분명하게 지켜질 필요가 있음을 일깨워줍니다. 그리스도는 자기 백성들에게 은사를 주심에 있어 그것들을 자기 통제라는 황금사슬로 잡아매는 조건 위에서 주십니다.

29
한 몸과 많은 지체

"우리가 한 몸에 많은 지체를 가졌으나
모든 지체가 같은 기능을 가진 것이 아니니
이와 같이 우리 많은 사람이 그리스도 안에서
한 몸이 되어 서로 지체가 되었느니라"

롬 12:4, 5

바울에게는 그리스도인의 삶의 가장 깊은 경험들과 그것의 가장 단순한 의무들 사이에 가장 긴밀하며 절대적인 연결이 있었습니다. 그는 여기에서 기독교적 행함의 거대한 구조물을 세우는 기초로서 자신의 가장 신비로운 개념들 가운데 하나를 제시하면서, 그것을 자신의 가장 깊은 사상들 가운데 하나 즉 모든 그리스도인이 그리스도 안에서 한 몸을 이룬다는 사상과 연결시킵니다. 우리는 많은 사람들로부터 다음과 같은 이야기를 종종 들어왔습니다. "나는 바울이 즐겨 사용했던 이러한 교리들에 대해서는 별로 관심이 없습니다. 나의 관심은 오직 그의 실제적 교훈뿐입니다. 당신은 로마서를 추구할는지 모르지만, 나는 고린도전서 13장을 추구합니다." 그러나 교리와 윤리 사이의 이와 같은 부자연스러운 단절은 결국 양자 모두를 허물어뜨리는 결과밖에는 가져오지 않을 것입니다. 율법과 복음 사이의 차이와 관련하여 본 서신이 로마인들에게 가르치는 핵심적 원리는 이것입니다. 즉 율법은 행함을 위한 기초 없이 행함을 선포하는 반면 복음은 먼저 그리스도를 믿고 그 믿음의 힘으로 의를 행하며 그를 닮아가라는 것입니다. 여기 본문 속에 행함을 위한 기초가 제시되고 있는데, 우리는 여기에서 사람을 선하게 만드는 기독교적 방식의 비밀을 보게 됩니다.

1. 우리가 여기에서 주목해야 할 첫 번째 요점은 생명의 통일성입니다.

'여럿'(many)이 모여 '하나'(one)가 됩니다. 그것은 그리스도 안에서의 '여럿'이기 때문입니다. 그리스도와의 개별적 관계와 그로부터 생명이 이어짐으로 인해 그것들은 계속해서 '여럿'을 유지하면서 동시에 '하나'가 됩니다. 이러한 위대한 은유는 오늘날 많이 잊힌 채 소홀히 여겨지는 경향이 있습니다. 그러나 바울의 마음속에서 그것은 각각의 그리스도인들의 모든 삶과 행동을 형성하는 핵심적 사실이었습니다. 신약성경은 믿는 자들이 그리스도 안에서 하나의 통일체임을 제시하는데, 거기에는 세 가지 주된 상징이 있습니다. 첫 번째 상징은 우리 주님 자신이 말씀하신 것으로서 '포도나무와 가지'의 상징입니다. 이러한 상징은 땅 속에 있는 뿌리로부터 가지 끝에 이르기까지 생명의 진액이 조용히 그리고 계속해서 흐름으로써 가지들이 자라는 것을 나타냅니다. 그렇지만 이러한 상징이 완전한 것은 아닙니다. 나무에서 하나의 잎은 다른 잎들과 같습니다. 그것은 다양성을 갖기보다는 획일적입니다. 또 잎은 아무런 돌봄을 받지 않아도 점점 더 푸르고 넓은 잎이 됩니다. 그러므로 우리에게는 그리스도와 우리 사이의 연합의 사실을 나타내는 또 다른 상징이 필요합니다. 이와 관련하여 우리는 두 번째 상징으로서 사도 바울이 '결혼의 연합'을 제시하는 것을 보게 되는데, 이것은 선택과 사랑에 기초한 연합에 대한 최고의 지상적인 예입니다. 그러나 이러한 거룩한 연합에서초차도 양 당사자 사이에 틈이 벌어지기도 하며 때로는 파경이 이루어지기도 합니다. 이제 우리는 세 번째 상징을 보게 되는데, 그것은 본문에 나타나는 대로 신자들과 예수 그리스도의 연합을 나타내는 '몸의 통일성'의 개념입니다. 이것은 생명의 통일성입니다. 그는 우두머리요 주권자인 머리일 뿐만 아니라 영혼이요 생명입니다. 그가 위치한 곳은 물리적으로 이 기관이나 저 기관이 아닙니다. 그는 전체에 퍼져 있으며 "모든 것 안에서 모든 것을" 채웁니다. 영혼과 육체의 연합과 관련된 신비 속에서 그리고 생명의 신비 속에서 우리는 이러한 상징이 일부 나타나는 것을 보게 됩니다. 물질로 하여금 존재하게 하고 그리고 영적인 감정 아래서 가슴을 북받치게 하는 그리고 신경의 떨림 혹은 뇌의 파동을 믿음과 소망과 사랑으로 변화시키는 신비한 힘은 — 가장 일반적이어도 — 수술용 칼과 현미경으로는 이해되지 않습니다. 사람의 복잡한 본질은 "구름과 어둠에 둘러싸여" 있습니다. 이와 같이 개개인들의 생명뿐만 아니라 내주하시는 그리스도의 성령에 의해 움직이며 생명으로 약동하는 살아 있는 몸은 정말로 신비스러운 것이 아닐 수 없습니다.

이러한 통일성은, 비록 신비한 것이기는 하지만, 그러나 매우 실제적인 것입니다. 모든 그리스도인의 영혼은 그리스도로부터 생명을 받습니다. 그리고 그 영혼에 죄와 사망의 권세 아래 있지 않은 더 높은 본성(higher nature)이 심겨집니다. 거기에 초자연적인 참된 중생이 있는데, 그것은 그것을 소유한 모든 자들을 하나로 만듭니다. 그것은 한 나무에 있는 모든 잎이 하나인 것과 같으며(왜냐하면 동일한 진액을 공급받고 있기 때문입니다), 또한 몸에 있는 모든 지체가 하나인 것과 같습니다(왜냐하면 같은 피를 공급받고 있기 때문입니다). 이와 같이 기독교적 통일성의 참된 띠는 한 주(one Lord)에 공동으로 참여하는 것입니다. 그리고 참된 기독교적 통일성은 생명의 통일성입니다.

기독교회의 불행은 교회가 그러한 통일성을 다른 것으로 대체하려고 해 왔다는 사실입니다(동시에 이것은 교회의 죄이기도 했습니다). 그리스도 인들 사이의 오랜 분열의 역사는 하나됨(oneness)의 기초를 견해나 의식이나 목적의 획일성 위에 두려고 했던 모든 시도가 실패로 끝났음을 명백하게 보여줍니다. 참된 통일성(unity)과 이후의 이러한 잘못된 시도들 사이의 차이는 줄에 묶인 채 세워져 있는 죽은 볏짚단과 수많은 가지들과 잎을 포함한 채 하늘을 향해 우뚝 서 있는 살아있는 나무 사이의 차이와 같습니다. 한 묶음의 볏짚단은 어떤 종류의 불완전한 연합(union)으로 한데 결합되어 있기는 하지만 그러나 그것은 진정한 통일체(unity)는 아닙니다. 만일 보이는 교회(visible church)가 어떤 종류의 합의 혹은 일치에 기초해야만 한다면, 그것은 결코 "그리스도의 몸" 전체를 아우를 수 없을 것입니다.

교회의 하나됨은 조직이나 우리의 의지의 하나됨과는 별개입니다. 왜냐하면 그것은 공동의 생명(common life)을 함께 소유하는 것으로부터 오는 것이기 때문입니다. 그것을 깨뜨리는 원수는 여러 의견이 있다든지 혹은 다양한 형태의 조직이나 체계가 있다는 것이 아니라, 각각의 그리스도인의 영혼이 "그리스도 안에 있는 생명의 성령" 속으로 흘러들어가는 것을 가로막는 악한 성품이나 기질입니다. 그리고 만일 그러한 통일성이 기독교적 삶에 있어 근본적 문제이며 또한 외부적 조직체계와는 전적으로 별개라면, 개개의 그리스도인에게 있어 그러한 통일성을 증진시키는 참된 길은 그의 무궁무진한 충만으로부터 더욱 풍성하며 지속적인 생명의 유입(流入)을 받기 위해 그에게로 더 가까이 다가가 그 앞에 우리의 영을 여는 것입니다. 옛 성전에 일곱 개의 가지로 된 하나의 금 촛대가 있었는데, 그것은 형태적 통일성(formal unity)을 보여주는 상징이었습니다. 반면 새 성전에서는 일곱 개의 촛대들이 하나입니다. 왜냐하면 그 가운데 그리스도께서 서 계시기 때문입니다. 그는 몸을 하나로 만듭니다. 그가 없다면 그 몸은 죽은 몸입니다.

2. 우리는 두 번째로 생명의 다양성을 주목해야 합니다.

"우리가 한 몸에 많은 지체를 가졌으나 모든 지체가 같은 기능을 가진 것이 아니니." 하나의 생명체에는 다양한 기능을 가진 다양한 기관들이 있습니다. 눈에는 빛이 있으며, 팔에는 힘이 있으며, 혀에는 음악이 있으며, 발에는 빠름이 있습니다. 그리스도도 역시 마찬가지입니다. 생명체는 더 높은 수준으로 올라갈수록 더 많은 부분들을 갖게 됩니다. 가장 낮은 수준의 생명체는 생명체가 요구하는 모든 기능들을 수행하는 단 하나의 낭(囊, 세포 주머니)으로 이루어져 있습니다. 반면 최고의 생명체는 각각의 기능을 가진 수많은 기관들로 이루어진 인간입니다. 마찬가지로 어떤 사회의 수준은 노동이 분할되는 정도에 따라 나타납니다. 또 이와 관련하여 우리는 교회에 광범위한 다양성이 있어야 함을 알 수 있습니다. 바울 사도가 '은사들'(gifts)이라고 부르는 것은 그리스도의 영에 의해 고양(高揚)된 천부적 특성들입니다. 그리고 각각의 지체에 있어 공동의 생명의 결과는 각각의 개별성이 강화되어 나타나는 것입니다. 인간성과 관련한 기독교의 이상(理想) 속에는 은사들의 모든 다양성을 위한 자리가 있습니다. 하나님의 산에는 무한히 다양한 식물군이 번성합니다. 하나님의 교회에는 다른 어떤 것보다도 더 풍성한 다양성이 있어야 합니다. 생명나무는 달마다 열두 가지 열매를 맺을 것입니다(계 22:2). 모든 육체가 다 같은 육체가 아니며, 별과 별의 영광이 다를 것입니다(고전 15:39, 41).

오늘날 평균적인 기독교인의 삶 속에는 두 가지가 크게 부족한데, 그것은 첫째는 기독교적 삶에 대한 진지함이며 둘째는 다양성에 대한 포용력입니다. 우리는 종종 유별난 사람이라고 낙인이 찍히는 것을 두려워하는 가운데 우리로 하여금 생소한 형태의 선(善, goodness)을 발전시키는 쪽으로나 혹은 보편적으로 인정되지 않는 형태의 일을 맡는 쪽으로 이끄는 그리스도의 영의 참된 충동을 억누르곤 합니다. 만일 우리 안에 계신 그리스도를 더욱 신뢰하면서 그의 세미한 음성으로부터 나아갈 삶의 길을 찾았다면, 우리는 지금보다 훨씬 더 높은 차원의 선(善)에 도달했을 것입니다. 그리고 우리 안에서 발견되지 않은 채 잠자고 있었던 많은 재능들을 발견했을 것입니다. 만일 우리 가운데 천편일률적 획일성만 있다면, 그것은 우리를 극도로 메마르게 만들 것입니다. 그리고 그리스도 예수 안에 있는 성령의 소생시키는 힘에 대한 우리의 증거를 약화시킬 것입니다. 또 우리 모두는 주께서 주신 삶의 방식대로 스스로의 삶에 충실한 다른 많은 사람들을 매우 의심스러운 눈초리로 바라보게 될 것입니다. 만일 우리가 풍성한 다양성을 받아들이면서 그 모든 것 안에 한 영이 있음을 깨닫는다면, 그것은 모든 기독교 공동체 속에 새로운 생명의 바람을 불어넣을 것입니다. 세상은 종종 독창적이며 새로운 것을 정죄합니다. 그러나 교회는 그러한 것을 높이 평가하는 법을 배워야 합니다. 기독교적 삶의 다양한 은혜들을 발전시킴에 있어 가장 중요한 원칙은 "이 사람은 이러하고 저 사람은 저러한" 것을 기꺼이 받아들이는 것입니다(고전 7:7).

3. 세 번째, 조화를 주목하십시오.

"이와 같이 우리 많은 사람이 그리스도 안에서 한 몸이 되어 서로 지체가 되었느니라." 특별히 여기에서 "그 몸의 지체가 되었다"라고 표현되지 않고 "서로 지체가 되었다"라고 표현된 것을 주목하십시오. 이러한 표현은 각 부분들 사이의 상호관계의 개념을 크게 강조합니다. 유기체적 몸에서와 마찬가지로, 기독교 공동체에서 모든 부분들의 실제적 협동은 그것의 건강 상태를 보여주는 핵심적 척도가 됩니다. 스펙트럼으로 분산된 모든 광선들은 온전한 빛이 되기 위해서는 다시 하나로 합쳐져야 합니다. 마치 거대한 오케스트라의 각 악기들이 위대한 음악을 만들어 내듯이 말입니다. 랭커셔의 핸드벨 연주팀은 우리에게 이러한 사실을 분명하게 보여줍니다. 각각의 연주자들은 탁자로부터 자신의 벨을 취하여 자신에게 할당된 음정이 나올 때마다 그 벨을 울립니다. 그럼으로써 곡 전체가 완전하게 재생됩니다. 다양성을 억압할 때 야기되는 결과는 단조로움입니다. 다양한 것들을 결합시키는 것이야말로 조화를 만들어내는 유일한 길입니다. 모든 지체들이 각자에게 주어진 은사들을 충분히 발휘하고 활용할 때, 전체 몸의 생명이 온전히 나타나게 될 것임을 잊어서는 안 됩니다. 그것은 모든 것 아니 그 이상을 필요로 합니다. 사람 안에서 발견되는 모든 형태의 정신적 특성들은 내주하시는 주님의 무한한 아름다움을 반영합니다. "사역은 여러 가지"입니다(고전 12:6). 그리고 그러한 여러 가지 사역들은 "모든 것을 모든 사람 가운데서 이루시는" 동일한 주님을 부분적으로 나타냅니다.

한 걸음 더 나아가 다양한 지체들이 활발하게 움직이며 활동함을 통해 몸이 자라며 영양이 공급됩니다. 근원이신 그리스도로부터 직접적으로 생명을 끌어오는 각각의 지체는 또한 다른 동료 지체들로부터 자신에게는 친숙하지 않은 어떤 형태의 공동 생명을 끌어옵니다. 이와 같은 형제에 대한 의존은 그리스도에 대한 근본적 의존과 결코 불일치하지 않습니다. 도리어 그것은 어떤 사람의 특이성이 부적절한 방향으로 잘못 발전되는 것을 막아주는 훌륭한 보호 장치가 됩니다. 우리 모두는 전체 몸에 기여할 수 있는 어떤 것을 가지고 있습니다 또 우리 모두는 형제들의 도움으로 우리의 은사를 보충할 필요가 있습니다. 기독교적 생명력의 최고의 조건은 다음과 같은 은혜로운 초청과 관련됩니다: "내 안에 거하라 그러면 내가 너희 안에 거할 것이라"(이것은 은혜로운 초청이면서 동시에 엄중한 명령이기도 합니다). 그러나 이러한 그리스도의 내주하심으로 생명을 전달받은 자들은 그것으로 인해 고립되는 것이 아닙니다. 도리어 그들처럼 "성령의 나타나심"을 받은 모든 자들과 연합됩니다.

30
은혜와 은혜들

"우리에게 주신 은혜대로 받은 은사가 각각 다르니 혹 예언이면
믿음의 분수대로, 혹 섬기는 일이면 섬기는 일로,
혹 가르치는 자면 가르치는 일로, 혹 위로하는 자면 위로하는 일로,
구제하는 자는 성실함으로, 다스리는 자는 부지런함으로,
긍휼을 베푸는 자는 즐거움으로 할 것이니라"

롬 12:6–8

바울은 믿는 자들이 그리스도 안에서 한 몸이라는 통일성의 개념 위에다가 일련의 실제적 훈계들을 세웁니다. 그는 여기에서 스스로를 이 편지의 수신자인 로마의 그리스도인들과 동일시합니다. 다시 말해서 그는 "우리에게 주신 은혜"라는 표현으로 스스로를 그들 가운데 포함시킵니다. 이렇게 함으로써 그는 자신까지도 본문의 명령 아래 종속시킵니다. 그는 자기가 받은 은혜로 인해 홀로 동떨어진 자리에 서지 않습니다. 또 그는 사도직의 높은 위치에서 아래쪽에 있는 군중들을 내려다보며 "가라"(Go)고 명령하지도 않습니다. 그는 그들 가운데 한 사람으로 그들과 함께 서서 형제의 훈계로서 "오라"(Come)고 말합니다. 모든 그리스도인 교사들이 이러한 정신을 따랐다면, 그들의 훈계가 그렇게 헛되이 사라져 버리지는 않았을 것입니다.

우리는 여기에서 다음을 주목할 수 있습니다.

1. 은사들을 주는 은혜(The grace that gives the gifts).

헬라어 원어로 보면 은혜(grace)와 은사들(gifts) 사이의 연결 관계는 더욱 현저하게 두드러집니다. 왜냐하면 '은사들'로 번역된 단어는 '은혜'라는 단어로부터 파생된 단어이기 때문입니다. 이러한 둘 사이의 관계를 영어로써 축자적으로 옮기는 것은 거의 불가능합니다. 그렇지만 비록 완전하지는 않다 할지라도 '은사들'(gifts)이라고 읽는 대신 '은혜들'(graces)이라고 읽음으로써 어느 정도 그러한 관계가 부각되도록 할 수는 있습니다. 은사는 주어진 은혜의 직접적 결과이며, 은혜와 같은 어원을 가진 것으로서 표현됩니다. 우리가 앞에서도 살펴본 것처럼, 바울의 언어에서 은사는 그리스도의 영이 임함으로써 강화(强化)된 천부적 재능을 가리키는 용어입니다. 촛불을 산소가 가득 들어있는 병 속에 넣어 보십시오. 그러면 그것이 더욱 밝은 불꽃으로 타오르는 것을 보게 될 것입니다. 그와 마찬가지로 인간의 영혼 속에 그리스도의 생명의 소생시키는 힘이 들어오면, 그 영혼 속에 있는 기능들은 백배로 타오르게 될 것입니다.

우리는 여기에서 바울이 모든 그리스도인들이 '은혜들을 주는 은혜'(grace which gives graces)를 소유하고 있다고 전제하는 것을 주목할 필요가 있습니다. 그에게 있어 그리스도께서 주신 은사(gifts)가 없는 신자의 영혼은 상상할 수 없는 것입니다. 은사 없는 그리스도인은 없으므로, 의무 없는 그리스도인도 역시 없는 것입니다. 기독교 신앙을 고백하면서도 교회를 어지럽히며 기독교적 삶에 착념하지 않는 자들을 설복할 필요를 느끼는 자들이라면 오늘날 기독교회의 현저하게 약화된 생명력을 깨닫지 않을 수 없을 것입니다. 스스로를 겸비케 하면서 그리스도를 위해 일하라는 모든 초청에 대하여 자신은 적합지 못한 자라고 호소하는 것은 사실은 매우 비극적인 것입니다. 왜냐하면 그것은 실제로 그가 그리스도를 붙잡고 있지 않음을 고백하는 것이기 때문입니다. 만일 어떤 그리스도인이 어느 기독교적 사역에도 적합지 못하다면, 그는 자신이 정말로 그리스도의 생명을 가지고 있는지 심각하게 물어야만 합니다. 바울의 모든 훈계의 전제는 그들이 "은사를 가지고 있다"는 사실입니다. 그에게 있어 어떤 그리스도인이 그리스도의 생명으로부터 어떤 재능을 부여받지 못했다는 것은 상상할 수 없는 일이었습니다.

우리는 그러한 은사들이 로마의 그리스도인들 각자의 경험 속에서 어떤 특정한 때에 '주어진' 것임을 주목할 필요가 있습니다. 여기에 "was given"(주어진, 한글개역개정판에는 '주신'으로 되어 있음 — 역주)으로 번역된 것은 만일 "has been given"이라고 번역되었다면 좀 더 정확한 번역이 되었을 것입니다. 이와 같은 표현은 각 신자의 역사 속에 어떤 명확한 때 즉 그들의 회심의 때를 언급하는 것입니다. 바울이 로마서 12장 첫머리에서 훈계하는 것처럼 우리가 "스스로를 하나님께 순복"시킬 때 다시 말해서 우리의 의지를 그의 의지에 일치시키는 참된 삶을 시작할 때, 그리스도께서도 스스로를 우리에게 내어주실 것입니다. 이러한 은혜의 은사들을 소유하는 것은 어떤 특별한 직분을 맡은 자들만의 특권이 결코 아닙니다. 실제로, 이어지는 모든 훈계들 가운데 특별한 직분자들에 대한 언급은 나타나지 않습니다. 물론 로마교회에 그런 직분자들이 있었을 것임에도 불구하고 말입니다. 그들은 각자 이와 같은 은사들을 위한 특별한 기능과 자격을 가지고 있었습니다. 바울이 지금 이야기하고 있는 것은 그리스도께 대한 개별적 순복으로 그의 소유가 된 모든 자들에게 주어진 은혜입니다. 은사의 보편성이 교회에서 특별한 직분자들의 입지에 좋지 않은 영향을 끼칠 것이라고 생각하면서 은사들을 특별한 직분자들에게 제한하는 것은 큰 오류입니다.

2. 은혜로부터 흘러나오는 은혜들(The graces that flow from the grace).

본문의 목록은 모든 것을 빠짐없이 다 나열한 것도 아니며 논리적으로 배열한 것도 아닙니다. 그렇지만 우리는 여기에서 느슨하나마 어느 정도 논리적 순서를 볼 수 있습니다. 여기 목록의 숫자는 거룩한 숫자인 일곱입니다. 우리는 여기의 목록을 둘로 나누어 앞의 네 개를 한 묶음으로 그리고 뒤의 세 개를 또 한 묶음으로 만들 수 있습니다. 앞의 네 목록은 좀 더 공적인 것들입니다. 사람들은 교회에서 이러한 일에 평생 특별하게 헌신할 수 있습니다. 반면 뒤의 세 목록은 좀 더 개인적인 것으로서, 세상에 대해 보다 넓은 관련성을 갖고 있는 것으로 여겨집니다. 여기의 목록을 해석하는 데에는 어느 정도 난점이 있지딴, 우리는 근본적으로 흠정역(AV)을 따라갈 것입니다.

처음 네 목록은 두 쌍으로 나눌 수 있는데, 첫째 쌍인 '예언'과 '섬기는 일'은 그 차이에도 불구하고 한 쌍으로 묶였습니다. 예언은 매우 높은 형태의 특별한 영감(special inspiration)으로서, 특별계시를 직접적으로 받는 것을 함축합니다. 그러나 꼭 미래의 일일 필요는 없습니다. 바울의 글에서 선지자는 통상적으로 사도와 한 쌍을 이루면서 가장 높은 형태의 은사들 가운데 하나로서 간주됩니다. 바울 사도가 '예언'에 이어 '섬기는 일'이라고 하는 언뜻 보기에 선지자의 특별계시와는 가장 멀리 떨어져 있는 것처럼 보이는 것으로 곧바로 넘어가는 것은 매우 주목할 만합니다. 예언이라고 하는 매우 높은 은사와 나란히 바울은 섬기는 일이라고 하는 매우 낮은 은사를 놓습니다. 이러한 양 극단의 두 은사를 나란히 놓는 것은 매우 의미심장합니다. 이것은 우리에게 가장 낮은 직분이라도 예수 그리스도에 의해 가장 거룩한 직분처럼 간주된다는 사실과 그의 가장 높은 은사들은 모든 사람의 종인 자 안에서 온전히 나타나게 될 것을 가르쳐 줍니다. 섬기는 일을 올바로 수행하기 위해서는 영적 성품이 필요합니다. 최초의 일곱 집사는 "믿음과 성령으로 충만한" 자들이었습니다. 그들에게 부여된 일이 고작 가난한 과부들을 공궤하는 일이었지만 말입니다. 바울 사도가 무슨 목적으로 첫째 쌍의 은사들과 둘째 쌍의 은사들 사이의 자연스러운 연결 관계를 깨뜨리면서까지 예언과 섬기는 일을 함께 연결시켰는지를 판단하는 것은 어려운 일입니다. 통상적으로 생각한다면 여기에 '예언하는 자'와 '가르치는 자'와 '위로하는 자'가 나란히 열거되는 것이 가장 자연스러울 것이었습니다. 그러나 그렇게 되지 않은 것에 대해 우리가 앞에서 제시한 것 즉 가장 높은 형태의 직무와 가장 낮은 형태의 직무를 나란히 놓고자 한 것 외에 다른 이유는 없는 것으로 보입니다.

둘째 쌍은 그 유사성으로 인해 나란히 놓인 것으로 보입니다. '가르치는 자'는 아마도 복음의 사실들을 말로써 전달하는 직무를 맡았을 것입니다. 그들은 계시된 진리들을 잘 이해할 수 있도록 제시해야 했습니다. 반면 '위로하는 자'는 같은 진리를 좀 더 감정에 영향을 끼치는 형태로 제시해야 했습니다. 여기에서 '위로'라고 번역된 단어는 바울의 글에서 위안, 자극, 격려, 견책 등 다양한 의미를 담고 있는 단어입니다. 물론 이러한 두 가지 형태의 은사는 종종 한 사람에게 동시에 나타나기도 합니다. 어느 하나의 은사만으로는 종종 불완전하기 때문입니다. 그러나 초대교회에 이러한 두 가지 은사 가운데 어느 한 은사가 압도적으로 나타남으로써 그 같은 직무를 맡은 자로 일컬어진 자들이 있었습니다. 그들은 각각 독특한 은사를 받았지만, 그러나 그것들은 모두 동일한 근원으로부터 말미암은 것이었습니다. 형제를 위로하면서 "마음을 편하게 하라"고 말하는 자 역시도 복음의 진리들을 체계적으로 제시하는 자 못지않게 같은 성령을 받은 것입니다.

이러한 네 가지 은혜들에 이어 좀 더 개인적인 것으로 간주될 수 있는 세 가지 은혜들이 계속해서 이어집니다. 이러한 세 가지 은혜들은 어떤 항구적 직무를 가리키는 것이라기보다 개인적 행동을 가리키는 것으로 보입니다. 그것은 구제하는 것과 다스리는 것과 긍휼을 베푸는 것입니다. 여기에서 우리는 두 번째로 언급된 것 즉 다스리는 것은 교회의 직무와 별 상관이 없는 것임을 주목할 필요가 있습니다. 그리고 그것이 서로 밀접한 관계를 가진 두 가지(즉 구제하는 것과 긍휼을 베푸는 것) 사이에 위치하고 있음을 특별히 주목하십시오. 마치 그것들과 같은 유형의 것인 양 말입니다. 구제나 다스림이나 긍휼의 은사는 그 유형에 있어 하나입니다. 재물을 올바로 사용하는 것은 하나님의 은혜의 선물(혹은 은사, gift)로부터 오는 것입니다. 우리 가운데 어떤 사람이 형제들에 대한 영향력을 올바로 사용하는 것도 그러하며, 모든 사람에게 있는 인간의 자연스러운 동정심을 올바로 사용하는 것 역시도 마찬가지입니다. 이러한 인간의 자연스러운 동정심은 성령의 은사로 말미암아 더 깊어지고 강렬해집니다. 만일 그리스도인들이 자신들의 손으로부터 베푸는 것이나 마음으로부터 동정심을 발하는 것이 하나님의 성령이 자신들의 영 위에서 활동하는 참된 증표임을 인식한다면, 교회와 세상은 지금의 모습과는 매우 다른 모습이 되었을 것입니다. 성령의 열매는 매일의 삶의 광대한 영역에서 발견되어야 합니다. 또 포도나무는 피곤한 자들의 목마른 입술을 위해 많은 열매를 맺어야 합니다. 누가 그들에게 달콤한 맛과 향기를 가져다주는지 그들이 거의 인식하지 못한다 하더라도 말입니다. 만일 선행을 베푸는 것이 영적인 삶의 일부임이 보다 분명하게 인식된다면, 그것은 베푸는 자나 받는 자 모두에게 훨씬 더 나은 일이 될 것입니다.

3. 은혜들의 실행(The exercise of the graces).

본문의 문법구조와 관련하여 어느 정도 난점이 있는데, 그것을 여기에서 꼭 다루어야 할 필요는 없습니다. 다만 흠정역(Authorized Version)과 개정역(Revised Version)처럼, 우리는 각 절(節)에 동사를 부여함으로써 본문을 일련의 훈계들로 만들 수 있습니다. 그렇게 할 때, 첫 번째 절(節)은 "믿음의 분수대로(혹은 분량대로) 예언하라"가 될 것입니다. 3절의 "믿음의 분량대로"에서 믿음의 분량이 은사의 분량을 의미하는 것임을 기억할 때, 우리는 이러한 명령의 의미를 가장 잘 이해할 수 있을 것입니다. 선지자 곧 예언을 하는 자는 "믿음의 분수대로" 자신의 은사를 실행해야 합니다. 그는 자신이 확신하는 바를 충분하게 그리고 공개적으로 말해야 합니다. 또 그는 자신의 말이 내주하는 생명에 의해 구체화되도록 해야 합니다. 오늘날의 설교자들은 이러한 훈계를 마음에 깊이 새겨야 하는데, 우리는 여기에서 다음과 같은 예레미야 선지자의 강한 말씀이 반향(反響)되는 것을 발견할 수 있습니다. "내 말을 받은 자는 성실함으로 내 말을 말할 것이라 겨가 어찌 알곡과 같겠느냐 여호와의 말씀이니라 내 말이 불 같지 아니하냐 바위를 쳐서 부스러뜨리는 방망이 같지 아니하냐"(렘 23:28, 29). 자신들의 말을 진짜 믿음을 가리는 덮개로 사용하면서 "믿음의 분수대로" 예언하지 않고 "듣는 자들이 기대하는 대로" 예언하는 자들에게 옛 선지자가 선포한 화(禍)가 갑절로 떨어질 것입니다.

원문(原文)으로 볼 때 이어지는 세 가지 훈계 역시도 동일한 문법구조를 가지고 있습니다. 흠정역에서는 "let us wait on"을 그리고 개정역에서는 "let us give ourselves to"를 보충함으로써 그 의미를 보다 분명하게 하려고 합니다(참고로 KJV의 본문은 다음과 같음, Having then gifts differing according to the grace that is given to us, whether prophecy, [let us prophesy] according to the proportion of faith; Or ministry, [let us wait] on [our] ministering: or he that teacheth, on teaching; Or he that exhorteth, on exhortation: he that giveth, [let him do it] with simplicity; he that ruleth, with diligence; he that sheweth mercy, with cheerfulness — 역주). 그러나 우리는 그러한 것들을 그것들보다 훨씬 더 단순한 형태인 "be in"으로 대체시킬 수 있습니다(이렇게 하면 7절 앞부분은 Or ministry, be in ministring, 즉 "섬기는 일이면 섬기는 일 안에 있으라"가 될 것임). 이것은 다시 말해서 "너희 자신을 그들에게 온전히 주어라"라는 의미가 될 것입니다. 다양한 은사들은 그것을 소유한 자가 활동하는 분야로서 나타납니다. 이러한 일반적 법칙은 섬기는 일이나 가르치는 일이나 위로하는 일에 동일하게 적용됩니다. 우리는 우리의 분야를 분별하고자 노력해야 하며 그러한 분야에 종사해야 합니다. 최소한 우리가 어떤 은사를 소유하고 있는지 발견하고 그것을 부지런히 사용해야 합니다. 그렇게 하여 각각의 분야들을 채워야 합니다. 우리는 그러한 분야들에 계속해서 종사하면서 각각의 분야들이 각자에게 대한 하나님의 뜻이 나타나는 것으로서 거룩한 것임을 깨달아야 합니다. 그것이 어떤 형태의 것인가 하는 문제는 중요하지 않습니다. "모든 것을 주시는 자"가 많이 주었는지 적게 주었는지 하는 것은 중요한 문제가 아닙니다. 중요한 문제는 각자가 자신이 받은 것을 충성되게 관리하느냐 하는 것입니다. 우리는 다른 은사를 받은 형제를 흉내낼 필요도 없으며, 모든 은사를 독점하려고 해서도 안 됩니다. 형제들의 은사가 우리의 것과 같아야 한다고 고집하는 것이나 우리의 은사를 다른 사람의 것과 같게 만들려고 애쓰는 것은 똑같이 잘못된 일입니다. 교회는 "사역은 여러 가지나 모두가 같은 성령으로 말미암은" 것이라는 위대한 진리를 나타내는 모범이 되어야 합니다.

우리는 마지막 세 훈계의 문법적 난점 역시도 위에서와 똑같은 방식으로 처리되는 것을 보게 됩니다. 여기에서도 행하는 주체가 제일 앞에 보충되어 삽입됩니다(즉 he that giveth 바로 뒤에 [let him do it]이 삽입되었다는 뜻). 이렇게 하면 은혜가 역사하는 방식에 명령의 강조점이 놓이게 되는데, 이것의 이유는 이러한 형식이 특별하게 은혜를 나타내기 때문일 것입니다. 구제하는 자는 "성실함으로" 해야 합니다. 이것은 자기의 유익을 구하는 것이 아닙니다. 마치 개에게 뼈다귀를 던지듯이 위로부터 무엇을 던지지 않습니다. 감사 받기를 구하지 않으며, 자기를 드러내지도 않습니다. 만일 이러한 잡다한 동기(動機)들이 우리의 구제 속으로 흘러 들어온다면, 그것은 받는 자들에게 쓴 맛을 가져다 줄 것입니다. "성실함으로" 주는 것은 하나님이 주는 것처럼 주는 것입니다.

또 다스리는 자는 "부지런함으로" 다스리도록 명령 받습니다. 우리는 앞에서 이 훈계는 교회의 어떤 직책에 제한되지 않고 훨씬 더 넓은 영역을 포괄한다는 사실을 지적했습니다. 그것은 또 다른 종류의 다스림을 포함합니다. 우리는 여기에서 어떤 종류의 다스림을 위해 필요한 자연적 은사는 부지런함과 열정이라는 사실을 배울 수 있습니다. 고삐를 느슨하게 잡으면 말이 비틀거립니다. 과거의 역사는 우리에게 통치권이 부지런히 시행되지 않을 때 다시 말해서 지나치게 느슨하게 시행될 때 모든 악이 급속히 퍼졌음을 가르쳐 줍니다. 그러므로 다스리는 일을 맡은 자는 부지런함으로 다스려야 합니다.

또 긍휼을 베푸는 자는 "즐거움으로" 해야 합니다. 인간의 자연적 동정심이 높은 수준으로 고양(高揚)될 때 '은사'가 됩니다. 바울은 이러한 일이 "즐거움으로" 행해져야 한다고 가르칩니다. 만일 우리가 이러한 명령을 '인색하지 않게' 혹은 '마지 못해 하지 않는' 정도로만 이해한다면, 우리는 그것을 절반 정도밖에는 이해하지 못한 것입니다. 참된 동정심(sympathy)은 그런 것과는 전혀 다른 것입니다. 그 안에 마음이 들어있지 않다면, 그것은 아무것도 아닙니다. 참된 동정심은 고통과 어려움이 있는 곳에서 자발적으로 흘러넘치는 것입니다. 거기에 자아에 대한 계속적 억제가 있으며, 자신의 얽힌 상황들로부터 벗어난 마음이 있습니다. 그리고 형제의 무거운 짐을 기꺼이 자신의 것으로 받아들입니다. 또 참된 동정심은 그늘진 곳으로 빛이 다가가는 것처럼 어두운 곳으로 밝은 얼굴이 다가가는 것입니다.

31
악을 미워하는 사랑

"사랑에는 거짓이 없나니 악을 미워하고 선에 속하라

형제를 사랑하여 서로 우애하고 존경하기를 서로 먼저 하며"

롬 12:9, 10

지금까지 바울은 기독교 윤리에 대한 일반적 원리들을 제시했습니다. 그는 선의 기초로서 스스로를 거룩한 산 제물로 드리라는 포괄적 명령으로부터 시작하여, 그 방법으로 변호를 받아 하나님의 뜻을 분별할 것을 역설했습니다. 그는 계속해서 일련의 보다 구체적 훈계들로 나아갑니다. 언뜻 보기에 여기의 훈계들은 서로 연결되지 않는 것처럼 보입니다. 그러나 세심하게 살필 때, 거기에 일련의 연속성이 있다는 사실을 발견할 수 있습니다. 여기 본문의 각 구절(句節)들은 보기에 단절된 것처럼 보입니다. 첫째 구절과 마지막 구절은 같은 주제에 속하지만 그 사이에 끼어있는 구절은 이질적인 것처럼 보입니다. 그러나 우리는 뒤에서 결코 그렇지 않다는 사실을 보게 될 것입니다. 다만 여기에 세 가지 교훈이 있다는 사실만 주목하고자 합니다. 진실한 사랑, 선과 악에 대한 올바른 태도, 형제 사랑과 상호 존중이 그것입니다.

1. 사랑엔 거짓이 없나니.

사랑은 모든 것 가운데 첫째 자리에 위치하며, 모든 세세한 의무들의 근원입니다. 여기에서 바울은 사랑이 무엇인지 정의하려고 하지 않습니다. 다만 자신이 참된 것으로 깨달은 사랑이 어떤 것인지 이야기하려고 하고 있을 따름입니다. 그가 말하고자 하는 요점은 진실함(sincerity)입니다. '거짓'과 관련한 흠정역의 'dissimulation'은 단지 절반 정도의 의미밖에는 전달하지 못합니다(dissimulation은 '감춤' '시치미 뗌' '위선' 등의 의미를 갖는 단어임 — 역주). 그 단어는 어떤 것을 감추는 것을 의미합니다. 거기에는 무엇이 아닌 것처럼 꾸미며 가장하는 것이 있습니다. 또 거기에는 마치 미움과 증오의 웅덩이를 가리고 있는 무지갯빛의 기름찌끼와 같은 위선적인 사랑의 말들이 있습니다. 시편 기자는 "그 입은 우유 기름보다 미끄러우나 실상은 뽑힌 칼"과 같은 사람들로 인해 한탄합니다(시 55:21). 그러나 이와 같이 의식적으로 꾸미는 거짓 사랑까지는 가지 않더라도, 우리는 모두를 둘러싸고 있는 실제적 위험성으로서 우리의 감정을 과장해서 말하는 경향을 인식해야 합니다. 끼고 있는 장갑이 늘어난다고 해서 그 안에 있는 손까지 함께 늘어나는 것은 아닙니다. 그리스도인 공동체 안에서의 상투적 사랑의 말이나 상응하는 감정이 담겨 있지 않은 겉치레적 친절 따위는 흔히 있는 일입니다. 이러한 꾸며진 사랑은 대체로 필요 이상의 말을 쏟아내는 경향이 있는데, 그것은 대부분의 경우 강렬한 이기심의 증표일 뿐입니다. 자신의 감정과 일치하게 말하고자 하는 사람은 "사랑엔 거짓이 없나니"란 교훈을 마음 깊이 새겨야 합니다.

또한 우리는 이러한 교훈이 점진적 과정을 통해 이루어져 가는 것이란 사실을 기억해야 합니다. 사랑의 뜨거움이나 진실함은 갑자기 한 순간에 증진(增進)되지 않습니다. 그것은 계속해서 "마음을 새롭게 함으로 변화를 받으며", 우리의 옛 자아를 지속적으로 "하나님의 모든 자비하심"의 능력 아래 놓음으로써 점진적으로 증진됩니다. 사랑이 다른 사람들에게 흘러가는 것을 막는 것은 과도한 자기 사랑 즉 스스로에 대해 "마땅히 생각할 이상으로" 생각하는 것입니다. 반면 우리가 "그리스도 예수의 마음"을 품고 그가 바라보는 것처럼 다른 사람들을 바라볼 때, 우리는 그들을 정직하고 진실하게 사랑할 수 있게 될 것입니다. 우리가 자아(self)의 무자비한 압제와 폭정으로부터 건짐을 받을 때, 그리스도께서 주신 사랑을 모든 사람들에게 나타낼 수 있게 될 것입니다. 그리고 그리스도와 연합되고 그의 영의 정결케 하는 능력을 받음으로써 그 마음을 깨끗케 한 사람들만이 거짓없이 사랑할 수 있게 될 것입니다.

2. 악을 미워하고 선에 속하라.

이러한 훈계는 전체의 연결 관계 속에서 다소 돌연한 것처럼 보입니다. 그러나 좀 더 세밀하게 살필 때, 그러한 돌연성이 단지 피상적인 것임을 발견할 수 있습니다. 악을 미워하며 선을 굳게 붙잡는 것은 진실한 사랑과 마찬가지로 기독교적 사랑의 가장 고상한 형태 가운데 하나입니다. 악을 미워하며 선을 굳게 붙잡는 것은 깊고 순전한 사랑에 있어 본질적인 것입니다. 모든 도덕적 행동에 있어 그리고 악한 것과 선한 것을 볼 때마다 악한 것을 미워하고 선한 것을 굳게 붙잡아야 합니다. 이러한 두 명령은 단순한 동어반복(同語反覆)이 아닙니다. 도리어 두 번째 것이 첫 번째 것의 기초입니다. 악한 것으로부터 물러나는 힘의 크기는 선한 것을 붙잡는 힘의 크기에 의해 측량될 수 있습니다. 이러한 두 가지는 분리될 수 없는 것이지만, 그것을 순종함에 있어 전자보다는 후자가 더 어려운 경향이 있습니다. 악은 크게 미워하면서도 정작 선을 붙잡는 데에는 미온적인 사람들을 너무나 자주 만날 수 있습니다. 불행하게도, 사랑하는 것보다 미워하는 것이 인간의 본질적 성품에 좀 더 가깝습니다. 선한 것을 올려다보는 것보다는 악한 것을 내려다보는 것이 좀 더 쉬운 법입니다.

그러나 거짓된 사랑과 무분별한 관용이 만연한 오늘날의 시대에 죄와 도덕적 악과 죄에 대한 건전한 미움은 너무도 중요한 것입니다. 그와 같은 미움은 선을 붙잡는 것과 계속해서 함께 가야 합니다. 만일 우리가 삶 속에서 악한 것을 미워하며 그것을 협오하지 않는다면 그리고 그런 것들을 적당한 말로 얼버무리며 받아들이는 것을 거부하지 않는다면, 우리는 선한 것을 약하고 느슨하게 밖에는 붙잡지 못할 것입니다. 도덕적 악을 미워하며 그것을 협오하는 것은 진실한 사랑과 완벽하게 조화됩니다. 왜냐하면 우리가 미워하는 것은 사람이 아니라 사물이나 어떤 행위이기 때문입니다. 악을 미워하는 것은 사랑 그 자체를 보호하며 완성하는 것입니다. 사랑은 종종 악을 정죄하는 것을 약화시킬 위험성을 갖고 있습니다. 특별히 오늘날의 관용주의는 학문의 영역에서든 실제적 삶의 영역에서든 악에 대해 지나치게 너그러운 태도를 가짐으로써 선을 붙잡는 것을 거의 잃어버릴 정도까지 되었습니다. 범죄자는 정죄를 당하기보다는 긍휼히 여김을 받습니다. 그리고 많은 사람들이 악을 행한 자들을 지나치게 두둔하는 나머지 형벌의 필요성까지도 망각해 버리고 말았습니다.

이러한 경향이 해를 끼치는 것은 비단 사회와 관련해서만이 아닙니다. 하나님과 하나님의 성품에 대한 개념에도 상당한 악 영향을 끼칩니다. 급기야 하나님의 성품에서 악을 미워하는 것을 실제적으로 배제하는 자들까지 생겨납니다. 그렇게 함으로써 그들은 자신들도 모르는 사이에 하나님의 개념을 극도로 빈곤하게 만들며 세상에 대한 그의 통치권을 왜곡시킵니다. 마찬가지로 이 문제와 관련해서도 하나님의 본성과 인간성의 완전한 모범에 대한 온전한 계시는 오직 예수 그리스도 안에서 발견됩니다. 예수께서 감람산에서 다가오는 파멸의 운명은 알지 못하는 예루살렘을 내려다보며 눈물을 흘리신 사실을 되돌아봐야 합니다. 예수께서 악을 미워하신 것은 선을 사랑하신 것과 똑같이 강렬하고 절대적이었습니다. 그러한 두 가지 안에서 그리고 그것들이 온전히 조화를 이루는 가운데, 하나님을 알리시고 또한 완전한 인간성의 이상을 제시하셨습니다.

3. 형제를 사랑하여 서로 우애하고 존경하기를 서로 먼저 하라.

여기에서 초점이 맞추어지는 것은 형제들에 대한 진실하며 특별한 사랑입니다. 여기의 세 번째 훈계는 첫 번째 훈계가 좀 더 확장되고 구체화된 것입니다. 여기에서 "우애하고"(kindly affectioned)라고 번역된 단어는 원문에서 매우 감정적인 단어인데, 그것은 자녀에 대한 어머니의 본능적 사랑이나 가족을 하나로 묶는 신비한 끈을 이야기할 때 종종 사용된 단어입니다. 거짓 없는 사랑은 사방으로 퍼져가는 것이어야 하면서 동시에 "함께 예수 그리스도를 주로 고백하는" 모든 자들 가운데로 모아지고 집중되어야 합니다. 이와 같이 퍼지는 것과 모아지는 것은 완전하게 조화를 이룹니다. 또 여기의 세 번째 훈계는 앞의 두 훈계의 직접적 결과입니다. 왜냐하면 악을 미워하며 선을 붙잡는 사랑은 동일한 믿음을 소유한 자들에게로 향하여질 때 함께 신비하게 연합되었다는 의식으로 전율하면서 그것이 마침내 모든 형제 사랑과 우애로 피어날 것이기 때문입니다. 도덕적 깊이에 있어 서로 같은 사람들, 거룩한 것을 함께 열망하는 사람들, 미워하는 것에 대해 동일한 거부감으로 함께 혐오하는 사람들은 인종이나 생활 환경 따위의 피상적 동질성보다 더 강력한 동질성으로 서로를 묶을 것입니다. 피상적이며 외면적인 차이들에도 불구하고 그리스도의 영을 함께 공유하는 두 사람은 그러한 차이가 거의 없으면서 그러나 그리스도의 영을 함께 공유하지 못한 두 사람보다 훨씬 더 동질적일 것입니다.

모든 참되고 순전한 사랑처럼, 기독교적 사랑은 "존경하기를 서로 먼저 하는" 가운데 혹은 "피차 기다리는"(앞의 구절은 이렇게도 해석될 수 있음) 가운데 스스로를 드러냅니다. 형제가 자리를 얻기에 앞서 우리가 먼저 자리를 차지하려고 하지 않습니다. 형제사랑이 있는 곳에서는 회당이나 잔치 자리에서 상석을 차지하려는 따위의 다툼은 없습니다. 그 마음이 형제 사랑으로 채워질 때, 사소한 자리다툼이나 심각한 분쟁은 설 자리가 없을 것입니다. 왜냐하면 그 사랑은 결국 형제들의 맏형이신 그리스도와 그의 아버지시며 모두의 아버지이신 하나님께로 향하여진 것이기 때문입니다. 바울의 이러한 교훈들과 그리스도인들의 실제 행동들 사이에는 얼마나 큰 차이가 있습니까? 이러한 훈계의 말씀들을 읽을 때 그리고 그것에 우리의 모습을 비춰볼 때, 우리는 부끄러움으로 고개를 숙이지 않을 수 없습니다. 이러한 훈계의 말씀 앞에 스스로를 비추어 보는 것은 매우 고통스러운 일이기는 하지만 그러나 매우 유익한 일입니다. 그러나 이것이 정말로 유익한 것이 되기 위해서는, 그리스도께서 이러한 명령을 내리기에 앞서 먼저 우리로 "마음을 새롭게 함으로 변화를 받게" 하셨으며 또한 "우리의 마음 속에 그의 내주하심을 주셨음"을 기억해야 합니다.

32
삼중 교훈 (1)

"부지런하여 게으르지 말고 열심을 품고 주를 섬기라"
롬 12:11

바울은 기독교 교리가 그리스도인의 행동에 영향을 주기 위한 것이라고 믿었습니다. 따라서 그는 로마서 전반부에서 기독교의 중심 진리들을 전개한 후에 "그러므로"라는 접속사를 매개로 하여 일련의 실천적 교훈들을 덧붙입니다. 로마서에서 행함과 관련한 이야기가 시작되는 위치는 매우 중요합니다. 만일 로마서 전반부의 기본 진리들을 우리의 행함의 기초로 삼는다면, 우리에게 있어 메마른 정통으로 빠진다든지 혹은 믿음 없이 의를 얻으려는 따위의 오류는 훨씬 적어지게 될 것입니다.

그러나 그와 같은 실천적 교훈들이 시작되는 위치만이 중요한 것은 아닙니다. 그것이 제시되는 순서 또한 매우 중요합니다. 모든 행동원리를 망라하는 대원칙은 자신을 하나님께 드리는 것(self-surrender)입니다. 여러분을 하나님께 드리십시오. 이것이 모든 선(善)의 알파와 오메가입니다. 그러면 그러한 기초 위에 아름다운 삶의 건축물이 세워질 것입니다. 이와 같이 우리 자신을 산 제물로 드리라는 훈계 속에서 기독교의 모든 덕행을 위한 전반적 기초를 세운 후에, 계속해서 바울은 자기를 드리는 것으로부터 말미암는 구체적 덕행들을 제시합니다. 그러한 교훈들은 대부분의 경우 삼중적 형태로 제시됩니다. 이를테면 비슷한 부류의 세 은혜가 서로 손을 마주잡고 함께 제시됩니다. 여기의 본문도 그와 같이 삼중적입니다. 그것은 첫째로 부지런하여 게으르지 말라는 것이고, 둘째로 열심을 품으라는 것이며, 셋째로 주를 섬기라는 것입니다.

1. 첫째는 가장 기본적인 은혜로서 그리스도인의 부지런함입니다.

"부지런하여 게으르지 말고"의 영어 표현은 "Not slothful in business"입니다. 여기에 'business'란 단어가 나오는데, 이것은 오늘날 대체로 어느 사람의 일상적 업무를 지칭하는 단어입니다. 그로 인해 이러한 표현은 본래 바울이 의도했던 것보다는 훨씬 좁은 의미를 갖게 됩니다. 오늘날의 영어권 독자들은 이러한 구절을 대체로 일상적 업무나 직업과 관련한 일을 "열심을 품고" 부지런히 행할 것을 교훈하는 말씀으로 받아들일 것입니다. 물론 여기에 그와 같은 개념이 포함되기는 하지만, 그러나 그것이 바울 사도의 마음속에 있었던 근본적 의도는 아닙니다. 바울은 "business"란 단어를 통해 상업이나 직업이나 일상적 업무를 의미하지 않았습니다. 그것으로 그가 의도한 것은 "열심" 혹은 "진지함"이었습니다. 바울이 말하고자 한 것은 이것이었습니다: "모든 방면에서 너희의 열심과 관련하여 너희가 게으르지 않은지 살펴라."

여기의 교훈의 전체적 취지는 부지런함이라는 매우 단순한 덕행을 실천하라는 것입니다. 이러한 덕행은 그리스도인의 삶의 성장과 성숙에 기본적 조건이 되는 것입니다. 그렇지만 우리는 그것의 단순성으로 인해 자칫 여기에 담겨있는 명령의 개념을 놓칠 위험성을 가지고 있습니다.

그러면 어떻게 이러한 교훈을 실천해야 할까요? 우리가 이 말씀 앞에 자신을 비추어본다면, 우리 가운데 많은 사람들은 부끄러움을 느끼지 않을 수 없을 것입니다. 우리는 어느 날 아침 일찍 일어나 하루를 시작합니다. 우리는 하루 종일 분주하게 일하면서 어디에서 더 많은 돈을 벌 수 있는지를 살피기 위해 두리번거립니다. 다 좋습니다. 우리는 일하는 동안 모든 자아를 거기에 쏟습니다. 그것은 마땅한 일입니다. 그렇지만 어째서 우리는 우리의 기독교적 신앙과 삶을 증진하는 일에 있어서는 가게를 돌보는 일이나 사회에서 성공하는 일에서와 같은 열심과 노력을 기울이지 않는 것입니까? 어째서 하나의 일에만 집중하는 가운데 다른 것들은 방치하는 것입니까? 어째서 그리스도께서 우리에게 맡기신 짐은 한 손가락으로만 들면서 나머지 손 전체는 세상의 일을 들어 올리는 데만 열중한단 말입니까? "부지런하여 게으르지 말라."

형제들이여, 이것은 매우 단순한 교훈입니다. 우리 가운데 얼마나 많은 사람들이 "여호와여 내가 주의 법도를 듣고 지켰나이다"라고 말할 수 있을까요?

2. 둘째는 열심(熱心) 즉 뜨거운 마음(fervent spirit)을 품는 것입니다.

부지런함은 뜨거운 마음으로 뒷받침되어야 합니다. 여기에서 "뜨거운"(fervent)으로 번역된 단어는 문자적으로 끓는 상태를 의미합니다. 이와 같은 은유는 너무도 명쾌하고 이해하기 쉽습니다. 기독교 진리와 접촉되고 성령의 불이 붙은 마음은 자연적으로 온도가 올라갈 것입니다. 그리고 그러한 마음은 마치 난로의 뜨거운 불로 말미암아 주전자의 물이 끓는 것처럼 뜨겁게 끓어오를 것입니다. 이와 같이 하나님의 불과 같은 영에 접촉된 뜨거운 마음은 바울 자신이 열망했던 바였을 뿐만 아니라 모든 그리스도인들에게 가지라고 당부했던 것이었습니다. 왜냐하면 이러한 뜨거움만이 부지런함을 계속 유지시킬 수 있는 유일한 방법이기 때문입니다.

마음이 담겨있지 않은 일을 누가 계속해서 할 수 있겠습니까? 만일 어쩔 수 없이 해야만 한다면, 그 일은 필경 노예의 일일 것입니다. 바울은 부지런함이 시들해지거나 무거운 짐으로 느껴지지 않기 위해서는 반드시 마음이 불로 뜨거워져야 한다고 말합니다.

우리 가운데는 감정적 그리스도인들이 있습니다. 그러나 바울 사도가 여기에서 말하고 있는 것은 그와 같은 종류의 뜨거움이 아닙니다. 종종 단순한 감정이 사람으로 하여금 실제적 탁월함을 소유하고 나타내는 일에 대해 무관심하게 만드는 것은 분명한 사실이지만, 그러나 양자 사이의 실제 관계는 그와는 정반대입니다. 다시 말해서, 내가 말하는 마음의 뜨거움과 열렬함은 하나님으로부터의 열기로 말미암아 민첩한 행동을 촉진시키며 생의 수레바퀴를 움직이게 만드는 그런 종류의 것입니다. 물이 끓으면 증기가 솟아오릅니다. 그렇지 않습니까? '끓는' 마음으로부터 나오는 증기로 인해 어떤 일이 벌어집니까? 여러분은 그것으로 아무 일도 하지 않고 그냥 요란하게 쉭쉭 소리를 내며 끓도록 내버려 둘 수 있습니다. 그러면 단지 요란한 소리만 날 뿐 증기는 그냥 공기 중에 흩어져 버리고 말 것입니다. 반면 여러분은 그 증기를 실린더 속에 집어넣음으로써 피스톤을 움직이게 할 수 있습니다. 그러면 여러분은 그것으로 큰 일을 행할 수 있게 되는 것입니다. 바로 이것이 바울 사도가 우리에게 당부하는 바입니다. 번개가 번쩍하며 하늘을 가로질러 달리지만, 오늘날 우리는 그 힘을(즉 전기의 힘을) 여러 방면에 이용합니다. 그 힘으로 전차(電車)를 운행한다든지 방을 밝히는 등에 이용할 때, 우리는 그것으로 "생활을 위해 일하도록" 만드는 것입니다. 그리스도인의 마음의 뜨거운 증기는 그리스도의 멍에에 매어있을 때 너무도 아름답게 사용될 수 있습니다. 그것은 거대한 전차를 움직이게 하는 것과 같은 큰 일을 이룰 수도 있습니다. 오늘날 소위 '열정적' 기독교(fervent christianity)의 문제는 감정 자체가 아닙니다. 다만 아무데도 사용하려고 하지 않는 무익한 감정이 문제입니다.

　지나친 뜨거움이란 있을 수 없습니다. 다만 뜨거워진 열기가 빠져나오는 배출구가 지나치게 작을 뿐입니다. 그러한 열기는 기분 좋은 느낌이나 열광적 기도로 다 빠져나가 버리든지 아니면 우리의 매일의 일 속에서 활용될 수 있을 것입니다. 열정에 의해 움직여지는 부지런함과 실제로 생활 속에 활용되는 뜨거운 열기는 우리의 삶을 더욱 강력하게 만들어 줄 것입니다.

　열렬함이 없이는 참된 기독교(genuine christianity)도 없으며 심오한 기독교(deep christianity)도 없습니다.

　우리는 일부 교회로부터 '적당함'(moderation)의 덕에 대해 많이 듣습니다. 그러나 나에게 있어 그것은 미지근하며 불완전한 감정으로 보입니다. 신약성경이 제시하는 모든 진리들을 사실 그대로 받아들이는 어떤 사람이 스스로를 계속해서 '냉랭하게' 혹은 우리의 친구들이 말하는 것처럼 '적당하게' 유지한다는 것은 불가능한 일입니다. 형제들이여, 신이 내주(內住)한 상태를 의미하는 열광(혹은 열심, enthusiasm)은, 만일 그들이 올바른 기독교를 신봉하면서 실제적으로 예수 그리스도를 섬기고 있다면, 그리스도인이 가져야 할 올바르며 지혜로운 태도입니다. 우리는 "부지런하여 게으르지 말고 열심 — 즉 끓는 마음 — 을 품어야" 합니다.

3. 셋째는 주를 섬기는 것입니다.

부지런함과 뜨거운 마음은 "주를 섬김"이라는 생각에 의해 고무되어야 합니다. 바울은 실제로 이렇게 말합니다. "너희의 손이 축 늘어지기 시작할 때, 너희의 마음이 냉랭하고 무력해지기 시작할 때, 무기력함이 너희를 덮치며 일상의 평범한 일들이 너희를 마비시킬 때, 그리고 익숙하며 사소한 것들이 스스로를 주장하며 나서기 시작할 때, 너희가 주를 섬기고 있음을 생각하라." 그것이 여러분을 새롭게 하지 않겠습니까? 그것이 여러분을 다시 뜨겁게 끓도록 만들지 않겠습니까? 만일 우리가 "큰 주인의 눈앞에" 있다고 느낀다면, 그것이 우리를 부지런함으로 이끌지 않겠습니까? 부지런함에는 많은 이유들이 있습니다. 예컨대, 해야 할 일들이 많이 있다든지, 반대의 힘이 계속적으로 작용하고 있다든지, 일할 시간이 많지 않다든지 등일 것입니다. 이러한 것들이 우리의 부지런함의 이유들입니다. 그러나 결정적 이유는 "그리스도께서 나를 위해 죽으시고 나를 위해 살아나셨다는 사실, 그래서 내가 진실로 그의 종이 되었다는 사실"입니다. 이러한 생각은 우리로 하여금 그의 일을 행하도록 이끌 것이며, 마음을 뜨겁고 열정적으로 만들어 줄 것입니다. 그리고 우리를 무기력하며 마지못해 일하는 것으로부터 건져줄 것입니다.

여러분은 이러한 동기(動機)를 여러분의 가게와 사무실과 방앗간과 부엌으로 가져갈 수 있습니다. 스가랴 선지자는 "말 방울에까지 '여호와께 성결'이라 기록될 것이라 예루살렘에 있는 모든 솥이 제단 앞 주발과 다름이 없을 것이니"라고 말합니다. 모든 생명은 아름다움으로 빛날 것이며, 거대함으로 우뚝 솟을 것입니다. 굽은 것들은 펴질 것이며, 험한 곳은 평탄하게 될 것이며, 익숙하고 진부한 것들은 마치 꿈처럼 새로움과 경이로움으로 덧입혀질 것입니다. 우리가 그 모든 것들 위에 "주님을 위하여"라고 쓰기만 한다면 말입니다. 우리가 행하거나 감당하는 일이 통상적이며 사소하며 즐겁지 않은 일이라 할지라도, 모든 것이 즐겁게 될 것입니다. 바로 여기에 부지런함과 뜨거움의 비밀이 있습니다. "내가 항상 주님을 내 앞에 놓으리로다."

33
삼중 교훈 (2)

**"소망 중에 즐거워하며 환난 중에 참으며
기도에 항상 힘쓰며"**

롬 12:12

여기의 서로 밀접하게 관련된 세 교훈은 로마서의 실천적 부분이 시작되는 12장의 중간 부분에 위치합니다. 그리고 실천적 주제를 다루는 12장 전체에서 본 절이 그리스도인의 삶의 내적 비밀을 유일하게 언급하는 사실은 매우 주목할 만합니다. 바울에게 있어 "영적인 삶을 심화"시키는 방법은 "다른 사람들과의 관계 속에서 더 낫게" 행하는 것이었습니다. 본 장의 나머지 모든 교훈들도 피차 의무를 행하라는 가르침으로 채워집니다. 정통 교리는 매우 큰 가치를 갖습니다. 그것이 행동에 영향을 끼친다면 말입니다. 그러나 그렇지 못하다면 그것은 별 가치를 갖지 못할 것입니다. 경건의 감정 역시도 마찬가지입니다. 그것이 행동에 영향을 끼친다면 매우 유용할 것이지만, 그러나 그렇지 못하다면 그것은 아무것도 아닌 것이 될 것입니다. 그리스도인들은 진리를 분명하게 깨닫고 또 뜨거운 마음을 갖도록 노력해야 합니다. 그러나 그것의 결과는 매일같이 예수를 닮아가는 삶이어야 하며, 이것이 그것의 진위(眞僞) 여부를 판단하는 기준이 될 것입니다. 영적인 삶을 심화(深化)시키는 것은 시장과 거리와 집에서의 실제적 의(義)입니다.

여기의 세 가지 특별한 교훈들과 관련하여, 나는 그것들 각각의 의미뿐만 아니라 그것들의 관계까지도 제시하고자 합니다.

1. 첫째, 그리스도인의 삶은 소망 중에 즐거워하는 것이어야 합니다.

우리 가운데 많은 사람들은 즐거워하는 것이 그리스도인의 의무라는 사실을 제대로 인식하고 있지 못합니다. 우리는 대체로 그것을 성격과 환경의 문제로 생각합니다. 우리는 만사가 잘 풀려갈 때 즐거워합니다. 또 천부적으로 밝은 성격과 밝은 마음을 갖고 있는 사람은 비교적 즐거운 마음을 갖는 반면 우울하며 까다로운 성격을 갖고 있는 사람은 그렇지 못할 것입니다. 그러나 여러분은 그리스도인으로서 즐겁게 살아가지 않는 것이 그리스도인으로서의 의무에 반하는 것이라는 사실을 알고 계십니까? 만일 우리가 즐겁게 살아가지 못한다면, 그것을 환경이나 성격의 탓으로 돌릴 수 없습니다. 바울은 "주 안에서 항상 기뻐하라"고 말합니다. 그리고 그것이 너무 성급한 명령이 아니냐는 반문을 예상하기라도 한 듯이, 그는 다시금 "내가 다시 말하노니 기뻐하라"고 반복해서 말합니다. 형제들이여, 기쁨이 그리스도인의 의무라는 위대한 사상을 이해하기 위해서, 우리는 먼저 참된 기쁨이 무엇인가에 대한 개념을 새롭게 정립할 필요가 있습니다. 참된 기쁨은 "솥 밑에서 가시나무가 타는 소리"와 같은 것이 결코 아닙니다(전 7:6). 그것은 금방 타서 검은 재로 변하고 마는 어리석고 순간적이며 공허한 환락보다 훨씬 더 깊고 고요하며 아름다운 것입니다.

즐거워하는 것은 그리스도인의 의무입니다. 그러나 우리 가운데 많은 사람들은 그렇게 하기에 충분할 정도의 믿음을 가지고 있지 못합니다. 나는 여기에서 그와 같은 즐거움의 모든 근원들을 제시할 필요를 느끼지 않습니다. 다만 본문이 제시하는 "소망 중에" 즐거워하는 것만을 살펴보려고 합니다.

일주일 동안의 휴가 동안 집에 돌아갈 것을 기다리고 있는 어떤 소년을 생각해 보십시오. 그에게 있어 그러한 소망은 분명 큰 즐거움의 근원입니다. 어떤 큰 소망이 우리를 격려할 때, 얼마나 즐겁게 우리 마음의 주인은 그 왕좌에 앉습니까! 그때 모든 일은 얼마나 즐거우며 또 세상은 얼마나 다르게 보입니까! 특별히 우리가 절대적으로 확실한 소망을 굳게 붙잡을 때, 그러한 소망은 우리를 크게 기쁘게 할 것이며 우리의 마음은 기쁨으로 노래할 것입니다. 참된 기쁨은 믿음의 문제이지 성격이나 환경의 문제가 아닙니다. 개천의 물길은 잠시 마를 수 있지만 그러나 그 근원이 되는 샘은 깊고 무궁무진합니다. 기독교적 소망을 올바로 깨닫고 그것을 마음에 품고 있는 그리스도인은 기쁨을 위한 조건이나 기분에 의존하지 않고 그것을 초월합니다.

앞에서 바울은 "하나님의 영광의 소망 가운데 즐거워하라"고 말한 적이 있습니다(5:2). 그것은 소망을 영원한 즐거움의 비밀로 언급한 것입니다. 그렇습니다. 그러한 소망은 하나님의 영광으로 초점이 모아지는 가장 절대적이며 확실한 전망입니다. 마치 격렬한 풀무 속에서도 머리터럭 하나 불타지 않고 평안하게 있었던 다니엘의 세 친구들처럼 말입니다. 그것은 성격과 기분을 뛰어넘는 소망이며 또한 우리를 우울하게 만드는 모든 상황을 뛰어넘는 소망입니다. 그리고 그것은 우리의 삶 속에 영원한 즐거움을 불어넣어 줄 것입니다. 형제들이여, 우리가 이런 보화를 갖고 있으면서도 풍성한 삶을 누리지 못한다면, 그것은 너무도 이상하고 슬픈 일이 아니겠습니까?

우리는 스스로 즐거운 마음을 가질 수도 있고 또 우울한 마음을 가질 수도 있다는 사실을 기억할 필요가 있습니다. 다시 말해서 그것은 우리의 선택에 달려 있다는 의미입니다. 만일 여러분의 마음을 소망을 시들게 만드는 고통이나 실망스러운 일이나 힘든 일 따위로 채운다면, 여러분의 마음은 슬프고 우울한 색으로 칠해지게 될 것입니다. 우리 가운데 많은 사람들은 실제로 이런 모습으로 살아가면서 그러한 빈 공간을 어리석은 환락과 공허한 웃음으로 채우려고 합니다. 그러나 만일 여러분이 이와 같이 우울하고 어두컴컴한 자리로부터 돌이켜 찬란한 햇빛이 비취는 자리로 나아온다면(설령 아직 해가 뜨지 않았다 할지라도), 여러분은 올바른 생각을 갖게 된 것이며 또 여러분의 마음은 새롭게 바뀌게 될 것입니다. 여러분은 억지로 스스로를 기쁘게 만들 수 없습니다. 그렇지만 여러분의 생각의 방향을 통제할 수 있으며, 그렇게 함으로써 여러분의 삶의 한 겨울 속으로 여름을 끌어들일 수 있습니다. 또 여러분은 모든 환경을 우호적 방향으로 이끌 수 있습니다. 추운 겨울날 화롯불을 끼도 가게에 앉아 있는 이탈리아 사람들처럼 말입니다. 그들은 화롯불을 붙잡고 있음으로써 스스로를 따뜻하고 포근하게 만듭니다. 여러분도 추운 날씨 속으로 온기를 끌어올 수 있습니다. 그 안에 불이 들어 있는 화로를 붙잡고 있다면 말입니다. 그것을 여러분의 손으로 붙잡아 여러분의 마음으로 가져간다면 말입니다. 어떻게 생각할 것인지 여러분이 스스로 선택하십시오. 그러면 그에 합당한 감정이 뒤따를 것입니다.

그러나 이러한 기독교적 기쁨의 근원 즉 소망이란 이름의 근원을 계속 지키기 위해서는 지속적 노력이 필요합니다. 어떤 섬에 거주하는 사람들을 상상해 보십시오. 그 섬에서는 오직 특별한 날씨 조건 아래서만 육지의 어렴풋한 산 정상을 볼 수 있을 뿐입니다. 그리고 그 섬과 육지 사이에는 폭풍이 몰아치는 해협이 가로놓여 있습니다. 그러나 너무나 자주 끼는 안개로 인해 대부분의 경우 산 정상은 가려지고 그들은 오직 황량한 바다와 절벽만을 볼 수 있을 뿐입니다. 그러나 의지만 있다면 그들은 안개를 넘어 육지의 산 정상을 바라볼 수 있습니다. 그것은 높은 곳으로 올라가는 것입니다. 할 수만 있다면, 그것은 얼마나 노력할만한 가치가 있는 것이겠습니까? 안개 위로 펼쳐지는 광경은 그들에게 얼마나 큰 기쁨을 가져다주겠습니까? 형제들이여, 오늘날 기독교를 연약하게 만드는 것이 하나 있는데, 그것은 사람들이 하나님의 영광의 소망을 놓쳐 버리는 것입니다. 부디 "소망 중에 즐거워하라"는 본문의 첫 번째 명령을 깊이 새기기 바랍니다.

2. 둘째, 그리스도인의 삶은 환난 중에 참는 것이어야 합니다.

우리는 앞에서 본문이 말하는 즐거움은 환경과는 무관한 것임을 살펴보았습니다. 그것은 외적 고통과 슬픔 속에서도 유지되고 지속될 수 있는 것입니다. "근심하는 자 같으나 항상 기뻐하는" 바울의 놀라운 이상을 실현하는 것은 가능한 일입니다. 나는 이것이 쉽게 얻어질 수 있는 일이라고는 말하지 않습니다. 왜냐하면 하나님이 아시거니와 그것은 정말로 어려운 일이기 때문입니다. 그러나 그것은 분명 가능한 일입니다. 대양(大洋)의 수면은 폭풍으로 인해 요동치며 거품이 일 수 있지만 그러나 깊은 곳에서는 아무 소리도 들리지 않습니다. 사랑하는 형제들이여, 그러므로 우리는 수면의 요동치는 것이 결코 도달할 수 없는 내면의 깊음을 가져야만 합니다. 바로 이것이 기독교 신앙이 얻을 수 있는 최고의 것입니다. 그렇지만 그것은 우리 모두가 얻을 수 있는 것입니다.

만일 수면 아래 아무리 많은 물도 끌 수 없는 "그리스 화약"(Greek fire)과 같은 것이 있다면 다시 말해서 수면의 슬픔 아래 계속해서 지속되는 기쁨이 있다면, 그러한 기쁨과 소망이 우리로 하여금 모든 것을 참도록 만들어 줄 것입니다.

여기에서 바울이 "참음"이라는 단어로서 의미하는 것은 단순히 견디는 것 이상의 어떤 것입니다. 우리는 종종 어떤 것에 대해 힘을 다해 견딜 수 있습니다. 거기에는 때때로 믿음과 순종이 요구되기도 합니다. 그때 우리는 이렇게 말합니다. "내가 잠잠하고 입을 열지 아니함은 주께서 이를 행하신 까닭이라, 주의 손이 내게 주신 것을 내가 감당할 것이라." 그러나 이것이 기독교적 '참음'의 모든 것은 아닙니다. 거기에는 또한 능동적인 행위(active work)의 개념이 포함되어 있습니다. 그것은 인내하는 것이며 오래 참는 것입니다.

만일 우리의 눈이 하늘의 소망에 고정되어 있다면 그래서 우리의 마음이 고요한 기쁨으로 가득 차 있다면, 기독교적 "참음"의 수동적 측면과 능동적 측면 모두를 실현하는 것이 될 것입니다. 만일 우리의 생각이 밝게 타오르는 소망으로 지배되어 있다면, 다음과 같은 존 뉴턴의 시로부터 위로를 얻는 것은 그리 어려운 일이 아닐 것입니다.

"현재가 아무리 고통스럽다 할지라도
그것은 머지않아 그칠 것이라.

그러고 나면, 정복자의 노래는
얼마나 유쾌할 것인가!"

　어떤 사람이 배를 타고 항해하고 있다고 생각해 보십시오. 그는 자신이
일주일 후에 뉴욕에 있게 될 것을 분명하게 알고 있습니다. 그렇다면 그는
비록 자신의 객실이 비좁아 불편하고 배 멀미와 씨름을 하고 있다 할지라
도 크게 개의치 않을 것입니다. 이와 같이 소망은 우리로 모든 고통을 대
수롭지 않게 여기며 인내하도록 만들어 줄 것입니다.
　또한 소망은 우리로 모든 일에 있어 강하게 만들어 줄 것입니다. 그것이
강한 소망이라면 말입니다. 계속해서 의무의 길로 행하는 것은 모든 그리
스도인들이 목표로 해야 하는 것이면서 동시에 항상 가져야만 하는 정신
입니다. 만일 우리의 마음속에 확실한 소망의 불을 가지고 있다면, 그것이
가장 사소한 의무라 할지라도 부지런히 행하도록 이끌 것입니다. 상황이
우리에게 호의적이든 그렇지 않든 상관없이 말입니다. 거대한 증기선(蒸
氣船)이 거센 폭풍에도 불구하고 자신의 길을 굳게 지켜 나가듯이 말입니
다. 왜냐하면 그 배의 밑에는 증기를 계속해서 공급해 주는 거대한 용광로
와 보일러가 있기 때문입니다. 이와 같이 소망으로 인해 즐거움이 넘치는
삶은 잠잠한 견딤과 능동적 행동으로 가득찰 것입니다. "소망 중에 즐거워
하며 환난 중에 참으며."

3. 셋째, 그리스도인의 삶은 기도에 항상 힘쓰는 것이어야 합니다.

　"기도에 항상 힘쓰라"는 것은 단순히 계속해서 기도하라는 의미입니다.
바울은 본문을 기록하기 훨씬 이전에 다른 편지에서 "항상 기뻐하라 쉬지
말고 기도하라 범사에 감사하라"고 말했는데, 우리는 여기에서 역설
(paradox)을 발견할 수 있습니다. 만일 여러분이 쉬지 않고 기도한다면,
항상 기뻐할 수 있을 것입니다.
　그렇지만 우리가 쉬지 않고 기도할 수 있을까요? 만일 여기의 기도가
말로써 어떤 간구나 청원을 올리는 것을 의미한다면, 그렇게 하는 것은 불

가능할 것입니다. 그러나 여기에서 말하는 기도는 경건한 마음의 태도 혹은 우리가 하는 모든 일을 무의식적으로 하나님과 관련시키는 것을 의미합니다. 이 땅에서 하나님과 더불어 결코 깨어지지 않는 완전한 교제를 가질 수 있는가와 관련된 쓸모없는 논쟁으로 이와 같은 명령의 날을 무디게 해서는 안 됩니다. 여하튼간에 그러한 이상에 가깝게 다가가는 것은 분명 가능하며, 또 우리는 마땅히 그렇게 해야 합니다. 만일 우리의 마음을 계속해서 하나님과 교제하는 가운데 매일의 의무의 길로 행하도록 이끈다면 그리고 때때로 그를 생각하며 기도한다면, 우리의 삶 속에 기쁨과 소망과 인내가 풍성하게 임할 것입니다.

우리는 구약에서 "그들이 싸울 때에 하나님께 의뢰하고 부르짖으므로 하나님이 그들에게 응답하셨음이라"는 말씀을 읽을 수 있습니다(대상 5:20). 좋습니다. 그러면 여러분은 그것이 어떤 종류의 기도였을 것이라고 생각합니까? 여러분이 지금 격렬한 싸움의 한 가운데 있다고 상상해 보십시오. 지금 적들의 칼이 여러분의 목을 겨누고 있는 상황에서 많은 기도의 말을 할 시간이 어디에 있겠습니까? 그렇지 않습니까? 그렇지만 그들의 생각과 부르짖음은 하늘로 올라갈 수 있었습니다. 그리고 그것이 하늘로 올라가자, 하늘로부터 강한 방패가 내려왔습니다. 본문의 계속해서 기도하라는 명령은 바로 이와 같은 것을 말하는 것입니다. 우리는 학생으로서 학교에서, 가정주부로서 부엌에서, 상인으로서 가게에서, 그리고 기타 모든 삶의 현장에서 이와 같은 기도를 하늘로 올릴 수 있습니다. 만일 우리가 이와 같이 "쉬지 않고 기도"한다면, 우리는 "항상 기뻐하게" 될 것입니다. 그리고 우리 영혼은 환난 중에도 참으며 하나님의 평강으로 채워지게 될 것입니다.

34
삼중 교훈 (3)

성도들의 쓸 것을 공급하며 손 대접하기를 힘쓰라
너희를 박해하는 자를 축복하라 축복하고 저주하지 말라
즐거워하는 자들과 함께 즐거워하고 우는 자들과 함께 울라
롬 12:13-15

이제 우리는 하나님과의 교제라고 하는 내적 영역으로부터 사람들과의 관계라고 하는 넓은 영역으로 나아가게 됩니다. 하나님과의 은밀한 교제 속에서 소망 가운데 즐거워하며 한난 중에 참으며 항상 기도하는 것은 다른 사람들에게 자비를 베풀며 마음을 같이 하는 것으로 확장되어야 합니다. 앞 구절에서 그리스도인의 영혼은 "지성소의 은밀한 장소"에 있었습니다. 이제 그는 여기에서 그 얼굴에 하나님의 빛이 빛나는 가운데, 그 손에 축복을 들고 사람들 앞으로 나아옵니다. 이러한 두 사상이 나란히 나오는 것은 다음과 같은 신약의 위대한 원리 즉 하나님께 대한 믿음이 사람들에게 실제적 도움을 베푸는 것에 대한 기초이며 또 사람들에게 실제적 도움을 베푸는 것은 하나님께 대한 믿음의 표현이며 나타남이란 원리를 암시합니다.

여기 본문의 세 명령은 피상적으로는 서로 다르게 보이지만 그러나 모두 동일한 기초를 갖고 있습니다. 그것들은 하나의 기본적 성품인 사랑이 다양한 형태로 펼쳐진 것입니다. 사랑은 그 대상의 필요에 따라 다양한 형태를 띱니다. 사랑은 궁핍한 자에게는 필요한 것을 가져다주며, 적의를 품

은 자에게는 축복으로 대하며, 기쁨이나 슬픔 가운데 있는 자들에게는 감정을 공유합니다. 또한 우리는 첫 번째 명령과 두 번째 명령 사이에 음운(音韻)적으로 현저한 연결관계가 있다는 사실을 발견할 수 있습니다(영어에서나 한글에서는 그러한 연결관계가 나타나지 않습니다 — 역주). "손대접하기를 힘쓰는" 것은 문자적으로 "환대(歡待)를 좇는"(pursuing hospitality) 것입니다. 여기에서 "좇는"(pursing)에 해당하는 헬라어는 — 영어에서도 그런 것처럼 — 적대적 마음을 갖고 뒤따르는 의미를 갖고 있습니다. 그러므로 박해하는 자를 축복하라는 두 번째 명령은 문자의 연결관계에 의해 야기된 일종의 언어의 유희(word-play)입니다. 어쩌면 여기의 두 번째 명령은 본장의 끝 부분에 나왔더라면 더 적절했을는지 모릅니다. 그러나 그것이 여기에 제시된 것은 바울의 독특한 특성으로 말미암은 것입니다. 만일 두 명령이 다음과 같이 번역되었더라면, 둘 사이의 연결관계가 좀 더 잘 드러날 수 있었을 것입니다. "환대를 좇으라 그리고 너희를 좇는 자들을 축복하고 저주하지 말라." 우리는 여기에서 사랑이라는 이름의 뿌리에서 피어난 세 송이의 꽃을 볼 수 있습니다.

1. 물질적 도움을 베푸는 사랑.

우리는 여기에서 사랑이 두 가지 방향으로 적용되는 것을 보게 됩니다. 첫 번째 것은 실제의 물질적 도움으로 표현되는 사랑입니다. 여기에서 도움을 받는 자들은 "성도들"입니다. 그리고 그들에게 주어져야 하는 것은 "쓸 것"입니다. 바울의 서신들에서는 예루살렘 교회에서 잠시 동안 나타났었던 유무상통의 흔적이 나타나지 않습니다. 예루살렘 교회에서 재물을 공유했던 것은 그 도시의 가난한 자들을 위한 필요에서 말미암은 것이었는데, 바울 역시도 이와 같은 관심을 고린도나 다른 도시들에서 크게 가지고 있었습니다. 기독교적 사랑은 개인의 재산권을 인정하는 토대 위에서 형제들의 필요를 채울 의무를 지웁니다. 개인의 재산권은 절대적이지 않으며 무조건적이지도 않습니다. 도리어 그것은 '하나님을 위한 청지기'(stewardship for God)와 '인간들을 위한 관리자'(trusteeship for men)와 '그리스도를 위한 희생제물'(sacrifice for Christ)이라는 최고의 원리들에 종속됩니다. 이러한 세 가지 위대한 사상이 그리스도인의 재산권을 제한하며 조건지웁니다. 따라서 그리스도인에게 있어 재산은 제한적인 의미에서 자신의 것으로 불릴 수 있습니다. 그의 소유는 형제의 필요에 의해 제한되며, 형제의 필요가 사치와 과도한 소유의 욕망을 만족시키는 것보다 우선되어야 합니다. 만일 우리가 "형제의 궁핍함을 보면서 불쌍히 여기는 마음을 닫아버리고" 모든 소유를 오직 자신의 기분을 만족시키는 데에만 사용한다면, 어떻게 우리 안어 하나님의 사랑이 거한다고 말할 수 있겠습니까? 오늘날의 그리스도인들에게 있어 돈을 벌고 쓰고 지키는 것보다 훨씬 더 중요한 것은 양심에 따라 용감하게 행동하는 것입니다. 우리 중 많은 사람들에게 있어 유용성의 주된 영역은 바로 이러한 영역에 놓여 있습니다. 지극히 작은 것에 충성되지 못하다면 큰 것에도 역시 충성되지 못할 것입니다. 이와 관련하여 우리는 주님의 다음과 같은 두려운 질문을 마음에 새겨야 합니다. "너희가 만일 남의 것에 충성하지 아니하면 누가 너희의 것을 너희에게 주겠느냐"(눅 16:12).

이와 같이 형제들에게 물질로 도움을 베푸는 것은 초대교회에서 특별하게 나타났던 기독교적 사랑의 두드러진 표현이었습니다. 온 세상에 흩어진 이방인들이 신자로서 한 몸이 되었습니다. 그리고 그때에는 자기 집을 떠나 다른 지역을 여행할 때 오직 형제들의 집에서간 묵을 곳을 찾을 수 있었습니다. 당시의 이와 같은 특별한 상황으로 인해 그러한 의무는 특별한 중요성을 갖게 되었습니다. 그러한 의무가 그리스도인들이 지켜야할 가장 중요한 의무들 가운데 하나로 나타나는 것을 신약의 모든 서신들에서 발견할 수 있습니다. 초창기 그리스도인들에게 그토록 특별한 중요성을 가졌던 의무 즉 형제들을 물질로 돕는 의무는 지금도 여전히 의무로 남아 있습니다. 이러한 의무를 올바로 행한다면, 그리스도인들 사이의 사회적 지위나 문화의 차이로 말미암아 세워진 높은 장벽들은 쉽게 허물어질 것입니다.

2. 적의(敵意)에 대해 축복으로 대하는 사랑.

성경에 이러한 명령보다 더 많은 열매를 맺은 말씀은 거의 없을 것입니다. 초대교회 때부터 오늘날의 중국 교회에 이르기까지 얼마나 많은 순교자들이 단두대 아래에서 혹은 불타는 장작더미 위에서 이러한 명령을 기억하고 복된 유산을 남겼습니까! 오늘날의 세대는 매우 평온하며 실제적인 박해는 매우 드문 시대입니다. 그렇지만 크든 작든 악의적 적대감은 여전히 주위에서 맴돌고 있습니다. 그러한 악의적 적대감과 관련하여 본문의 두 번째 명령이 요구하는 것은 사랑으로 이기라는 것입니다. 다이아몬드는 날카로운 칼에 깎임으로써 찬란한 아름다움을 나타냅니다. 또 불에 탐으로써 좋은 향기를 내는 나무도 있으며, 절단됨으로써 아름다운 무늬를 나타내는 나무도 있습니다. 만일 기독교가 우리에게 상대방과 똑같이 행동할 것을 가르칠 뿐이라면, 얼마나 초라한 복음입니까! 기독교는 미움에 미움으로, 경멸에 경멸로 대하라고 가르치지 않습니다. 기독교의 교훈은 미움을 사랑으로, 경멸을 공감(共感)으로 바꾸라는 것입니다. 적극적 적대행위 앞에서 평정을 유지하는 것은 가능하지 않습니다. 대적하는 자들이 우리를 치거나 빈정거리거나 경멸할 때, 우리는 움츠릴 것입니다. 우리에게 감정이 있는 한 말입니다. 이러한 상황에서 저주하는 자가 되지 않으려면 도리어 축복해야 합니다. 이러한 교훈은 얼마나 어려운 것입니까! 이러한 교훈을 충분하게 순종하는 유일한 방법은 그리스도께 가까이 붙어 있으면서 "아버지여 저들을 사하여 주소서 자기들이 하는 것을 알지 못함이니이다"라고 기도하신 자의 영을 마시는 것입니다.

3. 감정을 공유하는 사랑.

여기에 감정을 공유하는 것과 관련하여 두 가지 명령이 제시되는데, 그것은 즐거워하는 자들과 함께 즐거워하고 우는 자들과 함께 울라는 것입니다. 이러한 두 가지 가운데 더 어려운 것은 전자입니다. "즐거워하는 자들과 함께 즐거워하는 것"은 "우는 자들과 함께 우는 것"보다 더 크고 더 비이기적(非利己的) 사랑을 요구합니다. 즐거워하는 사람은 우는 사람보다 공감(共感)을 덜 필요로 합니다. 그렇지만 후자의 명령 역시도 결코 쉬운 것은 아닙니다. 견유학파(犬儒學派)의 냉소주의자들은 "가장 절친한 친구의 불행 속에도 싫지 않은 어떤 것이 있다"고 말했습니다. 비록 이것이 전적으로 세상적이며 비기독교적인 말이라 할지라도, 거기에 어느 정도 진리의 요소가 있다는 사실을 우리는 인정하지 않을 수 없습니다.

어쨌든 이와 같은 두 명령에 순종하기 위해서는 공감의 마음이 필요합니다. 그리고 그러한 공감의 마음은 계속해서 증진되고 강화될 필요가 있습니다. 의심의 여지없이 우리의 순증의 정도는 타고난 기질과 큰 관련성을 가지고 있습니다. 그러나 그러한 기질 위에 하나님의 은혜가 역사할 때, 그것은 더욱 강화되고 현저하게 될 것입니다(그럼으로써 강화된 기질은 은사가 될 것입니다). 우리는 오늘날 극심한 개인주의 시대에 살고 있습니다. 우리 각자는 해협을 사이에 드고 서로 고립되어 있는 섬들과 같습니다. 그럼에도 불구하고 우리에게 있어 예수 그리스도와의 긴밀한 교제의 결과로서 서로의 간격에 다리를 놓고 형제의 기쁨 속으로 들어가는 것은 가능한 일입니다. 나사로의 무덤에서 그의 누이들이 눈물을 흘리는 것을 보면서 함께 눈물을 흘리신 자가 우리를 도우실 것입니다. 우리가 그 안에 거하고 그가 우리 안에 계시는 분량만큼 말입니다. 그럼으로써 우리 역시도 "각각 자신의 일을 돌볼 뿐더러 또한 각각 다른 사람들의 일을 돌보게" 될 수 있을 것입니다(빌 2:4).

전체적으로 볼 때, 예수 그리스도께 대한 사랑이 사람에 대한 사랑의 기초이며 사람에 대한 사랑이 기독교의 실제적 예배입니다. 지금까지 다룬 모든 교훈들 속에서, 예수 그리스도가 우리의 모범이며 힘입니다. 그는 우리가 필요로 하는 것들을 함께 나눕니다. 그는 마음을 열고 그 마음으로 우리를 반갑게 영접합니다. 그는 어떻게 미움에 대해 사랑으로 그리고 해를 끼치는 자에 대해 축복으로 맞이하며 이길 것인지를 보여 주셨습니다. 그는 우리의 슬픔을 나누시며, 그렇게 하심으로 그것을 작게 만드십니다. 또 그는 우리의 기쁨을 나누시며, 그렇게 하심으로 그것을 크게 만드십니다. 여기에 나오는 모든 세세한 명령들을 요약하면 이렇게 될 것입니다. "그리스도 예수 안에 있는 마음을 너희 안에 있게 하라."

35
삼중 교훈 (4)

서로 마음을 같이하며 높은 데 마음을 두지 말고
도리어 낮은 데 처하며 스스로 지혜 있는 체 하지 말라

롬 12:16

우리는 여기에서 또 다시 교훈들이 삼중적으로 배치되는 것을 보게
됩니다. 그리고 여기의 세 교훈은 문자적 유사성으로 서로 연결됩니다(물
론 이런 특성은 역본에서는 거의 나타나지 않습니다). 첫 번째 교훈과 두
번째 교훈에서는 같은 동사가 사용되었으며, 세 번째 교훈에서 "지혜"에
해당되는 단어는 앞의 두 교훈의 동사와 같은 어원을 가진 단어입니다. 또
우리가 만일 여기에서 어떤 특별한 점을 찾을 수 있다면, 아마도 그것은
다음과 같은 것들입니다. 먼저 여기의 세 교훈이 공히 마음의 태도를 다루
고 있다는 사실과, 다음으로 첫 번째 교훈은 일반적 원리를 가르치는 반면
두 번째와 세 번째 교훈은 그러한 원리에 저촉되는 구체적 잘못들에 대한
경고라는 사실입니다.

1. 화평의 띠를 굳게 하라.

"서로 마음을 같이 하며." 사도 바울이 자신의 서신들에서 얼마나 자주
성도들 간의 상호 조화로운 관계를 강조했는지를 주목하는 것은 매우 흥
미로운 일입니다. 예를 들어, 바로 이 서신(즉 로마서)에서 그는 "인내와

위로의 하나님”께 로마의 그리스도인들이 “그리스도 예수를 따라 피차 한 마음이 되도록” 간구합니다. 또한 그는 파당으로 나뉜 고린도인들에게 “형제들아 마음을 같이하며 평안할지어다”라고 말하면서, 만일 그들이 그렇게 하면 “사랑과 화평의 하나님이 너희와 함께 하실 것”이라고 확증합니다. 또 그는 사랑하는 빌립보인들에게 “그리스도 안에 있는 권면과 사랑의 위로와 성령의 교제로써 같은 마음을 품고 같은 사랑을 가지라”고 간곡한 말로 훈계합니다. 특별히 빌립보 교회에는 서로 불화 가운데 있는 두 여자가 있었습니다. 그에 대해 바울은 “주 안에서 같은 마음을 품으라”고 간곡한 말로 훈계합니다. 공동체적으로든 개인적으로든 사랑과 일치의 마음을 품는 것은 기독교적 삶의 진보(進步)에 매우 중요한 조건이 됩니다. 그러한 마음이 없다면 기독교적 삶의 진보 역시도 없을 것입니다.

그러나 우리는 같은 마음을 갖는 것은 어떤 문제들에 있어 다른 의견을 갖는 것과 공존할 수 있다는 사실을 잊어서는 안 됩니다. 의견이 서로 다른 것은 인정되어야 합니다. 물론 우리의 연약함으로 인해 어떤 문제에 있어 서로 다른 견해를 가지고 있으면서 동시에 화합하는 것이 매우 어려운 일이기는 하지만 말입니다. 선한 그리스도인들이 대여섯 명 모였을 때, 우리는 그들이 심지어 기독교 신앙과 관련한 특별한 주제에 대해서조차 일치된 견해를 갖는 것이 얼마나 어려운 일인지를 잘 압니다. 설령 그들이 일치된 견해를 가지게 되었다 할지라도, 거기에는 여전히 불일치의 영이 틈타고 들어올 문이 열려 있습니다. “서로 마음을 같이 하는” 것에 대한 진정한 장애물은 어떤 교리나 신조 같은 외부적 영역보다 우리 자신의 본성에 더 깊이 뿌리 박혀 있습니다. 자기중심적 성향, 동료 그리스도인들의 독특성을 받아들일 줄 모르는 기질, 마음을 같이 할 줄 모름으로 말미암는 무관심 등 그리스도인의 성격에 있어서의 수많은 결함들은 형제들을 서로 분리시키고 소외시키는 결과를 야기합니다. 그리고 이러한 성향은 오늘날 개개 그리스도인들과 기독교 공동체들의 현저한 특성입니다. 만일 우리가 그리스도인들 사이에 벌어지는 실제적 사실들을 돌이켜 본다면, 우리는 바울 사도의 이상(理想)과 그것이 실제로 교회 안에서 구체화되는 것 사이에 큰 불일치가 있다는 사실을 깨닫게 될 것입니다. 그리고 그것을 깨달은 모든 자들은 "서로 마음을 같이 하는" 것이 자신들의 의무임을 믿는데 어떻게 이런 일이 생길 수 있는지 의아하게 생각할 것입니다.

이와 같이 화평과 일치의 마음을 갖는 것은 특별히 오늘날 각별한 중요성을 가지며 또 우리들이 목표로 삼아야할 대상입니다. 왜냐하면 우리 사회가 계속해서 다양화되고 다변화되어 가는 가운데 같은 마음을 품는 것이 점점 더 어려운 일이 되어가고 있기 때문입니다. 오늘날 사람들의 생각 속에 깊은 틈이 있으며, 그러한 틈은 점점 더 깊고 넓게 벌어지고 있습니다. 그리스도인들도 여러 부류로 나누어지고 있으며, 이에 따라 같은 마음을 품는 것은 점점 더 어려워집니다. 심지어 강력한 개인주의(individualism)조차도 이 문제에 있어 많은 해를 끼칩니다. 참된 기독교 신앙으로부터 말미암은 것일지라도 말입니다. 자신들이 자유교회(Free churches)의 지체로서 교리와 성직자 중심의 공동체에 속하지 않은 것을 자랑하는 자들은 특별히 본문의 교훈을 깊이 새기면서 화평과 일치의 정신을 되살려야 합니다.

그러나 우리는 이 땅에서의 최고의 일치조차도 모든 참여자들을 하나의 생명으로 묶는 참된 하나됨의 불완전한 표현에 불과함을 기억해야 합니다. 그리고 그 하나의 생명이 우리의 영에 더 많이 흐를수록 기독교적 일치를 가로막는 힘은 더 작아질 것입니다. 우리로 하여금 그 안에 그리스도가 계시는 다른 모든 사람들과 형제가 되도록 만드는 것은 우리 안에 계신 그리스도입니다. 우리로 하여금 같은 믿음을 소유한 자들로부터 단절되도록 만드는 것은 자아(self)입니다. 바닷물이 빠지고 나면 바닷가에는 서로 고립된 수많은 물웅덩이들이 나타납니다. 그러나 바닷물이 들어오면 서로 분리된 물웅덩이들은 모두 하나로 합쳐지게 됩니다. 우리의 하나됨은 그리스도 안에서의 하나됨입니다. 그리고 "서로 마음을 같이 하는" 유일한 길은 "그리스도 예수 안에 있는 마음으로 우리 안에 있게 하는" 것입니다.

2. 자기중심적 야망을 경계하라.

"높은 데 마음을 두지 말고 도리어 낮은 데 처하며." 여기에서 "높은"과 "낮은"이 대조되고 있는 것을 주목하십시오. 그러한 대조는 전자뿐만 아니라 후자도 사람(persons)이 아니라 사물(things)을 언급하는 것으로 받아들이는 것을 가능하게 만들어 줍니다(KJV 본문은 다음과 같음, Mind not high things, but condescend to men of low estate — 역주). 개정역(Revised Version)의 난외주는 '처하며'(condescend)에 해당하는 헬라어 단어에 대한 문자적 번역을 제공해 줍니다. 거기에는 "to be carried away with"라고 나오는데, 그것은 은유적으로 "자신의 자아를 굴복시키는" 것과 동일한 의미를 갖습니다. 여기의 두 교훈은 하나의 동전의 양면과도 같은 것으로서, 개인적 이득이나 자기만족을 추구하지 말고 도리어 낮은 자리를 취하라는 것입니다. 이러한 교훈은 오늘날 유행하는 처세술과 얼마나 다릅니까? 오늘날 개인적 야망은 자기 발전의 요소로서 적극적으로 권장됩니다. 오늘날 서로 뒤쳐지지 않으려고 몸부림치는 세상에서 이러한 두 교훈은 광신자들의 어리석은 소리로밖에는 들리지 않을 것입니다. 그러나 만일 우리가 개인적 이득이나 자기만족을 추구하는 것이 어떻게 영혼을 질식시키는지 또 존 번연의 천로역정에 나오는 목동이 '롤리 골짜기'(lowly valley, 즉 낮은 골짜기 혹은 겸손의 골짜기)에서 발견했던 '마음을 평안하게 하는 꽃'이 어떻게 자라는지 곰곰이 생각한다면, 우리는 기꺼이 낮은 자리를 취하라는 이러한 교훈이 최고의 지혜와 맞닿아 있다는 사실을 알게 될 것입니다. 그것은 "잠깐 있다가 사라지는" 명성을 위해 서로 물고 뜯는 격투기장에서 발견되는 교훈보다 훨씬 더 높고 고상한 교훈입니다. 만일 그리스도인들이 이와 같은 두 가지 교훈을 자신의 교훈으로 실제적으로 받아들인다면, 세상과 그들의 영혼은 얼마나 평화로워지겠습니까! 그러한 교훈들을 이해하는 것은 그리 어렵지 않습니다. 그러나 그것을 따르는 것은 얼마나 어려운 일입니까!

여기에서 정죄된 성향 즉 "높은 데 마음을 두는" 성향이 모든 화평과 일치를 파괴할 것이라는 것은 너무도 분명한 사실입니다. 모든 사람이 서로 앞자리에 서려고 싸울 때, 공동체는 서로 싸우며 투쟁하는 집단이 될 것입니다. 서로 앞서려고 하며 "높은 데 마음을 두는" 자들이 어떻게 "서로 마음을 같이" 할 수 있겠습니까? 스스로를 나타내기를 바라는 우리의 자기중심적 성향을 제어하는 가장 확실한 방법은 기꺼이 낮고 비천한 일을 취하는 것입니다. 만일 우리가 아무런 만족도 가져다주지 못하는 야망으로 스스로의 마음을 어지럽게 만들지 않고자 한다면, 매일같이 낮고 비천한 일에 기꺼이 스스로를 던져야 합니다.

그러나 그렇게 하는 것이 우리 마음 안에서 역사하시는 그리스도의 능력에 의한 것이 아니라면, 그것은 너무도 무겁고 피곤한 일이 될 것입니다. 낮고 비천한 일에 스스로를 낮춘 최고의 모범을 예수 그리스도의 지상 생애 속에서 발견할 수 있습니다. 그는 "다투지도 않고 들레지도 않았으며 아무도 길에서 그의 소리를 듣지" 못했습니다(마 12:19). 그는 30년 동안의 완전한 삶을 보잘것없는 목수로서 갈릴리 지역의 작은 마을에서 거친 농부들과 함께 보냈습니다. 공생애 기간 동안에도 마찬가지입니다. 그때에도 그는 야심만만한 사람들이 보기에는 가려진 곳에 있었습니다. 몇몇 슬퍼하는 자들에게 위로의 말을 하는 것, 몇몇 병자들을 고치기 위해 그들에게 손을 얹는 것, 선한 일을 행하기 위해 멸시의 땅으로 가는 것, 버려진 자들과 죄인들에게 사랑을 받는 것, 신분이 높고 명망 있는 자들에게는 스스로를 감추는 것, 그리고 세상의 높은 자들에게 멸시를 당한 것 — 이것이 성육신하신 하나님의 완전한 삶이었습니다. 그러나 그의 제자들은 이러한 모범을 따르지 않고 큰 자가 되려고 그리고 자기 이름을 빛내려고 서로 다투었습니다. 그의 모범을 신실하게 따르는 것은 정말로 어려운 일입니다. 그러나 그러한 어려움을 극복하는 유일한 방법을 바울의 다른 서신에서 찾을 수 있습니다: "그러므로 그리스도 안에 무슨 권면이나 사랑의 무슨 위로나 성령의 무슨 교제나 긍휼이나 자비가 있거든 마음을 같이하여 같은 사랑을 가지고 뜻을 합하며 한마음을 품어 아무 일에든지 다툼이나 허영으로 하지 말고 오직 겸손한 마음으로 각각 자기보다 남을 낮게 여기라"(빌 2:1-3). 또한 바울은 우리 모두가 따를 모범을 그리스도 예수 안에 있는 마음과 그의 위대한 자기 비움으로 제시합니다: "그는 근본 하나님의 본체시나 하나님과 동등됨을 취할 것으로 여기지 아니하시고 오히려 자기를 비워 종의 형체를 가지사 사람들과 같이 되셨고 사람의 모양으로 나타나사 자기를 낮추시고 죽기까지 복종하셨으니 곧 십자가에 죽으심이라"(빌 2:6-8).

3. 스스로 속이는 것을 경계하라.

여기에서 바울은 로마서 12장에서 일련의 특별한 훈계들을 시작하면서 제시한 교훈을 다시 반복합니다. 거기에서 그는 "마땅히 생각할 그 이상의 생각을 품지 말라"고 명령했습니다(3절). 그리고 여기에서 그는 다시금 그와 같은 고상한 교훈의 한 가지 특별한 형태인 "스스로 지혜 있는 체 하지 말라"는 교훈을 다룹니다. 아마도 이것은 잠언 3장 7절 상반절을 인용하는 것일 것입니다. 거기에 "스스로 지혜롭게 여기지 말지어다"란 교훈이 언급되는데, 우리는 그러한 교훈 앞에 "너는 범사에 그를 인정하라 그리하면 네 길을 지도하시리라"란 말씀이(6절) 그리고 뒤에 "여호와를 경외하며 악을 떠날지어다"란 말씀이(7 하반절) 나오는 것을 보게 됩니다. 이와 같이 자신의 지혜를 과대평가하는 오류를 피하는 방법으로서 여호와를 인정하는 것과 여호와를 경외하는 것이 제시됩니다. 이러한 성향 즉 자신의 지혜를 과대평가하는 것이 어떻게 기독교적 하나됨을 파괴하는 것이 되는지에 대해서는 굳이 길게 설명할 필요조차 없습니다. 교회 내에 소수의 특별한 사람들로 이루어진 어떤 특정한 그룹들이 있는데, 교회의 하나됨을 굳게 함에 있어 이들보다 더 큰 걸림돌은 없습니다. 이들은 특별한 음식이 아니면 결코 입에 대지 않으며, 뛰어난 학식과 지식을 자랑하며, 자신들의 우아한 손을 거칠고 저속한 일에 결코 사용하지 않습니다. 이들은 주변의 공기를 싸늘하게 만드는 빙산과 같습니다. 이러한 것들은 공동체의 발전을 저해하며 하나됨을 파괴합니다. 이와 같이 스스로를 과대평가하는 것의 해악은 매우 큽니다. 그러므로 그것을 멀리하라는 훈계는 매우 큰 가치를 갖습니다. 우리가 어리석은 피조물에 불과하다는 사실을 아는 것은 "서로 마음을 같이 하는" 데 큰 도움이 됩니다. 스스로를 "하나님이 나누어주신 믿음의 분량대로 지혜롭게 생각하는” 자들은 높은 것들에 마음을 두지 않고 자신의 낮은 자아에 부합하는 낮은 것들에 마음을 둘 것입니다.

본문의 세 교훈은 형제들에게 물질적 도움을 베풀며 공감(共感)의 마음을 가지라는 훈계에 뒤이은 것입니다. 여기에서 명령된 성향은 앞의 외적 훈계들의 내적 근원이며 원천입니다. 물질적 도움을 베푸는 것이나 공감의 마음을 갖는 것은 오직 그것들이 여기의 일치와 겸비의 정신으로부터 나오는 것일 때 비로소 참되며 값진 것이 될 것입니다. “성도들의 쓸 것을 공급하는” 것이 도리어 받는 자들에게 고통이 되는 방식으로 이루어질 수도 있으며, 공감을 표현하는 것이 도리어 상대방을 더욱 움츠리게 만드는 것이 될 수도 있습니다. 그것이 참되며 값진 것이 되는 것은 “그것을 베푸는 자들이 같은 마음과 같은 영을 가질 때”입니다. 북극의 오로라를 생각해 보십시오. 요동하는 빛들이 서로 다른 중심으로부터 흘러나와 서로 접근하다가 만나면서 겨울밤을 아름답게 수놓는 빛의 아치를 만들지 않습니까? 그와 같이 만일 그리스도인들이 “서로 마음을 같이 하며 그 마음을 높은 데 두지 않고 낮은 데 두며 스스로 지혜 있는 체 하지 않는다면,” 그리스도의 교회는 자기중심적 세상의 어둠 속에서 찬란한 빛을 발할 것이며 “가장 높은 영광의 보좌로부터” 이 낮은 세상의 가장 낮은 곳으로 내려오신 자를 증거하게 될 것입니다.

36
삼중 교훈 (5)

"아무에게도 악을 악으로 갚지 말고

모든 사람 앞에서 선한 일을 도모하라

할 수 있거든 너희로서는 모든 사람과 더불어 화목하라"

롬 12:17, 18

지금까지 우리가 다룬 교훈들은 대체로 우리와 친구 관계에 서 있는 자들에 대한 것들이었습니다. 그렇지만 "이리 가운데 있는 어린 양" 같은 초대교회 그리스도인들에게 그와 같은 교훈들만으로는 충분하지 못할 것입니다. 이제 그들에게 미움이나 적대행위에 직면하여 어떤 마음을 품고 어떻게 행동할 것인지에 대한 교훈이 주어져야 합니다. 오늘 본문의 첫 번째 교훈 즉 "아무에게도 악을 악으로 갚지 말라"는 교훈은 일반적 원리를 다루는 것으로서 이어지는 구절들 속에서 좀 더 완전한 형태로 확장됩니다. 그러므로 우리는 그것을 고찰하는 것을 이어지는 구절들을 다룰 때까지 미룰 것입니다. 그것은 9절에 언급된 "거짓 없는 사랑"이 구체적으로 적용된 한 형태입니다. 본문의 두 번째 교훈 즉 "모든 사람 앞에서 선한 일을 도모하라"는 교훈은 매우 이질적인 것처럼 보입니다. 그렇지만 우리는 여기에서 첫째 교훈의 "악"(evil)이라는 단어와 둘째 교훈의 "선한 일"(honourable)이라는 단어가 매우 비슷하게 발음된다는 사실을 주목할 수 있습니다. 그렇다면 두 교훈이 함께 연결된 것은 이와 같은 발음상의 유사성에 기인하는 것으로 이해될 수 있을 것입니다. 그리고 세 번째 교훈은 모든 사람들을 존중하며 친구처럼 대할 것을 가르칩니다.

위에서 언급한 것처럼, 이제 우리는 첫 번째 교훈은 뒤로 미루고 두 번째와 세 번째 교훈만을 다루고자 합니다.

1. 모든 사람 앞에서 선한 일을 도모하라.

둘째 교훈과 관련한 흠정역의 'honest'는 다소 부적절한 번역입니다(여기에 해당되는 흠정역 본문은 다음과 같음, Provide things honest in the sight of all men. — 역주). 바울은 단순히 현대적인 좁은 의미에서 정직할(honesty) 것을 명령하고 있는 것이 아닙니다. 선(善)의 다양한 형태를 표현하는 다른 단어들과 마찬가지로 'honest'의 의미 또한 계속해서 좁아져왔다는 사실을 우리는 주목할 필요가 있습니다. 돈이나 물질에 대한 정직함이 그 단어의 주된 의미인 것은 매우 영국적인 특징입니다. 그러나 그 단어는 여기에서 선(善)의 도덕적 아름다움과 공정함이라는 고대적인 넓은 의미로서 사용되었습니다.

그리스도인은 모든 사람이 선하다고 인정할 삶을 살아야 합니다. 여기의 교훈 속에는 심지어 악인들의 도덕관념까지도 정당한 것으로 인정하는 것이 함축되어 있습니다. 복음은 새로운 윤리 체계가 아닙니다. 비록 어떤 부분에서 그것이 과거의 낡은 덕을 새로운 탁월함으로 대체하기도 하지만 말입니다. 한 걸음 더 나아가서, 여기에는 그리스도인이 어떠해야 하는지에 대한 세상의 표준이 올바른 것으로 받아들여질 수 있다는 것도 함축되어 있습니다. 그리스도인들은 스스로에 대해 많은 것을 배우고 또 여러 국면에서 자신들의 이상(理想)을 높일 수 있었을 것입니다. 그리스도인이 어떠해야 하는지와 관련한 최소한의 기대에라도 부응하려고 노력했다면 말입니다. 그리스도인들은 주변 사람들로부터 좋은 평가를 받는 것을 추구해야 합니다. 물론 그와 같은 평가를 받는 것이 그들에게 있어 모든 행동의 동기가 되어서는 안 됩니다. 또 칭찬과 칭송을 받기 위한 목적으로 선을 행해서도 안 됩니다. 그들이 선을 행하는 것은 복음을 빛내기 위한 것이어야 합니다. 그들은 자신들의 빛이 사람들에게 비취게 하고, 그럼으로써 그들로 "하늘에 계신 아버지께 영광을 돌리도록" 해야 합니다. 이것이 복음이 전파되는 한 가지 방식입니다. 세상은 선(善)을 볼 때 그것이 선이라는 것을 압니다. 그것을 종종 미워하면서도 말입니다. 어둠을 좋아하는 박쥐들을 생각해 보십시오. 그들은 빛을 빛으로 느낍니다. 그것을 싫어하면서도 말입니다. 그러나 그들의 투박한 날개짓은 그들이 피하여 달아가는 바로 그 빛을 증언합니다. 예수께서는 이렇게 말씀하셨습니다. "세상이 나를 미워하나니 이는 내가 세상의 일들을 악하다고 증언함이라"(요 7:7). 그러한 증언은 그가 "세상의 빛"인 것의 결과였습니다. 그리고 만일 그를 따르는 자들이 그로부터 비췸을 받았다면, 그들 역시도 동일한 결과를 갖게 될 것이며 같은 대답을 준비해야간 합니다. 그럼에도 불구하고 "모든 사람 앞에서 선한 일을 도모하는" 것은 계속해서 그들의 의무로 지워집니다.

이와 같이 "모든 사람 앞에서 선한 일을 도모해야" 하는 의무 속에는 우리가 다른 세세한 부분들에서도 선을 나타내야 한다는 또 다른 의무들이 포함됩니다. 예를 들어 종교적 이유로 인해 그 성격이 지나치게 까다롭고 쌀쌀맞은 사람들을 상상해 보십시오. 그들은 그러한 문제로 인해 사람들로부터 혐오의 대상이 되면서도 그것을 조금도 개의치 않습니다. 만일 우리의 덕이 다른 사람들에게 혐오감을 가져다준다면, 그것은 충분치 못한 것입니다. 좋은 음식은 좋은 접시에 담겨야 합니다. 이러한 의무는 특별히 우리를 대적하는 자들에게 더욱 향해져야 합니다. 그들은 우리를 가장 날카롭게 비판하는 자들입니다. 그들은 눈에 불을 켜고 우리의 허물을 찾습니다. 이와 같이 우리는 아르고스의 눈이 우리를 지켜보고 있다는 사실을 기억해야 합니다(아르고스는 그리스 신화에 나오는 100개의 눈을 가진 거인임). 그럴 때 우리는 우리의 발걸음을 조심하게 될 뿐만 아니라 또한 "나를 평탄한 길로 인도하소서 사람들이 나를 지켜보나이다"라고 기도하게 될 것입니다. "모든 사람 앞에서 선한 일을 도모하는" 것은 사람들로 하여금 적의(敵意)를 풀게 하고 그들의 편견을 무마하며 그들의 마음을 우리 주님께로 향하도록 이끄는 한 가지 방법입니다.

2. 할 수 있거든 너희로서는 모든 사람과 더불어 화목하라.

만일 우리가 이러한 말씀을 그리스도인이 때로 다툴 수 있는 권리를 갖는 특별한 상황이 있음을 암시하는 것으로 받아들인다면, 그것은 지나친 비약입니다. 이를테면 다음과 같이 말입니다. "할 수 있거든 모든 사람과 더불어 화목하라, 그러나 그것이 불가능할 때는 다투어라." 본문의 실제적 의미는 그것보다 훨씬 더 깊습니다. "다툼에는 양 당사자가 필요하다"는 옛 속담이 있습니다. 서로 화목하는 것도 마찬가지 아니겠습니까? 다른 사람들과의 관계가 화목할지 그렇지 않을지 우리가 결정할 수 없습니다. 우리는 다만 우리 자신의 부분(part)에서만 책임질 수 있을 뿐입니다. "할 수 있거든"은 "가능하다면"을 의미합니다. 여러분의 몫은 화목하는 것입니다. 그것이 전부입니다. 그 이상은 아닙니다. 모든 사람과 화목하는 것은 어쩌면 가능하지 않을는지 모릅니다. 여러분과 다투려고 하는 사람들이 있을 수 있습니다. 그러면 그것은 여러분의 잘못이 아닙니다. 그것은 그들의 부분이며 그들의 몫입니다. 여러분의 부분은 그들의 부분과 분리되어 있으며, 그들이 어떻게 하든지 여러분의 부분은 동일합니다. 즉, 모든 사람과 더불어 화목하십시오. 그들이 여러분과 더불어 화목하고자 하든 그렇지 않든 상관없이 말입니다. 그들과 더불어 다투지 마십시오. 설령 그들이 여러분과 더불어 다투려고 하더라도 말입니다. 바로 이것이 본문의 의미입니다. 본문의 교훈을 "가능하면 화목하고 어쩔 수 없으면 다투라"는 정도의 의미로 이해하는 것은 본문뿐 아니라 신약 전체의 가르침과 상반되는 것입니다. 여기에는 그와 같은 세상적 처세술을 뛰어넘는 의미가 있습니다. 신약 전체를 통해 이러한 의미를 제한하려는 어떤 시도도 나타나지 않는 사실은 매우 주목할 만합니다. 그나마 그러한 제한에 가장 근접한 것은 "일흔 번씩 일곱 번까지"입니다. 그러나 거기에서조차도 완전 수가 두 번 나오는 것은 그것이 무한까지 확장될 수 있음을 암시합니다. 그러므로 나는 본문의 교훈을 다음과 같이 이해합니다. 즉 끝까지 인내하며 화목할 것을 절대적으로 명령하면서 어떤 상황에서도 미움에 미움으로 대하지 말 것을 가르치는 것으로 말입니다. 그렇게 하면 더 이상 적대 행위가 없을 것이라고 본문은 보증하지 않습니다. 그렇지만 대적하는 자 자신의 선이나 혹은 사회의 선으로 인해 그가 적대 행위를 중지하고 그럼으로써 더 이상 불행한 일이 생기지 않게 되는 것은 충분히 가능합니다. 그러므로 우리는 악을 대적하는 우리의 열심에 마귀의 누룩이 섞이지 않도록 조심해야 합니다.

이러한 교훈을 매일의 삶 속에 적용시켜 나가는 것은 매우 어려운 일일 것입니다. 그렇지만 그러한 어려움을 지나치게 강조할 필요는 없습니다. 우리 모두는 그것이 정말로 어려운 일이라는 사실을 너무도 잘 알고 있습니다. 그러나 우리는 이러한 교훈을 순종해야 할 절대적 필요성을 잠시 생각해봐야 합니다. 자신의 영혼을 위해서라도 그리스도인들은 모든 다툼과 악을 피해야 합니다. 여기에서 잠깐 예수 그리스도께서 말씀하신 것을 생각해 봅시다. 그는 하나님의 용서의 정도는 우리의 용서의 정도에 달려있다고 말씀하셨습니다. 그러므로 이러한 교훈을 충성스럽게 따르는 자들은 그 삶이 혁명적으로 변하게 될 것입니다. 우리가 주위 사람들과 더불어 싸워야만 얻을 수 있는 것들은 정말로 그것을 위해 싸울 만한 가치가 없는 것들입니다. 하나님과 더불어 화목하며 모든 사람과 화목하기를 추구하는 자의 고요하고 평온한 심령 앞에 대적하는 자의 적의(敵意)는 힘을 잃게 될 것입니다. 그러한 자 앞에 미움의 뜨거운 불은 힘을 잃고 결국 꺼지게 될 것입니다. 농장을 지키는 개는 밤새도록 짖어댈 것입니다. 멀리 떨어져 있는 다른 개가 자기를 향해 계속해서 맞장구치며 짖어대는 한 말입니다. 다툼에는 양 당사자가 필요한 법이며, 손바닥도 마주칠 때 소리가 나는 법입니다. 주여, 나로 하여금 그러한 양 당사자 가운데 하나가 되지 말게 하옵소서!

37
삼중 교훈 ⑥

"내 사랑하는 자들아 너희가 친히 원수를 갚지 말고
하나님의 진노하심에 맡기라 기록되었으되
원수 갚는 것이 내게 있으니 내가 갚으리라고 주께서 말씀하시니라
네 원수가 주리거든 먹이고 목마르거든 마시게 하라
그리함으로 네가 숯불을 그 머리에 쌓아 놓으리라
악에게 지지 말고 선으로 악을 이기라"

롬 12:19-21

인간의 자연적 본능은 악의에 대해서는 악의로 그리고 호의에 대해서는 호의로 응답하는 것입니다. 우리가 괜찮은 사람으로 생각하며 좋아하는 사람들이 많이 있습니다. 단지 그들이 우리를 괜찮게 생각하며 좋아한다는 이유 때문에 말입니다. 이러한 사랑은 정말로 자기중심적입니다. 비슷한 방식으로 상대방을 싫어하며 멀리하는 것 역시 마찬가지입니다. 개는 자기를 쓰다듬어 주는 자 앞에 목을 길게 빼며 자기를 향해 든 막대기를 물어뜯습니다. 이러한 본능적 성향을 다스리기 위해서는 큰 노력이 필요하며, 기독교의 도덕 원리는 우리 모두로부터 그러한 노력을 요구합니다. 본문의 첫 번째 교훈은 부정적 형식으로 되어 있으며, 두 번째 교훈은 긍정적 형식으로 되어 있습니다. 그리고 그러한 교훈들은 여타의 다른 교훈들을 포괄하는 일반적 원리와 함께 종결됩니다. 이것은 마치 두 개의 설

주와 그것을 연결하는 하나의 인방(引枋)과 같습니다.

1. 부정적 교훈

"내 사랑하는 자들아 너희가 친히 원수를 갚지 말고 하나님의 진노하심에 맡기라." 이것은 자기 손으로 하나님의 율법을 시행하지 말고 하나님의 보응하시는 방식에 맡김으로써 그러한 율법이 스스로 시행되도록 하라는 교훈입니다. 복수로써 바울이 의미하는 것은 무엇일까요? 그것은 분노와 원한의 마음을 품고 개인적 위해(危害)에 대해 감정적으로 대응하는 것을 의미합니다. 우리는 이 교훈이 얼마나 깊은 곳까지 들어가는지 주목해야 합니다. 이것은 오늘날 문명화된 시대에 법에 의해 금지되는 외적 행동만을 금하는 것이 아니라 우리의 생각과 감정까지 다룹니다. 이것은 '나는 그에 대해 되갚아 줄 권리가 있다'는 등의 자연적이며 통상적인 생각까지 금합니다. 대체로 '온당한 것'으로 받아들여지는 것들 가운데 상당수의 것들이 본문의 교훈의 기준에 따르면 '온당치 못한 것'이 됩니다.

이러한 교훈에 뒤이어 종종 "진노에 자리를 양보하라"는 의미로 오해되곤 하는 그에 대한 장엄한 이유가 덧붙여집니다. 그런데 문제는 누구의 진노인가 하는 것입니다. 이어지는 말씀을 볼 때 그것은 하나님의 진노인 것이 분명합니다. 여기의 인용문은 신명기 32장 35절로부터 온 것입니다. '복수하는 것'이 하나님께 돌려지는 데에는 다소 오해의 소지가 있습니다. 왜냐하면 성급한 독자들은 거기에서 감정적 분개의 개념을 취하여 그것을 하나님께 전이(轉移)시키기 때문입니다. 하나님의 복수의 행동 속에는 어떤 감정적 요소나 분개의 요소가 없음에도 불구하고 말입니다. 또한 우리는 여기의 사상을 다음과 같이 야비하게 받아들여서도 안 됩니다. 즉 그들이 필경 형벌을 당할 것이므로 우리가 수고할 필요가 없다는 식으로 말입니다. 바울은 복수의 엄정한 사실을 신적 통치의 한 요소로서 지적합니다. 그것은 악에 대해 악으로 복수하는 단순히 자동적으로 작동되는 법칙에 불과한 것이 아닙니다. 도리어 그것은 "악을 행하는 자들에게" 필연적으로 그리고 엄정하게 향해지는 여호와의 얼굴입니다. 그러한 보응은 죽음의 장막에 의해서조차도 감추어지지 않습니다. 도리어 그것은 현재 속에서 모든 행악자들이 분명하게 경험하도록 실현됩니다.

"원수 갚는 것이 내게 있으니 내가 갚으리라고 주께서 말씀하시니라." 오직 하나님만이 의인뿐만 아니라 경건치 않은 자와 죄인들까지도 보응할 수 있는 권리를 가지고 계십니다. 오늘날 우리가 살고 있는 삶의 체계 속에서 누가 감히 이 일을 자신이 떠맡겠다고 나설 수 있겠습니까? 그것은 어떤 행동이 정말로 악한지 여부에 대한 완전한 지식을 요구합니다. 그러나 사람의 마음을 읽을 수 없는 인간들 가운데 누가 그러한 지식을 가질 수 있겠습니까? 또한 그것은 감정으로부터의 완전한 자유와 악으로부터의 완전한 면제를 요구합니다. 한 마디로 그것은 오직 하나님 한 분께만 속하는 것입니다. 개인적 행동에서든 소위 범죄자들을 다루는 일에서든 보응은 우리에게 속한 것이 아닙니다. 특별히 앞의 후자의 경우 우리의 목적은 사회를 개선하며 안전케 하는 것이 되어야 합니다. 여기에 무엇을 더하는 것은 우리의 역할을 넘어서는 것이 될 것입니다.

2. 긍정적 교훈.

"네 원수가 주리거든 먹이고 목마르거든 마시게 하라." 이것은 적의(敵意)에 대해 은혜를 베푸는 것으로 대응하라는 교훈으로써, 하나님의 방법을 따르는 것입니다. 비록 원수라 할지라도 굶주릴 때에는 먹을 것을 주어야 하며 목마를 때에는 마시게 해야 합니다. 그리고 그 이유가 제시되어 있는데, 그렇게 함으로써 "숯불을 그의 머리 위에 쌓게" 되기 때문입니다. 부정적 교훈만으로는 충분하지 않습니다. 원수를 갚지 않는 것만으로는 마음에 특별한 감동을 가져다주지 못할 것입니다. 여기에 제시된 이유는 언뜻 들을 때 매우 이상하게 들립니다. 머리 위에 쌓인 "숯불"은 필경 마음을 녹이며 부드럽게 하고 그 마음을 사랑으로 불타게 만드는 것을 의미할 목적으로 사용한 표현일 것입니다. 또 여기에는 자신의 악이 선으로 보응되는 것으로 인해 느끼는 불타는 수치의 고통도 포함될 수 있을 것입니다. 그러나 이러한 것들은 2차적이며 부수적인 것일 따름입니다. 모든 그리스도인이 바라봐야 하는 가장 큰 목표는 오해와 적의를 녹임으로써 원수를 이기는 것입니다. 우리가 그와 같이 행동하는 것은 자신의 개인적 안일을 위한 이기적 동기로부터가 아닙니다. 도리어 그것은 그리스도께서 가르치신 대로 사람들 사이의 화목의 축복을 위한 거룩한 동기 때문입니다. 그렇게 함으로써 우리는 한 형제를 올무로부터 건져내고 그로 하나님과 교제하는 기쁨에 참여하도록 이끌게 될 것입니다. 그의 마음속에 있는 악을 불태우는 유일한 방법은 그의 머리 위에 사랑과 은혜의 숯불을 쌓는 것입니다. 그리고 이와 같은 목적을 위해 우리는 항상 그렇게 할 수 있는 기회를 찾아야 합니다. 우리는 적절한 순간을 주의하여 살피고 때에 맞게 배고픈 자에게 먹을 것을 주고 목마른 자에게 마실 것을 주어야 합니다. 왜냐하면 종종 때에 맞지 않게 주는 것으로 인해 사태를 더 악화시키곤 하기 때문입니다. 바로 이것이 하나님의 방식입니다. 그의 낙뢰(落雷)를 우리는 붙잡을 수 없으며, 그의 사랑을 우리는 흉내 낼 수 없습니다. 하나님의 손에는 심판이라는 무기만 들려 있는 것이 아닙니다. 그 손에는 또한 긍휼이라는 무기도 들려 있는데, 이것은 또한 우리의 무기도 되어야만 합니다.

3. 선으로 악을 이기라.

"악에게 지지 말고 선으로 악을 이기라"는 마지막 교훈은 원수와의 관계뿐만 아니라 각종 악과 접촉하는 제반 관계를 모두 포함하는 형태로 주어집니다. 거기에는 모든 삶 속에서 우리가 악과 싸워야 한다는 사실이 포함되어 있습니다. 만일 우리가 악에 이끌림을 받는다면, 악이 이기고 우리가 지는 것입니다. 악은 오직 선으로 바뀔 때에만 정복되는 것입니다. 우리가 원수를 이기는 것은 그를 친구로 바꿀 때입니다. 우리가 유혹을 이기는 것은 그것으로 덕(德, virtues)을 계발하는 기회로 삼을 때입니다. 우리가 슬픔의 악을 이기는 것은 그것을 하나님께 더 가까이 나아가는 데 사용할 때입니다. 우리가 주위 사람들을 이기는 것은 우리가 그들의 악한 모범에 이끌리지 않고 그들을 선한 모범으로 이끌 때입니다.

이와 같이 악은 우리 쪽에서 선을 적극적으로 실천함으로써 변화됩니다. 우리는 이것을 앞에서 언급한 원수들과 관련하여 살펴보았습니다. 다른 형태의 악들과 관련하여 그것들과 직접적으로 싸우지 않고 분명한 진리와 선으로 마음과 생각을 점령하고 적극적 섬김으로 의지와 손을 점령하는 것이 훨씬 더 나을 때가 종종 있습니다. 칼이 가장 유용한 상태가 되게 하는 것은 계속해서 사용하는 것입니다. 우리의 삶은 공생애 말미에 "담대하라 내가 세상을 이기었노라"라고 말씀하신 자의 위대한 모범을 따라 빚어져야 합니다(요 16:33). 그는 또한 우리 모두의 안에 있는 악을 이기기를 원하십니다. 그가 그러한 악을 사랑으로 바꾸셨을 때, 그는 그것을 이긴 것으로 간주할 것입니다.

38
사랑과 그날

"⁸피차 사랑의 빚 외에는 아무에게든지 아무 빚도 지지 말라 남을 사랑하는 자는 율법을 다 이루었느니라 ⁹간음하지 말라, 살인하지 말라, 도둑질하지 말라, 탐내지 말라 한 것과 그 외에 다른 계명이 있을지라도 네 이웃을 네 자신과 같이 사랑하라 하신 그 말씀 가운데 다 들었느니라 ¹⁰사랑은 이웃에게 악을 행하지 아니하나니 그러므로 사랑은 율법의 완성이니라 ¹¹또한 너희가 이 시기를 알거니와 자다가 깰 때가 벌써 되었으니 이는 이제 우리의 구원이 처음 믿을 때보다 가까웠음이라 ¹²밤이 깊고 낮이 가까웠으니 그러므로 우리가 어둠의 일을 벗고 빛의 갑옷을 입자 ¹³낮에와 같이 단정히 행하고 방탕하거나 술 취하지 말며 음란하거나 호색하지 말며 다투거나 시기하지 말고 ¹⁴오직 주 예수 그리스도로 옷 입고 정욕을 위하여 육신의 일을 도모하지 말라"

롬 13:8-14

본문에서 우리는 두 개의 단락이 느슨하게 연결되어 있는 것을 보게 됩니다. 첫째 단락(8-10절)은 보편적 사랑의 의무를 가르치며, 둘째 단락(11-14절)은 그러한 의무를 이행하기 위한 동기로서 그 날이 가까이 다가오는 것을 제시하면서 시작됩니다. 그 날의 밝아오는 빛은 바울의 눈을 잡아끌면서 그를 그리스도인의 정결함과 관련된 더 넓은 훈계로 인도합니다.

1. 첫째 단락(8-10절)은 모든 사람을 껴안는 그리고 그들에게 마땅히 행할 모든 일들을 일깨워 주는 사랑의 의무를 제시합니다.

바울은 바로 앞에서 "모든 사람에게 줄 것을 주라"는 일반적 교훈을 제시하면서 그것을 관원들에 대한 그리스도인의 관계에 적용시켰습니다(7절). 이어 그는 그것을 부정적 형식으로 다시 반복하면서 그 위에 모든 사람을 사랑할 의무를 세웁니다. 그리고 한 걸음 더 나아가서 그러한 사랑을 율법의 핵심이요 실체라고 언급합니다. 이와 같이 바울은 통상 상호 배타적인 것으로 다루어지는 두 개의 사상 즉 사랑과 율법을 한데 묶습니다. 그는 사랑의 아름다움에 대해 감상적으로 말하지 않고, 그것을 우리가 접촉하는 모든 사람을 사랑해야 한다는 '강력한 법칙'으로 제시합니다.

이것이 여기에서 가르치는 첫 번째 분명한 진리입니다. 사랑은 단순한 감정이 아닙니다. 사랑은 상대방이 얼마나 사랑할 만하며 선한 사람인가 여부에 따라 그 대상을 취사선택하지 않습니다. 다만 상대방이 아름답든 아름답지 않든 선하든 악하든 우리는 모두를 사랑할 의무를 부여받습니다. "이것은 어려운 말이로다 누가 들을 수 있겠는가?" 우리는 모든 사람에 대해 사랑의 빚을 진 자입니다. 모든 사람이 우리에 대해 사랑의 빚을 요구할 권리가 있는 채권자입니다. 그들이 우리로부터 사랑을 받지 않는다면, 그들은 자신의 몫을 받지 않은 것입니다. 나아가 사랑의 빚은 결코 소멸되지 않는다는 사실을 주목하십시오. 모두를 갚았다 할지라도 여전히 갚아야 할 것이 남아 있습니다. 사랑의 모든 요구를 다 갚는 것은 결코 존재하지 않습니다. 벵겔(Bengel)이 말한 것처럼, 사랑은 "죽지 않는 빚"(undying debt)입니다.

더욱이 바울은 여기에서 이러한 사랑의 빚은 모든 의무들을 포함한다고 가르칩니다. 사랑은 율법의 완성입니다. 그것은 율법이 명한 행동을 확실하게 이행하도록 이끄는 것이 사랑이기 때문입니다. 모세의 율법 자체가 이것을 보여줍니다. 그것은 둘째 돌판의 여러 계명들을 이웃을 사랑하라는 하나의 교훈으로 요약합니다(레 19:18). 율법은 명령하고 요구하지만, 그러나 그 안에 그것을 행할 수 있도록 만들어 주는 힘은 없습니다. 사람으로 하여금 율법이 명하는 모든 것을 행할 수 있도록 하고 또 그렇게 마음을 움직이는 것은 사랑입니다. 다양한 의무들은 모두 '하나의 실재' 속으로 녹아들어 갑니다. 그리고 그러한 '하나의 실재'가 다양한 행동 속으로 들어갈 때, 그것은 선하고 아름다운 행동들로 펼쳐집니다. 사랑은 마치 모색(母色, mother-tincture)과 같습니다. 그것이 다양한 색깔들로 분화되고 그것이 칠해짐으로써 아름다운 그림이 그려집니다. 빛이 프리즘을 통과하면 일곱 가지 아름다운 빛깔들로 나누어지는 것을 생각해 보십시오. 이와 같이 사랑은 다양한 빛깔들로 나누어지는 빛과 같습니다.

여기에서 언뜻 보면 바울이 사랑의 행동을 악을 행치 않는 소극적 차원으로 제한하고 있는 것처럼 보입니다. 그것은 여기에 대부분 부정적 형식의 계명들이 제시되기 때문인데, 이것은 우리의 사랑 없음을 보여주는 슬픈 증표입니다. 그러나 우리가 자신을 소극적으로만 사랑합니까? 우리는 자신에 대해 해를 끼치지 않는 것으로 만족합니까? 다른 사람을 사랑하는 것에 대한 엄격한 모범은 정도뿐 아니라 방식까지도 규정합니다. 참된 사랑은 멋대로 하도록 내버려 두는 것이 아닙니다. 때로는 징계하고 때로는 못하게 막습니다. 참된 사랑은 항상 상대의 만족을 구하는 것이 아니라 상대의 선(good)을 구하는 것입니다.

그러나 이웃에게 악을 행치 말라는 소극적 교훈을 정직하게 따르고자 하는 자들은 그것이 매우 적극적 교훈임을 발견하게 될 것입니다. 우리가 사람들을 돕지 않을 때, 우리는 그들에게 해를 끼치는 것입니다. 만일 우리가 다른 사람들에게 은혜를 베풀 수 있음에도 불구하고 그렇게 하지 않는다면, 그들에게 악을 행하는 것입니다. 선을 위해 아무 행동도 하지 않는 것은 악을 위해 행동하는 것입니다. 그리스도인의 의무와 관련한 이러한 교훈의 취지는 너무도 분명합니다. 만일 어떤 그리스도인이 이와 같은 일로 믿음이 약한 자에게 걸림돌이 되었다면, 그는 형제에게 악을 행한 것입니다. 그것은 사랑의 부재를 증거하는 것이며, 성실하지 않은 것이며, 빚 갚기를 회피하는 것입니다.

2. 둘째 단락(11-14절)은 그날이 가까이 다가오므로 더욱 힘써 사랑을 행하며 스스로를 더욱 정결게 할 것을 격려합니다.

바울의 글에서 "그날"은 통상적으로 주께서 다시 오시는 큰 날을 의미하며, 그것은 여기에서도 마찬가지일 수 있습니다. 왜냐하면 예수께서 말씀하신 것처럼 "때와 기한을 아는" 것은 영감받은 사도들에게도 허락되지 않은 일이므로, 이 문제에 있어 불확실한 것이 있다는 사실이 사도적 영감을 훼손하지는 않기 때문입니다.

그렇지만 우리가 이것을 통상적 의미로 받아들이든 아니면 하늘의 날이 열리는 죽음의 날을 가리키는 것으로 받아들이든 그 주제의 중요성은 아무런 영향도 받지 않습니다. 여기의 언어는 너무도 생생하며 회화적(繪畫的)입니다. 어둠은 점점 엷어지고 있으며, 빛이 조금씩 꿈틀거리고 있는 가운데 검은 색은 서서히 회색으로 바뀌고 있습니다. 여기에 한 무리의 병사들이 잠에 떨어져 있습니다. 그런데 나팔이 울려 퍼지며 잠에서 깨어 밤의 의복 곧 어둠에 속한 일을 벗어버리고 빛의 갑옷을 입으라는 메시지가 전달됩니다. 여기에서 빛의 갑옷이란 표현은 빛이라는 재료로 만든 갑옷을 의미하는 것일 수도 있지만 그러나 빛에 합당한 무기들을 의미하는 것으로 이해하는 것이 좀 더 타당할 듯합니다.

이와 같은 전반적 그림 속에서 우리는 전체적 표현의 근저가 되는 사실을 주목해야 합니다. 그것은 모든 삶은 고정된 목적을 가진 명확한 전체라는 사실입니다. "아직 낮일 동안 우리를 보내신 자의 일을 해야만 합니다. 밤이 오고 있기 때문입니다." 바울은 여기에서 낮과 밤의 상반되는 은유를 사용합니다. 그러나 그러한 두 은유는 형식적으로는 상반되지만 실제적 내용에 있어서는 동일합니다. 두 은유의 전체적 사상은 세속적 삶의 방식을 멀리하라는 것입니다.

바울은 강렬한 도덕적 열정 가운데 13절에서 이미 "그날"에 와 있는 것처럼 여기면서 마치 그것이 우리 주위를 비추는 것처럼 그리고 모든 것이 그 빛에 의해 분명하게 나타나는 것처럼 행동할 것을 명령합니다. 벗어버려야 할 죄들은 너무도 분명하고 명백합니다. 그러한 죄들은 대부분의 경우 육체의 죄들이며, 로마의 그리스도인들조차도 경고를 받아야만 했던 죄들입니다.

그러나 바울에게는 해야 할 말이 하나 더 남아 있었습니다. 만일 그가 이 말을 하지 않고 그냥 끝냈다면, 지금까지의 모든 말들은 다음과 같이 소리 지르는 자들에게 별 도움이 되지 못했을 것입니다. "내가 어떻게 이러한 악을 벗어버리고 빛나는 옷을 입을 수 있단 말인가? 그것은 내게 있어 옷이라기보다 차라리 피부와 같도다." 한 가지 방법이 있는데, 그것은 주 예수 그리스도로 옷 입는 것입니다. 만일 믿음으로 자신을 그에게 맡기고 그의 능력 안에서 우리의 모든 시험에 직면하며 이르테면 이렇게 우리 자신을 주님으로 둘러싸면, 그는 우리에게 옷과 갑옷이 될 것이며 힘과 의가 될 것입니다. 그러면 우리의 옛 자아는 소멸되어 더 이상 육체를 위해 염려하지 않게 될 것입니다.

39
가까워진 구원

"이제 우리의 구원이 처음 믿을 때보다 가까웠음이라"

롬 13:11

내가 생각건대 바울을 비롯한 대부분의 초대교회 그리스도인들이 자신들이 살아있는 동안 예수 그리스도의 재림을 목격할 기대감을 갖고 있었음을 의심의 여지없는 사실입니다. 바울의 서신들에는 그리스도의 재림을 목격할 기대와 함께 자신의 죽음을 맛볼 것을 예상하는 것이 공존합니다. 그는 어떤 곳에서 이렇게 말합니다: "주께서 강림하실 때까지 우리 살아 남아 있는 자도 자는 자보다 결코 앞서지 못하리라"(살전 4:15). 그런가 하면 그의 마지막 편지에서는 이렇게 말하기도 합니다: "전제와 같이 내가 벌써 부어지고 나의 떠날 시각이 가까웠도다"(딤후 4:6).

이러한 모순된 기대는 우리 주님 자신이 말씀하신 것의 자연적 결과입니다. "때와 시기는 아버지께서 자기의 권한에 두셨으니 너희가 알 바 아니요"(행 1:7). 예수 그리스도 자신의 말씀으로부터 모든 믿음의 교리를 세우고자 하는 자는 바울과 다른 모든 사도들이 주께서 언제 오실 것인지에 대해 알지 못했다고 하는 명백한 사실을 인정하는 데 조금도 주저할 필요가 없습니다. 그리스도 자신이 그들이 들어올 수 없는 닫힌 공간이 있음을 말씀하셨으므로 우리는 그것이 사도적 권위와 영감에 나쁜 영향을 끼치지 않을까 염려할 필요가 전혀 없습니다. 설령 그들 역시도 "자기 속에 계신 그리스도의 영이 그 받으실 고난과 후에 받으실 영광을 미리 증언하여 누구를 또는 어떠한 때를 지시하시는지 상고"하였다 하더라도 말입니다(벧전 1:11).

이제 본문을 살펴봅시다. 본문은 분명 위에 이야기한 두 가지 기대 가운데 전자의 기대 즉 그와 그의 세대가 아마도 주께서 하늘로부터 오시는 것을 보게 될 것이란 기대의 결과입니다. 그에게 있어 "밤이 깊고 낮이 가까웠다"는 생각은 그의 모든 소망의 기초이며 그의 가장 정력적 노력의 영감이며 동기의 원천이었습니다.

우리의 지상 생애의 마지막 순간 즉 죽음의 사실에 대한 우리의 관계는 바울과 그의 형제들의 주의 오심에 대한 관계와 정확하게 동일합니다. 우리 역시도 그와 같은 부분적인 무지(無知)의 위치에 서 있습니다. 실제로 본문과 같은 말씀들은 다가오는 종말 즉 우리의 죽음에 대해 어떻게 생각해야 하며 또 그것에 의해 우리가 어떻게 영향을 받아야 할지를 가르쳐 줍니다. 바로 이것이 마지막 장엄한 순간에 대한 기독교적 관점의 큰 특징입니다. "이제 우리의 구원이 처음 믿을 때보다 가까웠음이라." 그러므로 우리는 여기에서 첫째로 이러한 말씀이 가르치는 것이 우리 자신의 종말에 대한 기독교적 관점이어야 한다는 사실과 둘째로 그러한 관점이 우리의 삶에 어떤 영향을 끼칠 것인지에 대해 살펴보고자 합니다.

1. 죽음에 대한 기독교적 관점.

"이제 우리의 구원이 처음 믿을 때보다 가까웠음이라." 우리는 죽음의 모든 소름끼치는 형상을 믿음과 소망으로 바라보면서 그것의 본질적 요소를 파악해야 합니다. 그러면 우리를 움츠리게 하며 피와 살을 오그라들게 만드는 모든 것은 소멸되며 사라질 것입니다. 또 그것의 검은 옷깃 아래 하나님의 가장 소중하며 웅장한 소식을 전하는 최후의 천사가 나타날 것인데, 그는 크고 강하며 침묵하는 죽음의 천사입니다. 그는 자신의 손에 완전한 구원의 선물을 들고 있습니다. 그리스도께서 다시 오실 때까지 살아 있을 것이란 생각을 이제는 버려야 함을 깨달았을 때, 바울은 큰 기쁨의 황홀경에 사로잡힙니다. 그리고 자신의 생애의 마지막 순간이 가까워오자 그는 말합니다. "주께서 나를 그의 영원한 나라 안으로 구원하실 것이라." 이러한 말 속에서 그가 기대한 구원은 무엇이었을까요? 형벌을 면제받는 것일까요? 목 베는 자의 도끼를 피하는 것일까요? 사자(獅子)의 입이나 잔인한 네로의 핍박의 어금니로부터 건짐받는 것일까요? 결코 그것이 아닙니다. 그는 자신의 죽음이 가까웠다는 것을 알고 있는 가운데 "그가 나를 그의 영원한 나라 안으로 — 죽음으로부터가 아니라 죽음을 통해 — 구원하실 것"이라고 말합니다. 본문에 대해서도 우리는 똑같이 말할 수 있습니다. 설령 바울은 그렇게 의도하지 않았더라도 말입니다. 순간순간 "지금"은 똑딱똑딱 소리를 내며 과거 속으로 흘러들어갑니다. "이제 우리의 구원이 처음 믿을 때보다 가까웠음이라." 방학에 집으로 돌아갈 것을 학수고대 기다리는 아이들은 하루하루가 지나갈 때마다 달력에 표시를 합니다. 그렇게 달력에 표시를 하는 것처럼 우리도 우리 집에 가까이 다가가고 있음을 느껴야 합니다. 그것은 우리를 위해 예비된 축복이 점점 더 우리에게 가까이 다가오는 것입니다. 멸망이 아니라 "우리의 구원"이 그리고 죽음이 아니라 보다 충만한 생명이 "처음 믿을 때보다 가까워"졌습니다.

그러나 어떤 사람은 다음과 같이 말할 것입니다. "그러면 사람이 죽을 때까지는 구원을 받지 못합니까?" 구원은 미래입니까? 무덤에 들어갈 때까지는 오지 않는 것입니까? 절대로 그렇지 않습니다. 성경에 구원과 관련하여 세 가지 측면이 있습니다. 때때로 신약 기자들은 구원을 과거형으로 다루면서, 그리스도인은 처음 믿은 바로 그 순간 구원을 받아 그것을 지금 소유하고 있는 자로서 묘사합니다. 이것은 사실입니다. 가장 가련하고 부정한 죄인이라 할지라도 그리스도를 처음 믿는 순간 받은 구원에 더하여질 것은 아무것도 없습니다. 십자가 위에서 회개한 강도가 받은 구원은 온전한 구원입니다. 그것은 우리도 마찬가지입니다. 구원은 우리가 믿을 때 받은 과거의 선물입니다.

그러나 다른 곳에서 구원은 단지 과거에 영단번적으로(永單番, once for all) 받은 선물이 아니라 점진적 과정으로 묘사되기도 합니다. 나는 이에 관해 여기에서 길게 논하기보다 성경에 나타나는 몇몇 말씀들을 제시하고자 합니다. 누가는 말합니다. "주께서 구원 받고 있는(were being saved, 한글개역개정판에는 '구원 받는'이라고 되어 있음 — 역주) 사람을 날마다 더하게 하시니라"(행 2:47). 한편 바울은 고린도서에서 구원과 멸망의 두 개념을 다음과 같은 점진적 과정으로 표현합니다. 즉 그는 복음을 일컬어 "구원 받고 있는 자들에게는"(that are being saved) 생명에 이르는 생명의 냄새인 반면 "잃어지고 있는 자들에게는"(that are being lost) 사망에 이르는 사망의 냄새라고 말합니다. 도덕적 상태나 영적 상태는 결코 고정되어 있지 않습니다. 그것은 모두 점진적입니다. 우리에게 영단번적으로 주어진 구원도 그와 같이 계속해서 펼쳐져가며, 이 땅에서의 그리스도인의 생명 역시도 마찬가지입니다.

그러나 또 하나의 측면이 남아 있습니다. 그것은 구원을 미래에 속한 것으로 보는 것인데, 본문 역시도 여기에 포함됩니다. 여기에서 구원은 큰 강 건너 편에 있는 것으로 간주됩니다. 구원은 그때 온전히 나타나며, 그때 거기에서 주어질 큰 선물일 것입니다. 그것은 이 땅의 모든 경험을 초월하는 것으로서 완전히 새로운 것입니다. 비록 그 뿌리는 이 땅에 놓여 있다 할지라도 말입니다. 모든 형태의 악과 관련한 우리의 전 존재로부터의 절대적 떠남에서 그리고 우리에게 모든 형태의 선을 결정적으로 부여하는 것에서 그 절정에 이르는 그리고 그 표로써 "양자됨 곧 우리 몸의 구속"을 갖는 구원은 우리가 이 땅에서 경험하는 초보적인 것들을 훨씬 초월합니다. 자신이 하나님의 구원을 소유하고 있음과 그러한 구원이 자신의 삶 속에서 점진적으로 얻어지는 것임을 확실하게 인식하는 자는 이 땅에서의 구원의 가장 높은 표현과 하늘에서의 가장 낮은 표현 사이에조차 큰 심연이 가로놓여 있다는 사실을 압니다. 그는 하늘에 있는 아버지의 식탁에서 마시게 될 포도주가 정말로 새 포도주란 사실을 압니다. 이와 같이 "우리의 구원은 처음 믿을 때보다 점점 더 가까워"집니다. 비록 우리가 이미 그것을 소유하고 있다 할지라도 말입니다.

사랑하는 형제들이여, 만일 이것이 사실이라면 그리고 죽는 것이 영원한 나라로 구원받는 것이라면, 이로부터 우리는 다음과 같은 두 가지 사상을 도출할 수 있을 것입니다. 하나는 그와 같은 축복된 완성이 우리의 생각을 더 많이 지배해야 한다는 것입니다. 우리의 삶이 계속되어 갈수록 그리하여 우리와 영원한 나라 사이의 거리가 점점 더 좁아질수록, 우리는 자연스럽게도 좀 더 진지하게 그리고 좀 더 자주 마지막에 대해 생각하게 될 것입니다. 오스트레일리아로 가는 항해의 마지막 한 주 동안에는 다음 주 그 땅을 밟을 것에 대해서, 영국 해협을 떠나온 처음 며칠보다 훨씬 더 많은 생각을 하게 될 것입니다. 나는 어떤 경우에도 노인의 머리를 젊은이의 가슴 위에 올려놓기를 원하지 않습니다. 노년에 지혜롭게 되는 것은 우리의 기독교적 인격의 크기에 달려있음을 나는 확신합니다.

우리가 여기에서 도출하는 또 하나의 사상은 그러한 기대가 우리를 항상 기쁘고 명랑하며 소망에 넘치게 만들어 줄 것이라는 것입니다. 우리에게 있어 죽음은 세상과 더불어 이별한다는 슬픈 측면과 거의 상관이 없습니다. 특별히 우리의 기독교적 의식이 충만하며 하나님에 의해 인도될 때, 그러한 슬픈 측면은 거의 부각되지 않을 것입니다. 그러한 슬픈 측면은 뒷자리로 물러가며 때로 거의 보이지 않게 됩니다. 바울이 죽음에 대해 생각할 때 어떻게 그것을 '요란한 환영회'를 열 만한 것으로 받아들였는지 기억하십시오. 여기에서 '요란한 환영회'란 표현이 좀 적절치 않아 보이기는 하지만 말입니다. 어쨌든 그는 죽음에 대해 조금도 두려워하지 않았을 뿐만 아니라 그 앞에서 움츠리지도 않았습니다. 도리어 그는 죽음을 그리스도와 함께 있게 되는 훨씬 더 나은 것으로 말합니다. 그는 죽음을 "몸을 떠나 주와 함께 있는" 것으로서 그리고 "땅에 있는 장막집이 무너지는" 것으로서 표현합니다. 마치 대리석과 각종 귀한 보석으로 꾸며진 새 집을 짓기 위해 낡은 오두막집을 허물어뜨리는 것처럼 말입니다. 또 그는 "나의 떠날 시각이 가까웠으며 내가 선한 싸움을 싸웠"노라고 말하기도 했습니다. 베드로 역시도 바울과 똑같은 어조로 죽음을 "나의 떠남"으로 표현합니다. 여하튼 두 사람 모두 대부분의 사람들이 소름끼치는 존재로 느끼는 죽음의 사자를 아무런 두려움 없이 똑바로 응시합니다. 그리스도인들에게 있어 믿음으로 예수 그리스도 안에서 그들의 소망의 범위가 갑절 이상으로 커지고 죽음의 경계선 너머 희미한 땅을 바라볼 수 있게 된 것은 놀라운 선물이 아닙니까? 사랑하는 형제들이여, 만일 우리가 그리스도 안에 살고 있다면, 우리의 연약한 육체가 느끼는 피상적 두려움들에도 불구하고 우리는 매일같이 큰 소망과 즐거움 가운데 살게 될 것입니다. 구주께 더 가까워질수록 우리는 이미 우리의 소유가 된 구원을 더 풍성하게 깨닫게 될 것입니다. 또 그러한 구원의 선물이 마음속에서 계속해서 퍼져가는 것을 더 많이 의식할수록, 우리는 "우리의 일생을 얽매는" 죽음의 공포로부터 더 많이 구원받게 될 것입니다. 그러므로 죽음의 천사를 바라볼 때, 여러분은 그가 여러분을 영원한 나라로 구원받게 하기 위해 오고 있다고 생각해야 합니다.

2. 이제 이와 같은 소망이 우리를 어떻게 고무하는지 생각해 봅시다.

　사도 바울은 이와 관련하여 문맥 속에서 그것을 매우 분명하게 제시합니다. "또한 너희가 이 시기를 알거니와 자다가 깰 때가 벌써 되었으니 이는 이제 우리의 구원이 처음 믿을 때보다 가까웠음이라." 이것으로 그가 언급하고자 하는 것은 무엇일까요? 그것은 앞에서 제시된 기독교적 삶의 실제적 교훈 전체입니다. 우리가 죽음의 참된 의미를 깨달을 때, 모든 의무는 열 배나 더 엄중하며 긴박한 것이 될 것입니다. 일반적으로 사람들은 죽음과 그 너머에 대해 생각하는 것은 그다지 좋은 일이 아니라고 말합니다. 왜냐하면 그렇게 하는 것은 우리로 하여금 현재의 일에 대한 흥미를 빼앗고 에너지를 약화시키기 때문이라는 것입니다. 그러나 정말로 죽음에 대해 생각하는 것이 현재의 일에 대한 우리의 흥미를 빼앗고 에너지를 약화시킨다면 차라리 그렇게 되는 것이 나을 것입니다. 왜냐하면 그렇게 해서 흥미가 없어지는 일이라면 그러한 일은 정말로 하찮고 무가치한 일일 것이기 때문입니다. 선한 목표는 우리에게 더 큰 힘을 가져다줄 것입니다. 우리는 무엇을 위해 살아갈 것인지에 대한 보다 분명한 생각을 갖게 될 것이며, 무엇이 중요한 것인지에 대한 새로운 표준을 갖게 될 것입니다. 그리고 지금까지 크게 보였던 것이 작아 보인다면, 그것은 우리가 새롭고 참된 관점을 갖게 되었기 때문입니다. 우리의 구원이 우리에게 더욱 강렬하게 느껴질수록, 우리는 "낮이라 일컬어지는 동안" 더욱 부지런히 일하게 될 것이며 구주와 그의 구원이 언제 임할지 더욱 열심히 찾게 될 것입니다.

나아가 바울은 가까워지는 구원에 대한 이러한 즐거운 기대가 우리로 하여금 악을 버리고 선을 입도록 이끌 것이라고 말합니다. 여러분은 바울이 여기에서 채용한 인상적 표현을 기억할 것입니다. 그는 "낮이 가까웠으니 그러므로 우리가 어둠의 일을 벗고 빛의 갑옷을 입자"고 말합니다. 마치 아침이 되고 해가 떠오르자 침상에서 일어나 잠옷을 벗어버리는 사람처럼 말입니다. 우리는 병사들로서 칼이나 창의 공격을 막아줄 수 있는 옷을 입어야 합니다. 그리스도인 병사들을 향해 쏘아진 불화살을 막을 수 있는 하늘의 쇠를 우리는 어디에서 발견할 수 있습니까? 그들의 갑옷은 "빛의 갑옷"이어야 합니다. 그들이 그리스도의 성품의 옷을 입을 때 그들은 상처를 입지 않을 것입니다. 또 어둠의 일을 입은 우리는 어떻게 그것을 벗어버리고 빛의 찬란한 갑옷을 입을 수 있겠습니까? 바울은 "오직 주 예수 그리스도로 옷 입고 정욕을 위하여 육신의 일을 도모하지 말라"고 말합니다. 여기에 잠자고 있는 병사들의 진영(陣營)의 그림이 있습니다. 밤이 서서히 옅어지면서 동쪽에서 여명의 빛이 밝아오기 시작합니다. 그리고 한 사람 한 사람 병사들이 깨어나기 시작합니다. 그들은 밤의 의복 즉 잠옷을 벗어버리고 여명의 빛에 반짝이는 갑옷을 입습니다. 이렇게 하여 그들은 기상나팔이 울릴 때를 준비합니다. 그리고 아침과 함께 여호와의 군대의 대장이 오실 것이며, 그 대장과 함께 구원의 완성이 임할 것입니다. 많은 사람들이 죽음을 생각하면서 두려워하지만, 그러나 그리스도인들은 죽음을 생각하며 소망에 넘칩니다.

40
병사들의 기상나팔

"그러므로 우리가 빛의 갑옷을 입자"

롬 13:12

기독교적 갑옷의 은유가 바울 서신 곳곳에 나타나는 사실을 주목하는 것은 매우 흥미롭습니다. 그것은 데살로니가인들에게 보낸 편지에서 매우 초보적 형태로 처음 나타납니다. 그러다가 여기 로마서에서 중간 정도의 발전된 형태로 나타나고, 마지막으로 에베소서에서 완전히 발전된 형태로 나타납니다. 그러므로 우리는 그것이 그의 친숙한 사상들 가운데 하나였다고 쉽게 추론할 수 있습니다. 여기에서 그것 즉 기독교적 갑옷의 은유는 매우 회화적(繪畵的)으로 표현됩니다. 지금 바울은 매우 생생한 그림으로 일단의 병사들을 그리고 있습니다. 지금 그들은 아침 기상나팔 소리를 듣고 일어나 밤의 의복 즉 잠옷을 벗어버리고 떠오르는 태양 빛에 반짝거리는 갑옷을 입습니다. 그는 말합니다. "너희 그리스도인들은 마땅히 그와 같아야 하느니라. 너희가 기상나팔 소리를 듣지 못하느냐? 밤이 거의 지나고 낮이 가까웠느니라. 그러므로 우리가 밤의 일 즉 잠잘 때 적합한 밤의 의복을 벗어버리자. 그것을 던져버리고 낮에 속한 갑옷을 입자."

바울의 이와 같은 훈계가 세상 끝 날이 가까웠다는 그의 기대 위에 어느 정도로 기초하고 있는지와 관련한 문제는 여기에서 다루지 않을 것입니다. 그 문제는 지금 우리에게 특별한 중요성을 갖지 못합니다. 왜냐하면 그가 이러한 훈계의 기초로서 표현하는 사실은 우리 모두에 대하여 참이기 때문입니다. 그러므로 우리는 바로 그날의 새벽으로 서둘러 가야 합니다. 그리고 나는 여기에서 그 훈계를 다시 강조하고자 합니다. 비록 낡고 진부한 것이라 할지라도 말입니다. 왜냐하면 우리 각자가 지금 인생의 어느 지점에 있든지 모두가 그것을 필요로 하기 때문입니다.

1. 여기에서 주의를 끄는 첫 번째 사실은 낮을 기다리는 사람을 위한 의복은 갑옷이라는 사실입니다.

우리는 너무도 빨리 지나가며 또 적과 위험으로 가득 차 있는 밤과 곧 밝아올 그리고 빛과 평강과 기쁨으로 가득 찬 낮 사이의 차이와 관련하여 여기 바울의 그림이 제시하는 것과는 다른 어떤 것을 예상할 수도 있었습니다. 우리는 그가 이렇게 말할 것을 기대할 수도 있었습니다: "우리가 잔치를 위한 즐거운 예복을 입자." 그러나 그것이 아니었습니다. 그가 말하고자 한 것은 "밤이 깊고 낮이 가까이" 왔는 바, 낮을 기다리는 자에게 합당한 의복은 잔치의 즐거운 예복이 아니라 "갑옷"이라는 것이었습니다. 그것이 의미하는 바는 분명합니다. 즉 전쟁, 계속되는 전쟁이 있는 것입니다. 만일 여러분이 낮에 속한 자들이라면, 지금 여러분은 갑옷과 무기들로 무장하고 있어야 합니다. 다음의 사실은 장황하게 설명할 필요조차 없는 사실이지만 그러나 나는 여기에서 그것을 다시 한 번 강조하고 싶습니다. 즉 은혜 가운데 자라는 것이나 기독교적 성품의 온전함에 평온하게 다가가는 것이 전부가 아니라는 것입니다. 그리스도인의 진보에 있어 또 하나의 중요한 요소가 있는데, 그것은 싸우는 것입니다. 우리는 매일매일 싸워야 합니다. 성장(growth)이란 단어는 사람이 아버지의 형상으로 변해가는 과정을 설명함에 있어 그리고 "빛의 자녀의 기업에 참여하는 자"가 되는 것을 설명함에 있어 불충분합니다. 성장이란 단어는 단지 그것의 일부분만을 설명할 뿐입니다. 기독교적 진보의 전체적 측면을 설명하기 위해서는 싸움이란 개념이 더해져야 합니다. 거기에는 항상 채찍으로 때려야 하는 "고집 센 말들"과 앞에서 강제로 끌어줘야 하는 "앞으로 나아가기를 머뭇거리는 말들"과 고삐로 힘껏 저촉해야 하는 "수줍은 말들"이 있습니다. 싸움은 필연적인 것입니다. 왜냐하면 적들이 있기 때문입니다. 또 내부의 나약함과 그것에 호소하는 외부의 것들 사이에 음모가 있기 때문입니다.

우리는 오늘날 "믿음으로 거룩케 되는" 것에 대해 많이 듣습니다. 그러나 믿음의 역할은 우리에게 정결케 하는 능력을 가져다줄 뿐입니다. 그러한 능력이 실제로 적용됨에 있어서는 우리의 노력과 싸움이 요구됩니다. 그러므로 "여러분이 의롭다하심과 열납하심을 받은 것을 믿는 것처럼 또한 거룩케하심을 받은 것을 믿으라"고 말하는 것만으로는 충분치 못합니다. 여러분은 믿음으로 얻는 것을 온전케 해야 합니다. 그리고 만일 여러분이 무가치한 자아와 세상의 유혹들과 싸우지 않는다면, 여러분은 결코 그것을 온전케 하지 못할 것입니다. 낮을 위해 준비된 자에게 합당한 옷은 갑옷입니다.

2. 여기에 주의를 끄는 또 하나의 사실이 있는데, 그것은 축복된 여명의 기대가 생생하면 생생할수록 갑옷을 입는 것이 더 확실해질 것이라는 사실입니다.

그러나 기독교회 안에서의 그와 같은 미래에의 기대는 도리어 정반대의 마음 상태를 갖도록 이끌기도 했습니다. 많은 사람들이 터무니없는 생각에 사로잡혀 현실을 무시하고 자신들은 현실과 아무 관계가 없다고 생각하면서 오로지 "주의 오심"만을 기다렸습니다. 바울은 말합니다. "동쪽 하늘에서 여명이 동터오는 것을 보면서 너희가 밤이 지나고 낮이 다가온다고 말하지 않느냐, 그러므로 감상주의자가 되지 말며 일상의 일에 게으르거나 무관심하거나 소홀히 여기는 자가 되지 말고 여명을 봄으로써 빛의 갑옷을 입으라. 해가 떠있는 낮의 시간들을 승리의 싸움으로 채우도록 빛의 온전한 갑옷을 입어라."

여기에서 갑옷이 무엇인지 다시 한 번 주목하십시오. 물론 "빛의 갑옷"이라는 어구가 단지 회화적(繪畫的) 상상력에 의한 표현에 불과한 것으로서 잘 닦여진 쇠가 아침 햇살에 빛나는 것을 나타내는 것일 수도 있습니다. 마치 스펜서의 『적십자 기사』(*Red Cross Knight*)의 갑옷처럼 말입니다. 또 어쩌면 그것은 "빛에 어울리는 갑옷"을 의미하는 것일는지도 모릅니다. 벗어버려야 하는 "어둠의 일"과 대조시키기 위해서 말입니다. 이러한 것들은 어둠을 대적하는 일들이며, 마찬가지로 갑옷은 빛에 어울리는 다시 말해서 빛을 반사할 수 있는 갑옷이어야 합니다. 그러나 나는 이러한 표현에는 그 이상의 의미가 담겨있다고 생각합니다. 나는 "빛의 갑옷"(armour of light)이란 표현이 바울이 고후 6:7에서 "의의 무기(혹은 의의 갑옷, armour of righteousness)라고 표현한 것과 동일한 의미를 갖는다고 생각합니다. "빛"이 갑옷을 만들며, "의"가 갑옷을 만듭니다. 둘은 같은 것을 말하고 있는데, 하나는 평이한 언어이며 다른 하나는 상징적 언어입니다. 결국 그것이 의미하는 바는 그리스도인의 참된 갑옷과 무기는 기독교적 성품(Christian character)이라는 것입니다. 우리가 사용해야 할 갑옷과 무기는 바로 이런 것들입니다. 그리스도인은 선을 입음으로써 자기 안에 있는 악과 더불어 싸웁니다. 죄로 채워진 마음을 비우는 참된 방법은 그 마음을 의로 채우는 것입니다. 그리스 신화에서 파이돈(아폴로가 퇴치한 거대한 뱀)을 죽인 것은 빛의 창이었습니다. 빛의 갑옷은 그 오른편과 왼편에 의를 가지고 있습니다. 일상적인 단순한 의무들에 착념하십시오. 그러면 여러분은 그것이 여러분의 마음을 여러 가지 유혹으로부터 지켜주는 것을 발견하게 될 것입니다. 값비싼 포도주가 가득 담긴 병이 설령 짠 바닷물 속으로 던져진다고 해서 바닷물이 병 안으로 들어올 수 있겠습니까? 여러분의 마음을 의로 채우십시오. 여러분의 삶을 빛으로 반짝이게 하십시오. 그러면 그 빛이 여러분의 갑옷이 될 것입니다. 하나님은 빛이십니다. 따라서 하나님은 악에게 시험을 받으실 수 없습니다. 그가 빛 가운데 계신 것같이 여러분도 빛 가운데 행하십시오. 그러면 예수 그리스도의 피가 여러분을 모든 죄로부터 깨끗케 하실 것입니다.

3. 그러나 여기에는 또 하나의 측면이 있습니다.

만일 여러분이 본 장의 마지막 구절을 본다면, 여러분은 빛의 갑옷에 대해 바울 자신이 설명하는 바를 발견하게 될 것입니다. "주 예수 그리스도로 옷 입는" 것이 "빛의 갑옷"을 입는 것에 대한 그의 설명입니다. 왜냐하면 그들은 "전에는 어둠이더니 이제는 주 안에서 빛"이기 때문입니다. 우리가 얼마만큼 적의 공격을 견딜 수 있는 빛의 갑옷을 입느냐 여부는 우리가 믿음과 사랑으로 그와 얼마만큼 연합되었는가 하는 정도에 달려 있습니다. 그리스도께서는 그리스도인들이 입을 수 있는 각각의 은혜들을 모두에게 베풀어 주십니다. 아니, 그 자신이 그러한 은혜들입니다. 우리는 그리스도가 바울이 에베소서에서 이야기한 "하나님의 전신갑주"라고 말할 수 있습니다. 우리가 그를 입을 때 그리고 그를 입는 분량만큼, 하나님의 전신갑주를 입는 것입니다. 그리고 이제 내가 여기에서 마지막으로 지적하고자 하는 것은 이러한 명령들에 순종하기 위해서는 지속적 노력이 필요하다는 사실입니다.

바울은 지금 로마의 그리스도인들에게 편지를 쓰고 있는데, 그들은 기독교적 삶에 있어 초보자가 아니었습니다. 오래 전에 그들 가운데 많은 사람들이 바울에게 보냄을 받았었습니다. 그렇지만 가장 오래 된 그리스도인들도 최근에 들어온 형제들과 마찬가지로 가르침을 받아야만 했습니다. 이것은 우리도 마찬가지입니다. 우리는 매일매일 지속적 갱신이 필요합니다. 이와 관련한 많은 수고와 노력이 없다면 갱신도 없을 것입니다. 어둠의 일을 벗고 빛의 갑옷을 입는 것은 매우 긴 과정입니다. 그것은 빵 덩이가 전부 부풀 때까지 평생 동안 계속되는 작업입니다. 그것은 우리가 옛 자아의 모든 누더기를 벗어버릴 때까지 평생 동안 계속되는 작업입니다. 그리하여 "입은 자는 벗은 자로 발견되지 않을" 것입니다. 예수 그리스도를 아는 것은 평생에 걸친 일입니다. 예수를 소유하며 그로 옷 입는 것은 평생에 걸친 일입니다. 나는 여러분에게 다음과 같은 질문을 던지고 싶습니다. 여러분은 옛 사람과 옛 사람의 행실을 벗어버렸습니까? 여러분은 매일 아침 옷을 입는 것처럼 매일같이 그리스도를 주로 옷 입고 있습니까?

여기에서 바울이 주님에 대해 공식적인 완전한 칭호를 사용하고 있는

것을 주목하십시오: "주 예수 그리스도로 옷 입고." 우리는 '주님'으로서의 그를 옷 입고 있습니까? 우리의 모든 의지를 그에게 복종시키며, 그와 그의 계명과 약속과 섭리를 즐거이 순복하며 받아들입니까? 우리는 형제로서의 그의 인성(人性)을 인정함으로써 '예수'로 옷 입고 있습니까? 그가 우리의 삶의 모범일 뿐만 아니라 그러한 모범이 그의 도우심과 사랑으로 말미암아 우리 안에서 재현될 수 있도록 보증하는 분임을 인정함으로써 말입니다. 우리는 성령으로 기름부음을 받은 '주 예수 그리스도'로 옷 입고 있습니까? 그 기름이 그의 머리로부터 흘러내려 옷자락 끝까지 이르고 그럼으로써 우리 모두가 그로 말미암아 순전하며 정결케 되는 그러한 기름부음 말입니다. "오직 주 예수 그리스도로 옷 입으라." 매일같이 그렇게 하십시오. 그러면 여러분은 "하나님의 전신갑주를 입은" 것입니다.

그리고 새벽의 여명이 완전한 낮으로 바뀌었을 때, 바로 그때 우리는 갑옷을 벗고 흰 예복을 입게 될 것입니다. 또 그때 우리는 투구를 벗고 면류관을 쓸 것이며, 칼을 내려놓고 종려나무를 들 것입니다. 그리고 우리를 사랑하시며 우리를 위해 그리고 우리 안에서 싸우신 자를 통해 "넉넉히 이기는 자"(승리자 이상의 승리자, more than conquerors)가 될 것입니다.

41
자유의 제한

"¹²이러므로 우리 각 사람이 자기 일을 하나님께 직고하리라 ¹³그런즉 우리가 다시는 서로 비판하지 말고 도리어 부딪칠 것이나 거칠 것을 형제 앞에 두지 아니하도록 주의하라 ¹⁴내가 주 예수 안에서 알고 확신하노니 무엇이든지 스스로 속된 것이 없으되 다만 속되게 여기는 그 사람에게는 속되니라 ¹⁵만일 음식으로 말미암아 네 형제가 근심하게 되면 이는 네가 사랑으로 행하지 아니함이라 그리스도께서 대신하여 죽으신 형제를 네 음식으로 망하게 하지 말라 ¹⁶그러므로 너희의 선한 것이 비방을 받지 않게 하라 ¹⁷하나님의 나라는 먹는 것과 마시는 것이 아니요 오직 성령 안에 있는 의와 평강과 희락이라 ¹⁸이로써 그리스도를 섬기는 자는 하나님을 기쁘시게 하며 사람에게도 칭찬을 받느니라 ¹⁹그러므로 우리가 화평의 일과 서로 덕을 세우는 일을 힘쓰나니 ²⁰음식으로 말미암아 하나님의 사업을 무너지게 하지 말라 만물이 다 깨끗하되 거리낌으로 먹는 사람에게는 악한 것이라 ²¹고기도 먹지 아니하고 포도주도 마시지 아니하고 무엇이든지 네 형제로 거리끼게 하는 일을 아니함이 아름다우니라 ²²네게 있는 믿음을 하나님 앞에서 스스로 가지고 있으라 자기가 옳다 하는 바로 자기를 정죄하지 아니하는 자는 복이 있도다 ²³의심하고 먹는 자는 정죄되었나니 이는 믿음을 따라 하지 아니하였기 때문이라 믿음을 따라 하지 아니하는 것은 다 죄니라"

롬 14:12-23

본문이 다루는 문제는 어떤 고기를 먹는 것이 과연 합법적인가 하는 문제에 대한 의견 차이와 관련한 것입니다. 그것이 모세 율법이 부정한 것으로 규정한 음식이었는지 혹은 고린도에서처럼 우상에게 드려진 고기였는지 하는 문제는 별로 중요하지 않습니다. 아마도 후자일 가능성이 더 높아 보입니다. 그리고 틀림없이 그것이 로마에서 더 중요한 문제였을 것입니다. 여기에 나타난 두 의견은 우리 가운데 항상 존재하는 두 종류의 성향을 대표합니다. 하나는 좀 더 철저하고 다른 하나는 좀 더 관대합니다. 바울은 본 장 앞부분에서 첫 번째 부류의 사람들에게 필요한 교훈을 제시하고 있었습니다. 그러다가 이제 "더 강한" 형제들에게로 돌이켜 그들을 위한 행동 법칙을 제시합니다. 여기의 본문을 가장 잘 이해하는 방법은 본문을 차례대로 읽어나가는 것일 것입니다.

본문은 각 사람이 하나님 앞에 직고하게 될 마지막 심판의 개념과 함께 시작됩니다. 그런데 이것이 우리가 지금 다루고 있는 문제와 무슨 상관이 있습니까? 그것은 이것입니다. 즉 우리는 어설프고 성급한 판단을 조심해야 한다는 것입니다. 우리에게는 피차 판단하는 것보다 더 중요한 것이 있습니다. 그것은 마지막 심판을 생각하면서 먼저 우리 자신의 행동 원리들을 세심하게 돌아보는 것입니다. 이와 같이 작은 문제들을 보다 큰 원리들에 비추어 고찰하는 것은 바울의 통상적 습관이었습니다.

13절에서 바울은 여기의 문제와 관련한 최고의 원리를 제시합니다. 만일 어떤 그리스도인이 자기 마음대로 행동하다가 다른 사람 앞에 부딪히는 돌을 놓았든지 혹은 그의 길에서 넘어지게 하는 원인이 되었다면, 그는 그 책임을 결코 면할 수 없습니다. 방금 말한 두 가지 즉 부딪히는 돌을 놓는 것과 넘어지게 하는 것은 같은 것일까요? 그럴 수도 있겠지만 그러나 꼭 그렇지는 않을 것입니다. 어떤 사람은 부딪히는 돌에 부딪혔으면서도 넘어지지는 않을 수도 있을 것입니다. 그러므로 부딪히는 돌에 부딪히게 만드는 것보다 넘어지게 만드는 것이 더 큰 악이 될 수 있을 것입니다. 13절에서 "부딪힐 것"이 먼저 나오고 다음에 "거칠 것"이 나오는데, 우리는 그것을 이와 같은 맥락에서 이해할 수 있을 것입니다. 어쨌든 여기에서 제시되고 또 21절에서 반복된 원칙은 너무도 분명합니다. 그렇지만 그것은 우리 가운데 어떤 사람들에게는 지나치게 어려운 말씀입니다. 나의 자유가 다른 사람들의 엄격한 양심에 의해 제한되어야 한단 말입니까? 그렇습니다. 그러면 그것은 결국 그들을 우리의 주인으로 만들고 그들의 엄격함을 지나치게 중시하는 것이 아닙니까? 그렇지 않습니다. 그것은 그리스도를 주인으로, 그리고 그의 모든 종들을 형제로 인식합니다. 만일 엄격한 양심을 가진 자들이 좀 더 관대한 자들에게 와서 "만일 당신들이 우리처럼 행하지 않으면 당신들은 그리스도인일 수 없다"고 말한다면, 그것은 양보의 한계를 넘어선 것입니다. 그러면 우리는 유대주의자들에게 머리터럭만큼도 양보하려고 하지 않았던 바울처럼 행동해야 합니다. 만일 어떤 사람이 "당신은 이러저러한 행동을 하지 말아야 한다, 그렇지 않으면 교회의 일원이 되지 못할 것"이라고 말한다면, 그에 대한 유일한 대답은 "나는 그렇게 하지 않을 것"이라는 것입니다. 가능한 유연하게 연약한 형제들로 인해 우리의 행동을 제한해야 합니다. 그러나 만일 그들이 사소한 것을 본질적인 것이라고 고집하면, 그들의 약한 양심을 고려하는 것보다 더 높은 의무가 자리잡게 됩니다. 즉 형제들에 대한 양보를 제한하는 것이 있는데, 그것은 그리스도께 대한 신실함입니다.

그러나 그러한 극단적 경우는 일단 논외로 한 채 바울은 연약한 형제의 '엄격함'과 관련하여 자유를 억제하는 법칙을 제시합니다. 14절에서 그는 관대한 자들의 원리를 자신도 같은 마음을 가지고 언급합니다. 즉 어떤 것도 그 자체로 부정한 것은 없다는 원리입니다. 바울은 그것을 "주 예수 안에서" 배웠습니다. "그리스도 안에" 있기 이전에 그는 율법적 정결함과 부정함의 거미줄에 얽혀 있었습니다. 그러나 지금 그는 자유합니다. 그렇지만 그는 관대한 자들이 지켜야할 한 가지 예외를 덧붙입니다. 즉 정결한 것이라도 부정하게 여기는 그 사람에게는 부정하다는 것입니다. 물론 이러한 원리가 옳음과 그름을 구별하는 데 절대적이며 영원한 기준이 되는 것은 아닙니다. 바울은 하나님의 거룩한 율법을 가지고 사람들의 생각 여하에 따라 어떤 때는 죄가 되고 어떤 때는 의가 된다는 식으로 장난하고 있는 것이 아닙니다. 그는 지금 의식을 지키는 규례들과 같은 사소한 문제들을 말하고 있는 것입니다. 이에 대한 오늘날의 예로써 우리는 즐거움을 위한 놀이 같은 것을 들 수 있을 것입니다. 이런 것들을 그리스도인은 죄와 상관없이 행할 수도 있고 억제할 수도 있습니다.

15절은 이해하기 쉽지 않습니다. 초두에 나오는 "for"를 엄격하게 받아들이면 말입니다. 따라서 일부 주석가들은 문장의 흐름을 부드럽게 하기 위해 "for" 대신 "but"으로 읽기를 더 좋아합니다. 그렇지만 15절을 14절의 언급에 대한 이유로서보다 13절의 원칙에 대한 이유로서 보는 것은 충분히 가능합니다. 가장 엄격한 그리스도인들조차도 따뜻하게 품고 그들의 입장을 고려해야 하는 이유로서 사랑 안에서 행할 의무보다 더 강력한 것은 없습니다. 우리가 서로 형제가 되었다는 사실은 우리로 하여금 형제를 근심하게 만드는 일을 하지 않도록 억제할 것입니다. 예를 들어, 그리스도인들은 주일을 지키는 의무에 대해 다양한 관점을 가지고 있습니다. 어떤 그리스도인은 주일날 자신의 집 마당에서 테니스를 치는 것을 아무렇지도 않게 생각할 것입니다. 그러나 만일 그의 이러한 행동이 어떤 그리스도인을 실족시킨다면, 그는 사랑의 법을 깨뜨리는 죄를 범하는 것입니다.

우리는 이러한 원칙을 여러 가지로 적용할 수 있습니다. 그리스도인의 형제 관계가 다양한 문화와 사회적 조건을 포함하는 것을 감안할 때, 그 원칙은 매우 광범위하게 적용되어야 합니다. "그리스도께서 대신하여 죽으신 형제를 네 음식으로 망하게 하지 말라"는 말씀은 그 원칙을 크게 심화(深化)시킨 것입니다. 여기에서 "네"(thy)가 강조되고 있는 것을 주목하십시오. 이것은 형제를 망하게 하는 불행한 일의 계기가 매우 사소한 일이라는 사실뿐만 아니라 큰 불행을 피하기 위해 그토록 사소한 일조차 포기하려고 하지 않는 인간의 이기심을 암시합니다. 그는 그리스도께서 위하여 기꺼이 생명을 버리신 자인데도 말입니다. 만일 그리스도가 우리의 모범이라면, 형제를 위해 먹는 것이나 어떤 자유를 다소 희생시키는 것은 우리에게 있어 너무도 당연한 의무입니다. 우리는 그렇게 하는 것을 결코 회피해서는 안 됩니다. 이와 같이 그리스도인의 행동을 제어하는 하나의 큰 원리가 15절에 제시됩니다. 그것은 기독교적 사랑의 분명한 명령입니다.

우리는 또 하나의 이유를 16절로 13절에서 볼 수 있습니다. 그것은 기독교의 참된 특성을 보여줍니다. "너희의 선한 것"이란 표현은 그리스도인이 됨으로써 얻은 축복들의 총체를 의미하는 것으로서, 여기에서 "하나님의 나라"가 의미하는 것과 밀접하게 관련되는 것입니다. 그리고 여기에서 하나님의 나라가 의미하는 것은 하나님의 뜻의 통치에 순복한 자들의 내적 상태와 본질적으로 동일한 것으로 보입니다. "우리 안에 있는 하나님의 나라"는 "성령 안에서 의와 평강과 희락"입니다. 여러분은 기독교를 통해 무엇을 얻었습니까? 바울은 실제적으로 이렇게 말합니다. "너희는 기독교의 주된 목적이 이러한 문제들에 대해 너희 마음대로 행하도록 허락해 주는 것으로 생각하느냐? 만일 너희의 가장 큰 관심이 '먹는 것과 마시는 것'이라면, 너희는 기독교를 오해한 것이며 사람들은 너희의 종교가 방종을 허락했다고 생각할 것이다. 그러나 반면 의와 평강과 희락을 통해 너희가 그리스도의 종임을 나타낸다면, 너희는 하나님을 기쁘시게 할 것이요 사람들은 너희의 종교가 그분으로부터 말미암았음을 인정할 것이며 너희는 믿음과 행함이 일치하는 신앙인이 될 것이다."

현대의 관대한 정신을 가진 형제들은 이 모든 말씀을 오늘날 쉽게 적용할 수 있을 것입니다. 여러분의 기독교의 주된 작용이 여러분으로 하여금 연약한 형제들이 양심의 가책을 받으며 머뭇거리는 일을 담대하게 행하도록 허락하는 것인 듯한 인상을 주지 않도록 조심하십시오. 만일 그들 앞에서 그리고 세상 앞에서 그들에게 양보하지 않고 여러분의 자유를 자랑한다면, 그것을 바라보는 자들은 기독교가 마치 그렇게 하는 것을 허락하는 듯한 인상을 받을 것입니다. 삶을 통해 여러분이 참된 영적 선물을 가지고 있음을 보여 주십시오. 복음의 목적은 바로 여러분 자신의 도덕적 완성에 있음을 인식하십시오. 그러면 여기의 문제들은 모두 제 위치를 찾게 될 것입니다.

우리는 19절과 20절에서 다른 사람의 양심으로 인해 우리의 자유가 제한되어야 하는 두 가지 또 다른 이유를 보게 됩니다. 우리가 다른 사람들의 양심의 문제로 인해 우리의 자유를 제한할 때, 그러한 행동은 화평을 이루는 것이 됩니다. 진리가 위태롭게 되거나 혹은 그리스도의 이름이 더 럽혀진다면, 그렇게 하는 것은 결코 허용되어서는 안 될 것입니다. 그러나 기독교적 하나됨을 희생시키면서까지 지켜야만 할 일들은 사실 그렇게 많지 않습니다. 대부분의 일들은 다만 우리 자신이나 다른 사람들의 기독교적 성품을 증진시키는 일에 불과할 뿐입니다. "약한" 형제들에게 양보하는 것은 그들을 강하게 하는 데 도움이 될 것입니다. 그러나 그들의 양심의 문제를 고려치 않고 우리 마음대로 행하는 것은 결국 그들을 해하게 될 것입니다.

15절은 어떤 사람이 형제의 방종으로 인해 근심하게 되는 경우를 상정한 것입니다. 이러한 경우는 13절의 "거칠 것"과 상응하는 것입니다. 이것보다 더 나쁜 경우가 20절에 상정되어 있는데, 이것은 마음대로 하는 것이 잘못된 일이라고 믿는 연약한 형제가 믿음이 강한 자라 하면서 마음대로 행하는 자로 인해 시험을 당하는 경우입니다. 여기에서 하나님이 세우신 사업을 무너지게 만든 책임은 믿음이 강하다고 하면서 마음대로 행하는 자에게 돌려집니다. "무너짐"의 은유는 앞 절의 "덕을 세우는" 것으로부터 끌어온 것으로 보입니다. 그리스도인의 의무는 피차 덕을 세우는 것입니다. 만일 우리가 "자유"를 분별없이 함부로 행사하면, 어떤 사람이 그것을 보고 자기 양심이 허락하지 않음에도 불구하고 그 일을 따라 행하게 될 것입니다. 그러면 그것은 결국 무너지게 만드는 것입니다.

이제부터 바울은 자신의 두 가지 큰 원리 즉 깨끗한 것이라도 속되게 여기는 사람에게는 속되다는 원리와 기독교적 의무는 비록 허락된 일이라 할지라도 형제들의 양심의 문제로 인해 때로 삼가는 것이 필요하다는 원리를 역순(逆順)으로 반복합니다. 두 번째 원리를 적용할 때 술 마시는 것을 삼가는 의무는 완전히 정당화됩니다. 그러나 이러한 적용이 바울의 직접적 목적은 아닙니다.

우리는 22절과 23절에서 두 부류의 사람 곧 강자 자의 부류와 약한 자의 부류를 보게 됩니다. 강한 자의 부류는 22절에서 그리고 약한 자의 부류는 23절에서 언급됩니다. 바울은 강한 형제들에게 그들이 더 넓은 관점이나 믿음, 다시 말해서 그들의 자유가 그리스도의 뜻과 합치된다는 확신을 가진 것으로 만족하라고 말합니다. 그들은 그러한 확신을 갖는 것으로 충분할 것입니다. 그러나 그들은 그러한 확신을 하나님 앞에서만 가져야지 그것을 형제들 앞에서 자랑해서는 안 됩니다. 왜냐하면 그렇게 함으로써 형제들을 근심케 하고 그들로 양심의 거리낌 가운데 따라하도록 이끌 수 있기 때문입니다. 자신들의 확신이 단지 자신들이 바라는 바에 이끌린 것이 아니라 양심에 따른 것임을 아는 것은 얼마나 복된 것입니까?

반면 여기에는 양심의 거리낌을 갖는 자들이 그렇지 않은 자들의 본을 따라 행할 위험이 있습니다. 그렇게 하는 것이 정당한 것이라는 분명한 확신이 없으면서 말입니다. 바울은 의심하면서 행하는 것은 — 비록 특별히 문제될 것이 없는 일이라 할지라도 — 삼가야 한다고 말합니다. 우리는 아무런 거리낌 없이 극장에 갈 수 있을 것입니다. 그렇게 하는 것이 잘못된 일이 아님을 믿는다면 말입니다. 그러나 만일 그렇게 하는 것이 양심에 가책이 됨에도 불구하고 그렇게 한다면, 죄를 지은 것으로 정죄될 것입니다. 여러분은 곡식을 다른 사람의 됫박으로 계량해서는 안 됩니다. 여러분이 따를 것은 다른 사람의 확신이 아니라 여러분 자신의 확신입니다. 여기에서 "믿음"은 다소 통상적이지 않은 의미로 사용되었습니다. 그것은 판단의 확실성을 의미합니다. 어떤 이들은 23절의 마지막 구절 즉 "믿음을 따라 하지 아니하는 것은 다 죄니라"라는 말씀을 아무리 순전하고 선한 행동이라 할지라도 불신자들에 의해 행해진 행동은 모두 죄의 본성을 갖는다는 의미로 이해하기도 하지만, 그러나 실상 그 구절은 그것을 의미하지 않습니다. 그것이 의미하는 바는 단순히 어떤 그리스도인이 양심의 분명한 보증이 없이 어떤 행동을 할 때, 그것은 — 다른 사람들에게는 어떨지 몰라도 — 그에게 죄가 된다는 것입니다.

42
두 근원에서 나오는
하나의 물줄기

"무엇이든지 전에 기록된 바는 우리의 교훈을 위하여 기록된 것이니
우리로 하여금 인내로 또는 성경의 위로로 소망을 가지게 함이니라."
"소망의 하나님이 모든 기쁨과 평강을 믿음 안에서 너희에게 충만하게 하사
성령의 능력으로 소망이 넘치게 하시기를 원하노라"

롬 15:4, 13

스위스에는 두 개의 지류가 하나로 합쳐져서 이루어지는 큰 강이
있습니다. 하나의 이름은 '화이트'(white, 흰색이라는 뜻)이며 다른 하나
의 이름은 '그레이'(gray, 회색이라는 뜻) 혹은 '다크'(dark, 어두운 색이라
는 뜻)입니다. 한 지류는 빙하로부터 흘러내려오면서 자신의 하얀 물결 가
운데 반쯤 녹은 눈들을 실어 내려옵니다. 다른 한 지류는 아름다운 골짜기
를 경유해 흐르는 가운데 흙에 의해 물 색깔이 탁해집니다. 그러다가 두
지류는 마침내 하나로 합쳐집니다. 그와 마찬가지로 본문의 두 구절에서
우리는 흰색과 검은 색의 두 물줄기를 보게 됩니다. 그리고 그것들은 마침
내 하나로 합쳐져 공통의 소망 속으로 흘러들어갑니다. 전자인 4절의 물
줄기는 인내와 위로를 통과하는 검은 물줄기인데, 그것들은 고난과 시련
을 함축합니다. 모든 난관과 시험과 슬픔의 결과는 소망이어야 합니다. 그
리고 후자인 13절에서 우리는 다른 쪽 골짜기를 통과해 흐르는 또 하나의

물줄기를 보게 됩니다. "소망의 하나님이 모든 기쁨과 평강을 믿음 안에서 너희에게 충만하게 하사 성령의 능력으로 소망이 넘치게 하시기를 원하노라."

이와 같이 인간 경험의 서로 다른 두 측면은 동일한 축복된 결과 안에서 서로 만나며 종결됩니다. 여러분이 인간 삶의 이쪽 측면을 돌아서 오든지 아니면 저쪽 측면으로 오든지, 여러분은 결국 같은 지점에 도달합니다. 만일 여러분이 하나님의 섭리의 손과 함께 여행을 했다면 말입니다.

이제 우리는 여기에서 기독교적 소망이라는 축복된 선물의 서로 다른 두 근원을 살펴볼 것입니다.

1. 첫째, 어둠 속에서 태어난 밤의 소생인 소망이 있습니다.

바울은 "무엇이든지 전에 기록된 바는 우리의 교훈을 위하여 기록된 것이니 우리로 하여금 인내로 또는 성경의 위로(comfort)로 소망을 가지게 함"이라고 말합니다. 기록된 말씀은 우리에게 있어 인내와 오래 참음의 근원으로 의도된 것입니다. 성경이 다양한 격려(encouragement)로써 우리 안에서 역사하는 이러한 은혜는 곧 소망입니다.

여러분이 아는 바와 같이 고난과 역경이 빛나는 소망과 곧바로 연결된다든지 혹은 그러한 소망을 발생시키는 것은 아닙니다. 고난과 역경이 소망의 연결고리가 되는 경우를 제외하고 말입니다. 사람의 고난 속에 그로 소망에 넘치게 만드는 것은 없습니다. 도리어 많은 경우 고난은 그를 절망 속으로 몰아넣습니다. 어쨌든 소망의 연결고리가 들어오기 전까지는 고난은 우리에게 거의 소망을 불러일으키지 못합니다. 우리는 다리가 없이는 계곡 한쪽의 험준한 절벽으로부터 다른 쪽의 평온한 초원지대로 지나갈 수 없습니다. 가난한 영혼으로 하여금 험악한 고난과 절망의 험준한 절벽으로부터 소망의 평온한 초원으로 지나가게 해 주는 다리가 성경 속에 놓여있습니다. 성경은 그 모든 고난과 역경의 의미와 목적을 말해줍니다. 또한 성경은 그 모든 것들과 싸워 이긴 자들과 소망을 가졌으면서도 부끄러움을 당하지 않은 자들의 이야기로 가득 차 있습니다.

이와 같이 성경이 우리에게 주어진 이유 가운데 하나는 소망을 주기 위함입니다. 성경은 고난 가운데 있는 우리를 격려함으로써 우리 안에서 인내의 큰 은혜를 만들어냅니다.

우리가 첫 번째로 주목해야 하는 것은 성경이 어떻게 우리를 격려하는가 하는 것입니다. 4절의 'comfort'(KJV)는 '위로'(consolation)보다는 격려(encouragement)로 이해되는 것이 좀 더 합당합니다(한글개역개정판에는 '위로'로 되어 있음 — 역주). 격려는 눈물을 닦아주며 마음을 안위해 주는 것 이상입니다. 위로(consolation)는 값진 것이지만, 우리는 위로받는 것 이상을 필요로 합니다. 고난과 슬픔의 위대한 신비를 다룸에 있어 성경의 전반적 색채는 슬픔을 진정시키며 눈물을 그치게 하는 것보다 더 높고 고상한 차원을 가지고 있습니다. 그것은 우리로 하여금 강하고 담대하게 우리의 슬픔과 직면하여 극복하도록 이끌어 줍니다. 그리고 우리에게 고상한 용기를 불어넣어 줌으로써 우리로 하여금 더 크고 높은 일을 위해 준비되도록 만들어 줍니다. 성경이 단순히 우리를 위로하기만 하는 것은 매우 초라한 개념입니다. 그렇지 않습니다. 성경은 우리를 격려함으로써 우리의 마음과 의지를 강하게 만들어 줍니다. 그래서 어떤 슬픔 속에서도 우리의 심령이 압도되거나 짓눌림을 당하지 않도록 만들어 줍니다. 바로 이것이 성경과 그것을 통해 말씀하시는 하나님의 목적입니다.

우리는 이러한 목적이 성경에서 다음과 같은 두 가지 방식으로 이루어진다고 말할 수 있습니다. 첫째로 성경의 기록에 의해 그리고 둘째로 그러한 원리들을 나타내는 것으로 말입니다.

성경에는 슬픔을 극복한 아름다운 이야기들이 마치 하늘의 별처럼 도처에 흩어져 있는데, 그것을 통해 얼마나 많은 사람들이 새 힘을 얻었습니까? 오래 전에 흘린 눈물들을 하나님은 자신의 병에 담고 자신의 책에 기록했는데, 그곳에 담겨지고 기록된 눈물방울들은 진실로 아름다운 진주들로 바뀌었습니다. 고난당한 자들의 초상화가 걸려 있는 긴 화랑(畵廊)을 상상해 보십시오. 그들은 모두 똑같은 험난한 길을 걸었으며, 같은 손에 의해 돌봄을 받았으며, 마침내 같은 집에 도달했습니다. 그들은 자신들을 따르는 모든 자들에게 계속해서 갈채와 환호를 보내고 있습니다. 사랑하는 자들과의 잔인한 이별로 마음이 찢긴 자들은 아브라함이 사라를 막벨라 굴에 장사한 이야기나 오라비 나사로의 죽음 앞에서 마리아와 마르다가 슬픔 속에서도 믿음을 굳게 붙잡았던 이야기를 통해 새 힘을 얻습니다. 마음이나 육체나 혹은 물질의 고통을 겪는 모든 자들은 시편 속에서 사람들의 가장 깊은 경험이 이야기되고 노래되는 것을 발견할 수 있습니다. 또 "욥의 인내"로 일컬어지는 최고의 고난과 그 후에 주어진 축복들은 고난 가운데 있는 무수한 자들을 소망 가은데 강하게 하며 굳게 붙잡아 주었습니다. 우리는 거창한 논문에 의해서보다 살아있는 모범들에 의해 더 큰 감동과 영향을 받습니다. 그러므로 성경은 일차적으로 하나님을 계시하는 역사(歷史)입니다. 그것은 살아있는 사람들의 경험을 통해 하나님의 행동과 인간의 삶의 비밀을 드러내는 기록입니다.

그러나 우리의 믿음 없는 연약한 심령을 격려함에 있어 성경은 또 하나의 방법을 가지고 있습니다. 성경은 인간사의 모든 복잡다단한 일들을 단순화하면서 그것을 움직이는 내적인 힘을 드러냅니다. 성경은 그 안에 있는 수많은 이야기들을 통해 우리에게 믿음의 힘을 보여줄 뿐만 아니라 모든 고난의 근원과 목적 그리고 그것이 어디에서 왔다가 어디로 가는지 등을 분명하게 제시해 줍니다. 우리는 가장 극심한 고난과 악이 가져다주는 재앙 앞에서도 낙망하거나 움츠릴 필요가 없습니다. 앞에서 언급한 두 가지 요점과 관련하여 성경이 가르치는 교훈을 굳게 붙잡는다면 말입니다. 그것들은 결국 우리의 아버지로부터 오는 것이며 모두 나의 선을 위해 오는 것입니다. 우리는 이러한 사실을 굳게 믿습니다. 이것은 결코 이해하기 어려운 심원한 지혜가 아닙니다. 이것은 어린 아이라도 쉽게 이해할 수 있는 평이한 사상입니다. 슬픔과 고통은 너무도 흔한 것이어서 그것을 치유하는 것은 쉽게 얻어질 필요가 있습니다. 무지하며 어리석은 사람들뿐 아니라 지혜롭고 현명한 사람들도 고통 가운데 몸부림치며 괴로워합니다. 그러므로 고난을 치유하는 것은 철학이나 사상보다 좀 더 보편적인 것으로부터 와야만 합니다. 그렇지 않으면 쐐기풀(nettle)이 참 소리쟁이

(dock)보다 더 크게 번성할 것입니다(nettle은 성가신 잡초로 취급되는 식물이며 dock은 귀한 약재로 취급되는 식물임 — 역주). 그리고 많은 가련한 심령들이 사망의 쏘임을 당하게 될 것입니다. 고난에 대한 기독교적 관점은 얼마나 복된 것입니까? 비록 완전하게 설명되지 못하는 부분이 남아있다 할지라도, 고난에 대한 기독교적 관점은 고난의 근원과 목적에 초점이 맞추어집니다. "하나님이 우리의 유익을 위하여 그의 거룩하심에 참여하게 하시느니라"는 말씀은 고난 가운데 어찌할 바를 알지 못해 안절부절 하는 우리를 잠잠케 하기에 충분합니다. 그리고 그러한 말씀을 들을 때 가장 혼미한 심령조차도 새로운 용기로 채워지게 됩니다. 그러므로 우리는 어떤 고난과 시련에도 갑절의 확신을 가지고 직면할 수 있습니다. 이제 더 이상 '난폭한 운명'이 우리를 향해 맹목적으로 화살들을 쏘아대지 않습니다. 도리어 그러한 화살들 위에는 하나님의 사랑의 글자가 새겨져 있습니다.

나아가 이와 같이 성경으로부터 말미암은 용기는 또 하나의 큰 은혜인 인내를 만들어냅니다. 여기에서 인내라는 단어는 단순히 수동적으로 참는 것 이상의 의미를 갖습니다. 물론 수동적 참음이 인내의 주된 요소이기는 하지만 말입니다. 그러한 수동적 참음은 고난이나 역경이 우리에게 요구하는 가장 중요한 것들 가운데 하나이기는 하지만, 그러나 그것의 전부는 아닙니다. 그것은 우리의 마음이 깨어질 때조차 불평하지 않으면서 참는 것이지만 그러나 동시에 그것을 넘어서는 것입니다. 단순히 불평하지 않고 참는 것은 인내와 관련하여 우리가 배우고 실천해야 할 교훈의 반쪽에 불과합니다. 사실 모든 고난은 연단과 가르침의 목적을 가지고 있습니다. 그러므로 만일 고난을 통해 그러한 목적이 이루어지도록 힘쓰지 않는다면, 우리는 고난을 헛되이 받은 것이 될 것입니다. 또 우리가 해야만 하는 일은 거기에서 멈추지 않습니다. 설령 고난의 한 가지 주된 목적이 우리의 마음을 땅의 것에 대해 죽게 하고 하늘의 것을 보도록 만드는 것이라 할지라도, 고난이 우리의 의무의 끈을 느슨하게 하는 것은 아닙니다. 고난 속에서의 의무의 무게는 복된 상태에서의 의무의 무게와 똑 같이 무겁습니다. 우리는 복된 상태에서도 식물(食物)을 얻기 위해 수고해야 하는 것처럼 고난 속에서도 마찬가지입니다. 그것이 육체를 위한 식물이든 마음과 정신을 위한 식물이든 상관없이 말입니다. 다른 사람들에 대한 우리의 책임은 삶이 고난 가운데 있다고 해서 없어지지 않습니다. 그러므로 마음이 무겁든 가볍든 계속해서 우리의 일에 착념해야 하며 힘을 다해 우리의 의무를 행해야 합니다.

여기에서 성경이 주는 격려의 결과로서 제시되는 것은 우리의 의무와 행사를 계속해서 그리고 끈질기게 진행시키라는 것입니다. 우리 가운데 많은 사람들은 단순히 참는 데 모든 힘을 소진해 버리고는 우리의 분명한 의무를 놓아버리고 맙니다. 마치 우리가 할 수 있는 모든 일을 다 했다는 듯이 말입니다. 만일 여러분이 그와 같이 의무를 놓아버리면 여러분은 더 쉽게 항복하게 될 것입니다. 반면 만일 여러분이 자신의 힘을 일하는 데 더 많이 사용하면, 여러분은 인내에 있어 더 강한 자가 될 것입니다. 만일 여러분이 자신의 짐 아래 깔리지 않는다면, 여러분은 잘한 것입니다. 그러나 만일 여러분이 그러한 짐을 자신의 어깨에 메고 자신의 길을 계속해서 걸어간다면, 여러분은 더 잘하는 것입니다. 그리고 그렇게 한다면, 여러분은 그 짐의 무게를 훨씬 덜 느끼게 될 것입니다. 짐이 가장 무겁게 보이는 것은 여러분이 가만히 서서 아무 일도 하지 않을 때입니다. 지금 고난이 있다고 해서 수고하는 것을 그치지 마십시오. 그렇게 하면 여러분은 그 고통을 더 강렬하게 느끼게 될 것입니다. 성경이 주는 격려를 취하십시오. 그러면 여러분의 마음은 새로운 소망으로 채워지게 될 것입니다. 그러면서 동시에 계속해서 여러분의 길을 걸어가십시오.

성경의 격려를 통한 간접적 방법으로 뿐만 아니라 또한 직접적 말씀으로 인내를 공급받으십시오. 성경은 고난과 관련된 교훈과 훈계와 모범으로 가득 차 있습니다. 성경은 우리에게 불운에 대해 진지하게 경멸할 것을 가르칩니다. 성경은 천사와 같이 부드럽고 강한 손으로 우리를 붙잡습니다. 우리의 험한 인생길에서 넘어지거나 다치지 않게 하기 위해서 말입니다. 성경은 부지런한 자에 대한 하늘의 상과 게으른 자의 두려운 운명을 보여줌으로써, 소망 가운데 복된 길을 걸어간 모든 자들을 통해, 우리의 자존감을 일깨움으로써, 우리의 양심에게 엄숙하게 명령함으로써, 우리 주님의 모범에 의해, 주님께 대한 우리의 사랑의 동기에 의해, 우리에게 게으르지 말고 부지런할 것을 일깨워줍니다. 이 모든 것들은 우리에게 그들 곧 믿음과 인내로 약속을 기업으로 받은 자들을 따르는 자가 될 것을 호소합니다.

그러나 우리에게는 또 하나의 단계가 남아 있습니다. 이러한 두 가지 즉 성경을 올바로 사용함으로 말미암는 격려와 인내는 우리를 소망으로 이끌 것입니다.

그것들이 찬란한 소망을 산출한 것인지 아니면 어둡고 황량한 절망을 산출할 것인지 여부는 고난과 시련을 어떻게 감당하느냐 하는 데 달려 있습니다. 고난 자체가 소망을 산출한다고 말할 수 없습니다. 결코 그렇지 않습니다. 우리에게 고난과 소망을 연결하는 연결고리 즉 고난 속에서도 계속해서 앞으로 전진하게 하는 하나님이 주신 용기를 경험하는 것이 없다면 말입니다. 그러나 만일 그러한 고난과 시련 속에서 하나님의 은혜로 견디며 수고하기를 그치지 않을 수 있다면, 우리는 하나님의 능력의 산 증거를 갖고 있는 것입니다. 그럴 때 우리는 하나님이 모든 비바람과 폭풍을 통과하여 평안한 안식의 항구에 도달하게 하실 것을 확신하게 될 것입니다. 죽은 사자의 몸뚱이는 꿀벌들의 집이 되고, 꿀벌들은 그곳에 꿀을 축적합니다. 우리에게 당한 시련을 우리가 인내로써 견딜 때, 그러한 시련은 우리에게 유쾌한 소망의 축적물이 됩니다. "주께서는 여섯 가지 환난에서 나와 함께 하셨나이다." 우리가 그와 같이 고백한다면 분명 다음과 같이 추론할 수 있을 것입니다. "그러므로 일곱 번째 환난에서도 나를 버리지 않으실 것이나이다." 첫 번째 파도가 배 위를 휩쓸고 지나가면, 경험이 없는 초보 선원들은 자신들이 침몰하고 있다고 생각합니다. 그러나 그들은 이내 그것은 시작에 불과함을 깨닫게 되면서 마침내 가장 높은 파도조차도 그냥 뱃머리를 스치며 미끄러지듯이 지나갈 것을 확신하면서 대수롭지 않게 바라보게 될 것입니다.

바울은 같은 서신에서 이와 동일한 의미로서 다음과 같은 표현을 사용합니다. "환난은 인내를 인내는 연단을 연단을 소망을 이루느니라"(롬 5:3). 이와 같이 인내는 우리를 붙잡고 계시는 하나님에 대한 우리의 경험의 증거를 이루고, 그러한 우리의 경험의 증거는 소망을 가져옵니다. 우리는 스스로는 환난에 직면할 수 없음을 잘 압니다. 그러므로 우리가 환난에 직면하여 이길 수 있었던 사실은 우리 자신의 힘보다 더 강한 힘이 우리 안에서 역사하고 계셨음을 증거합니다. 우리는 그것이 하나님으로부터 말미암은 힘으로서, 결코 다함이 없으며 항상 도울 준비가 되어 있는 힘임을 잘 압니다. 바로 이것이 소망의 견고한 집을 세우는 굳건한 기초입니다. 그 집의 기초는 모든 것의 중심 곧 하나님의 목적에까지 내려가며, 그 집의 꼭대기는 마치 하늘을 향해 치솟은 대성전의 첨탑처럼 하늘까지 솟아오릅니다.

이와 같이 고난은 소망을 산출합니다. 그 사이에 인내와 연단 같은 둘을 연결하는 연결고리가 있을 때 말입니다. 이와 같이 어둠은 빛을 낳으며, 모든 고난은 장래의 영광의 증거가 됩니다. 젖은 잎사귀에 달려있는 모든 물방울들은 태양을 나타내는 무지개의 빛으로 반짝입니다. 한낮의 찬란한 빛은 별들을 가리지만 그러나 고난의 밤은 영원한 소망의 아름다운 별자리들을 드러냅니다. 밤이 깊을수록 그리고 더 어두울수록 낮은 가까워집니다. 만일 고난이 우리로 용기와 인내를 갖게 하며 그것을 통해 마침내 영원한 소망을 갖게 하지 못한다면, 고난은 자신의 역할을 다 하지 못한 것입니다. 또 만일 소망이 하나님의 도우심으로 견딘 고난 위에 세워지지 않는다면, 그러한 소망은 온전한 소망이 되지 못할 것이며 흔들리는 집과 같은 불충분한 소망이 될 것입니다.

2. 둘째, 낮으로부터 태어난 그리고 빛과 기쁨의 소생인 소망이 있습니다.

그러한 소망은 본문의 두 번째 구절인 13절에 제시됩니다. "소망의 하나님이 모든 기쁨과 평강을 믿음 안에서 너희에게 충만하게 하사 성령의 능력으로 소망이 넘치게 하시기를 원하노라."

이와 같이 우리의 소망에 있어서는 "어둠과 빛이 일반"입니다. 각각이 소망을 낳은 기회가 된다는 측면에서 말입니다. 소망은 우리 마음으로부터 고난의 포도주틀로 짜낸 감미로운 포도주일 뿐만 아니라 또한 하나님의 축복의 빛 아래 맛있게 익어 우리 마음으로부터 스스로 흘러넘치는 것이기도 합니다.

우리는 앞에서 고난과 소망을 잇는 다리가 인내와 용기임을 살펴보았습니다. 반면 소망의 두 번째 근원과 관련해서는 기쁨과 평강 자체가 소망에 이르는 다리입니다. 여기에서 그 차이를 관찰해 보십시오. 고난과 소망은 직접 연결되지 않습니다. 그러나 기쁨과 소망은 직접 연결될 수 있습니다. 우리는 "나는 고난을 당하므로 장차 선을 얻을 것"이라고 말할 수 없습니다. 그러나 우리는 "나는 기뻐하므로 — 물론 하나님 안에서의 기쁨으로 — 그 안에서 기뻐하는 것이 그치지 않을 것"이라고 말할 수 있습니다. 한편 기독교적 소망의 직계 조상인 기쁨과 평강은 믿음의 자녀입니다. 그러므로 우리는 여기에서 이를테면 소망의 조상들의 족보를 볼 수 있습니다. 즉 믿음이 기쁨과 평강을 낳고, 그것들이 다시 소망을 낳습니다.

믿음은 우리를 기쁨과 평강으로 인도합니다. 바울은 단순한 믿음을 단순하게 실행할 때 우리의 영혼이 "모든 기쁨과 평강"으로 채워지는 것을 발견했습니다. 우리가 믿음으로 마음의 빗장을 벗기고 문을 열 때, 다양한 그리고 풍성한 분량의 기쁨과 평강이 마치 물이 그릇에 부어지는 것처럼 우리 마음속에 부어질 것입니다. 믿음은 여러분을 기쁘게 만들어 줄 것입니다. 또 믿음은 여러분에게 고요한 평강을 가져다 줄 것입니다. 여러분의 기쁨과 평강의 분량은 여러분의 믿음의 분량과 비례할 것입니다.

나아가 지금 믿음을 실행하는 것과 지금 기쁨과 평강을 경험하는 것이 불가분리적으로 연결되어 있는 것을 주목하십시오. 본문의 환희에 찬 언어는 그리스도인의 믿음으로 말미암은 기쁨과 평강이 얼마나 큰 것인지를 잘 보여줍니다. 믿음이 작으면 기쁨도 작습니다. 우리가 기쁨과 평강을 누릴 것을 기대할 수 있는 것은 오직 우리가 예수를 바라보는 동안입니다. 거울의 표면에는 아무런 빛도 없습니다. 그러나 태양이 비칠 때 거울은 빛으로 가득 찹니다. 전기의 흐름이 끊기는 것은 전신기(電信機)의 리본에 연속적으로 구멍이 뚫리는 것이 끊기는 것을 통해 정확하게 나타납니다. 마찬가지로 우리의 마음과 믿음을 예수 그리스도로부터 돌리는 것은 우리 마음으로부터 빛이 흐려지고 새들의 즐거운 노랫소리가 잠잠해지는 것을 통해 나타납니다. 어제의 믿음은 오늘의 기쁨을 가져다주지 못할 것입니다. 여러분은 과거의 경험에 근거해 살 수 없습니다. 또 여러분의 영혼은 과거의 믿음의 기억으로 배부름을 얻지 못합니다. 그것은 마치 만나와 같습니다. 그것은 매일 새롭게 거두어야 합니다. 그렇게 하지 않으면 그것은 상하여 고약한 냄새를 풍기게 될 것입니다. 오직 현재의 믿음이 현재의 기쁨과 평강을 가져다줍니다. 많은 그리스도인들이 통상적으로 지속적 기쁨과 평강을 경험하지 못하는 것은 그리 놀라운 일이 아닙니다. 그들의 기쁨이 연속되지 못하는 것은 그들의 믿음이 연속되지 못하는 것을 나타내 주는 가늠자입니다. 만일 그들의 믿음이 연속된다면 그들의 기쁨도 연속될 것입니다. 항상 믿으십시오. 그러면 여러분은 항상 기쁨과 평강으로 채워질 것입니다.

기쁨과 평강이 믿음의 자연적 결과라는 사실을 증명하는 것은 매우 쉬운 일입니다. 우리의 모든 안전과 안녕을 다른 사람에 대한 믿음 위에 두는 행동은 우리에게 안식을 주는 마법과도 같은 힘을 가지고 있습니다. 우리의 믿음이 배신을 당하지 않는 한 말입니다. 믿음의 영혼들 속에 채워지는 고요한 행복보다 더 축복된 감정은 없습니다. 그러한 행복의 분량은 믿음의 분량에 비례할 것입니다. 설령 믿음의 대상이 초라하며 나약하며 무지하며 틀리기 쉬우며 죽음 아래 있는 인간이라 할지라도, 믿음은 그 마음 속에 세상의 평강 이상의 생기를 불어넣어줍니다. 하물며 그 대상이 전능하시며 완전한 지혜를 가지고 계시며 영원하신 그리스도라면, 그에 대한 믿음이 영혼에 가져다주는 축복은 얼마나 크고 놀라운 것이겠습니까?

바울이 기독교적 기쁨과 평강의 조건을 얼마나 정확하게 규정하고 있는지 다시 한 번 주목하십시오. 이러한 축복이 실현되는 것은 오직 "믿음 안에서"입니다. 그러나 이러한 명백한 사실을 잊어버림으로써 많은 그리스도인들이 하나님의 의도와는 달리 종종 우울함과 혼돈에 빠지곤 합니다. 그리고 그들의 신앙생활의 많은 부분이 자신들의 잘못과 불완전함을 응시하면서 스스로의 영적 상태를 시험하는 것으로 채워집니다. 자신의 마음 속에 있는 악을 파헤치는 것에는 우리를 기쁘게 하거나 평강하게 하는 것이 없습니다. 도리어 거기에는 그것에 과도하게 집착하며 매달릴 위험성이 있습니다. 만일 여러분의 신앙적 묵상의 주된 주제가 여러분 자신이라면, 그로부터 여러분이 많은 기쁨과 평강을 얻지 못하는 것은 조금도 놀랄 일이 아닙니다. 만일 여러분이 그렇게 한다면, 그것은 올바른 묵상이 되지 못할 것입니다. 만일 여러분이 그리스도의 사죄의 은총보다 자신의 불완전성을 더 많이 묵상한다면 그리고 여러분에 대한 그의 사랑의 완전성보다 그에 대한 여러분의 사랑의 불완전성을 더 많이 묵상한다면 그리고 믿음을 사용하는 것보다 자신을 점검하는 데 더 많이 몰입한다면 그리고 "나는 너무도 더럽고 자격 없지만 그렇기 때문에 나의 구주를 바라보노라"라고 말하는 대신 여러분의 죄에 대해 애곡하면서 자신이 정말로 그리스도인인지를 의심한다면, 여러분의 마음을 덮는 하나님의 기쁨과 평강의 천사들을 기대할 수 없을 것입니다. 이와 같이 기쁨과 평강의 쌍둥이가 우리에게 와서 거처를 함께 하게 되는 것은 오로지 "믿음 안에서"입니다.

나아가 빛의 자녀로서의 소망의 근원을 추적함에 있어 우리가 나아가야 할 두 번째 단계는 믿음으로부터 솟아나오는 기쁨과 평강이 미래의 점진적 선에 대한 확신에 찬 기대를 가져다준다는 사실을 관찰하는 것입니다.

바로 여기에 기독교적인 영원한 기쁨과 평강을 특징짓는 축복이 있습니다. 그것은 세상의 기쁨과는 본질적으로 다른 것입니다. 세상의 즐거움은 "우리가 독주를 잔뜩 마시자 내일도 오늘 같이 크게 넘치리라"와 같은 것입니다(사 56:12). 그러나 믿음으로부터 말미암는 기독교적 기쁨은 그 안에 다함이나 마름이 없는 기쁨입니다. 세상의 기쁨은 잠시 있다가 소멸되는 것이지만, 믿음으로부터 말미암는 기독교적 기쁨은 결코 소멸되지 않는 것입니다. 그것은 모든 세상적 감정이나 열정들과는 달리 완성되는 순간 없어질 운명을 가진 것이 아닙니다. 또 갑작스런 변화에 의해 반대의 감정으로 순간적으로 뒤바뀌는 것도 아닙니다. 그것의 달콤함은 그 안에 쓴 뒷맛을 가지고 있지 않습니다. 그것은 "그 뒤에 낙망과 광기가 따르는" 기쁨이 아닙니다. 그것은 영혼이 존재하는 한 계속되는 기쁨이며, 그 근원이 마르지 않는 한 계속해서 충만한 기쁨입니다.

그러므로 우리가 믿음으로 말미암는 현재의 축복을 더 많이 경험할수록, 우리는 미래의 어떤 것도 그러한 기쁨을 멈추게 할 수 없음을 더욱 분명하게 확신하게 될 것입니다. 따라서 확신에 찬 눈으로 사망의 골짜기 건너편에 있는 "아름다운 대지"를 바라보는 소망은 바로 우리의 소망이 될 것입니다. 믿음으로 기쁨 가운데 살아가며 또 그 복된 결과를 소유하고 있는 그리스도인의 영혼에게 있어, 죽음이라는 하찮은 사건으로 인해 그리스도와의 교제가 종결된다는 것은 너무도 불합리하며 불가능한 것입니다. 우리가 그리스도의 신성(神聖)을 이해할 때, 그의 부활은 너무도 당연하며 필연적인 것으로 보일 것입니다. 또 그와 같은 존재가 사망에 매어있는 것은 너무도 불가능한 일이 될 것입니다. 그와 마찬가지로 그리스도의 자녀들이 그와의 교제의 실재를 알게 될 때, 그들은 이것이 사망에 권세 아래 있는 어떤 것과도 본질적으로 다르다는 것을 느끼게 될 것입니다. 또 그들은 이러한 영적 경험들이 어떤 것에도 매이거나 방해될 수 없음을 알게 될 것입니다. 그것은 생각이 새끼줄에 대일 수 없고 감정이 족쇄에 채워질 수 없는 것과 같은 이치입니다. 그들과 사망은 서로 다른 영역에 속합니다. 사망은 "이 세상과 세상에 속한 것들"에게만 자신의 의지를 실행할 수 있을 뿐입니다. 그러나 그리스도와 교제하는 영혼에게 그리고 그의 기쁨이 채워진 심령 속에 사망은 아무런 힘도 갖지 못합니다. 얼마 전 나는 숲에서 한 무더기의 파란 야생 히아신스 꽃들을 보았습니다. 그것은 마치 한 조각의 하늘이 땅 위로 떨어진 것 같았습니다. 우리 역시도 한 조각의 작은 하늘이 우리 안에 떨어져 우리의 매일의 삶과 뒤엉켜 있습니다. 우리가 그리스도를 믿음으로써 말할 수 없는 기쁨의 작은 조각이 우리 마음속에 들어오면 말입니다.

이와 같이 세상에서의 고난과 기독교적 삶의 기쁨은 하나로 합쳐져 소망이라는 하나의 축복된 결과를 만들어냅니다. 만일 하늘에 검은 구름과 밝은 빛만 있으면 무지개는 없을 것입니다. 그러나 우리 고난의 가장 어둡고 빽빽한 구름이 예수 그리스도로부터 말미암는 기쁨과 평강의 습기로 가득 찬 햇빛과 만날 때, 신실하신 하나님의 신실한 언약을 보여주는 총천연색의 영원한 증표인 소망의 무지개가 찬란하게 떠오를 것입니다.

43
믿음 안에서 주시는 기쁨과 평강

"소망의 하나님이 모든 기쁨과 평강을 믿음 안에서
너희에게 충만하게 하사 성령의 능력으로
소망이 넘치게 하시기를 원하노라"

롬 15:13

본문의 포괄적이며 고상한 간구로써 바울은 로마교회의 하나됨과 관련된 자신의 훈계를 마무리합니다. 이러한 형태의 간구는 그가 바로 앞에서 인용한 구절 즉 장차 오실 메시야가 이방인들의 소망이 될 것임을 말하는 구절로부터 나온 것이지만, 그러나 그러한 간구 자체는 단어의 형태가 아니라 발음상의 유사함으로부터 말미암은 것입니다. 그리고 실제로 그것은 종교적 다툼을 해결하는 진정한 해결책을 제시합니다. 서로 다투는 무리들을 보다 충만한 영적 생명으로 채우십시오. 그러면 그들은 서로간의 차이와 다름이 매우 작고 대수롭지 않은 것임을 깨닫게 될 것입니다. 바닷물이 빠지면 갯벌 곳곳에 서로 독립된 물웅덩이들이 있게 됩니다. 그러나 바닷물이 들어오면 그러한 물웅덩이들은 모두 소멸되고 다 같이 하나가 됩니다.

본문으로부터 우리는 바울 사도의 특별한 바람을 발견하게 됩니다. 그것은 그렇게 될 수 있으며 또 마땅히 그렇게 되어야만 하는 것으로서 기독교적 생명에 대한 바울의 개념입니다. 우리는 본문의 간구 가운데 행동에 관한 말씀은 전혀 나타나지 않음을 봅니다. 본문은 행동보다 훨씬 더 깊이 들어갑니다. 본문은 개인의 삶에 있어 행동의 근원을 다룹니다. 여기에서 제시되는 것은 기독교적 행동을 야기하는 깊은 영적 체험입니다. 오늘날 우리 주위에 기독교에 대한 얕은 개념이 만연합니다. 마치 기독교가 일차적으로 행동과 관련되며 또 근본적으로 인간관계를 다루기라도 하는 것처럼 말입니다. 이러한 상황에서 우리는 더 깊은 기독교로 나아갈 필요가 있습니다. 물론 "이것저것을 행하라"(do, do, do!)는 것은 매우 중요합니다. 그러나 기독교의 가장 근본적 명령은 "이러저러하게 되어라"(be, be, be!)입니다. 행동은 어떤 사람의 사람됨(personality)을 그대로 나타냅니다. 먼저 믿음에 대해 말하고 그 다음에 행동에 대해 말하는 성경의 가르침은 기독교적일 뿐만 아니라 매우 철학적입니다. 그러므로 우리가 여기에서 외적으로 나타나는 행동이 아니라 내적 생명과 관련한 기독교의 효과에 초점을 맞추고자 합니다.

1. 첫째, 사람의 믿음과 하나님의 채우심이 서로 연결되어 있는 것을 주목하십시오.

"소망의 하나님이 모든 기쁨과 평강을 너희에게 충만하게 하사." 여기에서 삽입구 "믿음 안에서"는 잠시 떼어놓도록 합시다. 여기에서 바울은 우리가 무엇을 혹은 누구를 믿어야 하는지에 대해 다시 말해서 믿음의 대상에 대해서는 아무 언급도 하지 않습니다. 그는 그것을 너무도 당연한 것으로 받아들입니다. 그의 생각은 믿음의 대상이 아니라 믿음의 행동에 고정됩니다. 그가 지금 우리에게 말하려고 하는 것은 이것입니다. 즉 믿음의 태도가 하나님이 사람의 영혼에 무엇을 채우실 수 있는 필연적인 전제 조건이며 또한 하나님이 사람의 영혼에 무엇을 채우실 수 있는 것은 사람의 믿음의 필연적 결과라는 것입니다. 형제들이여, 우리는 하나님을 우리의 영으로부터 쫓아낼 수 없습니다. 우리의 영에는 사랑과 은혜의 선물들이 있습니다. 하나님은 그러한 선물들을 심지어 "감사치 않는 자와 악한 자들에게까지도" 내려주십니다. 하나님은 비는 어떤 지점에서는 세차게 쏟아지고 어떤 지점에서는 전혀 내리지 않는 한여름의 소나기와는 다릅니다. 또 그것은 어떤 지점에 몰아쳐 그곳을 초토화시키고 다른 지점은 그대로 남겨두는 가공할 폭풍과도 다릅니다. 그러나 하나님이 우리 모두에게 주시기를 간절히 원하시는 최고의 신적 선물들은 그것들에 대한 동의와 믿음과 열망이 없이는 결코 주어질 수 없습니다. 여러분은 마음을 닫을 수도 있고 열 수도 있습니다. 밀폐된 방 안에 있는 사람은 부족한 공기로 인해 질식하고 말 것입니다. 그 방 밖에는 시원한 바람이 불며 신선한 공기가 가득하다 할지라도 말입니다. 그와 마찬가지로 우리는 믿음의 부족함으로 인해 하나님이 우리에게 주시기를 간절히 원하시는 선물들을 차단시켜 버리고 맙니다. 구멍이 많이 뚫려있는 용기(容器)를 상상해 보십시오. 그것을 방수(防水) 천으로 싸서 대서양 한 가운데 던져 보십시오. 그럴지라도 단 한 방울의 물도 용기 속으로 들어오지 못할 것입니다. 우리도 그와 마찬가지입니다. 설령 우리가 대서양에 던져진 용기처럼 그리스도 안에서 "살며 움직이며 우리의 존재를 갖는다" 할지라도, 우리의 동의와 믿음과 열망의 구멍이 막혀 있다면 단 한 방울의 신적 선물도 결코 들어올 수 없을 것입니다. 하나님의 채우심이 있기 위해서는 먼저 사람의 믿음이 있어야만 합니다.

나아가 둘 사이의 이러한 관계는 그리스도인의 믿음은 그에 대한 하나님의 직접적 행동을 불러온다는 사실을 암시합니다. 여기에서 바울이 그 사실을 이중적 형태로 제시하는 것을 주목하십시오. 그는 그 사실을 강조하기 위해 기도의 전반부에서 하나님의 직접적 행동을 내포하는 형태의 표현을 사용하면서, 후반부에서 이를테면 하나님의 행동의 큰 상자 속에다가 로마교회의 형제들이 소유하기를 바라는 모든 축복의 보석들을 담습니다. "소망의 하나님이 … 성령의 능력으로 … 너희에게 충만하게 하시리라." 오늘날의 통상적인 복음주의 기독교에서 하나님의 직접적 행동과 관련한 이러한 위대한 진리를 적절하게 표현할 말을 발견할 수 있다면 얼마나 좋을까요? 나의 영을 만드신 자는 또한 나의 영을 만지실 수 있습니다.

그 용량에 따라 모든 것을 채우시는 자는 필경 그를 위해 열려 있는 영에 자신이 친히 들어오시고 또한 채우실 것입니다. 믿는 자의 영혼과 하늘을 잇는 통신에는 전선(電線)이 필요치 않습니다. 하나님을 위해 준비된 마음이 있습니까? 그렇다면 하나님은 직접 그곳에 들어오시며, 그것에게 말씀하시며, 그 안에서 움직이시며, 그것을 만드시며 또 축복하십니다. 주시는 자인 하나님과 받는 자인 믿음의 영혼 사이에 직접적 교통이 있다는 사실을 알게 될 때까지, 여러분은 기독교 신앙의 가장 깊은 것과 가장 축복된 것을 아직 배우지 못한 것입니다. 바로 이 부분의 부족함으로 인해 수많은 악들이 현대 기독교를 포위하고 있습니다. 이 부분의 부족함으로 인해 사람들은 자신들의 신앙을 그리스도의 십자가의 죽음이라는 그의 과거의 행동에만 극도로 고정시킵니다. 여러분은 그의 복음이 말하는 또 하나의 절정 즉 그리스도의 부활이 그의 십자가 죽음과 온전히 조화되는 것을 결코 잊어서는 안 됩니다. "죽으실 뿐 아니라 다시 살아나신 이는 그리스도 예수시니 그는 하나님 우편에 계신 자요 우리를 위하여 간구하시는 자시니라"(롬 8:34). 그리스도 자신이 그의 십자가의 겸비와 고난의 결과로서 우리에게 성령의 선물을 주셨음을 기억하십시오. 믿음은 '주시는 하나님'(giving God)의 직접적 행동을 불러옵니다.

본문의 첫 부분에 대해 한 마디 더 한다면, 그것은 하나님의 직접적 행동의 결과는 완전하다는 것입니다. "소망의 하나님이 … 너희에게 충만하게 하시리라." 하나님은 바위틈에서 똑똑 떨어지는 물방울처럼 애처롭게 채우시지 않을 것입니다. 도리어 믿음과 열망의 분량에 따른 그의 용량의 분량대로 그리고 그의 본성을 관통하는 거대한 충일함으로 채우실 것입니다. 사람들에 대한 하나님의 선물에는 두 가지 한계가 있습니다. 첫째는 하나님의 무한하심의 무한한 한계이며, 둘째는 우리의 용량(容量)이라는 실제적 한계입니다. 우리의 용량은 우리의 믿음이라는 겉으로 드러나는 척도에 의해 정확하게 측정됩니다.

"소망의 하나님"이 "믿음 안에서" 너희에게 충만하게 하실 것이라. 그것은 "여러분의 믿음의 분량에 따라" 주어질 것입니다.

2. 둘째, 소망의 하나님의 직접적 행동으로부터 오는 기쁨과 평강을 주목하십시오.

우리가 믿음을 실행하는 것은 하나님에 대하여 뿐만이 아닙니다. 믿음은 어디로 향하여지든지 어느 정도는 그것의 결과를 정확하게 산출합니다. 믿음을 가진 자는 그 믿음의 분량만큼 평강을 누립니다. 그의 믿음은 잘못된 것일 수 있습니다. 만일 그렇다면 그는 큰 환멸을 느낄 것이며, 그의 평강은 마치 내동댕이쳐진 유리그릇처럼 산산조각이 나고 말게 될 것입니다. 그렇지만 어떤 사람이 다른 사람을 믿고 신뢰하는 한 그의 마음에는 어느 정도의 평강과 즐거움이 있게 마련입니다. "그런 자의 남편의 마음은 그를 믿나니"(잠 31:11). 바로 이것이 그에 대한 한 가지 실례(實例)가 될 것입니다. 그리고 그런 예는 무수히 많을 것입니다. 만일 여러분이 그와 같은 믿음의 태도를 취하고 그것을 하나님의 보좌의 견고한 기초 위에 동여맨다면, 여러분은 확실한 기초 위에 세워진 그리고 무엇에도 흔들리지 않는 평강을 누리게 될 것입니다. '기쁨과 평강"은 그리스도 안에서 하나님을 믿고 신뢰하는 심령 위에 임하는 것입니다.

또 믿는 자는 기쁨과 평강으로 향하는 확실한 길을 발견한 것입니다. 왜냐하면 그는 하나님과 올바른 관계를 갖게 되었기 때문입니다. 사람들은 자신과 하나님 사이에 잘못된 것이 아무것도 없음을 확신하기 전까지는 결코 자신의 존재의 깊음에서 누리는 안식을 가질 수 없습니다. 오직 믿음으로써 그러한 참된 기쁨과 평강의 깊음에 이를 수 있습니다. 주 안에서의 기쁨과 하나님과의 평강은 모든 기쁨과 평강의 근본입니다.

또 같은 믿음은 이러한 두 천사(즉 기쁨과 평강)를 가장 큰 고난과 슬픔 가운데 처한 자들에게로 데려오는데, 그것은 그러한 믿음이 자신들과 더불어 올바른 관계를 맺게 하기 때문입니다. 우리의 내적 갈등과 다툼은 우리의 안식의 베개 속에 가시를 채워 넣으며 가장 달콤한 포도주 속에 쓸개즙을 섞습니다. 만일 어떤 사람의 내적 상태가 무정부 상태처럼 되어 모든 정욕과 욕구가 제멋대로 움직인다면, 거기에 무슨 평온이 있겠습니까? 반면 만일 우리가 믿음으로 소망의 하나님을 우리 안에 모셔 들인다면, 주린 마음은 만족을 얻을 것이며 서로 다투는 기질들은 조화를 이루게 될 것이며 양심은 고요해질 것이며 정결한 생각이 영혼의 방을 채울 것입니다. 그리고 이때 그는 안식 가운데 있게 될 것입니다. 왜냐하면 그는 믿음과 하나님을 경외함으로 자신과 더불어 올바른 관계를 갖게 되었기 때문입니다.

또 같은 믿음이 기쁨과 평강을 가져오는 것은 그것이 우리로 하여금 다른 사람들과 더불어 그리고 모든 외적인 것들과 더불어 올바른 관계를 맺게 하기 때문입니다. 만일 우리가 믿음의 환경 속에서 살고 있다면, 슬픔은 결코 절대적인 것이 되거나 우리의 영을 독점적으로 사로잡을 수 없을 것입니다. 여기에 "고난 속에서도 항상 기뻐하는" 기독교적 역설이 있습니다. 기독교적 기쁨의 근원은 고난의 물방울이 똑똑 떨어지는 늪으로부터 훨씬 더 높은 곳으로 거슬러 올라갑니다. 마치 물속에서 타오르는 동화속의 불처럼, 주의 기쁨은 심지어 고난과 슬픔의 홍수 속에서조차 우리 마음 속에서 찬란하게 불탈 수 있습니다.

그러므로 형제들이여, 믿는 자들의 심령은 믿음으로부터 말미암는 기쁨과 평강으로 가득 채워질 것입니다. 여기에서 바울이 기쁨과 평강 두 가지를 매우 두드러지게 병렬(竝列)시키는 것을 주목하십시오. "소망의 하나님이 모든 기쁨과 평강을 믿음 안에서 너희에게 충만하게 하사." 여러분이 믿음의 행위를 실행하는 한, 여러분은 "기쁨과 평강"이라는 기독교적 축복을 경험하게 될 것입니다. 수도꼭지를 잠가 보십시오. 그러면 쏟아져 나오던 물은 즉시 멈출 것입니다. 전기 스위치를 내려 보십시오. 그러면 전등은 즉시로 꺼질 것입니다. 어떤 그리스도인들은 과거의 믿음에 근거해서 살 수 있다고 생각합니다. 여러분은 과거의 믿음으로부터 현재의 기쁨과 평강을 얻을 수 없습니다. 오늘의 비는 오늘의 땅을 적셔줄 뿐입니다. 오늘 내리는 비가 열두 달 내내 마른 땅을 촉촉하게 적셔줄 수는 없습니다. 어제의 믿음은 모두 어제 사용되었습니다. 만일 여러분이 일평생 기쁨과 평강을 지속적으로 누리고자 한다면, 여러분은 하나님을 신뢰하는 태도와 습관을 지속적으로 유지해야 합니다. 그때 비로소 여러분은 그렇게 될 수 있을 것입니다. 다른 방법으로는 결코 그렇게 될 수 없습니다.

3. 마지막으로, 이러한 기쁨과 평강을 경험하는 것으로부터 말미암는 소망을 주목하십시오.

"소망의 하나님이 모든 기쁨과 평강을 믿음 안에서 너희에게 충만하게 하사 … 소망이 넘치게 하시기를 원하노라." 여기에서 또 다시 바울 사도는 소망의 대상을 분명하게 지정하지 않습니다. 앞 절에서와 마찬가지로 여기에서도 그의 관심은 소망이라는 감정 자체에 있지 그것이 어디를 향하는가 하는 데 있지 않습니다. 그리스도인이 누구를 믿어야 할 것인지에 대해 말할 필요가 없었던 것처럼, 그리스도인의 소망이 누구를 향하는지에 대해서도 굳이 언급할 필요가 없었던 것입니다. 그리스도인의 소망은 모든 미래와 다음 순간과 내일과 시간이 멈춘 영원을 망라합니다. 그리스도인의 마음의 태도는 즐겁고 낙관적이며 소망에 가득 찬 것이어야 합니다. 그리스도인은 자신이나 사랑하는 사람들이나 하나님의 교회나 하나님의 우주 등의 미래를 생각함에 있어 "최선의 것은 아직 오지 않았다"라고 생각해야 합니다.

그리고 소망이 자리 잡을 수 있는 최고의 기초는 하나님이 주시는 기쁨과 평강을 풍성하게 소유하는 것에 대한 믿음의 조건 위에서 우리에게 허락된 경험입니다. 여러분이 오늘 더 많이 기뻐할수록 여러분은 그러한 기쁨이 결코 끝나지 않을 것을 더 많이 확신할 수 있습니다. 그것은 세상적인 기쁨으로 사는 사람들에게 임하는 그런 것이 아닙니다. 세상적 기쁨은 더 강렬하고 자극적일수록 더 큰 두려움을 불러옵니다. 강렬하며 자극적인 달콤함 속으로 두려운 생각이 더 강렬하게 기어들어오는 것입니다. 그러나 믿음으로 말미암는 기쁨과 평강에 대해서는 우리는 그러한 생각을 할 필요가 없습니다. 왜냐하면 그것이 주는 즐거움은 영원한 것이기 때문입니다. 미래의 영원한 축복에 대한 굳은 확신은 복음의 기쁨과 평강을 경험하는 깊이와 순전함에 비례하는 것입니다. 여러분이 오늘 여러분의 마음과 삶 속에서 예수 그리스도를 더 많이 가질수록, 여러분은 죽음조차도 그것을 건드릴 수 없다는 사실을 더 많이 확신하게 될 것입니다. 그리고 우리의 보잘것없는 몸에 일어나는 어떤 일도 우리와 예수 그리스도를 묶는 끈을 끊을 수 없다는 사실을 더욱 굳게 확신하게 될 것입니다. 죽음은 우리를 많은 것으로부터 끊을 수 있습니다. 죽음의 무시무시한 칼날은 다른 모든 끈들을 끊어냅니다. 그러나 그것은 믿는 자의 영혼을 그리스도께 묶는 황금사슬에 대해서는 아무 힘도 발휘하지 못합니다.

그러므로 형제들이여, 예수 그리스도를 믿는 믿음의 첫 계단과 함께 시작되는 사다리를 상상해 보십시오. 그러한 첫 계단은 그의 거룩한 영을 통해 여러분의 영에 하나님의 직접적 행동을 가져다줄 것입니다. 그리고 그 하나의 축복은 무한하며 무수한 축복들로 분산(分散)될 것입니다. 마치 해면(海面)에 흩어진 빛의 광선이 물결치는 작은 물방울들 속으로 분산되어 들어가는 것처럼 말입니다. 그리고 그러한 "기쁨과 평강"은 여러분의 심령 속에 소망의 불을 붙일 것이며, 그러한 소망은 다음과 같은 위대한 말씀들로 더욱 고양(高揚)될 것입니다. "평안을 너희에게 끼치노니 곧 나의 평안을 너희에게 주노라"(요 14:27). "내가 이것을 너희에게 이름은 내 기쁨이 너희 안에 있어 너희 기쁨을 충만하게 하려 함이라"(요 15:11). "무릇 살아서 나를 믿는 자는 영원히 죽지 아니하리니"(요 11:26).

44
뵈뵈

"내가 겐그레아 교회의 일꾼으로 있는 우리 자매 뵈뵈를 너희에게 추천하노니 너희는 주 안에서 성도들의 합당한 예절로 그를 영접하고 무엇이든지 그에게 소용되는 바를 도와 줄지니 이는 그가 여러 사람과 나의 보호자가 되었음이라"

롬 16:1, 2

우리는 여기에서 잘 알려지지 않은 한 여인에 대한 개략적 그림을 보게 됩니다. 본 장에 등장하는 모든 이름들처럼, 그녀 역시도 자신만의 독특한 운명을 가지고 있었습니다. 모든 사람의 삶은 소망과 두려움과 깊은 슬픔과 역경과 시련 등으로 채워집니다. 그리고 삶의 그 모든 요동(搖動)들은 마침내 망각과 고요 속으로 가라앉습니다. 그러나 세상에는 어떤 특별한 일과 연결되어 영원히 기억되는 불멸의 이름으로 남겨지는 경우도 있습니다.

이제 여기에 나타나는 한 여인을 살펴보도록 합시다.

우리는 여기에서 마치 검은 커튼의 한 찢어진 틈을 통해 들어온 찬란한 빛이 잠시 동안 그녀에게 초점을 맞추는 것 같은 착각을 갖게 됩니다. 그녀는 바울을 도왔던 선한 여인들 가운데 한 사람이었으며, 그렇게 하여 영원히 기억되는 이름이 되었습니다. 마치 복음서에 나오는 몇몇 여인들이 그의 주인이신 예수 그리스도를 드움으로써 그렇게 되었던 것처럼 말입니다. 그녀의 이름은 우상숭배적 특성과 함께 헬라인이었음을 보여줍니다. 아마도 그녀는 태생적으로 아폴로 신을 섬겼던 것으로 보입니다. 그녀가 속한 교회는 고린도의 항구 도시인 겐그레아 교회였습니다(우리는 겐그레아에 속한 형제들 가운데 다른 이름은 전혀 알지 못합니다). 그러나 고린도에 가증한 악행들이 만연했던 사실을 감안할 때, 겐그레아 역시도 대부분의 항구들처럼 선한 것이 뿌리 내리기 어려운 토양으로서 교회가 많은 어려움을 겪었을 것으로 쉽게 추측할 수 있습니다. 겐그레아에서 그리스도인인 된다는 것은 결코 간단한 일이 아니었을 것입니다. 이집트를 여행하는 자들은 포트사이드(혹은 사이드 항구, Port Said)가 지상에서 가장 악한 지역이라는 말을 종종 듣습니다. 뵈뵈의 고향 역시도 여러 나라로부터 온 비류들로 인해 좋지 않은 풍조가 만연했을 것입니다. 이런 가운데 한 사람의 선한 여인이 구속받은 여성의 한 전형으로서 여기에 기록된 것은 얼마나 적절한 일입니까? 우리는 그녀가 '종'(servant)이었음을 보게 됩니다(KJV 1절은 다음과 같음, I commend unto you Phebe our sister, which is a 'servant' of the church which is at Cenchrea — 역주). 아니면 난외(欄外)에 나와 있는 것처럼, "겐그레아 교회의 일꾼(혹은 집사, deaconess)"이었는지도 모릅니다(한글개역개정판에는 이와 같이 되어 있음 — 역주). 그녀는 그러한 직분 가운데 정결함과 인내와 사랑을 나타내며 물질적 도움을 베풂으로써 "여러 사람의 보호자"가 되었습니다. 이러한 몇 마디 언급 뒤에는 언급되지 않은 사랑과 친절과 자기 헌신의 삶이 있는 법입니다. 아마도 "보호"하는 일은 그녀의 은사였을 것입니다. 어쩌면 그녀는 매우 부유하며 유력한 자였는지 모릅니다. 아니면 단지 교회의 재정을 분배하는 일을 맡았을는지도 모릅니다. 그렇지만 어떤 경우든 그러한 은사는 주는 자의 손에 의해 향기롭게 되었습니다. "보호"하는 일은 한 기부자의 기부에 의해서보다 한 여인의 나누어주는 행동에 의해 온전케 되었습니다. 어느 때든지 그리고 어떤 방법으로든지 그녀는 바울을 돕는 기쁨과 영예를 가졌으며, 그것이 그녀의 섬김의 면류관이었습니다. 그녀는 지금 로마로 가는 먼 여행의 출발점에 서 있습니다. 이에 바울은 그녀를 위해 로마교회에 도움을 요청합니다: "무엇이든지 그에게 소용되는 바를 도와줄지니." 마치 그녀가 당장 무슨 특별한 어려움이라도 갖고 있으며 또 로마에서 달리 도움을 받을 곳이 없는 것처럼 말입니다. 어쩌면 그녀는 과부로서 어떤 송사(訟事)가 있었거나 아니면 로마의 관원들에게 특별한 볼일이 있었는지도 모릅니다. 그렇다면 로마에 있는 형제들 가운데 어떤 사람이 그녀를 위해 말해 준다면, 그녀에게 큰 도움이 될 것이었습니다. 이 편지를 가지고 가는 자는 바로 그녀 자신이었음이 분명합니다. 그러므로 이 편지는 로마교회에서 그녀의 입지(立地)를 굳게 세워줄 것이었습니다. 이를테면 그녀는 바울 사도의 추천의 후광(後光)을 입고 그들에게 가는 것이었습니다.

여기의 작은 그림으로부터 우리는 다음과 같은 사실들을 살펴볼 수 있습니다.

첫째, 여기에서 공동의 믿음을 가진 자들의 새로운 유대의 힘을 주목하십시오. 당시 세상은 여러 부류들로 나뉘어 있었습니다. 그러는 가운데 그들은 서로 대적하며 피차 지나칠 정도로 배타적이었습니다. 유일한 통합의 끈은 로마의 쇠 멍에였는데, 그것은 사람들을 짓밟는 가운데 서로 하나되게 하지 못했습니다. 그러나 여기에 유대인 바울과 헬라인 뵈뵈와 로마의 독자(讀者)들이 있습니다. 그들 도두는 자신들의 마음을 녹인 하나님의 사랑과 그들의 생명을 하나되게 한 공동의 믿음의 힘에 의해 융합되었습니다. 본 장에 기록된 많은 이름들을 주목해 보십시오. 그들은 여러 나라의 국적을 가진 남자들과 여자들로 구성되었으며, 그들 가운데 어떤 사람은 자유자이며 어떤 사람은 노예입니다. 이러한 사실은 바울이 다른 서신에서 선포한 다음과 같은 위대한 진리를 웅변적으로 증거합니다. "너희는 유대인이나 헬라인이나 종이나 자유인이나 남자나 여자나 다 그리스도 예수 안에서 하나이니라"(갈 3:28).

갈라진 틈은 메워졌으며 경계선은 지워졌습니다. 이러한 갈라진 틈은 오늘날 우리 현대인들이 경험하는 것보다 훨씬 더 깊었습니다. 바울의 교회들의 지체들이 하나가 되고 그들의 하나됨의 의식이 불화와 나뉨의 강력한 힘을 제압할 수 있었던 것은 정말로 기적과 같은 일이 아닐 수 없었습니다. 우리는 때때로 그들이 서로 다투는 것을 보고 놀랍니다. 그러나 정말로 놀랄 만한 일은 그들이 하나가 되었다는 사실입니다. 그러므로 우리는 그들이 다투는 것을 보며 놀라기보다 그들이 하나가 된 것을 보며 놀라야 합니다. 그리고 우리들 사이에 있는 대수롭지 않은 사소한 불일치점들을 지나치게 중시하는 것을 부끄러워해야 합니다. 왜냐하면 오늘날 우리들 사이에 있는 불일치는 바울 시대의 불일치와 비교하면 너무도 사소한 것이기 때문입니다. 초대교회 그리스도인들을 그리스도 예수 안에서 하나가 되게 만들기에 충분했던 유대의 끈은 마치 쉽게 늘어나는 고무줄처럼 오늘날 그 묶는 힘을 잃어버린 것처럼 보입니다.

둘째, 여기에서 교회에서의 여자들의 위치를 주목하십시오.

유대인들 사이에서의 여자의 위치는 헬라나 로마에서의 여자의 위치와 비교하면 정말로 자유롭고 영예로운 것이었습니다. 그러나 어느 곳에서도 여자는 남자와 동등한 위치에 놓이지 못했으며, 영적 생명을 소유함에 있어서도 대체로 동등하게 간주되지 않았습니다. 그러나 남자에게 허락된 영적 생명과 동등한 위치를 여자에게 허락하는 종교는 필연적으로 성별에 있어서의 모든 차이들을 종속적 위치로 밀어냅니다. 물질로 예수를 도왔던 여자들, 베다니의 두 자매, 갈보리에서 애곡하던 여자들, 새벽 미명을 뚫고 무덤에 온 세 여자들은 단지 모든 세대에 예수 그리스도의 구속을 받은 무수한 무리들 가운데 눈에 띄는 소수의 여자들에 불과합니다. 그녀들은 죄의 굴레로부터 구속을 받았을 뿐만 아니라 또한 '허드렛일이나 하는 사람'이나 혹은 '남자의 노리개'로서의 열등함의 낙인으로부터도 구속을 받았습니다. 바울이 살던 세계에서 고상한 감정들에 있어 여자들이 남자와 분깃을 공유(共有)할 수 있다는 것은 새롭고 낯선 개념이었습니다. 역사적으로 여성의 해방은 모든 사람이 그리스도 예수 안에서 하나라고 하는 기독교 원리의 직접적 결과입니다. 그런데 오늘날 여성해방은 그 본래의 기초로부터 지나치게 많이 이탈되었습니다. 오늘날 우리는 소위 '진보적인 여성들'을 너무나 쉽게 보게 됩니다. 그런데 그녀들은 지나치게 진보

(進步)한 나머지 자신들의 자유의 기초가 되신 그리스도를 볼 수 없게 되는 지경까지 나아가고 말았습니다. 본문에 나오는 뵈뵈의 그림은 최고의 여성적 이상을 제시합니다. 그녀는 '여러 사람의 보호자'였습니다. 그녀의 사역은 돕는 사역이었습니다. 그리고 분명히 그와 같이 온유하고 부드러운 사역은 여자들에게 가장 적합한 사역이었습니다.

고통과 빈곤이 많은 세상에서 뵈뵈는 우리에게 보호의 사역을 대표합니다. 사람들은 심지어 성공적 삶에서조차도 항상 도움의 손길을 갈망하며 부르짖습니다. 남자의 투박한 손은 도움을 베푸는 가운데서도 상처를 주기 쉽습니다. 따라서 상처받은 심령을 싸매는 일이 따뜻하며 섬세한 마음을 가진 여자들에게 돌려지는 것은 너무도 자연스러운 일입니다. 본문에 뒤이어 나오는 구절들에서 우리는 좀 더 직접적이며 눈에 띄는 일을 맡은 여자들을 보게 됩니다. 브리스가는 "아볼로에게 하나님의 길을 좀 더 완전하게 가르쳤"으며, 남편과 연합하여 복음 사역에 헌신했습니다. 그러나 여자로서의 특징적 사역을 대표하는 인물로서 브리스가보다도 뵈뵈를 꼽는 것은 단순한 편견이 아닙니다. 우리는 선지자의 이름으로 냉수 한 그릇을 대접하는 자는 어느 정도 선지자의 일에 동참하는 것이요 필경 선지자의 상을 받게 될 것이라는 주님의 가르침을 기억해야 합니다. 바울을 도운 뵈뵈는 바울의 수고에 동참한 것입니다. 주님은 수고하는 가운데 목마른 입술로 냉수를 받아 마신 바울과 그에게 냉수 한 그릇을 대접한 뵈뵈 사이에 아무런 구별도 짓지 않으십니다. "작은 봉사라도 그것이 지속되는 한 참된 봉사입니다." 바울과 뵈뵈는 사역에 있어서도 하나였으며, 상을 받는 데도 하나일 것입니다.

우리는 그녀 안에서 돕는 사역이라고 하는 보잘것없는 사역조차도 상을 받게 될 것이라는 사실을 볼 수 있습니다. 그녀는 자신의 보이지 않는 섬김이 후대의 사람들에게 영원히 기억될 것이라고는 꿈도 꾸지 못했을 것입니다. 뵈뵈의 경우는 보이지 않는 곳에서 묵묵히 일하는 많은 사람들에게 큰 자극과 격려가 될 것입니다. "내가 그들의 모든 행위를 절대로 잊지 아니하리라"는 말씀은 보이지 않는 곳에서 수고하는 모든 사람들이 반드시 기억해야 할 은혜로운 약속입니다(암 8:7). 그리고 그러한 약속을 기억할 때, 우리는 사람들이 환호해 주지 않는 가운데에서도 우리의 길을 계속해서 나아갈 수 있게 될 것입니다. 우리의 일을 사람들이 알아주느냐 알아주지 않느냐 하는 것은 아무런 문제도 되지 않습니다. 그것이 "어린양의 생명책"에 기록되고 그가 어느 날 "하늘에 계신 아버지와 그의 천사들 앞에서" 공표하게 될 것을 우리가 안다면 말입니다.

45
브리스가와 아굴라

"너희는 그리스도 예수 안에서 나의 동역자들인 브리스가와 아굴라에게 문안하라
그들은 내 목숨을 위하여 자기들의 목까지도 내놓았나니 나뿐 아니라 이방인의
모든 교회도 그들에게 감사하느니라 또 저의 집에 있는 교회에도 문안하라"

롬 15:3-5

여기에 등장하는 부부와 관련해서는 성경에 많은 내용이 담겨있지 않
음에도 불구하고 우리에게 몇 가지 흥미로운 사실들을 제시해 줍니다.

우리는 아굴라가 유대인이었다는 사실은 듣지만, 그러나 브리스가가 유
대인이었는지 여부는 듣지 못합니다. 그녀의 이름을 볼 때, 아마도 그녀는
로마인이었을 가능성이 매우 높습니다. 만일 그렇다면, 그들의 결혼은 디
모데의 부모의 경우처럼 혼혈 결혼이 될 것입니다. 당시로서는 그러한 결
혼이 흔한 경우는 아니었습니다. 그녀는 어떤 곳에서는 '브리스가'라고도
불리며 또 어떤 곳에서는 '브리스길라'라고도 불립니다. 그녀의 고유한 이
름은 브리스가였으며, 브리스길라는 애칭이었습니다. 그들 두 사람은 로
마에 살고 있다가 황제의 칙령에 의해 추방되었습니다. 마치 유럽에서 유
대인들이 영국과 여타 다른 나라들로부터 수차례에 걸쳐 추방되었던 것처
럼 말입니다. 그들은 로마로부터 고린도로 왔습니다. 그리고 그들은 아굴
라가 태어난 도시인 본도로 돌아가려고 계획하고 있던 중에 고린도에서
바울을 만나 완전히 새로운 삶으로 바뀌게 되었던 것으로 보입니다. 바울

과 그들 부부의 만남은 순전히 상업적 동업 관계로부터 시작되었습니다. 그러나 그들이 함께 거하며 일하는 가운데 그들 사이에 그리스도에 대한 진지한 대화가 많이 있었으며 그로 인해 그들 부부는 그리스도의 제자가 되었습니다. 그들 사이의 유대 관계는 쉽게 끊어질 수 없을 정도로 매우 견고해졌습니다. 그리하여 바울이 에베소로 가기 위해 에게 해를 건널 때, 그들 두 부부도 함께 동행했습니다. 그들은 고정된 거처가 없었기 때문에 좀 더 쉽게 그렇게 할 수 있었습니다. 바울은 에베소에서 상당한 기간을 머물렀는데, 그들 역시도 그와 함께 그렇게 했던 것으로 보입니다. 왜냐하면 바울이 에베소에서 기록한 고린도전서에서 우리는 "아굴라와 브리스가와 그 집에 있는 교회"로부터의 인사를 전하는 것을 볼 수 있기 때문입니다(고전 16:19, 아굴라와 브리스가와 그 집에 있는 교회가 주 안에서 너희에게 간절히 문안하고). 그러나 바울이 에베소를 떠났을 때, 그들은 그냥 그곳에 남았다가 후에 그들의 길을 갔던 것으로 보입니다.

에베소에서 고린도전서를 기록하고 난 1년 후 로마서가 기록되었는데, 우리는 거기에서 브리스가와 아굴라에게 대한 인사를 보게 됩니다(그것이 바로 여기의 본문입니다). 이를 통해 우리는 이들 부부가 이때 다시 로마로 돌아와 얼마 동안 거기에서 정착해 있었던 것을 알 수 있습니다. 그리고 나서 그들은 얼마 동안 시야에서 사라집니다. 그러나 아마도 그들은 다시 에베소로 돌아온 것으로 보입니다. 그러다가 우리는 로마서 이후 7-8년 후에 기록된 바울의 마지막 편지에서 또 다시 그들의 어렴풋한 흔적을 보게 됩니다. 바울은 자신의 죽음이 가까웠음을 알았습니다. 자신의 마지막을 예감하던 마지막 결정적 순간에 그의 마음은 이들 두 신실한 부부에게로 달려가서 그들에게 자신의 영원한 사랑의 증표를 보냅니다. 디모데후서에는 친구들에게 보내는 단지 두 개의 메시지만이 있을 뿐인데, 그것들 가운데 하나가 브리스가와 아굴라에게 보내는 메시지입니다. 사망의 음침한 골짜기 입구에서 바울은 고린도에서의 옛 시절을 되돌아보면서 그들 부부가 자신의 목숨을 위해서라면 그들 자신의 목이라도 기꺼이 내어놓을 정도로 헌신했음을 회상합니다.

이것이 우리가 브리스가와 아굴라에 대해 아는 것의 전부입니다. 우리는 이러한 이야기들로부터 몇 가지 교훈을 배울 수 있습니다.

1. 여기에서 기독교가 가정의 삶과 사랑을 매우 존중한다는 사실을 배울 수 있습니다.

이들 두 부부의 이름이 거명되는 대부분의 경우 브리스가의 이름이 먼저 거명되는 것을 주목하십시오. 그녀가 "둘 가운데 더 나은 사람"이었으며, 그리하여 아굴라는 상대적으로 뒷자리에 놓인 것으로 보입니다. 이와 같이 부부 가운데 아내가 첫자리를 차지하는 것은 이방 종교에서는 절대로 불가능한 것입니다. 그들 부부는 초대교회 시대 기독교가 제국 전반에 걸쳐 그리고 오늘날 온 세상에서 여자의 지위를 크게 높인 것의 분명한 표본입니다. "선한 일을 위해" 그리고 기독교 사역에 있어 서로 돕기 위해 함께 멍에를 멘 이들 두 부부는 우리의 즐겁게 거룩한 가정생활과 세상에서의 사랑이 어떻게 거룩하여질 수 있는지에 대해 우리 앞에 살아있는 표상으로 제시됩니다.

브리스가와 아굴라의 집과 같은 집은 기독교의 산물입니다. 그리고 모든 그리스도인들의 집이 그와 같아야 합니다. 왜냐하면 우리는 모두 우리의 가정을 기쁨과 즐거움이 끊이지 않는 "의의 장막"으로 만들어야 하기 때문입니다. 부부간의 사랑뿐 아니라 가족의 사랑이나 나아가 이 땅의 모든 사랑은 그것들 안에 그리스도와 그의 사랑이 흘러들어올 때 가장 값지고 고결한 것이 됩니다.

또 그들에 대해 이야기하는 많지 않은 언급 속에 "그들의 집에 있는 교회"라는 특기할 만한 표현이 두 번 나오는 사실을 주목하십시오. 내가 볼 때 그것은 초대교회에서의 공예배의 기본적 조건에 대해 작은 섬광을 던져주는 것으로 보입니다. 그리스도인들에게 공예배를 위해 봉헌된 건물을 가질 수 있는 상황이 허락된 것은 브리스가와 아굴라의 시대로부터 수 세기가 지난 후입니다. 상당한 기간 동안 그리스도인들은 어떤 장소든지 가장 편리한 곳에서 모였습니다. 추측건대 이들 부부는 로마와 에베소에 어느 정도의 공간을 가지고 있었던 것으로 보입니다. 아마도 그곳은 그들이 장막을 만드는 작업장으로서 여러 명의 그리스도인들이 모일 수 있을 만큼의 공간이었을 것입니다. 어떤 이들은 이와 같은 그리스도인들의 개별적 모임에 대해 "교회"라는 이름을 사용하기를 거부합니다. 그곳에 감독(bishop)이 없다면서 말입니다. 그러나 아굴라의 작업장에 모인 이삼십 명의 그리스도인들에 대해 바울은 "그의 집에 있는 교회"라고 부르기를 조금도 주저하지 않습니다. 그것은 거룩한 공교회의 일부이며 동시에 하나의 교회입니다. 비록 숫자는 많지 않다 할지라도 그 자체로 완전한 것입니다. 우리는 여기에서 초대교회의 공예배의 방식을 엿볼 수 있을 뿐만 아니라 훨씬 더 중요한 것으로서 우리의 가정이 어떠해야 하는지에 대한 암시를 발견할 수 있습니다. "여러분의 집에 있는 교회"란 표현을 상상해 보십시오. 아버지들과 어머니들은 자기 가정의 신앙적 분위기를 책임져야 합니다. 만일 여러분의 가정이 "교회"란 표현을 사용하기에 적합지 않게 느껴진다면, 왜 그런지 스스로에게 물어보십시오.

2. 여기에서 기독교가 일반적 삶이나 상업이나 여행 등을 매우 존중한다는 사실을 배울 수 있습니다.

에베소에 머문 이후 아굴라와 브리스가가 바울이라는 한 인물에 고착된 것으로는 나타나지 않습니다. 그들은 바울의 사역 팀의 일원으로서의 어떤 특별한 역할을 맡지는 않았습니다. 그들은 자신들의 일을 계속해서 수행했던 것으로 보입니다. 그리고 성경에 나타나는 많지 않은 정보만을 통해 본다면, 그들은 에베소에서 바울과 헤어진 이후 다시 그를 만나지 못했습니다. 그들의 집시와 같은 유랑적 삶은 아마도 아굴라의 직업과 관련된 것이었을 것입니다. 당시에 일을 찾아 여기저기를 다니는 것은 통상적인 일이었습니다. 에베소에서 얼마 동안 장막 만드는 일을 한 후 그는 또다시 어디론가 가서 그곳에 머물며 그 일을 했습니다. 이와 같이 그는 자신의 일과 관련하여 여기저기를 떠돌아 다녔습니다. 그렇지만 바울은 그를 "그리스도 예수 안에서 나의 동역자"라고 부를 뿐만 아니라 "그의 집에 있는 교회"라는 표현까지도 사용합니다. 그와 같은 종류의 유랑하는 삶은 일반적으로 영적인 삶을 깊게 하는 데 도움이 되지 않는 것으로 여겨집니다. 그러나 그들 부부의 유랑하는 삶은 결코 그들의 영적 삶에 해를 끼치지 않았습니다. 그들은 자신들의 일과 영적 삶을 병행시켰습니다. 영적 삶은 장소에 구애받지 않습니다. 도시에 정착해 살고 있는 사람들 가운데 많은 사람들은 그곳에 머물러 있는 동안에는 매우 신앙적인 삶을 살지만, 그러나 휴가 같은 때 먼 곳으로 여행하면 자신들의 신앙까지도 떠나는 것처럼 보입니다. 그러나 아굴라와 브리스가는 고린도에 있든 에베소에 있든 로마에 있든 항상 그들의 주님과 함께 했습니다. 그들은 낙타털로 장막을 만드는 중에도 하나님을 섬기고 있었습니다.

사랑하는 형제들이여, 우리에게 부족한 것은 설교자들이 아니라 아굴라와 브리스가 같은 성숙한 상인과 여행자들입니다.

3. 또 여기에서 우리 삶 속에 보이지 않는 섭리의 손이 개입하고 있는 것을 볼 수 있습니다.

여기에서 여러 가지 상황들이 사슬처럼 복잡하게 얽혀있는 것을 주목하십시오. 그 사슬의 한쪽 끝은 아굴라를 두르고 있으며 다른 한 쪽 끝은 바울을 두르고 있습니다. 그 사슬은 그들이 고린도에서 만날 때까지 계속해서 그들을 끌어 당겼습니다. 글라우디오는 절대적 권력의 절정기에 다음과 같은 칙령을 반포합니다: "이 므든 못된 유대인들을 나의 도시로부터 쫓아내라, 그들로 인해 로마가 더럽혀지는 것을 더 이상 묵과할 수 없도다." 이렇게 하여 아굴라와 브리스가는 로마를 떠나 고린도로 가게 됩니다. 우리는 그들이 왜 고린도를 선택했는지 알지 못합니다. 아마도 그들 자신도 알지 못했을 것입니다. 그러나 하나님은 아셨습니다. 그들이 서쪽으로부터 고린도로 오는 동안 바울은 동북쪽으로부터 그곳으로 왔습니다. 바울은 아시아에서 말씀을 전하고자 했지만 그러나 성령이 그것을 막았습니다(행 16: 6). 그렇게 하여 그는 자신의 계획과는 달리 바다를 건너 네압볼리와 빌립보와 데살로니가와 베뢰아와 아덴을 거쳐 마침내 고린도에 와서 여기에서 로마로부터 온 아굴라와 그의 아내를 만나게 됩니다. 아마도 두 남자 가운데 한 남자가 이렇게 말했을 것입니다: "얼마 동안 이곳에 함께 머물면서 장막 만드는 일을 같이 합시다." 이와 같이 예기치 못한 그리고 전적으로 우연한 만남으로 인해 무슨 일이 일어났습니까?

첫 번째 일은 아굴라와 그의 아내의 회심이었습니다. 그리고 그들의 회심으로 말미암아 일어나게 될 일이 지금 이 순간 그들로 인해 하늘에서 실현되고 있었으며, 그 일은 영원까지 계속될 것입니다.

그러므로 우리 주위에서 벌어지는 복잡한 일들 가운데 우리는 어떤 일을 예상하면서 걱정하며 염려할 필요가 없습니다. 그렇게 하는 대신 우리를 이끄는 손이 올바른 방향으로 이끌 것이며 마침내 '영원한 도성'으로 데려갈 것이라는 사실을 믿음으로 굳게 신뢰합시다. 우리는 이 세상에서 마치 캄캄한 감옥 속에 갇혀 있는 죄수와 같습니다. 사람들은 어둠 속에서 손으로 벽을 더듬다가 예기치 않게 돌을 움직이게 하는 손잡이 같은 것을 건드리게 됩니다. 그렇게 해서 신선한 공기가 들어오는 틈이 열리기도 하고, 심지어는 감옥을 벗어나 자유로운 세상으로 나가는 길이 열리기도 합니다. 여기의 아굴라도 마찬가지입니다. 그는 여러 가지 복잡한 일들의 연쇄 속에 마침내 고린도에 왔고, 여기에서 자신의 일생을 완전히 뒤바꿔놓는 사건 즉 바울을 만나는 일에 직면하게 됩니다.

아굴라와 브리스가가 에베소에 도착했을 때, 그들은 또 한 번의 우연한 만남을 갖게 됩니다. 그들이 만난 사람은 아볼로라 불리는 매우 총명한 젊은 알렉산드리아 사람이었습니다. 아볼로는 선한 마음과 선한 생각을 가진 사람이었지만 그러나 복음의 지식은 갖고 있지 못했습니다. 그리하여 그들은 바울이 자신들에게 손을 내민 것처럼 그에게 손을 내밀었습니다. 이런 표현을 사용해도 좋은지는 모르겠습니다만, 그들은 자신들이 잡은 물고기가 얼마나 큰 물고기인지 알지 못했습니다. 그들은 알렉산드리아로부터 온 젊은이 안에 그리스도를 위한 강력한 힘이 잠재되어 있음을 전혀 눈치 채지 못했습니다. 그들은 아볼로를 가르쳤으며, 아볼로는 복음을 선포하는 능력에 있어 바울 다음 가는 사람이 되었습니다. 이렇게 하여 복음의 경계는 계속해서 확장되었습니다. 하나님의 은혜는 한 사람으로부터 다른 사람으로 열매를 맺으며, 계속해서 밖으로 퍼져나갑니다. 아굴라와 브리스가를 통해 아볼로가 회심했으며, 아볼로를 통해 또 어떤 사람들이 회심했을 것이며, 그들을 통해 또 많은 사람들이 회심했을 것입니다. 복음은 이렇게 세대를 거쳐 내려오며 오늘 우리에게까지 이르렀습니다. 만일 우리가 이러한 경로를 거슬러 올라간다면, 우리는 다시 아볼로와 브리스가에게로 되돌아가게 될 것입니다.

그러므로 우리는 우리가 행하는 어떤 일의 결과에 대해 염려할 필요가 없습니다. 다만 우리가 주의를 기울여야 하는 것은 그 일을 행하는 동기입니다. 왜냐하면 하나님은 바로 그것을 살피실 것이기 때문입니다. 우리는 이 일이 형통할는지 저 일이 형통할는지 그리고 얼마나 형통할는지 알지 못합니다. 그러므로 우리는 하나님의 뜻을 행하며 그의 이름을 영화롭게 하는 모든 기회를 붙잡아야 합니다.

4. 나아가 여기에서 그리스도께 대한 사랑으로 말미암은 영웅적 헌신의 한 실례(實例)를 보게 됩니다.

"그들은 내 목숨을 위하여 자기들의 목까지도 내놓았나니." 우리는 지금 바울이 무엇을 생각하며 이렇게 말하고 있는지 알지 못합니다. 어쩌면 그는 지금 자신이 큰 위험에 빠져 있었던 에베소의 소요 사건을 생각하고 있었는지도 모릅니다. 그러나 그 사건을 생각하고 있다고 보기에는 여기의 어조(語調)가 지나치게 강하게 느껴집니다. 어쩌면 우리가 알지 못하는(왜냐하면 바울 사도의 생애의 세세한 부분에 대해 우리가 아는 것은 지극히 적은 분량에 불과하기 때문에) 어떤 결정적 위기의 순간에, 아굴라와 브리스가가 이렇게 말했는지도 모릅니다. "우리를 취하고 그를 놓아 주십시오. 그는 하나님을 위해 우리가 할 수 있는 일보다 훨씬 더 많은 일을 할 수 있는 분입니다. 만일 그가 살 수 있다면 우리는 기꺼이 우리의 목을 내어놓을 것입니다." 이러한 위대한 자기부인은 바울에 대한 존경과 사랑의 놀라운 증표였지만, 그러나 그것의 가장 깊은 동기는 그리스도께 대한 사랑이었습니다.

그리스도에 대한 믿음과 사랑은 겁쟁이를 영웅으로 바꾸어 놓습니다. 그것은 자아를 초월하게 만들며, 최고의 자기희생조차도 자연스럽고 쉬우며 축복된 것으로 만듭니다. 우리는 아굴라와 브리스가처럼 영웅적으로 행동하도록 부름받지는 않았습니다. 그러나 우리의 단조로운 일상의 삶 속에서 기독교적 삶을 견고하게 유지하기 위해서는 순교자와 같은 영웅적인 태도가 필요합니다. 우리는 모두 영웅이 될 수 있습니다. 만일 그리스도의 사랑이 우리 안에 있다면, 우리는 모두 "우리 몸을 거룩한 산 제물로 드릴" 준비를 갖추게 될 것입니다.

오랜 세월이 흐른 후 바울은 모든 일을 되돌아봅니다. 많은 기억이 희미해지고 데마처럼 몇몇 친구들이 떠나간 가운데서도 바울은 자신의 목을 치기 위해 기다리고 있는 형리(刑吏) 앞에 나가기 전에 그들 부부를 생각하며 마지막 작별의 손을 흔듭니다: "브리스가와 아굴라에게 문안하라"(딤후 4:19). 바울의 주인은 그들 부부의 사랑과 충성을 결코 잊지 않으실 것입니다. 그리고 그들을 위해 영광의 면류관을 준비하고 그들을 기다리실 것입니다. "누구든지 사람 앞에서 나를 시인하면 인자도 하나님의 사자들 앞에서 그를 시인할 것이요"(눅 12:8).

46
두 권속

"그리스도 안에서 인정함을 받은 아벨레에게 문안하라
아리스도불로의 권속에게 문안하라
내 친척 헤로디온에게 문안하라
나깃수의 가족 중 주 안에 있는 자들에게 문안하라"

롬 16:10, 11

본문의 로마의 두 권속에게 보내는 인사말을 통해 우리가 많은 정보를 얻을 것으로 기대할 수는 없을 것입니다. 그러나 만일 우리가 마음을 열고 그것을 살핀다면, 그것으로부터 다음과 같은 몇 가지 귀한 정보들을 얻을 수 있을 것입니다.

첫째, 여기에 서로 다른 두 권속(혹은 가족, household)에게 속한 두 무리의 사람들이 있는데, 그들은 대부분 노예들이었습니다. 둘째, 각 권속에 일부의 그리스도인들이 있었습니다. 셋째, 어느 권속에서도 주인들은 인사말에 포함되지 않았습니다. 그러므로 그들은 그리스도인이 아니었습니다.

우리는 이와 같이 두 개의 큰 권속을 이끌었던 주인들에 대해 아무것도 알지 못합니다. 그러나 오늘날 영국의 가장 뛰어난 주석가 중 한 사람은 그들과 관련하여 매우 합리적 가설을 제시합니다. 첫 번째 주인인 아리스도불로(Aristobulus)에 대하여. 예수 그리스도께서 태어날 당시의 헤롯왕에게는 아리스도불로라는 이름을 가진 손자가 한 사람 있었습니다. 그는 모든 생애를 로마에서 보냈으며, 황제와 친밀한 관계를 유지했으며, 로마서가 기록되기 얼마 전에 죽었습니다. 두 번째 주인인 나깃수(Narcissus)에 대하여. 바울이 로마에 오기 전에 로마 역사에서 매우 중요한 역할을 맡은 악명 높은 나르키수스(Narcissus)가 있었습니다. 이들 두 사람의 노예들과 종자들이 황제의 가속으로 돌려졌으며, 이들이 '아리스도불로의 사람들'(Aristobulus' men)과 '나깃수의 사람들'(Narcissus' men)로 알려졌을 것이라는 추론은 충분히 가능합니다. 그리고 그들 가운데 있던 일부 그리스도인들이 이 편지의 인사말이 전달된 형제들이었을 것입니다.

만일 그렇다면, 우리는 이들 두 무리의 사람들로부터 다음과 같은 몇 가지 교훈을 얻을 수 있을 것입니다.

1. 첫째, 기독교 진리의 침투력입니다.

첫 번째 권속의 주인이 어떤 종류의 사람인지 생각해 보십시오. 그는 악독한 헤롯 가문의 혈통을 이어받은 사람이었습니다. 그들 안에는 악한 이두매 인의 피가 흐르고 있었습니다. 그는 헤롯왕의 손자이며, 사도행전의 아그립바의 형제이며, 로마 황실을 추종하는 자며, 이두매 인의 사악함에 로마의 악습이 덧붙여진 자였습니다. 이런 그가 자기 집에 복음의 혁명적 능력이 들어오는 것을 환영할 리가 없었습니다. 그러나 그가 알지 못하는 방식으로 그의 닫힌 문 안으로 하나님과 우리 주님의 자유의 위대한 메시지가 스며들어왔습니다. 복음은 항상 이와 같은 방식으로 은밀하게 자신의 길을 찾습니다. 높고 지혜로운 사람들은 생각하지도 못한 방법으로 말입니다. 그러나 이와 같은 방식으로 복음은 계속해서 퍼져 나갔으며, 복음을 경멸하는 화려한 것들의 기초를 조금씩 파들어 갔습니다. 그리스도의 진리는 처음에 이렇게 퍼져 갔습니다. 그리고 나는 복음이 항상 그와 같은 방식으로 퍼져간다고 믿습니다. 지적이며 학문적인 혁명들은 꼭대기로부터 시작해서 아래로 퍼져 내려갑니다. 반면 종교적 혁명들은 밑바닥으로부터 시작해서 위로 올라갑니다. 복음이 처음 전파되는 방식은 항상 "아래로부터"입니다. "형제들아 너희를 부르심을 보라 육체를 따라 지혜로운 자가 많지 아니하며 능한 자가 많지 아니하며 문벌 좋은 자가 많지 아니하도다."(고전 1:26). 복음은 아리스도불로의 권속에서 몇 명의 노예들을 불렀습니다. 그들은 살아있는 진리를 가슴에 품고, 그 진리를 경멸하는 화려한 것들을 산산이 부숴버릴 능력의 증인이 되었습니다. 복음은 항상 이와 같은 방식으로 퍼져 나갑니다.

복음이 훌륭한 교육을 받은 상류층으로 전파되지 않는다고 해서 우리가 복음을 부끄러워해서는 안 됩니다. 진리를 그 전파하는 자들의 신분이나 그들의 지적 수준으로 판단하는 것은 너무도 어리석고 그릇된 일입니다. 복음은 처음에 여기에 나타난 방식으로 침투했으며, 지금도 계속해서 그렇게 침투합니다.

2. 둘째, 우리는 여기에서 나누인 것을 연합시키는 기독교 복음의 강력한 힘을 볼 수 있습니다.

만일 아리스도불로가 정말로 헤롯왕의 손자였다면, 그의 권속의 상당 부분이 유대인이었을 것입니다. 그가 헤롯왕의 손자였을 가능성은 두 권속에 보내는 인사말 사이에 삽입되어 있는 "헤로디온에게 문안하라"라는 인사말을 통해 더 높아집니다. 헤로디온이라는 이름은 그가 헤롯과 어떤 관련성을 가지고 있음을 암시합니다. 바울이 그를 "내 친척"이라고 부르는 것이 "혈연관계"를 의미하는 것이든 아니면 "같은 고향 사람"을 의미하는 것이든, 어쨌든 헤로디온은 혈통적으로 유대인이었습니다. 여기 두 권속에 속한 자들과 관련하여 바울이 자신의 많은 여행 중에 그들 가운데 어떤 사람들을 만났을는지는 모르지만 그러나 그는 한 번도 로마에 간 적이 없었습니다. 따라서 여기에서 그가 그들에게 문안하는 것은 그들이 로마교회에서 숫자상으로 상당한 부분을 차지하고 있었기 때문이었을 가능성이 높습니다. 모두 같은 믿음을 소유하고 있었다는 사실은 그와 그들 사이의 간격에 다리를 놓았습니다. 당시 노예는 인간의 동정심과 인권의 영역 밖에 있었습니다. 여기에 가장 뛰어난 기독교 지도자는 그들을 끔찍한 구렁으로부터 건져내면서, 그들에게 형제의 손을 내밀고 그들의 손을 붙잡았습니다. 세상에 들어온 복음은 옛 관계들을 찢으며, 사회를 쪼개며, 아버지들과 자녀들 사이에 그리고 남편과 아내 사이에 깊은 간격을 만들었습니다. 그러한 복음의 나누는 힘은 연합하는 힘(uniting power)에 의해 균형을 이루게 됩니다. 오늘날 우리가 경험하는 것보다 더 깊게 각종 계급과 계층으로 나누어진 옛 세상에서 복음은 심연(深淵)을 가로지르는 다리를 놓으며 사람들을 하나로 묶습니다. 주인과 노예가 함께 주의 식탁에 앉아 자유와 멍에의 차이를 잊어버린 채 서로의 얼굴을 바라보며 "형제"로 부를 때, 이것이 얼마나 엄청난 혁명적 상황이었겠는지 상상해 보십시오. 또 유대인과 이방인이 함께 주의 식탁에 앉아 할례와 무할례의 차이를 잊어버린 채 그들이 모두 예수 그리스도 안에서 하나임을 느낄 때, 이것이 얼마나 엄청난 혁명적 상황이었겠는지 상상해 보십시오. 또 남자들과 여자들이 기독교적 사랑의 모든 순전함 가운데 함께 주의 식탁에 앉아 그들이 예수 그리스도 안에서 형제와 자매가 되었음을 느낄 때, 이것이 얼마나 엄청난 혁명적 상황이었겠는지 상상해 보십시오.

  같은 주님에 대한 같은 믿음과 같은 사랑의 연합하는 힘은 기독교를 세상의 경험으로 볼 때 불가사의하며 새로우며 독특한 것으로 특징짓습니다. 과연 오늘날의 기독교는 이러한 불가사의한 특성을 보존하며 재현하고 있습니까? 현대 그리스도인들에게 이와 같이 이기주의와 세상적인 동기를 초월하는 어떤 것이 있습니까? 이런 질문들 속에 그에 대한 답이 들어 있습니다. 모든 사람이 답을 알고 있지만, 그러나 아무도 그로 인해 슬퍼하지 않습니다. 우리 세대의 교회에 기독교 신앙이 계급과 계층으로 나누어진 간격에 다리를 놓고 모든 사람을 예수 그리스도에 대한 믿음과 사랑의 하나됨으로 이끄는 것보다 더 절박한 의무가 있겠습니까? 만일 오늘날의 교회가 향후 20년 동안 그와 같은 요구에 좀 더 깨어 있지 못한다면 그리고 현대의 복잡한 문명사회의 각종 계층들을 통합하는 일과 관련한 문제에 제대로 직면할 수 있게 되지 못한다면, 교회의 생명력은 더욱 약화될 것입니다. 오늘날 교회는 초대교회 시대의 기적을 재현해야 합니다. 현대사회를 쪼개어 놓은 가장 깊은 틈들을 메우고 모두를 예수 그리스도 안에서 하나가 되게 해야 합니다. 초대교회 그리스도인들의 사랑을 칭송하는 것은 참으로 좋은 일입니다. 그러나 우리의 그러한 칭송에는 그릇된 감상주의적 요소들이 많이 있습니다. 칭송하는 일은 적게 하고 닮아가려는 노력을 많이 한다면 훨씬 더 좋을 것입니다. 그들의 삶을 오늘 우리의 삶에 옮기십시오. 그러면 여러분은 그것이 인간적 동기 이상의 어떤 것을 요구한다는 사실을 발견하게 될 것입니다. 사람들을 하나로 묶는 접착제는 인간적인 것이 아니라 신적인 것이어야 합니다.

또 우리는 여기에서 기독교 복음이 갖고 있는 '현재의 상황을 잠잠히 받아들이는 힘'을 볼 수 있습니다.

그들은 대부분 노예였으며, 그리스도인이 된 후에도 계속해서 노예로 남아 있었습니다. 바울은 그들이 계속해서 노예 상태로 남아 있는 것을 인정했으며, 멍에를 깨뜨리라고 선동하는 말은 한 마디로 하지 않았습니다. 고린도전서는 노예와 관련한 주제를 매우 주목할 만한 방법으로 다룹니다. 그 서신은 노예들에게 이렇게 말합니다. "네가 종으로 있을 때에 부르심을 받았느냐 염려하지 말라 그러나 네가 자유롭게 될 수 있거든 그것을 이용하라"(고전 7:21). 그리고 이어서 다음과 같은 위대한 원리를 덧붙입니다. "주 안에서 부르심을 받은 자는 종이라도 주께 속한 자유인이요 또 그와 같이 자유인으로 있을 때에 부르심을 받은 자는 그리스도의 종이니라"(22절). 바울은 똑같은 원리를 바로 앞에서 할례에 대하여 다루는 데에도 동일하게 적용시킵니다. "할례자로서 부르심을 받은 자가 있느냐 무할례자가 되지 말며 무할례자로 부르심을 받은 자가 있느냐 할례를 받지 말라 할례 받는 것도 아무것도 아니요 할례 받지 아니하는 것도 아무것도 아니로되 오직 하나님의 계명을 지킬 따름이니라"(고전 7:18, 19). 이 모든 것으로부터 우리는 다음과 같은 교훈을 배울 수 있습니다. 즉 어떤 사람이 예수 그리스도와 더불어 직접적이며 개인적인 관계를 맺고 있다면, 그것은 모든 외적 상황들을 무한히 사소한 것으로 만들어 버린다는 사실입니다. 높은 산꼭대기로 올라가 보십시오. 그러면 모든 것들은 매우 작아질 것입니다. 물론 기독교의 기본 원리는 노예제도를 배격합니다. 그러나 그 일이 실제로 이루어지는 데에는 1,800년이 걸렸습니다. 물론 노예제도는 본질적으로 비도덕적이며 비기독교적인 제도입니다. 그러나 어떤 원리를 제시하고 그 원리가 실행되도록 남겨두는 것과 현존하는 제도를 맹목적으로 정죄하면서 폭력으로 그것을 전복시키는 것은 별개의 문제입니다. 이와 같이 복음은 지혜로운 방법을 취하는 가운데 어리석은 것은 어리석은 사람들에게 그냥 남겨둡니다. 복음은 나무를 좋게 만듭니다. 그러면 그 열매도 좋게 될 것입니다.

그러나 여기에서 내가 주장하고자 하는 주된 논점은 이것입니다. 즉 로마의 이들 노예들에게 선했던 것은 오늘날 여러분과 나에게도 선한 것이라는 것입니다. 우리가 예수 그리스도께 가까이 다가가 그의 손을 붙잡았음을 느껴 보십시오. 그러면 우리는 인간의 다양한 조건들에 대해서는 크게 마음을 쓰지 않게 될 것입니다. 부하든 가난하든, 즐겁든 슬프든, 친구들에 둘러싸여 있든 외로운 길을 걷고 있든, 세상에서 성공하든 실패하든, 강하든 약하든 — 이 모든 다양한 상황들은 우리가 "우리는 주의 것이라"라고 말할 수 있을 때 매우 작아질 것입니다. 우리는 그와 같은 믿음 아래 있을 때 모든 것을 참을 수 있습니다. 기독교 복음은 세상의 다양한 조건들이 서로 섞여 하나로 융합된 것처럼 보이도록 우리를 높은 곳에 올려놓습니다. 낮은 언덕들을 상상해 보십시오. 우리가 그러한 낮은 언덕들 가운데로 내려왔을 때, 그것들 가운데 하나의 기슭에서부터 그것의 꼭대기까지는 매우 먼 길처럼 보일 것입니다. 그러나 우리가 큰 산의 정상에서 보았을 때, 모든 언덕들의 꼭대기들은 모두 대수롭지 않게 보일 것입니다. 그리고 마침내 어디가 꼭대기이고 어디가 기슭인지조차 알 수 없게 될 것입니다. 그와 마찬가지로 만일 우리가 높은 곳에 올라간다면, 우리의 다양한 조건들은 매우 사소한 변이(變異)들에 불과한 것으로 보일 것입니다.

3. 마지막으로, 우리는 여기에서 그리스도인의 신실함이 가진 강력한 힘을 볼 수 있습니다.

헤롯의 손자 곧 아리스도불로의 권속 가운데 그리스도인들이 있다는 것은 참으로 있음직하지 않은 일로 보입니다. 그렇지 않습니까? 복음의 아름다운 꽃이 어떻게 그같이 더러운 쓰레기더미에서 피어날 수 있겠습니까? 그러나 여기의 두 권속 가운데 일부가 그리스도인이었습니다. 그들은 믿지 않는 자들과 함께 족쇄를 차고 같은 일을 하는 자들이었습니다. 그들에게 있어 돼지우리 같은 집에서 기도하며, 하나님을 사랑하고 의지하며, 하나님의 뜻을 행하며, 우상숭배와 죄와 각종 부도덕한 것들로부터 스스로를 지키는 것은 결코 쉽지 않은 일이었을 것입니다. 그렇지 않겠습니까? 그러나 이들은 그렇게 했습니다. 그러므로 어떤 사람도 "나는 그리스도인의 삶을 살 수 없는 환경 가운데 있다"라고 말해서는 안 됩니다. 하나님이 허락하지 않은 환경은 없습니다. 물론 최대한 빨리 벗어나야만 하는 특별한 환경들도 있을 것입니다. 그러나 하나님은 어떤 사람으로 하여금 거룩한 삶을 살 수 없는 장소에 두지 않으십니다.

여기의 그리스도인들에게 있어 도무지 극복할 수 없을 정도로 큰 어려움은 없었습니다. 그것은 우리에게도 마찬가지입니다. 우리에게 있어서도 역시 도무지 극복할 수 없을 정도로 큰 어려움은 없습니다. 여러분과 내가 어디에 있든, 우리가 있는 장소는 여기의 그리스도인들과 같은 믿음의 삶을 살 수 있는 장소입니다. 우리 모두는 상황이 이렇게 혹은 저렇게 바뀌면 삶이 훨씬 더 쉬워질 것이라고 느낄 수 있습니다. 결코 그렇지 않습니다. 그렇게 바뀐다고 해서 삶이 쉬워지지 않습니다. 어쩌면 더 어려워질수록 더 쉬워질는지 모릅니다. 왜냐하면 공기가 더 나빠질수록 우리는 나쁜 공기가 폐에 들어가는 것을 막기 위해 입을 마스크로 더 많이 가리게 될 것이기 때문입니다. 진짜 위험한 장소는 보이지도 않고 냄새도 나지 않는 유독가스가 있는 장소입니다. 그러나 고난이 있는 곳에는 우리를 돕기 위해 준비하고 있는 강력한 힘도 있습니다. 그러므로 우리 모두는 로마교회의 형제들 가운데 한 사람인 아벨레처럼 칭찬을 받을 수 있습니다. "그리스도 안에서 인정함을 받은 아벨레에게 문안하라." 그는 '시험'을 받았으나 능히 견뎠습니다. 그러므로 여러 가지 고난과 유혹 가운데 우리는 바울이 로마의 노예들에게 보낸 메시지와 같은 하늘의 메시지가 환호와 함께 우리에게 전해질 것을 바랄 수 있습니다. 그리고 그리스도 자신이 우리를 보시며, 동정하시며, 문안하시며, 우리를 도우시며 지키시기 위해 그의 손을 뻗으실 것을 바랄 수 있습니다.

47
드루배나와 드루보사

"주 안에서 수고한 드루배나와 드루보사에게 문안하라"

롬 16:12

바울이 로마에 한 번도 간 적이 없음을 감안할 때, 그가 문안한 로마 교회 성도들의 숫자가 매우 많았던 사실은 참으로 놀랄 만합니다. 바울은 일생 동안 이곳저곳을 여행하며 다녔는데, 어쩌면 그런 가운데 여기에 언급한 어떤 사람들과 개인적 교제가 있었는지도 모릅니다. 바울은 여기에 문안하고 있는 사람들에 대해 자신이 그들을 어느 정도 얼굴로 알고 있음을 나타냅니다. 뿐만 아니라 그들의 호칭을 다양하게 부름으로써 자신의 따뜻한 마음과 뛰어난 기억력을 보여줍니다. 여기에 등장하는 성도들은 그들에 대한 바울의 짤막한 묘사를 통해 영원히 기억됩니다.

본문의 두 사람 드루배나와 드루보사는 아마도 자매였던 것 같습니다. 그렇게 추측하는 것은 그 이름이 유사하다는 사실과 함께 여기에 나란히 등장하고 있기 때문입니다. 그들의 이름은 '호화로움' 혹은 '우아함'을 의미합니다. 의심의 여지없이 이와 같은 이름은 그들의 부모가 그들에 대해 가졌던 기대와 바람을 표현하는 것이었습니다. 우리는 어떤 사람의 이름의 의미와 그가 실제로 살았던 삶이 실제로 매우 차이나는 경우를 종종 보게 됩니다. 아마도 그녀들은 수고하겨 힘 드는 일로부터 가장 멀리 떨어진 삶이 가장 이상적 삶이라고 생각하는 계급에 속한 사람들이었을 것입니다. 그러나 실제로 그녀들은 호화로움으로부터 멀리 떨어진 삶을 살았으며, "주 안에서 수고"하는 더 나은 삶을 선택했습니다. 그녀들은 자신들의 이름에 부합되지 않았습니다. 그것은 자신들과 자신들의 주님께 부합되어야 했기 때문입니다. 우리는 여기에서 매우 중요한 교훈들을 배울 수 있습니다. 그것은 오늘날과 같이 기독교적 자기부인의 원리가 크게 위협 당할 정도로 죄와 향락의 부분별한 풍조가 가득한 세상에서 너무도 필요한 교훈입니다.

이러한 문안 인사에서 우리가 첫 번째로 주목해야 할 것은 공동의 믿음이 갖는 '하나 되게 하는 힘'(uniting power)입니다. 드루배나와 드루보사는 아마도 어느 정도의 사회적 지위를 가진 로마 여인들이었을 것입니다. 그녀들의 이름은 그녀들의 부모가 어느 정도 배타적 성향을 가진 사람들이었음을 암시합니다. 그러나 여기에서 그녀들은 나깃수(나르키수스, Narcissus)의 권속들 및 아리스도불로의 권속들과의 밀접한 관계 속에서 등장합니다. 우리가 앞에서 살펴본 것처럼, 나깃수의 권속들과 아리스도불로의 권속들은 노예들이었습니다. 아리스도불로는 헤롯 대왕의 손자였으며 나깃수는 로마의 유명한 자유인이었습니다. 그리고 아마도 그들의 노예들은 그들이 죽을 때 황제의 소유로 옮겨진 것으로 보입니다. 또 다른 노예로서 암블리아와 우르바노를 볼 수 있습니다. 그런데 여기의 목록에서 그녀들의 이름은 로마제국의 몇몇 저명한 인사들과 여러 국적의 남녀들과 나란히 제시됩니다. 그리스도인이 아닌 구경꾼들에게 로마교회는 민족과 성별과 사회적 신분 등의 차이가 광신적 신앙에 의해 모두 일소되어 버린 잡다한 오합지졸로 보였을 것입니다. 로마교회 안에서 "그리스도 예수 안에서 유대인과 헬라인이 따로 없으며 남자와 여자가 따로 없으며 종과 자유자가 따로 없다"는 바울의 위대한 원리가 실증되었습니다. 당시 로마 사회는 악과 부도덕이 광범위하게 퍼져 있었습니다. 그리하여 몇몇 애국적 로마인들은 "오론테스 강(시리아의 강)이 티베르 강(로마의 강)으로 흘러들어왔노라"고 애통해 했습니다. 이와 같이 온갖 잡다한 쓰레기들이 유입됨으로써 로마는 실제적 통합으로부터 점점 더 멀어져 갔습니다. 반면 거대한 도시의 한 모퉁이에서 이제 막 시작된 유아기 교회의 지체들이 모였습니다. 거기에서 한 분의 주님 안에서 공동의 생명을 나누는 것이 시작되었는데, 그것은 교회의 모든 지체들을 개별성의 황량함으로부터 끌어내어 한 분의 주님을 믿고 하나의 이름으로 하나의 세례를 받은 모든 자들과 더불어 하나라고 하는 의식을 불어넣었습니다. 이와 같은 찬란한 여명(黎明)은 많은 구름들에 의해 가려져 왔습니다. 오늘날의 교회는 비록 교리적으로는 많은 발전을 이룩했다 할지라도 과거 로마의 전례(前例)를 부끄러운 마음으로 되돌아볼 필요가 있습니다. 로마교회에서 드루배나와 드루보사는 고귀한 신분을 상속받은 자들이었음에도 불구하고 아리스도불로와 나깃수의 권속들 가운데 "주 안에서 같은 형제들"로 인식되었습니다. 그리고 그녀들은 고결한 혈통의 로마인들뿐만 아니라 유대인들과 아시아인들과 바사인들과 헬라인들까지도 그리스도의 가족으로 기꺼이 받아들였습니다. 오늘날의 가톨릭교회는 이와 같이 같은 주님을 믿는 모든 자들을 함께 아우르는 초기의 은혜를 잃어버리고 말았습니다. 우리 프로테스탄트 교회들 역시도 우리를 따르지 않는 자들을 금하는 나쁜 교훈을 너무나 빨리 배우고 말았습니다.

드루배나와 드루보사와 관련하여 또 한 가지 주목해야 하는 것은 공동의 믿음에 의해 자연적 가족 관계가 새롭게 성별되는 사실입니다. 그들의 이름으로 볼 때, 그들은 자매였든지 아니면 최소한 가까운 친척이었습니다. 그들에게 믿음은 갑절로 소중한 것이었습니다. 왜냐하면 그들은 서로 같은 믿음을 공유했기 때문입니다. 초대 기독교에서는 가족 간의 거룩한 유대 관계조차도 깨어지는 것을 감수해야 하는 경우가 종종 있었는데, 초대 그리스도인들에게 있어 이것보다 더 큰 시험은 없었습니다. 그리스도께서는 "내가 온 것은 사람이 그 아버지와, 딸이 어머니와, 며느리가 시어머니와 불화하게 하려 함이니 사람의 원수가 자기 집안 식구리라"고 말씀하셨는데(마 10:35, 36), 이러한 말씀은 그들에게 엄연한 현실이었습니다. 그리스도께 대한 충성 때문에 가족 간의 사랑을 제쳐놓아야만 했을 때, 그들의 고통이 얼마나 쓰라렸을지 우리는 상상도 못할 것입니다.

그러나 공유되지 않은 믿음으로 인한 가족 간의 분리의 고통은 오늘날에도 — 비록 많이 완화되기는 했다 할지라도 — 여전히 남아 있습니다. 만일 우리가 복음이 때로 가장 가까운 가족 간에조차 장벽을 만드는 사실을 상정하지 않는다면, 그것은 그릇된 생각입니다. 모든 것이 느슨해진 오늘날에도 "아버지와 어머니를 나보다 더 사랑하는 자는 내게 합당치 않으니라"는 주님의 말씀은 여전히 사실입니다. 그리고 오늘날에도 여전히 예수 그리스도 안에 뿌리박지 않은 가족 사랑의 유혹에 굴복하지 않는 성숙한 그리스도인들이 많이 있습니다. 그럼에도 불구하고 복음이 하는 최고의 일은 여전히 나누는 일이 아니라 연합시키는 일입니다. 복음의 효과는 세상의 모든 소중한 것들을 더욱 소중하게 만드는 것이며, 모든 거룩한 유대를 더욱 거룩하고 견고하게 만드는 것입니다. 세상의 모든 관계 속에 새로운 속박과 고귀함을 주입함으로써 말입니다. 그렇게 하여 형제들을 열 배나 더 형제가 되게 하고, 자매들을 열 배나 더 자매가 되게 하는 것입니다. 그리스도께 최고로 헌신된 마음은 그 헌신의 용량을 무한히 증대시키며, 서로의 얼굴을 바라보는 자들은 거기에서 주님의 얼굴이 반사되는 것을 봅니다. 그리고 함께 주님을 사랑하는 자들은 서로를 더욱 사랑하게 될 것이며, 그들은 주님에 대한 그들의 사랑 안에서 그리고 그들에 대한 주님의 사랑 안에서 사랑의 새로운 크기와 용량을 발견하게 될 것입니다. 그들은 사랑하는 자들을 바라보는 가운데 "자신들이 하나님 안에 거하는" 것을 알게 될 것이며, 거기에서 자신들이 "정말로 사랑받기에 합당한 자"라는 사실을 발견하게 될 것이며, 또 거기에서 그들을 사랑하는 새로운 힘을 발견하게 될 것입니다. 드루배나와 드루보사는 함께 주님께 연합되었을 때 자매 이상이 되었습니다. "내 이름을 위하여 집이나 형제나 자매나 부모나 자식이나 전토를 버린 자마다 여러 배를 받고 또 영생을 상속하리라"(마 19:29).

여기의 두 로마 여인의 이름의 의미와 그녀들에 대한 "주 안에서 수고" 했다는 언급 사이에 얼마나 큰 차이가 있는지 주목하십시오. 또 우리는 거기에서 기독교적 성실함에 대한 가장 무서운 적을 볼 수 있습니다. 앞에서 살펴본 것처럼, 우리는 그녀들의 이름 속에서 그들의 사회적 신분이 은연중 드러나는 것을 볼 수 있습니다. 또 그러한 이름을 지어준 부모들의 마음이 은연중 드러나는데, 그것은 자신들의 딸들이 거칠고 힘든 삶으로부터 멀리 떨어져 우아하고 호화로운 삶을 살기를 바라는 마음이었습니다. 그러나 그녀들의 마음을 끈 것은 세상의 우아함과 호화로움이 아니라 예수 그리스도의 사랑이었습니다. 결국 그녀들은 예수 그리스도의 사랑에 마음이 끌려 부모의 바람으로부터 등을 돌려 스스로를 수고로운 삶에 던졌습니다. 오늘날 생명력 넘치는 기독교적 삶에 있어 그와 같은 이상(理想) 즉 험하고 거친 일을 싫어하며 우아하고 호화로운 삶을 추구하는 이상보다 더 무서운 적은 없습니다. 세속적 정신에 있어 바울 시대의 로마는 오늘날의 영국보다 결코 더 심하지 않았습니다. 그리고 화려함과 방종을 사랑함에 있어 영국 교회는 영국 사회와 별반 다르지 않습니다. 모든 세대의 성실한 그리스도인들은 세상과 세상에 속한 것들에 대한 사랑으로 자신들의 신앙적 삶이 약화되는 것을 허락하는 평균적 그리스도인들의 경향에 강력하게 저항해 왔습니다. 만연하는 사치와 호화로움에 대해 저항하는 것은 모든 세대의 참된 교회의 표지였습니다. 그러나 사치와 호화로움을 사랑함에 있어 오늘날보다 더 심한 때는 일찍이 없었습니다. 현대 상업이 가져다준 부의 급격한 증가는 오늘날 교회들에게 이루 말할 수 없는 엄청난 영향을 끼쳤습니다. 거대한 도시에 모여 사는 우리들에게 우리 자신의 삶을 사는 것은 너무나 어려운 일이 되었습니다. 우리와 같은 계층의 사람들의 삶의 방식은 우리에게 엄청난 영향을 끼칩니다. 그리하여 "간소하게 살고 고상하게 사유(思惟)하는" 삶을 추구하는 것은 매우 어려운 일이 되었습니다. 모든 계층의 사람들이 점점 더 겉치레와 허영의 유혹에 굴복하면서 안락과 허황된 것들을 위해 하염없이 돈을 쓰고 있습니다. 바로 이것이 우리의 영적 삶이 처한 위험입니다. 보지 못하는 사람은 소경입니다. 또 자기 옆에 있는 위험을 느끼지 못하는 사람은 자신의 삶에 무지한 자입니다. 오늘날 지적 의심이나 혹은 심각한 죄로 인해 진실함을 잃어버린 채 무기력함으로 흐늘흐늘해진 그리스도인들이 얼마나 많습니까? 데

마가 이 세상을 사랑하기 시작했을 때, 그로부터 바울을 떠날 이유를 찾기까지는 그리 많은 시간이 필요치 않았습니다.

마지막으로 우리는 이들 두 여인 안에서 그러한 무서운 적을 이길 수 있는 방법을 발견할 수 있습니다. 그녀들은 자신들의 이름에 담긴 세상적 이상으로부터 힘들여 수고로운 삶으로 단호히 돌이켰습니다. 바울이 "주 안에서 수고"했다고 말할 때, 그러한 언급 속에 담겨진 수고가 실제로 무엇이었는지에 대해 우리는 알지 못합니다. 또 찾을 필요도 없습니다. 다만 우리가 주목해야 할 주된 사실은 그들의 수고가 "주 안에서" 행한 수고였다는 사실입니다. 그리스도와의 연합은 그를 위해 수고하는 것을 필연적인 것으로 만들며 또 그것을 가능하게 만듭니다. 만일 우리가 그 안에 있다면, 우리는 단지 "그 안에 거할" 뿐만 아니라 우리의 모든 일 즉 그 안에서 시작하고 계속되고 종결된 모든 일은 그 안에서 그리고 그에 의해 열납될 것입니다. 세상적 안일과 방종을 대적하는 것으로서 우리가 그리스도와 그의 생명에 연합되어 있다는 사실을 의식하는 것보다 더 강력한 것은 없습니다. 산 밑의 늪지대에서 살 때는 수고하는 것이 불가능할 것입니다. 그저 말라리아의 위험 가운데 무기력한 삶일 뿐일 것입니다. 그러나 높은 지대로 올라가면, 우리의 사지(四肢)는 새 힘을 얻게 될 것이며 우리의 폐는 신선한 공기로 가득 차게 될 것이며 우리의 수고와 노동은 저지대에서보다 훨씬 더 즐거운 일이 될 것입니다. 만일 우리가 "그리스도 안에" 있다면, 그는 우리의 공기(空氣)가 될 것이며 그로부터 고결한 삶을 살기에 충분한 분량의 공기를 끌어올 수 있을 것입니다. 그리고 그때 우리는 개인적 이익이나 세속적 성공에 대해 그다지 큰 가치를 부여하지 않게 될 것입니다. 주 안에 거하는 자들은 주 안에서 수고할 것이며, 주 안에서 수고하는 자들은 주 안에서 안식하게 될 것입니다.

48
버시

"주 안에서 많이 수고하고 사랑하는 버시에게 문안하라"
롬 16:12

본 장에는 우리가 일일이 살피지 않은 많은 수의 그리스도인들이 있습니다. 그들에 대한 묘사는 마치 어떤 위대한 화가가 그린 유화의 배경 속에 있는 가벼운 흔적 같습니다. 각자에 대한 묘사는 붓으로 한번 스치고 지나간 것이 전부입니다. 그러나 우리가 그것에 대해 공감적 마음으로 살핀다면, 그들은 우리 앞에 새롭게 살아납니다. 이제 본문에 등장하는 버시(Persis)라는 이름의 여인에게 눈을 돌려봅시다. 우리는 지금까지 그녀에 대해 한 번도 들어보지 못했으며, 이후로도 또 다시 듣지 못합니다. 그녀와 관련한 여기의 몇 마디 언급이 그녀에 관한 전부입니다. 그녀의 이름을 감안할 때 그녀는 바사(페르시아, Persia) 혈통으로서 아마도 노예로서 로마에 끌려온 것으로 보입니다. 어쨌든 그녀는 로마교회와 연결되었으며, 충성된 그리스도인으로서 많은 수고를 아끼지 않았습니다. 그리하여 바울은 그녀를 보지 못했음에도 불구하고 그녀를 사랑하며 매우 귀하게 여겼습니다. 이것이 전부입니다. 그녀는 잠깐 무대 앞에 나타났다가 금방 사라집니다. 그녀는 우리에게 무슨 말을 하려는 것일까요?

첫째, 바울에 의해 거명된 다른 사람들처럼 그녀 역시도 그녀의 삶의 모범을 통해 우리에게 기독교에 의해 이루어진 놀랍고 새로운 연합의 과정을 보여줍니다. 한 유대인으로부터 바사 여인이 사랑의 메시지를 받고 있다는 단순한 사실 그리고 로마에 있는 여자와 고린도에 있는 유대인과 그들 사이의 메시지가 헬라어로 기록되었다는 등의 사실은 모든 종류의 국적을 하나로 융합시킵니다. 그들은 모두 로마의 힘에 의해 사슬에 묶여 강제로 한 덩어리가 되었습니다. 그러나 그들을 정말로 하나가 되게 만든 것은 예수 그리스도의 복음입니다. 여기의 동방 여인과 유대인 출신의 사도와 본 장에 섬광처럼 지나가는 다양한 국적의 많은 사람들은 모두 예수 그리스도 안에서 함께 연합되었습니다.

본 장에 나타나는 모든 인사말들을 일별할 때 즉시로 나타나는 사실은 여기에 유대인들의 숫자가 매우 적다는 사실입니다. 한 사람은 확실하고 또 한 사람은 불분명합니다. 네다섯 명은 라틴 계통이고 나머지 모든 사람들은 헬라 계통입니다. 그러나 본문의 여인은 모든 사람들 가운데 가장 먼 동방에서 온 것으로 보입니다. 로마에서 그들은 자신들이 속한 국적을 모두 잊어버렸습니다. 그것은 그들이 자신들을 이끌어 하나의 거대한 공동체의 일원이 되게 하신 분을 만났기 때문이었습니다. 우리는 기독교의 연합하는 힘에 대해 말하지만, 그러나 그 과정이 우리 앞에 펼쳐지는 것을 볼 때 그것을 더 잘 이해하게 될 것입니다.

그렇지만 이러한 연합의 과정과 관련하여 또 하나의 요점을 주목해야 합니다. 즉 그것이 어떻게 사람들을 묶는 끈으로서 가장 순전하며 진실한 사랑을 발휘했나 하는 것입니다. 본 장에는 바울 사도에 의해 "사랑하는 아무개"라는 표현 외에는 아무런 언급도 나타나지 않는 사람들이 네다섯 명 있습니다. 여자로서 이러한 표현이 사용된 사람은 여기의 버시가 유일합니다. 여기에서 바울의 천부적 섬세함이 나타나는 것을 주목하십시오. 남자들에게 말할 때, 그는 "나의 사랑하는 아무개"라고 말합니다. 반면 버시에게 말할 때는 그냥 "사랑하는 버시"라고 표현합니다. 여기에서 바울은 "나의"라는 표현을 사용하지 않음으로써 오해를 예방합니다. 이와 같이 섬세한 부분까지 신경을 씀으로써, 그는 그들을 하나로 묶은 끈의 고결함과 순전함과 진정한 기독교적 특성을 드러냅니다. 거기에 그들을 묶는 끈 외에 아무것도 없다면 그것은 참된 교회가 아닙니다. 우리를 하나로 연합시키는 사랑이 있어야 합니다. 왜냐하면 우리는 각자가 모든 사랑의 원천이신 사랑의 주님과 연합되어 있음을 믿기 때문입니다.

여기의 선한 여인은 우리에게 또 무엇을 말하고 있습니까? 그녀는 여자가 하나님의 교회에서 무엇이 될 수 있는지에 대한 살아있는 모범입니다. 바울은 한 번도 로마에 간 적이 없었습니다. 우리가 아는 한 로마교회가 세워지는 데에는 어떤 사도도 관련되지 않았습니다. 로마제국에서 제일 중요한 교회로서 훗날 기독교 세계의 저주가 된 로마교회는 소수의 이름 없는 그리스도인들에 의해 세워졌습니다. 그들에게는 사도의 위임이나 감독도 없었으며 특별히 파송된 지도자도 없었습니다. 다만 그들은 가슴에 하나님의 은혜를 품고 있었으며, 예수 그리스도에 관해 말하지 않을 수 없었습니다. 그러자 하나님이 그들을 도우셨으며 그리하여 작은 교회가 생기게 되었습니다. 본 장에 기록된 많은 인사말들과 바울이 각각의 형제들에게 붙이는 영예로운 칭호들과 그들이 많이 수고했다는 반복적 언급들은 그들의 살아있음에 대한 바울 사도 편에서의 일종의 확인서였습니다. 사도들의 감독이나 특별한 지도자들의 지도가 없었음에도 불구하고 그들은 스스로를 교회로서 굳게 세웠습니다.

이제 버시에 대한 바울 사도의 특별한 칭찬을 주목해 봅시다. 바울 사도가 "수고했다" 혹은 "많이 수고했다"는 말로 칭찬한 자들이 모두 여자들이었다는 사실은 참으로 주목할 만합니다. 본 장에는 그들 외에도 몇 명의 여자들이 더 있는데, 그들은 모두 남편이나 형제나 친척 등 남자들과 짝이 되어 언급됩니다. 그러나 단독으로 서 있는 몇 명의 여자들이 있습니다. 바울이 "수고했다" 혹은 "많이 수고했다"고 말하는 대상이 바로 그들이며, 오직 그들만이 그러한 칭찬을 들었습니다. 그렇게 단독으로 서 있는 자들 가운데 한 사람이 마리아인데, 그녀는 바울과 다른 사람들을 위해 "많이 수고"를 베풀었습니다(6절). 또 본문과 같은 12절에 등장하는 두 자매 드루배나와 드루보사가 그렇게 단독으로 서 있는 여자들이었습니다. 앞에서 살펴본 것처럼, 그녀들의 이름은 "호화로운 자"를 의미합니다. 바울 사도는 "호화로운 자"를 의미하는 두 이름을 기록하면서 이렇게 생각하고 있는 것처럼 보입니다. "이들 두 여인도 한 때는 그 삶이 그 이름의 뜻과 같았던 적이 있었느니라. 그리스도인이 되기 전에 그들은 '호화로운 자'로 불릴 만한 자들이었도다. 그러나 여기에 그들의 새 이름이 있도다. 이제 '호화로운 자'가 자기를 희생시키는 가운데 '주 안에서 수고'하는 일꾼이 되었도다." 그리고 나서 우리의 친구 버시가 등장하는데, 그녀 역시도 단독으로서 있습니다. 그녀는 앞에서 언급된 여인들과 동일한 영예를 공유합니다. 그녀는 "주 안에서 많이 수고"했습니다. 로마교회의 형제들과 자매들은 사도들이나 어떤 권위 있는 지도자들의 지도 없이 각자 자신들의 역할을 찾았습니다. 그리고 이들 여인들은 아무도 "이렇게 하라" 혹은 "저렇게 하라"고 말하지 않는 가운데서도 그들이 해야 할 일을 스스로 발견했습니다. 아니, 예수의 영에 의해 그들의 할 일을 가르침 받았다고 말하는 것이 더 나을 것입니다. 그리고 그들은 그 일을 전심으로 수행했습니다. 그리스도인 여자들이 남자들보다 훨씬 더 잘 할 수 있는 일은 매우 많습니다. 우리는 여성 해방과 관련한 오늘날의 논의가 여기와 같은 신약의 말씀들에 그 뿌리를 두고 있다는 사실을 잊어서는 안 됩니다. 그렇지만 특권은 동시에 의무를 의미합니다. 그러므로 여자의 지위가 높아졌다는 것은 곧 그녀들에게 엄중한 의무들이 부여되었다는 것을 의미하는 것입니다. 나는 오늘날의 교회들 가운데 얼마나 많은 여자들이 이와 같은 이름을 받기에 합당할는지 의문입니다. 오늘날 우리는 "여성의 권리"에 대한 말을 많이 듣습니다. 그러나 나는 "여성의 권리"보다도 "여성의 의무"에 더 많은 강조점이 두어지기를 바랍니다.

버시에 대한 바울의 칭찬으로부터 우리가 마지막으로 도출하는 교훈은 그녀가 기독교적 섬김의 모범이라는 사실입니다.

첫째, 섬김의 분량과 관련하여. 그녀는 "주 안에서 많이 수고"했습니다. 여기에서 "많이"와 "수고" 두 단어가 극단적으로 강조되어 있습니다. "수고"로 번역된 단어와 관련하여, 그것이 신약의 다른 곳에서 어떻게 사용되었는지를 살필 때 우리는 그 단어의 충분한 의미를 이해할 수 있게 될 것입니다. 여러분은 우리 주님이 사마리아 여자를 만난 사건을 기억할 것입니다. 그때 주님은 여행 중 피곤하여 우물곁에 앉으셨습니다. 여기에 사용된 "피곤"이라는 단어가 본문의 "수고"와 동일한 단어입니다. 또 여러분은 베드로가 밤이 새도록 빈 그물을 걷어 올렸던 일을 기억할 것입니다. 그때 그는 주님께 이렇게 말했습니다: "선생님 우리들이 밤이 새도록 수고하였으되 잡은 것이 없지마는 말씀에 의지하여 내가 그물을 내리리이다"(눅 5:5). 여기에서 베드로는 본문에 사용된 것과 동일한 단어를 사용하였습니다. 로마서 16장의 여인들이 행한 일은 이와 같은 종류의 일이었습니다. 그녀들은 힘이 지칠 때까지 그리고 자신들의 힘의 한계까지 일했으며, 몸을 사리지 않고 계속해서 일했으며, 잠깐 반짝했다가 스러지는 열정이 아니라 밤이 새도록 끈기 있게 일했습니다.

이것이 버시의 섬김의 분량이었습니다. 우리들 가운데 많은 사람들은 어떤 일을 하지 않으려는 핑계로 "나는 피곤하다"라고 말하곤 합니다. 우리는 미래에 일할 모든 힘을 다 잃어버릴 정도로 일해서는 안 됩니다. 이와 같은 전제 하에서, 그러나 나는 과연 피곤을 호소하는 것이 게으름에 대한 충분한 이유가 될 수 있는지 의문입니다. 나는 우리를 위한 참된 모범은 바로 예수 그리스도의 모범이라고 굳게 믿습니다. 그는 몹시 피곤했을 때 우물곁에 앉아 쉬면서 다른 영혼을 구하는 것으로 다시 원기를 회복했습니다. 그리하여 제자들이 돌아와 그가 다시 원기를 회복한 것을 보았을 때, 그들은 놀라며 이렇게 말했습니다. "누가 그에게 잡수실 것을 갖다 드렸는가?" 그렇습니다. 그의 양식은 그가 아버지를 위해 행한 일이었습니다. 여러분은 수고로부터의 가장 참된 회복이 수고의 종류를 바꾸는 것임을 잘 알 것입니다. 그것은 짐을 한쪽 어깨에서 다른 쪽 어깨로 옮기는 것과 마찬가지입니다. 오늘날 그리스도인들이 예수 그리스도를 위한 일의 진정한 한계를 올바로 깨닫는다면 얼마나 좋을까요! 그들은 자신들의 일을 행하거나 즐거움을 추구하는 가운데 지치는 것에 대해서는 조금도 염려하지 않습니다. 그러나 그리스도의 일과 관련해서는 조금만 지쳐도 마치 큰일이나 난 것처럼 호들갑을 떱니다. 만일 여러분이 축복의 빛 가운데 살고 있다면, 여러분의 힘의 한계까지 일하십시오.

여기의 버시는 "주 안에서 많이 수고"하였습니다. 혹은 예수께서 향유를 부은 마리아에게 말씀하신 것처럼, 그녀는 "자기가 할 수 있는 모든 일을" 다 했습니다. 이 말은 마리아가 향유를 부은 것을 옹호하기 위한 말이었지만 동시에 그 양(量)과 관련한 엄중한 요구이기도 했습니다. 그것은 "그녀가 할 수 있는 것의 절반"이나 "그녀가 손쉽게 할 수 있는" 것이 아니라 "그녀가 할 수 있는 모든" 것이었습니다. 바로 이것이 받으심직한 섬김의 분량입니다.

나아가 우리는 버시로부터 참된 기독교적 사역의 원천을 배울 수 있지 않을까요? 그녀가 "주 안에서 많이 수고"한 것은 그녀가 "그 안에" 혹은 "그와의 연합 가운데" 있었기 때문이었습니다. 바로 거기로부터 그 모든 일을 행할 수 있는 힘과 열망이 왔던 것입니다. 만일 그와의 긴밀한 교제가 없었다면, 그 모든 일을 행할 수도 없었을 뿐만 아니라 그 일들을 하고자 바라지도 않았을 것입니다. 그리스도인들로 하여금 어떤 종류의 섬김의 일을 행하도록 저급한 동기에 호소하며 채찍을 휘두르는 것은 쓸모없는 일입니다. 오래도록 지속되며 열매를 맺게 하는 오직 하나의 동기가 있는데, 그것은 그들이 예수 그리스도와 연합되었다고 하는 그들의 의식에 호소하는 것입니다. 그 안에 거하도록 훈계하십시오. 그러면 그들은 그 안에서 일하게 될 것입니다. 만일 여러분이 맷돌을 풍차에 연결한다면 혹은 베틀을 방적기에 연결한다면, 그것들은 돌아갈 것입니다. 그것을 손으로 돌리려고 애쓰는 것은 아무 소용없는 일입니다. 기계를 망쳐놓기만 할 뿐 그것으로부터 얻는 것은 너무나 보잘것없는 결과물뿐일 것입니다.

그러므로 사랑하는 형제들이여, "주 안에" 거하십시오. 바로 이것이 섬김의 비밀입니다. 그에게 더 가까이 나가갈수록 우리는 점점 더 계속해서 그에게 개인적으로 의지하는 것을 깨닫게 될 것입니다. 그리고 우리에게 즐거운 섬김과 함께 모든 종류의 탁월함이 꽃피게 될 것입니다. 그러한 그리스도인들에게 채찍을 휘두르며 재촉하는 것보다 더 저급하고 천박한 동기는 없을 것입니다. 그렇게 함으로써 저급한 약간의 것을 얻을 수 있을는지 모릅니다. 그러나 그것은 기독교적 섬김의 최고의 아름다움과는 너무나 멀리 떨어진 것입니다. 그것은 진정으로 유용한 것이 되지 못할 것입니다.

내가 볼 때 버시는 어떤 일에 있어 계속해서 행할 수 있는 조건을 보여 주는 것 같습니다. 만일 그녀가 "주 안에서 수고"하지 않고 다만 수고하는 동안 "주 안에" 있었을 뿐이라면, 그녀는 오래지 않아 그 일을 중단했을 것입니다. 우리의 기독교적 사역은 비록 그 일을 시작할 때는 그 동기가 매우 순수했다 할지라도, 그 안에 마침내는 기계적인 일이 되고 그럼으로써 처음 시작할 때와는 달리 저급한 동기로 변질되는 경향을 가지고 있습니다. 이것은 우리 모두에게 사실입니다. 만일 우리가 계속해서 그리스도와의 교제를 새롭게 하며 우리의 발을 반석 위에 굳게 세우는 일에 착념하지 않는다면, 필경 성령으로 시작한 일이 어느덧 육체로 지속되고 있는 것을 발견하게 될 것입니다. 우리는 그 일을 습관으로 행하게 될 것입니다. 어제도 그 일을 했으니까, 사람들이 그렇게 기대하니까, 다른 사람들도 그 일을 행하니까. 그 밖에도 수백 가지 이유들이 있을 것입니다. 이러한 일들은 우리의 경험 가운데 너무나 친숙합니다. 이러한 이유들은 결국 우리를 실족케 합니다. 그것들은 일의 전체적 성격을 바꾸어 놓으며, 일꾼들에게 해를 끼칩니다. 첫 마음을 계속해서 유지시키는 유일한 방법은 그것을 계속해서 본래의 원천(源泉)으로 되돌리는 것입니다. 우리의 기독교적 사역을 계속해서 순전하며 유용하며 주인의 보시기에 합당하게 유지시키는 유일한 방법은 그 일로 인해 그와의 교제가 훼손되지 않도록 계속해서 살피는 것입니다. 많은 일을 행하면 행할수록 우리는 다음과 같은 그리스도의 음성에 더 귀를 기울여야 합니다. "너희는 따로 한적한 곳으로 가라 거기서 나와의 교제를 새롭게 하자."

우리가 버시로부터 찾을 수 있는 마지막 교훈은 참된 기독교적 섬김은 영원히 잊히지 않고 기억될 것이라는 사실입니다. 만일 어떤 사람이 그녀에게 1,900년 후에 어떤 사람들이 모여 앉아 그녀에 관해 이야기하고 있음을 들려준다면(지금 우리가 하고 있는 것처럼 말입니다), 그녀는 얼마나 놀랄까요? 만일 그녀가 "버시야, 온 세상에 복음이 전파되는 곳마다 너의 이름과 너의 한 일과 너에 대해 기록한 말씀도 함께 전파되리라, 사람들이 너의 주인이신 예수 그리스도를 아는 한 너에 대해서도 알리라"는 말씀을 들었다면, 그녀는 얼마나 놀랐을까요? 우리는 버시와 같은 방식으로 우리의 이름을 사람들의 기억 속에 영원히 남길 수 없을 것입니다. 그러나 예수 그리스도는 우리의 이름을 당신의 기억 속에 영원히 남겨두실 것입니다. 우리가 이 여자처럼 그의 일을 행한다면 말입니다. "저들의 한 일을 내가 결코 잊지 아니하리라." 만일 우리가 어떤 방식으로든 그의 영광을 위해 살고자 노력한다면, 우리는 다음과 같은 사실들을 굳게 확신할 수 있습니다. 즉 우리가 행한 보잘것없는 일들이 영원히 기억될 것이란 사실과 세상에서 자신을 시인한 자들을 그가 하늘에서 천사들 앞에서 시인할 것이라는 말씀이 바로 우리에게 이루어질 것이란 사실을 말입니다. "주 안에 거하는" 삶은 복된 삶입니다. 또 "주 안에서" 일하는 일꾼들은 정말로 복된 자들입니다. 왜냐하면 그들이 "주 안에서" 죽고 그 모든 일들로부터 쉴 때, 그들이 행한 일이 그들을 따를 것이기 때문입니다.

49
뱀의 머리가 깨어짐

"평강의 하나님께서 속히 사탄을
너희 발아래에서 상하게 하시리라"
롬 16:20

바울이 이와 같은 승리의 확신을 기록할 때 아마도 그의 마음속에서는 다음과 같은 세 가지 성경 말씀이 떠다니고 있었을 것입니다. "너는 그의 머리를 상하게 할 것이라"(창 3:15). 이것은 우리가 받은 위대한 첫 복음입니다. "네가 사자와 독사를 밟으며 젊은 사자와 뱀을 발로 누르리로다"(시 91:13). 옛 성도들에게 주어진 모든 능력은 오늘날의 우리들을 위한 것이기도 합니다. "내가 너희에게 뱀과 전갈을 밟으며 원수의 모든 능력을 제어할 권능을 주었으니"(눅 10:19) 70명의 제자들에게 주신 이와 같은 약속은 교회에 주신 영원한 선물입니다. 이 모든 위대한 말씀들을 생각하면서 바울은 로마의 그리스도인들에게 "평강의 하나님이 속히 사탄을 너희 발아래에서 상하게 하실" 것이라고 약속합니다. 앞장에서 우리는 하나님이 "인내의 하나님" 혹은 "소망의 하나님"으로 불리는 것을 살펴보았습니다. 그와 같이 어떤 특별한 속성이 하나님께 돌려질 때, 그러한 속성은 이어지는 기도나 약속과 특별한 관련성을 갖습니다. 예를 들어, 본문의 "평강의 하나님"이란 호칭은 다른 곳에서 "양들의 큰 목자이신 우리 주 예수를 죽은 자 가운데서 이끌어 내신" 행동과 연결되는데(히 13:20), 그러한 호칭은 히브리서 독자들로 모든 선한 일에 온전케 되도록 기도하는 기초로서 제시됩니다. 이와 같이 바울이 확신하는 그 위대한 이름으로 인해 사탄은 속히 그들의 발아래 상하게 될 것입니다. 의심의 여지없이 본문과 본문 바로 앞에 언급된 것 즉 교회에서 분열과 분쟁을 일으키는 자들에 대한 경고의 말 사이에는 어떤 관련성이 있는 것으로 보입니다. 그렇지만 설령 어떤 관련성이 있다 할지라도 그것은 이차적 중요성만을 가질 뿐입니다. 바울은 지금 그분을 평강의 하나님으로 만드는 그분 안에 있는 모든 위대한 것들을 바라보고 있습니다. 그리고 그 모든 것들 안에서 그는 하나님의 능력이 당신의 자녀들의 평강을 깨뜨리는 모든 죄를 쳐부수기 위해 발휘될 것이라는 확실한 소망의 근거를 봅니다.

이제 본문이 우리에게 가르치는 바를 좀 더 상세히 살펴보도록 합시다. 본문 속에서 우리는 모든 그리스도인의 영혼 속에서 벌어지는 싸움의 개념을 볼 수 있습니다.

우리 모두 안에서 상호 대적하는 두 당사자가 서로 싸우고 있습니다. 한쪽에 "평강의 하나님"이 있으며, 다른 쪽에 "사탄"이 있습니다. 만일 여러분이 전자의 인격성을 믿는다면, 그것은 후자에 대하여도 마찬가지여야 합니다. 만일 여러분이 하나님의 능력과 영이 여러분을 도우며 강하게 하실 것을 믿는다면, 동시에 여러분은 그러한 믿음을 실족시키기 위해 광분하고 있는 원수들의 존재도 고려해야만 합니다. 악에 뿌리를 박은 채 우리 모두를 대적하는 거대한 세력이 있는 것입니다. 형제들이여, 우리는 너무 피상적인 것에만 매여 있는 것 같습니다. 우리는 악의 어두운 근원에 이르기까지 충분히 깊이 내려가지 않으며 또한 선의 밝은 근원에 이르기까지 충분히 높이 올라가지 않습니다. 하나님과 사탄의 대립을 배제하는 사상은 참으로 얕고 피상적인 사상입니다. 오늘날 인격적인 유혹자의 존재를 믿는 것은 매우 구시대적인 것처럼 받아들여지는 경향이 있습니다. 그러나 나는 어떤 사람의 신앙을 올바로 평가하기 위해서는 그가 그와 같은 대립에 대해 얼마만큼 이해하고 있는가를 살펴야만 한다고 믿습니다. 광명의 별(star of light)이 있으며 또한 암흑의 별(star of darkness)이 있습니다. 그들은 이를테면 동일한 중심 주위를 돌고 있습니다.

한 편으로 이러한 장엄한 실재를 무시함으로써 우리의 기독교가 얕고 천박해지는 것처럼, 다른 한 편으로 우리가 그것을 오해함으로써 기독교는 왜곡되고 절름발이가 됩니다. "평강의 하나님이 사탄을 너희 발아래에서 상하게 하시리라"는 말씀을 주목해 보십시오. 그렇습니다. 상하게 하시는 분은 하나님이십니다. 그러나 하나님은 그 일을 행하기 위해 우리의 발을 사용하십니다. 힘이 나오는 것은 하나님으로부터입니다. 그러나 그 힘은 우리를 통해 역사합니다. 하나님과 사탄 사이의 이러한 싸움과 관련하여, 우리는 단순한 싸움터도 아니고 또 양자가 서로 차지하려는 대상에 불과한 것도 아닙니다. 우리는 독을 품은 뱀의 머리를 제압하는 일에 우리의 모든 힘을 다 쏟아 부어야 합니다. "평강의 하나님이 사탄을 너희 발아래에서 상하게 하시리라." 그러나 꿈틀거리는 뱀을 상하게 하는 데는 여러분의 근육의 긴장과 발꿈치를 힘 있게 내려찍는 것이 필요합니다.

우리가 본문에서 보게 되는 또 하나의 개념은 평강의 하나님의 이름으로 주어지는 승리의 약속과 보증의 개념입니다. 우리는 이미 앞장에서 하나님에 대한 두 가지 비슷한 호칭을 살펴보았습니다. 만일 우리가 그러한 두 호칭을 본문의 호칭과 결합시킨다면, 우리는 하나님의 본성에 관한 놀랍도록 아름답고 강력한 삼중 개념을 얻게 될 것입니다. 셋 가운데 첫 번째 는 "인내와 위로의 하나님"입니다. 이러한 호칭이 제일 앞에 위치하는 것은 참으로 복된 일인데, 그것은 모두의 경험 가운데 매우 큰 부분을 차지하는 것이 바로 슬픔이기 때문입니다. 하나님과 관련하여 대부분의 사람들이 가장 필요로 하는 것은 하나님이 그들의 슬픔을 담당하시며 그들로 하여금 슬픔을 감당할 수 있도록 도우시며 또 슬픔 가운데 있는 그들을 위로하시는 것입니다. 이와 같이 그가 인내의 원천이며 모든 위로의 하나님이라면, 그는 또한 "소망의 하나님"이 되실 것입니다. 왜냐하면 슬픔 가운데 위로받으며 그것을 참고 견딜 때 빛나는 소망이 산출되기 때문입니다. 나일 강의 흙탕물이 범람함으로써 이집트의 곡창지대가 만들어집니다. 이와 같이 "인내와 위로의 하나님"에 이어 "소망의 하나님"이 뒤따르는 것은 참으로 적절합니다.

이제 우리는 본문의 호칭 "평강의 하나님"에 이르게 됩니다. 이러한 호칭은 앞의 두 호칭 위에 세워진 것이든지 아니면 최소한 그것들을 생각나게 합니다. 바울은 앞장에서 "소망의 하나님이 모든 기쁨과 평강을 믿음 안에서 너희에게 충만하게 하사 성령의 능력으로 소망이 넘치게 하시기를 원하노라"(15:13)라고 기원하는데, 그러한 기원은 여기의 약속과 형태적으로는 매우 다르지만 그러나 본질에 있어서는 동일한 기원입니다. 그것은 우리의 본문 "평강의 하나님이 속히 사탄을 너희 발아래에서 상하게 하시리라"는 말씀과 밀접하게 연결되지 않습니까? 사탄을 어떤 사람의 발아래에서 상하게 함에 있어 그에게 기쁨과 평강을 믿음 안에서 충만하게 하는 것보다 더 확실한 방법이 무엇이겠습니까? 그런 사람에게 사탄이 무엇을 할 수 있겠습니까? 만일 그의 영혼이 신적 기쁨의 순전한 꿀로 가득 차 있다면, 사탄이 제시하는 파와 마늘의 매운 맛에 관심을 기울이겠습니까? 어떤 사람을 그의 저급한 본성으로부터 건져냄에 있어 그를 주의 선하심으로 만족케 하며 매일같이 "모든 기쁨과 평강"으로 충만한 삶을 경험하게 만드는 것보다 더 확실한 방법이 있겠습니까? 잔을 포도주로 채우십시오. 그러면 저급한 독주가 들어올 공간은 사라지게 될 것입니다. 여러분과 내가 유혹을 가장 효과적으로 물리칠 수 있는 방법은 신적 기쁨의 고결한 유쾌함으로 되돌아가는 것입니다. 만나의 기쁨으로 충만한 자는 결코 양파를 열망하지 않을 것입니다. 이와 같이 하나님은 여러분에게 사탄의 모든 유혹과 그의 모든 무기로부터 스스로를 방비할 것을 주심으로써 그를 "여러분의 발아래에서 상하게 하실" 것입니다. 하나님의 승리의 방법은 얼마나 복된 것입니까? 그것은 우리로 하여금 최고의 선을 소유하도록 하는 것입니다. 우리는 가장 선한 것을 가짐으로써 악한 것의 유혹을 물리칩니다.

또한 "평강의 하나님"이란 이름은 심지어 싸움 가운데에서조차 평온이 있음을 암시합니다. 이탈리아의 한 오래된 교회에서 용의 목을 밟고 있는 대천사의 그림을 본 적이 있습니다. 거기에서 대천사의 칼은 용의 비늘갑옷을 관통하고 있었습니다. 여러분은 그것을 그린 화가가 상상력이 부족하다고 생각합니까? 나는 그렇게 생각하지 않습니다. 도리어 그의 뛰어난 통찰력이 나타난다고 생각합니다. 그는 대천사가 용을 죽이는 순간 그 얼굴에 미소를 띠는 모습을 표현합니다. 대천사의 얼굴에는 힘을 다 해 싸운 흔적이 전혀 나타나지 않습니다. 용에게 치명적 일격을 가한 것은 너무도 쉬운 일이었습니다. 어쩌면 화가는 더천사의 태도와 얼굴에 좀 더 많은 표현을 담을 수도 있었을지 모르지만, 그러나 나는 그대로가 더 낫다고 생각합니다. 우리 역시도 평강을 깨뜨림이 없이 용을 이길 수 있습니다. 비록 우리의 힘을 다해 싸우는 것이 요구된다 하더라도 말입니다. 우리는 스스로를 긴장시키지 않으면서 뱀의 미끌미끌한 머리를 우리의 발아래 밟을 수 있습니다. 우리는 끝없는 요동의 한 가운데도 평강을 누릴 수 있습니다. 바울은 빌립보서 4장 7절에서 "하나님의 평강이 너희 마음과 생각을 지키시리라"고 말했는데, 여기에서 지킨다는 것은 수비대(守備隊)를 두어 지킨다는 의미입니다. 그것은 전쟁의 와중에 있음을 전제하는 것인데, 우리는 여기에서 두 가지 서로 상반된 개념이 아름답게 결합되는 것을 볼 수 있습니다.

"내 영혼아, 별들을 지나 머나 먼 곳에
 한 나라가 있도다,
 거기에 파수꾼들이 무장하고 서 있나니,
 모두 전쟁에 능한 자들이로다."

시인은 그 나라의 이름이 "평강"이 라고 말합니다. 사랑하는 형제들이여, 우리가 주님께 더 가까이 나아갈수록, 우리는 "믿음의 선한 싸움"을 더 잘 싸우게 될 뿐만 아니라 또한 "평강의 복음으로 예비된 신"을 더 잘 신을 수 있게 될 것입니다.

"평강의 하나님이 사탄을 너희 발아래에서 상하게 하시리라." 하나님은 사탄을 상하게 하는 가운데 여러분게 자신의 평강을 주실 것입니다. 그 일을 행하는 가운데 평강을 주실 뿐만 아니라 그 일을 행할 수 있도록 평강을 주실 것이며 또한 그 일을 행한 후에 더 큰 평강을 주실 것입니다. 이와 같이 평강의 하나님이란 이름은 승리의 보증이면서 동시에 죄와 유혹과 더불어 싸운 이후 더 큰 평강이 임할 것에 대한 보증이기도 합니다.

마지막으로, 이 일의 신속성을 주목하십시오.

그가 "하나님이 속히 사탄을 너희 발아래에서 상하게 하시리라"고 말할 때, 나는 그가 모든 싸움이 끝나는 주의 강림을 생각하고 있었다고 감히 말합니다. 그의 머리 속에 "주의 강림이 임박했다"는 생각이 놓여 있었던 것입니다. 그러나 설령 그렇다 하더라도 우리는 본문을 다른 방식으로도 볼 수 있습니다. 그들의 경험은 오늘날 우리의 경험과 전혀 달랐습니다. 여기에 내가 있습니다. 나는 지난 반세기 동안 그리스도인이었습니다. 그렇지만 나의 인생길에서 내가 오래 전의 그들보다 더 많은 것을 얻었습니까? 내가 그들보다 죄를 더 멀리 하며 그들보다 기독교적 고결함을 더 많이 이루었습니까? 과연 그렇게 말할 수 있을까요? 우리 대부분은 "속히"라는 단어 대신 "서서히"라는 단어를 사용해야 마땅할 것입니다. 그렇지만 사랑하는 형제들이여, 본래의 이상은 신속한 승리입니다. 그러나 실재와 다르게 나타난다면, 그것은 잘못이며 우리의 실패입니다.

신속하게 정복하지 않으면 다시 그렇게 할 수 있는 기회가 극히 적어지는 악들이 매우 많이 있습니다. 예를 들어 여러분은 술에 중독된 사람이 점진적 과정으로 치유되었다는 이야기를 거의 들어보지 못했을 것입니다. 뱀의 머리는 점진적 누름으로는 결코 상하지 않을 것입니다. 단번에 뒤꿈치로 강력하게 밟아버려야 합니다.

만일 그리스도인으로서의 나의 경험이 본문의 사실성을 받아들이는 것을 주저하게 만든다면, 본문 자체가 나에게 그 이유를 말해줄 것입니다. "사탄을 상하게 하는" 것은 "평강의 하나님"입니다. 여러분은 평강의 하나님과의 교제를 계속해서 유지하고 있습니까? 여러분의 영혼과 삶 속에 하나님의 권능이 끊어지지 않고 계속해서 임하고 있습니까? 여러분은 그렇게 되도록 스스로를 그분께 열어 놓습니까? 만일 여러분이 약을 먹지 않으면서 왜 약효가 약속처럼 빨리 나타나지 않는지 의아하게 생각한다면, 그것은 스스로를 기만하는 것이며 순전한 어리석음입니다. 오늘날 많은 그리스도인들은 "사탄을 자기 발아래 상하게" 함에 있어 느리고 점진적 방법을 사용합니다. 그러는 동안 종종 그들이 사탄의 머리를 상하게 하는 대신 도리어 사탄이 그들의 발꿈치를 상하게 합니다. 그리고 그렇게 되는 이유의 대부분은 예수 그리스도 안에서의 하나님과의 교제가 지속적으로 유지되지 못하고 끊어지기 때문입니다.

여기의 "속히"와 관련하여 우리가 고려해야 할 요소가 또 있습니다. 그것은 그것이 하늘의 시간법과 관련된 것이라는 사실입니다. 만일 우리가 하늘의 시간법을 적용한다면, 그것은 정말로 "속히"가 될 것입니다. 밤새도록 애곡한다 할지라도, 아침에는 기쁨이 올 것입니다. "하나님이 그 성 중에 계시매 성이 흔들리지 아니할 것이라 하나님이 '속히' 도우시리로다"(시 46:5). "주께서 가까우시니라"(빌 4:5). 우리가 저 세계에 이를 때, 우리가 싸웠던 그 모든 세월은 너무도 짧은 것이 될 것입니다. 그리고 우리는 "주께서 우리를 '속히' 도우셨도다"라고 말하게 될 것입니다. 우리가 세상에서 싸워야할 기간이 70년이라 할지라도, 그때 우리는 그 모든 기간을 바라보며 이렇게 말할 것입니다. "주여, 그 모든 것이 잠시일 뿐이었나이다. 그리고 그 '잠시'가 나를 영원한 평강의 날로 이끌었나이다."

50
더디오

"이 편지를 기록하는 나 더디오도
주 안에서 너희에게 문안하노라"
롬 16:22

우리는 때로 오래 전의 종교적 그림에서 그것을 그린 화가가 눈에 띄지 않는 한 귀퉁이에서 기도하는 형상으로 그려져 있는 것을 볼 수 있습니다. 여기에서 더디오가 그렇게 합니다. 그는 잠깐 붓을 멈추고 고린도로부터 알지 못하는 로마의 형제들에게 문안인사를 보냅니다. 분명히 로마의 형제들도 그를 알지 못했을 것입니다. 따라서 그는 자신을 소개할 필요가 있었습니다. 우리는 그에 대해 지금까지 한 번도 들어본 적이 없었으며, 앞으로도 듣지 못합니다. 그는 낮은 광도(光度)의 별처럼 한 순간 나타나 잠깐 흐릿하게 비추었다가 이내 사라집니다. 그의 이름으로 판단할 때, 로마 사람이었던 것으로 보입니다. 그는 이탈리아와 어떤 연관성을 가진 것으로 보이지만, 분명한 것은 로마교회에 대하여는 외인(外人)이었다는 사실입니다. 그가 고린도에 거주하는 자였는지 아니면 바울의 여행 동료들 가운데 한 사람이었는지에 대해 우리는 알지 못합니다. 그의 이름이 바울의 편지 어디에서도 나타나지 않는 것으로 미루어 아마도 후자였던 것 같습니다. 그는 지금까지 자신이 대필하고 있는 글의 수신자들에게 문안하기 위해 잠깐 무대로 스스로를 끌어냅니다. 그는 어둠의 깊은 심연을 가로질러 마치 거미줄처럼 보이는 사랑의 줄을 칩니다.

여기의 짤막한 인사말은 잠깐 스치고 지나가는 바람 같은 것이지만, 그러나 그것은 "주 안에서" 영원히 남았습니다. 의심의 여지없이 세상의 미움은 초대교회 제자들을 서로 더욱 단단하게 결속시켰습니다. 더디오가 로마의 형제들에 대해 품은 사랑의 따뜻한 마음은 오늘의 우리에게 큰 감동을 가져다줍니다. 비록 알지 못하는 형제들이라 할지라도 우리는 그들을 생각하려고 노력해야 합니다. 기독교적 사랑은 단지 눈에 보이는 대상들에만 그리고 개인적으로 아는 사람들에게만 한정되어서는 안 됩니다. 우리는 우리가 속한 공동체의 협소한 경계를 뛰어넘어 넓은 들판으로 나아가야 합니다. 우리의 큰 목자이신 예수 그리스도께서도 "이 우리에 들지 아니한 다른 양들이 내게 있다"고 말씀하셨는데(요 10:16), 이러한 말씀은 우리의 협소함을 꾸짖으면서 우리로 하여금 기독교적 사랑의 경계를 의식적으로 계속해서 확장시켜나갈 것을 명하는 것이 아니겠습니까? 우리는 종종 생각이나 의견이 같다든지 혹은 심지어 출신 지역이 같다는 따위로 형제 의식의 경계를 설정하는 경향이 있습니다. 여기에서 더디오는 바다를 넘어 손을 뻗으면서 알지 못하는 형제들의 손을 잡습니다. 그의 이와 같은 사랑의 분출은 우리의 협소함을 부끄럽게 하며 또 우리로 하여금 모든 지역에서 예수 그리스도를 주로 고백하는 모든 자들에 대해 더 깊은 마음을 갖도록 촉구하기에 충분합니다.

더디오로부터 우리가 배울 수 있는 또 하나의 교훈은 위대한 목적을 위한 종속적 일의 중요성입니다. 대필자로서의 그의 직무는 사실 매우 보잘 것없는 것이었습니다. 그러나 그것은 바울의 직무와 똑같이 꼭 필요한 것이었습니다. 그가 있었기에 오늘 우리는 로마서를 가질 수 있었습니다. 그가 있었기에 바울은 자신의 마음속에서 분출하고 있었던 생각들을 불후(不朽)의 글로 영원히 남길 수 있었습니다. 만일 더디오가 곁에 있지 않았다면, 그러한 생각들은 모두 잊어지고 말았을 것입니다. 보일러에서 만들어진 증기의 힘은 기관 속에서 거대한 힘으로 작동하는데, 거기에서 작은 톱니바퀴들은 큰 축대(shafts, 軸帶)만큼이나 필요불가결합니다. "더 약한” 것처럼 보이는 지체들이 더 긴요합니다. 위대한 곡에는 그 안에 들어 있는 각각의 모든 계명들이 필요하며, 거대한 오케스트라에는 트라이앵글과 작은 북에 이르기까지 모든 악기가 다 필요합니다. 종속적 일의 중요성과 관련한 이와 같은 교훈은 스스로 중요한 일을 맡았다고 생각하는 사람들과 종속적 일이 자신들이 할 수 있는 모든 일이라고 생각하는 자들 모두에게 필요합니다. 그러한 교훈은 전자의 사람들에게는 겸손을 가르치며 후자의 사람들에게는 격려를 줍니다. 기독교적 섬김의 일에 있어 우리는 무엇이 큰 일이며 무엇이 작은 일인지 알지 못합니다. 마이트와 달란트 사이를 명확하게 구별할 수 있기 전에 먼저 우리를 둘러싸고 있는 그릇된 통속적 개념들을 깨끗이 청소해야 합니다(마이트는 아주 적은 액수인 ‘동전 한 닢’을 의미하는 것이며 달란트는 가장 큰 화폐단위임 — 역주). 우리는 이것이 형통할는지 혹은 저것이 형통할는지 알지 못합니다. 이와 같은 무지(無知)를 감안할 때, 우리는 참된 섬김은 항상 작은 일이어야 한다고 고집한다든지 혹은 사람들의 주의를 끌며 찬사를 받는 일은 실제로 하나님의 눈에도 그러할 것이라고 지나치게 확신한다든지 하는 것을 조심해야 합니다. 고상한 야망을 품는 것은 좋은 일입니다. 그것은 “더 큰 은사를 사모하는” 것입니다. 그러나 더 좋은 것이 있습니다. 그것은 크고 작음을 따지지 않는 사랑을 따라 행하는 것입니다. 그러한 사랑이 없다면 예언하는 능력이 있으며 모든 비밀과 모든 지식을 알고 있다 할지라도 아무것도 아닙니다.

더디오의 말 속에서 우리는 자신의 일에 대한 그의 자부심이 살짝 드러나는 것을 발견할 수 있습니다. 그는 의심의 여지없이 자신의 일이 종속적인 것이라는 사실을 알고 있었습니다. 그러나 동시에 그는 그것이 꼭 필요한 일이라는 사실도 알고 있었습니다. 따라서 그는 틀림없이 그 일을 올바로 수행하는 데 최선을 다했을 것입니다. 이런 마음을 갖지 않은 자가 어떻게 자기 일에 최선을 다할 수 있겠습니까? “해야 할 가치가 있는 일은 잘 할 가치가 있다”는 것은 지극히 상식적 지혜입니다. 우리의 마음을 쏟고 최선의 노력을 기울이는 것이 없다면, 그러한 일은 보잘것없는 일이 되고 말 것이며 하나님과 사람과 자신에게 만족스럽지 못한 일이 되고 말 것입니다. 더디오가 대필한 글에는 어떤 오류나 부주의함도 없었다고 우리는 확신할 수 있습니다. 만일 그가 이 편지를 대필하는 데 최선을 다했다고 느끼지 않았다면, 틀림없이 그는 자신의 따뜻한 인사말을 덧붙이지 않았을 것입니다. 다음과 같은 다윗 왕의 위대한 말은 매우 광범위하게 적용될 수 있습니다. "내가 여호와께 드리려고 네 물건을 빼앗지 아니하겠고 값없이는 번제를 드리지도 아니하리라"(대상 21:24).

더디오의 인사말은 우리의 삶 가운데 어떤 것이 영원히 기억될 것인지를 보여줍니다. 그는 이 편지를 대필하는 전후의 상당 시간을 사람들의 눈에 띄지 않은 채 바울 곁에 있었습니다. 그는 단지 편지를 대필한 자로서 사람들에게 알려지기를 바랐습니다. 그리스도인들은 사람들 가운데 예수 그리스도를 위해 행한 일로 — 설령 작은 것이라 할지라도 — 알려지기를 열망해야 합니다. 우리는 스스로에게 이와 같은 방식으로 기억될 만한 것이 있는지 물어야 합니다. 우리가 행한 거의 대부분의 일들은 망각 속에 묻혀버리고 말 것입니다. 우리의 인생이 마치 거대한 강과 같다고 상상해 보십시오. 그 강은 상류로부터 흘러내려오는 가운데 엄청나게 많은 진흙과 모래를 담고 있을 것입니다. 그러나 그 강에 그리스도와 사람들을 위해 행한 섬김의 아름다운 금덩이들이 얼마간 있다면, 그것들은 결코 잃어지지 않고 그분에 의해 쌓여지고 모아지게 될 것입니다. 우리가 그리스도를 위해 그리고 그의 이름을 전파하기 위해 행한 것은 영원하지 않은 삶 속에서 영원한 부분이 될 것입니다. 우리를 바쁘게 만들었던 그리고 때로 우리를 폭풍 가운데 몰아넣었던 나머지 모든 것들이 영원한 망각 속에 묻힐 때, 그것은 그의 기억 속에 영원히 살아있을 것입니다. 본 서신을 대필한 더디오에 대해 우리가 아는 모든 것은 다만 그가 이것을 기록했다는 사실뿐입니다. 그러나 그것으로 충분합니다. 우리의 삶도 그와 같다면 좋을 것입니다.

51
형제 구아도

"형제 구아도도 너희에게 문안하느니라"

롬 16:23

우리들 가운데 대부분의 사람들이 로마서 끝 부분의 긴 목록을 거의 읽지 않든지 혹은 별 관심을 갖지 않는 것은 매우 유감스러운 일입니다. 만일 그들의 이름을 사랑하는 마음으로 주의 깊게 살핀다면, 우리는 그것으로부터 많은 교훈을 배울 수 있게 될 것입니다. 본문의 짤막한 구절도 별다른 내용이 담겨 있지 않은 것처럼 보입니다. 그러나 여기에 담긴 풍성한 아름다움과 따뜻한 사랑을 풀어내지 못한다면, 나의 의무를 다하지 못하는 것이 될 것입니다. 이 구절을 세밀히 살필 때, 여기에서 기독교가 무엇이며 또 무슨 일을 일으켰는지에 대한 놀라운 사실이 드러나는 것을 보게 될 것입니다.

우리가 여기에 언급된 형제 구아도(Quartus)에 대해 작은 그림을 그리는 것은 그리 어렵지 않은 일입니다. 그는 분명히 로마교회가 알지 못하는 사람이었습니다. 그들은 구아도에 대해 한 번도 들어보지 못했습니다. 그들 가운데 누구도 그에 대해 전혀 알지 못했습니다. 뿐만 아니라 구아도는 분명히 고린도교회에서 특별한 명성이나 지위를 갖고 있지 않은 사람이었습니다. 그는 로마교회에 문안 인사를 보내는 다른 사람들과 현저하게 대조됩니다. 디모데에 대해 말할 때, 바울은 "나의 동역자 디모데"라고 말합니다(21절). 그는 바울의 동료이며 돕는 자로서 교회들 가운데 널리 알려졌으며 따라서 제일 앞에 언급됩니다. 그러고 나서 그와 함께 있었던 몇 명의 다른 유명한 인물들의 이름이 나옵니다(누기오, 야손, 소시바더). 그리고 이어 이 편지를 대필하는 더디오의 인사말이 나옵니다. "이 편지를 기록하는 나 더디오도 주 안에서 너희에게 문안하노라"(22절). 그러고 나서 바울은 다시 몇 명의 이름을 구술(口述)하기 시작합니다. 먼저 "바울과 온 교회를 돌봐준 가이오"의 인사말이 나오는데, 그는 고린도교회에서 매우 유력한 사람이었습니다. 그는 큰 부자로서 많은 사람을 돌봐줄 수 있었을 뿐만 아니라 기꺼이 그렇게 하려고 했던 사람이었습니다. 이어 "이 성" 즉 고린도 시의 "재무관 에라스도"의 이름이 등장하는데, 그 역시도 고린도에서 상당히 유력한 사람이었을 것입니다. 그 후에 이 모든 유력한 사람들 가운데 별로 특별할 것이 없는 구아도가 등장합니다. 그는 디모데처럼 널리 알려진 사람도 아니었으며, 가이오처럼 부자도 아니었으며, 에라스도처럼 사회적 지위를 가진 사람도 아니었습니다. 그는 많은 사람들에게 알려지지 않은 평범한 그리스도인이었을 뿐입니다. 그는 자기 마음속에서 바다 건너 로마의 형제들에게 사랑의 샘이 흘러넘치는 것을 느낍니다. 한 번도 그들을 보지 못했음에도 불구하고 말입니다. 그는 로마의 형제들이 자기가 그들을 사랑스럽게 생각하고 있으며 또 그들에 의해 사랑스럽게 생각되기를 바라는 사실을 알기를 바랍니다. 그리하여 그는 바울의 편지에서 약간의 공간을 허락받아 거기에다가 마치 거대한 대성당에 조각된 유명한 인물들 가운데 별로 눈에 띄지 않는 한 귀퉁이에 세워진 잊혀진 성자의 조각상처럼 "형제 구아도"의 이름을 영원히 새겨 넣습니다.

본문의 짤막한 구절 속에서 첫 번째로 우리의 마음을 잡아끄는 것은 기독교적 사랑의 새로운 끈이 얼마나 강력하며 실제적인가 하는 사실입니다.

이러한 작은 삽화(揷畵)는 복음의 연합하는 힘에 대한 교리적인 글보다 훨씬 더 감동적이며 인상적입니다. 여기에서 우리는 사람의 마음속에서 실제로 작동하는 힘이 언뜻 나타나는 것을 볼 수 있습니다. 만일 우리가 이러한 짧막한 인사말이 함축하고 있는 모든 것을 그리고 그러한 인사말이 보내어질 수 있기 전에 극복되어야만 했던 모든 것을 충분히 고려한다면, 우리는 이 안에서 거대한 혁명의 싹을 볼 수 있을 것입니다. 구아도(Quartus, 쿠아르투스)는 이 편지가 기록된 도시인 고린도에 거주하는 사람이었습니다. 그의 로마식 이름은 그가 로마 혈통임을 보여주는 것일 수 있습니다. 그러나 확실한 것은 아닙니다. 어쩌면 그는 헬라인으로서 민족적 증오심의 깊은 심연을 가로질러 로마의 형제들과 악수하기 위해 자신의 손을 뻗치고 있었던 것이었는지도 모릅니다. 당시 거칠고 오만한 정복자 로마와 피정복자이기는 하지만 여전히 반항 정신을 잃지 않고 있었던 고린도 사이에는 상당한 증오심이 있었습니다. 당시 고린도에는 로마에 의해 짓밟힌 자유와 자신들의 찬란한 문화에 대한 그리움이 점증하고 있었습니다.

당시 기독교적 하나됨의 의식을 느끼기에 앞서 이와 같이 극복되어야 할 깊은 심연들이 많이 있었습니다. 사실 이와 같은 실제적 상황과 정반대로 행동하는 것은 거의 불가능합니다. 당시 세계는 화산의 경사면에 있는 거대한 용암층 같았습니다. 식어서 딱딱하게 굳은 용암층 말입니다. 모든 것은 터지고 갈라진 틈들의 미로로 뒤엉켰습니다. 그 밑에서 사람들은 단지 유황 불꽃이 피어나는 것을 볼 수 있을 뿐입니다. 민족적 증오심과 인종과 언어와 종교 간의 격렬한 적대감과 사회적으로 광범위한 분열은 당시 사람들을 갈갈이 찢어 놓았습니다. 한 쪽에 자유인이 있으며 다른 한 쪽에 노예가 있었습니다. 한 쪽에 이방인이 있으며 다른 한 쪽에 유대인이 있었습니다. 한 쪽에 로마 통치의 강포와 오만이 있었으며 다른 한 쪽에 피정복민들의 무력한 그러나 독기에 찬 증오가 있었습니다.

이 모든 것들이 로마제국의 무력에 의한 인위적 통합으로 하나로 뭉쳐져 있었습니다. 그러나 그러한 통합은 당장이라도 허물어질 듯이 위태로웠습니다. 마치 노예들을 좀 더 쉽게 끌고 가기 위해 그들을 하나의 족쇄로 묶은 것과 같았습니다. 이러한 끔찍한 상황 속으로 복음이 들어왔습니다. 복음은 그와 같이 서로 갈라진 것들을 하나로 묶는 강력한 끈이었습니다. 그리고 그러한 끈은 인간 사회의 모든 갈라진 것들을 새롭고 실제적이며 살아있는 힘으로 하나로 묶었습니다. 우리는 이러한 사실을 잘 압니다. 그러나 우리는 이러한 과정이 실제로 일어나는 것을 우리 눈으로 볼 필요가 있습니다. 바로 여기에 "형제 구아도"의 메시지가 있는 것입니다.

참된 인도주의의 개념과 모든 인류가 한 형제라는 개념은 전적으로 기독교적인 것입니다. 사랑으로 함께 부둥켜안는 세계 공동체의 개념은 복음이 오기 전에는 꿈도 꾸지 못했던 것입니다. 그러나 복음이 온 이래로 그것은 꿈 이상의 것이 되었습니다. 오늘날 많은 사람들이 그러한 이상(理想)을 말하면서 그것을 그리스도 없이 이루려고 애를 씁니다. 그러나 만일 여러분이 그러한 이상을 그 기초로부터 떼어낸다면, 그것은 순전한 꿈이요 유토피아적 감상주의에 불과할 것입니다. 그것은 기독교 안에서 작동합니다. 비록 완전하지 않게 작동함에도 불구하고 그러나 그 안에 실제적 힘이 있습니다. 복음은 먼저 실재(實在)를 산출합니다. 그리고 나서 그 후에 이론이 따릅니다. 교회는 인류의 형제됨이나 모든 민족의 하나됨에 대해 많은 말을 하지 않았습니다. 다만 모든 구별을 뛰어넘어 노예와 주인, 정복민과 피정복민, 흰 피부를 가진 고트족과 거무스레한 피부를 가진 아라비아 사람, 오딘 숭배자와 제우스 숭배자, 유대인과 이방인을 모두 하나로 묶었습니다. 복음의 결과로서 모든 구별을 뛰어넘은 이와 같은 실제적 연합은 인류의 하나됨의 이상을 실현하기 위한 첫 번째 시도이면서 동시에 모든 인류가 형제라는 사실에 대한 첫 번째 가르침이었습니다.

이러한 짧막한 인사말이 보내질 수 있기 이전에 그리고 어떤 고린도 사람이 로마의 알지 못하는 사람들에게 사랑을 느낄 수 있게 되기 이전에, 세상에 새로운 힘이 주어져야만 했습니다. 그것은 지금까지 인류가 경험했던 다른 힘들과는 근본적으로 다른 것이었습니다. 그것이 무엇이었습니까? 그것이 바로 세상을 위해 자신을 주신 자의 이야기가 아니면 무엇이겠습니까? 그리스도는 모든 사람들을 하나로 묶었는데, 그것은 그가 그 모든 사람들과 공통된 관계를 갖고 있기 때문입니다. 그리고 그로 인해 다음과 같은 위대한 선언이 선포될 수 있게 되었습니다. "너희는 유대인이나 헬라인이나 종이나 자유인이나 남자나 여자나 다 그리스도 예수 안에서 하나이니라"(갈 3:28). 땅 위에 있는 작은 꽃은 땅 밑에 내려져 있는 뿌리에 대해 말해줍니다. 그와 마찬가지로 형제 구아도의 메시지는 구주 안에서 그와 로마에 있는 알지 못하는 형제들이 하나라고 하는 복음을 전제하면서 거대한 혁명을 소리 없이 증거합니다.

이와 같이 우리의 기독교적 사랑의 감정을 개인적으로 아는 사람들에게만 한정해서는 안 됩니다. 우리는 거기에서 더 나아가야 합니다. 여기의 구아도처럼, 때때로 우리의 따뜻한 마음을 산과 바다를 넘어 보냅시다. 그는 로마 교회의 형제들을 알지 못했습니다. 로마 교회의 형제들 역시도 마찬가지였습니다. 그러나 그는 그들에게 자신의 손을 뻗었으며 그들의 손을 잡았습니다. 바로 이것이 오늘날 우리가 배워야 할 교훈입니다.

구아도와 관련하여 우리가 살펴보아야 할 것이 또 있습니다. 그는 고린도인이었습니다. 고린도 교회는 다툼과 분쟁으로 유명했습니다. 그들은 "바울파" "아볼로파" "게바파" "그리스도파" 등으로 나뉘었습니다. 나는 구아도가 이들 가운데 어느 파당에 속했을지 궁금합니다. 그가 같은 자리에 앉아 있는 고린도교회의 형제들보다 멀리 떨어져 있는 로마교회의 형제들에게 더 따뜻한 형제사랑의 감정을 가졌을 것이라는 것은 충분히 가능한 일입니다. 여러분이 알고 있는 것처럼 사람들 사이에 서로 멀리 떨어져 있음으로써 도리어 어떤 신비감 같은 것을 갖게 되는 것은 결코 드문 일이 아닙니다. 가까이 있는 형제들보다 멀리 떨어져 있음으로써 그 단점이 눈에 띄지 않는 형제들에게 더 따뜻한 마음을 갖게 되는 것 역시 흔히 있는 일입니다. 나는 구아도가 고린도의 다투는 자들 가운데 한 사람이었다고 말하지 않습니다. 그러나 그럴 가능성도 충분히 있습니다. 그 역시도 보이는 형제보다 보이지 않는 형제를 사랑하는 것이 훨씬 더 쉽다는 사실을 발견한 사람들 가운데 한 사람일 수 있습니다. 그렇다면 우리는 여기에서 어떤 교훈을 배울 수 있을까요? 그것은 우리의 기독교적 사랑을 외부로만 돌리지 말자는 것입니다. 그것 가운데 일부는 항상 내부의 사람들을 위해 남겨 놓읍시다.

우리는 본문의 '형제'라는 단어 속에서 기독교적 연합의 강력한 근거를 발견합니다. 그는 마치 이렇게 스스로에게 말하고 있는 것처럼 보입니다. "그들에게 내가 어떤 사람인지, 나의 지위가 무엇인지 따위를 말하는데 신경을 쓰지 말자. 그들에게 단지 내가 형제라는 것만을 말하자. 그것으로 충분하지 않은가? 오직 그것이 내가 그들에게 알려지기를 바라는 유일한 이름이며, 그들에게 나의 사랑을 설명하는 이름이 아닌가?"

우리가 형제인 것은 우리가 한 아버지의 자녀들이기 때문입니다. 초대교회의 그리스도인들이 즐겨 사용했던 '형제'라는 이름은 그들이 한 아버지로부터 말미암은 공동의 생명에 함께 참여했다는 놀라운 사실 위에 기초합니다. 그들이 '형제'라고 말할 때 그것은 그들이 영원히 살아계신 하나님의 말씀으로 말미암아 거듭난 자들이라는 사실을 함축합니다. 거듭남의 위대한 진리 즉 하나님으로부터 말미암은 그리고 아들이신 그리스도를 통해 그리고 성령에 의한 신적 생명의 전달은 기독교적 형제 관계의 기초입니다. 그러므로 '형제'라는 이름은 군순히 과장된 감정으로부터 말미암은 것이 아니라 심오한 사실을 표현하는 것입니다. "영접하는 자 곧 그 이름을 믿는 자들에게는 하나님의 자녀가 되는 권세를 주셨으니"(요 1:12). 이렇게 하나님의 자녀가 된 모든 자들은 서로 형제가 되는 것입니다.

바로 이것이 우리의 연합의 진정한 근거이면서 동시에 그로부터 난 모든 자들을 사랑해야 하는 우리의 의무의 근거입니다. 다른 근거 위에서는 진정한 연합은 불가능합니다. 다른 것들 예컨대 생각이 같다든지, 같은 관습을 가졌다든지, 동일한 의식(儀式)을 가졌다든지, 같은 지역이나 같은 나라 출신이라는지 따위의 근거는 모두 불충분한 근거입니다. 기독교 공동체에서 본질적 동질성에 부가하여 같은 생각을 가진다든지 같은 나라 출신이라든지 같은 예배형태를 가졌다든지 따위의 다른 것들이 요구될 수 있을 것입니다. 그러나 만일 이와 같은 종속적 요소들을 영적 연합의 기초로 생각하면서 그러한 요소들을 강화시키는 데 열을 올리기 시작한다면, 우리는 참된 기초로부터 이탈되고 있는 것이며 교회의 속성은 위기에 봉착하게 될 것입니다. 모든 그리스도인들의 연합을 위한 진정한 기초가 여

기에 있습니다: "우리가 한 아버지를 가지지 않았느냐?" 우리는 그분으로 부터 말미암은 동질적 생명을 소유하고 있습니다. 우리는 형제이며 한 가족입니다. 왜냐하면 동일한 아버지의 자녀들이기 때문입니다.

구아도와 관련하여 우리가 또 한 가지 살펴볼 것은 그가 너무나 이상한 방법으로 그리고 전혀 예기치 않게 불후(不朽)의 이름을 얻었다는 사실입니다. 따뜻한 인사말 한 마디가 그에게 영원히 지워지지 않는 이름의 아름다운 상을 가져다주었습니다. 복음이 전파되는 곳마다 그의 이름도 함께 말하여질 것입니다. 만일 어떤 사람이 더디오 옆에서 "나의 인사말도 함께 보내 달라"고 부탁하고 있는 구아도에게 그의 이름과 따뜻한 인사말이 영원히 지워지지 않고 남을 것이라고 말한다면, 그는 얼마나 놀랄까요? 또 신약의 어떤 사람들은 만일 그들의 잠깐 동안의 잘못이 — 예를 들어 유오디아와 순두게의 다툼 같은 것 말입니다 — 같은 방식으로 영원히 지워지지 않고 남을 것이라는 사실을 안다면 얼마나 부끄러워지게 될까요? 만일 우리의 행동이 그와 같은 방식으로 영원히 지워지지 않을 것임을 안다면, 모든 행동에 있어 얼마나 조심하게 될까요? 여러분이 "네가 생각하고 행동한 모든 것이 내일 12시에 기록되고 온 세상이 그것을 읽을 것"이라는 말을 들었다고 상상해 보십시오. 그러면 여러분은 모든 행동을 극도로 조심하게 될 것입니다. 만일 어떤 사람이 자기가 지금 말하고 있는 것을 다른 사람이 자기 앞에서 기록하고 있는 것을 보고 있다면, 그는 말 한 마디 한 마디에 극도의 신중을 기할 것입니다.

구아도의 짤막한 인사말이 여기에 기록되었고 그것을 온 세상이 읽습니다. 우리의 모든 말과 행동 역시도 어떤 책에 기록될 것이며, 언젠가 그 책이 읽혀질 날이 올 것입니다. 하나님이 우리의 모든 것을 기록하고 계시다는 사실을 아는 여러분과 내가 이와 같이 살아가고 있는 것은 얼마나 놀랄 만한 일입니까? 만일 하나님이 우리의 모든 것을 보고 계신다는 사실을 아는 우리가 모든 행동에 대해 부끄러워할 줄 모르면서 하나님의 눈보다 사람들의 눈을 더 많이 의식한다면, 그것은 얼마나 이상한 일입니까? 우리는 우리의 마음속에 "모든 것을 판단하시는 하나님의 순결한 눈과 완전한 증거"를 항상 간직해야 합니다. 구아도의 짤막한 인사말이 영원히 기록된 것은 하나님 앞에서 생각하고 행동한 모든 것들이 영원히 지워지지 않고 기록될 것을 보여주는 상징입니다. 우리의 모든 행동이 형제 구아도의 인사말처럼 참된 빛 가운데 영원히 빛나도록 살아갑시다. 우리를 둘러싸고 있는 다른 모든 것들 예컨대 우리의 지위나 재능이나 재물 따위는 모두 암흑 속에 묻혀버릴 것입니다. 그러그로 구아도의 짤막한 인사말에 그의 모든 생애가 응축되어 있는 것처럼 우리도 그와 같은 삶을 추구합시다. 누가 구아도처럼 그 이름이 영원히 기록되는 것을 바라지 않겠습니까? 누가 그와 같은 묘비명이 새겨지는 것을 바라지 않겠습니까? 그의 짤막한 인사말 속에 그의 이름과 그의 믿음과 그의 형제사랑이 영원히 살아 있습니다. 우리의 생애와 묘비명 역시도 그와 같기를!

맥클라렌 강해설교 **사도행전 II · 로마서**

초판 인쇄 2013년 3월 20일
초판 발행 2013년 3월 25일

발행처 **크리스챤
다이제스트**

발행인 박명곤
주소   경기도 고양시 일산동구 정발산동 1193-2
전화   031-911-9864, 070-7538-9864
팩스   031-911-9824
등록   제 396-1999-000038호
판권   ⓒ 크리스챤다이제스트 2013
총판   (주) 기독교출판유통
        전화 031-906-9191~4
        팩스 0505-365-9191